吴江地方志系列丛书

七都镇志

《七都镇志》编纂委员会 编

上海社会科学院出版社

《七都镇志》编纂委员会

主　　任　肖　军　蔡建忠　夏国强
副 主 任　王　炜　王鹏宇　刘金平　张惠忠　朱新荣　吴惠华
　　　　　邱耀平　钱志强　金　伟　沈宏彪　张建平
委　　员（以姓氏笔划排序）
　　　　　王　法　王志萍　包修瑞　左　斌　朱　颖　朱晓明
　　　　　孙永华　孙坚真　孙荣明　李晶晶　吴之浩　沈　虹
　　　　　沈国宏　沈晓东　沈娟萍　陆伟祺　陈　娟　苗大伟
　　　　　金　鑫　金庆成　赵　翔　荣云鹏　顾春波　钱　锋
　　　　　倪凤林　徐华庭　徐菲菲　凌　云　桑成林　梅　峰
　　　　　曹云平　龚　洁　盛小华　蒋晶伟　惠　巍

《七都镇志》编纂办公室

主　　任　孙荣明（兼）
副 主 任　倪凤林　王端公　董　斌　夏志骁　孙永华
执行主编　屠振雷
编纂人员　屠振雷（2017年9月～2022年12月）
　　　　　吴振华（2017年9月～2021年2月）
　　　　　姚阿江（2017年9月～2022年12月）
　　　　　朱汉良（2017年9月～2018年7月）
图照采集　吴振华　姚阿江　张靖阳

《七都镇志》审稿人员

施国强　许　咏　王林弟　顾晓红　赵　玲
王秋蕾　沈昌华　陈　载　肖耀华　李流芳

《七都镇志》审定单位

苏州市吴江区地方志编纂委员会办公室
中共苏州市吴江区七都镇委员会
苏州市吴江区七都镇人民政府

七都新姿

七都镇太湖岸线俯瞰（摄于 2021 年）

七都新姿

晚霞下的七都太湖岸线（摄于 2022 年）

七都新姿

七都太湖上晚归的渔舟（摄于2018年）

七都新姿

国道旁的浦江源太湖蟹生态养殖示范园（摄于 2018 年）

七都新姿

七都新姿

江村文化园前的费孝通先生雕像（摄于2018年）

开弦弓村水乡一角（2020年摄）

七都新姿

七都太湖湿地公园（摄于 2019 年）

老太庙文化广场（摄于 2018 年）

夜空下璀璨的亨通凯莱度假酒店及街区（摄于 2018 年）

七都新姿

庙港渔村

渔村的早晨

野柳滩（摄于 2022 年）

南公堤（摄于 2022 年）

镇村风貌

吴江区七都镇人民政府（摄于 2020 年）

七都镇区一隅（摄于 2019 年）

镇村风貌

吴江区公安局七都派出所（摄于 2019 年）

七都镇社会治安综合治理中心（摄于 2022 年）

七都镇人力资源和社会保障服务中心（摄于 2019 年）

吴江区市场监督管理局七都分局（摄于 2020 年）

吴江区税务局七都税务分局（摄于 2019 年）

吴江区财政局七都分局（摄于 2020 年）

镇村风貌

七都镇文体中心（摄于2019年）

吴江区公安局七都交巡警中队（摄于2019年）

吴江供电公司七都供电所（摄于2019年）

吴江区七都交管所（摄于2019年）

吴江华衍水务有限公司七都供水服务中心（摄于2020年）

吴江区七都镇消防中队（摄于2019年）

镇村风貌

中国工商银行吴江七都支行（摄于 2019 年）

中国建设银行吴江支行七都分理处（摄于 2019 年）

中国农业银行吴江七都支行（摄于 2019 年）

中国农业银行吴江庙港支行（摄于 2018 年）

苏州农商银行庙港支行（摄于 2018 年）

苏州农村商业银行吴江七都支行（摄于 2019 年）

镇村风貌

中国银行吴江七都支行（摄于 2019 年）

江苏有线网络公司吴江分公司七都广电站（摄于 2019 年）

吴江区七都镇卫生院（摄于 2019 年）

七都敬老院（摄于 2015 年）

七都镇庙港卫生院（摄于 2018 年）

七都镇残疾人托养服务所（摄于 2015 年）

镇村风貌

区域供水工程庙港净水厂（摄于 2005 年 5 月）

七都大道（摄于 2019 年）

七都汽车客运站（摄于 2019 年）

亨通大道（摄于 2019 年）

沪苏浙高速公路七都出口（摄于 2018 年）

南太湖大道（摄于 2019 年）

镇村风貌

改造后的吴溇老街（摄于 2023 年）

吴越路（摄于 2019 年）

七都镇街头（摄于 2015 年）

人民桥（摄于 2019 年）

改造后的庙港老街（摄于 2016 年）

望山路（摄于 2019 年）

镇村风貌

群幸村全貌俯瞰（摄于 2018 年）

丰民村农民新居（摄于 2019 年）

镇村风貌

吴溇村丁家港农民新居（摄于 2018 年）

群幸村农民新居（摄于 2020 年）

开弦弓村村委会（摄于 2016 年）

开弦弓村水乡一角（摄于 2016 年）

隐读村村委会（摄于 2020 年）

陆港村农民新居（摄于 2020 年）

七都新貌

亨通凯莱度假酒店（摄于 2019 年）

丽景花园（摄于 2019 年）

吴江不夜城太平洋度假酒店（摄于 2019 年）

丽都花园（摄于 2019 年）

七都 0572 太湖温泉酒店（摄于 2019 年）

临湖花园（摄于 2019 年）

七都新貌

悦湖花园（摄于 2019 年）

融创·太湖御园（摄于 2019 年）

福港花园（摄于 2019 年）

吴越名苑（摄于 2019 年）

沿湖住宅小区（摄于 2019 年）

七都新貌

七都中心幼儿园（摄于2019年）

江村实验学校（摄于2019年）

庙港幼儿园（摄于2023年）

苏州市吴江区七都小学（摄于2019年）

七都镇成人教育中心校、七都镇党校（摄于2019年）

七都中学（摄于2020年）

七都新貌

江村文化园（摄于 2016 年）

太湖大学堂（摄于 2016 年）

群学书院（摄于 2016 年）

要闻集锦

1998年2月2日，国家税务总局党组书记、副局长项怀诚（右一）在七都镇调研

2016年4月28日，中共苏州市委书记周乃翔（右二）调研七都镇

2010年10月23日，江苏省副省长曹卫星（前排右三）在开弦弓村调研

2018年4月6日，农业农村部部长韩长赋（左二）在七都镇调研

2015年7月2日，中共江苏省委宣传部长王燕文（右二）在七都镇调研

2018年11月13日，市委副书记、市长李亚平（右三）赴七都调研

2016年3月31日，中共苏州市委常委、统战部长朱民（右三）在七都镇调研

2019年10月18日，省委常委、省纪委书记、省监委主任蒋卓庆（左二）在七都调研

要闻集锦

1999年7月18日,"99江苏·七都太湖之夏"旅游节暨招商投资说明会在七都镇召开

2003年8月22日,江苏亨通光电股份有限公司在上海证券交易所上市

2005年9月15～20日,中国吴江(七都)太湖蟹香港推介会在香港举办

2011年3月24～25日,中共七都镇第十四届代表大会第一次会议召开

2011年11月11日,德尔国际家居股份有限公司在深圳证券交易所上市

2012年3月9～10日,七都镇第十六届人民代表大会第一次会议召开

2014年12月16日,江苏凯伦建材股份有限公司成功登陆新三板,在全国中小企业股份转让系统挂牌上市

2015年2月6日,七都镇商会第四届代表大会召开

要闻集锦

2015年8月19日，苏州市吴江区七都专职消防队成立

2017年8月28日，七都镇妇女第十次代表大会召开

2015年9月7日，苏州中信科技股份有限公司成功登陆新三板，在全国中小企业股份转让系统挂牌上市

2017年9月2日，七都太湖开捕节在亨通太湖湿地公园拉开帷幕

2016年4月2日，七都太湖群学书院举行开幕讲演

2017年9月28日，老太庙文化广场正式落成

2016年4月20日，中宣部授予亨通集团党委书记、董事局主席崔根良（左三）全国"时代楷模"称号

2017年12月11日，七都镇捐助贵州省印江朗溪镇"携手奔小康"帮扶资金10万元

要闻集锦

2017年12月30日，共青团吴江区七都镇第十五次代表大会召开

2018年7月16日，开弦弓村乡贤议事会成立大会召开

2018年4月10日，中共七都镇党政办支部举行"学讲话、悟初心"主题党日活动

2018年10月22日，苏州市吴江区七都镇工会第二次代表大会召开

2018年6月6日，七都镇开弦弓村特色田园乡村建设正式开工

2018年12月6日，吴江区档案馆组织拍摄的中国名村影像志《江村·影像志》摄制组进驻开弦弓村拍摄

2018年6月26日，区、镇领导观摩七都镇庆祝中国共产党成立九十七周年系列活动

2019年1月7日，七都镇文体中心落成揭牌暨试运营启动仪式举行

农业种养

2022年9月23日，苏州市中国农民丰收节年在开弦弓村隆重举行（摄于2022年）

水稻旱育秧（摄于2019年）

人工插秧（摄于2018年）

机械插秧（摄于2018年）

水稻田喷洒农药（摄于2018年）

机械收割（摄于2018年）

小麦施药除草（摄于2018年）

农业种养

油菜花开（摄于 2019 年）

采桑叶（摄于 2016 年）

灿烂村香青菜种植基地（摄于 2018 年）

平台养蚕（摄于 2007 年）

长桥村桃园（摄于 2018 年）

上簇结茧（摄于 2007 年）

农业种养

大头菜（摄于 2018 年）

太湖大白萝卜（摄于 2018 年）

水芹（摄于 2015 年）

茭白（摄于 2015 年）

荸荠（摄于 2015 年）

茨菰（摄于 2015 年）

农业种养

雪里蕻菜（雪菜）（摄于2018年）

香青菜（摄于2018年）

莲藕（摄于2015年）

太湖莼菜（摄于2015年）

红菱（摄于2015年）

芡实（摄于2015年）

水产养殖

吴江市阿四太湖蟹养殖有限公司（摄于 2014 年）

吴江万顷太湖蟹养殖有限公司（摄于 2016 年）

太湖蟹捕捞（摄于 2016 年）

太湖蟹交易市场（摄于 2016 年）

水产养殖

开弦弓村水产养殖基地（摄于 2018 年）

太湖围网养殖（摄于 2014 年）

太湖捕鱼（摄于 2018 年）

丰富物产

湖羊（摄于2018年）

太湖蟹（摄于2018年）

白虾（摄于2018年）

梅鲚鱼（摄于2015年）

丰富物产

鲃鱼（摄于 2018 年）

鳗鲡（摄于 2018 年）

银鱼（摄于 2018 年）

白鱼（摄于 2018 年）

工业产业

亨通集团（摄于2018年）

亨通集团生产的光棒（摄于2010年）

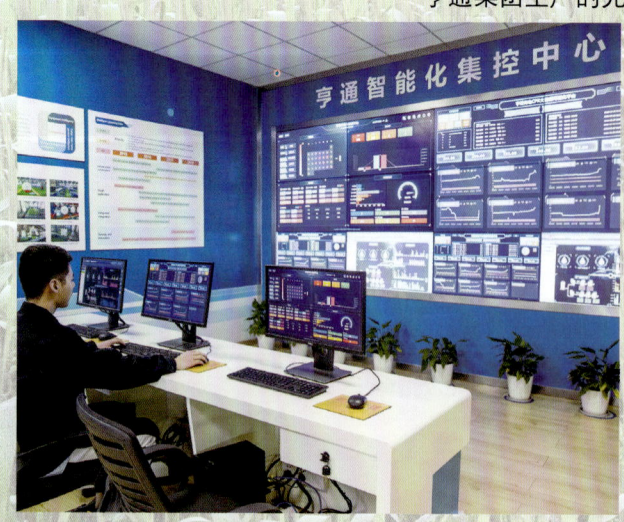

亨通智能化集控中心（摄于2020年）

亨通集团流水线（摄于2018年）

工业产业

通用电梯股份有限公司（摄于2018年）

通用电梯股份有限公司的电焊机器人正在工作（摄于2018年）

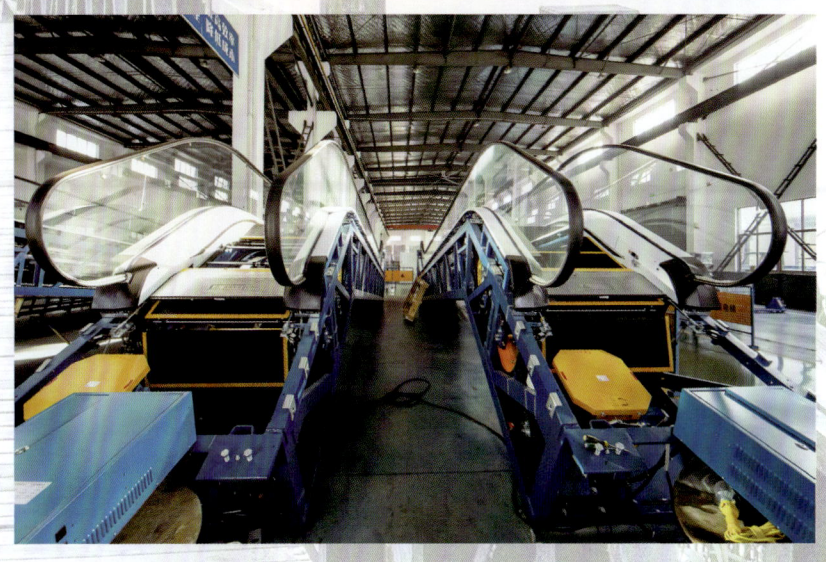

通用电梯股份有限公司内正在进行电梯装配（摄于2018年）

工业产业

江苏凯伦建材股份有限公司（摄于2018年）

德尔未来股份有限公司（摄于2018年）

苏州中信科技股份有限公司（摄于2018年）

工业产业

凯伦建材公司生产车间（摄于 2018 年）

凯伦建材公司防水涂料产品（摄于 2018 年）

德尔未来生产车间（摄于 2018 年）

德尔未来产品：整屋家居（摄于 2018 年）

苏州中信科技股份有限公司车间（摄于 2018 年）

苏州中信科技股份有限公司产品：铜包铝线（摄于 2018 年）

37

文体花絮

吴江区第四届城市定向赛（七都站）（摄于2022年）

江村实验学校体育运动会（2022年）

七都半程马拉松（摄于2018年）

篮球比赛（摄于2021年）

庙港社区体育健身讲座（摄于2022年）

象棋选拔赛（摄于2023年）

七都社区体育设施（摄于2022年）

广场舞大赛（摄于2020年）

文体花絮

"繁华吴江夜.欢乐七都购"（摄于2020年）

民星奖《太湖渔歌》（摄于2023年）

昆曲木偶十周年长三角非遗作品交流会（摄于2020）

农民丰收节亨通杯歌星赛（摄于2022年）

江苏省第四批非物质文化遗产昆曲木偶（摄于2020年）

农民丰收节江村稻田音乐会（摄于2022年）

桥见七都活动（摄于2022年）

公益电影放映（摄于2023年）

39

百姓生活

为民服务（摄于2018年）

农家茶会（摄于2018年）

免费体检（摄于2018年）

太湖美食节的一道特色菜肴"大锅鱼"（摄于2016年）

开弦弓村孝通书屋（摄于2016年）

农村婚宴（摄于2016年）

百姓生活

幸福一家（摄于2018年）

写春联（摄于2018年）

相濡以沫（摄于2018年）

传统木雕手艺（摄于2018年）

休闲时光（摄于2018年）

织渔网（摄于2018年）

七都美食

熏青豆（摄于2015年）

香青菜（摄于2015年）

红烧羊肉（摄于2015年）

太湖大虾（摄于2015年）

红烧狮子头（摄于2015年）

红烧鳗鲡（摄于2015年）

水煮大闸蟹（摄于2015年）

鲈鳢鱼炖蛋（摄于2015年）

银鱼炒蛋（摄于2015年）

响油鳝丝（摄于2015年）

七都美食

红烧猪脚（摄于 2015 年）

麦芽塌饼（摄于 2015 年）

清蒸太湖白鱼（摄于 2015 年）

阿太圆子（摄于 2014 年）

白虾（摄于 2015 年）

待帝茶（摄于 2014 年）

土烧野桂鱼（摄于 2018 年）

熏豆茶（摄于 2014 年）

葱油芋艿头（摄于 2018 年）

青白糕（摄于 2020 年）

43

古迹遗址

毫里遗址（摄于2020年）

吴越战遗址（摄于2020年）

古迹遗址

吴溇孙宅（摄于 2005 年）

陆家港庄宅（摄于 2020 年）

西溪庙港邱宅（摄于 2020 年）　　　　　陆家港施宅（摄于 2020 年）

七都之桥

全国文物保护单位——东庙桥（摄于2018年） 　　　　洪恩桥（摄于2018年）

广福桥（摄于2018年） 　　　　博士桥（摄于2018年）

甫里桥（摄于2018年） 　　　　丁家港塘桥（摄于2015年）

七都之桥

双塔桥（摄于 2018 年） 　　　　　　　　大善塘桥（摄于 2018 年）

倪家港利济桥（摄于 2018 年） 　　　　　祠山庙桥（摄于 2015 年）

永昌桥（摄于 2015 年） 　　　　　　　　更铺桥（摄于 2015 年）

七都之桥

北盛桥（摄于 2015 年）

儒林塘桥（摄于 2015 年）

白浦利济桥（摄于 2018 年）

喜雨桥（摄于 2015 年）

交界桥（摄于 2018 年）

北张桥（摄于 2015 年）

七都之桥

北回桥（摄于 2015 年）

接关桥（摄于 2018 年）

广济桥（摄于 2015 年）

蒋家港利济桥（摄于 1995 年）

有成桥（摄于 2018 年）

地理桥（摄于 2008 年）

49

七都之桥

青龙桥（摄于2008年）

李家港兴隆桥（摄于2000年）

虹呈桥（摄于2018年）

连腾桥（摄于2008年）

龙虎桥（摄于2008年）

胜利桥（摄于2008年）

七都之桥

永隆桥（摄于 2008 年）

西庵桥（摄于 2008 年）

兴福桥（摄于 2020 年）

聚粮桥（摄于 2000 年）

五界亭兴隆桥（摄于 2009 年）

庆元桥（摄于 2000 年）

荣誉集锦

全国特色小镇
江苏省苏州市吴江区七都镇
中华人民共和国住房和城乡建设部
二〇一七年八月

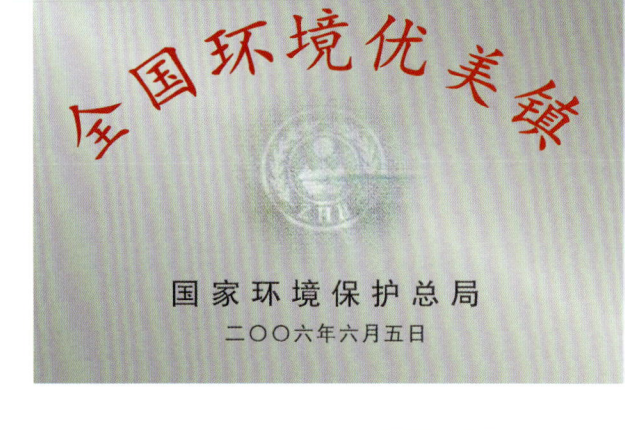

全国环境优美镇
国家环境保护总局
二〇〇六年六月五日

中国河蟹之乡
授予江苏省吴江市七都镇
二〇一〇年

国家卫生镇
江苏省吴江市七都镇
全国爱国卫生运动委员会
二〇〇一年一月

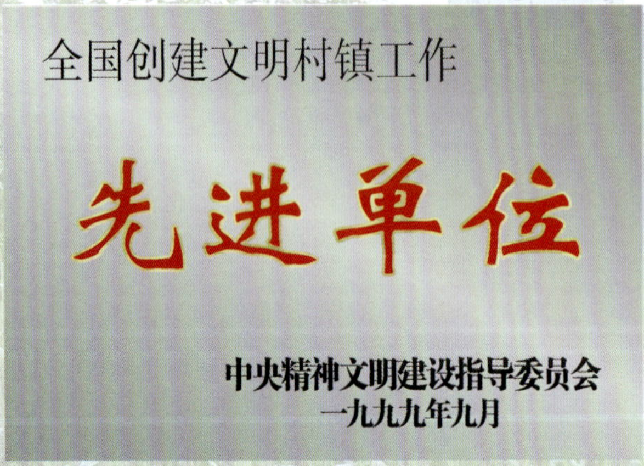

先进单位
全国创建文明村镇工作
中央精神文明建设指导委员会
一九九九年九月

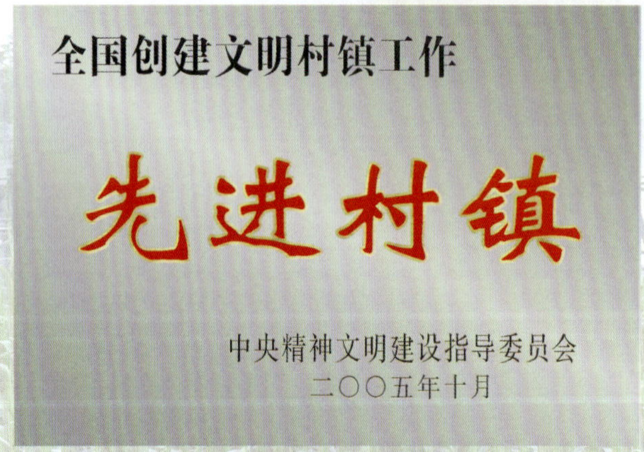

先进村镇
全国创建文明村镇工作
中央精神文明建设指导委员会
二〇〇五年十月

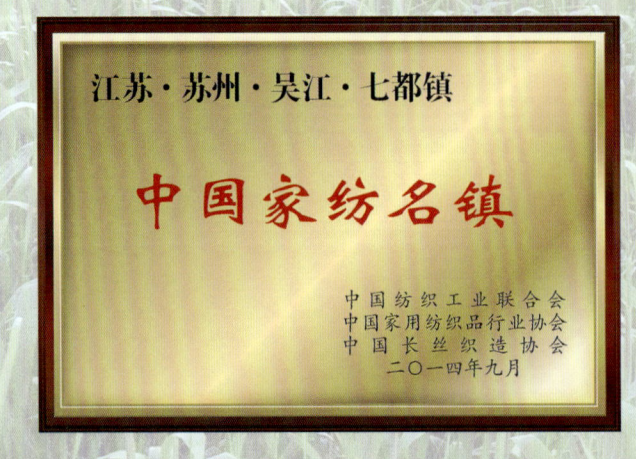

中国家纺名镇
江苏·苏州·吴江·七都镇
中国纺织工业联合会
中国家用纺织品行业协会
中国长丝织造协会
二〇一四年九月

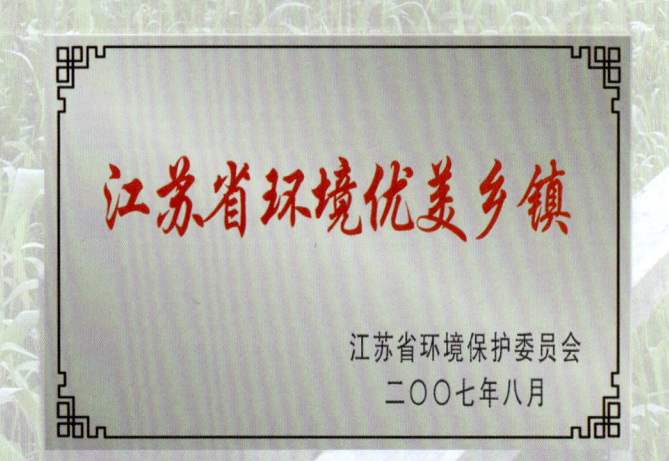

江苏省环境优美乡镇
江苏省环境保护委员会
二〇〇七年八月

荣誉集锦

江苏省
科技工作先进乡镇

江苏省科学技术委员会
一九九七年

江苏省实施教育现代化工程
先进乡镇
江苏省教育委员会
一九九八年十二月

江苏省科技工作
先进乡镇
江苏省科学技术委员会
一九九八年

新型示范小城镇
江苏省人民政府
一九九八年九月

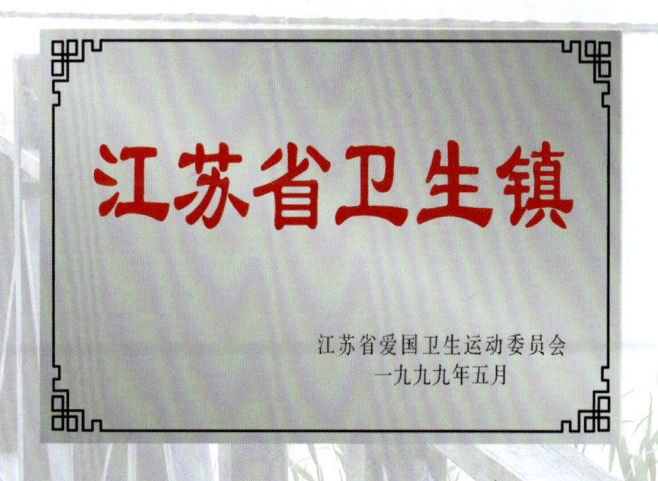

江苏省
群众文化先进乡镇
江苏省文化厅
一九九八年十二月

江苏省卫生镇
江苏省爱国卫生运动委员会
一九九九年五月

江苏省体育强镇（乡）
江苏省体育局
二〇〇八年一月

修史编志

2017年9月7日,《七都镇志》编纂工作动员会召开

2018年11月29日,《七都镇志》业务指导

2020年9月23日,吴江区地方志办公室召开《七都镇志》(送审稿)评审会

2021年12月17日,《七都镇志》验收会

2020年9月23日,《七都镇志》(送审稿)评审会议全体人员合影

序

新编的《七都镇志》今天收笔付梓,这是七都文化建设中的一件大事,也是七都社会各界和广大人民群众殷切期望的一件喜事。

七都地处吴头越尾,素有鱼米之乡的美誉,历史上人们以农耕生活为主,敬畏天地,崇尚万物,勤劳耕耘,物阜年丰。唐朝诗人陆龟蒙的"处处倚蚕箔,家家下鱼筌",是对农耕时代七都人民生产生活景象的真实写照;宋代诗人杨万里"望中不著一山遮,四顾平田接水涯,柳树行中分港汊,竹林多处聚人家",更是对七都水乡田园风光的真实再现。七都毫里、凉角圩出土的一批马家浜文化晚期、良渚文化晚期和新石器时代的文物,彰显七都具有悠久的历史和深厚的文化底蕴。

七都镇地处太湖南岸,位居长三角沪苏浙腹地,历史上南太湖的36溇和72港中,有58条流经七都,给当地人民的生产和生活创造了得天独厚的条件;而"一溇有寺,一港有庵"的景象,凸现了七都多质多样的吴地文化和民间习俗。七都还享有"儒林"的雅称,历史上文化昌盛,人文荟萃。自宋代至清朝,先后出过文科进士34人,文科举人61人,武科举人7人;近代和现代又有一批杰出人士,在政治、外交、军事、国防、教育、医学、实业界享有声誉;在建设美丽七都的征途上,各行各业中又涌现出一大批劳动模范、先进工作者和能工巧匠。从上世纪20年代,开弦弓村创办了"中国历史上第一家农村机械丝厂"——开弦弓村有限责任生丝精制运销合作社,到21世纪初亨通、德尔、凯伦、通用的成功上市,七都人经历了从农业社会到工业经济的觉醒;从乡村工业到民营企业的崛起;从粗放型经济到产品、产业、管理的不断转型升级,七都的社会、经济、文化、环境和人民生活发生了日新月异的变化。七都人秉承"真诚与拼搏"的七都精神,一步一个脚印,描绘出现代田园乡村和精致小镇完美结合的美丽模样。

稽古鉴今,承前启后,新编的《七都镇志》坚持实事求是的原则,全面客观地记述从1996~2003年合并前的七都、庙港镇,以及2004~2015年合并后的七都镇的自然和社会各个领域的变化,努力反映各个历史阶段的时代特征和地方特色,抓住基本镇情,产业布局(结构)、社会建设、镇域经济、行政服务、文化教育、风土人情、居民生活、人物等关键内容,留住乡音、乡风、乡思。

盛世修志,志书不仅具有"存史"作用,更重要的还有"资政"和"育人"的作用。修志工作是一项慰藉前人、启迪后人、承前启后、服务当前的工作,2017年6月20日,镇党委、政府决定启动《七都镇志》编纂工作,指定专人负责,制订编纂方案,成立编纂领导小组(编纂委员会),组建编写工作班子。在吴江区档案局和地方志办公室的精心指导下,在社会各界的积极支持下,编纂人员广征博采,严谨考证,完善纲目,辛勤笔耕,上下审阅,几经评议,数易其稿,精益求精,历时六载,志书告成,圆满收官。

在《七都镇志》即将付印出版之际,谨向参与本书的编审人员;给予悉心指导的部门领导和方志专家;以及所有关心、支持、提供资料、照片和修改意见的个人和单位表示衷心感谢! 新的《七都镇志》的出版,又是下一部七都续志的开始,让我们在新的起点上"不忘初心,牢记使命",继续发扬"真诚与拼搏"七都精神,奋发进取,承前启后,继往开来,为七都的明天谱写出更加光辉灿烂的新篇章。

中共七都镇委员会书记

七都镇人民政府镇长

2023年4月10日

凡 例

一、本志以马克思列宁主义、毛泽东思想、邓小平理论、"三个代表"重要思想、科学发展观和习近平新时代中国特色社会主义思想为指导,坚持历史唯物主义和辩证唯物主义的立场、观点和方法,实事求是地记述七都镇自然、社会、人文等各方面的历史和现状。

二、本志定名《七都镇志》,上限追溯事物发端,对前志补漏、纠误,重点记述1996年至2015年12月的史实。大事记和丛录延长至2020年12月,图照延长至2021年6月。本志记述范围为2015年的七都镇行政区域(包括2003年12月18日并入的庙港镇)。"镇区"前不加定语就是指2015年七都镇镇政府所在地的镇区。

三、本志按照"横分门类,纵写史实"原则,采用述、记、志、传、图、照、表、录等体裁,设卷、章、节、目、子目、孙目6个层次。本志共19卷81章270节,采用语体文编写。

四、大事记以编年体为主,辅以纪事本末体。

五、本志纪年方法,中华人民共和国成立前用朝代年号纪年(包括民国纪年),相同的朝代年号纪年在每节(或目)首次出现时加注公元纪年。中华人民共和国成立后用公元纪年。年代前不标明世纪者均为20世纪。志文中出现"现""今"均指下限时间。1992年5月4日,吴江撤县设市成立大会召开,是日前称"吴江县",是日后称"吴江市"。2012年10月29日,吴江撤市设区大会召开,是日前称"吴江市",是日后称"吴江区"。

六、本志对频繁使用的名称首次用全称,其后用简称。历史地名、机构名称和官职等一般均按当时称谓。下限年还存在的单位以下限年的称谓为准,下限年不存在的单位以撤销时名称为准。凡未用全称的"省""市(县)""镇",均指江苏省、吴江市(县)、七都镇。

七、本志人物遵循"生不立传"的原则,收录断限内本地籍知名人士,以及对七都有重大影响的客籍人士。人物传以卒年为序,人物简介以生年为序。

八、本志资料来源于档案、史料、志书、报刊、专著及口碑资料等,均经核实载入,一般不注明出处。各项统计数据均由统计部门及相关专业部门提供。部分年度统计采用2015年数据。

九、本志计量单位一般以《中华人民共和国法定计量单位》为准,某些现沿用的市制单位,不强求折算,须换算者,用括号注明其换算值。涉及农耕地面积,沿用传统习惯以"亩"为计量单位。

十、本志中所称的"党""中共"均是指"中国共产党","支部""党委""镇党委""区委(县委、市委)""苏州市委""省委"是指中国共产党的各级党组织(委员会)简称,"镇党委"指"七都镇党委","区委(县委、市委)"指"吴江区委(县委、市委)","省委"指"江苏省委"。

目 录

序 ··· 1
凡例 ·· 1
概述 ·· 1
大事记 ·· 11

第一卷 地 理

第一章 建置区划 ··············· 48	第二节 水文水系 ··············· 56
第一节 建置 ··············· 48	第三节 气候 气象 ··············· 66
第二节 境域 ··············· 49	第四节 自然灾害 ··············· 70
第三节 区划 ··············· 49	第三章 动物 植物 ··············· 73
第二章 自然概貌 ··············· 54	第一节 动物 ··············· 73
第一节 地质 地貌 土壤 ··············· 54	第二节 植物 ··············· 74

第二卷 市镇 农村

第一章 市镇 ··············· 78	第二章 农村 ··············· 83
第一节 镇区 ··············· 78	第一节 撤销村 ··············· 83
第二节 社区 ··············· 80	第二节 行政村 ··············· 110

第三卷 人 口

第一章 人口规模 ··············· 130	第五节 职业 ··············· 142
第一节 人口总量与密度 ··············· 130	第六节 姓氏 ··············· 142
第二节 人口变动 ··············· 131	第七节 华人华侨及港台同胞 ··············· 144
第二章 人口结构 ··············· 133	第三章 人口控制 ··············· 144
第一节 性别 ··············· 133	第一节 机构与队伍 ··············· 144
第二节 年龄 ··············· 134	第二节 人口教育 ··············· 145
第三节 文化 ··············· 140	第三节 计划生育服务 ··············· 146
第四节 家庭 ··············· 141	

第四卷 农 业

第一章 农业体制 ··············· 152	第三节 农业合作化 ··············· 153
第一节 封建土地所有制 ··············· 152	第四节 人民公社 ··············· 153
第二节 土地改革 ··············· 152	第五节 联产承包责任制 ··············· 154

第二章　粮油作物	158	第二节　畜禽	179
第一节　水稻　三麦	158	第三节　林果	183
第二节　油菜	163	第四节　蔬菜	184
第三章　蚕桑	165	第五章　农田水利与农机农具	185
第一节　栽桑	165	第一节　机电灌溉	185
第二节　养蚕	167	第二节　修圩建闸	185
第三节　蚕茧	170	第三节　环太湖大堤工程和太浦河工程	
第四章　多种经营	173		188
第一节　水产	173	第四节　农机农具	191

第五卷　工　业

第一章　工业体制	196	第五章　建筑业　建材业	221
第一节　县(市)属集体工业	196	第一节　概况	221
第二节　镇(公社、乡)办工业	197	第二节　企业选介	222
第三节　村(队)办工业	198	第六章　木门业　地板业	225
第四节　镇村企业产权制度改革	199	第一节　概况	225
第五节　私(民)营工业	200	第二节　企业选介	225
第二章　电缆光缆业	207	第七章　机械业　电子业	228
第一节　概况	207	第一节　概况	228
第二节　企业选介	208	第二节　企业选介	229
第三章　有色金属加工业	216	第八章　其他工业	230
第一节　概况	216	第一节　概况	230
第二节　企业选介	216	第二节　企业选介	231
第四章　丝绸纺织服装业	218	第九章　外商和港澳台商投资企业	233
第一节　概况	218	第一节　概况	233
第二节　企业选介	219	第二节　企业选介	235

第六卷　商业　服务业

第一章　商业体制	240	第一节　餐饮　旅馆业	253
第一节　国营商业	240	第二节　休闲娱乐业	260
第二节　供销社商业	241	第三节　其他服务业	261
第三节　集体商业	242	第四章　贸易市场	263
第四节　私营商业	244	第一节　农贸市场	263
第二章　商品流通	245	第二节　超级市场	265
第一节　粮油购销	245	第三节　专业市场	266
第二节　生产资料供应	249	第四节　出口贸易	267
第三节　生活资料供应	250	第五章　商业管理	268
第四节　农副产品购销	251	第一节　工商行政管理	268
第三章　服务业	253	第二节　物价管理	270

第七卷 镇村建设

第一章 建设规划 …… 274	第一节 公共建筑 …… 288
第一节 总体规划 …… 274	第二节 住房建设 …… 290
第二节 太浦闸村建设规划 …… 279	第三节 建筑队伍 …… 293
第二章 道路 桥梁 …… 279	第五章 管理机构 …… 293
第一节 道路 …… 279	第一节 吴江区国土资源局七都分局 …… 293
第二节 桥梁 …… 282	第二节 房地产开发 …… 294
第三章 公共设施 …… 284	第三节 征地和拆迁 …… 298
第一节 供电 …… 284	第六章 环境保护 …… 299
第二节 供水 …… 286	第一节 环境污染 …… 299
第三节 排水 …… 287	第二节 环境治理 …… 300
第四节 供气 …… 288	第三节 市镇绿化 …… 303
第四章 房屋建设 …… 288	

第八卷 财税金融

第一章 财政 …… 308	第三节 工商税收 …… 317
第一节 机构和体制 …… 308	第三章 金融 …… 320
第二节 财政收支 …… 309	第一节 金融机构 …… 320
第二章 税务 …… 313	第二节 金融业务 …… 323
第一节 机构 …… 313	第三节 保险 …… 326
第二节 农业税收 …… 314	

第九卷 交通邮电

第一章 交通 …… 330	第二章 邮电 …… 344
第一节 交通管理 …… 330	第一节 机构 …… 344
第二节 水上交通 …… 333	第二节 邮政 …… 345
第三节 陆路交通 …… 335	第三节 电信 …… 347

第十卷 党政社团

第一章 中国共产党地方组织 …… 352	第一节 人民代表选举 …… 363
第一节 中国共产党地下斗争 …… 352	第二节 历届人民代表大会 …… 364
第二节 区、乡、镇中共地方组织 …… 352	第三节 人民代表大会主席团 …… 365
第三节 党员代表大会 …… 356	第三章 行政机构 …… 367
第四节 党的建设 …… 357	第一节 区行政机构 …… 368
第五节 党校 …… 362	第二节 乡（公社）行政机构 …… 368
第二章 人民代表大会 …… 363	第三节 镇行政机构 …… 371

第四节　施政要务 …………………… 372
第四章　政协小组 ……………………… 376
　　第一节　政协机构 …………………… 376
　　第二节　政协工作 …………………… 377
第五章　农工商总公司 ………………… 379
　　第一节　机构 ………………………… 379

　　第二节　工作 ………………………… 380
第六章　社会团体 ……………………… 380
　　第一节　工会 ………………………… 380
　　第二节　中国共产主义青年团 ……… 383
　　第三节　妇女联合会 ………………… 384
　　第四节　其他社会团体 ……………… 386

第十一卷　民政与劳动和社会保障

第一章　民政 …………………………… 392
　　第一节　民政机构 …………………… 392
　　第二节　基层政权建设 ……………… 392
　　第三节　救济扶贫 …………………… 394
　　第四节　社会福利 …………………… 395
　　第五节　优抚安置 …………………… 398
　　第六节　婚姻登记 …………………… 399
　　第七节　殡葬改革 …………………… 400

第二章　劳动 …………………………… 401
　　第一节　管理机构 …………………… 401
　　第二节　就业安置 …………………… 402
第三章　社会保障 ……………………… 403
　　第一节　养老保险 …………………… 403
　　第二节　土地换保障 ………………… 405
　　第三节　生育保险 …………………… 405
　　第四节　工伤保险 …………………… 406

第十二卷　七都与社会学和国学

第一章　孙本文与中国社会学 ………… 408
　　第一节　孙本文生平 ………………… 408
　　第二节　孙本文在中国社会学史上的地
　　　　　　位 …………………………… 409
　　第三节　孙本文的著作选介 ………… 410
第二章　费孝通的社会学田野调查 …… 411
　　第一节　费孝通生平 ………………… 411
　　第二节　江村田野调查 ……………… 413
　　第三节　江村调研成果选介 ………… 415
　　第四节　费孝通在中国社会学史上的地
　　　　　　位 …………………………… 417
　　第五节　纪念费孝通江村调查学术活

　　　　　　动 …………………………… 419
第三章　社会学者访问江村 …………… 420
　　第一节　国外和中国港澳台地区学者访
　　　　　　问江村 ……………………… 420
　　第二节　内地学者访问江村 ………… 422
第四章　南怀瑾在七都 ………………… 423
　　第一节　南怀瑾生平 ………………… 423
　　第二节　太湖大学堂 ………………… 424
　　第三节　吴江太湖国际实验学校 …… 425
　　第四节　南怀瑾与老太庙文化广场 … 426
　　第五节　国学场所和国学论坛活动 … 427

第十三卷　太湖溇港与特产美食

第一章　太湖溇港 ……………………… 432
　　第一节　溇港形成 …………………… 432
　　第二节　溇港概况 …………………… 432
　　第三节　湖塘路七都段(部分)溇港分布
　　　　　　和简介 ……………………… 434

第二章　太湖特产美食 ………………… 447
　　第一节　土特产 ……………………… 447
　　第二节　茶道　糕团　点心 ………… 449
　　第三节　菜肴 ………………………… 452

第十四卷 教　　育

第一章　幼儿教育 …………………… 462
　　第一节　概况 ………………………… 462
　　第二节　课程与教学科研 …………… 464
　　第三节　学校选介 …………………… 465
第二章　小学教育 …………………… 468
　　第一节　概况 ………………………… 468
　　第二节　学制　课程 ………………… 470
　　第三节　教学与科研 ………………… 471
　　第四节　学校选介 …………………… 473
第三章　中学教育 …………………… 476
　　第一节　概况 ………………………… 476
　　第二节　学制　课程 ………………… 478
　　第三节　教学与科研 ………………… 479
　　第四节　学校选介 …………………… 480
第四章　成人教育 …………………… 483
　　第一节　概况 ………………………… 483
　　第二节　成人教育中心校 …………… 485
第五章　教师和经费 ………………… 486
　　第一节　教师资质 …………………… 486
　　第二节　教师待遇 …………………… 487
　　第三节　教育经费 …………………… 489

第十五卷　文化科技

第一章　文化机构和设施 …………… 492
　　第一节　文化体育站 ………………… 492
　　第二节　广播电视网络分公司 ……… 493
　　第三节　影剧院 ……………………… 495
　　第四节　电影放映队 ………………… 495
　　第五节　书场 ………………………… 496
　　第六节　图书馆(室) ………………… 496
　　第七节　公园 ………………………… 498
　　第八节　展馆 ………………………… 499
　　第九节　老太庙文化广场 …………… 501
　　第十节　书店 ………………………… 503
第二章　文物古迹 …………………… 504
　　第一节　古村落 ……………………… 504
　　第二节　古宅　古桥 ………………… 507
　　第三节　庵院寺庙 …………………… 514
　　第四节　古遗址 ……………………… 517
第三章　非物质文化遗产 …………… 517
　　第一节　七都木偶昆曲 ……………… 517
　　第二节　七都船橹制作技艺 ………… 519
　　第三节　七都苏作硬木家具制作技艺 … 520
　　第四节　香大头菜腌制 ……………… 520
　　第五节　熏青豆茶制作技艺 ………… 520
　　第六节　风枵茶制作技艺 …………… 521
　　第七节　丁香萝卜腌制技艺 ………… 521
　　第八节　七都桂花腌制技艺 ………… 521
　　第九节　七都"拜阿太" ……………… 522
　　第十节　七都太湖渔歌 ……………… 522
第四章　文学艺术 …………………… 525
　　第一节　民间文艺 …………………… 525
　　第二节　文艺团体 …………………… 526
第五章　报刊和著作 ………………… 527
　　第一节　报刊 ………………………… 527
　　第二节　著作 ………………………… 529
第六章　科技 ………………………… 533
　　第一节　科技机构 …………………… 533
　　第二节　科技推广 …………………… 533
　　第三节　科技成果 …………………… 534
　　第四节　创建科技工作先进镇和科普文明镇 ……………………………………… 536
　　第五节　青少年科技创新 …………… 536

第十六卷　卫生体育

第一章　医疗机构和药店 …………… 540
　　第一节　私人诊所 …………………… 540

第二节　卫生院 …………………… 541	第四章　公共卫生 ………………………… 560
第三节　卫生服务站 ………………… 543	第一节　环境卫生 …………………… 560
第四节　中西药店 …………………… 545	第二节　食品卫生 …………………… 561
第二章　医疗保健制度 ………………………… 546	第三节　饮水卫生 …………………… 562
第一节　公费医疗 …………………… 546	第五章　卫生镇和卫生村创建 …………… 563
第二节　劳动保险医疗 ……………… 547	第一节　江苏省卫生镇创建 ………… 563
第三节　城镇职工基本医疗保险 …… 547	第二节　国家级卫生镇创建 ………… 565
第四节　农村(城镇)合作医疗保险 …… 548	第三节　江苏省卫生村创建 ………… 566
第三章　防疫保健 ……………………………… 549	第六章　体育 ………………………………… 567
第一节　血吸虫病防治 ……………… 549	第一节　体育机构与设施 …………… 567
第二节　疾病预防控制 ……………… 552	第二节　群众体育 …………………… 569
第三节　妇幼保健 …………………… 555	第三节　学校体育 …………………… 571

第十七卷　军事　治安　司法

第一章　军事 ………………………………… 576	第三节　刑事侦查 …………………… 587
第一节　驻军 ………………………… 576	第四节　户政 ………………………… 589
第二节　地方武装 …………………… 577	第五节　消防 ………………………… 590
第三节　兵役 ………………………… 577	第三章　司法 ………………………………… 591
第四节　民兵 ………………………… 578	第一节　司法机构 …………………… 591
第五节　兵事 ………………………… 580	第二节　民事调解 …………………… 592
第二章　治安 ………………………………… 582	第三节　社区矫正与安置帮教 ……… 593
第一节　治安机构 …………………… 583	第四节　法制宣传 …………………… 594
第二节　治安管理 …………………… 585	第五节　法律服务 …………………… 595

第十八卷　人　　物

第一章　人物传略 ……………………………… 600	第一节　进士　举人 ………………… 621
第一节　里人名贤 …………………… 600	第二节　革命烈士 …………………… 623
第二节　流寓名贤 …………………… 608	第三节　劳动模范和先进人物 ……… 624
第二章　部分知名人士简介 …………………… 610	第四节　部分知名人士 ……………… 626
第三章　人物表 ………………………………… 621	

第十九卷　社　　会

第一章　居民生活 ……………………………… 630	第二节　礼仪习俗 …………………… 638
第一节　农村居民生活 ……………… 630	第三节　养蚕习俗 …………………… 644
第二节　镇区居民生活 ……………… 632	第四节　生活习俗 …………………… 645
第三节　渔村居民生活 ……………… 633	第三章　方言 ………………………………… 648
第二章　习俗 ………………………………… 635	第一节　词汇 ………………………… 648
第一节　岁时习俗 …………………… 635	第二节　俗语　谚语 ………………… 652

第三节 歇后语 ………………… 653	第一节 佛教和道教 ……………… 654
第四章 宗教信仰 ………………… 654	第二节 基督教和天主教 ………… 655

丛　录

一、文件选录 ………………………… 658	五、人物轶事 ………………………… 674
（一）《关于镇行政区划调整有关问题的决定》 ………………… 658	（一）谁发明了架在鼻梁上的双镜片眼镜？吴江人孙云球 ……… 674
（二）《关于同意七都镇行政村区域调整的批复》 ………………… 659	（二）费孝通舌战吴秀才 …………… 675
（三）《关于同意庙港镇行政村区域调整的批复》 ………………… 661	（三）孙兆奎智袭贝勒王 …………… 677
	（四）一本介绍开弦弓缫丝厂的古籍被发现 ………………………… 678
二、新闻报道 ………………………… 662	（五）南怀瑾与太湖大学堂 ………… 681
（一）太湖小镇的"精气神" ………… 662	六、群英谱 …………………………… 683
（二）苏州七都："精致从容"小镇如何演绎精彩 ……………………… 663	（一）吴溇人民的好儿子——董康祥 … 683
（三）心无旁骛创新创造，踏踏实实办好企业 ………………………… 665	（二）沈宝法配合游击队袭击日军 … 684
（四）吴江七都镇羊毛衫产业配上了"安全阀" ……………………… 666	（三）三义士献身护村民 …………… 684
（五）抢抓风口，开弦弓村"开弓满弦" ……………………………… 666	（四）张巧生发动群众抗租税 ……… 684
	（五）陈茂年为民除害 ……………… 685
三、太浦河 …………………………… 667	（六）宋三宝率领村民抗捐税 ……… 685
四、民间传说 ………………………… 670	（七）叶阿咪等严惩恶霸 …………… 686
（一）东藏荡（西藏荡） …………… 670	（八）许龙宝发动村民抗捐 ………… 686
（二）他筑塘造纸　还是黄庭坚的老丈人 ………………………… 671	（九）徐均铨掩护林风 ……………… 686
	（十）陈阿和救同胞得好评 ………… 687
（三）金鱼漾 ………………………… 672	（十一）谢三大勇敢杀敌 …………… 687
	（十二）朱顺章掩护陈乃元 ………… 687
	（十三）朱蚕生送军粮 ……………… 688
	（十四）开弦弓借粮剿匪纪实 ……… 688

编纂始末 …………………………………………………………………………………… 690

概　述

七都镇位于吴江区西南端,地处江、浙两省交会处。距吴江区政府所在地33.5千米。七都镇东北为松陵镇横扇办事处,东为平望镇,东南为震泽镇,南为浙江湖州市南浔镇,西为浙江湖州市织里镇,北濒太湖。镇区地理坐标北纬30°57′,东经120°23′。2015年,全镇行政区总面积102.9平方千米,其中镇区(含庙港)面积为7.03平方千米。2015年底,户籍人口62047人,外来人口28772人。七都镇人口中,以汉族为主,少数民族179人,涉及19个少数民族。

全镇湖荡密布,河流纵横,水域面积约占总面积的23%,有大小湖泊23个,河道167条。全境无山地丘陵。自西北向东南缓缓倾斜,地面高程在2.2~5.2米之间。沿东太湖一带还有极低的湖田圩区,大部分为清代以来围垦湖滩沼泽而成,田面高程常年在外河水位之下,圩区堤防高厚,圩内平坦无高地,属滨湖圩田平原。全境地处亚热带季风气候区,温和湿润,雨水充沛,四季分明,无霜期200~240天。1996~2015年,年平均气温16.7℃,年平均日照1902.2小时,年平均降水量1164.3毫米。物产资源丰富,誉为鱼米之乡、光电缆之都、全国特色小镇。2015年,全镇地区生产总值91亿元,财政总收入5.95亿元,全社会固定资产投资26.7亿元,外贸自行出口22110万美元。到账外资1500万美元。银行吸纳存款50.04亿元,发放贷款62.62亿元。

一

七都历史悠久,据亳里(今属开明村)等新石器时代遗址考古发掘,早在五六千年前,七都先民就在这里繁衍生息。春秋时期,七都地域为吴越之交。南宋绍兴三年(1133)设因渎巡检司,元末吴王张士诚筑湖城经过吴溇。七都之名源于宋代的都图设置,今七都镇区域在明代,境域大部分属五都、六都、七都,为吴江县辖地。沿太湖溇港都建有庙宇,南北朝宋武帝时,古泰伯祠改建为吴王庙,由此遂有吴溇之名。以今庙港集镇所在地的庙宇规模最大,故称大庙港,庙港之名由此而得。清雍正四年(1726),析吴江县偏西地置震泽县,七都、庙港隶属震泽县。清宣统二年(1910),设吴溇镇、五都镇。民国元年(1912),吴江、震泽2县合并为吴江县,七都、庙港重新归属吴江县,设吴溇乡、五都乡,以后又分设过几个乡。民国37年2月,设七都乡、大庙乡。民国38年5月3日,大庙乡解放,5月4日,七都乡解放。1950年2月设大庙区。1956年3月,大庙区并入震泽区,七都、庙港乡隶属震泽区。1958年9月建立七都、庙港人民公社。1983年7月,恢复乡建制。1992年9月26日,撤乡建镇。实行镇管村体制,七都镇辖28个行政村,庙港镇辖21个行政村。2001年,行政村区域调整,七都镇行政村从28个并成17个,庙港镇行政村从21个并成13个。2003年,七都、庙港合并为新的七都镇,下辖22个行政村,3个社区居委会。2015年,七都镇下辖22个行政村,4个社区居委会。

二

七都、庙港农业历来以种植水稻、小麦、油菜为主。副业以植桑养蚕、蔬菜种植、太湖捕捞为主。60年代,七都、庙港公社成立水产养殖场后,渔业生产逐渐转向内塘养殖、太湖精养和围养。

中共十一届三中全会以后,七都、庙港逐步冲破单一的农业经济束缚,调整农村产业结构,农、副业产值逐年增长。1983年,七都乡种植甘蔗1281亩,总产量1448.8吨。永民、方家桥、五联、富强等村发展腌制雪里蕻菜(咸菜)生产,产品远销浙、沪、皖以及省内各县市市场。1985年,七都、庙港乡成为吴江县"产茧万担乡"。1992年,庙港镇蚕茧总产量1200.62吨,为历史最高年份。

1996年,七都、庙港镇的农村产业结构继续调整后,减少粮油作物种植面积,粮食种植面积七都镇比1995年减少1416亩,庙港镇比1995年减少1030亩。扩大林、牧业和蔬菜瓜果种植面积,扩大水产养殖面积。水产养殖面积七都镇比1995年增加101亩,庙港镇比1995年增加1075亩。

2001年10月,七都、庙港分别成立农业服务中心,把对农业生产的领导管理职能转变为服务和指导职能,使农业经济更加适应市场经济的发展需要。2003年,七都、庙港农业服务中心合并成七都农业服务中心。2004年,七都农业服务中心变更为农技推广服务中心。2006年开始,各村以村为单位组建农村经济合作组织。尽管各级领导都较为重视农业生产,中央的一些政策也努力向农业倾斜,由于农村工业的快速发展,农业生产还是受到影响。七都农业的产值在三业生产中的比重缩小到10%左右,传统的粮食产量和蚕茧产量降低。2007年,农业项目逐步过渡到规模生产,集中经营,增强农产品的市场竞争力,增加农民收入。全镇22个行政村和2个渔业社区均成立社区股份合作社。合作社共涉及农户13262户,入社社员57446人。并建立吴江盛庄苗木专业合作社、吴江特种水产养殖有限公司等各种农业企业14家。2007年以后,七都先后成立苗木专业合作社、水产养殖专业合作社等农村经济合作组织,从事农副产品的生产、服务、收购、销售等活动。

2015年,全镇耕地面积31914亩,桑地面积6565亩,林果面积10193亩,水产养殖面积33112亩。粮食总产7866吨,油菜籽总产283吨,蚕茧总产29吨,水产品总产量6107吨,全年出栏肉猪1.01万头,年末存栏肉猪6400头,出栏家禽3.62万羽,出售禽蛋335吨,出售蔬菜54144吨,农林牧渔总产值4.2亿元。

三

民国时期,家庭手工业缫丝在庙港农村形成气候。民国18年(1929),开弦弓村创办生丝精制运销合作社的缫丝厂。七都的家庭手工业有土制缫丝、纺织、酿酒及铁木竹等行业。中华人民共和国成立后,铁、木、竹业走集体化道路,组织手工业联社。1958年,庙港公社在陆家港先后开办酒厂、石灰厂。七都公社组织铁木匠成立手工业合作社。70年代,以农副业加工为先导的社队办企业兴起。1985年,七都乡桥下村创办吴江特种电缆厂为七都乡首家电缆厂。1994年,七都镇组建江苏亨通集团公司,"亨通光电"成功注册。1996年,镇办村办企业发展势头迅猛,镇村办工业企业七都发展到48家,庙港发展到52家。工业总产值七都158727万元,庙港69542万元。工业门类有冶金、化工、轻工、丝绸、建材、机械、电子等。1997年,七都镇有亨通、双塔、巨通3个国家级电缆企业集团,还有恒通省级电缆企业集团,电缆销售量占全国的七分之一,发展成为全国闻名的"电缆重镇""光电缆生产基地"。七都被誉为"电缆之都"。是年,七都、庙港镇全面进行企业产权制度改革,庙港在企业中推行"法人承包,风险抵押,包干上交,超利转股"责任制。七都毛巾厂首家转制为私营企业。至1998年8月,七都镇有9家镇办"弱、小、亏"企业和127家村办中小企业进行拍卖转让。庙港镇有16家企业进行不同方式的改制,其中,镇办企业9家,村办企业7家。1998年8月至1999年8月,七都镇115家村级集体企业改制为民营企业。2000年,庙港镇90%以上企业转制成功。2001年,七都镇完成原有集体企业转制。2002年,庙港镇的镇村企业全部转制为民营企业。2003年,庙港镇与七都镇合并成新的七都镇,全镇民营资产投入10.3亿元,新增民营企业110

家。村级民资投入迅速增长,群幸村、双塔桥村民资投入突破5000万元,联强村、太浦闸村羊毛衫产业全面提升。先后建成双塔桥工业区、桥下工业区、心田湾工业区、太平桥工业区。全镇工业总资产59.27亿元。

2008年,全镇民资投入14.1亿元,新批企业122家,新增注册资本3.76亿元,光电缆、有色金属加工、针织纺织等三大支柱产业得到进一步发展。全镇工业企业634家,职工26597人,工业总资产115.88亿元。

2011年起,七都镇政府列出纳税百强企业、亩均纳税百强企业、单位用电纳税百强企业"三张榜单",引导企业向少占资源、少耗能源、高效产出的方向发展。以亨通集团为首的纳税超千万元的企业有6家。

2015年,七都镇规模以上工业企业94家,从业人员1.27万人,工业总资产397亿元,销售收入328.73亿元,其中外资企业44家,注册外资8006万美元,到账外资1500万美元。形成光电缆、有色金属、丝绸纺织、建筑建材、木门地板、机械、电子等具有一定地方特色的产业结构体系。

四

民国时期,吴溇(七都)商业已有绸布、百货、粮油、鱼、肉、糖、烟、酒等30多个行业,近百家商号。庙港有杂货店、南货店、鱼行、肉店、茶馆店、饭店等私营商店121家,摊贩7个。中华人民共和国成立后,七都、庙港先后成立供销社、粮管所,开始对私营商业进行社会主义改造,并按行业性质组建合作商店(组),从此扩大经营,丰富市场供应。1978年后,实行改革开放,个体私营商业得到恢复和发展,出现多种经济成份并存的商业体制。新的行业应运而生,如建材、家电、服装和商场、宾馆、酒家、歌舞厅、美容院等。1985年,乡村工业崛起,市场繁荣,购销两旺。是年,商业网点七都乡43家,庙港乡128家;从业人员七都乡258人,庙港乡409人;营业额七都乡1003万元,庙港乡1311万元。

90年代,随着农副工三业的协调发展,商业更趋兴隆。1995年,庙港镇商业公司下设13家商店、1个食品工场,全年商品销售额274万元。个体商业201户,355人,商品销售额3110万元。1999年,七都镇供销社、国营、集体、个体私营商业网点564个,从业人员1087人,社会商品零售额3.47亿元。

2004年,七都、庙港供销社、集体商业公司经吴江市政府同意,实行留社撤店,将商场、仓库、油库、加油站等主要经营设施转让给职工,兑付置换职工身份费用,偿还企业债务后尚有多余资产的向职工招租。2010年,七都、庙港、横扇、菀坪合并成立吴江市七都中心供销合作社,开展资产管理和为农服务工作。

2015年,全镇有饮食店127家,从业人员401人,年营业额2.5亿元。有饮料店、音像店、网吧等57家。超市5家,从业人员57人,年营业额11890万元。专业市场2家,经营户200户,年营业额18.11亿元。全年第三产业产值35.85亿元。

五

中华人民共和国成立初,吴溇是七都乡的中心集镇,只有3条街3条弄,街路总长635.3米;庙港是庙港乡的中心集镇,有2条街和3条弄,街路总长400米。至1998年,七都镇区先后修筑桩桥路、望湖路、人民路、吴越路等12条公路,总长11.32千米,镇区面积3平方千米。庙港镇区先后筑成庙震路、万顷路、沿湖路等公路,总长8.3千米,镇区面积0.46平方千米。

2003年,七都镇与庙港镇合并,镇区面积增至4.76平方千米。至2015年,七都镇区面积7.03平方千米,道路已形成望山路、望湖路、西环路、吴越路、万宝路、南太湖大道、七都大道、亨通大道等主干道,道路总长40.84千米。

历史上,七都、庙港交通以水路为主,溇港是境内各自然村连接太湖的主要水上通道。湖塘路是一条贯穿东西通往镇外的陆上交通要道。1983年,庙港至震泽的"庙震公路"建成。1984年,七都至八都的"八七公路"建成。1995年起,相继新筑七都至南浔公路、环太湖公路庙港、七都段,以及村级公路。2004～2015年,七都镇先后建成230省道七都段、七铜公路七都段、沪苏浙(G50)高速公路七都段,以及苏震桃公路七都段。

五六十年代,集镇区住房没有多大变化。70年代,街面房子逐步翻建楼房,一般为两层楼。80年代起,七都镇区先后新建宾馆、商厦、超市、大酒店、金融大厦、邮电、电力等大楼多幢,建造商品房10万多平方米、企事业单位职工住宅269套。建成580套省级望湖住宅示范小区。开辟商贸区、文化区、经济技术开发区、农业示范区、太湖环境保护区五大功能区,成为全国文明先进镇。庙港镇区建有金融大厦、机关大院建筑群、邮电、供销等大楼多幢。1997年,庙港镇房产公司建沿湖路别墅小区2万平方米,入住居民45户。2000年,在庙港沿湖西路建商品房5000平方米,入住居民35户。2002年,庙港西苑小区建成,建筑面积1万平方米,入住居民32户。2003年,七都镇区居民住宅总面积9.8万平方米,人均24.5平方米。2008年,七都镇区建有住宅小区10个,建筑总面积24.98万平方米,人均30.2平方米。至2015年,镇区建成住宅小区20个,住宅建筑总面积68.2万平方米,人均57.07平方米。

六

七都人崇尚读书,清末,五都、六都、七都已有私塾教育。民国初,开始注重国民教育。至民国38年(1949),七都有国民小学16所,庙港有国民小学9所。1958年9月,七都、庙港公社均创办农业初级中学。是年,庙港公社在原永定寺旧址创办初级中学。1968年8月,七都公社创办初级中学。1970年,七都、庙港中学均增设高中部。1986年,七都、庙港乡成人教育中心校成立。1992年,七都、庙港镇通过九年义务教育达标验收。1998年,庙港镇易地新建幼儿园和中心小学;七都中学新校舍落成。2000年,七都镇成人教育中心校被评为江苏省重点乡镇成人教育中心校,庙港镇成人教育中心校被评为苏州市合格乡镇成人教育中心校。2001年,七都中学被评为江苏省实施现代化教育示范初中。2003年,七都中学承办江苏省航模海模比赛。2003年底,庙港、七都两镇合并。2004年,七都镇调整学校布局,全镇中心小学2所,村小3所;初中2所;成人教育中心校1所。2005年6月,吴江市庙港中心小学更名为吴江市庙港实验小学。2007年9月,庙港实验小学成功地创建苏州市教育现代化学校。2008年,七都中心小学成功创建苏州市教育现代化学校。2009年,新建的七都中心小学亨通楼启用,建筑面积4516平方米。学校添置多媒体40套。每个教室、专用教室、办公室都有网络连接。学校被评为吴江市教育信息化示范学校。2012年,易地新建七都中心幼儿园。2014年,七都中心幼儿园整体迁至新校舍,旧校舍出让给七都小学。

2015年秋,全镇幼儿园有8所,40个班,入园幼儿1378人,教职工63人;中心小学2所,村小1所,78个班,学生3417人,教职工243人;初中2所,40个班,学生1785人,教职工146人;成人教育中心校1所,成人学历班7个,在册学员258人,教职工3人。

七

吴溇、庙港集镇居民和农民都依水而居,生活用水历来取自河水或自家开挖的井水。1985年,七都自来水厂建成。1988年,庙港自来水厂建成。镇区居民和镇郊农民开始饮用自来水,随后逐渐向农村延伸。1992年,七都镇新建地面自来水厂。1995年,庙港镇新建地面自来水厂。2002年,农村全部接通自来水。2005年6月28日,区域供水工程开始对七都镇供水,农村小水厂不再供水。

60年代,七都、庙港公社农村电力排灌站建立,始有农村用电,70年代中期,农村电力排灌逐渐普及。1986年起,七都、庙港乡进行农村用电标准化建设,至1992年上半年,通过苏州市供电局检查验收。1992年,35千伏的七都变电站、庙港开明变电站投入运行。1998年,七都、庙港镇完成农村电网改造,优化电网结构,完成"四遥"改造,成为微机保护,无人值守的综合自动化变电站。2015年,七都供电所拥有110千伏变电站3个,35千伏变电站4个,年用电量12.85亿千瓦时。

1986年,七都、庙港乡机关、学校、事业单位和农村少数农户开始使用瓶装液化气。2015年,瓶装液化气由七都燃料液化气公司、庙港中心液化气站经销,配有40立方米液化气储罐场,全镇年销售瓶装液化气25万瓶。

民国18年(1929),吴溇集镇始有长途电话。民国23年,吴溇、庙港集镇设邮政代办所。1958年,七都、庙港公社邮电所成立。1981年,庙港邮电所大楼落成,1982年,七都邮电所大楼落成。1998年,七都、庙港镇建成电话小康镇。1999年,电话程控交换器总容量七都10800门,庙港7569门,安装固定电话七都7157部,庙港5679部。2015年,全镇固定电话1.99万部,移动电话1.91万部。

1996年,开办163拨号上网业务,标志七都、庙港开始进入网络时代。2001年,宽带网站开通,从此,电脑走进千家万户。2015年,全镇宽带上网用户1.93万户。是年,全镇共进出包裹1594件,信件11.1万件,发行报纸420.74万份,发行杂志3.58万份,特快专递1740件,汇票3132张。

八

七都人喜爱文化娱乐活动,明末清初"太湖渔歌"开始传唱。清道光年间七都有"姚姓公保和堂"木偶戏班子。民国时期,七都、庙港有请戏班子唱"春台戏";每年有"庙会",逢庙会、节日、婚嫁、喜庆邀聘堂名吹打、演唱戏曲,其中金家扇昆曲堂名"金玉堂"享有盛名。中华人民共和国成立后,文化事业不断发展,群众性文化活动蓬勃兴起,民间文娱活动有溇港莲花落(打连厢)、花鼓戏、唱滩簧等。1958年起,七都、庙港公社文化站、广播站、书场、影剧院等逐步建立。"文化大革命"时期,七都、庙港公社成立文工团,大队成立宣传队,唱"语录歌"、跳"忠字舞"、演"样板戏"风靡一时。中共十一届三中全会后,文化事业得到恢复和发展。1975年,七都影剧院建成。1980年,庙港大会堂动工翻建影剧院。80年代中期起,报纸、杂志、图书发售量渐增。1991年,七都乡图书馆藏书超过1万册;1992年,庙港建成万册图书馆。广播电视发展迅速,社区文化、企业文化、校园文化、家庭文化方兴未艾,独具魅力的民间文艺重放光彩。

1997年,七都、庙港镇有线电视网正式开通,1999年,七都镇28个村全部开通有线电视,共安装用户5000多户,建成苏州市"有线电视镇"。庙港镇实施有线电视"村村通"工程。2000年11

月,七都、庙港镇的广播电视站与文化站合并,分别成立七都、庙港镇文化广播电视服务中心。2003年12月,七都镇、庙港镇合并,新的七都镇文化广播电视服务中心成立。2004年9月,七都广电网络分公司建立。2007年,七都镇获"苏州特色广播镇"称号。七都镇在庙港社区建成一个"吴江市图书馆七都分馆",藏书4.75万册,全镇22个行政村都办起"农家书屋"。

进入21世纪以来,七都镇依托太湖区位优势和文化积淀,开办太湖大学堂,先后建成老太庙文化广场、太湖国学讲坛和群学书院等,太湖美食节成功举办,太湖渔歌仍在传唱。2015年,七都镇有湖风文学社、书法美术摄影协会、声乐舞蹈队、洪福木偶昆剧团等业余文艺组织。全镇有吴江图书馆七都分馆、学校图书馆、农家书屋等馆(室)31处,藏书共26.81万册。七都镇广电站获评"苏州市户户通有线电视镇""苏州有线电视网络服务示范窗口"。

九

民国时期,七都、庙港地区有二十多名医生开设私人诊所。1952年10月,大庙区卫生所成立。1953年2月,吴溇联合诊所成立。1957年,庙港联合诊所成立。1974年12月29日,吴溇联合诊所更名为七都公社卫生院;庙港联合诊所更名为庙港公社卫生院。1992年9月,七都、庙港乡卫生院更名为七都、庙港镇卫生院。2004年4月28日,庙港镇卫生院更名为七都镇庙港卫生院。2010年,七都镇卫生院易地新建。医院迁至七都镇望湖南路998号(镇南西漾渔业社区小暑桥塊)占地面积1.67万平方米,建筑面积7000平方米。2013年,庙港卫生院易地新建,占地面积6667平方米,建筑面积6921平方米。2015年,七都镇卫生院门诊部设全科诊室,住院部设床位30张,职工87人,万元以上医疗设备22台,固定资产757.07万元。庙港卫生院门诊部设12个诊室,住院部床位38张;职工75人,其中卫生技术人员61人;万元以上医疗设备27台,固定资产563.15万元。

1956年,七都、庙港公社各大队始设保健员。1969年9月,七都公社的25个大队、庙港公社的21个大队相继建立合作医疗站。1994年起,村卫生室创建吴江市甲级村卫生室,至1999年,七都镇甲级村卫生室22个、示范村卫生室3个。庙港镇甲级村卫生室21个、示范村卫生室5个。2000年,启动农村社区卫生服务试点工作,七都镇卫生院前浜兜分院更名为前浜兜社区卫生服务站,服务周围3个村,这是全市第一个农村社区卫生服务站。2015年底,全镇共有社区卫生服务站22家,乡村医生44人,均能持证上岗。

1997年,七都镇通过江苏省卫生镇考核验收。1999年,庙港镇通过江苏省卫生镇考核验收;七都镇通过国家卫生镇考核验收。至2004年12月,望湖村、丰田村、东庙桥村、陆港村、燦烂村、盛庄村、庙港村等22个行政村先后创建为江苏省卫生村。2015年,居民参加新型合作医疗保险33861人,参加城镇职工基本医疗保险15596人。

七都、庙港人历来喜爱体育,明代,施善言、施嘉言、孙懋润、孙汾、吴振纶考中武举人;清代,徐人骧考中武进士,沈文炜考中武举人。这些有作为的历史人物成为当今体育爱好者的学习楷模。还有湖塘路"义皋场比武""溇港快船比武"等体育赛事。中华人民共和国成立后,群众体育受到党和政府重视,市镇组织职工开展篮球、乒乓球及棋类活动。农村则结合民兵军事训练,开展军体活动。1969~1975年,每年举行溇港地区乒乓球邀请赛。1983年,七都、庙港乡体育运动委员会成立,领导开展全乡体育活动。2003年,七都、庙港镇合并,体育运动委员会也随之合并成七都镇体育运动委员会。2011年5月9日,吴江市七都镇文化服务中心变更为吴江市七都镇文化体育站。至2015年,全镇成立10个体育协会、俱乐部。体育设施更加完善,镇区各社区设置体育场所,22个行政村都建有篮球场、乒乓球室、棋牌室等活动场所,全部实现"万村体育健身工程"。镇区面向社会的体育设施有:足球场 2 片,田径运动场 4 片,篮球场 24 片,门球场 1 片,乒乓球馆 1 个。学校体育设施有:田径场 4 片(200 米以上塑胶跑道 4 条)体育馆 1 座,篮球场 14 片,足球场 3 片,羽毛球场 10 片,乒乓球室 8 间,健身房 3 个,训练房 1 个,舞蹈房 2 个。

十

七都历史文化古迹颇多,有毫里新石器时代遗址;儒林六都,有湖城、运粮河、龙船渚、野山坞等胜迹;有吴驸马第、曹焕章阁大学士第、丁丞相第、盛尚书第、太史第等官家宅第;有乔丞墓、孙夫人墓、吴皇妃墓、沈百万墓、庄左黄墓等古墓;有进士坊、宁人坊、双烈坊、贞节坊、孝子坊等牌坊。至今大多被毁,保留的甚少。

七都境内河港纵横,东太湖沿岸有 36 溇 72 港,这些溇港大部分在七都,港多桥也多,俨然是一个古桥博物馆。七都镇区至今仍有不少老宅,吴溇孙宅、西溪庙港的邱宅、陆家港的施宅、庄宅等。吴溇孙宅建于清嘉庆年间,距今约有 200 多年。至 2015 年,七都镇有全国重点文物保护单位 1 处:东庙桥,江苏省文物保护单位 2 处:洪恩桥、广福桥,苏州市文物保护单位 3 处:吴溇孙宅、双塔桥、太湖大学堂,苏州市控制保护建筑 22 处,全国第三次文物普查点 19 个。

七都物质文化遗产众多,非物质文化遗产也很丰厚,2005 年七都木偶昆曲入选苏州市首批非物质文化遗产名录项目,2007 年七都木偶昆曲入选首批吴江市非物质文化遗产名录项目,2013 年 1 月太湖渔歌传习基地和七都木偶昆曲传习所入选首批吴江区非遗示范基地,至 2015 年,七都镇有木偶昆曲、风枵茶制作技艺、熏青豆茶制作技艺、七都太湖渔歌、丁香萝卜制作技艺、香大头菜制作技艺、桂花腌制技艺、七都船撸制作技艺、七都苏作硬木家具制作技艺、七都"拜阿太"等 10 项列入吴江区(市)非物质文化遗产名录。

十一

七都、庙港历来有"儒林"之称,宋元以来,儒林里人文独盛,人才辈出。自宋至清,先后出过文科进士 34 人,文科举人 61 人,武科举人 7 人。宋代有太子宾客谢涛,大理事谢景初,任余姚知县时率领百姓筑塘(土堤)9 千米之多,还制造了"谢公笺"(造纸),名声远扬;明代有刑部员外郎皇甫涣,太仆寺卿吴默,孙云球为中国民间最早制造望远镜的人,他还发明架在鼻梁上的双片眼镜,轰动全国;清代有通政使张鸣钧,江西水师巡察右军统领徐人骥。近现代七都镇又涌现出一大批广有影响的人士,有享受国务院特殊津贴的专家、学者,有社会贡献卓著的教授及高级工程师,那些为国捐躯的先烈,为人表率的劳动模范,先进人士及学有所长的知识分子,为七都人民所尊敬及忆念。他们中有中国社会学开拓者之一孙本文,中国家蚕育种的先驱者和奠基人孙本忠,国际激光学术研究会副主席、激光物理专家、北京大学教授孙陶亨,内蒙古气象局教授级高级工程师王长根,中国科技大学教授施行觉,南京农业大学园艺学院教授博士生导师朱月林等。还有众多在政治、外交、军事、国防、教育、医学等领域作出卓越贡献的高级人才和功臣模范,他们中有财政部长、全国社会保障基金理事会党组书记、理事长项怀诚,亨通集团董事会主席、全国劳动模范、全国时代楷模崔根良,中国人民解放军少将、国防大学教授、享受国家政府特殊津贴陈依工,这是历史的馈赠,更是七都的骄傲。

十二

　　七都与社会学、国学渊源流长,中国社会学的两位巨擘孙本文和费孝通,都与这座太湖小镇有着密不可分的联系。孙本文是七都张港(今属望湖村)人,毕生致力于社会学的教学和研究。他是第一个将西方社会学引入中国的学者,是中国早期社会学的领军人物。他创办中央大学社会学系,即南京大学社会学系前身。是中国社会学奠基人之一。而开弦弓村是著名社会学家、民族学家和社会活动家,中国社会学和人类学的奠基人之一费孝通的学术研究之地。民国25年(1936),费孝通对开弦弓村进行系统的调查,写了蜚声世界的《江村经济——中国农村的生活》,该书第一次向西方完整地讲述中国农民的经济和社会生活,摘得社会学最高奖项——赫胥黎奖,让江村成为世界了解中国农村的一个窗口。其后,他曾26次到访江村,在其影响下,从80年代开始,他的学生和国内外众多学者相继到开弦弓村开展访问和调研,形成了大量调研文章和专著,开弦弓村成为国内外学者调查跟踪时间最长、取得成果最多的实践基地,成为社会学研究学者向往的圣地。2015年,南京大学社会学院与七都镇合作,共建太湖群学书院。另外七都还是国学大师南怀瑾晚年的生活之地,南怀瑾选择了七都,认为七都位于长三角的中间地带,这里既是南北文明交汇的地方,同时也是历史上儒家文化比较兴盛地方。视这里为寻找和挖掘传统文化比较合适的场所,南怀瑾最终选择了太湖边,创建太湖大学堂,效法孔子,习儒授课。因此,七都是社会学与国学的汇聚之地。

大事记

新石器时代
（距今约 18000 年前~距今 5000 多年或距今 2000 多年不等）

七都毫里（今属开明村）出土的马家浜文化遗存，6000 年前，先民在太湖畔生活。

春秋时期
（前 841~前 477）

周敬王（公元前 519~公元前 477）
七都地处吴头越尾，相传吴越 5 次水上大战均与七都有关，至今仍有"吴越战"（今属丰民村）的自然村名。

三 国
（220~280）

吴赤乌年间（238~251）
叶港东侧建乔丞墓及孙夫人墓。

南北朝
（420~589）

宋永初年间（420~422）
将古泰伯祠改建成吴王庙，遂有吴溇之名。

唐 朝
（618~907）

开成五年（840）
半泾村妙智教寺始建。

大中三年（849）
倪林里双林教寺始建。宋建炎中（1127~1130）重建。

五代十国
（907~960）

后梁开平三年（909）
吴越王钱镠奏请割吴县南地、嘉兴北境，置吴江县，七都、庙港始属吴江县。

北 宋
（960～1127）

太平兴国三年（978）
吴江县分二十九都，今七都镇为五都、六都、七都等地。

端拱元年（988）至皇祐元年（1049）
今长桥村谢家祖孙三代有6人中进士。

南 宋
（1127～1279）

绍兴年间（1131～1162）
设因渎巡检司，署设日晖桥东首，管辖五、六、七、八等都（即今庙港、七都、八都地区）。

淳熙五年（1178）
五都荒浦村建永定教寺。

淳熙年间（1174～1189）
六都叶港建妙华庵。
五都僧如海建法海庵，元大德中重建，清雍正四年（1726）修。

绍定元年至四年（1229～1232）
横古塘晟村建东庙桥。

德祐元年（1275）
里人谢长卿施舍土地建洞真观。

元
（1271～1368）

大德十年（1306）
僧如海建上善庵，明洪武十年至二十年（1377～1387）归并永定教寺，明嘉靖十五年至三十年（1536～1551）修，清康熙二十五年至三十五年（1686～1696）重建。

泰定元年至四年（1324～1327）
孝思兜建孝思庵，明洪武中归并妙智庵。

至正四年（1344）
庙港村建邱老太庙，明万历年间（1573～1619）敕封邱老太爷为平沙侯。

至正十四年（1354）
因渎村建广福桥。现桥为明天启元年（1621）由江苏吴江县和浙江乌程县合建，耗银九十九两四钱。

至正十六年（1356）
吴王张士诚从湖州大钱口至苏州开凿运粮河，在亭子港口筑土城设兵防守。

明
(1368~1644)

洪武四年(1371)
因渎巡检司移署吴溇。

洪武中(1368~1398)
双塔桥村与北长村(属震泽)交界处建双塔桥及浮碧庵。

永乐三年(1405)
六月一日至十月,淫雨大水,田禾淹没,百姓大饥。

成化六年(1470)
铁家港建洪恩桥。

嘉靖十九年至廿四年(1540~1545)
6年中发生3次大旱灾,每次太湖水干涸,港底向天,旱、虫、疫三灾齐发,死者不计其数,幸存者以树皮草根充饥。

嘉靖三十七年(1558)
撤吴溇巡检司,七都一带归简村巡检司管辖。

清
(1616~1911)

顺治元年(1644)
兵部主事松陵吴易与孙兆奎(七都人)组织太湖抗清义军"白头军",几度光复县城甚至联络各地义军进攻苏州。"白头军"也称"孙吴军",以八圻长白荡为根据地,后"白头军"战败,孙兆奎父及妻溺亡,孙兆奎被俘押送至江宁后被害。

顺治十八年(1661)
建太湖营,设吴溇总防司。

康熙四十六年(1707)
大旱,四至七月不下雨,湖港俱涸,田地龟裂,草木枯萎,灾情惨重。

雍正四年(1726)
吴江县析吴江、震泽两县,七都、庙港地域属震泽县管辖。

乾隆廿八年(1763)
里人孙阳顾编纂《儒林六都志》上、下卷,后曹翠亭增纂成书。

道光年间(1821~1850)
祠山庙桥姚家创建"姚姓公保和堂"昆剧木偶班子。

同治三年(1864)
二月,太平军与清军在吴溇连战五日。

同治十年(1871)
二月,巡抚张之万开始疏浚太湖29溇,总长1103丈,历时1年2个月。

光绪十年(1884)
九月一日,震泽区遭龙卷风袭击,风尾殃及七都、庙港地区,农作物大多倒伏,但无人畜伤亡。

宣统二年(1910)

吴溇、五都始建镇。

宣统三年(1911)

陆家港建水闸。

中华民国
(1912年至1949年9月)

民国元年(1912)

震泽县并入吴江县,吴江县设市、乡制,五都、吴溇镇改置乡。

是年,五都第一小学、儒林初等小学和薛埠小学成立。这是境内最早的乡立学校。

民国10年(1921)

秋,太湖因江水倒灌,宣泄不畅,七八月雨水偏多,积涝成灾,低洼之处颗粒无收。

民国12年(1923)

夏,省立浒关女子蚕校校长郑辟疆、教师费达生等到开弦弓村宣传土丝改良。

民国13年(1924)

春,吴江县震泽区与省立浒关女子蚕校推广部在开弦弓村合办蚕丝改进社。

民国17年(1928)

吴溇蚕业生产合作社成立。

民国18年(1929)

1月10日,开弦弓村生丝精制合作社成立。

8月,调整区划,县以下设区,将吴溇、五都、横扇三乡合并为第十区,辖3镇30乡,庙港、吴溇恢复镇建制。

是年,大家港蚕业指导所成立。

民国20年(1931)

农历正月二十日,北风凛冽,大雪纷飞,积雪尺余,鸦雀冻死,车楫断行,老弱病残者冻死多人。

民国23年(1934)

5月,撤销第十区,并入第五区,庙港、吴溇乡属第五区(震泽)。

8月,吴江县自治,吴溇、庙港镇设镇公所。

自6月6日至8月8日,两个多月滴雨未下,水源几断,河底朝天,田地干裂,七成田块栽不上秧,插上秧的也收成无几。

民国25年(1936)

夏,费孝通首次访问开弦弓村,进行社会调查,写成《中国农民生活》(又名《江村经济》)博士学位论文。

民国27年(1938)

日军侵占七都、庙港后,实行"三光"政策,永定寺被日军焚毁,小学被迫停课。

民国28年(1939)

8月23日,由中共党员丁秉成、钱康民领导的江浙太湖抗日义勇军,在今隐读村附近遭国民党62师顽固派和浙江吴兴县常备队伏击。丁秉成、钱康民牺牲。

民国32年(1943)

8月11~12日,飓风暴雨,稻禾正值扬花期,秋熟收成比常年减半。

民国 34 年(1945)

8月,抗日战争胜利,国民党政府接收七都、大庙伪乡政权。

民国 35 年(1946)

9月25日起,连续三昼夜台风暴雨,雨后田野似湖荡,秋收时农民只能划着菱桶割稻头。

民国 38 年(1949)

5月3~4日,庙港、七都解放,随后中共吴江县委派南下干部接管乡政权。

6月,大雨如注,太湖水溢。

7月24~25日,台风暴雨,河水陡涨,淹没农田,收成大减。庙港淹没圩围42只,7108亩稻田颗粒无收,大部分粮田减收50%。

中华人民共和国
（自1949年10月1日起）

1949 年

10月2日,庙港、七都乡各界举行提灯游行晚会,庆祝中华人民共和国成立。

1950 年

2月,吴江县增设大庙区,区人民政府设在庙港集镇,下辖横扇镇及充浦、光荣、马港、罗港、庙港、盛港、陆港、大儒、吴溇、七都、方桥、菱荡12个乡。

5月17日,开弦弓乡乡长吴毓驿(1925—1950)遭土匪袭击,壮烈牺牲。

7月,废除保甲制,建立农民协会。

是月,土地改革工作开始,庙港乡为大庙区典型实验乡。1951年10月上旬结束土改发证工作。

是年,解放军剿匪,逮捕一批残余匪徒。

1951 年

春,农村开展"组织起来,走社会主义道路"的教育运动,农民根据自愿互利的原则组织互助组。

8月20~23日,连日暴雨,伴有强台风,稻禾折茎,秋后减产三成。

1952 年

10月,大庙区卫生所和妇幼保健站成立。1957年,由沈炼石等6名医生组建庙港联合诊所。1958年,改建为庙港公社医院。

是年,中国人民银行大庙区营业所成立。

1953 年

2月,由邱特三、张诚等12名医生组建吴溇联合诊所,1958年,改建为七都公社医院。

春,取缔一贯道,进行反动道会门登记。

7月,天气干旱,太湖吴溇口水位降至2.08米,七都、庙港境内大部分河港干涸,田块缺水灌溉,造成秋熟作物大减产。

9月,庙港乡(小乡)第一次人民代表大会召开。

11月,贯彻政务院命令,执行粮食统购统销,禁止私商经营粮食油料。

是年,大庙区第一个初级农业生产合作社——南星社成立。

1954 年

5月,七都、庙港、盛港乡农村信用合作社成立。

6月,七都乡第一届人民代表大会召开。

入夏,连日阴雨,水位暴涨,圩围被淹,七都、庙港乡政领导发动群众,奋力排涝抗灾。

8月,棉布实行计划供应,城乡居民每人每年发放布票24市尺。1983年12月1日停止使用布票。

10月,大庙区供销合作社成立,陆港设供销站。

1955年

8月,贯彻粮食"三定"(定产、定购、定销)到户,吴溇、庙港集镇居民实行粮油定量供应。

12月,学习贯彻《关于农业合作社问题》的指示,七都地区共建立初级农业生产合作社74个。

1956年

1月,庙港地区共建立初级农业生产合作社93个。

2月,七都地区组建合作商店4个,设门市部14个,从业人员85人;庙港地区组建合作商店8个。完成私营工商业的社会主义改造。

3月17日,大庙区撤销,并入震泽区,庙港、七都等乡由震泽区管辖。菱荡乡、方桥乡、七都乡合并为七都乡。庙港乡、盛港乡合并为庙港乡,开弦乡、光荣乡合并为开弦乡。

是月,新民主主义青年团七都乡第一次代表大会召开,成立团总支委员会。

是月,七都乡第二届人民代表大会召开。

5月12日,澳大利亚学者葛迪斯随新西兰文化代表团到开弦弓村访问,了解该村经济文化、生产及群众的生活风俗习惯。

6月,庙港乡试种双季稻获得成功。

1957年

4月24日,全国人大代表费孝通带领社会科学院经济研究所农村经济调查组重访江村,随访的有《新观察》杂志记者,发表《重访江村》的调查报告两篇。

7月上、中旬,七都、庙港乡连降20天大雨,雨量在500毫米以上,水位猛涨,低洼圩田尽淹,秋后严重减产。

8月,庙港乡第二届人民代表大会召开。

10月,撤区并乡,吴溇乡划出东风、火箭2个高级社划归七都乡管辖;庙港乡划出西部合群、曙光、友谊、轮穗4个高级社划归大儒乡;同时将罗港乡西部三联、五联、富联3个高级社和开弦弓乡联三、丰民、光荣、开明4个高级社合并为庙港乡。

是月,七都乡第三届人民代表大会召开。

11月,七都、庙港乡妇女联合会成立。

1958年

8月,庙港乡动员375人组成远征军,至菀坪乡落户。七都、大儒两乡动员400人组成远征军,至菀坪乡落户发展农副业生产。

是月,七都农业初级中学、庙港中学创办。

9月,大儒乡撤销(西半乡划入七都公社,东半乡划入庙港公社),七都公社成立,公社机关设在吴溇集镇。庙港公社成立,公社机关设在庙港集镇。

是月,庙港公社第三届人民代表大会召开。

是月,新民主主义青年团庙港公社委员会成立。

是月,七都、庙港公社的各生产队单独或组合办公共食堂。1961年6月初,各生产队公共食堂解散。

10月,中共七都、庙港公社委员会成立。

10月,七都血防领导小组成立,全面开展灭螺查病防治工作。

11月,七都、庙港公社发动群众兴修水利,开凿乡道,并组织民工开凿太浦河。

12月6日,太浦河节制闸工程开工。1959年8月28日竣工。

是年,大办民兵师,七都、庙港民兵师成立。

1959年

1月29日,江苏省整社工作团、七都乡工作组赴火箭大队蹲点(现捕捞村)。

7月,七都粮食管理所成立,大庙区粮管所撤销,庙港粮食收购供应站成立。主管粮食统购统销、仓储、调运业务。

10月,中国人民银行七都、庙港营业所和信用社重建。

是年,七都、庙港公社机电站建立。

1960年

1月,庙港公社第四届人民代表大会召开。

是月,中共庙港公社第一次代表大会召开。

3月中旬,公社整风整社和社会主义教育运动基本结束。

4月,七都、庙港公社人民武装部建立。

8月,庙港公社勇星大队妇女6人,摇船去东山烧香,遇大风翻船,6人落水,2人脱险,4人溺水身亡。

9月12日,七都、庙港公社召开全体党员、生产队长会议,传达中共江苏省委关于粮食生产和压低农村城市口粮标准的指示精神。

是年,七都公社建成卫星、建民大队电力排灌站。

1961年

3月,庙港公社第二批支边人员及随行家属共127人由周胜高带队启程赴新疆。

夏,庙港公社五联大队第十一生产队一少女遭雷击身亡。

9月20日,七都公社第四届人民代表大会召开。

11月,七都、庙港公社党员干部学习中共中央《关于农村人民公社当前政策问题的紧急指示信》即农业12条后,开展反"五风"(即共产风、浮夸风、瞎指挥风、强迫命令风、干部生活特殊化风)为内容的整社运动。

1962年

6月4日,七都公社跃进、卫星等11个大队的60多个生产队由于大量施用劣质氨水,造成150多亩双季早稻颗粒无收。

7月,七都、庙港公社调整基本核算单位,调整大队核算单位为生产队核算单位,补足社员自留地。

8月,为发动社员种好管好自留地,根据《农村人民公社工作条例》(修正草案)即农业"六十条"精神,七都、庙港公社颁发"社员自留地使用证"。

9月6日,七都公社遭受台风、暴雨袭击,造成2人受伤,倒塌受损房屋34间,淹没鱼池35只,冲跨外荡缺口3处,27400多亩水稻受到内涝,占水稻面积88%。

是月,庙港公社第五届人民代表大会召开。

1963年

是月,七都、庙港公社全面开展社会主义教育运动。

4月29日,七都公社第五届人民代表大会召开。

5月15日,中共七都公社第一次代表大会召开。

8月30日,七都公社叶港大队沈某等5人下田拔草,突遭雷阵雨,奔至岗界圩凉亭内避雨,凉亭遭遇雷击,全部身亡。

1964 年

1 月,七都、庙港公社召开三级干部会议,学习贯彻中共中央《关于目前农村工作中若干问题的决定(草案)》和《关于农村社会主义教育运动中一些具体政策的规定(草案)》两个文件。

6 月 30 日 24 时,第二次全国人口普查,七都公社总人口 23857 人,庙港公社总人口 22490 人。

7 月,庙港公社罗港大队第一、四、九生产队社员 9 人,摇船去太浦河北滩割草,返回途中因超载,在河中遇风浪翻船,9 人全部落水,6 人溺亡。

1965 年

1 月,七都、庙港公社第一次贫下中农代表大会召开。

是年,七都、庙港公社贫下中农协会成立,1970 年停止活动。

是年,庙港公社建成城角、民字大队电力排灌站,灌溉面积 2300 亩。

1966 年

1 月,七都、庙港公社第六届人民代表大会召开。

是年,"文化大革命"开始,下半年起,各级党组织及行政领导机构处于瘫痪状态。

是年,庙港公社建成繁荣、南角大队电力排灌站,灌溉面积 1060 亩。

1967 年

3 月,七都、庙港公社设立生产办公室,由人武部负责指挥全公社工农业生产。

4 月,七都、庙港公社广播放大站成立。

8 月 7 日,庙港公社红卫大队联合立新、合群、繁荣等 8 个大队创办的股份制缫丝厂。1972 年秋,转为庙港公社缫丝厂。

1968 年

3 月,七都、庙港公社革命委员会成立。

春,黎里公社 70 户渔民 400 多人迁到庙港定居,定名为新胜渔业大队。

9 月,七都、庙港公社教育革命领导小组成立,派贫下中农管理学校。

1969 年

1 月,原吴县太湖公社荣星渔业大队,划归庙港公社。

4 月,七都、庙港公社开展"清理阶级队伍"运动,一批无辜的干部、群众受到政治陷害和人身摧残。1979 年,七都、庙港公社成立"落实政策办公室",为冤、假、错案受害者彻底平反,恢复名誉。

9 月,七都、庙港公社各大队建立合作医疗站。

11 月 14 日,七都公社蔬菜厂成立。

1970 年

1 月,庙港公社新胜渔业大队与荣星渔业大队合并为团结渔业大队。

6 月 17 日,中共七都公社第二次代表大会召开。

9 月,中共庙港公社第四次代表大会召开。

1971 年

1 月,七都、庙港公社开展农业学大寨活动。

3 月 26 日,震泽—庙港航线、季家坝航道进行建桥和人工疏浚航道。

7 月 30 日,在江苏省桑树萎缩病防治会上七都公社红心大队党支部作题为《紧跟毛主席革命路线,粮桑生产向前进》的经验交流发言。

1972 年

3 月 8 日,经县革命委员会批准,七都公社农具厂成立。

11月28日,七都公社在荣星大队召开冬季生产现场会。

12月,庙港公社电影放映队成立,备有8.75毫米1型放映机。

是年,庙港公社围垦东太湖东起亭子港西至太湖大堤,面积998亩,1973年全部种植水稻,于1981年退耕回湖。

1973年

6月21日,吴江县革委会在七都公社召开全县积肥和早稻管理工作现场会。

12月,庙港河道拓宽,银匠桥拆除。

是年,七都、庙港公社在"文化大革命"中查抄的物资,其清退复查处理工作全部结束。

1974年

6月,七都、庙港公社贫下中农协会恢复活动。1984年2月,该组织撤销。

9月,庙港北端新建"庙港桥",同时建有升降闸。

1975年

3月28日,庙港公社建立蔬菜加工厂。

是年,七都影剧院开业。

是年,生物化学家彭加木到七都公社考察,协助研究"癔桑"的防治对策。

1976年

1月8日,国务院总理周恩来逝世。群众自发哀悼。

2月,七都公社大会堂落成启用。

春,庙港公社太平桥大队西鱼池发掘马家浜晚期文物陶釜。

9月9日,中国共产党中央委员会主席毛泽东逝世,各单位举行哀悼仪式。

10月24日,七都、庙港公社干部、群众集会,庆祝中共中央粉碎"江青反革命集团"的历史性胜利。

12月29日,庙港公社翻建机关用房5幢,1115平方米,造价4130元。

1977年

3月,庙港公社太平桥大队西鱼池,发掘出新石器时代晚期"三足陶鬲"文物。

8月3日深夜11时左右,七都公社中学仓库因烟头起火,发生火灾,造成直接经济损失2万多元。

是月,庙港公社太平桥大队在大鱼甸,发掘出新石器时代晚期文物骨质鱼标。在湾林池发掘出良渚文化晚期文物黑皮陶贯耳壶。

1978年

年初,七都公社吴溇10队在全县率先实行分组联产责任制。

春,庙港公社开挖东联圩河(南),西起庙港东至亭子港,全长3.96千米。

4月7日,七都公社丝织厂、七都公社软垫厂成立。

4月14日,庙港公社红卫大队第十三生产队22人乘船到外圩种早毛豆,在返回途中,因超载渗漏而沉船,22人全部落水,经抢救13人脱险,9人溺亡。

8月,七都、庙港中心小学恢复建制。

是年,七都公社成立计划生育领导小组。

1979年

4月2日,七都公社工业供销经理部成立。

6月7日,庙港公社水泥制品厂成立。

8月31日,七都公社服装厂成立。

10月19日,庙港公社化工厂成立。

是年，七都、庙港公社完成对地主、富农分子的摘帽工作，其子女的家庭成分为人民公社社员。

是年，庙港公社成立农机管理站。

是年，庙港公社成立计划生育领导小组。

1980年

2月2日，庙港公社工业供销经理部成立。庙港公社农工商蔬菜联合公司成立。

3月10日，七都公社交通管理站成立。

4月10日，七都公社运输队成立。

6～8月，七都、庙港公社遭受台风、暴雨袭击，七都公社2人受伤，倒塌受损房屋34间，淹没鱼池35只，外荡缺口3处，27400亩水稻受内涝。

7月7日，庙港公社投资15万元将原公社大会堂翻扩建为影剧院，翻建后的建筑面积为978平方米。

1981年

6月25日，七都、庙港公社第七届人民代表大会召开。

7月8日，位于长漾西北庙港—震泽接壤处，条石排柱结构三孔石桥"罗坝桥"，被船撞倒塌。

9月16日，庙港影剧院落成。

10月1～4日，费孝通带领中科院经济研究所的吴承毅、王康、林友苏以及他的姐姐费达生等人"三访江村"。

10月3日，七都公社蔬菜加工厂成立。

11月5日，七都公社建造蚕种催青室。

是月，庙港财政所成立。

12月，七都、庙港公社文化中心成立。

是年，七都财政所成立。

1982年

1月1日，庙港交通管理站成立。

7月1日零时，第三次全国人口普查，七都公社共7118户，总人口31297人；庙港公社共7097户，总人口28821人。

7月5日，中共七都公社第五次代表大会召开。

9月2日下午5时，七都公社菱荡湾大队挂机船与吴溇集镇货船在金鱼漾相撞，造成60多人落入漾中，其中3人溺亡。

10月1日，庙港新汽车站落成，投入运行。

12月29日，庙港公社开弦弓大队周明芝出席1982年度江苏省农业先进代表大会。

1983年

2月10日，在开弦弓汽车站举行震泽—开弦弓公路通车仪式，并从开弦弓车站开出有史以来第一班客车。江苏电台当晚作报道。7月10日延伸至庙港，震庙公路全线通车。

3月7日，七都公社多种经营服务公司成立。

6月21日，经省政府批准，吴县太湖公社火箭大队划归吴江县七都公社管理。

7月9日，中共庙港公社第五次代表大会召开。

7月19日下午3时，太湖水位4.20米，庙港公社勇星大队倪家港坝口决口，经12小时奋战，堵住坝头。

是月，恢复乡建制，七都、庙港公社更名为七都、庙港乡。

8月25日，七都乡吴溇村一队仓库因电器起火引起火灾，烧毁仓库7间，造成直接经济损失

4000多元。

是月,七都、庙港乡经济联合委员会成立。

1984年

1月,庙港乡个体协会成立。

4月2日,七都乡公安派出所成立。

春,庙港乡渔业村率先在太湖内开展围网养鱼100亩。

5月9日,七都堤闸管理站建立。

是月,七都、庙港乡第八届人民代表大会召开。

是月,经苏州市交通局验收合格,"八(都)七(都)"公路客运通车。

6月6日,庙港乡"创出丝率大面积全国先进水平"获江苏省科技成果奖。

6月16日,美国克拉克大学教授、社会历史学家哈丽雯(女)应费孝通邀请到庙港乡开弦弓村访问。

6月18日,七都乡个体协会成立。

1985年

2月12日,庙港公安派出所成立。

4月11日,七都乡电缆线厂派船装运水泥楼板,途经金鱼漾,忽遭大风浪,两船翻沉,船上4人落水,其中2人溺亡。

5月25日,庙港乡政府新建招待所竣工,建筑面积284平方米。主楼造价7万元。全国政协副主席费孝通亲笔为新建招待所题写"万顷阁",置于门楼下。

是月,庙港乡第六次妇女代表大会召开。

8月30日,七都乡工会工作委员会成立。

9月10日,中共七都、庙港乡委、乡政府召开第一个教师节庆祝大会。

9月14日,七都邮电支局上空遭雷击,致使七都至吴江、至八都的线路设备烧毁,中断通信。

11月24日,中共七都乡第六次代表大会召开。

1986年

2月20日,七都乡军人家庭服务中心指导委员会成立。

3月15日,庙港乡敬老院竣工。

4月,庙港乡工会工作委员会成立。

5月15日,全国人大常委会外交委员会副主任、国务院国际问题研究中心总干事宦乡、康克清的秘书叶美娟等到庙港乡开弦弓村视察。

8月26日,七都乡建立农业技术学校。

10月25日,中共庙港乡第六次代表大会召开。

12月3日,七都乡文物保护领导小组成立。

1987年

2月10日,中共庙港乡开弦弓村党总支成立,总支下设6个支部,党员125人。

3月6日晚上8时许,庙港乡8314亩油菜、11269亩三麦受到冰雹袭击,冰雹大的似核桃,小的似黄豆,受损严重。

4月24日,七都乡第九届人民代表大会召开。

7月24日,庙港乡第九届人民代表大会召开。

12月7日,新联丝织厂庙港分厂举行挂牌仪式。

是年,七都乡对外贸易公司成立。

1988 年

2 月 1 日,中共七都乡第七次代表大会召开。

2 月 25 日,法国社会科学院教授、法国社会学会前会长米歇尔·科赛在访问吴江期间到开弦弓村进行社会调查。

6 月 2 日,中共中央政治局候补委员丁关根一行,到开弦弓村了解养蚕情况并参观乡缫丝厂。

7 月 17 日,七都乡水泥制品厂发生重大人身事故,拉丝车间职工韦某被拉丝机卷入身亡。

8 月 29 日,七都、铜罗与浙江交界地带抢购早秋茧,发生"蚕茧大战",造成较坏影响,事后对当时有关领导进行处分。

12 月,七都、庙港乡土地管理所成立。

1989 年

1 月 24 日,县工商行政管理局命名吴江家用电机厂、吴江七都冶炼厂、苏州市吴江特种电缆厂为 1988 年度"重合同、守信用"企业。

是月,庙港乡科学技术协会成立。

7 月 16 日,中央新闻纪录电影制片厂摄制组到庙港乡拍摄养蚕一条龙的新闻纪录片。

11 月,"庙港闸"动工。1990 年 12 月 30 日,竣工。

是年,庙港乡在沿太湖的富联、罗港、富强、庙港、合群、五联、曙光、月字圩、太平桥 9 个村,建立苏州市直供蔬菜基地。

是年,在国家农牧渔业部植保总站 IPM 项目的示范地——富强村,开展由世界银行出资的探索蔬菜病虫害综合防治无公害化实验。

1990 年

1 月 9 日,中共七都乡第八次代表大会召开。

1 月 12 日,中共庙港乡第七次代表大会召开。

1 月 20 日,七都乡心田湾大桥验收通车。

2 月 27 日,七都乡第十届人民代表大会召开。

2 月 27~28 日,庙港乡第十届人民代表大会召开。

4 月 6 日,七都第一家中外合资企业吴江太湖皮件有限公司开业。

7 月 1 日零时,第四次全国人口普查,七都乡共 7740 户,总人口 32236 人;庙港乡共 7198 户,总人口 29181 人。

12 月 11 日,共青团七都乡第八次代表大会召开。

12 月 18 日,七都乡科学技术协会第二次代表大会召开。

是日,七都乡第六次妇女代表大会召开。

1991 年

2 月 1 日,七都乡双荡兜村通客车。

2 月 2 日,吴江七都通信电缆厂成立。

2 月 5 日,35 千伏七都变电所全面施工。1992 年 7 月 14 日竣工,投入运行。

4 月 11 日,中共庙港乡纪律检查委员会成立。

4 月 25 日,七都乡农工商总公司成立。

4 月 26 日,庙港乡农工商总公司成立。

5 月 3 日,庙港乡第七次妇女代表大会召开。

7 月 9 日,中共中央总书记江泽民、国务院副总理田纪云、中共中央书记处候补书记温家宝等中央领导到庙港乡太浦河节制闸视察太湖灾情。

8月7日,七都乡文义兜、前浜兜、钮家兜等村遭受龙卷风袭击,41人受伤,100多人无家可归,直接经济损失近千万元。

9月18日,庙港乡残疾人联合会成立。

9月28日,七都乡残疾人联合会成立。

1992年

1月8日,江西省崇义县蚕桑丝绸开发中心与七都缫丝厂签订《关于联合新建崇义县缫丝厂协议书》,项目总投资687万元,设计能力年产白厂丝240吨。

1月10日,吴江市环太湖公路庙港至横扇段通车,全长9千米,总投资251万元。

1月11日,上午8时25分,停泊在七都乡心田湾供销社油库码头的一艘65吨油船,在用电动泵抽油时发生爆炸,造成一死两伤,直接经济损失3.3万元。

5月4日,吴江召开撤县设市成立大会。

9月8日,共青团七都乡第七次代表大会召开。

9月10日,国家农业部植保总站、江苏省农林厅粮农站一行17人到庙港、横扇等地,就引进世界银行贷款、提高蔬菜综防技术项目进行实地考察。

9月26日,经江苏省人民政府批准,撤销七都乡、庙港乡,分别以原辖区建立七都镇、庙港镇,实行镇管村体制。

9月28日,庙港镇老年人协会成立。

12月5~6日,中共七都镇第九次代表大会召开。

12月20~21日,中共庙港镇第八次代表大会召开。

是年,七都水厂易地新建。1995年,日供水量5000立方米,镇区及9个行政村农户全部饮用自来水。

1993年

1月15日,七都镇第十一届人民代表大会召开。

1月15~16日,庙港镇第十一届人民代表大会召开。

4月20日,七都镇老年人协会成立。

5月,韩国教授曹明根带J107×J108蚕种100张,在庙港镇更楼港村指导饲养。

6月29日,民政部长多吉才让一行6人考察七都电缆厂。

8月16日,省军区司令员少将郑炳清到七都镇视察民兵建设,参观镇人武部、七都丝织厂和李家港村民兵营。

8月17~23日,七都、庙港镇连遭暴雨袭击,强度超常,水位猛涨,超过1991年水位12厘米,干部群众全力抗洪救灾。

1994年

7月12日,庙港镇投资800万元开工建设35千伏变电所,容量1万千伏安。是年,竣工后投入运行。

9月23日,七都镇工会第一次代表大会召开。

是月,七都、庙港镇旱情严重,七八两个月长期无雨,部分河底露面,农副作物受干旱影响。

12月6~7日,江苏电视台在"江苏名镇"栏目播放"水乡窗口"庙港镇,介绍庙港近年来的发展变化。

12月21日,庙港镇工会第一次代表大会召开。

1995年

3月4日,七都镇第七次妇女代表大会召开。

3月17日,庙港镇第八次妇女代表大会召开。

5月,庙港水厂易地新建。1996年,5月1日,庙港镇投资178.6万元建成日供水3500吨新水厂投产,受益6个村,至此全镇农户全部饮用自来水。

10月31日,日本吉备大学访问团一行5人到庙港镇进行访问,参观了开弦弓村、金蜂集团公司、村办企业,走访农户,并乘船观赏太湖风光。

11月9日,江苏省工业经济常务理事会第一届会议在亨通集团召开。

11月24~25日,中共七都镇第十次代表大会召开。

11月25日,中共庙港镇第九次代表大会召开。

1996年

1月5~6日,七都镇第十二届人民代表大会召开。

1月8日,七都镇街道办事处成立。

1月13~14日,庙港镇第十二届人民代表大会召开。

2月14日,吴江市委市政府在七都镇召开现场观摩会。

4月6日,全国人大常委会副委员长、民盟中央主席费孝通一行12人,到七都镇考察双塔集团、亨通集团、巨通集团和金装集团。

5月10日,中共中央纪律检查委员会常委、副书记侯宗宾,中共江苏省纪律检查委员会副书记陈章浩,中共苏州市委常委、纪律检查委员会书记周彩宝到七都镇考察。

6月,印度农民代表团到庙港镇参观更楼港、开弦弓村蚕桑生产。

8月18~19日,七都、庙港镇遭11号台风袭击,七都镇倒塌受损房屋数十间,倒毁树木近千株,电杆400多根,工厂被迫停工,经济损失1200多万元。

8月28日,江苏省委副书记许仲林一行到七都镇视察。

8月31日,江苏省人事厅副厅长朱国禧、江苏省人才中心主任潘继红到七都镇考察。

10月11日,江苏省副省长王荣炳到七都镇视察金装集团、亨通集团。

是月,经省人民政府命名,七都镇为"江苏省科技工作先进镇"。

11月9日,七都镇成人教育中心校与苏州市机械职工大学联合开办的首期"经济管理"大专班在七都成教中心举行开学典礼。

是年,苏州(庙港)太湖蟹交易市场开业。

1997年

1月14日,全国人大代表、全国作协副主席、苏州杂志社主编陆文夫等视察七都镇亨通集团。

1月18日,七都镇政府新大楼、财政大楼落成并交付使用。

2月15日,中央电视台记者刘铁男等到七都镇进行实地采访。

2月21日,吴江市水产工作会议在七都镇召开。

3月25~30日,中央电视台《经济半小时》摄制组一行5人到七都镇摄制节目。

3月29日,由政协上海市委办公厅主任孔长松带领上海东方电视台、《劳动报》社、房地产公司等部门考察组到七都镇洽谈太湖开发事宜。

3月31日,日本妙香园株式会社田中富治郎赠送的880株樱花运抵七都镇,植于镇区新开辟的樱花园内。

4月1日,中共江苏省委农村工作部部长周福元到七都镇考察经济开发区及金装集团、亨通集团、巨通集团等骨干企业。

4月19日,国务院办公厅秘书四局局长王泉利和民政部优抚司司长孙伟林一行5人到七都镇参观考察。

4月22日,中共江苏省委书记陈焕友到七都镇视察太湖大堤。

是日,海军东海舰队原政委戴润生、北海舰队政委李长如、东海舰队副政委冯达及南海舰队原副司令员张先军、东海舰队副司令员李文模等老将军,到七都镇参观考察。

5月9日,中国人民对外友好协会副会长陈昊苏到七都镇参观考察。

5月9~10日,中央电视台二台《经济半小时》节目四次播放七都镇经济发展情况。

5月11日,邮电部邮政科学研究规划院院长李峰率领20多名邮电、通信专家到七都镇考察。

7月7日,吴江市国家税务局第五管理分局在七都镇成立。

7月27日,国家环保局副局长张坤民到七都镇考察太湖水质和亨通集团、金装集团。

8月14日,吴江市地方税务工作会议在七都镇召开。

9月27~28日,江苏省卫生镇检查团到七都镇进行省级卫生镇考核鉴定,七都镇通过考核,评为"江苏省卫生镇"。

9月29日,七都镇举行"人民广场"落成启用典礼。

9月30日,中共中央直属机关党委副书记顾云飞到七都镇参观考察。

10月20日,经省人民政府命名,庙港镇为"江苏省科技工作先进镇"。

10月26~30日,首届"97中国·七都太湖旅游节"举办。出席上海市第三届国际电影节的部分中外著名导演、影星和电影制片厂厂长等出席开幕式。

1998年

2月2日,国家税务总局党组书记、副局长项怀诚到七都镇考察。

2月5日,中国亨通集团公司董事长、总经理崔根良被中国人民解放军总参谋部评为全国优秀退伍军人科技创业新闻人物。

2月23日,吴江市建设工作会议在七都镇召开。

2月25日,山西省信息化工作考察团到七都镇考察。

4月2日,全国人大常委会原副委员长费孝通到七都镇考察乡镇工业和农村经济发展情况。

4月15日,以省政府办公厅杨士其为团长的省新型示范小城镇检查考评团到七都镇考核、验收。

4月20日,西藏林周县县委一行到七都镇参观考察。

4月26日,中共中央委员、国家环保总局副局长宋瑞祥和国家环保总局宣教司长王耀先、计财司司长张力军、污控司处长刘鸿志到七都镇考察亨通集团公司和太湖水污染防治情况。

4月,庙港镇投资20万元,在沿湖公路镇区东500米建立苗圃场,占地面积22亩。

5月27日,国家监察部副部长、民建中央副主席、全国政协常委冯梯云及其随访人员共10人到七都镇考察两个文明建设情况。

5月28日,省政府办公厅副主任、省委驻淮阴扶贫工作队队长赵文龙,省委政研室处长、淮阴县委副书记顾星率工作队一行到七都镇参观考察。

7月24日,新加坡工业园区代表团到七都镇参观。

9月28日,受热带风暴影响,18时起,太浦闸开闸泄洪,下泄量150立方米每秒。

10月30日,七都镇望湖住宅小区被评为省级文明住宅小区。

11月8日,易地新建的七都中学举行落成典礼,共募捐260.69万元。

是月,七都镇吴溇、桥下、邱田、勤丰村被命名为江苏省卫生村。

12月10~11日,中共七都镇第十一次代表大会召开。

12月17~18日,中共庙港镇第十次代表大会召开。

12月24~25日,七都镇第十三届人民代表大会召开。

12月27日,国家环保总局副局长汪纪戎到七都镇考察。

1999年

1月7~8日,庙港镇第十三届人民代表大会召开。

1月21日,七都镇被命名为"江苏省实施教育现代化工程先进乡镇"。

1月25日,由国家防汛办、太湖局组成的太湖流域防汛检查组,实地检查太浦闸运行情况、太浦河喇叭口疏浚、环太湖大堤护砌等。

是月,庙港镇投资140万元,在环湖公路镇区段新建1660平方米加油站。

2月18日,国务院中央政策研究室主任桂世镛到七都镇考察,参观城镇建设、望湖住宅小区和太湖旅游开发,书写"建设小城镇之花"的题词。

2月21日,上海第二军医大学校长、博士生导师、少将李家顺到七都镇考察。

3月5日,农业部国际合作司副司长赵龙跃到七都镇考察。

3月16日,吴江市农业工作现场会议在七都镇召开。

5月4~5日,江苏省卫生镇检查团到庙港镇进行省级卫生镇考核鉴定,庙港镇通过考核,评为"江苏省卫生镇"。

5月5日,省政府办公厅副主任、省委驻淮阴县工作队队长徐国柱一行19人到七都镇参观考察。

5月21日,中共江苏省委常委、苏州市委书记梁保华到七都镇实地考察有关企业。

7月2日,浙江省圩堤被洪水冲击,有一道10多米长的缺口,洪水直泄七都镇焦田村长漾圩。七都镇组织5个村、20多个企事业单位和镇机关的200多名抢险队到现场,与奉命从苏州、镇江赶到的183名武警战士,共同在3千米长的圩堤上加高加固,险情及时得到控制。

7月8日,太湖平均水位5.07米,超历史最高水位0.28米。经国家防总批准,上午8时,太浦闸开闸泄洪。

7月18~22日,"1999七都之夏"太湖旅游节举办。《人民日报》《新华日报》上海东方电视台、江苏电视台等新闻媒体均作报道。

8月24日,日本内滩町町长岩本秀雄到七都镇参观访问,参观镇容镇貌,还走访望湖小区居民家庭。

是月,庙港中心小学迁至合群村(原公社果园场)新校址,校舍占地面积3.3万平方米,建筑面积5400平方米,总投资900万元。

是月,庙港镇幼儿园迁至庙东街南300米新院址,建筑面积3700平方米,总投资250万元。

9月16日,七都镇被中央文明委评为"全国创建文明镇工作先进镇"。

9月28日,吴江市供电局在七都镇召开35千伏七都变升压工程启动验收大会。

11月20日,七都镇召开"水利募捐暨水利建设突击月活动"千人动员大会,大会共收到社会各界捐款261.5万元。

12月9日,七都镇望湖小区被省建委授予"江苏省城市物业管理优秀住宅小区"称号。

12月29日,七都镇通过创建国家卫生镇省级考核鉴定。

2000年

3月17日,七都镇亨通集团公司列全国第十三届电子元件百强企业第五位。

4月15日,环湖大堤除险加固工程七都段全部完成。

7月20日,在庙港镇政府召开太浦河泵站国际试工安装标前会,主办单位为上海水务局,参加单位有中国水电十一局等9个招标单位。

7月28日,七都镇第一家台资企业——苏州华顺标贴制品有限公司在心田湾工业区破土动工,该公司投资70万美元。

8月4日,台湾逢甲大学副教授陈介英及台湾政治大学等专家学者一行到七都镇作学术调研。

是月,庙港供销社油库改建庙港中心液化气站。

10月20日,计划投资1000万美元的吴江乔联电子制品有限公司在七都举行奠基仪式。

11月1日零时,第五次全国人口普查,七都镇共9906户,总人口37031人;庙港镇共7289户,总人口28710人。

11月28日,七都中学顺利通过省示范初中的验收。

12月3日,马来西亚国家电视三台到七都镇采访金装集团。

12月26日,总投资近3亿元的太浦河泵站工程,在太浦河节制闸南侧(庙港镇富联村1组地段)正式动工。水利部副部长张基尧,中共上海市市委常委、副市长韩正,江苏省副省长姜永荣,苏州市副市长江浩,中共吴江市委副书记、市长程惠明赶赴现场出席开工典礼。2003年4月竣工。

12月29日,七都交通巡警中队成立。

2001年

1月2日,全国爱国卫生运动委员会授予七都镇"国家卫生镇"称号。

1月17日,吴江市水利工作现场会在七都镇召开,与会的各镇领导参观镇区水利建设和河道清理情况。

1月25日,中共中央委员、全国政协常委桂世镛到七都镇调研深化农村改革、推进农村经济持续发展工作。

5月,《七都镇志》出版。

6月18日,省委常委,省军区司令员少将蒋文郁一行,到七都镇调研民兵工作。

6月23日,七都镇亨通集团邀请国内众多知名专家、学者参加第二届亨通集团发展战略研讨会。

6月29日,中共七都镇委员会召开庆祝建党80周年暨扶贫基金募捐仪式。

7月,《庙港镇志》出版。

8月6日,七都镇行政村区域调整,由原来28个行政村调整为16个。

8月8日,庙港镇行政村区域调整,由原来21个行政村调整为13个。

9月25日,七都镇亨通集团被省政府命名为重合同、守信用企业。

10月,七都、庙港镇农工商总公司被撤销。

12月8~9日,七都镇亨通集团在苏州会议中心举行庆祝成立10周年活动并举行发展研讨会。科技部副部长吴忠泽,省委常委、苏州市委书记陈德铭,中科院院士简水生在会上发言。国家财政部部长项怀诚、信息产业部副部长吕新奎为研讨会题词。

12月24~25日,中共庙港镇第十一次代表大会召开。

12月28~29日,中共七都镇第十二次代表大会召开。

2002年

1月8~9日,七都、庙港镇第十四届人民代表大会召开。

1月24日,共青团七都镇第十次代表大会召开。

2月15日,美国亚洲协会主席蒋一成及其夫人郭彦文到七都镇考察。

3月4日,七都镇第八次妇代会召开。

3月7日,庙港镇第九次妇代会召开。

4月18日,日本东京工学院校长龟田俊夫率领6人考察团到七都中学参观考察学校教育工作。

是月,七都镇党委书记周学林带队赴日本、韩国进行考察招商。

5月10日,韩国华城市学生代表团到七都镇参观。

6月28日,总投资7.1亿元的吴江市区域供水一期工程在庙港镇联强村开工,2005年8月8日,区域供水一期工程全线通水。

7月31日,经中共吴江市委常委会研究决定,建立中共中国亨通集团公司委员会。

9月10日,七都镇亨通集团与日本藤仓株式会社合资兴建光纤项目签约仪式在吴江宾馆举行。

9月16日,七都镇商会成立。

9月30日,费孝通第二十六次访问江村,在周文昌家访谈。

10月12日,首届中国庙港太湖螃蟹节开幕。新加坡以及中国香港、澳门等国家和地区的水产经销外商代表、上海、常州、无锡及本地的太湖螃蟹养殖大户、经纪人共200多人参加太湖螃蟹节,此活动每年都举办一次。

10月27日,七都镇举办"吴江科技人员创业园"暨"江苏七都太湖高新技术开发区"揭牌仪式。

是月,七都镇举办"七都镇撤乡建镇十周年暨中国光电光缆之都"大型文艺演唱会。

2003年

1月15日,经中央精神文明建设指导委员会办公室复查,确认七都镇为全国创建文明村镇工作先进镇。

4月1日,七都镇亨通集团公司被国家工商总局评为"守合同重信用"企业。

4月24日,七都镇工会第三次代表大会召开。

4~6月,七都、庙港镇开展防治传染性非典型肺炎工作。

7月3日,七都镇第二次行政村区域调整,行政村由16个调整为12个。

7月4日,中共七都镇望湖村、双塔桥村、环湖村、沈家湾村党总支成立。

7月15日,庙港镇第二次行政村区域调整,行政村由13个调整为10个。

8月22日,七都镇亨通光电股份有限公司发行3500万股A股在上海证券交易所挂牌交易,开盘价13.3元。

是日,七都太湖蟹交易市场开业。

10月8日,在第十八届全国青少年科技大赛上,七都镇中心小学船模、桥模、建模兴趣小组的"开发溇港文化、实践'三模'创意"项目获"优秀科技实践活动"一等奖。

11月1日,上海复旦大学附属中学社会实践基地在七都镇挂牌。

11月12日,苏州大学近百名在读的博士、硕士研究生到庙港镇参观考察太浦河泵站、江村调查基地及金蜂缫丝厂。

11月25日,吴江市创安工作会议在七都镇召开。七都镇被苏州市创建平安金融安全区领导小组评为吴江市首个信用镇。

12月18日,经江苏省人民政府批准,撤销七都镇、庙港镇建制,以原两镇区域合并设立新的七都镇。

12月22日,七都镇第十四届人民代表大会第四次会议召开。

2004年

4月27日,经吴江市人民政府批准,七都镇"环湖村"更名为"吴溇村","节制闸村"更名为"太浦闸村"。

5月28日,经吴江市人民政府批准,撤销七都镇沈家湾村建制,分别设立"沈家湾村"和"西漾渔业社区居委会"。

6月7日,七都镇红十字会成立。

7月1日,"洪福木偶昆曲"拜师仪式在苏州昆曲博物馆举行,为非物质文化遗产培养传承人。

8月12日,经吴江市人民政府批准,对七都镇6个居民住宅区进行命名,分别是:菜场新村、望湖南区、望湖中区、望湖北区、教工新村、亨通人才公寓。

9月2日,中共东风村、隐读村、丰田村、东庙桥村、长桥村、吴越村党总支成立。

9月14日,龙卷风袭击心田湾、丰田村一带,倒塌房屋17间,无人员伤亡,经济损失180万元。

9月15日,七都太湖蟹协会成立。

9月16日,七都太湖湖羊协会成立。

11月1日,七都镇3万吨级生活污水处理工程正式开工建设。2006年11月,生活污水处理厂一期工程竣工投产。

11月13日,亨通集团注册商标"亨通光电"被国家工商行政管理总局认定为"中国驰名商标",成为吴江市第一件中国驰名商标。

11月22日,占地面积3300平方米、总投资300多万元新建的心连心幼儿园竣工,投入使用。

11月24日,中共苏州市委常委、组织部部长邱岭梅一行到庙港社区视察党员服务中心的建设情况。

11月25日,东风、双塔桥、吴溇、长桥、吴越、菱田6个村被命名为江苏省卫生村。

11月29日,中共巨通集团党总支成立。

12月4日,七都镇通过国家卫生镇复查。

12月17日,望湖、丰田、东庙桥、陆港、㶚烂、盛庄、庙港、联强、太浦闸、开明、开弦弓、丰民、光荣13个村被命名为江苏省卫生村。

2005年

1月25日,七都镇创建"全国环境优美乡镇"工作通过专家组考核,11月10日,七都镇通过"全国环境优美乡镇"验收。

1月31日,中共省委常委、苏州市委书记王荣率省有关部门负责人走访七都镇敬老院,代表省委、省政府向老人们表示慰问,并赠送棉被、冰柜、电视机、空调等慰问品。

4月6日,共青团七都镇第十一次代表大会召开。

4月11日,全国社保基金理事会理事长项怀诚到七都镇庙港社区考察民营企业。

4月24日,费孝通在北京辞世。25日,开弦弓村干部群众举行追悼仪式,悼念著名的社会学家、人类学家和社会活动家费孝通。

4月26日,新当选的全国劳动模范——亨通集团总裁崔根良,赴北京参加全国劳模表彰大会。

4月28日,江苏众华家纺有限公司在七都镇举行奠基仪式。

5月12日,在政府四楼会议室召开《学习先进、开拓创新、掀起科学发展热潮》动员大会,会议特邀全国劳动模范、亨通集团总裁崔根良到会作报告。

5月19日,中央电视台1套新闻评论部制片人王猛一行人到七都镇采访亨通集团和开弦弓村。

5月20日,经吴江市人民政府批准,七都镇庙港中心小学更名为吴江市庙港实验小学。

6月22日下午3点15分左右,心田湾工业区和长桥村遭到突发龙卷风袭击,中心风力达9~10级。龙卷风造成12人受伤,30多户农户的住房受损,永亨铝业和东方铝业两家企业的厂房有4个屋顶被掀。

6月24日,七都镇消防中队成立。

6月28日,在七都镇影剧院举办中国共产党建党84周年庆典活动。

9月15~20日,中国吴江(七都)太湖蟹香港推介会在中国香港举办。

10月27日,苏州加联亚工业有限公司在七都镇奠基。

11月8日,中国木偶剧团一行在导演王磊的带领下,到七都看望木偶昆曲老艺人姚五宝并进行现场艺术切磋。

11月18日,"华润万家"七都店开业。

12月4日,在北京召开的全国精神文明建设工作表彰会上,七都镇被评为全国创建文明村镇工作先进村镇。

2006年

2月17日,七都镇综合执法队成立。

2月25日,中共省委常委、苏州市委书记王荣率市先进性教育督导人员调研七都。

3月14日,中共七都镇群幸村委员会成立。

3月24~25日,中共七都镇第十三次代表大会召开。

3月26日,苏州恒达集团新星铜业有限公司开工,该项目总投资2.2亿元。

是月,七都镇交管所新大楼举行开工奠基仪式。2008年竣工。

4月3日,江苏省建设厅、苏州市、吴江市建设局领导到七都镇进行新农村建设调研。

5月10日,省爱卫办副主任谢龄庆带队的国家卫生镇复查组到七都镇复查。复核组认为,七都镇的卫生工作完全符合国家卫生镇的标准。

5月24日,七都镇农村工作办公室成立。

6月1日,信息产业部公布2006年第十九届中国电子元件百强企业名单,亨通集团有限公司位居"综合实力百强"第二名。

7月6日,吴江市机构委员会下发批复,吴江市国土资源局七都分局成立。

8月14日,大型文献片《中国民主党派》摄制组到七都镇庙港社区为原民盟主席、社会学家费孝通拍摄外景。

8月18日,七都镇乒乓球协会成立。

是月,投资168万元的七都镇全球眼安全监控系统投入使用。

9月13日,省级生态村考核验收组到七都镇东庙桥村,进行生态村的考核验收。东庙桥村成为七都镇省级生态村的第一村。

9月28日,2006浦江源头——吴江太湖生态蟹论坛暨名优水产品交易信息发布会在七都镇举行。

10月18日,位于七都镇人民路的七都镇广电网络分公司新大楼举行开工奠基仪式。2008年4月,新大楼竣工投入使用。

10月31日,七都镇财政集中支付中心成立,同时撤销会计服务站。

11月17日,中国社会科学院近代史研究所、北京大学访问学者教授麦金农到七都镇开弦弓村访问。

11月26日,七都中学文化交流学校——新加坡崇文中学师生一行到七都中学进行文化回访,为期一周。12名学生被安排在相应的班级,并实行结对交流。

2007年

1月22日,七都镇召开国家级再生资源回收利用市场和加工示范基地、七都镇文化活动中心规划研讨会。

3月26日,苏州市残联举办的残疾人教育就业工作会议在七都镇召开,苏州市下辖的6个区、

5个县市的残联领导和教育就业部门负责人30多人参加会议。

3月30日,七都镇安全生产监督管理所成立。

是日,七都镇动迁办公室成立。

是日,七都镇信访工作办公室成立。

4月1日下午1点多,位于沪苏浙高速公路七都镇丰民村路段的一名30多岁的外地男民工在高架路做电焊时,不幸遭雷击身亡。

4月7~8日,在吴江宾馆举行七都镇发展战略定位研讨会,特邀北京大学中国地方政府研究院执行院长彭真怀,全国政协委员、中共中央党校原副教育长王瑞璞,中共中央办公厅调研室巡视员余永龙和国土资源部、国家发改委、北京大学的有关专家,为七都的发展出谋划策。

4月19日,七都镇举办全国"两会"精神传达报告会,邀请全国政协委员、南京中医药大学教授、博士生导师王旭东作报告。七都镇党委中心组成员、各村定工干部、企事业单位负责人、全体机关干部等近200人聆听报告。

5月18日,七都镇财政所新大楼落成,交付使用。

5月25日,七都镇财政所更名为吴江市财政局七都镇财政分局。

6月7日,南非莫哈林市市长卡尔文·西拉尼率政府代表团到吴江市访问,有关客商到七都镇万宝集团考察铜加工业。

6月11日,七都收费站开通会议召开,建设在七都吴越路上临近浙江省南浔的公路交通收费站将于6月15日开始启用。

7月1~6日,国学大师南怀瑾创办的太湖大学堂建成,首次开讲。

7月6日,七都开弦弓村与上海科技出版社结对共建举行签约仪式。

8月7日,省委常委、苏州市委书记王荣一行到七都镇就太湖环境保护和围网养殖调整等问题进行深入调研,并听取庙港渔村社区、万顷公司的情况介绍。

8月16日,省环保厅组织无锡市环保局组成全国环境优美乡镇复查组11人到七都镇进行复查。

8月23日下午,河北省河间市市委书记冯耀武率党政代表团一行39人考察七都镇亨通集团。

9月1日,2007中国电工技术学会电线电缆专业委员会学术年会在七都镇亨通电力电缆有限公司举办。

9月28日,在中国香港帝苑大酒店举行"2007浦江源头吴江七都太湖生态蟹香港推介会"。

10月7日,受第16号台风"罗莎"影响,七都镇风力7~8级,太湖水面阵风9级,并伴有大到暴雨,局部大暴雨。

10月18日,吴江市区域供水扩建工程在七都镇举行开工典礼。

10月25日,在上海兰生大酒店举行2007浦江源头吴江东太湖生态蟹暨名优水产品(上海)推介会。

11月15日,省体育强镇考评组到七都镇考评,2008年1月,被评为"江苏省体育强镇"。

12月18~19日,七都镇第十五届人民代表大会召开。

2008年

1月10日,七都镇协税护税办公室成立。

1月12日,沪苏浙高速公路江苏段正式通车。

1月下旬至2月初,冰雪天气连绵,暴雪罕见,受损农贸市场6个,倒塌车间、房屋114间,农机、绿化、蔬菜等不同程度受损,直接经济损失3600多万元。

2月2日早上6时55分,坐落于镇区的太湖明珠浴室0.5吨锅炉发生爆炸,伤1人,周围房子倒塌多间。

3月19日，全国社会保障基金理事会理事长项怀诚一行到七都镇视察。

3月21日，亨通集团董事长崔根良获"2007年度科技创新创业市长奖"，成为吴江首位获此荣誉的企业家。

3月25日，七都镇被国家发改委确认为第二批全国发展改革试点小城镇。

4月19日，共青团七都镇第十二次代表大会召开。

5月2日，教育部副部长章新胜到七都镇庙港社区考察。

5月14日，国家安全监督总局危化司司长王浩水率国务院安全生产百日督查专项行动第五督查组一行10人到七都镇督查。

5月28日，省经贸委副主任顾瑜芳和环资处处长张金国到七都镇调研节能降耗和发展循环经济情况。调研组分别考察再生资源回收利用有限公司和江苏万宝铜业有限公司。

5月31日，中共江苏省委常委、常务副省长赵克志到七都察看太湖水源地保护工作情况。

6月8日，中共江苏省委副书记、省长罗志军和省政府秘书长樊金龙到七都察看太湖取水口水质和东太湖湿地修复工程。

8月28日，中共七都镇太浦闸村委员会成立。

是日，七都镇一号地标商业中心举行开街仪式。

9月3日，吴江市命名首批社会科学普及基地，七都镇开弦弓村名列其中。

9月19日，七都镇（废铜回收加工产业化试点）被省经贸委会、省环保厅、省外经贸厅确认为第二批省级循环经济试点单位。

9月20日，七都镇第四次工会代表大会召开。

10月15日，全市东太湖网围养殖整治工作动员大会召开。2009年，东太湖综合治理工程启动。

10月18~20日，中央电视台摄制组到七都拍摄改革开放30周年专题片。

10月20日，七都镇率先进行东太湖网围拆除签约工作，于10月25日完成全部716户渔民的签约任务。

10月30日，七都城市管理行政执法队举行成立挂牌仪式。

是月，江苏万宝铜业集团有限公司的"电力电子用高导无氧铜带"获第六届国际发明展览会金奖。

11月20日，第二届全球华商500强高科技论坛在湖北荆州举行，亨通光电股份有限公司入选，崔根良获"全球华商高科技领袖"勋章。

12月22日，国家发改委小城镇改革发展中心副主任袁崇法等到七都镇听取试点方案论证。

2009年

1月20日，亨通集团获"全国精神文明建设工作先进单位"称号。

2月6日，七都东庙桥污水处理厂举行奠基仪式。

2月23日，七都镇动拆迁办公室成立，撤销镇动迁办公室和拆违办公室。

2月28日，七都镇妇女联合会第九次代表大会召开。

3月22日，亨通集团巴西营销技术服务分公司开业庆典仪式在巴西里约热内卢布市举行。

4月2日，太湖流域水环境综合治理省部际联席会议代表、国家发改委地区司司长范恒山等一行到七都镇考察太湖水质情况。

4月11日，江苏七都投资环境推介会举办。安徽、浙江、上海等地的政府领导和企业代表共40多人参加推介会。

4月20日,国家水利部部长陈雷到七都考察水源保护工作情况。

4月28日,苏州格林乡村公园、苏州冠洁生活制品有限公司、德尔国际地板有限公司二期项目、亨通光电特种光电缆项目和亨通培训中心等重点项目,举行集中开工仪式。

5月12日,吴江市残疾人就业专场招聘会在七都镇举行,有16家七都企业进场招聘。

6月16日,吴江市欣达通信科技股份有限公司和苏州市南方欣达双金属材料有限公司奠基。

7月1日,中共望湖村、东庙桥村委员会成立。

7月23日,七都镇商会第三届会员大会召开。

8月28日,七都政协组成立。

是日,中澳"太湖水污染治理试点项目"启动会相关领导在国家发改委国际合作中心副主任霍恩全的率领下到七都考察太浦闸村农村生活污水治理现场。

9月4日,国家发改委综合司司长石刚率调研组一行到七都镇调研服务业发展情况。

9月20日,中共四川德阳市委常委、绵竹市委书记、市人大主任兰开弛率绵竹市党政考察团一行到七都镇考察富威科技有限公司。

9月28日,"浦江源头 七彩之都"2009中国吴江七都太湖螃蟹节开幕。中国渔业协会河蟹分会李国平、上海世博局国内参展部副部长钱伯金以及江苏省海洋渔业局、省太湖渔业管理委员会的相关领导,韩国以及中国香港、上海、深圳等地客商应邀出席活动。

10月4日,国家发改委经贸司司长王宝伟、中粮集团总裁于旭波一行到七都镇考察太湖蟹养殖基地。

10月24日,国土资源部部长徐绍史、江苏省副省长李小敏、苏州市市长阎立、省国土资源厅厅长夏鸣到七都镇亨通集团和太湖湿地调研。

12月29日,中纪委、中组部国有企业巡视组第三组组长滕久明一行7人到七都德尔国际地板有限公司视察。

2010年

1月15日,国务院参事室副主任、中国国学筹建领导小组副组长王明明一行15人到七都考察太湖大学堂。

1月23日,亨通集团总裁崔根良获"2009中国经济十大新闻人物"奖。

1月26日,太湖网围《养殖使用证》发放大会在七都镇召开,吴江首批536张《养殖使用证》在会上发放给东太湖渔民。

1月28日,吴江市苏商农村小额贷款股份有限公司在七都镇揭牌开业。

2月3日,中共江苏省委常委、苏州市委书记蒋宏坤,省长助理徐南平,走访七都镇陆港村低保户陶五宝家庭。

2月21日,苏州市七都科技园开工仪式在七都镇举行,市有关领导参加奠基仪式。

3月3日,美国黑鹰集团董事长、环球健康及教育基金会及世界轮椅协会主席肯尼斯·尤金·贝林率领管理团队到太湖大学堂,研讨中国传统文化全球化和全球自然日问题。

4月5日,为纪念费孝通诞辰100周年,中国江村文化园费孝通江村纪念馆在开弦弓村动工兴建。10月20日竣工。

4月14日,亨通集团获"中国效能之星"最高评级五星级,成为全国3家获此荣誉的企业之一。

4月16日,恒达房产在七都核心板块开发的皇家丽景暨七都文化中心举行开工奠基典礼。

5月17日,第三届中国工业大奖在北京人民大会堂揭晓,亨通集团有限公司获"中国工业大奖表彰奖"。

5月27日,中欧国际工商学院2008届全球CEO班学员一行80人,参观太湖大学堂。

6月25日，亨通光电股份有限公司与美国OFS公司合资成立江苏OFS亨通光电科技有限公司。

7月1日，国有控股的七都公交公司正式成立，开通七都镇城镇公交4条线路。

9月3日，七都镇创业孵化基地在新落成的庙港财富商贸广场举行揭牌仪式。

9月15日，东太湖湿地保护工程绩效评估核查会在七都镇召开，省、市农林系统有关领导和专家参加会议。

是日，为全面推行无纸化办公，启用"七都镇电子政务系统（2010版）"，今后凡文件、信息传送均通过电子政务网进行，实现网上办公。

9月16日，七都镇第十五届人民代表大会第六次会议召开。会议通过屠福其辞去七都镇人大主席职务的辞呈，选举查旭东为新一任人大主席。

10月8日，在太湖湿地公园举行"中国河蟹之乡"的授牌与揭牌仪式。

是日，"浦江源头，七彩之都"摄影画册和《七都》一书首发。

10月13日，广州亚运会主火炬在北京点燃，金丰木门取得"中国2010年第十六届广州亚运会赞助企业"的资格，成为中国木门行业首家赞助企业。

10月21日，七都镇举行项目集中开工仪式，亨通电力电缆有限公司特种电缆项目、吴江工力化纤科技有限公司及苏州利马新材料有限公司等3个项目奠基，总投资超过10亿元。

10月22日，全国人大常委会原副委员长、中国关心下一代工作委员会主任顾秀莲，财政部原部长项怀诚，费孝通女儿费宗惠等，到七都镇开弦弓村参观中国江村文化园。顾秀莲、项怀诚共同为园内的费孝通塑像揭幕。

10月23日，中国江村文化园在七都镇开弦弓村开园。副省长、民盟主委曹卫星等出席仪式。

11月1日零时，第六次全国人口普查，七都镇共16895户，总人口78000人。

12月16日，吴江市农村环境连片整治会议在七都镇召开。

2011年

1月18日，七都东庙桥污水处理厂利用德国复兴银行融资活动在吴江市举行。

1月20日，由七都公交公司投资并管理的10辆区域公共出租车投入运营。

3月15日，江苏省立法工作座谈会的与会领导100余人参观中国江村文化园。

3月24～25日，中共七都镇第十四次代表大会召开。

3月29日，由江苏省农委、江苏省出入境检验检疫局、江苏省海洋与渔业局联合组成的专家验收组对七都镇万顷太湖蟹养殖有限公司申报的省级农产品出口示范基地进行考核验收。

3月31日，七都镇国家卫生镇复查迎检暨农村综合环境建设会议召开。

是日，江苏省环保厅厅长陈蒙蒙一行到开弦弓中国江村文化园，参观费孝通纪念馆、江村历史文化陈列馆、费达生江村陈列馆等。

4月9日，太湖局苏州管理局和七都镇人民政府联合申报的"太湖浦江源国家水利风景区"项目初审会在七都镇人民政府召开。参加会议的有水利部景区办、太湖局、省水利厅河道管理局、七都镇政府等部门单位的专家及代表共20人。

4月28日，格林乡村公园开工，于2012年竣工。

是日，苏州市卫生、环保、市政市容等部门组成的国家卫生镇复审检查中，七都镇顺利通过复审。

5月16日，江苏省文联书记处书记、党组成员郑泽云到江村文化园，先后参观费孝通江村纪念馆、江村历史文化陈列馆和费达生江村陈列馆。

6月1日，七都镇在原306路（七都—南浔）公交的基础上，开通到浙江南浔的夜间公交车。

7月26日,投资约1000万元的七都东环路全线完成改造,并通车。

8月13~14日,水利部水利风景区评审委员会专家组一行在水利部国科司巡视员乔世珊的带领下,到七都太湖浦江源水利风景区,现场考察景区内太浦河水利枢纽工程、格林乡村公园、太湖大学堂、太湖渔港、湿地公园、费孝通江村纪念馆等景点,召开评审会听取景区开发建设情况汇报,对景区的发展前景提出意见与建议。

8月30日,共青团七都镇第十三次代表大会召开。

10月24日,建设银行"城乡一体化"乡镇金融深度服务交流会在七都召开。

11月10日,七都镇音舞社成立。

12月2日,环保、安监、工商、城管、建管、消防、电力等七部门开展联合执法行动,对江浙交界处丰田村、东庙桥村段的9家无证无照非法生产经营企业进行集中取缔,共拆除非法安装的锅炉2台,精溜塔6座,小熔炼炉7台,以及非法生产场所10处。

12月8日,中共江苏省委常委、苏州市委书记蒋宏坤专题调研七都工业经济、文化产业发展情况。

12月28日,七都镇组织市镇两级人大代表和市政协委员视察年度政府实事工程——浦南大道绿化景观工程和七都农贸市场升级改造工程,切实履行人大法律监督、政协民主监督的职能。

2012年

1月9日,投资950万元,占地15亩,建筑面积1100平方米的七都镇公交枢纽运输站投入运行。

是月,老太庙文化广场启动建设。于2017年9月28日竣工。

2月1日,七都镇吴越路沥青路面改造工程正式开工,计划于7月底前完工。改建后的吴越路行车道宽度为18~22.5米,双向四车道,道路两侧各为3米宽的人行道。工程总投资为3090万元,全线长为2.278千米,全线按照二级公路标准设计。

2月29日,省海洋与渔业局局长唐庆宁一行到七都调研指导浦江源万亩生态蟹养殖示范园建设。

3月4日,华东师大社区文化研究中心"江村研究基地"揭牌。

3月9~10日,七都镇第十六届人民代表大会召开。

3月26日,连通江浙两省7个市县、全长317.5千米、供游客骑车或步行的环太湖风景路建设项目启动仪式在七都镇举行。国家住房建设部总工程师陈重、江苏省副省长何权和浙江省副省长陈加元共同启动建设项目。

4月12日,苏州市副市长、吴江市委书记徐明到七都镇调研。

5月7日,中共江苏省委巡视组考察调研七都文化旅游业的发展及太湖水环境建设。

5月12日,七都科技园——太湖明珠·南泊湾项目举行招商、开盘仪式。

6月6~8日,以范小青为首的全国著名作家一行20余人会同部分吴江本土作家,到七都镇参加"太湖·七都"名家笔会。作家们先后到江村文化园、格林乡村公园、太湖大学堂、太湖湿地公园参观采风,观看木偶昆曲表演,品尝农家特色美食。

6月7日,苏州市非公有制经济党建工作推进会在亨通集团召开。

6月25日,七都卫生院院长周林荫到南京市参加"江苏省第二届医师节暨优秀基层医师表彰大会",被授予"江苏省优秀基层医师"称号。

7月10日,七都镇与南京邮电大学光电工程学院签订战略合作框架协议,双方将加强产学研合作交流,实现双赢发展。该院还向镇党委书记查旭东颁发兼职教授聘书。

7月19日,南京军区副司令员王教成,中共江苏省委常委、省军区政委李笃信,省水利厅厅长吕振霖,中共苏州市委常委、市军分区政委蔡凡秀,苏州军分区司令员杨晋等到七都镇东太湖太浦闸水利工程,实地察看太湖防汛设施。

7月23日,七都镇青年商会成立。

8月8日,第11号台风"海葵"肆虐吴江,风大雨疾,中共江苏省委副书记、省长李学勇,中共省委常委、苏州市委书记蒋宏坤,苏州市副市长、中共吴江市委书记徐明等,到太浦闸察看太湖防洪排水情况。

8月15日,苏州市非公企业党的纪律监督工作推进会在亨通集团召开。

8月18日,江苏凯伦建材股份有限公司开业运营。

9月14日,江苏省人大代表苏州市第一小组考察位于开弦弓村的江村文化园。

9月29日,南怀瑾在太湖大学堂辞世。10月19日,吴江市各界南怀瑾追思会在太湖大学堂举行。

10月9日,省循环经济试点评估考核组一行6人,到七都镇评估考核再生资源回收利用有限公司的循环经济试点工作情况。

10月18日,2012太湖七都·浦江源文化旅游节新闻发布会暨"太湖七都"APP应用发布活动举行,明确定位"精致小镇,从容七都"——七都文化旅游概念。

10月21日,七都镇首家四星级标准酒店——阳光太湖度假村开业。

10月30日,吴江凯联达金属制品有限公司举行开工奠基仪式。

11月12日,中共七都镇党委书记查旭东应南京邮电大学光电工程学院邀请作题为《青年择业漫谈》的专题讲座。光电工程学院数百名学生听取讲座。

11月29日,吴江撤市设区大会在吴江人民剧院举行。

是月,七都镇老太庙文化广场启动,中共七都镇党委书记查旭东授予中国佛学院副院长、成都文殊院方丈宗性法师"老太庙筹建委员会主任"聘书。

是月,七都大道改造及延伸工程顺利通过验收。

12月1日,230省吴江收费站开始双向收费。收费站位于七都镇、230省道江浙交界处。

是月,由吴江电视台联合七都镇制作的"七都之变"的专题系列报道,在吴江新闻连续播出,系列报道共分五集,通过对镇区面貌、村庄环境、工业经济转型、文化旅游产业发展以及人民生活水平等现状的表现,集中反映七都镇近年打造滨湖精致小镇所发生的变化。

2013年

1月14日,中共江苏省委常委、苏州市委书记蒋宏坤调研七都城乡一体化发展以及新农村工作,走访隐读村集宿楼项目建设现场及村民家中。

1月25日,集行政审批、许可和便民服务于一体的七都镇行政服务中心正式投入使用。

是月,2012年度国家科学技术奖获奖目录近日公布,苏州市有3个项目通过评审,荣膺"国家科学技术奖",七都镇恒生纱业有限公司为其中之一。

2月17日,江苏国通科技集团有限公司电梯及电梯部件项目举行开工奠基仪式。

3月19日,吴江举行全国两会精神传达报告会,全国人大代表、亨通集团董事长崔根良作专题传达。

4月7日,2013太湖·七都文化旅游节启动。

4月19日,第八届中华慈善奖颁奖盛典在北京举行。亨通集团有限公司蝉联"中华慈善奖·最具爱心企业"称号,崔根良当选为中国慈善联合会常务理事。

4月20日,总投资3亿元人民币的松日电梯(中国)有限公司开工投产。

4月21日,亨通集团通过苏州市慈善总会向雅安地震灾区捐赠800万元善款和物资。

5月3日,七都东庙桥被列为第七批国家级重点文物保护单位。

5月6日,省村庄环境整治办公室考核小组一行对七都镇2个三星级康居乡村创建进行考核验收并顺利通过。

5月14日,省住建厅、国土厅、财政厅就支持小城镇发展的政策措施调研小组到七都开展联合调研。

5月31日,投资近3000万美元的冠洁纸业公司开工投产。

6月18~19日,江苏省纺织工业协会会长谢明一行4人到七都镇考察家纺行业发展情况。

6月23日,七都至东山旅游观光航线开通,实现数千年来隔湖相望的两地的有效连接。

7月,七铜线(七都至八都段)改建工程开工。改造从七都镇环湖路与望湖路平交口至八都明港大桥北块,全长11.89千米,项目投资约1.258亿元,采用半封闭施工,预计2014年4月完工。

是月,七都镇总投资近30亿元的建设"美丽七都"行动计划工程启动。

8月8日,七都镇在开弦弓村举办2013年全民健身节暨江村农民运动会。

9月27~28日,七都镇举办首届太湖国学讲坛暨国学大师南怀瑾逝世周年纪念活动。

10月1日,"七都大道"的老街改造工程完工。

10月12日,吴江区七都镇总工会成立暨第一次代表大会召开。

10月19日,中国社会学会授予费孝通江村纪念馆"中国社会学研究示范基地"称号。

10月28日,七都镇0572太湖温泉酒店会议中心项目举行开工奠基仪式。总投资约6000万元,总建筑面积17728平方米。

11月13日,国家循环经济试点单位验收组一行到七都,对作为国家循环经济试点单位的吴江再生资源回收利用有限公司的创建和运行情况进行考评。

是日,江苏省纺织工业联合会会长谢明带领工作组一行莅临七都视察江苏福丝特家纺有限公司、吴江明珠纺织有限公司等家纺企业。

12月19日,七都镇城市管理综合委员会成立。

12月26日,七都镇组织部分人大代表、政协委员参观视察中心幼儿园新园、儒林佳苑项目,及"美丽乡村"——开弦弓村示范点。

2014年

1月6日,省司法厅法制宣传处调研员郑坚带领验收组,对七都镇丰民村创建第九批"省级民主法治示范村(社区)"和第二批"省级法治文化建设示范点"进行考核验收。

1月12日,江苏亨通线缆科技有限公司获2013年度全国工商业联合会科技进步优秀奖。

是月,由国务院新闻办公室牵头拍摄的《中国道路与前进——海外学者看中国》系列片到七都拍摄。

3月22日,水利部太湖流域管理局及江苏省、浙江省水利厅和上海水务局等共同主办的太浦河水资源保护专题宣传活动在七都镇太浦闸举行。

4月17日,亨通集团有限公司获"中国工业大奖表彰奖"。

4月18日,由海峡两岸关系协会书画家交流分会主办,中国美术家协会、江苏省台办、江苏省美术家协会和书法家协会协办的"海峡两岸知名书画家作品展",在太湖大学堂开幕。

5月16日,庙港污水处理厂集中式中水回用项目正式开工。项目占地27亩,总投资3500万元,由同济大学建筑设计研究院规划设计,日处理喷织废水25000吨。

5月30日,七都幼儿园举行新园启用揭牌仪式。

6月7日,"吴江非物质文化遗产系列活动"在同里镇退思广场举行《太湖渔歌》首发仪式。七都香大头菜、熏青豆参加非遗产品的销售与展示,七都洪福木偶昆曲《牡丹亭·惊梦》参加展演,全区56个非遗项目中七都有木偶昆曲、太湖渔歌、熏青豆、风枵茶、丁香萝卜、香大头菜6个非遗项目。

6月8日，亨通凯莱度假酒店举行开业典礼。

6月13日，中国民主同盟在费孝通江村纪念馆建立"爱国主义教育基地"。

6月25日，中国纺织工业联合会副会长陈树津、中国家纺行业协会会长杨兆华、省纺织工业协会会长谢明率有关专家，对七都创建"中国家纺名镇"工作进行评审。

9月25日，由中央电视台与南怀瑾文教基金会共同制作的南怀瑾纪念专辑《明月在他乡》在央视10套《人物》首播。

9月29日，缅怀南怀瑾逝世两周年暨第三届"七都孝贤"表彰仪式、太湖国学大讲堂开工揭牌仪式举行。

10月22日，中国纺织工业联合会长丝织造协会到七都镇调研，召开座谈会。

11月12日，南京大学社会学院在该院礼堂内举行兼职教授讲演暨聘任仪式，中共七都镇党委书记查旭东被聘为该院的兼职教授暨MSW（社会工作硕士学位）专业兼职硕士生导师。

11月14日，共青团七都镇第十四次代表大会召开。

11月25日，2014年全球光通信最具竞争力企业10强榜单揭晓，七都镇的亨通光电位列全球10强之一。

是月，吴江区政府公布第二批文化产业示范基地名单。七都镇的"苏州浦江源文化旅游产业集聚区"名列其中。

12月16日，江苏凯伦建材股份有限公司成功登陆新三板，在全国中小企业股份转让系统挂牌上市。

2015年

1月23日，七都镇举办2015年"就业援助春风送岗位"区镇联动专场招聘会。

2月6日，七都镇商会第四届代表大会召开。

3月2日，亨通集团被中央文明委授予"全国文明单位"称号，这是吴江首家全国文明单位，也是苏州市唯一一家入选的民营企业。

4月下旬，中央电视台第10频道《味道》栏目摄制组到七都镇，为"端午"特别节目取材拍摄。

是月，苏州市公布2015年度全市文化产业重点项目名单，吴江有3个项目入选，其中七都有南太湖文化产业集聚区及国家音乐产业示范园区2个项目入选。

6月7日，《开弦弓村志》首发仪式在吴江区档案馆举行，中国地方志指导小组常务副组长李培林出席活动。

7月2日，中共江苏省委常委、宣传部长王燕文到七都镇就文化建设情况进行专题调研。

7月10日，苏州市政府对吴江区2014年度节能目标责任完成情况评价考核现场会议在七都镇亨通集团召开。

7月15日，中共江苏省委台湾工作办公室主任杨峰一行到七都镇考察两岸文化交流发展项目。

8月4日，江苏亨通光电股份有限公司获亚太质量组织（APQO）颁发的2015年度"全球卓越绩效奖"（世界级），成为中国通信行业及江苏省首家获此称号的企业。

8月28日，中共江苏省委副书记、苏州市委书记石泰峰到七都镇调研，重点了解亨通集团生产经营及转型升级情况。

8月31日，全区开放型经济工作座谈会在七都镇召开。

9月7日，苏州中信科技股份有限公司在全国股转系统挂牌上市，登录"新三板"市场。

9月29日,南怀瑾逝世三周年纪念活动暨"诚信七都"表彰仪式举行。

10月18日,亨通铜材特种铝合金及铜深加工项目举行开工仪式。

11月19日,省农保中心主任杨小平、各市农保中心领导、苏州市人社局领导及吴江区人社局领导督查指导七都镇的居民社会养老保险标准化服务建设工作。

11月20日,亨通集团收购印尼VOKSEL公司股权举行签约仪式,这是吴江本土企业第一次通过股权收购方式实现海外并购。

12月5日,亨通集团获"全国企业文化示范基地"称号。

12月12日,2015年中国品牌价值评价信息榜单发布,亨通集团列居企业品牌类(机械制造)全国第二位。

12月31日,省文化厅科产处处长徐循华一行到七都,对南太湖文化产业示范园区进行实地考察调研。

2016年

1月14~15日,七都镇十六届人大五次会议召开,会议选举肖军为七都镇人民政府镇长。

1月23日,2009中国经济高峰论坛暨第七届中国经济十大新闻人物颁奖典礼在北京人民大会堂举行。亨通集团总裁崔根良获"2009中国经济十大新闻人物"奖。

1月25日,中国台湾工作办公室重点交流项目"台湾大学生就业创业苏州行"参访团一行40余人参访七都老太庙文化广场、太湖大讲堂。

2月19日,中共亨通集团党委书记、董事局主席崔根良被中共江苏省委宣传部授予江苏"时代楷模"称号。

2月25日,苏州市美丽城镇建设办公室检查组到七都镇,看现场、查台账,检查七都镇2015年度及三年美丽城镇建设情况。

3月31日,中共苏州市委常委、统战部长朱民一行到七都镇调研。

4月2~3日,太湖群学书院举行开幕讲演。南京大学社会学院院长、长江学者周晓虹及美国明尼苏达大学社会学博士、费孝通江村访问学者陈心想在书院开展主题为"从孙本文到费孝通:中国社会学百年心路"的精彩讲演。

4月20日,"时代楷模"崔根良先进事迹发布录制仪式在央视演播室举行。

是日,国务院参事室副主任王卫民率调研组到七都调研文化事业产业发展及新型城镇化建设。

4月28日,中共苏州市委书记周乃翔到七都镇调研。

是月,中共亨通集团党委书记、董事局主席崔根良被中共中央宣传部授予全国"时代楷模"称号。

5月初,江苏省人社厅、江苏省财政厅授予七都财政分局"全省财政系统先进集体"称号。

5月20日,省新闻出版广电局一行到七都镇进行调研。

5月27~28日,中共七都镇第十五次代表大会召开。

5月29日,亨通集团短期融资券成功发行。

6月25日,亨通光电股份有限公司与美国OFS公司合资成立江苏OFS亨通光电科技有限公司。

7月18日,亨通光电被工业和信息化部评为全国"质量标杆",为苏州市唯一上榜企业。

8月18日,省人大常委会副主任赵鹏一行调研七都镇。

8月24日,吴江召开全区美丽城镇建设暨被撤并镇整治提升现场推进会。苏州市住建局等相关部门以及全市除城关镇外的50个建制镇主要领导到七都镇,参观考察庙港办事处作为撤并镇美丽城镇建设情况。

8月26日,七都镇综合执法大队暨城市综合治理联动指挥中心成立。

9月14日,2016太湖七都文化旅游节新闻发布会暨《诚信心自安》新书首发式在太湖迷笛营举办,新华社、新华网、人民日报、光明日报等知名媒体共同见证七都文化旅游的新征程。

9月20日,吴江出口蟹联席会议在七都镇召开。

9月26日,国家新闻出版广电总局规划发展司司长朱伟峰一行到七都镇,先后参观江村文化园、太湖迷笛营和太湖大学堂,调研七都镇音乐产业发展情况。

9月28～29日,七都镇举办第四届太湖国学讲坛暨南怀瑾逝世四周年纪念活动,中科院院士朱清时、省台办副主任李卫华、江苏人民出版社副总编辑府建明和南怀瑾子女亲属代表南小舜、南国熙等300余人参加活动。

10月17日,苏州宝嘉新能源科技有限公司太阳能组件(支架)系统项目在七都镇举行开工奠基仪式。

10月18日,2016太湖七都美食文化旅游系列活动启动仪式在浦江源大道入口处开启,上海电视台纪实频道和生活时尚频道等多家媒体到场拍摄。

10月22～23日,由北京大学、南京大学和吴江区委宣传部共同主办费孝通"江村调查"80周年学术纪念活动,在七都太湖群学书院成功举办。

10月27日,由江苏省对台交流基地、台湾超级铁人运动协会共同主办的"两岸一家亲,欢乐太湖行"半程马拉松活动,在七都太湖迷笛营成功举办。

11月5日,由国务院参事室社会调查中心联合《中国青年报》、新华网、新浪微博、腾讯网等单位共同发起的"费孝通田野调查奖"征文活动,在七都费孝通江村纪念馆启动。

11月8日,通用电梯股份有限公司在全国中小企业股转系统成功挂牌(股票简称:通用电梯,股票代码:839803)。

11月30日,江苏省研究室副主任仲红岩一行到七都镇,调研被撤并乡镇(庙港)的建设与发展情况。

12月13日,苏州莱德建材开业,中国建筑防水协会秘书长朱冬青、副会长苗燕、葛兆,中国建材科研总院苏州防水研究院院长羡永彪、中国建材检验认证集团苏州有限公司总经理朱德明、北京建筑材料检验研究院院长檀春丽、上海化建协会会长楼明刚、国家工程材料质检中心江苏省质检研究院高级工程师毛鸽平等行业领导及专家等300余人出席开业活动。

12月13日,七都镇与苏州大学马克思主义学院举行合作协议签订仪式,双方将进行深度合作,围绕"七都镇党建创新"开展专题研究。

2017年

1月11日,太湖浦江源国家水利风景区年会在七都镇召开。

2月6日,位于七都镇万宝路与环湖路交界处的融创地产七都沿湖高端地产项目启动。

3月18日,太湖迷笛营内,北京迷笛演出有限公司CEO单蔚,爱驾传媒CEO李克崎等共同为"太湖如家音乐小镇"项目培土奠基。

5月4日,国台办交流局局长黄文涛到七都调研海峡两岸交流基地创建情况,对七都有效利用本地特色文化资源,在促进两岸交流方面所作的努力和成效给予高度评价。

5月12日,河南省水利厅郭永平一行到七都镇调研太湖浦江源国家水利风景区建设情况。

5月22日,苏州大学凤凰传媒学院新闻传播系主任兼党支部书记曾一果等一行十余人到七都镇考察,现场参观费孝通江村纪念馆及老太庙文化广场。

6月2日,上海电视台主持人、知名国学学者崔德众在太湖群学书院为吴江80多名青年企业家和新一代企业家作《漫谈传统文化与产业升级》的国学讲座。

6月8日,苏州大学马克思主义学院在太湖群学书院举行党建与基层治理创新研讨会,苏州大学调研员夏东民、马克思主义学院院长田芝健等参加活动。

6月12日,复旦大学信息与传播研究中心主任黄旦、复旦大学新闻学院副院长孙玮等学者到七都镇考察。

6月19日,七都镇召开全镇领导干部大会,传达中共苏州市吴江区委有关人事任免决定。宣布镇党委政府主要领导调整的决定。经中共苏州市委、吴江区委研究决定,查旭东不再担任中共七都镇党委书记;肖军任中共七都镇党委书记;王炜任七都镇党委副书记,并提名为七都镇人民政府镇长人选。

6月30日至7月1日,七都镇第十七届人大第二次会议召开,王炜当选七都镇人民政府镇长,梅峰当选七都人民政府副镇长。

是月,首支股权投资基金-熔拓吴江股权投资基金III期顺利落户七都镇。

7月27日,七都镇入选第二批全国特色小镇公示名单。9月28日,全国特色小镇揭牌。

8月9日,由省太湖办副主任钱江带队,到七都镇庙港水厂对太湖治理相关工作进行现场督查。

8月22日,中共吴江区委第三轮第一巡察组正式进驻七都开展巡察工作。11月15日,中共吴江区委第三轮第一巡察组在七都镇召开巡察情况反馈会。

8月28日,七都镇妇女第十次代表大会召开。

9月2日,2017七都太湖开捕节在亨通太湖湿地公园拉开帷幕。江苏省太湖渔管会书记杜民根、区农委主任汝少峰、区旅游局局长张燕、镇党委书记肖军及渔民和观众代表共同为太湖开捕鸣锣,欢送渔船起航。

9月7日,《七都镇志》编纂工作动员会召开。

10月20日,江苏亨通精工金属材料有限公司年产10万吨各类铜导体项目举行奠基仪式。

10月20日,七都镇2017投资说明会在群学书院成功举办。电气、投资、科技、文化旅游等相关行业的企业机构代表参加说明会。

10月26日,凯伦股份(股权代码300715)在深圳证券交易所上市。

12月7日,水利部水利风景区评审委员会办公室一行到七都镇调研并召开座谈会。

12月29日,江苏省出版的首部中国名村志《开弦弓村志》首发式在北京人民大会堂举行。

12月30日,共青团七都镇第十五次代表大会召开。

2018年

1月15日,全球规模宏大的重型摇滚露天音乐节——"金属战火"全球乐队大赛中国赛区赛启动发布会在七都太湖迷笛营内的如家小镇举办。

2月23日,中共吴江区委常委、政法委书记王益冰到七都镇,走访慰问部分重点企业。

3月1日,苏州市文化产业发展领导小组到七都镇考察国学音乐小镇三期项目。

3月27日,七都镇召开2018年度民兵组织整顿普查暨应急分队点验大会。

4月中旬,国台办交流局局长黄文涛在省台办副主任张为、市台办副主任沈蓉陪同下,到七都镇调研两岸文化交流基地建设情况。

4月下旬,"太湖国学音乐小镇"入选2018年度国家新闻出版广电总局入库项目。

5月3日,中共吴江区委书记沈国芳和中共区委副书记、区长李铭带领区相关部门主要负责人,专题调研七都镇经济社会发展情况。

6月6日,七都镇开弦弓村特色田园乡村建设正式开工。

6月26日,七都镇举办系列活动庆祝中国共产党成立97周年。

7月12日,由区政府办牵头的全区水源地保护整改工作协同推进会在七都镇召开。

7月16日,开弦弓村乡贤议事会成立。

7月31日,苏州市政协副主席陈雄伟率市政协港澳委、民宗委委员到七都镇调研两岸文化交流基地建设情况,实地考察太湖迷笛营及如家小镇、省级对台交流基地老太庙文化广场。

8月9日,副区长张星带领区相关部门负责人到七都镇调研水源地保护工作。

8月17日,七都镇与躬耕书院、太湖大学堂、太湖如家小镇携手合作的"汉风苏韵 七都之音"国学音乐节系列活动成功举办。

9月12日,苏州市住建局机关第一支部委员会、中共苏州市工程造价处支部委员会与双塔桥村举行挂钩结对签约仪式。

9月20日,由苏州市国土资源局耕保处副处长葛广宇带队,对七都镇上半年"三优三保"土地复垦地块进行逐一验收。

是日,中共吴江区委副书记、区长李铭率区三治办(治违、治污、治隐患)、环保局、水利局、住建局、农委等部门调研七都水源地整治、围网拆除相关工作。

11月4日,第六届"吴江技能状元"大赛电线电缆制造工(检验工)项目暨亨通集团第六届员工职业技能大赛落下帷幕。

11月13日,中共苏州市委副书记、市长李亚平带领苏州市国土、规划、水利等部门负责人到七都镇督导饮用水水源地环境问题的整改情况。

12月6日,中共七都镇党委书记肖军率队到贵州省印江县朗溪镇开展"携手奔小康"考察对接活动。

2019年

1月10日,七都镇档案室通过"省一级村镇建设档案室"测评验收。

1月18日,苏州市国土资源局对七都镇第二批土地复垦地块进行验收。

3月13日,苏州市"美丽城镇"建设检查组到七都镇,看现场、查台账,检查七都2018年度"美丽城镇"示范点建设情况。

3月15日,为进一步加强涉水产品卫生监督管理,保障消费者权益及身体健康,国家卫健委韩宏处长一行对七都镇涉水企业进行检查。

5月9日,庙港实验小学与庙港中学资源整合后为江村实验学校。

5月30日,上海市发展改革研究院调研组到七都镇开展专题调研。先后到通用电梯股份公司和太湖湿地公园,分别对企业的生产经营、发展状况和太湖国家级水利风景区建设情况进行调研。

6月26日,"初遇南太湖,心系长三角"七都镇党委与浙江南浔经济开发区党委党建联盟成立仪式在南浔镇举行。

7月5日,江苏省商务厅市场运行和消费促进处处长夏网生带领副调研员张劲松及科长彭程到七都镇开展乡镇消费的调研活动。

8月1日,苏州市政府办第二督查组到七都镇督查高质量推进城乡生活污水治理工作。

8月8日,苏州市司法局副局长徐亦文一行五人到七都镇,对七都镇司法所的工作进行检查指导。

9月28日,七都镇特邀上海复旦大学教授田凌晖等专家到七都镇召开教育座谈会,镇领导王炜、王志萍、七都教育办及七都各学校负责人参加座谈。

12月11日,亨通航空产业园暨无人机项目奠基。省委常委、市委书记许昆林,市委常委、秘书长俞杏楠,副市长曹后灵,区委书记李铭,中国民航无人机适航审定中心研究员刘延利,中国航空工业第一飞机设计研究院院长宋科璞、党委书记尚忠弟,亨通集团董事局主席崔根良等出席奠基仪式。

2020年

1月10日,中共中央、国务院在北京举行国家科学技术奖励大会。亨通集团参与的"铝合金节能输电导线及多场景应用"项目获2019年度国家科学技术进步奖二等奖。

1月25日,七都镇召开新型冠状病毒感染的肺炎疫情防控工作紧急会议,安排部署全镇新型冠状病毒感染的肺炎疫情防控工作。

1月28日,江苏凯伦建材股份有限公司通过银行汇款向武汉市慈善总会捐赠100万元,作为湖北疫情防控资金。

1月30日,亨通集团接到武汉雷神山医院建设指挥部急需一批电缆的任务,立即组织驻地留守员工加班加点赶制,将价值200万元电缆援助给武汉雷神山医院建设指挥部,该批电缆于当天顺利发车。

3月2日,中共七都镇党委书记肖军主持召开七都镇党委理论学习中心组专题学习会,学习贯彻习近平总书记在中央政治局常委会上的重要讲话精神,并部署全镇下一阶段工作。

3月24日,七都镇召开开放再出发暨经济工作表彰动员大会。会议贯彻落实中央、省、市、区坚持"两手抓",夺取"双胜利"的部署要求,表彰先进、弘扬典型。镇三套班子领导、重点企业负责人、金融机构负责人、相关条线部门负责人以及经发办全体工作人员参加会议。

4月9日,经江苏省专业技术人员职称(职业资格)工作领导小组授权,亨通集团成立工程系列高级职称评审委员会,负责集团内部工程系列高级(含正高级)专业技术资格的评审工作。这是江苏首家被授予正高级职称评审权的大型民营企业。

4月23日,《人民日报》要闻版文章《增强接单能力,创新生产模式,加强产业融合——用上"云助手"便利且赋能(一线调查·关注复工复产)》,报道江苏亨通光电股份有限公司通过搭建"5G+人工智能的工业互联网云平台",促进上下游企业联通协同,构建工业互联网创新发展生态,提升创新能力和管理效率。

5月20日,省生态环境厅第二环境监察专员办驻苏州环境监察专员吴海和一行,到七都镇现场调研太湖安全度夏工作。

5月22日,第十三届全国人大第三次会议开幕,在京参会的全国人大代表、亨通集团董事局主席崔根良接受区融媒体中心记者连线采访。

6月2日,开弦弓村被省妇联、省妇女"双学双比"竞赛活动领导小组办公室,命名为江苏省"美丽家园"省级示范点。

6月23日,苏州市劳动和经济工作部、女工部一行到七都镇为亨通光电工会授予"江苏省企事业工会保护工作示范工会"奖牌并调研。

7月2日,省政务办副主任李晓雷带领省政务办审改处全体党员到七都镇,调研七都镇政务服务体系建设工作。

7月15日,应急管理部国家减灾中心副主任张学权率国家防总检查组一行,到七都检查太湖流域、太浦河等防汛抗洪情况。

7月18日,国家防总工作组到七都镇检查防汛救灾工作,中国气象局副局长于新文率工作组检查太浦闸。

7月21日,省生态环境厅太湖处二级调研员黄卫,会同省环科院太湖中心一行5人,到七都镇开展太湖治理工作调研

8月28日,省专家到庙港卫生院对儿科创建"省特色"科室开展现场指导。

8月31日,七都镇开展苏州市人大代表统一接待日活动,亨通集团有限公司执行总裁、亨通光

电股份有限公司董事长,区工商业联合会副主席(兼)钱建林,中国电信吴江分公司创新业务部副主任(主持工作)李国华,群幸村党委书记邹根龙等苏州市人大代表集中接待选民,面对面听取选民建议和意见。

9月1日,镇领导到江村实验学校,对学校疫情防控、校园安全及开学准备等情况进行视察指导。实地察看出入校园管理、教学环境消毒、后勤保障等准备工作情况,详细了解开学后的疫情防控准备工作。

9月13日,民盟中央宣传部部长曲伟、民盟中央宣传部宣教处处长臧宇、民盟中央美术院副院长顾平、民盟江苏省委秘书长唐双辰、苏州大学副校长杨一心、苏州大学社会学院院长高峰等到七都镇开弦弓村调研乡村振兴工作。

9月14日,七都镇在望湖村宴会厅成功举办吴江文艺戏曲惠民演出(七都站),该活动由吴江区文联、七都镇文体站主办,吴江区戏剧家协会承办,吴江区吴越艺术院协办。

9月20日,吴江区第五届骑行大会——七都站活动举行。本次活动由七都镇文体站主办,七都镇总工会、七都镇团委、七都镇妇联协办。

9月23日,吴江区地方志办公室召开《七都镇志》评审会。

9月25日,江苏省电线电缆制造工(检验工)职工技能大赛暨亨通集团第八届员工职业技能大赛在亨通光电线缆产业园举行,为一线技能人才展示才艺,弘扬精益求精的工匠精神,激励广大青年走技能成才、技能报国之路。共有100名职工参与此次比赛。

9月29日,由区委统战部、民盟吴江区委、区文体广电和旅游局、七都镇人民政府共同主办的纪念费孝通诞辰110周年暨"游学江村"旅游服务品牌发布活动在开弦弓村江村文化礼堂举办。

9月30日,江苏省第四批次特色田园乡村名单公布,七都镇开弦弓村被命名为"江苏省特色田园乡村"。

10月16日,中共江苏省委台湾工作办公室主任练月琴到七都镇,调研七都对台交流基地工作开展情况。

10月20日,第十一届长三角地区城乡规划研讨会"三省一市"青年规划师联合设计工作坊开营仪式在开弦弓村举行。活动旨在进一步促进吴江区、苏州市乃至长三角城市规划工作的交流与合作。

10月24日,江村实验学校编排的舞蹈作品《小报童》在吴江区2020年学生艺术节系列活动的初赛中被评选为吴江区小学的唯一代表作品,参加苏州市第五届中小学生艺术舞蹈比赛。

11月2日,由苏州市书法家协会、吴江区文学艺术界联合会、七都镇人民政府联合主办的"美美与共"苏州市中青年书法名家书费孝通诗词作品邀请展暨"桥见七都"吴江区美协油画采风写生展在吴江区职工文化活动中心开幕。

11月9日,苏州市财政局副局长沈璐及相关处室负责人一行到七都镇开展调研。

11月12日,纪念费孝通先生诞辰110周年暨《情系江村》首发式活动在七都镇开弦弓村举行。

11月17日,七都镇"全面健身挑战自我"乒乓球、羽毛球、篮球比赛在七都镇文体中心开赛,100多名运动员们参赛。

11月24日,七都镇召开全镇领导干部大会。传达中共苏州市吴江区委有关人事任免决定,肖军不再担任中共七都镇党委书记,蔡建忠任中共七都镇党委书记。

12月3日,"2020苏州吴江(北京)央企对接会"在北京顺利召开。七都镇邀请普天信息技术有限公司副总裁闫丽新、普天信息技术有限公司项目经理张崇礼、首旅酒店集团高端酒店事业部常务副总经理王爱军、首旅酒店集团高端酒店事业部业务发展部副总经理刘继东等客商嘉宾参加对接活动。

12月7日,学习贯彻党的十九届五中全会精神,区委宣讲团走进七都镇光荣村,区委宣讲团成员、区委党校三级主任科员陶绮军作《新阶段新理念新格局——学习贯彻党的十九届五中全会精神》主题宣讲。

12月17日,中央党史和文献研究院科研规划部副主任、一级巡视员、中共党史人物研究会秘书长王相坤,江苏省委党史工作办公室秘书处处长耿学忠调研七都,收集费孝通的有关资料,并走访调研费孝通江村纪念馆。

12月26~27日,由省教育厅立项,省科协、省文明办、省科技厅主办,省科学传播中心等单位承办的第三十二届江苏省中小学生金钥匙科技竞赛团体赛在南京科技馆举行。七都小学获小学组团体特等奖(第一名)。

第一卷

地　理

七都历史悠久。宋代，因渎（隐读）设巡检司。元末，吴王张士诚筑湖城经过吴溇。明弘治《吴江志》记载七都属震泽乡。七都风貌独特，濒临太湖，是在水网沼泽地上发展起来的，全境地势低平，河道稠密，沿太湖有 36 溇、72 港，其中 58 条在七都境内，具有江南水乡特色，构成丰富优美的水乡景观。七都土地肥沃，物产丰富。曾以蚕丝、水产业著称，且是地区性农副产品集散地。境内良好的自然环境、丰腴的土地和宜人的气候，为七都的经济建设提供坚实的环境和物质基础。

第一章　建置区划

第一节　建　置

今七都之地，古代先民在此繁衍生息，留下毫里等新石器时代遗址。春秋时期，地处"吴头越尾"，为吴越争战之战场，至今仍有"吴越战"的自然村名。后梁开平三年（909）建吴江县，成为县之属地。宋设乡、都机制，今七都之地主要为五都、六都、七都，隶属震泽乡管辖。五都、六都北临太湖，六都之西为浙江，七都在六都西南。宋代，六都因渎设巡检司，担负地方巡防之职。明洪武四年（1371），巡检司署北移至六都吴溇集镇。沿太湖溇港均建庙宇，五都所建之庙最大，故称大庙港或庙港。清雍正四年（1726），析吴江县偏西之地建震泽县，五都、六都、七都均属震泽县。清宣统二年（1910），曾设吴溇镇和五都镇。民国元年（1912），吴江、震泽两县合并成吴江县，吴溇、五都两镇改为吴溇乡和五都乡。

民国 18 年 8 月，调整区划，县以下设区，沿太湖的吴溇、五都、横扇三乡并为第十区。庙港（原五都乡）、吴溇恢复为镇。

民国 23 年 8 月，吴江县自治，把 10 个区合并为 8 个区。吴溇、庙港设镇，属第五区，区公所设在震泽。

民国 35 年 10 月，吴江县乡镇撤并，全县乡镇大改组，撤吴溇镇、庙港镇，设吴溇、大庙等乡，属震泽区。

民国 37 年 2 月，撤乡并乡，设七都乡、大庙乡，属震泽区。

民国 38 年 5 月 3～4 日，七都、庙港解放，成立七都、大庙乡人民政府，属震泽区。

1950 年 2 月，扩区分乡，设大庙区，七都、庙港、大儒等乡属大庙区。

1956 年 3 月，并区并乡，大庙区并入震泽区，七都、庙港、大儒等乡属震泽区。

1957 年 8 月，全县撤区并乡，重新组建七都、庙港乡。

1958 年 9 月，七都、庙港人民公社成立。

1983 年 7 月，恢复乡建制，七都、庙港人民公社更名为七都、庙港乡。

1992 年 9 月 26 日，撤乡建镇，七都、庙港乡改称七都、庙港镇，实行镇管村体制。

2003 年 12 月，七都镇与庙港镇合并为新的七都镇。

第二节 境 域

七都镇位于苏州市吴江区西南端,地处江、浙两省交会处。距吴江区政府所在地33.5千米。七都镇东北为松陵镇横扇办事处,东为平望镇,东南为震泽镇,南为浙江湖州市南浔镇,西为浙江湖州市织里镇,北濒太湖。

东有太浦河,南邻頔塘、318国道。沪苏浙高速公路穿越境内,230省道贯穿全镇。

1996年,七都镇地理座标北纬30°57′,东经120°23′。土地总面积为49.6平方千米,其中镇区面积为3.0平方千米。庙港镇地理座标北纬30°59′,东经120°27′。土地总面积为53.3平方千米,其中镇区面积为0.76平方千米。2003年12月,庙港镇与七都镇合并。2015年,全镇土地总面积102.9平方千米,其中镇区(含庙港)面积为7.03平方千米。

第三节 区 划

民国元年(1912)1月1日,吴江、震泽2县合并为吴江县,全县共设立18市乡,各设市、乡公所:五都乡领21图;吴溇乡领30图。民国3年3月,奉令停办自治。民国12年7月,奉令恢复各级自治。

民国18年8月,第十区设吴溇镇、庙港镇;原儒林乡、七都乡析为大家港、蒋家港、张叶港、隐读、沈家湾、菱荡湾、方家桥、桥下、和啫兜9个乡;原庙港乡析为西五、廖西、张廖、南庄、大明、葵溪、富罗、西草田、张家浜9个乡。开弦弓乡属第五区(震泽)。

民国23年8月,第十区并入第五区(震泽)。设吴溇镇、庙港镇,撤张叶港乡和沈家湾乡,蒋家港乡更名为儒林乡,此外有大家港、隐读、菱荡湾、桥下、和啫兜、方家桥、富罗、葵溪、大明、张廖、廖西、西五、开弦弓14个乡。同年11月,废闾邻,推行保甲制。

民国29年,区乡调整,设吴溇镇、庙港镇和儒林、大家港、隐读、桥下、和啫兜、菱荡湾、方家桥、西五、张廖、廖西、大明、葵溪、富罗、开弦弓14个乡,均属第五区辖。

民国35年初,儒林、大家港两乡合并成大儒乡;隐读、菱荡湾两乡合并成耕读乡;桥下、和啫兜两乡合并成大善乡;方家桥乡不变,此外还有大庙、张廖、甫里、大儒、吴溇、开弦弓乡。9月,撤吴溇镇,大儒乡(西半部)不变。原吴溇、耕读、方家桥、大善四乡撤并,组建成溇读、善耕、方虹3个乡,辖区有变动。撤庙港镇,原西五、廖西、张廖、大明、葵溪、富罗撤并为大庙乡、甫廖乡、大儒乡(东半部)、富葵乡及开弦弓乡。

民国37年2月,溇读、善耕、方虹3个乡合并,建成七都乡;大庙乡、甫廖乡、大儒乡、富葵乡合并,建成大庙乡;七都乡、大庙乡、开弦弓乡属震泽区管辖。

1950年2月,增设大庙区,改组乡村政权机构,重新划分辖区,全区辖:横扇镇及充浦、光荣、马港、罗港、庙港、盛港、陆港、大儒、吴溇、七都、方桥、菱荡13个乡,183个行政村。其中属七都、庙港地区有七都、吴溇、方桥、庙港、菱荡、陆港、大儒、开弦弓、光荣、罗港、盛港11个乡。

1956年3月,大庙区并入震泽区,撤方桥、菱荡2个乡,七都乡辖区扩大,乡政府设在双荡兜;撤庙港、盛港2乡,庙港乡扩大,乡政府设在大庙港;另有大儒乡、开弦弓乡。

1957年10月,撤区并乡,震泽区撤销,七都乡下辖新礼、群丰、建群、五一、先锋、永民、建民、益民、卫民、虹民、胜旗、益旗、群旗、幸福、卫星、利星16个高级社;大儒乡下辖勇联、幸勤、金星、光明、先行、荣星、四联、新恒、勇星、金明、友谊、曙光、轮穗、合群14个高级社。庙港乡下辖繁荣、七一、富强、富联、三联、五联、丰民、开明、联三、建设、胜利、庆祝12个高级社。

1958年9月,政社合一,建立七都、庙港人民公社。大儒乡西半部归七都人民公社,大儒乡东半部归庙港人民公社。七都公社下辖红旗、跃进、光明、火箭、上游、东风、先锋、英雄、钢铁、幸福、卫星、渔业12个大队,公社驻地在吴溇集镇;庙港公社下辖陆港、友谊、曙光、轮穗、合群、繁荣、七一、富强、八联、富联、开明、联三、丰民、光荣14个大队,公社驻地在庙港集镇。

1983年7月,农村恢复乡建制,人民公社改称乡,建七都乡、庙港乡,乡政府仍设在吴溇、庙港集镇,大队改称村,设村民委员会。七都乡下辖勇联、双石港、蒋家港、叶港、染店浜、李家港、行军、吴溇、薛埠、沈家湾、勤丰、建勤、焦田、丁家湾、永明、方家桥、长村、横塘、长渠港、双荡兜、钮家兜、前浜兜、文义兜、桥下、菱荡湾、邱田、渔业、捕捞28个行政村。庙港乡下辖富联、罗港、五联、富强、七一、庙港、合群、轮穗、曙光、更楼港、金明、勇星、月字圩、太平桥、开弦弓、民字浜、欢喜桥、行义港、张家浜、西草田、渔业21个行政村。

1992年9月26日,撤销七都、庙港乡,建立七都、庙港镇。七都镇下辖28个行政村及吴溇集镇;庙港镇下辖21个行政村及庙港集镇。

1993年5月10日,庙港镇增设庙西街、庙新街居委会,七都镇增设新区、北港滩、粧南居委会。

2001年8月,行政村撤并,撤并后七都镇下辖东风、蒋家港、光明、李家港、行军、环湖、沈家湾、隐读、渔业、捕捞、丰田、长桥、东庙桥、菱田、吴越、群幸16个行政村;庙港镇下辖燥烂、陆港、轮穗、合群、庙港、七一、联强、节制闸、开弦弓、开明、丰民、渔业、光荣13个行政村。

2002年10月七都镇行政区划调整:新区、北港滩、粧南居委会合并为七都社区居委会。庙港镇行政区划调整:庙西街、庙新街居委会合并为庙港社区居委会。

2003年7月,行政村再次撤并,七都镇下辖东风、望湖、双塔桥、吴溇、沈家湾、隐读、丰田、长桥、东庙桥、菱田、吴越、群幸12个行政村;庙港镇下辖陆港、燥烂、盛庄、庙港、联强、节制闸、开明、开弦弓、丰民、光荣10个行政村。

2003年12月,庙港镇与七都镇合并为新的七都镇,全镇辖七都、庙港、庙港渔村3个社区居委会和东风、望湖、双塔桥、环湖、沈家湾、隐读、丰田、长桥、东庙桥、菱田、吴越、群幸、陆港、燥烂、盛庄、庙港、联强、节制闸、开明、开弦弓、丰民、光荣22个行政村。2004年4月27日,七都镇环湖村、节制闸村分别更名为吴溇村、太浦闸村。5月28日,撤销沈家湾村建制,分别设立沈家湾村和西漾渔业社区居民委员会。至2015年,七都镇下辖东风、望湖、双塔桥、吴溇、沈家湾、隐读、丰田、长桥、东庙桥、菱田、吴越、群幸、陆港、燥烂、盛庄、庙港、联强、太浦闸、开明、开弦弓、丰民、光荣22个行政村和七都、庙港、西漾渔业、渔村4个社区。

表1-1　　　　　　　　民国18年至1983年七都庙港自然村隶属沿革情况表

自然村名	民国时期区、乡名		高级社名	大队名				1983年行政村
	18年(1929)	35年(1946)	1956年	1958年	1963年	1972年	1982年	
大家港、倪家墩、金家浜、谭家巷	第十区大家港乡	震泽区大儒乡	勇联	红旗	勇联	勇联	勇联	勇联
双石港、漾南、徐家湾、高桥头	第十区蒋家港乡	震泽区大儒乡	幸勤		幸勤	幸勤	幸勤	双石港
蒋家港、小墩村、亭子港、王家浜、南埭上、乌潭浜	第十区蒋家港乡	震泽区大儒乡	金星	跃进	跃进	跃进	跃进	蒋家港

第一卷　地理

（续表）

自然村名	民国时期区、乡名		高级社名	大队名				1983年行政村
	18年(1929)	35年(1946)	1956年	1958年	1963年	1972年	1982年	
叶港、张港	第十区张叶港乡	震泽区大儒乡	光明	光明	光明	光明	叶港	叶港
方港、染店浜、铁家港、御史桥、禹庙港	第十区吴溇镇	震泽区七都乡					染店浜	染店浜
李家港、姚家湾、濮家湾、北虞扇、南小虞	第十区大家港乡	震泽区大儒乡	荣星	火箭	荣星	荣星	李家港	李家港
北行军、南行军、豆腐兜、旱巨圩、网船浜、杨田	第十区吴溇镇	震泽区溇渎乡	先行		先行	先行	行军	行军
大安浜、北港滩、吴溇、姚庄、陈家埭、曹家埭、茶家扇、王家弄、油车头、文弄里、傅家湾、施家浜	第十区吴溇镇	震泽区溇渎乡	四联	上游	吴溇	吴溇	吴溇	吴溇
南丁村、丁家港、太师桥、姚汇、薛埠、戴家浜	第十区吴溇镇	震泽区溇渎乡	新恒		薛埠	红心	薛埠	薛埠
雨字湾、约谈兜、扎网港、强家桥、六亩荡、沈家湾、谈家湾、心田湾、北角圩	第十区沈家湾乡	震泽区七都乡	新礼	东风	新礼	新礼	沈家湾	沈家湾
晏兜、东仁上、缸甏汇、店埭、东砖桥、道儒湾、仁堂湾、谭家汇	第十区隐渎乡	震泽区七都乡	群丰		群丰	群丰	勤丰	勤丰
西村、东南汇、来字圩、坟头兜	第十区隐渎乡	震泽区溇渎乡	建群		建群	建群	建勤	建勤
俞家兜、沙荡兜、焦田、北庄	第十区隐渎乡	震泽区溇渎乡	五一	先锋	五一	五一	焦田	焦田
挨亩兜、寒字、丁家湾、南浒港、北张兜	第十区隐渎乡	震泽区溇渎乡	先锋		先锋	先锋	丁家湾	丁家湾
东方圩、张家兜、许家港、清水池、石家扇	第十区方家桥乡	震泽区方虹乡	永民	英雄	永民	永民	永民	永民
方家桥、虞北港、长田圩、草田圩、孝思兜	第十区方家桥乡	震泽区方虹乡	建民		建民	建民	方家桥	方家桥
长村、龙虎桥、凤凰池、邱刁湾、陆家港、圣堂兜	第十区方家桥乡	震泽区方虹乡	益民		长村	长村	长村	长村
三家村、横古塘、宋店兜、爱庄兜、南巷上、东庙桥	第十区方家桥乡	震泽区方虹乡	卫民		横塘	横塘	横塘	横塘
长渠港、小港里、街头上、荷花池、葫芦兜、虹呈港	第十区和喈兜乡	震泽区善耕乡	虹民	钢铁	虹民	虹民	长渠港	长渠港
西仁港、北汇、举人汇、白鱼桥、永昌桥、宋家兜	第十区和喈兜乡	震泽区善耕乡	胜旗		胜旗	胜旗	双荡兜	双荡兜
钮家兜、哉西北、鸟船湾、三墙门	第十区和喈兜乡	震泽区善耕乡					钮家兜	钮家兜
祠山庙桥、乔家兜、染店兜、大巨仁、前浜兜	第十区和喈兜乡	震泽区善耕乡	益旗		益旗	益旗	前浜兜	前浜兜

(续表)

自然村名	民国时期区、乡名		高级社名	大队名				1983年行政村
	18年(1929)	35年(1946)	1956年	1958年	1963年	1972年	1982年	
坟东、邱家滩、牌楼头、三级浪兜、文义兜	第十区桥下乡	震泽区善耕乡	群旗	幸福	群旗	群旗	文义兜	文义兜
田溪湾、帽子兜、国寺兜、桥下、北回桥、枫溪湾	第十区桥下乡	震泽区善耕乡	幸福		幸福	幸福	桥下	桥下
辉字圩、东肖港、张家湾、陆家兜、菱荡湾、新字圩、横港头、木泥扇	第十区菱荡湾乡	震泽区溇渎乡	卫星	卫星	卫星	卫星	菱荡湾	菱荡湾
邱田、黄洋墩	第十区菱荡湾乡	震泽区溇渎乡	利星		利星	利星	邱田	邱田
倪家港、五界亭、塘桥浜、丁家港、洪臼河、西南村	第十区西五乡	震泽区甫廖乡	勇星	陆港	勇星	勇星	勇星	勇星
养鹅浜、陆家港、双板石桥港、马家港、倪家港、沈家扇、龙字湾、罗家库、庵前	第十区西五乡	震泽区甫廖乡	金明		金明	金明	金明	金明
养鹅浜、半夜浜、西溪庙港、火羊浜、茶家浜、油车浜、更楼港	第十区廖西乡	震泽区甫廖乡	友谊	友谊	友谊	友谊	友谊	更楼港
五徐港(北)、廖扶港、徐杨港、姚家港、小阳港、东火字、西火字	第十区张廖乡	震泽区甫廖乡	曙光	曙光	曙光	曙光	曙光	曙光
南庄、小角圩、获珍圩	第十区南庄乡	震泽区大庙乡	轮穗	轮穗	轮穗	轮穗	轮穗	轮穗
五徐港(南)、南盛港、骆驼港、沈家港、濮家港、崔家港、张家港、老湾兜	第十区张廖乡	震泽区大庙乡	合群	合群	合群	合群	合群	合群
土地庙港、观音庙港、庙港、里贤港、郑家巷、刘家巷、龙船子	第十区庙港镇	震泽区大庙乡	繁荣	繁荣	繁荣	繁荣	庙港	庙港
东盛港、老太庙港、汤家扇、新开港、汪牙港、庄港、寺港	第十区大明乡	震泽区大庙乡	七一	七一	七一	七一	七一	七一
俞家港(西)、大明港、鸦鹊港、通海港	第十区大明乡	震泽区大庙乡	富强	富强	富强	富强	富强	富强
环良港、乌梅港、陈家田、俞家港(东)、榆树港	第十区环溪乡	震泽区富葵乡	五联	八联	五联	五联	五联	五联
罗家港、时家港、徐家湾、盛家湾、榆树港	第十区富罗乡	震泽区富葵乡	三联		三联	东风	罗港	罗港
赵家港、白浦港、陌家港、赵家浜、汤家浜、楝树港	第十区富罗乡	震泽区大盛乡	富联	富联	富联	富联	富联	富联
月字圩、米古其	第五区古月乡	震泽区开弦弓乡		开明	月字圩	雄心	月字圩	月字圩
东角、太平桥、毫里、大圩田	第五区古月乡	震泽区开弦弓乡	开明		太平桥	红旗	太平桥	太平桥

(续表)

自然村名	民国时期区、乡名		高级社名		大队名			1983年行政村
	18年(1929)	35年(1946)	1956年	1958年	1963年	1972年	1982年	
荷花湾、谭家里、开弦弓、谈家墩	第五区开弦弓乡	震泽区开弦弓乡	联合三社	联三	开弦弓	立新	开弦弓	开弦弓
					荷花湾	红卫		
民字浜、吴越战、关帝庙、匠人港	第五区旺象乡	震泽区开弦乡	丰民	丰民	民字浜	红心	民字浜	民字浜
小合圩、旺家港、欢喜桥、埋石湾、燕浜	第五区旺象乡	震泽区开弦弓乡	丰民		欢喜桥	前进	欢喜桥	欢喜桥
张家浜、南浜、中浜、北浜	第十区张家浜乡	平望区牛娘乡	胜利	光荣	南浜	胜利	张家浜	张家浜
南兜港、行义港、杨家扇	第十区下马田乡	平望区牛娘乡	建设		行义港	东方红	行义港	行义港
四方圩、西草田、天字圩	第十区西草田乡	平望区牛娘乡	庆祝		庆祝	庆祝	西草田	西草田

表1-2　　　　　　　　　　1984~2015年七都镇村、居委会沿革情况表

行政村、居委会					
1984年	1993年	2001年	2002年	2003年	2015年
勇联	勇联	东风	东风	东风	东风
双石港	双石港				
蒋家港	蒋家港	蒋家港	蒋家港	望湖	望湖
叶港	叶港	光明	光明		
染店浜	染店浜				
李家港	李家港	李家港	双塔桥	双塔桥	双塔桥
行军	行军	行军	行军		
吴溇	吴溇	环湖	环湖	环湖	吴溇
薛埠	薛埠				
捕捞	捕捞	捕捞	捕捞		
沈家湾	沈家湾	沈家湾	沈家湾	沈家湾	沈家湾
渔业	渔业	渔业	渔业		西漾渔业社区
勤丰	勤丰	隐读	隐读	隐读	隐读
建勤	建勤				
焦田	焦田	丰田	丰田	丰田	丰田
丁家湾	丁家湾				
永民	永民	东庙桥	东庙桥	东庙桥	东庙桥
长村	长村				
横塘	横塘				
方家桥	方家桥	长桥	长桥	长桥	长桥
长渠港	长渠港				
双荡兜	双荡兜	吴越	吴越	吴越	吴越
钮家兜	钮家兜				
前浜兜	前浜兜				
文义兜	文义兜	群幸	群幸	群幸	群幸
桥下	桥下				
菱荡湾	菱荡湾	菱田	菱田	菱田	菱田
邱田	邱田				

(续表)

行政村、居委会					
1984 年	1993 年	2001 年	2002 年	2003 年	2015 年
	新区居委会	新区居委会	七都社区	七都社区	七都社区
	北港滩居委会	北港滩居委会			
	妆南居委会	妆南居委会			
勇星	勇星	陆港	陆港	陆港	陆港
金明	金明				
更楼港	更楼港	燦烂	燦烂	燦烂	燦烂
曙光	曙光				
轮穗	轮穗	轮穗	轮穗	盛庄	盛庄
合群	合群	合群	合群		
庙港	庙港	庙港	庙港	庙港	庙港
七一	七一	七一	七一		
富强	富强	联强	联强	联强	联强
五联	五联				
罗港	罗港	节制闸	节制闸	节制闸	太浦闸
富联	富联				
月字圩	月字圩	开明	开明	开明	开明
太平桥	太平桥				
开弦弓	开弦弓	开弦弓	开弦弓	开弦弓	开弦弓
西草田	西草田				
民字浜	民字浜	丰民	丰民	丰民	丰民
欢喜桥	欢喜桥				
张家浜	张家浜	光荣	光荣	光荣	光荣
行义港	行义港				
渔业	渔业	渔业	渔业	渔村社区	渔村社区
	庙西街居委会	庙西街居委会	庙港社区	庙港社区	庙港社区
	庙新街居委会	庙新街居委会			

第二章 自然概貌

第一节 地质 地貌 土壤

一、地质 地貌

七都属太湖——钱塘褶皱带,是扬子古陆的一部分,境内原有构造几乎全部沉陷,均为第四系地层覆盖。在漫长的地质历史时期中,经受印支、燕山、喜山和新构造运动的荡涤冲击,形成凹陷和断裂比较发育的地质格局。断裂均属深大隐伏型的,大多为北东向。七都处在湖(州)—苏(州)断裂上。此断裂位置大致从浙江的菱湖、湖州东起,经吴江至苏州、支塘一线,呈北东 30°~40°方向展布,全长 136 千米。历史上虽发生过多起地震,但震级低,破坏性小,地震震中分布于湖苏断裂两侧及北西向系列断层附近。

境内表土层下几乎全为红层分布。岩性主要为一套棕红色砂岩、粉砂岩、砂砾岩及砾岩为主的内陆湖泊相及三角洲相碎屑沉积,局部夹多层玄武岩,厚度在1000米以上。

环湖大堤工程钻探资料记载:埋深30米以内的土体一般含有不同结构类型的土,按次序为表层硬壳层、第一软土层、第一硬土层、第二软土层、第二硬土层、第一砂性土层、第二砂性土层。

境内地势平坦,无山地丘陵。自西北向东南缓缓倾斜,地面高程在2.2～5.2米之间。境内湖泊星罗棋布,河港纵横交错。田面高程在汛期平均水位之下,为粮桑夹种地区,水田低洼而桑地较高,旱地和桑地面积约占总面积的四分之一,与水田相互混杂。水田均有圩堤,桑地和旱地沿河岸分布,水田成片,田间很少有高地。沿东太湖一带还有极低的湖田圩区,大部分为清代以来围垦湖滩沼泽而成,田面高程常年在外河水位之下,圩区堤防高厚,圩内平坦无高地。属滨湖圩田平原,主要分布在邻近太湖农田,田面高程2.2～3.5米。河道密度大,呈向太湖的网格状分布。

二、土壤

七都土壤大部分属沼泽土起源,受不同水系的影响,形成以壤质为主,砂壤、黏质为辅,壤、砂、黏交叉沉积、混合淀积和间隔出现的母质组合。在太湖沿岸塘边,流速较快的上水处,沙粒先沉积,形成通气排水良好的黄泥土和小粉土类土壤,到湖心圩心,水速减缓,黏粒沉积,形成青紫泥和白土类土壤。由于水土成因的不同,沿太湖一带,地势较高,形成小粉土带。

1980～1982年,吴江县开展土壤普查。七都、庙港公社均成立土壤普查小组。七都公社专业队56人、大队专业队50人;庙港公社专业队50人、大队专业队44人,在县土壤普查专业人员指导下,有序工作。1982年,七都公社水稻面积31430.45亩,庙港公社水稻面积28859.25亩。七都公社普查工作共挖311个观察剖面,每个剖面代表面积98.66亩,取速测土样754个,每个土样代表40.2亩,取农化分析样44个,每个代表642.7亩。庙港公社普查工作共挖227个观察剖面,每个剖面代表面积127.13亩,取速测土样539个,每个土样代表53.54亩,取农化分析样42个,每个代表639.79亩。查明两个公社境内土壤类别、面积和数量。境域四周有3个较大荡漾,从成土母质,大多是湖泊积淀物。主要土种有乌黄土、小粉土、灰底黄泥土、灰白土等。

(一)小粉土

小粉土是境域内分布面积较广的一种土壤,1982年,七都公社有8071.71亩,庙港公社有11057.14亩。此类土壤整个剖面分异不明显,土体结构一般为耕作层、犁底层、渗育层和母质层。渗育层发达,耕作层物理黏性粒砂含量高,质地砂壤—轻壤,据农化分析有机质平均25.5%。土种生产性能,由于土体结构差,质地较砂,因此肥料分解快,保肥蓄肥能力差,易沉淀板结,加上有机质消耗大,含量较低,缺磷缺钾严重,作物易早衰。

(二)乌黄土

耕作层下40厘米,土壤发乌,团粒结构好,水、气协调,适耕时间长,蓄肥、保肥、供肥性能良好,稻麦皆宜,为良好的高产土壤。该土种是境域内分布面积较广的一种土壤,1982年,七都公社有6359.45亩,庙港公社有14091.11亩。该土种剖面分异不明显,土体结构一般为耕作层、犁底层、渗育层、淀积层、潜育层。耕作质地中壤—重壤,渗育层发育好,厚度大于45厘米,垂直节理明显,块状结构占多数,自然条件好,保肥蓄肥能力强,肥力较高。

(三)灰底黄泥土

灰底黄泥土也是境域内分布面积较广的一种土壤,1982年,七都公社有6945.64亩,庙港公社有1592.9亩。此类土壤自然条件好,肥力较高,整个剖面相似于乌黄土,质地黏重,是一种高产稳产的土壤,由于耕作制度不合理,本身供肥性能慢,往往导致稻麦迟发而造成僵苗,特别是早稻生产,适耕期短,养分分解慢,影响产量。

（四）灰白土

灰白土也是境域内分布面积较广的一种土壤，1982年，七都公社有5850.98亩，庙港公社有78.5亩。

此类土剖面分异段明显、灰白分明，土体结构一般为耕作层、犁底层、灰泥层、白土层。灰泥层一般分布在35厘米上下，白土层50厘米上下出现。生产性能，速效肥力和潜在肥力较高，保肥性能良好，由于白土层的出现，水气上下运动差，作物易早发，后期易早衰，严重缺磷缺钾。

（五）高位白土　中位白土　厚层白土

高位白土和中位白土也是七都境域内分布面积较广的一种土壤，1982年，七都公社有3499.57亩，厚层白土庙港有1714.9亩。此类土体构型一般为白土层部位高，高位白土、犁底层以下就是白土层一般为30厘米以上出现，中位白土40厘米以上出现白土层，犁底层以下的渗育层少量，且发育不良。该土种耕性良好，质地较适宜、耕层、犁底层都是中壤，有机质含量丰富，全氮含量高，由于白土部位出现较高，保肥蓄肥性能差，作物易早发，后期不稳长，严重缺磷缺钾。

（六）青泥土　青紫泥土

1982年，青泥土在七都公社有694.1亩，该土种分布在湖荡、围垦田、圩心田。土质地黏重，犁底层下即出现潜育层，适宜耕种时间短，黏着力强，耕翻困难，水气矛盾突出，夏熟作物渍害严重，只种水稻，秋播为白板田。青紫泥土在庙港公社有804.7亩，该土种分布在低洼圩区，土种颜色自上而下变青，渗育层发育不够良好，70厘米内出现潜育层，上下质地均一，多为重壤土至轻黏土，通透性差，耕作困难，晒干后坚硬不碎，潜在养分高，供肥性能差，水稻易僵苗，三麦渍害较严重。

表1-3　　　　　　　　　　1982年七都境内土壤普查情况表

普查项目	具体内容	普查数量	普查项目	具体内容	普查数量
土壤普查专业队	公社（人）	56	耕层常规分析样	个数	44
	大队（人）	50		代表面积（亩）	642.7
观察剖面	代表面积（亩/个）	98.66/311		分析总项次	308
找土壤界线	检查剖面（个）	127	剖面分析样	个数	8
	沟河（条）	215		分析样本数（个）	44
	肥料潭（只）			分析总项次	368
水稻土壤类型	土属（种）	5	物理分析	容重（斤）	24
	土种	7		质地（个）	24
耕层速测样本	个数	754		水分空隙（个）	144
	代表面积（亩）	40.2	完成图件	公社图（张）	5
	分析总项次	3770		大队图（张）	48

第二节　水文水系

一、水系

太湖流域水系以太湖为中心，分上游水系和下游水系两个部分。上游主要为西部山丘区独立水系，下游主要为平原河网水系，七都镇属平原河网水系。

太湖的出水口主要分布于东太湖的东岸，1952年查勘时，太湖仍有出水溇港90条，其中能起宣泄作用的有10多条。随着联圩建设的发展，沿湖溇港大部在圩口建闸成为联圩内河，已失去泄水作用。1977~1983年，太湖大堤建成后并逐步在出水溇港建闸控制。吴江拥有太湖水面积约

84.2平方千米。按照《太湖流域综合治理总体规划方案》对太湖实施"东控西敞"的治理原则,境内沿湖出水溇港逐步建闸控制。至2015年底,河口自西南向东北依次为吴溇港、方港、叶港、西亭子港、蒋家港、东丁家港、陆家港、庙港、大明港、时家港、汤家浜、太浦河、白浦港、罗家港等14条主要港口建闸。

吴江区水系划分通常以太浦河为界,分为浦北和浦南两区。浦北属淀泖水网区,浦南属杭嘉湖水网区。京杭大运河纵贯南北两区,为承转市内水量的总导渠。七都地区属杭嘉湖水网区。

二、水文

(一) 水位

太湖水位一般比境内其他河道、湖泊高。吴溇站多年平均水位比太浦闸上游站高,如1996年平均水位相差0.18米,2003年平均水位相差0.33米。丰水年汛水位相差更大,如1999年最高水位相差0.51米。枯水年干旱季节有时太湖水位极低。遇上梅雨季节、桃花水发时,偶尔也会出现河水倒流入湖的现象。如1988年,最低水位吴溇站水位2.50米,太浦闸上游站水位2.58米时出现河水倒流入湖的现象。

吴溇—頔塘西端—烂溪南端一线。吴溇站水位比頔塘西端高,而頔塘西端水位与烂溪南端相比,雨季烂溪南端水位高,旱季则頔塘西端水位高。

表1-4　　　　　1996~2003年吴溇、太浦闸上游水位站平均、最高、最低水位情况表

单位:米

年份	平均水位		最高水位		最低水位	
	吴溇	太浦闸上游	吴溇	太浦闸上游	吴溇	太浦闸上游
1996	3.23	3.05	5.04	4.36	2.53	2.50
1997	3.04	2.89	3.77	3.58	2.53	2.38
1998	3.37	3.23	4.16	4.03	2.85	2.72
1999	3.44	3.69	5.09	4.99	2.63	2.76
2000	3.16	2.92	3.73	3.32	2.66	2.67
2001	3.33	3.24	3.80	3.63	2.88	2.81
2002	3.39	3.37	4.02	3.68	2.86	2.94
2003	3.31	2.98	3.84	3.19	2.87	2.58

表1-5　　　　　2004~2015年吴溇水位站平均、最高、最低水位情况表

单位:米

年份	平均水位	最高水位	最低水位
2004	3.18	3.87	2.75
2005	3.25	3.86	2.75
2006	—	3.21	2.26
2007	3.08	3.48	2.62
2008	3.13	3.66	2.79
2009	3.56	4.15	3.07
2010	3.40	3.49	3.07
2011	3.30	3.88	2.78
2012	3.40	3.90	3.04
2013	3.12	3.68	2.87
2014	3.28	3.69	2.95
2015	3.34	4.25	3.14

(二) 流量

七都地处太湖流域下游,过境水量丰沛。一般年景,入境水量略大于出境水量,约有4亿立方米的水量消耗于境内用水和水体蒸发。不同水平年的过境水量不同,同时,人类活动对入出境水量也产生影响。汛期间(5~9月),径流量约占全年的60%~70%,最大月径流一般出现在7月或8~9月,占全年径流量的20%~25%。最小月径流量多出现在1~2月或12月,3个月合计径流量约占全年的20%~30%。枯水年份,太湖上游来水明显减少,湖面水位下降,内河水则倒流太湖(如1978年,内河倒流太湖的水量是常年的9倍)。进入境内的客水主要来自太湖和浙北地区。另外,汛期间时有黄浦江潮水从东部顶入。枯水年份,阳澄地区也有来水从北部进入以及通过"引江济太"(将长江水引入太湖的调水工程)调入。丰水年份,太湖洪水主要通过太浦河泄入黄浦江,同时杭嘉湖平原涝水也要通过浦南区入太浦河。

(三) 流向

七都境内南北向的河道水流一般由北向南流动,东西向的河道水流一般由西向东流动。特殊季节、特殊天气例外。

三、河流

流经境内的主要河流有太浦河、横古塘河、中塘河、北塘河、大庙港、吴溇港、横路港等,2015年底,七都镇大小河道156条,其中流域性河道1条,乡级河道13条,村级河道142条,河网密度每平方千米为2.77千米。

(一) 太浦河

位于镇东北,从太浦河口时家港向东,流经亭子港、叶家港、蚂蚁漾、圣塘港、高桥河、横扇大桥、仓浦港、冬瓜荡、陆家荡、向阳河、梅堰大桥、平望大桥、黎里大桥、芦墟大桥等地至青浦县的南大港出口处。全长40.73千米,七都境内1.7千米,河道底宽40~212米,河底高程-2.5~-0.5米(镇江吴淞基面),为湖水东泄的主要河道之一。

(二) 横古塘河

位于东庙桥村南,宽40米,平均深度3.5米,长约4.2千米。它泄苕溪之水,每当汛期,山洪暴发,洪水猛涨,水流湍急,泻入古溇港,经运河东流,出吴淞江口入海,起缓解洪流,减轻水患的作用。

(三) 中塘河

介于横古塘河与北塘河之间,长约2.7千米,河面宽10~20米,平均深度4米。南接横古塘河,在镇区南浒港处河水折向东流,入稽五漾泄洪,是镇区南部菱荡包围、更浦桥包围间的天然河道,在农田水利上作用较大。

(四) 北塘河(现称南越港)

自稽五漾起,三弯九曲向西流经心田湾、丁公桥、天到桥、焦田,入浙江境内,直通湖州东门,是

太浦河(摄于2015年)

通往湖州市的内河航道。长约5.12千米,宽8~10米,平均深度为2米,水流缓慢,风浪小,便于小木船通航。

（五）大庙港

大庙港北通太湖,南经横路港、月字圩港、荡白漾、鳝鱼扇、纪家坝,直通頔塘,是庙港货物运输的主要通道,也是东、南、西、北联圩河的主要枢纽。1973年,大庙港全线疏通、挖深、拓宽,底宽8米,可通行50吨货船,全长4.8千米,达8级通航标准。是年,新建船埠。1979~1985年,大庙港两岸建成石驳岸5千米,新建、重建钢筋混凝土桥4座,通航标高为1.0米。90年代,庙港镇投资58万元,大庙港港口建避风埂388米,成为船只避风的安全良港。

大庙港（摄于2015年）

（六）吴娄港

旧时为吴娄集镇货物运输主要通道。此港北通太湖,经吴娄村、双塔桥村、西漾渔村社区,出杨田口,入稽五漾,折向东接古娄塘港,直达南浔镇。全长约3.2千米,宽6米,平均深度3.6米。由于河道两岸土质疏松,日久天长,河道滞淤。中华人民共和国成立后,政府虽然数度发动人民疏浚,但河道仍嫌狭浅,只能通行小木船,交通运输作用不大。1994年,镇人民政府投资,兴建吴娄口太湖堤闸,电动启闭闸门,专人看管,每逢汛期,有效地控制湖水泛滥。历史上,吴娄口曾筑桥闸以防汛,清乾隆二十三年(1758)建闸的碑记尚存。

吴娄港（摄于2015年）

（七）横路港

又名横草路,位于镇之中路,东西流向,西起浙江汤娄,东至亭子港,镇境段长22.08千米,河面宽39~64米,河底高程-0.2~0.0米,其中太平桥至西草田河段,可通50吨船只。

（八）月字圩港

位于开明村中间,原来南北流向,北通陆家漾,南至月字圩三角潭,折东与大圩田港南口并通南流,港长700米,港宽18米,河底高程1~1.2米。自陆家漾围垦后,北口堵塞,庙港一带通行船只改由大圩田港出入。

（九）大圩田港

位于大圩田村西,与月字圩交界,北通横路港,南流经大圩田村,全长1.05千米,港面宽28米,河底高程0.3米,此港穿越荡白漾直达震泽镇,历来是南北来往的主要河道。

（十）长圩港

位于开弦弓西草田与双湾村（属松陵镇横扇街道）交界,北起横路港,南至开弦弓陈家田,折经西弯头港出长漾,全长3.8千米,港面宽35米,港底高程0.5~0.8米。

（十一）（北）东联圩河

1976年,开挖。西起庄港,东流经庙港、联强两个行政村到榆树港,全长2.2千米,港面宽20米,底宽2米,是联圩的内河。

(十二)(南)东联圩河

1978年,开挖。西起大庙港,东至东亭子港,流经庙港村、联强村、太浦闸村,全长3.96千米,面宽20米,底宽2米,为联圩内河,也是3个村主要交通河道。

(十三)西联圩河

1976年,开挖。西起丁家港,东至庙港,流经陆港村、煤烂村、盛庄村、庙港村,全长5千米,面宽21米,河底宽3米,为联圩内河,也是西联圩各村的主要交通河道。

(十四)西联圩顺堤河

1985年,开挖。西起丁家港,东至大庙港,傍太湖大堤,流经陆港村、煤烂村、盛庄村、渔村社区,全长4.9千米,河面宽20米,河底宽2米,与南太湖大道并行,东河口建闸控制,平时可通船只。

境内另有东亭子港、白浦港、薛埠港、丁家港、方港等太湖溇、港,起防汛抗旱作用。

表1-6　　　　　　　　　　　　2015年七都镇农村主要河道情况表

河道名称	长度(千米)	河底宽(米)	起讫地点 起	起讫地点 讫	流向
东亭子港	1.9	4	太湖	太浦河	北→南
白浦港	0.95	4	太湖	兜底	北→南
陌家港	0.59	4	白浦港	兜底	北→南
汤家浜	1.44	4	太浦河	南东联圩河	北→南
罗家港	0.75	4	时家港	南东联圩河	北→南
时家港	2.1	4	太浦河	横路港	北→南
榆树港	1.9	4	北东联圩河	南东联圩河	北→南
楝树港	0.59	4	南东联圩河	兜底	西→东
环良港	1.1	4	北东联圩河	南东联圩河	北→南
乌梅港	1.8	3	北东联圩河	横路港	北→南
俞家港	0.9	4	北东联圩河	南东联圩河	北→南
大明港	1.9	4	北东联圩河	横路港	北→南
鸦鹊港	0.6	4	北东联圩河	南西漾	北→南
东盛港	1.56	4	北东联圩河	南东联圩河	北→南
老太庙港	2.4	5	北东联圩河	横路港	北→南
汤家扇港	1	4	北东联圩河	南东联圩河	北→南
新开港(庙港村)	1	5	北东联圩河	南东联圩河	北→南
汪牙港	1	4	北东联圩河	南东联圩河	北→南
庄港	1.4	5	庙港太湖避风港	南东联圩河	北→南
里贤港	1.4	3	张家港	西联圩河	北→南
张家港	3.2	4	顺堤河	横路港	北→南
崔家港	1.92	4	顺堤河	230省道	北→南
沈家港	3.45	5	顺堤河	横路港	北→南
南盛港	3.87	5	顺堤河	迮家漾	北→南
五徐港	1.8	4	顺堤河	230省道	北→南
廖扶港	0.75	5	顺堤河	徐杨港	北→南
徐杨港	3.8	4	顺堤河	东草田港	北→南
姚家港	3.25	6	顺堤河	迮家漾	北→南
小阳港	1.3	4	顺堤河	小横港	北→南

(续表)

河道名称	长度(千米)	河底宽(米)	起讫地点 起	起讫地点 讫	流向
更楼港	3.04	4	顺堤河	汪鸭潭	北→南
火羊浜	0.73	3	浜底	西联圩河	北→南
西溪庙港	2.25	4	顺堤河	横路港	北→南
半夜浜	1.1	4	顺堤河	西联圩河	北→南
陆家港(陆港村)	2.2	5	太湖	横路港	北→南
双板港	1.97	5	顺提河	西联圩河	北→南
倪家港	1.95	4	顺堤河	横路港	北→南
五界亭港	2.3	4	顺堤河	洪白河	北→南
东丁家港	2.5	4	太湖	横路港	北→南
蒋家港	3.04	5	东丁家港	西亭子港	北→南
西亭子港	1.73	5	太湖	小横港	北→南
叶港	4.76	5	太湖	金鱼漾	北→南
张港	3.015	5	叶港闸	葫芦泾港	北→南
方港	3.075	4	太湖	金鱼漾	北→南
西丁家港	0.945	5	太湖	横港	北→南
薛埠港	1.04	3	太湖	横港	北→南
戴家浜	1.295	5	浜底	新开河	北→南
胡溇港	1.3	4	江浙交界	南月港	北→南
徐家湾	3.53	4	高桥头	蒋家漾	北→南
毫里港	0.65	4	横路港	红旗泵站	北→南
青龙桥港	3.875	5	博士桥	大善港	西→东
宴兜港	4.18	5	新开港	心田湾	北→南
大家港	1.89	5	大南港	大家港闸	北→南
大南港	3.53	4	高桥头	蒋家漾	北→南
倪家墩港	0.775	4	坝头	蒋家漾	西→东
葫芦泾港	1.365	4	人字港	金鱼漾	北→南
人字港	2.095	5	行军港	金鱼漾	北→南
行军港	2.575	5	吴溇港	豆腐兜	西→东
杨田港	0.45	4	吴溇港	西杨田	西→东
镇区河道	2.4	5	吴溇港	宴兜港	西→东
牛字港	3.255	5	幼儿园	临湖创新路	北→南
阿姨桥港	2.085	5	老水厂	新开港	北→南
扎网港	3.895	4	新开港	西洋防洪闸	北→南
雨字港	1.54	4	新开港	公交车站	北→南
吴家湾港	1.575	5	强家桥	心田湾	北→南
急水港	0.98	8	金鱼漾	张家湾	西→东
木泥扇港	2.2	5	急水港	木泥扇防洪闸	北→南
新字圩港	1.53	7	新开河	巨通集团	北→南
东肖港	0.42	4	金鱼漾	急水港	北→南
新开港	0.45	5	白象港泵站	新字圩	西→东
门前港(隐读村)	2.43	6	宴兜港	建勤泵站	西→东

(续表)

河道名称	长度(千米)	河底宽(米)	起讫地点 起	起讫地点 讫	流向
宋溇港	0.8	5	南月港	江浙交界	北→南
长渠港	2.935	4	大其仁	虹呈港	北→南
葫芦兜港	0.97	5	虹呈港	兜底	西→东
小港里	0.2	4	青龙桥港	兜底	西→东
新开港(长桥村)	0.5	4	虞北港	虹呈港	西→东
长田圩港	2	5	草田圩	孝思兜	北→南
挨亩兜港	1.72	4	兜底	虹呈港	北→南
丁家湾港	1.35	5	丁家湾	挨亩兜港	西→东
南浒港	0.45	5	兜底	虹呈港	北→南
俞家兜港	0.85	5	南月港	兜底	西→东
北庄港	0.5	5	新桥港	兜底	西→东
沙荡兜港	1.095	4	南月港	大坝	北→南
西仁港	0.5	5	兜底	横古塘	北→南
双荡兜港	2.27	5	博士桥	兜底	北→南
钮家兜港	1	4	大善港	兜底	西→东
前浜兜港	0.2	5	兜底	大善港	西→东
宋家兜港	0.25	5	兜底	虹呈港	西→东
举人汇港	1.06	5	丝厂防洪闸	博士桥	西→东
横塘排涝河	0.2	5	横古塘	横塘机房	北→南
陆家港(东庙桥村)	1.475	4	邱刁湾	庄前漾	北→南
许家港	1.32	4	新开河	九曲港	北→南
东方圩港	0.8	4	虞北港	方桥泵站	北→南
九曲港	2.025	5	虹呈港	小港里	西→东
清水池港	0.8	5	石家扇	清水池	北→南
新开河	1.8	4	陆家港(东庙桥)	方桥泵站	北→南
小港里港	1.5	4	横古塘	邱刁湾	北→南
渭家湾港	0.85	5	横古塘	渭家湾	北→南
桥下港	1	5	金鱼漾	芦池埂港	北→南
新开河港	2.5	5	吴越路	桥下港	西→东
地字圩港	2.14	5	五花泾坝	大善港	西→东
芦池埂港	2	5	大善港	桥下港	西→东
邱家滩	0.5	5	芦池埂港	邱家滩	北→南
三济兜	0.5	5	桥下港	兜底	西→东
帽子兜	0.5	5	兜底	芦池埂港	西→东
国寺兜	0.5	5	兜底	太湖池	北→南
田溪湾	0.5	4	国寺兜	田溪湾	北→南
太湖池	1	5	国寺兜	帽子兜	西→东
东草田港	4	4	顺堤河	横路港	北→南
获珍圩港	0.61	4	门前港	横路港	北→南
门前港(盛庄村)	1.34	4	连家漾	汪鸭潭	北→南
东角港	0.25	4	横路港	兜底	北→南

（续表）

河道名称	长度（千米）	河底宽(米)	起讫地点 起	起讫地点 讫	流向
月字圩港	1.665	4	连家漾	小荡圩站	北→南
米古其港	0.8	5	黑长圩港	米古其防洪闸	北→南
黑长圩港	0.6	4	小荡闸站	荡白漾	北→南
行义港	0.9	4	长圩港	杨家扇	北→南
南兜港	1.05	5	长圩港	长漾	北→南
蔡婆港	1.19	5	林种场	张家浜	西→东
西漾排涝河	0.6	4	市场	吴溇港	西→东
杨家扇	0.87	5	行义港	横扇交界	北→南
张家浜	0.51	4	公路	浜底	西→东
南浜	0.35	4	长圩港	浜底	西→东
北浜	0.25	4	长圩港	浜底	西→东
北塍港	1.4	5	横路港	西清河	北→南
四方圩港	2.6	5	横路港	东藏荡	北→南
西草田港	0.85	4	西草田	东藏荡	西→东
小合圩港	0.4	4	长漾	东藏荡	北→南
旺家港	0.35	4	长漾	东藏荡	北→南
燕浜	0.47	4	匠人港	浜底	北→南
吴越战	0.76	4	荡白漾	庙震公路	北→南
欢喜桥港	0.35	4	欢喜桥	匠人港	北→南
西清河	0.65	5	西藏荡	东藏荡	西→东
南角排涝河	0.65	4	开发区大道	横古塘	北→南
虹呈港	5.12	5	卫星桥	横古塘	北→南
南月港	3.82	5	江浙交界	心田湾大桥	西→东
双石港	4.2	3	小河桥南	蒋家漾	北→南
大善港	2.38	6	金鱼漾	横古塘	北→南
虞北港	5.2	5	建民机房	横古塘	北→南
李家港	1.02	3	大阳泵站	金鱼漾	北→南
白象港	0.48	5	北金鱼漾	南金鱼漾	北→南
匠人港	1.2	5	西藏荡	欢喜桥港	西→东
新桥港	2.13	5	防洪闸	横古塘	北→南
细字圩港	1.64	4	横古塘	爱庄兜	北→南
南王棣港	2.84	6	横路港	南王棣	北→南
新字圩港	1.32	5	新字圩坝	金鱼漾	北→南

四、湖漾荡

境内列入省级保护名录的湖泊湖荡有太湖、金鱼漾、长漾、蒋家漾、连家漾、东藏荡、西藏荡7个，一般湖泊有汪鸭潭、梅家漾、南漾等15个。

（一）太湖

太湖古称震泽，亦称笠泽、具区，为中国第三大淡水湖，具有调节河流洪水、枯水，繁衍水生物、植物，调节小气候，城乡供水，沟通航运，维护生态平衡等作用。

太湖总面积2460平方千米，平均水深1.89米，最大水深2.6米，太湖库容在水位2.99米时约44.23亿立方米，在水位4.65米时约83亿立方米。七都位于太湖东南畔，境内的东太湖岸线23.41千米。太湖不仅接纳上游百川来水，下游湖东地区或遇暴雨，沥水也会倒流入湖。当长江水位高涨而通江港口无水闸控制时，江水也会分流入湖。由于湖面大，每上涨1厘米，可蓄水2300多万立方米，故洪枯水位变幅小。一般每年4月雨季开始水位上涨，7月中下旬达到高峰，到11月进入枯水期，2~3月水位最低。一般洪枯变幅在1~1.5米之间。太湖多年平均水位2.99米，1934年，瓜泾口水位1.87米，为历史最低，1999年，太湖平均水位5.08米，为历史最高。由于太湖的调蓄，其下游平原虽然地势比较低洼，一般年份仍可免受洪水威胁。

太湖（摄于2015年）

1983~1985年，环太湖复堤工程完成土方工程，沿湖大堤外侧建造顶高5.5米，底高程1.2~2.7米的浆砌块石直立墙，总长1235米，国家投资81.8万元。

七都镇沿太湖有太浦闸、联强、庙港、盛庄、燦烂、陆港、望湖、吴溇等村。境内太湖岸线23.41千米。七都镇与吴中区东山、临湖两镇隔湖相望，形成一小湖湾，称为东太湖。东太湖中有一泄洪道，泄洪道中泓即吴江、吴中两区分界线，按照《太湖流域综合治理总体规划方案》对太湖实施"东控西敞"的治理原则，吴江境内沿湖33条出水溇港逐步建闸控制。至2005年底，七都境内13条溇港建有水闸。其中太浦闸、太浦河泵站分别由太湖流域管理局、上海市太湖流域工程管理处管理。根据《太湖水污染防治"十五"计划》要求，启动东太湖综合整治工程规划。疏通东太湖，开辟泄洪通道，围网清理，调整加固防洪大堤、沿湖生态建设。

（二）金鱼漾

金鱼漾又称稽五漾，位于江苏省吴江区和浙江省南浔区交界，太湖和横古塘之间。境内跨七都、震泽两镇。金鱼漾自西向东，东连桥下水，南接古溇港，由5个小漾连成，其状若平卧的金鱼，民众喜称金鱼漾。

金鱼漾湖面宽处约300米，狭处约150米。湖泊总面积6473.7亩，七都境内水面积5883亩。湖底平均高程0.79米，最低高程-0.49米。湖泊正常蓄水位2.97米，库容837万立方米；具有调洪蓄水、供水、水产养殖功能。

金鱼漾进水口有古溇港、急水港、东肖港、菱塘湾、吴溇港、张港，水源来自頔塘和太湖，向东由桥下水漾、蒋家漾、汪鸭潭、连家漾、荡白漾入长漾。沿湖建有大阳泵站、葫芦泾泵站、南小圩闸、人字港闸、吴溇港闸站、七都套闸、七都排涝站、东肖港闸、急水港闸、菱塘套闸、菱塘一站、菱塘二站、白象港泵站、桥下闸等闸站工程。

金鱼漾承浙江湖州苕溪之洪，蓄太湖之水，流水昼夜不息，漾水清澈见底，是天然水产养殖水域。

金鱼漾东侧为震泽镇八都街道地域，漾西、北分别为七都镇菱田、双塔桥、沈家湾、群幸等村。历来是七都地区通往南浔、湖州的主航道，南端经北回桥进入南浔镇，北经吴溇港入太湖。

（三）长漾

长漾古称牛娘湖，位于頔塘以北，跨横扇街道、平望镇、震泽镇和七都镇4镇域。长漾呈狭条形，自西南至东北长5千米，总面积8863.8亩，七都镇境内水面积3957.8亩。湖底平均高程0.5米，最低高程-2.98米。湖泊正常蓄水位2.97米，库容1714万立方米。

长漾西接荡白漾水,向东流入雪落漾达太浦河。入湖河道为旺家港、南兜港、杨家扇和急水港,出湖河道为下墩港、团圆浜、南横港、徐家港、肖家桥、醋家港、徐家浜、庄圣港、下马浜、北横港、谢家路港、七匠港、上港小河和吴家港等。

长漾水势平缓,漾面广阔,水清鱼丰,水产资源十分丰富。

（四）蒋家漾

蒋家漾又名北漾,位于震泽镇、七都镇交界处。蒋家漾总面积1530亩,七都境内水面积593亩,周长8245米。湖底平均高程0.59米,最低高程-1.06米。湖泊正常蓄水位2.97米,库容243万立方米。

蒋家漾东西走向,西通金鱼漾,东连汪鸭潭,引頔塘之水经金鱼漾、汪鸭潭、迮家漾、荡白漾泄入长漾。入湖河道3条,为双石港、大家港和陆家港;出湖河道2条,为港口里河和王家港。蒋家漾渔业资源丰富,网箱养殖特种水产如鳜鱼、加州鲈鱼、虾、蟹等。

蒋家漾是通往頔塘、太湖、太浦河的水上交通要道。

（五）迮家漾

迮家漾又名栅家漾、南漾,位于震泽镇、七都镇交界处。迮家漾面积1155亩,七都境内水面积143亩,周长6303米。湖底平均高程0.59米,最低高程-0.96米。湖泊正常蓄水位2.97米,库容183万立方米。

迮家漾西接汪鸭潭,南连荡白漾,北通大庙港。

入湖河道5条,为急水港、获珍圩港、门前港、东草田港和横路港;出湖河道4条,为月字圩港、鱼池上河、高家埭河和厚明港。

迮家漾水面宽阔,岸边芦苇丛生,水流平缓,水质优良,适宜鱼类生长繁殖。

（六）东藏荡

东藏荡又名东庄荡,由小北荡、南漾、麻金潭、小斗漾、上堘漾组成,位于七都镇开弦弓村的东侧,丰民村的北侧,光荣村的西侧,北靠横路河道。

东藏荡面积1125亩,周长6116米。湖底平均高程0.05米,最低高程-0.72米。湖泊正常蓄水位2.96米,库容218万立方米。

东藏荡水来源太湖和上游诸荡,向东南流入长漾。入湖河道4条,为城家田河、欢喜桥港、小清河和四方圩港;出湖河道2条,为西草田港和张家浜港。

东藏荡水常年清澈透明,既是周围百姓饮用水之源,也是淡水养殖基地。荡中所产鱼、虾肥鲜,倍受人们青睐。因水质好,荡周有多家酒厂,

长漾(摄于2015年)

迮家漾(摄于2015年)

东藏荡(摄于2015年)

民间好自家酿酒。水质好也促进当地缲丝业发展。

（七）西藏荡

西藏荡，别名西庄荡、西长荡，位于七都镇开弦弓村西南部，开明村东侧，丰民村北侧，东、西侧靠开弦弓村。

西藏荡面积557亩，湖底平均高程0.0米，水来源于浙江上游和本地太湖，向东流入长漾。

荡中有芦苇墩5个，荡水常年清澈透明，既是周围百姓饮用水之源，也是淡水养殖基地。荡中所产鱼、虾肥鲜，倍受人们青睐。

表1-7　　　　　　　　　　　　　　　　2015年七都镇一般湖泊概况表

湖荡名	面积（亩）	底高程（米）	所在乡镇	别名
汪鸭潭	744	1.0	震泽、七都	—
桥下水漾	386	0.3	七都、震泽	—
东漾	282	—	七都	—
梅家漾	255	-0.1	七都、横扇街道	梅桥荡
南漾	231	-1.0	七都	—
西南漾	202	1.2	七都	南新漾
小西藏荡	190	0.0	七都	—
国字荡	149	—	七都	震字圩荡
林种荡	135	—	七都	—
北漾	110	1.0	七都	—
西湾头荡	105	—	七都、横扇街道	梅家荡
吉字圩荡	105	—	七都	—
天到荡	94	—	七都	—
上果漾	67	—	七都	—
濮家荡	60	—	七都	太湖池、国字荡
外西南漾	60	-1.2	七都	—

注：高程为吴淞基面。

第三节　气候　气象

一、气候

气象部门对四季划分标准是连续5天日平均气温（简称候平均气温）进入临界点（10℃，22℃）就是下个季节了。根据吴江气象台的气温记录，季节变换的日期是不固定的，取平均日期，大体上：4月1日至6月11日，日平均气温10℃~22℃，是春季，72天；6月12日至9月15日，日平均气温等于或高于22℃，是夏季，96天；9月16日至11月17日，日平均气温10℃~22℃，为秋季，63天；11月18日至次年3月31日，日平均气温低于10℃，为冬季，134天。四季中，春、秋季短，夏、冬季长。春季回暖迟，秋季降温快，人们习惯以月份划分四季：春季（3~5月），夏季（6~8月），秋季（9~11月），冬季（12月至次年2月）。

（一）春季（3~5月）

初春，北方冷空气频繁南下，带来寒潮，出现"倒春寒"，气温常在0℃以下，清晨常有浓霜。俗话说："春霜勿露白，露白定赤脚。"故多阴雨天气。"清明时节雨纷纷"，正适合七都的节令特色。

四月间，南方暖空气活跃，而北方冷空气还不时侵袭，交锋激烈。此时气温回升不仅缓慢，而且极不稳定，有时淫雨不止，有时气温骤降，间或有雪。俗话说得好"清明断雪，谷雨断霜"。一般在5月间天气转晴，气温开始转暖。

（二）夏季（6～8月）

入夏后，气温逐渐炎热，平均气温26℃左右。一般在6月下旬入梅，梅季明显，常有一段连续降雨天气，雨量一般在160毫米左右，河港涨水，俗称"黄梅水"。出梅后，受副热带高压控制，进入盛夏酷暑，天气炎热，超过35℃的高温天气约7～9天，有些年份多达十多天。这阶段盛吹东南风，常有雷雨，间有台风。夏秋之交，气候变化无常，有些年份出现晴旱，有时也出现秋风细雨，俗话说"伏里十日秋，秋里十日伏"。

（三）秋季（9～11月）

入秋后，气温逐渐凉爽，但初秋的正午仍然炎热。有些年份出现"秋老虎"现象，9月上中旬会出现35℃以上高温天气。进入白露后，天气渐凉。中秋阶段多晴朗天气，云高气爽。在处暑与白露交接之际，也常有一段降雨过程。雨落在处暑时节对晚稻孕穗有利，俗话说："处暑里的雨，收不尽的米。"雨落在白露，对晚稻抽穗不利，俗语说："挪胎风，破肚雨。"晚秋11月冷空气开始南下，气温逐渐下降，可能出现暗霜，预兆着冬季即将来临。

（四）冬季（12月至翌年2月）

冬天北方冷空气频繁南下，西北风让气候干燥，雨水较少。初冬少数晴暖天气早晨有雾。冬至前后气温很快下降，气候寒冷，并开始下雪结冰。翌年1月为全年最冷时间，每年极端低温也大多出现在这段时间。1977年1月30日，最低温度-10.6℃；1984年1月17～29日，积雪最大深度22厘米，雪天持续14天之久，湖港封冻。2008年，1月13～31日，3次降大雪，积雪深度18厘米。

二、气象

（一）气温

1996～2015年，七都地区年平均气温16.7℃，年际平均气温最大差值2.6℃。最高为18.3℃（2007年），最低为15.7℃（1996年）。极端最低气温为-10.6℃（1997年1月31日），极端最高气温为39.2℃（2007年7月28日）。严寒危害家禽及不耐寒植物，气温低于3℃，越冬作物停止生长。春季寒潮对农作物危害大，秋季降温幅度大，9月中旬气温低于20℃，影响水稻抽穗灌浆。

（二）降水

1996～2015年，七都地区年平均降水量1164.3毫米，年降水量800～899毫米的有1年，900～999毫米的有3年，其余均在1000毫米以上。年降水量最多为1645毫米（1999年），年降水量最少为816.3毫米（2003年）。连续降水时间最长是1999年的6月7日至7月1日，降水量711.5毫米。每年6～7月是梅雨季节，梅雨降水量最多年为1999年，是年6月7日入梅，7月19日出梅，降水量773.6毫米。梅雨降水量最少年为2005年，是年6月27日入梅，29日出梅，3天降水量22.2毫米。夏秋之交，多台风影响，降水量仅次于黄梅季节，日降水量大于100毫米的大暴雨日，出现在1999年6月29日，特大暴雨量133毫米。

（三）日照

1996～2015年，七都地区年平均日照时数1902.2小时，最多年日照时数2152小时（2013年）；最少年日照时数1650.0小时（2015年）。每年7～8月，受副热带高压脊控制，多晴朗炎热天气，日照充足。2～6月，日照百分率为最低点。日照对感光性强的作物影响较大，5月、10月的日照时数，对麦子、水稻结实影响明显。

（四）霜

1996～2015年，七都地区年平均无霜期219.7天。无霜期220天以上，占7成年份。初霜期大多在 11 月 15 日左右,最早年在 2007 年(11 月 2 日);终霜期在 4 月 2 日左右,最晚年在 1996 年(4 月 22 日)。有霜期最长为 262 天(1999 年),最短为 87 天(2007 年)。突发性的霜期提前或推迟,对植物危害较大。

（五）风

全年以春夏季节东风、东南风为多。温暖湿润。风向频率为 33%,南风、西风的频率较小,为 2% ~ 3%。秋冬多偏北风,寒冷干燥,各月平均风速 2.7 ~ 3.6 米每秒。历年风速等于或高于 17 米每秒的日数为 9.3 天。风灾主要是热带气旋侵袭而成(8 ~ 9 级为热带风暴,10 ~ 11 级为强热带风暴,12 级以上称台风)。热带气旋侵袭,平均每年 1.5 次,多在 7 月中旬至 9 月出现。

表 1-8　　　　　　　　　　　1996 ~ 2015 年七都每月平均气温表

单位:℃

年份	1月	2月	3月	4月	5月	6月	7月	8月	9月	10月	11月	12月
1996	4.1	4.8	10.1	12.7	19.8	24.6	24.5	27.8	24.4	18.8	11.4	5.4
1997	4.0	5.1	12.1	13.4	22.3	25.0	27.9	27.3	22.5	18.6	12.0	6.6
1998	3.7	7.3	9.4	17.8	20.8	24.0	29.4	29.2	23.3	19.6	14.7	7.9
1999	5.6	8.3	8.6	15.5	20.9	21.4	25.5	25.8	25.5	17.7	14.3	6.5
2000	3.9	4.1	10.6	16.3	21.6	25.0	29.2	28.3	24.1	19.1	11.8	8.4
2001	5.2	6.5	11.1	15.6	21.4	24.2	29.9	26.9	24.4	19.6	12.2	6.0
2002	6.2	8.2	12.8	16.7	19.5	25.6	27.6	27.0	24.2	19.0	11.9	6.5
2003	3.2	6.7	9.9	15.6	20.5	25.0	29.7	29.0	25.9	18.2	13.0	5.7
2004	4.4	8.7	10.1	16.6	21.4	24.9	29.8	29.1	23.8	18.7	14.2	8.4
2005	2.8	4.2	9.4	18.2	21.0	26.9	29.3	28.1	26.6	18.7	14.8	4.8
2006	5.4	5.7	11.7	17.2	21.6	26.4	29.9	30.6	23.7	22.1	14.9	7.3
2007	5.1	9.7	12.1	16.1	23.3	25.4	30.4	30.0	25.1	20.0	13.2	8.6
2008	3.3	3.5	11.7	16.1	22.4	24.4	30.6	28.5	25.7	20.3	12.4	7.0
2009	3.4	8.7	10.5	16.6	22.2	26.3	28.9	28.2	25.1	21.0	10.9	5.9
2010	4.8	7.1	9.2	13.0	20.7	24.1	28.5	30.2	25.9	18.4	13.3	7.2
2011	0.9	5.8	9.3	16.3	21.8	24.6	30.0	28.2	24.6	18.9	16.3	5.5
2012	4.3	4.1	9.6	18.1	21.8	25.2	29.9	29.1	23.6	19.6	11.7	5.5
2013	4.1	6.5	11.3	16.1	21.9	24.5	32.0	31.4	25.2	19.7	13.5	5.8
2014	6.5	6.0	11.9	16.2	21.9	24.2	27.7	26.5	24.2	20.1	14.4	5.5
2015	6.1	6.9	10.9	16.6	21.3	24.5	26.9	28.2	24.5	19.5	13.5	7.6

表 1-9　　　　　　　　　　　1996 ~ 2015 年七都每月平均降水量表

单位:毫米

年份	1月	2月	3月	4月	5月	6月	7月	8月	9月	10月	11月	12月
1996	40.0	20.0	143.6	82.4	29.8	288.0	331.5	112.0	55.5	75.0	44.0	20.0
1997	44.0	40.0	74.3	49.7	79.4	168.0	222.1	98.0	70.9	20.0	102.7	85.3
1998	188.7	56.8	159.8	82.0	54.6	165.7	191.5	72.4	223.6	54.1	16.2	46.0
1999	34.7	27.8	60.6	213.6	68.0	773.6	133.3	181.9	62.3	26.2	40.7	22.3
2000	108.5	65.9	105.2	48.7	149.8	130.4	34.4	121.5	16.8	88.3	113.9	14.4
2001	104.2	62.9	24.7	59.2	40.6	243.2	65.1	232.9	24.1	36.2	26.4	85.2
2002	40.0	38.8	114.9	118.7	214.8	172.1	132.3	207.4	37.2	70.5	54.6	110.0
2003	51.7	94.1	95.1	98.9	95.6	97.7	82.4	35.7	70.3	26.8	43.6	24.4

（续表）

年份	1月	2月	3月	4月	5月	6月	7月	8月	9月	10月	11月	12月
2004	100.9	75.9	37.1	131.4	118.9	151.9	166.9	52.5	71.5	32.0	48.4	65.1
2005	66.5	133.9	33.5	64.1	132.3	28.7	126.9	193.5	135.5	60.3	21.4	16.3
2006	146.2	73.9	27.5	97.3	80.9	48.6	154.4	25.5	96.0	8.3	135.6	12.5
2007	51.1	69.1	100.8	97.2	64.4	159.8	106.7	102.7	196.2	165.9	19.0	43.8
2008	105.8	33.7	26.8	55.8	141.2	374.5	122.6	110.9	170.5	66.7	67.2	24.2
2005	66.5	133.9	33.5	64.1	132.3	28.7	126.9	193.5	135.5	60.3	21.4	16.3
2006	146.2	73.9	27.5	97.3	80.9	48.6	154.4	25.5	96.0	8.3	135.6	12.5
2007	51.1	69.1	100.8	97.2	64.4	159.8	106.7	102.7	196.2	165.9	19.0	43.8
2008	105.8	33.7	26.8	55.8	141.2	374.5	122.6	110.9	170.5	66.7	67.2	24.2
2009	54.1	120.2	90.8	74.6	48.4	133.2	178.4	345.2	66.2	8.2	111.4	56.1
2010	43.3	83.5	167.8	87.7	83.7	52.7	269.2	145.5	72.5	56.7	4.0	48.5
2011	18.7	17.5	43.1	42.7	44.3	296.6	96.8	241.9	11.2	50.7	19.6	23.4
2012	78.0	81.7	141.3	68.4	152.3	145.1	118.2	144.2	112.7	29.0	103.5	79.5
2013	30.0	106.6	84.2	52.2	133.8	164.2	86.7	56.0	76.2	254.3	12.3	41.4
2014	32.1	146.7	94.9	140.0	65.9	252.2	183.2	155.9	93.5	47.4	45.5	4.9
2015	62.7	99.9	128.7	124.8	109.5	223.5	111.3	106.5	114.0	79.4	116.4	81.3

表 1-10　　　　　　　　　　1996～2015 年七都每月平均日照时数表

单位：小时

年份	1月	2月	3月	4月	5月	6月	7月	8月	9月	10月	11月	12月
1996	130.0	152.0	82.5	174.5	175.4	107.0	236.0	241.0	168.5	147.3	92.0	172.0
1997	138.2	123.5	111.8	132.0	213.4	159.0	170.0	140.5	187.3	173.0	119.0	83.0
1998	122.2	119.2	103.3	191.6	164.2	129.0	246.1	243.3	177.8	163.8	176.7	129.7
1999	127.8	109.7	127.5	190.8	157.3	118.5	114.9	97.3	151.2	138.9	120.2	50.4
2000	89.4	103.0	138.9	183.7	220.9	183.1	267.8	221.2	154.2	85.9	103.7	118.5
2001	111.8	108.1	202.4	169.2	178.5	129.3	269.4	184.5	191.9	205.7	144.7	93.5
2002	178.8	137.1	147.7	112.7	107.1	195.5	190.9	175.0	198.2	180.4	158.8	89.0
2003	156.8	103.5	157.1	121.9	147.7	179.6	201.8	211.2	214.2	184.3	153.4	137.0
2004	125.3	149.8	137.4	193.9	177.2	156.3	291.0	239.3	153.6	220.9	175.2	118.1
2005	124.5	93.8	190.1	209.1	172.9	218.6	193.7	193.0	211.1	175.5	126.1	157.8
2006	95.9	102.5	200.1	192.8	189.8	197.6	206.4	293.5	158.2	183.1	110.2	130.5
2007	106.2	159.5	157.7	182.3	228.2	71.6	216.3	260.8	128.5	170.0	151.9	92.8
2008	64.7	178.9	179.4	131.4	253.0	95.6	257.4	207.3	167.5	139.3	130.3	161.2
2009	129.2	51.7	119	206.5	220.6	164.7	208.7	135.9	136.0	203.1	95.1	125.8
2010	129.4	78.5	129.3	136.4	167.5	121.7	173.8	287.3	168.6	140.3	157.0	182.4
2011	141.9	112.3	177.6	200.8	179.5	89.7	184.5	150.8	179.5	133.6	126.8	136.1
2012	82.9	82.9	127.2	178.9	170.0	114.1	249.8	210.0	179.2	198.3	152.3	118.1
2013	128.7	76.7	180.0	221.9	167.7	95.5	316.6	266.4	192.4	183.7	165.2	156.7
2014	156.8	84.5	167.9	135.5	178.3	78.5	171.5	103.4	114.0	222.8	124.5	182.1
2015	121.5	110.3	133.4	184.3	153.9	82.0	143.7	214.5	166.0	163.9	65.5	111.1

第四节　自然灾害

一、水灾

北宋大中祥符四年（1011）九月，太湖泛溢，坏庐舍。

北宋元丰四年（1081）七月，西风驾湖水，浸没民居，死者万余人。

明永乐三年（1405）六月一日至十月，淫雨大水，田禾尽没，百姓大饥。

明成化十七年（1481），八月连大雨，九月初，大风雨，昼夜如注，至冬无日不雨，禾稼仅存者悉漂没。

明嘉靖四十年（1561），自春到夏，淫雨不止，使塘市无路，场圃行舟。村镇断炊，路有饿死者，疫病流行，灾情惨重。

明天启七年（1627）十月十六日，狂风大作，太湖水涌丈余，巨浪似丘，湖塘芦苇披靡，拔木偃木，滨湖居民溺死不少。

清雍正四年（1726年）秋冬，雨，大水，低田积水，不能割禾，豆麦无种。

清宣统三年（1911）七月，太湖水位猛涨平岸，有"水到廊沿"之说，田禾被害。

民国10年（1921）秋，太湖因湖水倒灌，宣泄不畅，七八月雨水偏多，积涝成灾，低洼之处，颗粒无收。

民国20年，7月8日至8月10日，梅雨连绵，倾盆大雨，持续30多天，7月降雨464毫米，田禾无不被淹，8月25日起，飓风狂暴，倒树毁屋，为数十年来未有之巨灾。

民国35年夏，淫雨连绵，江湖并涨，滨湖荡漾农田，稻禾遭淹。9月25日起，连续三昼夜台风暴雨，稻禾又遭灭顶之灾，农民只能划着菱桶割稻头。

民国38年，入夏以来，大雨连绵，7月初部分滨湖农田已受淹，7月25日晨受强台风袭击，太湖泛溢，狂风暴雨迅猛，霎时间湖水自桥面冲过，为历史所罕见，因冲毁圩岸无法堵塞，庙港被淹圩围有42只，7108亩颗粒无收，其他高田经抢救亦减收50%。七都被淹农田收成大减。

1954年5~8月，淫雨持续时间3个月之久，每月雨量超过200毫米，共降雨974.6毫米，再加上长江洪峰下泄，江水倒流入太湖，吴淞口最高水位5.05米。七都、庙港乡低洼地段涉水而行，大圩田、月字圩等圩民居进水，东角圩有数户浸水而搬迁。因梅雨早，夏熟作物不及收割，大部烂在田中，水稻淹没无收的有6725亩，大面积田块日夜奋力排涝，由于边排边雨，终因禾苗浸水过久，生节烂根，秋收平均四成左右。

1957年，7月上、中旬，连降暴雨，七都、庙港乡雨量在500毫米以上，七都乡121只低洼圩田水稻尽淹，庙港乡水稻大面积受渍，开弦弓村潘香坝、浪头四亩八、马家三圩等被淹400余亩，乡政府号召人民抗灾自救，选苗补种，但秋后还是严重减产。

1960年8月3日下午起，突降暴雨，连5日上午一次大雨，共降雨355毫米，河港水位普涨40厘米以上，庙港、七都公社稻田积水一般在一尺半（50厘米）以上，一部分稻田积水三四尺（1~1.3米）。一万多亩稻田积水成涝，经组织日夜排救未成灾。

1962年9月4~6日，14号台风过境，七都、庙港降雨水中313.4毫米，水位4.29米。由于党和政府重视水利建设，疏浚河道，加固圩围，改善机电排灌，增强抗灾能力，使大灾变小灾，小灾化无灾。庙港公社七一大队第六生产队15亩后季稻"红谷籼"，受淹时开始孕穗，因积水时间长，排出水后检查，无用黑根40%，枯叶20%，分蘖绝大多数不能成穗，只能收获二三成。

1977年8月22日，受7号台风影响，自凌晨2时起至当天中午，11小时内七都、庙港降雨110

毫米。水位上涨至3.58米,湖荡田被淹。

1980年6~8月,太湖地区连降暴雨,严重受涝。

1983年6~7月,连降暴雨,上游洪水大量涌入境内,下游泄水严重受阻,致使水位猛涨,高水位持续数十天之久,在太湖水位4.20米情况下,庙港公社欢喜桥大队3、4队32亩早稻受淹,用草包抢救两次无效,淹没;勇星大队倪家港坝头决口,经12小时奋战,沉船挡缺口,田圩得免受灾。七都公社行军大队毛家荡70亩水稻,圩埂塌方100多米,后又决口破圩,进水40多厘米,抢救脱险,排除积水。

1991年6月,连降大到暴雨,6月10日,太平桥水位4.08米,6月26日12时,太浦河节制闸第一次开闸泄洪,共泄洪13亿立方米,降低太湖水位0.5米。跃进圩大堤出现险情,乡防汛抗旱领导小组立即组织人力物资抢救。多年来兴修水利工程发挥作用,大灾之年,仍获丰收。7月8日,庙港水位升至4.18米。7月9日,太湖水位升至4.33米。汤家扇闸出现险情,经全力抢修后脱险。七都乡叶港水闸冲毁,造成决口,情况危急,七都乡防汛小组立即组织人力抢救。乡党委多人率先跳入急流,组成人墙,经打桩、填土,奋战两个多小时,才幸免灾难。

1993年7月底至8月23日,阴雨不止,降水量785毫米,太湖水位4.56米,吴淞口叠潮,退水缓慢,持续防汛23天,部分低田荡田受害。七都、庙港镇各联圩包围和水闸发挥作用,阻止太湖洪水泛滥,减轻水灾损失。

1999年6月7日,太湖流域进入梅雨期,7月20日出梅,梅雨期44天。雨日34天,梅雨量为771.2毫米。七都吴溇水文站测得梅雨量843.2毫米,庙港太浦河水文站测得梅雨量773.6毫米。受潮水顶托及别处来水影响,内河水位因排泄不畅升至4.5米,最高水位5.09米。7月2日,浙江省圩堤被洪水冲击,有一道10多米长的缺口,洪水直泄七都镇焦田村长漾圩。七都镇组织5个村、20多个企事业单位和镇机关的200多名抢险队到现场,与奉命从苏州、镇江赶到的183名武警战士,共同在3千米长的圩堤上加高加固,险情及时得到控制。庙港月字圩、汪鸭潭堤岸出现险情,经防汛指挥部及南片、西片各村抢修后脱险。

2002年8月24~26日,出现强雷雨天气,2小时降水27毫米,风速12级,创历史记录,七都、庙港镇出现供电、通讯线路中断、道路积水、居民家中进水。

2007年10月7日,受第16号台风"罗莎"影响,七都镇风力7~8级,太湖水面阵风9级,并伴有大到暴雨,局部大暴雨。

2009年,全年出现4次暴雨,7月21日1次,8月1~2日、4日、15日,七都、庙港镇均出现暴雨,最大降雨量213毫米。太湖水位3.92米,超过警戒水位0.42米。

二、旱灾

宋熙宁七年(1074),大旱,太湖水涸,湖心见古墓街衢井灶无算,蝗螟生。

明崇祯十三年至十四年(1640~1641),大旱,蝗灾。

清康熙十年(1670)八月,太湖干涸。

清康熙十一年五月,蝗螟成灾。

清康熙三十二年夏,大旱,港涸可走人。

清康熙四十六年,大旱,四月至七月不雨,湖港俱涸,田地龟裂,草木枯萎。

民国23年(1934),春蚕时节开始干旱,连续两个多月,滴雨未下,河底朝天,田块干裂,南半个太湖可走人。滨湖人家连饮水竟成了问题,人们不得不到北半个太湖担水。七都、庙港地区有七成稻田栽不上秧,插上秧的也收成无几。

1953年7月中旬,天气干旱,庙港口、吴溇口水位降至2.08米。七都、庙港境内,大部分河港干涸,田块缺水灌溉,严重威胁晚秋作物生长、发育,秋后减产二三成。

1978年夏,汛期雨量较少。8月1日至9月8日,持续干旱39天,太湖最低水位只2.2米,并出现高温伏旱。幸七都、庙港公社大小包围都已装备机电灌溉,昼夜戽水,战胜旱魔。直至9月上旬,普降甘霖,旱象基本解除,是年仍获得好收成。

1988年7月4~21日,境内35℃以上高温天气13天,平均降雨0.2毫米,七都、庙港乡水稻、瓜果、蔬菜受旱减产。

1992年7月15日至8月11日,持续28天高温晴热,降雨量稀少致使河网水位下降,7月31日,七都吴溇口测得水位2.58米,七都、庙港乡各村动员,通过清理沟渠、投入全部灌溉动力抗旱,使灾情得到缓解。

1994年,庙港镇旱情相当严重,水位逐渐下降,七、八两个月长期干旱,大明港出口处只有33厘米水深,靠岸湖底露面。8月7日太平桥最低水位2.52米,由于灌排设施完善,水稻产量未受影响。

1997年8月27日至11月10日,七都、庙港镇雨水一直偏少。76天中雨日13天。雨量37.9毫米,为历史同期最少。干旱影响水稻灌浆、油菜出苗及蔬菜等作物生长。

2007年7月17日至8月3日,连续高温,七都、庙港镇11天温度超过37度。无雨日,水稻生长有一定影响。

三、雪冻

清乾隆五年(1740)冬,大寒,太湖水冰冻,人履冰如平地。

1964年2月18~19日,七都、庙港公社大雪,积雪厚度为16厘米。

1977年,1月份降雪8次。1月30日,积雪20厘米。出现3次寒潮。1月31日,最低温度零下10.6℃,为有气象记录以来最低值。太湖严重封冻,冰厚尺余,七都、庙港公社发放棉衣、棉被确保贫困户平安过冬。

1984年17日,下雪9.8毫米。18日,下雪37.2毫米。19日,整天整夜下大雪,积雪深度22厘米。天寒地冻,七都、庙港乡大部分越冬作物受冻害,损失很大。

1998年3月19~22日,七都、庙港镇受寒潮侵袭,气温骤降,18日平均气温15.4℃,20日,降至0.6℃,20、21日最低气温为-0.1℃,22日降至-1.4℃,。20、21日既打雷又下雪。19~30日,雨雪量109.6毫米,致使已开花的油菜64%以上倒伏;小麦幼穗冻死率早茬20.8%,晚茬12.1%。

2008年1月25日至2月3日,七都镇出现罕见的持续暴雪天气,1月26~29日,过程降雪量55.1毫米,积雪深度18厘米。2月1~2日,平均降雪量17.6毫米,积雪深度24厘米。导致10%小麦和61.7%油菜不同程度遭受冻害。受损农贸市场6个,倒塌车间、房屋114间。

四、风灾 雷击

元至正十五年(1355)正月廿三日,龙卷风袭击,造成灾情,七都、庙港地区居民瓦屋皆揭去,屋内器物倾扑无数。

明嘉靖元年(1522)七月廿五日,大风一整天,太湖水高丈余,滨湖一带,人畜屋庐漂溺无数。

清咸丰十一年(1861)八月十八日晚,西来大风伴随雷电暴雨袭击七都、庙港地区,前后约半个时辰,至二更风停、雨止、雷歇。域内墙倒屋塌、折树不计其数。

清光绪十年(1884)九月一日,震泽区遭龙卷风袭击,风尾殃及七都、庙港地区,作物俱倒,但无人畜伤亡。

民国32年(1943)八月十一、十二日,飓风暴雨,七都、庙港地区稻禾正值扬花期,秋熟收成减半。

1951年8月,七都、庙港地区连日暴雨,伴有强台风,稻禾折茎,桑树折枝,造成蚕缺叶,秋后粮减产三成。

1963年8月30日,七都5人下田拔草,在凉亭避雨,遭雷击身亡。

1969年8月2日晚8时多,遭龙卷风袭击,风力7~8级,加上倾盆大雨和霹雳闪电,历时15~

40分钟。七都、庙港地区碗口粗的树木被连根拔起,水泥电杆被吹断,农桥被摧毁,人畜、房屋、作物均遭到危害。

1974年7月23日深夜,庙港公社受暴风雨袭击,最大风力9级以上,降雨量30~100毫米,三熟制早稻落粒损失,树木吹倒,猪、羊棚被吹坏多间。

1983年7月6日12时30分,七都公社遭龙卷风袭击,部份稻田倒伏。

1985年7月17日14时20分,一股强大风暴(短时间10级以上),由西北方向经太湖袭击庙港乡后,进入长漾向南,前锋伴有核桃大冰雹,紧接大雨倾泻,历时二十多分钟,风口在七一、庙港、合群三个村之间,风过之处均受害,轻重不一。7月31日上午11时许,随8号台风刮起一股龙卷风,由庙港富联村南和尚荡起至富强村大明港太湖出口,袭击富联、罗港、五联、富强4个村,受灾74户,倒坍损坏房屋177间,10人受伤,其中重伤5人,15间集体房屋和1所中学的10间教室房顶被大风掀掉,200多米围墙倒塌。

1985年9月14日,七都邮电支局上空遭雷击,七都至吴江、七都至八都的线路设备烧毁,通讯中断。

1987年8月10日傍晚5时起,七都镇区受龙卷风和大暴雨袭击,暴雨持续3小时,广场积水尺余,有53个单位受灾。倒塌房屋44间,损坏58间,倒塌围墙23处531米,吹倒树木1340棵,工厂停工3天,直接经济损失15.385万元。

1991年3月28日上午10时30分左右,庙港镇区上空突然乌云密布,狂风夹着雷声,随即天空一片漆黑,出现"白昼黑夜",黑暗持续时间约10分钟,老年人称这种现象在庙港是第一次见到。8月7日17时许,龙卷风自东向西袭击七都、庙港乡,风力12级,其中心旋在文义兜村,霎时天昏地暗,风势剧猛,拔树倒屋。殃及13个村,有23个生产组不同程度受灾害,倒塌房屋125间,毁坏152间,41人受伤,其中9人伤势严重,100多人无家可归,300多人有家不能归。受灾地区电线吹断,电杆刮倒,大批农作物倒伏,桑树折断,灾情严重。

1996年8月18日,七都镇遭11号台风袭击,倒塌房屋数十间、倒毁树木近千株、电杆400多根,工厂被迫停工,经济损失约1200多万元。

2004年9月14日,龙卷风袭击心田湾、丰田村一带,倒塌房屋17间,经济损失180万元。

2005年6月22日,七都镇出现局部地区强对流引起小型龙卷风,造成32户人家受灾,有12人受伤,其中3人重伤,另有3个工厂共1.2万平方米厂房受损。

2007年4月1日13时许,丰民村沪苏浙公路高架桥施工工地发生雷击致1人死亡事故,原因是该地段地势空旷且紧邻一片较大水域,受害者在高架桥作业处于最高点,且所处位置无任何防雷装置。

第三章 动物 植物

境内湖荡密布,土壤肥沃,气候温和,水源充沛,为植物生长、动物繁育提供适宜环境。由于多种因素,80年代以后,自然环境发生变化,自然资源有所演变。

第一节 动 物

1996~2015年,境内的野生及人工养殖的脊椎动物有鱼类、两栖类、爬行类、鸟类、哺乳类;无脊椎动物有昆虫类、甲壳类、软体类、蛛形类和多足类、环节类等,共10类100多种。

一、脊椎动物

(一) 鱼类

境内鱼类主要有鲫鱼、鲤鱼、鳗鱼(鳗鲡)、太湖短吻鱼(银鱼)、翘嘴红鲌(白鱼)、红鳍鲌(红尾巴料鱼)、鲢鱼(白鲢)、鳙鱼(花鲢)、青鱼、草鱼、鳊鱼、乌鳢(黑鱼)、黄鳝、泥鳅、鲶鱼、黄颡鱼(昂刺鱼)、鳜鱼(桂鱼)、鲈鱼、沙塘鳢(塘鳢鱼)、鳑鲏鱼、白条(鳘鲦)、河豚(有毒)、鲃鱼(形似河豚、无毒)、花石斑鱼、花骨鱼(季骨郎)、梅鲚鱼、针口鱼、观赏鱼金鱼、锦鲤鱼等。

其中,鳜鱼、翘嘴红鲌(白鱼)、黄颡鱼(昂刺鱼)、鲶鱼、鳗鱼(鳗鲡)、黄鳝、泥鳅等原野生鱼类也开始养殖。还引进养殖加州鲈鱼、革胡子鲶鱼,养殖异育银鲫、建鲤等。鳑鲏也有养殖,但仍以野生为主。

(二) 两栖类

境内有黑斑蛙(田鸡)、金钱蛙、蟾蜍(哈蟆)、养殖的牛蛙等。

(三) 爬行类

境内有龟、鳖(甲鱼)、赤链蛇、乌梢蛇(青梢蛇)、大黄蛇、短尾腹蛇(灰链扁)、水蛇、黄颔蛇(家蛇)、壁虎(四脚蛇)等。乌龟、甲鱼也有养殖。

(四) 鸟类

鸡、鸭、鹅、鸽、鹌鹑、鸬鹚(鱼鹰)。

凫(野鸭)、雉(野鸡)、燕子、麻雀、黄雀、黄莺、乌鸦、乌鸫、珠颈斑鸠、画眉、白头翁、老鹰、猫头鹰、大杜鹃(布谷鸟)、鸲鹆(八哥)、白鹭、江鸥、喜鹊、翠鸟(拖鱼鸟)、鹩哥、暗绿绣眼鸟(绿豆鸟)、水鹨鸪等。

(五) 哺乳类

羊、猪、肉兔、长毛兔、狗、猫等。

黄狼(黄鼠狼)、野兔、野猫、刺猬、老鼠、蝙蝠、狐狸、水獭等。

二、无脊椎动物

(一) 节肢类

境内主要有蜜蜂、蝴蝶、蜻蜓、蝉(知了)、蟋蟀、黄蜂、蚱蜢、蝗虫、纺织娘、螳螂、牛虻、蚊子、苍蝇、萤火虫、蟑螂、蚂蚁、金龟子、天牛(杨夹)、蚜虫、稻飞虱、跳蚤、红岭虫、稻叶蝉、稻苞虫、稻螟虫、家蚕、野蚕(皮虫)、大青虫(芋艿虫)、地鳖虫、蝼蛄。

湖(河)虾、白虾、罗氏沼虾、南美白对虾、中华绒螯蟹(太湖蟹)、蝲蛄、小龙虾等。

壁线蛛、圆网蛛、蜈蚣(百脚)、铜丝百脚夫(组陆)、潮虫、跳蚤等。

(二) 软体类

境内主要有田螺、螺蛳、蜗牛、蜒蚰、河蚌、河蚬等。

(三) 环节类

蚯蚓、水蛭、蚂蟥等。

第二节 植　物

1996~2015年,境内的植物有种子植物和菌类植物两大类,种子植物有草本、木本植物之分。两大类植物共120多种。

一、草本植物

稻(粳稻、籼稻、糯稻)、麦(大麦、小麦、元麦)、玉米、高粱、甘薯等。

结球白菜(包心白菜)、不结球白菜(小白菜、青菜)、菠菜、结球甘蓝(卷心菜,包菜)、蕹菜、荠菜、雪里蕻、芥菜、香青菜、芜菁甘草蓝(大头菜)、苋菜、莴苣、白萝卜、红萝卜、胡萝卜(丁香萝卜)、茄子、番茄(西红柿)、辣椒、甜椒(灯笼辣椒)、马铃薯(洋山芋)、韭菜、大葱、洋葱、姜、金针菜(黄花菜)、花菜、芹菜、蒿菜、大蒜等。

蚕豆、豌豆、大豆(黄豆、毛豆)、绿豆、赤豆、扁豆(羊眼豆)、刀豆、长豆、四季豆、豇豆等。

黄瓜、丝瓜、南瓜、冬瓜、甜瓜、西瓜、菜瓜、苦瓜、瓠瓜(地蒲)、西葫芦等。

芋艿、茨菇、荸荠、茭白、芡实(鸡头米)、莲藕、菱、水葫芦、水花生(小酱板)、水浮莲、绿萍、水草、芦苇等。

油菜籽、向日葵、芝麻、花生、蓖麻、火麻、苎麻、黄麻、棉花等。

水仙、吊兰、美人蕉、鸡冠花、蝴蝶花、芍药、牵牛花(喇叭花)、千日红、水仙花、菊花、大丽花(天竺牡丹)、一串红、万年青、文竹、含羞草、玉簪花、芭蕉、红花草、金鱼草等。

延胡索、益母草、紫苏、穿心莲(一见喜)、三七草、半夏(哑子草)、鸭跖草、鱼腥草、葎草(拉拉藤)、牛膝、青葙(野鸡冠花)、马齿苋、繁缕、虎目草、蛇莓、鸡眼草、紫花地丁、牵牛、马鞭草、夏枯草、车前、野菊花、马兰(马兰头)、苍耳、大蓟、蒲公英、半枝莲(并头草)、夏至草、紫金牛、艾叶、大青叶、金丝荷叶、薄荷、金钱草、老鹳草、女贞子、凤尾草、臭梧桐、龙牙草(脱力草)、木瓜、北瓜等。

二、木本植物

境内木本植物多为人工栽培,主要以种植为主,有用材树、经济树、药材树、观赏树等,野生的较少。

松树、杉树、柏树、柳树、杨树、椿树、银杏(白果树)、棕榈、黄檗、樟树、楝树、乌桕树、槐树、榆树、梧桐、泡桐、皂荚树等。

橘、橙、金桔、枇杷、苹果、桃、梨、李、杏、梅、柿、枣等。

白兰花、白玉兰、广玉兰、杜仲、海棠、山茶、芙蓉、樱花等。

桑树、冬青、石楠、香橼、枸桔、黄杨、桂花、女贞、石榴、山茶、珊瑚树(法国冬青)、南天竹、木槿、枸杞、六月雪、栀子、月季、杜鹃、牡丹、蔷薇、金银花、玫瑰、绣球花、珠兰等。

杜园竹、簸竹、黄筋竹、石竹、天竺竹、湘妃竹、尾竹、刚竹、淡竹、紫竹、方竹、兹竹等。

三、菌类植物

黑木耳、地木耳、白木耳、蘑菇、平菇、凤尾菇、香菇、金针菇、草菇等。

四、古树名木

2015年,七都镇有古树名木15棵。其中4棵银杏属1级保护级别,3棵银杏、3棵黄杨、4棵桂花、1棵刺槐树属2级保护级别。

表1-11　　　　　　　　　　2015年七都镇古树名木情况表

序号	树种	生长地点	树龄(年)	胸径(厘米)	树高(米)	保护级别	权属	长势评价
1	银杏	望湖村16组	220	98.7	22.0	2	集体	一般
2	银杏	隐读村8组	150	88.9	6.0	2	集体	较差
3	银杏	燦烂村4组	350	91.7	21.0	1	集体	较差
4	银杏	盛庄村21组	350	93.9	21.0	1	集体	旺盛
5	银杏	盛庄村7组	350	89.1	20.0	1	集体	旺盛
6	银杏	庙港村2组	350	89.2	18.0	1	集体	旺盛
7	银杏	光荣村5组	150	51.9	12.0	2	集体	一般

(续表)

序号	树种	生长地点	树龄(年)	胸径(厘米)	树高(米)	保护级别	权属	长势评价
8	黄杨	望湖村20组	120	22.3	6.0	2	集体	一般
9	黄杨	吴溇村4组	150	32.5	8.0	2	个人	一般
10	黄杨	吴溇村2组	110	24.5	6.0	2	个人	一般
11	桂花	望湖村10组	120	13.7	8.0	2	个人	旺盛
12	桂花	吴溇村18组	120	33.4	7.0	2	个人	一般
13	桂花	吴溇村4组	110	29.0	6.0	2	个人	一般
14	桂花	望湖村9组	130	25.5	6.0	2	个人	较差
15	刺槐	望湖村1组	220	70.0	5.0	2	个人	较差

第二卷

市镇　农村

第一章 市　　镇

1992年9月26日,七都、庙港撤乡建镇。1993年,七都镇设立新区、北港滩、粧南街道居委会;庙港镇设立庙西街、庙新路街道居委会。2002年,七都镇新区、北港滩、粧南3个街道居委会撤销,成立七都社区居委会;庙港镇庙西街、庙新路街道居委会撤销,成立庙港社区居委会。2003年7月,庙港镇撤销渔业村,设立渔村社区。2003年12月,七都、庙港镇合并成新的七都镇。2004年,设立西漾渔业社区。至2015年,七都镇市镇设庙港办事处,下辖七都、庙港、渔村、西漾渔业4个社区居委会。

第一节 镇　　区

一、区域概况

清宣统二年(1910),震泽县推行区域自治,设吴溇镇。民国37年(1948),成立七都乡,七都乡公所驻地为双荡兜村。1957年,撤区并乡,七都乡(大乡)人民政府成立,乡政府设在吴溇集镇,吴溇成为七都政治、经济、文化中心。早期,吴溇集镇闹市区在粧桥。1985年,镇区范围东至粧桥东,西至七都中学,南至机电站,北至太湖,面积0.2平方千米,非农人口846人。工业集中在镇区东南端,文教卫生等单位在镇区西南端,商业主要分布在镇中心的粧桥东、西堍。1996年,镇区面积3.0平方千米,非农人口1249人。2003年12月,七都镇和庙港镇撤销建制,两镇原区域合并设立新的七都镇。镇区面积4.6平方千米,非农人口4663人。2015年,七都镇区范围东至万宝路,西至西环路,南至金鱼漾,北至太湖,镇区面积7.03平方千米,非农人口14803人。

二、市镇建设

中华人民共和国成立初,镇区只有1条长200多米的街道,桥3座。1985年,主要街路有吴溇东街混凝土路面,吴溇西街混凝土、条石路面,吴溇南街砂石路面,街路总长530米。主要桥梁4座,其中粧桥建于宋代,是年,粧桥翻建;1968年11月人民桥始建,翻建为钢筋混凝土桥。镇区原有4条河,在市政建设中填没1条,又疏浚吴溇港、南横港、野猫港(禹庙港),3条河总长200米,建石驳岸655米。镇区工业用电304万千瓦时,照明用电48万千瓦时。全镇居民住宅总面积3.44万平方米,人均住房面积13.8平方米。

90年代,镇区的望湖小区、亨通公寓等住宅小区相继建成,居民的居住条件开始发生变化。2008年,镇区住宅建筑面积24.98万平方米,人均30.2平方米。至2015年,镇区建成丽都花园、亨通苑、锦港花园等20多个居民住宅小区,分布在望湖路、南太湖大道、富家路、望山路和吴溇路、恒达路等路段周围。住宅建筑面积68.2万平方米,人均57.07平方米。新建或改建桥梁30座。镇区道路已形成望山路、望湖路、西环路、吴越路、万宝路、南太湖大道、七都大道、亨通大道等主干道网,道路总长40.84千米。

三、经济贸易

(一) 工业

中华人民共和国成立初,镇区只有少量手工业。1958年,七都农具厂成立,职工60多人,年产值7万多元,主要生产铁木制农具和木制家具等。1975年起,陆续办起蔬菜加工场和皮包厂,并扩建农机厂和农具厂,生产挂桨机叶片、铸件、手提包以及铁制农具、木制家具等,职工200余人。以后,又先后办起制冷设备厂、软垫厂、工艺品厂、皮鞋厂等。1985年,镇区有7家乡办厂和1家村办厂,职工686人,总产值367.04万元,利润91.22万元。1991年,吴江特种电缆厂组建双塔集团公司。1992~1997年,相继组建亨通、巨通、恒通3家电缆集团公司,电缆销售量占全国的七分之一,发展成为全国闻名的"电缆重镇"和"光电缆生产基地"。1998年,全镇完成工业产值24.01亿元,产品销售额22.64亿元,当年七都经济总量位居吴江市23个乡镇中仅次于盛泽的第二大工业镇。

2007年,工业门类有光缆、电缆、有色金属、电子、纺织服装、建材等产业,总资产8亿多元,总产值150亿元,财政收入2.3亿元。光电缆生产量约占全国的五分之一,被誉为"中国电缆产业基地""全国光电缆通信科技园"。2015年,七都镇规模以上工业新兴产业企业34个,工业总产值253亿元,全镇规模以上企业营业收入335.93亿元,营业利润11.29亿元。

(二) 商业

据清乾隆年间《儒林六都志》记载:"滨湖溇港俱有酒、米、鱼、肉等店,而就中吴溇最盛,八角亭次之。沿街列肆,货物萃聚,俨然成东西市云。"可知清代镇区已有经营米、面、菜油及烟酒、鱼肉等店铺。民国时期,陆续开办国药店、茶馆、小百货店等店铺。1956年,私有制工商业开始进行社会主义改造,这些店铺逐步按行业实行集体经营,成为供销社商业的组成部分。1985年,镇区共有零售商店23家,职工218人,年零售额964.97万元。是年,七都农贸市场开业,建筑面积320平方米,年成交额13.20万元。镇区主要商店有大楼商店、五交化商店、日用品商店。

1995年,七都供销社卷烟批发额270万元,副食品批发额50万元。1996~1998年,年均销售额740万元,利润44万元。1999年,镇区供销社、国营、集体、个体私营商业网点564个,从业人员1087人,社会商品零售额3.47亿元。2008年末,镇区私营商业中餐饮业150家,百货鞋服业349家,烟杂业578家,医药业17家,五金家电业153家,旅店服务业23家,娱乐业3家,其他行业73家。

2015年,七都镇商贸重点项目总投入10440万元,其中重点项目,苏州雅鑫太湖大酒店2840万元,望湖大厦2000万元,邦达物流仓储项目2000万元,港湖新城花园1000万元,湖坊街1800万元,综合服务楼800万元。1~11月,商贸零售总额1.75亿元,商贸业运营良好。

四、社会事业

(一) 学校

清末,吴溇积谷仓有私塾。民国2年(1913),改设为吴溇乡立第二初等小学。中华人民共和国成立前夕,镇区有七都乡中心国民学校。1950年,人民政府接管学校,七都乡中心国民学校改为吴江县震泽区七都乡中心小学。1966年,"文化大革命"开始后,小学教学秩序混乱。1968年8月,创办七都初级中学,中心小学的职能被终止。1970年,七都中学增设高中部。1978年起,恢复七都公社中心小学。2008年,镇区有初中1所,中心小学1所,中心幼儿园1所,成教中心校1所;在校学生4328人,在职教职工297人。2015年秋,镇区有初中1所,小学1所,幼儿园1所,成教中心校1所;在校学生4420人,在职教职工320人。

(二) 卫生

民国时期,吴溇集镇有私人诊所3处。1953年2月,吴溇联合诊所成立。1958年9月,吴溇联合诊所改建为七都公社医院。1983年,七都公社医院更名为七都乡卫生院。1992年9月,七都乡卫生院更名为七都镇卫生院。2007年底,该院占地面积1680平方米,房屋建筑面积2838平方米,万元以上医疗设备23台,固定资产526.62万元,职工35人,其中卫生技术人员29人。2015年,七都卫生院占地面积16667平方米,房屋建筑面积7000平方米,万元以上医疗设备22台,固定资产757.07万元,职工87人,其中卫生技术人员77人。

(三)文化事业

1958年,七都公社文化站成立。1967年,七都公社广播站成立。1975年,七都影剧院建成,位于粧桥中路,总投资20万元,占地面积2000平方米,建筑面积980平方米。1981年,文化站、影剧院、广播站3个单位组成七都公社文化中心。1991年,镇区建成万册图书馆1座。1999年,建成苏州市"有线电视镇"。

2006年,国家启动"2131"工程,支持电影下乡放映。七都镇流动数据电影放映队下乡放映露天电影。2007年,建成吴江图书馆七都分馆。2011年,七都镇文化服务中心变更为七都镇文化体育站。2015年,电影放映队按月完成放映任务,建成5个农村固定电影放映点。

第二节　社　区

一、七都社区

2002年10月,北港滩、粧南、新区3个街道居委会合并为七都社区居委会。居委会驻地望湖路1978号。辖区面积为2.5平方千米。社区所辖区域是老镇区,水陆交通便捷,北临太湖、南濒金鱼漾。230省道、七铜公路、南太湖大道等穿越社区界域。

七都社区(摄于2015年)

七都社区有教工新村、菜场新村小区、金都小区、粮管所商住小区、供销社商住小区、副业商住小区、望湖小区、吴越名苑、丽都花园、丽晶风和苑、亨通苑区、湖畔花园、锦绣豪门、璀璨星城、榭涛花园、丽湖华庭、临湖花园等居民小区。

七都社区内主要道路有粧桥路、广场路、邮电路、望湖路、吴淞路、恒达路、富家路、七都大道、吴越北路、望山路、建设路、南太湖大道、元春路、创新路、苏龙路15条,其中望湖路、望山路、吴淞路、粧桥路、富家路为社区内主要商业街。社区内主要桥梁有粧桥、南粧桥、吴淞大桥、济美桥、吉祥桥、强家桥、雨字桥、人民桥、油车桥、南横港桥、望山桥、建设桥、心田大桥、北心桥、二号桥、阳涧桥、安口路桥、元春桥、常增桥19座。

社区的文化教育设施有七都中学、七都小学、七都中心幼儿园、七都镇党校、成人教育中心校、七都镇文体站。

社区的社会服务设施有社区学校、老年活动中心、卫生服务站、图书阅览室,有科普教育基地1个。2012年,社区建有户外健身场所1处,室内健身器材1套。

七都社区组织机构健全。社区建立党总支部,建有党员活动室,并配有党员干部远程教育电视教室;依法选举产生居民代表,成立社区议事会;成立社区志愿者队伍,开展环保、卫生健教、社会公德、家庭美德等活动;成立老年文娱队、腰鼓队,丰富居民业余生活。2015年,居民915户,总人口3725人,共设18个居民小组。社区党总支部设2个党支部,党员57人,专职干部5人。

2002~2015年,历任社区党总支书记:宋林根、谷端凤、沈凤林、严建英、宋林根;历任社区主任:宋林根、谷端凤、沈凤林、严建英、宋林根、孙怡。

至2015年,七都社区先后被评为苏州市绿色社区(2006年)、江苏省绿色社区(2007年)、苏州市企业退休人员社会化管理服务示范点(2010年)、巾帼文明岗(2011年)、苏州市示范妇女儿童之家(2013年)、苏州市吴江区2013—2014年度创建未成年人零犯罪工作先进单位(2014年)、苏州市规范化村(社区)人民调解委员会(2014年)、全国综合减灾示范社区(2015年)。

二、西漾渔业社区

2003年7月,七都渔业村并入沈家湾村。2004年5月,渔业村从沈家湾村分出,建立西漾渔业社区,居委会驻地七都社区西洋圩(原渔业村驻地),社区总面积0.5平方千米,东为双塔桥村,南、西为沈家湾村,北为七都镇区。

2005年,社区共投资17万元用于社区的公共事业,开设老年活动室1个。2006~2008年,投资16.5万元,用于修建道路、铺设自来水管道等。主要道路有2条村主干道、4条支道。

2008年,社区水产养殖面积为5040亩,水产总产量395吨;是年,民营企业1家,全年工业总产值780万元。全年农、工、副三业总产值为2640万元,社区可支配收入为68.47万元,居民年人均纯收入为13700元。是年,镇政府为解决部分居民原来无宅基地建房,易地小暑桥西塊建设居民小区。

西漾渔业社区服务中心(摄于2015年)

2015年底,居民149户,总人口658人,共设5个居民小组。社区党支部有党员32人,专职干部4人。

2004~2015年,历任社区党支部书记:顾泉明、沈林荣、沈林华;历任社区主任:沈林华。

至2015年,西漾渔业社区被评为吴江市民主法治社区(2011年)、吴江市关心下一代工作"四有四好"先进单位(2011年)、苏州市吴江区2011—2012年度创建未成年人零犯罪工作先进单位(2013年)。

三、庙港社区

清宣统二年(1910),震泽县推行区域自治,设五都镇。民国18年(1929),五都镇改称庙港镇,民国35年起,庙港为大庙乡公所驻地,主要有铁匠、木匠、银匠、硝皮店和圆作等小手工业作坊。中华人民共和国成立后,庙港集镇分别为大庙乡、大庙区、庙港乡、庙港公社、庙港镇所在地。1985年,镇区范围东至寺港,西至里贤港,南至银匠桥,北濒太湖,镇区面积为0.46平方千米。狮子桥位于老街中部,横跨大庙港,集镇闹市区最早在狮子桥东、西塊。东岳庙坐落在老街西端。工业

庙港社区服务中心(摄于2015年)

区在镇东南,商业区在镇中心,行政机关及其他事业单位则散布于镇东和镇西。镇区非农人口799人。2002年,镇区成为全镇政治、经济、交通、文化、教育、卫生、体育的中心。随着经济发展,镇区建设基础设施增加,镇区面积0.89平方千米,年末,全镇非农人口1754人。

2002年10月,庙新路、庙西街2个街道居委会合并为庙港社区居委会。居委会驻地西万顷路

66号。辖区面积为1.5平方千米。社区内主要道路有：庙东街、庙西街、东万顷路、西万顷路、南太湖大道、庙新路、繁荣路、庙震路、锦港路等，街道两侧均为各种店铺。庙港社区内有西苑住宅区、浦海住宅区、金鱼住宅区、康华住宅区、粮信住宅区、水利站住宅区、园丁住宅区、卫生院住宅区、政府住宅区、农行住宅区、房管所住宅区、沿湖小区、中小学职工住宅区、供销社住宅区、粮管所住宅区、锦港花园、福港花园等住宅小区以及区内的庙港村与盛庄村部分村民住宅区。建有财富广场、农贸市场、敬老院。

社区内的主要桥梁有狮子桥、秦家桥、团结桥、庄港北桥及庄港南桥。

东万顷路北端建有华东地区最大的太湖蟹交易市场，每逢太湖蟹交易旺季，售蟹摊位在400个以上，每天太湖蟹成交量10吨左右。主要销往上海、嘉兴、苏州等周边城市，远销中国香港和日本等地。

社区建有3个服务（活动）中心和1支保洁队伍，即党员服务中心、社区服务中心、社区活动中心。党员服务中心，主要为驻在社区的七都镇东经济开发区、社区居委会、环卫所及街道党支部的党员提供服务；社区服务中心设有法律、职介、卫生、计生、文化生活、家电维修、液化气、自来水管网维修、粮油供应、退休干部职工、消费者投诉、绿化管理、警务、城管、信访15个服务站，常年为社区居民服务；社区活动中心设有棋牌室、阅览室、乒乓室、康乐球室、康复室、健身室、桌球室及老年学校等，还设有2处各60平方米的健身场地，安装健身器材39件，另外，组建1支老年门球队，建门球场1个；保洁队伍有20名保洁工组成，常年对社区内的街道和居民小区进行保洁。社区内建有公厕6个，设有垃圾箱60只。社区内建有太湖蟹文化馆，建筑面积500平方米。

2006年，庙港社区内驻有七都镇庙港办事处，七都镇人民政府派出的国土、城建、民政、计生、司法、广电、城管、公安、卫生等办事机构，另外，还驻有农业银行庙港办事处、吴江农村商业银行庙港支行、庙港邮政支局、庙港电信支局、庙港工商组、庙港卫生院、庙港中学、庙港实验小学、庙港中心幼儿园、庙港敬老院、庙港屠宰场、七都堤闸管理所、吴江第一水厂、太湖大学堂等机关企事业单位。

2006~2008年，庙港社区新建社区农贸市场，改善市场环境；建立党员服务中心及社区老年活动中心各1个；成立社区党员志愿者队伍；创建三星级社区警务站。2015年，居民986户，总人口2100人，共设5个居民小组。社区党总支部设2个党支部，4个党小组，党员41人，专职干部4人。

2002~2015年，历任社区党总支书记：姚三毛、顾雪冬（以副代正）、盛菊明、盛小华；历任社区主任：姚三毛、邱明芳、顾雪冬（以副代正）、盛菊明、周洁琴。

至2015年，庙港社区被评为苏州市绿色社区（2006—2008年）、江苏省绿色社区（2008年）、苏州市和谐示范社区（2009年）、江苏省绿色社区（2010年）、吴江市和谐社区建设示范社区（2011年）、苏州市公共文化服务示范社区（2011年）、苏州市放心消费创建活动先进单位（2013年）、巾帼文明岗（2014年）、江苏省民主法治示范社区（2015年）。

四、渔村社区

2003年7月，庙港镇渔业村撤销，渔村社区居委会成立。社区居委会驻地沿湖路1168号。社区位于庙港集镇区北部，东起庄港，南至环湖公路与庙港社区相接，西至张家港，北濒太湖。辖区面积0.067平方千米。

社区内，养蟹、售蟹的水产专业户有300户，占全社区居民户的80%。1998年，渔村投资120万元，修建水泥路面村道5000米。2003年，社区实施亮化工程，社区内主干道及太湖渔港口安装路灯80盏。2005年末，社区有线电视入户率100%，2008年末，全部转换成数字电视；全社区居民拥有固定电话580部、移动电话（手机）1200部。

2006~2008年，社区投资20万元，维修社区内主干道，增加路灯130盏及航标灯12盏，新建老年活动室 1 个。2008 年,为配合国家治理东太湖水环境,根据统一安排,调整围网养殖面积,从原来 23399 亩减至 8062 亩。社区毗邻华东地区最大的太湖蟹交易市场。太湖蟹注册的商标有"万顷牌""阿四牌""渔港牌""七都牌""太湖牌"等。太湖蟹获得国家有关部门"有机食品"认证和自行出口证书,产品出口到新加坡、日本等国家和中国香港、中国台湾等地区。2015 年,居民 360 户,总人口 1663 人,共设 10 个居民小组。社区党总支部设 3 个党支部,党员 47 人,专职干部 5 人。

渔村社区服务中心(摄于 2015 年)

2004~2015 年,历任社区党总支书记:徐阿毛、朱兴洪;历任社区主任:奚兴发、许林芳。

至 2015 年,渔村社区被评为江苏省卫生村(1998 年)、江苏省湖管先进集体(2007—2008 年)、江苏省一村一品示范村镇(2012 年)。

第二章 农 村

1983 年,农村恢复乡、行政村建制,七都、庙港公社改置七都、庙港乡,大队改为行政村。七都乡下辖勇联、双石港、蒋家港、叶港、染店浜、李家港、行军、吴溇、薛埠、沈家湾、勤丰、建勤、焦田、丁家湾、永民、方家桥、长村、横塘、长渠港、双荡兜、钮家兜、前浜兜、文义兜、桥下、菱荡湾、邱田、渔业、捕捞 28 个行政村;庙港乡下辖勇星、金明、更楼港、曙光、轮穗、合群、庙港、七一、富强、五联、罗港、富联、月字圩、太平桥、开弦弓、民字浜、欢喜桥、张家浜、行义港、西草田、渔业 21 个行政村。2001 年 8 月,七都镇行政村区域调整,由原来的 28 个行政村调整为 16 个行政村;庙港镇行政村区域调整,由原来的 21 个行政村调整为 13 个行政村。2003 年 7 月,七都镇第二次行政村区域调整,由 16 个行政村调整为 12 个行政村;庙港镇第二次行政村区域调整,由 13 个行政村调整为 10 个行政村。两次调整共撤销 49 个行政村。2003 年 12 月,庙港镇与七都镇合并为新的七都镇,合并后设立 22 个行政村。至 2015 年,七都镇下辖东风、望湖、双塔桥、吴溇、沈家湾、隐读、丰田、长桥、东庙桥、菱田、吴越、群幸、陆港、燦烂、盛庄、庙港、联强、太浦闸、开明、开弦弓、丰民、光荣 22 个行政村。

第一节 撤 销 村

一、勇联村

勇联村位于七都镇区东南部,距镇区约 3.5 千米,东与庙港镇勇星村接界,南濒倪家漾,西与双石港村接壤,北为蒋家港村。1996 年,水稻种植面积 1062 亩。下辖大家港、倪家墩、金家浜、谭家巷等自然村,8 个村民小组,1138 人。村委会驻大家港。

(一) 区划

1958 年,七都公社红旗大队成立。1959 年,红旗大队析为勇联、幸勤 2 个大队。1983 年,恢复乡建制,勇联大队更名为勇联村。2001 年 8 月,七都镇第一次村级区域调整,勇联村、双石港村合并成东风村。

(二) 经济

1959年,全大队水稻种植面积1405亩,粮食总产681吨,油菜籽总产12.1吨,农村经济总收入16.65万元,农民人均年纯收入97元。

1983年,全村水稻种植面积1405亩,粮食总产1008吨,油菜籽总产25吨,农村经济总收入41.35万元,农民人均年纯收入328元。

1991年,全村水稻种植面积1238亩,粮食总产986吨,油菜籽总产73吨,农副业总收入263万元,工业总产值100万元,农民人均年纯收入1074元。

2000年,全村水稻种植面积1053亩,粮食总产607吨,油菜籽总产36吨,农村经济总收入2608万元,工业总产值1581万元,农民人均年纯收入5775元。

(三) 历任领导

1958~1983年,历任大队党支部书记:邱财生、徐阿二、吴阿年、邱金荣、金雪华;历任大队长:邱连法、倪金福、盛金荣。

1983~2001年,历任村党支部书记:金雪华、邱勃勃、金雪松;历任村民委员会主任:沈阿坤、严明才、潘荣泉、盛会泉;历任村经济合作社社长:邱九根、潘荣泉、盛会泉。

二、双石港村

双石港村位于七都镇区东南部,距镇区约3千米,东与勇联村接界,南濒倪家漾,西连李家港村,北为蒋家港村。1996年,水稻种植面积896亩。下辖双石港、漾南、徐家湾、高桥头等自然村,9个村民小组,1089人。村委会驻双石港。

(一) 区划

1958年,七都公社红旗大队成立。1959年,红旗大队析为勇联、幸勤2个大队。1980年,幸勤大队更名为双石港大队,1983年,恢复乡建制,双石港大队更名为双石港村。2001年8月,七都镇第一次村级区域调整,勇联村、双石港村合并成东风村。

(二) 经济

1959年,全大队水稻种植面积1087亩,粮食总产542吨,油菜籽总产9.8吨,农村经济总收入11.8万元,农民人均年纯收入84元。

1983年,全村水稻种植面积1087亩,粮食总产683吨,油菜籽总产21吨,农村经济总收入36.06万元,农民人均年纯收入352元。

1991年,全村水稻种植面积934亩,粮食总产682吨,油菜籽总产83吨,农副业总收入249万元,工业总产值72万元,农民人均年纯收入1428元。

2000年,全村水稻种植面积851亩,粮食总产490吨,油菜籽总产63吨,农村经济总收入1175万元,工业总产值952万元,农民人均年纯收入5790元。

(三) 历任领导

1958~1983年,历任大队党支部书记:邱财生、黄阿芝、邱阿通、黄阿芝、曹阿育;历任大队长:邱连法、倪金福。

1983~2001年,历任村党支部书记:曹阿育、万永泉、董建勤;历任村民委员会主任:许林林、许永明;历任村经济合作社社长:曹文根。

三、蒋家港村

蒋家港村位于七都镇区东部,距镇区约3千米,东与庙港镇勇星村接界,南为双石港村和勇联村,西与叶港村毗邻,北濒太湖。1996年,水稻种植面积1064亩。下辖蒋家港、小墩村、亭子港、王家浜、乌潭浜、南埭上等自然村,12个村民小组,1748人。村委会驻亭子港。

（一）区划

1958年秋，七都公社跃进大队成立。1980年，跃进大队更名为蒋家港大队。1983年，恢复乡建制，蒋家港大队更名为蒋家港村。2003年7月，七都镇第二次村级区域调整，蒋家港村、光明村合并成望湖村。

（二）经济

1958年，全大队水稻种植面积1219亩，粮食总产602吨，油菜籽总产10.5吨，农村经济总收入17.71万元，农民人均年纯收入83元。

1983年，全村水稻种植面积1219亩，粮食总产799吨，油菜籽总产24吨，农村经济总收入36.19万元，农民人均年纯收入214元。

1991年，全村水稻种植面积1065亩，粮食总产763吨，油菜籽总产86吨，农副业总收入297万元，工业总产值137万元，农民人均年纯收入1213元。

2002年，全村水稻种植面积742亩，粮食总产575吨，油菜籽总产38吨，农村经济总收入2864万元，工业总产值2204万元，农民人均年纯收入6684元。

（三）历任领导

1958～1983年，历任大队党支部书记：邱阿通、蔡大娜、谷和林；历任大队长：沈和生、蔡大娜、徐金荣。

1983～2003年，历任村党支部书记：沈法明、沈三毛、严凯丰、孙雪荣；历任村民委员会主任：沈三毛、沈金泉、严凯丰、丁炳泉、徐林根；历任村经济合作社社长：王金泉、沈金泉、丁炳泉、顾福明。

四、叶港村

叶港村位于七都镇区东部，距镇区约1.5千米，东与蒋家港村接壤，南为李家港村，西与染店浜村毗邻，北濒太湖。1996年，水稻种植面积971亩。下辖叶港、张港等自然村，7个村民小组，1039人。村委会驻张港。

（一）区划

1958年，七都公社光明大队成立。1979年，光明大队析为叶港、染店浜2个大队。1983年，恢复乡建制，叶港大队更名为叶港村。2001年8月，七都镇第一次村级区域调整，叶港村、染店浜村合并成光明村。2003年7月，七都镇第二次村级区域调整，蒋家港村、光明村合并成望湖村。

（二）经济

1979年，全大队水稻种植面积910亩，粮食总产586吨，油菜籽总产9.8吨，农村经济总收入16.22万元，农民人均年纯收入117元。

1983年，全村水稻种植面积910亩，粮食总产552吨，油菜籽总产18吨，农村经济总收入28.52万元，农民人均年纯收入260元。

1991年，全村水稻种植面积723亩，粮食总产527吨，油菜籽总产56吨，农副业总收入259万元，工业总产值495万元，农民人均年纯收入1667元。

2002年，光明村水稻种植面积633亩，粮食总产360吨，油菜籽总产56吨，农村经济总收入4025万元，工业总产值8050万元，农民人均年纯收入5998元。

（三）历任领导

1958～1983年，历任大队党支部书记：吴阿毛、沈阿福、吴根法；历任大队长：沈阿福。

1983～2003年，历任村党支部书记：吴根法、沈三宝、沈国民；历任村民委员会主任：沈国民、濮林法、叶文荣、周建明；历任村经济合作社社长：皇甫祖林、陆福明、濮林法。

五、染店浜村

染店浜村位于七都镇区东部,距镇区约1千米,东与叶港村接壤,南为行军村,西与吴溇村毗邻,北濒太湖。1996年,水稻种植面积762亩。下辖方港、染店浜、铁家港、御史桥、禹庙港等自然村,7个村民小组,1157人。村委会驻方港。

(一) 区划

1958年,七都公社光明大队成立。1979年,光明大队析为叶港、染店浜2个大队。1983年,恢复乡建制,染店浜大队更名为染店浜村。2001年8月,七都镇第一次村级区域调整,叶港村、染店浜村合并成光明村。2003年7月,七都镇第二次村级区域调整,蒋家港村、光明村合并成望湖村。

(二) 经济

1979年,全大队水稻种植面积955亩,粮食总产665吨,油菜籽总产10.5吨,农村经济总收入16.9万元,农民人均年纯收入117元。

1983年,全村水稻种植面积955亩,粮食总产513吨,油菜籽总产20吨,农村经济总收入38.14万元,农民人均年纯收入309元。

1991年,全村水稻种植面积762亩,粮食总产582吨,油菜籽总产51吨,农副业总收入264万元,工业总产值552万元,农民人均年纯收入1613元。

2002年,光明村水稻种植面积633亩,粮食总产360吨,油菜籽总产56吨,农村经济总收入4025万元,工业总产值8050万元,农民人均年纯收入5998元。

(三) 历任领导

1958~1983年,历任大队党支部书记:吴阿毛、沈阿福;历任大队长:沈阿福。

1983~2001年,历任村党支部书记:沈阿福、俞卫民、沈雪江;历任村民委员会主任:沈雪江、沈菊芬;历任村经济合作社社长:邢明高。

六、李家港村

李家港村位于七都镇区东南部,距镇区约2.5千米,东与八都镇隔河相望,南濒金鱼漾,西与行军村接壤,北为染店浜村和叶港村。1996年,水稻种植面积1096亩。下辖李家港、姚家湾、濮家湾、北虞扇、南小虞等自然村,11个村民小组,1369人。村委会驻李家港。

(一) 区划

1958年,七都公社火箭大队成立。1959年,火箭大队析为荣星、先行2个大队。1980年,荣星大队更名为李家港大队。1983年,恢复乡建制,李家港大队更名为李家港村。2002年,李家港村更名为双塔桥村。2003年7月,七都镇第二次村级区域调整,行军村、双塔桥村合并成新的双塔桥村。

(二) 经济

1959年,全大队水稻种植面积1336亩,粮食总产756吨,油菜籽总产11.5吨,农村经济总收入14.78万元,农民人均年纯收入83元。

1983年,全村水稻种植面积1336亩,粮食总产887吨,油菜籽总产24吨,农村经济总收入38.49万元,农民人均年纯收入292元。

1991年,全村水稻种植面积1096亩,粮食总产864吨,油菜籽总产79吨,农副业总收入223万元,工业总产值6857万元,农民人均年纯收入1718元。

2002年,全村水稻种植面积1325亩,粮食总产528吨,油菜籽总产27吨,农村经济总收入69654万元,工业总产值68890万元,农民人均年纯收入6292元。

(三) 历任领导

1958~1983年,历任大队党支部书记:孙阿二、王长根、邱阿三、沈金根、杨阿林;历任大队长:

邱阿三、邱卫生、杨阿林、盛阿毛。

1983~2003年,历任村党支部书记:杨阿林、沈林宝、盛阿毛、倪如宝、沈凤林;历任村民委员会主任:沈凤林、丁根林、沈巧根;历任村经济合作社社长:丁根林。

七、行军村

行军村位于七都镇区东南部,距镇区1.5千米,东与李家港村接壤,南濒金鱼漾,西与渔业村隔河相望,北与吴溇村毗邻。1996年,水稻种植面积1227亩。下辖豆腐兜、南行军、北行军、杨田、旱巨圩、网船浜等自然村,15个村民小组,1101人。村委会驻行军自然村。

(一) 区划

1958年,七都公社火箭大队成立。1959年,火箭大队析为荣星、先行2个大队。1981年,先行大队更名为行军大队。1983年,恢复乡建制,行军大队更名为行军村。2003年7月,七都镇第二次村级区域调整,行军村、双塔桥村合并成新的双塔桥村。

(二) 经济

1959年,全大队水稻种植面积1522亩,粮食总产793吨,油菜籽总产13吨,农村经济总收入16.56万元,农民人均年纯收入84元。

1983年,全村水稻种植面积1522亩,粮食总产972吨,油菜籽总产25吨,农村经济总收入50.63万元,农民人均年纯收入319元。

1991年,全村水稻种植面积1270亩,粮食总产950吨,油菜籽总产80吨,农副业总收入363万元,工业总产值225万元,农民人均年纯收入1671元。

2002年,全村水稻种植面积969亩,粮食总产585吨,油菜籽总产28吨,农村经济总收入3599万元,工业总产值2858万元,农民人均年纯收入6664元。

(三) 历任领导

1958~1983年,历任大队党支部书记:孙阿二、王长根、周阿大、孙阿二、钱柏林;历任大队长:邱阿三、沈春生、孙阿连、钱富明、孙阿连。

1983~2003年,历任村党支部书记:钱柏林、吴志明、张惠忠、钱林弟;历任村民委员会主任:陈三毛、吴志明、孙永明、张惠忠、钱林财;历任村经济合作社社长:孙阿连。

八、吴溇村

吴溇村位于七都镇区周围,东与染店浜村接壤,南为行军村、渔业村和沈家湾村,西与薛埠村毗邻,北濒太湖。1996年,水稻种植面积857亩。下辖大安浜、北港滩、吴溇、姚庄、陈家棣、曹家埭、茶家扇、王家弄、油车头、文弄里、傅家湾、施家浜等自然村,11个村民小组,1659人。村委会驻吴溇。

(一) 区划

1958年,七都公社上游大队成立。1962年,上游大队析为吴溇、薛埠2个大队。1983年,恢复乡建制,吴溇大队更名为吴溇村。2001年8月,七都镇第一次村级区域调整,吴溇村、薛埠村合并成环湖村。

(二) 经济

1959年,全大队水稻种植面积1230亩,粮食总产547吨,油菜籽总产10.61吨,农村经济总收入17.19万元,农民人均年纯收入82元。

1983年,全村水稻种植面积1230亩,粮食总产766吨,油菜籽总产22吨,农村经济总收入45.76万元,农民人均年纯收入307元。

1991年,全村水稻种植面积981亩,粮食总产722吨,油菜籽总产65吨,农副业总收入341万元,工业总产值150万元,农民人均年纯收入1081元。

2000年,全村水稻种植面积581亩,粮食总产361吨,油菜籽总产37吨,农村经济总收入2447万元,工业总产值1780万元,农民人均年纯收入6293元。

（三）历任领导

1958~1983年,历任大队党支部书记:周阿大、计杏金、王加和;历任大队长:计杏金、陈新明、钱卯生。

1983~2001年,历任村党支部书记:王加和、董勤勇;历任村民委员会主任:曹夏毛、钱坤法、顾建学;历任村经济合作社社长:章阿炳。

九、薛埠村

薛埠村位于七都镇区西部,距镇区约1千米,东与吴溇村毗邻,南为沈家湾和勤丰村,西与浙江省接界,北濒太湖。1969年,水稻种植面积683亩。下辖南丁村、丁家港、太师桥、姚汇、薛埠、戴家浜等自然村,6个村民小组,886人。村委会驻薛埠。

（一）区划

1958年,七都公社上游大队成立。1962年,上游大队析为吴溇、薛埠2个大队。1969年,薛埠大队更名为红心大队。1981年,红心大队更名为薛埠大队。1983年,恢复乡建制,薛埠大队更名为薛埠村。2001年8月,七都镇第一次村级区域调整,吴溇村、薛埠村合并成环湖村。

（二）经济

1959年,全大队水稻种植面积1229亩,粮食总产412吨,油菜籽总产10吨,农村经济总收入9.14万元,农民人均年纯收入76元。

1983年,全村水稻种植面积749亩,粮食总产537吨,油菜籽总产16吨,农村经济总收入35.02万元,农民人均年纯收入367元。

1991年,全村水稻种植面积683亩,粮食总产549吨,油菜籽总产40吨,农副业总收入189万元,工业总产值211万元,农民人均年纯收入1580元。

2000年,薛埠村水稻种植面积586亩,粮食总产381吨,油菜籽总产85吨,农村经济总收入3549万元,工业总产值2720万元,农民人均年纯收入6642元。

（三）历任领导

1958~1983年,历任大队党支部书记:周阿大、邱卯生、谭天宝、李连生;历任大队长:计杏金、薛生富、邱卯生、李连生、宋阿二、周福明。

1983~2001年,历任村党支部书记:李连生、周复明、朱金林;历任村民委员会主任:薛根才;历任村经济合作社社长:吴勤林。

十、沈家湾村

沈家湾村位于七都镇区南部,距镇区约1千米,东与渔业村、吴溇村毗邻,南濒金鱼漾,西与勤丰村接壤,北是薛埠村。1996年,水稻种植面积987亩。下辖雨字湾、约谈兜、扎网港、强家桥、六亩荡、沈家湾、谈家湾、心田湾、北角圩等自然村,11个村民小组,1613人。村委会驻沈家湾。

（一）区划

1958年,七都公社东风大队成立。1959年,东风大队析为群丰、建群、新礼3个大队。1981年,新礼大队更名为沈家湾大队。1983年,恢复乡建制,沈家湾大队更名为沈家湾村。2003年7月,七都镇第二次村级区域调整,沈家湾村、渔业村合并成新的沈家湾村。

（二）经济

1959年,全大队水稻种植面积1351亩,粮食总产724吨,油菜籽总产11.45吨,农村经济总收入20.09万元,农民人均年纯收入94元。

1983年,全村水稻种植面积974亩,粮食总产1034吨,油菜籽总产25吨,农村经济总收入

55.68万元,农民人均年纯收入331元。

1991年,全村水稻种植面积1140亩,粮食总产913吨,油菜籽总产94吨,农副业总收入416万元,工业总产值203万元,农民人均年纯收入1669元。

2002年,全村水稻种植面积430亩,粮食总产308吨,油菜籽总产7吨,农村经济总收入4944万元,工业总产值3100万元,农民人均年纯收入6423元。

(三) 历任领导

1958~1983年,历任大队党支部书记:沈桂泉、孙德华、孙根法;历任大队长:吴阿年、徐来根、吴金林、沈传庆、孙德华、吴金林、沈传庆、杨法春。

1983~2003年,历任村党支部书记:孙根法、钱月明、沈林荣、孙松林、冯根才;历任村民委员会主任:杨法春、孙松林、吴小虎、冯根才、沈桂生;历任村经济合作社社长:沈桂生。

十一、勤丰村

勤丰村位于七都镇区西部,距镇区约2.5千米,东与沈家湾村接壤,南为丁家湾村,西与建勤村毗邻,西北与浙江省隔河相望,北为薛埠村。1996年,水稻种植面积1386亩。下辖晏兜、东仁上、缸甏汇、店埭、东砖桥、道儒湾、仁堂湾、谭家汇等自然村,13个村民小组,1686人。村委会驻店埭。

(一) 区划

1958年,七都公社东风大队成立。1959年,东风大队析为群丰、建群、新礼3个大队。1981年,群丰大队更名为勤丰大队。1983年,恢复乡建制,勤丰大队更名为勤丰村。2001年8月,七都镇第一次村级区域调整,勤丰村、建勤村合并成隐读村。

(二) 经济

1959年,全大队水稻种植面积1748亩,粮食总产984吨,油菜籽总产15吨,农村经济总收入23万元,农民人均年纯收入95元。

1983年,全村水稻种植面积1748亩,粮食总产1244吨,油菜籽总产29吨,农村经济总收入68.59万元,农民人均年纯收入406元。

1991年,全村水稻种植面积1487亩,粮食总产1117吨,油菜籽总产108吨,农副业总收入395万元,工业总产值605万元,农民人均年纯收入1506元。

2000年,全村水稻种植面积1384亩,粮食总产819吨,油菜籽总产44吨,农村经济总收入6577万元,工业总产值3500万元,农民人均年纯收入6769元。

(三) 历任领导

1958~1983年,历任大队党支部书记:沈桂泉、韦亚龙、孙成生;历任大队长:吴阿年、孙成生、沈云才。

1983~2001年,历任村党支部书记:孙齐云、韦宝林、沈勤俭;历任村民委员会主任:孙成生、施亥年、吴晋法;历任村经济合作社社长:吴茂章、施亥年、沈勤俭、谭雪明。

十二、建勤村

建勤村位于七都镇区西部,距镇区约3千米,东与勤丰村相连,南濒虞家漾,西、北两面与浙江省接壤。1996年,水稻种植面积620亩。下辖西村、东南汇、来字圩、坟头兜等自然村,6个村民小组,591人。村委会驻西村。

(一) 区划

1958年,七都公社东风大队成立。1959年,东风大队析为群丰、建群、新礼3个大队。1981年,建群大队更名为建勤大队。1983年,恢复乡建制,建勤大队更名为建勤村。2001年8月,七都镇第一次村级区域调整,勤丰村、建勤村合并成隐读村。

(二) 经济

1959年,全大队水稻种植面积725亩,粮食总产382吨,油菜籽总产6吨,农村经济总收入7.64万元,农民人均年纯收入91元。

1983年,全村水稻种植面积725亩,粮食总产445吨,油菜籽总产16吨,农村经济总收入21.25万元,农民人均年纯收入372元。

1991年,全村水稻种植面积614亩,粮食总产467吨,油菜籽总产42吨,农副业总收入179万元,工业总产值93万元,农民人均年纯收入1796元。

2000年,全村水稻种植面积580亩,粮食总产351吨,油菜籽总产27吨,农村经济总收入458万元,工业总产值180万元,农民人均年纯收入5910元。

(三) 历任领导

1958~1983年,历任大队党支部书记:沈桂泉、于民生、孙荣林、邱阿毛;历任大队长:吴阿年、谭才生、邱阿毛、潘连发。

1983~2001年,历任村党支部书记:周三毛、周有根;历任村民委员会主任:周有根、潘炳泉、潘利琴;历任村经济合作社社长:陈金树。

十三、焦田村

焦田村位于七都镇区西南部,距镇区约4.5千米,东与丁家湾村相连,南濒孝思漾、庄前漾,西、北两面与浙江省接界。1996年,水稻种植面积735亩。下辖俞家兜、沙荡兜、焦田、北庄等自然村,5个村民小组,894人。村委会驻焦田。

(一) 区划

1958年,七都公社先锋大队成立。1959年,先锋大队析为先锋、五一2个大队。1981年,五一大队更名为焦田大队。1983年,恢复乡建制,焦田大队更名为焦田村。2001年8月,七都镇第一次村级区域调整,焦田村、丁家湾村合并成丰田村。

(二) 经济

1959年,全大队水稻种植面积1042亩,粮食总产578吨,油菜籽总产9吨,农村经济总收入12.25万元,农民人均年纯收入91元。

1983年,全村水稻种植面积1043亩,粮食总产877吨,油菜籽总产29吨,农村经济总收入40.77万元,农民人均年纯收入465元。

1991年,全村水稻种植面积975亩,粮食总产637吨,油菜籽总产55吨,农副业总收入148万元,工业总产值41万元,农民人均年纯收入1130元。

2000年,全村水稻种植面积774亩,粮食总产462吨,油菜籽总产48吨,农村经济总收入2981万元,工业总产值452万元,农民人均年纯收入5900元。

(三) 历任领导

1958~1983年,历任大队党支部书记:张振法、钱家宝、张永康、张阿毛;历任大队长:吴春山、沈国英、沈阿法、陈乾增。

1983~2001年,历任村党支部书记:张阿毛、宋法林、钱永江、杨雪宝;历任村民委员会主任:陈阿金、俞培荣、钱永江、杨雪宝;历任村经济合作社社长:宋法林、俞培荣、钱永江、俞培荣。

十四、丁家湾村

丁家湾村位于七都镇区西南部,距镇区约3.5千米,东与菱荡湾村为邻,南与长渠港村相连,西与方家桥村、焦田村接壤,北是勤丰村。1996年,水稻种植面积735亩。下辖挨亩兜、寒字、丁家湾、南浒港、北张兜等自然村,12个村民小组,1404人。村委会驻挨亩兜。

（一）区划

1958年，七都公社先锋大队成立。1959年，先锋大队析为先锋、五一2个大队。1981年，先锋大队更名为丁家湾大队。1983年，恢复乡建制，丁家湾大队更名为丁家湾村。2001年8月，七都镇第一次村级区域调整，焦田村、丁家湾村合并成丰田村。

（二）经济

1959年，全大队水稻种植面积1543亩，粮食总产779吨，油菜籽总产13吨，农村经济总收入15.09万元，农民人均年纯收入97元。

1983年，全村水稻种植面积1543亩，粮食总产1084吨，油菜籽总产25吨，农村经济总收入56.91万元，农民人均年纯收入411元。

1991年，全村水稻种植面积1334亩，粮食总产1134吨，油菜籽总产70吨，农副业总收入726万元，工业总产值280万元，农民人均年纯收入1807元。

2000年，全村水稻种植面积1091亩，粮食总产660吨，油菜籽总产45吨，农村经济总收入13255万元，工业总产值1350万元，农民人均年纯收入6665元。

（三）历任领导

1958~1983年，历任大队党支部书记：张振法、冯阿毛；历任大队长：吴春山、张树林。

1983~2001年，历任村党支部书记：冯阿毛、张树林；历任村民委员会主任：周阿松、张宝坤；历任村经济合作社社长：张天根、张金江。

十五、永民村

永民村位于七都镇区西南部，距镇区约7.5千米，东与双荡兜村相连，南与双荡兜村、横塘村接壤，西与长村村毗邻，北为方家桥村。1996年，水稻种植面积1051亩。下辖东方圩、张家兜、许家港、清水池、石家扇等自然村，8个村民小组，1120人。村委会驻许家港。

（一）区划

1958年，七都公社英雄大队成立。1959年，英雄大队析为永建、益民2个大队。1962年，永建大队析为永民、建民2个大队。1983年，恢复乡建制，永民大队更名为永民村。2001年8月，七都镇第一次村级区域调整，永民村、长村村、横塘村合并成东庙桥村。

（二）经济

1962年，全大队水稻种植面积1283亩，粮食总产690吨，油菜籽总产11吨，农村经济总收入12.92万元，农民人均年纯收入83元。

1983年，全村水稻种植面积1283亩，粮食总产982吨，油菜籽总产23吨，农村经济总收入36.50万元，农民人均年纯收入319元。

1991年，全村水稻种植面积1117亩，粮食总产902吨，油菜籽总产67吨，农副业总收入324万元，工业总产值144万元，农民人均年纯收入1486元。

2000年，全村水稻种植面积2900亩，粮食总产1250吨，油菜籽总产72吨，农村经济总收入6138万元，工业总产值710万元，农民人均年纯收入6543元。

（三）历任领导

1962~1983年，历任大队党支部书记：朱淦清、张昌龄、孙根才、董阿会；历任大队长：倪龙宝、张永生、孙根才。

1983~2001年，历任村党支部书记：董阿会、张志刚、宋财林、倪金虎、宋宝根；历任村民委员会主任：吴毛毛、宋宝根、宋卫荣；历任村经济合作社社长：张志刚、虞金虎、许阿守。

十六、方家桥村

方家桥村位于七都镇区西南部，距镇区约6.5千米，东与长渠港村、丁家湾村相连，南为永民村,西濒孝思漾,北濒虞家漾。1996年,水稻种植面积822亩。下辖方家桥、虞北港、长田圩、草田圩、孝思兜等自然村,6个村民小组,769人。村委会驻方家桥。

（一）区划

1958年,七都公社英雄大队成立。1959年,英雄大队析为永建、益民2个大队。1962年,永建大队析为永民、建民2个大队。1981年,建民大队更名为方家桥大队。1983年,恢复乡建制,方家桥大队更名为方家桥村。2001年8月,七都镇第一次村级区域调整,方家桥村、长渠港村合并成长桥村。

（二）经济

1962年,全大队水稻种植面积1255亩,粮食总产427吨,油菜籽总产11吨,农村经济总收入8.25万元,农民人均年纯收入84元。

1983年,全村水稻种植面积872亩,粮食总产684吨,油菜籽总产20吨,农村经济总收入37.82万元,农民人均年纯收入518元。

1991年,全村水稻种植面积841亩,粮食总产620吨,油菜籽总产40吨,农副业总收入209万元,工业总产值104万元,农民人均年纯收入1379元。

2000年,全村水稻种植面积777亩,粮食总产439吨,油菜籽总产50吨,农村经济总收入5232万元,工业总产值810万元,农民人均年纯收入6728元。

（三）历任领导

1958～1983年,历任大队党支部书记:朱淦清、周炳新、倪龙宝、张永康、张永生、张阿九;历任大队长:倪龙宝、张积俊、朱品福、顾金狗。

1983～2001年,历任村党支部书记:吴阿三、唐林才、顾金狗、崔引林;历任村民委员会主任:吴光舒、朱明云、崔引林、宋应法;历任村经济合作社社长:顾金狗。

十七、长村村

长村村位于七都镇区西南部,距镇区约8.5千米,东与永民村相接,南与横塘村毗邻,西与浙江省交界,北濒庄前漾。1996年,水稻种植面积1076亩。下辖长村、龙虎桥、凤凰池、邱刁湾、陆家港、圣堂兜等自然村,10个村民小组,1108人。村委会驻陆家港。

（一）区划

1958年,七都公社英雄大队成立。1959年,英雄大队析为永建、益民2个大队。1962年,益民大队析为横塘、长村2个大队。1983年,恢复乡建制,长村大队更名为长村村。2001年8月,七都镇第一次村级区域调整,永民村、长村村、横塘村合并成东庙桥村。

（二）经济

1962年,全大队水稻种植面积1411亩,粮食总产768吨,油菜籽总产12吨,农村经济总收入13.6万元,农民人均年纯收入79元。

1983年,全村水稻种植面积1216亩,粮食总产986吨,油菜籽总产30吨,农村经济总收入41.74万元,农民人均年纯收入375元。

1991年,全村水稻种植面积1311亩,粮食总产672吨,油菜籽总产36吨,农副业总收入205万元,工业总产值82万元,农民人均年纯收入1346元。

2000年,全村水稻种植面积1030亩,粮食总产567吨,油菜籽总产30吨,农村经济总收入1467万元,工业总产值610万元,农民人均年纯收入5926元。

（三）历任领导

1962～1983年,历任大队党支部书记:朱淦清、周炳新、贺品加、张永生、张金才;历任大队长:倪龙宝、陈茂源、孙荣林、张金才、许金根、吴洪宝。

1983~2001年,历任村党支部书记:张兴龙、孙荣财;历任村民委员会主任:孙荣财、许金根、徐玉坤;历任村经济合作社社长:孙云才。

十八、横塘村

横塘村位于七都镇区西南端,距镇区约9千米,东与双荡兜村和浙江省南浔镇接壤,南面、西面均与浙江省南浔镇东迁毗邻,北为长村、永民村。1996年,水稻种植面积871亩。下辖三家村、横塘、宋店兜、晏庄兜、南巷上、东庙桥等自然村,8个村民小组,789人。村委会驻晏庄兜。

(一)区划

1958年,七都公社英雄大队成立。1959年,英雄大队析为永建、益民2个大队。1962年,益民大队析为横塘、长村2个大队。1983年,恢复乡建制,横塘大队更名为横塘村。2001年8月,七都镇第一次村级区域调整,永民村、长村村、横塘村合并成东庙桥村。

(二)经济

1962年,全大队水稻种植面积1045亩,粮食总产501吨,油菜籽总产9吨,农村经济总收入8.7万元,农民人均年纯收入78元。

1983年,全村水稻种植面积1044亩,粮食总产687吨,油菜籽总产23吨,农村经济总收入22.73万元,农民人均年纯收入297元。

1991年,全村水稻种植面积903亩,粮食总产672吨,油菜籽总产36吨,农副业总收入205万元,工业总产值82万元,农民人均年纯收入1346元。

2000年,全村水稻种植面积665亩,粮食总产363吨,油菜籽总产14吨,农村经济总收入883万元,工业总产值110万元,农民人均年纯收入5948元。

(三)历任领导

1962~1983年,历任大队党支部书记:朱淦清、周炳新、宋毛大;历任大队长:倪龙宝、朱根生、陈阿毛。

1983~2001年,历任村党支部书记:宋毛大、宋冬苟;历任村民委员会主任:宋冬苟、宋荣法;历任村经济合作社社长:陈阿毛、于金财。

十九、长渠港村

长渠港村位于七都镇区西南部,距镇区约5.5千米,东与前浜兜村、菱荡湾村相连,南与双荡兜村、钮家兜村接壤,西与方家桥村毗邻,北为菱荡湾村和丁家湾村。1996年,水稻种植面积1316亩。下辖长渠港、小港里、街头上、荷花池、葫芦兜、虹呈港等自然村,10个村民小组,1287人。村委会驻长渠港。

(一)区划

1958年,七都公社钢铁大队成立。1959年,钢铁大队析为胜旗、虹民、益旗3个大队。1981年,虹民大队更名为长渠港大队。1983年,恢复乡建制,长渠港大队更名为长渠港村。2001年8月,七都镇第一次村级区域调整,方家桥村、长渠港村合并成长桥村。

(二)经济

1962年,全大队水稻种植面积1538亩,粮食总产786吨,油菜籽总产13吨,农村经济总收入13.75万元,农民人均年纯收入79元。

1983年,全村水稻种植面积1538亩,粮食总产1081吨,油菜籽总产33吨,农村经济总收入56.44万元,农民人均年纯收入413元。

1991年,全村水稻种植面积1391亩,粮食总产989吨,油菜籽总产88吨,农副业总收入437万元,工业总产值105万元,农民人均年纯收入1527元。

2000年,全村水稻种植面积1203亩,粮食总产727吨,油菜籽总产39吨,农村经济总收入3462

万元,工业总产值 1650 万元,农民人均年纯收入 5822 元。

(三) 历任领导

1958~1983 年,历任大队党支部书记:吴年法、张阿根、孙海福、高富才;历任大队长:张昌林、朱雪宝、许永宝、高应法、高富才。

1983~2001 年,历任村党支部书记:高富才、张阿根、高富才、朱龙才、陆金龙;历任村民委员会主任:高应法、陆应林;历任村经济合作社社长:孙金福、陆金龙。

二十、双荡兜村

双荡兜村位于七都镇区西南部,距镇区约 7 千米,东与钮家兜村毗邻,南隔横古塘与浙江省相望,西与永民村、横塘村接壤,北与长渠港村相连。1996 年,水稻种植面积 758 亩。下辖西仁港、北汇、举人汇、白鱼桥、永昌桥、宋家兜等自然村,7 个村民小组,960 人,村委会驻西仁港。

(一) 区划

1958 年,七都公社钢铁大队成立。1959 年,钢铁大队析为胜旗、虹民、益旗 3 个大队。1981 年,胜旗大队析为双荡兜、钮家兜 2 个大队。1983 年,恢复乡建制,双荡兜大队更名为双荡兜村。2001 年 8 月,七都镇第一次村级区域调整,双荡兜村、钮家兜村、前浜兜村合并成吴越村。

(二) 经济

1983 年,全村水稻种植面积 1051 亩,粮食总产 695 吨,油菜籽总产 18 吨,农村经济总收入 35.86 万元,农民人均年纯收入 422 元。

1991 年,全村水稻种植面积 810 亩,粮食总产 648 吨,油菜籽总产 39 吨,农副业总收入 216 万元,工业总产值 54 万元,农民人均年纯收入 1607 元。

2000 年,全村水稻种植面积 713 亩,粮食总产 378 吨,油菜籽总产 29 吨,农村经济总收入 1879 万元,工业总产值 1260 万元,农民人均年纯收入 5907 元。

(三) 历任领导

1958~1983 年,历任大队党支部书记:吴年法、曹洪福、钱富根、郑玉珍、孙志炜、张叙生;历任大队长:张昌林、曹洪福、沈金才、曹爱福、孙龙才、施金宝、吴晓毛。

1983~2001 年,历任村党支部书记:张叙生、吴小毛、吴晓毛、张冬苟;历任村民委员会主任:沈会强、张守根、施长林;历任村经济合作社社长:吴晓毛、张叙生、张守根、范阿毛。

二十一、钮家兜村

钮家兜村位于七都镇区南部,距镇区约 6.5 千米,东与文义兜村接界,南隔横古塘与浙江省相望,西与双荡兜村毗邻,北为前浜兜村。1996 年,水稻种植面积 637 亩。下辖辖钮家兜、哉西北、乌船湾、三墙门等自然村,8 个村民小组,771 人,村委会驻钮家兜。

(一) 区划

1958 年,七都公社钢铁大队成立。1959 年,钢铁大队析为胜旗、虹民、益旗 3 个大队。1981 年,胜旗大队析为双荡兜、钮家兜 2 个大队。1983 年,恢复乡建制,钮家兜大队更名为钮家兜村。2001 年 8 月,七都镇第一次村级区域调整,双荡兜村、钮家兜村、前浜兜村合并成吴越村。

(二) 经济

1983 年,全村水稻种植面积 874 亩,粮食总产 596 吨,油菜籽总产 17 吨,农村经济总收入 21.83 万元,农民人均年纯收入 299 元。

1991 年,全村水稻种植面积 658 亩,粮食总产 522 吨,油菜籽总产 31 吨,农副业总收入 171 万元,工业总产值 64 万元,农民人均年纯收入 1504 元。

2000 年,全村水稻种植面积 480 亩,粮食总产 244 吨,油菜籽总产 20 吨,农村经济总收入 563

万元,工业总产值700万元,农民人均年纯收入5919元。

（三）历任领导

1958~1983年,历任大队党支部书记:吴年法、曹洪福、钱富根、郑玉珍、吴小毛;历任大队长:张昌林、曹洪福、沈金才、曹爱福、孙龙才、施金宝。

1983~2001年,历任村党支部书记:吴小毛、沈才中、郑建林、沈会章;历任村民委员会主任:郑建林、郑金林、孙龙才、郑金林;历任村经济合作社社长:沈财忠、郑金林、孙龙才、郑金林。

二十二、前浜兜村

前浜兜村位于七都镇区南部,距镇区约6.5千米,东与文义兜村隔河相望,南与钮家兜村相连,西与长渠港村接壤,北为菱荡湾村。1996年,水稻种植面积814亩。下辖祠山庙桥、乔家兜、染店兜、大巨仁、前浜兜等自然村,8个村民小组,807人。村委会驻乔家兜。

（一）区划

1958年,七都公社钢铁大队成立。1959年,钢铁大队析为胜旗、虹民、益旗3个大队。1981年,益旗大队更名为前浜兜大队。1983年,恢复乡建制,前浜兜大队更名为前浜兜村。2001年8月,七都镇第一次村级区域调整,双荡兜村、钮家兜村、前浜兜村合并成吴越村。

（二）经济

1959年,全大队水稻种植面积1309亩,粮食总产488吨,油菜籽总产12吨,农村经济总收入9.37万元,农民人均年纯收入86元。

1983年,全村水稻种植面积963亩,粮食总产636吨,油菜籽总产20吨,农村经济总收入26.41万元,农民人均年纯收入300元。

1991年,全村水稻种植面积838亩,粮食总产614吨,油菜籽总产43吨,农副业总收入174万元,工业总产值273万元,农民人均年纯收入1696元。

2000年,全村水稻种植面积590亩,粮食总产342吨,油菜籽总产33吨,农村经济总收入860万元,工业总产值1848万元,农民人均年纯收入5949元。

（三）历任领导

1958~1983年,历任大队党支部书记:吴年法、姚金虎、孙荣林、张金林、沈荣泉;历任大队长:张昌林、孙珍法、孙吉林。

1983~2001年,历任村党支部书记:沈荣泉、张伯年、屠阿四;历任村民委员会主任:孙吉林、张根明;历任村经济合作社社长:孙泉生。

二十三、文义兜村

文义兜村位于七都镇区南部,距镇区约7.5千米,东与桥下村毗邻,南隔横古塘与浙江省相望,西与前浜兜村为邻,北为菱荡湾村。1996年,水稻种植面积765亩。下辖坟东、牌楼头、三级浪兜、西坝塍、文义兜等自然村,8个村民小组,922人。村委会驻牌楼头。

（一）区划

1958年,七都公社幸福大队成立。1959年,幸福大队析为幸福、群旗2个大队。1981年,群旗大队更名为文义兜大队。1983年,恢复乡建制,文义兜大队更名为文义兜村。2001年8月,七都镇第一次村级区域调整,文义兜村、桥下村合并成群幸村。

（二）经济

1959年,全大队水稻种植面积1868亩,粮食总产830吨,油菜籽总产16吨,农村经济总收入15.08万元,农民人均年纯收入85元。

1983年,全村水稻种植面积1868亩,粮食总产759吨,油菜籽总产23吨,农村经济总收入23.19万元,农民人均年纯收入272元。

1991年,全村水稻种植面积821亩,粮食总产551吨,油菜籽总产50吨,农副业总收入169万元,工业总产值197万元,农民人均年纯收入1417元。

2000年,全村水稻种植面积783亩,粮食总产465吨,油菜籽总产16吨,农村经济总收入11770万元,工业总产值2300万元,农民人均年纯收入7733元。

（三）历任领导

1959～1983年,历任大队党支部书记:钱九宝、陆芝庆、张士根、张阿庆、孙海生、张明法;历任大队长:陆志庆、张根茂、孙惠珠。

1983～2001年,历任村党支部书记:张明法、张虎宝、孙为民;历任村民委员会主任:孙惠珠、邵林龙、孙为民、徐志强;历任村经济合作社社长:张虎宝、孙为民、孙庆荣。

二十四、桥下村

桥下村位于七都镇区南部,距镇区约9.5千米,东临古溇港与浙江省南浔新溇村隔河相望,南与浙江省南浔镇隔河相望,西与文义兜村为邻,北濒金鱼漾(金鱼漾稽五漾)。1996年,水稻种植面积1279亩。下辖田溪湾、帽子兜、国寺兜、桥下、北回桥、枫溪湾等自然村,11个村民小组,1224人。村委会驻国寺兜。

（一）区划

1958年,七都公社幸福大队成立。1959年,幸福大队析为幸福、群旗2个大队。1981年,幸福大队更名为桥下大队。1983年,恢复乡建制,桥下大队更名为桥下村。2001年8月,七都镇第一次村级区域调整,文义兜村、桥下村合并成群幸村。

（二）经济

1959年,全大队水稻种植面积1179亩,粮食总产560吨,油菜籽总产10吨,农村经济总收入17.07万元,农民人均年纯收入93元。

1983年,全村水稻种植面积1240亩,粮食总产1177吨,油菜籽总产31吨,农村经济总收入50.28万元,农民人均年纯收入416元。

1991年,全村水稻种植面积1338亩,粮食总产910吨,油菜籽总产56吨,农副业总收入261万元,工业总产值398万元,农民人均年纯收入1583元。

2000年,全村水稻种植面积1212亩,粮食总产815吨,油菜籽总产24吨,农村经济总收入6961万元,工业总产值4614万元,农民人均年纯收入6070元。

（三）历任领导

1958～1983年,历任大队党支部书记:钱九宝、孙菊生、孙阿二、钱富根、邱来宝;历任大队长:陆志庆、孙阿二、钱云春。

1983～2001年,历任村党支部书记:沈银归、沈阿根、崔明才、崔海林、钱学连、崔金根;历任村民委员会主任:崔明才、崔海林、陈有福;历任村经济合作社社长:钱学连、张阿根。

二十五、菱荡湾村

菱荡湾村位于七都镇区南部,距镇区约7千米,东与邱田村为邻,南与文义兜村相连,西与丁家湾村接壤,北濒金鱼漾。1996年,水稻种植面积1224亩。下辖辉字圩、东肖港、张家湾、陆家兜、菱荡湾、新字圩、横港头、木泥扇等自然村,15个村民小组,1546人。村委会驻菱荡湾。

（一）区划

1958年,七都公社卫星大队成立。1959年,卫星大队析为卫星、利星2个大队。1981年,卫星大队更名为菱荡湾大队。1983年,恢复乡建制,菱荡湾大队更名为菱荡湾村。2001年8月,七都镇第一次村级区域调整,菱荡湾村、邱田村合并成菱田村。

（二）经济

1959年，全大队水稻种植面积1488亩，粮食总产965吨，油菜籽总产13吨，农村经济总收入20.48万元，农民人均年纯收入98元。

1983年，全村水稻种植面积1487亩，粮食总产1143吨，油菜籽总产33吨，农村经济总收入53.95万元，农民人均年纯收入389元。

1991年，全村水稻种植面积1281亩，粮食总产994吨，油菜籽总产89吨，农副业总收入652万元，工业总产值1007万元，农民人均年纯收入1864元。

2000年，全村水稻种植面积1224亩，粮食总产1407吨，油菜籽总产74吨，农村经济总收入11770万元，工业总产值2400万元，农民人均年纯收入7730元。

（三）历任领导

1958~1983年，历任大队党支部书记：陆阿大、陆龙高、孙桂泉、沈永宝、沈训法、张洪法；历任大队长：张庆章、沈训法、孙海生、宋增才。

1983~2001年，历任村党支部书记：宋增才、张洪法、许菊贤；历任村民委员会主任：孙生法、陆天才、施佰荣；历任村经济合作社社长：张玉龙、宋正才、张玉根、董士根。

二十六、邱田村

邱田村位于七都镇区南部，距镇区约7千米，该村东、南、北三面均被金鱼漾（稽五漾）包围，西与菱荡湾村毗邻。1996年，水稻种植面积435亩。下辖邱田、黄漾墩等自然村，6个村民小组，771人。村委会驻邱田。

（一）区划

1958年，七都公社卫星大队成立。1959年，卫星大队析为卫星、利星2个大队。1981年，利星大队更名为邱田大队，1983年，恢复乡建制，邱田大队更名为邱田村，成立村民委员会和村经济合作社。2001年8月，七都镇第一次村级区域调整，菱荡湾村、邱田村合并成菱田村。

（二）经济

1959年，全大队水稻种植面积660亩，粮食总产387吨，油菜籽总产6吨，农村经济总收入8.96万元，农民人均年纯收入84元。

1983年，全村水稻种植面积660亩，粮食总产463吨，油菜籽总产16吨，农村经济总收入33.85万元，农民人均年纯收入482元。

1991年，全村水稻种植面积499亩，粮食总产371吨，油菜籽总产25吨，农副业总收入141万元，工业总产值207万元，农民人均年纯收入1135元。

2000年，全村水稻种植面积429亩，粮食总产258吨，油菜籽总产18吨，农村经济总收入1434万元，工业总产值750万元，农民人均年纯收入5863元。

（三）历任领导

1958~1983年，历任大队党支部书记：陆阿大、陆云法、许发云、孙生法；历任大队长：张庆章、陆云法、许发云、陆明珠、金连生。

1983~2001年，历任村党支部书记：钱富明、姚应发；历任村民委员会主任：孙新伟、许春林；历任村经济合作社社长：韦发明。

二十七、渔业村

渔业村位于七都镇区南部，距镇区约1.5千米，东、南两面与行军村为邻，西接沈家湾村，北为吴溇村。1996年，外塘养殖3500亩，内塘养殖60亩。5个村民小组，597人。村委会驻西洋圩。

（一）区划

1972年，七都公社渔业大队成立。1983年，恢复乡建制，渔业大队更名为渔业村。2003年7月，七都镇第二次村级区域调整，渔业村、沈家湾村合并成新的沈家湾村。

（二）经济

1972年，全大队农村经济总收入11.83万元，渔民人均年纯收入186元。

1983年，全村农村经济总收入61.83万元，渔民人均年纯收入775元。

1991年，全村农村经济总收入369万元，工业总产值71万元，渔民人均年纯收入1915元。

2002年，全村农村经济总收入1032万元，渔民人均年纯收入6559元。

（三）历任领导

1972～1983年，历任大队党支部书记：孙阿二、沈宝林、杨金根；历任大队长：张根茂、杨金根。

1983～2003年，历任村党支部书记：杨金根、沈有福、沈法明、褚金法；历任村民委员会主任：沈法明、褚金法、顾建华；历任村经济合作社社长：沈法明。

二十八、捕捞村

捕捞村位于七都镇区北部，1983年12月，原吴县太湖公社火箭大队划归七都乡管辖，定名捕捞村。捕捞村均是渔民，在南太湖从事渔业生产，常年生活在船上，船只停泊在庙港至吴溇一带的太湖南岸，有时停泊在光福红湖山地区。3个村民小组，380人。

（一）区划

1983年12月，原吴县太湖公社火箭大队划归七都乡管辖，定名七都乡捕捞村。2003年7月，七都镇第二次村级区域调整，捕捞村、环湖村合并成新的环湖村。

（二）经济

1983年，全村农村经济总收入36.25万元，渔民人均年纯收入620元。

1991年，全村农村经济总收入271万元，渔民人均年纯收入2815元。

2002年，全村农村经济总收入723万元，渔民人均年纯收入9361元。

（三）历任领导

1983～2003，历任村党支部书记：薛全德、薛建才、姚福奎；历任村民委员会主任：薛建才、姚福奎、朱先荣；历任村经济合作社社长：薛建才。

二十九、勇星村

勇星村位于庙港镇区西部，是沿太湖最西的行政村，距镇区约6.4千米，东与金明村相连，南与七都大家港交界，西与七都镇蒋家港村交界，北濒太湖。1996年，水稻种植面积701亩。下辖倪家港、五界亭、塘桥浜、丁家港、洪白河、西南村等自然村，10个村民小组，1138人。村委会驻五界亭。

（一）区划

1958年，庙港公社陆港大队成立。1959年，陆港大队析为勇星、金明2个大队。1983年，恢复乡建制，勇星大队更名为勇星村。2001年8月，庙港镇第一次村级区域调整，勇星村、金明村合并成陆港村。

（二）经济

1961年，全大队水稻种植面积810亩，粮食总产335吨，油菜籽总产4.3吨，农村经济总收入15.16万元，农民人均年纯收入91元。

1983年，全村水稻种植面积1131亩，粮食总产814吨，油菜籽总产25吨，农村经济总收入42.28万元，农民人均年纯收入353元。

1991年，全村水稻种植面积701亩，粮食总产459吨，油菜籽总产52吨，农副业总收入308万元,工业总产值107万元,农民人均年纯收入1119元。

2000年,全村水稻种植面积563亩,粮食总产323吨,油菜籽总产37吨,农村经济总收入2954万元,工业总产值520万元,农民人均年纯收入5287元。

(三) 历任领导

1958~1983年,历任大队党支部书记:沈礼忠、张志福、张阿龙;历任大队长:章法宝、胡菊明、李如宝、胡菊明、王永明。

1983~2001年,历任村党支部书记:张阿龙、章金先、吴根泉、王林法;历任村民委员会主任:王永明、章金先、王林法、吴彩娥;历任村经济合作社社长:章金先、王林法、盛雪其、吴彩娥。

三十、金明村

金明村位于原庙港镇西部,距镇区约5.4千米,东与更楼港村相连,南靠八都镇高义桥交界,西与勇星村相接,北濒太湖。1996年,水稻种植面积1048亩。下辖养鹅浜、陆家港、双板石桥港、马家港、庵前、倪家港、沈家扇、龙字湾、罗家库等自然村,10个村民小组,1454人。村委会驻陆家港。

(一) 区划

1958年,庙港公社陆港大队成立。1959年,陆港大队析为勇星、金明2个大队。1983年,恢复乡建制,金明大队更名为金明村。2001年8月,庙港镇第一次村级区域调整,勇星村、金明村合并成陆港村。

(二) 经济

1961年,全大队水稻种植面积1142亩,粮食总产463吨,油菜籽总产8.7吨,农村经济总收入19.46万元,农民人均年纯收入102元。

1983年,全村水稻种植面积1731亩,粮食总产1143吨,油菜籽总产37吨,农村经济总收入42.6万元,农民人均年纯收入361元。

1991年,全村水稻种植面积1048亩,粮食总产770吨,油菜籽总产64吨,农副业总收入279万元,工业总产值119万元,农民人均年纯收入1097元。

2000年,全村水稻种植面积837亩,粮食总产492吨,油菜籽总产64吨,农村经济总收入1434万元,工业总产值1241万元,农民人均年纯收入5248元。

(三) 历任领导

1958~1983年,历任大队党支部书记:沈礼忠、朱仁章、盛佰勤、徐老虎;历任大队长:沈礼忠、洪福林。

1983~2001年,历任村党支部书记:徐老虎、沈阿毛、姚志明;历任村民委员会主任:洪福林、沈云法、张坤泉、丁阿钰;历任村经济合作社社长:姚志明、丁阿钰、张坤泉、薛东兴。

三十一、更楼港村

更楼港村位于庙港镇区西部,距镇区约4.5千米,东连曙光村,南临汪鸭潭,西接金明村,北濒太湖。1996年,水稻种植面积954亩。下辖养鹅浜、半夜浜、西溪庙港、火羊浜、茶家浜、油车浜、更楼港等自然村,12个村民小组,1405人。村委会驻西溪庙港。

(一) 区划

1958年,庙港公社友谊大队成立。1981年,友谊大队更名为更楼港大队。1983年,恢复乡建制,更楼港大队更名为更楼港村。2001年8月,庙港镇第一次村级区域调整,更楼港村、曙光村合并成煤烂村。

(二) 经济

1958年,全大队水稻种植面积1456亩,粮食总产526吨,油菜籽总产4.2吨,农村经济总收入

18.83万元,农民人均年纯收入89元。

1983年,全村水稻种植面积1958亩,粮食总产1409吨,油菜籽总产42吨,农村经济总收入45.68万元,农民人均年纯收入332元。

1991年,全村水稻种植面积954亩,粮食总产610吨,油菜籽总产64吨,农副业总收入307万元,工业总产值70万元,农民人均年纯收入1153元。

2000年,全村水稻种植面积756亩,粮食总产442吨,油菜籽总产72吨,农村经济总收入1276万元,工业总产值60万元,农民人均年纯收入4782元。

(三) 历任领导

1958~1983年,历任大队党支部书记:方月明、邱阿明、陈菊林、施林春;历任大队长:吴永才。

1983~2001年,历任村党支部书记:施林春、施生财、周永祥、谢志明、沈勤华;历任村民委员会主任:施春荣;历任村经济合作社社长:吴法良、施林春、张建平、沈勤华。

三十二、曙光村

曙光村位于庙港镇区西部,距镇区约2千米,东至五徐港北半条港,南近轮穗村,西连更楼港村,北濒太湖。1996年,水稻种植面积962亩。下辖五徐港(北)、廖扶港、徐杨港、姚家港、小阳港、东火字、西火字等自然村,11个村民小组,1400人。村委会驻廖扶港。

(一) 区划

1958年,庙港公社曙光大队成立。1983年,恢复乡建制,曙光大队更名为曙光村。2001年8月,庙港镇第一次村级区域调整,更楼港村、曙光村合并成燦烂村。

(二) 经济

1958年,全大队水稻种植面积1349亩,粮食总产498吨,油菜籽总产3.9吨,农村经济总收入20.06万元,农民人均年纯收入99元。

1983年,全村水稻种植面积1786亩,粮食总产1274吨,油菜籽总产39吨,农村经济总收入54.36万元,农民人均年纯收入383元。

1991年,全村水稻种植面积966亩,粮食总产665吨,油菜籽总产55吨,农副业总收入285万元,工业总产值56万元,农民人均年纯收入1093元。

2000年,全村水稻种植面积827亩,粮食总产504吨,油菜籽总产71吨,农村经济总收入2598万元,工业总产值272万元,农民人均年纯收入5495元。

(三) 历任领导

1958~1983年,历任大队党支部书记:盛阿奎、吴巧生、盛阿奎、吴才生、许小明;历任大队长:吴才生、张松昌、盛金奎。

1983~2001年,历任村党支部书记:许小明、盛永观、朱海荣;历任村民委员会主任:盛凤林、朱海荣、盛顺荣、张金荣;历任村经济合作社社长:施海根、汤子荣。

三十三、轮穗村

轮穗村位于庙港镇区西南部,是镇西南的单独一个村庄,距镇区约4.2千米,东靠合群村,南濒连家漾,西接更楼港村,北近曙光村。1996年,水稻面积1145亩。下辖南庄、小角圩、荻珍圩等自然村,11个村民小组,1362人。村委会驻南庄。

(一) 区划

1958年,庙港公社轮穗大队成立。1983年,恢复乡建制,轮穗大队更名为轮穗村。2003年7月,庙港镇第二次村级区域调整,轮穗村、合群村合并成盛庄村。

(二) 经济

1958年,全大队水稻种植面积1338亩,粮食总产446吨,油菜籽总产1.8吨,农村经济总收入

13.7万元,农民人均年纯收入71元。

1983年,全村水稻种植面积1749亩,粮食总产1259吨,油菜籽总产38吨,农村经济总收入47.58万元,农民人均年纯收入356元。

1991年,全村水稻种植面积1168亩,粮食总产838吨,油菜籽总产68吨,农副业总收入372万元,工业总产值51万元,农民人均年纯收入1445元。

2002年,全村水稻种植面积681亩,粮食总产405吨,油菜籽总产36吨,农村经济总收入1876万元,工业总产值160万元,农民人均年纯收入5824元。

(三) 历任领导

1958~1983年,历任大队党支部书记:沈卯生、沈阿通、沈巧明、沈法泉;历任大队长:沈阿通、凌正荣、盛佰勤、沈法泉、沈永观。

1983~2003年,历任村党支部书记:沈法泉、王阿顺、沈永观、沈巧明、王雪荣;历任村民委员会主任:沈永观、王仁兴、沈凤明、沈仁芝;历任村经济合作社社长:王阿顺、盛梓煌、沈凤明。

三十四、合群村

合群村位于庙港镇区西部,距镇区约1.2千米,东至张家港港西,南近轮穗村,西至五徐港南半条港,北濒太湖。1996年,水稻种植面积999亩。下辖五徐港(南)、南盛港、骆驼港、沈家港、濮家港、崔家港、张家港、老湾兜等自然村,11个村民小组,1561人。村委会驻沈家港。

(一) 区划

1958年,庙港公社合群大队成立。1983年,恢复乡建制,合群大队更名为合群村。2003年7月,庙港镇第二次村级区域调整,轮穗村、合群村合并成盛庄村。

(二) 经济

1958年,全大队水稻种植面积1499亩,粮食总产582吨,油菜籽总产6.7吨,农村经济总收入23.15万元,农民人均年纯收入101元。

1983年,全村水稻种植面积2169亩,粮食总产1461吨,油菜籽总产47吨,农村经济总收入45.19万元,农民人均年纯收入294元。

1991年,全村水稻种植面积1116亩,粮食总产760吨,油菜籽总产85吨,农副业总收入335万元,工业总产值190万元,农民人均年纯收入1305元。

2002年,全村水稻种植面积849亩,粮食总产502吨,油菜籽总产27吨,农村经济总收入1662万元,工业总产值761万元,农民人均年纯收入5309元。

(三) 历任领导

1958~1983年,历任大队党支部书记:方阿八、方阿品、方阿八、王金土、王银林;历任大队长:方阿品、王银林、邱龙根、吴仁法、王宝荣。

1983~2003年,历任村党支部书记:邱龙根、吴仁法、王建荣、盛宏伟、卢建康;历任村民委员会主任:王宝荣、卢建康、邱小丽;历任村经济合作社社长:崔凤其、王宝荣、盛宏伟。

三十五、庙港村

庙港村是镇区的一部分,东为七一村,南临陆家漾,西接合群村,北连镇区。1996年,水稻种植面积934亩。下辖土地庙港、观音庙港、庙港、里贤港、郑家巷、刘家巷、龙船子等自然村,12个村民小组,1590人。村委会驻庙港。

(一) 区划

1958年,庙港公社繁荣大队成立。1981年,繁荣大队更名为庙港大队。1983年,恢复乡建制,庙港大队更名为庙港村。2003年7月,庙港镇第二次村级区域调整,庙港村、七一村合并成新的庙港村。

（二）经济

1958年，全大队水稻种植面积1260亩，粮食总产477吨，油菜籽总产4.8吨，农村经济总收入19.21万元，农民人均年纯收入84元。

1983年，全村水稻种植面积1650亩，粮食总产1144吨，油菜籽总产36吨，农村经济总收入51.29万元，农民人均年纯收入347元。

1991年，全村水稻种植面积1065亩，粮食总产730吨，油菜籽总产78吨，农副业总收入379万元，工业总产值340万元，农民人均年纯收入1320元。

2002年，全村水稻种植面积780亩，粮食总产448吨，油菜籽总产17吨，农村经济总收入2416万元，工业总产值631万元，农民人均年纯收入5965元。

（三）历任领导

1958~1983年，历任大队党支部书记：崔春田、方阿八、崔春田、尹补才、崔明方、尹文柏；历任大队长：谢阿补、崔明方、谢阿补、尹文柏、刘雪林、尹根生。

1983~2003年，历任村党支部书记：刘雪林、王金传、金永官、邱喜华、沈培龙；历任村民委员会主任：王瑞荣、潘建新、沈勤乐、邱喜华、沈培龙、尹继荣；历任村经济合作社社长：张锦春、金桂荣、刘锦田。

三十六、七一村

七一村位于庙港镇区东部，距镇区约1.1千米，东接富强村，西连庙港村，南为太平桥村，北濒太湖。1996年，水稻种植面积959亩。下辖东盛港、老太庙港、汤家扇、新开港、汪牙港、庄港、寺港等自然村，11个村民小组，1606人。村委会驻汤家扇港。

（一）区划

1958年，庙港公社七一大队成立。1983年，恢复乡建制，七一大队更名为七一村。2003年7月，庙港镇第二次村级区域调整，庙港村、七一村合并成新的庙港村。

（二）经济

1958年，全大队水稻种植面积1077亩，粮食总产486吨，油菜籽总产6.1吨，农村经济总收入21.01万元，农民人均年纯收入94元。

1983年，全村水稻种植面积1919亩，粮食总产1281吨，油菜籽总产42吨，农村经济总收入54.16万元，农民人均年纯收入349元。

1991年，全村水稻种植面积1130亩，粮食总产727吨，油菜籽总产85吨，农副业总收入253万元，工业总产值344万元，农民人均年纯收入1225元。

2002年，全村水稻种植面积834亩，粮食总产吨，油菜籽总产10吨，农村经济总收入2463万元，工业总产值1462万元，农民人均年纯收入5700元。

（三）历任领导

1958~1983年，历任大队党支部书记：张春龙、王才根、计鸣学、严雪明；历任大队长：王才根、张金林、吴仕兴、张金林。

1983~2003年，历任村党支部书记：严雪明、张阿多、盛建奎、张卫星、罗春龙；历任村民委员会主任：计永官、朱金虎、张国华；历任村经济合作社社长：盛建奎、罗春龙、张国华。

三十七、富强村

富强村位于庙港镇区东部，距镇区约2.8千米，东连五联村，南靠开弦弓村，西接七一村，北濒太湖。1996年，水稻种植面积963亩。下辖俞家港（西）、大明港、鸦鹊港、通海港等自然村，9个村民小组，1662人。村委会驻鸦鹊港。

(一) 区划

1958年,庙港公社富强大队成立。1983年,恢复乡建制,富强大队更名为富强村。2001年8月,庙港镇第一次村级区域调整,富强村、五联村合并成联强村。

(二) 经济

1958年,全大队水稻种植面积1330亩,粮食总产513吨,油菜籽总产7.1吨,农村经济总收入23.06万元,农民人均年纯收入98元。

1983年,全村水稻种植面积1760亩,粮食总产1267吨,油菜籽总产38吨,农村经济总收入57.16万元,农民人均年纯收入367元。

1991年,全村水稻种植面积983亩,粮食总产660吨,油菜籽总产86吨,农副业总收入327万元,工业总产值81万元,农民人均年纯收入1080元。

2000年,联强村水稻种植面积805亩,粮食总产462吨,油菜籽总产4吨,农村经济总收入4307万元,工业总产值1606万元,农民人均年纯收入5780元。

(三) 历任领导

1958~1983年,历任大队党支部书记:朱良生、张平生、陈永江;历任大队长:沈连宝、朱桂观、谢汉荣。

1983~2001年,历任村党支部书记:陈永江、汤金泉、陈金侃、吴月新、沈培林、陈伟荣;历任村民委员会主任:谢志明、陈金侃、张培金、沈培林、谢林奎、钟金荣;历任村经济合作社社长:陈金侃、张培金、沈培林、谢林奎、钟松林。

三十八、五联村

五联村位于庙港镇区东部,距镇区约3.4千米,东连罗港村,南为西草田村,西接富强村,北濒太湖。1996年,水稻种植面积933亩。下辖榆树港、环良港、乌梅港、陈家田、俞家港(东)等自然村,12个村民小组,1497人。村委会驻乌梅港。

(一) 区划

1958年,庙港公社八联大队成立。1962年,八联大队析为五联、三联2个大队。1983年,恢复乡建制,五联大队更名为五联村。2001年8月,庙港镇第一次村级区域调整,富强村、五联村合并成联强村。

(二) 经济

1962年,全大队水稻种植面积1299亩,粮食总产466吨,油菜籽总产6.7吨,农村经济总收入18.67万元,农民人均年纯收入86元。

1983年,全村水稻种植面积1645亩,粮食总产1184吨,油菜籽总产36吨,农村经济总收入53.92万元,农民人均年纯收入367元。

1991年,全村水稻种植面积933亩,粮食总产599吨,油菜籽总产63吨,农副业总收入263万元,工业总产值119万元,农民人均年纯收入1233元。

2000年,全村水稻种植面积889亩,粮食总产519吨,油菜籽总产20吨,农村经济总收入2937万元,工业总产值2037万元,农民人均年纯收入5234元。

(三) 历任领导

1958~1983年,历任大队党支部书记:陶福官、陶金奎、陈杏观、沈卯生、陈圣江、张五观;历任大队长:黄阿大、钟阿超、朱蚕生、汤文大、朱蚕生、张五观。

1983~2001年,历任村党支部书记:张五观、张金虎、陈伟荣;历任村民委员会主任:陈松泉、张爱毛、陈桂荣、庚小育;历任村经济合作社社长:张爱毛、陈桂荣、张伟方。

三十九、罗港村

罗港村位于庙港镇区东部,距镇区约4.5千米,东接富联村,南靠西草田村,西连五联村,北临太浦河。1996年,水稻种植面积602亩。下辖罗家港、时家港、徐家湾、盛家湾、榆树港等自然村,9个村民小组,1023人。村委会驻榆树港。

（一）区划

1958年,庙港公社八联大队成立。1962年,八联大队析为五联、三联2个大队。1969年,三联大队更名为东风大队。1981年,东风大队更名为罗港大队。1983年,恢复乡建制,罗港大队更名为罗港村。2001年8月,庙港镇第一次村级区域调整,富联村、罗港村合并成节制闸村。

（二）经济

1962年,全大队水稻种植面积832亩,粮食总产466吨,油菜籽总产3.8吨,农村经济总收入12.89万元,农民人均年纯收入94元。

1983年,全村水稻种植面积935亩,粮食总产673吨,油菜籽总产20吨,农村经济总收入30.43万元,农民人均年纯收入317元。

1991年,全村水稻种植面积603亩,粮食总产333吨,油菜籽总产44吨,农副业总收入190万元,工业总产值103万元,农民人均年纯收入1123元。

2000年,全村水稻种植面积572亩,粮食总产328吨,油菜籽总产5吨,农村经济总收入5060万元,工业总产值1645万元,农民人均年纯收入5491元。

（三）历任领导

1958~1983年,历任大队党支部书记:陶福官、徐明宝、陶福官、盛玉泉、陈五泉;历任大队长:黄阿大、陈五泉、曹龙法。

1983~2001年,历任村党支部书记:陈五泉、曹龙法、陶马法、盛永观、丁月林;历任村民委员会主任:陶马法、吴福良、黄志兴;历任村经济合作社社长:陶小毛、黄建平、周阿林。

四十、富联村

富联村是位于庙港镇区东部,距镇区约5.8千米,东为亭子港,南为西草田村,西接罗港村,北濒太湖。1996年,水稻种植面积920亩。下辖赵家港、白甫港、陌家港、赵家浜、汤家浜、楝树港等自然村,13个村民小组,1673人。村委会驻赵家浜。

（一）区划

1958年,庙港公社富联大队成立。1983年,恢复乡建制,富联大队更名为富联村。2001年8月,庙港镇第一次村级区域调整,富联村、罗港村合并成节制闸村。

（二）经济

1958年,全大队水稻种植面积1292亩,粮食总产547吨,油菜籽总产8.9吨,农村经济总收入24.15万元,农民人均年纯收入107元。

1983年,全村水稻种植面积1736亩,粮食总产1209吨,油菜籽总产37吨,农村经济总收入66.71万元,农民人均年纯收入433元。

1991年,全村水稻种植面积952亩,粮食总产657吨,油菜籽总产64吨,农副业总收入295万元,工业总产值224万元,农民人均年纯收入1012元。

2000年,全村水稻种植面积839亩,粮食总产490吨,油菜籽总产44吨,农村经济总收入2223万元,工业总产值1934万元,农民人均年纯收入5139元。

（三）历任领导

1958~1983年,历任大队党支部书记:朱金法、胡补观、胡全英、顾石林;历任大队长:胡永泉、赵雪荣。

1983～2001年,历任村党支部书记:顾石林、朱金海、顾荣林、顾石林、盛菊明;历任村民委员会主任:朱金海、金兴奎、杨爱观、顾荣林;历任村经济合作社社长:胡文官、胡永泉、赵雪荣、赵卫根、顾荣林。

四十一、月字圩村

月字圩村位于庙港镇区南部,距镇区约4.5千米,东靠太平桥村,南临荡白漾,西为轮穗村,北为庙港村。1996年,水稻种植面积754亩。下辖月字圩、米古其等自然村,6个村民小组,801人。村委会驻月字圩。

(一) 区划

1958年,庙港公社开明大队成立。1962年,开明大队析为月字圩、太平桥2个大队。1969年,月字圩大队更名为雄心大队。1981年,雄心大队更名为月字圩大队,1983年,恢复乡建制,月字圩大队更名为月字圩村。2001年8月,庙港镇第一次村级区域调整,月字圩村、太平桥村合并成开明村。

(二) 经济

1962年,全大队水稻种植面积1139亩,粮食总产372吨,油菜籽总产2.8吨,农村经济总收入10.88万元,农民人均年纯收入86元。

1983年,全村水稻种植面积1272亩,粮食总产901吨,油菜籽总产27吨,农村经济总收入27.22万元,农民人均年纯收入305元。

1991年,全村水稻种植面积899亩,粮食总产663吨,油菜籽总产56吨,农副业总收入348万元,工业总产值80万元,农民人均年纯收入1347元。

2000年,月字圩村水稻种植面积443亩,粮食总产275吨,油菜籽总产47吨,农村经济总收入1150万元,工业总产值407万元,农民人均年纯收入5230元。

(三) 历任领导

1962～1983年,历任大队党支部书记:徐正宝、徐庆臣、庄福廷、庄顺福;历任大队长:沈洪法、庄福廷、庄顺福、钮阿坤。

1983～2001年,历任村党支部书记:庄顺福、庄福坤、庄云飞、邱顺清、陆利川;历任村民委员会主任:钮银明、庄永根、沈宝泉、庄永根、陆利川、周二毛;历任村经济合作社社长:庄福坤、庄顺福、庄永根、庄云飞、周二毛。

四十二、太平桥村

太平桥村位于庙港镇区南部,距镇区约3.6千米,东临西藏荡,南为开弦弓村,西为大圩田港,北为七一村。1996年,水稻种植面积656亩。下辖东角、太平桥、毫里、大圩田等自然村,8个村民小组,758人。村委会驻太平桥。

(一) 区划

1958年,庙港公社开明大队成立。1962年,开明大队析为月字圩、太平桥2个大队。1969年,太平桥大队更名为红旗大队,1981年,红旗大队更名为太平桥大队,1983年,恢复乡建制,太平桥大队更名为太平桥村。2001年8月,庙港镇第一次村级区域调整,月字圩村、太平桥村合并成开明村。

(二) 经济

1962年,全大队水稻种植面积940亩,粮食总产308吨,油菜籽总产2.7吨,农村经济总收入9.48万元,农民人均年纯收入79元。

1983年,全村水稻种植面积1021亩,粮食总产735吨,油菜籽总产22吨,农村经济总收入23.68万元,农民人均年纯收入349元。

1991年,全村水稻种植面积720亩,粮食总产483吨,油菜籽总产46吨,农副业总收入155万元,工业总产值63万元,农民人均年纯收入1279元。

2000年,全村水稻种植面积410亩,粮食总产258吨,油菜籽总产50吨,农村经济总收入568万元,工业总产值420万元,农民人均年纯收入4891元。

(三) 历任领导

1958~1983年,历任大队党支部书记::徐正宝、沈洪法、顾万祥、顾明芝;历任大队长:沈洪法、顾万祥、顾明芝、高金泉。

1983~2001年,历任村党支部书记:顾明芝、顾雪荣、姚泉林、陶志云;历任村民委员会主任:高金泉、陶志云、沈冬华;历任村经济合作社社长:顾雪荣、陶志云、高金泉、沈冬华。

四十三、开弦弓村

开弦弓村位于庙港镇区东南部,距镇区约4.2千米,东临东藏荡,南为欢喜桥村,西为太平村,北为天字圩。1996年,水稻种植面积1934亩。下辖荷花湾、谭家里、开弦弓、谈家墩等自然村,19个村民小组,2396人。村委会驻开弦弓。

(一) 区划

1958年,庙港公社联三大队成立。1961年,联三大队析为荷花湾、开弦弓2个大队。1966年11月,荷花湾大队更名为红卫大队,开弦弓大队更名为立新大队。1981年11月,两大队恢复原名。1982年,荷花湾大队并入开弦弓大队。1983年7月,恢复乡建制,开弦弓大队更名为开弦弓村。2001年8月,庙港镇第一次村级区域调整,开弦弓村与西草田村合并为新的开弦弓村。

(二) 经济

1961年,开弦弓大队耕地面积1520亩,粮食总产467吨,油菜籽总产30吨,农民人均纯收入84元;荷花湾大队耕地面积1532亩,粮食总产471吨,油菜籽总产34吨,农民人均纯收入82元。

1983年,全村耕地面积3104亩,粮食总产1922吨,油菜籽总产57吨,农民人均纯收入480元。

1991年,全村水稻种植面积2016亩,粮食总产1533吨,油菜籽总产114吨,农副业总收入549万元,工业总产值1061万元,农民人均年纯收入1462元。

2000年,全村水稻种植面积1396亩,粮食总产902吨,经济总收入2041万元,工业总产值1370万元,农民人均纯收入5246元。

(三) 历任领导

1958~1961年,联三大队党支部书记:周士芬;大队长:谈补财;1961~1982年,历任荷花湾大队党支部书记:陈兴富、姚云财、周明芝、沈春荣;历任荷花湾大队大队长:姚云财、周富林、周明芝、倪金根;历任开弦弓大队大队党支部书记:徐庆臣、谈小奎、周全福、谈雪荣;历任开弦弓大队大队长:谈小奎、谈补财、周庆祥、谈雪荣、周生福。

1982~1987年2月,历任开弦弓大队党支部书记:沈春荣;历任开弦弓大队大队长(村主任):倪金根、王建明。1987年2月,中共开弦弓村党总支部成立(为吴江县第一个党总支部),1987~2001年,历任村党总支部书记:沈春荣、谭汉文、沈志荣、王建明(副书记,分管党务工作);历任村民委员会主任:王建明、谈杏林、姚富坤、周培泉、王建明;历任村经济合作社社长:谈雪荣、谭汉文、周永林、王建明、谈杏林、周玉官。1997年8月至2001年,开弦弓村由非党人士周玉官主持全面工作,兼任村经济合作社社长。

四十四、西草田村

西草田村位于庙港镇区东南部,距镇区约6.5千米,东为横扇徐家湾村,南为张家浜村,西隔东藏荡与开弦弓村相连,北为富联村。1996年,水稻种植面积688亩。下辖四方圩、西草田、天字圩等自然村,6个村民小组,192户,741人。村委会驻西草田。

（一）区划

1958年，庙港公社光荣大队成立。1962年，光荣大队析为南浜、行义港、庆祝3个大队。1981年，庆祝大队更名为西草田大队，1983年，恢复乡建制，西草田大队改为西草田村。2001年8月，行政村撤并调整，开弦弓村、西草田村合并成新的开弦弓村。

（二）经济

1969年，全大队水稻种植面积922亩，粮食总产299吨，油菜籽总产2.3吨，农村经济总收入9.25万元，农民人均年纯收入88元。

1983年，全村耕地面积1149亩，粮食总产608吨，油菜籽总产22吨，农民人均纯收入480元。

1991年，全村水稻种植面积755亩，粮食总产498吨，油菜籽总产63吨，农副业总收入223万元，工业总产值55万元，农民人均年纯收入1092元。

2000年，全村种植水稻面积805亩，粮食总产546吨，农副业总收入1269万元，工业总产值727万元，农民人均纯收入5060元。

（三）历任领导

1958～1983年，历任大队党支部书记：徐增宝、徐明宝、沈补财；历任大队长：严云福、徐桂德、沈补财、严阿奎。

1983～2001年，历任村党支部书记：沈补财、严阿奎、严月林、徐金富、徐国奇；历任村民委员会主任：徐银富、严阿奎、徐国奇、吴锦秋；历任村经济合作社社长：严阿奎、徐小明、徐金富、沈珍娜、徐金明。

四十五、民字浜村

民字浜村位于庙港镇区东南部，距镇区约7.2千米，南与震泽镇交界，东靠欢喜桥村，南濒长漾，西临荡白漾，北连城角圩。1996年，水稻种植面积1070亩。下辖民字浜、吴越战、关帝庙、匠人港等自然村，10个村民小组，1217人。村委会驻民字浜。

（一）区划

1958年，庙港公社丰民大队成立。1961年，丰民大队析为民字浜、欢喜桥2个大队。1969年，民字浜大队更名为红心大队。1981年，红心大队更名为民字浜大队，1983年，恢复乡建制，民字浜大队更名为民字浜村。2001年8月，庙港镇第一次村级区域调整，民字浜村、欢喜桥村合并成丰民村。

（二）经济

1961年，全大队水稻种植面积1515亩，粮食总产481吨，油菜籽总产3.5吨，农村经济总收入14.71万元，农民人均年纯收入83元。

1983年，全村水稻种植面积1545亩，粮食总产1012吨，油菜籽总产33吨，农村经济总收入41.61万元，农民人均年纯收入370元。

1991年，全村水稻种植面积1200亩，粮食总产635吨，油菜籽总产78吨，农副业总收入200万元，工业总产值931万元，农民人均年纯收入1144元。

2000年，全村水稻种植面积798亩，粮食总产546吨，油菜籽总产15吨，农村经济总收入3310万元，工业总产值3679万元，农民人均年纯收入5686元。

（三）历任领导

1961～1983年，历任大队党支部书记：倪梅根、沈水明、徐明奎、徐明生、徐杏荣；历任大队长：陆阿兴、潘金奎、邱根兴。

1983～2001年，历任村党支部书记：徐杏荣、姚炳福、徐文彪；历任村民委员会主任：周宝林；历任村经济合作社社长：邱根兴。

四十六、欢喜桥村

欢喜桥村位于庙港镇区东南部,距镇区约6.3千米,东接张家浜村,南临长漾,西为民字浜村,北连开弦弓村。1996年,水稻种植面积1083亩。下辖小合圩、旺家港、欢喜桥、埋石湾、燕浜等自然村,10个村民小组,1331人。村委会驻欢喜桥。

（一）区划

1958年,庙港公社丰民大队成立。1961年,丰民大队析为民字浜、欢喜桥2个大队。1969年,欢喜桥大队更名为前进大队。1981年,前进大队更名为欢喜桥大队,1983年,恢复乡建制,欢喜桥大队更名为欢喜桥村。2001年8月,庙港镇第一次村级区域调整,民字浜村、欢喜桥村合并成丰民村。

（二）经济

1961年,全大队水稻种植面积1544亩,粮食总产497吨,油菜籽总产4.2吨,农村经济总收入13.74万元,农民人均年纯收入84元。

1983年,全村水稻种植面积1845亩,粮食总产1311吨,油菜籽总产40吨,农村经济总收入47.63万元,农民人均年纯收入386元。

1991年,全村水稻种植面积1236亩,粮食总产920吨,油菜籽总产79吨,农副业总收入227万元,工业总产值98万元,农民人均年纯收入1075元。

2000年,全村水稻种植面积823亩,粮食总产481吨,油菜籽总产96吨,农村经济总收入894万元,工业总产值142万元,农民人均年纯收入4527元。

（三）历任领导

1961～1983年,历任大队党支部书记:倪梅根、周虎其、徐玉观;历任大队长:周观宝、沈老虎、周阿都。

1983～2001年,历任村党支部书记:徐玉观、李明荣、徐玉观、沈福荣、徐学明;历任村民委员会主任:周君明、徐学明、周会英;历任村经济合作社社长:周长林、周汉林。

四十七、张家浜村

张家浜村位于庙港镇区东南部,距镇区约6.3千米,东连行义港村,南临长漾,西与欢喜桥相连,北为西草田村。1996年,水稻种植面积616亩。下辖张家浜、南浜、中浜、北浜等自然村,5个村民小组,758人。村委会驻张家浜。

（一）区划

1958年,庙港公社光荣大队成立。1959年,光荣大队析为南浜、行义港、庆祝3个大队。1969年,南浜大队更名为胜利大队。1981年,胜利大队更名为张家浜大队。1983年,恢复乡建制,张家浜大队更名为张家浜村。2001年8月,庙港镇第一次村级区域调整,张家浜村、行义港村合并成光荣村。

（二）经济

1961年,全大队水稻种植面积1002亩,粮食总产317吨,油菜籽总产3.2吨,农村经济总收入9.95万元,农民人均年纯收入95元。

1983年,全村水稻种植面积1098亩,粮食总产790吨,油菜籽总产39吨,农村经济总收入26.56万元,农民人均年纯收入353元。

1991年,全村水稻种植面积675亩,粮食总产484吨,油菜籽总产52吨,农副业总收入168万元,工业总产值95万元,农民人均年纯收入1220元。

2000年,全村水稻种植面积507亩,粮食总产306吨,油菜籽总产4吨,农村经济总收入3062万元,工业总产值191万元,农民人均年纯收入5642元。

(三) 历任领导

1961~1983年,历任大队党支部书记:周启生、庾补山、秦阿二、严云福;历任大队长:吴杏官、庾补山、张三观。

1983~2001年,历任村党支部书记:严云福、钱金虎、钱勤夫、钱金虎、杨永林;历任村民委员会主任:张三观、杨明金、杨永林、庾金荣、秦月华;历任村经济合作社社长:钱勤夫、杨海观。

四十八、行义港村

行义港村位于庙港镇区东南部,距镇区约8.7千米,东与横扇交界,南临长漾,西与张家浜村相连,北与横扇交界。1996年,水稻面积1078亩。下辖南兜港、行义港、杨家扇等自然村,9个村民小组,970人。村委会驻行义港。

(一) 区划

1958年,庙港公社光荣大队成立。1959年,光荣大队析为南浜、行义港、庆祝3个大队。1969年,行义港大队更名为东方红。1981年,东方红大队更名为行义港大队,1983年,恢复乡建制,行义港大队更名为行义港村。2001年8月,庙港镇第一次村级区域调整,张家浜村、行义港村合并成光荣村。

(二) 经济

1959年,全大队水稻种植面积1393亩,粮食总产422吨,油菜籽总产3.5吨,农村经济总收入12.13万元,农民人均年纯收入87元。

1983年,全村水稻种植面积1553亩,粮食总产1078吨,油菜籽总产34吨,农村经济总收入33.05万元,农民人均年纯收入319元。

1991年,全村水稻种植面积1078亩,粮食总产668吨,油菜籽总产98吨,农副业总收入204万元,工业总产值75万元,农民人均年纯收入1114元。

2000年,全村水稻种植面积648亩,粮食总产393吨,油菜籽总产80吨,农村经济总收入1480万元,工业总产值837万元,农民人均年纯收入5234元。

(三) 历任领导

1959~1983年,历任大队党支部书记:周启生、徐正宝、邱顺泉、周阿巧;历任大队长:吴杏官、邱顺泉、周阿巧。

1983~2001年,历任村党支部书记:周阿巧、周茂生、周松林;历任村民委员会主任:周宝观、蔡虎明;历任村经济合作社社长:盛海林、周阿巧、徐小毛。

四十九、渔业村

渔业村位于庙港镇区北部,距镇区约0.7千米,东侧庄港,南靠沿湖公路,西为张家港,北濒太湖。原名团结大队,以渔业为主,故名渔业大队。1983年,蒿草田面积1000亩,水田200亩,5个村民小组,1241人。

(一) 区划

1958年,太湖公社荣星大队成立。1961年1月,荣星大队划归庙港公社管辖。1970年,与庙港公社新胜渔业大队合并成立团结大队。1983年,团结大队更名为渔业村。2003年7月,庙港镇第二次村级区域调整,渔业村变更为渔村社区。

(二) 经济

1970年,农村经济总收入9.78万元,渔民人均年纯收入118.24元。

1983年,农村经济总收入47.04万元,渔民人均年纯收入322元。

1991年,农村经济总收入495万元,工业总产值142万元,渔民人均年纯收入1676元。

2002年,农村经济总收入1478万元,渔民人均年纯收入8277元。

(三）历任领导

1970~1983年,历任大队党支部书记:孙长宝、王玉林;历任大队长:顾湖根。

1983~2003年,历任村党支部书记:王玉林、徐阿毛、朱兴洪;历任村民委员会主任:奚长林、奚兴发;历任村经济合作社社长:王玉林、孙服明。

第二节 行 政 村

一、东风村

东风村位于七都镇中部,距镇区约5.8千米,2001年8月,由勇联村和双石港村两村合并成东风村。东为震泽镇联星村,南为双塔桥村,西为金鱼漾,北与望湖村、陆港村接壤。东环路自西向东横贯村区,南北两端连接七铜公路与230省道,另有两个村道口北通230省道,14千米长的村道连接各村民小组,交通便捷,政区面积4.7平方千米。下辖大家港、倪家墩、金家浜、谭家巷、双石港、漾南、徐家湾、高桥头等自然村,村委会驻大家港。

东风村党群服务中心（摄于2015年）

2015年,全村21个村民小组,580户,2191人。全村耕地面积450亩,粮食种植面积100亩。

（一）经济

2001年,全村水稻总面积1787亩,粮食总产量1019吨,油菜籽总产量99吨,工业总产值23200万元,农村经济总收入3286万元,农民人均纯收入6414元。

2015年,东风村产业以有色金属、塑料行业为主,粮食总产量61.5吨,鱼、虾等水产品总产量1000吨;全村有九盛管业、华昌带箔有限公司等10多家民营企业,工业总产值3亿元;全村村集体收入139万元,年末村集体资产总额439万元,农民人均年纯收入26938元。

（二）社会事业

1995年,村民用上村自来水厂供给的自来水。2010年1月,管道并入华衍水务（吴江市自来水厂）管网,从此全村饮用太湖水。2012年,村幼儿园学生30人,教师1人。2013年,村幼儿园并入七都中心幼儿园。

2015年,东风社区卫生服务站有乡村医生2人,卫生服务站面积70平方米。全村参加农村合作医疗保险的村民2191人。村委会服务大厅建筑面积60平方米,分党建、计生、民政、来访接待等服务项目,工作人员6人;党员服务中心建筑面积120平方米,内部设施有投影仪、电视机、空调等;文体（老年人）活动中心建筑面积200平方米,内部设施有棋牌室、电视室、茶水间、休息室等,体育设施有踏步机、室内骑行机等。

（三）历任领导和集体荣誉

2001年8月,东风村设立中共总支部委员会和村民委员会。2001~2015年,党总支部书记:金雪松、许永明;村民委员会主任:许永明、盛全泉。

至2015年,东风村评为江苏省卫生村（2003年）、苏州市文明村（2002—2003年度）、苏州市文明村（2008—2009年度）、苏州市文明村（2010—2011年度）、苏州市民主法治村（2011年）。

二、望湖村

望湖村位于七都镇中部,距镇区约3千米,2001年8月,由染店浜村、叶港村两村合并成光明村。2003年,第二次镇村撤并时,由光明村和蒋家港村合并成望湖村。东为陆港村,南为东风村、双塔桥村,西为吴溇村,北濒太湖。环湖公路横贯村区,东环路与蒋家港村道均直通230省道,村道连接各村民小组,交通方便。政区面积3.93平方千米,下辖蒋家港、小墩村、亭子港、王家浜、南埭上、乌潭浜、叶港、张港、方港、染店浜、铁家港、御史桥、禹庙港等自然村,村委会驻叶港。

望湖村党群服务中心(摄于2015年)

2015年末,全村26个村民小组,964户,3895人。耕地面积1245亩,粮食种植面积915亩。

(一)经济

2003年,全村水稻总面积1468亩,粮食总产量840吨,油菜籽总产量18吨,工业总产值10830万元,农村经济总收入12585万元,农民人均年纯收入7917元。

2015年,望湖村产业以水稻为主,粮食总产量562吨,鱼、虾等水产品总产量3吨;全村有金丰木门、富豪家私、荣成金属、星丰照明等30家民营企业,工业总产值3亿元;全村村集体收入252万元,年末村集体资产总额1446万元,农民人均年纯收入27954元。

(二)社会事业

2002年,村民用上镇自来水厂供给的自来水。2010年1月,管道并入华衍水务(吴江市自来水厂)管网。

2015年,望湖社区卫生服务站有乡村医生2人,卫生服务站面积70平方米。全村参加农村合作医疗保险的村民1450人。村委会服务大厅建筑面积100平方米,分党务、民政、劳保、人武等服务项目,工作人员5人;党员服务中心建筑面积200平方米,内部设施有远程教育、电视机、电脑等;文体(老年人)活动中心建筑面积300平方米,内部设施有麻将桌、电视机、健身器等,体育设施有单杠、双杠、云梯等。

(三)历任领导和集体荣誉

2001年8月,光明村设立中共支部委员会和村民委员会。2001~2003年,党支部书记:沈国民;村民委员会主任:周建明。

2003年7月,望湖村设立中共总支部委员会和村民委员会。2003~2015年,党总支部书记:沈国民、徐林根;村民委员会主任:周建明、沈树浩。

至2015年,望湖村评为江苏省卫生村(2004年)、苏州市民主法治村(2009年)。

三、双塔桥村

双塔桥村位于七都镇南部,距镇区约3.6千米,2002年9月,李家港村更名为双塔桥村。2003年,由行军村和双塔桥村合并成新的双塔桥村。东为震泽镇联星村,南为金鱼漾(稽五漾),西为西漾渔业社区和吴溇村,北为望湖村、吴溇村。230省道与七铜公路横贯全村,东环路纵穿南北,村道连接各村民小组,交通方便。政区面积4.5平方千米,下辖李家港、姚家湾、北虞扇、南小虞、濮家湾、南行军、北行军、旱巨圩、杨田、网船浜、豆腐兜等自然村,村委会驻李家港。

2015年末,全村27个村民小组,721户,2748人。耕地面积1365亩,粮食种植面积315亩。

(一)经济

2003年,全村水稻总面积1855亩,粮食总产量1060吨,油菜籽总产量15吨,工业总产值

118850万元,农村经济总收入120716万元,农民人均年纯收入7450元。

2015年,双塔桥村产业以稻谷为主,粮食总产量194吨,鱼、虾等水产品总产量150吨;全村有万宝集团、月星防水、恒通集团等民营企业,工业总产值30亿元;全村村集体收入238万元,年末村集体资产总额966万元,农民人均年纯收入28208元。

双塔桥村党群服务中心(摄于2015年)

(二)社会事业

1995年,村民用上村自来水厂供给的自来水。2010年1月,自来水管道并入华衍水务(吴江市自来水厂)管网,从此全村饮用太湖水。2012年,村幼儿园学生35人,教师1人。2013年,村幼儿园并入七都中心幼儿园。

2015年,双塔桥社区卫生服务站有乡村医生2人,卫生服务站面积70平方米。全村参加农村合作医疗保险的村民2025人。村委会服务大厅建筑面积60平方米,分来访接待、计生服务、调解等服务项目,工作人员6人;党员服务中心建筑面积240平方米,内部设施有投影仪、电视机、空调等;文体(老年人)活动中心建筑面积200平方米,内部设施有棋牌室、电视室、妇女儿童之家、双塔雅室等,体育设施有乒乓球、羽毛球等。

(三)历任领导和集体荣誉

2003年7月,双塔桥村设立中共总支部委员会和村民委员会。2003~2015年,党总支部书记:钱林弟、严建英、沈巧根;村民委员会主任:丁根林、沈巧根、朱桂良。

至2015年,双塔桥村村评为江苏省卫生村(2011年)、苏州市民主法治村(2007年)、苏州市文明村(2010—2011年度)、苏州市民主法治村(2015年)。

四、吴溇村

吴溇村位于七都镇郊,距镇区约1千米。2001年,由薛埠村、吴溇村两村合并为环湖村。2003年,捕捞村并入环湖村。2004年4月,经市政府批准,环湖村更名为吴溇村。东为望湖村、南为隐读村、沈家湾村、西漾渔业社区和双塔桥村,西与浙江省湖州市织里镇交界。环湖公路横贯村区北部,吴越路直通318国道,望湖南路连接七铜公路及230省道,北濒太湖,水陆交通十分便捷。政区面积3平方千米,下辖大安浜、北港滩、吴溇、姚庄、陈家埭、曹家埭、观音桥、王家弄、油车头、文弄里、茶家扇、傅家湾、施家浜、南丁村、丁家港、太师桥、姚汇、薛埠、戴家浜等自然村,村委会驻望湖北路。

吴溇村社区服务中心(摄于2015年)

2015年末,全村22个村民小组,750户,2919人。耕地面积570亩,粮食种植面积405亩。

(一)经济

2003年,全村水稻总面积530亩,粮食总产量378吨,油菜籽总产量15吨,工业总产值2015万元,农村经济总收入4792万元,农民人均年纯收入17000元。

2015年,吴溇村产业以农业为主,粮食总产量249吨,全村有固友木门、丰顺铜业、华利五金等多家民营企业,工业总产值250万元;全村集体收入250万元,年末村集体资产总额1520万元,农民人均年纯收入28081元。

（二）社会事业

1992年，村民用上镇自来水厂供给的自来水。2010年1月，管道并入华衍水务（吴江市自来水厂）管道。

2015年，吴溇社区卫生服务站有乡村医生1人，卫生服务站面积80平方米。全村参加农村合作医疗保险的村民1387人。村委会服务大厅建筑面积150平方米，分社会保障、党员服务、法律联系援助点等服务项目，工作人员6人；党员服务中心建筑面积100平方米，内部设施有会议室、阅览室等；文体（老年人）活动中心建筑面积80平方米，内部设施有电视机、空调等。

（三）历任领导和集体荣誉

2001年，环湖村设立中共支部委员会和村民委员会。2001~2003年，党支部书记：董勤勇；村民委员会主任：顾建学。

2003年7月，吴溇村设立中共总支部委员会和村民委员会。2001~2015年，党总支部书记：董勤勇、钱松盛、姚松泉、姚福奎、顾建学；村民委员会主任：顾建学、钱庆林、董金根。

至2015年，吴溇村评为江苏省卫生村（1998年）、苏州市民主法治村（2007年）。

五、沈家湾村

沈家湾村位于七都镇中部，距镇区约1.8千米，2003年7月，渔业村并入沈家湾村，由于管理不便，2004年5月，渔业村又从沈家湾村析出，另建西漾渔业社区。东为吴溇村、西漾渔业社区，南为金鱼漾，西为隐读村，北界人民路与吴溇村为邻。230省道与七铜公路横贯村区，吴越路纵向直通318国道，北傍人民路，村道连接各村民小组，交通便利。政区面积1.3平方千米，下辖六亩荡、约谈兜、雨字湾、扎网港、强家桥、沈家湾、谈家湾、心田湾、北角圩等自然村，村委会驻吴越北路东侧。

沈家湾村党群服务中心（摄于2015年）

2015年末，全村11个村民小组，398户，1567人。耕地面积255亩，粮食种植面积150亩。

（一）经济

2003年，全村水稻总面积520亩，粮食总产量300吨，油菜籽总产量20吨，工业总产值3897万元，农村经济总收入6553万元，农民人均年纯收入7019元。

2015年，沈家湾村产业以工业为主，粮食总产92吨，成片苗木面积约500亩。每年土地出让租金收益在80万元左右；村域内现有工业民营企业36家，主要涉及电线光缆、塑料管业、防水建材等产业，企业有亨通光电、亨通线缆科技、越球防水、力星防水、金菲特管业等，工业总产值77948万元；全村村集体收入235万元，年末村集体资产总额1300万元，农民人均年纯收入27979元。

（二）社会事业

1992年，村民用上镇自来水厂供给的自来水。2010年1月，管道并入华衍水务（吴江市自来水厂）管网。

2003年，沈家湾村幼儿园学生30人，教师1人。2008年，并入七都中心幼儿园。

2015年，沈家湾社区卫生服务站有乡村医生2人，卫生服务站面积70平方米。全村参加农村合作医疗保险的村民739人。村委会服务大厅建筑面积70平方米，分民政、卫计、劳保、综治等服务项目，工作人员6人；党员服务中心建筑面积100平方米，内部设施有会议室、阅览室、活动室等；文体（老年人）活动中心建筑面积200平方米，内部设施有影视室、棋牌室、活动室、谈心室等，体育设施有漫步机、坐蹬器、大转轮、双位双杠等。

（三）历任领导和集体荣誉

2003年7月，沈家湾村设立中共总支部委员会和村民委员会。2003～2015年，党总支部书记：冯根才、姚云根；村民委员会主任：沈桂生。

至2015年，沈家湾村评为江苏省卫生村（1999年）、吴江市关心下一代工作"四有四好"先进单位（2011年）、苏州市吴江区和谐社区建设"示范社区"（2013年、2009—2010年度）、吴江市未成年人零犯罪工作先进单位（2011年）、苏州市吴江区未成年人零犯罪工作先进单位（2013年）。

六、隐读村

隐读村位于七都镇西部，距镇区约3.7千米，2001年，由勤丰村和建勤村两村撤并成隐读村。东为沈家湾村，南与丰田村隔漾相望，西与浙江省湖州市织里镇接壤，北为吴溇村。西环路纵贯全村，吴越路南接318国道，距沪苏浙高速公路南浔出入口6千米。村道连接各村民小组，西端连接浙江省湖州市织里镇区的公路，交通十分方便。政区面积3.8平方千米，下辖晏兜、东仁上、缸甏汇、店埭、东砖桥、道儒湾、仁堂湾、谭家汇、西村、东南汇、来字圩、坟头兜等自然村，村委会驻七道大道（西）南侧。

隐读村（摄于2015年）

2015年末，全村20个村民小组，561户，2237人。耕地面积1740亩，粮食种植面积1665亩。

（一）经济

2001年，全村水稻总面积1890亩，农村经济总收入9070万元，粮食总产量1000吨，油菜籽总产量40吨，工业总产值5000万元，农民人均年纯收入6769元。

2009年，隐读村投资650万元，建造一个占地面积8000多平方米的标准厂房。是年，厂房竣工后，只入驻一半企业，村里收得租金120多万元。

2010年，隐读村利用老旧厂房改建1300平方米标准厂房，2011年，隐读村再次改建3000平方米标准厂房。标准厂房每年可为村里收得租金500多万元。

2015年，隐读村产业以在外经商为主，粮食总产1023吨，全村有开吉木门、克莱斯电梯、联盟电梯等53家民营企业，工业总产值2亿元；全村村集体收入580万元，年末村集体资产总额4200万元，农民人均年纯收入31766元。

（二）社会事业

1987年，村民用上村自来水厂供给的自来水。2010年1月，自来水管道并入华衍水务（吴江市自来水厂）管网，从此全村饮用太湖水。

2000年，隐读小学附设幼儿班学生46人，教师3人；小学生85人，教师8人。2001年，隐读小学并入七都中心小学。

2012年3月，隐读村投资600多万元建造七都镇第一个村级宴会厅动工，9月28日竣工。两个大型宴会厅，每个宴会厅可容纳70桌酒席，可以承接大型婚宴。2013年，隐读村在大厅旁边的空地上建造了一个小型宴会厅，可以容纳40桌酒席。

2015年，隐读社区卫生服务站创建为示范卫生服务站，有乡村医生1人，卫生服务站面积120平方米。全村参加农村合作医疗保险的村民1018人。村委会服务大厅建筑面积120平方米，分民政服务、党员服务、计生服务、信息咨询、社会保障、居家养老服务等服务项目，工作人员6人；党员服务中心建筑面积120平方米，内部设施有远程教育、多媒体设施、电子阅览室等；文体（老年人）

活动中心建筑面积200平方米,内部设施有电视机、收音机、书报阅览室等,体育设施有乒乓球室、跑步机、扭腰机等。

(三)历任领导和集体荣誉

2001年8月,隐读村设立中共总支部委员会和村民委员会。2001~2015年,党总支部书记:沈勤俭、谈法江;村民委员会主任:施卫良。

至2015年,隐读村评为江苏省卫生村(1998年)、苏州市文明村(2002—2003年度)、苏州市民主法治村(2011年)。

七、丰田村

丰田村位于七都镇西南部,距镇区约9千米,2001年,由焦田村和丁家湾村两村合并成丰田村。东为菱田村,南为长桥村、东庙桥村,西与浙江省湖州市织里镇交界,北为隐读村。230省道纵贯村区,丰田路横穿村区东西,村道连接各村民小组。政区面积3.8平方千米,下辖焦田、俞家兜、沙荡兜、北庄、挨亩兜、寒字、丁家湾、南浒港、北张兜等自然村,村委会驻原丁家湾小学。

2015年末,全村21个村民小组,545户,2150人。耕地面积2205亩,粮食种植面积300亩。

丰田村党群服务中心(摄于2015年)

(一)经济

2001年,全村水稻总面积1821亩,粮食总产量920吨,油菜籽总产量45吨,工业总产值8680万元,农村经济总收入13255万元,农民人均年纯收入6665元。

2015年,丰田村产业以吕业为主,粮食总产量185吨,鱼、虾等水产品总产量1210吨;全村有东方铝业、神州双金属、永亨铝业等3家民营企业,工业总产值12000万元;全村村集体收入280万元,年末村集体资产总额780万元,农民人均年纯收入27700元。

(二)社会事业

1990年,村民用上村自来水厂供给的自来水。2010年1月,自来水管道并入华衍水务(吴江市自来水厂)管网,从此全村饮用太湖水。2013年,丰田村幼儿园学生63人,教师3人。2015年,丰田村幼儿园并入七都镇中心幼儿园。

2015年,丰田社区卫生服务站有乡村医生1人,卫生服务站面积70平方米。全村参加农村合作医疗保险的村民1234人。村委会服务大厅建筑面积60平方米,分计生、党建、民政、信访等服务项目,工作人员6人;党员服务中心建筑面积120平方米,内部设施党员活动室、党务公开栏、接待谈心室等;文体(老年人)活动中心建筑面积230平方米,内部设施有资料阅览室、老年人棋牌室、阅览室等。

(三)历任领导和集体荣誉

2001年8月,丰田村设立中共总支部委员会和村民委员会。2001~2015年,党总支部书记:张树林、张永才、于国良、杨雪宝;村民委员会主任:张宝坤、杨雪宝。

至2015年,丰田村评为江苏省卫生村(1998年)、苏州市新农村示范村(2010年)、苏州市计划生育协会先进村(2008年)、吴江市关心下一代"四有四好"先进单位(2010年)、2012年度江苏省生态村、江苏省苏州市健康村(2013年)。

八、长桥村

长桥村位于七都镇的西南部,距镇区约5.8千米,2001年,由长渠港村和方家桥村两村合并成长桥村。东为群幸村,南为吴越村和东庙桥村,西为丰田村,北为菱田村和丰田村。吴越路与230省道分别在村东和村西纵贯全村,南距沪苏浙高速公路南浔出入口1500米,虹桥西路横穿全村,两端连接吴越路和230省道。村道连接各村民小组,交通方便。政区面积3平方千米,下辖长渠港、小港里、街头上、荷花池、葫芦兜、虹呈港、方家桥、虞北港、长田圩、草田圩、孝思兜等自然村,村委会驻长渠港。

长桥村党群服务中心(摄于2015年)

2015年末,全村18个村民小组,528户,2005人。耕地面积1815亩,粮食种植面积180亩。

(一) 经济

2001年,全村水稻总面积1831亩,粮食总产量860吨,油菜籽总产量50吨,工业总产值4304万元,农村经济总收入5232万元,农民人均年纯收入6728元。

2015年,长桥村产业以种植业为主,粮食总产量111吨,鱼、虾等水产品总产量155吨;全村有吴江市巨龙金属带箔有限责任公司、张根泉拉丝厂、张雪良电缆盘厂等7家民营企业,工业总产值7000万元;全村村集体收入240万元,年末村集体资产总额1398万元,农民人均年纯收入27446元。

(二) 社会事业

1993年,长桥村村幼儿园学生20人,教师1人;小学学生45人,教师2人。1994年并入四联学校。1997年,村民用上村自来水厂供给的自来水。2010年1月,管道并入华衍水务(吴江市自来水厂)管网,从此全村饮用太湖水。

2015年,长桥村和吴越村联合在前浜兜建七都镇卫生院分院,有乡村医生3人,卫生服务站建筑面积250平方米。全村参加农村合作医疗保险的村民1990人。村委会服务大厅建筑面积90平方米,分来访接待、计生服务、社保服务等服务项目,工作人员7人;党员服务中心建筑面积240平方米,内部设施有村委会服务大厅、书记办公室、党员活动室等;文体(老年人)活动中心建筑面积150平方米,内部设施有棋牌室、电视室、图书室等,体育设施有乒乓球台、羽毛球场等。

(三) 历任领导和集体荣誉

2001年8月,长桥村设立中共总支部委员会和村民委员会。2001~2015年,党总支部书记:陆金龙、吴金法;村民委员会主任:陆应林、崔引林。

至2015年,长桥村评为江苏省卫生村(1999年)、苏州市民主法治村(2011年)。

九、东庙桥村

东庙桥村位于七都镇西南部,距镇区约9千米,2001年,由永民村、长村村、横塘村三村合并成东庙桥村,东为吴越村,南与浙江省南浔区东迁镇交界,西与浙江省湖州市织里镇隔河相望,北为长桥村、丰田村。230省道纵贯全村,更铺路自东向西横穿全村,村道连接各村民小组,离沪苏浙高速公路南浔出入口500米,交通便利。政区面积3.5平方千米,下辖东方圩、张家兜、许家港、清水池、石家扇、陆家港、长村、圣堂兜、邱刁湾、龙虎桥、凤凰池、三家村、横塘、宋店兜、晏庄兜、南巷上、东庙桥等自然村,村委会驻原联合小学。

2015年末,全村28个村民小组,729户,2826人。耕地面积2860亩,粮食种植面积240亩。

(一) 经济

2001年,全村水稻总面积2900亩,粮食总产量1250吨,油菜籽总产量72吨,工业总产值4250

万元,农村经济总收入 6138 万元,农民人均年纯收入 6543 元。

2015 年,东庙桥村产业以电缆、有色金属、塑料制品为主,粮食总产量 150 吨,鱼、虾等水产品总产量 2400 吨;全村有家得利地板、荣达电工、永城铝业、恒达铝业、越州管业、三新标准件等 30 家民营企业,工业总产值 1.98 亿元;全村村集体收入 200 万元,年末村集体资产总额 520 万元,农民人均年纯收入 27674 元。

东庙桥村党群服务中心(摄于 2015 年)

(二) 社会事业

1998 年,村民用上镇自来水厂供给的自来水。2010 年 1 月,管道接通华衍水务(吴江市自来水厂)管道,从此全村饮用太湖水。

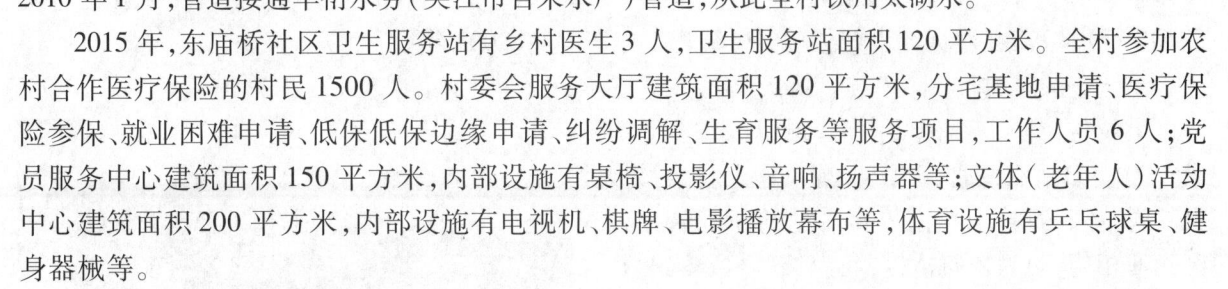

2015 年,东庙桥社区卫生服务站有乡村医生 3 人,卫生服务站面积 120 平方米。全村参加农村合作医疗保险的村民 1500 人。村委会服务大厅建筑面积 120 平方米,分宅基地申请、医疗保险参保、就业困难申请、低保低保边缘申请、纠纷调解、生育服务等服务项目,工作人员 6 人;党员服务中心建筑面积 150 平方米,内部设施有桌椅、投影仪、音响、扬声器等;文体(老年人)活动中心建筑面积 200 平方米,内部设施有电视机、棋牌、电影播放幕布等,体育设施有乒乓球桌、健身器械等。

(三) 历任领导和集体荣誉

2001 年 8 月,东庙桥村设立中共总支部委员会和村民委员会。2001~2015 年,党总支部书记:孙荣财、朱小林;村民委员会主任:徐玉坤、宋月祥。

至 2015 年,东庙桥村评为江苏省卫生村(2004 年)、江苏省生态村(2007 年)、吴江市文明村(2000—2001 年度、2004—2005 年度、2006—2007 年度)。

十、菱田村

菱田村位于七都镇东南部,距镇区约 4.3 千米,2001 年,由菱荡湾村和邱田村合并成菱田村。东、北两面濒临金鱼漾,南为群幸村、长桥村,西为丰田村。吴越路纵贯全村,直通 318 国道,南距沪苏浙高速公路南浔出入口约 6 千米。14 千米长的村道连接各村民小组,交通方便。政区面积 2.3 平方千米,下辖辉字圩、东肖港、张家湾、陆家兜、菱荡湾、新字圩、横港头、木泥扇、邱田、黄洋墩等自然村,村委会驻陆家兜路口。

菱田村党群服务中心(摄于 2015 年)

2015 年末,全村 21 个村民小组,580 户,2179 人。耕地面积 1650 亩,粮食种植面积 195 亩。

(一) 经济

2001 年,全村水稻总面积 1561 亩,粮食总产量 970 吨,油菜籽总产量 69 吨,工业总产值 8894 万元,农村经济总收入 7430 万元,农民人均年纯收入 6506 元。

2015 年,菱田村产业以工业为主,粮食总产量 110 吨,鱼、虾等水产品总产量 2000 吨;全村有 37 家民营企业,工业总产值 2000 万元,全村村集体收入 200 万元,年末村集体资产总额 979 万元,农民人均纯收入 27979 元。

（二）社会事业

1997年1月，村民用上自来水。2010年1月，管道并入华衍水务（吴江市自来水厂）管网，从此全村饮用太湖水。

2015年，菱田社区卫生服务站创建为示范卫生服务站，有乡村医生2人，卫生服务站面积120平方米。全村参加农村合作医疗保险的村民2179人。村委会服务大厅建筑面积100平方米，分民政、党建、社保、会计等服务项目，工作人员7人；党员服务中心建筑面积100平方米，内部设施有会议厅、投影仪、党员照片墙等；文体（老年人）活动中心建筑面积100平方米，内部设施有电视机、麻将台、休闲座椅、运动设备等，体育设施有单双杠、仰卧起坐器等。

（三）历任领导和集体荣誉

2001年8月，菱田村设立中共总支部委员会和村民委员会。2001~2015年，党总支部书记：姚应法、孙林江、陆林海；村民委员会主任：董士根、施佰荣、陆建强。

至2015年，菱田村获江苏省卫生村（2007年）、2004年度吴江市经济薄弱村转化工作三等奖（2005年）、2006年度吴江市经济薄弱村转化工作三等奖（2007年）。

十一、吴越村

吴越村位于七都镇西南部，距镇区约7.8千米，2001年，由双荡兜、钮家兜、前浜兜三村合并成吴越村。东为群幸村，南界横古塘与浙江省南浔区隔河相望，西为东庙桥村，北为长桥村、菱田村。吴越路向南连接318国道，离沪苏浙高速公路南浔出入口2000米，交通方便。政区面积5.3平方千米，下辖前浜兜、祠山庙桥、乔家兜、染店兜、大巨仁、钮家兜、哉西北、鸟船湾、三墙门、西仁港、永昌桥、北汇、举人汇、白鱼桥、宋家兜等自然村，村委会驻大其仁。

吴越村社区服务中心（摄于2015年）

2015年末，全村24个村民小组，641户，2451人。耕地面积1230亩，粮食种植面积165亩。

（一）经济

2001年，全村水稻总面积1082亩，粮食总产量1210吨，油菜籽总产量91吨，工业总产值2150万元，农村经济总收入4539万元，农民人均年纯收入6553元。

2015年，吴越村产业以工业为主，粮食总产量120吨，鱼、虾等水产品总产量550吨；全村有桔园丝绸厂、明大高分子、自立标准件、瑞讯金属等55家民营企业，工业总产值3000万元；全村村集体收入180万元，年末村集体资产总额567万元，农民人均年纯收入27725元。

（二）社会事业

1993年，村民用上村自来水厂供给的自来水。2010年1月，管道并入华衍水务（吴江市自来水厂）管网。

2003年，吴越村幼儿园学生225人，教师20人；小学学生450人，教师32人。2005年，吴越村幼儿园并入七都镇第二小学。

2015年，长桥村和吴越村联合在前浜兜建七都镇卫生院分院，有乡村医生3人，卫生服务站面积250平方米。全村参加农村合作医疗保险的村民1191人。村委会服务大厅建筑面积300平方米，分民政、建房、计生、党建等服务项目，工作人员5人；党员服务中心建筑面积300平方米，内部设施有投影仪、电视、广播等；文体（老年人）活动中心建筑面积250平方米，内部设施有电视机、麻将机、空调等，体育设施有腰背按摩器、双人漫步机、肩关节康复器等。

（三）历任领导和集体荣誉

2001年8月，吴越村设立中共总支部委员会和村民委员会。2001~2015年，党总支部书记：屠阿四、黄志程、崔东方；村民委员会主任：郑金林、沈文英、宋月林。

至2015年，吴越村评为江苏省卫生村（1999年）、吴江市和谐社区建设示范社区（2010年）苏州市民主法治村（2011、2012年）、吴江区2012年农村"三大合作"改革创新奖、苏州市规范化村（社区）人民调解委员会（2013年）。

十二、群幸村

群幸村位于七都镇的南部，距镇区约7.6千米，2001年，由桥下村和文义兜村合并成群幸村。东、南与浙江省南浔镇隔河相望，西为吴越村、长桥村，北为金鱼漾，西北为与菱田村。虹桥路和桔园路横贯村区，连接北回桥路和吴越路，北回桥路直通浙江省湖州市南浔镇。村道宽阔，村道连接各村民小组，距沪苏浙高速公路南浔出入口5千米，交通便捷。政区面积4平方千米，下辖帽子兜、北回桥、田溪湾、国寺兜、桥下、枫溪湾、坟东、牌楼兜、三级浪兜、西坝塍、文义兜等自然村，村委会驻三济兜。

群幸村社区服务中心（摄于2015年）

2015年末，全村21个村民小组，526户，2032人，耕地面积2166亩，粮食种植面积1845亩。

（一）经济

2001年，全村水稻总面积1224亩，粮食总产量1407吨，油菜籽总产量74吨，工业总产值10996万元，农村经济总收入11770万元，农民人均年纯收入7730元。

2015年，群幸村产业以农业为主，粮食总产量1100吨，全村已建有2个工业小区，拥有90家民营企业，集丝绸纺织、通信电缆、室外家具、地板等产业于一体，全年工业总产值8亿元。全村村集体收入421万元，年末，村集体资产总额1645万元，农民人均年纯收入33037元。

（二）社会事业

1998年，村民用上自来水，2010年1月，管道并入华衍水务（吴江市自来水厂）管网，从此全村饮用太湖水。

2015年，群幸村已建成3个三星级康居乡村，现在正在开展整村三星级康居村创建工作，全面提升农村人居环境，共建和谐宜居新典范。已建造居民别墅208幢，总建筑面积87000平方米。群幸社区卫生服务站创建为示范卫生服务站，有乡村医生1人，卫生服务站面积120平方米。全村参加农村合作医疗保险的村民1565人。村委会服务大厅建筑面积150平方米，分社会保障、党员服务、法律联系援助点等服务项目，工作人员7人；党员服务中心建筑面积120平方米，内部设施有会议室、阅览室等；文体（老年人）活动中心建筑面积120平方米，内部设施有电视机、空调等，体育设施有乒乓桌等。

（三）历任领导和集体荣誉

2001年8月，群幸村设立中共总支部委员会和村民委员会。2001~2015年，党总支部书记：崔金根、邹根龙；村民委员会主任：陈有福。

至2015年，群幸村评为江苏省卫生村（2007年）、苏州市民主法治村（2008年）、苏州市文明村（2002—2003年度、2004—2005年度、2009—2011年度、2012—2014年度）、江苏省文明村（2003—2004年度、2010—2012年度）、江苏省村庄环境整洁工作先进集体（2014—2015

十三、陆港村

陆港村位于七都镇中东部,距镇区约7千米,2001年8月,由勇星村与金明村合并成陆港村。东为烨烂村,南与震泽镇大家港交界,西为望湖村,北濒太湖。环湖公路横穿村北部,南距230省道2千米,交通便捷。政区面积2.3平方千米,下辖庵前、陆家港、养鹅浜、双板石桥港、马家港、沈家扇、龙字湾、倪家港、罗家厍、五界亭、塘桥浜、西南村、丁家港、洪白河等自然村,村委会驻沈家扇。

2015年末,全村20个村民小组,632户,2498人。耕地面积2025亩,粮食种植面积6亩。

陆港村社区服务中心(摄于2015年)

(一)经济

2001年,全村水稻总面积1407亩,粮食总产量835吨,油菜籽总产量37吨,工业总产值1935万元,农村经济总收入2954万元,农民人均年纯收入5287元。

2015年,陆港村产业以水产养殖为主,粮食总产量3.6吨,鱼、虾等水产品总产量1280吨;全村有金明纺织、万森木门、汇丰木门等52家民营企业,工业总产值3500万元,全村村集体收入210万元,年末村集体资产总额451万元,农民人均年纯收入27446元。

(二)社会事业

1995年,村民用上村自来水厂供给的自来水。2010年1月,管道并入华衍水务(吴江市自来水厂)管网,从此全村饮用太湖水。

2003年,金明村幼儿园学生46人。2005年,金明村幼儿园并入更楼港幼儿园。

2015年,陆港社区卫生服务站有乡村医生2人,卫生服务站面积60平方米。全村参加农村合作医疗保险的村民1800人。

村委会服务大厅建筑面积72平方米,分会计、计生、党建、民政、劳保等服务项目,工作人员6人;党员服务中心建筑面积72平方米,内部设施有电视机、空调、投影仪、音响等;文体(老年人)活动中心建筑面积360平方米,内部设施有桌椅、电视、电扇等,体育设施有乒乓球桌、动感单车、健身器材、羽毛球等。

(三)历任领导和集体荣誉

2001年8月,陆港村设立中共总支部委员会和村民委员会。2001~2015年,党总支部书记:姚志明、曹建中;村民委员会主任:王林法、吴彩娥、洪建忠。

至2015年,陆港村评为江苏省卫生村(2004年)、吴江市文明村(2000—2005年度)、吴江市生态村(2006年)、苏州市民主法治村(2007年)、吴江市新农村建设先进村(2008年)、吴江市和谐社区建设示范社区(2010年)、吴江区村庄环境整治示范奖(2012年)、吴江区三星级康居村(2015年)。

十四、烨烂村

烨烂村位于七都镇中东部,距镇区约10千米,2001年8月,由更楼港村和曙光村合并成烨烂村。东为五徐港,南为盛庄村,西为陆港村,北为环湖公路。政区面积4.5平方千米,下辖五徐港(北)、廖扶港、徐杨港、姚家港、小阳港、东火字、西火字、油车浜、更楼港、火羊浜、西溪庙港、茶家浜、半夜浜、养鹅浜等自然村,村委会驻廖扶港。

2015年末,全村27个村民小组,686户,2585人。耕地面积2050亩,粮食种植面积33亩。

（一）经济

2001年，全村水稻总面积1460亩，粮食总产量870吨，油菜籽总产量71吨，工业总产值497万元，农村经济总收入2598万元，农民人均年纯收入5495元。

2015年，燧烂村产业以农副业为主，粮食总产量20吨，鱼、虾等水产品总产量375吨；全村有三联木制品厂、宏丰木制品厂、友丰木门、恒大木制品厂等家民营企业，工业总产值1000万元，全村村集体收入260万元，年末村集体资产总额650万元，农民人均年纯收入27369元。

燧烂村党群服务中心（摄于2015年）

（二）社会事业

1996年，村民用上村自来水厂供给的自来水。2010年1月，管道并入华衍水务（吴江市自来水厂）管网，从此全村饮用太湖水。

2003年，更楼港幼儿园学生30人，教师2人。2015年，燧烂村幼儿园学生32人，教师2人。

2015年，燧烂社区卫生服务站有乡村医生2人，卫生服务站面积50平方米。全村参加农村合作医疗保险的村民958人。村委会服务大厅建筑面积400平方米，分党建、计生、劳保、农业等服务项目，工作人员6人；党员服务中心建筑面积400平方米，内部设施有党员谈心室、党员窗口、党员会议室、党员活动中心等；文体（老年人）活动中心建筑面积1000平方米，内部设施有多功能室、健身房、阅览室、棋牌等，体育设施有文体广场、健身器材等。

（三）历任领导和集体荣誉

2001年8月，燧烂村设立中共总支部委员会和村民委员会。2001~2015年，党总支部书记：朱海荣、施夏欣、沈斌；村民委员会主任：张金荣、王荣林。

至2015年，燧烂村评为江苏省卫生村（2004年）。

十五、盛庄村

盛庄村位于七都镇东中部，距镇区约11千米，2003年10月由原合群村、轮穗村合并成盛庄村。东为庙港村，南隔连家漾与震泽镇隔水相望，西为燧烂村，北濒太湖。230省道贯穿全村，交通方便。政区面积3.7平方千米，下辖张家港、崔家港、濮家港、沈家港、骆驼港、南盛港、五徐港（南）、老湾兜、南庄、小角圩、获珍圩等自然村，村委会驻沈家港。

2015年末，全村23个村民小组，713户，2707人。耕地面积2166.975亩，粮食种植面积116.63亩。

盛庄村社区服务中心（摄于2015年）

（一）经济

2003年，全村水稻总面积1700亩，粮食总产量965吨，油菜籽总产量70吨，工业总产值2750万元，农村经济总收入4422万元，农民人均年纯收入5747元。

2015年，盛庄村产业以工业为主，粮食总产量260.12吨，鱼、虾等水产品总产量23吨；全村有苏州市南庄喷织有限公司、吴江市福莱纺织有限公司、吴江市轮穗织造厂、吴江市浩东织造有限公司、吴江市宏达纺织有限公司、吴江市庙港聚盛化纤织造厂等6家民营企业，工业总产值8700万元，全村村集体收入314万元，年末村集体资产总额724万元，农民人均年纯收入27064元。

(二) 社会事业

1996年5月15日,村民用上村自来水厂供给的自来水。2010年,自来水管道并入华衍水务(吴江市自来水厂)管网,从此全村饮用太湖水。

2003年,盛庄村幼儿园学生35人,教师1人。2010年,盛庄村幼儿园并入庙港中心幼儿园。

2015年,盛庄社区卫生服务站创建为示范卫生服务站,有乡村医生3人,卫生服务站面积120平方米。全村参加农村合作医疗保险的村民1583人。村委会服务大厅建筑面积100平方米,分民政、党员、社会保障、信息咨询等服务项目,工作人员6人;党员服务中心建筑面积100平方米,内部设施有电视机、电脑、空调等;文体(老年人)活动中心建筑面积190平方米,内部设施有电视机、乒乓室、阅览室等,体育设施有健身器材等。

(三) 历任领导和集体荣誉

2003年7月,盛庄村设立中共总支部委员会和村民委员会。2003~2015年,党总支部书记:王雪荣、卢建康;村民委员会主任:邱小丽、姚利忠。

至2015年,盛庄村评为江苏省卫生村(2004年)、苏州市民主法治村(2009年)、苏州市文明村(2002年度)。

十六、庙港村

庙港村位于七都镇庙港社区周围,距镇区约6.5千米,2003年7月,七一村、庙港村合并成新的庙港村。东为联强村,南为横潞河、陆家漾,西为渔村社区,北为太湖。政区面积3.2平方千米,下辖土地庙港、观音庙港、庙港、里贤港、郑家巷、刘家巷、龙船子、东盛港、老太庙港、汤家扇、新开港、汪牙港、庄港、寺港等自然村,村委会驻刘家巷。

2015年末,全村23个村民小组,763户,2876人。耕地面积855亩,粮食种植面积45亩。

庙港村社区服务中心(摄于2015年)

(一) 经济

2003年,全村水稻总面积730亩,粮食总产量418吨,油菜籽总产量65吨,工业总产值3160万元,农村经济总收入5066万元,农民人均年纯收入6199元。

2015年,庙港村产业以租赁为主,粮食总产量28吨,鱼、虾等水产品总产量106.8吨;全村有龙法纺织有限公司、庙港化纤有限公司、东方门窗厂等3家民营企业,工业总产值700万元,全村村集体收入310万元,年末村集体资产总额2161万元,农民人均纯年收入29224元。

(二) 社会事业

1985年,村民用上镇自来水厂供给的自来水。2010年1月,管道并入华衍水务(吴江市自来水厂)管网。

2015年,庙港社区卫生服务站有乡村医生1人,卫生服务站面积160平方米。全村参加农村合作医疗保险的村民1635人。村委会服务大厅建筑面积130平方米,分民政、建房、计划生育、信息咨询等服务项目,工作人员6人;党员服务中心建筑面积260平方米,内部设施有会议室、党员活动室、健身室、阅览室等;文体(老年人)活动中心建筑面积735平方米,内部设施有棋牌室、亲子中心、健身活动室、影视厅等,体育设施有乒乓桌、跑步机、哑铃、单双杠等。

(三) 历任领导和集体荣誉

2003年7月,庙港村设立中共总支部委员会和村民委员会。2003~2015年,党总支部书记:沈培龙、尹继荣、刘锦田;村民委员会主任:张国华、徐卫康。

至 2015 年,庙港村评为江苏省卫生村(2004 年)、苏州市民主法治村(2009 年)。

十七、联强村

联强村位于七都镇东部,距镇区约 8 千米。2001 年 8 月,由五联村与富强村合并成联强村。东为太浦闸村,南为开弦弓村,西为庙港村,北濒太湖,环湖公路由东向西横贯村区。政区面积 1.5 平方千米,下辖环良港、乌梅港、通海港、俞家港、陈家田、大明港、鸦鹊港等自然村,村委会驻乌梅港。

2015 年末,全村 21 个村民小组,735 户,3056 人。耕地面积 1230 亩,粮食种植面积 225 亩。

联强村(摄于 2015 年)

(一) 经济

2001 年,全村水稻总面积 1629 亩,粮食总产量 965 吨,油菜籽总产量 4 吨,工业总产值 2860 万元,农村经济总收入 4307 万元,农民人均年纯收入 5780 元。

2015 年,联强村产业以羊毛衫为主,粮食总产量 139 吨,螃蟹等水产品总产量 180 吨;全村有荣润纺织、联强纺织、德华纺织等 25 家民营企业,工业总产值 50000 万元,全村村集体收入 450 万元,年末村集体资产总额 2189 万元,农民人均年纯收入 30495 元。

(二) 社会事业

2001 年,联强村幼儿园学生 150 人,教师 6 人;五联小学学生 190 人,教师 16 人。2002 年,五联小学并入庙港实验小学校。2003 年,村民用上镇自来水厂供给的自来水。2010 年 1 月,管道并入华衍水务(吴江市自来水厂)管网。

2015 年,联强社区卫生服务站有乡村医生 3 人,卫生服务站面积 80 平方米。全村参加农村合作医疗保险的村民 2500 人。村委会服务大厅建筑面积 180 平方米,分信息咨询、民政服务、社会服务、党建服务等服务项目,工作人员 7 人;党员服务中心建筑面积 200 平方米,内部设施有投影、电视、音响等;文体(老年人)活动中心建筑面积 200 平方米,内部设施有电视、自动麻将桌等,体育设施有健身场地等。

(三) 历任领导和集体荣誉

2001 年 8 月,联强村设立中共总支部委员会和村民委员会。2001~2015 年,党总支部书记:陈伟荣;村民委员会主任:钟金荣。

至 2015 年,联强村评为江苏省卫生村(2004 年)、苏州市民主法治村(2001 年)、苏州市吴江区和谐社区建设示范社区(2009 年)、吴江市文明村(2001 年)、吴江市先进双带党组织(2003 年)。

十八、太浦闸村

太浦闸村位于七都镇东部,距镇区约 18 千米。2001 年 8 月,富联村与罗港村合并成节制闸村,2004 年 4 月,经吴江市人民政府同意,节制闸村更名为太浦闸村。东为横扇办事处,南为开弦弓村,西为联强村,北濒太湖。因村内建有太浦河节制闸而得名。北靠环湖公路。政区面积 5.2 平方千米,下辖赵家港、白甫港、陌家港、赵家浜、汤家浜、楝树港、罗家港、时家港、徐家湾、盛家湾、榆树港等自然村,村委会驻太浦河节制闸北。

2015 年末,全村 23 个村民小组,638 户,2683 人。耕地面积 1655 亩,粮食种植面积 744 亩。

(一) 经济

2001 年,全村水稻总面积 1257 亩,粮食总产量 740 吨,油菜籽总产量 8 吨,工业总产值 3040 万元,农村经济总收入 5060 万元,农民人均年纯收入 5491 元。

2015年,太浦闸村产业以羊毛衫加工为主,工业总产值4000万元,粮食总产量446吨,鱼、虾等水产品总产量92吨;全村村集体收入435万元,年末村集体资产总额1809万元,农民人均年纯收入30241元。

(二)社会事业

2003年,村民用上镇自来水厂供给的自来水。2010年1月,管道并入华衍水务(吴江市自来水厂)管网。

2015年,太浦闸社区卫生服务站创建为示范卫生服务站,有乡村医生4人,卫生服务站面积120平方米。全村参加农村合作医疗保险的村民2267人。村委会服务大厅建筑面积64平方米,分来访接待、信息咨询、计生、党员、社会保障等服务项目,工作人员4人;党员服务中心建筑面积128平方米,内部设施有远程教育、多媒体会议、多功能活动室、党建展示室等;文体(老年人)活动中心建筑面积280平方米,内部设施有围棋室、影音室、茶水室等,体育设施有跑步机、自行车、乒乓球桌等。

太浦闸社区服务中心(摄于2015年)

(三)历任领导和集体荣誉

2001年8月~2004年4月,节制闸村党总支部书记:盛菊明;村民委员会主任:顾荣林。2004年7月,太浦闸村设立中共总支部委员会和村民委员会。2004~2015年,党总支部书记:盛菊明、陈伟荣、叶小明、沈勤林;村民委员会主任:顾荣林、叶小明、周勤。

至2015年,太浦闸村评为江苏省卫生村(2004年)、苏州市文明村(2000—2001年度、2006—2007年度)、江苏省村庄环境整洁工作先进集体(2007年)、苏州市文明村(2000—2001年度、2006—2007年度)。

十九、开明村

开明村位于七都镇东南部,距镇区约15千米,2001年8月,由月字圩村和太平桥村合并成开明村。东为开弦弓村,南隔荡白漾与震泽镇相望,西靠连家漾与盛庄村交界,北为庙港村、盛庄村。紧靠庙震公路和230省道,交通便利。政区面积2.3平方千米,下辖东角、太平桥、毫里、大圩田、月字圩、米古其等自然村,村委会驻大圩田桥南塊。

2015年末,全村14个村民小组,404户,1476人。耕地面积1455亩,粮食种植面积195亩。

开明村党群服务中心(摄于2015年)

(一)经济

2001年,全村水稻总面积1000亩,粮食总产量590吨,油菜籽总产量47吨,工业总产值1300万元,农村经济总收入1150万元,农民人均年纯收入5230元。

2015年,开明村产业以水产养殖为主,粮食总产量120吨,鱼、虾等水产品总产量120吨;全村有餐饮1家,防火制板厂1家,工业总产值300万元,全村村集体收入185万元,年末村集体资产总额486万元,农民人均年纯收入27700元。

(二)社会事业

2003年,村幼儿园学生40人,教师4人;小学学生43人,教师3人。2011年,村幼儿园并入开弦弓学校。

2003年，村民用上镇自来水厂供给的自来水。2010年1月，管道并入华衍水务（吴江市自来水厂）管网。

2015年，开明社区卫生服务站创建为示范卫生服务站，有乡村医生2人，卫生服务站面积120平方米。全村参加农村合作医疗保险的村民875人。村委会服务大厅建筑面积160平方米，分计生、农业、民政、劳保、建房等服务项目，工作人员5人；党员服务中心建筑面积80平方米，内部设施有电脑、电视等；文体（老年人）活动中心建筑面积300平方米，内部设施有电视机、桌、椅等，体育设施有乒乓球桌、跑步机等。

（三）历任领导和集体荣誉

2001年8月，开明村设立中共总支部委员会和村民委员会。2001~2015年，党总支部书记：陆利川、沈火荣、沈林忠；村民委员会主任：陶志云、陆利川、沈展林。

至2015年，开明村评为江苏省卫生村（2004年）、苏州市民主法治村（2012年）。

二十、开弦弓村

开弦弓村位于七都镇东北部，距镇区约6.8千米，2001年8月，由西草田村与开弦弓村合并为新的开弦弓村。东为横扇办事处双湾村，南为丰民村，西为开明村，北为联强村。村南近沪渝高速公路，村东跨苏震桃一级公路，村道连接各村民小组，交通便捷。政区面积4.5平方千米，下辖开弦弓、荷花湾、谭家里、谈家墩、西草田、天字圩、四方圩等自然村，村委会驻开弦弓。

2015年，全村25个村民小组，752户，2855人。全村耕地面积2985亩，粮食种植面积45亩。

开弦弓村（摄于2015年）

（一）经济

2001年，全村水稻总面积1736亩，粮食总产量1035吨，油菜籽总产量98吨，工业总产值5091万元，农村经济总收入6400万元，农民人均年纯收入5632元。

2015年，开弦弓村产业以化纤纺织、羊毛衫编织和水产养殖为主，粮食总产28吨，鱼、虾等水产品总产量0.5吨；全村有田园纺织有限公司、江村丝绸有限公司、荣丝达有限公司、欧盛制衣有限公司等12家民营企业，工业总产值19800万元；全村村集体收入168万元，年末村集体资产总额1468.8万元，农民人均年纯收入27700元。

（二）社会事业

1995年，村民用上村自来水厂供给的自来水。2010年1月，自来水管道接通华衍水务（吴江市自来水厂）管道，从此全村饮用太湖水。2001年9月，开弦弓幼儿园开设2个教学班，教师2人，入园幼儿52人。2002年，开弦弓小学学生总数508人（其中外地学生11人），1~6年级开平行班，有12个教学班。教师有24人。

2007年，开弦弓村创建农家书屋，复旦大学和上海人民出版社共同向村组织提议取名"江村孝通书屋"，开办时建筑面积25平方米。2008年初，书屋随村委会迁至原开弦弓小学，建筑面积70平方米，书屋藏书7256册。9月，开弦弓小学并入庙港实验小学。2010年，中国江村文化园在开弦弓村破土动工，9月竣工。占地面积11000平方米，建筑面积2200平方米，总投资2000万元。房屋坐北朝南，建筑以地面一层为主，局部两层。2011年初，开弦弓村第10村民组新建住房的谈坤荣、徐勤松、姚雪其等9户，因地制宜，铺设管道，安装4套SBR系统设施，进行污水净化处理，达到排放标准。2012年初，扩大范围，第1、2、3、4、9、15村民小组的35户村民安装20套SBR系统。开弦弓村的污水治理纳入江苏省乡村生活污水治理工程试点。

2015年,开弦弓社区卫生服务站有乡村医生3人,卫生服务站面积200平方米。全村参加农村合作医疗保险的村民1794人。村委会服务大厅建筑面积100平方米,分社保、民政、计生、建房、农副业、司法、党务等服务项目,工作人员6人;党员服务中心建筑面积300平方米,内部设施有服务大厅、残疾人康复室、多功能会议室、党员活动中心、图书室、档案室、广播室等;文体(老年人)活动中心建筑面积300平方米,内部设施有空调、电视机等,体育设施有篮球场、健身器材、场所等。

(三) 历任领导和集体荣誉

2001年,开弦弓村设立中共总支部委员会和村民委员会。2001~2015年,党总支部书记:王建明(2001.8~2003.12为副书记,分管党务工作,2001.8~2003.2非党人士周玉官任开弦弓村负责人)、周永林、王建明、倪夏梅、周培泉;村民委员会主任:王建明、周培泉、徐晓华。

至2015年,开弦弓村评为江苏省卫生村(2004年)、江苏省文明村(2010—2012年度)、江苏省村庄环境整洁工作先进集体(2013年)、苏州市民主法治村(2008年)、苏州市文明村(2009—2011年度)。

二十一、丰民村

丰民村位于七都镇东南部,距七都镇区约16千米。2001年8月,由民字浜村与欢喜桥村合并成丰民村。东为长漾,南为荡白漾,西为开明村,北为开弦弓村。庙震公路由南向北穿村而过。沪苏浙高速公路、苏震桃一级公路自东向西横贯全村,交通方便。政区面积4.5平方千米,下辖民字浜、吴越战、关帝庙、匠人港、燕浜、欢喜桥、埋石湾、旺家港、小合圩等自然村。村委会驻欢喜桥。

2015年末,全村20个村民小组,616户,2320人。耕地面积660亩,粮食种植面积80亩。

丰民村党群服务中心(摄于2015年)

(一) 经济

2001年全村水稻总面积1499亩,粮食总产量890吨,油菜籽总产量15吨,工业总产值1807万元,农村经济总收入3310万元,农民人均年纯收入5686元。

2015年,丰民村产业以养殖为主,粮食总产量49吨,鱼、虾等水产品总产量500吨;全村有博畅纺织、金坤纺织、春风木门等3家民营企业,工业总产值400万元,全村村集体收入164万元,年末村集体资产总额1601万元,农民人均年纯收入26683元。

(二) 社会事业

2003年,丰民村幼儿园学生24人,教师3人;小学学生31人,教师3人。2005年并入庙港中心学校。是年,村民用上镇自来水厂供给的自来水。2010年1月,管道并入华衍水务(吴江市自来水厂)管网。

2015年,丰民社区卫生服务站创建为示范卫生服务站,有乡村医生2人,卫生服务站面积120平方米。全村参加农村合作医疗保险的村民1450人。村委会服务大厅建筑面积400平方米,分社会保险、党员服务、法律援助、卫生计生等服务项目,工作人员5人;党员服务中心建筑面积200平方米,内部设施有党员活动室、谈心室等;文体(老年人)活动中心建筑面积100平方米,内部设施有休息室、阅览室、康复室等,体育设施有室内健身器材、室外路径健身、乒乓球等。

（三）历任领导和集体荣誉

2001年8月，丰民村设立中共总支部委员会和村民委员会。2001~2015年，党总支部书记：徐文彪、徐学明；村民委员会主任：周会英、周金娜。

至2015年，丰民村评为江苏省卫生村（2004年）、江苏省村庄环境整洁工作先进集体（2012年）、苏州市民主法治村（2011年）。

二十二、光荣村

光荣村位于七都镇东南部，离七都镇区18千米。2001年8月，由行义港村、张家浜村合并成光荣村。东为横扇办事处大家港村，南为长漾，西为丰民村，北为开弦弓村。政区面积1.5平方千米，下辖南兜港、行义港、杨家扇、北浜、中浜、张家浜、南浜等自然村，村委会驻北浜。

2015年末，全村14个村民小组，421户，1630人。耕地面积1170亩，粮食种植面积47亩。

（一）经济

2001年，全村水稻总面积1152亩，粮食总产量580吨，油菜籽总产量35吨，工业总产值1700万元，农村经济总收入3062万元，农民人均年纯收入5642元。

光荣村党群服务中心（摄于2015年）

2015年，光荣村产业以养殖为主，粮食总产量29吨，鱼、虾等水产品总产量130吨；全村有双林酒业、新世纪等两家民营企业，工业总产值2000万元，全村村集体收入195万元，年末村集体资产总额1173万元，农民人均年纯收入25921元。

（二）社会事业

2003年，村幼儿园学生15人，教师2人；小学学生87人，教师3人。

2003年，村民用上镇自来水厂供给的自来水。2010年1月，自来水并入接通华衍水务（吴江市自来水厂）管网。

2015年，光荣社区卫生服务站创建为示范卫生服务站，有乡村医生3人，卫生服务站面积120平方米。全村参加农村合作医疗保险的村民1175人。村委会服务大厅建筑面积512平方米，分建房、社会保障、党员、民政、计生、农业等服务项目，工作人员6人；党员服务中心建筑面积230平方米，内部设施有办公桌椅、电脑等；文体（老年人）活动中心建筑面积40平方米，内部设施有电视机、空调等，体育设施有乒乓球台、健身场所等。

（三）历任领导和集体荣誉

2001年8月，光荣村设立中共总支部委员会和村民委员会。2001~2015年，党总支部书记：周松林、杨永林、李凌峰；村民委员会主任：蔡虎明、秦月华。

至2015年，光荣村评为江苏省卫生村（2004年）。

第三卷

人口

1949～1958年,由于社会环境安定,自然灾害减轻,七都、庙港地区出现中华人民共和国成立后第一次生育高峰。1959～1961年,人口自然增长率下降。1962～1970年,由于国民经济的恢复和发展,人民生活改善,七都、庙港公社出现第二次生育高峰。1971年起,七都、庙港公社开展计划生育工作。1978年后,人口自然增长率逐步下降。1982年起,七都、庙港公社(乡)的经济在改革开放中得到发展,少数外来人口和农村一些人口流向镇区务工经商。1996～2014年,随着经济发展,外来人口逐渐增多,全镇人口在各个方面发生变化。2015年,七都镇总人口62047人,人口密度602.98人每平方千米。出生491人,死亡573人,净减82人,全镇人口年自然增长率为-1.32‰。

第一章 人口规模

第一节 人口总量与密度

1964年,七都公社总人口23857人,人口密度480.99人每平方千米。庙港公社总人口22734人,人口密度426.52人每平方千米。

1982年,七都公社总人口31297人,人口密度630.99人每平方千米。庙港公社总人口28986人,人口密度543.83人每平方千米。

1990年,七都乡总人口32236人,人口密度649.92人每平方千米。庙港乡总人口29372人,人口密度551.07人每平方千米。

1995年,七都镇总人口32420人,人口密度653.62人每平方千米。庙港镇总人口29193人,人口密度547.71人每平方千米。

2000年,七都镇总人口32302人,人口密度651.25人每平方千米。庙港镇总人口28521人,人口密度535.11人每平方千米。

2002年,七都镇总人口32543人,人口密度656.11人每平方千米。庙港镇总人口28167人,人口密度528.46人每平方千米。

2010年,七都镇总人口61450人,人口密度597.18人每平方千米。

2015年,七都镇总人口62047人,人口密度602.98人每平方千米。

表3-1　　　　　　　　　1996～2015年七都镇总人口情况统计表

年份	总户数(户)	总人口 合计(人)	总人口 男(人)	总人口 女(人)	总人口中非农业人口数(人)
1996	8104	32326	16405	15921	1249
1997	8295	32288	16342	15946	1864
1998	8398	32251	16292	15959	1990

(续表)

年份	总户数(户)	总人口 合计(人)	男(人)	女(人)	总人口中非农业人口数(人)
1999	8803	32224	16221	16003	2225
2000	8875	32302	16242	16060	2385
2001	8964	32415	16295	16120	2556
2002	9046	32543	16337	16206	2726
2003	16575	60476	30328	30148	4663
2004	16387	60474	30330	30144	6682
2005	16837	60620	30302	30318	4972
2006	16907	61230	30458	30772	5641
2007	16956	61573	30527	31046	5864
2008	16941	61522	30455	31067	6400
2009	16929	61477	30405	31072	6397
2010	16895	61450	30373	31077	6669
2011	16853	61553	30406	31147	6822
2012	16815	61716	30470	31246	7000
2013	16773	61910	30544	31366	7187
2014	16741	62061	30584	31477	7283
2015	16679	62047	30534	31513	14803

注:2003年起表内据包括庙港镇。

表3-2　　　　　　　　　1996~2002年庙港镇总人口情况统计表

年份	总户数(户)	总人口 合计(人)	男(人)	女(人)	总人口中非农业人口数(人)
1996	7522	29079	14588	14491	1205
1997	7752	28991	14533	14458	1400
1998	7711	28852	14446	14406	1435
1999	7643	28687	14353	14334	1550
2000	7648	28521	14281	14240	1662
2001	7648	28379	14223	14156	1739
2002	7651	28167	14112	14055	1754

第二节　人口变动

1957年,七都地区有四五十户,近百人迁往菀坪乡安家落户。1958年7月,七都、大儒乡动员400人组成"远征军"到菀坪乡落户,庙港乡动员375人组成"远征军"到菀坪乡落户。1959~1960年,庙港公社先后两批199人去新疆支援建设。1968年,城镇知识青年下乡,从上海、苏州及其他城镇到七都公社插队落户的知识青年200多人;从盛泽、苏州、上海等地到庙港公社插队落户的知识青年284人。1978年后,大部分知识青年返回原籍。部分知识青年留在农村成家立业。此外,有部分外地女性(主要以泰兴等苏北地区为主)婚嫁入七都、庙港公社。

80年代以后,七都镇的人口变化,主要表现为人口年自然增长率有所起伏。

1983～1995年,七都乡出生4450人,死亡3276人,净增1174人,全乡年自然增长率在5.61‰～-2.40‰之间。庙港乡出生3778人,死亡3427人,净增351人,全乡年自然增长率在4.29‰～-2.42‰之间。

1996～2002年,七都镇出生2114人,死亡1817人,净增297人,全镇人口年自然增长率在1.82‰～0.31‰之间。庙港镇出生1590人,死亡1891人,净减301人,全镇人口年自然增长率在0.34‰～-2.9‰之间。

2003～2011年,七都镇人口年自然增长率在-0.35‰～-3.57‰之间,处于低水平状态。

2015年,七都镇出生491人,死亡573人,净减82人,全镇人口年自然增长率为-1.32‰。

一、农村人口与镇区人口比例

农村人口与镇区非农人口比例在发生变化。

1983年,七都镇总人口31728人,其中农村人口30911人,镇区非农人口817人,农村人口与镇区非农人口比例为37.83∶1;庙港镇总人口28958人,其中农村人口28192人,镇区非农人口766人,农村人口与镇区非农人口比例为36.80∶1。

1996年,七都镇总人口32326人,其中农村人口31077人,镇区非农人口1249人,农村人口与镇区非农人口比例为24.88∶1;庙港镇总人口29079人,其中农村人口27874人,镇区非农人口1205人,农村人口与镇区非农人口比例为23.13∶1。2002年,七都镇总人口32543人,其中农村人口29817人,镇区非农人口2726人,农村人口与镇区非农人口比例为10.94∶1;庙港镇总人口28167人,其中农村人口26413人,镇区非农人口1754人,农村人口与镇区非农人口比例为15.06∶1。2008年,全镇总人口61522人,其中农村人口55122人,镇区非农人口6400人,农村人口与镇区非农人口比例为8.61∶1。2015年,全镇总人口62047人,其中农村人口47244人,镇区非农人口14803人,农村人口不断减少,非农人口逐渐增加,镇区农村人口与非农人口比例为4.19∶1。

二、外来人口

1978年后,大部分知识青年返回原籍。部分知识青年留在农村成家立业。有部分外地女子(主要以泰兴等苏北地区为主)婚嫁入七都、庙港公社。80年代,七都、庙港乡出现外来人口,有部分云南、贵州、四川籍的青年女子嫁入七都、庙港公社,人数不多。90年代起,随着经济发展,外来务工人员逐渐增多。1996年,七都、庙港镇外来人口共5983人,占总人口(61405人)的9.74%。2000年,七都、庙港镇外来人口7564人,占总人口(60823人)的12.43%。

2003年,七都镇外来人口9020人,占总人口数(60476人)的14.92%。

2005年,七都镇外来人口18104人,占总人口数(60620人)的29.86%。

2009年,七都镇外来人口22117人,占总人口数(61477人)的35.98%。

2015年,七都镇外来人口28772人,占总人口数(62047人)的46.37%。

三、少数民族人口

60年代前,居住七都地区的人口基本为汉族。1964年起,有少数民族人口因婚嫁、工作流动迁入七都、庙港公社。

1996年,七都、庙港镇总人口61405人,其中少数民族40人,其余均为汉族。

2000年,全国第五次人口普查。七都镇有13个少数民族,人口155人,其中蒙古族2人,回族10人,苗族30人,彝族2人,壮族3人,布依族80人,满族3人,侗族5人,土家族4人,傣族2人,畲族2人,水族8人,其他未识别民族4人。庙港镇有6个少数民族,人口30人,其中苗族4人,彝族13人,壮族8人,瑶族3人,傣族1人,鄂温克族1人。

2015年,全镇有15个少数民族,人口166人,其中蒙古族6人,回族19人,苗族32人,彝族5人,壮族11人,布依族68人,朝鲜族1人,满族7人,侗族1人,白族5人,土家族5人,傣族1人,黎族2人,佤族1人,土族2人。

表 3-3   1996～2015 年七都镇人口情况表

单位:人

年份	男	女	出生	死亡	自然增长	迁入	迁出	机械增长
1996	16405	15921	314	284	30	149	271	-122
1997	16342	15946	287	231	56	134	215	-81
1998	16292	15959	265	255	10	156	209	-53
1999	16221	16003	302	260	42	206	275	-69
2000	16242	16060	341	278	63	233	227	6
2001	16295	16120	286	249	37	289	213	76
2002	16337	16206	319	260	59	270	201	69
2003	30328	30148	265	534	-269	315	280	35
2004	30330	30144	340	519	-179	424	247	177
2005	30302	30318	394	491	-97	480	237	243
2006	30458	30772	510	490	20	501	127	374
2007	30527	31046	481	503	-22	472	104	368
2008	30455	31067	380	553	-173	278	129	149
2009	30405	31072	438	569	-131	231	105	126
2010	30373	31077	457	551	-94	208	96	112
2011	30406	31147	464	504	-40	245	71	174
2012	30470	31246	566	542	24	247	70	177
2013	30544	31366	591	494	97	186	87	99
2014	30584	31477	624	581	43	240	80	160
2015	30534	31513	491	573	-82	230	87	143

注:2003 年起表内据包括庙港镇。

表 3-4   1996～2002 年庙港镇人口情况表

单位:人

年份	男	女	出生	死亡	自然增长	迁入	迁出	机械增长
1996	14588	14491	252	273	-21	86	179	-93
1997	14533	14458	247	237	10	111	209	-98
1998	14446	14406	220	272	-52	95	182	-87
1999	14353	14334	213	280	-67	92	190	-98
2000	14281	14240	229	275	-46	135	255	-120
2001	14223	14156	234	277	-43	124	223	-99
2002	14112	14055	195	277	-82	84	214	-130

第二章 人口结构

第一节 性 别

1982 年,全国第三次人口普查,七都公社总人口 31297 人,其中男性 16288 人,女性 15009 人。

男性比女性多1279人,男女性别比(男女性别比,以女性为100计)为108.52。庙港公社总人口28821人,其中男性14782人,女性14039人。男性比女性多743人,男女性别比为105.29。

1996年,七都镇总人口32326人,其中男性16405人,女性15921人。男性比女性多484人,男女性别比为103.04。庙港镇总人口29079人,其中男性14588人,女性14491人。男性比女性多97人,男女性别比为100.67。

2000年,七都镇总人口32302人,其中男性16242人,女性16060人。男性比女性多182人,男女性别比为101.13。庙港镇总人口28521人,其中男性14281人,女性14240人。男性比女性多41人,男女性别比为100.29。

2000年,七都镇60~69岁年龄段的男性1576人,女性1338人,男性比女性多238人,男女性别比为117.78;70~79岁年龄段的男性950人,女性1056人,女性比男性多106人,男女性别比为89.96;80~100岁及100岁以上老人中,男性166人女性507人,女性比男性多341人,男女性别比为32.74。庙港镇60~69岁年龄段的男性1517人,女性1362人,男性比女性多155人,男女性别比为111.38;70~79岁年龄段的男性831人,女性1004人,女性比男性多173人,男女性别比为82.77;80~100岁及100岁以上老人中,男性182人,女性396人,女性比男性多214人,男女性别比为45.96。

2008年,全镇总人口61522人,其中男性30455人,女性31067人。男性比女性少612人,男女性别比为98.03。

2010年,全镇总人口61450人,其中男性30373人,女性31077人。女性比男性多704人,男女性别比为97.73。

2015年,全镇总人口62047人,其中男性30534人,女性31513人。男性比女性少979人,男女性别比为96.89。

第二节 年 龄

1982年,全国第三次人口普查,七都公社总人口31297人,其中0~4岁2259人,占人口总数的7.22%;5~9岁2062人,占人口总数的6.59%;10~14岁3434人,占总人口的10.97%;15~19岁3856人,占人口总数的12.32%;20~24岁1978人,占人口总数的6.32%;25~29岁3426人,占人口总数的10.95%;30~34岁2685人,占人口总数的8.58%;35~39岁2035人,占人口总数的6.51%;40~44岁1615人,占人口总数的5.16%;45~49岁1707人,占人口总数的5.45%;50~54岁1718人,占人口总数的5.48%;55~59岁1357人,占人口总数的4.34%;60岁以上3165人,占人口总数的10.12%。庙港公社总人口28821人,其中0~4岁2137人,占人口总数的7.41%;5~9岁1902人,占人口总数的6.60%;10~14岁3137人,占总人口的10.88%;15~19岁3573人,占人口总数的12.39%;20~24岁1846人,占人口总数的6.41%;25~29岁3142人,占人口总数的10.90%;30~34岁2478人,占人口总数的8.60%;35~39岁1883人,占人口总数的6.53%;40~44岁1471人,占人口总数的5.09%;45~49岁1593人,占人口总数的5.53%;50~54岁1468人,占人口总数的5.09%;55~59岁1238人,占人口总数的4.28%;60岁以上2953人,占人口总数的10.24%。

1990年,全国第四次人口普查。七都镇总人口32036人,其中0~4岁2052人,占人口总数的6.41%;5~14岁3878人,占人口总数的12.11%;15~19岁2717人,占人口总数的8.48%;20~39岁11849人,占人口总数的36.99%;40~59岁7266人,占人口总数的22.68%;60岁以上4274人,占人口总数的13.34%,其中80岁及80岁以上老人325人,占60岁以上人口数的7.60%。庙港镇总人口29181人,其中0~4岁1669人,占人口总数的5.72%;5~14岁3267人,占人口总数的11.19%;15~19岁2257人,占人口总数的7.73%;20~39岁10539人,占人口总数的36.12%;40~59岁7187人,占人口总数的24.63%;60岁以上4262人,占人口总数的14.61%,其中80岁及80岁以上老人428人,占60岁以上人口数的10.04%。

2000年,全国第五次人口普查。七都镇总人口37031人,其中0~4岁1608人,占人口总数的4.34%;5~14岁3917人,占人口总数的10.58%;15~19岁1509人,占人口总数的4.07%;20~39岁14496人,占人口总数的39.16%;40~59岁10074人,占人口总数的27.20%;60岁以上5427人,占人口总数的14.66%,其中80岁及80岁以上老人507人,占60岁以上人口数的10.70%。庙港镇总人口28710人,其中0~4岁1186人,占人口总数的4.13%;5~14岁3112人,占人口总数的10.84%;15~19岁1105人,占人口总数的3.85%;20~39岁9116人,占人口总数的31.75%;40~59岁8899人,占人口总数的31.00%;60岁以上5292人,占人口总数的18.43%,其中80岁及80岁以上老人578人,占60岁以上人口数的10.92%。

实行计划生育后,农村、镇区人口得以有效控制。2000年,全国第五次人口普查,七都镇0~9岁人口3442人,占总人口(37031人)的9.29%。60岁以上5427人,占总人口的14.66%;庙港镇0~9岁人口2565人,占总人口(28710人)的8.93%。60岁以上5292人,占总人口的18.43%。

2010年,全国第六次人口普查。七都镇总人口78000人,其中0~4岁2849人,占全镇人口数的3.65%;5~14岁6355人,占人口总数的8.15%;15~19岁3216人,占人口总数的4.12%;20~39岁25789人,总人口总数的33.06%;40~59岁25928人,总人口总数的33.24%;在60岁以上老人13863人中,总人口总数的17.77%;其中80岁及80岁以上老人1982人,占60岁以上人口数的14.30%。

2015年,七都镇90岁以上老年人186人,占总人口的0.3%。

表3-5　　　　　　　　　1990年第四次人口普查七都镇人口性别比情况表

单位:人

年龄	小计	占人口总数(%)	男	女	性别比　女=100
0	438	1.37	206	232	88.79
1~4岁	1614	5.04	831	783	106.13
5~9岁	1538	4.80	830	708	117.23
10~14岁	2340	7.30	1196	1144	104.55
15~19岁	2717	8.48	1411	1306	108.04
20~24岁	3108	9.70	1561	1547	100.91
25~29岁	2667	8.33	1345	1322	101.74
30~34岁	2662	8.31	1342	1320	101.67
35~39岁	3412	10.65	1684	1728	97.45
40~44岁	2536	7.92	1342	1194	112.39
45~49岁	1567	4.89	859	708	121.33
50~54岁	1597	4.99	963	634	151.89
55~59岁	1566	4.89	827	739	111.91
60~64岁	1519	4.74	811	708	114.55
65~69岁	1220	3.81	624	596	104.69
70~74岁	801	2.50	392	409	95.84

(续表)

年龄	小计	占人口总数(%)	男	女	性别比 女=100
75~79 岁	409	1.28	126	283	44.52
80 岁及以上	325	1.01	101	224	45.09

表 3-6　　　　　　　　　1990 年第四次人口普查庙港镇人口性别比情况表

单位:人

年龄	小计	占人口总数(%)	男	女	性别比 女=100
0	378	1.30	201	177	113
1~4 岁	1291	4.42	687	604	114
5~9 岁	1440	4.93	762	678	112
10~14 岁	1827	6.26	870	957	91
15~19 岁	2257	7.73	1165	1092	107
20~24 岁	2828	9.69	1350	1478	91
25~29 岁	2369	8.12	1159	1210	96
30~34 岁	2321	7.95	1172	1149	102
35~39 岁	3021	10.35	1460	1561	94
40~44 岁	2309	7.91	1185	1124	105
45~49 岁	1622	5.56	927	695	133
50~54 岁	1676	5.74	902	774	117
55~59 岁	1580	5.41	857	723	118
60~64 岁	1362	4.67	667	695	96
65~69 岁	1153	3.95	562	591	95
70~74 岁	848	2.91	415	433	96
75~79 岁	471	1.61	203	268	76
80 岁及以上	428	1.47	127	301	42

表 3-7　　　　　　　　　2000 年第五次人口普查七都镇人口性别比情况表

单位:人

年龄	小计	占人口总数(%)	男	女	性别比 女=100
0	318	0.85	160	158	101
1~4 岁	1290	3.48	676	614	110
5~9 岁	1834	4.95	912	922	99
10~14 岁	2083	5.62	1072	1011	106
15~19 岁	1509	4.07	809	700	116
20~24 岁	3176	8.58	1623	1553	105
25~29 岁	3937	10.63	2114	1823	116
30~34 岁	4130	11.15	2176	1954	111
35~39 岁	3253	8.78	1746	1507	116
40~44 岁	2526	6.80	1344	1182	113
45~49 岁	3459	9.34	1716	1743	98
50~54 岁	2564	6.92	1354	1210	112
55~59 岁	1525	4.12	832	693	120
60~64 岁	1583	4.27	894	689	129
65~69 岁	1331	3.59	682	649	105

年龄	小计	占人口总数(%)	男	女	性别比 女=100
70~74岁	1218	3.29	587	631	93
75~79岁	788	2.13	363	425	85
80~84岁	355	0.96	133	222	60
85~89岁	114	0.31	28	86	33
90~94岁	37	0.01	5	32	16
95~99岁	1	—	0	1	—
100岁及以上	—	—	—	—	—

表3-8　　　　　　　　　　2000年第五次人口普查庙港镇人口性别比情况表

单位:人

年龄	小计	占人口总数(%)	男	女	性别比 女=100
0	242	0.84	130	112	116
1~4岁	944	3.29	461	483	95
5~9岁	1379	4.80	712	667	107
10~14岁	1733	6.04	899	834	108
15~19岁	1105	3.85	598	507	118
20~24岁	1629	5.67	758	871	87
25~29岁	2315	8.06	1172	1143	103
30~34岁	2811	9.79	1351	1460	93
35~39岁	2361	8.22	1168	1193	98
40~44岁	2149	7.49	1081	1068	101
45~49岁	2965	10.33	1424	1541	92
50~54岁	2227	7.76	1120	1107	101
55~59岁	1558	5.53	878	680	129
60~64岁	1483	5.17	773	710	109
65~69岁	1396	4.77	744	652	114
70~74岁	1091	3.80	516	575	90
75~79岁	744	2.59	315	429	73
80~84岁	393	1.37	133	260	51
85~89岁	143	0.50	36	107	34
90~94岁	38	0.13	11	27	41
95~99岁	4	0.01	2	2	100
100岁及以上	0	0	—	—	—

表3-9　　　　　　　　　　2010年第六次人口普查七都镇人口各年龄段性别比表

单位:人

年龄	小计	占人口总数(%)	男	女	性别比 女=100
0	476	0.61	236	240	98.33
1~4岁	2373	3.04	1302	1071	121.57
5~9岁	3178	4.07	1636	1542	106.10
10~14岁	3177	4.07	1679	1498	112.08
15~19岁	3216	4.12	1705	1511	112.84
20~24岁	6042	7.75	3117	2925	106.54

(续表)

年龄	小计	占人口总数(%)	男	女	性别比 女=100
25~29岁	5320	6.82	2737	2583	105.96
30~34岁	6581	8.44	3283	3298	99.55
35~39岁	7846	10.06	4075	3771	108.06
40~44岁	8509	10.91	4299	4210	102.11
45~49岁	6331	8.12	3257	3074	105.95
50~54岁	4726	6.06	2430	2296	105.84
55~59岁	6362	8.16	3117	3245	96.06
60~64岁	4557	5.84	2326	2231	104.26
65~69岁	2790	3.58	1494	1296	115.28
70~74岁	2527	3.24	1306	1221	106.96
75~79岁	2007	2.57	940	1067	88.10
80~84岁	1293	1.68	540	753	71.71
85~89岁	534	0.68	180	354	50.85
90~94岁	135	0.17	38	97	39.18
95~99岁	19	0.02	4	15	26.67
100岁及以上	1	0.001	0	1	0

表3-10　　　　　　　　　　2015年七都镇90岁以上老年人一览表

姓名	性别	出生年月	住址	姓名	性别	出生年月	住址
沈海山	男	1917.2	七都社区	许杏金	女	1925.2	菱田村6组
许云龙	男	1924.11	七都社区	孙秀金	女	1924.12	菱田村9组
周传根	男	1925.4	庙港社区	陈和珍	女	1920.5	菱田村10组
张阿新	女	1924.11	渔村社区	方三毛	女	1913.9	菱田村12组
王彩金	女	1924.5	西漾渔业	许长南	女	1922.10	菱田村17组
沈梅宝	女	1923.12	东风村1组	孙红毛	女	1923.1	吴越村4组
濮杏宝	女	1920.2	东风村2组	陈阿顺	男	1923.12	吴越村6组
盛虎宝	男	1923.11	东风村4组	孙玉宝	女	1923.9	吴越村8组
吴月珍	女	1924.9	东风村4组	濮仁女	女	1925.10	吴越村11组
薛奔全	女	1924.10	东风村6组	柏和珍	女	1925.8	吴越村12组
柴菊仙	女	1923.10	东风村8组	陆永财	男	1924.1	吴越村13组
潘祥林	男	1922.10	东风村8组	沈阿四	女	1922.9	吴越村15组
罗杏宝	女	1922.3	东风村9组	孙申怀	男	1922.1	吴越村20组
孙阿桂	女	1916.3	东风村12组	宋茂生	男	1924.1	吴越村23组
潘阿卯	女	1925.11	东风村13组	崔珍法	男	1922.3	群幸村3组
沈爱金	女	1925.12	东风村15组	周阿美	女	1922.10	群幸村11组
潘阿芹	女	1922.10	东风村15组	张德宝	男	1923.9	群幸村21组
黄少荣	男	1922.9	东风村21组	王蚕珍	女	1924.12	陆港村4组
姚松华	男	1925.11	望湖村1组	吕阿凤	女	1923.4	陆港村7组
吴杏珍	女	1924.4	望湖村3组	王新保	女	1921.11	陆港村14组
蒋杏珍	女	1925.4	望湖村5组	张阿娜	女	1919.9	陆港村17组
沈金宝	男	1925.1	望湖村9组	盛娜珍	女	1922.11	燦烂村5组
徐阿培	女	1923.10	望湖村9组	邱宝珍	女	1924.9	燦烂村5组

(续表)

姓名	性别	出生年月	住址	姓名	性别	出生年月	住址
沈连珍	女	1921.5	望湖村10组	邱阿明	女	1922.8	燦烂村7组
钱阿海	女	1925.4	望湖村10组	张杏宝	女	1925.7	燦烂村8组
沈芹珍	女	1925.12	望湖村13组	周凤宝	女	1924.11	燦烂村22组
沈桂珍	女	1925.7	望湖村15组	盛乾宝	男	1924.8	燦烂村3组
盛品珠	女	1925.2	望湖村19组	曹阿婉	女	1923.12	燦烂村23组
施明珠	女	1923.6	望湖村22组	邱阿美	女	1923.7	盛庄村5组
邢阿宝	女	1924.12	望湖村24组	吴阿夫	女	1925.12	盛庄村9组
叶顺生	男	1925.10	望湖村26组	盛凤宝	女	1921.11	盛庄村15组
叶杏娜	女	1925.8	望湖村26组	沈杏珍	男	1924.12	盛庄村15组
孙阿连	男	1922.5	双塔桥村4组	盛凤宝	女	1924.5	盛庄村19组
沈菜珍	女	1922.11	双塔桥村6组	吴宝娜	女	1924.6	盛庄村21组
严云宝	女	1924.2	双塔桥村15组	盛金林	女	1925.9	庙港村3组
陈彩珍	女	1925.1	双塔桥村19组	朱阿凤	女	1923.11	庙港村5组
高杏英	女	1920.1	双塔桥村21组	李小娜	女	1922.5	庙港村9组
黄阿银	女	1925.7	双塔桥村22组	张素珍	男	1925.9	庙港村10组
孙兰生	男	1924.8	吴溇村9组	王阿金	男	1925.6	庙港村11组
沈阿文	女	1925.11	吴溇村12组	张团珍	女	1924.12	庙港村17组
董权	男	1925.10	吴溇村12组	王阿四	女	1925.12	庙港村18组
王阿巧	女	1921.9	吴溇村13组	倪仁娜	女	1925.11	庙港村19组
倪云娜	女	1922.9	吴溇村15组	王金媛	女	1924.6	庙港村22组
孙长英	女	1924.12	吴溇村16组	尹阿坤	男	1925.9	庙港村22组
徐五宝	女	1923.1	吴溇村17组	陶三娜	女	1922.8	联强村2组
朱阿连	女	1923.11	吴溇村19组	徐杏娜	男	1924.4	联强村4组
倪法贞	女	1923.7	吴溇村21组	盛福宝	男	1924.9	联强村7组
沈长金	女	1921.3	吴溇村22组	谢有生	男	1923.1	联强村14组
姚兰珍	女	1925.11	沈家湾村7组	徐季康	男	1922.3	联强村16组
沈三宝	男	1922.11	沈家湾村8组	徐杏珍	男	1924.4	联强村16组
孙阿四	女	1924.10	隐读村2组	谢杏娜	女	1922.1	联强村17组
张本金	女	1924.7	隐读村7组	张乖宝	男	1925.12	联强村20组
谭引宝	女	1924.3	隐读村12组	徐春宝	男	1921.9	联强村21组
施六宝	男	1921.6	隐读村12组	徐阿凤	女	1924.4	太浦闸村1组
秦兰芳	女	1922.12	隐读村12组	盛尹娜	女	1924.3	太浦闸村7组
吴珍宝	女	1919.8	隐读村13组	金玉英	女	1924.8	太浦闸村13组
宋金娥	女	1924.9	隐读村16组	朱春宝	女	1922.2	太浦闸村19组
张才根	男	1922.2	丰田村1组	曹兰宝	男	1915.11	太浦闸村19组
张阿大	女	1921.4	丰田村2组	盛杏娜	女	1924.6	太浦闸村22组
丁金宝	女	1923.3	丰田村3组	顾阿勤	女	1925.12	开明村11组
宋桂女	女	1920.6	丰田村5组	徐福金	女	1925.11	开弦弓村1组
马才福	女	1920.4	丰田村6组	谈香宝	女	1921.8	开弦弓村2组
方阿秀	女	1919.11	丰田村6组	沈美珍	女	1923.1	开弦弓村9组
徐爱珍	女	1922.3	丰田村8组	周传生	男	1923.5	开弦弓村10组
张根法	男	1925.11	丰田村8组	姚进财	男	1921.10	开弦弓村12组

(续表)

姓名	性别	出生年月	住址	姓名	性别	出生年月	住址
周兰珍	女	1919.8	丰田村9组	姚仕荣	男	1919.11	开弦弓村12组
王定宝	女	1917.12	丰田村13组	方美宝	女	1920.9	开弦弓村13组
韦阿宝	女	1918.11	丰田村13组	沈启龙	男	1920.12	开弦弓村16组
董梅珍	女	1925.1	丰田村14组	沈阿山	男	1920.10	开弦弓村16组
宋阿桂	女	1923.1	丰田村15组	倪美宝	女	1922.8	开弦弓村16组
宋毛狗	男	1925.10	丰田村20组	徐阿美	女	1923.7	开弦弓村22组
李杏珍	女	1919.12	丰田村21组	许子伟	男	1925.5	开弦弓村23组
张兰英	女	1924.12	长桥村3组	徐金大	男	1920.12	开弦弓村24组
孙雨生	男	1925.1	长桥村5组	金阿定	男	1922.10	开弦弓村24组
吴金生	男	1925.5	长桥村9组	徐乖宝	男	1923.7	开弦弓村24组
吴云珍	女	1921.12	长桥村10组	吕福宝	男	1923.2	开弦弓村25组
张贤珍	女	1923.8	长桥村11组	周杏宝	女	1922.12	开弦弓村25组
崔云宝	女	1925.6	长桥村13组	潘蚕娜	女	1924.2	丰民村3组
宋引珍	女	1924.10	长桥村14组	潘根宝	男	1925.4	丰民村4组
沈阿彩	女	1915.11	长桥村15组	周明珍	女	1924.3	丰民村5组
沈阿巧	女	1925.6	长桥村16组	庾彩珍	女	1920.2	丰民村5组
沈阿莲	女	1922.1	长桥村16组	周凤宝	女	1922.7	丰民村6组
周阿宝	男	1925.7	东庙桥村1组	周云福	男	1924.11	丰民村6组
邱福连	男	1922.5	东庙桥村3组	叶凤珍	女	1925.11	丰民村7组
王杏英	女	1924.2	东庙桥村6组	徐兴传	男	1922.8	丰民村11组
虞阿毛	女	1923.9	东庙桥村9组	周杏珍	女	1922.6	丰民村14组
王桂金	女	1924.2	东庙桥村10组	姚杏娜	女	1922.7	丰民村15组
孙根寿	男	1923.11	东庙桥村15组	潘彩英	女	1921.10	丰民村16组
张进宝	男	1924.8	东庙桥村17组	陈阿珠	女	1924.6	光荣村1组
周杏宝	女	1921.1	东庙桥村22组	梅素珍	女	1922.4	光荣村3组
宋小狗	男	1922.1	东庙桥村26组	吴金女	女	1924.12	光荣村4组
潘金才	男	1924.10	菱田村1组	夏阿大	男	1923.12	光荣村6组
孙阿明	男	1921.10	菱田村2组	杨云娜	女	1922.10	光荣村11组

第三节 文 化

1982年,全国第三次人口普查,七都公社总人口31297人,6岁以上人口28078人。其中不识字或识字很少12741人,小学文化程度10401人,初中文化程度4096人,高中文化程度829人,大专文化程度0人,大学本科文化程度11人。庙港公社总人口28821人,6岁以上人口26319人,其中不识字或识字很少11509人,小学文化程度10061人,初中文化程度4003人,高中文化程度722人,大专文化程度4人,大学本科文化程度20人。

1990年,全国第四次人口普查。七都乡总人口32036人,6岁以上人口30185人。其中不识字或识字很少7493人,小学文化程度15306人,初中文化程度6279人,高中文化程度963人,中专文化程度95人,大专文化程度45人,大学本科文化程度4人。庙港乡总人口29181人,6岁以上人口27299人。其中不识字或识字很少10282人,小学文化程度9984人,初中文化程度5936人,高中文化程度962人,中专文化程度71人,大专文化程度55人,大学本科文化程度9人。

2000年,全国第五次人口普查。七都镇6岁及6岁以上人口35076人。其中未上过学433人,占6岁以上人口数的1.23%;扫盲班279人,占6岁以上人口数的0.80%;小学文化程度19550人,占6岁以上人口数的55.74%;初中12411人,占6岁以上人口数的35.38%;高中1449人,占6岁以上人口数的4.13%;中专561人,占6岁以上人口数的1.60%;大专307人,占6岁以上人口数的0.88%;本科85人,占6岁以上人口数的0.24%;研究生1人,占6岁以上人口数的0.003%。15岁及15岁以上人口数31506人,其中文盲半文盲人口433人,占15岁以上人口的1.37%。庙港镇6岁以上人口27266人。其中未上过学1286人,占6岁以上人口数的4.72%;扫盲班2254人,占6岁以上人口数的8.27%;小学文化程度13983人,占6岁以上人口数的51.28%;初中8130人,占6岁以上人口数的29.82%;高中1180人,占6岁以上人口数的4.33%;中专217人,占6岁以上人口数的0.80%;大专187人,占6岁以上人口数的0.69%;本科29人,占6岁以上人口数的0.11%;研究生0人。15岁以上人口数24412人,其中文盲半文盲人口1286人,占15岁以上人口的5.26%。

2010年,全国第六次人口普查。七都镇6岁以上人口74507人。其中未上过学2551人,占6岁以上人口数的3.43%;小学文化程度32980人,占6岁以上人口数的44.26%;初中30614人,占6岁以上人口数的41.09%;高中5280人,占6岁以上人口数的7.09%;大专2082人,占6岁以上人口数的2.79%;本科970人,占6岁以上人口数的1.30%;研究生30人,占6岁以上人口数的0.04%。15岁以上人口数68796人,其中文盲半文盲人口2333人,占15岁以上人口的3.39%。

全国第五次、第六次人口普查,七都镇(包括庙港)6岁以上人口中,小学及小学以下文化程度人数在总人口中的比例减少,2000年为57.48%,2010年为45.55%;15岁以上人口中,文盲半文盲人数所占比例减少,2000年为3.45%,2010年为3.27%;其他各学历段人数所占比例均有上升,其中初中比例上升8.49%、高中上升6.88%、大专上升2.01%、本科上升1.12%、研究生上升0.04%。

第四节 家 庭

1982年,第三次全国人口普查,七都公社总人口31297人,总户数7118户,家庭户平均人口为4.38人。庙港公社总人口28821人,总户数7097户,家庭户平均人口为4.05人。

1990年,第四次全国人口普查,七都乡总人口32036人,总户数8104户,户均3.95人。其中镇区有488户,1249人,户均2.56人;农村7616户,30787人,户均4.04人。庙港乡总户数7522户总人口29181人,户均3.88人。其中镇区有453户,1205人,户均2.66人;农村7069户,27976人,户均3.96人。

2000年,在全国第五次人口普查中,七都镇总人口37031人,总户数9906户,其中家庭户9259户,集体户647户。家庭户平均人口为3.74人。家庭户中,一人户839户,占总户数的9.06%;两人户1445户,占总户数的15.61%;三人户2004户,占总户数的21.64%;四人户1929户,占总户数的20.83%;五人户1962户,占总户数的21.19%,六人户757户,占总户数的8.18%;七人户228户,占总户数的2.46%;八人户77户,占总户数的0.84%;九人户10户,占总户数的0.11%;十人及十人以上户8户,占总户数的0.09%。家庭中,一代户2092户,占总户数的22.59%;两代户2681户,占总户数的28.96%;三代户3779户,占总户数的40.81%;四代户705户,占总户数的7.61%;五代及五代以上户2户,占总户数的0.02%。

庙港镇总人口28710人,总户数7289户,其中家庭户7221户,集体户68户。家庭户平均人口为3.94人。家庭户中,一人户428户,占总户数的5.93%;两人户866户,占总户数的11.99%;三人户1523户,占总户数的21.09%;四人户1521户,占总户数的21.06%;五人户2003户,占总户数的27.74%,六人户654户,占总户数的8.93%;七人户169户,占总户数的2.34%;八人户43户,占总户数的0.60%;九人户10户,占总户数的0.14%;十人及十人以上户4户,占总户数的0.06%。家庭中,一代户1138户,占总户数的15.76%;两代户1971户,占总户数的27.30%;三代户3565户,占总户数的49.37%;四代户544户,占总户数的7.53%;五代及五代以上户3户,占总户数的0.04%。

2010年,在全国第六次人口普查中,七都镇总人口78000人,总户数23598户,其中家庭户22768户,集体户830户。家庭户平均人口为3.24人。家庭户中,一人户2808户,占总户数的12.33%;两人户5939户,占总户数的26.08%;三人户4617户,占总户数的20.28%;四人户3895户,占总户数的17.11%;五人户3830户,占总户数16.82%,六人户1288户,占总户数的5.66%;七人户320户,占总户数的1.41%;八人户57户,占总户数的0.25%;九人户11户,占总户数的0.05%;十人及十人以上3户,占总户数的0.01%。家庭户中,一代户8228户,占总户数的36.14%;两代户6963户,占总户数的30.58%;三代户6584户,占总户数的28.92%;四代户993户,占总户数的4.36%;五代及五代以上户0户。

第五节 职 业

1996年,七都镇有农业人口31077人,占总人口32326人的96.07%,非农业人口1249人,占总人口的3.93%。农村人口中有劳动力者19700人,其中从事农业5025人,占在业人口的25.51%;工业11360人,占在业人口的57.67%;其他行业3288人,占在业人口的16.82%。庙港镇有农业人口27874人,占总人口29079人的95.86%,非农业人口1205人,占总人口的4.14%。农村人口中有劳动力者17271人,其中从事农业5144人,占在业人口的29.78%;工业6570人,占在业人口的38.04%;其他行业5557人,占在业人口的32.18%。

2003年,七都镇有农业人口55813人,占总人口(60476人)的92.29%,非农业人口4663人,占总人口的7.71%。农村人口中有劳动力者33659人,其中从事农业9296人,占在业人口的27.6%;工业17100人,占在业人口的50.8%;其他行业7263人,占在业人口的21.6%。

2008年,七都镇有农业人口55122人,占总人口(61522人)的89.60%,非农业人口6400人,占总人口数的10.40%。农村人口中有劳动力者33127人,其中从事农业4336人,占在业人口的13.09%;工业19786人,占在业人口的59.73%;其他行业9005人,占在业人口的27.18%。

2015年,七都镇有农业人口47244人,占总人口(62047人)的76.14%,非农业人口14803人,占总人口数的23.86%。农村人口中有劳动力者30343人,其中从事农业4127人,占在业人口的13.6%;工业19832人,占在业人口的65.36%;其他行业6384人,占在业人口的21.04%。

第六节 姓 氏

2015年末,七都镇域人口62047人,共有汉族姓氏337个,其中2000人以上的大姓有9个,200人以上的姓氏有53个。200人以下的姓氏有284个。

调查中发现：一个自然村只有几个或十几个姓氏。有以姓氏命名的村庄，如倪家墩、金家浜、谭家巷、徐家湾、蒋家港、李家港、姚家湾、俞家兜、丁家湾、陆家港、钮家兜、沈家扇、罗家舍（库）、崔家港、郑家巷、陈家田、赵家浜等。复姓较少，只有皇甫、欧阳2个。

表3-11　　　　　　　　　　　　　2015年七都镇200人以上姓氏表

姓氏	人数	占总人口比例（%）	姓氏	人数	占总人口比例（%）
沈	6013	9.68	丁	525	0.85
张	4377	7.05	胡	520	0.84
孙	3795	6.11	崔	503	0.81
周	3121	5.03	刘	485	0.78
吴	2977	4.79	谢	472	0.76
徐	2794	4.50	董	453	0.73
朱	2357	3.80	俞	427	0.69
王	2200	3.54	黄	406	0.65
盛	2024	3.26	韦	373	0.60
李	1637	2.64	庄	365	0.59
邱	1622	2.61	谈	352	0.57
宋	1512	2.43	濮	346	0.56
陈	1471	2.37	陶	314	0.51
姚	1205	1.94	蔡	277	0.45
钱	1184	1.91	冯	261	0.42
陆	1139	1.83	庾	245	0.39
杨	1131	1.82	吕	243	0.39
潘	1104	1.78	钮	237	0.38
顾	1098	1.77	严	231	0.37
倪	1060	1.71	谷	221	0.36
施	871	1.40	于	214	0.34
曹	745	1.20	谭	212	0.34
金	733	1.18	薄	210	0.34
许	632	1.02	高	208	0.33
赵	585	0.94	江	204	0.33
叶	579	0.93	蒋	203	0.33
汤	528	0.85			

200人以下姓氏：

郑、方、尹、薛、凌、郎、马、屠、罗、钟、何、奚、秦、计、葛、戴、管、洪、章、汪、费、唐、缪、虞、卢、夏、任、林、魏、范、贺、田、邹、邢、毛、闵、邵、梁、史、姜、袁、程、韩、石、莫、郭、肖、卜、饶、余、鲁、龚、梅、万、翁、傅、毕、彭、段、孔、殷、邓、杜、褚、阮、孟、苏、乔、左、曾、尤、白、黎、樊、岳、侯、祝、郁、郝、鲍、熊、包、龙、贾、项、颜、华、卞、闻、骆、单、翟、吉、庞、辛、祁、常、欧、贝、乐、易、耿、向、伍、文、温、廖、聂、芦、蒲、司、喻、季、甘、仇、成、占、仲、邬、宾、宁、嵇、童、沙、冉、刁、索、普、匡、於、汝、浦、付、尚、姬、泮、裴、封、武、廉、燕、闫、师、官、恽、柏、赖、侍、申、胥、柯、安、舒、扬、裘、鞠、戈、纪、焦、游、沐、席、简、覃、岑、芮、庙、穆、雍、牟、承、佐、应、卫、康、佘、瞿、雷、古、解、柳、代、房、贡、查、苗、茅、宗、蓝、兰、昌、柴、仰、海、连、荣、冒、曲、詹、苑、储、时、麻、开、巢、敖、言、蒙、靳、党、冷、衡、惠、山、苟、符、戚、慎、屈、郇、隋、权、宫、巴、富、桑、艾、相、戎、皋、渚、宦、阴、敬、郅、水、厉、阚、井、杭、位、阳、归、娄、班、皮、渠、关、户、祖、候、蒯、楼、巩、齐、蔚、寇、牛、窦、霍、米、车、鄢、桂、潭、印、居、库、辜、狄、掌、全、劳、伏、凡、蜜、束、卿、壮、栾、昂、阎、皇甫、欧阳。

第七节　华人华侨及港台同胞

1996年,七都镇有华人华侨与港、台同胞36人,其中侨居美国1人、加拿大1人、日本2人;侨居中国香港10人、中国台湾22人。庙港镇有华人华侨与港、澳、台同胞26人,其中侨居日本1人、菲律宾1人、美国5人;侨居中国香港9人、中国台湾10人。

2003年,七都镇、庙港镇合并后,每年召开2~3次"华人华侨与港、台同胞"眷属座谈会,通报经济发展及社会各方面情况。通过眷属,诚邀华人华侨与港、澳、台同胞到家乡探亲考察。七都镇加快华人华侨与港、台同胞眷属的联络工作。是年,七都镇在国外工作或学习的人口有18人,其中男12人,女6人。

2015年9月,七都镇老太庙文化广场获"江苏省对台交流基地"称号,省台办主任杨峰、副主任张为、苏州市台办副主任沈蓉先后到七都实地考察。组织七都镇有关人员到宜兴交流学习对台工作经验。是年,七都镇有华人、华侨与港、澳、台同胞28人。其中侨居美国12人(男8人,女4人)、日本2人(男1人,女1人)、加拿大1人(男1人)、澳大利亚2人(女2人)、德国1人(男1人);侨居中国香港3人(女3人)、中国台湾7人(男5人,女2人)。

第三章　人口控制

第一节　机构与队伍

1978年,七都公社、庙港公社成立计划生育领导小组,配备专职干部。各企事业单位相应成立计划生育领导小组,指定妇女干部专门负责。制订条线责任制,建立工作网络,专人专管。

1983年,七都、庙港乡计划生育领导小组,由分管计划生育工作的副乡长担任领导小组组长,由乡妇联主任具体兼管此项工作。

1986年11月起,七都、庙港乡计生工作组各增配1名计划生育工作统计员,配合计划生育专职干部开展工作。

七都镇计划生育服务站(摄于2015年)

1992年,七都、庙港乡计划生育办公室(简称计生办)下设计划生育中心服务所。1993年,七都、庙港镇计生服务所增设业务用房、B超机和服务人员。1997年,七都、庙港镇计划生育中心服务站成立。主要职责为开展计生咨询、宣传及其他活动,同抓齐管遏制超生、控制多胎,使出生率逐年下降。2002年,七都、庙港镇计生服务所基本达到省甲级服务所标准。

2004年,七都镇建立计划生育服务站,添置电子阴道镜、乳腺诊断仪、血液循环理疗仪、自动售套(避孕套)机等设备。

2006年,镇政府投资160多万元建造以"世代服务"为标准的新的计划生育服务场所,建筑面积800多平方米,站内共有人员8人,其中技术人员5人,具有执业(助理)医师资格2人,乡村医生资格3人。连续多年获吴江市计划生育工作考评一等奖,2006—2007年度被评为吴江市文明单位。

2015年,七都镇计划生育管理人员10人。坚持计生政务公开、服务承诺公开和办事流程公开。创新上门办证,对《一孩生殖保健服务卡》《参保人员生育状况证明》等由计生干部集中办理。

第二节 人口教育

1992年,七都、庙港镇的计生、妇联、民政3个部门联合组建人口学校,专门对计生人员进行培训。

1996年,七都、庙港镇计划生育领导小组和计划生育服务站开展形式多样的宣传教育活动。人口学校作为主阵地,进行新婚期、孕产期、更年期教育,组织信息员和计划生育干部短期培训共38期,受训人员共4298人次。村人口分校进行产后育龄妇女培训、药具失败人员培训、终止和更换措施人员培训,使大部分已婚育龄妇女了解有关计划生育政策及四种以上避孕方法,掌握有关避孕原理和有效期等科普知识。制作卡片图片、科普资料等计划生育宣传品共4247份。

七都镇0~3岁婴幼儿早期教育培训(摄于2015年)

2001年,中央作出《中共中央关于加强人口与计划生育工作稳定低生育水平的决定》。2002年,江苏省人大常委会颁布《人口与计划生育法》。七都、庙港镇组织党政干部和计划生育干部学习、领会,结合本镇实际情况贯彻实施,并通过人口学校、广播电视、宣传标语等将法规政策,优生优育、避孕节育等知识普及到群众中去。是年,共举办主题宣传活动共8场次,发放宣传资料和宣传品共4.52万份。

2008年,"吴江市计划生育委员会"网站开通,设置政策法规、图片新闻、办事指南等栏目。镇文广站滚动播出《人口与计划生育法》系列专题讲座。

是年,七都镇计生办抓好"五期"(青春期、新婚期、孕产期、育儿期、中老年期)教育培训,全年共举办培训42期,总计2270人,其中青春期培训2期,参训人数648人;孕产期培训7期,参训人数552人;知情选择培训7期,参训人数276人;更年期培训26期,参训人数794人,五期教育面授率92%。开展特色培训:《人口与计划生育法》《江苏省人口与计划生育条例》培训、深入企业开展流动人口计划生育培训、婴幼儿出生缺陷跟踪随访暨0~3岁婴幼儿早期教育培训、宫颈癌筛查知识讲座等,全年共举办培训班73期,受教育人数3009人,面授率95%以上。

七都镇发放计生宣传资料(摄于2015年)

2015年,七都镇加强对流动人口的计划生育管理,保障流动人口的合法权益,坚持对外来人员与常住人口计划生育同宣传、同管理、同服务的措施。利用新媒体宣传。通过公开咨询电话,计生QQ群、育龄妇女微信群、官方微博等形式扩大计划生育宣传覆盖面。结合七都镇实际开展各项宣传活动。在春节期间,联合文化、工会、妇联开展"新春送戏下乡"活动;在"三八"节期间,联合镇妇联、劳保开展"生育关怀,均等服务"的春风主题活动;3月5日,联合镇工、青、妇、卫生等部门开展学雷峰志愿者为民服务活动;5月29日,在七都广场开展现场咨询服务活动,向沿街的店铺发放宣传资料,向群众宣传"单独两孩"、新市民积分管理等政策,普及优生优育、生殖健康等知识。通过上街宣传、深入企业发放《新市民积分计生办事指南》宣传资料1200份。

第三节 计划生育服务

1985年,七都乡已婚育龄妇女6026人,有5839人采取各种节育、绝育措施。庙港乡已婚育龄妇女5926人,有5538人采取各种节育、绝育措施。

1987年,县政府制订下发《吴江县计划生育目标管理的意见》,实行计划生育目标管理。1989年起,明确将计划生育有关指标(人口出生率、计划内生育率、避孕节育措施落实率、晚婚率等)纳入乡镇干部岗位责任制。1994年起,将独生子女父母养老保险参加人数等纳入考核内容。

1996年,七都、庙港镇计划生育服务所对新上环者一年内的第一个月、第三个月、第六个月、第十二个月进行4次随访,且每半年不得少于一次B超;对现孕妇女上门进行妇幼保健知识和育儿知识介绍。全年逐村逐户走访有生育行为的产妇500人,随访服务率90%以上,期内综合措施落实率100%。

1998年10月,七都、庙港镇开设计划生育门诊服务,一个月内共上环46人,取环18人,乳检476人,妇检468人,门诊B超22人,妇科病诊治26人,接受计生知识教育578人次。下乡B超7989人次,共查出环位下移14人,掉环9人,带环怀孕2人,患肌瘤和囊肿49人。

2006~2008年,七都镇共完成门诊咨询2032人,预约咨询35人,上取环手术1031例,妇科病诊治1096例,门诊乳腺检查816人,免费发放避孕药具61053盒,B超服务34864人,参加二级干预652人,一级干预1054人。坚持流动人口与户籍人口同宣传、同管理、同服务的服务原则,使流动人口育龄妇女享受免费的孕情检查随访,获得免费避孕药具,免费上取环手术,并通过信息网络将服务情况反馈到户籍地。两年多来共为流动人口育龄妇女免费服务391人,免费金额4080元。

七都镇为育龄妇女免费服务(摄于2015年)

2008年,七都镇开展免费B超服务,共检查5742人次,查出子宫肌瘤351人,环位下移12人,卵巢囊肿59人,全部建立健康档案,并定期加强随访;落实四项手术401例,财政报支6.09万元;长效措施奖励58例,财政报支2.57万元;开展婴幼儿健康测试活动,联合区科学育儿中心在七都卫生院为86名出生3~6个月婴幼儿就语言、大动作、精细动作、社会行为和人格发展进行测评,并指导家长扬长避短,合理喂养;多渠道开展科学育儿工作,累计开展科学育儿亲子活动47次,发放服务券351份;全面推进免费孕前筛查和唐氏筛查工作,做好早孕、妊娠结局和"高风险"随访。

2015年,七都镇开展免费B超5742人次,唐氏筛查275人次,重点人员随访见面率99%;免费孕前优级生健康检查共筛查223人次。规范再生育审批程序和违法生育案件的查处,并确保执法案件操作规范,执行到位。共完成二胎审批214例,(其中:委托案件117例,新增"单独两孩"10例)。以人为本开展违法生育案件调查摸底,做好材料收集和上报工作,共处理委托案件9例,全部征收到位。做好网络舆情监测和应对机制及信访工作,畅通群众诉求渠道,注重维护群众的合法权益。针对宫内节育器到期未终止(更换)所导致的取器困难的情况越来越多,为关爱育龄妇女健康,对宫内节育器超使用期限的育龄妇女3176人开展随访工作,做到通知到位、服务到位、跟踪到位、信息变更到位。

表3-12　　　　　　　　　1996~2015年七都镇计划生育落实措施情况表

年份	应采取节育措施（人）	采取各种措施数（人）					节育率(%)
		皮埋	女扎	上环	药具	合计	
1996	7674	21	1793	5536	323	7663	92.07
1997	7622	22	1623	5634	341	7620	92
1998	7581	24	1524	5698	334	7580	91.4
1999	7484	19	1395	5711	358	7483	89.8
2000	7427	19	1263	5683	461	7427	89.5
2001	7344	21	1145	5590	582	7338	88.3
2002	7272	21	1008	5536	698	7256	89.3
2003	13371	23	1315	10590	774	13371	91.17
2004	13136	12	1165	10380	1579	13136	90.9
2005	12890	5	993	10111	1781	12890	91.8
2006	12594	4	888	9767	1935	12594	91.37
2007	12266	3	800	9475	1980	12266	91.18
2008	12164	5	812	9196	2151	12164	90.88
2009	11832	3	802	8802	2225	11832	89
2010	11656	3	823	8548	2281	11656	87.56
2011	11614	2	891	8369	2351	11614	85.41
2012	10769	1	808	7368	2591	10769	85.38
2013	10600	0	822	6827	2951	10600	85.04
2014	10223	0	716	6259	3248	10223	83.5
2015	9926	0	760	5286	3880	9926	83.07

注:男扎未统计在内。

表3-13　　　　　　　　　1996~2002年庙港镇计划生育落实措施情况表

年份	应采取节育措施（人）	采取各种措施数（人）					节育率(%)
		皮埋	女扎	上环	药具	合计	
1996	6762	12	1219	5103	428	6762	93.59
1997	6703	3	1086	5153	460	6702	93.3
1998	6618	11	990	5180	437	6618	92.6
1999	6530	10	874	5197	455	6536	91.44
2000	6530	9	794	5215	512	6530	92.2
2001	6485	11	694	5227	547	6479	92.8
2002	6354	9	586	5119	640	6354	93.62

注:男扎未统计在内。

表 3-14　　　　　　　　　　1996~2015 年七都镇计划生育情况统计表

年份	出生人数	出生率(‰)	计划内(人) 一胎	计划内(人) 二胎	计划内(人) 合计	计划生育率(%)
1996	315	9.5	281	34	315	100
1997	268	8.1	243	25	268	100
1998	269	8.2	239	30	269	100
1999	266	8.16	222	43	265	99.6
2000	313	9.7	284	29	313	100
2001	282	8.7	244	38	282	100
2002	348	10.7	315	33	348	100
2003	411	6.7	373	37	410	99.72
2004	508	8.37	449	59	508	100
2005	482	7.93	428	53	481	99.8
2006	374	6.11	311	63	374	100
2007	366	5.95	377	87	364	99.45
2008	383	6.21	267	114	381	99.48
2009	379	6.16	268	110	378	99.74
2010	407	6.62	291	114	405	99.51
2011	468	7.61	346	122	468	100
2012	583	9.46	425	158	583	100
2013	514	8.32	340	174	514	100
2014	697	11.24	426	270	696	99.86
2015	438	7.06	271	167	438	100

注:2003 年起表内据包括庙港镇。

表 3-15　　　　　　　　　　1996~2002 年庙港镇计划生育情况统计表

年份	出生人数	出生率(‰)	计划内(人) 一胎	计划内(人) 二胎	计划内(人) 合计	计划生育率(%)
1996	261	8.95	242	19	261	100
1997	239	8.2	228	11	239	100
1998	216	7.5	207	9	216	100
1999	221	7.7	211	10	221	100
2000	251	8.77	235	16	251	100
2001	236	8.3	210	26	236	100
2002	201	7.07	185	16	201	100

表 3-16　　　　　　　　　　1996~2015 年七都镇独生子女证领证情况表

年份	育龄妇女数(人)	一孩夫妇对数(对)	有效领证人数(人)
1996	9594	5131	3467
1997	9518	5385	3298
1998	9431	5573	3348
1999	9255	5685	3440
2000	9280	5931	3391
2001	9186	6049	3170

（续表）

年份	育龄妇女数（人）	一孩夫妇对数（对）	有效领证人数（人）
2002	9037	6265	3053
2003	16553	12025	5622
2004	16442	12125	5120
2005	16292	12114	4806
2006	16225	11986	4450
2007	16031	11731	4007
2008	16136	11621	3572
2009	16116	11384	3264
2010	16504	11180	2931
2011	16700	11398	2583
2012	15752	10421	2255
2013	15510	10123	1956
2014	15361	9792	1696
2015	14962	9348	1766

注：2003年起表内据包括庙港镇。

表3-17　　　　　　　　　1996~2002年庙港镇独生子女证领证情况表

年份	育龄妇女数（人）	一孩夫妇对数（对）	有效领证人数（人）
1996	8550	4857	3234
1997	8451	5056	3170
1998	8295	5223	3169
1999	8107	5323	3144
2000	8034	5492	3158
2001	7896	5604	3101
2002	7768	5642	2944

第四卷

农　业

第一章　农业体制

中华人民共和国成立前,农村实行封建土地所有制。中华人民共和国成立后,以 3 年时间完成土地改革。1956 年,基本完成农业合作化,大多属于自给、半自给性质,使广大农民走上社会主义道路。1958 年,七都、庙港人民公社成立,一度实行公社核算。后改为生产队核算。1978 年,中共十一届三中全会召开后,农村经济体制开始进行有计划、有步骤的改革,特别是通过经营体制的改革,以家庭承包为主的联产承包责任制在全国基本普及。1986 年,农村集体经营与承包农户分散经营相结合的双层经营体制逐步形成,大大提高农业合作经济组织的自主权和农民的生产积极性。至 2015 年,土地确权、农村土地承包经营权的流转、惠农政策补贴、减免农业税等改革对家庭联产承包责任制的修补和完善,这些改革都没有改变农村土地公有制。

第一节　封建土地所有制

中华人民共和国成立前,生产资料属私人所有,七都、庙港地区的土地大部分为地主、富农占有,广大农民则少田或无田,只能租种地主、富农的田地为生。寺庙、庵堂、宗祠及工商业者,也有相当数量的土地出租。

据土地改革时的资料记载:七都地区地主、富农拥有耕地 13528 亩;中农、贫农、雇农拥有耕地 26063.08 亩。庙港地区地主、富农拥有耕地 20829 亩;中农、贫农、雇农拥有耕地 11483 亩。

每年秋收登场后,地主、富农凭借占有土地向佃农收取地租。丰年广大农民尚能勉强过日子,灾年则交地租后,所剩无几难于度日。

由于封建土地所有制的束缚,农民生活贫困,致使农业生产力长期不能发展。

第二节　土地改革

中华人民共和国成立前夕,生产资料属私人所有。1949 年冬,在县委工作组指导下,七都、庙港农村开展减租减息。1950 年,国家颁布《中华人民共和国土地改革法》。1951 年 1 月,七都、庙港乡进行土地改革,发动群众,清查土地,划分阶级成份,没收地主多余的土地和房屋、财物及祠堂、庙宇所有土地,征收商业者在农村占有的土地及富农、小土地出租者的多余土地,分配给少地无地的贫、雇农民,人均得耕地约 1.5 亩。留给地主每人一份土地、房屋。

据土地改革时的资料记载:七都地区没收、征收地主多余的土地 12854 亩;庙港地区没收、征收地主多余的土地 19857 亩。

1951 年上半年,进行土改复查验收,处理有关遗留问题,将没收、征收的土地分配给少地无地的贫、雇农民,人均得耕地 1.5 亩,留给地主每人一份土地,使其能有在劳动中改造成为自食其力的劳动者。是年 10 月,七都、庙港乡召开农民大会,按户由县颁发房屋土地产权证书。农民分得土地后,由人民政府发给土地证,实行耕者有其田。

第三节　农业合作化

一、互助组

1951 年 12 月,中共中央发布《关于农业生产互助合作的决议(草案)》,随后,大庙区人民政府号召农民组织起来,克服生产和生活上的困难,鼓励农民在劳力和生产资料等方面进行交换互助,以亲邻好友为对象,组织临时性、季节性伴工互助组,并逐渐过渡到常年固定互助组。1952 年,第一批常年互助组成立。七都乡群丰村(今属隐读村)的吴阿年常年互助组是吴江县先进单位,得到县政府的嘉奖。1953 年下半年,大庙区对互助合作中求"快"求"高"倾向及一些管理不善的互助组进行整顿。

二、初级农业生产合作社

1953 年,基础较好的常年互助组逐步转变为初级农业生产合作社(简称初级社),经过县试点,大庙区以庙港乡为试点乡,在大明港南明村(今属联强村)建立第一个初级社,社名南星初级社。1954 年上半年,七都乡成立的初级社有:先行社、团群社、永旗社、虹民社等。下半年,其他的常年互助组也纷纷向初级农业生产合作社转化。庙港原光荣乡出现邱云高等一批自发组成的初级合作社。1955 年,七都地区共建立初级农业生产合作社 77 个,入社农户占 95% 以上。初级社的农户土地以股入社,耕畜、大型农具折价入社,按"土、劳分红"的方式进行年终分配。1956 年初,庙港地区共建初级社 93 个。

三、高级农业生产合作社

1956 年 1 月,在农业合作化运动高潮推动下,群丰高级农业生产合作社(简称高级社)成立,为七都地区第一个高级社。联三高级社成立,为庙港地区第一个高级社。此后,初级社逐步合并为高级社。至 1956 年底,庙港乡建立勇星、金明、友谊、轮穗、曙光、合群、繁荣、七一、富强、五联、三联、富联、丰民、联三、胜利、开明、庆祝、建设 18 个高级社。至 1957 年,七都乡建立勇联、幸勤、金星、光明、荣星、先行、四联、新恒、新礼、群丰、建群、五一、先锋、永民、建民、益民、卫民、虹民、胜旗、益旗、群旗、幸福、卫星、利星 24 个高级社。每个高级社的规模一般在 100~400 户之间。高级社设管理委员会,负责社务管理。以自然村为单位建立生产队,作为经济核算单位,土地私有制全部改变为集体所有制。高级社取消"土、劳分红",大型农具、耕畜折价归公,实行分年还本。男女劳力分等定级评工记分,收益分配按劳取酬。至此,七都、庙港地区基本上完成对农业的社会主义改造,实现农业集体化。

第四节　人民公社

1958 年 9 月,七都人民公社成立,下辖红旗、跃进、光明、火箭、上游、东风、先锋、英雄、钢铁、幸福、卫星 11 个大队。庙港人民公社成立,下辖八联、富强、七一、繁荣、合群、曙光、轮穗、友谊、陆港、开明、联三、丰民、光荣、富联 14 个大队。原高级社的生产队建制不变。社员私有牲畜(猪羊)折价归集体饲养。劳动组合实行"三化"(组织军事化、行动战斗化、生活集体化)。劳动力分等级,在生产上劳力统一调动,搞大兵团作战。经济核算实行公社、大队两级核算。社员自留地全部收归集体,以自然村为单位开办大食堂,短期实行"吃饭不要钱",刮起共产风。

1961年上半年,根据《中共中央关于农村人民公社当前政策问题的紧急指示信》(即十二条)的精神,纠正一平二调(平均主义和劳力、物资统一调配),刹住共产风,退赔平调物资,恢复原来管理体制,确立三级所有,队为基础的经济管理体制。以生产队为经济核算单位,贯彻按劳分配的原则。生产队劳力、土地、耕畜、大型农具四固定,恢复自留地、饲料田,允许社员搞家庭副业,农业生产逐步得到发展。"文化大革命"期间,左倾错误思想泛滥,缩减自留地。1976年10月,粉碎"四人帮"反革命集团后,左倾错误思想得以纠正,农业生产再显生机。

第五节　联产承包责任制

一、分组联产承包责任制

1978年初,七都公社吴溇大队第十生产队在全县率先实行分组联产责任制,年终结算,社员收入明显增加。中共十一届三中全会后,农村实行经济体制改革,推行生产责任制。1981年,庙港公社月字圩大队自发实行联产到劳(户)的责任制,但当时有部分干部一时思想不通,认为"分田单干",是"辛辛苦苦三十年,一夜回到解放前",后经宣传教育,才变阻力为动力。

1983年春,庙港公社合群大队实行生产队分组联产责任制,年终结算,经济收入显著增加。

二、家庭联产承包责任制

1983年下半年,在上级党和政府的领导下,七都、庙港乡普遍实行家庭联产承包责任制。生产组村民每人分口粮田,务农劳力承包责任田(俗称责任田或承包田),包产到户,村民按合同上交一定数量的税费和国家收购的物品。七都乡26个农业行政村、庙港乡20个农业行政村全部实行家庭联产承包责任制,从此改变人民公社"一大二公""大集体"的劳动组织和分配方式,解放生产力。1984年,七都乡粮食总产量25175吨,比1983年增产3688吨;庙港乡粮食总产量19485吨,比1983年增产1217吨。

家庭联产承包责任制的推行,稳定农业劳动力,体现按劳分配原则,提高农民的劳动积极性和创造性,增加产量,解放大批劳动力,为发展工副业生产提供条件。

三、土地确权发证

1997年6月,中共中央、国务院办公厅发出《关于进一步稳定和完善土地承包关系的通知》(下称《通知》),《通知》指出,"第一轮土地承包到期后,土地承包期再延长30年""延长土地承包期后,乡镇人民政府农业承包合同主管部门要及时向农民颁发由县或县级以上人民政府统一印制的土地承包经营权证书。"1998年8月29日,根据省、市意见,七都镇、庙港镇党委、政府、农工商总公司联合下发〔1998〕24号《关于稳定完善土地承包关系和确权发证工作的实施意见》(下称《实施意见》)等文件。《实施意见》明确规定,"农户具有承包经营权的耕地统称为'承包地',不再分为口粮田与责任田,实行按人平均计算。""承包人口的确定,应以符合土地承包政策规定的在册农业人口为准,具体时间为1998年8月1日"等政策界定和实施原则;《实施意见》还进一步明确要使"要种田的农户有田种,农民自愿放弃的田有人种""确权后的土地需转包经营者,必须签订土地使用流转协议书和规模经营承包协议书"等具体办法。

此项工作经过宣传发动、核实人田基数、确定调整方案、做好确权发证测算方案、公布方案、征求农民意见、签订土地流转协议、填制土地承包证书、签字发证等环节,于9月底全面结束,历时近1个月。

七都镇 26 个农业行政村中,对因国家重点建设工程影响、镇郊规划区和少数不足分田的 12 个村民小组 348 户,实行缓发、不发土地承包经营权证,涉及面积 653.88 亩;245 个村民小组 7144 户取得确权证书,发证 28426 人,发证面积 22226.416 亩,户发证率、农户签字率、流转协议签订率均为 98% 以上;全镇确权发证的 7042 户中,要求土地流出的有 3233 户,占发证农户的 45.9%,流出面积 2162.012 亩,占确权发证面积的 9.7%;要求流进的有 2805 户,流进面积 1347.459 亩,其中规模经营 9 户;流出土地的 3233 户农户均与村委会签订《土地委托转让协议书》。

庙港镇 20 个农业行政村中,对因国家重点建设工程影响、镇郊规划区和少数不足分田的 14 个村民小组 389 户,实行缓发、不发土地承包经营权证,涉及面积 1121.31 亩;196 个村民小组 6091 户取得确权证书,发证人数 24399 人,发证面积 15247.418 亩,户发证率、农户签字率、流转协议签订率均为 98% 以上;全镇确权发证的 6091 户中,要求土地流出的有 1937 户,占发证农户的 31.8%,流出面积 813.4 亩,占确权发证面积的 5.3%;要求流进的有 1937 户,流进面积 813.4 亩,其中规模经营 44 户;流出土地的 1937 户农户均与村委会签订《土地委托转让协议书》。

表 4-1　　　　　　　　　　　1998 年七都镇土地确权发证基本情况表

村名	土地户籍核实 现有耕地面积(亩)	土地户籍核实 户数(个)	发证情况 户数(个)	发证情况 面积(亩)
勇联	1058.24	313	313	1058.24
双石港	871.31	258	258	871.31
蒋家港	1036.953	415	415	1036.953
叶港	711.948	264	264	711.948
染店浜	757.34	268	268	757.34
李家港	967.73	328	328	967.73
行军村	1221.374	390	390	1221.374
吴溇	675.313	396	147	377.333
薛埠	582.196	202	202	582.196
沈家湾	918.87	592	391	562.97
勤丰	1385.029	418	418	1385.029
建勤	581	145	145	581
焦田	778.27	209	209	778.27
丁家湾	1137.219	338	338	1096.249
永民	989.684	263	263	989.684
方家桥	771.905	188	188	768.313
长村	1030.48	268	268	1030.48
横塘	671.453	181	181	671.453
长巨港	1160.658	318	318	1160.658
双荡兜	742.29	245	245	741.11
钮家兜	590.619	184	183	588.884
前浜兜	648.46	195	195	648.46
文义兜	783.8	225	225	783.8
桥下	1236.245	315	315	1236.245
菱荡湾	1187.217	384	384	1187.217
邱田	432.17	191	191	432.17

注:吴溇村有 249 户、297.98 亩,沈家湾有 201 户、355.9 亩土地不发、缓发证。

表 4-2　　　　　　　　　　　1998 年庙港镇土地确权发证基本情况表

村名	土地户籍核实 现有耕地面积(亩)	土地户籍核实 户数(个)	发证情况 户数(个)	发证情况 面积(亩)
勇星	683.29	264	264	683.29
金明	837.36	378	378	837.36
更楼港	793.91	346	346	755.41
曙光	863.12	327	327	822.42
轮穗	679.8	327	327	679.8
合群	873.994	390	390	873.994
庙港	815.663	405	405	815.663
七一	830.96	386	386	830.96
富强	953	379	379	953
五联	981.92	352	352	981.92
罗港	689.48	263	263	689.48
富联	1121.317	389	—	—
月字圩	433	230	230	433
太平桥	547.615	191	191	547.615
民字浜	790.74	304	304	790.74
张家浜	511.542	184	184	502.612
欢喜桥	1434.783	320	320	1434.783
行义港	713.55	253	253	713.55
西草田	512.99	193	193	512.99
开弦弓	1388.831	599	599	1388.831

注：富联村的 389 户、1121.317 亩土地不发、缓发证。

四、农村土地承包经营权流转

（一）适度规模经营

1991 年 11 月，中共十三届八中全会通过《关于进一步加强农业和农村工作的决定》，要求不断完善统分结合的双层经营体制，深化农村改革。七都镇在原有小规模经营农业的基础上，以农业公司为依托，逐步组建农场和发展农业大户。1994 年，七都镇李家港村（现为双塔桥村）办起小型合作农场，桥下村和文义兜村（现合并为群幸村）有三户农业承包大户。农村经济体制改革后，干部、群众运用经营自主权，发展商品生产，广开致富门路。庙港镇出现各种专业户和专业村。

（二）股份制合作社

1. 土地股份合作社

2007 年起，部分行政村成立土地股份合作社。至 2008 年底，全镇有土地股份合作社 17 家，入股土地面积 10286 亩。其中从事水产生产的合作社 14 家，入股面积 9188 亩，从事种植和其他合作社 3 家，入股面积 1098 亩。土地股份合作社实行农民以土地入股，经营户年终收益分红。普遍实行的是保底分红，保底分红一般掌握在每亩 600～1000 元左右，入股农户普遍得到实惠。

2015 年，七都镇有土地股份合作社 21 家，入社农户 11269 户，涉及人数 42446 人。入股土地面积 28700 亩。其中从事种植业的面积 7209.9 亩、从事水产养殖业及其他的面积 21490 亩。合作社总收入 2616.4 万元，实际保底分红总额 2547.8 万元，土地入股亩均保底分红 888 元每亩。吸纳入股农民 495 人，入股农民在合作社打工工资总额 779 万元。

2. 社区股份合作社

2007 年，全镇 22 个行政村和 2 个渔业社区成立 24 个社区股份合作社。合作社共涉及农户

13262户,入社社员57446人,量化股份56618.5股,设置基本股与共享股。24个股份合作制改革单位中除3个负资产的村只量化股份外,其余21个村社区都实行存量折股的办法,其量化集体净资产3632.6万元,全镇平均每股净资产660元。24个股份合作社共推荐出股东代表1217人,选举产生董事会成员120人,监事会成员72人。

2015年,七都镇有24个社区股份合作社,其中工商登记22个。入社农户总数14533户,拥有股权的农户14533户。社员总数62627人,享有股份社员62314人。有总资产19828万元,净资产10717万元,合作社股金总额5300万元。本年收入6707万元,其中物业租赁发包收入1468万元、财政补助收入2882万元、其他收入2357万元,本年支出4722万元。本年收益1985万元,提取公积金、公益金1854万元;各项福利分红131万元。

(三) 专业合作社

2009~2015年,七都镇经苏州市吴江区市场监督管理局注册登记的专业合作社10个,其中水产专业合作社6个,苗木专业合作社4个。

表4-3　　　　　　　　　　　2015年七都镇专业合作社情况表

名称	成立时间	地址	参加农户(户)	法人代表	经营范围	注册资金(万元)	销售量
吴江市盛庄太湖蟹养殖专业合作社	2009年2月	盛庄村	10	王宝荣	蟹养殖、销售	172	销售蟹35吨
吴江盛庄苗木专业合作社	2010年12月	盛庄村	106	刘永根	苗木种植及销售	318	销售树木6万株
吴江市七都镇伟鳖太湖水产专业合作社	2012年9月	西漾渔业社区	5	朱伟	水产养殖及销售	50	销售水产品75吨
吴江市东盛太湖蟹水产养殖专业合作社	2012年10月	盛庄村	52	盛荣杰	太湖蟹养殖、销售	50	销售蟹25吨
苏州市品园苗木专业合作社	2012年11月	东庙桥村	35	周伟琴	花卉苗木、盆景种植、销售	1000	销售苗木20万株
苏州联众蟹业专业合作社	2012年12月	盛庄村	9	卢国丰	大闸蟹、鱼虾养殖、销售	100	销售蟹50吨,鱼虾10吨
苏州市绿和苗木专业合作社	2013年5月	东庙桥村	20	柳建国	绿化苗木的种植及销售	213	销售苗木8万株
苏州市春辉太湖水产养殖专业合作社	2013年5月	燐烂村	58	李民	水产养殖、销售	100	销售水产品30吨
苏州诚仁苗木专业合作社	2014年3月	丰民村	5	张学忠	苗木种植、销售	100	销售苗木5万株
苏州市荷花湾水产养殖专业合作社	2014年11月	开弦弓村	10	姚勋元	水产养殖销售,水产饲料、鱼药销售	100	销售水产饲料500吨、鱼药200千克、甲鱼6.5万只,销售苗木5万株

五、惠农政策补贴

2001年起,吴江市逐步进行农村税费改革,内容包括四个"取消"(取消镇统筹费,取消农村教育集资以及对农民的行政事业性收费和政府性基金、集资,取消农村劳动积累工和义务工,取消屠宰税)、两项"调整"(调整农业税,调整农业特产税)、一项"改革"(改革村提留经费)和三项"补助"(财政转移支付补助、水稻补贴、良种补贴)直接发放到户。

2004年,七都镇农服中心做好为农服务工作,宣传各类扶农、惠农政策,做好涉农补贴发放工作,做到公平、公正、公开、透明、准确、及时、有序、无误。水稻每亩补贴20元,水稻良种每亩补贴10元,直接发放到户。七都镇涉农补贴共311.52万元,其中:农业税补贴132.61万元,转移支付补助97.51万元,直补农业资金81.40万元。

2008年,七都镇涉农补贴共515.62万元,其中农村定工报酬107.6万元,转移支付补助89.49万元,直补农业资金318.53万元。

2015年,七都镇农服中心做好涉农补贴发放工作,发放农资综合补贴250.12万元,涉补面积3.02万亩;发放粮食直补8.40万元,涉补面积4202.2亩;发放国家良种补贴4.95万元,涉补面积4123.5亩。发放水稻种植生态补偿204.28万元,累计发放国家补贴资金472.76万元。发放中央财政"一喷三防"(喷农药、防病、防虫、防干热风)补助物资,多酮13.99千克,甲硫灵58.56千克,吡蚜酮163.2千克,腐植酸叶面肥132千克。开展各种农业实用技术、技能的培训,编制七都农业信息,把一些实用的、科学的、新型的农业种养技术及时送到千家万户的农民手中,提升他们的种养技能。

六、减免农业税

2001年4月,吴江市实行农村税费改革,不再重复征收农业税和农业特产税,取消农业特产品收购环节税,取消村提留经费。2003年,将农业特产税改征农业税。取消农业税附加,农业税由村级代缴、市镇两级财政补贴,农民不再负担税费。七都镇按规定农业税每亩征收62.83元,按实际承包面积计算,征收130.68万元,农民人均负担额为5.53元,比2002年农民人均负担水平低,且低于国务院标准。由村级代缴、市镇两级政府补贴的方法。2004年,七都镇应征收132.64万元,由村代缴、市镇两级政府补贴,农民实现农业税零负担。2005年起,取消农业税,全国不再征收农业税。

第二章　粮油作物

第一节　水稻　三麦

一、耕作制度

七都、庙港系低洼水网圩区。农田历来以种稻麦为主,稻季以后,大部分土地种三麦、油菜、蚕豆等。50年代初,一年种麦(或油菜)、稻两熟。1956年,庙港乡试种双季稻成功。1960年,七都公社试种双季稻成功。开始实行双三制(两茬稻、一茬麦或油菜),种植面积逐年扩大。双三制面积的扩大,粮食增长速度比较快。复种指数的提高,带来肥料、季节和劳力等矛盾,年粮食总产量逐渐停滞不前。种植双季稻,产量高,成本大,增产不增收,且双季稻出米率比单季稻低,米质又差。双三制发展大致经历五个阶段:1956~1965年,为双三制试种始发阶段;1966~1970年,为双三制发展阶段,双季稻占水稻面积的32%~70%;1971~1981年,为双三制大发展阶段,双季稻总面积占水稻面积的83%~96%;1982~1984年,为双三制稳定调整阶段,双季稻总面积占水稻面积的71%~76%;1985~1991年,随着家庭联产承包责任制的推行和农村产业结构的调整,七都乡双季稻面积从17306亩下降到1927亩。庙港乡双季稻面积从18321亩下降到533亩。1992年开始,全部恢复种植单季稻。

2003年,七都、庙港镇合并后,农作物主要采用稻、麦(油菜)两熟制的耕作制度。

2015年,全镇粮食作物种植面积15245亩,三麦种植1634亩,水稻种植13611亩,油菜籽种植1545亩。

二、良种繁育

(一) 水稻品种

中华人民共和国成立初,水稻主要品种是粳稻,多数是地方品种早熟晚粳。50年代,七都乡晚粳稻品种有老来青、飞来凤等。庙港乡单季晚稻有大稻头、芦花白、牛毛黄、石芦种、洋稻等传统品种。1956年起,七都乡以晚粳为主搭配红壳籼和白皮籼。庙港乡开始栽种双季稻,品种为有芒早沙粳、无芒早沙粳。

60年代,七都公社双季早稻推广优良品种二九南一号、矮脚南特、有芒早粳、无芒早籼等,单季稻推广优良品种农垦58,该稻种具有矮杆、抗倒伏、产量高等优点,亩产提高到400多千克,比1963年增产约100千克。庙港公社双季稻品种有莲塘早、矮南早一号;单季稻有老来青、853、苏稻一号、晚糯、花壳晚糯,中熟稻以早石稻桂花球为主,后季稻以农垦58为当家品种。

70年代起,七都公社双季早稻品种以二九青、原丰早、中杆早、广六矮四号等品种为主;单季稻选育、推广桂花黄、广二矮3号、农虎6号、沪选19、嘉农33、武农早等。1978年开始,逐步推广"杂交稻",杂交水稻具有省工、省本、高产等优点,一般亩产都在400千克以上。由于杂交稻是籼稻型,并易感染白叶枯病,以后逐渐淘汰。庙港公社双季稻品种有广陆矮四号、原丰早、中杆早、二九青;后季稻以农垦6号、嘉农33为当家品种,单季稻以农垦6号、加农33、广二矮3号、苏稻二号为主。

80年代,七都公社逐步推广8006、测48、8204、丙91-17、早单八等品种。庙港公社前季稻品种以广六矮四号、原丰早、中杆早为主,中熟稻品种有早籼早二六和二九丰。后季稻品种有秀水48、农桂早、昆农选16、复虹糯6号、紫金糯、祥湖47、盐粳2号。单季稻用嘉农33和秀水48为主,1985年起,以晚粳秀水24为主要品种。

1993年后,七都、庙港农业公司更重视种子调优工作,逐年引进推广复选4-1、84-84、83-25、秀水122、秀水63、98-101、98-110、武运粳七号、97-46、嘉991、武粳15、嘉33等水稻新品种。2000年,首次较大面积种植杂交粳稻品种申优一号。2003年,推广杂交粳稻品种常优一号。2004年后,推广苏引201、嘉33、嘉991、武粳18、苏香粳1号、秀水134、武育粳20、武运粳19、武运粳29、申优等水稻新品种。

2015年,引进推广常优一号、申优、甬优8号、南粳46等优良品种。

(二)"三麦"品种

50年代,七都乡小麦主要品种有矮粒多。庙港乡重点推广矮粒多,引种2419、玉皮、骊英1、3号、六柱头、江阴长箕白壳等新品种。60年代,七都公社小麦品种有扬麦3号、吉利麦。庙港公社小麦品种有吉利麦、阿夫、矮秆红、华东6号,元麦品种有立夏黄、七五七。70年代,七都公社小麦品种有扬麦3号,大麦品种有早熟3号。庙港公社小麦品种有扬麦1号、武麦1号,元麦品种有114,大麦品种有早熟3号。

80年代,七都公社小麦品种有扬麦5号、扬麦4号和3号。庙港公社小麦品种有扬麦3号,引种扬麦4号,元麦品种有浙114,大麦品种有早熟3号、矮脚早熟3号。

90年代起,三麦种植面积逐渐减少。1993年,七都镇推广扬麦158、93-56。90年代中期开始,搭配宁麦8号、扬麦10号。宁麦8号是由江苏省农科院选育出的春性小麦新品种,具有分蘖性较强、耐肥抗倒、中抗赤霉病、后期熟相好、穗大粒多等良好性状。庙港镇小麦品种有扬麦5、7号,大麦品种有早熟3号,元麦品种有浙114。

2003年后,扬麦11号、扬麦12号、扬麦13号、扬麦14号、扬麦16号、镇麦10号等品种相继推广。

2015年,扬麦14号、扬麦16号、镇麦10号等品种继续推广。

三、作物栽培

(一) 水稻

60年代,稻种以泥水选种,用西力生、402、多菌灵、赛力散等浸种。早稻催芽方法改少浸为多浸,改栈催为囤催,以后发展到塑料薄膜坑床地温催芽,出芽率90%以上。单季稻推广小株方形密植株、行距(5寸×5寸,1寸合3.3厘米)的栽插方式(每亩约插2.4万穴)。70年代起,在育秧方式上,改水稻田为通气秧田,培育壮秧为目的,以稀播水育大秧为主,因地制宜采用不同的育秧方式;双季早稻两熟制以尼龙育秧为主,早三熟由尼龙条寄育秧,发展到旱地小苗条寄育秧,有利提茬争季节,晚三熟以露地条寄代替棵寄秧关门,有利平衡增产。推广宽狭行条栽,以保证一定苗数的同时,增加通风通气条件,增强防病抗倒能力。

80年代,推广水稻宽行条栽,单季稻亩栽密度30000~33000穴,株、行距6寸×3寸及5寸×4寸。推广"平衡促进"施肥法。提倡氮磷钾三肥配套,施足基肥,适当施用分蘖肥,看苗施好穗肥。1992年,水稻推广宽行条栽,实施小群体、壮个体、高积累的群体质量栽培技术,栽培面积逐年增加。单季稻亩栽密度2万穴左右,株行距7~8寸×4寸左右。栽后至够苗以浅水促分蘖,够苗后"早、轻、多"搁好田,后期干干湿湿,以湿为主。栽后活棵后,结合施用分蘖肥用除草剂化除,根据田间病虫发生情况防好稻飞虱、螟虫、纵卷叶螟、纹枯病等。

1993年,从日本引进水稻肥床旱育稀植技术,至1996年,七都镇推广面积23115亩,占水稻面积94.8%。庙港镇推广面积17871亩,占水稻面积91.9%。秧田一般选用土壤肥沃、疏松的冬闲田或蔬菜地,冬前耕翻培肥,播量每亩80千克,秧田与大田比例1∶30,盖膜盖草,保湿齐苗,注重旱育秧,发挥秧苗根系优势。

1999年,随着农机具补贴力度逐年增加及相关高产配套技术措施的落实,机插秧面积逐年扩大。2000年,七都镇试种水稻直播(将稻种直接播于大田的种植方式)。2004年,全镇水稻种植面积23588亩,其中水稻直播面积2000亩。

2008年,全镇水稻种植面积20382亩,其中水稻直播面积20000亩。直播稻一般于6月上旬播种,每亩播种量掌握4千克左右,播前种子药剂浸种,催芽均匀播种。

2015年,全镇水稻种植面积13611亩,其中机插秧面积1643亩,水稻直播面积11968亩,主要集中在勤幸、双塔桥、太浦闸等村。

(二) 三麦

传统三麦种植方式经犁坯、做坯,麦种落在坯上,坯间开沟。50年代末,提倡深翻。60年代末,推广坯间开深沟。1974年,部分麦田改为开暗沟,但费工费时,后又恢复明沟。

80年代开始,推行种"稻板麦"(免耕法),免耕栽培一般在11月上旬,将麦种直接撒于施好基肥的稻板上,用机械开沟或人工开沟,沟泥用以盖麦种根部壅土。三叶期施好苗肥,冬前化学除草。三月上旬施好拔节孕穗肥,抽穗期防赤霉病、纹枯病等。据试验,免耕麦比耕翻麦平均增产15%,由于符合科学原则,稻板麦逐渐成为主要的栽培方法。但在耕作中,一定要做到高畦深沟,三沟配套,才能防治麦田渍害,有利提高产量。

至2015年,全镇种植的小麦1634亩,均采用免耕法。

四、病虫害防治

病虫害的发生、危害与耕作制度、品种布局、栽培方式、管理和气候条件密切相关。全镇主要作物水稻的主要病虫害有条纹叶枯病、纹枯病、稻瘟病、稻曲病、螟虫(三化螟、二化螟、大螟)、灰飞虱、褐稻虱、纵卷叶螟、稻苞虫、稻蓟马等。麦类主要病虫害有赤霉病、白粉病、麦蚜、麦粘虫等。

(一) 稻瘟病

稻瘟病是危害水稻的主要病害,1974年、1980~1981年,灾情较严重。1996起,每年都有发生。其中,1996年为中发生年,1997~2013年为轻发生年,2014年为中发生年,2015年为中偏重发生年。防治方法,主要选择抗病品种,培育健壮秧,合理施肥,控制氮肥用量和及时用多菌灵、稻瘟净、三环唑、井岗霉素、甲基托布津、井岗三环唑等农药防治。

(二) 条纹叶枯病

条纹叶枯病主要危害水稻秧田及大田前期,1981~1983年,为大发生年。1999~2005年中等、中偏重发生年,且呈上升趋势。2006~2007年为重发生年,防治方法,主要选择抗病品种,药剂浸种,采取秧田、大田防治来控制发病,用无纺布覆盖育秧施用吡蚜酮防治。

(三) 螟虫

螟虫有大螟、二化螟、三化螟。1978~1980年,为较严重的发生年。2000~2005年,发生面积占水稻面积90%,虫情属偏重至大发生。防治方法:根据发生情况及时用阿维菌素、水胺硫磷、甲维盐、杀虫安、阿维三唑磷二、嗪辛硫磷等药剂防治。

(四) 稻纵卷叶螟

稻纵卷叶螟二、三、四代危害水稻,1975年为特大发生年。1996~2015年,大发生6年,分别是2003年、2005年、2006年、2007年、2011年、2012年。防治方法:除合理施肥、防止苗禾过嫩而诱发为害外,主要采用农稠、乐斯本、丙溴·氟铃脲、二嗪辛硫磷、噻杀单、甲维盐等药剂防治。

(五) 稻飞虱

稻飞虱有褐飞虱、灰飞虱、白背飞虱、拟褐飞虱、伪褐飞虱、花飞虱,以灰飞虱、褐飞虱危害为主。褐飞虱,系迁飞性害虫,危害水稻后期,重则连片枯死。1968年、1970年、1975年、1983年为大发生年,1985年、1987年、1996年、1997年、2005年、2006年为大发生年。防治方法:主要选择抗病品种,培育健壮秧,合理施肥,控制氮肥用量和及时用烯啶虫、吡蚜酮、噻嗪酮、吡蚜酮异丙威等农药防治。

(六) 水稻纹枯病

水稻常年病害,各生育期都有发生,1981~1982年为大发生年。1996~2015年,每年都有不同程度的发生。大部分年份为中等发生年,防治方法施用井岗噻嗪酮、井岗霉素、井岗蛇床素等农药防治。

(七) 水稻干尖线虫病

1996~2015年,零星发生,品种间差异较大。防治方法:主要选择抗病品种,药剂浸种。

(八) 恶苗病

1996~2015年,自然发病等级属中等偏轻。防治方法:主要选择抗病品种,药剂浸种。

(九) 稻曲病、稻蓟马

1996~2015年,自然发病等级属中等偏轻。防治方法:主要选择抗病品种,药剂浸种,兼治用药。

(十) 赤霉病

赤霉病是危害麦类的主要病虫害,为七都常发性流行病害,发病范围广,流行频率高,原因是麦子穗期逢多雨季节。1996~1997年,因多雨造成病害流行,1998年、2010年、2011年、2013年发病偏重,2014~2015年为大发生年,其余年份中等危害。防治方法用多菌灵、三唑酮、农麦来等农药防治。

表4-4　　　　　　　　　　　1996~2015年七都镇水稻病虫害发生情况表

年份	稻瘟病	条纹叶枯病	螟虫	稻纵卷叶螟	稻飞虱	赤霉病
1996	中	轻	中等	中偏重	偏重至大发生	中等
1997	轻	轻	中偏轻	中偏重	大发生	中等
1998	轻	轻	中偏轻	中等	中等	偏重
1999	轻	中偏轻	中偏重	中等	中偏重	中等
2000	轻	中偏轻	偏重	中偏重	中等	中等
2001	轻	中等	偏重	中偏重	轻发生	中等
2002	轻	中等	偏重至大发生	偏重	中等	中等
2003	轻	中偏轻	大发生	大发生	中偏重	中偏重
2004	轻	中偏重	偏重至大发生	偏重	中偏重	中偏重
2005	轻	中偏重	大发生	大发生	大发生	中偏重
2006	轻	重发生	中偏重	大发生	大发生	中偏重
2007	轻	重发生	中偏重	偏重至大发生	中偏重	中偏重
2008	轻	中偏轻	中偏重	偏重	中偏重	中偏重
2009	轻	中偏轻	中偏重	偏重	中等	中偏重
2010	轻	中偏轻	中偏重	偏重	中等	偏重
2011	轻	中偏轻	中偏重	大发生	中偏重	中偏重
2012	轻	中偏重	中偏重	大发生	中偏重	中偏重
2013	轻	中等	中偏重	中偏重	中偏重	偏重
2014	中	中等	中等	中偏重	中偏重	大发生
2015	中偏重	中等	中等	中偏重	中偏重	大发生

五、粮食播种面积和产量

（一）面积

1983年，实行家庭联产承包责任制时，七都乡粮食播种面积31086亩，庙港乡粮食播种面积25375亩。1996年，七都镇粮食播种面积32496亩，庙港镇粮食播种面积26272亩。2003年，七都、庙港镇合并后，全镇粮食播种面积30350亩。2015年，七都镇粮食播种面积15245亩。

（二）产量

1983年，七都乡水稻亩产588.6千克，总产量18286.8吨，三麦亩产285千克，总产量3131.6吨，全年粮食总产量为21418吨；庙港乡水稻亩产503.7千克，总产量15309.7吨，三麦亩产216.2千克，总产量2959吨，全年粮食总产量为18268吨。

1996年，七都镇水稻亩产585.6千克，总产量14279吨，三麦亩产为258.9千克，总产量2911吨，全年粮食总产量为17190吨；庙港镇水稻亩产587.6千克，总产量11426吨，三麦亩产为327.6千克，总产量2236吨，全年粮食总产量为13662吨。在镇农业公司的指导下不断运用科学种田方法，引进稻麦优良品种，开展有效的防病治虫工作，稻麦亩产提高幅度较大。2003年，七都、庙港镇合并后，全镇水稻亩产574.4千克，总产量17357吨。2013年，水稻亩产622千克，为历史最高年份。2015年，三麦亩产365千克，为历史最高年份。

表4-5　　　　　　　　　　　1996~2015年七都镇水稻、三麦面积产量统计表

年份	粮食总产（吨）	水稻 面积（亩）	水稻 亩产（千克）	水稻 总产量（吨）	三麦 面积（亩）	三麦 亩产（千克）	三麦 总产量（吨）
1996	17190	24384	585.6	14279	8112	258.9	2911

(续表)

年份	粮食总产（吨）	水稻 面积（亩）	水稻 亩产（千克）	水稻 总产量（吨）	三麦 面积（亩）	三麦 亩产（千克）	三麦 总产量（吨）
1997	17256	24300	603.7	14670	7750	333.7	2585
1998	14874	23300	608.6	14176	4016	173.7	698
1999	12534	22800	527.5	12027	1870	270.9	507
2000	11499	20700	545.0	11282	840	258.1	217
2001	10569	18600	558.9	10395	840	206.7	174
2002	10382	19000	545.6	10366	80	204.6	16
2003	17389	30200	574.4	17357	150	214.1	32
2004	18815	32588	576.1	18757	258	226.8	58
2005	15161	31200	482.8	15063	350	277.1	97
2006	22675	39819	536.9	21378	5010	258.9	1297
2007	14387	22600	579.6	13070	5004	263.1	1317
2008	13006	20382	596.1	12150	3002	285.3	856
2009	12769	19993	604.4	12084	2580	265.8	685
2010	12162	19079	604.9	11542	2192	283	620
2011	12415	19079	611.6	11669	2045	365	746
2012	12507	19079	619.1	11811	1931	361	696
2013	11863	17934	622.0	11155	1965	361	708
2014	8461	14636	538.7	7884	1604	360	577
2015	8967	13611	615.1	8371	1634	365	596

注：2003~2015年，表内为七都镇、庙港镇合并后的数据。

表4-6　　　　　　　1996~2002年庙港镇水稻、三麦面积产量统计表

年份	粮食总产（吨）	水稻 面积（亩）	水稻 亩产（千克）	水稻 总产量（吨）	三麦 面积（亩）	三麦 亩产（千克）	三麦 总产量（吨）
1996	13662	19446	587.6	11426	6826	327.6	2236
1997	13838	19446	604.6	11757	6750	308.3	2081
1998	9955	14877	623.1	9270	3220	212.7	685
1999	8508	14270	584.1	8335	544	317.8	173
2000	8508	14270	584.1	8335	544	317.8	173
2001	8427	14050	589.2	8287	450	312.6	140
2002	8699	14460	591.8	8557	452	315.5	142

第二节　油　菜

一、作物品种

50年代，七都、庙港乡油菜种植推广早生朝鲜、胜利青梗等品种。60年代，七都、庙港公社推广军农1号。70年代，先后推广东胜14、上海23等品种。

80年代，种植华油8号、上海23。1989年起，七都、庙港乡油菜品种以中油821、苏油1号为主。1990年，油菜品种推广种植汇油50。

2003年后，七都镇引进油菜新品种史力丰，苏油1号仍为主栽品种，与史力丰并存。又引进油菜新品种史力佳等。2015年，继续推广苏油1号、史力丰、史力佳、汇油50等优良品种。

二、作物栽培

（一）油菜育秧

秋分播种，选择高处旱地做秧地，精整苗床，落籽均匀，施足基肥、追肥，及早除草、间苗，用药物防治病虫害，确保秧苗健壮。

（二）油菜移栽

传统油菜种植方法是用石制圆锥打潭移栽，上面盖灰泥，后改为用刀，横劈条栽。80年代起，全部采用免耕移栽的"稻板菜"种植方法，即按行距1.3尺（1尺合33厘米），株距5寸，用"刀板"在稻板田中劈横沟条栽，然后将油菜秧插入土缝后压实，并施用复合肥作随根肥，每亩移栽密度7000~8000棵左右。

三、油菜病虫害防治

（一）菌核病

菌核病是油菜病害，在油菜苗期和成株期均可发生，而以开花期后发病为重，油菜的叶、茎、花、荚都能受害，但以茎受害为最重。油菜开花期的降雨量多的年份发病率高，一般情况可减产20%左右，重发年份可减产30%以上。如1998年、2002年等在七都、庙港地区菌核病的发病率较高。

防治方法是合理密植，降水防渍，打掉下部老叶。药剂防治是在油菜开花盛期，叶病株率10%以下、茎病株率1%以上时用油丰灵或多菌灵药剂进行防治1~2次。

（二）油菜蚜虫

蚜虫多密集于叶背、菜心、茎枝和花轴上刺吸汁液，使叶片卷曲萎缩，幼苗生长迟缓；嫩茎、花轴生长停滞，花、角果数减少，常致植株枯死，并能传播病毒病。

药剂防治方法是根据发生的不同时期，用乐果、吡虫啉、菊脂类农药防治。

四、种植面积和产量

（一）种植面积

油菜是农民的主要经济作物和食用油来源。1983年，七都乡油菜种植面积为7453亩，庙港乡油菜种植面积为4659亩。80年代后期，农业产业结构调整，以及小麦、油菜籽购销全面走向市场，适时提出"缩麦稳油"新思路，油菜种植面积稳中有升。1989年，七都乡油菜种植面积为10656亩，庙港乡油菜种植面积为7883亩。1994年，七都镇油菜种植面积增至12036亩，庙港镇增至9146亩。1996年后，油菜的种植面积逐渐减少，2008年，全镇种植面积为2997亩。2015年，全镇种植面积为1545亩。

（二）产量

1983年，七都乡油菜籽亩产65千克，总产量268吨；庙港乡油菜籽亩产59千克，总产量185吨。随着种植技术的不断改进，产量较比过去明显提高。1996年，七都镇油菜籽亩产139.1千克，总产量1492吨。庙港镇油菜籽亩产131千克，总产量1386吨。1998年，油菜种植亩产大幅减少，是年，七都镇亩产量53.8千克，总产量570吨，庙港镇亩产量52千克，总产量493吨。为1979~1998年中亩产最低年份。2015年，亩产183千克，为亩产历史最高年份。

表4-7　　　　　　　　　　1996~2015年七都镇油菜面积产量统计表

年份	面积（亩）	总产量（吨）	年份	面积（亩）	总产量（吨）
1996	10727	1492	2000	10500	1596
1997	8717	1004	2001	8500	663
1998	10600	570	2002	8500	578
1999	7334	817	2003	10000	1177

年份	面积(亩)	总产量(吨)	年份	面积(亩)	总产量(吨)
2004	9160	1374	2010	3864	585
2005	10500	1636	2011	3386	613
2006	9554	1462	2012	2893	524
2007	9665	1469	2013	1996	363
2008	2997	453	2014	1990	358
2009	5887	904	2015	1545	283

注：2003~2015年，表内为七都镇、庙港镇合并后的数据。

表4-8　　　　　　　　　　1996~2002年庙港镇油菜面积产量统计表

年份	面积(亩)	总产量(吨)	年份	面积(亩)	总产量(吨)
1996	10580	1386	2000	9411	1250
1997	9250	1274	2001	8708	1090
1998	9483	493	2002	8000	768
1999	9588	1276			

第三章　蚕　桑

七都、庙港地处吴江县之西南，田少地多，有利栽桑。明末清初，已是桑树蔽野，殆无旷土。蚕桑生产历来是七都、庙港农村主要副业。民国13年（1924），江苏省立女子蚕业学校校长郑辟疆与费达生、胡咏絮等到开弦弓村建立育蚕指导所，推广改良种及育蚕新技术。民国23年，全县产茧6.8万担，庙港产茧4000担（1担合50千克），是民国年间庙港蚕桑生产的鼎盛时期。民国26~38年，桑地荒芜，蚕桑生产日趋萎缩。

中华人民共和国成立后，七都、庙港重视蚕桑生产。1954年，农户桑地入社参加共育。1958年起，采取"积极恢复，大力发展"方针，从安排桑苗、发放贷款等，蚕桑生产得到恢复。1985年，七都、庙港乡成为吴江县"产茧万担乡"（全县3个万担乡）。1992年，庙港镇蚕茧总产1200.62吨，为历史最高年份，此后国际丝绸市场价格下滑，茧价回落，蚕农积极性受挫。

2015年，七都镇桑地总面积6565.17亩，发种653张，产茧29.4吨。

第一节　栽　桑

一、桑地面积

1974年，七都公社桑地面积6570亩，庙港公社桑地面积5718.7亩。1984年，七都乡桑地面积5470亩，庙港乡桑地面积5263亩。1990年，七都乡桑地面积9035亩，庙港乡桑地面积8969亩。1996年，七都镇桑地面积9035亩。庙港镇桑地面积8100亩。2006年，七都镇桑地面积10050亩。2015年，七都镇桑地面积6565亩。

二、桑树品种

民国时期，七都、庙港地区的农户每年从浙江海宁、桐乡等地购进桑苗，品种有荷叶白、桐乡青、红皮大种等,于冬春栽种。50年代,发动群众采集桑果子,自建苗圃,各村(社)培养技术员,进行桑苗嫁接。以后几年桑苗基本做到自给自足,桑树品种多为湖桑。1958年,县苗圃推广湖桑32号。1962年,七都、庙港公社曾引进一之濑、剑持等裂叶品种,因产量低,叶质偏硬而淘汰。70年代,推广湖桑7号、199、197等品种。80年代,从浙江引进桑苗品种湖桑32号。90年代,仍以湖桑32号为主要品种。1999年,震泽镇蚕桑站承担《优质桑树新品种的适应性研究及桑树草本化栽培新模式建立》技术课题,从苏州蚕桑专科学校、浙江海宁等地,引进蚕专四号、大中华、农桑12号等品种。

2001年2月7日,庙港镇多服公司向行义港、开弦弓、曙光3个试点村免费发放浙江省农科院研制成功的农桑14号、农桑12号、农桑711新品种。2003年起,七都镇新栽桑以农桑12号、农桑14号和盛东1号新品种为主。至2015年,七都镇桑园品种结构以湖桑32号为主,农桑12号、农桑14号和盛东1号为辅。

三、桑树管理

（一）桑树栽培

历史上,七都、庙港地区的蚕农习惯于桑树行间种蔬菜,为便于耕作,树型养成中高干式,桑苗栽植后,在离地高30厘米处剪定,当新芽萌发长至15厘米时,选留上部生长健壮、着生位置匀称的新梢3枝,其余疏去,当年养成2~3根株条。翌年春季,在枝条离地1.30米处剪定,留成2~3个拳式,中高杆桑树苗,行距1.30米,株距1.20米,亩栽400~450株左右。1964~1968年,七都、庙港公社进行老桑改造,开始采取中低干树型,即定植后离地30厘米处剪定,选留3根新梢,第二年在离地50厘米处春伐,养成拳式,亩栽500枝,这种树型,亩株密、成林快、产叶量高。1983年冬,庙港乡开始在开弦弓村推行密植速成桑园,3个队共种23.1亩,降低树干、加密株数,促使提早成株,行距1.30米,株距50厘米,亩栽1000枝,栽植后当年在离地20厘米处剪定,选留萌发粗条3根,在5月下旬,盛叶期新梢有7张叶片时,留叶4片,剪去其梢,到秋季生长后可采叶养蚕。1990年后,七都乡采用"简易栽植方法,每亩密度800~1000株,1~2年养成"的管理技术,并逐步推广"水平剪梢法",至1996年,蚕农基本接受这一新技术。一般按桑园的整体长势留条长110~130厘米不等。

1997~2015年,桑树修剪一直沿用"水平剪梢法",这是深受蚕农欢迎的较成功的技术之一。

（二）肥培管理

历史上七都、庙港地区的桑地多间作,春夏用肥以桑树为主,秋冬用肥注重施在蔬菜地,施肥因户而异。肥料种类有:猪羊灰、大粪、豆饼、沙桑夷、河泥、脚干泥等。

中华人民共和国成立后,增养夏秋蚕,桑树需肥量大,加强肥培,采取科学用肥,讲究氮、磷、钾肥料要素质量,肥料种类除家积有机肥外采用化学肥料。春肥一般浅耕普施猪羊灰,作为催芽肥;再施碳酸氢铵或复合肥、钾肥为长叶肥;夏伐后谢桑肥,施肥量要占全年施肥量的一半左右;秋肥根据不同地块,追施肥料,满足两秋用叶,冬肥贯彻结合冬翻普施泥什肥、脚干泥等。90年代起,根据桑园土壤性质和桑园管理要求,结合农村管理习惯,采取"以产定肥,分类指导"的模式化施肥技术。1999年后,因亩养种量的逐年减少,农户一年施肥减至4次,分别是催芽肥、长叶肥、谢桑肥和长条肥。

2003年,七都镇属局部白土地区,土壤状况缺磷钾型,推出桑园施肥模式:春肥(3月下旬),每亩施复合肥75千克,过磷酸钙40千克;夏肥(夏伐后),每亩施尿素35千克,氯化钾10千克;秋肥(8月中下旬),每亩施尿素35千克;冬肥(落叶到封冻前),每亩施有机肥2500千克。至2015年,七都镇桑园施肥仍倡导模式化施肥。

桑树垡条后,气温升高,杂草繁殖快,影响桑地肥力,桑地需要及时除草。传统桑地除草一般用锄头,锄草数次。冬春进行一次中耕。80年代至2015年,采用人工与化学除草相结合,省工省力。

(三) 清理沟系

蚕农为保持桑地不积水，以增强桑园抗灾能力。开好一整套沟系，三沟配套，四面脱壳。每年清沟疏通，做到雨停沟干。

(四) 防病治虫

桑树病虫害主要有萎缩病（俗称癃桑）、桑疫（俗称膏药病）、桑螟、桑螨、野蚕、桑尺蠖、桑蓟马、红蜘蛛、桑毛虫、桑蛀虫、桑天牛等。1956年前，靠人工修桑刮卵，人工捉树杆桑虫。叶面虫害无药可治，夏秋叶无完整叶片。虫茧、虫的排泄物较多。60年代，桑树杆在冬春季涂抹石灰水，防治桑疫病发生。1962年，开始使用敌百虫精等药剂，喷洒在桑叶上杀灭桑蓟马、桑毛虫等。

1983年，桑黄化型萎缩病在七都、庙港暴发，据抽样调查，七都乡吴溇村严重田块病株率超过90%。在镇江蚕桑研究所协助下，果断采取挖除病株，用50%马拉松液或40%乐果连续3次药杀传媒昆虫，病情得到控制。夏末秋初是桑树叶面桑蓟马、桑毛虫、野蚕盛发期，所有地块施药数次，严格剂量和农药药效期，以免影响早秋蚕用叶。早秋上簇结束，及时喷打一次药剂，因距离饲养晚秋时间较短，采取分段施药，防止晚秋蚕中毒。1990年，庙港乡桑螟大发生，严重地块叶片吃剩叶筋，秋叶质量受到影响，为历年来两秋张产最低年份。

2001年，早春发生较严重的桑叶虫、蓝叶虫、桑象虫、桑尺蠖等，在害虫活动前及时做好清除桑叶落叶，修除枯桩、半截枝及有虫枝等工作，并集中收集烧毁处理。待上述食芽桑树害虫外出上树活动时，及时组织人工捕捉，以保护桑芽。发生虫害较严重的桑园，在3月底4月初，可用80%敌敌畏乳剂1000倍液杀灭桑叶虫、蓝叶虫、桑尺蠖等，用50%的杀螟松乳油1000倍液进行喷杀桑象虫。

2006年，七都镇为加强桑园害虫防治，更新桑树虫情测报灯，引进"佳多"多功能桑园测报灯，实现自动化控制、标准化测报。市桑病虫测报站专门召开桑病虫测报员培训会议，提高测报员认蛾水平。

2015年，仍采用传统方法防治桑地病虫害，使用高效低毒农药。

第二节 养 蚕

一、饲养品种

民国13年（1924），江苏省立女子蚕业学校蚕业推广部到开弦弓村开展"土种革命"，推广优选杂交春蚕种"赤热×诸桂（一化×一化）"。开弦弓村是江苏省推广改良蚕种较早的地方之一。民国14年后，采用吴江县友声蚕种场的五星牌、天元蚕种场的龙虎牌、浒墅关蚕种场的梅花牌、寿星牌、壬戌馆牌等蚕种。

中华人民共和国成立后，江苏省蚕种公司将蚕种统一改为红星牌。饲养品种有瀛翰×华八、瀛翰×华九、瀛文×华十等一代杂交品种。1956年，改为散卵盒种，卵量以克计算。60年代，七都、庙港公社饲养品种有苏16×苏17、新翰×新九。秋用蚕种有东34×603、306×华十。70年代，春蚕种有东肥×华合、苏1×苏2、苏5×苏6。

1980年，七都、庙港乡推广苏5×苏6、苏3×苏4、苏三九等新品种。1984年，推广新品种75新×7532、7532×75新、A四元、青松×皓月。1993年，引进朝鲜品种J107×J108。1994年，引进蚕农4号品种。2000年，七都、庙港镇饲养新品种苏镇×春光和春蕾×锡方。2001年，庙港镇推广秋用品种317×318。2002～2004年，春蚕品种为苏5×苏6、菁松×皓月、苏镇×春光。2007年，春蚕品种为秋丰×白玉和菁松×皓月，秋蚕品种为75新×7532。其后至2010年，仍采用7532×75新、菁松×皓月"等。

2015年，七都镇春蚕品种为秋丰×白玉，不养秋蚕。

二、饲养过程

（一）催青

清代以来,谷雨前后,蚕种用巾袱包裹,在阳光下晒热置于被褥之中,也有暖于胸前,负于背后,俗称"背韦陀",称"暖种"。

民国13年(1924),在开弦弓村提倡集体催青,缺少催青室,仍不能大面积推广。大部分蚕种仍由蚕农自己暖种。民国17年,提倡共同催青,蚕前共育室及蚕箔蚕台等蚕具均经彻底消毒,然后把蚕种分批次进室加温,逐日观察胚子发育进程,至孵化前发至蚕农,再进行补催青收蚁。

中华人民共和国成立后,蚕种共同催青一律免费服务。1956年,县蚕桑推广所在庙港乡建催青室,年催青蚕种1~2万张,加温设备用火缸,燃烧用炭,催青前10天左右做好消毒准备,夏秋蚕高温张挂湿布湿被防暑降温,由蚕桑技术干部负责指导催青,有员工日夜值班,逐日观察胚子发育情况,从进室催青到发种需时约8~10天。1984年,庙港乡蚕种由震泽中心站催青。七都乡建造催青室,加温设备逐步由火缸、火炉焰道改为电热加温,以后又安装空调,自动控制温湿度。催青期由专人日夜值班,逐日定时检查胚子发育过程,至孵化前夕发至蚕农,蚕种孵化率都在95%以上。1994年,市蚕桑站在松陵镇永康路新建催青室,七都、庙港的催青室停止使用。1994~2003年,七都、庙港镇养蚕的蚕种均由市蚕桑站供应。2004年起,七都镇养蚕的蚕种继续由市蚕桑站供应。

2015年,七都镇以养春蚕为主,蚕种由区农委供应。并由区农委催青。

（二）稚蚕共育

蚕农把蚕种拿到家后再进行补催青,经48小时孵化,收蚁,把鲜嫩桑叶切碎,洒在蚕蚁上,同时控制温度、湿度。收蚁历来用鹅毛掸子拂、蚕筷敲击等方法。1956年,为防止对蚁蚕的伤害,推广双网双收法。从收蚁开始共育2龄,有条件的到3龄,然后各户领回饲养。60年代,七都、庙港公社以生产队为单位共育。70年代,推广大炕床共育。1981年,推广"纸包收蚁法",亦称"棉纸吸引法"。1983年起,出现多种形式小蚕共育方法,小炕床联户共育,2010年,蚕农用瓶装温水放在泡沫塑料箱内加温、采用电热加温等。

2015年,七都镇采用纸包收蚁法进行收蚁。

（三）小蚕饲养

小蚕每日喂桑叶2~3次。随着蚕龄变化,切碎的叶片也逐渐放大。储藏桑叶密封保湿,保持新鲜。在蚕座内用"三七砻糠灰"(生石灰30%+砻糠灰70%)保持干燥。

中华人民共和国成立前夕,蚕户养蚕多数使用室内三角蚕台,分匾饲养。1954年,推行小蚕防干纸育,改变以往无复盖的饲养方法,每日给桑3回,称"三回育",一龄用块叶,二龄用块叶叫木梳片叶,三龄后用全叶。一龄蚕屎甚少,不用清除,二龄起需要每天清除蚕屎,称为"除沙"。蚕室设置干湿温度计,观察龄期所需温湿度。既保叶质新鲜,又增强蚕的体质。1958年,推行地火龙加温养蚕。1970年,推行炕房育蚕,做到保温保湿,以适应蚕体生理需要,有利于提高蚕茧张产。1972年,庙港公社开弦弓大队运用炕床加温,防止干保湿养小蚕,提高平均张产。

1993年春,庙港镇民字浜村率先推广自动化电器加温共育。1994年始,七都镇染店浜村受吴江制种场的委托,由专人指导,承担种蚕饲养,以供制种用茧。2000年,七都、庙港镇引进稚蚕蚕座电热网加温饲育新技术,应用小蚕双防干育和多喂薄饲技术。2006年,吴江市首次引进桂蚕二号新品种,并大面积饲养,市农林局抽调业务骨干到七都镇进行面对面指导稚蚕共育。

2015年,七都境内小蚕饲养要求温度一龄27.8℃~28℃,干湿差0.5℃,二龄26.7℃~27.2℃,干湿差0.5℃~1℃,三龄25.6℃~26.1℃,干湿差1.5℃~2℃。每24小时喂叶4~5次。切碎叶片的大小是小蚕蚕身长度的1.5倍。桑叶以嫩绿色为主。

（四）大蚕饲养

四至五龄为大蚕期，每日喂桑叶4~5回，良桑饱食增强抗病能力。传统养蚕，使用木制三角蚕台。70年代，推行套叠式平台育。1973~1975年，早秋高温推行室外养蚕，数量不多。培育天压桑遮荫及利用竹园露天饲养，使用防蚁药粉，四周开沟，防止蟾蜍、蛇类危害。

1983年，七都、庙港乡联产到户后，多数农户在新建楼房室内放养地蚕，放养以后，条桑给叶，节省工时。推广大蚕大棚育、立体平台育，平台育蚕亦可"条桑育"。夏蚕可用疏芽的芽条"条桑育"；晚秋可用桑树剪梢下来的梢条"条桑育"。大眠放叶在室内放养地蚕。春蚕用满条青梗桑给叶。

2000年，七都、庙港镇引进大蚕斜面条桑育新技术。2003年后，继续推广大蚕大棚育、立体平台育、条桑育等大蚕饲养技术。

2015年，七都镇大部分农户对五龄开叶后的大蚕，利用楼房优异条件放养地蚕，每日给桑叶4~5回，不吃热叶、汗叶或湿叶，良桑饱食增强抗病能力。

（五）上蔟

五龄大蚕经过6~7天便停止食桑，排出大量绿色软粪，胸部透明，身体呈腊黄色，头部左右摆动时，称熟蚕。此时，要将熟蚕拣出放到适宜结茧的器具上去吐丝结茧，俗称"上山"。

传统养蚕，上蔟用竹木搭建山棚，使用寻头柴蔟，山棚下置火盆，加温至裹身结茧，营茧干燥，有利缫丝。中华人民共和国成立后，集体养蚕仍沿用原来蔟具。60年代，七都、庙港公社开始采用柴龙（又称蜈蚣蔟），高低山都有。1981年，吴江县实施江苏省攻关课题《提高蚕茧出丝率的研究》，实行蔟具改革，先在庙港公社富强、七一、曙光、开弦弓4个大队推广方格蔟上山，配发角铁平台和方格蔟片。1982年，试点村增为6个。1983年，庙港乡全面推行推广"方格蔟"上山，上茧率进一步提高。是年，共使用方格蔟97万片，全年精上茧率96.92%。以后全县推广方格蔟上山必须按要求做到适熟上山，蚕台方向南北通风、开门开窗，加强蔟中环境温室管理，及时捉除"游山蚕"等。1984年，七都、庙港乡多服公司蚕业服务部逐年引进方格蔟片，供应蚕户增补更新，蔟片产自常熟浒浦及浙江富阳、临安等地，规格有9×12108孔（单片）和12×13156孔几种。

1987年，开弦弓村多方资助创办福利厂，引进切纸机，由吴江蚕种场提供动力机械和技术力量，生产方格蔟片，经营3年。1988年，测算方格蔟上山比柴龙每张省工1.45个，占地面积省50%，担茧价高31.92元，上茧率高4%，缫折减4.2千克，缫1吨生丝多收益1049元。1989年，"蚕茧大战"不能体现质量，方格茧受到影响，国家蚕茧收购价格政策规定，方格茧在茧价补正中加升一级。90年代，蚕户上蔟仍以方格蔟为主，柴龙次之，此外采用方格挂笼及少量利用油菜秸秆上蔟。2008年起，随着蚕业相对比较效益下降，部分蚕农对蚕茧质量重视程度弱化，蚕农使用方格蔟的积极性下挫。

2015年，境内方格蔟上山和草龙蔟上山两者皆有。

三、防病消毒

家蚕的病害较多，一般有白僵病、蝇蛆病、细菌性肠道病（空头病、软体病、亮头）、高节蚕（白肚）等。

1961年夏蚕期，庙港公社采取组织"医疗队"的形式，由技术人员带药上门，亲自动手，并在联三大队召开现场会，用3天时间基本制止白僵病的蔓延。1964年，七都、庙港公社对白僵病的防治使用西力生防僵粉，后又采用赛力散防僵和赛力散石灰浆消毒，效果良好。对蝇蛆病的防治。70年代起，应用"灭蚕蝇"防治蝇蛆病，喷洒叶面或蚕体，效果均很好，提高了蚕茧的上茧率，使夏秋蚕茧质量大为提高。80年代始，乡镇工业发展迅速，厂房递增，排放的尘烟及废气增多，污染桑叶，经常造成大面积蚕体氟中毒。加之农田治虫，多次喷洒剧毒性农药，致使夏秋蚕时常造成中毒减产。七都、庙港公社有关机构和蚕农一起,研究工农业生产与蚕桑生产的矛盾,采取有效措施,逐步得到解决。

1987年,中、晚秋病毒病暴发,七都乡两期秋蚕损失七成。1988年春,庙港乡开始实行蚕药配套,发种前由蚕桑站按种分配到村,由村分发到户。是年,庙港乡6个村饲养春蚕2478.2张,配发药物2048份。早秋全面推广,配套药物有:漂白粉、防病粉、复合防僵粉、蚕座净、氯霉素等。1990年,增加生石灰等。1995年春,浒墅关苏5×苏6有259批出现传染性微粒子病,涉及庙港镇的9个村,经及时采取措施,减少损失,消除隐患,更楼港、罗港、月字圩3村损失部分蚕种,省、市作赔偿。

2000年,七都镇蚕户配备活叶贮桑缸,对泥土污染的三眼叶进行清洗,以防氟化物中毒。2005年,部分村的春蚕发生罕见的不结茧现象,经专家调研,认为此病不属家蚕常规蚕病,而是化学因子积累性中毒造成内分泌紊乱症。通过加强消毒、防闷、防病为主的综合措施解决问题。2009年,针对大蚕期可能出现的不利环境,市蚕桑指导站及时发放以防高温、防蚕病、防中毒为重点的《晚秋蚕生产技术要点》手册,组织蚕农学习,做好防病消毒工作。

2015年,七都镇大多数养蚕场所是新建楼房,病菌较少,蚕室消毒采用消杀精,蚕体消毒用灭僵灵。配套药物有:消杀精、克蚕菌、灭僵灵、灭蚕蝇、蜕皮激素、阿托品等。对出现一些蚕的常见病,如:空头病(亮头)、高节蚕(白肚)等能及时控制。没有出现传染性微粒子病等严重蚕病。

第三节 蚕　茧

一、收茧

（一）七都收茧

民国时期,每当茧熟,蚕农采茧后,家家安装脚踏丝车,自行土法缫丝,将缫成的土丝均售于丝行。后因近代机械缫丝厂的兴起,土丝质量不敌厂丝,蚕户逐渐不再土法缫丝,而直接出售鲜茧。七都地区有茧行6家,代缫丝厂家收购鲜茧,年烘干茧量约700担(1担合50千克)左右。

表4-9　　　　　　　　　民国18年(1929)七都地区茧行一览表

茧行名称	呈请人姓名	呈请人职业	茧行地点	茧灶乘数	烘干茧量(担)	茧贴号	核准年月
协丰	皇甫熊	商	往字圩	双灶二乘	50	883	民国18年3月
协丰分行	皇甫熊	商	往字圩	双灶二乘	50	884	民国18年3月
协丰分行	皇甫熊	商	往字圩	双灶二乘	50	885	民国18年3月
大丰仁分行	凌鼎新	商	剑字圩	双灶二乘	60	886	民国18年5月
恒升	梅志芳	商	东角圩	单灶二〇乘	320	927	民国18年5月
悦来	梅品	商	腾字圩	单灶一〇乘	160	928	民国18年5月

日伪时期,蚕茧受到华中蚕丝公司苏州支公司的统制。民国35年(1946)5月,江苏省内茧行重新登记。民国38年春,由中国蚕丝公司及各地丝厂设立茧行,向蚕农直接收购,时心田湾茧行为吴江县核准9家茧行中的一家。

中华人民共和国成立后,蚕茧收购由政府统一部署,历年均在县收茧委员会领导下,由供销社具体负责收购工作。七都地区当时设心田湾、双荡兜、姚家湾3个茧站。随着蚕桑事业的发展,七都相继增设长村、吴溇、文义兜3个茧站。每当春茧上市时,临时抽调工作人员百余人。

1983年,茧站由乡多服公司接收经营。2000年,七都镇设立中心收茧站。

2004年,七都缫丝有限公司下设4个收茧站,七都农业服务中心和金蜂进出口有限公司各设1个收茧站。2012年,七都镇设2个收茧站。

2015年,七都镇桑地减少、养蚕户少、收茧少,不设茧站。

表4-10　　　　　　　　　　1949~1990年七都地区茧站一览表

茧站名	地点	开设年份	房屋(间)	茧灶(副)	烘干茧量(担)
心田	心田湾	1949	41	5	2500
大儒	姚家湾	1952	28	4	2000
吴溇	吴溇	1987	24	4	2000
文义兜	文义兜	1986	24	3	1500
菱荡	双荡兜	1958	31	小灶5	2000
长村	长村	1990	19	3	1500

（二）庙港收茧

民国18年(1929)5月,开弦弓村有限责任生丝精制运销合作社丝厂备茧灶6座,收烘鲜茧。1952年,大庙区庙港乡在镇区狮子桥东征用民房首建庙港茧站,震泽区开弦弓乡开弦弓村在东清河桥北堍建茧站。1953年,利用寺庙屋宇在西溪庙港设立盛港茧站,罗家港建罗港茧站,大明港也曾设临时蚕茧烘灶。1968年,金明、勇星两大队被批准建自烘茧站。1974年,蚕茧由外贸公司经营,为适应蚕茧生产发展,收烘茧量增加需要,庙港公社茧站几次进行扩建,并改换新型烘灶,又拆除开弦弓老站。1976年,太平桥大队建造新站。

1983年,茧站由乡多服公司接收经营,茧站财产仍属外贸公司主管,公司协调各部门执行国家蚕茧政策,指导收烘业务,茧站收烘干茧满足乡缫丝厂自缫所需,仍由外贸公司统一调拨。是年,庙港茧站被省丝绸公司、外贸单位评为先进茧站。随着全乡茧产增加,为方便蚕农售茧,合理分布网点。1986年,新建罗港茧站。1988年,增建欢喜桥茧站。是年,庙港实行生产、收烘、缫丝一条龙管理体制,建立考核制度,干茧符合缫丝贮存,无重大霉变及其他事故发生。1990年,增设更楼港茧站,同时拆去金明、勇星两村自烘站。为调整镇区建设规划,1993年,在镇西新建庙港茧站,镇区老站拆除。1995年,全镇有茧站5个。2000年,庙港镇设立中心收茧站。

表4-11　　　　　　　　　　1952~1988年庙港地区茧站一览表

茧站名	地点	设立年份	蚕灶(副)	收购指定村
庙港茧站	庙港镇区	1952	6(大)	七一、庙港、合群、轮穗、曙光1~5组
罗港茧站	罗港村	1986	4(大)	富强、五联、罗港、富联
更楼港茧站	更楼港村	1990	4(大)	勇星、金明、更楼港、曙光6~11组
太平桥茧站	太平桥村	1976	3(大)	开弦弓、月字圩、太平桥、西草田
欢喜桥茧站	欢喜桥村	1988	3(大)	民字浜、欢喜桥、行义港、张家浜

二、茧价

民国18年(1929),华丝在纽约市场遭日丝竞争而价格下跌,影响国内茧价。民国20年,全县平均茧价每50千克45元(当时币值,折合大米482千克)。民国21年,降为35元。民国22年,再降为30元。民国24年骤跌至22元(折合大米257.5千克)。日伪统治时期,茧价波动混乱。抗日战争胜利后,茧价仍未上升,江苏省春茧收购价平均每50千克为15万元(当时币值,折合大米187.5千克)。

中华人民共和国成立后,50年代,每担鲜茧在100~130元。60年代,每担鲜茧在110~120元,茧价相对稳定。70年代初开始,实行以干壳量为主,上茧率、解舒升降补正茧级的评茧标准。80年代,又增加按标准含水率升扣售茧重量的办法。1983年,全县平均每50千克鲜茧收购价为201.46元,庙港为211.41元,比全县平均高9.95元。

1986年,由于厂丝出口增长,茧源紧缺,茧价开始上扬,1987年,春茧每50千克收购价均在1000元左右。七都乡地处江苏、浙江两省交界处,两地收购部门相互抢购蚕茧,发生"蚕茧大战",

影响极大。两地政府经协调处理,收购秩序趋于正常。

1988年春蚕期,庙港乡七一村的第二、四、七3个生产组的70户蚕农开展组合售茧,缫丝计价设点试验。

1995年,茧丝市场疲软,茧价受挫,以七都各茧站收购平均价计算,春茧每50千克价是954.54元,晚秋茧跌至每50千克价499.55元。茧贱伤农,对蚕桑生产有一定影响。庙港镇执行基准价春茧每50千克价825元、早秋茧每50千克价为550元、晚秋每50千克价为570元。2000年,七都各茧站收购平均价计算,每50千克价是974.99元;2005年,每50千克平均价是1062.2元;2011年,每50千克平均价是2013.79元。

2015年,每50千克平均价是1719元。

表4-12　　　　　　　　　1995年七都镇各茧站收茧平均价格表

单位:元每50千克

茧站名	春茧	早秋茧	晚秋茧
大儒	989.89	502.28	499.55
吴溇	961.31	500.76	520.94
心田	949.50	454.44	485.71
文义兜	937.65	437.70	485.58
菱荡	943.32	441.89	484.08
长村	942.15	443.65	491.36

表4-13　　　　　　　　　1995年庙港镇各茧站春茧收购情况表

茧站名	鲜茧数(担)	平均茧价(元每50千克)	干茧量(担)	烘折
庙港茧站	1683	942.12	764.33	220.2
罗港茧站	1467.80	924.24	641.33	228.9
更楼港茧站	1635.91	959.50	719.72	227.3
太平桥茧站	1348.89	936.66	584.18	230.9
欢喜桥茧站	1495.73	918.88	649.68	230.2

三、产量

1954年,庙港地区产茧28.09吨。1959~1961年,蚕桑生产遭受严重影响,粮桑种植矛盾突出,桑地间作种粮,桑树衰败,蚕茧总产下降。1962年,中央决定对蚕茧采用重奖政策,逐步摆正农副业位置,发展蚕桑生产,大力开展培育桑苗,同时改进栽桑养蚕技术。1978年,实行定张、定单产、定工、定产值、定报酬、超产奖励的"五定一奖"责任制。七都公社产茧246.23吨,庙港公社产茧259.09吨。1983年,实行家庭联产承包责任制以后,蚕农生产积极。1984年,七都乡年产茧445.76吨,庙港乡年产茧441.79吨,两乡均成为苏州地区产茧重点乡之一。是年调整产业结构,拓植桑园面积,1985年,七都乡总产茧653.85吨,庙港乡总产茧638.07吨,均突破万担大关,为全县3个万担乡之一。1994年,庙港镇总产960.8吨,七都镇总产茧1147.4吨,为历史最高年份。此后国际丝绸市场价格下滑,茧价回落,蚕农积极性受挫,1996年,七都镇总产茧611.62吨,庙港镇总产茧753吨。2005年,七都镇总产茧521.9吨。2015年,七都镇总产茧29.4吨。

表4-14　　　　　　　　　1996~2015年七都镇桑地面积及蚕茧产量情况表

年份	桑地面积(亩)	饲养张数(张)	养蚕户数(户)	总产茧(吨)	总收入(万元)
1996	9035	20568	6741	611.62	709.14
1997	8550	18508	6500	634.31	1205.69

(续表)

年份	桑地面积(亩)	饲养张数(张)	养蚕户数(户)	总产茧(吨)	总收入(万元)
1998	8350	19485	5854	598.27	957.53
1999	8076	16952	5936	577.99	850.74
2000	7450	14463	5381	518.38	1022.38
2001	7450	13770	4653	545.97	1011.08
2002	6570	11900	4136	428.75	518.68
2003	12996	13018	3780	510.85	752.61
2004	11700	16600	7560	628	1078.45
2005	10200	13330	7560	521.9	1115.521
2006	10050	12075	7500	465.6	1289.98
2007	9500	10492	6500	358.3	701.36
2008	8100	5979	5300	230.99	463.65
2009	7904	2659	2800	121.02	234.8
2010	6565	1816	1900	86.26	258.78
2011	6565.17	1572.5	1608	66.8	283.4
2012	6565.17	1400	1495	67.8	223.7
2013	6565.17	995	1006	47.3	198.5
2014	6565.17	863	980	41.4	147.5
2015	6565.17	653	950	29.4	101.08

注:2003~2015年,表内为七都镇、庙港镇合并后的数据。

表4-15　　　　　1996~2002年庙港镇桑地面积及蚕茧产量情况表

年份	桑地面积(亩)	饲养张数(张)	养蚕户数(户)	总产茧(吨)	总收入(万元)
1996	8100	21078	5790	753	888.29
1997	8100	20104	5750	629.67	1245.74
1998	8100	20421	5706	701.47	1093.46
1999	8118	19279	5706	720.36	966.28
2000	8100	18020.2	5706	647.17	1196.25
2001	8100	17482	5700	650.93	1188.9
2002	8100	14656	5500	467.71	527.21

第四章　多种经营

第一节　水　产

一、捕捞

据《儒林六都志》记载:"朱号一圩,俱以捕鱼为业。家置小船,尖而轻,浅而狭。一人摇橹,其捷如飞。出则竹[什]百为群,声如风雨,势若奔驰。"可见,早在清代,七都地区已有不少捕鱼的渔民。

民国时期,庙港境内有不少农户捕捉鱼虾,轮穗村有十多户从事捕捞,其中有8户养鱼鹰(俗名摸呷鸟)捕鱼,该村漾口,当年停"鱼鹰"船的地方,称"鸟船场"。开弦弓村的谈家墩,也是"鱼鹰"船集散之处。庙港专业渔民有102户,其中在太湖作业捕捞的俗称"兜船"有31户,兜船大都停泊在双板港、陆家港、更楼港、沈家港、张家港、庄港等太湖港口,一般渔民在岸上搭建竹帘棚屋,供作息生活和堆放籪帘虾浮。还有30只连家渔船流动于内河漾荡作业,俗称"网船"。在太湖作业的渔船,除张兜,还使用拖网、大钓、虾浮等渔具捕捞鱼虾,捕捞水域东至戗港、西至义皋,年捕捞各种鱼类约有15吨、虾5吨、蟹1.5吨、鲍鱼500千克。渔民的船只、船型都为太湖钩船,扁浅瘦长,行动灵活,载重2~3吨,船中有活鱼仓保鲜,六级风力仍可作业,四级顺风,使用两道帆,时速7千米,太湖张兜捕鱼,往往依靠渔汛及风信获取高产,故有"农民牵三日三夜砻,不及渔民一柳风"之说。

鱼鹰捕鱼(摄于1980年)

中华人民共和国成立后,庙港渔民从组织互助组到成立荣星大队期间,隶属吴县太湖公社。1969年1月,划归庙港公社管辖。1970年,从黎里公社移入渔民70户,400多人后,与原荣星大队合并成立庙港公社团结大队。全大队共有渔船210只,渔民1050人。1972年,七都公社渔业大队成立。增加湖区人工放流,弥补太湖水产资源,捕捞产量明显增加。

1980年,太湖地区加强渔政管理,一律严禁"鱼鹰""电触鱼"伤亲害幼的捕鱼方法。1983年5月,团结大队改称庙港乡渔业村。12月,原吴县太湖公社火箭大队划归七都乡管辖,定名捕捞村。是年,七都乡捕捞村85户渔民,74条渔船,393人。1984年起,太湖实行半年封湖,每年1月10日开始封湖,5月10日起开放小工具捕捞,9月10日以后大型捕捞工具全面开放。封湖实施后单船捕捞产量减少,总产有所下降。1988~1995年,庙港渔业村捕捞年产量稳定在250~300吨左右。

至1995年,七都、庙港渔民全部实行陆上定居,结束连家船渔民终年生活在水面的历史。捕捞渔船渔具进行一系列改革,湖区张兜用塑料尼龙网代替竹籪,横拖改为大钩,传统松茅虾浮改用地笼虾网。摇船不用橹,船上普遍装置柴油机挂桨,作业时不再单靠风力,机帆两用,依靠科技进步,提高生产效率。

2000年后,太湖江海洄游鱼类、蟹、鳗等逐年减少,鲍鱼(又名斑鱼)几乎绝迹。捕捞产量逐年减少。

2015年,捕捞渔具主要有渔籪(作业时间从9月1日起到12月31日止)、小兜网(作业时间从9月1日起到11月30日止)、高踏网(作业时间从9月6日起到9月30日止)、丝网类渔具(作业时间从9月1日起到12月31日止)。捕捞总产量748吨。

二、养殖

(一)内塘养鱼

民国时期,内塘水面以种菱为主,池塘大多蓄水灌田,很少养殖鱼类。月字圩、太平桥等村有几处荒荡改建为鱼池,其中月字圩村大圩田港口之东原有16只小池,总面积约有60亩,(现称"鱼池郎")。此外勇星村五界亭港之西湖塘路口也有一只鱼池,面积约10亩。这些鱼池,多数联户放养,生产水平低下。

1960年,庙港公社有条件的大队,内荡水面由副业队放养家鱼。七都公社成立水产养殖场,各大队建有副业队,逐渐转向内塘养殖或利用漾荡浅滩开挖鱼池。1968年,轮穗大队利用荡漾浅滩,开挖鱼池,该大队北漾和汪鸭潭两地共开鱼池60亩。集体还在内荡水面开展河蚌育珠,小蚌繁殖,养鱼发展缓慢。1976年以后,庙港公社原来围垦的小外荡面积600多亩,先后退田改渔,辟建鱼池。1978年开始,七都公社为解决和满足人们日常生活吃鱼的需求,各大队利用河浜、溇塘改造成鱼塘进行养殖。1983年,联产到户后,内荡鱼池全部为个体承包。1986年,庙港乡内荡养鱼面积为1958亩,承包养鱼216户,其中外地承包有75户,承包面积800亩,是年,扶持养鱼贷款54万元。1990年,庙港乡内荡养鱼面积1850亩,七都乡内荡养鱼面积2581亩,依靠科技进步,养鱼技术水平得到提高。改分类立体精养,面层养鲢鱼,中层养草鱼,底层养鳊鱼、青鱼。再推广底层养鲫鱼,节约饲料,提高经济效益。1995年,庙港乡内荡养鱼为1699亩,总产量900吨。七都乡内荡养鱼2621亩,总产量1301吨。

2002年,七都镇内塘养殖面积3847亩,庙港镇内塘养殖面积3234亩。2008年,七都镇内塘养殖面积12585亩,养殖总产量3196吨。

2015年,七都镇内塘养殖面积15204亩,养殖总产量3884吨。

(二) 外荡养鱼

1959年,七都、庙港境内荡漾的养殖经营权由县水产养殖场下放到公社。1960年,庙港公社在合群大队西方庵建立公社水产养殖场,放养水面有连家漾、东漾、陆家漾、西藏荡4处,共1974亩,鱼种以鲢鱼为主,青、草鱼为辅。1964年,县社合营,称吴江县水产养殖场庙港分场。1965年底,庙港分场并入震泽分场。1966年起,迮家漾等荡漾水面在"渔改"中,划归渔业大队经营。1969年,开始围垦荡漾种粮,外荡水面减少。1971年,庙港公社外荡养鱼面积300亩。1972年,增至1218亩。1982年,围垦的跃进圩改田为渔,由富联、五联、罗港、富强、七一、团结6个大队辟建鱼池面积988亩。1984年,七都乡黄家漾水产养殖场鱼塘面积为412亩,主要养殖青、草、鲢、鳙四大家鱼。1989年,七都、庙港乡渔业村承包经营包括自有面积在内水面,承包期20年。1995年,七都镇外荡养鱼面积5847亩,总产量1099吨;庙港镇外荡养鱼面积4239亩,总产量735吨。2008年,七都镇外荡养殖面积36630亩,总产量2617吨。

2015年,七都镇外荡养殖面积17908亩,总产量1570吨。

(三) 特种水产养殖

1984年,庙港乡渔业村开展太湖围网养鱼100亩。1986年,庙港乡轮穗、富强等村的养鱼专业户开展特种水产养殖,轮穗村有2户围田养蟹,富强村有一户开窖养鳝鱼,都具有相当规模。1995年,庙港镇特种水产养殖面积有1221.33亩,其中新引进罗氏沼虾面积为95亩,河蟹936.33亩,其他品种有加州鲈鱼、鳜鱼、青虾、牛蛙、胡子鲶等。

2000年,庙港镇渔业村网围养殖面积1.64万亩,其中养蟹1.6万亩。东太湖蟹农们首选优质纯种长江系中华绒螯蟹作为亲本,定点生产扣蟹,确保种质的纯正,培育具"青背白肚、金爪黄毛"之称的太湖蟹。2002年,七都镇政府与上海水产大学联合开展太湖蟹的种质复壮技术,重点研究河蟹生态育苗核心技术,改善河蟹的种质退化。2005年,七都镇从事以太湖蟹为代表的水产养殖户有1480多户,6000多人。

2007年,七都镇水产养殖形成以河蟹养殖为主的格局,全镇共养殖水面4.56万亩,河蟹养殖3.67万亩,占80.4%。其中池塘扣蟹培育1800亩,网围养蟹3.07万亩(太湖2.97万亩、外荡970亩)、蟹虾混养(包括套养鲫鱼、白鱼、黄颡鱼等)4220亩。全镇共放养扣蟹1318.95万只。

2008年,吴江市开始对太湖围养区全面进行清理、拆除,在指定区域进行少量(批准的养殖户,每户15亩水面积)围养,调整后,七都镇净减围养面积1.53万亩。东太湖跃进圩围垦的998亩鱼池改为太湖湿地重点保护区。是年,罗氏沼虾养殖面积7150亩,产量19.8亿尾;扣蟹(河蟹苗)4280亩,产量517.88吨;养殖面积4.92万亩,产量5126吨;捕捞687吨。全镇建立2个水产品交易市场,已进行工商注册的公司、企业、合作经济组织19家,其中比较著名的有:吴江万顷太湖蟹养殖有限公司、吴江市碧波特种水产养殖有限公司、吴江市阿四太湖蟹养殖有限公司等。建有两个太湖蟹养殖基地,分别是江苏省无公害蟹类产地(万顷牌河蟹)2200亩和江苏省无公害蟹类产地(庙港牌中华绒螯蟹)9800亩。

2015年,围栏网养面积1.01万亩。总产量663.83吨。

表4-16　　　　　　　1996~2015年七都镇水产品养殖面积及产量统计表

年份	水产品总产量(吨)	其中养殖产量(吨)	内塘养殖面积(亩)	外塘养殖面积(亩)
1996	2445	1610	3104	6320
1997	2618	1858	3102	6320
1998	2755	2015	3492	6320
1999	2801	2084	3492	6320
2000	2657	1967	3841	6320
2001	2699	1995	3847	6320
2002	2683	1863	3847	6470
2003	5030	3880	7070	16470
2004	5073	4245	6271	16787
2005	5150	4455	7140	15912
2006	5932	5281	7140	36713
2007	5944	5301	8728	36533
2008	5813	5126	12585	36630
2009	5335	4649	12959	17010
2010	5992	5322	15495	17408
2011	6045	5395	15504	17408
2012	6294	5534	15504	17408
2013	6105	5343	15504	17408
2014	6160	5408	15504	17408
2015	6202	5454	15204	17908

注:2003~2015年,表内为七都镇、庙港镇合并后的数据。

表4-17　　　　　　　1996~2002年庙港镇水产品养殖面积及产量统计表

年份	水产品总产量(吨)	其中养殖产量(吨)	内塘养殖面积(亩)	外塘养殖面积(亩)
1996	1900	1635	1979	5034
1997	2100	1730	1819	7473
1998	2251	1861	3482	10565
1999	2295	1900	3482	10567
2000	2310	1907	3184	10499
2001	2320	1943	3234	9999
2002	2343	2004	3234	9999

三、水产养殖企业

(一)吴江市碧波特种水产养殖有限公司

1999年,吴江市碧波特种水产养殖有限公司成立,位于庙港渔业村,参加农户26户,法人代表孙进福,网围养殖面积1089亩,申请注册渔港牌太湖蟹商标。为培育好蟹苗,公司根据实际情况,每年分别在3个区9块网围中轮流进行扣蟹培育,并在起捕后进行计数投放,亩放蟹苗600只,规格为每千克80~100只,通过此项试验,河蟹成活率和回捕率从原来的30%~40%提高到60%~70%,最高亩产量72千克,亩效益5148元。由于网围区是中高密度的精养,网围内生态环境受到不同程度破坏,网围底质中环境变差,考虑到这些因素,公司每年在生产过程中都投入大量的天然生物,包括太湖水草和螺蛳,12月份就开始为网围养殖区内生态环境改善打基础,定期用船在太湖固定水域扒草投入每个网围中,首批扒的草中泥的成份要占80%,到5、6月份,草所占的比例达到80%以上。通过水草移植,补充网围区底质表层泥中的微量元素,提高养殖区水草移栽的成活率,改善网围区生态环境,为河蟹提供优良的天然饵料和栖息场所。

2005年,公司实现销售收入380万元,总效益140万元。

2009年,公司对太湖网围养殖进行整治,建成规范的养殖示范区。2010年,养殖模式由单养河蟹改为主养河蟹套养青虾,每亩增收8.5千克青虾。

2015年,吴江市碧波特种水产养殖有限公司,联合20户养殖户,网围养殖总面积300亩,收获太湖蟹25吨,销售总收入600万元,总效益200万元。公司总经理孙进福还承包太湖水面120亩,平均亩产100千克,收获太湖蟹12吨,销售收入240万元,效益100万元。渔港牌太湖蟹年销售到上海、北京等大城市10吨,销售到中国香港、澳门及台北等地区10吨。至2015年,"渔港牌太湖蟹"获国家认证认可监督管理委员会有机食品认证、中国轻工产品质量保障中心国家检测达标产品、全国水产行业国家标准合格产品。公司获得吴江区太湖大闸蟹产业发展杰出贡献奖。

(二) 吴江市阿四太湖蟹养殖有限公司

2003年9月17日,吴江市阿四太湖蟹养殖有限公司成立,总经理奚兴根(阿四)。注册资金200万元。位于七都镇庙港渔村社区沿湖西路2号。2004年9月,阿四牌太湖蟹系列产品被中国市场品牌战略管理联合会评为"中国水产市场知名十佳品牌"。2004~2006年连续3年参加在中国香港召开的螃蟹推介会,进一步提高阿四牌太湖蟹的知名度。

吴江市阿四太湖蟹养殖有限公司是一家集科研、养殖、收集、暂养、加工(包装)及集散、运输出口于一体的综合性苏州市"龙头"企业。凭借太湖水质清澈这得天独厚的地理环境优势和丰富的天然饵料资源和无污染源、无公害等优势,实行从扣蟹培育、成蟹养殖、市场营销全过程质量监控管理。利用太湖资源培育水草、增殖螺蛳及野生杂鱼等水生作物,作为阿四牌太湖大闸蟹的天然饵料。

2006年4月,吴江市阿四太湖蟹养殖有限公司被中国渔业协会批准为中国渔业协会团体会员,是年,中央电视台第七套节目组致富栏目到公司采访,并制作专题节目播放。2008年起,太湖网围进行整治后,公司拥有围养水面980亩作为养殖基地。至2010年,公司拥有固定资产1500万元,年销售额1550万元。

2009~2015年,阿四牌太湖蟹被中国渔业协会河蟹分会评定为"中国十大名蟹",并成为江苏名牌农副产品;吴江市人民政府授予公司总经理奚兴根"吴江市十佳农民致富带头人";奚兴根当选为吴江市人大代表、吴江市(区)政协委员。

2015年,公司拥有固定资产3000万元,有养殖螃蟹水面积400亩,收获太湖蟹800吨,销售额4500万元。年销售到上海、北京等大城市500吨,销售到中国香港、澳门及台北等地区15吨。阿四牌太湖蟹被评为苏州市知名商标。吴江市阿四太湖蟹养殖有限公司被评为苏州市诚信示范单位。

(三) 吴江万顷太湖蟹养殖有限公司

2000年9月,吴江万顷太湖蟹养殖有限公司成立,位于吴江市庙港渔业村。注册资金:500万元,法人代表:孙兴良,公司主要从事太湖蟹生产、经营,是一家集科研、养殖、加工、出口于一体的综合性外向型农业"龙头企业"。2001年,公司牵头与养殖大户组建吴江市万顷渔业太湖蟹养殖合作社,实行股份合作制,入股社员210户。实行"公司—基地—农户"运作,实现"民办、民营、民收益"，形成以市场为导向，以生产经营为主体，以"龙头"企业为支撑的农（渔）业生产新型模式。

公司凭借太湖水质清澈这一得天独有的地理环境和无污染源、无公害等优势，利用太湖资源，培育水草，增殖螺蛳及野生杂鱼等水生作物作为万顷牌太湖蟹的天然饵料。实行从扣蟹培育、成蟹养殖、市场营销全过程质量监控管理。2001年，中国香港特别行政区环境食品卫生考察团到公司随机抽样检查，结论各项指标均符合要求，从此，万顷牌太湖蟹名扬海内外，新加坡以及中国澳门和中国台湾等地客商前来洽谈订货。

2003年，获得万顷牌太湖蟹原产地证书。2004年11月11日，被中国渔业协会评为"中国十大名蟹"。

2005年，公司有太湖蟹养殖基地2200亩。直接联结湖区渔户1000户，间接带动湖区渔户500户，总养殖面积8500亩。公司总资产3398万元，年实现销售7500万元，出口创汇150万美元。

2010年，公司为确保苗蟹的质量，通过整池、围网、消毒、种草、通电、灌排配套及建设基础设施，共投资200多万元，基地初步形成，并及时放上幼蟹，当年产扣蟹1000万只。是年，公司为扩大出口，搞好基础设施建设，承担省级"万顷牌太湖蟹出口包装区扩大项目"建设，总投资608万元，90%资金由公司自筹。扩建出口包装区房屋1370平方米，冷冻室2间，暂养箱620只。是年，市渔业科技入户工作全面开展，公司年初筛选20户示范户为科技入户示范小组，通过技术人员与示范户联动，提高养殖水平，提升渔业综合生产能力和渔民综合素质，促进渔业增效、渔民增收。是年，公司总资产7800万元，由于太湖网围整治，养殖面积减少5100亩，其中公司养殖基地1950亩，合作社3150亩。此外，带动300户养殖户，养殖面积2000多亩。

2015年，公司总资产12623万元。科技入户示范小组10个，技术人员15人。通过与示范户联动，提高养殖水平，提升渔业综合生产能力和渔民综合素质，促进渔业增效、渔民增收。公司全年生产销售太湖蟹成蟹430吨，产值7660万元，公司加农户共创利税1540万元，公司总出口110吨，其中通过深圳口岸出口85吨，上海口岸出口25吨。出口产值2600万元，折合380万美元。在中国香港设16个销售点专供42家超市销售。

（四）吴江市明星产业种养殖中心

2008年9月，吴江市明星产业种养殖中心成立，位于七都镇联强村陶家圩，注册资金200万元，法人代表周伟民，占地面积7800平方米，厂房建筑面积800平方米，职工8人，总设备固定资产值157.6万元，是一家集水蛭养殖及成品回收，优化培育良种，联营分养，野性水蛭习性驯养转化为家性人工养殖的专业性宽体金线药用水蛭中心，公司成立后，通过摸索，从自然生态泥塘养殖到大塘网箱半人工养殖，几经周折，已成功摸索出一套水蛭无土、立体、高密度养殖技术。拥有循环水增

水蛭养殖（摄于2008年）

氧系统、水蛭幼苗水暖光阳光房、人工降雨降温系统、水蛭养殖池防天敌背风背强光杀蚊夜光系统。整个养殖周期全过程从幼苗到成品水蛭养殖只需80天，卵茧孵化率95%，幼苗成活率95%。

2009年，承担吴江市科技项目《"宽体金线水蛭"工厂化无土高效养殖技术的研究》。6月，编写《水蛭工厂化养殖技术》丛书，由国家农业部主管的"农村养殖技术"杂志社出版，全国发行。多次接受中央电视台第七套节目组采访。

2011年6月25日，公司被评为中国百佳民营科技领先企业。2012年10月，公司被评为全国特种水蛭高效养殖创品牌示范企业、江苏省质量诚信AAA级品牌企业、江苏中质企业信用评估有

限公司。

2014~2015年,分别承担国家星火项目《"宽体金线蛭"工厂化高效养殖技术示范推广》《"金线水蛭"薄膜生态高效养殖技术示范推广》。

2015年,公司占地面积33350平方米,厂房建筑面积1500平方米,职工56人,总设备固定资产值453.6万元,是一家工厂化、无土、立体化、标准化生产的示范基地。

第二节 畜 禽

一、家畜

(一) 养猪

中华人民共和国成立后,养殖业不断发展,提高商品率。1958年,七都、庙港公社各大队和生产队办起集体养猪场。1979年,七都公社存栏生猪19713头,出栏19402头。庙港公社存栏生猪17359头,出栏17011头。

家庭联产承包责任制后,七都、庙港的生猪饲养还以家庭饲养为主,取消生产队集体饲养,逐步出现养猪大户和相对规模和相对区域集中饲养。1987年,七都乡生猪存栏9457头,出栏12240头;庙港乡生猪存栏10294头,出栏14923头。规模饲养户的存栏生猪占总存栏70%以上,存栏最多的饲养户有267头。

1989年后,庙港乡苗猪价格高,养猪利益微薄,无奖励及派购任务,养猪户逐年减少,生猪饲养量急剧下降。1996年,七都乡生猪存栏6143头,出栏11000头;庙港乡生猪存栏4307头,出栏9000头。2008年,七都镇年生猪存栏2800头,出栏6800头,2009年后,生猪存栏数和出栏数逐渐回升。

2015年,七都镇生猪存栏6400头,出栏10100头。规模饲养占总存栏80%以上。

(二) 养羊

1958~1982年,七都、庙港公社养羊公私并养。改革开放后,养羊都由农户私养。湖羊每年可配育1~2胎,一胎产仔羊1~4只,小湖羊皮历来是外贸出口商品。

1986年,七都乡养羊11836头,产羊毛14.8吨;庙港乡养羊17168头,产羊毛11.5吨。1992年,七都乡养羊10860头,产羊毛16.3吨;庙港乡养羊15135头,产羊毛19吨。1996年,七都镇养羊10505头;庙港镇养羊11942头。2002年,七都镇养羊6200头;庙港镇养羊23100头。

2006年,七都镇湖羊养殖专业合作社成立。入社社员1024户,存栏湖羊折合股金153万元。按照"民办、民管、民受益"的原则组建,以从事湖羊生产的农户为主体,以劳动联合为基础,实行由理事会直接经营,体现社员集体决策、社员民主管理,根据权责对等原则行使决策,利益共享,入(退)社自愿。2008年,合作社共圈存湖羊9746头,全年出售优质种羊100多头,上市商品肉羊7000多头,提供给市场优质羊肉120多吨,羔羊6800多只,羊毛1.5万多斤,提供有机肥6000多吨。

2015年,全镇存栏湖羊11600头,出栏湖羊10647头。

(三) 养兔

70年代末,七都、庙港公社90%以上的农户都饲养吴江本种长毛兔。成年兔的体重一般在2.5千克左右,年产兔毛250克每只。长毛兔食草为主,生长迅速,繁殖力强,全身洁白,绒毛多,粗毛少,不打结,且具有早熟、成活率高、饲养成本低等优点。80年代起,陆续引进德国长毛兔品种,并大批饲养以德系和中系长毛兔杂交的后代。这种兔的个体重可达3~4千克,年产兔毛500克每只。

1985年,七都公社圈存兔11.06万只;庙港公社圈存兔18.21万只。由于兔毛价格下跌,圈存兔逐渐减少。1995年,七都镇圈存兔1.87万只;庙港镇圈存兔3.33万只。绝大部分是吴江本种长毛兔。另有少量纯种德国长毛兔,集中饲养在乡种兔场和少数重点养兔户家中。

1996年,七都镇圈存兔1.43万只;庙港镇圈存兔4.52万只。2003年,七都镇圈存兔6.32万只。2015年,七都镇圈存兔2700只,其中肉用大白兔居多。

表4-18　　　　　　　　　　　1996~2015年七都镇家畜饲养统计表

年份	生猪 存栏数(头)	生猪 出栏数(头)	湖羊 存栏数(头)	兔 存栏数(只)
1996	6143	11000	10505	14262
1997	6510	13700	7658	16977
1998	4887	13700	6948	16021
1999	4275	14000	6595	14973
2000	3735	14500	6519	14800
2001	3486	16600	6515	14300
2002	2200	16866	6200	—
2003	2100	19200	25600	63200
2004	10000	34000	23500	40500
2005	5060	21500	26000	25000
2006	4000	20600	28200	42700
2007	3200	20600	23500	21600
2008	2800	6800	12000	15600
2009	6000	12800	12300	9700
2010	6800	11800	13800	5200
2011	7000	9000	14000	5600
2012	5600	5900	15600	14100
2013	4900	5800	12000	9400
2014	5600	10000	11100	3500
2015	6400	10100	11600	2700

注:2003~2015年,表内为七都镇、庙港镇合并后的数据。

表4-19　　　　　　　　　　　1996~2002年庙港镇家畜饲养统计表

年份	生猪 存栏数(头)	生猪 出栏数(头)	湖羊 存栏数(头)	兔 存栏数(只)
1996	4307	9000	11942	45205
1997	4502	12120	12170	43735
1998	3001	16025	11926	21166
1999	3183	6400	13012	21086
2000	3213	5263	15188	28300
2001	3957	8950	21000	45000
2002	2100	3013	23100	40000

二、家禽

民国时期,家禽饲养主要是鸡、鸭、鹅,种禽自孵少,多数购自邻镇哺坊,也有贩户走村兜售。

鸡、鸭、鹅啄食蔬菜,放养与种植有矛盾,故不少农村采取限养,甚至禁养,户养量很少,禽蛋仅供自食,出售较少。

中华人民共和国成立后,养禽仍以农户私养为主,高级社时期有集体放养群鸭。"文化大革命"期间,农户养禽受到限制。1976年,庙港公社的家禽年末圈存量3913羽,七都公社家禽年末圈存量2.88万羽。

中共十一届三中全会后,实行改革开放,养禽迅猛发展,不少农户成群饲养肉用鸡及太湖鹅,条件优越的地方,发展规模养禽。1988年,庙港乡家禽年末圈存量9.93万羽,七都乡家禽饲养量6.02万羽。

1996年,七都镇家禽存栏6.53万羽,庙港镇家禽存栏2.47万羽。饲养相对集中在庙港镇月字圩和七都镇永民、桥下等村,家禽规模饲养占总存栏90%以上,最多农户存栏5000羽。

随着群众生活水平的不断提高,人们对无公害、绿色食品的需求量越来越大,沿太湖一线的村民养殖家禽的数量也趋于稳定。

2003年,七都、庙港两镇合并后,七都镇家禽饲养年末存栏5万羽,出栏8.13万羽,禽蛋772吨。

2015年,七都镇家禽饲养年末存栏2.93万羽,出栏3.62万羽,禽蛋335吨。以规模饲养为主,散养很少,镇区禁养。

表4-20　　　　　　　　　　　1996~2015年七都镇饲养家禽统计表

年份	年末数(万羽)	出栏数(万羽)	禽蛋(吨)
1996	6.53	20.0	850
1997	5.92	10.0	683
1998	3.94	9.0	680
1999	5.33	5.30	600
2000	5.31	5.5	580
2001	5.35	5.55	580
2002	5.53	5.00	510
2003	5.0	8.13	772
2004	6.18	6.74	999
2005	9.5	9.20	518
2006	7.87	25.41	176
2007	5.65	8.06	416
2008	5.03	9.68	577
2009	5.47	4.27	650
2010	7.32	13.47	659
2011	7.98	13.98	652
2012	6.03	6.53	780
2013	4.75	4.83	365
2014	3.15	4.42	400
2015	2.93	3.62	335

注:2003~2015年,表内为七都镇、庙港镇合并后的数据。

表4-21　　　　　　　　　　　1996~2002年庙港镇饲养家禽统计表

年份	年末数(万羽)	出栏数(万羽)	禽蛋(吨)
1996	2.47	28.4	232

(续表)

年份	年末数(万羽)	出栏数(万羽)	禽蛋(吨)
1997	2.32	26.4	205
1998	1.80	14.0	161
1999	1.52	8.31	232
2000	1.22	68.17	50
2001	1.51	0.60	10
2002	1.51	4.00	134

三、疫病防治

（一）机构

1. 吴江区动物卫生监督所七都分所

1966年，七都畜牧兽医站成立，其职能是负责全公社畜禽阉割和疫病防治，站址在七都公社大院内，有职工3人。1980年，兽医站搬出公社大院，易址吴溇老街建房办公。1994年，搬迁至粧桥西路（原老菜场）。1996年起，实行生猪定点屠宰，食品站主营代加工业务。2003年，庙港镇兽医站并入七都镇兽医站。

2009年，七都畜牧兽医站撤销，七都动物防疫站成立，七都动物防疫站负责全镇动物疫病的监测、预警、预报、实验室诊断、流行病学调查、疫情报告、强制免疫、基础免疫、产地检疫及生猪屠宰检疫、畜禽生产普查、动物饲养及疫病防治技术指导、技术培训、科普宣传等工作；协助上级部门依法实施动物防疫条件审核、动物产品安全监管及兽药、饲料质量监督、检验、技术仲裁等执法工作。2011年，七都镇生猪屠宰场撤并关闭。2013年，吴江区动物卫生监督所七都分所成立，协助上级部门依法实施动物防疫条件审核、动物产品安全监管及兽药、饲料质量监督、检验、技术仲裁等执法工作。

2015年，吴江区动物卫生监督所七都分所有职工9人，其中高级兽医师2人，兽医师1人，助理兽医师1人，村级专职畜禽防疫员5人。

2. 庙港畜牧兽医站

1965年，庙港畜牧兽医站成立，其职能是负责全公社畜禽阉割和疫病防治，站址在庙港公社大院内，有职工3人。1979年，兽医站易址里贤港。1985年10月，迁至庙港沿湖路1号，有兽医技术人员8人。各村配备赤脚兽医1人。兽医站除担负全乡畜禽阉割、疫病防治外，还开展母猪、毛兔人工授精工作。2002年，兽医站有职工7人，其中兽医师2人，助理兽医师5人。建立畜禽防、治两级网络，消灭牲畜疫病，赤脚兽医为饲户咨询诊断，及时上门服务。2003年，庙港镇兽医站并入七都镇兽医站。

（二）防治

1. 猪瘟

猪瘟俗称"倒棚瘟""烂肠瘟"，疫病传染快，死亡率高，波及面广。中华人民共和国成立前，无特效药物治疗，一旦流行很难控制。七都、庙港公社畜牧兽医站成立后，采取疫病防治措施，发病率和死亡率有所下降。

2008年，七都镇盛庄、菱田等村零星发生猪瘟病，死亡12头猪。发现疫情后，七都镇兽医站立即组织全站兽医（包括村防疫员）共98人次，进行封锁联防，疫情很快得到控制。

2013年，吴江区动物卫生监督所七都分所负责全镇动物疫病的监测、实验室诊断、流行病学调查、疫情报告、生猪屠宰检疫等工作；协助上级部门依法实施动物防疫条件审核、动物产品安全监管及兽药、饲料质量监督、检验等工作。至2015年，七都镇无猪瘟病流行。

2. 禽流感

鸡、鸭、鹅的主要疫病为高致病性禽流感,属国家强制免疫的疫病。鸡、鸭、鹅禽流感可使用高致病性禽流感灭活苗,每年不少于2次,种鹅不少于3次。

2004年,全国有11个省市发生家禽禽流感疫病,该疫病流传快,范围广,危害重。按照上级要求,七都镇兽医站采取"全面封堵,彻底防治"的措施。至2015年,七都镇无禽流感流行。

第三节 林 果

一、水果

中华人民共和国成立后,七都、庙港的农户只在家园内或屋前屋后种植几株桃树、柿子树、橘树、无花果等,一般种桃树与橘树较多。1960年,庙港公社在合群大队将一片60亩的荒坟沼潭废墟整平后辟一个果园场,种植橘、桃、梨等果树数百株。1978年,七都公社种植甘蔗几百亩。1983年,七都乡种植甘蔗1281亩,收获1448吨。1984年,七都乡多种经营服务公司指导蒋家港、桥下等村种植橘树,因橘子市场饱和,难以推销,大部分橘园返种其他农作物。1987年,庙港乡引进温柑品种,种橘树129亩。1988年,庙港乡7个村橘树411亩。1989年,庙港乡种橘树540亩。

1990年,七都乡蒋家港村、桥下村等村出现个人承包种植橘树,全乡共种植橘树195亩。后因橘子价低,逐步淘汰。1995年,庙港镇种橘树229亩。2000年后,庙港镇部分村承包户开始选定品质好、市场经济好的品种规模性种植,品种有桃、橘子、枇杷等,以桃树最为普遍。2001年,七都镇群幸村种植橘树105亩。2007年,郑勤伟在长桥村建成四季桃园,主要种植新品桃子约40亩。2008年,张士林在望湖村建成三味果园,主要种植日本甜柿、油桃、草莓、葡萄等103亩。庙港村承包户种植橘子、枇杷总面积20亩。望湖村种植枇杷树2亩。

2015年,开明村种植橘树约30亩、开弦弓村种植橘树约15亩、群幸村种植橘树约75亩、盛庄村种植橘树约30亩,加上其他零星种植,全镇共种植橘树约180亩,还有梨树、桃树、葡萄、柿子树、草莓等共353亩。

二、林木

90年代起,社会经济增长的速度越来越快,道路建设、住宅区(商品房基地)都需要绿化,农民在自己的承包地(田)上种上苗木,待成品后出售。在七都区域内到处可以见到成片的苗木,品种一般都以香樟树为主。2008年底,全镇苗木面积为680亩。

2010年,铜罗等地的苗木商到七都租地种植苗圃,苗木面积1200亩。是年,全镇销售苗木为5.9万株。

2015年,全镇苗木面积为9510亩。主要品种有香樟树、金叶水杉树、榉树、梧桐树、垂柳树、黄山栾树、樱花树、红枫树等。

表4-22 2003~2015年七都镇苗木、果品生产销售情况表

年份	苗木(万株)	水果(吨)	年份	苗木(万株)	水果(吨)
2003	0.6	450	2008	3.2	450
2004	0.7	465	2009	4.7	600
2005	1.2	480	2010	5.9	720
2006	1.5	525	2011	7.2	735
2007	2	450	2012	16	750

(续表)

年份	苗木(万株)	水果(吨)	年份	苗木(万株)	水果(吨)
2013	36	765	2015	68	798
2014	56	795			

第四节　蔬　菜

种植蔬菜是七都、庙港的传统副业。境内桑白地四季栽种蔬菜,沿太湖地区稻田也套种瓜菜。家庭联产承包责任制后,农户根据市场需求,种植品种向高产、优质、增效方向发展。

瓜菜种植品种变动频繁,50年代,保持传统品种。60年代,集体的桑白地及社员自留地以种植南瓜、洋大头菜、冬瓜、山芋为主。70年代后期,种植的萝卜、青菜、大头菜,大量供应外地市场。此后,增种红黄洋葱、圆红萝卜等根菜。供销社采购站每年收购大头菜、圆红萝卜、洋葱、雪里蕻等蔬菜。

1980年,七都、庙港公社成立农工商蔬菜联合公司以后,实行收购、加工、销售一条龙服务,打开蔬菜销售局面,推广栽种小黄瓜、刀豆、甜叶菊出口日本。庙港蔬菜加工厂年加工各种鲜瓜菜45吨。1989年,庙港乡农业公司投资70多万元,建立苏州市直供蔬菜基地1031亩,分布在富联、罗港、五联、富强、月字圩、太平桥、庙港、合群、曙光9个村。黄瓜、刀豆和出口日本的紫苏菜、芹菜、莴苣笋为普遍种植品种,富强、合群等村出现不少自种、自运、自销的专业户,曙光村专业户从上海、浙

香大头菜生产基地(摄于2015年)

江引进马兰西芹、卷心红包菜、菜芽、紫角叶、紫角尖、潮州菜、苦瓜、龙头角、葡萄梨番茄、金丝瓜、白花乔兰等新品种。七都乡永民、方家桥和庙港乡富强、五联等村发展雪菜(腌制咸菜)生产,产品远销浙、沪、皖、赣以及省内各县市市场,成为农户致富的一条门路。

1995年,庙港镇蔬菜复种面积1.6万亩,产量4.8万吨。是年,五联村有370户从事蔬菜种植。种植蔬菜650亩,自产加外购全年腌制鲜雪菜3000吨。"太湖菜"庙港雪里蕻菜驰名于市。

2003年,七都镇种植蔬菜1.67万亩,总产量3.36万吨。丰田、菱田、长桥、群幸、吴越、东庙桥等村以种植香大头菜为主要经济作物;联强村大部分农户种雪菜,有些农户用玻璃瓶储存腌制的雪菜,到苏州、上海等地小包装出售。

2008年,种植蔬菜1.63万亩,总产量2.86万吨。吴溇、望湖等村以种植大蒜、香葱的农户较多;庙港、盛庄村有种植能力的农户按农时都种植香青菜。

2015年,种植的蔬菜主要有香青菜、香大头菜、萝卜、大蒜、雪菜,有2200户农户从事蔬菜种植,种植蔬菜面积3.22万亩,总产量5.41万吨。

表4-23　　　　　　　　　　2003~2015年七都镇蔬菜种植情况表

年份	面积(亩)	总产量(吨)	年份	面积(亩)	总产量(吨)
2003	16703	33624	2006	17318	18328
2004	19854	32606	2007	17119	18828
2005	18208	29671	2008	16324	28632

（续表）

年份	面积(亩)	总产量(吨)	年份	面积(亩)	总产量(吨)
2009	10935	17113	2013	31251	49415
2010	26925	46338	2014	32277	51126
2011	28582	51030	2015	32152	54144
2012	29288	49351			

第五章 农田水利与农机农具

第一节 机电灌溉

七都、庙港地区机电灌溉始于50年代末，1958年，七都、庙港公社机电站成立，七都公社有3台抽水机，庙港公社有9台抽水机。1960年，七都公社菱塘、方桥大队建成电力泵站。至1961年底，七都公社建造10多个排灌站。1965年，庙港公社始在民字圩及城角圩建2座电灌站。70年代中期，七都、庙港公社电力排灌普及。1995年，庙港镇共有灌溉泵站44座，动力721千瓦。建排涝站11座，动力778千瓦，排涝流量为20立方米每秒，另加部分灌溉机房能向外河助排的流量3.91立方米每秒，合计总排涝流量为23.91立方米每秒。

七都水利站（摄于2008年）

1999年，七都镇建有电力灌溉站46座。动力820千瓦。建排涝站14座，动力1503千瓦，排涝流量为20立方米每秒，另加部分灌溉机房能向外河助排的流量有4.5立方米每秒，合计总排涝流量为33.98立方米每秒。

2005年，七都镇共有电力灌溉站59座，动力3928千瓦。堤防总长147.56千米，护坡总长45.79千米。

2015年，七都镇共有电力灌溉站47座。干渠76条，总长113千米。支渠134条，总长162千米。斗渠1133条，总长742千米。共有泵站59座，其中排涝24座、灌溉5座、排灌结合30座。

第二节 修圩建闸

一、联圩建设

1959~1961年，七都公社在兴办机电排灌的同时，修筑菱荡、方桥、七都3个联圩（俗称"大包围"）。至1968年，建成大儒、横塘、大阳、星锋、调字、跃进、建勤、五一等8个联圩，总受益面积50548亩。1970年后，逐年对联圩进行调整，把小的联圩合并成大的联圩。

1975年起，庙港公社始建南联圩，灌区面积15869亩；随后，建成东联圩，灌区面积12808亩；西联圩,灌区面积 18125 亩;月字圩,灌区面积 2020 亩。并重视对险工地段的维修。1980 年开始,由国家补助、地方自筹,三级负担,逐年在镇南部的荡白漾、长漾滩,中部的横草路、长圩港,北部的大庙港等地分别建起块石直立墙、多孔板、组合式护坡工程。至 1995 年止,庙港镇已建直立墙 11.22 千米,多孔板 13.14 千米,组合式 2.96 千米。

至 1999 年,七都镇筑干渠 53 条,总长 33961 米。修建内河三闸 18 座,水闸工程土方 52500 立方米,石方 5000 立方米,砼方 200 立方米,钢筋砼方 1200 立方米。庙港镇建成护坡工程 45.614 千米(其中直立墙护坡 25.802 千米,组合式护坡 3.215 千米,多孔板护坡 16.615 千米),打下旱涝保丰收的基础。2000~2001 年,七都联圩和大儒联圩合并后称大儒—七都联圩。

2008 年,经过调整、建设,七都镇共有联圩 14 个,另有横南联圩属七都镇与横扇镇共管。在 14 个联圩中,大儒—七都、菱塘、方桥、星丰、横塘 5 个联圩由水利服务管理站直接管理;三洋、东联圩、西联圩、南联圩这 4 个联圩由镇管理;建勤、五一北、月字、民字、浦北 5 个联圩由所在村负责管理。联圩总面积 11.34 万亩。

2015 年,护坡总长 63.607 千米。直立墙 45.567 千米,多孔板 12.046 千米,组合式 3.594 千米,生态护坡 2.4 千米;圩堤达标建设 26.6 千米,疏浚河道 9 条 17.9 千米。其中 2015 年新建直立墙护坡 6.361 千米。

表 4-24　　　　　　　　2015 年七都镇联圩、排涝站排涝动力流量汇总表

联圩名称	总面积（亩）	排涝站 座数	流量(立方米每秒)	动力（千瓦）	灌溉站 站数（座）	流量(立方米每秒)	圩堤 总长（千米）	已建护坡（米）
大儒—七都	27060	1	37.75	1475	8	11	20.9	5539
菱塘	15483	10	24	1015.5	9	11.8	25.6	11644
方桥	8220	4	11	474.5	3	5	10.0	4181
建勤	1412	2	1	37	2	0.75	5.9	1200
星丰	1380	2	1.5	55.5	2	0.75	3.0	—
五一北	1498	3	3	121	3	3	2.9	312
横塘	1740	1	2.00	82	2	0.75	6.6	2230
三洋	3075	1	1.50	165	1	0.25	0.9	320
南联圩	15869	14	16.45	674	8	4.85	21.1	11717
月字圩	2020	4	4.5	187.5	2	1	10.0	3444
民字	685	2	0.5	31	2	0.5	2.7	2127
浦北	1468.1	1	0.5	22	0	0.00	0.8	—
东联圩	12808	6	12.25	534	1	1.25	15.6	9188
西联圩	18125	4	9.5	397	4	2	20.7	8605

二、水闸建设

1960 年,七都公社第一座水闸——吴溇水闸建成。1965 年,庙港公社第一座水闸——民字浜水闸建成。70 年代,七都、庙港公社先后建成大儒套闸、人字套闸、金龙桥闸、荒字圩闸、长村套闸、虹民套闸、董家田闸、北村港闸、四方圩闸、四方圩涵、旺家港闸、时家港南闸、东联圩涵、联圩河西口闸等 14 座。1980 年以后,水闸建设进一步加强。1980~1999 年,先后修建水闸 13 座。2000~2007 年,先后修建水闸 29 座。2008 年,联圩共有三闸 56 座,其中套闸 19 座,防洪闸 35 座,分级闸 2 座。共有各类形式的涵洞 31 座。

至 2015 年,全镇农村新建、改建水闸 60 座,其中套闸 7 座、防洪闸 43 座、分级闸 3 座、涵洞 3

座、闸站 4 座。其中 2015 年新建(改建)防洪闸 7 座、涵洞 1 座。

表 4-25　　　　　　　　　　2015 年七都镇水闸新建、改建情况表

水闸名称	所在村名	类别	闸门顶高程(米)	孔径(米)	启闭形式
大家港闸	东风	防洪闸	4.5	3.5	手动简易直升
小墩村闸	东风	防洪闸	5.7	4.0	手动简易直升
庙西防洪闸	东风	防洪闸	5.7	4.0	卷扬机直升
双石港闸	东风	闸站	5.7	4.0	卷扬机直升
南小虞闸	双塔桥	防洪闸	5.7	4.0	卷扬机直升
人字港闸	双塔桥	防洪闸	5.7	4.0	卷扬机直升
姚庄防洪闸	吴溇	防洪闸	5.5	4.0	卷扬机直升
吴溇闸站	吴溇	闸站	6.0	5.0	卷扬机直升
渔业闸	渔业	防洪闸	4.8	3.5	卷扬机直升
胡溇港涵洞	隐读	涵洞	5.5	2.5	手动简易直升
大儒套闸	双塔桥	套闸	5.0	3.5	手动简易直升
群丰闸	隐读	防洪闸	5.5	4.0	卷扬机直升
七都套闸	沈家湾	套闸	4.8	5.0	卷扬机直升
谷池套闸	隐读	套闸	5.2	4.0	卷扬机直升
张港防洪闸	望湖	防洪闸	5.0	4.0	卷扬机直升
木泥扇闸	菱田	分级闸	5.5	3.5	卷扬机直升
急水港闸	菱田	防洪闸	5.7	5.0	卷扬机直升
东肖港闸	菱田	防洪闸	6.0	3.5	卷扬机直升
菱南闸	吴越	防洪闸	6.0	4.0	卷扬机直升
菱荡套闸	勤幸	套闸	5.5	4.5	卷扬机直升
丝厂套闸	吴越	套闸	5.5	4.0	卷扬机直升
跋鱼桥闸	吴越	防洪闸	5.8	4	卷扬机直升
接关桥闸	长桥	防洪闸	5.5	4	卷扬机直升
金龙桥闸	东庙桥	分级闸	5.0	3.5	卷扬机直升
孝思漾闸	长桥	分级闸	5.0	3.5	卷扬机直升
虹呈港闸	长桥	防洪闸	6.0	5.0	卷扬机直升
长村套闸	东庙桥	套闸	4.8	3.5	手动简易直升
沈坟头闸	东庙桥	防洪闸	6.0	4.5	卷扬机直升
虹民防洪闸	长桥	防洪闸	5.5	4.0	卷扬机直升
九曲港西闸	东庙桥	防洪闸	5.8	4.0	电动直升
邱刁湾涵洞	东庙桥	涵洞	6.0	4.0	手动简易直升
董家田闸	浙江漾西	防洪闸	5.5	3.5	卷扬机直升
焦田闸	丰田	防洪闸	6.0	4.0	卷扬机直升
北庄西闸	丰田	防洪闸	5.7	4.0	卷扬机直升
三洋联圩闸	三洋联圩	防洪闸	5.7	3.5	卷扬机直升
俞家兜涵闸	丰田	涵闸	5.5	3.5	电动直升
北村港闸	开弦弓	防洪闸	5.5	4	卷扬机直升
四方圩闸	开弦弓	防洪闸	5.5	4	卷扬机直升
城家田闸	开弦弓	防洪闸	5.2	5.0	卷扬机直升
旺家港闸	丰民	防洪闸	5.5	4.0	卷扬机直升

(续表)

水闸名称	所在村名	类别	闸门顶高程(米)	孔径(米)	启闭形式
长圩闸	开弦弓	防洪闸	5.5	4.0	卷扬机直升
毫里闸	开明	防洪闸	5.5	4.0	卷扬机直升
小合圩闸	丰民	防洪闸	5.5	4.0	卷扬机直升
赵家浜闸	太浦闸	防洪闸	5.5	3.5	卷扬机直升
时家港闸	太浦闸	防洪闸	5.5	4	卷扬机直升
大明港闸	联强	防洪闸	5.5	5.0	卷扬机直升
庄港闸	庙港	防洪闸	5.5	3.5	卷扬机直升
庙东闸站	庙港	闸站	5.5	4.0	卷扬机直升
南西漾闸	开明	防洪闸	5.5	4	卷扬机直升
北圩涵洞	开明	涵洞	5.5	1.5	手动简易直升
顺堤河东闸	渔村社区	防洪闸	5.2	4.0	卷扬机直升
南望闸	庙港	套闸	5.0	5.0	卷扬机直升
联圩西口闸	陆港	防洪闸	5.5	4.0	卷扬机直升
陆家港防洪闸	陆港	防洪闸	5.5	4.0	卷扬机直升
东草田闸	盛庄	防洪闸	5.5	3.5	卷扬机直升
南庄闸	盛庄	防洪闸	5.5	3.5	卷扬机直升
南兜港东闸	光荣	防洪闸	5.5	4	卷扬机直升
南兜港西闸	光荣	防洪闸	5.5	3.5	卷扬机直升
小荡闸站	开明	闸站	5.8	4	卷扬机直升
米古其闸	开明	防洪闸	5.8	4	卷扬机直升
月字圩闸	开明	防洪闸	5.8	5	卷扬机直升

第三节　环太湖大堤工程和太浦河工程

一、环太湖大堤工程

(一) 大堤复堤

七都、庙港地区北临太湖，因西太湖浪高流急，风涛激荡，坍岸严重，沿湖耕地逐年坍入湖中。中华人民共和国成立前，太湖沿岸并无统一的湖堤。沿湖圩堤民间虽有修缮，但终究限于个体经济力量弱小，堤身低矮单薄，稍遇风浪即被冲毁。据调查，冲刷严重的地段，平均每年崩塌4～5米。中华人民共和国成立后，党和政府始终把修筑沿湖圩堤作为农田水利的重点，沿湖农田防洪能力逐年有所增强。但是，60年代以来，太湖上游水情工情发生较大变化，入湖水量不断增加，洪水威胁日趋严重。据分析，如再遇1954年雨型，入湖水量将比1954年增加25%，太湖水位将超过5.50米。为此，1977年省革命委员会决定分期建设江苏境内太湖大堤，其中吴江县境内工程分两段实施，太浦河北称"东太湖复堤工程"，太浦河南称"西太湖复堤工程"。七都湖堤属西太湖复堤工程范围。

1983年10月10日，吴江县西太湖复堤工程指挥部成立，12月6日，开工筑堤。大堤断面设计标准：堤顶高程7.00米，内外坡均为1∶2.5，吴溇以东堤顶宽7.00米，薛埠以西宽5.00米。七都境内湖堤总长为5.04千米，庙港境内湖堤总长为6.9千米。庙港、盛泽、湖滨、震泽、梅堰、铜罗、桃源、八都、莞坪、平望、青云、横扇、南麻、谭丘、七都等15个乡镇共3.58万人参加西太湖复堤工程施工,至同月28日完成土方任务。

西太湖复堤工程,是农村全面实行联产承包责任制后的第一个较大的国家投资的水利工程。针对联产承包责任制后的新情况,县、乡镇、村各级党组织利用各种会议,采取多种形式,做好宣传工作,大讲兴修水利、加固堤防的重要意义。根据复堤工程指挥部的意见,复堤土方的负担采取"田劳分摊,任务到户,以方计价,欠工付款"的办法,即农、副、渔三业劳动力都承担一定数量的义务工,乡镇企业和村办厂工人以及不脱产干部,不出工的就出钱。经费负担上,每个土方除国家补贴0.40元外,农户统筹0.30~0.60元不等。在施工中坚持标准质量,把好验收关,从而保证了施工的顺利进行和工程的高速度、高标准、高质量。

太湖湖面宽,吹程远,风浪大,湖堤易受冲刷,除堤外滩面较大,且有芦苇和滩田外,亟需建护堤工程。从1984年起,在沿湖大堤外侧建造顶高程5.50米,底高程1.20~2.70米的浆砌块石直立墙,总长5037.6米。工程于1985年底竣工,国家投资81.81万元。

1991年,大水后,太湖大堤复堤加固标准为:堤顶高程7米,顶宽5米;西太湖外青坎高程5.5米,外青坎宽度0~3米,青坎高程4米,宽度5~10米。1999年,太湖流域洪水后,按照新颁发的《堤防工程设计规范》(GB50286-98)确定的标准,吴江市实施环太湖大堤堤防除险加固应急土方工程。新标准断面要求:堤顶高程7米,顶宽6米;庙港段大堤顶宽7米,外青坎宽2~3米,内青坎加高至高程4.5米,加宽至8米的断面长4.85千米;内青坎侧已建护坡且保留内青坎护坡的断面长2.87千米。

2001年2月下旬至5月上旬,委托江苏鸿基岩土工程有限公司进行项目试验。5月25日,召开试验成果鉴定会,认为堤身灌浆能消除渗漏隐患,提高堤身稳定性。

(二) 环湖水闸

七都境内通太湖的溇港,早在清代就在沿湖石桥两侧增建闸槽,太湖水位高时可用木板置于槽内以挡湖水。直到太湖大堤建成前,这些简易的桥闸有的还在发挥作用。中华人民共和国成立后,县、区人民政府即开始修造沿湖溇港的防洪水闸。1951年,在吴溇、丁家港、叶港、方港、张港各建插板式木门水闸1座。1952年,大庙港、薛埠、时家港、罗家港水闸各1座,闸孔宽4.0米,闸室长4.0米,闸顶高程5.00米,闸底高程1.50米,底板厚0.40米,用混凝土浇筑,下铺0.20米厚的碎石。两侧闸墙为重力式挡土墙,用水泥砂浆砌条石筑成,墙底宽12.7厘米。干砌块石护底0.40米,上游长2.00米,下游长3.00米。翼墙为八字式,与闸墙夹角为30°。1964年起,相继在徐杨港、庄港、汪牙港、汤家扇、鸦鹊港、大明港建水闸各1座。

1984年,吴江县堤闸管理所成立,七都、庙港设堤闸管理站,根据太湖水情的变化,按太湖控制线工程建造沿湖水闸。1991年,建造吴溇套闸1座。1992年,建造叶港套闸1座。是年,重建亭子港和方港防洪闸各1座。1993年7月和1996年2月,亭子港闸、方港闸、叶港闸、陆家港闸、大明港闸、吴溇港闸、时家港闸、白浦港闸、罗家港闸、汤家浜闸、庙港闸分两批通过苏州市水利局组织的竣工验收。防洪闸均按二级建筑物设计,套闸上闸首与防洪闸一样,下闸首和闸室定为四级。防洪闸和套闸首设计水位:上游4.46米,下游3.16米。套闸下闸首设计水位:上游4.2米,下游3.5米。至2015年,七都镇环太湖水闸控制口17处,4米防洪闸有方港闸、西亭子港闸、白甫港闸、丁家港闸、陆家港闸、罗家港闸;6米套闸有吴溇闸、庙港闸;4米套闸有叶港闸、大明港闸、时家港闸、汤家港闸、亭子港闸;涵洞有西丁家港、薛埠港2个;太浦闸、太浦河泵站。

(三) 堤防护坡

1995年9~11月,东亭子港至罗家港1210.8米内青坎护坡,采用多孔板形式,齿坎底高程1米,墙顶高程3米,由吴江市提闸管理所水利工程队负责施工。

1996年12月至1997年4月,根据西太湖风浪冲击严重、挡墙前滩地易被掏空的特点,加固七都、庙港段老挡墙4915米，沿老挡墙底脚全线浇筑混凝土深齿坎，同时在外围每隔7米做重力式浆砌块石支撑墩，由吴江市土石建筑工程公司七都和庙港分公司承建。

1998年12月至1999年8月，新建罗家港至亭子港1453米重力式挡墙，挡墙墙身为浆砌块石，底板和压顶采用混凝土，挡墙每20米设一条伸缩缝。压顶高程3.2米，底板面高程1.95米，底板厚0.25米，齿坎深0.5米。

2013年，太浦河口至丁家港段的太湖大堤，为纪念国学大师南怀瑾，被命名为南公堤。

环太湖大堤护坡（摄于2008年）

至2015年，陆港村丁家港以西至浙江边界5.38千米建成沥青路面。丁家港以东至太浦河口6.97千米，庙港社区段铺设步道砖；其他的部分是水泥路，还有一些是泥路。丁家港东300米地段进行维修加固，挡墙墙身为浆砌块石，底板和压顶采用混凝土；煤烂村姚家港直对65米地段塌方，重新修建，挡墙墙身为浆砌块石，底板和压顶采用混凝土；庙港大堤纪念亭以东至庙港闸385米危险地段重新加固，迎水坡采用抛石奠基，上面挡浪堤采用混凝土。

二、太浦河工程

（一）太浦闸除险加固

1959年，太浦河节制闸建成，位于庙港公社太浦河进口段，西距东太湖约2千米，是太浦河控制性工程。原上游设计水位4米，设计流量580立方米每秒。闸共29孔，每孔净宽4米，其中10孔为钢筋混凝土结构，19孔为钢丝网水泥结构。1978年，进行大修。1994年10月，对太浦闸进行除险加固。29孔闸门均淘汰，全部换成平面钢闸门，门槽锈蚀严重，拆除重建，启闭机全部更换为倒挂式液压启闭机。胸墙表面凿毛粉刷后作涂料保护。工作桥、公路桥和排架拆除重建。桥头堡因沉降不均多处开裂，移位重建。1995年7月，通过太浦河流域管理局主持的单项工程竣工验收。

2011年12月，水利部批准实施太浦闸除险加固工程。2012年9月1日，太浦闸除险加固工程投资8017万元，工程正式开工。用8个月的时间，就完成了老闸拆除、新闸主体工程建设。2013年4月，完成通水验收后投入初期运用。2015年6月，工程通过竣工验收。工程由闸室、上游护坦、下游消力池、海漫、上下游抛石防冲槽、上下游河道连接段、上下游翼墙、交通桥和启闭机房等建筑物组成。除险加固后，太浦闸闸室10孔、单孔净宽12米，闸底板高程-1.5米，设计流量985立方米每秒；闸室采用开敞式，梯形实用堰，两孔一联结构，平面直升工作闸门上、下游各设一道检修闸门，闸顶设交通桥。

（二）太浦闸泵站建设

2000年7月20日，太浦闸泵站国际试工安装标前会在庙港召开，主办单位是上海水务局。参加竞标的单位有中国水电十一局等9个单位。水利部部长张基尧、上海市副市长韩正、江苏省副省长姜永荣、苏州市副市长江浩等领导参加开工典礼。

2000年12月26日，太浦闸泵站工程正式开工。太浦闸泵站位于太浦河节制闸南侧的庙港镇富联村（今太浦闸村），占地面积280亩，当年迁移农户40户。太浦河泵站为世行贷款项目，工程概算总投资2.83亿元。

上海市投资兴建的太浦闸泵站为一等工程，防洪标准为100年一遇洪水设计，300年一遇洪水校核。由国家水利部上海勘测设计研究院、上海市水利工程设计院设计，泵站总设计流量300立方米每秒,泵最高净扬程1.64米,设计净扬程1.39米。

泵站枢纽工程由抽水泵站、拦污栅间、公路桥、上下游河道、变电站等组成。泵站装有单泵流量为50立方米每秒、叶轮直径4.1米的斜15度轴伸泵6台,配置1600千瓦异步电机6台。太浦闸泵站工程的主要功能是在太湖流域干旱年份,当太浦河节制闸自身流量较小时,关闭太浦河节制闸,利用太浦闸泵站抽取太湖水,经太浦河流入黄浦江,改善上海市黄浦江二期引水工程取水口段(松浦大桥)的水质。

上海市太浦河流域工程管理处是太浦闸泵站管理单位,采取市场化运作的方式,通过公开招标确定工程运行养护单位,实行管养分开。泵站的建立为上海人民的生产、生活用水提供水质保证。

2003年4月,工程竣工。是年12月31日,工程移交上海市太湖流域工程管理处。2004年8月,通过单项工程竣工验收。

第四节 农机农具

一、传统农具

中华人民共和国成立初,七都、庙港地区农民干农活时使用的是传统农具。垒田垦地的铁锆,稻田除草用耥,旱地除草用锄头,开沟用铧锹。灌溉用的农具主要是靠脚踏的龙骨水车、水风车。施农药工具用粪桶、撩子,把农药和掺入的水搅匀成溶液后泼浇为主。收获农具,割稻用镰刀、割草用草锆,脱粒用稻床手掼,田间用谷桶,扬谷用手摇风车。70年代起,随着农业机械化的逐步深入,绝大多数传统农具被现代农机具淘汰。

二、现代农机具

(一) 耕作机具

1968年起,庙港公社用农船从上海郊区租用手扶拖拉机。1975年,七都公社有74台手扶拖拉机;庙港公社有手扶拖拉机150台手扶拖拉机。1984年,七都乡有手扶拖拉机262台;庙港乡有手扶拖拉机200台。

1987年,吴江县政府在开弦弓村推行农业机械化试点,县、乡两级财政支持购置中型拖拉机3台。

1995年,七都、庙港镇共有手扶拖拉机275台,中型拖拉机11台。2004年,七都镇手扶拖拉机152台,中型拖拉机8台。

2015年,七都镇手扶拖拉机35台,大中型拖拉机14台。

(二) 插秧机具

1987年,吴江县政府在开弦弓村推行农业机械化试点,县、乡两级财政支持购置插秧机3台,水稻直播机1台。

2001年,七都镇购进1台插秧机开始使用机插秧。2004年增至14台插秧机。2008年,全镇购进22台插秧机,共38台插秧机,且都投入作业。是年,全镇机插秧面积5000余亩,由于机插水稻技术业已成熟,机插水稻大面积推广获得成功,为以后实行水稻的机插化打下良好的基础。

2015年,全镇共有插秧机58台,投入作业的有8台。是年,全镇机插秧面积2500多亩。

(三) 收割机具

2001~2003年,七都、庙港镇联合收割机7台,但收割机投入成本大,本地作业期短,大部分机手不愿意参加跨区域作业,作业效益不高,收割机数量逐年下降。2008年底,联合收割机3台,收割季节,外地收割机进入,完成收割任务。据统计,2008年,机割率75%,其余25%人工收割。

2015年，七都镇联合收割机共有4台。机割率90%。

（四）脱粒机具

60年代，农村开始使用铁木结构的脚踏脱粒机。70年代，柴油机拖动及电动的脱粒机广泛使用。1986年，七都乡有机动脱粒机549台，庙港乡有460台。1995年后，联合收割机逐年增加，1999年七都镇有8台，庙港镇有1台。机动脱粒机的利用率下降，七都镇有机动脱粒机347台，庙港镇有730台。仅在分散农户中使用。2008年，机动脱粒机950台，实际使用470台，使用率为49.5%。

2015年，七都镇有机动脱粒机180台，实际使用2台，使用率为1.1%，联合收割机4台。

（五）植保机具

60年代，水稻、三麦、油菜等作物喷药防治病虫害开始使用人力喷雾器。70年代起，出现机动喷雾器，喷雾速度快，效果好。1983年，实行家庭联产承包责任制后，农机具由农户分散管理，机动喷雾器需求量下降，而手动喷雾器却逐年增多。1986年，七都乡机动喷雾器没有，手动喷雾器5240架。庙港乡机动喷雾器25部，手动喷雾器4730架。90年代，机动喷雾器在种粮大户中广泛使用，需求量有所增加。2015年，全镇有机动喷雾器185部，人力喷雾器1123架。

表4-26　　　　　　　　　1996~2015年七都镇现代农机农具统计表

年份	大中型拖拉机(台)	小型拖拉机(台)	机动插秧机(台)	机动喷雾器(部)	手动喷雾器(架)	联合收割机(台)	机动脱粒机(台)	农用水泵(台)
1996	14	119	4	168	6500	3	533	263
1997	16	112	4	168	6850	6	375	293
1998	21	80	4	168	6850	6	386	323
1999	22	185	4	168	6850	8	347	374
2000	14	195	1	168	6850	7	260	391
2001	14	195	1	168	6850	8	268	391
2002	14	195	1	168	6850	7	268	389
2003	11	152	8	220	12820	7	1081	724
2004	8	152	14	170	12800	4	795	724
2005	9	152	14	170	12800	4	780	724
2006	13	152	16	170	12800	4	1051	490
2007	14	152	16	172	12100	3	1051	487
2008	13	149	38	172	12092	3	950	187
2009	7	63	56	176	11021	2	525	180
2010	9	63	57	176	8510	2	406	175
2011	12	63	57	183	5002	2	406	150
2012	12	63	57	184	3020	3	406	123
2013	13	51	57	182	2123	3	224	112
2014	14	49	57	187	1580	3	180	105
2015	14	35	58	185	1123	4	180	105

注：2003~2015年，表内为七都镇、庙港镇合并后的数据。

表4-27　　　　　　　　　1996~2002年庙港镇现代农机农具统计表

年份	大中型拖拉机(台)	小型拖拉机(台)	机动插秧机(台)	机动喷雾器(部)	手动喷雾器(架)	联合收割机(台)	机动脱粒机(台)	农用水泵(台)
1996	7	162	4	79	5800	1	734	150

(续表)

年份	大中型拖拉机(台)	小型拖拉机(台)	机动插秧机(台)	机动喷雾器(部)	手动喷雾器(架)	联合收割机(台)	机动脱粒机(台)	农用水泵(台)
1997	5	165	4	79	5800	1	700	200
1998	6	176	4	79	6000	1	710	228
1999	6	183	6	79	6100	1	730	232
2000	3	120	4	52	6100	1	750	240
2001	2	120	—	52	6100	2	850	240
2002	2	95	—	52	6000	—	850	240

三、农机管理

1979年,七都、庙港公社农机管理站(简称农机站)成立。各设1名站长,2名管理人员。1990年11月,农机站转为全民事业单位,核定编制各4人。镇农机站负责对村经济合作社社长、农机操作人员进行农机管理、农机维护、保养等内容的培训,并承担维修及安全监理、机械化示范、推广等工作。90年代后期,随着现代农机具的不断增加,各村亦相应成立村农机管理服务站,负责全村农机具的调度、维护保养及人员培训工作。

2001年11月后,镇农机站与农技站、兽医站、蚕桑站、水产站等合并组建成农业服务中心,负责全镇的农业管理服务工作。

凡享受财政补贴的机具,由镇农机站监督管理并与购机人签订跟踪管理协议书,不得任意转让他人或出卖。

2008年,镇配备一名专职农机监督员,持证上岗,负责协助市农机监理所的农机监督,包括对农机具的牌证管理、年检、年审和纯农机具的事故处理。是年,共检验中型拖拉机12台套、手扶拖拉机99台、脱粒机470台。

2015年,全镇有1名持证上岗的专职农机监督员。共检验中型拖拉机14台、手扶拖拉机2台、脱粒机100台。查处违章拖拉机3台。

第 五 卷

工　　业

民国时期,吴溇、庙港集镇先后有糖坊、染坊、槽行、水车行等出现。1958年,七都、庙港公社组织铁、木等工匠成立手工业合作社。60年代,木业组、铁业组、缝纫组、砖瓦厂、手工业联社等组织形式出现。70年代,以农副产品加工、销售为先导的社队办企业应运而生。1985年,七都乡桥下、文义兜两村联合创办第一家电缆企业——吴江特种电缆厂。1986年,吴江特种电缆厂由村办企业转为乡办企业。七都乡以电缆、纺织为切入口,发展工业经济。庙港乡以丝织业为基础,逐步向其他工业拓展。2003年,庙港镇、七都镇合并成立新的七都镇,壮大工业队伍。2015年,七都镇工业企业712家,其中外商和港台商44家,工业开票销售收入303.25亿元,形成光电缆、有色金属、丝绸纺织、建筑建材、木门地板、机械、电子等具有地方特色的产业结构体系。

第一章　工业体制

第一节　县(市)属集体工业

一、七都农具厂

1958年,七都公社创办七都跃进厂,并把分散在各村的铁业、竹业和木业的200名手工业者组织进厂。设张港、吴溇、双荡兜、小暑桥4个木工分厂。

1960年,七都手工业中心社成立。

1963年,七都跃进厂改组为七都铁木农具生产合作中心社,归属吴江县手工业联社领导。职工报酬由记工分形式,改为定级工资制。产品有铁锴、铁铲、锄头、镰刀等农具及其他生活用具。

1967年,铁木车间生产筑路用打夯机、建房用的铁制人字架、水利工程上用的四轮运土车辆等。木工车间制造扇谷风车、牛力水车、人力水车及船只、船具等。

1974年,七都铁木农具生产合作中心社上升为县属工业,更名为七都农具厂,按照地方国营体制独立核算,自负盈亏。

1976年,七都农具厂再度下放给七都公社,兼受吴江县手工业联社领导。同年,该厂在吴溇集镇开设铁木制小农具和生活用具门市部。

1978年,七都农具厂木工车间添置锯板机、圆盘锯、木车床、木刨床等设备,实现木工操作机械化,并开发生产食品橱、桌柜、西式床具等木制家具产品。铁工车间购置空气锤、电焊机、冲床、钻床等设备,生产自行车垫圈、螺栓、螺帽、机动船螺旋浆和脱粒机配件等。由于产品结构及时调整,适应市场需求,取得较好经济效益,是年,全厂职工增至118人。

1984年,吴溇缝纫合作小组及弹絮合作小组相继并入七都农具厂。进入90年代,铁、木两业受到个体经济的剧烈竞争,老产品滞销,亟需开发新产品。

1996年,七都农具厂有固定资产250万元,职工50名。1999年,转制为民营企业。

二、庙港农具厂

1958年下半年,庙港公社木业社、铁业社成立。1963年,木业、铁业两社合并改称庙港农具厂,属吴江县大集体企业。

70年代起,吸收能工巧匠,扩大规模,机械削切、钳、车床设备逐年完善,已能生产农用具机械,如电动脱粒机、船用挂桨等。

1995年,庙港农具厂由进口汽车保养场、锻造车间和木工车间组成。进口汽车保养场年维修能力:大修30辆,三保车70辆,二保车100辆。锻造车间有560千克和250千克空气锤各一台和车、钻、刨等金加工设备,专营各种规格锻造产品,年生产能力500吨。木工车间年板材加工能力1000立方米。1995年底,固定资产原值43.92万元,职工30人,产值114.80万元。1998年,转制为民营企业。

第二节　镇(公社、乡)办工业

一、撤并前七都镇(公社、乡)办工业

1960年,七都公社组织铁、木等工匠成立手工业中心社。60年代后,手工业中心社相继改组为农具厂、农机厂,此为七都工业的雏形。其后还兴办过酒厂、碾米厂、饲料加工厂和土窑等与农副业密切相关的工业。1967年末,创办缫丝厂。70年代,七都公社先后办起丝织厂、轮窑厂、电解铜厂等10家社办厂。80年代,七都的绢纺、制线、针织、织带、器材等相关行业,构成纺织工业体系。

1986年,桥下、文义兜两村联合创办的吴江特种电缆厂转为乡办企业。乡镇企业开始迅速发展。1991年3月,吴江县光电通信线缆厂(亨通集团公司前身)成立。1992年4月,吴江县华东通信电缆厂(巨通集团公司前身)筹建。1995年底,为落实吴江市《关于发展横向经济联合的若干规定》,七都镇鉴于电缆业已形成行业优势,与邮电部第五研究所、邮电部器材总公司、南京邮电学院等单位合作,筹建吴江市恒通通信电缆厂(江苏恒通电缆集团公司前身)。

七都镇充分利用江浙交界废金属来源广、品种多、数量大的优势,相继兴办铝铸造业。至1996年,全镇拥有电缆、有色金属、纺织、机械电子、轻工家具、建筑建材、化工等行业。有镇办企业20家,全年工业总产值12亿元。

1997年起,七都镇全面进行企业产权制度改革,七都毛巾厂为首家转制的民营企业。

1998年,七都金属线材厂、吴江美体时装厂、多服公司电线厂、七都卫星丝织厂、七都新光金属材料厂、吴江天意电焊条厂等镇办企业转制为民营企业。

至1999年8月,全镇企业中集体参股的股份制企业8家,分别是亨通集团公司、双塔集团公司、巨通集团公司、恒通集团公司、桦都集团公司、云鹏集团公司、家用电机厂、金田公司。转为民营企业10家。企业进行风险抵押承包3家。

1999年,全镇拥有电缆、金属、纺织、机械电子、轻工家具、建筑建材、化工其他等行业。集镇区有规模型企业14家,其中6家工业产值超过亿元的企业。

二、撤并前庙港镇(公社、乡)办工业

60年代初至70年代,庙港公社以农副产品加工、销售为先导的社办工业开始出现,办起农机厂、缫丝厂、蔬菜加工厂、酒厂、蜜饯厂、砖瓦厂等企业,并逐步向其他行业发展,先后办起色织厂、服装厂、铸件厂、水泥制品厂、化工厂等企业。80年代初,创办马铁厂、乳酸厂等企业。80年代中期至90年代初,发展横向经济和外向型经济,先后创办庙港制冷设备厂(上海空调机二分厂)、吴江新联丝织厂庙港分厂、苏州香雪海电器公司庙港冰箱配件厂、吴江轴承厂庙港分厂等联营合作企业,同时还创办大中服装厂、甲鱼粉厂、兰记食品厂、康元机械厂等合资和工贸合营企业。

90年代,庙港镇由低水平、小规模的企业经营逐步向规模化、集约化经营模式发展。1996年,

庙港镇不断激励企业加强科技投入和人才引进,提升产品质量,增强企业竞争力,全镇形成以丝绸、化工、轻工为主的三大支柱产业和吴江新联丝织厂庙港分厂、江苏金蜂集团、吴江金帆化工集团、吴江冰箱配件二厂、庙港建筑公司等龙头企业。是年有镇办企业12家。1997年,庙港镇全面进行企业产权制度改革,9家企业转制为民营企业。全镇规模型企业11家,年工业总产值1.61亿元。

1998年,庙港镇规模型企业30家,年工业总产值3.68亿元。

表5-1　　　　　　　　1984~1996年部分年份七都镇镇(乡)办工业情况表

年份	企业个数(家)	工业总产值(万元)	年份	企业个数(家)	工业总产值(万元)
1984	14	950.67	1992	22	28618
1986	17	1851.45	1993	21	73263
1989	21	6365.88	1994	20	90983
1990	19	9662.01	1995	13	97618
1991	21	13513	1996	20	120086

表5-2　　　　　　　　1984~1996年部分年份原庙港镇镇(乡)办工业情况表

年份	企业个数(家)	工业总产值(万元)	年份	企业个数(家)	工业总产值(万元)
1984	14	603.61	1992	16	18509
1986	20	1665.87	1993	15	34836
1989	20	3680.21	1994	13	46245
1990	17	6238.64	1995	13	38202
1991	17	9859	1996	12	29523

第三节　村(队)办工业

一、撤并前七都镇(公社、乡)村办工业

1967年,七都公社胜旗大队创办的胜旗缫丝厂,是全县第二家队办缫丝厂,也是全公社最早的队办企业。

70年代,队办工业(后称村办工业)兴起,其中部分是由手工业合作社合并改组而成。1979年,七都公社队办企业51家,从业人员1550人,工业产值358.66万元。1985年初,桥下、文义兜两村派员去上海联系创办电缆企业,办成七都第一家电缆企业——吴江特种电缆厂(1986年,吴江特种电缆厂转为乡办厂),厂址位于桥下村。

1986年,七都乡村办企业73家,职工3153人,工业总产值2404.69万元。1995年,七都镇村办企业64家,职工2626人,工业总产值3.62亿元,其中勤丰、丁家湾、文义兜、菱塘湾等村的工业总产值均超过1000万元,李家港村的工业总产值超过3000万元。

至1999年8月,七都镇47家村级集体企业全部改制为民营企业。

二、撤并前庙港镇(公社、乡)村办工业

1966年,为便利农民粮食加工,民字浜、开弦弓、繁荣等大队相继办起粮饲加工厂。1967年,庙港公社太平桥大队开办蔬菜加工厂。1968年,开弦弓缫丝厂采用认股集资办法,由红卫、立新、合群、繁荣、七一、富强、庆祝、轮穗等8个大队参股,成立联合缫丝厂。

70年代初,队办工业崛起,繁荣大队创办水泥制品厂,金明大队创办油桶厂。1977年,红卫大队、立新大队创办丝织厂。1979年,五联、富强、勇星、合群等大队相继创办丝织厂。全社大队办工

业企业 22 家,职工 726 人,固定资产 44.65 万元,工业产值 129.68 万元。

1986 年,庙港乡村办企业 58 家,职工 2768 人,工业总产值 1903.65 万元,利润总额 23 万元。

1993 年,金明村由港商孙福林投资创办吴江港明毛绒针织有限公司,生产各类针织服装,产值 193.79 万元。

1995 年,庙港镇村办企业 36 家,职工 1872 人,工业总产值 44843 万元,其中勇星、轮穗、庙港、七一、开弦弓、民字浜、张家浜、行义港、西草田村的工业总产值超过 1000 万元,富强、罗港、富联村的工业总产值超过 3000 万元。

至 1999 年 8 月,庙港镇 28 家村办企业全部改制为民营企业。

表 5-3　　　　　　　1984～1996 年部分年份七都镇村(队)办工业情况表

年份	企业个数(家)	工业总产值(万元)	年份	企业个数(家)	工业总产值(万元)
1984	62	881.44	1992	83	20088
1986	73	2404.69	1993	57	25009
1989	70	4064.07	1994	28	42005
1990	57	8164.58	1995	64	36193
1991	62	10937	1996	28	38641

表 5-4　　　　　　　1984～1996 年部分年份庙港镇村(队)办工业情况表

年份	企业个数(家)	工业总产值(万元)	年份	企业个数(家)	工业总产值(万元)
1984	29	930.87	1992	36	6579
1986	58	1903.65	1993	42	13745
1989	51	2601.58	1994	40	22631
1990	45	3452.69	1995	36	44843
1991	43	3806	1996	35	40019

第四节　镇村企业产权制度改革

一、撤并前七都镇产权制度改革

1997 年初,七都镇全面进行企业产权制度改革,七都毛巾厂首家转制为民营企业。是年 10 月下旬至 1998 年 8 月,镇办"弱、小、亏"企业 9 家和村办中小企业 127 家进行拍卖转让。镇党委、镇政府以市场为导向,培育骨干、组建集团、走规模经营之路,全年销售收入 19.8 亿元。按"抓大、扶中、放小"原则。全镇组建 2 个省级集团:亨通集团、双塔集团,固定资产超亿元,产值分别为 5 亿元、4 亿元。5 个市级集团:巨通集团、金装集团、云绢集团、万宝集团、雪狐集团,还有 9 个骨干企业:吴江桦都铜业有限公司、七都建筑公司、吴江家用电机厂、七都丝织厂、苏州铝合金车厂、上海电子元件廿一分厂、吴江华新家具厂、苏州天意焊接材料厂、太湖皮件厂等企业,加大投资力度,发展中型企业,对一些产品老化的小型企业采取"租赁""拍卖""股份"等形式,实行改制。

1998 年 8 月至 1999 年 8 月,七都镇 21 家镇办企业,对 18 家采用一厂一策进行改制。其中亨通集团、双塔集团、巨通集团、恒通集团、桦都铜材集团、金装集团、家用电机厂、七都丝织厂 8 家镇办骨干企业开始进行企业产权制度改革,组建为集体参股的股份公司。金田集团公司、雪狐集团公司、云绢集团公司、野生保健厂、天意公司、建筑预制厂、农具厂、线厂、毛巾厂、家具厂等 10 家企业转制为民营企业。

1999年8月至2000年8月,股份制企业资产实行"民进公退"("民"指民有资本,"公"指集体资本)的决策,全镇集体参股的8家股份公司,集体股权折合现金300万元以下的,企业分3年偿付给镇农工商总公司;集体股权折合现金300万元以上的,企业分5年偿付给镇农工商总公司。政府与企业签订协议,并进行法律公证,在企业付清第一批应付款后,剩余部分作为集体借给企业的商业性贷款处理,不参与企业股东的红利分配,而只需企业支付同期银行存款利率计算的利息。集体股份撤出后,企业的股东范围包括三部分组成:企业厂长、经理为中心的经营管理人员;企业的技术骨干人员;企业的销售骨干人员。镇政府在改制方案中明确规定了企业普通员工不入股,以防出现新的大锅饭。产权制度变迁的绩效较为明显。是年,七都镇的吴江光电通信线缆总厂工业总产值10.07亿元,吴江恒通通信电缆厂工业总产值2.92亿元,吴江宏都线缆厂工业总产值2.67亿元,吴江特种电缆厂工业总产值2.51亿元,吴江通信电缆厂工业总产值8100万元,吴江正大通讯电缆厂工业总产值7556万元。

2002年,七都镇万宝铜业集团公司转制为民营企业。至此,七都镇镇、村企业全部转制为民营企业。

二、撤并前庙港镇产权制度改革

1997年,庙港镇开始实行企业产权制度改革,从实际出发,不搞"一刀切"。在企业中推行"法人承包,风险抵押,包干上交,超利转股"责任制,实行主办会计委派制。与此同时,扶持民营企业,个体羊毛衫生产户发展迅速,全镇有羊毛衫横机8000台,初步形成规模优势。年底,庙港镇规模型企业11家,工业总产值1.61亿元。全镇企业职工6965人,其中从事建筑业的有1170人。

1998年,庙港镇对原来一些关闭、停产企业引进项目,通过租赁、拍卖等形式,盘活存量资产,扩大增量,推进经济发展。镇委、镇政府先后引进5家电缆、有色金属、电子铸件、化工、纺织企业。原有的16家企业进行不同方式的改制,其中,镇办企业9家,村办企业7家,涉及总资产8910万元。兴办3家电缆厂;引进外资,创办康元商用机器设备厂,盘活存量资产近2000万元,优化产业结构。是年,庙港镇规模型企业30家,工业总产值3.68亿元,企业职工7293人。

1999年,庙港镇规模型企业31家,总资产3.12亿元。全镇企业职工7870人,工业总产值3.97亿元。

2000年,庙港镇在90%以上企业转制成功的基础上,对自强制衣厂进行转制;金蜂集团的丝纺公司通过竞争招标实行拍卖。对其他一些转制企业强化管理,实行全方位服务。是年初,庙港镇党委下发《关于庙港镇加快发展私营经济及开发区的优惠政策》的文件,引导民营经济健康发展。这一年,全镇批准民资投入6000万元,实际完成工作量5000万元。镇民营工业开发区初具规模,投入300万元搞好工业开发区基础设施建设。是年底,2幢标准厂房基本竣工。羊毛衫横机数量不断增加,是年,羊毛衫横机15000台;喷水织机实现零的突破;义泰纱厂、有色金属材料厂投产运行;染厂实现搬迁扩建并正常运转。2000年,庙港镇规模型工业企业32个,年工业总产值4.79亿元。

2001年,庙港镇建筑公司转制为民营企业。2002年,庙港镇的镇村企业全部转制为民营企业。

第五节 私(民)营工业

一、撤并前七都镇私(民)营工业

民国时期,七都地区家庭私营手工业有土制缫丝、纺织、酿酒及铁木竹等行业。随着生产力的发展,有些家庭手工业逐渐向手工作坊(工场)转化。中华人民共和国成立初,七都地区有少量的泥木建筑个体户,还有铁匠铺3家、竹器店(工场)5家。以及少量土制缫丝、纺织等小手工业。大多数作坊只有2~3人。1956年,国家对私营工业、手工业实行社会主义改造,把这些个体经营的小手工业者按行业组织起来,成立合作小组。在以后的40多年时间里,私营企业在七都镇(乡、公社)基本消失,偶尔还有一些手工作坊存在。

1998年,七都镇在抓好集体经济主体的同时,加快经济体制改革,适应经济结构调整。对个体私营等非公有制经济继续鼓励、引导,使之健康发展。新增华信塑料薄膜公司、皮革机械配件公司、巨龙金属带箔公司、凯联室外家具公司等一批有实力的骨干民营企业,民营工业区迅速崛起,店铺、厂房供不应求。全镇民营企业76家,总资产8368万元。2000年,七都镇不断深入经济改革,对亨通、双塔、巨通、恒通、桦都、吴江家电等集体参股企业进行第二次改革。通过"民进公退"、股权置换、资产重组来吸收社会资金进入企业,塑造多元化的企业资本结构,通过创新扩张,新增投资额1.2亿元。是年,全镇共有民营工业企业305家,其中新增民营企业118家,新增民营企业固定资产投资1.3亿元。

2002年,七都镇民资总投入6.5亿元,全年新增民营企业95家。村级民资投入迅速增长,群幸村、东风村、双塔桥村、长桥村等行政村民资投入超过5000万元。民营企业由原来单一的光电缆行业,逐步拓展到电子、生物农药等高新技术领域。全镇营业收入超亿元的企业有亨通集团公司、吴江市万宝集团公司、吴江宏都线缆厂、双塔集团吴江特种电缆厂、巨通集团吴江华东通信电缆厂等5家。

二、撤并前庙港镇私(民)营工业

民国时期,庙港地区家庭私营手工业有土制缫丝、木织机织绵绸、粗丝绸、土布等,手工行业多数是分散在农村的泥、木、漆、缝纫等工匠。民国18年(1929)2月23日,震泽区开弦弓村有限责任生丝精制运销合作社成立,为中国近代史上兴办的首家农村丝厂。有工作人员76人,设工场部,下设剥茧、选茧、煮茧、缫丝、复摇、生丝整理、丝检查等部门,负责各项技术工作。是年,生产厂丝2.065吨,获利1.08万元。民国27年,日军住进丝厂,机器设备遭日军毁灭性破坏。民国28年,村民怕日军再次入住,将厂房拆除。

中华人民共和国成立初,庙港集镇有木作坊1家,硝皮作1家,银匠、铜匠店各1家,酒作坊4家。农村除拥有大量缫丝车、织布机外还有不少流动作业的泥竹木漆等工匠。这些小作坊一直延续到政府对私营手工业进行社会主义改造。在以后的40多年时间里,私营企业在庙港镇(乡、公社)基本消失,偶尔还有一些手工作坊存在。

1983年,开弦弓村周玉官创办庙港乡首家民营企业——荷花湾电路板加工场。1998~1999年,庙港镇完成91%的企业转制工作。鼓励、支持、扶持民营经济发展,佳通光缆制造厂、宏通电缆厂、全通电缆厂等民营企业相继建成投产;镇政府加强对丝织、家纺和羊毛衫行业的管理和服务,全镇有羊毛衫横机1.2万台。

2000年,庙港镇总投资500万元以上的民营企业有佳通光缆制造厂、全通电缆厂、宏通电缆厂、华东有色金属厂、正大车轮厂、东风印染助剂厂、苏州万顷阁酒厂、化工有限公司、兰记食品有限公司9家,规模最大的吴江市佳通光缆制造厂总投资5806万元,其他投资超过1000万元的企业5家。是年初,庙港镇党委下发《关于庙港镇加快发展私营经济及开发区的优惠政策》的文件,引导民营经济健康发展。

2001年,全镇完成集体企业转制。把发展民营经济作为全镇经济发展的增长点,不断完善镇级工业开发区及村级民营工业小区的基础设施,民营资本投入创出历史新高。民营企业发展势头良好,庙港缫丝有限公司的"金双鹿"牌白厂丝获得原产地标记认证,提高企业知名度。全镇批准民资投入6000万元,规模型工业企业32个,年工业总产值4.79亿元。

2002年,全镇民营资本的投入量是前三年的总和。新批民资项目29个,资金总额1.49亿元,庙港轻纺、服装两大支柱产业投入8000万元,新增喷水织机、喷气织机349台,K611型织机800台,进口电脑横机、电动横机600台,12针横机3000台。是年,庙港镇有民营企业45家,职工2130人。全镇完成年工业产值8.41亿元,企业总资产5.47亿元,产品销售7.59亿元。

三、新的七都镇私(民)营工业

2003年,庙港镇、七都镇合并后,新的七都镇民资投入10.31亿元,比2002年增长35.5%,新增民营企业110个。村级民资投入迅速增长,联强村、节制闸村羊毛衫产业全面提升。

2006年,全镇民资投入19.2亿元。2008年,全镇民资投入14.1亿元,实现工业开票销售收入147.1亿元,新批企业122家,新增注册资本3.76亿元,光电缆、有色金属加工、针纺织造等三大支柱产业得到进一步发展。全镇有工业企业634家,职工26597人,工业总资产115.88亿元。

2011年起,七都镇政府列出纳税百强企业、亩均纳税百强企业、单位用电纳税百强企业"三张榜单",引导企业向少占资源、少耗能源、高效产出的方向发展。以亨通集团为首的纳税超千万元的企业6家。

2012年,全镇工业增加值45.93亿元,企业投资28.13亿元,新增注册资金18.39亿元。工业企业亩均纳税5.14万元。以亨通集团为首的纳税超千万元的企业6家。防水建材、电梯制造等行业加速发展,两个产业上缴税收比2011年分别增长23.5%和90.5%,成为全镇经济新的增长点。

2014年,全镇纳税超1000万元企业12家,500万~1000万元企业12家,200万~500万元企业32家,100万~200万元企业49家。工业开票销售收入295.96亿元。规模以上工业企业主营业务收入287.08亿元。

2015年,镇政府积极为企业向上争取各类政策和资金支持,重点企业得到稳步发展和加速转型升级,通过省级项目2个,技术改造项目4个,新产品产业化项目3个,节能改造项目2个。上级支持资金到账700.15万元。

至2015年,江苏亨通光电有限公司、德尔国际家居有限公司、江苏凯伦建材有限公司、苏州中信科技有限公司成功上市。镇经服中心根据企业不同需求,组织企业高层管理人员参加高校学习3次,参加12人次,组织企业技术骨干参加区级各类学习和培训16次,参加210人次。

全镇民资投入共批准20.9亿元,民营工业投入完成17.3亿元,工业开票收入303亿元。新批企业153家,新增注册资本15.27亿元。光电缆、有色金属加工、针纺织造业、电梯业、木门地板业等支柱产业得到进一步发展。纳税超1000万元企业13家,500万~1000万元企业14家,200万~500万元企业13家,100万~200万元企业49家。新兴产业产值253.01亿元,高新技术产业产值237.28亿元。全镇有工业企业712家,职工26920人,工业总资产360.3亿元,工业总产值325.76亿元。

表5-5　　　　　　　　2003~2015年七都镇民营企业经营情况表

年度	企业数(家)	工业总产值(万元)	销售收入(万元)	资产总额(万元)	利润总额(万元)	职工数(人)
2003	438	816859	602346	592671	10548	17560
2004	482	1018300	782000	668000	13800	17982
2005	570	1089886	838000	758960	14282	18930
2006	609	1175623	988400	846718	19065	21125
2007	628	1336000	1178000	979568	25018	23698
2008	634	1658230	1358150	1158800	29280	26597
2009	663	1490490	1291950	1166220	34776	22056
2010	667	2230650	2071890	1559250	55107	22275

(续表)

年度	企业数(家)	工业总产值(万元)	销售收入(万元)	资产总额(万元)	利润总额(万元)	职工数(人)
2011	672	2512020	2476575	1825661	62532	22311
2012	677	2561020	2493300	2297610	57090	22470
2013	678	2705260	2667920	2736600	59250	23510
2014	677	2896810	2872900	3492000	60600	24440
2015	712	3257639	2747259	3602998	66834	26920

表5-6　　　　　　　　　　2015年度七都镇纳税百强企业光荣榜

单位：万元

序号	企业名称	纳税总额	序号	企业名称	纳税总额
1	亨通集团有限公司	55966	35	苏州明大高分子科技有限公司	303.1
2	德尔国际家居股份有限公司	7224.2	36	苏州市南方欣达双金属材料有限公司	300.7
3	通用电梯(中国)有限公司	3815.2	37	吴江乔联电子制品有限公司	290.4
4	江苏凯伦建材股份有限公司	1994.3	38	苏州谢氏纺织有限公司	280.2
5	富威科技(吴江)有限公司	1528.3	39	吴江区橘园丝绸织造厂	258.0
6	苏州恒达投资集团有限公司	1253.9	40	吴江区巨龙金属带箔有限责任公司	242.0
7	江苏新恒通投资集团有限公司	1234.7	41	苏州市万宏金属科技有限公司	225.7
8	克莱斯电梯(中国)有限公司	1048.7	42	吴江区华东电缆有限公司	220.8
9	苏州市庙港建筑有限公司	968.4	43	苏州市月星建筑防水材料有限公司	216.5
10	双塔集团吴江特种光电线缆厂	895.6	44	吴江太湖国际实验学校	211.9
11	吴江金都建筑工程有限公司	863.1	45	吴江区永亨铝业有限公司	207.7
12	苏州新富基置地有限公司	850.4	46	吴江区荣润纺织品有限公司	207.3
13	江苏欣达通信科技股份有限公司	845.5	47	吴江区华龙通信电缆厂	203.2
14	国新电梯科技有限公司	731.9	48	吴江区龙马铝业有限公司	200.8
15	苏州卓宝科技有限公司	728.6	49	苏州市神州线缆厂	199.7
16	吴江鼎立复合材料有限公司	691.1	50	江苏环球通信电缆集团有限公司	194.0
17	江苏福丝特家纺有限公司	688.6	51	吴江区联诚纺织有限公司	192.7
18	吴江区邦达物流有限公司	677.5	52	苏州市力星防水材料有限公司	192.4
19	江苏万宝铜业集团有限公司	570.0	53	吴江区恒生纱业有限公司	188.2
20	苏州东方铝业有限公司	555.7	54	吴江振兴实业有限公司	173.8
21	吴江区苏商农村小额贷款股份有限公司	510.1	55	苏州东奥电梯有限公司	172.0
22	美奥电梯(苏州)有限公司	485.4	56	苏州市南庄纺织有限公司	168.9
23	苏州中信科技股份有限公司	469.6	57	吴江区金丰木门厂	168.5
24	苏州市吴江神州双金属线缆有限公司	405.6	58	吴江正大模具铸造有限公司	163.4
25	吴江区海鑫特种金属有限公司	399.4	59	江苏凯联达电子科技有限公司	162.7
26	吴江金明纺织有限公司	392.4	60	苏州荣盛电工材料有限公司	161.7
27	苏州恒升新材料有限公司	391.5	61	苏州昌恒铝业有限公司	159.9
28	吴江明珠纺织有限公司	356.5	62	苏州鸿展工艺织造有限公司	159.9
29	苏州亨通凯莱度假酒店有限公司	343.0	63	吴江翔殷通信材料有限公司	156.6
30	江苏国通科技集团有限公司	336.9	64	苏州得利来线缆厂	156.2
31	台洋纺织(苏州)有限公司	334.1	65	吴江明辉铝合金型材厂	155.2
32	吴江区亨都铝合金型材厂	333.5	66	吴江区双利电缆材料厂	151.6
33	吴江区通明科技有限公司	319.0	67	江苏皮尔萨管业股份有限公司	150.3
34	斯威克电子(苏州)有限公司	303.6	68	吴江区永利线缆材料有限公司	139.0

(续表)

序号	企业名称	纳税总额	序号	企业名称	纳税总额
69	吴江家用电机厂	138.3	85	吴江区鑫光花园家具有限公司	103.9
70	吴江区彩虹印染有限公司	134.9	86	吴江区南洋防水涂料有限责任公司	103.1
71	苏州众欣电工材料厂	134.3	87	吴江凯联室外家具有限公司	103.0
72	吴江区迈科铜业有限公司	131.3	88	吴江乾昌纺织有限公司	101.9
73	吴江自立标准件有限公司	126.4	89	吴江百能家纺有限公司	101.9
74	吴江江村丝绸有限公司	123.7	90	吴江丰顺铜业有限公司	101.7
75	苏州瑞讯金属科技有限公司	121.1	91	吴江区宏达纺织有限责任公司	101.3
76	吴江区大良电工材料有限公司	119.6	92	吴江春风纺织有限公司	100.4
77	吴江区固友木门厂	116.4	93	吴江区双塔电镀材料有限公司	100.4
78	吴江区力天铝业有限公司	113.5	94	吴江万鑫铝铜杆厂	100.1
79	苏州荣达电工材料厂	112.1	95	吴江联强纺织有限公司	91.0
80	苏州锦辉纺织有限公司	112.0	96	吴江区胜利复合材料厂	90.4
81	吴江洲海喷织有限公司	109.7	97	苏州华盛电工材料有限公司	89.3
82	吴江宇通铜带有限公司	109.4	98	吴江田园纺织有限公司	88.2
83	吴江区德华纺织有限公司	105.8	99	江苏格兰特管业股份有限公司	83.2
84	吴江区佳帆纺织有限公司	104.1	100	吴江鸿星纺织有限公司	82.8

表5-7　　　　　　　　　　2015年度七都镇亩均纳税百强企业光荣榜

单位：万元每亩

序号	企业名称	亩均纳税	序号	企业名称	亩均纳税
1	通用电梯(中国)有限公司	76.30	24	吴江区荣润纺织品有限公司	11.52
2	亨通集团有限公司	45.03	25	吴江区德华纺织有限公司	11.26
3	吴江区迈科铜业有限公司	34.55	26	富威科技(吴江)有限公司	11.16
4	德尔国际家居股份有限公司	31.49	27	苏州九牧管业科技有限公司	10.55
5	吴江鼎立复合材料有限公司	27.98	28	苏州众欣电工材料厂	10.33
6	江苏凯伦建材股份有限公司	27.70	29	吴江区南洋防水涂料有限责任公司	10.31
7	江苏欣达通信科技股份有限公司	26.76	30	吴江区胜利复合材料厂	10.16
8	吴江区力天铝业有限公司	22.70	31	苏州市力星防水材料有限公司	10.13
9	苏州卓宝科技有限公司	19.85	32	吴江翔殷通信材料有限公司	9.85
10	吴江区通明科技有限公司	18.55	33	苏州荣达电工材料厂	9.75
11	苏州市明大高分子科技材料有限公司	18.37	34	吴江区联诚纺织有限公司	9.49
12	苏州得利来线缆厂	17.16	35	国新电梯科技有限公司	9.41
13	吴江区亨都铝合金型材厂	16.68	36	苏州中信科技有限公司	9.39
14	吴江家用电机厂	16.27	37	苏州谢氏纺织有限公司	9.28
15	美奥电梯(苏州)有限公司	16.18	38	吴江百能家纺有限公司	9.26
16	苏州市月星建筑防水材料有限公司	14.43	39	苏州恒升新材料有限公司	8.59
17	苏州市吴江神州双金属线缆有限公司	14.28	40	吴江区宏达纺织有限责任公司	8.44
18	克莱斯电梯(中国)有限公司	13.98	41	苏州华盛电工材料有限公司	8.12
19	吴江区双利电缆材料厂	13.18	42	吴江区大良电工材料有限公司	7.82
20	吴江联强纺织有限公司	13.00	43	吴江金明纺织有限公司	7.80
21	吴江区海鑫特种金属有限公司	12.48	44	苏州鸿展工艺织造有限公司	7.61
22	斯威克电子(苏州)有限公司	12.44	45	江苏福丝特家纺有限公司	7.39
23	吴江正大模具铸造有限公司	11.93	46	江苏格兰特管业股份有限公司	7.36

（续表）

序号	企业名称	亩均纳税	序号	企业名称	亩均纳税
47	江苏新恒通投资集团有限公司	7.26	74	吴江乔联电子制品有限公司	4.09
48	台洋纺织（苏州）有限公司	6.68	75	苏州皮尔特管业科技有限公司	3.98
49	苏州昌恒铝业有限公司	6.53	76	江苏凯联达电子科技有限公司	3.95
50	吴江区鸿星纺织有限公司	6.47	77	吴江区彩虹印染有限公司	3.85
51	吴江区新胜月线缆材料有限公司	6.36	78	苏州市南方欣达双金属材料有限公司	3.82
52	苏州钜朗亚克力制品有限公司	6.31	79	吴江丰顺铜业有限公司	3.58
53	吴江江村丝绸有限公司	6.28	80	吴江区永亨铝业有限公司	3.31
54	吴江自立标准件有限公司	6.02	81	吴江区通力纺织有限公司	3.27
55	苏州东奥电梯有限公司	5.97	82	苏州捷美家居有限公司	3.26
56	吴江区橘园丝绸织造厂	5.73	83	吴江宇通铜带有限公司	3.10
57	吴江洲海喷织有限公司	5.71	84	江苏国通科技集团有限公司	3.05
58	苏州万宏金属科技有限公司	5.67	85	吴江区利伟喷织厂	3.03
59	吴江明辉铝合金型材厂	5.43	86	吴江区万鑫铝铜杆厂	2.89
60	苏州市南庄纺织有限公司	5.18	87	苏州市神州线缆厂	2.44
61	吴江乾昌纺织有限公司	5.10	88	吴江爱莎服装有限公司	2.41
62	苏州瑞讯金属科技有限公司	5.05	89	吴江区锦鼎丝绒织造有限公司	2.36
63	吴江振兴实业有限公司	5.02	90	吴江区金丰木门厂	2.31
64	苏州荣盛电工材料有限公司	5.01	91	吴江区巨龙金属带箔有限公司	2.26
65	吴江区华龙通信电缆厂	4.93	92	吴江区龙马铝业有限公司	2.17
66	江苏皮尔萨管业股份有限公司	4.85	93	苏州锦辉纺织有限公司	2.13
67	吴江春风纺织有限公司	4.83	94	江苏万宝铜业集团有限公司	2.11
68	吴江区佳帆纺织有限公司	4.80	95	江苏环球电缆集团有限公司	2.04
69	苏州东方铝业有限公司	4.78	96	吴江区恒生纱业有限公司	1.93
70	吴江区永利线缆材料有限公司	4.68	97	吴江凯联室外家具有限公司	1.88
71	吴江区田园纺织有限公司	4.59	98	吴江区华东电缆有限公司	1.83
72	双塔集团吴江特种光电线缆厂	4.31	99	吴江区固友木门厂	1.51
73	吴江区双塔电镀材料有限公司	4.13	100	苏州港豪花园家具有限公司	1.50

表5-8 2015年度七都镇单位用电纳税百强企业光荣榜

单位：元每度

序号	企业名称	单位用电纳税	序号	企业名称	单位用电纳税
1	通用电梯（中国）有限公司	59.16	12	苏州恒升新材料有限公司	3.22
2	美奥电梯（苏州）有限公司	31.46	13	苏州得利来线缆厂	3.13
3	克莱斯电梯（中国）有限公司	18.14	14	江苏凯联达电子科技有限公司	3.03
4	苏州东奥电梯有限公司	10.90	15	苏州卓宝科技有限公司	2.97
5	德尔国际家居股份有限公司	10.83	16	吴江家用电机厂	2.69
6	苏州市明大高分子科技材料有限公司	6.92	17	吴江区鑫光花园家具有限公司	2.14
7	江苏凯伦建材股份有限公司	6.76	18	江苏新恒通投资集团有限公司	2.01
8	国新电梯科技有限公司	5.69	19	江苏国通科技集团有限公司	1.80
9	亨通集团有限公司	4.89	20	苏州市月星建筑防水材料有限公司	1.44
10	苏州港豪花园家具有限公司	4.06	21	吴江区华龙通信电缆厂	1.36
11	江苏欣达通信科技股份有限公司	3.70	22	苏州中信科技股份有限公司	1.33

（续表）

序号	企　业　名　称	单位用电纳税	序号	企　业　名　称	单位用电纳税
23	苏州市力星防水材料有限公司	1.33	62	吴江区锦鼎丝绒织造有限公司	0.47
24	吴江凯联室外家具有限公司	1.24	63	吴江翔殷通信材料有限公司	0.47
25	苏州市万宏金属科技有限公司	1.20	64	苏州市南方欣达双金属材料有限公司	0.46
26	吴江区力天铝业有限公司	1.19	65	吴江区永利线缆材料有限公司	0.46
27	斯威克电子(苏州)有限公司	1.17	66	吴江江村丝绸有限公司	0.45
28	双塔集团吴江特种光电线缆厂	1.13	67	吴江区大良电工材料有限公司	0.43
29	苏州众欣电工材料厂	1.12	68	吴江区彩虹印染有限公司	0.42
30	吴江自立标准件有限公司	1.11	69	吴江乔联电子制品有限公司	0.42
31	苏州捷美家居有限公司	1.07	70	富威科技(吴江)有限公司	0.40
32	吴江区万鑫铝铜杆厂	1.01	71	吴江区双利电缆材料厂	0.39
33	吴江区荣润纺织品有限公司	0.95	72	吴江区永亨铝业有限公司	0.39
34	吴江区金丰木门厂	0.94	73	苏州锦辉纺织有限公司	0.38
35	苏州瑞讯金属科技有限公司	0.92	74	吴江区双塔电镀材料有限公司	0.37
36	江苏皮尔萨管业股份有限公司	0.91	75	苏州荣盛电工材料有限公司	0.37
37	吴江正大模具铸造有限公司	0.90	76	苏州东方铝业有限公司	0.36
38	吴江明辉铝合金型材厂	0.84	77	苏州市吴江神州双金属线缆有限公司	0.35
39	吴江春风纺织有限公司	0.84	78	吴江洲海喷织有限公司	0.35
40	吴江区亨都铝合金型材厂	0.73	79	吴江爱莎服装有限公司	0.34
41	吴江区固友木门厂	0.73	80	苏州华盛电工材料有限公司	0.33
42	吴江区德华纺织有限公司	0.73	81	江苏福丝特家纺有限公司	0.32
43	吴江区通明科技有限公司	0.72	82	吴江区田园纺织有限公司	0.32
44	苏州钜朗亚克力制品有限公司	0.70	83	江苏万宝铜业集团有限公司	0.31
45	江苏格兰特管业股份有限公司	0.67	84	台洋纺织(苏州)有限公司	0.31
46	吴江区联诚纺织有限公司	0.67	85	吴江联强纺织有限公司	0.28
47	苏州华成照明科技有限公司	0.65	86	苏州市南庄纺织有限公司	0.27
48	吴江振兴实业有限公司	0.63	87	吴江区新胜月线缆材料有限公司	0.27
49	吴江市龙马铝业有限公司	0.63	88	苏州市神州线缆厂	0.27
50	苏州皮尔特管业科技有限公司	0.62	89	吴江区华东电缆有限公司	0.26
51	吴江区南洋防水涂料有限责任公司	0.61	90	苏州昌恒铝业有限公司	0.25
52	吴江区迈科铜业有限公司	0.57	91	吴江金明纺织有限公司	0.25
53	吴江百能家纺有限公司	0.57	92	吴江区鸿星纺织有限公司	0.21
54	苏州冠洁生活制品有限公司	0.57	93	苏州菲特威尔木结构房屋有限公司	0.21
55	吴江鼎立复合材料有限公司	0.56	94	江苏苏龙通信科技股份有限公司	0.21
56	松日电梯有限公司	0.55	95	江苏环球通信电缆集团有限公司	0.21
57	吴江区宏达纺织有限责任公司	0.51	96	吴江宇通铜带有限公司	0.20
58	苏州荣达电工材料厂	0.51	97	吴江乾昌纺织有限公司	0.19
59	苏州九牧管业科技有限公司	0.50	98	吴江区胜利复合材料厂	0.18
60	吴江区海鑫特种金属有限公司	0.49	99	吴江区利伟喷织厂	0.18
61	苏州加联亚工业有限公司	0.47	100	苏州谢氏纺织有限公司	0.17

第二章 电缆光缆业

第一节 概况

1985年3月,七都乡第一家电缆生产企业——吴江特种电缆厂成立,生产市话电缆、同轴射频电缆和对称电缆等产品。1986年,吴江特种电缆厂生产HYYY市话电缆。1987年,HYYY市话电缆经江苏省邮电局鉴定,各项指标达到国内同类产品标准。1991年,吴江县光电通信线缆厂成立,年产小对数普通电缆5万对千米。1992年,吴江市光电通信线缆厂与武汉邮电学院合作研制的GYYY4芯光缆成功,经邮电部光缆产品检测,各项指标达到部颁标准,成为江苏省首家生产光缆的企业。是年,生产电缆超百万对千米,光缆超1000皮长千米。是年,吴江市华东通信电缆厂成立,所产HYA系列120万对千米电缆(2400对以下规格市话电缆)经鉴定达到邮电部进网要求,符合"YD/T630-93"标准。

1993年,吴江市光电通信线缆厂与日本妙香园株式会社合资,成立妙都光缆公司。从奥地利、芬兰购进先进设备,生产GYYY03-S钢带纵包束管式和层绞式光缆新产品。是年,吴江特种电缆厂与吴江市电缆塑料薄膜有限公司、吴江桥华铜业有限公司、七都电缆盘厂等相关企业组建成双塔集团公司。

1994年,妙都光缆公司、长江电缆有限公司、环亚经编厂等15家相关企业组建成江苏亨通集团。江苏亨通集团公司"亨通光电"成功注册,市话电缆生产超过300万对千米。吴江市华东通信电缆厂与苏州东方通信电缆有限公司组建成巨通集团公司。1995年,巨通集团公司生产的"久星牌"HYA、HYPA、HYPAT等型号系列电缆产品,经检验各项指标均达到邮电部"HY322-84"标准,年产电缆250万对千米。

1996年,亨通集团公司从省级升格为国家级,更名为中国亨通集团公司。吴江市恒通通信电缆厂成立。至1997年,通信电缆业得到迅速发展,并逐步形成为七都镇的特色产业。七都镇有亨通、双塔和巨通3个国家级电缆企业集团,有恒通1个省级电缆企业集团,还有电线企业及配套的铜材加工企业、塑料生产企业80多家。全年生产全塑通信电缆866万对千米,光缆24万芯千米。1998年,亨通集团投资1.2亿元从芬兰诺基亚公司引进高压电力电缆生产线。通信电缆销售量480万对千米,约占全国市场的七分之一,并连续4年保持全国销量第一。

2000年,光、电缆企业分布在七都注册的企业有中国亨通集团公司、吴江双塔集团有限公司、吴江巨通集团有限公司、吴江恒通集团有限公司、振丰电力电缆厂、华中通信电缆厂、天意通信电缆厂、畅通射频电缆厂、七都同轴电缆厂;在庙港注册的企业有吴江市佳通光缆制造厂、全通电缆厂、宏通电缆厂等企业。其中,亨通集团有限公司、双塔集团有限公司、巨通集团有限公司的光缆产销量在国内均名列前茅。此外,还有电线企业及配套的铜材加工企业、塑料生产企业。是年,全镇通信电缆生产线84条,电力电缆生产线11条,光缆生产线18条。电缆年生产能力4025万对千米,光缆生产能力260万芯千米。通信电缆营业收入37.46亿元,通信光缆营业收入22.56亿元。

2001年,亨通集团的通信电缆、电力电缆2个产品被评为国家免检产品。2002年,七都镇亨通集团、吴江宏都线缆厂、双塔集团吴江市特种电缆厂、巨通集团吴江华东通信电缆厂4家企业营业收入均超亿元。

2003年8月22日,江苏亨通光电股份有限公司"亨通光电"股票在上海证券交易所上市交易。2004年,"亨通光电"被国家工商行政管理局认定为"中国驰名商标"。

2005年末,全镇有36家光、电缆生产企业有33条光缆生产线,年生产能力600万芯千米;有172条通信电缆生产线,年生产能力6700万对千米。光缆、电缆产业实现销售额90亿元。

2008年,七都镇光电缆产量在全国市场占有五分之一的份额,被国家科技部、农业部确定为"国家火炬计划光电缆产业基地""全国光电缆通信科技园"。全镇实现工业开票销售收入147.1亿元,有70家光、电缆生产企业,其中亨通集团有限公司销售收入100.9亿元,双塔集团有限公司销售收入2.8亿元。

2011年,全镇工业总产值286亿元,纳税总额超过100万元的75家,其中光电缆企业有9家,亨通集团缴纳税金1.21亿元,新恒通集团有限公司缴纳税金4460万元。

2014年,七都镇通过省级项目2个:技术改造项目——亨通力缆,新增长点项目——亨通光电;苏州市项目4个:技术改造项目——亨利通信,新产品产业化项目——藤仓亨通,重大新兴产业项目——亨通力缆,节能改造——亨通光电。

2015年,全镇光缆、电缆产业实现销售额128.43亿元,其中亨通集团销售额119.49亿元,缴纳税金5.6亿元;双塔集团公司销售额6699万元,缴纳税金895.6万元;欣达通信集团销售额2.5771亿元,缴纳税金845.5万元;新恒通集团销售额4.48亿元,缴纳税金1234.7万元。

第二节　企业选介

一、亨通集团有限公司

亨通集团有限公司前身是始建于1991年3月的吴江县光电通信线缆厂,位于七都镇心田湾大桥北塊,属乡办企业。建筑面积500平方米,工人29人。固定资产100万元。生产同轴电缆等通信电缆。

1992年4月16日,吴江县光电通信线缆厂与武汉邮电学院合资兴建长江光缆联合公司,是年10月28日,拉出第一根光缆,填补江苏省光缆项目的空白。1993年4月,与日本妙香园株式会社合资创办中日合资吴江妙都光缆有限公司。省级火炬计划项目GYTY型扁型光缆试制成功通过鉴定。1994年5月18日,妙都光缆公司、长江电缆有限公司、环亚经编厂等15家相关企业组建成江苏亨通集团公司。1996年,江苏亨通集团公司从省级升格为国家级,更名为中国亨通集团公司。

1997年,亨通集团跻身同行业国内前三强。

1999年,亨通集团改制为股份制企业集团——亨通集团有限公司。公司拥有固定资产2.8亿元,厂区占地面积9.65万平方米,建筑面积3.34万平方米。电缆年生产能力600万对千米,光缆年生产能力150万芯千米。全公司职工1290人,其中技术人员320人。是年底,集团公司完成产值12亿元,创税收3800万元。公司成功开发出国内第一支"半干式线芯光缆",顺应缆芯向国际化发展的潮流。亨通牌室内通信电缆、光缆被评为江苏名牌产品。

2000年4月,全介质自承式(ADSS)光缆被科技部列为国家火炬计划项目。是年,企业完成产权制度改革,成为民营企业。法人代表崔根良。2001年5月,光电复合缆被科技部评为国家重点新产品;9月,综合引入光缆(光电复合缆)被科技部列为国家火炬计划项目。2002年6月,光电复合架空地线光缆OPGW被科技部列为国家火炬计划项目。

2003年4月,亨通集团研制的5微米分立式拉曼光纤放大器被科技部列为国家火炬计划项目;GYTA48芯通信光缆被科技部评为国家重点新产品。8月22日,"亨通光电"股票在上海证券交易所成功上市。亨通光电牌系列产品为国家免检产品。企业专业从事通信电缆、光缆、宽带传输接入设备及光器件等产品生产,是多元化经营发展的国家级集团公司。年度中国企业500强揭晓,亨通集团位居第四百九十一位,成为国内线缆行业跨入中国500强企业的第一家。中国第十七届电子信息百强企业揭晓,亨通集团名列第四十一位。11月10日,中国企业信息化500强揭晓,亨通集团榜上有名;中国电子元件百强企业揭晓,亨通集团位列国内第二位。2004年5月,无卤低烟阻燃电缆被科技部列为国家火炬计划项目。

2005年5月,室内光缆被科技部列为国家火炬计划项目。至2005年,集团的通信电缆产销量连续9年排名全国同行业第一,光纤光缆连续7年进入全国同行业前三强。"亨通光电"成为中国驰名商标,列入中国500最具价值品牌榜。亨通集团列入中国企业500强、全国电子信息100强、中国通信企业50强、中国企业信息化500强和中国机械500强企业。集团的国家级企业博士后科研工作站,承担国家火炬计划项目近30项,国债项目1项,开发出包括掺铒光纤放大器、无卤低烟阻燃电缆在内的国家级、省级高新技术产品20多项。2006年9月,无卤低烟阻燃防鼠防白蚁电力电缆被科技部列为国家火炬计划项目。11月,室内分支光缆GYTA48芯通信光缆被科技部评为国家重点新产品。

2008年1月,环保高绝缘柔软型成端电缆被科技部列为国家火炬计划项目。是年,亨通集团投资4亿元进入光纤预制棒的研发项目,光纤和光缆也相继扩大生产,在七都投资近4亿元建设特种光电缆产业基地,亨通光电入选全球华裔高科技企业500强;亨通电力电缆有限公司的电力电缆技术创新能力建设项目被列为江苏省重点技术创新项目;世界品牌实验室发布的2008中国500最具价值品牌榜单上,"亨通光电"品牌列第二百九十九位。亨通集团连续第四年进入"中国企业500强"。

2011年8月,轨道交通系统用低损耗漏泄同轴电缆被科技评为国家重点新产品。2012年5月,500吨G.652D光纤预制棒被科技部评为国家重点新产品。2013年初,亨通线缆科技有限公司的"轨道交通综合接地线电缆"获全国工商联合会科技进步优秀奖。9月,光电复合缆产业化项目被科技部列为国家火炬计划项目。12月,亨通光电通讯光缆、通信电缆、电力电缆、同特种电缆被江苏省名牌战略推进委员会评为江苏省名牌产品。2014年11月25日,中国/全球光通信最具竞争力企业10强榜单出炉,亨通列入全球光纤光缆最具竞争力企业10强之一。

2015年4月12日,集团研发中心芯棒集中控制系统正式投用,把芯棒车间所有设备产生的近2万个信号集中到一个平台,实现生产管理集中控制。使车间自动化水平提升30%,生产效能提升30%,人力减少20%。成为中国首座智能化芯棒车间。光纤预制棒CCVD技术、G657A2国际商用光纤、超低损耗超大容量光纤新技术的应用,海底光电复合系统(超高压缆、海底电缆、海底光缆)、智慧城市、智能电网系统等设计方案得以实施。连续11年入选中国企业500强、中国制造业500强、中国电子信息百强,是服务于光纤光网、电力电网及网络运营、金融投资、新能源、新材料等领域的国家创新型企业,也是中国光纤光网、电力电网领域规模最大的系统集成商和网络服务商。拥有全资及控股公司50家(其中3家公司在上海证券交易所主板和新加坡、香港上市)在全国10省市和南美、南亚、南非、东南亚设立产业基地,在全球30多个国家和地区设立营销技术服务分公司,在100多个国家注册商标,产品覆盖130多个国家和地区。通信及电力系统整体解决方案全面服务于智慧城市(社区)、航空航天、国防军工、宽带中国、大数据、物联网、移动互联网、高铁地铁、特高压等高端市场和领域,在国内外重大工程中创造多项"世界之最"。是年,吴江区销售百强企业亨通集团公司位列第一位,吴江区利润总额前50位企业亨通集团公司位列第一位,吴江区大型工业企业亨通集团公司位列第一位。公司设置循环水池节约用水,安装除尘和脱硫装置降低排放,控制噪声减少环境的噪声污染,分类处理废弃物以利于资源的回收处理和利用,对车间顶部进行改善充分利用日照节约电能;生产低烟无卤电力电缆、风力发电线缆、太阳能发电电缆等环保产品。亨通光电股份有限公司获"全球卓越绩效奖"(国际级),成为中国通信行业及江苏省首家获得该荣誉的企业,标志着亨通光电各项管理工作全面与国际接轨。

2015年,企业占地面积106.67万平方米,建筑面积26.34万平方米,厂房原值19.81亿元,净值为15.28亿元,设备固定资产原值29.64亿元,净值为17.32亿元。职工10986人,其中国内职工9214人,外籍职工1772人(未上报学历)。国内职工学历:硕士和博士295人,本科2661人,专科2060人,其他4198人。整个集团完成不变价产值456.4亿元;实现销售额119.49亿元,缴纳税金5.60亿元。

表5-9　　　　　　　　　　　2000~2015年亨通集团公司科研机构情况表

研发平台名称	隶属公司	地址	批准时间	批准单位
江苏亨通光电股份有限公司光电传输检测实验中心	亨通光电	江苏七都	1993	中国合格评定国家认可委员会(CNAS)
国家级博士后科研工作站	亨通集团	江苏吴江	2002.10	国家人事部
江苏省亨通光电传输工程技术研究中心	亨通光电	江苏七都	2004.7	江苏省科技厅
国家级企业技术中心	亨通光电	江苏吴江	2007.10	国家发改委、科技部财政部、海关总署、税务总局
北京市光电通信线路工程技术研究中心	北京亨通	北京密阳	2009.10	北京市科技厅
江苏省企业院士工作站(赵梓森、郭光灿院士)	亨通光电	江苏七都	2009	江苏省科技厅
江苏亨通光电股份有限公司研究生工作站(南邮)	亨通光电	江苏吴江	2010.2	江苏省人社厅
辽宁省企业技术中心	沈阳亨通	辽宁沈阳	2010.5	辽宁省经信委
上海传感用特种光纤与应用工程技术研究中心	上海亨通	上海	2010.6	上海市科委
江苏省新一代移动通信电缆工程技术研究中心	线缆科技	江苏宜兴	2010.7	江苏省科技厅
江苏省企业院士工作站(刘韵洁院士)	线缆科技	江苏宜兴	2010.7	江苏省科技厅
北京市企业技术中心	北京亨通	北京密云	2010.12	北京市经信委
江苏省轨道交通电缆工程技术研究中心	亨通线缆	江苏七都	2011.6	江苏省科技厅
四川省光纤光缆工程技术研究中心	成都亨通	四川成都	2011.8	四川省科技厅
江苏亨鑫科技有限公司检测中心	线缆科技	江苏宜兴	2012.6	中国合格评定国家认可委员会(CNAS)
三网融合光电网络传输关键技术北京市工程实验室	北京亨通	北京密阳	2012.12	北京市发改委

（续表）

研发平台名称	隶属公司	地址	批准时间	批准单位
江苏省新型特种光纤及光纤预制棒重点实验室	亨通光电	江苏吴江	2013.7	江苏省科技厅
江苏亨鑫科技有限公司研究生工作站（东南大学）	线缆科技	江苏宜兴	2013.7	江苏省人社厅
江苏亨鑫科技有限公司企业技术中心	线缆科技	江苏宜兴	2013.7	江苏省科技厅
成都亨通光通信有限公司企业技术中心	成都亨通	四川成都	2013.9	四川省经信委
江苏省电力传输工程技术研究中心	亨通力缆	江苏七都	2014.6	江苏省科技厅
江苏省外国院士工作站（陈志璋教授）	线缆科技	江苏宜兴	2014.7	江苏省人社厅
江苏省光电海缆工程中心	亨通高压	江苏常熟	2014.8	江苏省科技厅
江苏省线缆传输新材料工程技术研究中心	亨利材料	江苏七都	2014.11	江苏省科技厅
江苏省车用电子线缆工程技术研究中心	海门亨通	江苏海门	2014.11	江苏省科技厅
西安西古光通信有限公司技术中心	西古光通	陕西西安	2014.12	西安市工业和信息化委员会
江苏省博士后创新实践基地	线缆科技	江苏宜兴	2015.7	江苏省人社厅
江苏省超高压光纤复合海底电缆工程技术研究中心	亨通高压	江苏常熟	2015.8	江苏省科技厅

表 5-10　2005～2015 年亨通集团公司发明专利一览表

专利名称	授权时间	专利类型
大余长不锈钢管二次被覆光纤及其制造方法	2005.1	发明
一种大型光纤预制件生产的方法	2006.4	发明
具有波导结构的弯曲不敏感光纤	2008.2	发明
高温质子交换的 LiNbO3 光波导制造方法	2008.9	发明
彩色聚烯烃特种光缆色彩标识专用料	2010.5	发明
光纤陀螺仪温度补偿方法	2010.6	发明
填充式通信电缆复合物填充方法及设备	2010.8	发明
铌酸锂光学调制器的半波电压快速测试方法	2010.9	发明
中空石英塑料特种光纤	2010.11	发明
具有空气包层的弯曲不敏感单模光纤	2010.12	发明
超细超抗弯曲超高强度制导光缆	2011.2	发明
轻型耐候屏蔽信号电缆	2011.4	发明
铝护套数字信号电缆热熔胶涂覆装置	2011.8	发明
一种采用挤塑的蜘蛛网结构塑料光纤制备模具和方法	2012.2	发明
一种提高电缆绝缘性能的方法及装置	2012.7	发明
安全预警系统用的"S"型弯曲放置光缆及其使用方法	2012.9	发明
一种克服电缆漏包的方法	2012.10	发明
一种消除大对数通信电缆成缆线"打死弯"的方法	2012.10	发明
高速以太网交换机用低压远程供电电缆	2012.11	发明

（续表）

专利名称	授权时间	专利类型
一种大尺寸光纤预制棒的生产方法	2013.1	发明
预留光单元型光纤复合电缆	2013.5	发明
一种光纤用石英芯棒的制造装置及方法	2013.9	发明
中心管式全介质自承式光缆及其制造方法	2014.5	发明
抗拉伸耐疲劳的高速数据电缆	2013.4	发明
应用于铁路信号系统的贯通接地电缆	2013.6	发明
用于轨道交通的综合接地电缆	2013.6	发明
扁平型抗干扰数据电缆	2013.6	发明
环保防鼠防蚁的新型光缆	2013.7	发明
抗电磁干扰的高速数据电缆	2013.8	发明
大对数成缆防翻转定位装置	2013.8	发明
阻燃耐火轨道交通信号软电缆	2014.4	发明
一种数据电缆用耐水阻燃PVC电缆料及其制备方法	2014.6	发明
以太网交换机用低压远程供电电缆	2014.10	发明
一种智能光纤配线装置、配线方法以及管理系统	2015.2	发明
一种光电分离的智能光纤活动连接器	2015.3	发明
一种密集型FTTX光缆交接箱	2015.4	发明
一种用于光纤涂覆的供料装置	2015.5	发明
电缆料的快速除湿干燥装置	2015.5	发明
一种用于光纤涂覆的供料装置	2015.5	发明

表5-11　2000~2015年亨通集团公司部分荣誉（国际级、国家级、省级）

荣誉名称	授予机关	表彰时间
企业质量检验机构评定合格证书（HGPDJS057号）	中国质量检验协会	1999.10
江苏省名牌产品证书	江苏省名牌战略推送委员会	1999.11
实施火炬计划中突出贡献奖，	江苏省科学技术委员会	1999.11
重点高新技术企业	科学技术部火炬高技术产业开发中心	2000.3
企业团体会员证书	中国企业联合会、中国企业家协会	2000.9
江苏省优秀新产品金牛奖（综合引入光缆）	江苏省经济贸易委员会	2001.11
全国乡镇企业创名牌重点企业	中华人民共和国农业部	2001.12
中国电子元器件100强	中国电子元件行业协会	2002.3
中国企业500强	中国企业联合会、中国企业家协会	2004.8
中国企业信息工作先进集体。	中国企业联合会信息工作委员会、中国企业信息交流中心	2004.9
中国通信50强	北京《通信世界》杂志社	2004.12
中国电子信息100强	中华人民共和国信息产业部	2005.5
中国100最佳雇主	世界经理人周刊社	2005.11
中国工业行业排头兵	中国工业经济联合合企业工作委员会和中国工业报联合	2006.5
中国机械500强	中国机械工业企业管理协会	2007.7
中国光纤光缆三十年最具影响力企业	中国电器工业协会电线电缆分行、中国通信企业协会通信电线光缆专业委员会	2007.9

（续表）

荣誉名称	授予机关	表彰时间
中国自主创新能力行业10强	中国行业企业信息发布中心	2007.11
中国制造企业500强	中国企业联合会、中国企业家协会	2008.8
中国民营企业500强	中华全国工学联合会	2011.9

二、双塔集团公司

双塔集团公司的前身是始建于1985年3月的吴江特种电缆厂，属村办企业，位于七都乡桥下村。厂房借用生产队仓库，职工32人，投资20万元。1986年，吴江特种电缆厂转为乡办企业。1987年，电缆厂开发高耐压引导电缆新产品，年产电缆200对千米。1991年，高耐压引导电缆新产品生产300对千米。1993年，吴江特种光电线缆厂与吴江特种电缆研究所合营厂、吴江电缆塑料薄膜有限公司、吴江桥华铜业公司等相关企业组建为双塔集团公司。生产室内通信电缆、室外通信光缆（包括带状、ADSS等系列光缆）、数据电缆的专业工厂。1996年5月8日，双塔集团公司升格为国家级集团公司。1999年，集团公司拥有总资产2.8亿元，年产通信电缆320对千米，通信光缆6000皮长千米。2000年，双塔集团公司转制为民营企业，法人代表沈根泉。

双塔集团公司（摄于2015年）

双塔集团公司成立后，投资1.18亿元引进美国、德国、日本、瑞士、奥地利等世界先进生产设备和全自动通信电缆、光缆检测仪器，使公司的生产设备、工艺水平、技术装备、产品质量处于国内领先水平。投资建造技术水平处国际水准的双塔实验中心，集产品研制、开发、试验、检测为一体，并配有产品陈列室、演示厅、荣誉室等，该中心的有效运行为公司保障产品质量、新品开发、技术创新等提供可靠的物质基础，增强公司的发展后劲。公司的通信电缆、通信光缆产品已通过信息产业部、中国电信、中国移动、中国铁通、广电总局、总参谋部的标准要求。2001年12月，企业通过ISO9001质量体系认证，标志着公司的质量管理水平已与国际水准接轨。

2000～2003年，由中国邮电器材总公司组织的全国通信线缆行业综合评比排名榜上位居第七位。公司生产的产品应用于中国电信、中国移动、中国联通、铁道通信、国防通信、广播电视、电力通信和智能大厦等领域；产品连续获得部、省级优质产品奖、科技进步奖、江苏省名牌产品、江苏省市场用户满意产品，集团公司研制的高密集通信光缆和防啄木鸟市内通信电缆列为国家火炬计划项目。企业连续获得全国乡镇企业创名牌重点企业和省AAA级企业称号，产品深受广大用户的青睐。是国家火炬计划重点高新技术企业；是"吴江光电缆产业基地"（科技部命名）骨干企业。

2005年，公司总投入1800万元建设集产品开发、工艺试验、原材料和成品检测于一体的技术服务平台，创办国家火炬计划技术服务平台建设项目——双塔实验中心特种光电缆检测研发平台。同时，还承担吴江光电缆产业基地成员产品检测和科研成果推广的重任。

2007年，双塔集团实验中心为企业开发国家火炬计划项目有高密集通信光缆、防啄木鸟光电缆、HSYVP型屏蔽对称电缆及防啄木鸟光电缆护套料等，并且在基地内得到推广，转化为科技成果，形成新品，推向市场。其中公司研发的防啄木鸟光电缆护套料、防鼠防鸟光电缆护套料已被国家知识产权局授予5项专利，包括两项发明专利、一项实用新型专利和两项外观专利。企业开发的这5项专利产品均填补国内空白，处于国内领先水平，得到较好的经济效益。

2008年，公司生产通信电缆200万对千米，通信光缆100万芯千米，数据电缆20余万箱。年销售额2.8亿元,年纳税600万元,年利税为1089万元。

2015年,双塔集团光电缆业有新发展,新建的双塔集团吴江特种光电线缆厂在苏州市吴江区市场监督管理局注册成立,注册资金4500万元。主要经营生产销售:10-3600对HYA型通信电缆、GY型通信光缆、塑料、铜拉丝、铝箔、钢(铝)带等,为客户提供优良的产品和技术支持、健全的售后服务。

是年,双塔集团占地面积13.85万平方米,建筑面积8.75万平方米,固定资产原值16792.8万元,企业员工106人。销售额6699万元,缴纳税金895.6万元。

三、江苏新恒通投资集团有限公司

江苏新恒通投资集团有限公司的前身是始建于1996年7月的吴江市恒通通信电缆厂,属镇办企业,位于七都镇双塔桥西堍,占地面积2.39万平方米,建筑面积1.44万平方米,职工172人,其中专业技术人员50人,注册资金1200万元,主要生产通信电缆产品,当年完成产值4380万元,实现利税200万元。

江苏新恒通投资集团有限公司(摄于2015年)

1997年7月,吴江市恒通通信电缆厂组建江苏恒通电缆集团公司,通过ISO9001质量体系认证,标志着工厂的质量管理水平已与国际水准接轨。1998年,公司迁至人民西路七都国税所西侧,易地新建厂房6.34万平方米。

1999年,改制为集体参股的股份制企业。2000年9月,公司完成企业产权制度改革,成为民营企业,11月13日,公司更名为:江苏新恒通电缆集团公司。2005年7月5日,办理工商变更手续,公司更名为江苏新恒通投资集团有限公司,注册资金3500万元,法人代表徐志才,企业位于七都镇人民路6号,主要经营范围为:通信电缆、光纤光缆、实业投资,股东由徐志才、陆俊明等9名自然人组成。

公司主要产品涉及电缆、光缆、化工、园艺、石材、金融、房地产等行业,下辖有吴江市恒通电缆有限公司、吴江飞乐恒通光纤光缆有限公司、吴江新恒通通信技术有限公司、吴江市恒通光电材料有限公司、吴江市恒通园艺有限公司、苏州恒通景观绿化工程有限公司等多家企业。

公司拥有国际先进水平的生产线和配套制造及测试设备。其中有德国IDEAL公司GSX-Ii型高速绝缘生产线、芬兰NEXTROM普通光缆、光纤带光缆生产线,以及美国DCM公司CMS-2PCX电缆全性能测试系统等。产品均通过ISO9000国际质量体系认证,取得国家信息产业部、广电总局、国防总参、中国联通、中国网通质量认定和进网许可证,产品应用于中国电信、联通、移动、广电、网通、铁通、电力、国防、矿山及油田等领域。

2007~2008年,新恒通集团承担开发江苏省科技厅认定的ADSS、OPGW特种光缆等高新技术项目,并在基地内得到推广,转化为科技成果,形成产业推向市场。企业开发研制的2个产品均处于国内同行业先进水平,取得较好的经济效益。

公司先后投资入股广东精艺金属股份有限公司、苏州吴江农村商业银行股份有限公司、阳光保险集团股份有限公司、江阴市恒润重工股份有限公司、北京信威通信技术股份有限公司、武汉锐科光纤激光器有限责任公司,所投股份都获得资产增值和财务价值。

公司先后为七都镇修建公路、学校、医院等累计捐款500万元,为希望小学捐款20万元,为七都镇贫困户捐款20万元,2008年5月,公司给四川汶川大地震捐款捐物。是年底,公司拥有总资产7.2亿元,净资产3.7亿元。

2015年,企业占地面积11.33万平方米,建筑面积6.34万平方米,固定资产原值9500万元,净值为1500万元,员工总数263人,销售收入2.5207亿元,利润4521万元,缴纳税金1234.7万元。

至2015年,企业的"耀塔牌"商标获江苏省著名商标证书(1997年11月);公司获国家农业部全面质量管理达标企业(1998年2月);乡镇企业名牌产品(1998年10月);全国乡镇企业创名牌重点企业(1999年12月);江苏省名牌产品企业(2001年5月);江苏省重合同守信用企业(2001年6月);"江苏省高新技术企业"(2001年8月);国防通信网设备器材进网证许可证(2002年3月);江苏省免检产品企业证书(2003年11月);电力专用通信设备进网许可证(2003年11月);全国重合同守信用企业(2003年11月);苏州市"百佳民营企业"(2005年1月);"江苏省明星企业"(2005年10月);18001:2007职业健康安全管理体系认证证书(2013年5月);14001:2004环境管理体系认证证书(2013年5月)等荣誉称号。

表5-12　　　　　2008~2015年部分年新恒通投资集团公司营业收入、利润表

年　度	营业收入(亿元)	利　润(万元)
2008	3.07	2064
2012	3.46	3589
2013	3.59	3735
2015	4.48	4521

四、江苏欣达通信科技股份有限公司

2009年,江苏欣达通信科技股份有限公司成立,属民营企业,位于七都镇创立路。法人代表邹会华。

2010年1月,引进软光缆生产线5条,总投资350万元。2013年3月,引进软光缆生产线6条,总投资210万元。公司专业从事光纤到户(FTTH)用各种室内光缆、引入光缆、光纤活动连接器及预制成端光缆、光分路器等无源光通信产品的研发、生产和销售,销售市场覆盖全国,产品入围中国电信、中国联通、中国移动三大运营商和

江苏欣达通信科技股份有限公司(摄于2015年)

10个省级广电网络公司。公司重视企业内部管理,20种产品通过泰尔认证。5月,公司推行现代企业管理制度,建立企业ERP管理系统、MES制造集成控制系统,公司管理信息化、自动化、智能化、精益化。8月,苏州市欣达光缆及光缆通信器件工程技术研究中心、欣达企业技术中心成立。11月,圆形引入光缆,获江苏省高新技术产品奖。

2014年1月14日,光纤到户圆形引入光缆及预制成端光缆。2月19日,皮线光缆连接器获发明专利。12月,预制成端光缆组件获江苏省高新技术产品奖。另外,公司与南京邮电大学签约合作,研究开发新型、智能型光通信产品,具有为电信运营商提供光纤到户(FTTH)全套解决方案的经验和能力,预制成端蝶形引入光缆,在行业内具有较高的知名度和影响力。投资420万元,引进软光缆生产线12条,其他仪器设备460万元。

2015年,企业注册资金8114.34万元,总资产2.4亿元,占地面积2.10万平方米,建筑面积1.50万平方米,员工235人,专业技术人员18人,公司年销售额2.5771亿元,创净利1500万元,缴纳税金845.5万元。

至2015年,公司获江苏省民营科技企业(2013年7月)、江苏省高新技术企业(2014年6月)、江苏省著名商标(2015年2月);连续6年(2010年、2011年、2012年、2013年、2014年、2015年)被评为"AAA"级资信企业、纳税A级信用单位、江苏省工业企业质量信用A级企业。

第三章　有色金属加工业

第一节　概　况

有色金属加工业是七都的支柱产业之一。境内废金属来源比较广泛,废金属回收业务量大。1977年,苏州轻工电机厂庙港分厂成立,主要生产各种生铁铸件和承接金属加工业务。1980年5月,庙港渔业村铸件厂成立,主要生产各种纺织铸件。1984年,庙港制冷设备厂成立,与上海燕牌空调冷冻公司联营,生产冷藏柜各种配件。1985年,七都铜材加工厂成立。主要生产铜线、漆包线,还兼产铝材。1988年,庙港乡吴江锻造厂建成投产,年生产各种规格的铸件1000吨左右。

90年代初,七都乡电缆业的快速发展,需要加工大量的有色金属,因此,新开业的规模型有色金属加工企业越来越多。桦都铜材有限公司(吴江桦都铜业集团公司)、七都金属五金厂、吴江电解铜厂等一批镇村企业得到发展。1995年,七都镇创办废金属回收市场(后为再生资源回收市场),逐步形成两条加工产业链:一是从废铜、电解铜到铜杆、铜丝、铜管、铜带、铜箔、铜排、铜铸件及漆包线、铜包铝等铜制品加工产业链;二是从废铝、铝锭到铝杆、铝丝、各型铝管、铝箔等铝制品加工产业链。

1998年,七都镇有色金属行业年产值6亿元,年产电解铜1.5万吨,无氧铜丝及普丝5万多吨,形成废铜收购——电解铜冶炼——铜丝加工——电缆生产一条龙。1999年,苏州中信科技股份有限公司成立。

2000年,庙港镇有色金属加工企业12家,年产值2.36亿元。七都镇有色金属加工企业35家,年产值10.05亿元。2008年,七都镇有色金属加工相关企业有147家,其中以亨通铜材、万宝铜业、富威科技、神州铜业、桦都铜业、东方铝业、神力铝箔等规模型企业为代表。是年底,有色金属加工企业产值占七都镇工业总产值的39.4%,职工数5318人,占全镇务工人数的20.0%。有色金属加工业已成为七都镇工业新的支柱产业。

2015年,七都镇有色金属加工相关企业有197家,总产值42.587亿元。

第二节　企业选介

一、苏州中信科技股份有限公司

1999年7月,苏州中信科技股份有限公司成立,属民营企业,法人代表邱九根。位于太湖高新技术开发区。占地面积3.3万平方米,建筑面积1.2万平方米,总房屋固定资产值2500万元,总设备固定资产值580万元,职工88人,其中技术人员及管理人员18人,注册资金1000万元。

企业主要设备有:包覆流水线8条,大拉、六连8条,探伤、成品入线6条,小拉机60台,退火流水线5条。主要产品有:铜包铝、铜包铝镁、合金、铜包铝排等。

2015年9月7日,苏州中信科技股份有限公司在全国股转系统挂牌上市,正式登录"新三板"市场。

2015年,公司占地面积3.3万平方米,建筑面积1.8万平方米。职工128人,其中管理人员及技术人员38人。工业总产值3.02亿元,缴纳税金469.6万元。

至2015年,企业获得国家级高新技术企业、江苏省民营科技型企业、江苏省科技型中小企业、江苏省四星级数字企业、江苏省贯标企业、重合同守信用企业、劳动关系和谐企业、劳动保障诚信企业、安全生产标准化企业、AAA资信企业等称号,产品获得江苏省高新技术产品认证证书,苏州市名牌产品证书、苏州市知名商标证书、计量合格证书、铜包铝线生产10强企业。

二、苏州市吴江神州双金属线缆有限公司

2006年1月,苏州市吴江神州双金属线缆有限公司成立,属民营企业,法人代表张永才。位于七都镇心田湾,房屋固定资产3000万元,设备固定资产2662万元,职工198人,其中大专及大专以上学历占35%。

企业主要产品有铜包铝母线、铜包铝漆包线、铝漆包线等。公司铜包铝线广泛运用于各类电缆导体,各类表面屏蔽网。特色产品有铜包铝漆包线型号有聚氨酯(QA/UEW)、(130,155级)聚酯(QZ/PEW)、180级聚酯亚胺(QZY/EIW)、200级

苏州市吴江神州双金属线缆有限公司(摄于2015年)

聚酰胺酰亚胺复合聚酯亚胺(QZY/XY/EI/AIW),自粘性铜包铝漆包线。产品从0.100毫米~4.600毫米,规格齐全,广泛应用于各类电子,电机(空调、冰箱、洗衣机、电动工具),大中小型变压器,电磁电感线圈,汽车马达,充电器,镇流器,继电器等产品。

2008年,企业投资160万元引进新型剥皮式包覆设备8台及配套设备;投资182万元引进新型漆包尾气净化设备32台;投资250万元引进国内先进高速漆包机(无锡巨一同创)1台计算机。企业铜包铝漆包线年产能超过10000吨,产品远销中国台湾、中国香港和中东、东南亚、及东欧国家。企业拥有铜包铝包覆设备,拉丝设备,漆包设备200多台(套),其中漆包流水线30余条,并配有全套漆包线检验设备30余台(套)。

2010年8月,企业应用铜包铝新型剥皮式包覆工艺、铜包铝自黏漆包线生产工艺、高速卧式漆包设备中大规格生产工艺等新技术,"电磁感应器用高性能低成本漆包线"获得省高新技术产品称号。是年,公司被评为国家高新技术企业。2011年8月,"大型变压器用大规格低成本铜包铝漆包线"获得省高新技术产品称号;是年,为国家火炬计划项目承担企业。2012年,评为苏州市名牌产品企业和江苏省信用贯标企业。2013年7月,"极细金属复合漆包线"获得省高新技术产品称号。是年,力创牌铜包铝漆包线产品获得苏州名牌产品证书。企业研发的各类铜包铝漆包线新产品,其中3项产品被评为江苏省高新技术产品,1项产品被列为国家火炬计划项目。

2015年,企业占地面积2.60万平方米,建筑面积1.80万平方米。职工200人,销售额超过2亿元,缴纳税金405.6万元。

至2015年,企业获国家高新技术企业、江苏省民营科技企业、江苏省高新技术企业(2010年)、苏州市两化融合企业(2011年)、江苏省信用贯标证书(2013年)、江苏省科技型中小企业(2013年)、苏州市三星级能效之星企业(2013年)。

三、苏州东方铝业有限公司

1999年8月,苏州东方铝业有限公司成立,属民营企业,法人代表张海龙。位于七都镇心田湾,占地面积1.30万平方米,建筑面积5000平方米,房屋固定资产480万元,设备固定资产350万元,职工30人,注册资金3500万元。

2008年,企业拥有国际先进水平的现代化铝型材生产线15条,集熔铸、模具、挤压、人工时效、

机械抛光、着色氧化一体化生产。公司主要生产各种铝合金门、窗、幕墙、断桥隔热铝型材以及各种工业型材，有100多个系列，3000多个品种，年生产能力3万吨。"四强"牌产品质量通过ISO9001质量体系认证，标志着企业的质量管理水平已与国际水准接轨。公司通过科学的管理和完善的销售网络及售后服务，赢得市场，成为华东地区铝合金建筑型材和装饰型材的主要生产基地。

2015年，企业占地面积约4万平方米，建筑面积约3万平方米，固定资产1.2亿元，职工200余人，技术员25人。年销售额3.5亿元，缴纳税金555.7万元。

苏州东方铝业有限公司（摄于2015年）

至2015年，企业获国家免检产品、江苏省名牌产品和江苏省著名商标称号。

四、吴江区亨都铝合金型材厂

2002年3月8日，吴江市亨都铝合金型材厂成立，属民营企业，法人代表钱茂荣。企业位于七都镇行军村。

2003年8月，企业投资266.38万元，引进1450吨级铝型材挤压机，专业生产热挤压各种型号和规格的工业用铝型材。企业通过ISO9001质量管理体系认证，标志着企业的质量管理水平与国际水准接轨。不断开发市场需求的优质新产品，满足顾客的需求。产品质量经行业质量监督部门和顾客的历次检测，各项质量指标均符合标准和顾客的要求。

吴江市亨都铝合金型材厂（摄于2015年）

2014年，企业拥有年生产能力1.5万吨的铝棒熔铸生产线8条，具国际先进水平的热挤压生产线，各种监视测量设备10多台（套），专业生产铝合金梯用材、自行车铝车圈、水平尺工量具铝型材、五金用铝型材、轨道交通车辆用铝型材及工业铝型材。

2015年，企业占地面积1.32万平方米，建筑面积1.34万平方米。拥有固定资产3000多万元，职工160多人，其中工程专业技术人员18人。销售产值1.5亿元左右，缴纳税金485万元。

第四章　丝绸纺织服装业

第一节　概　况

丝绸纺织服装业是继七都光电缆、有色金属产业后的第三大支柱产业。1967年，七都胜旗缫丝厂、庙港缫丝厂成立。1976年，庙港公社创办福利丝织厂。1978年，七都公社创办七都丝织厂。80年代起，相继创办缫丝、丝织、针织、制衣等企业。丝织产业最初以庙港乡为主，乡办和村办的丝织厂设备落后，产值不高。庙港缫丝厂、新联丝织厂庙港分厂、吴江第四丝绸厂等丝织、丝绸企业是庙港乡办企业中的有一定规模的骨干企业。七都乡创办七都化纤厂、七都南洋丝绸厂。服装产业最早始于庙港缝纫社和70年代的庙港公社服装厂。90年代初，生产、加工羊毛衫为主的针织服装以分散的家庭经营形式，直接生产及配套服务的经营户有1000多户，主要分布在毗邻横扇的富强、五联、罗港、开弦弓等行政村。纺织服装业先后有庙港中心小学校办自强服装厂、曙光太湖服装厂等集体企业，校办自强服装厂后发展为中外合资苏州大中服装有限公司，转制后为吴江爱莎服装有限公司。1995年，庙港镇有丝织企业15家，年产值1.44亿元，生产真丝织物470万米，化纤织物531万米。

1998年，七都镇轻纺丝绸行业年产值3亿元，生产白厂丝175吨，开始引进喷水织机。织造1000万米真丝绸、绢纺、丝绒、仿真丝及针织面料，30万件丝绸服装。2000年，梭织机进行技改，打破常规的生产工艺，提高产品档次，面料很快进入家纺市场。

2002年，庙港镇投入8000万元，用于轻纺、服装两大支柱产业设备改善和更新，新增喷水织机、喷气织机349台，K611型织机800台，进口电脑横机、电动横机600台，12针横机3000台。全镇完成年工业产值8.41亿元，企业总资产5.47亿元，产品销售7.59亿元。

2003年12月，庙港镇、七都镇合并后，轻纺丝绸行业逐渐遍及新的七都镇。

2008年，七都镇共有纺织企业107家，拥有喷水织机6300台，日产各种面料200万米；规模型服装企业12家，加上家庭型针织经营户，全年共生产针织、纺织服装超过2000万件。纺织及服装企业的产值占七都全镇工业产值的10.3%，职工人数5180人，占全镇务工人数的19.5%。

2015年，全镇丝绸服装企业有121家，总产值24.721亿元。规模型企业有江苏福丝特家纺有限公司、金明纺织有限公司、吴江明珠纺织有限公司、苏州谢氏纺织有限公司、吴江区橘园丝绸织造厂、吴江区荣润纺织品有限公司、吴江区联诚纺织有限公司、吴江区恒生纱业有限公司8家企业。

第二节　企业选介

一、江苏福丝特家纺有限公司

2002年6月，江苏福丝特家纺有限公司成立，属民营企业，法人代表姚良荣，位于庙港工业开发区。占地面积5万平方米，建筑面积1.21万平方米，房屋固定资产810万元，设备固定资产600万元。注册资金1800万元。

企业拥有宽幅、窄幅喷水织机240台，宽幅喷气大提花织机136台；倍捻机、整经机等设备50多台。主要生产特丽纶系列、竹节仿双宫系列、遮光布系列等窗纱窗帘产品，年生产能力3000万米。

2007年，公司通过ISO 9001质量管理体系认证，标志着工厂的质量管理水平已与国际水准接轨。2008年，为"中国家纺协会""中国长丝协会"的理事单位。

江苏福丝特家纺有限公司（摄于2015年）

2011年10月，公司增建办公楼及车间1.58万平方米。2013年，增建宿舍及仓库（5层）1.44万平方米。引入喷气提花织机136台，加配套设施，总投资8000万元。设备固定资产值1.10亿元。产品以内销为主，薄型产品主要销往山东、上海，遮光布系列主要销往绍兴柯桥。

2015年，公司占地面积5万平方米，建筑面积4.23万平方米，固定资产值4500万元，总设备固定资产值1.10亿元,职工380人。销售收入为1亿元,缴纳税金688.6万元。

二、吴江金明纺织有限公司

2002年,吴江金明纺织有限公司成立,属民营企业,法人代表沈正明。位于庙港工业开发区。

公司拥有喷水织机、喷气织机、倍捻机、整经机等设备250多台,年产织造1600万米。2012年,公司引进高速提花喷气织机30台。公司生产的特丽纶、涤纶布、提花布、染色布等高规格涤纶坯布以及印染印花布产品。在消费者当中享有较高的地位,与多家零售商和代理商建立长期稳定的合作关系。

吴江金明纺织有限公司(摄于2015年)

2014年,公司响应吴江区政府"淘汰低端喷水织机10万台"号召,节能减排、淘汰落后产能,减少喷水织机,引进高速提花喷气织机24台。喷气织机比喷水织机产出效率更高,织物品种和织物花色更多更广,防潮、防水、不易褪色,且承受力强;产品的外观设计也时尚,更符合年轻消费者的需求。

2015年,公司占地面积4.67万平方米,建筑面积3.50万平方米。房屋固定资产2000多万元,设备固定资产3500多万元。职工180人,公司实现销售收入6610万元,缴纳税金392.4万元。

三、吴江明珠纺织有限公司

2002年4月,吴江明珠纺织有限公司成立,属民营企业,法人代表王建林。位于庙港工业开发区。占地面积1.86万平方米,建筑面积1.16万平方米,注册资金81万元,主要生产涤纶布等产品。

2008年5月,公司向吴江市红十字会捐赠5万元给四川地震灾区;向庙港老太庙捐赠100万元用于道路基础设施的改造建设。

2011年9月14日,公司成功申请用于装饰织品的商标注册《帷》。12月14日,成功申请用于装饰织品的商标注册《FFF》。是年底,公司购入土地4.98万平方米,新建厂房2.46万平方米。

吴江明珠纺织有限公司(摄于2015年)

2012~2014年,公司引进喷水织机130台,投资总额2118.4万元,购进电子提花机78台,投资总额917.5万元。由吴江市人民政府命名为重合同守信用企业(2009年度—2014年度)。

2015年,公司占地面积6.84万平方米,建筑面积3.62万平方米,房屋固定资产2346.75万元,设备固定资产6311.84万元。职工220人,销售收入5261.5万元,生产纺织产品(涤纶布)销售数量为746.16万米,主要销售区域浙江绍兴、宁波。公司缴纳税金356.5万元。

四、吴江区恒生纱业有限公司

2003年6月,吴江市恒生纱业有限公司成立,属民营企业,法人代表薛化锡。位于庙港工业开发区。占地面积6.53万平方米,建筑面积1.30万

吴江市恒生纱业有限公司(摄于2015年)

平方米,注册资金 5818 万元。房屋固定资产 1100 万元。设备固定资产 2800 万元,职工 85 人,专业技术人员 5 人。

公司主要生产、销售各类精梳纱、高配涤棉纱、人棉纱、竹节纱、竹纤维纱等。年生产 2 万纱锭。2012 年 6 月,公司投资 1.8 亿引进全自动纺纱生产线设备。12 月 19 日,在竹浆纤维及其制品加工关键技术和产业化应用获得国务院颁发的"国家科学技术进步奖"二等奖证书。2014 年,淘汰 70 台老式喷气织机,投入资金 850 万元,新增日本丰田 710 型号喷气织机,当年度产值增加 20%,产品附加值及利润提高 20%,获得七都镇工业企业技改投入奖。

2015 年,公司占地面积 6.53 万平方米,建筑面积 3.80 万平方米,房屋固定资产 4200 万元,设备固定资产 2.7 亿元,职工 380 人,专业技术人员 13 人。工业总产值 2.91 亿元,缴纳税金 188.2 万元。

第五章　建筑业　建材业

第一节　概　况

七都、庙港农村泥、木工匠分布各村。民国时期,庙港农村工匠约有 400 多人。1958 年,七都公社建土窑 1 座,烧制砖瓦。1962 年,停产。1968 年,七都公社重建窑厂。1970 年,庙港公社在原前进大队长漾北滩兴建的 2 座土窑,改建庙港砖瓦厂(南窑)。1974 年,庙港公社在南日圩建土窑 2 座(北窑)。是年,七都组建建筑工程队,庙港公社组建 302 工程队,从事镇村建筑业务。1976 年,建七都轮窑厂、庙港轮窑厂。

1984 年,七都、庙港建筑公司成立。七都、庙港乡的村镇建设随着乡村办企业的崛起、小城镇建设的推进和农村住宅的翻新及第一代楼房的兴起,建筑和建筑材料行业得到发展。1986 年,庙港轮窑厂关闭。1989 年,吴溇建筑工程队创办,承接 1000 平方米以内、3 层以下民用建筑业务,兼营房屋修理业务。

90 年代初,七都轮窑厂关闭。七都镇创办 5 家以生产油毛毡为主的村办集体建材企业。1995 年,庙港镇建筑、建材企业有庙港建筑公司、庙港水泥制品厂、吴江木材加工厂、月字圩油毛毡厂、七一预制场等镇村企业;七都镇建筑、建材企业有金都建筑工程集团公司、七都建筑材料用品厂、沈家港建筑材料厂、七都建筑材料厂、七都油毛毡厂等镇村企业。

1998 年,七都镇 8 家建筑材料企业和庙港镇 2 家建筑材料企业转制为民营企业。2001 年,苏州市力星防水材料有限公司成立,庙港建筑公司转制为民营企业。2002 年,七都、庙港镇的镇村企业全部转制为民营企业。随着各地对地铁、轨道交通、隧道等大型建设项目的投资及房地产的开发兴起,防水建筑材料产业的发展,那些原来只能生产普通油毛毡的建材企业经过市场调查,反复论证,进行技术革新和设备更新,改产双面自粘自卷的防水卷材。

2008 年,七都镇有吴江市月星建筑防水材料公司、苏州卓宝科技有限公司、吴江万宝钢结构工程有限公司、苏州力星防水材料厂等 12 家建筑建材企业,年产值 3 亿多元,从事建筑建材生产的员工 327 人。

2015 年,七都镇建筑、建材企业有江苏凯伦建材股份有限公司、苏州卓宝科技有限公司、苏州市月星建筑防水材料有限公司、苏州市力星防水材料有限公司、庙港建筑有限公司、金都建筑有限公司等21家,总产值24.965亿元。

第二节　企业选介

一、江苏凯伦建材股份有限公司

2011年7月,江苏凯伦建材股份有限公司成立,属民营企业,法人代表钱林弟。位于七都镇亨通大道8号,是一家集防水材料研发、制造、销售及施工服务于一体的企业。

2012年8月,公司与中国建筑材料科学研究总院苏州防水研究院,共同组建中国建材防水研究院凯伦技术研发中心。随后,又与苏州科技大学、南京金陵学院开展技术合作,自主研发出MBP高分子自粘胶膜防水卷材和MPU白色抗流挂聚氨酯防水涂料等多种绿色防水材料,打破国际上对于高分子防水材料的技术垄断。MBP-P高分子预铺防水卷材(非沥青基)被江苏省科技厅认定为"江苏省高新技术产品"。

江苏凯伦建材股份有限公司(摄于2015年)

2013年4月,公司的高分子自粘胶膜预铺/湿铺防水卷材(MBP-P)应用技术通过国家住房和城乡建设部科技成果评估。2014年11月,白色聚氨酯防水涂料(MPU)通过国家住房和城乡建设部科技成果评估。12月16日,江苏凯伦建材股份有限公司成功登陆新三板,在全国中小企业股份转让系统挂牌上市。股票名称"凯伦建材"证券代码831517,成为全国建筑防水行业第二家上市企业。

2015年9月,公司生产的MBP-P高分子自粘胶膜防水卷材获CE认证。研发生产MBP高分子自粘胶膜防水卷材,被中华人民共和国科学技术部列入国家火炬计划产业化示范项目。

是年,公司占地面积4.33万平方米,建筑面积3.10万平方米,房屋固定资产3389万元,设备固定资产2843万元,职工308人,销售收入内销2.07亿元,外销1031.32万元;缴纳税金1994.3万元。

二、苏州卓宝科技有限公司

2007年11月,苏州卓宝科技有限公司成立,属民营企业,法人代表夏石松。位于七都镇双塔路北侧。

公司成立后专注防水、保温材料的研发、生产,年销售额不断增长,全国卓宝服务机构1200多个,公司成为中国建筑行业500强企业,央视、新华社、人民网等媒体重点推荐;卓宝系列产品在全国各地的防水工程,中南海建筑群、华为基地等3000多个防水工程中获得应用,产品畅销世界各地;卓宝科技的营销、施工服务团队从省城直通乡

苏州卓宝科技有限公司(摄于2015年)

镇,与网络、电话、微博、微信等形成立体、高效、销售的服务体系。公司主要供应产品是贴必定BAC耐根穿刺自粘防水卷材,专门为有种植要求的地下室顶板、屋面等部位而研发,是一款以长纤聚酯纤维毡为增强胎基,以添加进口化学阻根剂的自粘改性沥青为涂盖材料,两面再覆以隔离材料

而制成的自粘类改性沥青卷材。

2015年,公司占地面积2.46万平方米,建筑面积1.22万平方米,房屋固定资产886.2万元,设备固定资产3050万元。职工140人,工业总产值3亿元,缴纳税金728.6万元。亩均纳税19.85万元,单位用电纳税2.97元每度。

三、苏州市月星建筑防水材料有限公司

1998年7月,苏州市月星建筑防水材料有限公司成立,属民营企业,法人代表张小友,企业位于七都镇行军村。

1999年起,公司投入350万元引进高分子卷材生产线,生产销售防水材料和新型化学建材,拥有国内领先的改性沥青自动化生产线及高分子生产线,年生产能力2580万平方米。建筑防水涂料生产线2条,生产弹性体(SBS)改性沥青防水卷材、塑性体(APP)改性沥青防水卷材、种植屋面用耐根穿刺改性沥青防水卷材、自粘聚合物改性沥青防水卷材、预铺/湿铺防水卷材、PET湿铺防水卷材、高分子交叉层压膜自粘防水卷材、高分子自粘防水卷材、高分子自粘胶膜防水卷材(非沥青基)、聚氯乙烯(PVC)防水卷材、热塑性聚烯烃(TPO)防水卷材、聚氨酯防水涂料(单、多组分)、非固化橡胶沥青防水涂料、聚合物水泥防水砂浆(荣耀100)、水泥基渗透结晶型防水涂料、聚合物水泥防水涂料(JS)、喷涂速凝橡胶沥青防水涂料、高聚物改性沥青防水涂料(APP SBS)等优质产品。公司产品广泛应用于工业及民用建筑、机场、管廊、地铁、道路桥梁、涵洞、隧道、地下室、卫浴等防水工程。

苏州市月星建筑防水材料有限公司(摄于2015年)

2002年8月,公司生产的月星旺牌塑性、弹性体防水卷材在中国专利新技术产品博览会上获金奖。2006年11月,无胎自粘防水卷材的专用设备获发明专利。

2014年,企业建防水行业标准实验室。产品销往上海420万平方米;销往浙江省100万平方米;省内销售170万平方米。

2015年,公司占地面积8902.80平方米,建筑面积4208.10平方米。房屋固定资产554.22万元,设备固定资产571.287万元。职工69人,工业总产值5008.8万元,缴纳税金216.5万元。

至2015年,公司获江苏省优质产品(2014年)、中国建材企业500强(2014年)、中国建筑防水行业知名品牌(2014年)、建筑防水行业质量银奖(2014年)、江苏省防水行业名牌企业(2015年)、江苏省质量诚信五星级企业(2015年)、上海市建筑防水材料十大品牌(2015年)。

四、苏州市力星防水材料有限公司

2001年3月,苏州市力星防水材料有限公司成立,属民营企业,法人代表谈法江,位于七都镇心田湾。

公司主要生产SBS、APP改性沥青防水卷材、沥青复合胎柔性防水卷材、自粘聚合物改性沥青防水卷材(N类、PY类)、聚乙烯丙纶复合防水卷材、聚氯乙烯(PVC)防水卷材、JS聚合物水泥防水涂料和纳米高分子超强弹性防水涂料等产品。产品主要销往江浙沪地区,也出口到非洲、马来西亚等国。年销量1000万平方米以上。

2002年12月,公司生产的SBS弹性体改性沥青防水卷材、APP塑性体改性沥青防水卷材,获苏州市质量技术监督局颁发的"苏州市质量信得过产品"证书。

2013年3月20日,公司生产的SBS弹性体改性沥青防水卷材、APP塑性体改性沥青防水卷材,自粘聚合物改性沥青防水卷材、聚乙烯丙纶防水卷材、聚合物水泥防水涂料,获上海市化学建材

行业协会颁发的"上海建筑防水材料推荐产品"证书。生产屋面用耐根穿刺防水卷材,聚合物水泥防水涂料等产品,销售量801.1万平方米。

2015年,公司占地面积1.50万平方米,建筑面积1.30万平方米,房屋固定资产608.92万元,设备固定资产796.81万元,职工50人,工业总产值4019.5万元。缴纳税金192.4万元。

至2015年,公司获产品质量国家免检产品(2007年12月)、苏州市名牌产品(2014年12月)、江苏省著名商标(2015年1月)、工程建设推荐产品(2015年2月)、中国建筑防水材料行业知名品牌产品(2015年3月)。

五、苏州市庙港建筑有限公司

1958年,庙港公社建筑管理站成立。1974年,庙港公社建筑管理站更名为吴江县建筑安装联合公司302工程队。1984年,吴江县建筑安装联合公司302工程队更名为庙港建筑公司。公司承建上海市三星级宾馆——上海市新苑宾馆。工程为江南古典型结构,总建筑面积5.5万平方米,造价6000万元,工程质量达到优良标准。1987年,承建中共吴江县委办公大楼。1989年,审定为四级企业。

苏州市庙港建筑有限公司(摄于2018年)

2001年,庙港建筑公司由集体企业改制为民营企业,更名为吴江市庙港建筑有限公司。法人代表沈宝生。

2006~2014年,公司承建吴江市房产公司住宅楼工程等80多幢,总建筑面积40多万平方米;承建吴江市堤闸管理所综合楼工程和吴江市邮政局邮政大楼工程、吴江市进修学校科技楼、高级中学实验楼工程、吴江市高等职业技术学院教育楼工程;动迁小区住宅楼工程、龙庭·锦绣花园住宅小区群体建筑5.40万平方米;吴模家园住宅楼工程、锦怡花园住宅楼工程、高新花园B标段住宅工程、红洲尊龙苑(建筑面积2.8375平方米框架18层)、奥林清华小高层住宅楼(建筑面积2.03万平方米框架23层)、湖滨华城四标段工程等。2013年6月,吴江市庙港建筑有限公司更名为苏州市庙港建筑有限公司。

2015年,公司位于七都镇庙港南太湖大道5号,法人代表沈宝生。占地面积843.6平方米,建筑面积657平方米。企业注册资金5000万元,公司有职工1200余人,高级工程师2人,工程师25人,助理工程师36人,技术员145人,有资质项目经理80人,其中一级建造师3人,二级建造师56人。公司是江苏省住房和城乡建设厅认定的房屋建筑施工总承包二级企业。公司总产值2.20亿元,缴纳税金968.4万元。

至2015年,公司所承建的工程获吴江市标准化工程、苏州市文明工程、苏州市"姑苏杯"工程、苏州市优质工程、江苏省优质工程、江苏省"扬子杯"工程、江苏省文明工地、全国工程质量、施工安全、企业信誉AAA级优秀企业(2009年12月)、江苏省重质量守信誉诚信施工单位(2013年12月)、江苏省安全生产文明施工企业(2014年7月)。

六、吴江金都建筑工程有限公司

1974年,七都公社建筑工程队成立,职工30多人。1981年,七都公社建筑工程队更名为吴江县建筑安装联合公司304工程队,职工增至110人。1984年,吴江县建筑安装联合公司304工程队更名为七都建筑公司。1995年,七都建筑公司改组为吴江金都建筑工程有限公司。2002年,公司转制为民营企业。

公司主营业务为房屋建筑工程施工、钢结构工程、混凝土预制构件施工、混凝土多孔砖、混凝土实心砖、普通混凝土小型空心砌块生产;建筑机电工程安装施工;建筑工程施工总承包二级;建筑装修装饰工程专业承包二级;园林绿化及养护工程。

2010~2014年,公司承建七都镇集体资产经营公司、七都镇应急处置中心工程和吴江市中等专业学校3幢宿舍楼及传达室工程获"垂虹杯"建筑工程质量奖。公司承建吴江市城市房地产开发有限公司太湖小区北侧动迁房一期二标工程获江苏省施工文明工程。

吴江金都建筑工程有限公司(摄于2015年)

2015年,公司位于七都镇望湖路,法人代表倪林江,占地面积3232.4平方米,建筑面积2192平方米。公司注册资金2611.8万元。房屋固定资产60万元。公司有职工960人,有职称的技术人员165人,其中高级工程师4人,工程师30人、助理工程师50人、技术员81人。安全、质理、材料等其他上岗证管理人员157人。公司年度施工能力为50万~80万平方米。总产值1.70亿元,缴纳税金863.1万元。

第六章　木门业　地板业

第一节　概　况

80年代初,七都公社农村木工自购设备、自选木料、自找销路办起大小规模不等的家具厂(工场)40多家。1984年,庙港乡富强村、五联村首先出现家具手工作坊,不少农村木工仿照城市流行的新潮家具式样,采用贴皮新工艺,自行设计、加工,用农船运输,产品销往周边城市和乡村。1985年,七都乡家具行业总产值2000万元。

90年代,七都乡(镇)新华家具厂、凯联室外家具铸造厂(主要产品铸铝、铸铁室外家具)、太湖日用五金厂(主要产品钢椅、钢床等家具)、鑫光花园家具厂、荣江家具厂等企业颇具规模。

2001年,七都镇金丰木门厂、固友木门厂先后创办。这两家企业主要生产实木门、贴面门等产品,短短七八年时间,企业日益壮大,带动七都不少木门业业主应势而上。同时,受七都镇投资环境所吸引,浙江南浔及周边地区的地板业主也纷纷落户七都,开办地板厂。2004年,德尔集团旗下的苏州德尔国际地板有限公司成立。

2008年,七都镇木门、地板企业共有74家,总产值10.28亿元,职工2305人。2015年,七都镇木门、地板企业共有97家,总产值21.31亿元。

第二节　企业选介

一、德尔国际家居股份有限公司

2004年3月,德尔国际家居股份有限公司成立,属民营企业,法人代表汝继勇。位于七都镇人民东路两侧,路北为员工培训及生活区,路南为生产区。总注册资金1.6亿元。

企业主要设备有豪迈线 8 台（套）、热压线 11 台（套）、喷淋油漆线 3 条，其中有德国 HOMAG 豪迈、荷兰砂霸等国际一流生产线。

公司主要产品有地板五大系列。主要生产设备有无醛添加品类、无醛芯品类、强化复合品类、实木复合品类、纯实木品类 5 条生产线，年产量 1500 万平方米，可为消费者提供优质而多样的选择。其中，无醛地板销量位居行业第一。

2011 年 11 月 11 日，德尔国际家居股份有限公司在深圳证券交易所上市（股票代码：002631）。

2013 年，德尔地板入选南北极科考指定地板供应商，成为中国南极科考站以及国家海洋局科研基地提供地板产品。

2015 年，公司占地面积 14.67 万平方米，建筑面积 6.67 万平方米，职工 230 人，其中管理人员及技术人员 50 人。工业总产值 7.79 亿元，缴纳税金 7224.2 万元。

至 2015 年，公司获得"中国 500 最具价值品牌""亚洲品牌 500 强""中国地板国家品牌""中国家居十大品牌""中国木业改革开放领军企业"等荣誉。德尔地板已成为中国木地板市场知名度最高的品牌之一。2008 年，德尔地板被奥组委选定为北京奥运会地板独家供应商，并且是迄今为止唯一被官方认可授权为奥运工程提供地板产品及安装服务的中国企业。

二、吴江区金丰木门厂

2001 年 1 月，吴江市金丰木门厂成立，属民营企业，法人代表陆建明，位于人民路。

企业有现代化的厂房、车间及智能化的办公大楼，厂区内绿树成荫，花草掩映。企业主要设备有四面刨床 6 台、推台锯 10 台、数控镂机 3 台、电子开料机 1 台、自动封边机 5 台、热压机 6 台、冷压机 30 台，其中，数控镂机、电子开料机及自动封边机等设备是从中国台湾和德国进口。企业产品为各种规格的实木门、实木复合门及免漆门。

吴江区金丰木门厂（摄于 2015 年）

2008 年，企业产品通过 ISO9001 质量体系认证。参加《木质门安装规范》《木质门保修规范》两大行业标准的主要起草工作。"金丰"牌木门国内市场主要是上海、浙江、江苏、安徽、山东等省市，国外市场主要是西欧、美国、沙特阿拉伯、阿联酋及南非等。是年，企业年销售额 1400 万元。

2010 年，企业顺利通过上海世博会中心项目的木门生产资格审查，成为上海世博会中心项目的木门供应商。为上海世博会提供木门，还打造上海世博会永远珍藏的世博上海馆正大门——石库门。

2013 年，企业正式加入博鳌亚洲论坛，成为博鳌亚洲论坛会员单位。2014 年，企业共申报专利 100 多项。通过 ISO14001:2004 国际环境体系认证。工厂生产的实木复合门被评为（省、市）一级产品，金丰木门业通过欧盟 CE 认证，产品达到欧盟指令性要求。成为"中华人民共和国商务部援外物资供应商"。企业投资 200 万元，引进德国豪迈生产线应用静音门新技术、水性漆新技术。

2015 年，企业占地面积 3.33 万平方米，建筑面积 2.60 万平方米。房屋固定资产 4500 万元，设备固定资产 4500 万元。员工 499 人，企业年销售额 2022 万元，缴纳税金 168.5 万元。

至 2015 年，企业获苏州市知名商标、苏州市名牌产品（2003 年 6 月）、江苏省著名商标（2003 年 6 月）、江苏省民营科技企业（2004 年 1 月）、中国驰名商标（2008 年 8 月）、中国（木门业）质量 500 强（2008 年 8 月）、江苏省质量信用产品（2009 年 3 月）、江苏省名牌产品（2009 年 5 月）、江苏省（木门业）综合实力第一（2009 年 7 月）、中国（木门）行业十大品牌（2013 年 6 月）、中国木门领军企业

(2014年6月)、全国质量诚信优秀企业(2015年5月)。

三、吴江区固友木门厂

吴江市固友木门厂的前身是吴江县七都豪华家具厂吴溇分厂,属乡办企业。2001年8月,七都豪华家具厂吴溇分厂转入木门行业,更名为吴江市固友木门厂,属民营企业,法人代表孙天乐。位于七都镇望湖路创新桥南侧。占地面积1.2万平方米,建筑面积1万平方米。房屋固定资产2500万元,总设备固定资产1000万元。

企业主要设备有四面刨床5台,推台锯6台,电子开料机1台,数控镂机2台,自动封边机5台,热压机5台,冷压机25台,其中,数控镂机、单子开料机及自动封边机等设备是从中国台湾和德国进口。员工100人,企业主要生产各种规格实木门、实木复合门和免漆门。同年创出知名品牌固友牌,年产量木门2.5万套。

吴江区固友木门厂(摄于2015年)

2009年1月,工厂整体搬迁至七都镇吴越北路西侧,占地面积3.35万平方米,建筑面积3万平方米。投入资金2500万元,增添固定资产设备1500万元,职工300人,有现代化的标准厂房,车间及智能化的办公大楼和全方位的木门和整木样品房。企业引进自动化油漆设备PU线,新增四面刨床2台,推台锯5台,数控镂机2台,热压机3台,冷压机10台,新增环保设备,废气设备,废水设备,除尘设备等等。是年,吴江市固友木门厂产品通过ISO9001国际质量体系认证。年产量比上年增加80%,销售量比上年增加88%。

2010年,企业顺利通过上海世博会项目的审核,成为上海世博会木门项目的供应商,为上海世博会提供木门。

2013年起,企业派技术骨干去广州学习整木技术,引用金雀软件,采用ERP开单,在确保数据精确的同时提高进度和效率30%。年产量比2012年增加40%,销售量比2012年增加45%。在原来的厂房基础上增加整木、油漆2个车间。企业在稳定木门的基础上向整木发展,扩大设计研发机构,增设整木设计部,增加10名设计师。企业有实木门、实木工艺门、门套、油漆车间等专门的生产线,外派安装工程队承接全国各地客户的工程项目,能全面承包门套、木门、踢脚线、油漆安装、五金等全方位生产施工安装。工厂投资自建大型木材烘干房,严格进行两次烘干处理过的优质杉木、松木为内芯,名贵木皮做面料,以及PU漆的密封性所用材料均采用符合国家规定绿色环保的板材、胶水、油漆等优质材料,并采用合理的复合生产工艺及先进的设备相结合,确保固友木门久不变形。产品国内主要销往上海、浙江、江苏、安徽、山东等省市。是年,企业与国内房产商合作开发别墅全装修房、宾馆套房、民用商品房,销售量增加了30%。国外市场主要是伊拉克、西欧等地,销售木门9980套。

2015年,企业占地面积3.35万平方米,厂房建筑面积2.5万平方米,房屋固定资产5000万元,总设备固定资产2500万元,职工300人,全年生产各种规格木门2万平方米,企业年销售额1480万元。缴纳税金116.4万元。

至2015年,企业获中国木门领军企业(2011年);苏州市知名商标(2011年);上海产品质量金奖(2012年);江苏省名牌产品(2012年);中国木门十大领袖品牌、上海畅销品牌十一连冠、木门行业领军企业十连冠(2013年);中国木材与木制品流通协会整木家装领导品牌(2014年);江苏省放心消费先进单位、劳动关系和谐企业、全国市场工程木门质量售后服务双承诺活动单位、国家工商总局守合同重信用企业(2015年)。

四、苏州菲特威尔木结构房屋有限公司

2010年,苏州菲特威尔木结构房屋有限公司成立,属民营企业,法人代表董国平。公司的前身是浙江方圆木业集团有限公司,位于七都镇吴越北路西侧,职工40人。

2012年,引进德国双面刨(GT-635ARD)、德国Hundegger加工中心、德国双面压刨HX-M610A)、引进除尘设备、污水处理设备。专业生产木质住宅、度假别墅、休闲农庄生态园、休闲会所、园林木质景观工程、室内外实木环保装饰等规划、设计、生产及施工为一体的木质建筑产品企业。产品销售遍布全国。销售项目涵盖木屋别墅,商用木屋结构房及户外景观凉亭木栈道等多个种类。

苏州菲特威尔木结构房屋有限公司(摄于2015年)

2015年,公司占地面积8万平方米,房建筑面积7008平方米,职工120人,销售收入2100万元。缴纳税金41.5万元。

至2015年,公司获第六届中国义乌国际森林产品博览会金奖(2012年10月)、第五届中国国际旅游商品博览会展台特等奖(2013年5月)、第六届中国义乌国际森林产品博览会金奖(2013年11月)、第四届"联众杯"全国木结构设计大赛一等奖(2013年11月)、第六届中国国际旅游商品博览会最佳展台奖、交易成果奖(2015年)。

第七章 机械业 电子业

第一节 概况

1958年,庙港公社手工业者组成铁业社,七都公社创办跃进厂,把各村分散的铁匠、木工组织进厂。1960年初,庙港铁业社以生产传统锄头、铁耙为主。1963年,建成庙港公社农具厂,吸收能工巧匠,扩大规模,削切、钳、车床设备逐年完善,已能生产农具机械,如电动脱粒机、船用挂桨等。七都公社跃进厂改组为七都农具生产合作社。

80年代初,七都公社有4家社办、队办企业,主要生产一些生铁铸件、铝合金铸件,其中规模较大的吴江金鹰铸造厂,年产铝锭1000吨。庙港公社繁荣大队创办汽车修理厂,公社农具厂创办进口汽车保养场。1983年,庙港乡开弦弓村周玉官创办电路板加工场,后更名为庙港电子器材厂。1984年,庙港制冷设备厂成立,为上海燕牌空调冷冻公司生产冷藏柜和厨房冰箱配件。1988年,庙港冰箱配件二厂为苏州香雪海电器公司生产冰箱配件。七都乡吴江家用电机厂成立,由原达胜皮鞋厂七都联营厂转产后创办。

1993~1998年,七都镇先后创办苏州铝合金车轮厂、先锋五金家具厂、永民电工材料厂、七都标准件厂、先锋装潢五金厂、建勤五金工艺装潢厂、七都制罐厂、七都冲压厂等企业。庙港镇先后创办吴江轴承厂庙港分厂、庙港电子门铃厂、七一汽车修配厂、合群风机厂等企业。

1998年,七都镇机械电子行业年产值2亿元,生产品牌家用电机35万台,摩托车铝合金车轮8万套,电子元件150万件,低压腐蚀氧化铝箔50吨,数千吨级的特种电焊条。庙港镇创办康元商用

机器设备厂,盘活存量资产近2000万元

1999年,七都镇有上海电子元件二十一分厂、七都新型电子电器厂、大中电器设备厂3家电子企业。

2000年后,七都镇的吴江家用电机厂、吴江市荣达制冷配件有限公司等企业,庙港镇的吴江锻压厂、吴江冰箱二厂等企业由原来的镇办集体企业转制为民营企业。这些企业虽然在产品上有所升级更新,但基本上经营模式仍维持原状。

2001年,七都镇从深圳引进第一家外资电子企业——乔联电子(苏州)有限公司以后,七都镇部分民营企业开始向该行业转移。

2003年,东奥电梯公司开办,经营比较稳定,相继有克莱斯、奥特普等企业成立,电梯行业成为七都工业的新兴产业。到2008年底,七都镇有机械制造企业28家,职工人数914人,工业产值1.83亿元;有电子企业8家,职工1097人,这些企业主要生产卫星电视天线、电脑产品的附件及手机配件,工业总产值1.99亿元。

2015年,七都全镇机械电子业有73家,其中规模较大的有通用电梯(中国)有限公司、美奥电梯(苏州)有限公司(企业选介见第九章第二节)、克莱斯电梯有限公司、国新电梯科技股份有限公司、吴江乔联电子制品有限公司等企业,总产值220.146亿元。

第二节　企业选介

一、克莱斯电梯有限公司

2008年3月,克莱斯电梯有限公司成立,属民营企业,法人代表蔡建忠。位于七都镇吴越路吴越大桥西侧,占地面积1万平方米,建筑面积3.54万平方米,职工130人。

企业主要设备有激光切割机,机器人焊接、剪、冲、折流水线等先进设备,生产中高档电梯。

2010年,公司引进激光切割机,机器人焊接、剪、冲、折流水线等美国克莱斯的先进技术和精良设备,并通过与国外研发中心协作,技术引进、技术开发等多层次并举的技术策略,从事品质优越

克莱斯电梯(中国)有限公司(摄于2015年)

的中高档电梯为主;集研发、生产、销售、安装和维保服务为一体的综合性整机企业。采用美国克莱斯与美国Kinetek电机制造有限公司合作研发的无齿轮同步曳引机;美国克莱斯电梯自行研发的一体式控制系统;美国克莱斯电梯自行研发采用日本松下变频器的同部、异步门机系统;依靠着这三大优势,制造出安全、高效、节能、环保的克莱斯电梯。

2012年,公司扩大投资1800万元。在全国28个省、市、自治区设立分支机构。2014年,公司在全国各地区设立公司直属的电梯4S服务中心,完善产品的售后服务,为客户提供高标准、全方位的电梯产品后续一条龙服务。是年,公司整体搬迁新厂区,位于230省道北侧。同时引进意大利萨瓦尼尼全自动柔性板金生产线,推进4.0战略,走信息化、自动化的新型工业道路,运用物联网技术,将功能区域进行连接,完成生产系统、管理系统和销售服务系统的一体式网络化分布,实现智能化生产。拥有国家技术监督总局颁发的双A级制造和安装改造维修许可证书,产品覆盖十大系类,三十多个品种;拥有现代化厂房和办公楼,高度92米电梯试验塔。公司先后通过质量体系、环

境管理体系、职业健康安全管理体系、国际标准产品的认证,并获得中国优质名牌,苏州名牌等诸多荣誉。公司先后创办工程技术研究中心和企业技术中心,取得16项实用新型专利和2项发明专利科研成果。

2015年,公司占地面积5.12万平方米,建筑面积为4.09万平方米,房屋固定资产2411.33万元,设备固定资产964.97万元,注册资金2.08亿元。职工132人,工业总产值1.084亿元,缴纳税金1048.7万元。名列全镇纳税百强企业第八、全镇工业企业单位用电纳税百强企业第三。

至2015年,公司获国家高新技术企业(2012年)、中国优质名牌(2015年)。

二、国新电梯科技股份有限公司

国新电梯科技股份有限公司的前身是始建于2009年奥克斯快速电梯(苏州)有限公司,法人代表沈利国,位于七都镇橘园路北,占地面积4.86万平方米,职工80人,其中专业技术人员8人。成立之初是租赁厂房。

2013年,公司成立研发机构,取得8项实用新型专利,申请一项发明专利。2014年10月,投资68万元引进厅门自动生产线、工业机器人。公司拥有现代化厂房,拥有进口的一流钣金加工设备,如数控剪板机、数控多工位冲床、数控折弯机以及ABB机器人全自动化门板加工流水线、控制柜装配流水线、ABB机器人上下梁、轿底焊接系统、导轨支架加工流水线等高精尖钣金设备,技术工人经过专业培训后上岗,有效地保障产品的加工质量,为用户提供制造精湛的电梯精品。公司以乘客电梯、载货电梯及自动扶梯与自动人行道为主,年产乘客电梯696台,载货电梯年产95台,自动扶梯与自动人行道电梯35台,内销以山西、浙江、甘肃、江苏、四川、新疆、江西等地为主;外销以哈萨克斯坦、伊朗为主。

国新电梯科技股份有限公司(摄于2015年)

2015年6月,奥克斯快速电梯(苏州)有限公司更名为国新电梯科技有限公司。8月,投资61万元,引进焊接工业机器人。公司建立健全的营销服务体系,在国内设立13家分公司,40多家销售服务网点,国外设立8家销售服务网点,保证用户在任何区域都能得到同样专业、优质、便捷的售后服务,由公司总部集中对各分公司及销售服务机构进行管理。海外销售业务量较大的主要国家有哈萨克斯坦、阿塞拜疆、巴基斯坦、马来西亚等。厂房全部采用塑铝板、钢结构,公司年生产能力3万台电梯,矗立在新厂区高118米的电梯试验塔也成为七都镇的地标性建筑之一。

是年,公司占地面积4.9万平方米,建筑面积4万平方米,房屋固定资产12198万元,设备固定资产1443万元,职工130人,其中专业技术人员20人。全年销售收入1亿元,缴纳税金731.9万元。

第八章 其他工业

第一节 概 况

一、化学工业

1958年,七都、庙港公社造土化肥、土农药,土法上马质量差,不久即停办。1979年,庙港公社创办庙港化工厂、富强钮扣厂。1985年,庙港乡创办吴江乳酸厂,乳酸厂关闭后转产创办东风印染助剂厂。

90年代至2003年,庙港镇有吴江东风印染助剂厂、万顷新型建材厂、吴江金帆化工集团、彩虹印染厂、中外合资乾皇化工有限公司等企业;七都镇有南洋防水涂料厂、太湖染化助剂厂、长村有机玻璃加工厂、永法精细化工有限公司、明华化工有限公司等企业。

至2015年,七都镇有吴江鼎立复合材料有限公司、恒升新材料公司、凯立生物公司、吴江市七都东风助剂厂、吴江七都漂染助剂厂、吴江市永亚新科建材有限公司、天女绝缘漆公司、彩虹印染有限公司等22家化工企业。

二、食品加工业

七都、庙港地区历来有酿制酒酱、腌制蔬菜的传统,除自食外,腌制咸菜运销至苏州、湖州等城市。民国时期,庙港集镇有4家酒作坊,酿制白酒、黄酒,较有规模的酒坊是南庄东村(今属盛庄村)潘凤山经营的糟坊,白酒销往东山。

中华人民共和国成立后,人民政府重视当地的传统习惯和土地资源。1974年,庙港公社创办蔬菜加工厂、酒厂、蜜饯厂,简称太平三厂。1980年,先后办起庙港公社保健食品厂、更楼港蔬菜厂、开弦弓食品厂、行义港酒厂、张家浜酒厂等企业。1995年,庙港镇食品企业,镇办1家,村办5家,职工330人,工业产值2105.41万元,固定资产原值477.75万元,固定资产净值202.30万元。

2000年后,七都镇的食品行业规模并不大,企业主要有4家酿酒厂和一些蜜饯、酱制品企业。4家酿酒厂只生产低档酒类,基本上维持原来的生产水平。庙港镇零星、小型食品加工大多为店铺和家庭作坊的形式出现。

2008年,全镇有苏州兰记食品有限公司、苏州万顷阁酿酒有限公司、吴江市庙港小苏州豆制品厂、吴江市七都土畜产品加工厂等食品企业共10家,年产值6975万元,职工人数176人。2015年,全镇的食品行业发展规模并不大,主要包括苏州万顷阁酿酒有限公司、苏州兰记食品有限公司、苏州光顺食品有限公司等企业。

三、皮革制品业

80年代初,庙港中心小学创办皮鞋厂。1985年,七都皮件厂成立。1988年,吴溇村创办舒乐皮鞋厂,企业年产各类鞋3万双,完成产值80万元。1990年,由香港中山有限公司和吴江县外贸公司各投资24万美元,七都皮件厂投资72万美元,组成吴江太湖皮件有限公司。1999年,公司固定资产432万元,职工140人。生产各类皮装2.8万件,产值900万元,实现利税26万元。

2003年后,皮装销售逐渐疲软,至2008年,七都镇已没有专业生产皮件制品企业。

第二节 企业选介

一、苏州恒升新材料有限公司

2003年3月,苏州恒升新材料有限公司成立,属民营企业,法人代表林科。位于临湖经济开发区。职工23人,其中专业技术人员17人。

公司主要经营石油化工催化剂、塑料助剂销售;信息电子材料、脱硫成套装置及脱硫生产、销售;高新材料项目领域的技术研发、技术咨询、技术转让、技术服务;机械设备设计、租赁;市场调查;企业管理与咨询;秸秆生物质炭化设备、生物质分离成套设备、复合肥生产成套设备、挥发性有机物处理成套设备、生物质炭基复合肥、化肥、土壤改良剂、石蜡、硬蜡、粉蜡、蜡粒的销售及技术服务;自营和代理各类商品及技术的进出口业务。

2007年7月,公司成为北京三聚环保股份有限公司的子公司。2011年,投入资金1亿元,引进新的脱硫成套设备。

2015年,公司占地面积3.04万平方米,建筑面积1.62万平方米,注册资金1500万元,房屋固定资产2779.58万元,设备固定资产1655.08万元,职工129人,销售收入3858.95万元,缴纳税金391.5万元。

至2015年,公司被评为江苏省民营高科技企业、苏州市高新技术企业、苏州市劳动关系和谐企业。"三聚"商标被评为北京市著名商标。

苏州恒升新材料有限公司(摄于2015年)

二、苏州市万顷阁酿酒有限责任公司

苏州市万顷阁酿酒有限责任公司的前身是创办于70年代的庙港公社蔬菜加工厂、庙港公社酒厂和庙港公社蜜饯炒货厂,坐落在太平桥西侧,故称太平三厂,生产酒、蜜饯、蔬菜三大类的几十个品种。1994年1月,工厂生产的血糯贡酒(黄酒)获上海中外食品博览会金奖。11月,血糯贡酒(黄酒)获北京首届中国国际名酒博览会银奖。1995年,固定资产123.56万元,增添煎酒机1台,过滤器1只,瓶装流水线2条,年产黄酒4500吨,白酒100吨,蜜饯6.9吨。1996年,血糯贡酒被命名为江苏

苏州市万顷阁酿酒有限责任公司(摄于2015年)

省名牌产品,全国人大常委原副委员长费孝通亲笔题词"血糯贡酒,太湖一品"。1997年12月,太平三厂转制后更名为苏州市万顷阁酿酒有限责任公司,属民营企业,法人代表王建明。

2003~2004年,血糯贡酒被江苏省消费者协会定为推荐商品,且"万顷阁"商标被评为苏州市知名商标。产品主要销售江、浙、沪,北京等地,主要生产万顷阁牌血糯贡酒,年产量1508吨。

2015年,公司占地面积1.36万平方米,建筑面积5800平方米,房屋固定资产650万元,设备固定资产260万元。职工25人,工业总产值605万元,缴纳税金21.5万元。

三、吴江鼎立复合材料有限公司

2011年6月30日,吴江鼎立复合材料有限公司成立,属民营企业,法人代表谷文林。位于七都镇双塔桥村,占地面积1.65万平方米,建筑面积5000平方米。职工50人,专业技术人员3人。

2014年,投资150万元引进新设备HXSJ塑料挤出造粒机组,生产铝塑复合带、钢塑复合带、电缆附件、塑料粒子等产品。年产1.5万吨复合材料,内销1.2亿元,销往江浙周边地区。生产过程中产生的固体废弃物、废水、废气的"三废"处理符合国家规定。

吴江鼎立复合材料有限公司(摄于2015年)

2015年,公司占地面积1.65万平方米,建筑面积9000平方米,房屋固定资产390万元,设备固定资产380万元,职工103人,专业技术人员5人,工业总产值2.08亿元,缴纳税金691.1万元。

第九章　外商和港澳台商投资企业

第一节　概　　况

1993年,美国客商投资的吴江凯联室外家具有限公司和吴江桦都铜材有限公司在七都镇落户。1994年,美国客商投资的苏州中大服装有限公司在庙港镇开业。1995年,中国香港客商投资的江苏亨通电力电缆有限公司在七都镇开业。是年,中国台湾客商投资的苏州兰记食品有限公司在庙港镇开业。

1998年,庙港镇引进外资,创办康元商用机器设备厂,盘活存量资产近2000万元,优化产业结构。合同外资41.2万美元,注册外资30.9万美元,实际到账外资42.3万美元。

2000年7月,七都镇的外资和中国港、澳、台商企业进一步发展,台资企业——苏州华顺标贴制品有限公司在心田湾工业区破土动工,该公司投资70万美元。是年底,七都镇共引进台商独资企业3家,合同外资2070万美元,到账外资255.7万美元。

2001年,庙港镇以"三资"工作为重点,加大招商引资力度,抢抓机遇,引进外资,到账外资180万美元。在引进外资上采用以外资引外资的方法,台商独资项目"东西精华苏州农科技有限公司"动工建设。

2002年,七都镇"招商引资开发年",引进外资项目12个,增资1个,合同外资3355万美元,到账外资528.69万美元,是历年来外资引进形势最好的一年。外商投资领域由二产向一、三产业延伸,外商投资出现多元化,外来投资主体由台商为主向欧美和港澳地区拓展。庙港镇继续以"三资"工作为重点,加大招商引资的工作力度,注册外资240万美元,到账外资150万美元。

2003年12月,七都镇招商中心成立,由1名党委副书记任镇招商办主任。是年,全镇引进外资项目13个,新增外资3046万美元,新增合同外资5568万美元;到账外资584万美元。外商投资主体向多元化发展,从以台商为主扩展到中国香港、澳门地区以及日本、意大利、西班牙、德国、法国等国家。

2004年,七都镇新批项目7个,吴江百升模具有限公司、苏州多米葡萄酒业有限公司、吴江弘都铜材有限公司、吴江宏顺铜材有限公司、君庐酒店(苏州)有限公司、苏州赫斯国际木业有限公司、富威科技(吴江)有限公司。注册外资1408万美元,实际到账外资1005.28万美元。增资的外资企业有4家:苏州汉庆金属制品有限公司、江苏阿尔发光电科技有限公司、东西精华农科(苏州)有限公司、苏州兰记食品有限公司等。镇政府为外商投资企业年检、劳力招聘、出口报税等常规性服务外,针对夏季供电矛盾突出的情况,及时为外资企业做好供电保障的协调工作,使外企基本上满足生产需要。是年,七都镇临湖经济区的东、中、西三区和临浙经济区加大基础设施投入。东区的道路建设和下水管道的铺设;中区的道路和电力线路建设;临浙经济区的基础道路和水电管网建设,保证进驻企业的生产、建设所需。

2005年,七都镇新批外资项目4个,注册外资1567万美元,实际到账外资421.3万美元。是年,重点项目工程进展顺利,速度加快。赫斯国际木业、恒生纱业、众华纺织等一批超亿元的项目建成投产。

2006年,七都镇新批外资企业4家,注册外资1005万美元,到账外资508万美元。在镇党委、政府的领导下,七都招商中心加大招商引资力度,以小团组方式,走出去招商招资。赴日本、韩国、美国、加拿大等国进行招商活动,绿谷项目及斯米克集团两个项目洽谈成功。

2008年上半年,七都镇新批外资项目1个、增资项目2个;注册外资1868万美元,实际到账外资988万美元。完成外贸出口额1234.5万美元。

2015年,全镇外商和港台商工业企业44家,进出口总额31721万美元,其中出口额22110万美元,进口额9611万美元;新增注册外资8006万美元,实际利用外资1500万美元。

表5-13　　　　　　　　2015年七都镇外商及港澳台商投资企业情况表

公司名称	法人代表	总投资（万美元）	注册资金（万美元）	开业年份	投资国家、地区	生产产品
吴江凯联室外家具有限公司	孙庆荣	38	28	1993	美国	成套铸铁、铸铝件
吴江桦都铜材有限公司	严森根	69	50	1993	美国	电磁线,裸铜线,铜排
江苏亨通电力电缆有限公司	施伟明	2500	2000	1995	中国香港	通信电缆、电力电缆
苏州兰记食品有限公司	向子平	210	165	1995	中国台湾	酱油、辣椒酱、芝麻酱
吴江乔联电子制品有限公司	梁徽湖	998.97	499.49	2000	西萨摩亚	电脑配件键盘;电子塑胶制品
东西精华农科(苏州)有限公司	郭姮晏	2810	2450	2001	英属维尔京群岛	种植以竹、桑椹、蔬果、花卉等
净名兰若农科(吴江)有限公司	谢锦烊	15	12	2001	中国台湾	种植蔬菜和花卉
吴江先科真空电器有限公司	顾泉明	60	32.67	2001	中国香港	真空开关管、断路器、零部件等
苏州新鑫光家具有限公司	张月玲	168	120	2002	德国	铁制、铝制、钢木家具
吴江现代制衣有限公司	沈连珍	22	16	2002	中国澳门	各类服装
苏州江森电工材料有限公司	孙文良	170	120	2002	法国	铜丝、塑料、PBT色母料、玻纤增强PBT工程塑料、漆包线
吴江金鹰铸造有限公司	沈阿大	450	225	2002	塞拉利昂	汽车、摩托车用铸锻毛坯件、车轮制动总成及发动机零部件
江苏藤仓亨通光电有限公司	铃木贞二	3598	1900	2003	日本	宽带接入网通信系统设备制造:光纤复合架空地线、电力线
斯威克电子(苏州)有限公司	苏承松	138	100	2003	中国香港	机械设备、仪器仪表、电子产品
通用电梯(中国)有限公司	徐志明	1846	1550	2003	中国香港	电梯、自动扶梯设备
前进电子(苏州)有限公司	张汪洋	168	150	2003	新加坡	衰减器、电视模块及相关电子产品
吴江桦都置业有限公司	严生根	250	150	2003	中国香港、澳大利亚	住宅类房地产及相关商业配套设施的开发建设和销售
吴江百升模具有限公司(乔联电子)	梁徽湖	180	130	2004	中国台湾	精冲模、腔模、标准仪、电脑键盘
富威科技(吴江)有限公司	朱荣华	3800	1500	2004	韩国	金属带材、管材、铜带、塑料管材
苏州加联亚工业有限公司	徐世平	700	400	2005	中国香港	家具、宠物玩具
苏州光顺食品有限公司	周光顺	285	200	2005	韩国	米面制品和农副产品
江苏众华家纺有限公司	姚明珠	1600	800	2005	法国	织物面料、装饰品、服装
江苏凯联达电子科技有限公司	金正浩	1500	1200	2005	美国	金属制品、制冷设备及制冷配件
苏州恒都电工材料有限公司	周光顺	88	62.5	2006	中国香港	铝合金、铜包铝、铝杆、铝丝
苏州冠洁生活制品有限公司	李慈雄	2998	1200	2007	韩国	高档纸及制品
苏州荣鑫电缆有限公司	于群荣	400	300	2007	中国香港	特种电缆

(续表)

公司名称	法人代表	总投资(万美元)	注册资金(万美元)	开业年份	投资国家、地区	生产产品
苏州林音木玩具有限公司	宋在根	42	30	2008	中国香港	木玩具、木家具及木制工艺品，
江苏一二一智能科技有限公司	金春松	550	450	2009	中国香港	智能终端和网络系统的配合产品，
德世利家居(苏州)有限公司	周学松	2998	1800	2009	新加坡	商业及民用家居产品的设计、制造、安装
吴江神州机电科技有限公司	张细毛	200	30.3	2009	中国香港	电机产品、电动车。
苏州爱耕农庄有限公司	张子钧	600	400	2010	中国香港	蔬菜、鲜果品无公害无土栽培技术及产品系列化开发、生产，
台洋纺织(苏州)有限公司	周林明	1850	980	2010	中国香港	高档织物面料、针纺织品、服装服饰，
同越管业(苏州)有限公司	沈建忠	280	200	2010	韩国	PPR、PERT、PE、PVC 管材管件、阀门龙头
利马新材料(苏州)有限公司	谢艾萍	850	500	2010	新加坡	模具、铝制品、塑料制品、机械、汽车、空调、太阳能配件
苏州菲特威尔木结构房屋有限公司	董国平	4878万元(人民币)	4470万元(人民币)	2010	中国香港	木结构房屋、家具、木制品加工、安装
美奥快速电梯(苏州)有限公司	孙建林	769	520	2011	新加坡	乘客、载货电梯、自动扶梯、特种电梯、自动人行道、立体车库电梯
苏州雅鑫太湖大酒店有限公司	赵黎英	3000万元(人民币)	3000万元(人民币)	2011	中国台湾	住宿服务。
苏州宝嘉新能源科技有限公司	毕胜洋	5亿元(人民币)	2360	2011	中国台湾	太阳能系列产品、模具、塑料、橡胶制品、
吴江聚日风能有限公司	范纯	1500	1000	无	中国香港	研发、制造、测试风机和风机配件
苏州太马电机有限公司	吴玲凤	1000	600	2011	美国	制造、加工电机
苏州瀚昌家纺有限公司	王越胜	2500	1500	2012	中国香港	家纺及化纤织物
松日电梯	虞小平	3.5亿元(人民币)	2500	2012	中国香港	电梯制造、安装、维修、保养
苏州登琨艳建筑设计咨询有限公司	登琨艳	100万元(人民币)	7.8	2012	中国香港	建筑、室内、景观和广告设计
苏州长治融资租赁有限公司	柳亚明	2000	2000	2013	中国香港	租赁财产的残值处理及维修,租赁交易咨询和担保,信息咨询服务,资产管理
奥克斯快速电梯(苏州)有限公司	沈利国	1000	600	2014	美国	乘客、载货、自动、特种电梯、自动人行道

第二节　企业选介

一、通用电梯(中国)有限公司

2003年8月,苏州奥特斯电梯有限公司成立,由中国香港投资1846万美元的港商独资经营企业,法人代表徐志明,位于七都镇港东开发区。2007年,苏州奥特斯电梯有限公司更名为苏州通用电梯有限公司。2010年,苏州通用电梯有限公司更名为通用电梯(中国)有限公司。

2011年,通用电梯公司研发中心成立,下设设计中心、模拟中心、试验中心和检测中心,为公司超高速垂直客梯、超重载货电梯、新型无机房电梯、多角度大提升高度自动扶梯、超长自动人行道技术进步和技术创新提供支持。

2014年,公司生产的TKJS曳引式乘客电梯、一体式控制观光电梯、小角度自动扶梯、THJ型曳引式高稳定性载货电梯、TBJS型曳引式循环通风性医用病床电梯等产品被江苏省科学技术厅授予"高新技术产品认定证书"。公司被中共吴江区委员会、吴江区人民政府授予吴江区纳税大户。研发中心拥有各类技术研发人员55人,其中具有高级职称9人,中级职称23人,引进高端人才8人。公司获得各种类型专利50余项,9项科技成果被评选为高新技术产品;自动扶梯、小机房客梯、无机房客梯均顺利取得CE认证证书。公司研发生产的电梯销往东南亚国家,累计销售359台,创汇969.45万美元。国内累计销售电梯12500台。

通用电梯(中国)有限公司(摄于2015年)

2015年,公司占地面积3.33万平方米,建筑面积2.90万平方米。房屋固定资产3305.73万元,设备固定资产519.38万元。职工347人,其中大专及本科以上学历122人。销售额19亿元。是年,缴纳税金3815.2万元,名列全镇纳税百强企业第三、工业企业亩均纳税第一、工业企业单位用电纳税第一。

至2015年,公司获江苏省高新技术企业(2011年)、江苏省科技型中小企业(2012年);苏州市重合同守信用企业(2013年)。

二、富威科技(吴江)有限公司

2004年12月,富威科技(吴江)有限公司成立,属韩国客商独资企业,法人代表朱荣华。位于七都镇临湖经济区创新路南侧。

2008年9月,研发上引连铸法制造紫铜带坯技术。2010年4月,自主研发光伏太阳能铜带生产技术。2013年5月,引进变压器带材修边技术。是年,内销产品18163.97吨,外销产品2402.84吨。

2014年6月,引进轧机厚度公差震动频率检测技术和八分之一硬态薄型纯铜带生产技术。是

富威科技(吴江)有限公司(摄于2012年)

年,内销产品23983.47吨,外销产品2029.85吨。公司成功研发包括高精度无氧无缝铜管、移动通信射频电缆用铜带、太阳能装置用铜带、FPC电池连接件、可充电电池铜网用铜带、轨道交通用漏泄电缆铜带、高性能双金属复合导线用铜带、超高压电缆用铜带、热交换器用脱氧铜带、新型高精度变压器铜带等多项高新技术产品,广泛应用于电子、计算机、通信、电力、汽车、铁路、航空航天等领域。公司产品质量处于国内、国际先进水平,成功通过ISO9001质量管理体系认证,标志着工厂的质量管理水平已与国际水准接轨。产品畅销国内通信、电力、电子等领域各大知名企业,并远销全球多个国家和地区,产品享誉海内外。

2013~2015年,累计上缴税收3140万元,捐助各类关爱基金和慈善捐款70万元。完成科技成果转化19项,先后获得国家知识产权局授权专利26项,主起草国家标准1项、行业标准1项,参与

制修订国家标准2项。

2015年,生产的FULLWAY牌铜管、铜带等产品,内销产品29172.32吨,外销产品2301.46吨。公司占地面积8.05万平方米,建筑面积2.36万平方米,职工320人,专业技术人员70人。总房屋固定资产值4728.12万元,总设备固定资产值8928.86万元,工业总产值10.12亿元,缴纳税金1528.3万元。

至2015年,公司获得苏州市民营企业光彩之星(2007年)、苏州市AA级重合同守信用企业(2008年)、苏州市名牌产品(2009年)、江苏省高新技术企业、江苏省名牌产品称号、江苏省民营科技企业、苏州市"能效之星"三星、苏州市劳动和谐企业、苏州市优秀民营企业;江苏省两化融合试点企业、江苏省科技型中小企业、江苏省企业信用管理贯标证书(2012年)、江苏省数字企业(四星级)、江苏省认定企业技术中心、苏州市知名商标、苏州市工人先锋号、苏州市工程技术研究中心、江苏省质量信用A级企业、江苏省研究生工作站(2013年)、苏州市信用管理示范企业(2014年)等荣誉。

三、台洋纺织(苏州)有限公司

2010年4月,台洋纺织(苏州)有限公司成立,位于七都镇230省道北侧,由中国香港阿卜多有限公司投资980万美元的中国香港客商独资经营企业,法人代表周林明。

2012~2013年,公司新建厂房建筑面积4.30万平方米左右。按照年产纺织面料2000万米的生产能力启动建设,筹备原料设备。2014年,公司购入设备倍捻机180台,整经机20台和其他配套设备,招收职工100多人,并于当年投入生产,主要生产高档织物面料,针纺织品,国内销往江浙地区,而大部分产品通过外贸公司出口到阿联酋、沙特等中东地区。企业注重开拓国内外市场,扩大生产,新增倍捻机20多台,并购入一系列与产品配套的包装、检验设备。公司通过科学化管理,规范化营销,产品质量和销量都大幅提升,台洋纺织已经成为集生产、经营、销售于一体的集团式企业。

台洋纺织(苏州)有限公司(摄于2015年)

2015年,公司占地面积4.00万平方米,建筑面积4.30万平方米左右。已拥有设备1100多万元,投资建造厂房约5200万元,拥有固定资产1亿元,员工130多人,全年销售收入2.53亿元,缴纳税金334.1万元。

四、美奥电梯(苏州)有限公司

2011年4月,美奥电梯(苏州)有限公司成立,由新加坡客商投资769万美元的外商独资企业,法人代表孙建林。位于七都镇临湖开发区。职工75人,其中专业技术人员25人,设备固定资产970万元。

2011年5月,公司引进数控转塔冲床、数控液压闸伐剪板机、PR系列数控液压板料折弯机等多台进口设备。公司通过与美国美奥集团电梯研发中心协作,技术引进、设备引进、技术开发等多层次并举的技术策略,是一家从事品质优越的中高

美奥电梯(苏州)有限公司(摄于2015年)

档电梯的研发、生产、销售、安装和维保服务为一体的综合性整机企业。公司研发生产的新型高效节能型乘客电梯、无机房高安全性家用电梯、高性能新型汽车电梯、智能化环保乘客电梯等产品被江苏省技术厅评为高技术产品。乘客电梯、载货电梯、自动人行道、自动扶梯被评为中国绿色节能环保品牌。

2012~2014年,公司研发的电梯平层装置、节能电梯、乘客电梯门驱动系统、电梯群控系统、防火耐烟电梯轿厢、抗干扰的电梯电源装置、双励磁电机节能电梯、电梯的灯控系统、电梯进出门系统、环保型电梯轿厢、电梯轿厢照明系统、新型乘客电梯轿厢、新型环保乘客电梯、新型汽车电梯、电梯曳引系统的传动结构、电梯远程监控系统等16项成果获发明专利。公司为扩大生产规模投资1000万元新建厂房和办公楼(总计约3000平方米)。公司电梯销往国内各省市,尤其在西藏、新疆等西北地区销量较多。外销菲律宾、孟加拉、哈萨克斯坦等多个国家和地区。

2015年,公司占地面积2.3万平方米,建筑面积1.7万平方米,公司注册资金520万美元,设备固定资产1970万元。职工125人,工业总产值6000万元,缴纳税金485.4万元,工业企业单位用电纳税31.46元每亩,位列全镇第二。

第六卷

商业　服务业

民国时期,吴溇、隐读、长渠港、大庙港、陆家港等地成集市。有 100 多家大小店铺。中华人民共和国成立后,国家对私营商业实行社会主义改造,吴溇、庙港集镇区形成以供销社和集体商业为主体的社会主义统一市场,在计划经济指导下市场物价相对稳定,经营门类增多,市场较为兴旺。中共十一届三中全会后,商业迅猛发展,出现多种经济成分并存、多条流通渠道、多种经营方式共存的商业新体制,市场繁荣。1996 年,七都供销社、国营、集体、私营等商业网点 330 个、从业人员 768 人。庙港各类商业网点 253 个,从业人员 645 人。1997 起,七都、庙港镇的商业发生变化,原在商业经济中占主导地位的供销社、集体商业逐渐被私营商业所替代。2004 年,七都镇商业系统转制工作结束,集体资产转换及职工身份置换工作完成。2015 年,沿太湖服务业稳步推进,汉唐·湖坊街项目启动,亨通凯莱、不夜城、太湖温泉酒店项目有效运营,南港悦府房产项目有序推进。全镇个体工商户 3514 家,商贸零售总额 1.75 亿元,第三产业产值 35.85 亿元。

第一章 商业体制

第一节 国营商业

一、七都食品站

1979 年 8 月 1 日,七都食品购销站成立,设生猪收购部、屠宰场和鲜肉门市部各 1 个,职工 7 人,主要经营生猪等购销业务。1984 年,七都食品购销站与供销社分离,更名为七都食品站,隶属吴江县食品公司震泽食品中心站。1990 年起,生猪大多由个体户经营,食品站购销量逐年减少。1996 年后,实行生猪定点屠宰,食品站主营代加工业务。2003 年起,七都的生猪屠宰由位于震泽镇八都社区的吴江食品有限公司定点屠宰站负责。七都食品站转为股份制企业,隶属吴江市食品有限公司,留用原企业职工 8 人。2013 年,七都食品站并入吴江食品有限公司,转制后,在职职工买断工龄,脱离原有劳动关系,自谋出路,退休职工纳入社会化管理。

二、七都水产收购站

1953 年,大庙区水产收购站设立吴溇收购点。1979 年,吴县水产局在七都公社吴溇太湖口设立太湖水产收购站(只收购吴县太湖公社火箭渔业大队的水产品)。1982 年,火箭渔业大队划归七都公社。1983 年,太湖水产收购站撤回吴县。1984 年秋,改设庙港水产站七都分站。1990 年 2 月,七都乡水产收购站成立。实行独立核算。其主要任务是代县水产公司在七都收购水产品业务。1995 年起,大多水产品进入农贸市场,水产收购站随之解体。

三、庙港食品站

1965 年,庙港食品购销站成立,1970 年 4 月,移交庙港供销社,并入采购站。

1979 年 8 月 1 日,恢复庙港食品购销站,隶属震泽食品中心站。1984 年,庙港食品站与供销社分离,隶属吴江县食品公司震泽食品中心站。1992 年 5 月 15 日,庙港食品站实行独立核算,职工 12 人,主要经营生猪购销业务。1993 年起,生猪大多由个体户经营,食品站购销量日益减少。1995

年起,食品站实行生猪定点屠宰,人员9人。2003~2015年底,庙港的生猪屠宰由位于震泽镇八都社区的吴江食品有限公司定点屠宰站负责。

四、庙港水产收购站

1953年,大庙区设立庙港水产收购站。1962年,庙港水产站划归庙港供销社采购站管理。1979年,供销社采购站分出水产经营业务,成立吴江县水产公司庙港水产站。1994年,庙港水产站分组承包,员工自负盈亏,脱离水产站管理。1995年起,大多水产品进入农贸市场,庙港水产收购站随之解体,职工与单位解除劳动关系,自谋出路。

表6-1　　　　　　　1996~2015年吴江食品有限公司七都生猪定点屠宰情况表

单位:头

年份	屠宰数	年份	屠宰数	年份	屠宰数	年份	屠宰数
1996	16173	2001	23614	2006	18023	2011	16425
1997	15114	2002	25189	2007	13971	2012	16780
1998	20174	2003	21656	2008	10990	2013	17421
1999	24021	2004	19220	2009	15673	2014	17155
2000	20837	2005	16422	2010	15948	2015	17520

表6-2　　　　　　　1996~2015年吴江食品有限公司庙港生猪定点屠宰情况表

单位:头

年份	屠宰数	年份	屠宰数	年份	屠宰数	年份	屠宰数
1996	10782	2001	15434	2006	9319	2011	11863
1997	10644	2002	16682	2007	8750	2012	13140
1998	13818	2003	15359	2008	7416	2013	13242
1999	15908	2004	12645	2009	8317	2014	14620
2000	14674	2005	10876	2010	11315	2015	14965

第二节　供销社商业

一、七都供销社

1952年2月,吴溇供销合作社成立。1953年,设立双荡兜供销分社及下属生产资料、棉百、食品、畜产4个门市部。吴溇供销社、双荡兜供销分社属大庙区供销社管辖。1957年11月15日,吴溇供销社更名为七都供销社。1959年5月,七都供销社的人权、财权、物权由公社管理,更名为七都公社供销部。1962年4月1日,撤销七都公社供销部,恢复七都供销社。1963年4月,设立生产资料批发部、生产资料商店、农副产品采购商店。同时在心田湾设立生产资料商店,增设油库、化肥、农药供应点,至此,供销社有购销网点13个,职工104人。

1975年7月,七都供销社成立革命委员会,并撤销双荡兜供销分社,将原分社的生产、棉百、畜产、食品4个门市部的资产、人员全部并入供销社。1983年,体制改革后,恢复供销社集体所有制性质,实行组织上的群众性、管理上的民主性、经营上的灵活性,恢复社员代表大会制。同时,推行经营承包责任制。1985年,商品销售额808.23万元,实现利润24.06万元。1988年,增设物资供应站,经营水泥、瓷砖、装饰板等。与上海金属公司挂钩,经销铜材、铝材。1989年,完成商品销售额1519.96万元,实现利润45.21万元。

1992年,供销社把蔬菜加工场、心田湾竹木材部承包给个体户经营。1993年,大楼商场把烟糖柜台承包给职工,小百货柜台租赁给个体户。1995年,棉布柜台承包给职工经营。是年,供销社投资2000万元在望湖路与耟桥路交叉点,建造一幢商业大厦,建筑面积2800平方米。开设宾馆、餐厅、康乐中心(内有保龄球场、溜冰场、桑拿浴室、歌舞厅)。全年完成商品销售额1676.89万元,实现利润40.96万元。1999年初,供销社有商厦、宾馆、超市、药店和物资供应5个网点,商品销售额1049万元。是年5月起,部分网点采取租赁承包制,分流47人。

2003年3月,根据上级有关文件要求,供销社向市供销社买断净资产,连同债权债务,实行转制,在职职工买断工龄,脱离原有劳动关系,自谋出路。转制后,由个人缴纳养老保险及医疗保险,退休职工纳入社会化管理。至2008年,共有24名原职工纳入社会化管理。转制前,供销社固定资产约有上千万元,其中七都商厦、七都宾馆及广场商铺的资产约850万元。转制中,原有固定资产通过拍卖,所得款项全部用于归还银行贷款及社会集资股金本息,以资抵债。转制后,七都商厦变集体经营为职工自由组合式合伙经营,设经理室,推举负责人,实行统一进货、统一核价、统一缴纳房租、税收等。养老保险由个人自理。2008年,七都商厦共设7个柜组,职工29人,经营食品、烟酒、百货、五金交电、钟表、烟花爆竹、针织、鞋帽、服装等种类商品,月均营业额约40万元,全年缴纳税金16万元。2010年,七都、横扇、庙港、莼坪合并成立吴江市七都中心供销合作社,开展资产管理和为农服务工作。

2015年,七都镇庙港社区被命名为第九批苏州市商业示范社区。吴江区供销社在七都镇举办93人参加的农产品经纪人培训班,援建、开发农村综合服务项目。七都商业公司的营业执照还在,由吴江区七都中心供销合作社代管,主要是处理一些遗留问题和资产经营。

二、庙港供销社

1951年11月,庙港供销社成立。1954年7月,大庙区供销社成立,庙港供销社改称庙港供销站。1957年冬,撤区并乡后,庙港供销站更名为庙港供销社。1958年9月,庙港公社成立,供销社的人、财、物全部由公社管理,更名为庙港公社供销部。1962年4月,庙港供销部更名庙港供销社,食品站、水产站并入供销社。

1975年11月,供销社成立革命委员会。1979年,食品、水产业务划归县食品、水产公司,分别设立食品、水产购销站。1983年,体制改革后,由供销社代收代烘的茧站划归公社管理。1984年,供销社下设生产资料商店、生活资料商店、采购站、批发部、五金商店、贸易货栈等部门,职工88人。年末,固定资产46.64万元。1991年,供销社下设生产商店、生活商店、采购商店和五交化、副食品物资供应等部门,开发卷烟、有色金属等业务。1994年,商品销售额9501万元。1995年,供销系统商业网点有五金商店、中心商场、万顷商场、物供站、生产部、太平桥肥药供应站、油库、农机门市部、冶金原料供应公司、卷烟批发部、业务一科、业务二科、储运部和下设13个"双代店",全年销售额3207.25万元,实现利润100.18万元,年末,固定资产274.36万元,职工115人,房屋建筑面积8908.8平方米,其中营业房面积2993平方米。2000年起,供销社对下属核算单位逐步实行抽资承包经营,将商场、仓库、油库、加油站等主要经营设施转让给职工,兑付置换职工身份费用,偿还企业债务后剩余资产向职工招租。

2003年3月,深化供销社体制改革,对全部职工置换身份,即买断工龄解除原有劳动关系,对原有70名职工一次性发放工龄补助金,职工自谋职业。同时,拍卖原有集体资产、房产,拍卖所得的一部分作为职工退职补助金,另一部分用于归还民间集资款,万顷药店、生产资料商店承包给终止劳动合同的原供销社职工。

第三节 集体商业

一、七都集体商业

1956年初,七都乡私营商业70户,根据行业性质和经营范围,组成副食、百货、医药、日用品4

家合作商店、门市部 12 个、从业人员 77 人,另有饮服商店 1 家,从业人员 8 人。1958 年,合作商店、合作小组统一归供销社领导。七都合作总店成立,下设商业、饮食业、服务业 3 家分店;在双荡兜开设 2 个门市部,从业人员 108 人。对未组织起来的小商小贩,继续动员他们加入合作商店(组)。全公社原有个体商贩 73 人,其中参加合作商店 31 人,参加合作小组 20 人,因丧失劳力,动员退职 2 人,尚未参加合作商店、小组 20 人。

1962 年 10 月,贯彻中央颁发的《关于调整商业工作的若干规定(试行草案)》(即商业 40 条)。七都供销社选派私改员,加强合作商业领导。并对商业体制重新调整,推选合作总店负责人。并推行活分活值的工资计算办法,经营上以代购代销为主。通过调整,从原来的 4 家合作商店、14 个门市部、85 名职工,扩展到 6 家合作商店、34 个门市部,职工 87 人。从 1966 年 8 月起,食品公司一度把禽蛋收购业务委托给合作商店经营。

1968 年 6 月,根据中央财贸工作座谈会会议纪要《加强对合作商店、小组和个体商贩的社会主义改造问题的十条指示》的精神,对七都合作商店进行全面整顿,加强思想政治教育,调整和充实商业网点,增设 13 家下伸店。全公社尚未加入合作小组人员,分别安排进合作商店或下伸店。

1979 年,七都合作商店改称为集体商业。由供销社 1 名副主任分管集体商业,并配备商政员具体负责此项工作。开始调整有关机制:划小核算单位,扩大供应网点,供销社让出部分业务给集体商业经营,改革奖励制度。集体商业实行以岗位责任制为核心的经营责任制。通过调整,集体商店 8 家、门市部 13 个、职工 80 人;饮食店 2 家、门市部 3 个、职工 19 人;服务商店 1 家、门市部 3 个、职工 10 人。下伸店从原来的 13 家撤并成 6 家,交由生产大队接管,更名为"双代店"(亦工亦农代购代销店)。

1984 年 6 月 26 日,集体商业召开第一届职工代表大会,通过章程,并选举管理委员会委员和主任。7 月 5 日,贯彻吴改发字第 107 号文件《改革集体商店管理制度和管理权限》。同月 27 日,吴江县集体商业综合公司七都分公司成立,从此,集体商业脱离供销社的归口领导,公司统一管理当地集体商店,自主经营;在政治待遇、货源安排、经营管理等方面,与国营商业、供销社商业处于同等地位,成为供销社在农村市场的助手和竞争伙伴。1985 年,改革单一的经营格局,先后增设副食品批发部、物资供应站(经营装潢、建筑材料)、家用五金、棉百、油漆、文具等商店,集体商业有 28 个门市部,职工 138 人,年商品零售额为 375 万元,实现利润 12.62 万元。1988 年商品零售额为 507.62 万元,实现利润 14.5 万元。

1989 年 11 月 9 日,七都集体商业分公司,更名为吴江县商业联合公司七都公司,为适应形势发展的需要,又一次划小核算单位,由原来以商店为核算单位,改成柜台组、门市部为核算单位,实行自主管理、风险共担、利益共享的办法。工资上不封顶,下不保底。1990 年,4 家"双代店"与集体商店脱钩。随着个体商业的崛起,从原来的以利润额提留奖金的分配形式,改为基数定额、超额分成的责任制。还对小、微、亏的商店实行抽底承包,放开经营,充分发挥其小型、分散、灵活的优越性。

1999 年,商业公司除医药商店外,其余如副食、批发、日用百货、五金、旅社等部门全面进行抽资承包,原有职工留在部门成为合伙经营者。抽资后的商店实现自主经营、自负盈亏,形成与个体户公平竞争的格局。2003 年 5 月,按吴江市政府《关于深化市属企业单位改革的决定》,再次深化商业体制改革,置换原有商业职工身份,除在两年内退休职工外,其余职工全部买断工龄,解除与商业企业劳动关系,按规定给职工发放生活安置费和工龄补贴,国家发给待业保险金。与此同时,公司原有的 69 名退休职工全部纳入社会化管理。商业公司通过置换职工身份、资产重组等改革后,也由商品经营型转变到资产管理型。

表 6-3　　　　　　　　　　1999~2003 年七都商业公司经营及效益情况表

单位:万元

年份	销售额	总效益	年份	销售额	总效益
1999	140	10.40	2002	111.01	8.71
2000	108.7	10.20	2003	81.2	4.75
2001	114.63	10.12			

二、庙港集体商业

1956 年,庙港国药、文具、百货等合作商店和旅社成立,由供销社归口管理下辖庙港片、大儒片、开弦弓村各商店。1958 年,庙港合作总店成立,下辖庙港、陆家港、东片、开弦弓、光荣片商店。1962 年,撤销总店,分设 11 个核算单位,即庙港一店、庙港二店、庙港三店、饮服商店、腌鲜商店、茶馆、陆家港杂货商店、陆家港饮食商店、东片商店、南片商店、西片商店。1965 年,庙港合作商业调整为 8 个核算单位,即庙港杂一、庙港杂二、腌鲜、国药、饮服、红卫、友谊商店和陆家港商店。

1979 年,合作商店改称集体商业,庙港集体商业总店成立。1984 年,吴江县集体商业综合公司庙港分公司成立,统一管理全乡集体商业。从此,改变原来供销社统管的局面,在政治待遇、货源安排、经营管理等方面与供销社商业处于平等地位。是年,商业公司下辖商业大楼、批发部、日杂文百商店、五金店、医药商店、庙港杂一、庙港杂二、庙港杂三、腌鲜商店、人民饭店、食品厂、购销商店服务部、开弦弓商店、陆家港商店等 17 个核算单位,职工 173 人,年末,固定资产原值 14 万元,房屋建筑面积 1026 平方米,其中营业房面积 640 平方米,社会商品零售额 139.37 万元。

1995 年,商业公司下辖商业大楼、五金商店、日杂商店、文百商店、国药商店、商业公司批发部、文化用品商店、第一商店、第二商店、第三商店、腌鲜商店、开弦弓商店、服务商店、食品厂等 14 个核算单位,职工 102 人,年末,固定资产 34 万元,房屋建筑面积 1300 平方米,其中营业房面积 1000 平方米,社会商品零售额 274 万元。

1997 年 6 月起,吴江市商业局所属集体商业企业进行经济体制改革。2003 年 7 月对所属职工全部置换身份,54 名退休职工转入社会化管理,公司原有资产经过多次拍卖,全部进行清理。

第四节　私营商业

一、七都私营商业

据清代乾隆《儒林六都志》载,"滨湖港溇俱有酒、米、鱼、肉等店,而就中吴溇最盛,八角亭次之。沿街列肆,货物萃聚,俨然成东西市云。"吴溇老街靠湖塘路南侧,一里(合 500 米)长街,百家店铺。以后店铺陆续南迁,在粒桥东、西堍兴市。

民国初,吴溇集市商业较兴盛。有 2 家鱼行、2 家肉铺、3 家寿器店、1 家百货店、2 家馄饨店、1 家饭菜店、3 家切面店、3 家茶馆。

民国 26 年(1937),日军侵华,吴溇沦陷,20 多家商店被洗劫一空。吴溇街上只剩几家买卖日常生活用品的连家店和一些摊贩。抗日战争胜利后,吴溇一部分商家去震泽、南浔谋业,另一部分商家重操旧业,老店新开。吴溇集市有 26 家私营商店和十几个摊贩。

1956 年 3 月,七都私营商业进行对私改造。动员商业人员走合作化道路,组建合作商店和合作小组。1966 年起,七都私营商店、摊贩人员或被并入集体所有制商店,或被安排进厂做工,私营商店暂不存在。

中共十一届三中全会以后,个体商贩成为社会主义市场经济中不可缺少的组成部分。1984~

1995年,许多人纷纷申请开店设铺,有购买商品房开店的,有自建房经营的,也有承包商场(店)的,租赁商场(店)柜台的。1995年,七都镇私营商业从业人员500多人。个体行业繁多,新开的商店有电子行、音像发行站、摩托车维修行、歌舞厅、誊印社、发廊、按摩厅、花店等。全年商品零售额1.80亿元,缴纳税金19.78万元。至1999年,网点564个,从业人员1087人,全镇商品零售额3.47亿元,实现利润1.09亿元,为繁荣七都经济,改观镇容镇貌发挥良好作用。

2008年,经工商行政管理所批准开业的个体商户1470户,经营场所从吴溇、庙港等集镇扩展到心田湾、双塔桥、开弦弓等地,涉及行业涵盖生活、生产资料各类。据工商行政部门统计,全镇私营商业中餐饮业150户,百货鞋服业349户,烟杂业578户,医药业17户,五金家电业153户,旅店服务业23户,娱乐业3户,其他行业73户。此外,个体经营的便民小店布满各自然村,全镇共有450多家。

2015年,七都镇商贸重点项目总投入10440万元,其中苏州雅鑫太湖大酒店2840万元,望湖大厦2000万元,邦达物流仓储项目2000万元,港湖新城花园1000万元,湖坊街1800万元,庙港村综合服务楼800万元。1~11月,商贸零售总额1.75亿元,商贸业运营良好。

二、庙港私营商业

民国时期,庙港集镇商业较为兴旺,各种店铺鳞次栉比,有粮油、棉布、南货、鱼肉、酒酱、百货、药材、烟纸、香烛、豆腐、杂货、饭菜、茶水、理发等商店55家。陆家港、更楼港、罗家港是太湖沿岸的渔港,亦先后形成集市。陆家港商业鼎盛时期有茶馆、饭店、鱼行、杂货店、药材店、米行、布店、酒酱店、肉铺、豆腐店、理发店、大饼店等商铺。更楼港兴旺时期有肉铺2家,杂货店4家,鱼行1家,药店1家,茶馆2家,理发店1家,豆腐店1家,裁缝铺、切面坊各1家。罗家港有肉铺2家,文百店2家,杂货店3家,鱼行2家,食品店2家,豆腐店1家,药材店1家,都是本地人经营。

1950年,庙港地区私营商店121家,摊贩7个,从业人员143人。1956年,对私改造中,更楼港、罗家港集市渐趋萎缩,唯陆家港因距庙港较远,故仍有部分商贩供应当地居民生活的必需品。庙港乡私营商业按行业性质组建国药、文具、百货等合作商店和合作旅社之后,尚有小商小贩6户,从业人员9人。1966年,私营商店、商贩人员或被并入集体所有制商店,或被安排进厂做工,私营商店暂不存在。

中共十一届三中全会后,实行改革开放,个体商业重新得到恢复和发展。1983年,庙港乡个体工商户103家,从业人员154人。1995年,庙港镇个体工商户201家,从业人员319人,年社会商品零售额3110万元。其中:纯商业150家,从业人员230人,营业额2400万元;饮食业31家,从业人员48人,营业额314万元;服务业20家,从业人员41人,营业额396万元。

20世纪末,随着商业体制改革和城镇化步伐的加快,原庙港镇供销社、集体商业的从业人员自主择业经商,农村的个体经商户逐步向集镇区集中。到2002年,庙港集镇区共有个体经商户280多家,形成沿湖一带商业中心。

第二章 商品流通

第一节 粮油购销

一、机构

(一)七都粮油有限公司

1959年7月,七都公社粮管所成立,下设心田湾收购、保管点和吴溇粮油供应点等,职工10人。

1963年,七都公社粮管所改称为七都粮管所。

1995年,职工增至38人。1997年起,企业年亏损100多万元。1998年,七都粮管所成立粮油经营部。至1999年,收储、经营企业相抵略有盈余,职工40人。

2002年,粮食购销体制进行改革。2005年5月,七都粮管所成立七都粮油有限公司,办公地点七都镇望湖中路38号。由个人出资,股权相对集中,通过租赁原粮管所的资产,实行自主经营、自负盈亏,并承担地方储备粮的代理收购及储存业务。12月,粮管所停止运作,但建制存在。2008年10月,庙港粮管所(粮油有限公司)注销,有关业务划归七都粮管所(粮油有限公司)。2015年,七都粮管所(粮油有限公司)的建制仍存在。

七都粮油有限公司(摄于2012年1月)

（二）庙港粮油有限公司

1955年7月,大庙区粮食管理所成立,下设吴溇、横扇、庙港3个粮食购销站,主管粮油统购统销和仓储、调运业务。1959年,大庙区粮管所撤销,在大明港和陆家港、开弦弓设临时收购点。1963年,庙港公社粮食购销站(简称粮站)成立。1972年,庙港公社粮站改称庙港粮管所,职工28人。1975年,庙港粮管所设太平桥仓库(收购点)和庙港粮油供应点,职工24人。1995年,庙港粮管所下设购销经营部2个,储运部1个,太平桥仓库1个,粮油供应点1个,职工47人。

2002年,粮食购销体制进行改革。2005年5月,庙港粮管所成立庙港粮油有限公司,由个人出资,股权相对集中,通过租赁原粮管所的资产,实行自主经营、自负盈亏,并担地方储备粮的代理收购及储存业务。12月,粮管所停止运作,但建制存在。2008年10月,庙港粮管所(粮油有限公司)注销,有关业务划归七都粮管所(粮油有限公司)。

二、购销

（一）粮食收购

1958年起,吴江县粮食购销实行以公社为单位,包干平衡,余粮上缴国家,不再统销。1963年起,农业生产趋于稳定,超产队完成定购任务后,尚有余粮可售,国家用工业品换购余粮。1966年,七都公社粮食总产13390.5吨,共收购6997.5吨。庙港公社粮食总产14291.05吨,共收购7431.32吨。1974年,七都公社粮食总产20413.6吨,共收购8259.3吨；庙港公社粮食总产16553.67吨,共收购6621.23吨。1983年,七都、庙港乡全面推行家庭联产承包责任制,粮食收购对象由原来生产队改为农户,以户发证,凭证售粮。是年,七都粮管所收购粮食8737.2吨,庙港粮管所收购粮食5145.5吨。

1985年,国家将粮食由指令性计划商品改为指导性计划商品,取消粮食统购统销,实行合同定购,不分征购超购,统一为三成按原统购价,七成按原超购价。是年,七都粮管所收购粮食3593.3吨,庙港粮管所收购粮食4648.1吨。

1993年4月,江苏省据国务院《关于加快流通体制改革》有关文件精神,放开收购价格,放开定量、定销供应的粮食价格。1995年,庙港粮管所收购粮食930吨,七都粮管所收购粮食2150吨。1999年,除定购粳稻任务外,小麦已不再下达定购任务,七都粮管所收购定购粮食870吨；庙港粮管所收购定购粮食180吨。2000年,七都粮管所收购定购粮食599吨；庙港粮管所收购定购粮食205吨。2001年9月,省政府决定从当年秋粮收购起,全面推行粮食购销市场化,放开收购和购销价格。粮食部门敞开收购农民余粮。2005年1月,七都粮管所成立七都粮油有限公司。是年,七都粮油有限公司收购粮食1195.75吨。2008年,七都粮油有限公司收购粮食156.02吨。

2015年，七都粮油有限公司收购粮食4000吨。

(二) 粮食销售

七都、庙港镇区居民人数不多，粮食供应量不大，口粮以大米为主、面粉为辅。1955年，国务院颁布《市镇粮食定量供应暂行办法》后，实行以人分等定量，归户发证，凭证供应。1956年，七都、庙港乡与全国一样启用全国通用粮票、江苏地方粮票。市镇居民豆制品用粮每人每月0.5千克。实行食品凭票供应，工业用粮计划供应。1986年，七都乡市镇有居民842人，全年销售粮食156.88吨；庙港乡市镇居民804人，全年销售粮食149.54吨。1990年起，每年有数以千计的外地民工到七都、庙港打工，这些人的吃粮，绝大多数向粮管所购买。外来人口增多，粮食供应量也增大。1990年，庙港粮管所销售粮食(成品粮)530吨，七都粮管所销售粮食477.9吨。1991~1995年，庙港镇年均销售粮食446.4吨。1993年，七都镇市镇定量居民1146人，年销售146.18吨；捕捞、渔业两村1323人，年销售131.646吨。1995年，庙港粮管所销售粮食1596吨，七都粮管所销售粮食2002吨。

七都放心粮油店（摄于2005年5月）

1996年后，粮食销售市场放开，取消统购统销，不再由国家定价，城镇居民口粮可去市场购买。

2004年8月，吴江市粮食局召开动员大会，部署"放心粮油店"的创建活动。会后，七都粮管所率先进行"放心粮油店"试点。经过2个月的努力，七都粮管所3个粮油供应点全面完成创建任务。是年10月，被市粮食局现场推广，为全市38家粮油供应点的创建起到较好的推动作用。"放心粮油店"创建，得到广大消费者的赞同，深受欢迎，粮油销售量呈稳步上升。七都粮油店2次被评为吴江市"放心粮油示范店"。

2015年，七都粮油有限公司下属"放心粮油店"5家。

表6-4　　　　　　　　　2003~2015年七都放心粮油店粮油销售情况表

单位：吨

年份	粳米	菜油	面粉
2003	31.5	95.5	15.7
2004	324.7	104.6	18.7
2005	393.7	119.7	19.5
2006	491.2	136.9	19.2
2007	489.2	190.5	21.0
2008	500.2	204.0	22.0
2009	301.9	35.3	8.9
2010	258.1	35.7	8.7
2011	257.8	31.3	3.2
2012	347.4	62.2	11.6
2013	251.7	62.8	16.4
2014	248.8	57.2	18.8
2015	230.0	47.4	16.1

三、油脂

（一）油料收购

七都、庙港乡农民素有种植油菜的习惯，然而种植面积并不多，都为自家食用和茬口搭配的需要，少量种植。1962年，实行"先留后购、只购不销"的政策。即按当年实产油菜籽扣除种子、基本口油后，多余部分统购90%。1966年，七都粮管所收购油菜籽170吨；庙港粮管所收购油菜籽241吨。1981年，七都粮管所收购油菜籽566.5吨；庙港粮管所收购油菜籽737吨。1982年，七都粮管所收购油菜籽1042吨；庙港粮管所收购油菜籽1119吨。1984年，国家调整油菜籽收购价。1995年，七都粮管所收购油菜籽952.1吨，庙港粮管所收购油菜籽1417吨。1996~1999年，七都粮管所年均收购油菜籽970.8吨，庙港粮管所年均收购油菜籽984.3吨。2003年，七都粮管所收购油菜籽455.8吨。2008年，七都粮油有限公司收购油菜籽169.59吨。

2015年，七都粮油有限公司收购油菜籽150吨。

（二）食油销售

七都、庙港市镇居民的口油，是按照国家规定，以人定量，按月供应，其定量标准根据国家油源而定。1953年11月，市镇居民食油销售开始实行凭证（票）计划供应，人均月供应标准为0.1~0.2千克。1981年，人均月供应口油0.25千克，直至1985年，口油供应标准的规定不变。每逢五一、国庆、元旦、春节按油源适当增加供应量0.25~0.5千克。1986年，七都粮管所销售市镇居民食油2100千克，庙港粮管所销售市镇居民食油1956千克，单价1.56元每千克。渔民口油定量略低于市镇居民。1990年，七都粮管所销售市镇居民食油2904千克，庙港粮管所销售市镇居民食油3220千克。1993年4月1日起，食油取消计划供应，价格放开，不再使用购油票证。

行业用油，在食油定量供应时期，根据上级分季核定计划。饮食、点心店按照经营情况，分月安排供应。同时对不足部分，以议价或中价增加行业用油数量，1986~1992年，七都、庙港粮管所年均销售行业用油约6吨。

四、饲料

民国时期，七都、庙港农村饲养畜禽的饲料，主要向附近市镇米厂及酒酱、豆腐、饴糖等作坊购买青糠、酒糟、豆渣、酱渣。中华人民共和国成立初，饲料仍由农民向私营企业直接购买。1953年起，以粮油副食品为饲料的部分，由粮食部门经营和管理。1956年后，改为按生猪出售头数供应，对公、母猪实行以猪定量供应，奖售标准和定量水平，根据饲源一年一议。1959年起，饲源严重不足，粮食部门从浙江等地调入青绿饲料（也有大队、生产队向外采购），此外，发动群众利用屋前屋后零星隙地种植薯菜类和水面放养"三水"（水花生、水浮莲、水葫芦），以粗代精，度过灾荒，稳定畜禽生产。1966年开始，将青糠混入砻糠等加工统糠，即"三七糠""五五糠""二八糠"等供应农村。

七都、庙港公社每年在粮食"三定"时，都按照集体、社员饲养母猪、肉猪头数，提留饲料粮。1966年，七都公社饲养生猪17847头，共提留饲料粮470.4吨；庙港公社饲养生猪9023头，提留饲料粮237.82吨。以后每年按照饲养头数变化，提留饲料粮。除此之外，凡出售1头肉猪，还发给奖售饲料粮，标准及定量水平，根据饲料来源而定。

1976年，县粮食局饲料公司成立后，形成比较完整的饲料生产供应体系，1977~1979年，七都公社年均供应混合饲料23吨，庙港公社年均供应混合饲料15吨。

饲料购销放开后，多渠道流通，饲料供应日趋好转，货源充足，供大于求。1995年，庙港镇销售各种饲料567吨；七都镇销售各种饲料200吨。2000年起，饲料供应除粮管所，有更多私人饲料店。

2009~2012年，七都镇新开业的饲料供应店3家。

2015年，七都镇有饲料供应店8家。主营豆粕、玉米、杂粮、谷物、大麦、麦麸及各种颗粒饲料、冷冻饲料。

表6-5　　　　　　　　　　　2009~2015年七都镇饲料店开业情况表

单位：万元

名称	经营者	经营场所	经营范围	资金	成立时间
庙港仁荣粮油饲料店	潘超月	沿湖路	饲料销售	3	2009.10
庙港卫明饲料经营部	张卫明	开弦弓村	饲料销售	60	2011.11
庙港达胜饲料经销部	郭松	丰民村1组	冷冻饲料	5	2012.9
七都小王饲料经营部	王继清	建设路	饲料零售	8	2014.4
大发冷冻饲料批发部	宁月祥	东庙桥村	饲料销售	10	2014.10
庙港兴凤饲料店	王兴凤	光荣村	饲料零售	200	2015.3
庙港林海饲料店	吴林海	沿湖路	饲料批发	150	2015.12
七都镇建兴饲料店	盛建兴	燥烂村	饲料批发	5	2015.12

五、仓储

1953年，粮食实行统购统销时，七都供销社在心田湾、双荡兜、挨亩兜、桥下分设4个收购点，代办购销业务。庙港设立北明粮库。1954年，挨亩兜收购点并入心田湾，桥下收购点并入双荡兜。1959年，撤销双荡兜收购点，将岳王庙房屋拆迁至心田湾，建造1号、2号房式仓库，仓容850吨。铺设651平方米的砖场。主要还是依靠露天囤储粮。1966年，七都粮管所收购总量6997.5吨，仓储再度发生困难。又建造8~11号苏式仓库，仓容为795吨，另外铺设3869平方米的水泥晒场。

80年代建造的位于庙港太平桥的砖圆仓（摄于2010年）

1968年起，随着收购量的不断扩大，庙港粮管所征用开弦弓村、太平桥村土地建造太平粮库，仓容2485吨，庙港粮油供应点仓库仓容450吨，遂缓解收储矛盾。之后，在太平桥建造南库，仓容5020吨。70年代，七都粮管所建造砖圆仓和房式仓。1980年，七都粮管所征用4亩土地，建造12号、13号仓库，仓容1500吨，至此，七都粮管所占地面积1.70万平方米、建筑面积2449平方米、仓容6365吨，购储矛盾基本上得到解决。

1995年，七都粮管所仓容量4000吨。庙港粮管所仓容量8000吨，确保两镇粮食入库的储存。

2005年，七都粮管所有房式仓2236平方米，仓容3130吨；门架式仓1300平方米，仓容3150吨；砖圆仓528平方米，仓容1200吨；立筒仓60平方米，仓容240吨；庙港粮管所有房式仓2050平方米，仓容2875吨；门架式仓1059平方米，仓容2250吨；砖圆仓959平方米，仓容2100吨；立筒仓60平方米，仓容240吨。2008年，市粮食局对粮食系统重新整合。先后把七都粮油公司的仓库全部卖掉，原庙港粮油公司的仓库也卖掉一部分。只剩下庙港太平桥南库的粮仓，房式仓4133平方米，砖圆仓3个，面积959平方米。

2015年，七都粮油公司仓库占地面积12706.2平方米，仓库面积5092.6平方米，仓容5000吨。

第二节　生产资料供应

民国时期，农业生产所需的铁、木、竹等小农具由吴溇、庙港集镇的私营商店或私人手工业作坊供应。稻床、谷桶、木砻、农船、水车等较大农具，则由农民到震泽、南浔等地购置。

中华人民共和国成立后,七都、庙港供销社开始供应化肥、农药、竹木材、动力油、小农具等。1963年起,供销社下设生产资料批发部。同时,在水陆交通便捷的心田湾、太平桥设立生产资料商店,开设化肥、农药供应点,还建造油库,供应动力机用油。除部分农用物资由上级主管部门计划分配外,每年派员分赴浙江安吉、江西南昌、江苏南京等地采购、调运生产资料。

1974年,七都、庙港供销社生产资料商店下设农机门市部,主要供应农机零配件;农资门市部主要供应桐油、麻丝、油灰、白油、农用薄膜等;竹材门市部开始加工竹木器,如罱泥箩部、篙竿、竹篙、铁锹、竹篮、扁担、蚕匾、蚕台、板车等;肥药门市部主要供应计划分配化肥和自行组织化肥,经销品种有氮肥、磷肥,氮、磷、钾多种元素的复合肥。农药供应,每年备足一六○五、西力散、赛力散、乐果、二○三、二二三等农药。

1983年,为方便农民购买化肥、农药,七都、庙港供销社在各村建立化肥、农药代销点。1985年,庙港供销社生产资料商店销售化肥4600吨,农药20吨,柴油272吨,喷雾机348架,煤油19吨,木材174立方米。1989~1992年,七都供销社生产资料商店年销售化肥7000吨左右,平均每亩用量219千克。同时,还降低农用物资销售价,减轻农民负担。1993年,七都供销社平价出售给农业承包大户化肥4000千克,共让利2000元。对农业示范村、丰产方,凡备有机动喷雾机的,给予享受汽油平价供应,每年500千克。

1994年,春耕备耕和秋播季节在农资供应紧缺的情况下,七都、庙港供销社生产资料商店千方百计向外调集碳铵、尿素、磷肥、复合肥等农用物资。庙港供销社销售化肥4261吨,农药28吨,柴油179吨,喷雾机500架,农用薄膜13吨;七都供销社销售化肥3757吨,农药17吨,柴油207吨,农用薄膜7吨,水泵230台。1995年,七都、庙港供销社经营范围有化肥、农药、农药中间体、农用薄膜、农机具、柴油、煤油、机油、汽油、竹木建材、煤炭、生铁、铝锭、矽铁等。庙港供销社销售化肥4100吨,农药35吨,柴油287吨,柴油机26台,喷雾机80架。七都供销社销售化肥3585吨,农药19吨,农用薄膜7吨,柴油154吨,水泵249台。

1996年,七都镇有4户种粮大户。七都供销社首先满足其对优质化肥、农药的需求,价格上给予优惠(批发价),全年配给化肥4吨、农药150千克,以支持新生事物的成长。2003年,七都、庙港供销社结清债款,改制结束。2004年起,七都供销社的生产商店建立为农服务站,经销化肥、农药及农用物资,由个人承包。

第三节　生活资料供应

民国时期,各项生活资料,除粮食、猪肉、禽蛋、蔬菜大多农民自种(养)自食外,棉布、食盐、食糖、酒酱、煤油、火柴、果品以及锅、碗等衣食用品由吴溇、庙港集镇的私营商店供应。

50年代初,棉布、烟糖、煤油等物资由七都、庙港供销社备足货源,保障市场供应,其余商品,如副食品、日用杂品等主要由合作商店、下伸店经营。1954年9月1日起,国家对棉花、棉纱、棉布实行统购统销,开始发行民用布票,由供销社凭票供应。城乡居民每人每年24市尺(合8米),取消私商经营棉花、棉纱、棉布。1958年后,棉花减产,市场供应紧张,除棉布改为每人每年16市尺外,还发放一些棉花、棉线券等。农村按农副产品出售规定,发给奖售布票。1960年9月13日,对粮、酒、糖、肉等17种生活必需品实行计划定量供应,对部分工业品和副食品凭购货证、券供应,实行定量记录供应及高价敞开供应。1974年,庙港供销社生活资料商店在计划供应的同时,积极向外组织货源,比1973年增加花色品种400多个,其中日用杂品增100多个。同时,还加工、供应各种家具用具600多件,投放市场,并在庙港、陆港商店代销棉布、百货等品种340多个。全年商品销售额38.63万元。

中共十一届三中全会后,随着商品生产的发展,棉布、烟、酒、糖、肉等商品逐渐取消凭证、券和限量供应。1979年10月,七都供销社与县五交化公司、百货公司、食品公司在七都乡大会堂联合举办城乡物资交流会,赴会者3万多人次。以鲜蛋、家禽、家畜等农副产品兑换奖售券,凭券选购自行车、手表、缝纫机三大件和其他日用品,成交额10万元。

1985年起,七都供销社先后投资36万元,建造五金交电门市部(面积300平方米)、大楼商场(面积为595平方米)。大楼商场内设棉布、烟糖、针织、百货、文具等专柜。是年,七都供销社商品零售额168万元,庙港供销社商品零售额104万元。1990年,七都供销社商品零售额123万元,庙港供销社商品零售额118万元。1995年,七都供销社商品零售额94万元,庙港供销社商品销售额92万元。

1996~1999年,七都供销社年均商品零售额740万元,利润44万元。2003年起,七都、庙港镇的生活资料主要由个体经营的小型烟杂商店及大型超市供应。

第四节 农副产品购销

一、土特产

中华人民共和国成立初,七都、庙港地区的各私营商店按照经营需要,自行收购所需的农副产品,品种有竹、猪、羊、兔、鸡、鸭、鹅、蔬菜、麦草等。进行加工后出售,也有商贩窜村走巷收购贩运。七都、庙港地区除蚕丝外,养羊是当地传统副业,年收购羊皮、羔羊皮均在1万张以上,青菜、雪菜、大头菜、小黄瓜、圆红萝卜等收购量逐年增多,白虾、白鱼、银鱼、太湖蟹是太湖特产,太湖蟹的收购量更是可观。

1954年起,为打击私商抢购蚕茧,哄抬价格,实行蚕茧预订收购。1956年起,受县农副产品采购局等委托,代收蚕茧。60年代起,国家计划外农副产品由供销社收购。1970年,七都公社洋葱年产500吨,与上海益民食品四厂签订常年购销合同,洋葱脱水后作为万年青饼干的配料。

1971年,庙港供销社收购圆红萝卜2500吨,大头菜4000吨,重点销往西安。收购洋葱1500吨,雪菜1500吨,小黄瓜25吨。1972年,七都供销社收购农副产品95.97万元。

1974年,蚕茧由县外贸公司经营,七都、庙港供销社代收、代烘。之后,蚕茧由公社自营,供销社不再办理代收、代烘业务。庙港供销社收购蔬菜3100吨,山芋2500吨。1977年,七都供销社收购农副产品205.23万元。

1979年,七都供销社建蔬菜加工场,主要收购嘉兴种、云南种大头菜、莴笋等腌制,成品装甏封口后销往广州市、柳州市,部分成品由那里的副食品公司进销、联销,然后销往中国香港、澳门,最多时年销1.5万甏(每甏装30千克成品)。

1980年,庙港农工商蔬菜联合公司成立,收购、加工生瓜、小黄瓜、大头菜、红萝卜、丁香萝卜等13种鲜瓜菜4450吨,产出成品3750吨。七都、庙港农户除直接将新鲜雪里蕻菜(雪菜)运销各地外,苏州、上海等大中城市的蔬菜销售商,每到收获季节委托当地的地货主人(经纪商)代定购。雪里蕻菜以腌食为主,每年小雪后,农户均用缸甏腌贮,以备翌年夏季食用或外销。雪里蕻菜大多委托供销社采购商店驻地运销。80年代起,庙港乡五联、罗港等村,七都乡永民、方家桥等村发挥传统种植雪里蕻菜的优势,开拓一条以自种、自腌、自运、自销的致富途径,村民在承包地内扩种雪菜,还收购邻村的雪里蕻菜,家家开挖地窖,大量雪里蕻菜腌制贮存于窖内,户户备有挂桨机船运送,在江、沪、皖及省内各市场常年包设摊位专销雪菜。1982年,七都供销社蔬菜工场销售咸雪里蕻菜1.5万甏,价值27万元。1983年,庙港乡五联村有150家农户分别在无锡、常州、苏州、上海等大中城市的农贸市场上,固定设摊销售自己腌制的雪里蕻菜。

1985年,庙港乡养长毛兔18万只,产兔毛63吨;七都乡养长毛兔11万只,产兔毛39吨。供销社、商业公司、多服公司参与市场竞争,收购兔毛。此外,每天上门收购兔毛的商贩陆绎不绝。

1995年,五联村370户农户,全年销售咸雪菜有25.6万吨,户均纯收入万元以上。农民陶大官、潘泉根2户在上海市长宁区玉屏菜场租赁一个蔬菜门市部销售自己腌制的雪里蕻菜,同时,经销村上其他人家的雪里蕻咸菜。

二、肉猪禽蛋

七都、庙港供销社成立后,开始经营副食品业务。1956年起,七都、庙港供销社代县食品公司收购生猪。1959~1961年,粮食歉收,农民养猪甚少,生猪收购也相应减少。1962年,实行生猪派养派购和奖售、换购政策。凡出售1头50千克以上的生猪,奖给粮食35千克、青糠15千克。并以棉布、食糖、香烟等工业品进行换购,以调动生产队、社员养猪积极性。"文化大革命"时期,社员养母猪、多养肉猪,被视为走资本主义道路,挫伤社员养猪的积极性,生猪收购量急剧下降。后来调整养猪政策和猪、禽、蛋收购价格,养猪生产才得复苏。

1978年,七都食品站收购生猪10064头、家禽约2万羽、鲜蛋22.1吨。庙港食品站收购生猪5064头、家禽1.05万羽、鲜蛋5.8吨。1980年,庙港食品站收购生猪6100头、菜兔1.3万只。

1983年,收购生猪改为地方分级管理,改统一派购为合同定购。不久又放开生猪收购、鲜肉销售价格,实行有指导性的议购议销。是年,七都乡饲养家禽6万多羽,除农户自宰外,大多出售给食品站或农贸市场。食品站收购生猪18757头,家禽2万多羽,禽蛋15吨;庙港乡饲养家禽4万多羽,食品站收购家禽2万多羽,禽蛋18吨。从1990年起,允许"小刀手"(鲜肉个体经营户)自收自宰自销生猪。1996年起,食品站进一步落实"生猪定点屠宰、集中检疫、统一纳税、分散经营"的"十六字"方针。实行生猪定点屠宰,食品站主营代加工业务,在七都心田湾、庙港集镇等地分别建生猪定点屠宰场,限制和取缔小刀手。上市生猪一般都由鲜肉销售户自主采购,运到指定屠宰场加工,并由动物防疫站派员每天现场检疫,检验合格后允许上市。食品站从中收取屠宰加工费、管理费等,作为主营收入。

1996年,七都食品站收购生猪1.16万头;庙港食品站收购生猪9250头。

2003年7月,吴江市食品公司改制为吴江市食品有限公司,镇食品站相应更名为吴江市食品有限公司七都食品站、吴江市食品有限公司庙港食品站。

2015年,七都镇销售猪肉的店铺有42家。

三、水产品

七都、庙港是水网地区,且濒临太湖,水产品极为丰富。1953年,大庙区设水产收购站,并在吴溇设收购点,水产品实行定产定购。渔民捕获的鱼虾,绝大部分上缴水产收购点,收购的鱼虾多数外调,少量鱼虾供应市场。1953~1957年,吴溇收购点年均收购鱼虾75吨,鱼类有草、鲢、鳊、白、鲤、鳜鱼等,全调往苏州、上海两城市。门市部年销售杂鱼7.5吨。

1958年,七都、庙港公社一些有条件的生产大队、生产队开始发展内河、内荡养殖(以草、鲢鱼为主)。此后,鱼产量倍增,收购量逐年上升。1962年起,水产品由七都、庙港供销社采购站收购,大部分水产品运销苏州、上海等地,少量供应当地市场。

70年代,七都采购站年均收购鱼虾在100吨左右;庙港采购站年均收购鱼虾在300吨左右。1978年,吴县水产公司在吴溇太湖口设太湖水产收购站(只收购吴县太湖公社火箭渔业大队的水产品),但也留一些次级水产品,限量供应当地居民。1979年,吴江县水产公司庙港水产站成立,收购水产品1200吨。1984年,庙港乡多种经营服务公司与渔业村合办水产经营部后,国营水产站收购的水产品逐年减少。1988年夏汛,七都乡收购银鱼20多吨,解往县水产公司经加工后出口日本。1989年,庙港收购水产品900吨。从此,水产站开发冷藏、冷冻食品及冷饮批发业务。

1990年2月,七都乡水产收购站在每年夏秋两季银鱼汛期,发动渔民捕捞,按质论价收购银鱼、活蚬,同时做好联系运输船只、人员安排、服务给养等后勤工作。1992年,七都乡水产收购站销售额94.41万元,获利润1.21万元。1995年,七都、庙港水产收购站实行转制,职工自谋职业,从此,水产品收购、经销进入市场化经营,一批渔民成为水产品经纪人。1996年起,水产品销售由农贸市场或水产品交易市场经营。

表6-6　　　　　　　　　　1996~2015年七都镇农副产品产出情况表

年份	水产(吨)	家禽(羽)	禽蛋(吨)	蔬菜(吨)	肉猪出售(头)
1996	2445	200000	210	11352	11000
1997	2618	100000	124	11436	13700
1998	2755	90000	140	12755	13700
1999	2801	53253	120	19392	14000
2000	2657	55000	132	14920	14500
2001	2699	55500	140	16637	16600
2002	2683	50000	210	18504	16866
2003	4721	81300	772	33624	19200
2004	5073	67400	999	32606	34000
2005	5150	92000	518	29671	21500
2006	5932	254100	451	18328	20600
2007	5965	80600	416	18828	20600
2008	5813	96800	577	28632	6800
2009	4936	42700	650	17113	12800
2010	5722	134700	659	46338	11800
2011	5815	136300	652	51030	9000
2012	6924	65300	780	49351	5900
2013	6821	48300	365	49415	5800
2014	6160	44200	400	51126	10000
2015	6107	36200	335	54144	10100

注:2003~2015年,表内为七都镇、庙港镇合并后的数据。

表6-7　　　　　　　　　　1996~2002年庙港镇农副产品产出情况表

年份	水产(吨)	家禽(羽)	禽蛋(吨)	蔬菜(吨)	肉猪出售(头)
1996	1900	284000	299	38246	9000
1997	2100	264000	326	23558	12120
1998	2251	140000	161	20124	16052
1999	2295	81300	132	17739	6400
2000	2310	68170	143	13487	5263
2001	2320	60000	153	13441	8950
2002	2343	40000	134	14675	3013

第三章　服　务　业

第一节　餐饮　旅馆业

一、概况

民国时期,吴溇、隐读、长渠港等地集市有酒菜、面饭、糕团、大饼、馒头等私营饮食商店十多家。悦来饭店食宿两便,荤素菜肴,一应俱全,兼营旅社。吴溇集镇开设的张记糕团店、韦兴中面店、一家荒饭店,方便过往客商,还有挑葱卖菜的小贩,大饼、油条大多由切面店兼营。庙港集镇开设饭店、切面店、豆腐店等。在沿太湖的陆港、更楼港、罗家港等集市也开设饭店、切面店和豆腐店等。

中华人民共和国成立初,七都的饮食、旅馆行业仍由私营商店经营。庙港的私营饮食店有9家。1956年,对私改造后,七都组建饮服合作商店。庙港饮食店由7家合并1家,从业人员26人。1958年,七都合作总店成立,下设饮食分店,从业人员7人。庙港饮食合作商店分为港东饮食商店、港西饮食商店,经营范围有所扩大。1962年,调整商业体制,七都增设一家饮食商店,从业人员15人。庙港2家饮食商店合并成1家,开设1家旅社。1979年,七都集体商业公司将2家饮食商店分设饭菜、面食、点心3个门市部,从业人员增至19人,年营业额18.30万元。

改革开放后,七都个私经营的饮食业从3家增至36家。太湖、雅都、华都等10多家较为高档的酒家、饭店,装潢豪华,设施完善,兼营旅馆。庙港饮食商店分为大众点心店、人民饭店2家,经营点心、饭菜。理发店、茶馆、旅社合并成立服务商店。庙港村、渔业村、工业公司、兽医站等单位相继开设饭店,建筑公司开设旅馆。

90年代,七都、庙港的集体商店由个人承包经营。庙港集镇区由沈培康、沈庆林、丁建华、盛水龙等开设的个体饭店、面店。七都粮管所投资300多万元建造华都大酒店,底层为餐厅,二层设雅座、舞厅,三四层为宾馆,由个人承包。至1995年,七都镇饮食、旅馆网点54个,职工110人,年营业额200多万元。庙港镇个体饮食店31家,从业人员84人,营业额314万元,主要经营饭、菜、面、馒头、汤团、饺子、馄饨、粽子、麻团、油条、切面、皮子、五香黑豆腐干、百叶、油豆腐等。旅社1家,从业人员2人。庙港镇新开设的饭店有渔村饭店、农业公司饭店、康华大酒店、佳乐银座、钟楼饭店、粮管所饭店、翠湖楼饭店附设旅馆、金蜂别墅饭店附设旅馆等。1997年,七都宾馆开业,内部设施二星级,有职工90人,年营业额200万元,利润80万元。

2000年,七都、庙港镇新开设庙港船菜港、七都船菜、得意楼饭店、欣达大酒店、金阳光大酒店、太平桥小荣饭店等。是年,七都镇饮食网点304个,从业人员574人,年营业额1.08亿元。2002年,庙港镇饮食店有43家,从业人员105人,年营业额4551万元,旅馆有5家。2004年,吴江不夜城假日酒店开业,内设客房152间。

2008年,七都镇私营商业中餐饮、旅馆业150家。2009年,七都0572太湖温泉酒店开业,内设客房120间。2014年,苏州亨通凯莱度假酒店开业,内设客房150间。

2015年,七都镇有旅馆、饮食127家,其中旅馆33家,从业人员401人,年营业额2.5亿元。

表6-8 2015年七都镇饮食、旅馆店开业情况表

单位:万元

名　　称	经营者	经营场所	经营范围	注册资金	成立时间
水龙面馆	盛水龙	庙西街	小型餐馆	3	1986.12
庙港康华大酒店	沈培康	庙新路	大型餐馆	11	1998.6
庙港味美快餐店	丁泉珍	庙港村	中式菜肴	10	1998.9
庙港华裕酒家	王明华	庙震路	制售中餐	8	2000.6
庙港千禧大排档	王建忠	沿湖路	制售中餐	5	2005.5
七都镇诚信饭店	沈培芳	铜材市场	快餐制售	5	2006.2
七都欣达大酒店	崔承傅	新村一路	大型餐馆	30	2007.8
七都黎通饭店	朱建英	望湖中路	制售快餐	5	2007.9
庙港丽芳饭店	陆丽芳	沿湖路	快餐、餐饮	20	2009.2
庙港百味居火锅店	孙茜	庙震路	单纯火锅	7	2009.9
七都镇小芳饭店	沈小芳	望湖村	中型餐馆	10	2009.10

（续表）

名　称	经营者	经营场所	经营范围	注册资金	成立时间
七都镇小宝饭店	濮小宝	双塔桥	小型餐馆	5	2009.12
七都乔家大院饭庄	叶建廷	环湖路	中型餐馆	10	2009.12
太湖温泉酒店	叶强	吴越路	大型餐馆	1000	2009
庙港强联农家菜馆	王红喜	联强村	小型餐馆	10	2010.4
庙港菜根香农家饭店	汪芝傅	太平桥	小型餐馆	5	2010.6
庙港锦春农家饭店	庄锦春	开弦弓村15组	中型餐馆	5	2010.6
庙港富强惠峰饮食店	盛惠峰	富强村2组	小型餐馆	10	2010.7
庙港卫华面店	姚建卫	庙港渔业村	小吃店	5	2010.9
庙港阿英饭店	周浩英	锦港路	小型餐馆	10	2010.9
七都陆拾碗面菜馆	陆圣华	望山南路	小吃店	5	2011.1
柴石咕噜鱼餐饮店	卢梓东	人民东路	中型餐馆	20	2011.5
神龙重庆酸菜鱼馆	谭学慧	心田湾	小型餐馆	5	2011.5
刘波重庆酸菜鱼馆	刘波	望湖路	中型餐馆	5	2011.7
七都凯悦大酒店	吴志敏	人民路	大型餐馆	30	2011.7
庙港富财饭店	向勇	庙东街	小吃店	10	2011.8
七都新富豪大酒店	冯志峰	心田湾	大型餐馆	50	2011.8
七都太湖饭店	沈小荣	望湖中路	中型餐馆	5	2011.8
七都百胜饭店	王永明	新村二路	小型餐馆	10	2012.4
七都镇俊峰酒楼	余富国	吴溇村	大型餐馆	100	2012.8
七都镇庙港顺宏酒店	严美荣	开弦弓村	中型餐馆	20	2012.8
七都镇金山峡火锅店	张正华	望湖路西侧	中型餐馆	10	2012.9
七都镇金芙蓉饭店	叶建兵	望山路	小型餐馆	40	2012.10
七都百基拉快餐店	孙开芹	望湖中路	小吃店	15	2012.12
吴江不夜城假日酒店	施纪军	环湖路	大型餐馆	248.26	2012.10
庙港惠荣快餐店	钮惠荣	锦港路	快餐店	10	2013.4
上海畅游餐饮加盟店	严述军	文化中心南	小吃店	5	2013.4
七都镇金胜酒店	彭广霞	七都大道	中型餐馆	5	2013.5
济南创帮餐饮加盟店	钱晓剑	新村一路	快餐店	10	2013.6
庙港联强晨琳农家馆	张兴荣	联强村14组	中型餐馆	20	2013.6
庙港国民面店	陆国民	庙西街	小吃店	10	2013.6
七都黑土地大酒店	马秀范	七都大道南侧	小型餐馆	30	2013.7
七都美一餐小吃店	罗明超	财富商铺广场	小吃店	10	2013.7
庙港兰州拉面店	马日燕	庙新路	小吃店	10	2013.7
七都镇董氏鸡排店	董瑞平	富家路	小吃店	15	2013.8
庙港李海英面店	李海英	庙新街	小吃店	5	2013.8
七都镇港都餐饮店	邱连兴	文化中心	小型餐馆	50	2013.11
七都镇丽青饭店	龚丽群	望山路	小型餐馆	5	2013.12
七都林华嘟嘟小吃店	徐林华	心田湾	小吃店	15	2013.12
七都建荣馄饨店	沈建荣	望山路	小吃店	20	2014.1
虾天蟹地海鲜美食城	宋琪	常增路东侧	中型餐馆	50	2014.4
七都西瓜烘焙小铺	韦怡婷	文化中心南侧	蛋糕、面包	10	2014.4
庙港国荣农家菜饭店	周国荣	开弦弓村	中型餐馆	10	2014.5

（续表）

名　称	经营者	经营场所	经营范围	注册资金	成立时间
七都吉祥小厨餐馆	黄伟翔	七都大道	小吃店	7	2014.6
七都镇心田蛋糕店	姚建长	心田湾	裱花蛋糕	20	2014.7
庙港卫国新农庄饭店	刘卫国	更楼港村1组	中型餐馆	5	2014.7
庙港木屋食府	倪玉珍	庙震公路东侧	小型餐馆	5	2014.8
潘氏杭邦私房菜馆	潘月利	常增路	中型餐馆	10	2014.8
庙港七哥蛋塔店	王晓燕	南太湖大道东路	小吃店	10	2014.9
七都金满楼饭店	张小荣	双塔桥	小型餐馆	15	2014.9
七都镇三味农家菜馆	张士林	望湖村	中型餐馆	80	2014.10
庙港一品农家乐饭店	孟春华	南太湖大道	小型餐馆	15	2014.10
庙港旺田农庄	杨中浩	庙港村	中型餐馆	10	2014.10
美味乐享寿司店	孙自芳	望湖路东侧	小吃店	20	2014.10
庙港万顷湖鲜坊饭店	徐志高	七都渔村社区	小型餐馆	5	2014.11
七都欧贝丝烘焙坊	王洲霞	心田湾	蛋糕、面包	35	2014.12
七都莱卡牛排馆	卢长松	恒达路	小吃店	10	2014.12
七都诸老大餐饮店	俞红英	皇家丽景	小吃店	5	2014.12
亨通凯莱度假酒店	钱建林	幸福路	大型餐馆	18000	2014
庙港老地方农家饭店	钮潇汇	开弦弓村	中型餐馆	40	2015.1
七都印象干锅餐厅	倪红萍	丽都花园	小吃店	10	2015.1
庙港湖中鲜饭店	周宇	庙新路99号	小型餐馆	10	2015.2
七都迎湖食府	林招云	南太湖大道	小型餐馆	30	2015.4
黄冬冬四川麻辣烫店	黄冬冬	望湖路西侧	小吃店	13	2015.5
七都庙港沿湖酒家	邱凤珍	南太湖大道48号	小型餐馆	10	2015.5
有滋有味农家菜馆	李代平	苏龙路东侧	小型餐馆	5	2015.5
七都九门寨石锅鱼店	李秀峰	心田湾	中型餐馆	5	2015.5
庙港阿能面馆	朱喜红	南太湖大道	小吃店	5	2015.6
七都倪记宫廷桃酥店	倪晓东	吴溇集镇南	糕点制售	5	2015.8
庙港刘术友快餐店	刘术友	庙东街	小吃店	10	2015.8
庙港悦心食堂	谢学龙	庙震路	食堂	5	2015.9
台湾花甲王小吃店	孙剑	望湖路	小吃店	8	2015.9
庙港阿四饭店	王玉忠	锦港花园	小型餐馆	50	2015.9
速来客快捷餐厅	陆建杰	七都大道	快餐店	10	2015.10
七都周氏鸡排店	周绍伟	富家路	小吃店	12	2015.10
七都福利得蛋糕店	黄辉	望湖中路	小吃店	10	2015.10
庙港富祥春面馆	周东林	庙震路	小吃店	20	2015.11
七都皇家小厨饭店	沈利芳	七都大道南侧	中型餐馆	30	2015.11
庙港瑞沙兰州拉面店	韩瑞沙	庙新路	小吃店	5	2015.11
庙港渔港快餐店	吴伟刚	庙新路	小吃店	6	2015.11
七都桐乡阿能面店	陆明南	丽都花园	小吃店	5	2015.12
蒸美味中式快餐店	文娟	七都大道	小吃店	18	2015.12
庙港欣皖霞酒店	韩道霞	庙震路	中型餐馆	12	2015.12
七都新望山湖酒店	薛建才	吴溇集镇东	中型餐馆	50	2015.12
七都缘中缘面馆	陈君明	望湖中路	小吃店	5	2015.12

二、酒店和饮食店选介

(一) 苏州亨通凯莱度假酒店

2014年,苏州亨通凯莱度假酒店正式营业,位于七都镇幸福路1999号,占地面积6.71万平方米,建筑面积5.69万平方米,注册资金1.8亿元。酒店员工158人,其中管理人员11人,全年营业额近3000万元。由中国著名企业亨通集团投资4.5亿元依太湖而建。

酒店一期建筑面积2.1万平方米,分1幢主题建筑,2幢辅助建筑,主题建筑共10层(地下1层),辅助建筑3层。酒店二期,建筑面积约2.14万平方米,分1幢主题建筑,1幢后勤楼,主题建筑共11层(地下1层),后勤楼8层。

酒店餐厅有27间餐饮包厢,2间900平方米宴会厅(亨通厅、凯莱厅)和1间2500平方米金色宴会大厅,可容纳1200人,4间会议室、贵宾接待室和多功能康体中心,是一家综合性度假酒店。

酒店设150间客房及2间行政套房,客房为湖景房设计,推窗尽揽太湖美景,旅客可在晚风习习中入眠,鸟儿鸣叫中醒来。

亨通凯莱度假酒店根据南太湖"36溇72港"独特的人文地理文化,用3年时间研发出"太湖溇港"菜品,推出"春、夏、秋、冬"四季"太湖溇港宴",苏式酥鲫鱼、水乡六月黄、秋韵水中仙、野鳝冬瓜盅等特色菜肴有较高声誉,亨通凯莱度假酒店将"太湖溇港宴"注册为餐饮商标专利,当选苏州市十大名宴,被江苏省餐饮协会认定为"江苏名宴"。

水乡六月黄(摄于2015年)

苏式酥鲫鱼(摄于2015年)

野鳝冬瓜盅(摄于2015年)

秋韵水中仙(摄于2015年)

2015年,酒店员工185人,其中管理人员8人,全年营业额近4000万元。

(二) 吴江不夜城假日酒店

2004年,吴江不夜城假日酒店开业,位于七都镇南太湖大道2333号,占地面积1.33万平方米,建筑面积1.13万平方米,注册资金248.26万元。是一座地处太湖边际的游艇度假型酒店。

酒店主楼高5层,附楼分3幢楼,1号楼为最新建设的主楼,高5层,楼型结构好,设备设施新。2号楼高3层,3号楼高4层。

酒店设152间客房,房间内整洁干净,环境优雅,舒适。

酒店内部设施齐全,有中餐厅、西餐厅、宴会厅、咖啡厅、酒吧、大堂吧。有棋牌室、羽毛球馆、网球馆、KTV(舞厅)、足浴、会议厅、后花园卡拉OK厅等,不夜城码头游艇可承接游艇趴、私人订制聚会等。

酒店设有停车场、健身房、商务中心、会议室、邮政服务、叫车服务、房间消毒、婚宴服务、叫醒服务、洗衣服务、送餐服务、旅游服务、租车服务。有电梯、前台保险柜、茶室、商品部。公共区域闭路电视监控系统、电子结账系统、大堂免费报纸、24小时供应热水、承办会议及相关会务服务;游艇销售、租赁、维修、保养等服务项目。

2015年,酒店有管理人员10人,员工60人左右,年营业额558万元。

(三) 七都镇0572太湖温泉酒店

2009年,七都镇0572太湖温泉酒店开业,位于太湖南岸,南太湖大道与吴越路交叉口,占地面积1.30万平方米,建筑面积8000平方米,注册资金1000万元。当年营业额186万元。

客房部有120间湖景客房,4间会议厅。

中餐厅位于酒店东侧,采用日式园林设计,兼具中式风格。餐厅内设400席观湖宴会厅,22间湖景包厢,其中豪华包厢4间,共可容纳260人用餐;所有包厢均有湖景露台,可俯瞰湖光山色。餐厅主理太湖湖鲜美食及粤、港、杭式菜,延聘名师掌厨,精选天下食材,精心烹饪,演绎舌尖上的味道。酒酿鲫鱼、红汤甲鱼、螺丝烧鸡、银鱼炒土鸭蛋等菜品深受食客追捧,并入选太湖美食榜单。每样食材均精挑细选,精心烹饪,务求色、香、味俱佳,款款入味。酒店环境布置匠心独具,古木环拥,流水潺绕,室外花香四溢,室内音乐缭绕。

七都镇0572太湖温泉酒店(摄于2015年)

酒店温泉游泳池、温泉桑拿SAP、阳光健身房、KTV歌厅、酒吧等配套设施,打造成南太湖品蟹尝鲜、会务培训、旅游观光、休闲度假胜地。后场设施,包括仓库、厨房、员工餐厅、员工宿舍、停车场、花园景观。

2015年,酒店有管理人员8人,员工56人,年营业额1078万元。

(四) 水龙面馆

1986年12月3日,"爱竹居"面店开业,位于庙港镇区庙西街,由盛水龙和盛建英夫妇开设的私营面店,庙港人习惯称水龙面馆,注册资金3万元,营业面积18平方米,员工2人,主营普通汤面。1991年,面店员工3人。汤面品种增多,有鹅肉面、羊肉面、熏鱼面、大肉面、排骨面、鳝丝面等。年营业额2万元。

1994年,面店迁至庙新路73号,为更好地服务顾客,店主买活鹅自己宰杀、洗净后,将全鹅放入铁锅中,加入水和调料,煮、焖3小时,鹅肉烹饪出"鲜、甜、蜜、酥"的口味;购买本地饲养一年的公湖羊,烹饪时注重原料、水、酱汁、火候,煮出的羊肉鲜、嫩不腻。该店的鹅肉面、羊肉面由此出名。他们以早市为主,五张桌子的小店,一个早市能卖出300碗面。

2002年,苏州九龙集团董事长孙福林(原籍庙

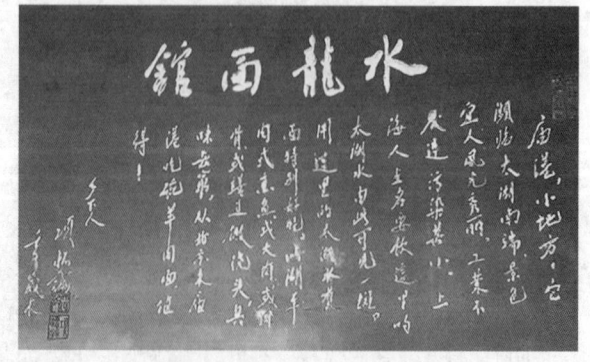

水龙面馆(摄于2002年)

港陆港村)经常一大早从松陵镇赶到庙港的水龙面店吃红烧羊肉面,吃后在朋友面前赞不绝口。一次他去北京,遇见原财政部长项怀诚(原籍庙港七一村)说起家乡盛水龙做的羊肉面那么好吃,可连个像样的招牌都没有,于是请老乡项怀诚题个店名。项怀诚想了想,答应了。题的店名是"水龙面馆",还附小跋:"庙港,小地方。它濒临太湖南端,景色宜人风光秀丽,工业不发达污染甚小。上海人点名要饮这里的太湖水,由此可见一斑。用这里的太湖水煮面特别好吃。以湖羊肉,或熏鱼,或大肉,或排骨,或鳝丝做浇头,其味无穷。从北京来庙港吃碗羊肉面,值得!"写好后,在右上角盖"万里和风"的闲章。左下角署名盖章前加了"乡下人"三个字,还用了"吴江邨人"的闲章。从此,水龙面馆有了自己的招牌,且在吴江、苏州都有一定知名度。

2015年,有员工5人,营业面积为86平方米,年营业额100万元。

(五)康华大酒店

70年代中后期,沈培康是一家集体商业饭店的厨师。1993年,沈培康停薪留职在庙东街万顷路承包庙港粮管所粮油酒家。

1998年6月,康华大酒店落成开业,酒店以夫妻俩名字中各取一字命名,坐落于庙港镇沿湖路与庙新路交叉口,五层建筑,占地面积189平方米,建筑面积880平方米。投资350万元,注册资金11万元。酒店设宴会厅一个,包厢10间,其中豪华包厢3间,酒店内可同时容纳300人就餐。四楼设客房部,客房8间,棋牌室3间,酒店内设有停车场。酒店在市场经济的大潮中逐步发展、壮大、不断满足消费者对餐饮业的需求和变化。2006年6月,在东万顷路创办康华客栈。

酒店主打太湖湖鲜和太湖地区土特产美食,兼理沪、苏、浙菜系,老板掌勺,精心烹饪、款款入味,特别是盐水鹅、盐水鹅头,深受食客追棒。

2015年,酒店有管理人员2人,员工13人,年营业额300万元。

三、茶室 咖啡店

民国时期,吴溇集镇东、南、西3家茶馆有50多张茶桌。早、中两市,座无虚席。隐读沿街2家茶馆有20多张茶桌,经常满座。庙港集镇先后开设4家茶馆,陆家港、更楼港等沿湖塘路的小集市也开设茶馆。

1958年,七都合作总店成立,下设服务分店,有茶馆。庙港茶馆店由5家合并为1家。70年代,七都服务商店设茶馆网点,庙港茶馆带书场,上午茶馆,下午、晚上书场。

80年代中期,庙港影剧院旁开设茶室、咖啡店。

90年代初,七都镇区出现茶室、咖啡店,1997年,庙港镇区施超群在庙震公路开设庙港知音茶吧。

2008年,七都镇有茶吧(室、馆)4家;奶茶店1家;饮品店1家。

2015年,七都镇有饮料店23家,其中茶吧(室、馆)8家、咖啡店4家、奶茶店2家、其他饮料店9家。

表6-9　　　　　　　　　　2015年七都镇饮料店(茶室)开业情况表

单位:万元

名　称	主营	经营者	经营场所	注册资金	成立时间
七都汉堡小子饮食店	冷、热饮制售	王雪芳	富家路	1	2006.6
七都汉堂茶馆	茶水	孙雪中	富家路	5	2007.3
庙港小细珍珠奶茶店	冷、热饮	汪家清	庙东街	1	2008.3
七都酷酷茶吧	冷、热饮	倪雯雯	新村一路	5	2008.7
七都喜约喜冰淇淋店	冷饮零售	宋丽华	望山路	1	2009.5
七都上好咖啡店	咖啡、冷热饮	江桂霞	新村一路	5	2009.12

(续表)

名　称	主营	经营者	经营场所	注册资金	成立时间
七都忘不了饮吧	饮品店	张惠红	桩桥路	2	2010.11
浪漫今生音乐茶楼	茶座、冷热饮	丁方勇	望山路	10	2012.12
太湖之夜音乐茶座	茶座、食品	吴建新	七都大道南侧	30	2013.4
庙港治芳饮品店	冷、热饮	黄治芳	庙东街	5	2013.5
庙港仙雨林甜品店	冷、热饮	吴红英	庙港财富商贸广场	3	2013.7
七都海海甜品屋	冷、热饮	曾海海	望湖路	25	2014.5
七都茶物语饮食店	冷、热饮	杨志惠	吴溇路	10	2014.7
七都欧尚咖啡店	茶座	王宜信	丽都花园	15	2014.12
塞拉维咖啡生活馆	自制饮品	施丹吉	吴溇路	5	2014.12
月如意音乐茶座	茶室、饮品	钱勤俭	苏龙路	10	2015.1
七都那些年甜品店	冷、热饮	钱佳欢	富家路西侧	2	2015.3
七都半夏咖啡馆	冷、热饮	邱晨烨	望湖路	60	2015.6
七都茗缘茶楼	冷、热饮	吴晓媛	望山路东侧	50	2015.6
甜过初恋奶茶店	冷、热饮	钱斌	丽都花园	10	2015.12
至尊壹号娱乐中心	冷、热饮	沈啸	望山路	30	2015.7

第二节　休闲娱乐业

一、音像店

1998年,吴江七都丽都音像店开业,是较早开业的音像店。至2008年,全镇有8家音像制品经营单位,由于高清电视、网络电视的出现,租买碟片的人越来越少,没有新开的音像店,只是注销了几家。2015年,尚在营业的音像店只有4家。

表6-10　　　　　　　　　1998~2015年七都镇音像制品经营单位开业情况表

单位:万元

经营单位名称	项目	法人代表	注册资金	经营单位登记地址
吴江市七都丽都音像店	零售出租	陈晓玲	0.5	富家路　在业
吴江市庙港新碟音响行	零售出租	沈伟芳	2	庙东街(2013年注销)
吴江市庙港晓林百货商店	零售出租	张孝林	2	庙东街　在业
吴江市庙港剑峰音像店	零售出租	王剑峰	1	庙东街44号(2009年注销)
吴江市庙港琴琴音像店	零售出租	郭英	1	南太湖大道15-3号　在业
吴江市七都晓琴音像店	零售出租	盛小芹	0.8	望湖路(2006年注销)
华润万家超市七都连锁店	零售	姚月香	0(代销)	七都大道1109号　在业
吴江市七都根发音像店	零售出租	李根法	2	桩桥路22号(2012年注销)

二、网吧

2002年,孙阿财在七都镇新村一路开设第一家网吧——吴江市七都镇新世纪网吧。2006年,谢长登在望湖中路西侧开设吴江市时空网吧,孙雪光在心田湾开设吴江市亨络网吧。

2007年,吴忠德、丁小斌、郑章建先后在大其仁市场(现吴越村)、庙震公路、庙港社区东万顷路开设3家网吧加盟店。

2011年,金忆在人民东路南侧太湖国际商铺102~103号又新开设吴江市网事随风浪淘沙网吧有限公司。

至2015年,七都有网吧7家,注册资金10万~50万元不等。每家拥有电脑100~200台,营业面积100~200平方米,管理人员2~8人,上网收费每小时3~4元,顾客中外来打工者居多。

表6-11　　　　　　　　　2002~2015年七都镇网吧开业情况表

单位:万元

名称	经营者	经营场所	注册资金	成立时间
七都镇新世纪网吧	孙阿财	新村一路	12	2002.2
吴江市时空网吧	谢长登	望湖中路	30	2006.1
吴江市亨络网吧	孙雪光	心田湾	50	2006.4
吴江市网通家园网吧大其仁加盟店	吴忠德	大其仁村	10	2007.6
吴江市热点浪淘沙网吧有限公司	丁小斌	庙震公路	10	2007.6
七都网通家园网吧万顷加盟店	郑章建	东万顷路	10	2007.6
吴江市随风浪淘沙网吧有限公司	金忆	太湖国际商铺	10	2011.10

第三节　其他服务业

一、洗浴业

改革开放后,七都镇区有个体经营的浴室开业。1997年,姚连奎投资40万元,在七都镇望湖路开办吴江市七都镇太湖浴室,主要经营池浴、淋浴。

2000年,钮飞宏投资5万元,在庙港镇西万顷路开设吴江市庙港镇汇龙浴室,面积200平方米,有池浴、淋浴2种;闵元康投资1万元,在七都镇广场路开设七都广场浴室,面积100平方米。农历年前顾客最多,许多家庭甚至拖儿带女到浴室沐浴,干干净净过大年。

庙港九天河浴场(摄于2015年)

2002年,七都镇有浴室3家,庙港镇有浴室2家。

2010年,七都镇有浴室24家。

2015年,七都镇有浴室37家,从业人员102人。规模较大的有庙港鼎盛洗浴休闲房、庙港水之恋休闲浴室、庙港新诚足浴店、夏威夷浴室、贵足足浴店、吴越浴室、庙港紫罗兰足浴店、庙港乾昌休闲会所、庙港金阳光浴室、庙港九天河浴场、金太阳桑拿休闲浴场、庙港渔村浴室等,营业面积大多为100~200平方米,有淋浴、池浴、美容、桑拿、足浴等服务。

表6-12　　　　　　　　　2000~2015年七都镇浴室开业情况表

单位:万元

名　称	主营	经营者	经营场所	注册资金	成立时间
庙港鼎盛洗浴休闲房	桑拿浴	杨文红	沿湖路	5	2000.10
七都大众浴室	池、淋浴	翁丽强	大其仁	1	2004.3
庙港汇龙浴室	池、淋浴	钮飞宏	西万顷路	5	2000.11
七都广场浴室	普通浴室	闵元康	广场路	1	2000.12

(续表)

名　称	主营	经营者	经营场所	注册资金	成立时间
七都金太阳桑拿浴场	沐浴、桑拿	叶利卫	心田湾	30	2002.12
庙港万顷浴室	池、淋浴	张洪炳	西万顷路	8	2003.4
七都宾馆桑拿浴室	池、淋、桑拿	沈金根	望湖北路	5	2003.9
庙港鼎盛洗浴休闲房	池浴、淋浴	刘卫林	沿湖路	20	2004.10
七都时美桑拿浴室	桑拿、淋浴	沈凤琴	望湖南路	10	2004.11
庙港水之恋休闲浴室	公共浴室	邱炜	庙震路	80	2005.4
双塔桥浴室	池浴、沐浴	金荣林	双塔桥	5	2006.2
庙港沿湖足浴房	足浴	杨彩英	沿湖路	5	2006.4
七都天子足浴店	足浴	孙永康	新村二路	1	2006.7
七都瀚晟足道店	足浴	吴国平	新村一路	1	2007.4
庙港金阳光浴室	池浴、沐浴	李玉娟	庙震路	40	2007.11
七都镇沈家湾浴室	沐浴	丁伟群	电线市场	2	2008.4
七都现代人足浴房	足浴	俞卫国	新村一路	1	2008.9
云海水世界洗浴会所	公共浴室	谷彩林	人民路	2	2008.10
庙港良辰足浴店	足浴	郑章建	沿湖路	10	2008.12
庙港新诚足浴店	足浴	吴晓冬	沿湖路南侧	30	2009.5
七都夏威夷浴室	池浴、淋浴	朱巧龙	粧桥路	60	2009.11
七都育高浴室	池浴、淋浴	周育高	建设路	2	2010.1
七都大其仁大众浴室	池浴、淋浴	翁丽强	大其仁	0.5	2010.4
七都新美华浴室	池浴、淋浴	冯永荣	心田湾	10	2010.6
庙港乾昌休闲会所	足浴、茶座	王越胜	庙震路东侧	100	2011.1
七都贵足足浴店	沐浴、足浴	吴海英	望山路	20	2011.7
七都雅琳足浴中心	足浴	陈娅萍	丽都花园40幢	10	2011.8
七都吴越浴室	公共浴室	叶占标	大其仁	30	2013.2
庙港紫罗兰足浴店	桑拿、足浴	李延乐	南太湖大道	20	2013.6
庙港九天河浴场	池浴、沐浴	王安朝	财富商贸广场	20	2013.9
七都雅琳足浴中心	足浴	陈静	丽都花园40幢	10	2014.1
庙港舒静阁民宿	足浴、住宿	尹凤珍	庙港村	10	2014.9
庙港清莲阁足浴店	足浴	罗美	南太湖大道	6	2014.10
庙港佳乐养身会所	美容、足浴	崔伟中	庙港村	10	2015.3
七都江村养生会所	棋牌、足浴	吴凤林	开弦弓村	10	2015.3
庙港渔村浴室	池浴、沐浴	王英里	渔村社区	20	2015.5
庙港丽丽足浴店	足浴	余丽丽	庙港财富商贸广场	10	2015.8

二、理发业

民国时期，吴溇集镇理发店有6家，庙港集镇理发店有4家。

1958年，七都合作总店成立，下设理发服务分店，6家个体理发店合并为1家合作商店。庙港9家个体理发店合并为1家合作商店。1961年，庙港理发店又分为2个小组，即港东组和港西组。"文化大革命"期间，2个理发小组合并成立红卫理发合作商店。1982年，庙港理发店、茶馆、旅社合并成立服务商店。1991年后，分别承包经营。

1995年，七都镇区有理发店7家，庙港镇区理发店12家。

2002年，七都镇区有理发店18家，庙港镇区理发店14家。

2015年,七都镇有注册理发店90家。从业人员203人。

三、日用品修理业

1996年,七都镇区有家用电器、自行车、摩托车、钟表、白铁、鞋匠等个体日用修理店(摊)10家,从业人员32人。庙港镇区有4家,从业人员13人。

2002年,七都镇区有家用个体日用修理店(摊)10家,从业人员11人。庙港镇区有家用个体日用修理店(摊)5家,从业人员9人。

2015年,七都镇有家用个体日用修理店(摊)32家,从业人员42人。

第四章 贸易市场

第一节 农贸市场

一、七都农贸市场

1982年,吴溇集镇粧桥西街,兴办农贸市场,就地设摊,露天交易。商品种类不多,每天上集的人数不过400人,日出聚市,日中散市。居民购买力不高,全年农副产品成交额约120万元。1984年,七都乡考虑到露天市场给老百姓带来诸多不便,由工商行政管理组投资10万元,在原地搭起铁架玻璃钢顶棚,市场面积320平方米,砖砌摊位50个,有市场管理员3人。1984~1985年,县工商行政管理局授予"文明市场"称号。1985~1993年,年均成交额1500万元。随着城镇建设步伐加

七都农贸市场(摄于2015年)

快,原有农贸市场满足不了老百姓日益增长的物质需求。1993年冬,七都镇政府、工商行政管理组投资110.12万元,在望湖中路易地新建农贸市场,占地面积900平方米。沿街有10间店面房,出售给个体户开设面食、烟杂、副食等店。场内南北两侧共18间店面房,开设肉铺17家。朝东一排4间店面房,开设南货、烟糖、冷冻食品店。市场中央架起20条水泥台可供160个摊贩使用。场内设有36个鱼槽、4个水产、家禽放养池,供销售水产品和家禽的经营户使用。市场商品比较齐全,从家禽活杀到腌腊,从太湖水产到海鲜,瓜、果、蔬菜四季新鲜,南北货充足;场内挂有公平秤,商品明码标价,市场管理员3人,全天候维护市场秩序,为经营户和顾客提供服务。1995年,市场成交额5500万元(其中水产品销售额1900万元、鲜肉销售额400万元、家禽销售额60万元、蔬果销售额35万元)。是年收入管理费6万元。平时每天交易人数约1000人次,节假日约1500人次。是年,七都工商组投资1万元,修缮原粧桥西街的农贸市场玻璃瓦顶棚,并改为综合市场。引导水果、杂货、塑料制品、小商品等经营户进场经营,既方便顾客挑选,又改观市容。1999年,综合市场成交额1.28亿元。

2015年,农贸市场占地面积1500平方米,共有68个摊位。其中鲜肉摊位14个、家禽摊位3个、水产摊位6个、水果摊位2个、塑料制品摊位1个、小商品摊位10个、其他摊位32个。市场管理人员5人,年交易额2亿元。

二、吴江市七都太湖蟹交易市场

吴江市七都太湖蟹交易市场位于七都镇环湖村，处于太湖一类水区。2003年10月成立，职员4人，法人代表为董勤勇，是一家集太湖蟹养殖、捕捞、加工、销售为一体的专业性交易市场，设交易摊位60个。

七都镇为进一步扩大太湖蟹市场，提高产品质量，有组织，有计划，积极稳妥地在南太湖水域投资开发约10万亩养殖水面。养殖太湖蟹及鳜鱼、虾类等其他名特优水产品。

2015年，市场设交易摊位60个，共销售太湖蟹300吨，成交额2700万元。

三、庙港农贸市场

庙港农贸市场始于狮子桥西侧，由自产自销的农民就地设摊，早市一过，歇市收摊。

1984年5月18日，庙港易地新建农贸市场，位于土地庙港西岸，庙港中学西侧，采用玻璃钢顶棚，占地面积500平方米，设摊位60个，管理人员3人，市场年成交额500万元左右。

1991年，庙港乡政府考虑到原有农贸市场已不适应形势发展需要，决定投资35.4万元建造吴江县第一个砖瓦结构的乡镇农贸市场，市场占地面积1000多平方米，摊位110个。1994年，成交额3000万元。1995年，市场拓展80平方米，增设摊位20个，管理人员4人，全年成交额5500万元。

庙港农贸市场（摄于2015年）

2007年，鉴于太湖水产品丰富的特点，市场水产品经营摊位无法满足实际需求，政府决定将除水产品外的庙港农贸市场迁至财富广场，财富广场农贸市场占地面积1500平方米，共有摊位108个。至此，庙港农贸市场一套管理班子，两处经营市场，原农贸市场改造成水产（蟹）市场。

2015年，农贸市场〔不含水产（蟹）市场〕共有108个摊位，其中鲜肉摊位18个、家禽摊位8个、水产摊位5个，海货摊位4个。干货摊位4个、豆制品摊位5个、茶叶摊位3个、其他摊位61个。管理人员5人，成交额7500万元。

四、苏州太湖蟹交易市场

90年代初，庙港渔业村渔民和农村部分养殖户开始在东太湖浅滩区运用围网试养太湖大闸蟹，并获得成功，太湖蟹招来八方客商。1996年，苏州太湖蟹交易市场开业，位于庙港镇沿湖路。市场占地面积3000平方米，建筑面积1000平方米，场内交易摊位60个，场外交易摊位300个。

2002年10月12日，首届中国庙港太湖螃蟹节成功举办，此后每年都举办一次。每到中秋节前后，"辽蟹"等早熟蟹一上市，除本镇渔民、蟹农外，东山、横扇等地的蟹农纷纷聚集于此交易，日入市人流量约500人次，霜降时节，最多的日入市人流量1000人次以上。通过市场交易，太湖蟹被源源不断运销至嘉兴、苏州、上海以及中国香港、台湾和日本等地，成为众多食客餐桌上的佳肴。从此，苏州太湖蟹交易市场成为华东地区较为著名的专业市场之一。

2008年，太湖蟹交易市场与水产市场合为一体，市场共销售水产品2813吨，其中太湖蟹500吨，成交额2500万元。2009年起，随着国家加强对太湖的治理，对太湖无序围养的状况进行整治，开展拆围限养工作，太湖网围养蟹面积从原来23399亩减至8062亩。交易量随之逐年减少。

2015年，市场设交易摊位86个，共销售水产品3017吨，其中太湖蟹820吨，成交额9840万元。

五、开弦弓农贸市场

1992年,庙港镇工商所和开弦弓村投资12万元,在西清河桥南塊建开弦弓村农贸市场,建筑面积400平方米。每天早晨附近的村民到农贸市场销售自产的各种农副产品,购买所需的副食品。1995年,成交额1250万元。

2005年,开弦弓村投资60万元扩建农贸市场,建成1200平方米的室内农贸市场,内设摊位40个,分肉类、水产、蔬菜和豆制品等区。2010年,开弦弓村农贸市场进行改造,改建公共厕所,在市场西北侧铺水泥地面500平方米,供服装、食品、小百货等小摊贩经营。

2015年,市场占地面积1200平方米,共有60个摊位,其中鲜肉摊位8个、家禽摊位4个、水产摊位2个、茶叶摊位2个。管理人员3人,成交额2000万元。

开弦弓村农贸市场(摄于2015年)

六、心田湾农贸市场

1994年,七都镇政府、工商所投资70万元,在心田湾大桥北塊建造一座封闭式农贸市场,占地面积680平方米,摊位110个,管理人员3人,早、中两市买卖兴旺。1995年,成交额4000万元。

2015年,市场占地面积1000平方米,共有28个摊位。其中鲜肉摊位7个、家禽摊位2个。管理人员3人,成交额9000万元。

第二节　超级市场

一、华润超市七都店

华润超市七都店位于七都镇望湖北路(原太湖皮件有限公司),为苏州华润超市有限公司的连锁店。2005年11月开业,营业面积1800平方米。主要经营食品类、百货类、文具、图书及音像制品、内衣裤类、小家电、粮油、水果等。由苏州华润超市总公司统一配送货源,统一核定零售价格,定期检查商品,把好商品质量关。2008年,有职工40人,销售额为985.5万元。

2015年,超市迁至七都大道1109号。销售百货、针纺织品、化妆品及卫生用品、计生用品、文具用品、文化体育用品等。经营面积120平方米,有职工7人。年营业额为255.5万元。

华润超市七都店(摄于2015年)

二、华润超市庙港店

华润超市庙港店位于庙港社区庙西街1号(狮子桥塊),为苏州华润超市有限公司的连锁店。2001年开业,营业面积130平方米,仅为便利店,主要经营包装食品、小百货、粮油制品、酒类、日用杂品等。由苏州华润超市总公司统一配送货源,统一核定零售价格,定期检查商品,把好商品质量关。2015年,有职工6人,年营业额为155万元。

三、世纪华联超市庙港店

世纪华联超市庙港店为浙江德清华联超市加盟店,位于庙港社区西万顷路88号。营业面积800平方米,2006年8月15日开业。主要经营定型包装食品、烟酒、服装、小百货、日用杂货、五金交电等。2008年8月,超市有职工25人,年营业额为130万元。

2015年,营业面积1500平方米,主要经营预包装食品、乳制品(含婴幼儿配方乳粉)、卷烟、雪茄烟、服装、鞋、百货、日用品、文化用品、小家电、金银饰品、电器、通讯器材、箱包、劳保用品等。超市有职工30人,年营业额为200万元。

四、上海如海超市庙港店

上海如海超市庙港店位于庙港社区庙东街27号,2003年1月开业,营业面积280平方米,经营的商品为食品、副食品、百货、烟酒等。2008年,营业额150万元。

2015年,经营面积248平方米,主要经营:烟、预包装食品、乳制品(含婴幼儿配方乳粉)、日用杂货、百货、五金交电、针纺织品、通信设备等。有管理人员3人,年营业额为109.5万元。

五、七都奥玛超市

七都奥玛超市位于七都镇望湖路130号,2010年8月10日开业,营业面积1400平方米。主要经营食品、保健品、乳粉、卷烟、雪茄烟、日用品、化妆品、家电、五金、服装、鞋帽、文体用品、小百货、黄金珠宝饰品、手机、农产品零售。

2015年,营业面积仍为1400平方米,有管理人员2人,职工10人,年营业额为540万元。

七都奥玛超市(摄于2015年)

第三节 专业市场

一、吴江区再生资源回收利用市场

2006年3月,在原"吴江市废旧物资交易市场"的基础上扩建为吴江市再生资源回收利用市场。2008年3月,市场建成投入使用,位于七都镇心田湾工业开发区,占地面积13万平方米,建筑面积5.5万平方米,经营场地7万平方米。共有店铺488间,入驻经营户300户。

市场从事废铜、废铝、废塑料的回收利用。市场资源来自全国各省市,以广东、上海为多。再生资源大部分在就地消化,特别是废铜,90%成为镇内铜加工企业的原料,从而形成一条再生资源循环经济产业链,使七都成为"再生资源产业之乡"。至年末,再生资源的年贸易额200亿元。市场实行"一条龙"的配套服务,市场内不仅有银行、饭店、旅社,还有娱乐休闲场所及综合管理、服务机构等,为场内进驻经营户提供全方位服务。

2015年,市场共有店铺488间,入驻经营户150户,经营场地7万平方米。年贸易额16.5亿元。

二、吴江区庙港什木调剂市场

80年代中期,轮穗村创办木材市场,轮穗村的经营能人去广西柳州等地采购木材,通过包火车皮运至嘉兴、苏州等地,再用船运至村上,通过粗加工(将原木锯成板材),再将木材销往太仓、昆山、无锡等地。在经营户的示范带动下,亲帮亲、邻帮邻,最后全村300多户,有80%以上的人家参与木材生意。

1990年，吴江县庙港什木调剂市场开业，位于轮穗村连家漾畔。1992年，吴江县庙港什木调剂市场更名为吴江市庙港什木调剂市场。1995年，市场销售额5000多万元。1996年，建一条水泥公路，方便经销户运输。2003年，在市场道路和木堆两侧安装路灯150盏，并增设专管联防队员2人，加强对市场的安全保卫工作，并与工商、税务等部门联动，做好销售服务工作。

至2004年，市场占地150亩，东西间距长2千米，成为华东地区大型专业市场之一。市场内经营户划界设摊，从事木材营销，所有木材从广西一带采购，通过火车运抵嘉兴、苏州，早期由轮船运入市场。2004年后，改用大型货车从公路运入。场内采用"一条龙"经营方式，管理人员分工采购、接货、卸装、出售和分配。场内专业进销户从市场批发后运到周边太仓、昆山、无锡、镇江及苏北、沪、浙等地销售。2004~2005年，市场兴旺时期，年销售木材15万立方米。2006年后，逐年减少。2008年，销售木材6.75万立方米，从事木材运销的专业户也相应减少，从最多时期的180户减至150户。2012年，吴江市庙港什木调剂市场更名为吴江区庙港什木调剂市场。

2015年，销售木材3万立方米，从事木材运销的专业户有50户。

表6-13　　　　　　　　2000~2015年吴江区(市)庙港什木调剂市场销售情况表

年份	经营户(户)	摊位(个)	销售量(立方米)	年份	经营户(户)	摊位(个)	销售量(立方米)
2000	130	80	90000	2008	150	75	67500
2001	130	80	82500	2009	130	60	62000
2002	130	80	90000	2010	130	60	58000
2003	130	80	112500	2011	120	55	52000
2004	180	90	150000	2012	100	40	47000
2005	180	90	150000	2013	80	35	40000
2006	180	90	90000	2014	70	30	38000
2007	170	85	82500	2015	50	20	30000

第四节　出口贸易

一、出口商品

七都、庙港的传统出口产品有蚕茧、丝、绸和小湖羊皮等。中华人民共和国成立后，出口商品逐年增多。80年代，镇村工业崛起，农业种养发展。七都地区出口商品有活蚬、藕片、紫苏叶、乳黄瓜、蜂蜜、兔毛、小湖羊皮、皮革、针织服装、绢纺、乔绒、铸铝、铁制家具、木制家具、卤素管、通信电缆等。七都缫丝厂生产的白厂丝、被江苏省丝绸进出口公司列为定点出口产品。庙港地区的出口商品主要有：螃蟹、活鳗、银鱼、大蒜头、脱水刀豆、小黄瓜、湖羊皮、黄狼皮、兔皮、貂皮、羊毛、羽毛、兔毛、猪皮、羔羊皮、丝绵、真丝绸、服装、富马酸、枯茗醛、大蒜素、溴化钠等。羔羊皮年产1万多张，被外商赞扬为"白色的银子"，行销中国香港、日本、德国等地区和国家。庙港蚕丝、太湖银鱼均驰名海内外。

二、经营方式

中华人民共和国成立后，丝绸由中国茧丝公司盛泽办事处统管，委托七都、庙港供销社开展收茧、烘茧业务。1974年11月，县对外贸易公司成立后，统一经营全县出口商品。七都、庙港出口商品的经营方式，大多为非直接出口，由吴江县外贸公司或上海市、江苏省、苏州市等地的外贸公司代理。

1987年8月，七都、庙港乡外贸公司成立，开始组织收购外贸产品。并通过吴江、苏州、嘉兴、宁波、上海、南京、广州、深圳、北京、大连等外贸公司出口美国、日本、德国、澳大利亚、新加坡、英国、荷兰、俄罗斯、阿联酋、巴基斯坦等国家。1993年,庙港缫丝厂生产不同规格优质白厂丝(生丝)180吨,平均等级3A89,获省优质产品荣誉称号。列为江苏省丝绸公司出口定点厂家,生产的白厂丝经省丝绸公司出口法国、日本、澳大利亚、韩国等国家和地区。少数通过上海中丝公司出口。年贸易收购额8500万元。是年,七都镇外贸商品收购额1.05亿元。1994年,庙港镇中外合资企业苏州大中服装有限公司,年产服装14万件,缝制出口服装。自营出口法国,年出口创汇206万美元。是年,七都镇外贸商品收购额3.8亿元。1995年,庙港镇年产服装16.28万件,出口服装14万件,产品运销匈牙利、波兰等国家和中国香港地区。年外贸收购额4.96亿元。是年,七都镇外贸商品收购额5.02亿元。2002年,庙港镇出口贸易有所增长,包括化工、食品、丝绸、金属制品等,全部出口总额超过1000万美元。

2004年,七都镇的家具厂生产以外销为主的室外金属家具产品远销欧美、澳大利亚、中东等国家和地区。2005年,金明纺织的产品销往西欧、中东和东南亚各国;明珠纺织产品以外销为主,主要市场在波兰、土耳其等国家。2008年,巨龙集团的主要产品铜带、铜箔、引线框架材料、铜杆等销往马来西亚、印度、印度尼西亚及越南等国。

2009年,亨通光电股份有限公司自营生产进出口总额2752万美元。

2015年,全镇完成进出口总额31721万美元,出口额22110万美元。

表6-14　　　　　　　　2003~2015年七都镇利用外资、出口额完成情况表

单位:万美元

年份	新增注册外资	实际到账外资	出口额	年份	新增注册外资	实际到账外资	出口额
2003	3080	633.09	—	2010	3572	1615	8083
2004	1428.4	985.28	—	2011	2957	2140	13989
2005	1327	421.13	2059	2012	3238	2228	12050
2006	832.3	508.8	3547	2013	1888	2022	17183
2007	3012	1018.1	3994	2014	4342	1279	23030
2008	2002	1511	7039	2015	8006	1500	22110
2009	2351	1140	7013				

第五章　商业管理

第一节　工商行政管理

一、管理机构

1983年,七都乡成立工商行政管理组,其行政、业务属八都工商所管辖。1984年,庙港乡成立工商行政管理组,其行政、业务属横扇工商所管辖。2002年8月,吴江工商局进行机构调整,由七都工商所与横扇工商所合并,成立吴江工商局太湖分局,管辖区域为七都镇、庙港镇和横扇镇,分局办公地址设在七都镇。2006年2月,太湖分局管理辖区再作变动,横扇镇单独成立工商分局,太湖分局辖区为七都镇,分局办公地点在七都镇七都大道1333号,在编干部11人,设分局长1人,副局长2人。内设综合、巡检、登记办公室,监察、财务、法制、市场合同等部门。2015年3月,吴江工商局太湖分局更名为苏州市吴江区市场监督管理局七都分局,办公地点不变。

二、登记注册管理

从工商行政管理组到工商行政管理分局,始终坚持管理与服务并重,支持和促进镇、村经济的发展,不断健全商业企业登记管理制度。1994年,七都光电缆产业得到较快发展,工商部门积极支持企业组建集团,是年,组建江苏亨通集团。1995年,庙港镇工商组对所有商贩进行全面、系统清理,发现企业名称、经营、注册资金等与实际不符的均依法给予更正。是年,庙港镇商业企业65家,其中法人20家,注册资金300万元。

苏州市吴江区市场监督管理局七都分局(摄于2015年)

1996年,在乡镇企业产权制度改革中,工商部门主动服务,简化手续,认真做好转制企业登记发照工作。2000年后,又大力支持、服务私营经济的发展,促进了七都镇包括铜包铝、PPR塑管等新兴产业多元经济的发展。2008年,全镇注册企业1021家,注册资金41.3亿元,其中民营企业983家,外资企业38家,个体工商户1830家。

2015年,全镇注册企业1640家,注册资金244.379亿元。其中民营企业1596家,外资企业44家。个体工商户3514家。

三、市场规范管理

改革开放以来,工商部门对市场的管理逐步从粗放型转向规范化、科学化、法制化管理。2008年,全镇7个农贸市场,全年成交额3.8亿元,4个专业市场、1个生产资料市场成交额13.3亿元,成逐年上升趋势。

随着市场的培育和发展,市场管理的任务,由过去单一管理农贸市场扩展到辖区内所有市场的管理,采取日常监管、专项检查、市场巡查等形式,加强市场监督管理。2002~2008年,太湖工商分局共出动市场检查人员1732人次,累计检查单位3208家(次),市场93个(次),查处违章违法案件230件,罚没金额30.5万元,同时加强农贸市场肉菜粮"三放心"工程建设。

2015年,苏州市吴江区市场监督管理局七都分局共出动市场检查人员348人次,累计检查单位708家(次),市场85个(次),为全镇人民营造安全消费的市场环境。

四、经济合同与商标管理

(一)经济合同管理

进入社会主义市场经济时代后,七都工商部门依据合同法规,全面推行经济合同制,包括购销合同、建筑工程承包合同、加工承揽合同、货物运输合同、财产租赁合同、联营合同、技术合同等。1985年起,七都、庙港乡在企业中开展"重合同、守信用"活动,每年组织评定。

在推行经济合同制的同时,开展合同鉴证,监督合同履约。1995~2008年,七都工商部门共检查各类经济合同982份,查处违法合同98份,合同金额682万元。

1996年开始,实施企业动产抵押登记管理成为扩展合同监管层次、加强合同管理的新内容,至2008年,共办理动产抵押物登记232件,借贷总金额23.5亿元。共涌现"重合同、守信用"企业216家(次),提高民营企业的信誉。至2015年12月20日,分局辖区新办企业登记155家,变更登记248家,辖区企业总数1596家,新办个体工商户登记391家,辖区个体工商户总数3514家。办理企业动产抵押登记56件,主债权51668.93万元。

(二)商标管理

长期以来,七都、庙港的注册商标发展缓慢。1988年前,七都、庙港无一件注册商标。90年代,随着光电缆行业兴起,工商部门主动帮助企业申请注册商标,支持亨通集团、双塔集团、巨通集团等规模型企业办理商标全类注册。2000年,七都、庙港镇注册商标418件。至2008年,商标注册数增至756件。

至2015年,注册中国驰名商标3件、江苏省著名商标8件、苏州市知名商标12件。

表6-15　　　　　　　　　2015年七都镇中国驰名商标注册情况表

商标注册人	认定商标	商品/服务
亨通集团有限公司	亨通光电及图	第9类　电源材料(电线、电缆)
苏州德尔地板有限公司	DER	第19类　地板
苏州帝奥电梯有限公司	帝奥	第7类　电梯(滑雪运动机除外)

表6-16　　　　　　　　　2015年七都镇江苏省著名商标注册情况表

商标注册人	认定商标	商品/服务
东方铝业有限公司	四强及图	金属门、金属窗、普通金属合金等
江苏凯伦建材有限公司	凯伦及图	防水卷材、油膏、沥青等
吴江市固友木门厂	固友	半成品木材、非金属门、非金属百叶窗
吴江市金丰木门厂	金丰及图	地板、拼花地板、非金属门
苏州力星防水材料有限公司	力星 LIXING	防水卷材、油毡
江苏新恒通集团有限公司	耀塔	电源材料(电线、电缆)
江苏欣达通信科技有限公司	欣达通及图	电源材料(电线、电缆)
通用电梯(中国)有限公司	GE	电梯(升降机)、自动梯、可移动电梯

表6-17　　　　　　　　　2015年七都镇苏州市知名商标注册情况表

商标注册人	认定商标	商品/服务
克莱斯电梯(中国)有限公司	CHRYCE	电梯(滑雪运动机除外)
国新电梯科技有限公司	国新	电梯(升降机)、起重机等
江苏欣达通信科技有限公司	欣达通及图	电源材料(电线、电缆)
吴江市金丰木门厂	泛家居	地板、拼花地板、非金属门
吴江市金丰木门厂	鲁班世家	地板、拼花地板、非金属门
吴江市固友木门厂	固友	半成品木材、非金属门、非金属百叶窗
苏州太湖湿地旅游发展公司	太湖湿地	运输、商品包装、旅德陪伴等
双塔集团公司	双塔	电源材料(电线、电缆)
东方铝业有限公司	四强及图	金属门、金属窗、普通金属合金等
通用电梯(中国)有限公司	GE	电梯(升降机)、自动梯、可移动电梯
苏州力星防水材料有限公司	力星 LIXING	防水卷材、油毡
富威科技(吴江)有限公司	FULLWAY	铜管、铜带

第二节　物价管理

一、物价机构

1982年11月,庙港公社市场管理委员会成立,负责全公社物价管理、监督工作。由供销社委派专人管理农贸市场和个体工商户。1983年,七都乡物价管理由工商行政管理组负责。

1992年5月,七都、庙港乡消费者投诉站建立,由乡财贸助理为站长,工商所、乡工会及有关部门干部参与,办公室设在工商所内。

2008年,七都镇调价备案领导小组成立,加强对提价备案商品的价格管理。

2015年,市场监管分局主管市场物价管理。

二、物价管理

1984年起,七都、庙港乡市场管理委员会进一步加强市场管理,并制订市场管理规章制度。在农贸市场增设公平秤、价目表,为入市顾客提供服务。同时,工商组会同有关部门开展定期和不定期市场检查,严禁腐烂变质、有毒食品上市。凡发现转手倒卖、哄抬市价、短斤缺两、以次充好、掺杂使假、欺行霸市等行为严加查处。1984~1995年,庙港镇(乡)共查获违章违法案件30起,罚没金额2.1万元。1995年,七都镇查获并销毁冒牌红塔山香烟100多条、各种不合规饮料200多箱、进口旧西服50多套,各种违章罚没款1000元,性质严重,勒令停业整顿的有2户。1996年,七都镇共查处违章案27起,罚没金额6.3万元。经过多次清查,加强管理,农贸市场的秩序井然,个体工商户正气上升,买卖公平。

90年代后期,消费价格、零售价格,以及农业生产资料价格均呈下降趋势。2000年以后,又逐渐上涨。2003年起,零售价格指数停止统计。2004年起,农业生产资料价格指数停止统计。

2005年,七都镇民用水、电、燃料等价格都按吴江市政府定价执行。在医院、学校、水电等单位的年检及平时检查中,未发现擅自提价、乱收费、搞价外价现象。至2008年,七都镇工商部门查处的主要物资有:假冒名牌香烟265条,假冒名酒215瓶,假冒名牌电扇115台,走私手表、计算器等物件301件,有效维护经济秩序和市场环境。

2015年,七都镇工商部门共立案查处不合格的液化气42.15吨、防水浆料11桶、节能灯175只、PPR管材3200米、过期食品茶叶2盒等,共立案查处各类经济案件21件,罚没金额52.09万元。七都消费者投诉站共受理消费者投诉25件,当年结案率100%,为消费者挽回经济损失12.41万元,维护消费者的合法权益。

第七卷

镇村建设

七都镇地处太湖之滨,历史上借助太湖水乡便民兴市,吴溇、庙港成为江南农村的2个传统集镇。明清时期就"沿街列肆,货物萃聚",初具浓郁的江南水乡特色。中华人民共和国成立后,庙港是大庙区、庙港乡(公社)、镇政府、街道所在地;吴溇是七都乡(公社)、镇政府所在地。50年代,吴溇镇区有490米街道,宽不足3米。庙港镇区老街全长400米,宽2米,街面块石铺设高低不平。1996年,七都镇区面积3.0平方千米,庙港镇区面积0.76平方千米。2003年12月,七都镇与庙港镇合并为新的七都镇。2015年,全镇行政区域面积102.9平方千米,镇区面积7.03平方千米。昔日偏僻落后的小乡成为"江苏省新型示范小城镇""全国文明先进镇""国家卫生镇"。

第一章 建设规划

第一节 总体规划

一、《七都镇总体规划》(1995年)

1995年,七都镇人民政府委托同济大学城市规划与设计研究院编制《七都镇总体规划》,规划年限到2010年。总体规划的范围是七都集镇区为吴溇、薛埠、沈家湾、渔业、捕捞5个村,控制总面积约4.6平方千米。镇域规划则覆盖全镇。

规划通过对七都社会、历史、自然条件的综合分析和科学预测,按照"面向世界,面向二十一世纪,面向现代化"的战略思想,逐步把七都建设成为一个交通便捷、生活便利、设施完善、环境优美、具有太湖之滨特色的现代化城镇,并最终实现社会效益、经济效益、环境效益的高度统一。

(一)镇域规划

1994年末,七都镇镇域人口32541人,实际城镇化水平约为35%。预测镇近期(2000年)总人口将达3.6万人,集中城镇化水平为37%;远期(2010年)总人口将达4.0万人,集中城镇化水平为50%。

七都镇规划村镇等级体系为三级:第一级为镇区,是全域村镇体系的核心,是全镇政治、经济、文化、商贸等的综合中心。第二级为重点中心村和中心村,以李家港、丁家湾、桥下、长村4个村为重点中心村,叶港、勤丰、行军、长渠港、钮家兜、菱荡湾等6个村为中心村。第三级为基层村,基层村是乡村中组织生产生活的基本单位。

依据区域自然条件、人口分布、经济基础等各种因素,建立空间排列有序的村镇网络,共分4个经济片区:以镇政府驻地为中心的综合经济区、以李家港村为中心的双塔桥工业区、以桥下村为中心的桥下工业小区、以沈家湾村南部为中心的镇郊工业开发区(心田湾工业区)。建立若干工业小区,有利于合理集中安置村办工业,便于组织生产、运输及协作,减少对环境的污染,节约使用土地,切实保护耕地资源。

在镇域范围内配置建设完善的基础设施和公共服务设施,并按照一定的服务半径,强化中心村的设施配套,使之成为周围一定范围的服务和管理中心。加强镇区和中心村的建设,在今后可能的条件下,逐步并村并点,将自然村的人口逐步集中,按现代化农村的要求建设农村居民点,形成环境优美、配套齐全、交通方便的新型农村社区。

(二) 镇区规划

规划确定七都镇的城镇性质为:七都全镇的政治、经济和文化中心,以发展工业和旅游度假产业为主的现代化水乡城镇。镇区人口规模按镇区实际居住人口测算,确定为近期1.2万人,远期2.0万人。

镇区用地规模依据国家和江苏省的有关规定,规划近期用地为100.31公顷,人均建设用地为83.59平方米,远期建设总用地为219.61公顷,人均建设用地为109.81平方米。

七都镇区发展以现有集镇为依托,沿交通轴线成片向西、向南发展。镇区西南片则以调整充实发展为主,沿吴越路两侧向北延伸,逐步形成一定规模,最终与镇区北部相连接。七都镇区空间总体布局将形成"一心一片一线多点"的结构。"一心"指现有旧镇区,通过改善提高,形成设施完备、功能综合的中心区。"一片"指规划镇区,以生活功能为主,建设成为具有水乡城镇特色的高质量、高标准的综合城区。"一线"指镇区西南向的带状发展区域,形成配套完备的工业小区。"多点"指规划建成区可划分为若干发展单元,各单元形成自己的功能特色。

《七都镇总体规划》对镇区的居住、公共设施、环境保护等都作了详尽的规划。《规划》得到镇人民代表大会的通过和上级主管部门的批准。七都的建设与发展均按规划实施。

二、庙港镇总体规划(1996年)

1996年,庙港镇人民政府委托苏州城建环保学院城乡规划研究所编制《庙港镇总体规划》(1996~2000年)。规划将庙港镇的城镇性质概括为环太湖地区,以农副产品加工业和丝绸服装业为主导,并富有丰富的渔业生产和旅游开发的江南名镇。规划范围是庙港镇行政区总面积53.3平方千米、镇区建设用地面积1.73平方千米。规划期限为1996~2000年。

庙港镇区已有蚕桑、缫丝、制衣一条龙产业结构。历史悠久的蚕桑业使新兴的丝绸加工业快速发展,并在国民经济中占主导地位。凭借濒临太湖的地理位置、湖光水色、渔业资源,庙港镇区具有优越的旅游开发条件。

随着环太湖地区的开发,沿湖公路及太湖大桥的形成,镇区将拥有良好的外部环境资源和发展机遇。镇区农副产品加工业中引进外资已有一定基础,庙港的第二产业中农副产品加工业比重将有所提高。

江村是费孝通从事社会学调查,也是全国和国际社会学调查基地,国内外享有很高的声誉,给庙港与国内外投资商的合作和开发创造良好的环境。加快沿大庙港建设,挖掘"开弦弓村文化",兴建费孝通纪念馆;改建旅游码头,争取与东山旅游对接;改建若干现有旅馆,提高设施水平,达三星级以上。

表7-1　　　　　　　　　　　　　2000年庙港镇镇区用地情况表

用地名称	用地面积(公顷)	用地比例(%)	人均指标(平方米每人)
居住用地	43.7	25.15	23.75
商业金融	13.56	7.8	7.37
行政办公	2.85	1.64	1.55
文教体卫	1.64	0.95	0.89
工业用地	52.22	30.06	28.38
仓储用地	4.41	2.54	2.4
对外交通用地	7.58	4.36	4.12
道路广场用地	24.95	2.57	3.45

(续表)

用地名称	用地面积(公顷)	用地比例(%)	人均指标(平方米每人)
市政公用设施用地	3.29	1.9	1.79
绿化用地	19.52	11.24	10.61
城镇建设用地	89.44	100	134.03
水域与其他用地	131.66		
规划区总用地	403.1		

注:庙港镇区2000年规划人口按1.84万人计算。

三、七都镇总体规划(2005年)

2005年,七都镇人民政府委托浙江大学城乡规划设计院编制《七都镇总体规划》(2005~2020年)。规划将七都镇的城镇性质概括为南太湖明珠、上海后花园,富有水乡特色的现代工业、生态、旅游型小城镇。规划范围是七都镇行政区总面积102.9平方千米、镇区建设用地面积11.72平方千米。规划期限近期为2005~2010年、远期为2011~2020年。

2005年,七都镇总人口6.06万人,镇区人口2.6万人,镇区面积5.65平方千米,国内生产总值26.6亿元。预测近期至2010年,七都镇镇区人口4.6万人,镇域人口8.3万人,城镇居住用地164.9公顷,城市化水平55%,国内生产总值44.29亿元。预测远期至2020年,全镇总人口10.2万人,镇区人口规模7.2万人,城镇居住用地334.5公顷,城市化水平70%,国内生产总值95.62亿元。

(一) 近期规划

近期建设规划年限为2005~2010年,根据城镇人口规模和用地规模,至2010年,七都镇镇区人口为4.6万人,人均建设用地180.8平方米,城镇建设用地规模为8.7平方千米。

1. 生态保护

金鱼漾周边分散的中小企业逐步迁移,向港东工业区和镇西工业区集中;太湖沿线1千米进深内村庄逐步疏散;补植沿湖沿河沿街树木,保护太湖沿岸湿地;整治沿太湖望湖路至望山路路段的建筑立面。

2. 住宅区

完善七都中心镇区住宅区建设;配合七都工业园区的开发,建设职工住宅区;启动和加快新农村建设,做好村民安置房建房的选址定点工作。

3. 公共设施

在吴溇港以东兴建七都文广中心大楼;完善自来水供水设施,完成农村改水工程;建设110千伏输变电工程;为新建住宅区配建完善的商业服务和文化教育设施。

4. 工业

开发建设港东高科技工业园区、镇西工业区基础设施建设,进一步集聚工业;逐步转移临浙工业园区内的企业,向镇区集聚,做大做强港东、镇西2个工业区。

5. 道路交通设施

建设吴溇桥,人民路继续往东拓展;建好西环路基础工程,全面建设亨通大道(230省道复线)、苏震桃一级公路、沪苏浙高速公路;建成港东工业区的主干路网。

6. 绿地

进一步推进环太湖湿地保护项目;完成八七公路、庙震公路等对外交通通道的绿化工程;启动吴溇港生态景观带的建设,完成太湖生态涵养带内的疏散控制;完善旧区街道河滨绿地。

7. 旅游

加快太湖度假村、太湖休闲中心等项目建设;沿大庙港建设美食休闲一条街;挖掘"开弦弓村文化",兴建费孝通纪念馆;改建七都旅游码头,争取与东山旅游对接;改建若干现有旅馆,提高设施水平,达三星级以上。

表7-2　　　　　　　　　　　　　2010年七都镇镇区用地情况表

用地名称	用地面积（公顷）	用地比例（%）	用地分类	用地面积（公顷）	人均指标（平方米每人）
居住用地	179.7	34.2	二类居住用地		39.1
			工业配套居住用地		
公共服务设施用地	99.1	18.8	行政办公用地	13.5	21.5
			商业金融用地	43.5	
			文化娱乐用地	7.5	
			体育用地	3.7	
			医疗卫生用地	3.8	
			教育科研用地	27.1	
仓储用地	1.2	0.2	仓储用地		0.3
对外交通用地	22.5	4.3	对外交通用地	—	4.9
道路广场用地	118.5	22.5	道路用地		25.7
			广场用地	—	
			停车场用地		
市政公用设施用地	12.9	2.5	市政公用设施用地	—	2.8
绿化用地	92.1	17.5	公共绿化用地	39.6	20
			防护绿地		
			生态绿地		
非生产用地	526				114.3
工业用地	340.8	—	工业用地		74.1
城镇建设用地	866.8	100			180.8
水域与其他用地	121.5		水域	84	

注:七都镇区2010年规划人口按4.6万人计算。

(二) 远期规划

远期建设规划年限为2011~2020年,规划范围是七都镇行政区总面积102.9平方千米、镇区建设用地面积11.72平方千米。根据城镇人口规模和用地规模,至2020年,七都镇镇区人口为7.2万人。

1. 镇域和镇区规划

城镇规划区范围为整个行政区划范围,规划城镇建设用地面积12.39平方千米,人均城镇建设用地(工业用地除外)为103.7平方米。发展方向分别为,向北紧靠太湖,基本没有发展空间,太湖沿线基本不作城镇建设用地考虑,适当安排部分居住用地。城镇南部有较为开阔的用地,在现有基础上继续完善建设,最南端金鱼漾为生态保护区,不宜过度开发。城镇西部区位和地质条件都较好,沿吴越路、人民西路工业相对比较集中,有一定的工业基础,在此基础上发展七都镇西工业园区。城镇东部有较为开阔的用地,依托七都大道、230省道复线,作为七都发展的主要方向之一。规划期内城镇主要沿望湖路继续向南推进,沿人民路跨过吴淞港向东发展,适当建设太湖沿岸,重点建设港东工业区,逐步完善七都镇西工业区。

用地形态采用"组团状发展"的模式。东环路东侧扩展为七都高新产业园区组团,称港东工业组团。东环路与吴越路之间,以吴淞港、望湖路为主轴,在完善七都镇区的基础上,向东向南发展,是七都现代化城镇的主要组成部分,称镇中组团。吴越路与西环路之间,是七都未来工业发展的主要区域之一,称镇西组团。沪苏浙高速公路东侧,230省道北侧,逐步将工业向七都转移,完善庙港社区,主要以居住、旅游功能为主,称庙港组团。

功能布局形成"双轴四片""一镇二翼"的布局结构:"双轴"——以七都大道为主的发展轴,以吴溇港为中心的生活轴;"四片"——港东高新工业园区,镇中的中心镇区,镇西的工业区,庙港社区;"一镇"——中心镇区;"二翼"——港东高新工业园区,镇西工业区。规划镇区干道网密度2.5千米每平方千米,支路网密度3.5千米每平方千米。

镇村体系职能结构以"明确七都镇域内中心城镇与各基层村的职能和分工,进一步发展中心城镇,并同时发挥各乡村的优势,节约土地,合理安排社会生产活动"为目标,将七都村镇职能等级划分为镇域中心和基层村两级。镇域中心包括镇政府驻地和原七都镇范围,远期人口规模5.7万人;庙港社区和原庙港镇范围,远期人口规模1.5万人。基层村包括22个人口规模在1000~2000人的村。村镇发展策略是依据七都镇人口和农村居民点的实际情况,采取包入式、迁弃式、归并式和征用式等调整策略,对人口100人或30户以下的自然村以适宜的方式撤并,并对保留的农村居民点予以调整和完善,建设完善的对外交通网络。镇域对外交通基本以230省道复线和西环路为主体,进一步加强一区两片之间的联系。

2. 旅游规划

镇域旅游规划以建设生态型滨水城镇为目标,立足于现有的景观风貌特色,合理组织景观各要素,保护自然环境空间和历史人文环境,创造舒适、美观、富有个性的城镇景观。满足人们对环境空间的高品质要求,发挥七都的自然资源和历史文化特色。

整体空间景观组织包括环太湖生态涵养带、金鱼漾生态涵养带,以吴溇港、大庙港为中心的城镇生活主轴以及太浦河、开弦弓、环湖风光区、中心广场等景观节点,形成"两带双轴四点"的景观网络结构。

3. 绿化与水系规划

绿地河网水系规划期末镇区公共绿地面积为52.1万平方米,河道面积84公顷(不含湖面水体面积),人均绿地面积12.6平方米,绿化覆盖率50%以上。保留现有除长度小于30米的尽端河汊以外的所有河道,并适当恢复现有湖面水域,将其纳入城镇生活与景观空间之中,保持城镇生态系统,充分利用水体构筑江南水乡城镇的风貌特征,同时也作为农田水利、旅游航道、防洪除涝系统不可缺少的组成部分。

总体规划还对给水、排水、供电、燃气、通讯、环保等市政基础设施进行布局,并涉及工业仓储用地规划、历史文化名镇保护规划、环境卫生设施规划以及综合防灾工程等方面。

表7-3　　　　　　　　　　2011~2020年七都镇镇区用地情况表

用地名称	用地面积(公顷)	用地比例(%)	用地分类	用地面积(公顷)	人均指标(平方米/人)
居住用地	283	37.9			39.3
			二类居住用地		
			工业配套居住用地		
公共服务设施用地	123.1	16.5	行政办公用地	13.5	17.1
			商业金融用地	66.6	
			文化娱乐用地	4.9	
			体育用地	3.7	
			医疗卫生用地	4	
			教育科研用地	30.4	

（续表）

用地名称	用地面积（公顷）	用地比例（%）	用地分类	用地面积（公顷）	人均指标（平方米/人）
仓储用地	6.1	0.8	仓储用地	—	0.8
对外交通用地	26.4	3.5	对外交通用地	—	3.7
道路广场用地	157.1	21	道路用地	—	21.8
			广场用地	6.2	
			停车场用地	4.8	
市政公用设施用地	14.6	2	市政公用设施用地	—	2
绿化用地	136.3	18.3	公共绿化用地	71.5	18.9
			防护绿地		
			生态绿地		
非生产用地	746.6	100			
工业用地	492.8	—	工业用地	—	68.4
城镇建设用地	1239.4				172
水域	74.6		水域	74.6	

注：七都镇区2020年规划人口按7.2万人计算。

第二节　太浦闸村建设规划

2006年，七都镇人民政府委托上海日景联合设计机构编制《吴江市七都镇农村集中居民点详细规划——太浦闸村》(2006~2020年)。是年完成编制。

太浦闸村辖区面积5平方千米，有10个自然村落分布在太浦河南北两岸，常住人口3397人。本次太浦闸村建设规划用地范围界定为太浦河南岸(沿湖公路)以南，联圩河以北，罗家港以东的地块，总面积36公顷。村域规划以聚集发展为基本原则，综合考虑镇域居民点布局要求和环太湖生态防护要求，规划村域形成"园—河—庄—田"的模式。集中居民点整体结构规划通过总体上合理组织土地利用和空间结构、构建道路交通、园林绿化、水系等系统规划，形成合理的空间发展框架。

第二章　道路　桥梁

第一节　道　路

一、镇区道路

（一）道路建设

中华人民共和国成立初，吴溇集镇区有3条街3条弄。3条街是东街(粧桥以东街面)，长50米。西街(粧桥以西至青石桥街面)，长300米，但盛家桥以西均很冷清。南街(北粧桥至南粧桥间吴溇港西岸街面)，长140米，宽均不足3米。3条弄是王家弄、马家弄、文弄。

1985年,七都镇区主要路街有吴溇东街混凝土路面,吴溇西街混凝土、条石路面,吴溇南街砂石路面,路街总长530米。80年代末至90年代末,七都镇(乡)政府对集镇道路建设作出规划,先后投入3000多万元,新建、修建望湖路、桩桥路、新村一路、新村二路、富家路、人民路、国富大道、广场路、邮电路、吴越路、望山路、建设路等20条道路。2003年,新建创业路、常增路等道路。2008年,七都镇区道路建成望湖路、吴越路、东环路、环湖路、人民路、建设路等7条主干道,另有富家路、创业路等14条次干道,道路总长27.58千米。

至2015年,镇区道路建成望湖路、望山路、西环路、吴越路、万宝路、南太湖大道、七都大道、亨通大道等主干道,另有富家路、桩桥路等24条次干道,道路总长40.84千米。

(二) 主要道路

1. 望湖路

望湖路是七都主干道,1981年12月始建,位于镇区中部,南起建设路,北至环湖路,长1380米,宽16米,为沥青路面。2015年,路面改造硬化、延伸、拓宽后,南起建设路,北至南太湖大道,长1474米,宽28米。

2. 望山路

望山路是七都主干道,1996年10月始建,位于镇区中部,南起人民路,北至环湖大道,长970米,宽21米,为沥青路面。2015年,路面改造硬化、延伸、拓宽后,南起亨通大道,北至南太湖大道,长1946米,宽28米。

3. 吴越路

吴越路是七都主干道,1997年12月始建,位于镇区西部,南起吴越大桥,北至心田湾大桥,长4200米,宽24米,为沥青路面。2004年,向北延伸,由心田湾大桥至环湖路延长2950米,拓宽至28米。2015年,路面改造硬化、拓宽后,南起吴越大桥,北至南太湖大道,长7150米,宽28米。

4. 万宝路

万宝路是七都主干道,1996年10月,东环路始建,位于镇区东部,南起环湖路,北至八七公路,为沥青路面。2012年,东环路更名为万宝路。2015年,万宝路路面改造硬化、拓宽后,南起双塔路,北至南太湖大道,长2980米,宽18.5米。

5. 南太湖大道

南太湖大道是七都主干道,1992年,沿湖路始建,位于庙港镇北部,东起太浦河节制闸,西至庙港实验小学;环湖路,东起蒋家港路,西至吴越北路。2013年,沿湖路、环湖路更名为南太湖大道。2015年,路面改造硬化、拓宽后,东起太浦河节制闸,西至与江浙交界处。长15050米,宽15米,为沥青路面。

6. 七都大道

七都大道是七都主干道,2003年,人民路始建,位于镇区北部,东起东环路,西至西环路,为沥青路面。2012年,人民路更名为七都大道。2015年,路面改造硬化、延伸、拓宽后,东起230省道,西至莘七线,长5150米,宽22米,为沥青路面。

7. 亨通大道

亨通大道是七都主干道,2005年1月始建,位于镇区中部,东起东环路,西至西环路,为沥青路面。2009年,路面改造硬化、拓宽。2015年,东起万宝路,西至南太湖大道,长5500米,宽40米,为沥青路面。

8. 巨龙路

巨龙路是七都主要次干道,2002年10月,真诚路始建,位于镇区中部,南起创新路,北至名苑路。2013年,真诚路更名为巨龙路。2015年,路面改造硬化、拓宽后,南起富圣路,北至莘七线。长

1450米,宽10米,为沥青路面。

9. 创业路

创业路是七都主要次干道,2003年1月,创业路始建,位于镇区中部,东起望湖路,西至东环路。2015年,路面改造硬化、拓宽后,东起万宝路,西至元春路。长1225米,宽18米,为沥青路面。

10. 建设路

建设路是七都主要次干道,1982年11月始建,位于镇区中部,东起望湖路,西至吴越路。2015年,路面改造硬化、拓宽后,东起望湖路,西至吴越路。长1500米,宽21米,为沥青路面。

表7-4　　　　　　　　　　　　　2015年七都镇主要道路情况表

单位:米

道路名称	起点	终点	走向	长	宽	建成时间
望湖路	建设路	南太湖大道	南北	1474	28	1981年
建设路	望湖路	吴越路	东西	1500	21	1982年
南太湖大道	太浦河节制闸	江浙交界处	东西	15050	15	1982年
七都大道	230省道	莘七线	东西	5150	22	1987年
望山路	亨通大道	南太湖大道	南北	1946	28	1996年
吴娄路	望湖路	吴越路	东西	1340	10	1996年
恒达路	望湖路	望山路	东西	600	10	1996年
富家路	七都大道	吴娄路	南北	376	18	1996年
万宝路	双塔路	南太湖大道	南北	2980	18.5	1996年
广场路	吴娄港	望湖路	东西	210	6	1997年
邮电路	吴娄港	望湖路	东西	230	6	1997年
吴越路	吴越大桥	南太湖大道	南北	7150	28	1997年
创业路	元春路	万宝路	东西	1225	18	2002年
创新路	望湖路	万宝路	东西	1749	18	2003年
名苑路	苏龙路	万宝路	东西	1000	18	2003年
苏龙路	八七公路	七都丝织厂	南北	1080	13	2003年
巨龙路	富圣路	莘七线	南北	1450	10	2002年
元春路	创新路	陈家埭	南北	970	8	2004年
亨通大道	万宝路	南太湖大道	东西	5180	40	2005年
创立路	苏龙路	万宝路	东西	1220	18	2006年
创举路	苏龙路	万宝路	东西	1260	18	2006年
洪恩路	八七公路	创业路	南北	2078	12	2007年
锦港路	庙震路	繁荣路	东西	1000	30	2008年
联强路	开弦弓路	南太湖大道	南北	1800	6	2010年
杨田路	杨田村	建设路	南北	800	4.5	2011年
浦江源大道	230省道	莘七线庙港大桥	南北	1570	18	2012年
灿烂大道	230省道	莘七线	南北	1450	16	2013年
冠洁路	230省道	庙港村大桥	南北	570	10.4	2013年
横港路	230省道	南太湖大道	南北	1810	4.5	2014年
行军村路	双塔桥村	行军村	东西	900	4	2015年

二、其他道路

(一) 庙港社区集镇道路

中华人民共和国成立初,庙港集镇区只有东西2条块石小街,全长400米,宽2米,西街为主要商业街。还有3条弄,分别是盐店弄、糖坊弄、庙弄。

1985年,镇区道路总长2070米,其中庙港街长490米,东万顷路长150米,西万顷路长430米,庙震公路镇区段长为1000米,宽30米的二级公路。1992年,修建沿湖东路和沿湖西路。1997年,新建繁荣路、镇南大道,拓宽东万顷路、西万顷路和庙新街。2003年,庙港镇区道路总长10100米(庙震公路镇区段长为1000米)。沿湖东路、沿湖西路、庙新路、庙东街、庙西街是集镇区主要商业街。

表7-5 　　　　　　　　　　　　　　2003年庙港镇主要道路情况表

单位:米

道路名称	起点	终点	走向	长	宽	建成时间
庙震路	沿湖东路	镇南大道	南北	1000	30	1983年
庙西街	狮子桥	里贤港	东西	200	6	1990年重建
沿湖东路	庙港大桥	庙港团结桥	东西	5000	30	1992年
沿湖西路	庙港团结桥	沈家港桥	东西	1100	30	1992年
庙新路	庙东街	沿湖东路	南北	250	6	1997年重建
东万顷路	银匠桥	沿湖东路	南北	300	6~10	1997年重建
西万顷路	秦家桥	沿湖西路	南北	500	8	1997年重建
繁荣路	镇南大道	庙东街	南北	250	8	1997年
镇南大道	庙震路	繁荣路	东西	250	10	1997年
庙东街	狮子桥	庙震路	东西	250	6	2003年重建
庙震公路	沿湖东路	罗坡桥	南北	11800	16	2003年重建

(二) 农村道路

七都、庙港地区农村历来以田埂、河岸、湖堤为通道,晴天路面高低不平,雨天地面泥泞难走。除"湖塘路"外大部分都是狭小的村道。世代延续逢河大多架有桥,有的地方集资建有石桥,如沿太湖的"湖塘路",历史上建有多处石桥。

1958年,农村以电力灌溉渠道为大路。1979年后,自行车遍及农村,为解决行路难问题,各村相继整修村道,村道宽约1.5~2.5米,上铺宽0.8~1.5米的混凝土路面。1983年7月,开弦弓至震泽公路建成通车,随着八(都)七(都)公路、浔(南浔)七(都)公路、庙(港)震(泽)公路的开通,镇郊各村陆续修筑通往镇区的公路。离镇较远的农民上街走田埂,运输靠水路。1992年,环湖公路建成通车。1994年起,镇村共同投资修筑镇村公路。七都、庙港镇各村陆续修筑通往镇区的公路。至1995年底,村村(行政村)通上公路,是年,庙港镇公路总长37.55千米。1999年,七都镇村级公路总长42.31千米。2000年起,各村进一步改造公路等级,进行"硬化、黑色化",至2005年,七都镇公路改造工程初战告捷,公路等级有明显的提升,其中50%以上的公路达到二级或三级标准。路面宽度增至7~25米。2015年底,全镇公路通车里程254千米。

第二节　桥　梁

一、镇区桥梁

中华人民共和国成立初,七都镇区有桥梁13座。1968年,建人民桥,为钢筋混凝土桥。1985年,翻建北桩桥(始建于宋代)。随着集镇建设的发展,改建、新建桥梁20多座,均为钢筋混凝土平桥,按负载"汽-15T"设计施工。2015年,镇区共有桥梁30座,其中古桥1座(桩桥)。

表 7-6　　　　　　　　　　　　　　　　2015 年七都镇区桥梁情况表

单位:米

桥梁名称	桥址	长	宽	建成时间
粧桥	粧桥路	7.8	7.6	始建于宋代,1985 年翻建
心田大桥	吴越路	20	18	1994 年
北心桥	吴越路	8	18	1994 年
二号桥	吴越路	15	18.6	1994 年
阳涧桥	吴越路	5	24.7	1994 年
强家桥	七都大道	11	18.6	1996 年
雨字桥	七都大道	9	18.2	1996 年
油车桥	富家路	5.8	18	1996 年
南横港桥	望湖路	5	18	1997 年翻建
望山桥	望山路	12	21.6	2000 年
建设桥	建设路	10	16	2002 年翻建
元春桥	元春路	11	14	2002 年
常增桥	常增路	11	18	2002 年
承恩桥	常增路	11	18	2002 年
人民桥	七都大道	23	26	1958 年始建,2003 年翻建
创新桥	创新路	18	16	2003 年
康民桥	七都大道	9.6	26	2003 年
为民桥	七都大道	9.6	26	2003 年
富民桥	七都大道	9.6	26	2003 年
思源桥	名苑路	4	14	2003 年
思进桥	名苑路	4	14	2003 年
建业桥	创业路	11	14	2003 年
立业桥	创业路	11	14	2003 年
兴业桥	创业路	11	14	2003 年
曹家桥	常增路	6	16.6	2003 年
真诚桥	常增路	19	14	2006 年
北连圩桥	富太路	15	5.8	2009 年
二号桥	吴越路	9	18.5	2012 年
北新桥	吴越路	18	21.5	2012 年
丁家港桥	湖塘路	15	4	2012 年

二、其他桥梁

(一) 庙港社区集镇区桥梁

80 年代初,庙港镇区有桥梁 7 座,其中古桥有狮子桥、秦家桥 2 座,历代有修缮和改建。1988 年,建庄港北桥。2000 年,建庙港大桥,长 308 米,宽 16 米。2003 年,庙港集镇共有桥梁 9 座,其中古桥 2 座,分别是狮子桥和秦家桥。

表 7-7　　　　　　　　　　　　　　　　2003 年庙港镇桥梁情况表

单位:米

桥梁名称	桥址	长	宽	建成时间
狮子桥	庙港老街	12	8	明代初建,民国 11 年(1922)修建

(续表)

桥梁名称	桥址	长	宽	建成时间
秦家桥	大庙港	12	5	初建无考
庄港北桥	庄港	10	16	1988年
团结桥	沿湖路	12	16	1991年
庄港南桥	庄港	10	8	1993年
富太桥	富太路	13	6.8	1996年
庙港大桥	太浦河口	308	16	2000年
横路桥	庙开线	37	16	2002年
南联湖桥	庙开线	28	16	2003年

（二）农村桥梁

七都、庙港沿太湖地带史称"湖塘"，又称"湖塘埂"，清乾隆《震泽县志》形胜卷载："滨湖则有湖塘一带绵延百里宛若游龙"，通湖诸港均筑有石桥，内河有石桥或木桥，沿太湖72港，七都、庙港境内尚有完整的石桥37座，其中有建于宋代的东庙桥；建于明代的洪恩桥、广福桥、双塔桥；建于清代的博士桥、聚良桥、利济桥等。1981年起，镇村公路开始建设，新建不少公路桥，庙震公路有北联圩桥、庄圩桥、老太庙港桥、横路桥、西清河桥、匠人港桥、民字浜桥、罗坝桥共8座；沿湖公路有汤家浜桥、时家港桥、大明港桥、鸦鹊港桥、庄港桥、庙港桥、张家港桥、沈家港桥、南盛港桥、五徐港桥、廖扶港桥、徐杨港桥、姚家港桥、小阳港桥、更楼港桥、西溪庙港桥、半夜浜桥、陆家港桥、双板港桥、马家港桥、倪家港桥、塘桥浜桥、通堤桥、丁家港桥共25座；隐读线有建勤桥、日晖桥、晏丰桥、勤丰桥、隐读5桥、隐读6桥、隐读7桥共7座；民行线有锡波桥、西湾头桥、行义桥、燕浜桥共4座；环崔线有北茂桥、轮穗桥、德兴桥、西联河桥共4座等。至2015年，全镇农村共有公路桥梁99座。（详见第九卷）

第三章　公共设施

第一节　供　电

1960年，七都、菱荡、方桥片建3座电灌站，七都公社部分地区开始使用电灯。1965年，庙港公社南片民字圩及城角圩建2座电灌站，庙港公社部分地区开始使用电灯。

1976年，七都、庙港公社电力站成立，七都公社拥有电灌站26座，总动力974千瓦；庙港公社拥有电灌站26座，总动力392千瓦。

1979年，七都公社拥有8台自发电机，功率218千瓦；庙港公社拥有16台自发电机，功率238千瓦。电力排灌普及两公社。

1986年开始，七都乡总投资210.7万元，建设农电标准村，整改配电所61座、配电盘211门、场地配角箱467只、380伏线路111.08千米、220伏线路157.43千米、农户2524户。整改中共安装标准电杆2218支，用去铝绞线72.09吨、绝缘导线327千米、钢材38.5吨、木材40立方米。新增农村配电410千伏安变电器7台和430千伏安7台，新增配电630千伏安变压器10台。至1992年上半年,全乡完成用电标准化建设,并通过吴江县供电局、苏州市供电局对七都乡用电标准化的检查验收,使七都乡用电管理站获得"二级站"的资格。

1992年7月14日,35千伏七都变电站投入运行,位于行军村9组,占地面积2520平方米,建筑面积1000平方米。安装8000千伏安主变压器1台,35千伏进线1回,10千伏出线3回,总投资326.94万元。1993年,将原接昌恒线的七都片的配变1065千伏安,10台调接至大儒线用电,并架设方桥线,使方桥片的用电从昌恒线上脱离出来。架设吴溇镇线,启动吴溇镇线窗位。1994年5月,方桥线、吴溇镇线分别投入运行,七都变电站新增10000千伏安主变压器1台。7月12日,庙港镇投资800万元建成35千伏变电站1座,并于当年投入运行,占地面积2119平方米。电气安装由苏州电力技工学校输变电工程处施工。安装无锡变压器厂制造的10000千伏安主变压器1台,35千伏进线1回,10千伏出线5回。是年,特种电缆厂、华东通讯电缆厂、亨通光电通讯电缆厂等3项高控高计投入运行,并增设色织化纤厂、上海电子元件廿一分厂、自来水厂、豪都公司各一台变压器。

1995年,七镇镇拥有35千伏变电站1座、主变容量18000千伏安2台、10千伏线路总长55千米、配变19085千伏安98台,低压线路380伏线路121.85千米、220伏线路165.8千米。全镇管电小组48个、成员153名、电工142名。电力站拥有固定资产380.16万元。1997年,庙港镇完成"四遥"(遥测、遥信、遥控、遥调)改造,成为微机保护、中央微机监控、无人值守的综合自动化变电站。1998年,庙港全镇进行农村电网改造,优化电网结构,执行全省统一电价。

1999年9月28日,七都变电站原地由35千伏扩建升为110千伏变电站,安装西安变压器厂制造的40000千伏安主变压器1台,该变电站为微机监控、无人值守、具有"四遥"功能的综合自动化功能变电站。1999年12月,七都、庙港供电所成立。2003年2月12日,开明变电站新增吴江变压器厂制造的20000千伏安主变压器1台。5月19日,第二期工程安装江苏华鹏变压器厂制造的40000千伏安主变压器1台。

2005年9月28日,110千伏心田湾变电站投入运行,位于心田湾,属丰田村,占地面积2594平方米,建筑面积1552.45平方米,主体建筑为两层框架结构。安装50000千伏安主变压器1台,110千伏进线1回,10千伏出线10回。该变电站为微机监控、无人值守、具有"四遥"功能的综合自动化功能变电站。是年,根据区域调整,七都供电所与庙港供电所合并,成为新的七都镇供电所。位于七都镇人民路,在职职工46人。2006年,110千伏盛庄变电站建成并投入运行,位于盛庄村,占地面积3051平方米,建筑面积1972平方米。安装50000千伏安主变压器1台,110千伏进线1回,10千伏出线10回。110千伏电气主接线为线路变压器组方式,110千伏配电装置采用户内敞开式布置,10千伏系统为单母线分段接线。该变电站为微机保护、中央微机监控、无人值守,具有"四遥"功能的综合自动化功能变电站。

至2008年,已形成与电力设施相适应的供电、用电、管电网络,拥有110千伏七都变、心田变、盛庄变及35千伏开明变4个变电站,主变容量20万千伏安,10千伏出线36回路,总长295.2千米,400伏线路547.7千米,910条。全镇变压器装机容量261955千伏安,836台,其中专用变压器202455千伏安,416台,农村综合变压器59500千伏安,420台。2008年,用电量68639万千瓦时。

2015年,七都供电所拥有220千伏变电站1座,总容量36万千伏安;110千伏变电站3座,总容量17万千伏安;35千伏变电站1座,总容量3千伏安。10千伏出线58回路,总长390.4千米,400伏线路707.2千米,1993条。全镇变压器装机容量550945千伏安,1404台,其中专用变压器364575千伏安,758台,农村综合变压器18637千伏安,646台。是年,用电量128520万千瓦时。

表7-8　　　　　　　　　　　　1996～2015年七都镇用电量情况表

单位：万千瓦时

年份	用电量	年份	用电量	年份	用电量
1996	5659	2003	25357	2010	86407
1997	6287	2004	35072	2011	96048
1998	6752	2005	41293	2012	104826
1999	6957	2006	49949	2013	116410
2000	13332	2007	53215	2014	122844
2001	14558	2008	68639	2015	128520
2002	20339	2009	73570		

注：2004年起，包括庙港用电量。

表7-9　　　　　　　　　　　　1996～2003年庙港镇用电量情况表

单位：万千瓦时

年份	用电量	年份	用电量
1996	1953	2000	3758
1997	1639	2001	3037
1998	2461	2002	3948
1999	3208	2003	5456

第二节　供　水

一、水厂供水

（一）七都水厂供水

1985年5月，七都乡政府筹建自来水厂，选定在原工业公司地段开挖深井1口，井深120米，建水塔1座，高32米，使用28千瓦深水泵，水箱容量80立方米。1986年，开始供水，日产水量960吨。供吴溇集镇280户居民用水。横塘、长村、永民、双荡兜、钮家兜、前浜兜、长渠港、桥下、文义兜、邱田、菱塘湾、焦田、丁家湾、勇联、双石港、蒋家港、叶港、李家港等村相继办起村级水厂，18个村的水厂日产水量共7400吨。

1992年，七都镇政府在太湖畔征地建造地面水厂，日产水量5000吨。供水范围除供镇区外，先后延伸至吴溇、勤丰、建勤、沈家湾、行军、渔业、捕捞、薛埠、染店浜9个行政村。水厂在1994年、1998年、2000年经过3次扩容，日产水量20000吨。2005年6月28日，区域供水工程开始对七都镇供水。10月，七都水厂并入华衍水务(吴江)有限公司。

（二）庙港水厂供水

1988年，庙港乡政府会同渔业村在太湖入口处筹建自来水厂。1989年1月，开始供水，日产水量200吨，解决约400户居民饮水问题。1993～1994年，勇星、金明、富强、五联、罗港、富联、开弦弓、西草田、民字浜、欢喜桥、张家浜、行义港等村相继办起村级水厂。1995年，庙港水厂易地新建。1996年5月，开始供水，日产水量1500吨。1997年，日产水量增至2500吨。供水范围除镇区外，扩大到合群、曙光、更楼港、庙港、七一等村居民，用户2000户。2002年，又扩展到轮穗村，日产水量为3000吨，用户增至2500户。2005年，扩展到开明村，用户增至2800户。2005年6月28日，吴江市区域供水工程开始对庙港社区和农村供水。10月，庙港水厂并入华衍水务(吴江)有限公司。

二、区域供水

2002年12月,吴江市区域供水工程在庙港镇联强村开工建设。区域供水工程是吴江市涉及范围最广、投资额最大的市政工程之一。工程分为两部分,一部分位于联强村是净水厂,占地14公顷,采用先进的折板絮凝、平流沉淀、V型气水反冲过滤、液氯消毒水处理工艺,造价2亿元;另一部分是遍布全市的管网。

2004年12月底,净水厂一期工程主体工程土建、安装全部结束,开始设备调试。2005年6月28日,七都镇通水,全镇的居民都能喝上优质太湖水。

2005年6月30日,吴江市与香港中华煤气有限公司合资的吴江市区域供水项目在深圳签约。双方同意在吴江市成立合资公司华衍水务(吴江)有限公司。

至2005年底,华衍水务(吴江)有限公司下属区域水厂1个,镇供水站23个。

2006年12月,华衍水务(吴江)有限公司对区域供水进行二期工程建设,总投资5.5亿元。2007年6月,完成水厂10万吨每日扩建一期工程;2008年6月,完成水厂20万吨每日的扩建二期工程和新铺管网78千米。二期工程竣工后,吴江市区域供水能力60万吨每日。

2015年,华衍水务(吴江)有限公司第一水厂占地面积13.7万平方米,建筑面积6784平方米。实现自动化生产系统,水处理、调动实现智能化,实践智慧水务。新建长13千米直径2.2米浑水管线。检测中心达到CANS(中国合格评定国家认可委员会)实验认证。投资6亿元,完成60万吨每日供水能力。具备"深度"处理能力,"深度"处理一期工程投资建设2.8亿元。农村管网改造完成七都低压区9个行政村改造,投资2500万元。

第三节 排 水

80年代初,七都、庙港镇区规模扩大,一些独立卫生设施的套房、住宅小区粪便通过三级化粪池发酵沉淀,尾水直接排入河道。大部分无室内卫生设备的旧式民居,仍使用马桶,在公厕旁的洗刷池洗刷,粪水由吸粪车抽吸外运处置。

1986~1996年,七都镇区在望湖路、望山路、吴越路、粧桥路铺设排水管道6465米;庙港镇区在庙东街、庙西街、庙震路铺设排水管道1984米。

1997~2002年,七都镇区排水管道铺设5216米,完成望湖南、中、北小区、教工新村小区、吴溇港东工业区的污水管网铺设;庙港镇区排水管道铺设2358米,完成沿湖小区、庙港路住宅小区、西苑小区、庙港工业区的污水管网铺设。

2003~2012年,七都镇区铺设排水管道36894米。

2013~2015年,七都镇区居民生活污水排往东庙桥污水处理厂进行处理,庙港社区居民生活污水排往庙港污水处理厂进行处理,镇区(包括各社区)生活污水处理率90%以上。同时,全镇加大力度整治农村生活污水排放造成的污染,完成18个村22个点的农村生活污水连片整治工程,每天可减少农村生活污水排放1000吨。

庙港水源地达标建设工程和太湖湿地生态修复工程开工,在保护太湖湿地生态系统的基础上,充分发挥湖边植被的水土保持和涵养水源功能,提高湖滨带截污、净污功能,有效提升太湖岸线保护、休闲和旅游功能。

隐读村店埭、东庙桥村小港里、长桥村虹呈港和太浦闸村栋树港农村生活污水治理工程完成,4个点统一采用50吨每日独立设施,总投资近300万元,铺设管网11.5千米,有288户农村家庭受益。

表 7-10 2003～2015 年七都镇下水道建设延伸情况表

单位：米

年份	下水道延伸	年份	下水道延伸
2003	12150	2010	800
2004	3920	2011	800
2005	2480	2012	1570
2006	5150	2013	2020
2007	3524	2014	810
2008	1000	2015	7680
2009	5500		

第四节 供 气

1986 年,七都、庙港乡机关、学校、事业单位和农村少数农户开始使用瓶装液化气。1987 年 4 月,七都液化气供应站成立,逐步向镇区居民提供瓶装液化气。2000 年初,七都液化气供应站扩建为七都燃料液化气公司,配有 40 立方米液化气储罐场,由吴江瓶装液化气批发商经营,储罐场集采购、贮存、灌装、批发及零售于一体。5 月,吴江市庙港中心液化站成立。是年,七都、庙港镇建管所、城管队各派一人参加燃气法规培训,配备燃气专管员,办理供气许可证,实行用户登记制和换瓶制。

2003 年,七都、庙港镇合并,七都镇瓶装液化气由七都燃料液化气公司和庙港中心液化气站供应。2008 年,全镇供应瓶装液化气 20 万瓶。是年,七都镇建立压缩天燃气供应站(简称 CNG 站),年底完成各项基本建设。2009 年,部分小区开始使用管道石油液化气。

2015 年,瓶装液化气仍由七都燃料液化气公司和庙港中心液化气站供应。全镇年销售瓶装液化气 25 万瓶。吴越名苑、湖畔花园、悦湖花园、湖滨花园、亨通苑、融创太湖景玉园、临湖花园、七都名人苑、丽景花园、港湖新城、太湖怡景花园 11 个小区使用由吴江城乡燃气发展有限公司提供的管道石油液化气。是年,11 个小区居民集中供气量 501 万立方米。

第四章 房屋建设

第一节 公共建筑

80 年代初,七都镇区各企事业单位规模较小,限于财力,只能因陋就简地利用原有公房或租用民房。1985～2003 年,由于经济迅速发展,企事业单位规模不断扩大,原有单位用房不敷使用,急需建造新的单位用房,七都镇政府、七都中学、中心小学、交警中队、中心幼儿园、七都丝织厂、七都卫生院、商业公司等单位均易地重建。供销社建造七都商厦、七都宾馆及联华超市。粮管所、保险公司、交通管理所、工商管理所、土地管理所、公安派出所、邮电支局等单位均新建宽敞的办公大楼。旧镇区原有旧房屋陆续拆除,翻建成新的商业用房。镇区新建成人教育中心、图书馆、影剧院、基督教堂等公共建筑和占地 6500 平方米的人民广场。

庙港镇政府、街道社区、工商所、农贸市场、敬老院、庙港中学、实验小学、中心幼儿园、水利站、交管所、国税所、农业银行、农商行、兽医站、农机站、广电站、食品站、卫生院、保险公司、房管所、邮政电信、劳动保障所、派出所、地税所等企事业单位都建办公楼、营业用房、校舍及辅助用房,总建筑面积50181平方米。

2004~2015年,七都镇完成庙港卫生院、养老中心、庙港公交枢纽(游客集散中心)、老太庙文化广场、七都水利站、文广中心、行政服务中心、消防中队、七都幼儿园、庙港污水厂中水回用工程改造等一批重点民生工程建设。

表7-11　　　　　　　　　　　2015年七都镇主要公共建筑情况表

单位:平方米

建筑名称	地址	建造年份	建筑面积
七都环卫所	七都大道南侧	1971	457
七都派出所	七都大道1299号	1984	2898
土地管理所	七都大道16号	1987	745
七都农业银行	粧桥路386号	1990年(易地新建)	1320
太湖(七都)渔政三支队	南太湖大道镇标旁	1990	1280
七都邮政所	望湖路246号	1993(改建)	958
七都农贸市场	望湖路东侧206号	1993(易地新建)	1500
庙港农业银行	南太湖大道558号	1995年(易地新建)	1350
庙港农村商业银行	团结桥东堍	1995(易地新建)	1057
七都镇政府办公大楼	七都大道1688号	1996(易地新建)	17551
庙港邮政所	南太湖大道	1996(改建)	1645
七都农村商业银行	望湖路与吴溇路交叉口	1996(易地新建)	3568
七都中学	七都大道10179号	1998(易地新建)	17158
七都成人教育中心校	元春路8号	2000(改建)	2006
七都税务所	七都大道1588号	2001年(易地新建)	2682
庙港实验小学	南太湖大道285号	2002(易地新建)	11874
文体站	七都大道1688号	2002	100
七都交警中队	吴越路谈家湾路口	2002	2430
太湖蟹文化馆	庙港社区西万顷路	2005	300
七都工商所	七都大道1333号	2006年(易地新建)	1294
太湖大学堂	南太湖大道太浦河西口	2006	2000
庙港农贸市场	庙港社区财富广场	2007(易地新建)	1500
庙港中学	庙港村14组南侧	2007	11282
庙港幼儿园	庙港社区繁荣路155号	2008(易地新建)	3533
中国江村文化园	开弦弓村(驻地)	2010	2200
七都卫生院	望湖路999号	2010(易地新建)	7000
七都公交枢纽站	望山路与亨通大道交界处	2012	1100
七都水利站	万宝路1079号	2013	1523
七都小学	粧桥路218号	2014(扩建)	15337
吴江区图书馆七都分馆	元春路8号(文体中心)	2014	300
文广中心	元春路8号临湖花园对面	2014	3000
七都幼儿园	粧桥路东首南侧	2014	8886
庙港街道办事处大楼	庙震路1399号	2015	6921
庙港卫生院	庙震路521号	2015(易地新建)	6921

第二节　住房建设

一、镇区住房

中华人民共和国成立初,吴溇集镇规模小,居民大多亦农亦商。沿街两边都是前门开店、后屋住人的连家店,民房一般是砖木结构的平房,且多数较破旧。至1985年,七都镇区住宅总面积3.44万平方米,人均13.8平方米;镇区居民住房矛盾十分突出,各企事业单位开始陆续建造职工住宅,住房紧张的局面得到缓解。1986~1992年,供销社、粮管所、农业银行、中学、中心小学、医院、乡政府、税务所等单位在镇区内共建造269套职工住宅,建筑面积2.14万平方米,住房内水、电、卫生设备齐全。1992年,七都城建综合开发公司成立后,开始建设商品房屋。1993年,七都丽都花园一期建成,为吴江市当时较好的住宅小区。此后,相继开发多处商住楼和住宅小区,规模较大的有锦绣豪门、湖畔花园、吴越名苑等。

2008年,七都镇区住宅建筑总面积24.98万平方米,人均30.2平方米。

2013~2015年,对七都镇区望湖路、新村一路、新村二路、富家路的沿街立面综合改造,庙港镇区的环湖路、庙港水街的沿街立面综合改造均已完成。

2015年,镇区住宅建筑总面积68.2万平方米,人均57.07平方米。

表7-12　　　　　　　　　　　2015年七都镇主要住宅小区建设情况表

单位:平方米

小区名称	小区地址	开发单位	建筑面积	建成时间
望湖小区	望湖中路西	多个单位参建	27522	80年代
亨通公寓房	南太湖大道	亨通光电股份有限公司	15000	90年代
吴溇路朝北商住楼	吴溇路	菀坪房产开发有限公司	11744	2002.6
亨通苑	望山路西侧	亨通光电股份有限公司	21340	2004.8
丽都花园(共4期)	富家路西侧	恒达房产开发有限公司	76731	2004.12
湖畔花园(共3期)	望山路东侧	恒达房产开发有限公司	37833	2005.12
玲珑花园	望山路西侧	震泽房产开发有限公司	1836	2006.4
吴越名苑	望山路东侧	亨通房产开发有限公司	27579	2006.8
璀璨星城公寓	七都大道北侧	恒达房产开发有限公司	51000	2007.6
锦绣豪门	望山路西侧	恒达房产开发有限公司	19129	2007.10
锦港花园	庙港中学南	鼎立房产开发有限公司	23520	2008.3
湖滨花园	南太湖大道南侧	鼎立房产开发有限公司	12611	2008.5
香都美墅	望山路东侧	震泽房产开发有限公司	6060	2010.10
皇家丽景	七都大道南侧	恒达房产开发有限公司	62513	2012.9
七都名人苑	望山路东侧	苏州七宝房产有限公司	36216	2012.9
太湖怡景花园	南太湖大道南侧	苏州九龙房产有限公司	57623	2012.6
皇家首府	七都大道南侧	恒达房产开发有限公司	36512	2013.9
港湖新城花园	南太湖大道南侧	苏州新富基置地有限公司	68937	2013.10
临湖花园(太湖国际)	七都大道南侧	苏州汇金置业有限公司	73553	2015.6
悦湖花园	南太湖大道南侧	亨通房产开发有限公司	56321	2015.12

二、其他住房

(一) 庙港社区集镇住房

中华人民共和国成立初,庙港集镇居民大多亦农亦商。沿街两边都是前门开店、后屋住人的连家店,住房大多砖木结构的平房,西街楼房较多,楼下用作店面房的有10多间,房屋质量优于东街平房。1952年起,随着大庙区、庙港乡政府的设置和商业活动的扩展,沿街民房逐年被拆迁或改建,街面房大多成为企事业单位用房,居民住房质量也有所改善。1974年,庙港房管组成立,直管公房566平方米。至1985年,庙港镇区居民住宅总面积2.33万平方米,人均住房面积8.5平方米。随着企事业单位的发展,人口逐渐增多,但各单位因资金短缺,不能解决员工的住房问题,只能靠租赁附近民房解决。90年代,庙港集镇居民开始自建或改建原有住宅,翻建楼房。集中在庙新街两侧,形成一街八弄,即庙新街、茶坊弄、复兴弄、民墅弄、创新弄、翠苑弄、新屯弄、园丁弄、菜场弄,成为居民聚集区和商业中心。同时,机关和事业单位出资建房,先后建成机关、银行、中小学、邮电、水利、粮管所、供销社等一批住宅小区。1994年,镇房管所开始商品房开发,在庙震公路庄港段,征用土地,建商品房41套,共5000平方米。后陆续在沿湖西路、庙新路、庙东路建商品房。1997年,镇房产公司开发沿湖路别墅小区2万平方米,入住居民45户。2000~2002年,在沿湖西路建商品房5000平方米,入住35户。2002年,西苑小区建成,建筑面积1万平方米,入住居民32户。2003年,镇区居民住宅总面积9.8万平方米,人均24.5平方米。

表7-13　　　　　　　　　　　2003年庙港镇主要住宅小区情况表

单位:平方米

小区名称	小区地址	开发单位	建筑面积	建成时间
沿湖路小区	沿湖路	镇房产开发公司	20000	1997
沿湖北小区	沿湖西路	镇房产开发公司	5000	2002
西苑小区	加油站南侧	镇房产开发公司	10000	2002

(二) 农村住房

50~70年代,七都、庙港农村住宅以砖木结构平房为主,也有少量楼房。房屋一般都坐北向南,也有少数坐西向东或坐东向西,大多位于大路或闹市等特殊位置。房屋结构和款式与农户的经济条件相关,有硬三间、三间带龙梢、五齐间、楼房等;房屋的进深也分五路、七路和九路;住房紧张的农户采用"前灶后房",如兄弟俩成家后住硬三间房屋,中间为客堂,左右两间前半间为厨房,后半间作卧室。大部分农房为三间正屋和厨房及猪羊棚等辅屋,当地称三间带龙梢,这种传统建房形式和生活习惯一直延伸到80年代。

1984年1月,县政府颁布《吴江县村镇建设用地管理规定》,明确规定分配给农民建房的宅基地须经审批后方可建房。

1985年,庙港乡出现第一批建楼房的农户有69户,建筑面积1.08万平方米。1985~1995年,七都镇(乡)新建楼房的农户4992户,建筑面积90.49万平方米;庙港镇(乡)新建楼房的农户3618户,建筑面积68.04万平方米。

1996年,七都镇新建农房1670间(其中楼房1547间),建筑面积6.59万平方米;庙港镇新建农房2138间(其中楼房2039间),建筑面积7.63万平方米。

至1999年,七都镇土地管理所严格执行上级主管部门的有关法规,农民建房能按章有序进行,杜绝私建、乱建房现象。土地管理部门累计批准农民建房用地174.94公顷(合2624亩)。

2002年,七都镇农村新建房屋835间(其中楼房695间),建筑面积3.59万平方米;庙港镇农村新建房屋1165间(其中楼房1066间),建筑面积4.28万平方米。

2004年,七都镇有230户农民建房,建房1289间,建筑面积44460平方米。2006年,市政府制定《吴江市农村居民住宅集中建设实施办法(暂行)》(吴政发〔2006〕92号),在农村经济发展的同时,加强农村基础设施建设,引导农民集中居住。2006~2008年,全镇有群幸、太浦闸、隐读、陆港、丰民、开弦弓6个村被列入新农村建设示范村。

2013~2015年,实施城乡一体化公寓式集居点建设,创新农村集聚安置方式,形成"政府规划+居民自建"的新型农村安置模式,完成望湖村、庙港村2处新农村集居点建设。

2015年,新增群幸村的帽子兜自然村被列入新农村建设示范自然村。农村新增住宅面积6.86万平方米,85%的农户改建成楼房,100%的农村住宅安装室内卫生厕所,农民人均住房面积41平方米。

表7-14　　　　　　　　　　　　1996~2015年七都镇农房建设情况表

年份	竣工房屋价值(万元)	建房间数(间)	其中楼房间数(间)	建筑面积(平方米)	其中楼房(平方米)
1996	4654	1670	1547	65873	63408
1997	2783	1070	1045	40073	39355
1998	3839	1370	1311	45811	41950
1999	4387	1232	1204	47670	41920
2000	3914	1588	1518	48778	42649
2001	6812	1318	691	43893	33158
2002	5595	835	695	35920	33855
2003	3572	518	385	48594	24556
2004	4448	1289	1139	44460	37639
2005	4335	1068	1068	51002	49509
2006	583	284	284	7290	5488
2007	2159	656	656	25404	24032
2008	3221	1188	1188	32214	30473
2009	6692	956	956	66920	66920
2010	3444	738	738	34440	34440
2011	3080	660	660	30800	30800
2012	3668	786	786	36680	36680
2013	9425	1122	1122	52360	52360
2014	7764	1662	1662	77560	77560
2015	6860	1470	1470	68600	68600

注:2004年起包含庙港农房建造情况。

表7-15　　　　　　　　　　　　1996~2003年庙港镇农房建设情况表

年份	竣工房屋价值(万元)	建房间数(间)	其中楼房间数(间)	建筑面积(平方米)	其中楼房(平方米)
1996	3140	2138	2039	76284	71296
1997	2853	1778	1658	61713	58440
1998	3499	1798	1688	56194	51672
1999	2900	1468	1342	52362	46767
2000	2432	1035	906	35377	32218
2001	3084	1506	1338	51527	45350
2002	3141	1165	1066	42831	36860
2003	2756	1002	909	32290	30990

第三节　建筑队伍

中华人民共和国成立初,七都地区泥木等工匠数以百计,庙港地区泥木等工匠约400多人,这些工匠散居于各村,或个人或自发组织为乡民建造、修理民房。1958年,庙港公社建筑站成立。组织当地泥木工建造公社大会堂。

建筑工匠都是通过拜师学艺,学徒一般要学艺三年方能出师,学徒期没有工资。但学成后的待遇还是不错的,当时农村流传着"笃、笃、笃,一块八,早吃鱼来夜吃肉",不少年轻人认为学泥木工手艺是较好的选择。1974年,庙港公社建筑站更名为吴江县建筑安装联合公司302工程队。

1974年,七都公社建筑站成立。组织当地泥木工进站。1975年,七都公社建筑站开始承建公用工程——公社大会堂和信用合作社营业所。

1981年,七都公社建筑站更名为吴江县建筑安装联合公司304工程队。80年代后期,七都、庙港的村镇建设加速和农村住宅的改善,加快七都、庙港的建筑和建筑材料行业发展。1984年,吴江县建筑安装联合公司302工程队、304工程队分别更名为七都建筑公司、吴江县庙港建筑公司。1995年,七都建筑公司有职工100多人,庙港建筑公司有职工155人。

90年代后期,农村建房由农村持证泥木工匠施工,企事业单位、工厂大部分建筑工程由建筑公司组织施工。2000年后,集体建筑工程项目逐步进入招投标程序,建筑市场更专业,更规范。

2002年,乡镇建筑公司完成转制工作,吴江市金都建筑工程有限公司成立,吴江市庙港建筑有限公司成立。

2015年,庙港建筑有限公司有职工1200多人,高级工程师2人,工程师25人,助理工程师36人,技术员145人;金都建筑工程有限公司有职工960人,高级工程师4人,工程师30人、助理工程师50人、技术员81人。

第五章　管理机构

第一节　吴江区国土资源局七都分局

一、机构

1988年,七都、庙港乡土地管理所成立。1997年,七都、庙港镇国土管理所,由吴江市国土管理局垂直领导。2003年,七都镇与庙港镇合并,七都镇国土管理所与庙港镇国土管理所合并为吴江市七都镇国土管理所。2006年11月,吴江市七都镇国土管理所改称为吴江市国土资源局七都分局。2012年11月,吴江市国土资源局七都分局改称为苏州市吴江区国土资源局七都分局。2015年,吴江区国土资源局七都分局工作人员12人。

二、管理

1989年8月,吴江县土地管理局制订《吴江县建设用地须知》,规定用地必须按立项、踏勘、测量、测算、审批等程序严格把关。七都、庙港镇国土管理所负责宣传和贯彻执行土地管理法律、法规、方针和政策,开展土地调查,土地分等定级、登记、统计,地籍档案管理和核发土地使用证书,编制土地利用规划和制定基本农田保护措施。依据各级政府土地管理部门的有关法规、政策,负责组织土地后备资源的调查开发,协助国土管理局督促辖区内土地管理方针、政策、法律、法规的执行情况,调查处理土地权属纠纷。严格控制占用耕地建房,根据社会和经济发展计划等,制订出村镇建设(建房)的用地计划和确需占用耕地的控制指标。严格执行上级主管部门的有关法规,使农民建房按章有序地进行,有效地杜绝私建、乱建房的现象。1989~1999年,庙港土地管理所共批复农民建房用地80.74万平方米,合1211亩;七都土地管理所共批复农民建房用地94.20万平方米,合1413亩。

吴江市国土资源局七都分局(摄于2015年)

2015年,七都镇向苏州市国土资源局申报土地整理项目,建设规模为4.7公顷(70.5亩),苏州市国土资源局批准后下达补助资金。

第二节 房地产开发

一、机构

1992年,撤乡建镇后,经吴江市计划委员会、吴江市建设委员会批准成立"七都镇城建综合开发公司",注册资本50万元。七都、庙港乡村镇建设办公室更名为七都、庙港镇村镇建设办公室。1997年7月,庙港房产管理组撤组建所,更名为吴江市房地产管理处庙港管理所。是年,吴江市房地产管理处七都管理所成立。2003年9月,市政府发出《关于各镇房管所实施产权制度改革的通知》。震泽镇、七都镇、八都镇、庙港镇房地产管理所合并组成吴江市房地管理处震泽管理所。是年,七都、庙港镇村镇建设办公室合并组建七都镇建设管理服务所。所址在望湖路望湖桥南(西)侧,建筑面积200平方米,工作人员13人。

二、建设管理

1983年,七都、庙港乡村镇建设办公室成立。村镇建设办公室负责制订乡村的建设规划,实施规划区的项目规划及管理,发放建筑许可证和收取建设配套费;建立民房服务队负责现场踏勘、放样,竣工后按合同进行占地面积、建筑面积验收;负责集镇市政建设、乡村道路桥梁建设和管理。1998年8月,七都、庙港镇建设管理服务所开展农村房产登记发证工作,同时对未登记的城镇房产进行登记发证工作。

三、城镇建设

1992年,开始规划七都镇城镇区域建城区方案,镇区主干道以县道延伸段为镇区南北中心主干道,南起采购站(原老医院)北至太湖防洪大堤,全长规划1.7~2千米。桩桥路东扩西伸规划:东至农机厂(现小学)西至望山路(吴溇十一组阿姨桥),全长约2千米。

规划建设用地征用吴溇村五组、六组、七组、八组、九组、十组、十一组,薛埠村部分村组、沈家湾部分村组土地,总体计划征用土地近千亩,分3~4批用10年完成征用建设,征地以城建办和开发公司为主体由各部门配合。

1992年底,七都镇区第一批规模的住宅小区是菜场小区第一期4幢72户。第二期2幢16户。该住宅小区是自己设计自己施工,从征地到竣工共用一年零五个月。沿街配套商业店面房同时竣工。

至1995年,庙港中心小学建职工住宅小区2840平方米,粮管所建职工住宅小区2700平方米,中国农业银行庙港办事处、信用社建职工住宅小区720平方米,镇机关建住宅小区3460平方米。集镇区居民住宅面积7.64万平方米,人均6.5平方米。

1996年,七都镇城镇建设为顶峰期,三大主干道的建设,望湖住宅3个小区的建设,易地新建政府办公楼,新建信用社、七都宾馆,上述工程均按时竣工。是年,七都镇被建设部村镇司、省建设厅列为小城镇示范镇。

1997年,七都镇房地产开发正式进入城市化管理轨道,同年在苏州市房地产管理局关心下,七都镇在全省率先成立物业管理公司作为小城镇建设、管理、服务一体化试点镇。1996~1999年,第三批住宅规划项目丽都花园和榭涛小区正式开工,该项目当时在全市属于大项目。1998年、1999年连续2年被建设部、省政府评为优秀物业管理企业。2004~2014年,城建办响应政府商业街改造尝试开发城市综合体的建设发展之路。2015年,推进"美丽村庄"建设,隐读村建成省"美丽村庄"示范点,群幸村文义兜、隐读村仁堂湾、陆港村陆家港建成苏州市"三星级康居乡村"。儒林佳苑、庙港住苑公寓房建设有序推进,湖畔人家、庙港人家2个新型集居点启动建设。

四、房产开发公司选介

(一) 苏州亨通房地产开发有限公司

2002年9月,苏州亨通房地产开发有限公司成立,法人代表沈斌,注册资金1亿元。2003年,公司获二级资质。公司获得"全国人居建筑规划方案环境金奖"。

2004年,完成吴越岭秀住宅小区开发,建筑面积22.34万平方米。2005年,公司获得"最佳户型设计奖""江苏省优秀住宅奖"和"乐得佳"十佳诚信企业奖。2006年,获得江兴西路北侧梅石路西侧地块的使用权,项目定名为吴越尚院住宅小区,第一期工程建筑面积7.74万平方米,2007年7月正式开工建设,是公司的重点开发项目之一,2009年2月第一期工程竣工;第二期工程建筑面积3.79万平方米,2010年取得备案。至2015年,公司共建造住宅小区19个,总建筑面积59.45万平方米。先后获得全国人居建筑规划方案环境金奖、中国人居文化典型楼盘奖、江苏省优秀住宅奖等奖14项。

表7-16　　　　　　　2015年苏州亨通房地产开发有限公司建造住宅小区情况表

单位:平方米

项目	开发主体	取得时间	备案建筑面积
松陵镇吴越岭秀	苏州亨通房地产开发有限公司	2006.6	104003
松陵镇吴越岭秀	苏州亨通房地产开发有限公司	2007.2	62421
七都镇吴越名苑	苏州亨通房地产开发有限公司	2007.2	14636
七都镇吴越名苑	苏州亨通房地产开发有限公司	2007.2	13457
松陵镇吴越岭秀	苏州亨通房地产开发有限公司	2007.4	25696
七都镇亨通苑	苏州亨通房地产开发有限公司	2008.12	6781.86
松陵镇吴越尚院一期	苏州亨通房地产开发有限公司	2009.2	18842.36
松陵镇吴越尚院一期	苏州亨通房地产开发有限公司	2009.2	29304.55
松陵镇仲英1号	苏州亨通房地产开发有限公司	2009.7	16330.36
松陵镇吴越尚院二期	苏州亨通房地产开发有限公司	2010.3	37927.77
松陵镇吴越尚院二期	苏州亨通房地产开发有限公司	2010.3	15602.13
松陵镇吴越尚院二期	苏州亨通房地产开发有限公司	2010.3	44662.64

（续表）

项目	开发主体	取得时间	备案建筑面积
松陵镇吴越祥庭	苏州亨通房地产开发有限公司	2010.6	17366.74
松陵镇吴越祥庭	苏州亨通房地产开发有限公司	2011.4	1354.99
松陵镇吴越祥庭	苏州亨通房地产开发有限公司	2011.8	16830
松陵镇吴越祥院	亨通地产股份有限公司	2012.10	87689
七都镇悦湖花园	吴江市亨通置业开发有限公司	2012.11	27007.25
松陵镇城南北地块	亨通地产（吴江）有限公司	2013.12	12181.01
松陵镇城南北地块	亨通地产（吴江）有限公司	2014.10	13081.73

表7-17　　　　　　　　　2003~2015年苏州亨通房地产开发有限公司获奖情况表

荣誉全称	荣誉类型	颁发单位	颁发时间
全国人居建筑规划方案环境金奖	荣誉证书	全国人居方案竞赛组委会	2003.12
中国房地产及住宅研究会会员单位	荣誉证书	中国房地产及组织研究会	2007.7
中华人民共和国建设部科技项目《现代环境艺术体系框架研究》实证研究单位	荣誉证书	中国建设文化艺术协会环境艺术专业委员会	2007.8
现代环境艺术体系框架研究实证单位	荣誉证书	中国建设文化艺术协会环境艺术专业委员会	2007.8
中国地产文化最具影响力企业	荣誉证书	建设部、中国建设文化中心地产文化风暴活动组委会	2007.9
中国人居文化典型楼盘奖牌	荣誉奖牌	建设部、中国建设文化中心地产文化风暴活动组委会	2007.9
创建知名品牌（商标）推动力优秀企业奖牌	荣誉奖牌	中国房地产商标战略高峰论坛	2007.11
江苏省优秀住宅奖	荣誉证书	江苏省建设厅住宅产业化促进中心	2005.8
江苏省优秀住宅奖奖牌	荣誉奖牌	江苏省建设厅住宅产业化促进中心	2005.8
吴越尚院最佳智能化示范小区	荣誉证书	江苏省土木建筑协会智能建筑专业委员会	2008.7
乐得家十佳诚信企业	荣誉奖牌	中国建设银行苏州分行	2006.7
房地产开发企业先进集体	荣誉奖牌	吴江市建设局	2005.4
吴越岭秀最佳户型设计奖奖牌	荣誉奖牌	吴江市第二届房产交易会	2005.6
2009年度吴江市优秀结构建设工程	荣誉证书	吴江市建筑业协会	2010.4

（二）江苏恒达城建开发集团

1992年，江苏恒达城建开发集团成立，是集房地产开发、建材、园林等综合型企业集团。法人代表沈孝丰，注册资金5000万元。2000年4月28日，吴江恒达城建综合开发公司改制成功，召开第一次董事会，沈胜利任董事长兼总经理。是年5月，取得吴江第一个开发项目——吴江丽都花园。2002年8月通过ISO9001：2000质量体系的认证；2006年6月通过ISO14001：2004环境管理体系认证。公司获一级资质。在响应政府商业街改造项目的建设过程中，恒达公司成功尝试开发城市综合体的建设发展之路。1992~2015年，恒达集团走出七都，从吴江、苏州乃至江苏，到外省发展，共开发几百万平方米的住宅和商业用房。

2000~2015年，完成一系列楼盘的开发，并多次获得行业大奖。在整个开发过程中，一直受到业内的一致好评，先后获得中国工木詹天佑奖、江苏省优秀住宅奖等奖15项。

表 7-18　　　　　　　　　　2015 年江苏恒达城建开发集团建造住宅小区情况表

单位：平方米

项目	开发主体	取得时间	备案建筑面积
松陵镇丽都花园	吴江恒达房地产开发有限公司	1999.8	69326
松陵镇龙庭锦绣花园	恒达城建开发集团	2002.3	133667
七都镇湖畔花园	吴江恒达房地产开发有限公司	2003.7	43766.6
松陵镇好旺商业步行街	吴江恒达房地产开发有限公司	2003.6	32226
松陵镇奥林清华西区	恒达城建开发集团	2004.10	344419
桃源镇恒达世纪豪庭	吴江恒达房地产开发有限公司	2005.6	85532
七都镇一号地标	恒达城建开发集团	2006.5	53742
松陵镇奥林清华东区	恒达城建开发集团	2006.5	229050
盛泽镇皇家领誉	吴江恒达房地产开发有限公司	2007.6	186528.7
松陵镇君悦国际	吴江恒达房地产开发有限公司	2007.6	23060
七都镇皇家丽景	吴江恒达房地产开发有限公司	2009.1	62443
吴江开发区丽景国际	吴江恒达房地产开发有限公司	2009.6	52156
七都镇皇家首府	吴江恒达房地产开发有限公司	2010.1	35458
松陵镇恒隆国际	吴江恒达房地产开发有限公司	2010.7	11867
虎丘区新天地商业街	江苏恒达城建开发集团	2010.8	9798
相城区恒达中环百汇	恒达城建开发集团	2011.5	55663
吴江开发区恒达星湖湾	恒达中泰地产股份	2012.1	110365
吴江开发区奥林运河湾	吴江恒达房地产开发有限公司	2012.12	141943
相城区苏州花海家园一期	恒达中泰地产股份	2014.11	86599.64
相城区苏州花海家园二期花海白领公寓	恒达中泰地产股份	2015.12	19901.32

表 7-19　　　　　　　　　　2002～2014 年江苏恒达城建开发集团获奖情况表

荣誉全称	荣誉类型	颁发单位	颁发时间
中国土木詹天佑奖	荣誉奖牌	中华人民共和国住房和城乡建设部	2006.6
江苏省物业管理示范小区	荣誉奖牌	江苏省住建厅	2002.5
江苏省智能化示范小区	荣誉奖牌	江苏省住建厅	2002.5
江苏省优秀住宅奖	荣誉奖牌	江苏省住建厅	2007.9
江苏省房地产业综合实力"五十强"企业	荣誉证书	江苏省建设厅、江苏省统计局	2007.12
江苏省民营企业纳税大户	荣誉奖牌	中共江苏省委统战部、江苏省地方税务局、江苏省国家税务局、江苏省工商业联合会	2011.12
江苏省民营企业就业先进单位	荣誉奖牌	中共江苏省委统战部、江苏省工商业联合会、江苏省人力资源和社会保障厅	2011.12
2010—2011 年度苏州十大明星房地产企业	荣誉奖牌	苏州日报报业集团、苏州市房地产行业协会	2011.11
苏州市第十二届体育运动会群众体育先进集体	荣誉奖牌	苏州市人事局、苏州市体育局	2008.10
2010 年度最具社会责任地产企业	荣誉奖牌	搜狐焦点	2010.10
突出贡献奖	荣誉奖牌	苏州市关心下一代工作委员会、江苏省关心下一代基金会苏州分会	2012.2
苏州最具人气楼盘	荣誉奖牌	搜房网	2012.1
苏州最畅销楼盘	荣誉奖牌	苏州电视台	2013.2
2012 年度苏州市吴江区纳税大户	荣誉奖牌	中共苏州吴江区委员会、苏州市吴江区人民政府	2012.12
苏州市吴江区纳税大户	荣誉奖牌	中共苏州吴江区委员会、苏州市吴江区人民政府	2014.12

第三节 征地和拆迁

一、机构

2007年3月,镇政府根据工作需要,在镇政府大楼内设动拆迁办公室,由副镇长吴永明兼任办公室主任。工作职能主要是负责征地和拆迁工作。

2009年2月,动拆迁办公室进行整合,工作职能除征地、拆迁外,增加"违章建筑拆除"一项,并正式启用"七都镇人民政府动拆迁办公室"印章。2010年6月,"违章建筑拆除"职能划归城管队管理。

二、工作

2009年,征地、租地14宗,面积27.12万平方米,搬迁杆线8处,搬迁坟墓32处。房屋拆迁主要是太湖船菜的拆除,启动锦苏特高压工程和苏震桃南段工程的房屋拆迁工作。房屋拆迁17户(包括做船菜的船只5艘、企业4家)。全镇分4个片,抽调8人,组成镇级巡查队,查处各类违章建筑169起,建筑面积1.69万平方米,采取现场拆除行动80多次,拆除违章建筑面积4194.3平方米,自行拆除116.45平方米,责令自拆或永久性停建9539.14平方米,待补办手续3051.9平方米。

2010年,拆迁项目4个,预拆迁项目2个,企业房屋拆除项目1个,征地项目8个。锦苏线800千伏特高压直流输电工程途经丰民、光荣2村,拆迁农户59户、2个企业,2处集体房屋,总拆迁面积2.63万平方米,其中农房建筑面积1.73万平方米,企业建筑面积9011.4平方米。苏震桃一级公路,涉及丰民村,拆迁农户30户,集体房屋和构建物2处,拆迁面积9999平方米。230省道、苏震桃连接线绿化租地,共租用土地23.82万平方米,涉及6个行政村。浦南大道拓宽的土地征用,征(租)地9.07万平方米。格林乡村公园企业搬迁8家企业。亨通工业园征用土地106.56万平方米。庙港村欢字圩土地征用4.20万平方米。完成联港绸厂拆除、春字圩征地拆迁、吴溇村捕捞小区预拆迁、0572宾馆前2户农户的预拆迁等拆迁工作。

2011年3月底,常增路农户拆迁达成搬迁协议。6月份,230省道与浦南大道交叉口的明星(水蛭)养殖场进行迁移,实施拆除。在燦烂村建设一条230省道到沿湖路的连接线,与农户租地3.36万平方米,搬迁坟墓12个、灌排机房1座。位于隐读村吴江乔联电子制品有限公司西侧地块征用土地19.52万平方米。燦烂村沿湖路北侧地块征用土地1.75万平方米。七都公寓房安置区征用土地4.67万平方米。长漾湿地工程租地4103平方米。超高压拆迁安置补征地2731平方米。苏震桃一级公路七都镇延伸段工程涉及拆迁农户32户,集体房屋2处,锦屏至苏南的±80万伏直流输电线路拆迁红线内农户59户,企业2个,拆迁总面积为2.60万平方米,涉及丰民、光荣2个村。

2012年,移交建设的土地8块,其中新启动的土地4块(庙港老太庙地块、庙港4组地块、隐读村集宿楼地块和望湖村镇防汛中心地块),总面积191.6亩,移交上年的地块4块,总面积607亩。

2013年,庙港卫生院、养老院地块征地面积为2.61万平方米,涉及3个村民小组,124户农户,养殖迁移2户;庙港客运中心地块征地面积为40亩,涉及3个村民小组,124户农户,养殖迁移1户;望湖村集居点地块征地总面积为38.54万平方米,其中租转征面积为26.20万平方米,涉及5个村民小组,165户农户;吴溇港综合整治涉及3个村民小组,总面积为1.99万平方米;完成沈家湾八角圩入住公寓房的农户房屋的拆除;吴江工力化纤科技有限公司西侧地块的征地总面积约6.27万平方米,涉及庙港村3个村民小组,农户117户。

2014年,配合水利部门在河道整治中,做好沿河土地租赁和地上作物补偿。重点整治吴溇港、胡溇港、庙港港、顺堤河、时家港5条河道,总长13.5千米,涉及6个行政村,总租赁土地9507平方米,临时用地7.0万平方米,迁移坟墓50穴,清点测量树林437棵,5月份全部结束。

2015年,土地复耕2宗,2.13万平方米。做好沿太湖300米工业企业评估回购工作,与集体资产公司一起回购企业2家,回购土地面积为1.15万平方米,建筑面积6661平方米。

至2015年,全镇征用土地41宗,215.77万平方米;租用土地61宗,182.13万平方米;拆迁农户179户,建筑面积5053.85平方米;拆迁企业36个,建筑面积9.25万平方米;其他34处,建筑面积2047.05平方米;迁移坟墓709个,迁移养殖户78户。

三、项目选介

（一）四川锦屏锦苏特高压前期工程

2009年10月,四川锦屏至苏南±800千伏特高压直流输电线路通道清理项目启动,至2012年底全部完成预定的各项任务,2013年2月经第三方审计后签订结算协议书。

项目涉及2个行政村6个村民小组,总拆迁农户76户,拆迁建筑面积2.19万平方米,企业2家,拆迁建筑面积7675.43平方米,拆迁广告牌3处,集体房屋1处,塔基11只。塔基永久性征地4329.42平方米,安置征地5.11万平方米。项目房屋动迁补偿安置总费用为5496.37万元。

动拆迁办公室除对农户征地、拆迁进行补偿安置外,还担负起工程施工过程的协调、租地和土地复垦工作。

（二）苏震桃一级公路南段前期工程

2009年10月,苏震桃一级公路吴江南段前期工程启动,至2014年底全部结束,2015年7月,通过吴江区审计局和交通局的联合审计。项目在七都镇境内为1.12千米,动拆迁办公室主要负责主线征地、辅道和绿化租地、房屋拆迁补偿安置、三线迁移、路基土方和施工协调等工作。该项目永久性征地为12.88万平方米,临时租地3.22万平方米;农户(含村组集体)40户,拆迁建筑面积为7266.67平方米;准备土方20.35立方米;三线迁移18道。项目征地拆迁补偿安置总费用为3116.47万元。

第六章 环境保护

第一节 环境污染

一、水污染

70年代,七都、庙港境内水环境的污染,主要有生活污水,由于地广人稀,污染源少,水流畅通,并无明显的污染后果。随着化学肥料和农药的推广使用,特别社队工业的发展和小城镇的兴起,污染源逐渐增多,各种污染所带来的危害越来越被人们所认识。

1993年,庙港镇每天约有1200吨废水排放河道,主要排放单位有太平桥化工厂、富联染厂、开弦弓化工厂、庙港缫丝厂、屠宰场等。

1996年,经吴江市环境监测站对七都镇各种水污染物排放状况进行环境质量监测,工业排污较严重的单位是电解铜厂、环亚经编厂、油毛毡厂、缫丝厂、七都线厂、七都皮革厂、上海电子元件二十一分厂等。排放的水污物主要是化学需氧量(CODcr)。

2002年,七都镇水产养殖面积10772亩,饲养生猪16866头,养羊6200头,养家禽5万羽;庙港镇水产养殖面积 13336 亩,饲养生猪 3013 头,养羊 23100 头,养家禽 4 万羽。农田水污染物直接排入地面水。家禽家畜养殖业排放的粪便也有直接排入地面水。居民生活污水一部分排入市政雨污合流的管道,一部分就近排入镇区地面水体造成环境污染源。

2015 年,吴江区环境监测站对七都镇各种水污染物的排放状况进行调查评估,工业排污较严重的单位有铝制品厂、防水建材厂、漆包线厂、木制品油漆、印染厂等。排放的水污染主要是化学需氧量。

二、大气污染

1982 年,庙港铸件厂每天耗煤产生废气 1.2 万标准立方米,其中含有氮氧化合物约 0.0432 吨每日,二氧化碳约 0.403 吨每日,烟尘 0.26 吨每日。

1996 年,经吴江市环境监测站对七都镇各种水污染物和大气污染物的排放状况进行环境质量监测,工业排污较严重的单位是电解铜厂、油毛毡厂、七都线厂、七都皮革厂、上海电子元件二十一分厂等。排放的大气污染物主要是二氧化硫。

2002 年,吴江市环境监测站对七都镇各种大气污染物的排放状况进行环境质量监测,工业排污较严重的单位是小化工厂、铝制品厂、油毛毡、漆包线厂、木制品油漆、印染厂、喷水织机厂等。排放的大气污染物主要是 VOCs(挥发性有机物)。

2015 年,经吴江区环境监测站对七都镇各种大气污染物的排放状况进行环境质量监测,工业排污较严重的单位是铝制品厂、防水建材厂、漆包线厂、木制品油漆、印染厂等,排放的大气污染物主要是 VOCs。

三、固体废弃物和噪声污染

1983 年,庙震公路竣工通车。1984 年,七八公路竣工通车。公路贯穿庙港、七都镇区,机动车辆进镇频繁,交通噪音连续不断。另外镇内有关工厂的工业噪音对附近居民的生活带来干扰。

1996 年,机动车辆的交通噪音和镇区内工厂的工业噪音有所改善,但仍有噪音污染。

镇政府为使居民有一个舒适的生活和劳动环境,加强环境保护管理工作,以保护为重点,防治结合,采取消烟除尘、消音等措施改善环境质量。

2001~2003 年,市环保局每年与镇餐饮经营者签订责任状,要求他们做好有关噪声污染防治工作,噪声排放达到《工业企业厂界噪声标准》。

2015 年,40 家铝熔炼企业的熔炼炉燃料大多使用煤和 88 家燃煤锅炉产生大量煤碴,造成污染。

第二节　环境治理

1984 年,七都、庙港乡设环境保护办公室(简称"环保办"),专人负责环保工作,督促有关厂家治理环境污染。1992 年,七都、庙港撤乡建镇,七都、庙港乡环保办改称七都、庙港镇环保办。2003 年底,七都、庙港镇合并后,新的七都镇环保办成立。

2004~2005 年,镇党委、政府及上级有关部门,以巩固、提高国家级卫生镇为目标,以保护太湖水为重点,"以防为主,防治结合"开展城镇环境治理,控制环境污染的蔓延。

一、水污染治理

1986 年 10 月,庙港乡环保办采取治理污染的措施。工贸合营吴江庙港缫丝厂、富联染厂都设有污水处理装置,每年可净化处理废水 60 万吨。铸件厂迁移至太平桥,屠宰场迁移至原合群果园场。

1998年，七都镇加强对老污染源的治理，在工业废水治污方面，上海电子元件二十一分厂投资25万元，建造酸性废水中和——气浮处理池。环亚经编厂投资15万元，建造沉淀——活性炭过滤废水处理装置。七都皮革厂耗资80万元，从镇区搬迁至镇郊，并投资20万元，建造生化——气浮装置。治理后，七都镇的工业污水达标排放率为82%。镇自来水厂太湖取水口水源，划分一级、二级保护区范围，明确各保护区的功能，确保理想的水源。建成3平方千米的太湖环境保护区，并逐渐扩大保护区的面积，区内无污染企业，烟尘控制覆盖率几近100%。

太湖取水口保护（摄于2008年10月）

1999年起，庙港镇对重点污染企业化工助剂厂实行生化处理，达到国家排放标准。镇区合理配置化粪池和水泥下水管道生活污水排放系统。在老街、万顷路、沿湖路等地段均铺设下水管道。至2002年，共铺设60厘米直径水泥管道5.8千米。集镇居民家庭全部安装上抽水马桶，集镇区域内设置的5座公厕，全部安装上自流式冲洗系统，并配有三隔式化粪池。

2000~2005年，七都镇先后投入1000万元，对污水进行物化、生化去污处理，达到国家一级排放标准。

2002年12月，位于联强村的吴江市净水厂开始建设，净水厂水源地位于太浦河与太湖交汇口向西1000米处，市、镇两级政府加强对城镇饮用水及水源的保护工作，将市自来水厂太湖取水口水源划分的一级、二级保护区范围：一级保护区，以取水口为中心，半径为1000米区域（包括水面、滩涂、陆地）。二级保护区水域：一级保护区外径向距离2000米的区域；陆域：一级保护区外径向距离3000米内陆域。明确各保护区的功能，确保理想的水源。

2006年11月，七都生活污水处理厂一期工程竣工投产，占地面积3.3公顷，设计规模日处理污水3万吨，服务面积5.3平方千米，服务人口3597人。一期工程污水处理能力1万立方米每日，运行成本0.54元每立方米，电耗0.298千瓦时每吨。主要设施有进水提升泵、配电间、风机、辐流沉淀池、活性污泥池、污泥浓缩池、出水计量槽、板框式压滤机等。

2008年，污水管道总长10千米。污水处理厂对吴江华东毛纺织染有限公司、吴江富圣化纤公司、明珠纺织有限公司等企业的工业废水进行集中处理，污泥产量8吨每日，含水率97%。污水处理工艺为：CASS（活性污泥法）工艺。是年，庙港污水处理厂建成投入使用，先后投资2823万元，占地30亩，日处理污水1.3万吨，其中，处理工业污水1万吨，生活污水3千吨。涉及东至太浦闸村、南至丰民村、西至盛庄村、北至太湖，共25平方千米内的工业企业、居民生活污水实现达标排放。区域内的100多家纺织企业废水将循环使用，不再排放，每天可减少工业废水排放约1万吨。镇区居民生活污水排往东庙桥污水处理厂进行处理，庙港社区居民生活污水排往庙港污水处理厂进行处理，镇区（包括各社区）生活污水处理率90%以上。同时，全镇加大力度整治农村生活污水排放造成的水源污染，近年来已完成18个村22个点的农村生活污水连片整治工程，每天可减少农村生活污水排放1000吨。

庙港污水处理厂（摄于2008年）

2015年6月份开始,环保办抽调专人分批组织化工、酿造、印染等重点行业以及2、3、5目标重点企业,在省环保厅网站进行网上环保现状申报工作,已完成网上申报150家。同时,环保办开展环保大检查现场执法检查工作,分三组对全镇所有工业企业的环保审批、验收、处理情况进行拉网式检查,共检查企业500余家,现场对企业存在的环保问题提出书面处理意见。

二、大气污染治理

1991年起,七都镇(乡)建成烟尘控制区,按照分块划片,逐年推进的原则,至1996年,建成烟尘控制区0.4平方千米。镇区内有生活锅炉5台,全部为双层反烧,达标率为100%。各类小炉灶32台(眼),其中改用液化气等清洁能源的30台(眼),黑度达标率为93.8%。

1998年,七都镇加强工业废气治污,所有的工业锅炉均安装消烟除尘装置。上海电子元件二十一分厂投资3万元,安装了HCL(氯化氢,俗称盐酸)气体吸收塔。但工业炉窑,特别是几个油毛毡厂,尚没有治理措施。建成3平方千米的太湖环境保护区,并逐渐扩大保护区的面积,区内无污染企业,烟尘控制覆盖率几近100%。

1999年起,庙港镇对重点污染企业化工助剂厂,实行生化处理,达到国家排放标准。对羊毛衫印染业,先后投入1000万元,对污水进行物化、生化去污处理,达到国家一级排放标准。

2000~2005年,七都镇内所有的工业锅炉均安装消烟除尘装置,特别是电解铜厂投资100万元,安装烟道水幕除尘装置。上海电子元件廿一分厂投资100万元,安装HCL气体吸收塔。亨达利防水材料有限公司投资3万元,建造烟尘旋风除尘装置。

2015年6月起,七都镇环保办抽调专人分批组织化工、酿造、印染等重点行业进行整治,拆除东庙桥村、丰田村三洋联圩36家非法生产的有机玻璃、小化工、铝熔炼企业,强制取缔废塑料造粒企业30家,全年约有2万吨煤由清洁燃料替代。通过以上整治行动,从源头上减少空气污染物的排放。完成88家燃煤锅炉的整治淘汰工作。全年完成燃煤小锅炉淘汰改造41家,其中拆除8家,煤改天然气3家,煤改电2家,煤改成型生物质颗粒28家。另有1台15吨燃煤锅炉,完成除尘脱硫脱硝改造工作。环保办会同区环保局七都中队,查处木业喷漆企业20多家,其中依法实施查封16家,要求自行关闭停产11家,自行安装废气处理设施10家,做到关停一批、整改一批、提升一批。

农村配合有关部门加强秸秆焚烧和综合利用的日常监督管理,加大巡查力度,发现秸秆焚烧行为及时制止,做到不因焚烧秸秆引起大气污染事故。

三、固体废弃物和噪声治理

80年代中期,七都、庙港乡的工业固体废物主要是金属冶炼厂炉、窑、灶的煤渣,化工厂的化工渣等。工业固体废物治理主要进行综合利用,粉煤灰用于地基回填、路基及高速公路工程应用和混凝土掺合料等,煤渣用于制砖和以渣代煤再燃烧,污水处理产生的污泥主要用于燃料焚烧和制砖等。

90年代中期,传统的农户畜禽圈养逐渐被专业饲养大户所替代,畜禽粪便不能及时处理,随处堆放与流失,造成局部地区环境污染。1996年,七都镇在吴溇村与沈家湾村交界处的马家荡建造垃圾填埋场,建筑面积有4600平方米。镇政府为使全镇居民有一个舒适的生活和劳动环境,加强环境保护,防治结合,改善环境质量,采取消烟除尘、消音等措施。噪声污染严重的七都丝织厂从居民区搬迁至新址。建成区内共有固定噪声源7个,全部达到《工业企业厂界噪声标准(GB12348-90)》Ⅱ类标准要求。2001~2003年,七都、庙港卫生院共产生医疗废弃物28.73吨,全部送往吴江市绿怡固废处置有限公司实施无害化焚烧处置。市环保局每年与镇餐饮经营者签订责任状,要求他们做好有关噪声污染防治工作,噪声排放达到《工业企业厂界噪声标准》。

2003年5月27日,市环保局和农林局联合发文,要求全市畜禽养殖场必须在9月份完成污染处理。同时责令污染严重的丰民村、盛庄村、隐读村等养猪场，8月末前完成废弃物污染治理。

2004年，在庙港村建造一个6万平方米的垃圾填埋场。2006年，在燦烂村又建造一个12万平方米的垃圾填埋场。每天产生的垃圾按日及时清运至填埋场，进行无公害处理。污水及时抽干，粪便按标准处理，合理使用好PH值碱式氯化铝。填埋场四周做到无暴露垃圾。

2015年，七都、庙港卫生院医疗废弃物处置率为100%。镇区生活垃圾无害化处理率100%。

第三节　市镇绿化

一、镇区绿化

1985年底，太湖复堤工程七都段5379米，大堤南坡分五行排列，均栽上水杉树。

90年代初期，镇区扩展，众多单位扩建、重建，各单位都注重环境绿化，陆续在单位内建设花圃及小园林。随着道路建设及辟建人民广场和部分街心公园，公共绿地面积逐年增多。绿化树种众多，乔木有香樟、法国梧桐、合欢、桂花、含笑、蟠槐、木芙蓉、夹竹桃、樱花、棕榈、腊梅、白玉兰、石楠等；灌木有紫薇、棣棠、连翘、月季、龙柏、黄杨、迎春、海桐、木槿、紫藤、苏铁、黄金条等。1993年，望湖路绿化带1500米，新村一路绿化带1000米栽上灌木。1997年9月，七都镇人民广场落成启用，其中绿化面积6667平方米，除草坪外，栽有月季、黄杨等灌木。乔木主要栽种香樟、桂花、雪松等观赏树种。

1999年，经吴江市绿化办公室检查验收，镇区绿化覆盖总面积11.49万平方米，其中公共绿地2.17万平方米，单位绿地4.46万平方米，居民住宅区绿地2.95万平方米。防护绿地1万平方米。绿化覆盖率达34.1%，人均公共绿地为10.9平方米。2002年，望山路开辟绿化面积1600平方米。2003年，双塔桥开辟入镇口景区绿化面积2100平方米。不少单位在扩建或新建时都注重环境绿化。镇政府大院、庙港社区大院、国税分局、地税分局、七都中心小学、七都幼儿园、庙港实验小学、庙港幼儿园、七都中学、太湖大学堂、七都交巡警中队、七都水利站等单位的绿化面积均占到总面积的三分之一以上。2007年，230省道庙港至七都段，栽种香樟、银杏、雪松、夹竹桃等树，绿化面积5.3万平方米。

2008年，全镇绿地总面积1200.60万平方米，苗圃面积45.34万平方米；镇区绿地率28%，绿化覆盖率14%，人均公共绿地8平方米。15个单位已成为绿化达标单位，其中达到省级标准的14个、达到吴江市级标准的1个。

2015年，镇政府总投资810万元，完成苏震桃南延段绿色通道重点工程、老太庙文化广场绿化工程、庙港街心公园绿化工程、亨通湿地公园绿化工程。

二、其他绿化

（一）庙港社区集镇绿化

60年代，庙港公社普种泡桐树。70年代，开始种植水杉，富强大队建立一个林木苗圃场，有香樟、黄杨、广玉兰、棕榈、雪松、杨、柳、冬青、中山柏、龙柏、塔柏等10多种树。在机关大院内种有梧桐80棵，广玉兰20棵，棕榈40棵。

1983年底，庙（港）震（泽）公路两旁种植水杉、池杉，后改种香樟树。1992～1995年，环湖公路全长8.5千米，种植水杉、池杉、香樟，环湖公路镇区段1100米投资1万多元改种香樟、垂柳。机关院内扩大绿化面积3000平方米，种植广玉兰、黄杨、桂花、慈孝竹、草坪。镇标公园2500平方米种植草坪、垂柳、雪松。中、小学绿化面积8200平方米，种上草坪、黄杨、雪松、龙柏。

1990年，太湖滩庙港闸绿化面积3000平方米，种植广玉兰、龙柏、黄杨、棕榈。1993年，新联丝织厂庙港分厂有绿化面积2400平方米,种植广玉兰、夹竹桃、雪松。

2002年,建成庙港船菜广场,有绿化面积近6667平方米,除草坪外,还栽种桂花、柳树等乔木。

(二) 农村绿化

70年代起,农村流行水杉种植,庙港公社红心大队4000米长的田间沟渠两旁种植水杉,成为农村绿化的一道风景。

80年代起,七都、庙港乡不断加强绿化工作。随着农村小城镇的建设发展,绿化工作摆上议事日程,最初在八七公路、庙震公路两旁及太湖大堤上植树。90年代初,村级公路建设,使镇区公共绿地面积逐渐增多。2002年,吴越南路两旁种植香樟树1000棵,开辟望山路绿化工程1.60万平方米。2003年,开辟双塔桥入镇口景区绿化工程2100平方米。2004年,开辟八七公路绿色通道20万平方米,庙震公路两旁栽种香樟树5000棵,环湖公路改线段栽种香樟500棵,灌木70万棵。2005年,开辟公共绿地2万平方米。镇政府在东庙桥村建七都镇园艺公司花木苗圃场4万平方米,群幸村私营花木苗圃场2.67万平方米,两个苗圃场可常年供应镇区盆花的摆设和绿化种植的需要。绿化办公室有专人负责管护镇区公共绿地。

2006年,沪苏浙高速七都段(丰民村),栽种香樟、红叶李、杨树、落羽杉等,面积31.8万平方米。2007年,230省道七都段,栽种香樟、银杏、雪松、夹竹桃等树,面积5.3万平方米。2015年,农村绿化新增17万平方米,改造18万平方米,完成率105%,长桥村孝思兜自然村建设绿化示范村经上级林业部门检查验收通过。

三、东太湖湿地保护工程

东太湖湿地有蓄积、泄洪、供水和水产养殖等多种功能,具有重要的生态经济和社会价值。

东太湖湿地保护工程包括整个东太湖沿线,工程范围总面积1785公顷,位于七都镇太湖岸畔,属于七都湿地生态修复示范区建设工程。该项工程以保护东太湖湿地生态系统,改善湿地生态功能,利用湿地资源,从整体上维护东太湖湿地。

2008年初,东太湖湿地保护工程公开招标,分A、B两个标段,A标段为景观绿化,项目性质是以

东太湖湿地公园(摄于2015年)

生物多样性保护和湿地生态系统保护为主要内容的公益性建设项目。设计全长700米,面积3公顷的湿地公园。根据建设项目的功能和性质,为利于进行景观亲水、临水、亲近太湖湿地植物、近距离观察鸟类活动等,平台设计总面积约1350平方米,前部突出进入太湖水域平台高层为4米,总计高程在4.8米以下面积约663平方米。连接景观平台采用木质栈桥设计,栈桥全长约1200米,两侧设计栏杆,以保障游人安全。栈桥高度按照4米高程设计,以高于太湖多年平均水位约1米。平台栈桥的承载基础均采用钢筋混凝土桩,以确保安全。B标段为绿化工程,主要种植耐湿树木及湿地植被,工程总投资1166万元。在比较完整的湖滩湿地东段,以水杉防护林带为基础,建立湖滨水上森林示范区。进一步加强护岸生态林的建设,在湖区内适当地段促进水生植被与湿生植被的恢复。在湖滨滩地建设以耐水湿乔木树种池杉、落羽杉、水松、金丝垂柳等。在湖堤30~60米之间不等的浅滩,外侧为沉水植物分布区,浅滩上多处开垦绿地,局部栽种柳树、杉树。4月4日,东太湖七都湿地景观工程开工,7月15日停工。依据《水利部太湖流域管理局关于太湖流域河道管理范围内建设项目管理暂行办法通知》,经太湖局审查、整改、审批。是年,东太湖湿地保护区,栽种水杉、落羽杉、乌桕、红枫等树,面积13.2万平方米。2009年2月20日,复工,项目全长约700米,栈

道为1200米,平台为1350平方米,亲水平台和休闲平台500平方米左右。6月30日,主体工程竣工,绿化工程报送验收。2010年5月13日,东太湖湿地保护区的太湖生态岛通过公开招标,于6月2日开工,该工程位于七都叶港东环路口,采用半岛式,与现有滩地连接,长350米,宽100米,总面积3.5万平方米,总投资100万元。生态岛形成后主要种植芦苇及耐湿树种,改善太湖的湿地生态功能,以提高群众生活质量,改善生活环境,是休闲观光的好去处。

2015年4月,按照环境整治、节点配套、常规养护等要求进行南太湖大道、浦江源大道、湿地公园补植绿化,有效地提升整体效果。11月9日,太湖湿地公园木栈道修复工程通过公开招标,投资约60万元,工期为11月13日至12月12日。木栈桥的修复有利于恢复湿地整体环境,给居民提供一个良好的休闲场地。

第八卷

财税金融

第一章 财　　政

第一节　机构和体制

一、财政机构

1958年8月,七都、庙港公社配备财税专管员,负责税务、财政等各项收入和支出。1981年11~12月,七都、庙港公社财政管理所成立,设所长、会计、出纳各1人。1983年7月,七都、庙港公社财政管理所更名为七都、庙港乡财政所。

1992年9月,撤乡建镇,七都、庙港乡财政所更名为七都、庙港镇财政所。

2003年12月,七都、庙港镇财政所合并为新的七都镇财政所。

2007年12月根据吴江市财政局(吴财字〔2007〕164号)文件精神组建吴江市财政局七都镇财政分局;2012年11月吴江市撤市设区,自然更名为吴江区财政局七都镇财政分局;2013年5月根据吴江区机构编制委员会办公室(吴编办〔2013〕33号)文件精神,按照"一级政府一级财政的原则"保留七都镇财政所,明确吴江区财政局七都分局为吴江区财政局的派出机构,财政分局与财政所合署办公,实行两块牌子一套班子。

2015年,吴江区财政局七都分局位于七都大道1688号,共有2幢办公大楼,占地面积400平方米,建筑面积1200平方米。

1981~2003年,历任七都镇财政所所长王德才、王渭千、张金才;历任庙港财政所所长庾有勤、王土泉、韩雪峰。

2003~2007年,七都镇财政所所长张金才、邱金法。

2007~2015历任吴江市(区)财政局七都分局分局长邱金法(副局长,主持工作)、李苏雷。

二、财政体制

1958年8月,七都、庙港公社实行公社财政包干,县财政实行分类分成加超收分成形式。同时,配备财务会计(兼)负责,将县拨各项经费据实进行结报。1962年,公社一级成为经费领报单位,公社一级财政管理实行收支两条线,收入分项计算,分别上缴。支出下拨,按期结报。

1986年起,根据江苏省财政厅要求,吴江县实行乡(镇)一级财政,采取"收支挂钩(全县平均收支挂钩比例为9.8%)、增收分成、结余留用、一年一定"的办法。以七都、庙港乡上一年的收支实绩为基数,增收分成的比例为8%,如减收则按当年核定支出指标核定收入比例计算。

1992年12月,镇财政所为镇人民政府职能机构,业务受市财政局指导。镇财政所管理全镇财政预算内、外资金的收入支出,组织农业四税(农业税、耕地占用税、农林特产税、契税)和农村教育事业费附加征收,管好用好支农周转金,指导行政事业单位的资金管理。

1999年,吴江市实行"划分收支范围,明确财权事权,核定上缴(补助)定额,超收奖励"的镇一级财政体制,镇属单位缴纳的增值税6.25%归镇级收入;农业税正税、农业特产税、契税均作为镇级固定收入。

2001年,吴江市财政局印发《关于进一步明确计算镇级工商税收超收基数的通知》,以上一年下达给各镇的工商税收任务作为超收奖励的基数,一定3年不变,超收部分奖励分成,奖励分成额的计算办法不变。

2003年,对镇分税制财政体制进行调整和完善,暂定2年不变。2004年,吴江市调整教育事业费附加和地方教育附加征收办法后,相应调整市、镇分成体制。在各镇征收教育事业费附加和地方教育附加两项合计,扣除上缴江苏省、苏州市统筹任务和征收手续费后,余额的50%作为市级收入,50%作为镇级收入。2009年,吴江市调整镇财政分配关系,以2008年为基数年,核定一般预算收入基数和既得财力基数,当年超一般预算基数的,镇分成60%,市分成40%。

第二节 财政收支

一、财政收入

1981年,财政收入主要来源于工商税收、城镇维护建设费、教育事业附加费、建农资金、社办企业利润上缴费以及农业特产税分成和市拨款。是年,七都公社预算内收入97.80万元,预算外收入17.96万元;庙港公社预算内收入2.2万元,预算外收入36.45万元。

1985年1月,财政收支实行预决算制度,财政收入分为3项:预算内收入(包括工商税收、农业税收等)、预算外收入(包括农业税附加、农村教育事业费附加收入等)、自筹资金收入(包括乡镇办企业上缴利润、乡镇事业单位上缴及其他各项统筹收入)。1986年,七都乡预算内收入173.50万元、预算外收入58.42万元;庙港乡预算内收入38.73万元、自筹资金收入19.91万元。

90年代,随着乡镇企业发展,乡(镇)财政收入有较大增加。1996年,七都镇财政收入2240.47万元,其中预算内收入1118.50万元、预算外收入364.10万元、自筹资金收入757.87万元;庙港镇财政收入1213.04万元,其中预算内收入718.24万元、预算外收入181.46万元、自筹资金收入313.35万元。2002年,七都镇财政收入15395.96万元,其中预算内收入13119.03万元、预算外收入482.7万元、自筹资金收入1794.23万元;庙港镇财政收入2361.10万元,其中预算内收入1295.53万元、预算外收入508.37万元、自筹资金收入557.20万元。2007年,七都镇财政收入28305.08万元,其中预算内收入15984.11万元、预算外收入2089.54万元、自筹资金收入10229.43万元。

2015年,七都镇财政收入5.95亿元,其中预算内收入4.84亿元、预算外资金收入1560.54万元、自筹资金收入9519.78万元。

表8-1　　　　　　　　　　1996~2015年七都镇财政收入情况表

单位:万元

年 份	预算内收入	预算外收入
1996	1347.07	1194.15
1997	1738.77	1218.06
1998	2466.45	1248.95
1999	2732.13	2180.46
2000	3112.32	1612.54
2001	3639.63	1654.22
2002	6671.84	2276.93
2003	7945.6	1735.11
2004	9243.55	1992.49

（续表）

年 份	预算内收入	预算外收入
2005	8653.03	10741.02
2006	10228.43	11317.7
2007	15984.11	11237.19
2008	21778.94	9419.08
2009	25114.56	9817.92
2010	30138.09	15069.41
2011	33234.36	15280.08
2012	33808.63	15386.77
2013	35771.04	12199
2014	37273.42	18394.07
2015	48387.93	11080.32

注：2003年起，表内为七都、庙港合并后的数据。

表8-2　　　　　　　　　　1996~2002年庙港镇财政收入统计表

单位：万元

年 份	预算内收入	预算外收入	自筹资金收入
1996	718.24	181.46	313.35
1997	838.98	116.99	340.68
1998	978.84	183.90	518.05
1999	940.10	182.65	715.57
2000	1122.05	209.57	275.99
2001	1303.50	313.74	504.20
2002	1295.53	508.37	557.20

二、财政支出

1981年，七都、庙港公社财政所成立后，财政支出逐年增加。是年，七都公社预算内支出2.91万元，预算外支出17.84万元。庙港公社预算内支出2.20万元，预算外支出13.58万元。

1986年，七都乡预算内支出36.16万元，预算外支出60.32万元。庙港乡预算内支出37.86万元，预算外支出23.01万元。

1996年，七都镇预算内支出239.8万元，其中农业7.61万元、城镇建设3.01万元、文教卫生183.5万元、机关行政管理费29.12万元、社会福利费10.25万元、其他6.31万元。预算外支出1067.93万元，其中经济建设（农业、工业、城建）221.74万元、文教卫生263.53万元、事业行政费338.27万元、其他244.39万元。庙港镇预算内支出为292.24万元，其中农业12.93万元、城镇建设30.4万元、文教卫生193.63万元、机关行政管理费35.45万元、社会福利费9.9万元、其他9.93万元。预算外支出483.86万元，其中经济建设（农业、工业、城建）15.57万元、文教卫生188.61万元、事业行政费196.48万元、其他83.2万元。

2002年，七都镇预算内支出5233.07万元，其中农业351.41万元、城镇建设1300万元、文教卫生463.98万元、机关行政管理费28.79万元、社会福利费73.47万元、其他3015.42万元。预算外支出2245.49万元，其中经济建设（农业、工业、城建）209.59万元、文教卫生532.63万元、事业行政费59万元、其他1444.27万元。庙港镇预算内支出852.82万元，其中农业79.77万元、城镇建设39万元、文教卫生481.15万元、机关行政管理费35.11万元、社会福利费79.15万元、其他138.64万元。预算外支出1022.21万元。其中经济建设（农业、工业、城建）53.95万元、文教卫生288.22万元、事业行政费584.1万元、其他95.94万元。

2007年,七都镇预算内支出8819.86万元,其中农业956.00万元、城镇建设273.45万元,文教卫生4225.80万元,机关行政管理费975.93万元,社会福利费1288.64万元,其他1100.04万元。预算外支出13192.74万元,其中农业1058.47万元,城镇建设6971.54万元,文教卫生843.48万元,机关行政管理费3094.87万元,其他1224.38万元。

2015年,七都镇预算内支出27080万元,其中农业2409万元、城镇建设112万元,文教卫生9006万元,机关行政管理费3142万元,社会福利费6475万元,其他5936万元。预算外支出10966.92万元,其中农业2615.26万元,城镇建设4043.51万元,文教卫生238.88万元,事业行政1664.85万元,其他2404.42万元。

表8-3　　　　　　　　　　　1996~2015年七都镇财政支出情况表

单位:万元

年　份	预算内支出	预算外支出
1996	239.8	1068.74
1997	298.01	1414.9
1998	359.14	1581.9
1999	501.46	2272.71
2000	790.53	21.64
2001	5582.43	89.73
2002	5233.07	184.83
2003	5132.13	169.32
2004	7112.03	851.25
2005	6396.28	10638.77
2006	6292.46	11151.21
2007	8819.86	13192.74
2008	12432.55	11074.6
2009	14487.93	11726.84
2010	19371.18	16237.33
2011	18633.58	15169.39
2012	20929.73	15287.75
2013	24967.44	12375.3
2014	25233.36	18270.37
2015	27080.74	10966.91

注:2003年起,表内为七都、庙港合并后的数据。

表8-4　　　　　　　　　　　1996~2002年庙港镇财政支出情况表

单位:万元

年　份	预算内支出	预算外支出
1996	292.24	483.86
1997	343.69	523.19
1998	393.17	663.86
1999	408.89	923.36
2000	597.81	352.66
2001	639.99	793.10
2002	852.82	1022.21

表 8-5　　　　　　　　　　1996~2015 年七都镇预算外资金支出情况表

单位:万元

年份	农业	城建	文教卫生	事业行政	其他
1996	34.15	187.59	263.53	338.27	244.39
1997	43.36	105.34	604.95	396.26	264.98
1998	38.39	106.44	384.27	609.87	70.03
1999	156.37	187.24	757.68	577.71	358.85
2000	160.79	277.01	464.37	425.79	355.13
2001	195.78	216.24	474.03	65.50	705.77
2002	16.95	192.64	532.63	59	1444.27
2003	60.41	182.82	462.54	0	976.31
2004	181.53	238.44	177.39	669.10	1331.76
2005	385.26	5510.86	453.77	3426.57	3269.30
2006	335.60	6558.48	829.89	3697.95	2193.38
2007	1058.47	6971.54	843.48	3094.87	1224.38
2008	988.07	3981.25	1897.91	0	4207.37
2009	745.46	5039.03	1887.74	1186.44	2868.17
2010	1333.92	4320.17	1462.4	3918.68	5202.17
2011	951.25	3501.79	1247.98	4352.50	5115.87
2012	1768.86	2424.27	986.88	3873.39	6234.37
2013	1891.99	2186.98	1277.27	4442.05	2577.01
2014	3112.58	4150.24	1400.02	3953.56	5761.31
2015	2615.26	4043.51	238.88	1664.85	2404.42

注:2003 年起,表内为七都、庙港合并后的数据。

表 8-6　　　　　　　　　　1996~2015 年七都镇预算内支出情况表

单位:万元

年份	农业	城建	文教卫生	社会福利	行政管理	其他
1996	7.61	3.01	183.50	10.25	29.12	6.31
1997	18.05	8.26	216.71	11.44	35.90	7.65
1998	22.95	23.51	223.23	13.88	37.12	38.45
1999	58.16	54	270.07	20.52	48.11	50.60
2000	73.81	30	310.58	17.68	71.11	287.35
2001	303.13	755	400.90	21.18	132.54	3969.68
2002	351.41	1300	463.98	28.79	73.47	3015.42
2003	316.19	1854.73	606.95	36.51	91.18	2226.57
2004	372.71	950.56	1757.75	792.80	189.58	3048.63
2005	507.71	144	1677.93	961.13	436.20	2669.31
2006	516.21	1063.14	1798.98	943.65	948.80	1021.68
2007	956	273.45	4225.80	1288.64	975.93	1100.04
2008	1220.76	268.24	3620.81	2371.02	1990.50	2961.22
2009	1545.76	386	4416.51	2480.41	608.23	5051.02
2010	1929.83	573.10	8411.28	3044.84	798.40	4613.73

(续表)

年份	农业	城建	文教卫生	社会福利	行政管理	其他
2011	1931.66	9.40	6692.28	4012.58	837.70	5149.96
2012	2700.89	3409.40	7255.85	3258.64	1113.16	3191.79
2013	3368.83	509.40	7130.99	5733.24	1265.35	6959.63
2014	2594.71	1597.56	7638.55	6331.51	1132.77	5938.26
2015	2409	112	9006	6475	3142	5936

注：2003年起，表内为七都、庙港合并后的数据。

表8-7　　　　　　　　　1996~2002年庙港镇预算外资金支出情况表

单位：万元

年份	农业	城建	文教卫生	事业行政	其他
1996	15.57	0	188.61	196.48	83.20
1997	43.36	0	209.85	209.81	100.04
1998	38.39	223.01	162.80	278.06	0
1999	156.37	170	345.50	369.94	27.35
2000	160.79	0	139.67	178.03	13
2001	195.78	35	242.13	369.50	61.44
2002	16.95	37	288.22	584.10	95.94

表8-8　　　　　　　　　1996~2002年庙港镇预算内资金支出情况表

单位：万元

年份	农业	城建	文教卫生	社会福利	行政管理	其他
1996	12.93	30.40	193.63	9.90	35.45	9.93
1997	16.15	25.97	235.53	18.25	39.89	7.90
1998	21.07	25.36	248.83	18.07	39.81	40.03
1999	28.88	2	270.87	25.89	34.43	46.82
2000	64.26	46	313.77	24	84.65	65.13
2001	75.49	0	388.93	24	56.55	95.02
2002	79.77	39	481.15	35.11	79.15	138.64

第二章　税　务

第一节　机　构

一、税务所

中华人民共和国成立后，七都、庙港的税收由区（镇、乡、公社）人民政府专人、专门机构负责。

1958年6月，七都公社配备税务员1人，属震泽税务所管辖；11月，庙港公社配备税务员1人，属横扇税务所管辖。1984年11月，庙港乡设税务组，工作人员3人，属震泽税务所管辖。12月，七都乡设立税务组，工作人员3人，属震泽税务所管辖。1994年10月，国家实行分税制改革，七都镇成立吴江市国家税务局七都税务所和吴江市地方税务局七都税务所，1994~1997年，吴江市国家税务局七都税务所由钱昌雄任所长,吴江市地方税务局七都税务所由杨伟江任所长;庙港镇成立吴江市国家税务局庙港税务组和和吴江市地方税务局庙港税务组,1994~1997年,吴江市国家税务局庙港税务组先后由许建勇、吴中东任组长,吴江市地方税务局庙港税务组由王斌任组长。

二、国家税务总局苏州市吴江区税务局七都税务分局

1997年1月,吴江市国家税务局七都税务所更名为国家税务总局吴江市税务局第五管理分局,位于七都镇环湖路,设办公室、征收股、管理股、稽查股,主要负责七都、庙港、横扇、八都4个乡镇国税税收征管工作,工作人员15人。2001年1月,国家税务总局吴江市税务局第五管理分局迁址七都镇人民路(现七都大道1588号)。是年,吴江市国税局开展征收、机构、人事制度三项改革,撤销原有的全职能农村分局和乡镇税务所,全市按专业化要求成立1个征收分局、1个稽查局和6个管理分局,第五管理分局辖管七都、庙港、八都、横扇地区的税收管理。

2004年11月,国家税务总局吴江市税务局第五管理分局更名为国家税务总局吴江市税务局第五税务分局,工作人员25人。2006年起,第五税务分局设管理一股、管理二股、管理三股,先后将横扇镇、原八都镇的国税征收划入第一管理分局、第四管理分局税收征管,保留七都、庙港乡镇国税征收工作。2013年2月,国家税务总局吴江市税务局第五税务分局更名为国家税务总局苏州市吴江区税务局七都税务分局,2015年,七都税务分局工作人员17人。

1997~2015年,历任分局长:张云康、陈瑞、陆珊毅、丁勇。

三、苏州市吴江区地方税务局第八税务分局

1997年10月,吴江市地方税务局七都税务所上升为吴江市地方税务局第八分局,分管七都、庙港、横扇三地的地税征收工作,下设征收股、管理股和稽查股,有工作人员13人。

2000年2月,吴江市地方税务局撤销乡镇各所,成立农村集中征收分局,吴江市地方税务局第八分局改为吴江市地方税务局七都分局。分局内设综合股、征收所、管理所、个体征管所,是月,横扇镇不再属七都分局征收的辖区。2003年6月,吴江市地方税务局七都分局更名为吴江市地方税务局第八税务分局,分局内设征收管理所、个体征管所。是年,第八税务分局被评为苏州市地方税务系统文明单位。

2004年7月,第八税务分局内设机构调整为征收管理所、综合股。2006年2月,分局内设机构调整为征收所、管理所。2012年11月,吴江市地方税务局第八税务分局更名为苏州市吴江区地方税务局七都税务分局。2014年,七都税务分局工作人员16人,5月,七都税务分局划归苏州市吴江区第三税务分局。

1998~2014年,历任分局长:杨伟江、吴晓云、王雪中、吴晓云。

第二节 农业税收

一、农业税

(一) 税制

中华人民共和国成立后,1950~1951年,清丈田亩,整理赋籍,把习惯亩折算成市亩。1951年10月,土地改革基本结束后,以市亩为单位评定产量,按户年人均收入计征农业税。减免原则是"轻灾少减,重灾多减,特重全免"。根据《苏南区1951年农业税实施细则》,取消农业税起征点,提高起征率,拉长级距,降低累进顶点。1956年,改以农业社为纳税单位,自留地按所在社的税率计征。

1958年起,农业税采用征收实物,货币结算,以生产队为纳税户。1961年,农业税原采取"征收实物、货币结算"方法,贯彻"先征后购"原则。征收公粮与统购余粮结合进行,习惯上统称"征购",

实物部分作价拨给粮食部门,由粮食部门向财政部门交付价款。有极小部分农业税收取代金。1971年,农业税实行起征点制,凡人均收入低于60元的生产队免征农业税。1985年起,征收制度有重要改革,改为全部按粮食"倒三七"比例价(30%统购价,70%超购价)折征代金。2001年起,吴江市实行农村税费改革,按实际承包面积计算,税率统一为7%。按中共吴江市委、市政府要求,实行以村先征后补,农民实际承担农业税率为零。

（二）税率和税额

中华人民共和国成立后,农业税以实物(稻谷或大米)抵算,故又称公粮。最初以户为单位,按农业人口的平均收入,累进计征。税率有24级,由7%~30%。土地改革后,查田定产,以户为单位,划片分等,评定常年产量,按累进税制,以率计税。

1958年起,农业税采用地区差别比例税率,全县平均税率为21%,七都、庙港公社为18%,征收实物,货币结算,以生产队为纳税户。对个体农户,除适应所在地的税率外,加征一到两成。1961年,调整税率,全县平均税率为12%,降低幅度42.83%。调整以后,以生产大队为单位,最高税率13%。1962年,农村以生产队为基本核算单位,税率稍作调整。从此,全县农业税平均税率保持13.4%。1971年后,粮食征购实行一定五年不变政策。1983年,实行联产承包责任制,农业税由生产队统一缴纳。1989年,全县农业税平均税率12.82%,以率计征正税、附税主粮,七都乡征收主粮1239吨,折金额55.76万元;庙港乡征收主粮1294吨,折金额58.43万元。

2001年起,国家实行农村税费改革,重新核定计税面积,调整税率,税率统一为7%。按规定农业税每亩征收62.83元,按实际承包面积计算,七都镇征收农业税130.68万元;庙港镇征收农业税146.97万元。按中共吴江市委、市政府要求,实行以村先征后补,农民实际承担农业税率为零。2003年,七都镇农民人均负担额为5.53元,低于国务院标准。2004年,征收132.64万元。2005年起,全国不再征收农业税。

二、农林特产税

1987年9月,吴江县人民政府贯彻《江苏省农林特产税征收管理办法》,并作出补充规定,开征农林特产税。农林特产税以产品的常年产量为计税依据,参照1983~1985年的平均产量评定,按当地中等质量收购价格或销售价格计算收入。全县统一规定养鱼的常年亩产:内塘精养200千克,围垦荡退耕还渔的内塘50千克,河沟粗养20千克,湖泊放养7.5千克。价格统一确定2元每千克,税率6%,另按正税额征15%附加。在计征农林特产税时扣除已缴的农业税。

1989年起,全面开征农林特产税。按产品实际收入计征,并对大宗收入实行统一税率。对养鱼收入仍按1987年确定的计税依据计征,税率由6%改为10%。对果用瓜(西瓜、香瓜)、桑的收入在原计征的农业税基础上定额加征:西瓜地每亩15元,桑地每亩8元,对柑橘、桃、梨的收入,在种植后第六年起按定产依率计征,每亩柑橘400千克,税率15%;每亩梨200千克、桃200千克,税率均为10%。上述产品单价统一确定为1元每千克。对葡萄种植后第四年起,按实际收入依率计征;其他水果及苗木、花卉等按实际收入依率计征。农林特产税附加一律按正税额征10%。庙港乡有园艺收入:包括柑橘、葡萄、梨、桃、果用瓜、桑、苗木、花卉。药材等林木产品收入:包括原木、原竹、白果等;水产收入:包括水生植物、淡水养殖(鱼、鳝、虾、蟹、珍珠、河蚌)等。实际征税的有养鱼、桑、果用瓜、柑橘、苗木等产品收入。是年,庙港乡实征8.08万元;七都乡实征9.18万元。

农林特产税由乡、镇财政所征收,全部留地方,主要用于发展农林特产生产。1989~1993年,七都镇实际征收农林特产税37.99万元;庙港镇实征农林特产税35.1万元。1994年,在国家税制改革中,国务院决定取消产品税,将原产品税中的农林牧水产品税与农林特产税归并统一为农业特产税。1996~2002年,七都镇征收农业特产税83.07万元;庙港镇征收农业特产税89.01万元。2003年起,农业特产税并入农业税中征收。

三、耕地占用税

1987年9月,吴江县政府贯彻《江苏省耕地占用税暂行条例实施办法》,并作出补充规定,开征耕地占用税。凡占用耕地(包括种植农作物的土地、鱼塘、菜地、桑园、果园等)建房或从事其他非农业建设的单位和个人,均按规定缴纳耕地占用税。以实际占用的耕地面积计征,实行一次性征收,全县统一确定征7.50元每平方米(对农民在规定额度内占用耕地,新建住宅的面积减半征收)。由县土地管理部门代发纳税通知书,纳税人据此到指定的财政所缴纳。征收的耕地占用税上缴中央50%,省15%,县留成20%,乡(镇)分成15%。1989年,分成比例改为中央30%,省20%,市10%,县25%,乡(镇)15%。1989~1995年,七都镇(乡)实征耕地占用税118.19万元;庙港镇(乡)实征耕地占用税48.55万元。2003年7月1日起,耕地占用税为8.25元每平方米;非农业建设占用的,按每亩5000元征收。2005年,征收耕地占用税141.53万元。2008年,征收耕地占用税356.58万元。2014年,征收耕地占用税1万元。2015年,未征收耕地占用税。

四、契税

契税是对转移土地、房屋权属行为征收的一税种,以承受的单位和个人为纳税人。

1995年,随着改革开放不断深化,七都、庙港镇上开始出现房屋买卖,遂有契税征收。是年,七都镇财政所征收契税1.02万元;庙港镇财政所征收契税4500元。1997年1月,庙港税务所撤销,契税由第五税务分局征收,是年,第五税务分局征收契税2.99万元。是年,《中华人民共和国契税暂行条例(细则)》施行。1999年,第五税务分局征收契税23.01万元。2003年7月1日起,第五税务分局征收的契税税率定为4%。2005年,第五税务分局征收契税514.87万元。2015年,七都税务分局征收契税727万元。

表8-9　　　　　　　　　　1996~2015年七都镇农业税收情况表

单位:万元

年份	农业税	农业特产税	耕地占用税	契税
1996	156.61	16.15	36.76	2.46
1997	135.74	15.55	72.13	1.23
1998	130.58	16.58	67.30	8.26
1999	128.73	16.32	4.57	13.76
2000	130.84	16.20	69.9	64.48
2001	130.68	1.05	163.99	93.01
2002	134.15	1.22	281.96	280.79
2003	130.68	0	150	644.15
2004	132.64	0	135.3	474.29
2005	免征	免征	141.53	514.87
2006	免征	免征	226.59	916.14
2007	免征	免征	131.66	1334.49
2008	免征	免征	356.58	1411.95
2009	免征	免征	168.30	1743.03
2010	免征	免征	163	1208.53
2011	免征	免征	513	1231
2012	免征	免征	0	2271
2013	免征	免征	96	1211
2014	免征	免征	1	1015
2015	免征	免征	0	727

注:2003年起,表内为七都、庙港合并后的数据。

表 8-10　　　　　　　　　1996~2002 年庙港镇农业税收情况表

单位：万元

年份	农业税	农林特产税	耕地占用税	契税
1996	150.63	16	4.09	1.43
1997	150.49	16	1.58	1.76
1998	149.22	17.40	66.36	4.71
1999	148.39	18.50	1.07	9.25
2000	148.45	18.50	6.85	11.82
2001	146.97	1.21	15.75	17.02
2002	149.91	1.40	27.56	51.41

第三节　工商税收

一、概况

中华人民共和国成立初，工商税收有营业税、所得税、印花税、货物税、营业牌照税、屠宰税、使用牌照税、筵席娱乐税、房捐共 9 种。1950 年 1 月，政务院颁布《全国税政实施要则》，全国统一税制。开征的税源主要有营业税、所得税、印花税、货物税、屠宰税、使用牌照税、筵席税、牙税、房捐等。1953 年，修正税制，开征商品流通税，改特种消费行为税为文化娱乐税等。

1958 年，商品流通税、货物税、营业税、印花税合并为工商统一税；原工商业税中的所得税税目改设为税种。1966 年 10 月，征收的税种有工商统一税、屠宰税、城市房地产税、车船使用税。1973 年，把工商统一税及其附加、城市房地产税、车船使用牌照税、屠宰税合并为工商税。县内开征的税有 6 种：工商税、工商所得税、牲畜交易税、车船使用牌照税、屠宰税、城市房地产税。1978 年，停止牲畜交易税、车船使用牌照税。此后，工商税收有较大的发展。1983~1984 年，国营企业实行利改税，开征国营企业所得税及调节税。取消工商税税种，改征产品税、增值税、营业税及盐税；开征建筑税、国营企业奖金税。1989 年底，共开征 14 个税种（不包括农业税、农林特产税、耕地占有税和契税），七都乡共征收 150 万元。1994 年 1 月，实行税制改革，取消产品税，扩大增值税。2005 年，七都镇征收的 10 个税种的工商税收共 9586 万元。

2015 年，吴江区国税局、地税局七都分局征收的 10 个税种的工商税收共 11.24 亿元。

二、税种

（一）增值税

1983 年起，县内开征增值税。1994 年，国家实施税制改革，增值税由原来价内税改为价外税，实行凭增值税专用发票抵扣税款制度。改革后的增值税采用一档基本税率和一档低税率的模式。基本税率为 17%，低税率为 13%。对出口商品实行零税率，即产品报关出口后，退还全部税款。2003 年，七都镇增值税 1.11 亿元。2015 年，七都镇增值税 4.53 亿元。

（二）消费税

工商税制改革后，对少数消费品征收消费税。征收消费税的品目有 11 个，采取从价定率和从量定额 2 种征税办法，对不同的消费品设置 14 档不同的税率（税额）。消费税实行价内征收的办法，从价定率征收的，以含有消费税税金而不含增值税税金的消费品价格为计税依据。2006 年，七都镇消费税收入 76.52 万元。2015 年，七都镇消费税收入 989 万元。

（三）营业税

1984 年，营业税暂行条例规定，营业税设 11 个税目，25 个税率，最低 3%，最高 15%。1993 年

12月起,调整为9个税目,按行业实行有差别的比例税率,设3档税率:交通运输业、建筑业、邮电通信业、文化体育业税率为3%;金融保险业、服务业、转让无形资产、销售不动产税率为5%;娱乐业税率为20%。1996年,七都镇营业税收入62.56万元。2015年,七都镇营业税收入3429万元。

（四）企业所得税

1994年起,取消按企业所有制形式设置所得税的办法,实行统一的内资企业所得税制度。国内实行独立经济核算的企业或组织,都是企业所得税的纳税人,企业所得税实行33%的比例税率,其计税依据为应纳税所得额。1996年,七都镇企业所得税征收170.18万元。2015年,七都镇企业所得税地税征收4.16亿元,国税征收9552万元。

（五）个人所得税

1994年1月起,开征个人所得税。个人所得税实行分类征收,累进税率与比例税率并用。个人所得税实行不同的税率:工资、薪金所得,适用5%~45%的超额累进税率;个体工商户的生产经营所得和对企事业单位的承包、承租经营所得,适用5%~35%的超额累进税率;稿酬所得,适用20%的比例税率,并按应纳税额减征30%;劳务报酬所得,适用20%的比例税率;特许权使用费所得,财产租赁所得,财产转让所得,利息、股息、红利所得,偶然所得和其他所得,适用20%的比例税率。1996年,七都镇个人所得税收入108.65万元。2015年,七都镇个人所得税收入5630万元。

（六）城市维护建设税

1985年,吴江县开征城市维护建设税,以纳税人实际缴纳的产品税、增值税、营业税（以下简称三税）税额为计税依据,1994年起,改以增值税、消费税、营业税税额为计税依据,与"三税"同时缴纳,税收专用于市（县）内的城镇维护建设。对7大镇（松陵、盛泽、同里、震泽、平望、黎里、芦墟）范围内的纳税人（乡镇企业例外）按5%税率征收;对7大镇以外的纳税人及乡镇企业按1%的税率征收;对纳税人所在地未在7大镇范围内,原来税收一直由7大镇税务所办理的,按5%的税率征收。1992年,随撤乡建镇,新建制镇范围内该税税率也由1%提高到5%。1996年,七都镇城市维护建设税收入39.45万元。2015年,七都镇城市维护建设税收入2959万元。

（七）房产税

1986年10月1日起,吴江县开征房产税,由产权所有人缴纳。房产税依房产原值征收的,根据扣除30%后的余值按1.2%税率计征;依租金收入额征收的,按12%税率计征。对由财政部门拨经费的行政事业单位自有自用房产及私人出租的住房免征房产税。1996年,七都镇房产税收入24.97万元。2001年1月起,个人按市场价格出租的居民住房,房产税暂减按4%税率征收。2015年,七都镇房产税收入2331万元。

（八）印花税

1988年10月1日起,开征印花税。印花税票分1角、2角、5角、1元、2元、5元、10元等7种。税款征收方式主要有3种:由税务机关自行售花;委托工商行政管理部门、银行等代售印花;汇总缴纳;采取自行完税办法的,由纳税人按规定自行计算应纳税额,购买税票贴花注销;税额超出100元的,一般采取汇总缴纳办法,由纳税人按期申报纳税。1996年,七都镇印花税收入13.3万元。2015年,七都镇印花税收入1020万元。

（九）城镇土地使用税

1989年1月1日起,吴江县开征城镇土地使用税。城镇土地使用税以纳税人实际占用的土地面积,按土地使用证明确认的土地面积计算。在吴江各建制镇按0.20元每平方米定额征收。城镇土地使用税实行按年计征、分期缴纳的方法。纳税期限:企业按季缴纳,个人按半年缴纳。1996年,七都镇城镇土地使用税收入7.38万元。2015年,七都镇城镇土地使用税收入2539万元。

（十）土地增值税

1994年1月起，吴江市开征土地增值税。土地增值税在房地产所在地按月申报缴纳，以纳税人转让房地产所取得的增值额为计税依据，采用30%、40%、50%、60%四级超率累进税率计算缴纳。2001年，七都镇土地增值税收入15.94万元。2004年4月起，对房地产开发项目实行分类确定1%~2%的预征率预征。2005年1月起，对实行土地增值税预征，符合清算条件的房地产开发纳税人，按《江苏省土地增值税清算管理办法》规定进行清算。2015年，七都镇土地增值税收入748万元。

表8-11　　　　　　　　　　　　　1996~2015年七都镇税收情况表

单位：万元

年份	营业税	企业所得税	个人所得税	城市维护建设税	房产税	城镇土地使用税	印花税	土地增值税
1996	62.56	170.18	108.65	39.45	24.97	7.38	13.30	—
1997	81.90	153.78	17.13	52.31	34.87	7.71	11.44	—
1998	197.61	217.40	286.92	67.97	67.83	7.06	16.14	—
1999	160.51	269.32	342.61	73.79	102.75	19.32	17	—
2000	196.03	627.02	593.95	111.66	97.93	12.24	22.54	—
2001	372	2909.44	634.98	236.19	61.63	17.91	20.23	15.94
2002	875.94	3607.99	1011.96	1214.60	253.23	55.94	121.34	15.77
2003	1137.4	5580.94	1688.20	1399.70	262.20	52.80	140.70	19.06
2004	1063.8	5607.72	1601.48	1501.30	253.68	57.29	212.63	22.72
2005	1056	5150	1953	763	322	73	185	84
2006	1161	3768	2073	1080	203	48	247	129
2007	1411	2616	3183	1759	551	296	384	30
2008	2726	4784	2712	1542	426	1011	364	436
2009	3007	6895	2768	1867	723	1454	627.84	686.71
2010	2946.43	10472	2889	1964.51	213	118	591.64	305.37
2011	4788.04	12943	5797.10	1996.30	1107	2165	978.05	1447.87
2012	3934.78	12477	5756.80	1920.14	1643	2164	796.77	916.27
2013	3238	16143	5369	2315	1736	2285	987	732
2014	4035	17351	6196	2532	2372	2804	1039	1584
2015	3429	41636	5630	2959	2331	2539	1020	748

表8-12　　　　　　　　　　　2000~2015年吴江国税局第五税务分局国税税收情况表

单位：万元

年份	增值税	消费税	企业所得税
2000	3994.56	157.68	1103.76
2001	5332.16	210.48	1473.36
2002	5706.08	225.24	1576.68
2003	11110.71	112.23	58.89
2004	13663.78	138.02	555.06
2005	10128.64	102.31	658.69
2006	11654.96	76.52	1222.17

(续表)

年份	增值税	消费税	企业所得税
2007	16898.80	74.96	1751.84
2008	22810.95	68.20	2932.20
2009	37687	82	3758
2010	35253	443	6506
2011	28179	356	7666
2012	28280	335	7471
2013	32478	534	6882
2014	35374	689	12366
2015	45272	989	9552

第三章 金 融

民国时期，七都、庙港地区的富裕人家有余钱，只能到震泽、南浔的钱庄去存钱。少数贫困人家遇到天灾人祸，也只得将家里稍值钱的货物到震泽、南浔的典当，以物典款度过难关。

1952年，大庙区成立，中国人民银行在庙港设营业所。1954年，七都、庙港地区以小乡为单位建立农村信用合作社。1980年，中国农业银行吴江支行设七都营业所、庙港营业所。1994年9月，中国建设银行吴江市支行在心田湾设办事处。是月，中国银行吴江支行在庙港设办事处。1999年，中国银行吴江市支行庙港办事处撤销。2010年11月26日，中国银行吴江七都支行成立。2011年6月，中国工商银行吴江七都支行成立。2015年，七都镇共有金融机构9家。

第一节 金融机构

一、中国农业银行吴江七都支行

1952年，庙港营业所派员到七都地区成立银行小组。1955年，银行小组升格为中国人民银行吴江支行七都营业所，与信用社合署办公，至1972年，营业所有工作人员12人。1980年1月，中国人民银行吴江支行七都营业所更名为中国农业银行吴江支行七都营业所。1990年，在粧桥路新建营业大楼，占地1380平方米，建筑面积1320平方米。1993年12月，下设1个二级分理处为中国农业银行吴江支行七都心田湾分理处。1995年，中国农业银行七都营业所与七都信用社分营，营业所更名为中国农业银行吴江支行七都办事处，有工作人员15人。

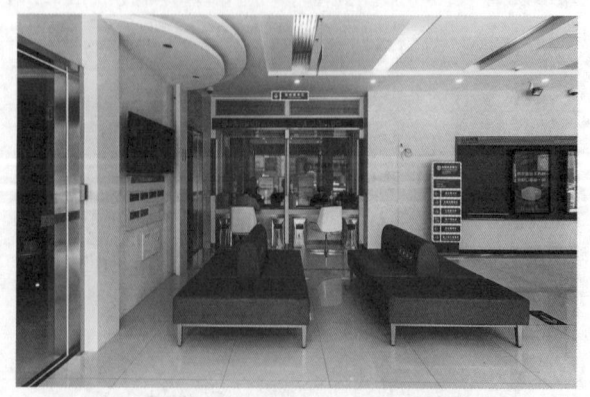

2002年7月，中国农业银行吴江支行七都办事处更名为中国农业银行吴江支行七都分理处。2004年9月，中国农业银行吴江支行七都分理处更名为中国农业银行吴江七都支行。2008年底，

中国农业银行吴江七都支行（摄于2015年）

七都支行职工18人。2015年,七都支行职工17人。1996~2015年,历任主要负责人:孙丽仙、沈新兴、沈萍萍、庄玉仙、邱建琪、凌小平。

二、苏州农商银行七都支行

1954年,七都地区大儒、陆港、吴溇、七都、方家桥、菱荡湾等小乡成立农村信用合作社,均设主任、会计各1人。行政领导属乡政府,业务上由中国人民银行吴江支行庙港营业所管辖,每个小乡有一名农金员辅导。1956年10月,撤区并乡,七都、方桥、菱荡3个乡信用社合并为七都乡信用社。吴溇、大儒、陆港3个乡信用社合并为大儒乡信用社。1958年,七都公社成立,七都、大儒两乡信用社合并为七都公社信用部,各生产大队设立信用分部,有24个信用分部。1962年,撤销大队信用分部,恢复公社信用社,办理存、贷款业务,银行营业所和信用社合署办公。1982年,为照顾南半乡社员存取款方便,在双荡兜设信用分社。1995年,信用社和农业银行分营,自负盈亏。信用社在心田湾、双塔桥、桥下3处各设一个信用分社,共有工作人员18人。

苏州农商银行七都支行(摄于2015年)

1996年,七都信用社迁入新建的金融大厦(位于望湖北路与新村一路交界处)营业,共有职工18人。2000~2001年,七都信用社下设4个营业点:七都集镇新村一路营业部、心田湾分理处、双荡兜分理处、桥下分理处,共有职工34人。2002年,撤销桥下分理处,营业网点3个。2004年8月,吴江农村商业银行七都支行成立,共有职工32人。2008年,吴江农村商业银行七都支行撤销双荡兜分理处,营业网点2个(支行营业部、心田湾分理处),共有职工31人。2015年,苏州农商银行七都支行营业网点6个(支行营业部、心田湾分理处、财政专柜、双荡兜自助银行、菱田村自助银行、东庙桥自助银行),共有职工28人。在吴越村、隐读村、双塔桥村、东庙桥村设立助农金融服务站。

1996~2015年,历任主要负责人:郑森林、王春良、倪伟民、周树勤、沈勤荣。

三、中国建设银行吴江七都支行

1994年9月,中国建设银行吴江市支行七都办事处成立,地址在心田湾,是年,在吴溇设立储蓄所。2003年,中国建设银行吴江市支行七都办事处更名为中国建设银行吴江市支行七都分理处,地址在七都心田湾。2015年,更名为中国建设银行吴江七都支行。地址在吴溇路1578号。占地面积200平方米,建筑面积500平方米。职工9人。1994~2015年,历任主要负责人:俞洪海、张颖颖、钱惠祥、黄晞、蒋萍萍。

四、中国银行吴江七都支行

2010年11月26日,中国银行吴江七都支行成立,位于人民路1551号,占地面积300平方米,建筑面积600平方米。职工7人。2010~2015年,历任主要负责人:沈吉杰、沈国英、邱思明、顾雪东、邱忠明。

五、中国工商银行吴江七都支行

2011年6月,中国工商银行吴江七都支行成立,位于新村一路与富家路交叉口西侧。占地面积200平方米,建筑面积600平方米、职工7人。2011~2015年,历任主要负责人:姚勘陆、沈高强、马黎明、沈元。

六、中国邮政储蓄银行吴江七都支行

1990年1月1日起,吴江县邮电局七都支局开办储蓄业务,设储蓄所,位于望湖路,职工2人。

储蓄业务分为定期储蓄和活期储蓄两类。

1998年,吴江市邮电局七都支局储蓄所更名为吴江市邮政局七都邮政支局储蓄所,职工5人。2005年,储蓄额5193万元,其中活期储蓄额1326万元。2006年,吴江市邮政局七都邮政支局储蓄所更名为中国邮政储蓄银行吴江七都支行。2015年,中国邮政储蓄银行吴江七都支行储蓄额5100万元。1996~2015年,历任主要负责人:沈惠芬、朱伟民、戴坤兴、于华锋、陆月根。

中国邮政储蓄银行吴江七都支行(摄于2015年)

七、中国农业银行吴江庙港支行

1952年,中国人民银行吴江支行在庙港设营业所。1956年,并区、并乡,大庙区并入震泽区,庙港营业所撤销。1959年10月,中国人民银行吴江支行庙港营业所成立,与信用社合署办公。1980年,庙港营业所划归中国农业银行吴江支行管辖,更名为中国农业银行吴江支行庙港营业所。1992年,农行营业所上升为中国农业银行庙港办事处。1995年10月,中国农业银行庙港办事处与庙港信用社分营,自负盈亏。中国农业银行庙港办事处迁往庙港沿湖路598号营业。

中国农业银行吴江庙港支行(摄于2015年)

2001年9月,中国农业银行庙港办事处更名为中国农业银行吴江庙港分理处。2008年,中国农业银行吴江庙港分理处更名为中国农业银行吴江庙港支行。是年底,职工10人。2015年,职工12人。

1983~2015年,历任主要负责人:申琦、朱学康、蔡惠忠、王张伟、戴林荣。

八、苏州农商银行庙港支行

1954年,庙港、盛港乡信用社成立。1956年,大庙区并入震泽区,庙港乡、盛港乡信用社合并为庙港乡信用社。1958年,庙港人民公社成立,政社合一,庙港乡信用社更名为庙港公社信用部,各大队设分部,存、贷款业务下放至分部。1962年,撤销大队信用分部,公社信用部恢复为信用社。70~80年代,庙港信用社与农行合署办公,分别核算。1995年10月起,农行、信用社分营自负盈亏。农行迁往沿湖路新大楼办公,信用社在原址办公。2004年8月,庙港信用社更名为吴江市农村商业银行庙港支行,并迁至庙港沿湖路7号营业。2008年底,职工15人。2015年底,苏州农商银行庙港支行地址未变,职工16人。

1995~2015年,历任主要负责人:倪伟民、沈勤荣、周树勤、吴剑、吴慧华。

九、中国邮政储蓄银行吴江支行庙港营业所

1989年10月,吴江县邮电局庙港支局设储蓄网点,开办储蓄业务。位于沿湖路8号,职工2人。储蓄业务分为定期储蓄和活期储蓄两类。

1998年,吴江市邮电局庙港支局储蓄所改名吴江市邮政局庙港支局储蓄所,职工5人。2006年,吴江市邮政局庙港邮政支局储蓄所更名为中

中国邮政储蓄银行吴江支行庙港营业所(摄于2015年)

国邮政储蓄银行吴江庙港营业所。2015年,储蓄额12424万元,其中活期储蓄额2484万元。

1989~2015年,历任负责人:陈春法、沈志萍、陈晓飞。

第二节 金融业务

一、储蓄存款

1985年,七都乡储蓄余额177.71万元,庙港乡储蓄余额292.75万元。80年代末,七都乡举办16期有奖储蓄,吸收社会游资及民间闲散资金共150多万元。1996年,七都镇储蓄余额1.36亿元,庙港镇储蓄余额6852.76万元。

2000年后,居民储蓄和单位存款逐年增多,年末各项存款余额逐年增高。2005年,中国农业银行七都支行存款余额5.08亿元,吴江市农村商业银行七都支行存款余额4.04亿元,中国建设银行七都分理处存款余额1.43亿元。中国农业银行庙港支行存款余额2.27亿元,吴江市农村商业银行庙港支行存款余额2.45亿元。

2015年,中国农业银行七都支行存款余额9.49亿元,吴江农村商业银行七都支行存款余额21.48亿元,中国建设银行七都分理处存款余额4.16亿元。中国农业银行庙港支行存款余额5.90亿元,吴江农村商业银行庙港支行存款余额9.01亿元。

表8-13　　　　　　　　　　1996~2015年七都各银行支行存款情况表(一)

单位:万元

年份	农业银行七都支行 单位存款	农业银行七都支行 储蓄存款	农村商业银行七都支行 单位存款	农村商业银行七都支行 储蓄存款	建设银行七都支行 单位存款	建设银行七都支行 储蓄存款
1996	2039.60	1212.50	2330.79	2484.20	3047	2504
1997	2262.40	1898.56	3553.92	2970.23	3860	1894
1998	2844.62	3208.54	5340.96	4188.87	3860	5860
1999	2540.45	3721.28	6009.53	5977.85	3429	1680
2000	4029	3802	8445.35	8430.91	1734	3291
2001	7433	5007	15013.43	10709.36	6513	2647
2002	8703	7177	16700.99	14882.31	6558	3244
2003	12935	8061	16751.71	18905.26	24058	4340
2004	22973	14389	18084.68	22026.52	4587	7217
2005	29969	20835	12651.78	27745.79	6935	7424
2006	54231	35577	39786.02	40023.51	9914	10459
2007	22501	36598	44958.18	45232.52	36071	11892
2008	19429	50772	54874.83	52190.92	39820	19443
2009	35669	44596	95767.00	11751.39	38712	19411
2010	88612	36864	144059.86	13058.49	38803	18599
2011	33812	52561	160415.52	15621.37	30943	19805
2012	35225	58910	169790.34	17490.28	25074	17860
2013	50400	59459	169721.99	18128.37	23415	17648

(续表)

年份	农业银行七都支行		农村商业银行七都支行		建设银行七都支行	
	单位存款	储蓄存款	单位存款	储蓄存款	单位存款	储蓄存款
2014	44704	74002	226172.88	13564.37	16160	20974
2015	15824	79117	195931.02	18843.63	10772	30782

表8-14　　　　　　　　　2010～2015年七都各银行支行存款情况表(二)

单位:万元

年份	工商银行七都支行		中国银行七都支行	
	单位存款	储蓄存款	单位存款	储蓄存款
2010			3350	891
2011	4170	3535	9371	3662
2012	8159	7314	17735	6560
2013	16088	10213	19308	8405
2014	19100	10200	20924	10876
2015	16300	11800	32011	14237

注:2010年中国银行七都支行成立,2011年工商银行七都支行成立。

表8-15　　　　　　　　　1996～2015年庙港各银行支行存款情况表

单位:万元

年份	农业银行庙港支行		农村商业银行庙港支行(农信社)	
	单位存款	储蓄存款	单位存款	储蓄存款
1996	1000	2226.40	569.83	3056.53
1997	1110	3332	774.72	3915.10
1998	2050	3859	781.72	5545.43
1999	3020	4723.27	1054.01	6610.32
2000	3500	5234.39	2453.44	8337.36
2001	4020	7008.39	2941.25	10025.61
2002	4100	8142.95	3560.09	11355.29
2003	4050	13261.38	6048.37	16430.15
2004	3900	12887.19	4650.25	15493.23
2005	3800	18876.95	4150.19	20310.31
2006	4100	18202.15	8354.24	27212.22
2007	4200	19397	9622.12	28502.14
2008	4500	24846.43	9242.58	38719.28
2009	5200	25528.4	9540.14	28971.53
2010	5307.20	34494	23691.91	31679.72
2011	5508	34349.30	23372.89	33886.83
2012	7203.50	35375.40	25187.06	41629.10
2013	8428.20	40181.80	29029.46	48684.31
2014	7759.60	45310.30	31176.20	50005.03
2015	6869.30	52116.90	30513.50	59633.56

二、贷款

1954年,七都、庙港农村信用社建立后,开始发放部分信贷,金额不大,仅用于小范围生产、生活贷款。1958年以后,信用社扩大,贷款资金有所增多,扩大借贷范围,如社员家庭房屋修理、盖猪羊棚、小农具添置等贷款和生产队农船、农具、农肥、农药贷款。60年代初,向工商组、供销社等发放限额贷款和一些企业贷款。1968年,七都公社农村信用社发放油粮贷款200万元。1970年后,七都农业银行营业所把信贷交给信用社办理。1980年起,增加社队企业贷款。1989年,七都乡农行、信用社发放贷款280.42万元;庙港乡农行、信用社发放贷款1292.13万元。1990年,七都乡农行、信用社发放贷款3082.47万元;庙港乡农行、信用社发放贷款1520.60万元。

90年代起,除发放农田基本建设贷款外,重点发放村镇企业贷款。1996年,七都镇农行、信用社发放贷款1.41亿元;庙港镇农行、信用社发放贷款4603.46万元。2005年,七都农行、农商行发放贷款8.84亿元;庙港农行、农商行发放贷款1.42亿元。2015年,七都镇农行、农商行发放贷款30.35亿元;庙港农行、农商行发放贷款9.28亿元。

表8-16　　　　　　　　　1996~2015年七都各银行支行贷款情况表(一)

单位:万元

年份	农业银行七都支行	农村商业银行七都支行	建设银行七都支行
1996	5940	8193.4	7300
1997	7009.4	8565.98	10900
1998	8434.5	10839.81	17900
1999	8296.08	3175.44	22300
2000	12500	14815.48	25600
2001	11300	19715.09	47800
2002	17095	25150.47	49800
2003	29916	27940.11	56700
2004	27566	37848.13	50200
2005	43585	44789.64	57400
2006	54140	65869.48	60800
2007	59086	85678.63	80400
2008	66946	82947.49	86500
2009	111897	132099.08	88300
2010	124457	157118.36	89700
2011	113889	187896.10	92300
2012	117345	198991.13	99800
2013	115345	202470.37	102700
2014	105899	239482.52	129500
2015	88702	214753.80	127000

表8-17　　　　　　　　　2011~2015年七都各银行支行贷款情况表(二)

单位:万元

年份	工商银行七都支行	中国银行七都支行
2011	8005	7220
2012	3400	14400
2013	68900	21321
2014	66200	27873
2015	58000	44951

注:2010年中国银行七都支行成立,2011年工商银行七都支行成立。

表8-18　　　　　　　　　　1996~2015年庙港各银行支行贷款情况表

单位：万元

年份	农业银行庙港支行 单位贷款	农业银行庙港支行 个人贷款	农村商业银行庙港支行
1996	1130.20	300	3173.26
1997	1276.70	350	3763.73
1998	1719	400	4415.66
1999	1115.57	450	5142.81
2000	2029.24	520	6449.83
2001	701.22	610	5178.35
2002	1744.45	730	6805.81
2003	1959.40	620	10216.25
2004	1254.80	700	11050.36
2005	983.20	200	13060.17
2006	2757	500	17526.26
2007	2614.50	800	19735.07
2008	5612.31	1020	24023.07
2009	5556	1616	33147.15
2010	8748	2852	42003.96
2011	9101	4362	41957.52
2012	15345.80	4110	51743
2013	19703.89	5535	62361.34
2014	21030.03	4772	62979.10
2015	22418.83	3249	67130.14

第三节　保　　险

一、保险机构

（一）中国人民保险股份有限公司吴江支公司七都办事处

1980年8月，中国人民保险公司与人民银行、农业银行的办事处、营业所陆续建立保险代理处，开展基层保险业务。1985年，七都农行营业所接受代理保险业务，开办企业财产险、家庭财产险、团体人身险等险种。

1991年1月，中国人民保险公司吴江支公司七都办事处成立。1993年，在望湖北路建保险所办公楼，配备所长、会计、出纳、外勤各1人。

至2015年，机构无变动。

（二）中国人民保险股份有限公司吴江支公司庙港办事处

1980年8月，中国人民保险公司与人民银行、农业银行的办事处、营业所陆续建立保险代理处，开展基层保险业务。1985年，庙港农行营业所接

中国人民保险公司吴江支公司七都办事处（摄于2015年）

受代理处业务,开办企业财产险、家庭财产险、团体人身险等险种。

1991年1月,中国人民保险公司吴江县支公司庙港办事处成立,配备所长、会计、出纳各1人。2003年,庙港镇与七都镇合并,2004年8月,庙港办事处撤销。

(三) 中国人寿保险股份有限公司七都营业所

1996年10月,中国人寿保险公司七都营业所始建,与中国人民财产保险公司七都营业所合并营业。所长由倪芳芳兼任,所址七都镇望湖北路14号。2000年3月,中国人寿保险公司七都营业所更名为中国人寿保险股份有限公司吴江支公司七都营业所。由盛勤林任所长,编制为1人。其余营销业务员均不拿固定工资,薪酬根据业务额提成。2004年起由李永财负责。并设营销员数名,拿基本工资加业务提成。至2015年,机构无变动。

中国人寿保险公司吴江支公司七都营业所(摄于2015年)

(四) 中国人寿保险股份有限公司庙港营业所

1996年10月,中国人寿保险公司庙港营业所始建,与中国人民财产保险公司庙港营业所合并营业。营业所设在庙港乡政府内。2000年,中国人寿保险公司庙港营业所更名为中国人寿保险股份有限公司吴江支公司庙港营业所,营业所办公迁至庙港沿湖路。至2015年,机构无变动。

二、保险业务

(一) 中国人民保险公司业务

90年代,中国人民保险公司办事处主要开设企业财产险、职工意外险、雇主责任险、货物运输险、工种责任险、家庭财产险、机动车辆险、农业种养险等保险险种。办事处本着"人民保险为人民"的服务宗旨,不断改革和完善保险经营机制,加大对集体企业、外资企业和民营企业的承保、理赔、服务力度,达到"服务要优质、出险要及时、理赔要赔好"的目标。

2008年2月,七都镇遭受50年来最大的雪灾,全镇受灾面积三分之二,受灾企业一百多家。其中受灾最严重的是金鹰铸造有限公司,因大雪厂房倒塌造成直接经济损失150多万元,保险公司赔付120.02万元;吴江市神州双金属线缆有限公司因雪灾企业财产损失80多万元,保险公司赔付63.78万元,两家企业,保险公司直接赔付183.8万元,当年累计赔付321.75万元,受灾企业的恢复重建得到支持。

2015年,中国人民保险公司七都办事处全年保险费收入1782万元,理赔支出1116万元。2003~2015年中国人民保险公司七都办事处保险费总收入9226万元,理赔总支出6228万元。

(二) 中国人寿保险股份有限公司业务

中国人寿保险股份有限公司经营的险种有两大类,上百个分险种。一类是团体险,主要是面向机关、企事业单位、各类学校等集体投保的险种,如国寿综合意外伤害险、国寿绿洲意外伤害险(A、B)、附加住院医疗补偿险、国寿高危人员团体意外伤害医疗险、企业职工医疗险、企业职工补充养老险、学生平安险、学生住院医疗险、学生意外伤害医疗险、学生意外伤残、烧伤险、学生疾病事故责任险等。另一类是个人险,一般分为3种:一种是以个人养老为目的的商业养老保险;一种是以投资理财为目的的分红型保险;一种是以重大疾病医疗为目的的商业医疗保险。

2000~2008年,中国人寿保险有限公司七都营业所团体险保费收入总额1000万元,个人险保费收入总额671万元(含分红型保险收入)。在理赔方面,9年中理赔的意外死亡事故8件(其中企业职工5件,学生3件),加上企业职工及学生意外伤害、重大疾病住院医疗险等,理赔总额达

500万元。

2003~2015年,七都人寿保险公司保险费收入997万元,理赔支出502万元。

表8-19　　2003~2015年中国人民财产保险公司七都保险所保险费收入及赔付情况表

单位:万元

年份	保费总收入	其中				赔付
		家财险	车辆险	企业财产险	其它险	
2003	273	26	135	75	37	148
2004	248	27	120	65	36	127
2005	240	25	117	58	40	176
2006	246	26	135	75	10	218
2007	276	26	154	80	16	145
2008	351	25	168	110	48	322
2009	524	—	270	135	119	276
2010	738	—	430	220	88	537
2011	832	—	520	230	82	424
2012	937	—	550	230	157	674
2013	1136	—	700	256	180	838
2014	1643	—	930	342	371	1227
2015	1782	—	1175	358	249	1116

注:表内数据含庙港保险所数据。

表8-20　　2003~2015中国人寿保险公司七都保险所保险费收入及赔付情况表

单位:万元

年份	保费总收入 (不含分红型保费)	主要赔付			
		企业意外	学生意外	学生疾病	合计
2003	73	15	5	10	30
2004	70	20	5	10	35
2005	81	23	8	12	43
2006	85	25	8	15	48
2007	80	18	8	15	41
2008	83	52	3	11	66
2009	65	13	3	15	31
2010	70	11	2	13	26
2011	80	18	4	15	37
2012	75	20	3	12	35
2013	70	17	2	14	33
2014	80	25	5	11	41
2015	85	20	3	13	36

注:注:表内数据含庙港保险所数据。

第 九 卷

交 通 邮 电

第一章 交 通

民国时期,七都、庙港地区湖荡密布,溇港纵横。溇港是境内各自然村连接外界的主要水上通道;湖塘路是一条贯穿东西通往境外的陆上交通要道。境内有航船往返于震泽、南浔等镇。1958年起,七都、庙港公社相继增设机动轮船代替航船。人工开挖的太浦河贯通境内,七都、庙港连接外界的水运更加畅通。1983年,庙港至震泽的"庙震公路"建成。1984年,七都至八都的"八七公路"建成。1995年起,相继新筑七都至南浔公路、环太湖公路七都段、庙港段,以及镇、村间公路。2015年底,七都镇纳入临沪一小时经济圈。

第一节 交通管理

一、机构

(一) 七都交通管理所

1979年,七都交通管理站成立,办公地点在七都机电站内。1983年,七都交通管理站改为七都交通管理所(简称交管所),所址迁至汽车站内。交管所是县交通局的派出机构,是地方政府管理交通的职能部门。其职责是督促运营证申办和年度检审,组织协调理顺关系,为运输者提供良好的环境,征收交通规费、路政源头检查、水陆运输管理及水上安全管理。1993年,镇政府投资30万元,在望湖中路建造180平方米三层办公楼。2002年,全市调整交通管理机构设置,庙港交管所并入七都交管所,调整后的七都交管所受理的交通管理业务行政区域范围为七都镇、庙港镇。2008年,交管所迁至人民东路新建的办公大楼。2015年,交管所占地面积7400平方米,建筑面积4463平方米,工作人员9人。

1996~2015年,历任所长:陆林根、沈立新、陈菊芳、王一峰、钱学根。

(二) 庙港交通管理所

1982年,庙港交通管理站成立,站址沿湖路汽车站东侧。1985年,庙港交通管理站改为庙港交通管理所(简称交管所)。1993年8月,交管所新建三层办公楼,占地面积342平方米,建筑面积733平方米,工作人员5人。2002年,全市调整交通管理机构设置,庙港交管所并入七都交管所。

1996~2002年,历任所长:朱汉良(以副代正)、周继明(以副代正)、潘炜挺、钱学根。

(三) 七都交巡警中队

2000年10月,吴江市公安局交巡警大队七都交巡警中队成立。12月10日,举行挂牌仪式,开始按职能履行职责。配置民警6人,辅警15人。

交巡警中队主管辖区内维护道路交通秩序,处理道路交通安全违法行为;预防和处理道路交通事故;管理车辆和驾驶人;开展道路交通安全宣传教育;协调落实交通安全责任制,推进道路交通安全综合治理。

2006年,交巡警中队道路管辖里程全长149.7千米,其中省市道路62.5千米,镇村道路87.2千米。2007年6月,道路管辖新增230省道及西环路。2008年,交巡警中队有公务车1辆,警车6辆,固定电子监控设备2套,移动测速监控设备1套,台式电子计算机15台,打印机4台,称重仪1套,酒精测试仪1台,警务通6台,共有在编民警7人,辅警21人,内部其他临工4人。

2015年底,交巡警中队占地面积1321.4平方米,建筑面积2046.23平方米。共有在编民警9人、辅警26人,内部其他临工5人。

2000~2015年,历任队长:徐志峰、沈华、谢建华、陈月祥、孙和平。

二、管理

（一）水陆监管

七都、庙港交管所(站)成立后,负责各自辖区内的交通管理,处理水陆交通中发生的事故,进行船舶、车辆的检查检验,水陆驾驶员的培训考核以及安全教育,并定期对车船进行安全性能检验,征收有关交通的费用及代征税金等。

1990年,七都乡有各类运输船247艘,运输船总吨位为2274吨;庙港乡有各类运输船312艘,运输船总吨位为2875吨;七都、庙港交管所为所有运输船只办理登记注册。

1996年,七都、庙港交管所加强道路交通的巡逻,做好农村公路的管养工作,管养乡村公路46千米。对公路交通、治安管理实行统一执法。1999年,七都交管所开展水陆现场检查53次,检查车、船349辆、艘,征收水陆交通规费199.2万元;庙港交管所现场检查49次,检查车、船323辆、艘,征收水陆交通规费159.25万元。

2000年,七都交管所和交巡警中队按照《吴江市农村道路交通安全集中整治方案》,在其他部门的配合下,整治、取缔非法生产、拼装、改装、销售车辆、非法载客等交通违法行为;农村客运车辆违规行驶、非客运车辆非法营运行为;校车及微型客车超载、超速等交通违法行为;危化品运输车辆违规运输、报废车辆非法上路行驶;沿河道路基路段、急弯陡坡、事故"黑点"等道路交通安全隐患及农村无交通安全设施路段,事故多发、秩序混乱的重点区域。

2003年,七都交管所和交巡警中队打造"平安七都"、服务两个"率先",创设道路畅通、交通安全、治安良好的环境。抗击"非典"期间,交巡警中队在230省道与浙江交界处夜以继日检查来往疫区车辆,进行登记、检查、测温。谨防疫情通过公路运输渠道传入吴江。

2006年,按照市交巡警大队部署,集中警力、集中时间,开展"文明交通工程"整治;交巡警中队全体干警参与"蓝剑"、集中清查"两抢一盗"(抢劫、抢夺、盗窃)行动。

2008年,交管所和交巡警中队在其他部门的配合下,整治危化品运输车辆违规运输、报废车辆非法上路行驶;事故"黑点"等道路交通安全隐患及农村无交通安全设施路段;事故多发、秩序混乱的重点区域。印制4000多份交通安全资料发放到全镇每个村、社区。增强人民群众的交通安全意识和遵纪守法意识。共查处各类交通违法行为3000多起,其中"三车"(三轮机动车、农用车、低速载货汽车)违法行为900多起。

2015年,交管所和交巡警中队开展安全生产专项整治活动,对交通水陆运输、公交运行、港口码头、农路施工、农用船舶、水上快艇等重点部位,加大现场动态监管力度,共组织专项检查组11个,检查企业68家,排查一般隐患9项,整改率100%,整治违章违规行为12起,有效地防范和消除安全隐患,同时积极开展港口码头、桥梁隐蔽部位、公路摊点、公路堆积物、农路桥梁、施工路段、水上安全等专项安全检查活动,确保安全管理到位。在重大节日期间和安全维稳时期,交管所开展安全隐患排查,做到定岗、定人、定责,同时深入摸排不安全因素,及时上报相关情况,确保运输安全。全年巡查121天,开展专项整治2次,清除公路摊点10个。

（二）车辆管理

1996年初，七都交管所对辖区内运输车辆全面调查统计。至11月底，全镇共有机动车216辆，其中货车66辆、小客车36辆、农用车50辆、手扶拖拉机运输车8辆、小四轮47辆、正三轮9辆；驾驶证年审59张，年审率90.8%；道路营运证年审161张，年审率94%；新办道路营运证47张。

1999年，庙港交管所对辖区内营运客货汽车54辆进行年审，审查检验率100%；其他机动车辆有手扶拖拉机运输车10辆，实际年审10辆，审查检验率100%。

2000年起，在七都、庙港镇区域内，"小飞龙"之类小型三轮客车增多，载货带客，远至南浔、震泽镇，近至各村庄、圩田。庙港镇区有摩托车2500多辆，七都镇区有摩托车3800多辆。七都、庙港交管所全面整顿和规范运输市场秩序，开展整治活动，共查获"黑车"22辆。

2008年，七都交巡警中队开展农村道路集中整治，联合交管所、城管队等有关部门在辖区内开展不定期的农村道路交通安全检查，从严查处"三车"超载超速、非客运车辆载客等严重交通违法行为。全年开展联合执法15次，查处"三车"交通违法行为1230多起。共查处摩托车交通违法行为2316起，拘留无证驾驶者35人，移送交通部门"黑摩的"15辆，交通秩序明显改善。

2010～2015年，平均每年淘汰摩托车100辆以上，电动三轮车20辆以上，轿车、货车各2~3辆。

（三）交通事故

1996年，七都交管所辖区内共发生交通事故88起，死亡6人，受伤38人，直接经济损失8.55万元。庙港交管所辖区内共发生交通事故81起，死亡5人，受伤32人，直接经济损失7.02万元。

1997～2000年，七都交管所辖区共发生交通事故369起，死亡19人，伤297人，直接经济损失34.6万元。庙港交管所辖区内共发生交通事故304起，死亡17人，受伤281人，直接经济损失26.55万元。

2001年起，七都、庙港的交通事故由七都交巡警中队处理。2001～2007年，七都交巡警中队共查处各类交通违法行为6267起，其中"三车"违法行为900多起。死亡61人，伤1780人，直接经济损失318.46万元。

2008年，辖区内共发生交通事故1720起，死亡11人，伤358人，直接经济损失120万元。全年共出警1950次，协破案件125起，移送违法人员147人，其中刑事拘留47人，治安拘留100人。

2009～2014年，辖区内共发生交通事故12658起，死亡87人，伤4228人，直接经济损失3103.2万元。

2015年，辖区内共发生道路交通事故4416起，其中死亡13人，受伤515人，直接经济损失600.3万元。

表9-1　　　　　2001～2015年七都交巡警中队处理交通事故情况表

年份	事故次数（次）	死亡人数（人）	受伤人数（人）	直接经济损失（万元）
2001	487	3	204	28.5
2002	604	5	212	31.4
2003	752	7	234	35.7
2004	817	9	285	41.2
2005	882	13	320	52.9
2006	1496	18	328	68.4
2007	1229	9	197	113.26
2008	1720	11	358	120
2009	1307	14	356	235.8

(续表)

年份	事故次数(次)	死亡人数(人)	受伤人数(人)	直接经济损失(万元)
2010	1800	20	515	203
2011	1695	14	769	993.7
2012	2752	7	805	138.5
2013	2618	16	870	1400
2014	2486	16	913	132.2
2015	4416	13	515	600.3

第二节 水上交通

一、航道

（一）主航道

太浦河航道是太湖流域主要的泄水通道，河面宽畅，河底平坦，七都段为西起庙港大桥，东至横扇亭子港桥，全长2千米，1992年11月起，疏浚整治，太浦河河底最浅处为-1.7米，最深处为-3.5米。航道常年水深7.5米，河底宽130米，为四级航道，可通行300吨级船舶。

（二）次航道

1. 吴七线

吴七线自吴江三里桥至七都，全长41.8千米，为等外级航道，最高通航水位3.72米，最低通航水位2.65米，可通航40吨级船舶。

2. 浔七线

浔七线自七都心田湾至北回桥，全长5.16千米，为等外级航道，最高通航水位3.72米，最低通航水位2.65米，可通航25吨级船舶。

3. 震八七线

震八七线自金鱼漾至安庆桥，全长8.67千米，为等外级航道，最高通航水位3.72米，最低通航水位2.65米，可通航10吨级船舶。

4. 震庙线

震庙线自震泽虹桥至庙港，全长10.1千米，为等外级航道，最高通航水位3.49米，最低通航水位2.6米，可通航25吨级船舶。

5. 平溪线

平溪线自平望油库至吴七线，全长8.81千米，为等外级航道，最高通航水位3.46米，最低通航水位2.59米，可通航20吨级船舶。

6. 菀南线

菀南线自老太庙至菀坪，全长3.41千米，为等外级航道，最高通航水位3.41米，最低通航水位2.56米，可通航20吨级船舶。

二、渡口

（一）渡口概况

庙港横路港以南，俗称"田圩上"，村落四周荡漾密布，如月字圩村无船不通，历来民众只求温饱，无力自费建桥，只有依靠设渡口，置小舢舨短途搭载人员称"摆渡口"。1958年，七都、庙港人民公社成立后，经县交通局批准设立太平桥、迮家漾、横路港、旱巨圩、黄漾墩、姚田、凤溪湾、心田湾、果树漾等9处渡口。1991年,经县交通局审批同意继续保留太平桥、连家漾、横路港3处渡口,每个渡口设施有码头2座,安全牌2块,钢质渡船1艘,每艘渡船核定载客22人,配备救生衣1件,救生圈1只,渡工2人。1995年,庙港、七都的9个渡口全部撤销。

(二) 渡口选介

1. 太平桥渡口

1958年,经县交通局批准设立太平桥渡口,位于大圩田港,跨月字圩与大圩田。1995年,渡口撤销。

2. 连家漾渡口

1958年,经县交通局批准设立连家漾渡口,位于南庄与八都交界处。1995年,渡口撤销。

3. 横路港渡口

1958年,经县交通局批准设立横路港渡口,位于东藏荡,是西草田村至开弦弓村的主要通道。1985年,日渡500人次以上。1992年,渡口撤销。

三、码头

2000年起,七都、庙港内河港口陆续建造装卸码头。至2015年,全镇有9个公用运输装卸吊装码头:南西漾吊装码头(负责人倪玉康)、河桥吊装码头(负责人陈芬)、庙港海龙吊装运输码头(负责人吉海龙)、金鱼漾码头装卸场(负责人姚明明)、金都建筑工程有限公司双塔村田螺漾漾口码头(负责人倪建中)、桥下村勤幸码头(负责人赵平龙)、七都更浦桥建明码头(负责人李建明)、更浦桥西双塘吊装码头(负责人戴惠华)、更浦桥南东庙桥货物装卸码头(负责人李阿林)。

四、内河客货运输

民国时期,庙港集镇冯友法开航第一艘"快班"航船。随后,杨金山、钟阿兴、李文奎、李福生、王凤山、王福生等航船开往震泽、南浔等地,每天早上开船,下午返回,搭客载货,经营水上客货运输。吴溇集镇有1艘航船开往震泽,2艘航船开往南浔等地。叶港、张港、亭子港、隐读村、双荡兜、长村等地有6艘航船开往南浔等地。每天早上开船,下午返回,搭客载货,经营水上客货运输。

中华人民共和国成立初,庙港、吴溇集镇上仍以航船为主要运输工具。将农副产品运往江、浙、沪城镇集市自产自销,带回肥料及日用货物。

1958年,庙港始有轮船往返于庙港至吴江,途经横扇、菀坪,经营以载客为主的客货运输。开航一年后就停航。

1969年10月1日,往返庙港至震泽、青云小客轮通行。是年,七都机电站开航七都至南浔客货轮船,每日两班次。另有浙江湖州航行公司经营的浙江陆家湾至南浔客班轮船,途经七都横塘村设埠停靠,每日两班次。

1973年6月,苏州轮船公司增开庙港至吴江班轮,两年后停航。

1974年,七都机电站增开镇南更浦桥至南浔小班轮。1988年5月起,庙港乡的轮船客运结束。1989年,七都乡的轮船客运结束。由公路客运代替。

五、船舶货运

1978年,七都公社渔业大队和捕捞大队渔民自发组织运输船,渔民在捕鱼淡季从事水上运输。七都机电站增开货轮,有拖船8艘,往返于浙江安吉一带。是年,庙港公社开货轮,拖木船1艘,水泥船4艘往返于浙江湖州、梅溪一带,货轮主要装运石块、石子、河沙、砖、瓦等建筑材料。庙港公社团结大队(渔业)有进山装运石块、河沙等建筑材料的运输船,有往返上海方向运水产品的船只。

1980年,政策允许非专业运输户运营,七都、庙港公社渔业大队及农村个体户运输逐步发展。1990年,七都乡有各类运输船247艘,总吨位2274吨。1992年,七都镇运输船增至310艘,总吨位

2676 吨。1995 年,庙港镇有运输船 535 艘,总吨位 5480 吨。随着公路运输的发展,陆上运输逐步代替水路运输,至 1999 年,七都镇水上运输船只减至 31 艘,总吨位 122 吨。2000 年后。水上运输逐步淘汰。

第三节　陆路交通

一、公路

(一) 沪苏浙高速公路七都段

沪苏浙高速公路七都段,全长约 5 千米,双向六车道,全封闭立交,路基宽度 35 米,设计行车速度为 120 千米每小时。2005 年 7 月,沪苏浙高速公路七都段开工建设。2008 年 1 月,建成通车。在七都镇丰民村地段设有出(入)口,镇区及各村出行上、下高速公路很方便。

(二) 230 省道七都段

2005 年,七都境内的 230 省道吴江段开工建设,标准为一级公路,当年完成征地、拆迁及部分路基、桥梁工程。路段北与苏震桃一级公路相连,

沪苏浙高速公路七都段(摄于2015 年)

经庙港南、老湾兜南及七都镇区南部,至浙江省湖州市南浔镇。230 省道是环太湖干线,与 312 国道相接,沿太湖东岸自北向南,吴江段经由松陵镇至七都镇,终点在江浙交界与 318 国道交会,全长 20 千米。2011 年,230 省道吴江段建成通车。全线为一级公路,中间分隔带宽 2 米,沥青混凝土路面,26 米宽双向 4 车道。

(三) 环湖线

环湖线起于松陵镇学院路,至七都吴越大桥,全长 44 千米,桥梁 70 座。1987 年,局部碎石路面开始施工。1991 年,新建环湖公路南厍至菀坪段、横扇至庙港段,接通松陵至菀坪段。1992 年,接通菀坪至横扇及庙港至七都段。1999 年,完成松陵至菀坪段沥青路面。2001 年,完成节制闸段二级路面改造,新建太浦河大桥 1 座,改建桥梁 3 座。2002 年,完成环湖公路太浦河庙港大桥及配套道路建设。2002~2003 年,完成菀坪至七都段二级水泥路面和松陵至菀坪段沥青路面改建。至 2015 年,完成环湖公路沥青路面 13.6 千米,水泥路面 30.4 千米。

(四) 七铜线

七铜线始于七都沈家湾村,经八七线,至 318 国道,过长湖申线入震泽境内,经青云社区后向东与庙震桃线并线后至铜罗社区思古桥,全长 22.3 千米(不包括复线段)。1988 年,改建七都至八都夏家兜路面为沥青路面。1997 年,拓宽该段路面。2003 年,新建青云社区至思古桥公路,全长 5.2 千米。2015 年,八七线段为水泥路面,庙震桃线至铜罗思古桥段为沥青路面。

(五) 庙震桃线

庙震桃线始于环湖线庙港段,经震泽、桃源等地,至浙江省界,全长 34.4 千米,桥梁 30 座。1988 年,震泽至铜罗段改建为沥青路面。1989 年,至桃源段路面改建为沥青路面。1991 年,接通桃源至乌镇段(跨省)县乡公路 6.8 千米。1995 年,改建震泽至桃源段桥梁 18 座。1996 年,完成震桃线二级沥青路面改建。2000 年,对震泽頔塘桥实施改建。2001 年 7 月,建成通车。至 2015 年,全线为二级公路,其中沥青路面 6.5 千米,水泥路面 27.9 千米。

(六) 莘七线

莘七线七都段,东起太浦河节制闸,西至230省道,全长18千米。1992年1月,太浦河节制闸至丁家港,建成通车,路基宽10米,路面宽7米,1994年改建沥青路面。1994年,原七都镇域段开始施工。1995年,通车。从薛埠村至丁家港,全长4.7千米,路面宽7米,沥青路面。至2015年,原庙港段、七都段,先后改造扩建,宽度为9~16米,大部分为水泥路面,少量为沥青路面,为二级公路。

(七) 苏震桃公路

苏震桃公路北接苏州市越湖路与友新路交界,经松陵、七都、震泽等地,至桃源镇,南接浙江桐乡(盐官至乌镇一级公路)。吴江段长52.63千米。设计速度为80千米每小时,路基宽度为26.5米,标准4车道,桥梁荷载采用公路-I级标准。苏震桃公路七都段,东起太浦闸村斗坑圩,经开弦弓村、丰民村进入震泽镇,七都段全长约5千米,为双向4车道一级公路。

(八) 七南线

七南线始于七都镇,至浙江南浔交界。2004~2006年,完成七都至浙江南浔公路路基、路面、桥梁工程。2007年,建成通车。全长20千米,沥青路面,为一级公路。

(九) 农村公路

2003年以前,农村公路的建设由乡镇负责,市交通局负责协调、指导。2003年起,农村公路建设移交市交通局管理。是年,改造七都镇至行政村公路3条46千米。2004年,完成七都至八都公路11.7千米;2005年,完成李环公路和心田湾村路2条5.4千米。

至2015年,七都镇完成农村公路建设51条,总长110.68千米。

表9-2　　　　　　　　　　2003~2015年七都农村公路建设情况表

公路名称	起点	终点	长度(千米)	面宽(米)	路面类型	技术等级	竣工年份
环湖公路莞七段	莞坪	七都	27.7	16	水泥	二	2003
庙七公路	倪家扇	星字湾	6.5	7	沥青	三	2003
震庙公路庙港段	庙港	罗坡桥	11.8	16	沥青	三	2003
七铜线八七段	七都	八都	11.7	16	水泥	二	2004
李环公路	吴越路	菱田村	4.5	3.5	沥青	四	2005
心田湾村路	八七线	双塔桥	0.9	5	沥青	三	2005
太平桥路	大圩田	庙震路口	0.5	5	水泥	四	2009
环崔线	盛庄村	莘七线	1.5	4.5	水泥	四	2009
菱田村路	吴越路口	黄漾墩	2.98	6.5	水泥	四	2009
埂埔线	吴越村	230省道	2.58	5	沥青	四	2009
丰田线	吴越路口	菱田村	1.68	5	水泥	四	2009
民行线	吴越路口	230省道	3	5	水泥	四	2010
开明村	米古其	庙震路口	2.73	4.5	水泥	四	2010
开弦弓东路	东青河桥	庙震路口	0.8	4.5	水泥	四	2010
开封路	民行路	庙震桃路	1.22	6.5	水泥	四	2010
东风线	东环线	大家港	1.51	4.5	水泥	四	2010
行军村路	建设路	创新路	0.66	5	水泥	四	2010
联强路	环湖公路	开弦弓路	0.8	6	水泥	四	2010
龙字湾路	南横港	沿湖路	0.88	5.5	沥青水泥	三	2010
钮家兜南路	西仁港路	油毛毡厂	0.79	6	水泥	四	2010
隐读中路	电线市场	隐读村部	0.8	5.5	水泥	四	2010
隐读线	丰田村	东庙桥	0.95	6	水泥	四	2011

(续表)

公路名称	起点	终点	长度(千米)	面宽(米)	路面类型	技术等级	竣工年份
长桥村路	吴越路口	菱田村	2.08	6	水泥	四	2011
连星路	东风村路	八七公路	1.02	5	水泥	四	2011
陆港村路	罗家库	沿湖路	0.67	5	水泥	四	2011
三漾连圩路	埂埔路	浙江交界	1.8	5	水泥	四	2011
杨田路	杨田路	建设路	0.8	4.5	水泥	四	2011
开弦弓村路	横扇交界	苏震桃路	0.72	4	水泥	四	2011
煤烂村路	徐杨港	沿湖路	0.3	4	水泥	四	2012
草田圩路	丁家湾路	草田圩	0.6	4.5	水泥	四	2012
太平桥路	西草田	开弦弓路	1.2	5	水泥	四	2012
挨亩兜路	环湖公路	丰田路	0.7	4	水泥	四	2012
菱塘湾路	菱田村路	环湖公路	1.2	5.5	水泥	四	2012
三漾连迁路	埂埔路	浙江交界	0.6	3.5	水泥	四	2013
东盛路	沿湖路	南联圩路	0.33	3.5	水泥	四	2013
宋家兜路	埂埔路	宋家兜	0.7	3.5	水泥	四	2013
横港路	菱田村路	木泥扇	0.8	5.5	水泥	四	2013
环崔路	沿湖路	盛庄村	0.9	6	沥青	三	2013
文桥路	群幸村路	虹桥东路	0.5	4.5	水泥	四	2014
油毛毡厂路	浙江交界	橘园路	0.6	4	水泥	四	2014
横古塘南路	东庙桥村	横古塘路	1	5	水泥	四	2014
街头路	街头上	长桥村	0.5	5	水泥	四	2014
铜材市场路	铜材市场	沈家湾村	0.25	4.5	水泥	四	2014
横港路	环湖线	230省道	0.81	4.5	水泥	四	2014
横港头路	罗家港	太浦闸村	0.92	5	水泥	四	2014
南小圩东路	开丰路	开弦弓村	0.7	5	水泥	四	2014
崔家港路	沿湖路	苏震桃路	1.3	5	水泥	四	2014
罗家港路	太浦河路	230省道	1.5	5	水泥	四	2014
开弦弓路	江村路	大家港路(横扇)	0.3	4	水泥	四	2014
丁家湾路	南浒港路	方家桥	0.5	4	水泥	四	2015
行军村路	行军路	双塔桥村	0.9	4	水泥	四	2015

二、公路桥梁

至2015年，七都镇辖区内公路桥梁152座，其中市镇公路桥梁29座、乡道公路桥梁59座、农村公路桥梁64座。

(一) 庙港大桥

庙港大桥位于太浦河进口处，南北向，跨太浦河。2000年，由吴江市交通局投资建造，桥身全长308米，桥宽16米，共设15跨，属一类大桥。

(二) 罗坡桥

罗坡桥位于庙震公路七都与震泽镇交界，长漾与荡白漾交会处。2002年，建造，全长66米，桥宽16米。属二类中桥。

(三) 心田湾大桥

心田湾大桥位于七都心田湾，跨横路港，南北向，1998年，建成，桥长40米，宽18米，属二类中桥。

庙港大桥(摄于2015年)　　　　　　人民桥(摄于2015年)

(四)人民桥

人民桥位于七都大道,东西向,跨吴溇河,2005年建造,全长46米,桥宽26米,属一类中桥。

表9-3　　　　　　　1990~2015年七都镇部分公路桥梁建设情况表

桥梁名称	路线名称	桥长(米)	桥宽(米)	长度分类	受力体系分类	技术状况分类	竣工年份
隐读五桥	隐读线	8.0	5.0	小桥	梁式桥	二	2000
隐读六桥	隐读线	5.8	5.3	小桥	梁式桥	一	2000
隐读七桥	隐读线	5.0	5.0	小桥	梁式桥	一	2000
建勤桥	隐读线	4.3	5.2	小桥	梁式桥	二	2006
日晖桥	隐读线	4.3	5.2	小桥	梁式桥	二	2007
晏丰桥	隐读线	4.0	5.0	小桥	梁式桥	二	2007
勤丰桥	隐读线	15.0	13.0	小桥	梁式桥	二	2009
庙港大桥	沿湖路	308	16	大桥	梁式桥	一	2000
东仁桥	人民路	16.0	20.2	小桥	梁式桥	二	2005
人民桥	人民路	46.0	26.0	中桥	拱式桥	一	2005
为民桥	人民路	5.0	25.5	小桥	梁式桥	一	2005
富民桥	人民路	5.0	25.5	小桥	梁式桥	一	2005
康民桥	人民路	5.0	25.5	小桥	梁式桥	一	2005
强家桥	人民路	5.0	18.0	小桥	梁式桥	二	2012
雨字桥	人民路	5.0	18.0	小桥	梁式桥	二	2012
锡波桥	民行线	5.0	4.0	小桥	梁式桥	一	1995
西湾头桥	民行线	36.0	4.0	小桥	梁式桥	二	1995
行义桥	民行线	13.2	7	中桥	梁式桥	一	1995
燕浜桥	民行线	10.0	6.0	小桥	梁式桥	二	1995
心田湾大桥	吴越路	40.0	18	中桥	梁式桥	二	1998
卫星桥	吴越路	10.0	19.5	小桥	梁式桥	二	1999
吴越桥	吴越路	46.0	13.5	中桥	梁式桥	二	1999
阳涧桥	吴越路	5.0	18.5	小桥	梁式桥	一	2012
二号桥	吴越路	9.0	18.5	小桥	梁式桥	一	2012
北新桥	吴越路	18.0	21.5	小桥	梁式桥	一	2012
永民村桥	埂埔线	5.0	5.0	小桥	梁式桥	二	2003
长村桥	埂埔线	66.0	7.6	中桥	梁式桥	二	2003
街头桥	埂埔线	6.0	14.0	小桥	梁式桥	一	2000
埂埔桥	埂埔线	5.0	5.0	小桥	梁式桥	二	2013

（续表）

桥梁名称	路线名称	桥长（米）	桥宽（米）	长度分类	受力体系分类	技术状况分类	竣工年份
凌公桥	埂埔线	15	5.0	小桥	梁式桥	二	2013
许家港桥	埂埔线	20	6.0	小桥	梁式桥	一	2015
北茂桥	环崔线	7.0	5.0	小桥	梁式桥	二	1998
轮穗桥	环崔线	12.0	6.0	小桥	梁式桥	二	1998
德兴桥	环崔线	10.0	6.0	小桥	梁式桥	一	1998
西联河桥	环崔线	19.0	6.5	小桥	梁式桥	一	2000
大家港桥	东风线	8.2	5.0	小桥	梁式桥	二	2000
金家浜桥	东风线	10.3	11.6	小桥	梁式桥	二	2002
回龙桥	东风线	8.3	10.7	小桥	梁式桥	二	2002
罗坡桥	庙震公路	66	16	中桥	梁式桥	二	2002
北联桥	庙开线	6.0	12.0	小桥	梁式桥	二	1998
南联河桥	庙开线	28.0	16.0	小桥	梁式桥	二	2003
横路桥	庙开线	37.0	16.0	中桥	梁式桥	二	3003
西清河桥	庙开线	30.0	16.0	小桥	梁式桥	二	3003
时家港桥	姚横线	7.0	9.0	小桥	梁式桥	二	1998
姚横一桥	姚横线	6.8	7.8	小桥	梁式桥	二	2000
汤家浜桥	姚横线	22.0	9.5	小桥	梁式桥	一	2000
新区桥	开明村路	10.0	18.7	小桥	梁式桥	二	1995
米车桥	开明村路	9.0	4.5	小桥	梁式桥	一	1998
港南桥	开明村路	36.0	6.5	中桥	梁式桥	一	2003
月新桥	开明村路	10.0	6.0	小桥	梁式桥	一	2012
凌北桥	群长线	23.5	12.6	中桥	梁式桥	二	2003
乔下桥	群长线	8.0	12	小桥	梁式桥	二	2003
焦田桥	丰田线	5	4	小桥	梁式桥	二	1996
丰田桥	丰田线	8.2	16.5	小桥	梁式桥	二	2005
白洋港桥	菱田村路	7.6	5.6	小桥	梁式桥	二	2000
菱田桥	菱田村路	6.0	13.0	小桥	梁式桥	二	2003
黄漾墩桥	菱田村路	15.0	7.0	小桥	梁式桥	一	2013
菱田四桥	菱田村路	5.6	4.0	小桥	梁式桥	二	2015
五联西桥	大明港路	11.0	5.8	小桥	梁式桥	二	1995
太平桥	太平桥路	20.0	3.8	小桥	梁式桥	一	1998
联圩河桥	赵家浜路	8.0	5.5	小桥	梁式桥	二	1999
赵家浜一桥	赵家浜路	40.0	5.5	中桥	梁式桥	一	2000
江村桥	开弦弓东路	16.0	3.5	小桥	梁式桥	二	2000
震庵桥	开弦弓东路	7.0	3.5	小桥	梁式桥	二	2000
浪兜桥	三级浪兜路	12.0	5.0	小桥	梁式桥	二	2000
兴业桥	创业路	12.0	14.8	小桥	梁式桥	一	2003
立业桥	创业路	10.0	14.7	小桥	梁式桥	一	2003
建业桥	创业路	12.0	18.0	小桥	梁式桥	一	2003
江村一桥	江村公路	8.0	7.0	小桥	梁式桥	一	2006
江村二桥	江村公路	11.0	7.0	小桥	梁式桥	一	2006
江村三桥	江村公路	6.0	7.0	小桥	梁式桥	一	2006

(续表)

桥梁名称	路线名称	桥长(米)	桥宽(米)	长度分类	受力体系分类	技术状况分类	竣工年份
丁公桥	南浒港路	11.0	6.0	小桥	梁式桥	一	2006
东盛北路	东盛路	15.0	5.8	小桥	梁式桥	一	2000
东盛港桥	东盛路	15.0	6.3	小桥	梁式桥	一	2002
孝思漾桥	孝思漾路	5.0	5.0	小桥	梁式桥	二	2006
石家扇桥	孝思漾路	5.0	5.0	小桥	梁式桥	三	2006
思源桥	名莞路	9.7	14.8	小桥	梁式桥	一	2006
思进桥	名莞路	9.7	14.8	小桥	梁式桥	二	2006
承恩桥	洪恩路	19.0	14.5	小桥	拱式桥	一	2006
望山桥	望山路	8.0	22.0	小桥	梁式桥	二	2006
太师桥	丁家路	5.0	4.0	小桥	梁式桥	一	2006
丁家港桥	丁家路	5.0	4.0	小桥	梁式桥	二	2006
老太庙港桥	联圩河路	13.00	9.0	小桥	梁式桥	一	2010
东盛港桥	联圩河路	13.00	9.0	小桥	梁式桥	一	2010
鸦鹊港桥	联圩河路	13.00	9.0	小桥	梁式桥	一	2010
汪丫港桥	七一路	12.6	4.0	小桥	梁式桥	二	2000
新开港桥	七一路	13.0	4.0	小桥	梁式桥	二	2006
汤家扇桥	七一路	5.8	3.0	小桥	梁式桥	二	2006
徐罗坝二桥	徐罗坝路	5.0	3.5	小桥	梁式桥	一	2006
徐罗坝三桥	徐罗坝路	6.0	4.0	小桥	梁式桥	一	2006
徐罗坝一桥	徐罗坝路	4.0	3.8	小桥	梁式桥	一	2006
南兜港桥	南兜港路	13.0	6.0	小桥	梁式桥	一	2006
儒林庄福桥	庙东线	9.0	7.5	小桥	梁式桥	一	2006
狮子桥	庙东线	13.0	11.0	小桥	梁式桥	一	2006
叶港北桥	湖塘路	9.3	13.0	小桥	梁式桥	二	2006
联强一桥	联强东路	14	34	小桥	梁式桥	二	2011
方港南桥	桩桥路	9.6	5.0	小桥	梁式桥	一	2005
吴溇桩桥	桩桥路	7.0	7.4	小桥	梁式桥	二	2006
凌南机房桥	钮家兜南路	11.5	5.0	小桥	梁式桥	一	2006
橘园路南桥	油毛毡厂路	19.0	7.6	小桥	梁式桥	二	2006
横港桥	横港头路	8.0	5.0	小桥	梁式桥	一	2006
常增桥	常增路	19.0	14.5	小桥	拱式桥	一	2006
曹家桥	常增路	4.5	16.8	小桥	梁式桥	二	2006
真诚桥	真诚路	19.0	14.5	小桥	拱式桥	一	2006
叶港南桥	常增2路	9.8	13.5	小桥	梁式桥	一	2006
王家浜桥	湖塘路	6.0	3.5	小桥	梁式桥	一	2006
亭子港桥	湖塘路	7.0	3.0	小桥	梁式桥	一	2012
蒋家港桥	湖塘路	6.0	3.0	小桥	梁式桥	一	2012
庙港南桥	湖塘路	11.0	3.2	小桥	梁式桥	一	2006
欢喜一号桥	湖塘路	11.0	4.2	小桥	梁式桥	二	2006
丁家港桥	湖塘路	15.0	3.8	小桥	梁式桥	一	2012
旺家桥	湖塘路	19.0	7.0	小桥	梁式桥	一	2006
秦家桥	庙港路	27.0	4.0	小桥	拱式桥	二	2005

(续表)

桥梁名称	路线名称	桥长(米)	桥宽(米)	长度分类	受力体系分类	技术状况分类	竣工年份
欢喜桥	繁荣路	16.0	33.0	小桥	梁式桥	二	2006
锡波桥	旺家西路	7.0	5.0	小桥	梁式桥	二	2006
蔡步桥	旺家西路	4.0	5.0	小桥	梁式桥	二	2006
虹呈港桥	长桥村路	19.7	5.7	小桥	梁式桥	二	1990
漾南桥	蒋家港路	5.0	5.2	小桥	梁式桥	二	1996
周家桥	蒋家港路	5.7	5.0	小桥	梁式桥	一	1996
陆港二桥	陆港村路	6.0	4.5	小桥	梁式桥	二	1999
罗家桥	陆港村路	6.0	5.0	小桥	梁式桥	一	2013
波家桥	望湖公路	5.0	5.0	小桥	梁式桥	二	2000
叶港中桥	创新路	4.6	16.5	小桥	梁式桥	二	2000
人民桥	创新路	14.7	16.5	小桥	梁式桥	一	2000
源长桥	行军村路	5.0	4.5	小桥	梁式桥	二	2002
行军村二桥	行军村路	17.0	5.3	小桥	梁式桥	一	2003
行军村三桥	行军村路	5.0	5.0	小桥	梁式桥	一	2003
陈家埭桥	元春路	12.5	10.0	小桥	梁式桥	二	2003
元春桥	元春路	19.0	14.5	小桥	拱式桥	一	2003
三漾莲圩二桥	三漾莲圩路	5.0	5.0	小桥	梁式桥	二	1992
大善港桥	橘园路	13.0	9.8	小桥	梁式桥	二	1999
国寺兜桥	群幸村路	6.0	5.0	小桥	梁式桥	二	2002
菱荡湾一桥	菱塘湾路	17.0	6.0	小桥	梁式桥	一	2002
菱荡湾二桥	菱塘湾路	5.0	5.0	小桥	梁式桥	二	2002
茧站桥	建设路	26.7	12.3	小桥	梁式桥	二	2003
新祠山庙桥	前浜兜路	13.0	6.0	小桥	梁式桥	二	2004
富乡桥(富安桥)	前浜兜路	10.5	6.0	小桥	梁式桥	二	2004
一号桥	乌鹊路	5.0	5.0	小桥	梁式桥	一	2010
二号桥	乌鹊路	5.0	5.0	小桥	梁式桥	一	2010
文义兜桥(文桥)	文桥路	33	11	小桥	梁式桥	一	2014
五联桥	联强村路	11.0	5.8	小桥	梁式桥	二	1990
免渡桥	开弦弓村路	58.3	5.9	中桥	拱式桥	二	1991
西仁港桥	西仁港路	6.0	5.0	小桥	梁式桥	二	2000
双荡兜桥	双荡兜路	6.0	5.0	小桥	梁式桥	二	2001
马龙桥	龙字湾路	7.0	4.0	小桥	梁式桥	一	2003
小墩村桥	蒋家东路	23.0	5.0	小桥	梁式桥	二	2005
富太桥	富太路	13.0	6.8	小桥	梁式桥	二	1995
富太六桥	富太路	17.0	6.0	小桥	梁式桥	一	1997
北联圩桥	富太路	15.0	5.8	小桥	梁式桥	一	2009
富太三桥	富太路	3.0	4.0	小桥	梁式桥	二	2010
富太四桥	富太路	4	5.2	小桥	梁式桥	二	2014
水闸桥	富太路	6.6	5.2	小桥	梁式桥	二	2015

三、班车客运

(一) 七都班车客运

1983年，七都汽车站建成，站址望湖中路，翌年长途客运班车开通，由苏州汽车运输公司与吴江汽车运输公司联营。1992年起,先后开通七(都)—吴(江)线、七(都)—苏(州)线、七(都)—沪(上海)线、七(都)—浔(南浔)线、七(都)—常(熟)线、七(都)—锡(无锡)线、七(都)—盛(泽)线等7条公路客运线路。1995年,因拓宽道路,汽车站迁至人民路。2008年,人民路新汽车站建成投入使用,开通七(都)—吴(江)线、七(都)—苏(州)线、七(都)—锡(无锡)线、七(都)—盛(泽)、七(都)—沪(上海)线等5条客运线路,每天发车班次24班左右。2010年,汽车站迁至望湖中路(230省道附近)。2015年,七都至横扇每天发车班次19班,七都至菀坪每天发车班次19班,七都至八圻每天发车班次3班,七都至八都每天发车班次4班,七都至震泽每天发车班次3班,七都至吴江每天发车班次3班,七都至苏州每天发车班次7班,七都至阜阳每天发车班次2班,七都至上海南站每天发车班次1班,七都至无锡每天发车班次1班。上午6时至8时30分,往苏州、无锡、上海、阜阳的长途客车发送完毕,上午6时至下午4时30分,往横扇、菀坪、八圻、吴江、八都、震泽的客车发送完毕。所有客车均采用大型高一类型。

(二)庙港班车客运

1982年,庙港汽车站建成,站址沿湖西路,1983年10月,投入运行,开通庙(港)—震(泽)、庙(港)—吴(江)线、庙(港)—苏(州)线、庙(港)—盛(泽)线、庙(港)—沪(上海)线等5条客运线路。2000年后,庙港车站发车班次减少,大部分改由七都途经班车载客。2015年,汽车站迁至庙震公路(老太庙文化广场对面),由七都客运站途经班车载客。

四、公共交通

2002年,七都镇开通镇际公交线路,公交车全部为中巴车,吴江市公交公司投放29辆,由个人承包经营。开通线路分别为七都至南浔、七都至震泽,每天公交有28个班次。七都至南浔线有15辆客车,途经吴溇、心田湾、吴越路等沿途各村至南浔镇中心。七都至震泽线有14辆客车,由镇区发车,经沿湖路至庙港镇区,进入庙震公路沿途各村至震泽汽车站。

2010年,七都公交公司成立,开通城镇4条公交线路。2011年,七都公交公司投资、管理的10辆区域公共出租车正式投入运营。

至2015年,七都镇内公交线路12条,投放公交车33辆。

公交车(摄于2015年)

表9-4　　　　　　　　　　2015年七都镇公交线路投放车辆情况表

单位:辆

公交线路名称	起点	终点	投放车辆
743	七都汽车站	横扇文体广场	6
783	七都汽车站	震泽行政服务中心	3
7605	七都广场	东风村	5
7606	七都广场	南浔汽车站	5
7603	七都广场	晏庄兜	3
7608	七都广场	丰田路口	1
7610	船菜港	南庄	1
745	船菜港	横扇文化广场	2
7607	船菜港	杨家扇	2

（续表）

公交线路名称	起点	终点	投放车辆
7613	船菜港	西草田	1
7609	吴越村口	七都广场	2
7612	丰田路口	七都汽车站	2

五、公路货运

（一）概况

1995年，七都镇28个行政村实现村村通公路，总长67.5千米。是年，庙港镇21个行政村实现村村通公路，总长33.55千米。

1996年起，七都亨通、双塔、巨通、恒通等电缆集团公司及振丰、华中、天意、畅通、同轴等电缆厂所用车辆，均由物流公司提供，各物流公司有长年订立合同的大型货车运送。

1997年，物流公司为亨通集团提供50辆大型货车，装运货物7723吨。

邦达物流公司（摄于2015年）

随着村村通公路，农村经济得到发展，陆上车辆货运逐渐取代水上船只货运，轮穗木材市场、七都铜材市场的货物均由车辆运送。全镇筑路、造桥、建房所需的建材大部分由物流公司各种货车从陆上运送。

2015年底，七都镇共有物流公司13家，货运车辆489辆，拖拉机运输车190辆。

表9-5　　　　　　　　　　　　2015年七都镇物流公司情况表

企业名称	法人代表	公司地址
苏州州州通物流有限公司	陈进良	苏州市吴江区七都镇建设路北侧
酱色德邦物流有限公司吴江七都分公司	武晓刚	吴江区七都镇吴越北路
苏州瑞汛物流有限公司	刘程	吴江区七都镇橘园路188号
吴江市金路物流有限公司	李明	吴江市七都镇建设路北侧底层
江苏裕合泰国际物流有限公司	王永华	吴江市七都镇庙港财富商贸广场11幢333商铺
吴江路安物流有限公司	傅超	吴江市七都镇双塔桥村
吴江邦达物流有限公司	杨勇	吴江市七都镇吴越路
中国邮政速递物流股份有限公司苏州市吴江区分公司七都营业部	张玲玲	苏州市吴江区七都镇七都大道1531号
苏州昌传物流有限公司	张有德	苏州市吴江区七都镇心田湾
苏州官煜安物流有限公司	孙荣方	苏州市吴江区七都镇双塔桥村八七公路南侧
苏州青松道物流有限公司	尹义怡	苏州市吴江区七都镇七都大道100150号（1幢）
苏州仁达物流有限公司	李仁	苏州市吴江区七都镇常增路1696号
苏州市宏泰物流有限公司	张园园	苏州市吴江区七都镇铜材市场

（二）吴江市邦达物流有限公司

2010年，吴江市邦达物流有限公司成立，位于七都镇临湖经济区，是经市工商局、税务局、陆管处等部门批准注册具有独立法人的现代综合性物流企业，注册资金为6000万元人民币。已通过ISO9001质量体系认证，是国家AAAA级重点物流企业，2012年，被国家主管部门评为"中国十大金牌服务物流企业"。2012年12月，被评为"苏州吴江交通物流行业协会会长单位"。2013年5

月,获"中国物流与采购联合会常务理事单位"。公司物流服务范围有供应链综合设计、整合及管理;全国各省市往返运输业务;提供全国主要城市及网点货物的仓储、分拣、包装、配送。公司拥有一支经验丰富的管理团队,以现代化的管理手段及技术设施,为客户提供"全方位,全过程,全天候"物流服务。公司以北京、南京、长沙、厦门、广州、武汉、成都、青岛、上海、大连、沈阳等11个分公司为依托,下辖杭州、苏州、扬州、无锡、吴江、合肥、芜湖、南通等32个运营网点,形成业务辐射全国300多个城市的物流运营网络平台,服务延伸至全国的一、二、三级城市。近年来,邦达物流成为客户的供应链、生产链和配销链中的重要节点。成功与多家500强企业建立良好的长期合作关系,客户群涵盖通信、金属、机械、化工、纺织、电子、家具、食品、建材、制药、高科技产品等行业。合作伙伴包括中国移动通信、中国通信服务、亨通集团等知名企业。2015年,公司主营业务收入12183.7万元,实现利税1263万元。

第二章 邮 电

第一节 机 构

一、七都邮政支局与七都电信支局

民国23年(1934),吴溇(今七都)始设邮政代办所,属浙江省吴兴邮局管辖,代办邮递业务。1955年,吴溇邮政代办所划归吴江县邮电局管辖。1958年,吴溇邮政代办所撤销,七都公社邮电所成立,行政归公社领导,业务受县邮电局指导。1963年,七都公社邮电所升为国营七都邮电所。1973年11月15日,七都公社邮政、电信业务统一由县邮电局代管。七都邮电所隶属吴江县邮电局,地址粧桥中路。

1982年5月,七都邮电所上升为七都邮电支局,在原址增建1幢三层办公楼,建筑面积200平方米,投入营业。

1989年,邮电支局在原址增建1幢三层电信楼,建筑面积253平方米,增建发电房1间,建筑面积40平方米。

1993年,邮电支局新建三层综合楼,建筑面积962平方米。增建发电机房,建筑面积69平方米。1994年,邮电支局在望湖北路11号新建三层住宅综合楼,建筑面积275平方米。1997年,邮电支局在心田湾新建四层营业办公综合楼,建筑面积565平方米。

1998年9月,邮电系统实行管理体制改革,邮政与电信分营,分设吴江市邮政局七都支局、吴江市电信局七都支局。2008年,根据苏州邮政支局分类办法,七都邮政支局、七都电信支局为三类支局。

至2015年,吴江区邮政局七都支局与吴江区电信局七都支局以撤并前七都镇的境域为业务范围。营业地址望湖北路11号的邮电大楼,总营业面积820平方米,邮政支局工作人员6人,电信支局工作人员14人。

七都邮政支局服务窗口(2011年10月摄)

1996~2015年,七都邮政支局历任支局长:沈惠芬、陆月根、朱伟明、戴坤兴、于华锋、许晓红、陆月根。七都电信支局历任支局长:钱天林、沈雪冬。

二、庙港邮政支局与庙港电信支局

民国23年(1934),大庙(今庙港)始设邮政代办处,代办邮递业务。1956年,大庙区在庙港设立大庙邮电所,接管大庙邮政代办处的信件、报刊、包裹等业务。1958年,庙港公社设立社办交换总机,成立庙港邮电所,行政归公社领导,业务受县邮电局指导。1960年,改为国营庙港邮电所。1973年11月15日,庙港公社邮政、电信业务统一由县邮电局代管。庙港邮电所隶属吴江县邮电局。1981年,邮电所在庙东街58号新建邮电大楼,建筑面积200平方米。1985年,庙港邮电所更名为庙港邮电支局。1991年,在原址扩建程控机房,建筑面积265平方米。并在大楼后院建住宅楼149平方米。

1996年,邮电支局迁至沿湖路8号,易地新建三层邮电综合楼,建筑面积1259平方米,附属设施有发电机房,建筑面积76平方米;传达室及店面房108平方米;自行车库52平方米;职工住宅楼167平方米。

1998年9月,邮电系统实行管理体制改革,邮政与电信分营,分设庙港邮政支局、庙港电信支局,由吴江市邮政局、吴江市电信局分别管理。1999年,根据苏州邮政支局分类办法,庙港邮政支局、庙港电信支局为四类支局。

吴江邮政局庙港支局(摄于2011年)

至2015年,吴江区邮政局庙港支局,以撤并前庙港镇的境域为业务范围。位于南太湖大道1236号,总营业面积411平方米,工作人员13人。

吴江区电信局庙港支局,以撤并前庙港镇的境域为业务范围。位于南太湖大道1238号,总营业面积200平方米,工作人员4人。

1996~2015年,邮政支局历任支局长:陈春法、沈志萍。电信支局历任支局长:庾静兰、刘爱明、张娟。2015年,庙港电信支局合并到七都电信支局。

第二节 邮 政

一、邮路

1958年,七都、庙港境内开通震泽至七都、庙港航船邮路,邮件由震泽—七都、震泽—庙港航船转运。60年代初,七都境内开办北片和南片2条步班投递邮路。庙港境内开办1条隔日步班投递邮路,邮件送至公社机关、企事业单位和学校。1968年,邮件投送至农村生产大队。1969年,航船邮路被轮船邮路所取代。1977年5月,为加速报刊邮件投递速度和提高邮运质量,县邮电局开办平望至浙江南浔和七都的摩托车邮路,行程2小时,接转沿途邮件,七都邮电支局在南浔交接,再由委办轮船邮路衔接。庙港邮电支局由震泽至南浔摩托车邮路交接青云和庙港邮件,再由震泽—庙港轮船转运衔接。80年代,七都乡分3条自行车邮路。每条邮路配备投递员1人,至此,辖区内28个行政村、265个村民小组及30所学校均通邮,投递邮路总长55千米。庙港乡分3条自行车邮路,至此,辖区内21个行政村、231个村民小组及21所学校均通邮,投递邮路总长48千米。

1984年,七都至318国道全线通车后,苏州市邮电局开办苏州—吴江—平望—震泽—八都—七都的汽车邮路。吴江—菀坪—横扇—庙港—坛丘的汽车农村邮路。1987年,苏州至七都间的汽车邮路每天1班,苏州运送邮件于上午9时左右到七都支局交接。运出邮件,约在9时30分运至苏州转发。平望至庙港间的汽车邮路每天1班,平望运送邮件于上午9时40分左右到庙港支局交接,中午11时30分运至平望转发。

1993年9月,苏州至七都、庙港的汽车邮路延伸至菀坪,途经吴江、平望、梅堰、震泽、八都、七都、庙港、横扇、菀坪。

2000年,苏州至七都邮路改为吴江至七都,途经吴江、平望、梅堰、震泽、八都、七都、庙港、横扇、菀坪、八坼。上午7时吴江出发,8时35分到七都,8时54分到庙港。另开辟吴江的特快邮路。

2002年,吴江至七都邮路改为吴江至八都邮路,途经菀坪、横扇、庙港、七都、八都。上午7时20分吴江出发,8时18分到庙港,8时35分到七都。2008年,吴江至八都邮路每天上午由吴江出发经菀坪、横扇、庙港、七都、至八都后,再经七都、庙港、横扇、菀坪回吴江。下午15时20分,按上午的线路往返。

至2015年,开通苏州自办邮路。苏州直达车于上午8时40分和9时分别到达七都、庙港进行交接,在8时50分和9时10分左右运出邮件。下午自备班车自苏州邮局出发到庙港、七都,时间一般在14时10分和14时30分交接后返回。

二、邮政业务

80年代初,七都、庙港邮电支局邮政业务除函件、包件、报刊发行投送外,还增设集邮服务,开办国内特快专递业务。1986年后,七都、庙港邮电支局相继开办邮政储蓄,设置邮政储蓄、汇兑等金融机构。1998年9月,经江苏省邮电管理局批准,吴江邮政、电信实行分营,七都、庙港邮政支局归属震泽邮政中心支局管理,支局的邮政业务全部进入电子化管理,实现邮政计算机综合网工程账务子系统建设,邮政储蓄网点进入绿卡网,通存通兑。报刊发行系统也实现报刊要数、分发、投递数据计算机处理,建立多媒体查询系统,可为用户自动查询及时提供收寄规格等资料。1998年,七都邮政支局经营函件358853件,汇票3814张,特快件14939件,包裹977件,发行报纸837886份,杂志48195份;庙港邮政支局经营函件63609件,汇票1087张,特快件2058件,包裹482件,发行报纸201661份,杂志11599份。

2004年1月,七都邮政支局、庙港邮政支局先后开办国际包裹业务。2005年1月,庙港邮政支局开办国际银邮汇款业务。3月,七都邮政支局开办国际银邮汇款业务。2008年,七都、庙港邮政支局储蓄、特快、报刊、函件等实现计算机全程监控,确保邮政资金和邮件运行安全。

2015年,七都邮政支局经营函件99527件,汇票2554张,特快件1083件,包裹879件,发行报纸4125961份,杂志29856份;庙港邮政支局经营函件11425件,汇票578张,特快件657件,包裹715件,发行报纸81454份,杂志5987份。

表9-6　　　　　　　　　　1996~2015年七都邮政支局邮政业务情况表

年份	函件(封)	包裹(件)	报纸(份)	杂志(份)	汇票(张)	特快专递(件)
1996	382267	4611	731100	102200	2934	10256
1997	312355	7368	761100	113100	3522	12289
1998	358853	977	837886	48195	3814	14939
1999	223834	894	737538	33761	3986	7524
2000	198182	838	662737	28377	4524	7664
2001	134740	979	671937	25045	5189	7934
2002	239112	1250	678003	22793	6669	8313

（续表）

年份	函件(封)	包裹(件)	报纸(份)	杂志(份)	汇票(张)	特快专递(件)
2003	252570	1414	699455	24818	9121	11276
2004	224606	1371	568713	26945	10049	14869
2005	222033	1494	571262	28009	9420	17684
2006	230235	1592	568379	30104	7989	21277
2007	233236	2070	5524811	28568	7058	25499
2008	151843	1721	5325741	25847	6925	8001
2009	135824	1695	5012584	29658	6247	7528
2010	115251	1541	4895250	30487	5028	4582
2011	125014	1355	4625826	29853	4581	3584
2012	110052	1260	4325810	28620	4159	3867
2013	108258	964	3895214	27569	3058	2879
2014	101114	856	4289510	28594	2879	1798
2015	99527	879	4125961	29856	2554	1083

表9-7　　　　　　　　　　1998~2015年庙港邮政支局邮政业务情况表

年份	函件(封)	包裹(件)	报纸(份)	杂志(份)	汇票(张)	特快专递(件)
1998	63609	482	201661	11599	1087	2058
1999	39676	441	177509	8125	1136	1037
2000	35129	413	160469	6830	1290	1056
2001	23884	483	161720	6030	1479	1093
2002	42384	616	163180	5486	1901	1145
2003	44770	697	168343	5973	2600	1554
2004	39813	676	136877	6485	2865	2049
2005	39357	736	137490	6741	2686	2437
2006	40811	785	136796	7245	2278	2932
2007	15429	730	138758	7528	1852	3225
2008	13521	713	126512	7725	1685	1952
2009	10524	725	101455	6658	1525	1635
2010	10254	658	112542	4415	1432	1538
2011	9980	785	123060	5582	1224	1302
2012	10521	692	95824	6682	1002	1010
2013	9974	598	102520	6014	968	965
2014	10325	782	82520	7801	684	887
2015	11425	715	81454	5987	578	657

第三节　电　　信

一、电报

1958年，庙港邮电所成立后始有电报业务，业务量极少。70年代末，七都、庙港邮电支局的农村电报业务沿用电话线路传发。1985年，开通吴江至震泽电传电路1条，电报业务始有较大发展，七都、庙港支局装备电报传真机，实现乡镇至吴江电报传真一体化。1985年后，开通的电报种类有通信电报、汇款、电报、公务电报,特别业务有特急电报、加急电报等。

随着农村自动电话的普及,七都、庙港邮电部门电报业务锐减。1999 年 11 月,七都,庙港电信营业窗口停办电报收发业务。所有电报收发集中在吴江松陵营业窗口办理,发往各乡镇的电报全部改为邮送电报,挂号邮寄。

2006 年 9 月 11 日,吴江市电信局取消电报业务受理。

二、电话

民国 18 年(1929)11 月,吴江县政府设吴江城乡电话交换所,采用铁质线路开通各乡的电话网,吴溇、庙港始有电话机与外地可通话。民国 26 年初,地方办的城乡电话交换所的机线通达吴溇、庙港等地,初步形成农村电话网络。民国 27 年,日军侵占七都、庙港后,电话交换所停业。民国 35 年,县政府建设科重建地方城乡电话网,重点恢复区乡间电话。民国 36 年,开通震泽—开弦弓—大庙—浦廖—大儒—溇渎诸线,沿线各乡电话机用 T 形挂接,区乡开通电话,震泽设电话总机,庙港设分机。民国 37 年,电话交换所改组成"吴江县专用电信所",吴溇与各区乡间一般均能直通电话。杆线设备以裸铁质单线居多,部分线杆以竹代木。电信设施简陋陈旧,制式杂乱,网络不完整,基本处于瘫痪。

中华人民共和国成立后,电话线路得到较快恢复和发展,农村通过增设农话交换点,扩大通讯能力。1953 年 11 月,大庙区电话交换所成立,设在区政府内,辖各乡电话。1958 年下半年,七都、庙港公社自筹资金置备交换总机、电话机和铁制电话线等物。至 1959 年,在县邮电部门的配合下,以竹代木,架设铁质单线电话广播合用线路通往各大队,实现公社设总机,大队通电话。1963 年 3 月,实现全县会议电话双向化。5 月,七都邮电所的电话总机容量 60 门。1971 年 4 月,设双荡兜分机,容量 40 门,方便南片 10 个大队和单位与外地互通电话。80 年代初,七都、庙港农村电话有 74 门磁石交换机和外界长途交换机 2 路端。1982 年,七都、庙港电信纳入县电话通信网。

1985 年,七都邮电支局有 200 门电话交换机。庙港邮电支局有 200 门电话交换机。1991 年 1 月 30 日,七都、庙港乡淘汰旧式磁石交换机,实现电话自动化,并与震泽、铜罗、青云等地实行联网互拨,撤销七都、庙港话务台,联网互拨完全采用微波电路组网,在江苏省内属首家运用。自动电话的开通,实现邮电通信进入自动化行列。同时震泽至七都 132 路微波开通,为国内、国际直拨电话的用户提供服务。长途电话由震泽交换台负责记录和接转,由于通信设备尚落后,出口电路不畅,长途电话等待时间较长,通话音量小,线路杂音大,适应不了社会发展的需要。是年,七都电话装机 385 部,庙港电话装机 350 部。

1992 年 4 月 20 日,吴江县无线寻呼台开通。1994 年 1 月,全自动寻呼系统开通。10 月 6 日,七都开通 2000 门 F150 程控电话交换机,庙港开通国内国际长途直拨电话。标志着七都、庙港电话通信进入数字化通信,通达国内所有城市和世界上 140 多个国家和地区,是年,七都电话装机 466 部,庙港电话装机 510 部。1995 年,七都电话装机 4091 部,庙港电话装机 1477 部。至 1999 年,七都程控 F150 交换机总量 13256 门,实装电话 8900 部。庙港程控 F150 交换机总量 8336 门,实装电话 5511 部。电话已成为人们日常生活中不可缺少的通讯工具。

2003 年,七都电信支局交换机容量 14772 门,实装电话 10313 部;庙港电信支局交换机容量 12490 门,实装电话 7738 部。

2015 年,七都电信支局交换机容量 20324 门,实装电话 13098 部;庙港电信支局交换机容量 15361 门,实装电话 6875 部。

三、无线寻呼与移动通信

（一）无线寻呼

1992 年 4 月,吴江无线寻呼台安装调试结束,顺利开通对外寻呼业务。1994 年 4 月 1 日,

"127"自动寻呼系统开通。1995年11月9日,七都、庙港移动电话基站开通,首期"全球通"信道8个,七都有寻呼机786台,庙港有寻呼机194台。1997年,七都寻呼机2763台,庙港寻呼机1020台。1999年,七都寻呼机3506台,庙港寻呼机1430台。2003年,寻呼机全部撤网。

(二) 移动电话

1992年2月,吴江试验开通移动通信网。1993年,七都、庙港邮电支局开通模拟蜂窝式移动通信A网(903打头的号码),是年,移动话机(俗称"大哥大")入网。七都有21部,庙港有18部"大哥大"。1995年,模拟B网开始运行(909打头的号码),七都有225部"大哥大",庙港有57部"大哥大"。1996年,"全球通"数字移动通信全面启动(G网,139打头的号码,继后138、137、136、135打头的号码放号)。是年,模拟机(A、B网)与数字机(G网)两个系统同时运行。1997年,七都有移动电话1221部,庙港移动电话326部;1999年,七都有移动电话2306部,庙港有移动电话882部。

2002年11月25日,吴江电信无线市话指挥部成立,小灵通正式启动。2003年5月,七都、庙港镇区进入小灵通覆盖网络。是年,七都小灵通用户882户,庙港小灵通用户362户。

2008年,七都镇移动话机用户35685户。

2015年,七都镇移动话机用户35973户。是年,小灵通停用。

四、互联网

1996年8月,吴江电信部门完成吴江—盛泽—震泽—平望—芦墟—吴江光纤环网,首次开办互联网163拨号上网业务,上网须占用电话线,传输速率最高为64千兆(KM)。是年,七都镇发展用户5户。1997年,七都镇用户17户。1998年3月,开通窄带综合业务数字网业务(ISDN,俗称"一线通"),速率提高到128千兆。1999年,七都、庙港出现"网吧",永乐电玩城、心田湾游戏室等"网吧"相继开业,利用"一线通"上网浏览、游戏、聊天,吸引大批青少年"网民"。2001年2月15日,吴江电信开放宽带(ADSL)上网业务,并接入G级路由器,使用ADSL电话线路可以获得最宽至8兆的带宽,使用光纤接入可达100兆以上带宽,比窄带速率提高数千倍。7月6日,吴江教育信息网签约启动,七都中学、庙港中学、七都中心小学、庙港中心小学相继建立局域网,并设置网站。2004年11月,吴江市卫生系统局域网建成,实现办公信息化,七都卫生院、庙港卫生院入网。2005年10月,吴江社区服务网开通,建立办公网络,实现资源共享、信息共享、政务公开、网上办事,七都镇4个社区信息点与吴江社区服务网互联互通。

2015年,七都镇宽带(ADSL)上网用户19346户。全镇有证经营网吧10家。

表9-8　　　　　　　　　　1996~2015年七都电信支局业务情况表

年份	交换机容量(门)	固定电话数(部)	公用电话数(部)	小灵通数(部)	宽带用户数(户)
1996	4000	4264	20	未开通	未开通
1997	10000	5999	33	未开通	未开通
1998	10000	5999	61	未开通	10
1999	10800	7157	89	未开通	80
2000	13448	8250	21	未开通	179
2001	15644	9424	175	270	251
2002	15260	9864	203	679	312
2003	14772	10313	251	882	237
2004	14336	10894	302	2647	1016
2005	13726	11639	610	4866	2026
2006	14610	12024	827	6178	3251

(续表)

年份	交换机容量(门)	固定电话数(部)	公用电话数(部)	小灵通数(部)	宽带用户数(户)
2007	15822	12598	859	5810	4384
2008	17368	12973	788	4974	5314
2009	18532	13542	673	4035	6255
2010	19076	14098	590	3208	6837
2011	19533	14588	524	2050	7509
2012	20037	15677	489	1239	8576
2013	20106	15320	427	536	10295
2014	20251	14098	325	158	11756
2015	20324	13098	286	停用	12389

表9-9　　　　　　　　　　1996~2015年庙港电信支局业务情况表

年份	交换机容量(门)	固定电话数(部)	公用电话数(部)	小灵通数(部)	宽带用户数(户)
1996	4000	2823	10	未开通	未开通
1997	7000	4765	19	未开通	未开通
1998	7569	5679	28	未开通	5
1999	8336	5511	39	未开通	17
2000	10532	6579	51	未开通	26
2001	11540	7500	63	115	50
2002	12490	7528	80	220	60
2003	12490	7738	115	362	115
2004	12985	8240	127	412	145
2005	13283	8301	145	575	179
2006	13450	8386	157	862	546
2007	13800	8471	165	959	1037
2008	14050	8599	172	1072	1875
2009	14322	8703	184	985	2791
2010	14570	8891	188	874	3981
2011	15029	8902	190	723	4952
2012	15090	8795	181	684	5679
2013	15310	7923	174	421	6082
2014	15350	7285	165	247	6478
2015	15361	6875	157	停用	6957

第十卷

党政社团

第一章 中国共产党地方组织

第一节 中国共产党地下斗争

一、中共党员地下斗争

民国27年(1938),中共中央特科系统派出一批共产党员到吴江,领导吴江人民开展抗日斗争。民国28年春,特科情报组共产党员丁秉成、钱康民组成的"太湖抗日义勇军",迂回于七都吴溇、浙江乔溇一带,袭击日伪军,宣传发动民众,仅2个多月部队就发展到100多人。七都一带党员和抗日战士还积极开展对国民党军队及其他地方武装队伍的抗日宣传教育,体现了党建立的抗日民族统一战线的战略方针。民国28年秋,太湖抗日义勇军在吴溇遭遇国民党六十二师和吴兴县常备队突然袭击,终因力量薄弱,丁秉成、钱康民两人牺牲,后该组织接上级指示,"武抗"成员全部撤回上海接受新的任务。

民国32年5月,薛天然受中共苏中工委书记章蕴派遣,从苏北根据地到震泽进行活动,由社会部长林修德直接联系,任务是在日伪方面搞一个据点。民国33年春节后,薛天然打入伪特工"横扇小组政治保卫局",任横扇小组组长,驻大庙港(代号王公馆)。他上任后将原伪特工"横扇小组"人员全部遣散,邀请进步青年龚积桐(震泽人)、凌文华一起活动,并在吴县的东山、西山筹建特工小组,使之与大庙港形成犄角之势。薛天然在庙港活动20多天,就被吴江伪特工传去关禁闭,获释后去蚌埠活动。同年冬,薛天然又回震泽,获悉"忠救军吴嘉湖行动总队"从浙江行动到太湖边,薛天然利用该部总队长金家骧(胡溇人)的关系,打入该部任政治部副主任,做争取(策反)工作直到抗战胜利。

民国38年3月,陈乃元、张玉良受中共吴嘉工委书记金佩扬的派遣下太湖,参加赵安民的武装部队,来往于太湖边各乡镇做控制政权及自卫队策反工作,并担任交通联络。在庙港隐蔽活动时,发觉沿太湖一带情况复杂,烟、赌猖獗,开展工作遭监视,后经思想进步的自卫团员护送安全出境。

二、七都、庙港的早期中共党员

民国26年,孙世实(七都张港人)加入中国共产党。何长水(浙江诸暨人)年轻时到庙港西草田做长工(后定居该地务农)。民国36年7月,由梅堰人倪守一介绍入党,时属地下党坛丘大谢支部领导。民国37年5月,陆龙高(七都邱田村人)在部队入党。谢阿补(庙港村人),被国民党军队拉壮丁去当兵,后被解放军俘虏参军,民国37年7月,在江苏金坛县由叶转向、朱国庆两人介绍入党。这4人是七都、庙港境内早期的中共党员。

第二节 区、乡、镇中共地方组织

一、区、小中乡党组织

民国38年(1949)5月,七都、庙港乡解放,大庙(庙港)、大儒、开弦弓等小乡设指导员1人。

1950年2月,中共大庙区委员会成立,下辖横扇镇和吴溇、七都、马港、方桥、菱荡湾、大庙(庙港)、大儒、罗港、盛港、陆港、光荣、充浦等小乡。

1952年9月,中共吴溇、七都、马港、方桥、菱荡湾、大庙(庙港)、大儒、罗港、盛港、陆港、光荣、充浦等小乡党小组成立。11月起,中共吴溇、七都、方家桥、菱荡湾等小乡支部委员会陆续成立。1956年3月,中共大庙区委员会撤销,中共大儒、庙港、七都、开弦弓等中乡总支部委员会成立,属中共震泽区委员会领导。

表10-1　1950年2月至1956年4月中共大庙区委员会正、副书记任职情况表

姓　名	职务	任职时间	姓　名	职务	任职时间
孙明	书记	1950.2～1951.8	毕可源	副书记	1951.3～1952
王顺喜	书记	1951.8～1953.10	庞奎	副书记	1953.5～1956.3
王传恩	书记	1953.10～1956.4			

表10-2　1949年5月至1956年3月七都、庙港地区小乡中共党组织负责人任职情况表

小乡名	姓　名	职务	任职时间	小乡名	姓　名	职务	任职时间
大庙(庙港)乡	朱荣	指导员	1949.5～1950.2	盛港乡	王金生	书记	1953.10～1954.7
	周亥观	书记	1953.3～1954.5		沈荣宝	书记	1954.7～1956.3
	李杏生	书记	1954.5～1956.3	陆港乡	曹阿芝	书记	1952.6～1954.6
开弦弓乡	鲁希平	指导员	1949.5～1950.2		胡福宝	书记	1954.6～1955.8
	王大宝	书记	1953.10～1956.3		曹阿芝	书记	1955.8～1956.3
大儒乡	庚国祥	指导员	1949.5～1950.2	光荣乡	朱顺章	书记	1954.9～1956.3
	叶官生	书记	1954.6～1956.3	吴溇乡	沈桂泉	书记	1952.11～1956.3
七都乡	王珍才	书记	1952.11～1956.3	菱荡湾乡	崔连宝	书记	1952.11～1956.3
罗港乡	盛兴宝	书记	1954.5～1954.9	方家桥乡	沈和生	书记	1952.11～1956.3
	庚有勤	书记	1954.9～1956.3				

表10-3　1956年3月至1957年10月中共震泽区委员会所辖七都、
庙港地区中乡党组织负责人任职情况表

机构	姓　名	职务	任职时间	机构	姓　名	职务	任职时间
中共大儒乡总支部委员会	曹阿芝	书记	1956.3～1957.10	中共七都乡总支部委员会	钱菊林	书记	1956.3～1957.10
	沈桂泉	副书记	1956.3～1957.10		胡福宝	副书记	1956.3～1957.10
	叶官生	副书记	1956.3～1957.10	中共开弦弓乡总支部委员会	王大宝	书记	1956.3～1957.3
中共庙港乡总支部委员会	李杏生	书记	1956.3～1957.8		屠文良	书记	1957.3～1957.8

二、乡、公社党委

1957年10月,撤区并乡,中共七都乡委员会、中共大儒乡委员会和中共庙港乡委员会成立。1958年9月,七都、大儒、庙港乡撤销建制,七都、庙港人民公社成立。10月,中共七都、庙港人民公社委员会成立。

1966年下半年,"文化大革命"在吴江县逐步展开。1967年1月,中共七都、庙港公社委员会组织处于瘫痪状态。1968年9月至1969年4月,七都、庙港公社进行整党建党,恢复党的组织生活。1970年9月,重新成立中共七都、庙港公社委员会。1983年7月,在乡镇体制改革中,中共七都、庙

港公社委员会改称中共七都、庙港乡委员会。

表10-4　　　1957年10月至1958年9月中共七都乡、大儒乡、庙港乡委员会书记、副书记任职情况表

名称	姓名	职务	任职时间	名称	姓名	职务	任职时间
中共七都乡委员会	柳长林	第一书记	1957.10~1958.9	中共庙港乡委员会	张逸峰	第一书记	1957.10~1958.9
中共七都乡委员会	汤元湖	第二书记	1957.10~1958.9	中共庙港乡委员会	柳金观	第二书记	1957.10~1958.9
中共七都乡委员会	胡福宝	副书记	1957.10~1958.9	中共庙港乡委员会	庾有勤	副书记	1957.10~1958.9
中共大儒乡委员会	钱菊林	书记	1957.10~1958.9	中共庙港乡委员会	朱才生	副书记	1957.10~1958.9
中共大儒乡委员会	盛兴宝	副书记	1957.10~1958.9				

表10-5　　　1958年10月至1992年9月中共七都公社、乡委员会书记、副书记任职情况表

姓名	职务	任职时间	姓名	职务	任职时间
柳长林	书记	1958.10~1960.2	吴华	副书记	1962.8~1964.8
于海镇	书记	1960.2~	孙菊生	副书记	1964.8~
王永志	书记	1970.9~1975.9	徐胜祥	副书记	1970.9~1975.9
屠榴生	书记	1975.9~1981.12	沈荣宝	副书记	1973.7~1979.8
崔法明	书记	1981.12~1984.8	孙海生	副书记	1976.5~1985.10
程惠明	书记	1984.8~1991.2	陈复三	副书记	1982.1~1987.1
王志林	书记	1991.2~1992.9	周玉龙	副书记	1985.8~1989.6
盛兴宝	副书记	1958.10~1960.2	王志林	副书记	1988.12~1991.2
曹阿芝	副书记	1959.6~1960.5	顾阿荣	副书记	1989.7~1992.9
孙阿和	副书记	1959.6~1962.10	陆士浩	副书记	1989.7~1992.9
庄产大	副书记	1960.6~1962.10	沈荣泉	副书记	1991.2~1992.9
周世林	第二书记	1961.9~1965			

注："文化大革命"前的党政领导人任期延续至1967年春的,因机构瘫痪,其截止时间参照1990版《中国共产党吴江县组织史》的写法,作留空处理。

表10-6　　　1958年10月至1992年9月中共庙港公社、乡委员会书记、副书记任职情况表

姓名	职务	任职时间	姓名	职务	任职时间
张逸峰	第一书记	1958.10~1966.4	谢富高	副书记	1970.9~1979.3
沈荣宝	书记	1966.4~	沈阿荣	副书记	1973.4~1975.9
沈荣宝	书记	1970.9~1970.10	胡福宝	副书记	1975.9~1979.8
胡玉成	书记	1970.10~1975.9	徐胜祥	副书记	1975.9~1981.5
张灏中	书记	1975.9~1981.5	张钰良	副书记	1979.5~1981.1
徐胜祥	书记	1981.5~1983.7	沈荣宝	副书记	1979.8~1982.12
周正华	书记	1983.7~1985.10	孙菊生	副书记	1981.5~1983.7
徐梅卿	书记	1985.10~1986.8	陆一农	副书记	1983.7~1985.10
吴林森	书记	1986.8~1989.12	陈功平	副书记	1985.2~1988.6
周玉龙	书记	1989.12~1992.9	吉寿宝	副书记	1985.10~1986.10
柳金观	第二书记	1958.10~1962.8	崔明方	副书记	1986.10~1992.9
庾有勤	副书记	1958.10~1962.8	谢富高	副书记	1987.1~1989.10
朱才生	副书记	1958.10~1966.1	庞启剑	副书记	1989.12~1992.9
沈荣宝	副书记	1960.6~1962.10	顾才观	副书记	1989.12~1992.1
王大宝	副书记	1960.6~1962.10	邱龙根	副书记	1991.12~1992.9

(续表)

姓　名	职务	任职时间	姓　名	职务	任职时间
沈荣宝	副书记	1966.1~1966.3	宋雪良	副书记	1992.5~1992.9
姚秉瑞	副书记	1966.4~			

注："文化大革命"前的党政领导人任期延续至1967年春的，因机构瘫痪，其截止时间参照1990版《中国共产党吴江县组织史》的写法，作留空处理。

三、镇党委

1992年9月，中共七都、庙港乡委员会改称中共七都、庙港镇委员会。2003年12月，庙港、七都合并为新的七都镇，新的中共七都镇委员会成立。

表10-7　　1992年9月至2003年12月中共七都镇委员会书记、副书记任职情况表

姓　名	职务	任职时间	姓　名	职务	任职时间
王志林	书记	1992.9~1994.3	张锦宏	副书记	1995.11~1996.5
沈荣泉	书记	1994.3~1998.1	顾龙彬	副书记	1996.5~1998.11
周学林	书记	1998.1~2003.12	陆善彬	副书记	1996.12~2001.10
顾阿荣	副书记	1992.9~1995.10	崔根良	副书记	1996.12~2001.10
沈荣泉	副书记	1992.9~1994.3	吴海燕	副书记	1998.1~2003.12
陆土浩	副书记	1992.9~1996.12	徐新泉	副书记	1998.9~2003.12
周学林	副书记	1992.11~1998.1	沈宏彪	副书记	2001.10~2003.12

表10-8　　2003年12月至2015年12月中共七都镇委员会书记、副书记任职情况表

姓　名	职务	任职时间	姓　名	职务	任职时间
周学林	书记	2003.12~2005.11	朱卫星	副书记	2005.12~2008.7
屠福其	书记	2005.11~2010.8	王益冰	副书记	2008.7~2010.9
查旭东	书记	2010.8~	吴永明	副书记	2009.1~2011.1
景乐平	副书记	2003.12~2005.12	张志明	副书记	2010.9~
徐新泉	副书记	2003.12~2007.11	沈钰方	副书记	2011.1~2015.8
沈宏彪	副书记	2003.12~2011.12	黄荣奎	副书记	2011.12~
仲海金	副书记	2003.12~2007.11	肖军	副书记	2015.8~
吴佩英(女)	副书记	2003.12~2009.1			

表10-9　　1992年9月至2003年12月中共庙港镇委员会书记、副书记任职情况表

姓　名	职务	任职时间	姓　名	职务	任职时间
周玉龙	书记	1992.9~1994.2	史建荣	副书记	1995.11~1996.12
庞启剑	书记	1994.2~1996.12	王渭千	副书记	1996.12~1999.11
史建荣	书记	1996.12~2002.11	邱全民	副书记	1996.12~2001.10
孙悦良	书记	2002.11~2003.12	赵永根	副书记	1997.10~1998.6
庞启剑	副书记	1992.9~1994.2	周春荣	副书记	1998.10~2000.12
崔明方	副书记	1992.9~1995.10	孙悦良	副书记	2000.12~2002.11
邱龙根	副书记	1992.9~2002.11	仲海金	副书记	2001.10~2003.12
宋雪良	副书记	1992.9~1995.1	崔夏萍	副书记	2002.11~2003.12
叶茂华	副书记	1995.1~1997.10	景乐平	副书记	2002.11~2003.12
陈圣江	副书记	1995.10~1998.11			

第三节 党员代表大会

一、中共七都镇(乡、公社)党员代表大会

1958年10月,中共七都公社委员会成立,党委成员均由上级任命。

1963年5月15日,中共七都公社第一次代表大会召开,大会选举于海镇、周世林、盛兴宝、吴华、张士根、孙菊生、陈仲达、邱金钧、屠根兴为中共七都公社第一届委员会委员。

1970年6月17日,中共七都公社第二次代表大会召开,大会选举王永志、徐胜祥、谢茂生、邱金钧、孙菊生、孙阿和、张振法、吴年法、赵振奇、崔法明为中共七都公社第二届委员会委员。

"文化大革命"期间的第三、四次党员代表大会资料缺失,大事记无记载。

1982年7月5日,中共七都公社第五次代表大会召开,大会选举崔法明、陈复三、沈海生、崔阿林、金根法、张明海为中共七都公社第五届委员会委员。

1985年11月24日,中共七都乡第六次代表大会召开,大会选举程惠明、陈复三、周玉龙、陆阿林、崔阿林、钱玉明、张明海为中共七都乡第六届委员会委员。

1988年2月1~2日,中共七都乡第七次代表大会召开,大会选举程惠明、周玉龙、王志林、张明海、陆士浩、崔阿林、周学林为中共七都乡第七届委员会委员。

1990年1月9~10日,中共七都乡第八次代表大会召开,大会选举程惠明、王志林、顾阿荣、陆士浩、庄阿虎、吴学明、崔阿林、周学林、张明海为中共七都乡第八届委员会委员。

1992年12月5~6日,中共七都镇第九次代表大会召开,大会选举王志林、顾阿荣、沈荣泉、周学林、陆士浩、吴海燕、沈林泉、张明海、崔阿林为中共七都镇第九届委员会委员。

1995年11月24~25日,中共七都镇第十次代表大会召开,大会选举沈荣泉、周学林、张锦宏、陆士浩、王渭千、吴海燕、朱月琴(女)、沈宏彪、崔阿林、张明海为中共七都镇第十届委员会委员。

1998年12月10~11日,中共七都镇第十一次代表大会召开,大会选举周学林、陆善彬、吴海燕、崔根良、徐新泉、张明海、沈宏彪、朱月琴(女)、陈文华、李永华、沈银归、吴佩英(女)为中共七都镇第十一届委员会委员。

2001年12月28~29日,中共七都镇第十二次代表大会召开,大会选举周学林、吴海燕、徐新泉、沈宏彪、张明海、吴佩英(女)、朱月琴(女)、陈文华、李永华为中共七都镇第十二届委员会委员。

2006年3月24~25日,中共七都镇第十三次代表大会召开。大会选举屠福其、徐新泉、沈宏彪、仲海金、吴佩英(女)、朱卫星、朱虎金、汤锦明、孙荣明、李永华、吴永明、张惠忠、钱文美(女)为中共七都镇第十三届委员会委员。

2011年3月24~25日,中共七都镇第十四次代表大会召开,大会选举查旭东、张志明、沈宏彪、沈钰方、黄荣奎、汤锦明、沈芬明、夏建伟、钱文美、徐金春、凌云为中共七都镇第十四届委员会委员。

二、中共庙港镇(乡、公社)党员代表大会

1960年1月,中共庙港公社第一次代表大会召开,大会选举张逸峰、柳金观、朱才生、庾有勤、王大宝、沈荣宝、朱顺章、徐正宝、周启生、盛阿奎、陶金奎、方月明、张惠昌、丁兴泉、朱瑞良、朱金法、朱良生、周士芬、孙毛大为中共庙港公社第一届委员会委员。

1961~1966年,举行过第二、三次党员代表大会,党委委员变动不大。

1970年9月,中共庙港公社第四次代表大会召开,大会选举沈荣宝、谢富高、孙毛大、陈金保、王大宝、朱瑞章、周明泉、徐美玉为中共庙港公社第四届委员会委员。

1983年7月9日,中共庙港公社第五次代表大会召开,大会选举周正华、陆一农、邱鹏茂、朱瑞

章、沈海荣、崔明方、王土泉为中共庙港公社第五届委员会委员。

1986年10月25日,中共庙港乡第六次代表大会召开,大会选举吴林森、陈功平、崔明方、邱鹏茂、沈海荣、朱瑞章、王土泉、庞启剑为中共庙港乡第六届委员会委员。

1990年1月12~13日,中共庙港乡第七次代表大会召开,大会选举周玉龙、庞启剑、顾才观、崔明方、李耀灿、王土泉、汤锦明、沈海荣、朱瑞章为中共庙港乡第七届委员会委员。

1992年12月20~21日,中共庙港镇第八次代表大会召开,大会选举周玉龙、庞启剑、崔明方、邱龙根、宋雪良、王土泉、朱瑞章、汤锦明、孙荣明、李耀灿、徐水英为中共庙港镇第八届委员会委员。

1995年11月25日,中共庙港镇第九次代表大会召开。大会选举庞启剑、史建荣、邱龙根、叶茂华、陈圣江、李耀灿、孙荣明、王泉林、徐水英为中共庙港镇第八届委员会委员。

1998年12月17~18日,中共庙港镇第十次党员代表大会召开。大会选举史建荣、邱龙根、王渭千、邱全民、周春荣、徐水英、孙荣明、王泉林、沈芬明、崔夏萍(女)为中共庙港镇第十届委员会委员。

2001年12月24~25日,中共庙港镇第十一次代表大会召开。大会选举史建荣、邱龙根、孙悦良、仲海金、孙荣明、沈芬明、崔夏萍(女)、王泉林、徐水英为中共庙港镇第十一届委员会委员。

第四节　党的建设

一、组织建设

1950年2月,中共大庙区委员会成立。1956年3月,中共大庙区委员会撤销,中共大儒、庙港、七都、开弦弓等中乡总支部委员会成立,属中共震泽区委员会领导。1958年10月,中共七都、庙港公社委员会成立。1960年,中共七都公社委员会下设23个党支部,党员355人;中共庙港公社委员会下设23个党支部,党员415人。1966年下半年,"文化大革命"开始后,中共七都、庙港公社党组织受到冲击,陷于瘫痪状态。

1970年9月,整党建党,恢复党的组织生活,中共七都公社委员会下辖有27个党支部;中共庙港公社委员会下辖25个党支部。1978年后,由于乡村企业的不断发展,为加强党的领导,各工厂相继建立党支部。

1983年7月,恢复乡建制,中共七都、庙港公社委员会改称中共七都、庙港乡委员会。1985年以后,党员人数有较大的发展,且注重年轻化、知识化。1987年,中共庙港乡开弦弓村总支部委员会成立。1991年,七都、庙港乡先后在部分村和企业单位成立党总支部委员会。1992年9月,七都、庙港撤乡建镇,中共七都、庙港乡委员会改称中共七都、庙港镇委员会。七都镇有党员885人;庙港镇有党员1073人。

2002年,中共庙港镇委员会根据中共吴江市委"要切实做好基层党建工作,加强非公有制企业党的建设"的要求,庙港镇经济开发区党支部、明珠纺织有限公司党支部成立。七都镇有党员1537人;庙港镇有党员1282人。

2003年8月,经历两次行政村区域调整后,七都镇12个行政村,庙港镇10个行政村党支部均升格成立党总支。12月,七都镇、庙港镇合并,合并后的镇党委进一步加强非公有制企业党的建设。2006年3月,经中共吴江市委员会批准,群幸村党总支升格为村级党委。至2007年,全镇共发展新党员383人,全镇有党员3135人,其中女党员431人;基层党委2个,党总支25个,党支部72个,其中非公有制党支部40个。

2008年8月,太浦闸村党总支升格为村级党委。12月,中共七都镇委员会下辖基层党委3个,总支部27个,党支部49个,党员3316人。2009年7月,望湖村、东庙桥党总支升格为村级党委。

至2015年,中共七都镇委员会下辖基层党委7个,总支部30个,党支部243个,党员3844人。

表10-10　　　　　　　　　1996~2015年七都镇党支部、党员发展情况表

年份	党支部数(个)	党员数(人) 合计	党员数(人) 男	党员数(人) 女	发展党员数(人)
1996	64	1234	1141	93	64
1997	65	1275	1166	109	42
1998	71	1308	1191	117	50
1999	74	1345	1218	127	40
2000	75	1384	1249	135	53
2001	66	1462	1318	144	71
2002	64	1537	1388	149	51
2003	93	2838	2497	341	58
2004	91	2917	2556	361	79
2005	88	2982	2583	399	79
2006	89	3074	2643	431	73
2007	99	3135	2704	431	94
2008	100	3316	2824	492	93
2009	223	3442	2898	544	94
2010	232	3582	2968	614	50
2011	267	3650	3007	643	66
2012	267	3660	2993	667	90
2013	267	3763	3046	717	76
2014	249	3805	3040	765	51
2015	243	3844	3039	805	38

注:2003年起是庙港镇与七都镇合并后的数据。

表10-11　　　　　　　　　1996~2003年庙港镇党支部、党员发展情况表

年份	党支部数(个)	党员数(人) 合计	党员数(人) 男	党员数(人) 女	发展党员数(人)
1996	44	1229	1116	113	24
1997	43	1249	1134	115	24
1998	43	1268	1147	121	18
1999	43	1285	1159	126	19
2000	47	1275	1140	135	15
2001	32	1283	1149	134	11
2002	31	1282	1147	135	20

二、党员教育

(一)"三个代表"重要思想学习教育

2001年6月,中共庙港镇委员会召开各村、站、所"三个代表"重要思想学习教育暨党员冬训工作动员大会。村级班子人员、镇站、所负责人、全体党员共1000多人参加学教动员,拉开学教工作的序幕。历时3个月,有计划、有步骤地实施"学习、对照、整改"学教计划。9月,中共吴江市委决定在七都镇的村级班子、乡镇站所开展"三个代表"重要思想学习教育活动试点,镇党委随即作出部署,从当月起在镇村级班子、站所干部中开展"三个代表"重要思想学习教育活动。是年,中共七

都镇委员会落实中共吴江市委关于"抓机关作风,促服务质量"的要求,切实加强机关服务经济、服务基层的力度,有力地促进七都经济的快速发展。"三个代表"重要思想学习教育活动,以马列主义、毛泽东思想、邓小平理论为指导,按照"三个代表"的要求,认真学习、贯彻落实江泽民"七一"重要讲话,中共十五届六中全会精神。以干部受教育、农民得实惠为目标,以改进村和站所干部作风为重点,以农业增效、农民增收、农村稳定为主题。进一步增强农村基层党组织的创造力、凝聚力和战斗力,为全面实现党的农村工作目标任务提供强有力的思想和组织保证。广大党员通过学习《农村干部学习"三个代表"重要思想文件汇编》《中共中央关于加强和改进党的作风建设的决定》《江泽民同志在庆祝中国共产党成立八十周年大会上的讲话》等文件,紧密联系自己的思想和工作实际,找出自身差距,明确努力方向,坚持边学边改。通过学习培训、对照检查、整改提高三个阶段的学习教育活动,村和站、所干部初步树立干部服务农民的新形象,找准发展农村经济和增加农民收入的新路子,开创村级组织和镇站、所建设的新局面,把农村民主法制建设和精神文明建设提高到新水平。中共七都、庙港镇委员会在活动中提出"三个一"的要求:各村、各单位要切实为民办一件实事,村和站、所负责人要联系一户困难户,个人和单位要进行一次扶贫帮困捐款。

2002年3月,七都、庙港镇党委召开村和站、所"三个代表"重要思想学习教育工作总结会议,结合七都、庙港镇实际,要求各级党组织深入学习"三个代表"重要思想,牢固树立科学发展观。会上表彰"三个代表"重要思想学习教育活动的先进村级班子、站所和优秀联络员。至此,七都、庙港镇村和站所"三个代表"重要思想学习教育活动全部结束。

(二) 党员先进性教育

2005年7月起,中共七都镇委员会组织全镇88个党支部,2982名党员开展保持共产党员先进性教育。镇党委召开"保持共产党员先进性教育活动"动员会。中心组充分发挥学习型组织的作用,在组织推动上下功夫,密切联系有关部门,共同搞好"心系事业,志在富民"农村实用技术培训暨农村党员、基层干部的科技素质培训工作。以全面加强基层党的建设为重点,扎实开展保持共产党员先进性教育活动,所属基层党支部,按规定认真开展理论学习、分析评议、整改提高三个阶段的工作,并围绕提高实效,不断创新,有效地提高党员的素质。按照中共吴江市委的总体要求和镇党委的具体部署,在群幸村试点的基础上,在全镇开展第三批"保持共产党员先进性教育"活动,12月19日,全面启动。参加第三批先进性教育活动的单位主要是22个行政村的党组织和党员,其中村党总支21个(除群幸村),党支部76个,参加党员1945人。按照"三贴近"(贴近实际、贴近生活、贴近群众)的原则,采取"切实加强分类指导、积极创新方式方法、注意典型示范引路"的工作思路,全镇各村党组织围绕建设社会主义新农村这个主题,以解决"三农"(农村、农业、农民)问题为主线,着力于提高基层党组织的工作能力,着力解决群众最普遍关心的突出问题,着力办好让群众得实惠的事情,着力探索社会主义新农村的建设途径,有针对性地开展正面教育。其他企事业单位的党支部也相应开展"保持共产党员先进性教育"活动。在整个第三批"保持共产党员先进性教育活动"中,通过学习发动、分析评议,整改提高等阶段,各单位党支部认真建立台账,深入开展教育活动,使全体党员,特别是领导干部均得到一次深刻教育。教育活动对七都镇坚持科学发展观、构建和谐社会、率先基本实现现代化、推进党风廉政建设起到推动作用。使党的执政能力进一步得到加强,从而加快社会主义新农村建设的步伐。是年,镇党委举办各类培训班14期,培训2336人次。对先进党支部、先进党员进行表彰奖励。2006年4月,历时4个多月的第三批保持共产党员先进性教育活动顺利结束。

(三) 党员冬训

党员冬训工作是党员教育每年例行的教育活动。

1979~1989年,中共七都、庙港公社(乡)委员会每年12月下旬组织党员干部集中冬训3~5

天,进行形势教育,提高党员、干部政治思想素质。1986~1995 年,中共庙港乡(镇)参加冬训的党员有 1.26 万人次。参加市、县培训的党员有 123 人次,其中参加省党校学习 1 人。

1993~1995 年,七都镇各级党组织进一步深化"致力于集体,奉献于事业"的主题教育活动,同时广泛开展"讲形势、讲目标、讲任务、讲责任"的教育活动,在学习中,注重理论联系实际,做到与深化改革、扩大开放、促进发展、保持稳定的各项实际工作相结合;与总结经验、学以致用,提高贯彻党的基本路线的自觉性、坚定性相结合。1997 年,七都镇开展为期 5 天的党员冬训,通过学习《六中全会党员读本》和《党的十五大文件学习讲座》两本主要教材,组织广大党员学习邓小平理论。全市性的"学理论、学党章"活动在七都地区三年规划两年完成,广大党员干部讲学习、讲政治、讲正气,全心全意为人民服务的意识明显增强,广大群众爱国家、爱家乡、爱集体的意识明显增强。全镇党支部 65 个,冬训党员 1224 人,参训率 96%。

1998~1999 年,中共庙港镇委员会开展党员干部冬训,通过预备会、以党支部为单位自学、几个专题集中辅导,深刻领会中共十五大文件精神和中共吴江市委九届七次全会(扩大)会议精神,进一步解放思想,统一认识,振奋精神,明确方向,理清思路,落实措施,推动全镇经济发展和社会全面进步。组织入党积极分子培训班 42 人参观嘉兴南湖中国共产党"一大"会址、茅盾故居。

1999 年,中共七都镇委员会党员冬训的主要内容围绕中共十五届三中全会精神、中宣部《学习纲要》,进行形势教育、政策教育、目标教育,镇党委开展"三讲"教育(讲学习、讲政治、讲正气)扩大到民营企业能人参加。镇党委要求基层党组织坚持"三会一课"(支委会、党小组会、支部党员大会、党课)制,每月 15 日定为党日活动,以党校为阵地,对广大党员进行党性、党纪、党风教育、理想宗旨教育、形势任务教育。冬训党员 2300 多人。

2003 年,党员冬训内容围绕 3 个专题教育:中共十六大精神教育,新党章教育,形势、任务、目的教育。引导党员干部确立为民之心、落实富民之举、探索兴业之策、开拓强镇之路,为率先建成小康社会做贡献。全镇 93 个党支部,冬训党员 2679 人,参训率 94.41%。

2005 年,党员冬训内容:进行中共十六届四中全会精神的学习教育,增强党员干部的执政意识和为民意识;进行推进七都镇经济社会全面发展的学习教育,实现"两个率先"的信心和决心;进行加强基层党组织建设的学习教育,增强农村基层党支部的凝聚力和战斗力。全镇 88 个党支部,冬训党员 2846 人,参训率 95.44%。

2008 年,党员冬训围绕 3 个专题教育:深入学习贯彻中共十七大精神,推进七都镇现代化建设;扎实推进社会主义新农村建设,促进城乡一体化协调发展;以改革创新精神全面加强基层党的建设,解决基层党支部的统一思想、凝心聚力、转变作风、提高效能、排忧解难、扶贫帮困等问题。全镇 100 个党支部,冬训党员 3154 人,参训率 95.11%。

2014 年,党员冬训围绕 3 个专题教育:深入学习领会习近平总书记系列重要讲话精神,真正用讲话精神武装头脑、指导实践、推动工作;学习领会中共十八届三中全会精神,不失时机推进全面深化改革;加强基层服务型党组织建设,夯实党执政的组织基础。此外,七都镇开展党的群众路线教育实践活动,包括镇领导班子、相关部门、单位、各村社区 53 名科级以上党员干部、各基层党组织 3200 多名党员参加,七都镇党的群众路线教育实践活动完成既定任务,基本实现活动目标。

2015 年,党员冬训主要围绕党的十八届五中全会精神展开,安排 3 个专题教育:深入学习领会中共十八届五中全会精神,把思想和行动统一到中央部署上来;切实加强党章和党纪党规教育,强化党员意识、规矩意识和责任意识;吴江区"十三五"规划纲要解读。各基层党组织 3702 人,参训率 96.31%。中共七都镇委员会按照从严治党、管党要求,切实强化党的建设和作风效能建设,落实"三严三实"(严以修身、严以用权、严以律己;谋事要实、创业要实、做人要实)专题教育活动,推动基层服务型党组织建设,建立隐读村"领头雁引领农村大发展"、富威科技党支部"坚持'五心'计划·铸造'有色'支部"等10个党建工作载体。加强法治型党组织建设"三规范"(组织责职、工作运行程序、工作制度规范)贯彻落实到位。做好党员普查,各基层党组织统一步骤完成自查、清查、整改工作。选配基层党员干部,强化轮岗交流,提升服务能力。

三、纪律检查

(一) 纪检组织

1963年,七都、庙港公社设监察委员会,负责党员、干部纪律监察工作。1966年下半年,"文化大革命"开始,监察委员会停止工作。1982年,七都、庙港乡纪检工作恢复,设纪律检查委员1人,负责党员纪律监察工作。

1990年1月,中共七都乡纪律检查委员会成立,陆士浩、崔阿林、吴学明、孙金荣、刘凤亭为中共七都镇纪律检查委员会委员;陆士浩任书记,崔阿林任副书记。

1991年4月11日,中共庙港乡纪律检查委员会成立,设委员5人,顾才观任书记,沈海荣任副书记。

1992年9月,陆士浩、孙金荣、吴海燕、王泽民为中共七都镇纪律检查委员会委员;陆士浩任书记,孙金荣任副书记。宋雪良、孙荣明、汤锦明、邱明芳、缪阿兴为中共庙港镇纪律检查委员会委员,宋雪良任书记,孙荣明任副书记。

1995年11月,陆士浩、朱月琴(女)、吴海燕、缪阿兴、王建国为中共七都镇纪律检查委员会委员;陆士浩任书记,朱月琴(女)任副书记。叶茂华、邱明芳、孙荣明、丛建秋、沈明泉为中共庙港镇纪律检查委员会委员,叶茂华任书记,邱明芳任副书记。1997年10月至1998年6月,赵永根任中共庙港镇纪律检查委员会书记。

1998年12月,徐新泉、朱月琴(女)、吴佩英(女)、缪阿兴为中共七都镇纪律检查委员会委员;徐新泉任书记,朱月琴(女)任副书记。周春荣、邱明芳、沈明泉、周玉其、丛建秋、崔夏萍、徐利荣为中共庙港镇纪律检查委员会委员,周春荣任书记,邱明芳任副书记。

2001年12月,徐新泉、朱月琴(女)、沈凤希、吴佩英(女)、张金才、陆培荣、王建国为中共七都镇纪律检查委员会委员;徐新泉任书记,朱月琴(女)、沈凤希任副书记。孙悦良、邱明芳、崔夏萍、徐利荣、沈远林、沈明泉、王建荣为中共庙港镇纪律检查委员会委员,孙悦良任书记,邱明芳任副书记。

2006年3月,徐新泉、张惠忠、王建国、王建荣、朱虎金、朱品芳(女)、范建春为中共七都镇纪律检查委员会委员;徐新泉任书记,张惠忠任副书记。

2011年3月,沈钰方、夏建伟、凌云、沈春荣、朱品芳、王建荣、宋生荣为中共七都镇纪律检查委员会委员,沈钰方任书记,夏建伟任副书记。

(二) 纪检工作

1990年,中共七都乡纪律检查委员会成立后,协助乡党委组织党员学习《关于党内政治生活若干准则》的规定,纪委对党员进行遵章守纪教育,查处党的组织和党员违反党纪和国家法律、法令的案件,决定或取消对这些案件中的党员处分,受理党员的控告和申诉。纪检工作在乡党委领导下,进行党性、党风、党纪教育,查处违纪案件,打击严重经济犯罪,保障经济建设的顺利进行。镇纪委坚持"两手抓,两手都要硬"方针,严肃执法,秉公办事。1996~2002年,中共七都镇纪委共查处党员的违纪案件中涉及36人,其中开除党籍6人,留党察看4人,警告及严重警告23人,撤销党内职务2人,退党除名1人。中共庙港镇纪委共查处党员的违纪案件中涉及41人,其中开除党籍8人,留党察看3人,警告及严重警告25人。

2003年12月至2008年上半年,中共七都镇纪律检查委员会查处党员中的违纪案件共涉及71

人,其中警告及严重警告45人,撤销党内职务1人,退党1人,留党察看4人,开除党籍19人。

2015年,中共七都镇纪委及时办理上级交办的行政处罚类案件,依纪对相关责任党员进行纪律追究,全年办理区纪委交办党员违反纪律处分案件13件,完成立案处分13件。共办理处分违纪党员案件19件,其中给予警告处分14人,严重警告处分2人,开除党籍3人;同时协助区纪委办理党纪办案5件,处分5人,分别是警告处分1人,严重警告3人,开除党籍1人。对全镇村级财务会计进行党风廉政教育,防止工作人员利用职务之便,侵占、挪用集体资金等违规违纪行为的发生。

第五节 党 校

1986年,中共七都、庙港乡委员会党校成立,由党委书记兼任校长,另设专职副校长1人,教员1~2人。党校的主要任务是对党员干部进行教育培训,对全镇基层党员、基层党支部委员、非党积极分子等进行党的基本理论、基本路线、基本知识教育,开办党员干部中专(学历)班和农副业知识、技能培训班。1986~1995年,庙港乡(镇)党校培训人数平均每年1069人次。1996~2003年,庙港镇党校举办各种类型的培训共192期,参加培训23315人次;七都镇党校举办各种类型的培训共201期,参加培训29736人次。

2003年,七都镇党校与庙港镇党校的合并。

2006年,镇党校全面落实科学发展观,围绕学习十一五规划、建设社会主义新农村、社会主义荣辱观教育、学习中共十六届六中全会精神等专题,举办30期主题学习班,参训人员有各党支部书记、支委以上干部、党课辅导员、入党积极分子、非公企业青年骨干、农村一线党员和机关工作人员,参加培训7120人次。

2015年,镇党校共办班45期,培训党员干部9078人次。镇党校还率先实施"送教到村"的措施,解决农村党员、特别是年老体弱的农村党员的学习培训困难。党校专职人员在平时还注重调查研究,了解和掌握基层党员干部的思想动态,从而开展有针对性的教育。

至2015年,镇党校先后被评为苏州市先进基层党校、苏州市科技示范基地、苏州市红旗基层党校、吴江区红旗基层党校。

1996~2003年,庙港镇党校历任专职副校长:沈春荣、周玉其。1996~2015年,七都镇党校历任专职副校长:孙根法、周玉其、孙觉良。

表10-12　　　　　　　　　1996~2015年七都镇党校办班情况表

年份	培训期数	培训人数	年份	培训期数	培训人数
1996	25	3456	2006	30	7120
1997	24	3670	2007	32	7250
1998	24	3890	2008	40	8560
1999	24	3800	2009	41	8670
2000	27	3940	2010	42	8640
2001	26	3860	2011	44	8570
2002	28	3970	2012	41	8630
2003	23	3150	2013	42	8750
2004	28	6240	2014	43	9060
2005	28	6350	2015	45	9078

表 10-13　　　　　　　1996~2003 年庙港镇党校办班情况表

年份	培训期数	培训人数	年份	培训期数	培训人数
1996	24	2640	2000	26	3080
1997	24	2850	2001	25	2945
1998	24	2870	2002	23	2980
1999	24	2980	2003	22	2970

第二章　人民代表大会

第一节　人民代表选举

1953~1980 年,七都、庙港乡(小、中乡)、公社各召开过六届人民代表大会(因选举资料当时未存档案,无法采集资料,未作记载)。

1981 年 4 月 26 日,七都公社选举第七届人民代表大会代表,全社总人口 32087 人,其中选民 21412 人,划分 37 个选区,参选选民 20984 人,参选率 98%。全社选出第七届人民代表大会代表 86 人。是日,庙港公社选举第七届人民代表大会代表,全社总人口 28762 人,其中选民 20708 人,划分 37 个选区,参选选民 20418 人,参选率 98.6%。全社选出第七届人大代表 80 人。

1984 年 3 月 25 日,七都乡选举第八届人民代表大会代表,全乡总人口 31753 人,其中选民 26132 人,划分 42 个选区,参选选民 25557 人,参选率 97.8%。全乡选出第八届人民代表大会代表 86 人。是日,庙港乡选举第八届人民代表大会代表,全乡总人口 28897 人,其中选民 20516 人,划分 38 个选区,参选选民 20064 人,参选率 97.8%。全社选出第八届人大代表 80 人。

1987 年 1 月 20 日,七都乡选举第九届人民代表大会代表,全乡总人口 34310 人,其中选民 24283 人,划分 43 个选区,参选选民 23385 人,参选率 96.3%。全乡选出第九届人民代表大会代表 72 人。是日,庙港乡选举第九届人民代表大会代表,全乡总人口 28937 人,其中选民 20545 人,划分 38 个选区,参选选民 20298 人,参选率 98.8%。全乡选出第九届人民代表大会代表 58 人。

1990 年 2 月 20 日,七都乡选举第十届人民代表大会代表,全乡总人口 32087 人,其中选民 26141 人,划分 37 个选区,参选选民 24573 人,参选率 94.15%。全乡选出第十届人民代表大会代表 72 人。是日,庙港乡选举第十届人民代表大会代表,全乡总人口 32087 人,其中选民 26141 人,划分 37 个选区,参选选民 24573 人,参选率 94.15%。全社选出第十届人民代表大会代表 65 人。

1992 年 10 月 7 日,庙港镇选举第十一届人民代表大会代表,全镇总人口 29830 人,其中选民 23501 人,划分 30 个选区,参选选民 23020 人,参选率 97.9%。全镇选出第十一届人民代表大会代表 65 人。12 月 25 日,七都镇选举第十一届人民代表大会代表,全镇总人口 32112 人,其中选民 24573 人,划分 49 个选区,参选选民 23732 人,参选率 96.5%。全镇选出第十一届人民代表大会代表 72 人。

1995 年 12 月 20 日,七都镇选举第十二届人民代表大会代表,全镇总人口 32376 人,其中选民 25619 人,划分 57 个选区,参选选民 25006 人,参选率 97.61%。全镇选出第十二届人民代表大会代表 72 人。是日,庙港镇选举第十二届人民代表,全镇总人口 29297 人,其中选民 23626 人,划分 29 个选区,参选选民 22444 人,参选率 95%。全镇选出第十二届人民代表大会代表 60 人。

1998年12月22日,七都镇选举第十三届人民代表大会代表,全镇总人口32272人,其中选民27015人,划分37个选区,参选选民26321人,参选率97.43%。全镇选出第十三届人民代表大会代表62人。是日,庙港镇选举第十三届人民代表大会代表。全镇总人口28852人,其中选民22973人,划分30个选区,参选选民22525人,参选率98.05%。全镇选出第十三届人大代表62人。

2001年12月20日,七都镇选举第十四届人民代表大会代表,全镇总人口32415人,其中选民27228人,划分37个选区,参选选民26737人,参选率98.2%。全镇选出第十四届人民代表大会代表62人。是日,庙港镇选举第十四届人民代表大会代表,全镇总人口28379人,其中选民22986人,划分30个选区,参选选民22554人,参选率98.12%。全镇选出第十四届人民代表大会代表62人。

2007年11月28日,七都镇选举第十五届人民代表大会代表,全镇总人口61230人,其中选民52709人,划分6个选区,参选选民51901人,参选率98.47%。全镇选出第十五届人民代表大会代表81人。

2012年3月9日,七都镇选举第十六届人民代表大会代表,全镇总人口61716人,其中选民53376人,划分10个大选区,32个小选区,参选选民52500人,参选率98.36%,全镇选出第十六届人民代表大会代表81人,吴江市代表24人。

第二节　历届人民代表大会

1953年9月,庙港乡(小乡)第一届人民代表大会召开,选举朱才生为乡长,谢荣庆为副乡长。

1954年6月,七都乡(小乡)第一届人民代表大会召开,选举王珍才为乡长。

1956年3月,七都乡(中乡)第二届人民代表大会召开,选举于光华为乡长,贺品加、朱雪宝为副乡长。

1957年8月,庙港乡(大乡)第二届人民代表大会召开,选举张毅成为乡长,王大宝、李杏生为副乡长。10月,七都乡(大乡)第三届人民代表大会召开,选举屠善祥为乡长,于光华为副乡长。

1958年9月,庙港公社第三届人民代表大会召开,选举仲春泉为社长,王大宝、沈荣宝、李杏生为副社长。

1960年1月,庙港公社第四届人民代表大会召开,选举朱才生为社长,李杏生、丁兴泉、陈忠宝为副社长。

1961年9月20日,七都公社第四届人民代表大会召开,选举李春晰为社长,谭树藻为副社长。

1962年9月,庙港公社第五届人民代表大会召开,选举沈荣宝为社长,王大宝、李杏生、丁兴泉为副社长。

1963年4月29日,七都公社第五届人民代表大会召开,选举盛兴宝为社长,张士根为副社长。

1966年1月17日,七都公社第六届人民代表大会召开,选举盛兴宝为社长,张士根为副社长。

1966年1月,庙港公社第六届人民代表大会召开,选举沈金观为社长。李杏生为副社长,

1981年6月25日,庙港公社第七届人民代表大会召开,应到代表80人,实到代表78人,选举庙港公社管理委员会,周正华为主任,朱二宝、周根宝、张永堃、崔明方为副主任。6月29~30日,七都公社第七届人民代表大会召开,应到代表86人,实到代表80人。选举七都公社管理委员会,崔法明为主任,陈复三、钱文龙、张承雄、许金观为副主任。

1984年5月6~7日,庙港乡第八届人民代表大会召开,应到代表80人,实到代表73人,选举陆一农为乡长,宋月林、吴建华为副乡长。同时,选出县人大代表10人。5月9日,七都乡第八届

人民代表大会,应到代表90人,实到代表88人。选举陈复三为乡长,孙阿四为副乡长。

1987年4月24日,七都乡第九届人民代表大会召开,应到代表72人,实到代表70人。选举王志林为乡长,宋月林、孙阿四为副乡长。7月24～25日,庙港乡第九届人民代表大会召开,应到代表58人,实到代表56人,选举崔明方为乡长,吴建华、李耀灿为副乡长。

1990年2月27～28日,七都乡第十届人民代表大会召开,代表72人,选举产生陆士浩为七都乡人大主席团常务主席,顾阿荣为乡长,庄阿虎、宋月林、沈荣泉为副乡长。是日,庙港乡第十届人民代表大会召开,应到代表65人,实到代表63人,列席代表35人,选举顾才观为庙港乡人大主席团常务主席,崔明方为乡长,李耀灿、谈雪荣、邱龙根为副乡长。

1993年1月15日,七都镇第十一届人民代表大会召开,应到代表72人,实到代表68人。选举产生陆士浩为七都乡人大主席团常务主席,顾阿荣为镇长,王渭千、孙齐云、宋月林为副镇长。是日,庙港镇第十一届人民代表大会召开,应到代表65人,实到代表61人。选举产生宋雪良为庙港乡人大主席团常务主席,崔明方为镇长,李耀灿、谈雪荣、陆阿林为副镇长。

1996年1月5～6日,七都镇第十二届人民代表大会召开,应到代表72人,实到代表67人。选举沈荣泉为镇人大主席团主席,张承雄为副主席。张锦宏为镇长,王渭千、孙齐云、宋月林、钱文美(女)为副镇长。1月13～14日,庙港镇十二届人民代表大会召开,应到代表60人,实到代表58人。选举崔明方为镇人大主席团主席,叶茂华为副主席,史建荣为镇长,李耀灿、汤锦明、崔夏萍为副镇长。

1998年12月24～25日,七都镇第十三届人民代表大会召开,应到代表62人,实到代表59人。选举孙海生为镇人大主席团主席,宋月林为副主席。选举陆善彬为镇长,张明海、孙齐云、钱文美(女)、沈银归为副镇长。

1999年1月7～8日,庙港镇十三届人民代表大会召开。应到代表62人,实到代表60人。选举崔明方为人大主席团主席,王泉林为副主席,邱龙根为镇长,孙荣明、李耀灿、汤锦明为副镇长。

2002年1月8～9日,七都镇第十四届人民代表大会召开。应到代表62人,实到代表60人。选举周学林为镇人大主席团主席,沈银归为副主席。吴海燕为镇长,黄荣奎、曹伟烈为副镇长。是日,庙港镇第十四届人民代表大会召开,应到代表62人,实到代表59人。选举史建荣为镇人大主席团主席,尹根生为副主席,邱龙根为镇长,孙荣明、沈芬明、胡掌明、汤锦明为副镇长。

2003年12月22日,七都镇第十四届人民代表大会第四次会议召开,会议选举新的七都镇人大主席团主席周学林,镇长景乐平,副镇长朱月琴(女)、孙荣明、黄荣奎、王泉林、胡掌明、汤锦明、曹伟烈、冯月根、徐金春。

2007年12月18～19日,七都镇第十五届人民代表大会召开,应到代表81人,实到代表81人。选举屠福其为镇人大主席团主席,王泉林、曹伟烈为副主席;朱卫星为镇长,吴永明、李永华、冯月根、徐金春、韩春娥为副镇长。

2012年3月9～10日,七都镇第十六届人民代表大会召开,应到代表81人,实到代表78人。选举沈宏彪为人大主席,钱文美为副主席;选举张志明为镇长,张建平、吴军、王志萍、钱志强、陆伟祺为副镇长。

第三节 人民代表大会主席团

1990年前,七都、庙港乡在每届人民代表大会闭会期间无专门机构组织代表活动。

1990年2月27~28日,七都乡第十届人民代表大会第一次会议召开。通过提议和代表选举陆士浩为乡人大常务主席。2月27~28日,庙港乡第十届人民代表大会召开,通过提议和代表选举顾才观为乡人大常务主席。并在乡政府大门前悬挂"人大主席团"标牌,在乡政府内设人大主席办公室,处理人大日常事务工作,组织代表活动,调查处理代表提出的意见、建议。

1996年1月5~6日,七都镇第十二届人民代表大会召开。1月13~14日,庙港镇十二届人民代表大会召开,从此届开始,人大主席团常务主席改设为主席,增设人大主席团常务副主席。专司同届次人大闭会期间日常事项,确保工作运转,为人大工作与时俱进提供组织保证。

2003年12月22日,七都镇第十四届人民代表大会第四次会议召开,这是并镇后的第一次例会。选举周学林为镇人大主席,沈银归、张明海、陈文华为副主席。

2015年,七都镇人大主席团主席沈宏彪,副主席钱文美(女)。

一、督办建议

1996~2002年,七都镇人大代表对政府工作提出74条建议,主席团把建议分门别类整理,按职能部门分解,通过镇长办公会议决定,交给具体部门办理,做到74条建议、批评和意见件件有回音,事事有落实。庙港镇人大主席团常务主席依法主持4届人民代表大会代表的换届选举和资格审查工作,组织召开15次人民代表大会。组织人民代表考察、座谈和协助执法检查等活动,督促、协助政府办理人民代表提出的建议、批评、意见66条,并把代表提出的建议、批评、意见反馈给政府及经办部门。

2003~2007年,七都镇人大代表围绕环境保护、农村自来水管理、镇村道路建设等人民群众和社会各界普遍关心的问题共提出批评、意见、建议共196条,经过梳理后,按职能部门进行分解,移交政府具体部门办理,从办理情况反馈信息看,代表们都较满意。七都镇人大主席团撰写历年来提出批评意见和建议较多、质量较高的周玉官代表的事迹,下发到每位代表,供大家学习。周玉官的先进事迹被苏州市人大、吴江市人大、《吴江日报》等单位录用转发。从而,使人大代表增强参政议政的意识和能力,更好地发挥人大代表的作用。

2008~2011年,七都镇人大代表对政府工作提出意见建议共44条,通过梳理分解,交由政府职能部门办理,经催办、督办后,人大代表对代表意见建议的办理情况比较满意。

2012~2015年,七都镇人大代表加强督促政府办理代表提出的批评、意见、建议130条,有利于保证落实人民代表大会决议的执行,调动代表行使社会主义民主权利的积极性、自觉性。

二、视察评议

1996~2002年,七都镇人大主席团组织人大代表对市财政局、水利农机局、民政局、体委等部门进行工作评议,开展对镇政府镇长、副镇长以及经管办、财政所、民政办、计生办4名部门主要负责人进行述职评议。主席团成员和代表走访选民620人次,走访单位34个,130人次,召开选民座谈会13次,99人次,走访干部116人。庙港镇人大主席团组织市、镇人大代表分别对市教育委员会、经济委员会、劳动局、多种经营管理局、粮食局、水利农机局、技术监督局和镇多服公司、粮管所、水利站、农机站等部门工作的评议,共对以上部门提出建议、意见28条。采取多种形式走访选民,召开选民座谈会,广泛征求和听取广大选民对被评部门意见。

2003~2007年,七都镇人大主席团组织人大代表参加市人大常委会组织的对市级机关评议活动,通过召开座谈会、民主评议、参与执法检查、组织视察等形式,每年召开座谈会在30次以上,走访的选民200人次以上。组织部分代表视察镇政府在抗击"非典"期间的卫生工作,代表们先听取政府分管领导和卫生助理的汇报,然后进行视察。代表们对镇政府在抗击"非典"期间的措施和卫生镇长效管理工作取得的成绩表示肯定。组织部分人大代表对4个企业进行环保执法检查,在视察和检查活动中,代表们提出的意见,对促动政府和企业工作取得良好效果。结合汛期工作的热点,组织人大代表视察"三闸一站"等水利设施。通过视察,对政府提出要求,取得较好的效果。镇人大主席团根据市人大常委会的安排,开展对政府工作的评议。七都镇成立评议工作领导小组,并成立相应的 8 个评议小组。评议小组由 8 位三套班子成员牵头,市代表、镇代表、相关职能部门派员参与,下发评议意见表,走访选民,广泛听取意见。评议中,召开各种类型的座谈会 24 个,参与代表 137 人次,走访选民近千人。经汇总,收集到各种意见、建议 22 条,责成有关部门改进工作。组织部分人大代表与政协委员,一同视察七都镇实事工程的进展情况。召开代表小组会议,广泛听取人大代表对镇政府工作的建议意见,汇集民意,发挥人大代表的监督作用。

2008~2011 年,针对镇十五届人大代表有三分之二是新代表的特点,把组织代表学习、提高代表参政议政的意识和能力放到重要位置。先后组织代表学习《宪法》《乡镇人大工作暂行条例》《代表法》《组织法》《食品卫生法》《公路法》等法律法规,使代表们不断拓宽知识面,提高法律意识,增强参政议政的意识和能力,更好地发挥人大代表作用。

2015 年 2 月 10 日,镇人大组织部分主席团成员,区、镇两级人大代表及政协委员,视察庙港卫生院(养老中心)工程、老太庙文化广场工程、隐读村"美丽乡村"建设示范点等七都镇主要民生实事和亮点工程。

表 10-14　　　　1990 年 2 月至 2015 年 12 月七都镇(乡)人民代表大会主席团
主席、副主席任职情况表

姓名	职务	任职时间	姓名	职务	任职时间
陆士浩	主席	1990.2~1995.11	张承雄	副主席	1995.11~1997.10
沈荣泉	主席	1995.11~1998.1	宋月林	副主席	1997.10~2001.10
周学林	主席	1998.1~1998.11	沈银归	副主席	2001.10~2005.11
孙海生	主席	1998.11~2001.10	张明海	副主席	2003.12~2007.1
周学林	主席	2001.10~2005.11	陈文华	副主席	2003.12~2007.11
屠福其	主席	2005.11~2010.8	曹伟烈	副主席	2005.12~2011.1
查旭东	主席	2010.8~2011.12	王泉林	副主席	2007.11~2011.12
沈宏彪	主席	2011.12~2015.12	钱文美(女)	副主席	2011.12~2015.12

表 10-15　　　　1990 年 2 月至 2003 年 12 月庙港镇人民代表大会主席团
主席、副主席任职情况表

姓名	职务	任职时间	姓名	职务	任职时间
顾才观	主席	1990.2~1992.1	孙悦良	主席	2002.11~2003.12
周玉龙	主席	1992.1~1993.1	叶茂华	副主席	1996.1~1997.10
宋雪良	主席	1993.1~1995.1	赵永根	副主席	1997.10~1998.11
邱龙根	主席	1995.1~1995.11	王泉林	副主席	1998.11~2001.10
崔明方	主席	1995.11~2001.10	尹根生	副主席	2001.10~2003.12
史建荣	主席	2001.10~2002.11			

第三章　行政机构

1950 年 2 月,设大庙区,辖七都、庙港及横扇地区。1956 年 3 月,大庙区撤销,原所辖区域划入震泽区。1958年9月,七都、庙港人民公社成立。1983年7月,七都、庙港公社恢复为七都、庙港乡。1992年9月,七都、庙港乡撤销,建立七都、庙港镇,实行镇管村新体制。2003年12月,七都镇与庙港镇合并成立新的七都镇。

第一节 区行政机构

1950年2月,大庙区人民政府成立,辖1镇(横扇镇)12乡〔吴溇、七都、马港、方桥、菱荡湾、大庙(庙港)、大儒、罗港、盛港、陆港、光荣、充浦〕。区政府设在庙港集镇,中共吴江县委、县人民政府任命孔宪章为大庙区区长。1956年3月,大庙区并入震泽区。

表10-16　　　　　1950年2月至1956年3月大庙区区长、副区长任职情况表

姓名	职务	任职时间	姓名	职务	任职时间
孔宪章	区长	1950.2~1950.6	周世林	副区长	1952.3~1953.3
王世清	区长	1950.6~1951.5	沈沛乾	副区长	1953.3~1956.3
王传恩	区长	1951.5~1953.10	孙宪明	副区长	1954.4~1956.3
张憩昌	区长	1953.9~1956.3			

第二节 乡(公社)行政机构

一、七都乡(公社)机构

民国38年(1949)5月,七都解放,七都乡人民政府成立,上级党委派尹世清任七都乡乡长,隶属吴江县震泽区领导。

1952年6月,七都地区有大儒、陆港、吴溇、七都、方家桥、菱荡湾6个小乡,隶属吴江县大庙区领导。1956年3月,大庙区撤销,并入震泽区。大儒、陆港、吴溇、七都、方家桥、菱荡湾6个乡(小乡)合并为大儒、七都2个乡(中乡),乡政府改称人民委员会,设正、副乡长。两乡驻地分别设在吴溇集镇和双荡兜,属震泽区管辖。

1958年7月,撤销大儒乡,其西半部的6个高级社划归七都乡,新建七都乡(大乡)人民委员会,乡政府驻地设在吴溇。设正、副乡长及农业、文卫、民政、财粮、武装、公安等助理。

1958年9月,七都人民公社成立,建立七都公社管理委员会。1966年下半年,开展"文化大革命",公社领导机构处于瘫痪状态。

1967年3月,七都公社成立"生产办公室",由公社人武部主持公社日常工作,负责"抓革命、促生产"。

1968年3月,七都公社革命委员会成立。1970年9月,恢复中共七都人民公社委员会,革命委员会主任由党委书记兼任,实现"一元化"领导。1981年6月,撤销公社"革命委员会",恢复七都公社管理委员会,设主任、副主任。

1983年7月,农村恢复乡建制,撤销公社管理委员会,建立乡人民政府。全乡共辖28个行政村和吴溇集镇。

表 10-17　　1949 年 5 月至 1958 年 8 月七都地区乡长、副乡长任职情况表

机构	姓名	职务	任职时间	机构	姓名	职务	任职时间
七都（小乡）	尹世清	乡长	1949.5～不详	菱荡（小乡）	崔连宝	乡长	1952.6～1956
	王珍才	乡长	1952.6～1956		张士根	副乡长	1952.6～1955
大儒（小乡）	黄少荣	乡长	1952.6～1956.3	大儒（中乡）	孙阿和	乡长	1956.3～1957.10
	俞福民	副乡长	1952.6～1956.7		李如宝	副乡长	1956.3～1957.10
陆港（小乡）	李如宝	乡长	1952.6～1956.7		濮子根	副乡长	1956.3～1957.10
	徐根法	副乡长	1952.6～1956.3	七都（中乡）	于光华	乡长	1956.3～1957.10
吴溇（小乡）	孙阿和	乡长	1952.6～1956		贺品加	副乡长	1956.3～1957.10
	沈桂泉	副乡长	1952.6～1956		朱雪宝	副乡长	1956.3—1957.10
方桥（小乡）	沈和生	乡长	1952.6～1956	七都（大乡）	屠善祥	乡长	1957.10～1958.8
	高海宝	副乡长	1952.6～1956		于光华	副乡长	1957.10～1958.8

表 10-18　　1958 年 9 月至 1966 年 5 月七都公社社长、副社长任职情况表

姓名	职务	任职年限	姓名	职务	任职年限
屠善祥	社长	1958.8～1960.6	范天生	副社长	1959.6～1960.6
范天生	社长	1960.6～1961.9	谭树藻	副社长	1960.6～1963.4
李春晰	社长	1961.9～1963.4	李如宝	副社长	1960.6～1963.4
盛兴宝	社长	1963.4～1966.5	张士根	副社长	1962.4～1966.5
于光华	副社长	1958.8～1961.8			

表 10-19　　1968 年 3 月至 1981 年 5 月七都公社革命委员会主任、副主任任职表

姓名	职务	任职期限	姓名	职务	任职期限
于海镇	主任	1968.3～1969.4	陆永生	副主任	1968.3～1974
王永志	主任	1969.4～1975.9	徐胜祥	副主任	1970.3～1975.9
屠榴生	主任	1975.9～1981.5	孙阿和	副主任	1975.9～1979
谢茂生	副主任	1968.3～1969.4	孙海生	副主任	1976.10～1981.5
盛兴宝	副主任	1968.3～1969.4			

表 10-20　　1981 年 5 月至 1983 年 7 月七都公社管理委员会主任、副主任任职表

姓名	职务	任职期限	姓名	职务	任职期限
崔法明	主任	1981.5～1982.4	陈复三	副主任	1981.5～1982.4
陈复三	主任	1982.4～1983.7	孙海生	副主任	1981.5～1983.7

表 10-21　　1983 年 7 月至 1992 年 9 月七都乡乡长、副乡长任职情况表

姓名	职务	任职时间	姓名	职务	任职时间
陈复三	乡长	1983.7～1987.4	宋月林	副乡长	1987.4～1992.9
王志林	乡长	1987.4～1989.12	庄阿虎	副乡长	1989.12～1992.1
顾阿荣	乡长	1989.12～1992.9	沈荣泉	副乡长	1989.6～1991.2
周北京	副乡长	1983.7～1985.10	陆士浩	副乡长	1989.6～1990.1
孙阿四	副乡长	1984.5～1989.12	王渭千	副乡长	1991.4～1992.9
王通池	副乡长	1985.10～1987.4	孙齐云	副乡长	1992.1～1992.9

二、庙港乡（公社）机构

民国38年（1949）5月3日，庙港解放。大庙、开弦、大儒3个乡人民政府成立，隶属吴江县震泽区领导。1950年2月，庙港地区的罗港、庙港、盛港、陆港、光荣等5个小乡隶属吴江县大庙区领导。开弦乡隶属吴江县震泽区领导。

1956年3月,大庙区并入震泽区,庙港乡与盛港乡合并为庙港乡,驻地庙港集镇。开弦弓乡与光荣乡合并为开弦乡,乡人民委员会驻地开弦弓村。

1957年10月,撤区并乡,中乡再度合并,合并后的庙港乡、大儒乡都在现行辖区内。1958年7月,大儒乡撤销,其东部4个高级社并入庙港乡,9月,建立庙港人民公社。1966年下半年,开展"文化大革命",公社领导机构处于瘫痪状态。1967年春,由庙港公社人民武装部设立生产办公室,负责指挥全公社生产。1968年3月,庙港人民公社革命委员会成立。1970年9月,恢复中共庙港人民公社委员会,革命委员会主任由党委书记兼任,实行"一元化"领导。

1981年6月,庙港公社革命委员会撤销,恢复庙港人民公社管理委员会(简称管委会),管委会设主任、副主任。

1983年7月,农村恢复乡建制,撤销庙港公社管理委员会,建立庙港乡人民政府。全乡下辖21个行政村和庙港集镇。

表10-22　　1949年5月至1956年3月庙港地区小乡乡长、副乡长任职情况表

机构	姓名	职务	任职时间	机构	姓名	职务	任职时间
大庙乡	李丕福	乡长	1949.5~1950.2	盛港乡	王如荣	乡长	1950.2~1953.7
开弦乡	鲁希平	乡长	1949.5~1949.6		沈荣宝	乡长	1953.7~1954.7
	姜立中	乡长	1949.6~1949.11		王金生	乡长	1954.7~1956.3
	吴毓驿	乡长	1949.11~1950.7	陆港乡	邱冠春	乡长	1950.7~1951.4
大儒乡	郭仲廉	乡长	1949.5~1950.2		李如宝	乡长	1951.7~1956.3
罗港乡	盛有生	乡长	1950.6~1951.6	光荣乡	顾火生	乡长	1950.7~1951.3
	汤仁观	乡长	1951.6~1952.3		何济危	乡长	1951.3~1953.10
	盛兴宝	乡长	1952.3~1954.9		朱顺章	乡长	1953.10~1954.9
	王阿大	乡长	1954.9~1956.3		顾火生	乡长	1954.9~1956.3
庙港乡	陈恳	乡长	1950.2~1951.5	震泽区开弦乡	姚百生	乡长	1950.7~1952.7
	周亥观	乡长	1951.5~1953.9		王大宝	乡长	1952.7~1954.9
	朱才生	乡长	1953.9~1956.3		周士芬	乡长	1954.9~1956.3

表10-23　　1957年10月至1958年9月庙港乡(大儒乡)乡长、副乡长任职情况表

机构	姓名	职务	任职年限	机构	姓名	职务	任职年限
庙港乡	张毅成	乡长	1957.8~1958.4	庙港乡	沈荣宝	副乡长	1957.8~1958.9
	仲春泉	乡长	1958.4~1958.9	大儒乡	庄茂伦	乡长	1957.8~1958.9
	王大宝	副乡长	1957.8~1958.9		曹阿芝	副乡长	1957.8~1958.9

表10-24　　1958年9月至1966年5月庙港公社社长、副社长任职情况表

姓名	职务	任职年限	姓名	职务	任职年限
仲春泉	社长	1958.9~1960.2	沈荣宝	副社长	1958.9~1966.1
朱才生	社长	1960.2~1962.10	李杏生	副社长	1958.9~1966.5
沈荣宝	社长	1962.10~1966.1	丁兴泉	副社长	1960.2~1966.1
沈金观	社长	1966.1~1966.5	陈忠宝	副社长	1960.2~1966.3
王大宝	副社长	1958.9~1960.6			

表10-25　　1968年3月至1981年5月庙港公社革命委员会主任、副主任任职情况表

姓名	职务	任职期限	姓名	职务	任职期限
沈荣宝	主任	1968.3~1970.10	沈阿荣	副主任	1973.4~1976.10

(续表)

姓名	职务	任职期限	姓名	职务	任职期限
胡玉成	主任	1970.10~1975.9	胡福宝	副主任	1975.9~1976.10
张灏中	主任	1975.9~1981.5	徐胜祥	副主任	1975.9~1981.5
沈金观	副主任	1968.3~1970.7	周正华	副主任	1975.9~1981.5
姚秉瑞	副主任	1968.3~1969.5	张钰良	副主任	1978.5~1979.5
孙毛大	副主任	1968.3~1971.5	周根宝	副主任	1978.10~1981.5
周明泉	副主任	1968.3~1981.5	朱二宝	副主任	1979.5~1981.5

表10-26　　1981年5月至1983年7月庙港公社管理委员会主任、副主任任职情况表

姓名	职务	任职期限	姓名	职务	任职期限
周正华	主任	1981.5~1983.7	崔明方	副主任	1981.5~1983.7
张永堃	副主任	1981.5~1983.7	周根宝	副主任	1981.5~1983.7
朱二宝	副主任	1981.5~1983.7			

表10-27　　1983年7月至1992年9月庙港乡乡长、副乡长任职情况表

姓名	职务	任职时间	姓名	职务	任职时间
陆一农	乡长	1983.7~1985.10	李耀灿	副乡长	1987.1~1992.9
吉寿宝	乡长	1985.10~1986.10	李阿兴	副乡长	1989.4~1989.11
崔明方	乡长	1986.10~1992.9	谈雪荣	副乡长	1990.10~1992.9
宋月林	副乡长	1983.7~1987.1	邱龙根	副乡长	1990.12~1992.9
吴建华(女)	副乡长	1984.5~1990.10	陆阿林	副乡长	1992.1~1992.9

第三节　镇行政机构

1992年9月，经省人民政府批准，七都、庙港乡撤销，建立七都、庙港镇，七都、庙港镇人民政府成立，下设镇长办公室、财政办公室、工商组办公室、民政文卫办公室、土管办公室、镇村建设办公室、妇联、计划生育办公室、司法办公室、科技环保综合治理办公室、等职能机构和农工商总公司。

2001年10~11月，七都、庙港镇实施政府机构改革，撤销镇农工商总公司及其所属经营管理办公室、公司。镇机关机构设置改成由中共镇党委、镇政府统一领导、统一管理的综合办公制，设置党政、财经、党群、经济发展、社会事务办公室，司法所、纪委、监察室、人大机构和人民武装部，下设若干办事部门。镇管事业单位改革，按照省委办公厅、省政府办公厅《关于乡镇事业单位机构改革及人员分流的意见》的精神进行：将农业技术推广站、农机管理服务站、多种经营综合服务站、畜牧兽医站合并，组建农业服务中心；合并广播电视站与文化站，组建文化服务中心；合并合作经济经营管理站、会计站、乡镇企业管理服务站，组建经济服务中心；劳动就业管理所更名为劳动和社会保障所，与人才管理服务站合署办公；计划生育服务站与农村卫生管理服务所合署办公；设建设管理服务所。

2003年12月，经江苏省人民政府批准，撤销七都镇、庙港镇建制，以原两镇区域合并成立新的七都镇。下辖3个社区居委会，22个行政村。机构设党政、财经、司法、纪委办公室，以及监察室、人大机构和人民武装部，并下设若干办事部门，设街道办事处。镇管事业单位置农业服务、文广电服务、经济服务中心，置劳动和社会保障所、计划生育服务站、建设管理服务所。

2008年，根据江苏省机构编制委员会办公室(2007)195号和苏州市机构编制委员会(2008)14号文件精神，吴江市提出的《乡镇机构改革实施意见》规定，镇机关设置党政办公室、政法办公室

(挂"社会治安综合治理办公室"牌子,司法所与其合署办公)、经济发展办公室(挂"安全生产监督管理办公室、农村工作办公室"牌子)、建设管理和环境保护办公室、民政和劳动保障办公室(挂"人口和计划生育办公室"牌子)、教卫文体办公室、财政办公室(挂"财政所"牌子)。

2015年,七都镇下辖4个社区居委会,22个行政村。机构设党政办公室、政法办公室、街道党工委、办事处、综合治理办公室、经济发展办公室、农村工作办公室、建设管理和环境保护办公室、民政和劳动保障办公室、动拆迁办公室等,建立行政服务中心,方便基层和人民群众,提高办事效率。

表10-28　　　　1992年9月至2003年12月七都镇镇长、副镇长任职表

姓名	职务	任职时间	姓名	职务	任职时间
顾阿荣	镇长	1992.9～1995.11	孙齐云	副镇长	1992.9～2001.10
张锦宏	镇长	1995.11～1996.5	钱文美(女)	副镇长	1995.11～2003.12
顾龙彬	镇长	1996.5～1998.1	张明海	副镇长	1996.12～2003.12
陆善彬	镇长	1998.1～2001.10	沈银归	副镇长	1998.11～2001.10
吴海燕	镇长	2001.10～2003.12	黄荣奎	副镇长	2001.10～2003.12
宋月林	副镇长	1992.9～1997.10	曹伟烈	副镇长	2001.10～2003.12
王渭千	副镇长	1992.9～1996.12	冯月根	副镇长	2002.11～2003.12

表10-29　　　　2003年12月至2015年12月七都镇镇长、副镇长任职表

姓名	职务	任职时间	姓名	职务	任职时间
景乐平	镇长	2003.12～2005.12	王泉林	副镇长	2003.12～2007.11
朱卫星	镇长	2005.12～2008.7	胡掌明	副镇长	2003.12～2005.12
王益冰	镇长	2008.7～2010.9	吴永明	副镇长	2005.12～2009.1
张志明	镇长	2010.9～2015.12	李永华	副镇长	2005.12～2009.3
朱月琴(女)	副镇长	2003.12～2005.12	韩春娥(女)	副镇长	2005.12～2011.12
孙荣明	副镇长	2003.12～2005.12	吴军	副镇长	2009.1～2014.9
汤锦明	副镇长	2003.12～2005.12	王志萍(女)	副镇长	2009.3～2015.12
曹伟烈	副镇长	2003.12～2005.12	张建平	副镇长	2009.3～2015.12
冯月根	副镇长	2003.12～2009.1	钱志强	副镇长	2011.1～2015.12
徐金春	副镇长	2003.12～2011.12	陆伟祺	副镇长	2011.12～2015.12
黄荣奎	副镇长	2003.12～2007.11	金鑫	副镇长	2012.12～2015.12

表10-30　　　　1992年9月至2003年12月庙港镇正、副镇长任期表

姓名	职务	任职时间	姓名	职务	任职时间
崔明方	镇长	1992.9～1995.11	汤锦明	副镇长	1994.9～2002.11
史建荣	镇长	1995.11～1996.12	钱文美(女)	副镇长	1995.1～1995.11
邱龙根	镇长	1996.12～2002.11	崔夏萍(女)	副镇长	1995.11～1998.11
景乐平	镇长	2002.11～2003.12	周春荣	副镇长	1996.12～1998.11
李耀灿	副镇长	1992.9～2001.10	孙荣明	副镇长	1998.11～2003.12
谈雪荣	副镇长	1992.9～1994.9	沈分明	副镇长	2001.10～2003.12
陆阿林	副镇长	1992.9～1994.9	胡掌明	副镇长	2001.10～2003.12

第四节　施政要务

一、撤并前七都镇施政要务

1996年,七都镇进行环境卫生综合治理,加大创建省卫生镇力度,投资1.2亿元进行城镇基础设施建设,农行心田湾分理处、建行、亨通商场、农贸市场、街心花园、七都宾馆、信用社大楼、七都汽车站相继建成。心田湾至吴溇的3千米路面进行道路硬化并在两侧安装路灯。在创建省卫生镇的同时,省卫生村的创建全面展开,公共场所管理,建筑、交通、街面设摊的卫生管理得到加强,医疗卫生条件继续改善,每个村卫生室达到甲级卫生室标准。加快农村改水、改厕进度,吴溇村基本消灭露天粪坑。建成华东地区最大的废金属交易市场,占地面积12.08万平方米。

1997年,七都镇区至双塔桥、钮家兜,以及橘园路等主干道全部拓宽硬化。人民路、吴越北路铺浇混凝土路面,安装路灯。建成安全文明住宅小区380多套,人民广场6500平方米。中心小学、幼儿园扩建工程竣工,改善部分教师的住房条件,教师安居工程完成。划定4平方千米太湖环境保护区。开通农村公交线路,新建20个候车亭。镇区绿地率25%。七都镇通过苏州市和江苏省爱卫会考核验收,分别被命名为"苏州市卫生镇"和"江苏省卫生镇"。

1998年,七都镇双塔集团、亨通集团、巨通集团、恒通集团、桦都铜材集团、家用电机厂、金装集团、七都丝织厂等8家镇办骨干企业开始进行股份合作制改革,2家采用整体转让,其余6家实行集体(镇政府)控股的股份制形式。自来水厂由2500吨级扩建至8000吨级。七都中学易地新建,占地面积6.14万平方米,投资2300万元。劳动人民纪念堂竣工,新建双塔桥农贸市场。

1999年,七都镇变电站由35千伏扩建为110千伏变电站。6家集体控股或参股的镇办骨干企业实行"民进公退"。允许经营者一次性买断股权,分期偿还股金。七都镇顺利通过国家卫生镇的考核鉴定。被江苏省文明委命名为"江苏省文明镇",被中央文明委命名为"全国创建文明村镇先进单位"。勇联、李家港、沈家湾、长渠港、前浜兜、渔业村创建成江苏省卫生村。

2000年,七都镇水利建设投资近千万元,大儒联圩15千米圩堤进行加固加高。完成2700多米太湖大堤加固工程。吴越南路与318国道接轨,建成通车。完成吴溇港人民桥、虹桥路凌公桥两座危桥改造。投资200万元,自来水总管道延伸铺设至橘园路、蒋家港、台资开发区。首期128套2万平方米的丽都花园小区投入启用。全镇新办民营企业118家,家庭工业76家,新增固定资产投资1.3亿元

2001年,七都镇被国家农业部批准为全国首家"光电通信产业园"。建成国家重点高新技术企业1家,省高新技术企业2家。完成吴越南路路面硬化工程,虹桥东路和四联小学至更浦桥的道路拓宽硬化工程,东环路碎石路面铺设,环湖路薛埠段路面硬化,人民路台资开发区段路面硬化工程。完成心田湾金属市场段环境综合治理(规范废电缆焚烧点)。自来水厂供水配套工程建成,加快镇村联网。菱塘排涝站改电工程及家电厂西侧路面改造工程完成。委托上海同济大学对七都镇《2001~2020年的发展规划》进行总体设计,通过专家论证。

2002年,江苏七都太湖高新技术开发区和江苏七都太湖外商投资开发区两个工业区启动建设,规划面积5平方千米,启动面积分别为1.5平方千米、0.8平方千米;累计投资分别为1亿元、2300万美元。建成国家火炬计划吴江光缆产业研究开发及产业化基地。加强镇村道路网络建设,拓宽镇级主干道路面,提高公路等级,加快电网、通信网、广电网建设,改善环境,建设集镇。

二、撤并前庙港镇施政要务

1996年,庙港镇全面实施农村初级卫生保健工作计划,调整农村高额合作医疗基金,甲级村卫生室逐步建立,农村改水改厕工作全面推进,全镇农村改水率100%,村村户户饮上自来水。实现村村通公路,拓宽镇区公路主干道,改善用电条件,全镇用电总容量1.53万千瓦。全镇电话用户3092部,建成电话村1个,电话大户村10个。新建东包围4个流量的排涝站,抓好镇级丰产示范方建设。新建城镇住宅25户,4477.6平方米,农村住宅449户,8.96万平方米。

1997年,庙港镇调整土地承包方式,全面实行"两田制"(口粮田、责任田),引导和推广农业适度规模经营,腾出数千亩土地用于多种经营发展。加快民营企业发展,建设工业开发区,家纺业崛

起,全镇拥有羊毛衫横机8000台。庙震公路路基拓宽工程完成,新建敬老院竣工。电话用户3358户,建成电话村11个。新建圩堤护坡500米和修筑防渗渠道1000米,太浦河亭子港新建套闸1座。

1998年,庙港镇加大创建省卫生镇力度,完成1.25千米沿湖路路面改造和东万顷路拆迁改造工程,东西联圩的河道疏浚。易地新建占地面积4000平方米的中心幼儿园,新建占地面积3万平方米的中心小学第一期工程主体教学楼封顶。农村改水、改厕工作发展较快,完成改水率99%,改厕率38.9%。成功创建为苏州市卫生镇。

1999年,庙港镇庙西住宅小区初步形成,沿湖路拓宽工程全面完成。完成庙港大圩田港的河道疏浚,建成1000米护坡和2000米防渗渠道。投入1000万元新建镇中心小学、中心幼儿园投入使用,搬迁成人教育中心校,通过苏州市教育现代化达标验收。通过江苏省爱卫会考核验收,被命名为"江苏省卫生镇"。

2000年,庙港太湖蟹养殖基地获省级龙头企业称号。中共庙港镇党委、镇政府下发《关于庙港镇加快发展私营经济及开发区的优惠政策》的文件,引导个体经济发展,全镇民资投入5000万元,镇民营区初具规模。沿湖路两侧房地产开发、绿化和亭院工程全面完成,并投入使用。国土所、保险所、派出所办公楼竣工使用。

2001年,庙港镇"苏州太湖蟹交易市场"成为华东地区河蟹交易最大的集散地,全年太湖蟹交易总量超过2000吨。全面加固加高南联圩圩堤,达到水利局防洪标准。建造南联圩4个流量排涝站,完成开弦弓村至西草田村路面黑色化改造。扩大镇自来水厂供水范围,逐步向村级延伸,完成庙港至张家港大堤绿化改造工程。建造庙港中学学生宿舍楼、食堂、综合楼。

2002年,庙港镇成功举办"首届中国庙港螃蟹节"。"万顷牌""庙港牌"太湖蟹和庙港香青菜获省级无公害农产品称号。总投资1500万元,全长6.56千米的环湖公路庙港段拓宽改造工程竣工。太浦河庙港大桥建成通车。庙震公路的拓宽改造工程动工。建成南联圩升降闸1座,形成三大联圩防洪圩堤达标工程。延伸扩展沿湖路,完成镇开发区主干道建设及周边2.5千米绿化工程。新增供电容量2.36万千伏安,新增10千伏线路17.2千米,400伏线路11.8千米,全年用电量3896万千瓦时。

三、撤并后新的七都镇施政要务

2003年,江苏亨通光电股份有限公司"亨通光电"股票在上海证券交易所上市交易。环太湖公路改扩建工程、庙震公路、八七公路拓宽改造、临湖经济区中心大道、12座桥梁等项目基本完成。建立全镇主要河道长年保洁机制,完成2闸2站的水利建设及有关圩堤的加高加固工程。新建垃圾填埋场,完成110千伏七都变电站第二期工程建设,安装4万千伏安主变压器,增架南片高压线路。临湖经济区和临浙经济区启动建设,规划面积30平方千米,启动面积7平方千米。第三产业增加值5亿元,其中木材交易1亿元,房地产开发面积4万平方米,太湖船菜港、太湖旅游业和餐饮休闲业正在兴起。

2004年,全镇投入400万元用于虹呈港、沈坟头、徐罗坝、庙港等水闸和1座排涝站建设;复耕复垦动用土方18万立方米。国家卫生镇复查顺利通过,22个行政村全部创建为省级卫生村。投资100多万元新建心连心幼儿园、八七公路、庙震公路绿色通道建设和3.5千米沿太湖生态风光带建设全面完成。扩建庙港社区敬老院,设立敬老区和老年寄养区。完成苏州太湖蟹交易市场建设,扩增1万吨级自来水厂供水能力,完成部分村自来水厂和镇自来水厂联网。

2005年,七都镇首次在香港举办太湖蟹推介会。投入400万元,用于大明港、陈家田、大合圩等站闸建设,疏浚河道20千米,复垦土地143.8亩。七都镇被评为"全国创建文明村镇工作先进单位"。110千伏心田湾变电站投入运行。完成1000吨级镇区污水处理工程。通过"全国环境优美乡镇"考核验收。全面建立农村卫生长效保洁机制,巩固省级卫生村、国家卫生镇的创建成果。

2006年,继续完善农村社会保障体系,全镇养老保险扩面1855人,农村大额合作医疗保险参保率96.14%,农保参保人数13381人。成功举办"浦江源头——吴江太湖生态蟹论坛"。投入778万元完成4站3闸水利工程建设。庙港幼儿园成为江苏省示范幼儿园。110千伏盛庄变电站投入运行。建成1000吨级的镇区污水处理工程。

2007年,继续完善农村社会保障体系,全镇养老保险扩面2401人,农村大额合作医疗保险参保42752人,农保参保11850人。认定国家火炬计划重点高新技术企业1家,省高新技术企业3家,获得各项专利580件。全镇绿地总面积130万平方米,镇区绿地率30%,绿化覆盖率36%,人均公共绿地12平方米。沪苏浙高速公路过境段、230省道、吴越路、西环路建成通车。扩建七都农贸市场,易地新建庙港农贸市场。庙港中学改建、扩建工程完成。2站1闸及2000米防洪直立墙水利工程按时完成。启动城镇天然气管网建设。

2008年,继续完善社会保障体系,全镇养老保险扩面2781人,净增医疗保险3130人,总参保39841人。七都镇被国家发改委确认为第二批全国发展改革试点小城镇。1.3万吨级庙港综合污水处理厂建成,所有喷织企业全部接管运行。做好东太湖网围整治工作。6个新农村示范村完成基础设施、社区服务、环境绿化等建设项目37个。18个村建立土地股份合作社,新建孝思漾水产养殖合作社和煍烂合作社2个农民专业合作社。完成数字电视整体转换工作。木偶昆曲《牡丹亭·游园》参加首届全国农民文艺会演获银穗奖。

2009年,22个省级卫生村成功通过复查,创建生态村2个。全年新增绿地70公顷,太湖湿地工程获绿色苏州示范工程称号。22个行政村全部完成自来水并网改造工作。新增10个小型农村生活污水处理设施项目。"七都洪福木偶昆剧团"恢复重建。2700多人办理"农保""土保"向"城保"接轨。投入1800多万元,易地新建的七都卫生院投入运行。

2010年,东庙桥污水处理厂完成一期1万吨级主体工程建设及2千米城镇污水管网铺设,并投入运行。20千米农村公路大中修工程和农村圩区达标加固建设竣工。七都公交公司成立,投放26辆公交车,开通9条公交线路,实现行政村、社区全覆盖,并在全市率先以公交车代替校车接送学生。完成第六次全国人口普查工作。

2011年,德尔国际家居股份有限公司在深圳证券交易所上市交易。七都镇社保扩面净增9143人,有5209人由"农保""土保"向"城保"接轨,企业参保19021人。5月份,通过国家卫生镇复查,实施浦南大道景观绿化、沪苏浙高速公路绿化工程、230省道七都段绿化工程,完成绿化面积1575亩。投入2000万元,建成群幸、东庙桥2个千亩级高标准农业建设示范区。全镇10条公交线路,开通七都到南浔的全市首条跨省夜间公交班线。开工建设"儒林佳苑"公寓房安置小区。七都社区列入江苏省绿色社区,庙港社区创建江苏省现代市民学校。

2012年,吴江区首家农村物业股份合作联社投资运作,至此,全镇共有社区股份合作社24家,土地股份合作社19家,农民专业合作联社20家。完成生活污水管网建设9.77千米,新增4个大型生活污水收集点,建设开明、吴越2座50吨级污水处理设施及配套管网。投资200万元,将原七都卫生院升级改造成镇居家养老服务中心。成功举办太湖七都·浦江源文化旅游节,浦江源国家水利风景区获苏州市旅游特别奖——生态奖,全年文化产业投资2.51亿元,营业收入2.49亿元。七都推出吴江区首家"三张榜单"引领考核企业转型发展,倡导"以亩产论英雄"。

2013年,高标准完成七都大道老街改造及立面改造,望湖路、新村一路、富家路等6条老街改造有序推进。七都大道老街改造成为苏州市"天堂杯"示范路。吴越农庄的道路及西侧入园口改造完成。各村多层高标准厂房、隐读村"宴福厅"、庙港村"吉庆楼"等项目建成。建设2个公寓房安置点、两大公寓式农村集居点,主体8幢2.55万平方米的儒林佳苑公寓房竣工。农村物业股份合作联社投资建设的2万平方米集宿楼竣工。开弦弓村投资686万元开展"美丽村庄"建设。亨通凯莱度假酒店建成开业。将6.8千米沿太湖岸线建设成"南公堤"。格林公园创建为江苏省自驾游基地。

2014年,江苏凯伦建材股份有限公司在"新三板"上市。南太湖大道、望湖路、庙震公路等主干道改造工程,庙港老街等6条老街道路及沿街立面改造工程完成。七都幼儿园、新文体中心、第二小学校舍竣工投入使用。庙港卫生院、庙港养老中心、庙港公交枢纽、老太庙文化广场等一批重点工程主体建设基本完成。隐读村被列为江苏省"美丽村庄"建设示范点,投入资金1200万元。开展庙港水源地清淤及配套建设,同步推进网箱搬迁与避风港建设。七都镇获"中国纺织名镇"称号。

2015年,苏州中信科技股份有限公司在"新三板"上市。浦江源万亩太湖蟹生态养殖示范园获批为江苏省渔业产业精品园。老太庙文化广场落成,太湖大讲堂、南京大学群学书院、怀轩工作室等项目进驻。中央电视台、《人民日报》、新华社等多个国家级媒体都专题报道七都文化旅游。隐读村建成江苏省"美丽村庄"示范点;群幸村文义兜、隐读村神堂湾、陆港村陆家港建成苏州市"三星级康居乡村"。湖畔人家、庙港人家2个新型集居点启动建设。庙港卫生院建成使用。庙港污水处理厂中水回用工程建成使用,每天可减少废水排放约2万吨。新建、改建公厕、户厕。推进"平安技防"体系建设,完成20个村(社区)321个点建设任务。通过国家卫生镇复审,22个行政村通过省级卫生村复查。七都专职消防中队成立,健全应急救援体系,提升应急救援能力。

第四章　政协小组

第一节　政协机构

政协七都、庙港小组是由政协吴江区(市、县)委员会中代表七都、庙港各界的委员组成的。1956~1983年,在政协吴江县第一至第六届的各届委员中无七都、庙港的委员。1984年,政协吴江县第七届委员会中庙港乡有孙关林、江儒林、乔铁燕3名委员,七都乡有倪富华1名委员。1987年7月,政协吴江县第八届委员会中庙港乡有孙关林、江儒林、朱瑞章3名委员,七都乡有潘青远、王渭千、宋月林3名委员。是年,政协吴江县委员会七都乡、庙港乡小组(简称政协小组)成立。政协小组组长由政协吴江县委员会任命,由1名乡党委副书记或党委委员担任。七都乡政协小组组长宋月林,庙港乡政协小组组长朱瑞章。

1990年3月,政协吴江县第九届委员会七都乡有顾福明、潘青远、周学林、崔阿林4名委员,组长周学林;庙港乡有沈春荣、曹青萍、朱瑞章3名委员,组长朱瑞章。

1993年,政协七都镇小组成员6人、庙港镇小组成员5人。

1998年,政协七都镇小组成员8人、庙港镇小组成员2人,组织政协委员介入参政议政,协助党委做好统战工作。

2003年,政协庙港镇小组与政协七都镇小组合并后,政协委员14人,政协吴江市常委、亨通集团董事长崔根良作为江苏省唯一的企业代表,随国家主席胡锦涛出席在智利首都圣地亚哥召开的APEC会议,为吴江和吴江政协增添光彩。

2007年,七都镇共有政协委员13人。2009年,吴江市政协七都镇组升格更名为政协七都镇工作委员会,组长改称主任。

2015年,七都镇共有吴江区政协委员13人。

表10-31　　　　　　1993~2015年七都镇吴江区(市)政协委员情况表

届次	时间	组长(主任)	政协委员姓名
十	1993.2~1998.1.	崔阿林、陈文华、	顾福明、沈银归、潘青远、崔阿林、陈文华、孙福林、
十一	1998.1~2003.1	陈文华	盛小华、倪全宝、严森根、沈胜利、崔根良、沈惠芬(女)、陈文华、孙福林
十二	2003.1~2007.12	张金才、吴佩英(女)、崔夏萍(女)	沈建法、倪全宝、严森根、崔根良、沈胜利、姚良荣、沈惠芬、张灵美、卢国富、孙福林、吴佩英(女)、张金才、崔夏萍(女)、孙荣明
十三	2007.12~2012.3	沈宏彪、吴佩英、钱文美、沈远林	沈宏彪、吴佩英、钱文美、崔根良、叶明林、施纪军、李彩娥(女)、孙兴良、刘卫东、王志萍(女)、倪凤林、张灵美(女)、沈远林
十四	2012.3~2015.12	沈钰方、肖军、沈远林	沈钰方、肖军、沈远林、吴如其、张灵美(女)、奚兴根、沈金虎、汝继勇、濮明荣、薛化锡、李金娥(女)、吴建平、王建林

表10-32　　　　　　1993~2003年庙港镇吴江市政协委员情况表

届次	时间	组长(主任)	政协委员姓名
十	1993.2~1998.1.	朱瑞章、王土泉、陈圣江	钱建平、陈圣江、沈建法、朱瑞章、王土泉
十一	1998.1~2003.1	陈圣江	沈建法、陈圣江

第二节　政协工作

一、会议提案

提案是政协委员向党和政府反映各界群众意见的主要渠道,是政协委员参政议政、对政府工作监督的主要方法。

1993~1998年,在市政协第十届会议上,政协七都小组提出《关于各级政府应重视对村级公路建设和保养》的提案,政协庙港小组提出《要求以太湖风景区发展旅游,作出总体规划,进行分期实施》的提案,委员朱瑞章提出《要求市委、市政府对村级集体经济发展加强领导力量》的提案,委员沈银归提出《关于积极培养农业承包大户问题》的提案,委员王土泉提出《水利建设政策落实》的提案,委员钱建平提出《关于对现行房改政策问题的一点思考》的提案。

1999~2003年,在市政协第十一届会议上,政协七都小组提出《加强环境保护,提高生活质量》的提案,委员沈胜利等3人提出《关于管好用好土地资源,积极发展小城镇的建设》的提案,委员严森根提出《加强环境治理,规划环境建设,为人民提供良好生存环境》的提案,委员盛小华提出《加强监督提高政府采购制度的运行质量的建议》的提案。

2012~2015年,政协吴江区第十四届会议上委员沈远林提出《推荐优秀文化旅游项目提升七都文化旅游品位》的提案,委员肖军提出《关于规范医疗专科门诊机构》的提案,委员李金娥提出《关于推动民营中小企业健康可持续发展》的提案,政协七都镇工作委员会提出《要求为"东太湖百里风光带"建设和"水源地生态保护"提供生态保护补偿》的提案,委员奚兴根提出《建设太湖蟹专业市场　做大做强太湖蟹产业》的提案。

二、调研视察

调研视察是政协委员参政议政的一项重要工作,政协七都、庙港小组每年都要组织委员进行专题调研、视察活动。

2003年底,七都镇与庙港镇合并为新七都镇。在市政协和中共七都镇党委的领导下,七都政协工作组充分发挥政协人才荟萃、智力密集的特点和优势,为委员参政议政搭建好平台,发挥委员们的作用,抓好政协委员的工作学习。

2004年,中共七都镇党委先后组织政协委员对太湖环境保护、义务教育、区域供水、电力设施(变电所)、230省道、生活污水处理工程、新农村试点、垃圾填埋场及水利工程泵站等实事工程的落实情况进行视察,促进七都镇经济和社会事业的协调发展。

2006年,政协七都组和七都镇人大联合组织委员、代表开展对镇政府实事工程视察活动,分别视察230省道(七都段)、吴越路、西环路、垃圾填埋场、泵站等实事工程的建设情况,并提出相应的建议,推进七都镇各项社会事业建设。委员们还视察新农村建设试点村群幸村。对试点工作所取得的成绩充分予以肯定。委员们认为:要做到科学规划,落实科学发展观,要以增加农民收入为核心,不断提高农民的生活水平。政协委员还针对农村的热点难点问题,如:农村土地问题、农村政策、"三农"问题等进行深入的专题调研,分别撰写题为《关于农村土地问题的调查》《农村问题与农村稳定》两篇调研材料,其中《农村问题与农村稳定》被吴江市政协论坛采用。

2008年10月,政协七都组专门对开弦弓村开展调研活动。委员们以挖掘、探索、发展江村文化为主题开展调研,撰写《关于挖掘、探索、发展江村文化的思考》调研材料。

2015年,政协七都镇工作委员会每季开展一次视察活动。加深委员对镇政府实事工程、惠民实事工程、文化产业发展建设的了解,围绕"精致小镇,从容七都"的发展定位,全力提升产业层次、优化环境面貌、改善民生福祉出谋划策,努力促进七都镇经济的持续健康发展。

三、组织学习

1993年,七都、庙港政协小组组织委员学习中共十四大文件,把解放思想、实事求是、坚持走中国特色社会主义道路;坚持一个中心、两个基本点;分三步走,基本实现现代化;两手抓,两手都要硬;发扬民族自尊心、自信心,致力于振兴中华等5个重点列为专题学习内容。

1998年,七都、庙港政协小组突出中心,为经济建设服务。组织委员围绕"三资(制)"工作中心进行"致富思源,富而思进"的教育。

2002年,七都、庙港政协小组组织委员学习中共十六大文件精神和"三个代表"重要思想,学习人民政协和统战理论,掌握新世纪新阶段做好人民政协、统战工作的方法和本领。

2006年,七都政协小组组织全体委员贯彻学习《关于进一步加强中国共产党领导的多党合作和政治协商制度建设的意见》,学习中共中央总书记胡锦涛在看望全国政协委员时发表的《关于树立社会主义荣辱观的重要讲话》。组织学习《中共中央关于加强人民政协工作的意见》,通过学习,充分认识人民政协的性质、地位和作用,以及新时期人民政协工作崇高的使命感和责任感。

2008年,七都政协小组组织委员参加七都镇勤政廉政宣教会;组织学习总书记胡锦涛在抗震救灾先进党组织和优秀共产党代表座谈会上的重要讲话;组织政协委员参加新农村建设专题讲座。

2015年,政协小组组织政协委员学习中共十八大、十八届三中、四中全会精神,学习总书记习近平一系列重要讲话精神和对江苏工作的最新要求,继续保持每季度学习一次的学习制度,组织全体委员认真学习中央全会精神、人民日报社论、新华网评论等,通过学习开展同心教育,把学习视为履职尽责的必备条件。

第五章 农工商总公司

第一节 机 构

1983年7月,撤销七都、庙港人民公社建制,建立七都、庙港乡人民政府,实行政企分开。同时,七都、庙港乡经济联合委员会成立,下设经营管理办公室、工业公司、农业公司、多种经营服务公司。1987年,增设对外贸易公司。

1991年4月,撤销乡经济联合委员会,改建七都、庙港乡农工商总公司。1992年9月,撤乡建镇后,乡农工商总公司改称七都、庙港镇农工商总公司,下属公司不变。

2001年10月,七都、庙港镇农工商总公司撤销,总经理、副总经理一并免去。其职能由镇农业办公室、服务业办公室及农业服务中心、招商中心、经济服务中心等部门行使。

表10-33　　　　　1983年7月至1991年4月七都乡经济联合委员会任职情况表

姓名	职务	任职时间	姓名	职务	任职时间
孙海生	主任	1983.7~1985.10	顾林才	副主任	1983.7~1986.12
周玉龙	主任	1985.10~1989.12	姚根云	副主任	1983.7~1991.4
王志林	主任	1989.12~1990.12	张承雄	副主任	1983.7~1991.4
沈荣泉	主任	1990.12~1991.4	黄荣奎	副主任	1987.11~1991.4

表10-34　　　　　1991年4月至2001年10月七都镇(乡)农工商总公司任职情况表

姓名	职务	任职时间	姓名	职务	任职时间
沈荣泉	总经理	1991.4~1994.3	周志荣	副总经理	1992.1~2000.1
周学林	总经理	1994.3~1998.1	曹伟烈	副总经理	1995.11~2001.10
顾龙彬	总经理	1998.1~1998.11	沈银归	副总经理	1995.11~1998.11
吴海燕	总经理	1998.11~2001.10	邱毛贵	副总经理	1995.11~2001.10
姚根云	副总经理	1991.4~2001.10	崔根良	副总经理	1995.11~1996.12
张承雄	副总经理	1991.4~1995.11	张明荣	副总经理	1997.3~2001.10
黄荣奎	副总经理	1991.4~1999.12	徐志才	副总经理	1998.11~2001.10

表10-35　　　　　1983年7月至1991年4月庙港乡经济联合委员会负责人任职情况表

姓名	职务	任职年限	姓名	职务	任职年限
崔明方	主任	1983.7~1986.10	尹根生	副主任	1983.7~1991.4
庞启剑	主任	1986.10~1991.4	宋法荣	副主任	1986.10~1991.4
庞启剑	副主任	1983.7~1986.10	谈雪荣	副主任	1987.9~1990.3
周根宝	副主任	1983.7~1984.10	王土泉	副主任	1990.3~1991.4

表10-36　　　　　1991年4月至2001年10月庙港镇(乡)农工商总公司任职情况表

姓名	职务	任职年限	姓名	职务	任职年限
庞启剑	总经理	1991.4~1994.2	陈圣江	副总经理	1992.1~1995.11
邱龙根	总经理	1994.2~1996.12	沈分明	副总经理	1994.2~2001.10

(续表)

姓名	职务	任职年限	姓名	职务	任职年限
王渭千	总经理	1996.12~1999.11	谈雪荣	副总经理	1994.9~2000.12
邱全民	总经理	1999.11~2001.10	邱全民	副总经理	1995.1~1999.11
尹根生	副总经理	1991.4~2001.10	盛余海	副总经理	1996.12~1998.11
王土泉	副总经理	1991.4~1995.1	胡掌明	副总经理	1998.11~2001.10
宋法荣	副总经理	1991.4~1994.9			

第二节 工 作

1991年4月,七都、庙港乡农工商总公司成立。1992年9月,七都、庙港乡农工商总公司更名为七都、庙港镇农工商总公司。负责全镇经济发展的制订、实施和经济指标的编制和落实。公司下设经营管理办公室、农业公司、多种经营服务公司、工业公司和对外贸易公司。农工商总公司下设经营管理办公室负责财务管理、镇有资产日常管理,农村的资金管理、养老保险和统计工作。加强镇有资产的检查、审计,对镇、村两级企业会计进行定期辅导、培训,提高企业的财务核算和管理水平。工业公司主要负责对镇、村企业进行生产管理、质量管理、财务管理和安全管理;搞好统计指标的汇总上报工作,完善统计核算体系,将统计资料汇编成册,发挥统计档案的服务功能。农业公司、多种经营服务公司主要负责农村政策、法律、法规等方面的宣传指导工作,做好农业方面的科技示范、典型推广、信息发布,指导全镇农业生产及品种结构的调整;负责农业、水产、园艺、蚕桑、畜禽等方面的技术服务推广以及农机技术、维修、保养、安全等方面的服务与管理。对外贸易公司主要负责外向型经济及外贸、外资工作,组织收购外贸产品,并通过吴江、苏州、嘉兴、上海、南京等外贸的公司出口美国、日本、德国、澳大利亚、新加坡等国家和中国香港地区。

2000年后,七都、庙港镇农工商总公司负责镇民营开发区的规划、建设、招商和管理以及村民营企业的规划指导和报建审核;负责全镇外向型经济的发展和招商引资工作,拓展外销渠道,调优、调新企业结构等。随着企业改制、民营经济发展、农村改革深化、粮食体制放开等一系列改革措施的实施落实,2001年10月,七都、庙港镇农工商总公司撤销。

第六章 社会团体

第一节 工 会

一、工会组织

50年代初,七都、庙港供销社、粮管所、中心小学首批成立基层工会。基层工会分别由上级工会领导开展工作。

1966年,"文化大革命"开始,工会活动停止。

80年代初,七都中学、机电站、商业分公司亦相继建立基层工会。1983年,庙港乡基层工会4个,会员278人,其中女会员96人。

1985年3月，七都乡工会工作委员会成立，委员7人，陆阿林任工会主席。1986年4月，庙港乡工会工作委员会成立，朱瑞章任工会主席，严月林任副主席。

1992年9月，七都、庙港撤乡建镇后，七都、庙港乡工会工作委员会改称七都、庙港镇工会工作委员会。

1994年9月，七都镇第一次工会代表大会召开，成立镇工会委员会，选举产生委员7人。选举主席、副主席各1人。工会小组119个，共有会员2023人，其中女会员1485人。

1994年12月21日，庙港镇第一次工会代表大会召开，大会代表48人，实际到会46人。选举工会委员会、经济审查委员会（简称"经审会"），工会委员会由严月林、沈金康、邱兴妹、张伟星、钮金星5人组成，选举严月林为工会主席；经审会由张伟康、谢洪兴、潘富根3人组成，选举张伟康为经审会主任。是年，全镇基层工会9个，会员1887人，其中女会员1400人。

1999年，七都镇工会基层工会共24个，会员2800人。2001年11月，盛小华任工会主席，王爱民、陆俊明任副主席。

2003年4月，七都镇工会第三次会员代表大会召开，选举产生七都镇第三届工会委员会委员盛小华、陆俊明、钱瑞、沈阿根、吴先江、叶兴明、俞天明、陆小明、孙建成等9人，盛小华任第三届工会委员会主席，陆俊明、钱瑞任副主席。6月，庙港镇工会严月林任主席，邱兴妹任副主席。是年底，庙港镇、七都镇合并，两镇工会组织也相应合并。盛小华任工会主席。

2008年9月，全镇建基层工会组织338家，其中：工会委员会72家、工会小组及私企联合小组216个。七都镇工会第四次会员代表大会召开，选举产生七都镇第四届工会委员会委员11人，盛小华任第四届工会委员会主席，王爱民、陆俊明任副主席。

2013年10月，七都镇总工会成立，第一次会员代表大会召开，选举产生七都镇第一届总工会委员会委员倪凤林、朱国良、吴如其、陆俊明、韦亚梅、朱彩法、孙建成、沈文豪、张荣明、俞卫国、徐培林、陶政、崔晓慧等13人，倪凤林任第一届总工会委员会主席，朱国良、吴如其、陆俊明任副主席。

2015年，镇总工会建基层工会独立委员会组织22家，工会会员1230人，工会社团法人登记59家。全镇工会社团法人登记累计79家。

表10-37　　　　　　　　　2015年七都镇新建企业基层工会情况表

单位名称	职工数（人）	会员数（人）	建会时间	工会主席
吴江万宝铜带有限公司	140	108	2015.2.26	周海峰
吴江昌盛铜业有限公司	42	42	2015.4.16	杨莺
苏州亨通凯莱度假酒店有限公司	172	172	2015.4.28	孙金财
苏州荣达电工材料厂	40	40	2015.4.29	宋晓萍
苏州华盛电工材料有限公司	39	39	2015.5.15	孙小英
台洋纺织（苏州）有限公司	55	55	2015.6.12	周婷
吴江丰顺铜业有限公司	54	54	2015.6.8	丁娟平
苏州荣盛电工材料有限公司	44	44	2015.6.20	史建中
苏州越球电机有限公司	50	25	2015.6.25	徐芳
吴江大良电工材料有限公司	32	32	2015.6.25	朱子喜
吴江正大车轮厂	25	15	2015.6.28	沈连英
吴江福莱纺织有限公司	30	30	2015.7.19	姚镇非
苏州鸿展工艺织造有限公司	150	150	2015.7.5	张顺悦
吴江圣星纺织有限公司	40	40	2015.7.20	盛莹莹
吴江洲海喷织有限公司	49	49	2015.7.1	邱雅芳

（续表）

单位名称	职工数（人）	会员数（人）	建会时间	工会主席
苏州华昌带箔有限公司	50	50	2015.11.5	濮建新
吴江正大模具铸造有限公司	30	30	2015.11.10	陈丽萍
吴江锦鼎丝绒织造有限公司	70	70	2015.12.2	顾建明
吴江春风纺织有限公司	26	26	2015.12.3	戴月华
吴江懿晨复合材料有限公司	65	65	2015.12.3	邱国红
吴江江村丝绸有限公司	29	29	2015.12.10	张嘉超
江苏伯爵电梯股份有限公司	65	65	2015.12.22	胡小雄

二、工会工作

1996年，七都镇工会为职工排忧解难办实事，照顾经济困难职工98人，补助金额4万多元。组织职工开展岗位练兵活动，全镇有1318人参加开办各种技术业务培训30多期。是年，庙港镇工会在职工中开展"社会主义在我心中、改革在我心中、企业在我心中"的主题教育活动，鼓励职工多做一些实实在在的工作，以情感人，以诚动人，通过活动涌现一批政治坚定，思想进步，工作积极的优秀人才。新联分厂工会召开表彰大会，组织受表彰的先进工作者到无锡旅游。

2000年，七都镇工会推进依法治会工作，逐步完善职工维权机制，始终把《工会法》《劳动法》的宣传作为依法治会的首要任务，多次举办培训班和专题辅导会，组织开展《工会法》知识竞赛，建立《劳动法》《工会法》固定宣传橱窗，向已建和未建工会的企业送发5000多本《工会法》《劳动法》单行本和数百张大印张传单，宣传到厂区车间，让"两法"深入人心。是年，庙港镇工会采取各种途径帮助下岗职工实现再就业。开展"致富思源，富而思进"教育和"文明职工标兵"评选活动。实施"送温暖工程"，与困难职工家庭建立帮扶联系制度。做到每年不少于2次上门访问；做好粮油卡的推荐发放工作和职工大病互助补充保险工作，使特困职工感受到工会大家庭的温暖。

2002年，庙港镇工会组织职工参与"千人帮万人"活动，深入各企业、村调查摸底，先后逐家走访，鼓励他们利用本地优势，发展养殖业、加工业等，联系学校为其子女减免学杂费，不断增强扶贫挂钩家庭的"造血"功能。

2003年底，庙港镇、七都镇合并后，镇工会把全镇工会划分3个工作片，实行片长工作负责制，要求各基层工会进一步完善基础工作建设，做到统一工会挂牌、统一建账开户、统一建立台账、统一硬件上墙。2005年，亨通集团有限公司工会成功创建为江苏省模范职工之家；苏州锦辉纺织有限公司工会成功创建为吴江市模范职工之家。

2006年，七都镇工会投入15多万元建立乒乓球俱乐部和职工文化活动中心。各基层工会分别建起职工之家、职工文化活动中心、职工读书站。镇工会坚持"哪里有职工，哪里就建会"的原则，做好民营企业和外资企业建会的宣传、协调、服务工作。2007年，七都镇工会在吴江市第八届"人口国策杯"乒乓球俱乐部联赛中，获团体第一名。巨通集团公司工会、吴江明珠纺织有限公司工会成功创建为吴江市模范职工之家。

2008年，全镇建工会组织288家，其中：工会委员会72家、工会小组及私企联合小组216个。在完善职工之家建设上，各基层工会积极争取党组织支持，做好软件、硬件配套建设工作。基层工会合格"职工之家"申报60家，"模范职工之家"申报2家，"职工之家"验收合格率86.1%。镇工会以"争创学习型组织，争做知识型职工，树立新时代职工形象"为主题，结合职工自身工作岗位，开展创建活动。亨通集团公司工会创办《亨通世界》《亨通人》等内部刊物。双塔集团工会投资2万多元购置3000多册书籍，专门建立"职工之家读书站"，为职工学习建起良好平台。

2010年，江苏新恒通投资集团有限公司工会、双塔集团公司工会、吴江市东方铝业有限公司工会委员会创建为吴江市模范职工之家。2012年,江苏亨通电力电缆有限公司工会、江苏亨通线缆科技有限公司工会委员会创建为吴江区模范职工之家。2013年,苏州市明大高分子科技材料有限公司工会委员会、苏州卓宝科技有限公司工会委员会、吴江欣达通信科技股份有限公司工会委员会创建为吴江区模范职工之家。2014年,富威科技(吴江)有限公司工会委员会创建为吴江区模范职工之家。

2015年,全镇建工会劳动法律监督机构102个,镇工会组织开展为期1周的劳动关系矛盾纠纷排查化解专项行动,召开基层工会劳动关系矛盾纠纷排查化解座谈会,协助镇劳保所排查化解劳动关系矛盾纠纷。亨通集团举办光缆检测、操作比赛,组织全镇叉车工10人、电焊工2人、电梯维修工6人、CAD制图11人参加区总工会技能大赛。服务企业、服务职工的"双百双千"工程,分别为亨通集团、富威科技、环球集团、乔联电子、斯威克电子等企业免费培训300名中层管理人员和一线技工,获得企业和职工的好评。镇工会为爱心助学、临时救助等投入30万元。全镇有20人获得爱心补助,共补助金额3.5万多元,"粮油卡、爱心卡"的发放,减轻困难职工家庭的负担,有利于职工安心工作。企业爱心基金倡导活动,得到企业和职工的支持,亨通光电、富威科技等企业相继成立企业职工爱心基金会,为企业的和谐稳定提供良好的环境。"送清凉"活动持续开展,职工受益面20%。

至2015年,七都镇总工会先后被评为"吴江区工会工作先进单位""吴江区工会工作十佳先进单位""江苏省工会财务工作先进集体""江苏省合格示范镇工会""江苏省工会工作百强示范镇"。亨通集团公司工会被评为"全国模范职工之家"。

第二节　中国共产主义青年团

一、组织建设

至1990年12月,中国共产主义共青团(简称共青团)七都乡(公社)委员会共召开8次代表大会;共青团庙港乡(公社)委员会共召开7次代表大会。

1996年2月27日,共青团七都镇第九次代表大会召开,盛小华当选镇团委书记,施惠明当选副书记。七都镇团委下辖团支部36个,共青团员1491人。是年,庙港镇团委下辖团支部34个,共青团员718人。

2000年4月19日,共青团庙港镇第八次代表大会召开,倪凤林当选镇团委书记。

是年,庙港镇团委下辖团总支部1个、团支部27个,共青团员441人,其中新发展团员37人。

2002年1月24日,共青团七都镇第十次代表大会召开,张惠忠当选镇团委书记,尹纪承、倪军兴当选副书记。

2003年9月,庙港镇团委下辖团总支1个,团支部14个,共有团员359人,其中新发展团员18人。

2003年12月,七都镇与庙港镇合并后,倪凤林任新的七都镇团委书记。

2005年4月6日,共青团七都镇第十一次代表大会召开,倪凤林当选镇团委书记。

2008年4月19日,共青团七都镇第十二次代表大会召开,倪凤林当选镇团委书记,倪军兴当选副书记。

七都镇第十四次团代会(摄于2014年)

2011年8月30日,共青团七都镇第十三次代表大会召开,吕海峰当选镇团委书记,王鑫、吴志平、孙骏、孙薇、倪夏梅、张俞当选副书记。

2014年11月14日,共青团七都镇第十四次代表大会召开,王鹏宇当选镇团委书记,董斌、韦亚梅、孙帆、孙骏、金燕、王端公当选副书记。

2015年,七都镇团委下辖基层团委4个,团支部178个,共青团员5732人。

二、共青团工作

1996年,庙港镇团委组织团员通过拜师学艺、岗位练兵、技能比试、劳动竞赛等活动,提高团员的技术素质。组织青年志愿服务队,有210人自愿参加,开展为敬老院献爱心,农忙时为劳力困难户助忙,村庄清理环境等活动。是年,七都镇团委以"三服务"(服务大局、服务社会、服务青年)为出发点,实施"文明""人才"两大工程。涌现出2个省级青年文明号。1998年8月19日,团中央常务书记巴音朝鲁和省团委书记许津荣视察亨通光缆车间"号手"活动争创情况。至1999年,七都镇团委推荐优秀团员入党120人,提拔干部44人。

2002年,庙港镇青年人才培训班开班,共有学员52人。庙港镇青少年法制夏令营作为吴江市首个以"法制教育"为主题的夏令营到市检察院听一堂青少年法制教育讲座,去公安局听在押犯人的现身说法,去市法院旁听刑事审判,去司法局与市有关部门领导座谈青少年法制教育。

2005~2008年,七都镇团委组织青年志愿者开展各种为民、便民服务,到敬老院慰问,为老人们检查身体,帮助老人们建立健康档案;为省社区建设现场会和太湖生态蟹论坛服务讲解。庙港卫生院被评为吴江市十大杰出志愿者服务集体,多人获"青年服务明星"称号。七都镇有国家级"青年文明号"1家,省级"青年文明号"2家,苏州市级"青年文明号"3家,吴江市级"青年文明号"8家。全镇共有"三争三创"基地2个,涌现出青年种养殖能手金汉荣等一批青年科技致富带头人。全镇涌现出吴江市级以上青年岗位能手18人。镇团委被吴江市文明委授予"吴江市未成年人思想道德建设先进集体"荣誉称号。共有4个团支部获得吴江市明星团支部的称号,5个团支部获得先进团支部的称号,亨通集团公司团总支部被评为苏州市"五四红旗团支部"。

2009~2012年,镇团委开展"手拉手、心连心"让爱传递的"暖春"行动,隐读小学全体师生为遭遇车祸的学生家庭捐款4000多元;庙港小学、七都小学定期对贫困学生家庭进行走访、慰问,发放学习用品。镇团委在服务青年的过程中,通过长期观察,推荐40多名优秀青年入党;推荐并帮助多名大学生村干部进行创业;培养一批优秀基层团干部,树立一大批青年岗位能手。

2013~2015年,镇团委结合本镇特点重点抓非公企业团组织建设。符合建团条件的较大规模的企业都基本建立团组织,基本实现团组织对企业青年的全覆盖。按照团区委《关于加强中学共青团工作意见》,健全中学组织、加强团干部队伍建设、规范团员发展,丰富和创新中学共青团工作载体。结合"旅游文化节""太湖国学讲坛""迷笛音乐节"等重大节庆活动,镇团委持续开展青年志愿者服务,迷笛音乐节期间,青年志愿者与来自全国各地的志愿者组成近400名服务团队,义务担任导游,向全国各地的游客和参与服务的志愿者们推介吴江和七都的文化、旅游、美食等,发挥主人翁作用。

第三节 妇女联合会

一、妇联机构

1958~1990年,七都乡(公社)妇联先后召开6次代表大会;1958~1991年,庙港乡(公社)妇联先后召开7次代表大会。

1995年3月4日,七都镇第七次妇女代表大会召开,会议选举黄丽华为镇妇联主席。3月17日,庙港镇第八次妇女代表大会召开,会议选举沈栢英镇妇联主席,崔夏萍为镇妇联副主席。

2002年3月4日,七都镇第八次妇女代表大会召开,会议选举朱品芳为镇妇联主席。3月7日,庙港镇第九次妇女代表大会召开,会议选举邱美莉为镇妇联主席。

2003年12月,七都镇与庙港镇合并。新的七都镇妇联下设妇代会40个、妇代会小组236个。

2009年2月28日,七都镇第九次妇女代表大会召开,会议选举邱美莉为镇妇联主席。

2015年,七都镇妇联有妇代会34个,妇代会小组535个。

二、妇联工作

1996~2002年,七都镇基层妇代会,配合组织部门开展"推荐优秀妇女人才"活动,共推荐优秀妇女人才60多人,其中加入中共党组织的优秀妇女35人。庙港镇妇女联合会发动全镇妇女参与社会主义精神文明建设和物质文明建设,继承和发扬中华民族传统美德,弘扬时代精神,开展崇尚科学,反对封建迷信活动;开展新女性"四自教育"(自尊、自信、自立、自强);利用每年三八妇女节等重大节日,开展丰富多彩的文体活动,围绕"计划生育"基本国策,开展"万家学法"活动,学习新"婚姻法",以及"妇女权益保障法",不断推进妇女儿童的维权工作。庙港镇妇联举办"新风户""五好家庭""好媳妇"创建活动,共评出好媳妇90人,五好家庭270户。弘扬社会主义新风尚,促进家庭文化建设发展。庙港镇妇联在农村妇女中开展"双学双比""巾帼建功"两项竞赛活动,共评出"双学双比"生产能手76人、"巾帼建功"先进个人28人及先进集体12个。

2003年,新的七都镇成立后,妇联工作面广量大。镇妇联围绕政府工作的中心,从党政所急、妇女所需、妇联所能上找准工作的最佳结合点,以更高的标准提升妇女素质,以更实的服务维护妇女的合法权益,以更优的机制夯实妇女工作基础,在全镇开展"学习新知识、创造新业绩、倡扬新风尚、建设新生活"活动,较好地完成妇联工作的各项任务。

2006年,镇妇联开展学习中共十六届五中、六中全会精神、"三个代表"重要思想和吴江市妇女第十次代表大会精神,用"三个代表"重要思想和市妇代会的精神要求指导基层妇女工作,引导广大妇女学科学、信科学,反对迷信,坚持抵制邪教。镇妇联坚持典型引路,用先进人物的先进事迹进行宣传。双塔集团制造部套工段被评为吴江市"三八"红旗集体,新恒通集团副总经理李彩娥被评为吴江市"三八"红旗手,七都中学女工委被评为吴江市妇女工作先进集体,望湖村妇代会主任皇甫惠芳被评为吴江市妇女工作先进个人,明珠纺织有限公司总经理姚明珠被评为吴江市十佳创业母亲,思尔夫纺织厂厂长徐文英被评为吴江市十佳自强母亲,七都中学教师孙金娥被评为吴江市十佳学习型母亲,倡导全镇妇女向这些先进人物学习。

2007年,镇妇联坚持实行工作台账制、工作例会制、分片座谈制的形式,要求争创"四好"妇代会和争当"优秀妇女干部"。召开部分贫困妇女座谈会,为贫困妇女发放一些日用品,使她们感到社会的温暖。会同镇团委、镇工会等单位联合举办"三八"妇女节、学雷锋上街咨询等活动,为群众量血压、称体重,并发放新修改的《中华人民共和国妇女权益保障法》和《巾帼致富信息简报》等资料。七都镇湖羊养殖基地被命名为"苏州市十佳'双富'示范基地"。

2010~2014年,镇妇联在农村妇女中开展"双学双比""巾帼建功"两项竞赛活动,发动妇女投身社会主义新农村建设。坚持以农村妇女增收致富为核心,突出重点抓好实用技术培训,镇村两级举办技术培训8次,参加培训人员2200人次,发放水产养殖、生态养湖羊、养蚕技术等资料2500多份,有效地推动农村经济的发展,收到农民增收、妇女受益的效果。振兴实业有限公司总经理沈兴华获苏州市"双富"女标兵。镇妇联为满足已婚妇女的需求,会同镇计生服务所开展为育龄妇女服务,普查妇女病4498人次,为她们解决后顾之忧。协助镇关工会召开部分家长、基层妇代会主任座谈会,要求家长在儿童成长过程中起示范作用,以良好的道德修养为子女作表率。举办两期0~3

岁婴幼儿家长培训班,有156位家长参加,受到家长们的一致好评。会同七都中心幼儿园和庙港中心幼儿园举办"以人为本"、欢乐童年为主题的活动,给孩子们创设绚丽温馨的环境。

2015年,镇妇联依法维护妇女合法权益,为儿童办好事做实事。开展寻访"孝儿女、孝媳妇"活动,在广泛宣传发动的基础上,通过互评和推荐,评比表彰钱建华等93名"孝儿女"和计阿丽等98名"孝媳妇"。联合镇计生服务站组织4名"吴大姐"巾帼志愿者开展上街为民咨询服务活动。活动现场提供咨询服务130人,免费测量血压87人,发放《苏州市家庭暴力告诫办法》352份、《预防出生缺陷知识》《护航青春》《公民健康素养66条》《健康检查、孕前优生》等相关知识宣传手册共1500份。走访慰问春蕾助学儿童13人,发放助学金1.16万元。联合统战办走访女贫困少数民族困难户4户,发放慰问金7800元。联合计生站走访全镇28户享受区计划生育委员会公益金的计生困难家庭。

第四节 其他社会团体

一、七都镇商会

2002年9月16日,七都镇商会成立,召开七都镇商会第一届大会,商会会长由中共七都镇党委副书记沈宏彪兼任。2003年12月,新的七都镇成立后,在镇经济服务中心和有关单位大力配合下,及时了解各民营企业情况,为扩大商会队伍作出努力。通过宣传走访,使更多的民营企业法人代表对商会组织的地位、作用加深认识和了解,加入商会的单位越来越多,素质越来越好。

2005年4月,七都镇商会第二届第一次大会召开,商会会员单位有133个,大会选举崔根良为会长,王建林、王雪荣、孙生根、沈根泉、沈晓峰、张永才、张明荣、周永林、陈伟荣、陆金龙、倪如宝、姚志明、姚良荣、钱林弟、崔金根为副会长。会上通过《吴江市七都镇商会章程》(草案),共分八章四十三条,《章程》规定商会的性质与宗旨、任务与职责、会员的权利与义务、组织机构和负责人的产生与罢免、资产管理与使用原则、章程的修改程序、终止程序及终止后的财产处理、附则等。

2007年7月6~10日,镇商会组织骨干企业会员20多人,赴重庆进行为期5天的参观考察。会员们考察了解重庆市的投资环境,参观江苏新恒通集团在重庆大足县的实业公司,接着参观考察重庆市知名企业——银鑫集团。5天的参观考察,20多位企业会员进一步开阔眼界,学到"没有最好,只有更好"的发展思路,消除"满足现状、怕担风险"的消极思想,看到自己的问题与不足,增强发展企业的信心和决心。

2008年,全镇上规模的非公企业有170多家。商会为会员提供融资、信息、市场、法律等方面的服务,如实反映会员的意见和要求,尽力帮助沟通和协调,为会员们维权,使商会真正成为"会员之家"、企业主的"娘家"。

2015年,镇商会有会员单位125家,其中电缆行业分会12家,电梯行业分会11家,塑管行业分会16家,纺织行业分会14家,有色金属行业分会14家,建材家居行业分会29家,服务行业分会10家,青商会19家。商会根据章程的有关要求,落实各项规章制度,定期召开会议,组织会员展开活动,发挥商会为会员服务作用。

二、私营个体经济协会

个体劳动者协会是个体工商业户自愿组合的组织,在当地政府和工商行政管理组的指导下开展工作,协会人员实行三自,即:自我教育、自我管理、自我服务。1984年1月,庙港乡个体劳动者协会成立,会长史雪生,副会长周天法。6月18日,七都乡个体劳动者协会成立,选出会长1人。至1995年底,庙港镇有个体工商户202户,其中镇区167户。至1999年底,七都镇个体劳动者协会会员379户,其中私营企业15户、手工业28户、商业261户、饮食业32户、服务业26户、修理业17户。个体户从业总数576人,其中镇区386人,农村190人。

2001年,吴江市私营个体经济协会七都镇分会成立。2002年,七都镇私营企业293家,从业人员6911人;个体工商户411户,从业人员600人。庙港镇镇私营企业263家,从业人员5821人;个体工商户365户,从业人员480人。

2007年,七都镇私营企业657家,从业人员14594人;个体工商户944户,从业人员1357人。

2015年,七都镇私营企业1596家,从业人员26583人;个体工商户3514户,从业人员7214人。

三、科学技术协会

1984年7月25日,七都乡科学技术协会成立(简称科技协会),设主席1人、副主席2人、委员9人,下设农学组、副业学组、畜牧学组、财经学组、文教学组。共有会员115人。科技协会在七都乡村企业中评定各类技术职称,其中评出初级专业技术职称者99人、中级专业技术职称者88人。

1989年1月,庙港乡科学技术协会成立,选举产生第一届主席崔明方。根据县科委、科协的指示精神,开始评定技术职称,领导全乡开展科技工作。1991年10月31日,庙港乡召开第二届科技协会选举庞启剑为主席。科协下设:文教、医药、水产、畜牧、农业、农经、林果、蚕桑、工业、水电、开弦弓村科普、茧丝绸研究会共12个学组,各学组选有1名组长和3~20名组员组成,根据乡科技办的要求开展工作,其中文教学组,结合中小学的课程,设科技普及课,增强小学生"科技兴农、科教兴国"的思想意识。庙港主要科技成果有庙港乡多种经营服务公司"纸包法收蚁的推广"、庙港渔业村"利用太湖水面菱草资源围栏养鱼研究"、新联丝织厂庙港分厂"缎丽绡"、庙港缫丝厂"104/D多功能不锈钢煮茧机"等项目获苏州市科技进步奖。

1992~1998年,七都镇科技协会立足为经济服务,定期召开会员大会,开展科普活动,为企业开展科技咨询,促进技术改造,在农村进行科技扶贫。七都主要科技成果有"粳稻晚茬板田常规油菜高产综合增产技术"获农业部农牧渔业丰收奖二等奖;特种电缆厂"KYYTP3高耐压导引电缆"、亨通集团"新型抗弯曲高强度单模光纤产业化"获江苏省科技进步奖;七都农技站"生命信息仪处理稻麦种子试验"、七都农技推广站"粮经二熟高产高效配套技术研究及开发"、双塔集团吴江特种光电缆厂"防啄木鸟光电缆护套料"、亨通集团"无卤低烟阻燃防鼠防白蚁电力电缆""额定电压35KV及以下交联聚乙烯绝缘风力发电场传输用电缆""轨道交通数字信号电缆""氟塑料绝缘氟塑料护套计算机仪表电缆""地铁轻轨安防镍铜贯通复合缆"获苏州市科技进步奖。

1999年,七都镇科协会员增至495人,有初级专业技术职称者392人、中级专业技术职称85人、高级专业技术职称18人。

2011~2015年,七都镇科技协会由中共七都镇党委分管副书记任主席,镇政府分管副镇长任副主席,科技助理任秘书长。

四、计划生育协会

1980年5月,七都、庙港公社计划生育协会(简称计生协会)成立,其宗旨是团结热心于计划生育工作的各界人士,为控制人口数量、提高人口质量,协助政府宣传计划生育的方针、政策,普及人口理论,普及避孕节育、优生、优育、优教知识。七都公社计生协会有52名理事组成,庙港公社计生协会有48名理事组成,设宣传组、调研组、科教组。

1991年10月,七都、庙港乡下辖的行政村、街道、企事业单位相继成立计生协会分会。七都乡共成立40个计生协会分会,会员6620人。庙港乡共成立33个计生协会分会,会员5478人。

1992~1994年,七都镇计划生育协会连续三年获吴江市计划生育宣传工作二等奖;1992年和1994年,庙港镇先后被评为吴江市计划生育目标管理先进单位。

2006~2010年,群幸村、望湖村、庙港村、双塔集团、长桥村、光荣村、盛庄村、丰田村、燦烂村、隐读村、陆港村、开弦弓村、西漾社区的计生协会分会先后被吴江市计划生育协会表彰为星级协会。

2015年,春节期间,镇计生协会联合文化、工会、妇联开展"新春送戏下乡"活动;"三八"妇女节期间,联合镇妇联、劳保开展"生育关怀,均等服务"的春风主题活动;3月5日,联合镇工、青、妇、卫生等部门开展学雷锋志愿者为民服务活动;"5.29"期间,在七都广场开展现场咨询服务活动,向沿街的店铺发放宣传资料,向群众宣传"单独两孩"、新市民积分管理等政策,普及优生优育、生殖健康等知识。

五、退休教育工作者协会

2010年11月12日,七都镇退休教育工作者协会(简称退教协会)成立,协会是七都镇退休教育工作者自愿结合的群众组织,旨在组织开展健康有益活动,促进会员老有所养、老有所依、老有所为、老有所学、老有所教、老有所乐,安度晚年。成立时有会员73人。其中七都中学15人、七都小学22人、庙港中学10人、庙港小学26人。孙林法任会长,孙勤康任副会长,理事5人,其中七都中学2人、七都小学1人、庙港中学1人、庙港实验小学1人。

2015年,七都镇退教协会设有办公室、活动室、多功能厅、图书室等。平时每周二至周日下午开放。会员87人。协会开展读书、文体活动。举办过新春联欢、兴趣猜谜、关爱青少年成长、关心探视老弱病残老教师等等力所能及的活动。

六、残疾人联合会

1991年9月18日,庙港乡残疾人联合会(简称残联)成立。召开第一次残联代表大会。9月28日,七都乡残联成立,召开第一次残联代表大会,庄阿虎任理事长,胡月玲(女)任副理事长。

2000年,七都镇残联邀请吴江市残联、吴江人民医院医生为全镇残疾人员进行体检,将体检合格的56人安置进企业工作。2001年,对全镇16周岁以上没有办理残疾证的残疾人进行一次普查。25名残疾人领到残疾证,并被安置进福利企业工作。

2002年7月,七都镇对全镇残疾人员进行普查,确定全镇共有残疾人家庭691户,残疾人员722人。其中:视力残疾61人、听力和语言残疾55人、肢体残疾424人、智力残疾116人、精神残疾66人。残疾人中领残疾证548人,因年龄关系未领证的残疾人174人。挂厂(休假)残疾人员的补助标准,从上年的每人年补助1200元增至1500元。是年,庙港镇新港电讯材料厂、吴江市华东有色金属材料厂、全通通讯电缆厂、庙港化学品厂、庙港福利铜材厂、吴江佳通光缆厂、上通通讯电缆厂成立残疾人协会。

至2003年,庙港镇残联共召开3次代表大会。

2004年5月16日,庙港社区、吴溇集镇、心田湾等地以各种形式开展助残活动。要求各福利企业对列入最低生活保障对象的200多名残疾人员,补助标准比健康人提高20%。全镇共有精神病患者30多人,民政办委托镇卫生院落实到各村卫生室负责人,对每位患者的病情进行记录,并帮助送药上门,尽量减少发病率。对家庭生活困难、病情严重者,给予医药费补助,让其住院治疗。是年,民政办公室全年负担精神病人医药费7万多元。

2005年,残联经过调查,对家庭人均收入在1800~2500元的残疾人给予低保补差,其补助标准比健康人提高20%,切实解决残疾人的生活困难问题。是年,民政办公室全年负担精神病人医药费8.5万元。

2006年5月,第十六个全国"助残日"前夕,吴江市残联在七都镇举办吴江市首届残疾人就业招聘会,全市9个镇及吴江经济技术开发区的残联理事长带着全市200多名残疾人参加招聘会。会上,全市11家福利企业(七都镇9家)与100多名残疾人签订就业意向书。

2007年,镇残联邀请市残联、市人民医院的医生为未评残的残疾人上门评残,评定残疾人证36人。开展"三助一给"活动(即:助明、助听、助行、给药),坚持对33名精神病患者免费送药上门,为

15名无法行走的残疾人送去轮椅。

2015年,七都镇残联认真落实低保中重残、精神智力三级、四级残疾人等困难家庭的生活救助政策,分别救助58人和29人。全年发放各类康复补助15万多元。共有6名残疾学生办理教育补助,为1名残疾人创业提供扶持。鼓励残疾人参加体育运动,在2015年,吴江区十二届体育运动会残疾人组比赛中,七都镇残疾运动员获得7块金牌。

七、老年人协会

1992年9月,庙港镇老年人协会成立,召开成立大会,选举产生庙港镇老年人协会理事,由胡福宝、盛正荣、周勃、吴阿品、张锦玉5人担任,聘请朱瑞章为名誉会长,胡福宝任会长,盛正荣、周勃任副会长。21个村相继成立老年人协会分会,设老年人活动室。至1995年底,21个行政村和2个居委会,共有60周岁以上老人4968人。

1993年4月,七都镇老年人协会成立。设名誉会长2人、正副会长各1人。28个行政村,亦设相应机构,并配备联络员。入会对象年满60周岁老人。

2003年12月,七都镇、庙港镇合并后,镇老年人协会根据吴江市老年人协会的要求,切实加强老年工作,每季度召开一次行政村(社区)老年人协会会长例会,交流、汇报各村(社区)老年人工作情况,相互学习。每年年终召开总结会议,镇、村(社区)总结年度工作及制订下年度工作计划。

2006年起,镇老年人协会组织老年文艺团队,经常下乡到村、社区、敬老院等慰问演出。每年3月分片召开村、社区老年人协会会长会议,交流各村(社区)老年活动的开展情况,参观、学习老年工作做得好的先进单位和经验,要求会长把先进经验向所在村汇报,充分利用老年协会会长的威信促进村(社区)老年人工作健康发展。镇老年人协会配合吴江市老年人体育协会做好老年体育活动,完成每年的老年人体育运动会的参赛工作。

2015年初,推进示范老年活动室建设。创建11个老年示范活动室,继续推进老年示范活动室建设工作,是年,共有15个村老年示范活动室通过验收。

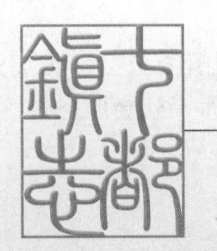

第十一卷

民政与劳动和社会保障

第一章 民　政

1958年,七都、庙港公社成立,公社管理委员会内设民政调解委员会。为加强民政工作,配民政助理(员),主要从事社会救济、优抚安置、婚姻登记、殡葬管理等社会服务性工作。1968年3月起,七都、庙港公社始设民政办公室。

第一节　民政机构

1950年2月,大庙区人民政府配备民政助理1人,乡行政委员会配备民政、优抚委员1人。1957年8月,七都、庙港乡(大乡)成立,始设民政助理员,负责优抚安置、社会救济,社会福利和婚姻登记工作。

1958年9月,七都、庙港人民公社成立。公社管理委员会内均设民政调解委员会,配有民政助理员。

1966年6月,"文化大革命"开始,七都、庙港公社管理委员会工作处于停顿状态。1968年3月,七都、庙港公社分别成立革命委员会,革命委员会内设民政办公室。

1981年6月起,七都、庙港公社相继撤销革命委员会,恢复公社管理委员会。管理委员会设民政办公室。1983年,全县恢复乡镇建制后,七都、庙港乡人民政府均设民政办公室,配民政助理1人。1992年9月,七都、庙港撤乡建镇,实行镇管村体制,镇人民政府设民政办公室,民政助理1人。2002年,七都镇民政办公室民政助理1人,工作人员1人;庙港镇民政办公室民政助理1人,工作人员2人。

2003年12月,七都镇、庙港镇合并,成立新的七都镇,七都镇民政办公室,民政助理1人,工作人员2人。2015年,七都镇民政办公室民政助理1人,工作人员3人。

1981~2003年,庙港镇(公社、乡)历任民政助理:张永堃、周绍民、严月林。

1981~2015年,七都镇(公社、乡)历任民政助理:沈莘炎、胡月玲、严月林、吴月新。

第二节　基层政权建设

一、街道(社区)居民委员会

1993年5月10日,七都镇设新区、北港滩、粧南居委会;庙港镇设庙西街、庙新路居委会。

1995年12月25日,七都、庙港镇街道换届选举第三届居民委员会(1953年,吴江县市镇成立街道居委会时进行第一届选举;1991年10月,全县街道居委会换届选出的定为第二届街道居委会)。七都镇选举产生居委会主任3人,不脱产委员5人。庙港镇选举产生居委会主任2人,不脱产委员5人。

1998年8月5日,七都、庙港镇街道选举产生第四届居民委员会。七都镇选举产生居委会主任3人,不脱产委员5人。庙港镇选举产生居委会主任2人,不脱产委员5人。

2001年9月1日,七都、庙港镇各街道选举产生第五届居民委员会。七都镇选举产生居委会主任3人,不脱产委员2人。庙港镇选举产生居委会主任2人,不脱产委员5人。

2002年10月,七都、庙港镇调整居委会区域。原5个街道居委会撤销,以原新区、北港滩、粧南区域筹建七都社区居委会;原庙西街、庙新路区域筹建庙港社区居委会。是年11月28~29日,七都、庙港社区分别召开首次社区居民代表大会,选举产生居委会主任2人,不脱产委员4人。社区居委会下设治安保卫、关心下一代工作委员会、妇联、公共卫生、计划生育、社会保障、人民调解等7个委员会及老年协会。

2003年7月,庙港镇第二次行政区域调整,撤销渔业村,新设渔村社区。是年12月,七都镇、庙港镇合并建立新的七都镇。下辖七都、庙港、渔村3个社区。

2004年5月28日,西漾渔业社区成立。

2005年10月16日,七都、庙港、渔村、西漾渔业4个社区分别召开第二次社区居民代表大会,换届选举产生第二届社区居委会,选举产生居委会主任4人(其中女性2人)。

2008年9月,七都、庙港、渔村、西漾渔业4个社区分别召开第三次社区居民代表大会,换届选举产生第三届社区居委会,选举产生居委会主任4人(其中女性2人)。

2010年12月,七都、庙港、渔村、西漾渔业4个社区分别召开第四次社区居民代表大会,换届选举产生第四届社区居委会,选举产生居委会主任4人(其中女性2人)。

2013年10月,七都、庙港、渔村、西漾渔业4个社区分别召开第五次社区居民代表大会,换届选举产生第五届社区居委会,选举产生居委会主任4人(其中女性3人)。

二、村民委员会

1983年,七都、庙港公社恢复乡、村建制,大队改为村,设村民委员会(简称村委会),通过民主选举成立第一届村委会。七都乡28个行政村共选出主任28人、村委会委员78人;庙港乡21个行政村共选出主任21人、委员54人。

1989年5月,七都乡28个行政村,庙港乡21个行政村,换届选举产生第二届村委会。七都乡选举产生村主任28人、委员81人;庙港乡选举产生村主任21人、委员56人。

1992年9月,七都镇28个行政村,庙港镇21个行政村,换届选举产生第三届村委会。七都镇选举产生村主任28人、委员92人;庙港镇选举产生村主任21人、委员68人。

1995年12月,七都镇28个行政村,庙港镇21个行政村换届选举产生第四届村委会。七都镇选举产生村主任28人、委员72人;庙港镇选举产生村主任21人、委员53人。

1998年12月,七都镇28个行政村,庙港镇21个行政村换届选举产生第五届村委会。七都镇选举产生村主任28人、委员57人;庙港镇选举产生村主任21人、委员44人。

2001年8月,七都镇行政村在区域调整后,由原28个调整为15个;庙港镇行政村在区域调整后,由原21个调整为13个。村经济合作社在同年撤销。各村换届选举产生第六届村委会。七都镇选举产生村主任15人、委员52人;庙港镇选举产生村主任13人、委员47人。

2003年7月,七都、庙港镇进行第二次行政村区域调整,七都镇行政村在区域调整后,由原15个调整为11个;庙港镇行政村在区域调整后,由原13个调整为11个。12月,七都镇、庙港镇合并成新的七都镇。至此,全镇有东风、望湖、双塔桥、环湖、沈家湾、隐读、丰田、长桥、东庙桥、菱田、吴越、群幸、陆港、煤烂、盛庄、庙港、联强、节制闸、开明、开弦弓、光荣、丰民22个行政村。2004年12月,换届选举产生第七届村委会。新产生村主任22人,委员80人。

2007年12月,举行第八届村委会换届选举工作,采用"无候选人一票直选"的选举方式。换届选举产生第八届村委会。产生村主任22人,委员79人。

2010年11月,举行第九届村委会换届选举工作,采用"无候选人一票直选"的选举方式。换届选举产生第九届村委会。产生村主任22人,副主任7人,委员80人。

2013年12月,举行第十届村委会换届选举工作,采用"无候选人一票直选"的选举方式。换届选举产生第十届村委会。产生村主任22人,副主任21人,委员80人。

第三节 救济扶贫

中华人民共和国成立后,每遇灾荒县政府及时拨款以工代赈,给予救济。对老弱病残缺乏劳动力或遭受自然灾害不能维持基本生活者,辅以必要的救济措施解决。60年代,压缩城镇人口,精简职工去农村,其中一些年老体弱及长期有病,无法生产自给,政府亦给予补助。对农村困难户,除发放救济金外,每年冬季发放棉衣、被絮等。

1983年,七都乡困难户58户,县政府拨给七都乡扶贫资金2万元,用于发展饲养业和其他家庭副业。1985年初,县政府拨给七都乡扶贫资金2万元,新增扶贫户24户,继续扶贫10户,年底有24户脱贫。

1985年7月31日上午11时,由8号台风刮起一股龙卷风,袭击庙港乡五联、罗港、富联3村,受灾74户,倒塌损坏房屋174间,造成重伤5人、轻伤5人。受灾后,县领导到庙港乡视察慰问,县有关部门给予受灾户修房材料的支持。木材由庙港供销社下拨,砖瓦由乡窑厂下拨。

1991年,遭受百年未遇的洪涝灾害,庙港乡成灾农田300亩,损坏瓦房116户、232间,工厂进水、停工停产,灾害造成巨大损失。县政府给予庙港乡乡村企业减免工商税收47万元,补助6.81万元。对受灾损坏房屋的五保户、贫困户、复退军人拨救济款14万元,其中拨款修建房屋4.2万元。对受灾造成困难的1255人,有民政局直接发放的自然灾害救济费和救灾募捐定向款物共17.2万元,其中棉被67条、羊毛衫30件、棉大衣22件、棉衣棉褥33套、食品方便面4000箱。款物由乡政府及时发放到灾民手中。

1995年,七都镇国税所、地税所、工商所、城管办、土管办、财政所、经管办和"工青妇"等政府职能部门和群众团体挂钩20户贫困户,对缺乏劳力或缺少钱物的,给予捐物捐钱。20户贫困户涉及69人,其中学龄儿童10多人。对贫困户视不同情况因困施"救",如针对贫困户朱某某家有养殖特长,因势利导,提供3万多元扶贫资金帮助发展养猪业;又如复员军人朱某某由七都国税所扶助翻建3间危房为简易楼房。庙港镇常年困难户74户,年内脱贫35户,是年,新增14户,年末尚有常年困难户53户,地方财政安排扶贫资金2.8万元,其中特困户13户,落实定补金额7600元,其中民政救济款3200元,基金会补助2200元,村组集体补助2200元。

1997年,庙港镇对285户困难户发放补助救济费12.37万元。1999年,七都镇扶贫救济305户,共发放社会救济款15万元。

2001年,七都镇对因天灾人祸、病残等原因造成家庭生活困难的336户,给予临时补助12.68万元。对4户困难户修建房屋落实补助经费1.05万元。

2002年,七都镇临时救济补助困难户396户,补助经费27.9万元。对全镇贫困户的危房进行调查走访,落实危房翻建户8户,补助经费5.4万元;庙港镇救济补助困难户141户,334人,发放社会救济款15.59万元,其中市级负担7.28万元,镇级负担6.47万元,村级负担4151元,吴江市慈善基金负担1.42万元。

2004年,七都镇对734户困难户实施临时救济补助,补助经费48.8万元;走访慰问困难户42户,发放慰问金3.22万元;补助大病重病户32户,补助经费4.6万元;补助困难户建房3户,补助经费2.6万元。

2005年,全镇624户困难户得到临时救济补助,补助经费21.85万元;走访慰问困难户158户,发放慰问金8.65万元;补助大病重病户201户,补助经费20.8万元;补助困难户建房6户,补助经费2.4万元。

2008年,实施农村低保户危房改造安居工程,全镇共有18户低保家庭纳入危房改造计划。在政策关怀扶持下,经亲朋好友的帮助,18户都完成危房改建工程,其中有4户改建成楼房。

2015年,全镇全年共有15户困难家庭纳入危户改造计划,经过翻建或修建等办法,8户完成改造工作,其余7户在建设中。全镇下拨给村、社区年终困难补助经费64.05万元。

表11-1　　　　　　　　　2004~2015年七都镇年终困难补助经费下拨情况表

单位:元

村社区	2004年	2005年	2006年	2007年	2008年	2009年	2010年	2011年	2012年	2013年	2014年	2015年
东风	6700	8000	8000	11000	11000	15400	15500	15155	21600	21900	21900	21900
望湖	11500	12000	11500	20000	20000	27000	27000	26796	38500	38700	38600	38800
双塔桥	8400	8500	9500	15000	15000	20000	20000	19719	28100	28000	28000	28000
吴溇	8600	9000	9500	15000	15000	20600	20500	20146	28900	28800	28900	29000
隐读	6600	7000	7500	11000	11000	15400	15500	15386	22000	22200	22200	22300
沈家湾	4800	5000	5000	8000	8000	11000	11000	10780	15700	15400	15500	15900
丰田	6400	6500	7000	11000	11000	15000	15000	14924	21400	21400	21400	21400
长桥	6000	6000	6500	10000	10000	14000	14000	13860	19900	20100	20200	19900
吴越	7500	7500	8500	13000	13000	17400	17500	17101	24300	24100	24400	24200
东庙桥	8800	8500	8500	15000	15000	20000	20000	19593	28100	28500	28000	28300
群幸	6200	6000	6500	11000	11000	14500	14500	14224	20200	20200	20400	20100
菱田	6500	6500	6500	11000	11000	15500	15500	15162	21900	21700	21800	21800
西漾社区	2000	2000	2000	4000	5000	4500	4500	4431	6400	6500	6500	6600
七都社区	10100	12000	7000	10000	13000	25000	25000	24647	37500	38100	38100	38600
陆港	7300	7500	7500	13000	13000	17300	17500	17213	24300	25200	24800	24200
燦烂	7700	8000	9000	13000	13000	18000	18000	17906	25700	25900	25900	25800
盛庄	8300	8500	10000	14000	14000	19500	19500	19117	27300	27200	27200	27000
庙港	6800	14000	9000	15000	15000	21000	21000	20517	28900	29000	28900	28700
联强	9300	9200	10000	16000	16000	22000	22000	21518	30600	30700	30700	30900
太浦闸	8100	8000	9000	14000	14000	18500	18500	18291	26400	26400	26500	26700
开明	4700	4500	5500	8000	10000	10500	10500	10283	14600	14700	14600	14500
开弦弓	8800	9000	9000	15000	15000	20500	20500	20097	28500	28500	28500	28700
丰民	7300	7500	9000	13000	12000	17100	17000	16625	23500	23200	23500	23500
光荣	5000	5000	5000	9000	10000	11400	11400	11354	16200	16200	16200	16300
渔村社区	4500	4500	5000	8000	8000	11500	11500	11137	16200	16300	16300	16600
庙港社区	5700	6000	4000	6000	9000	14500	14500	14364	20900	21000	21000	20800

第四节　社会福利

一、敬老院

(一) 七都敬老院

1985年5月,七都乡敬老院初建,院址吴溇村姚庄,建筑面积500平方米,开始接纳孤老17人,其中男15人、女2人,另寄养1人。1993年,投资95万元在吴溇村金字圩公路旁新建敬老院,占地面积4000多平方米,建筑面积990平方米。卧室每间25~30平方米,入住2~3人。室内装有家用电器、卫生设备,此外还有活动室、电视室、厨房、浴室、太平间等,全院可容纳37人居住。人均年生活费2700元,其中镇负担1700元,村负担1000元。1999年,七都敬老院接纳孤老增至21人,人均年生活费3200元,其中镇负担2200元,村负担1000元。

2004年,七都镇行政区域调整后,为解决2个敬老院管理、收费不统一,年初由分管镇长召集民政办公室、2个敬老院院长一起研究商量,制订敬老院的管理服务措施和收支规定,统一五保老人的生活标准、村负担标准、服务人员的待遇等。下半年,七都镇投资100多万元,扩建庙港敬老院。

2005年4月,新扩建的一幢三层住宿楼竣工,建筑面积998平方米。5月初,将2所敬老院合并,进行资源整合,设立新的七都镇敬老院,并实行一院两区管理,原庙港敬老院为五保老人供养区,原七都敬老院为寄养区。5月18日,原2所敬老院的五保老人搬进新居。

2008年,投资12万元,对敬老院围墙、大门及内部设施进行修缮,院内进行绿化,进一步改善院容院貌。

2015年,七都敬老院寄养区占地面积4364.8平方米,建筑面积1373平方米。固定资产337.85万元。床位76张,工作人员8人。庙港五保老人供养区占地面积5340平方米,建筑面积1640平方米。床位88张,工作人员4人。敬老院设施齐全,老人生活舒适幸福。

(二)庙港敬老院

1986年3月,庙港乡敬老院初建,院址里贤港(老建筑站),占地面积1200平方米,是年,供养老人8人。1995年,供养来自15个村的老人24人。院内设施有房间9间,每床配微型吊扇1个。活动室有电视机1台。经费来源每个老人全年供养经费2200元,其中镇负担1500元,村负担700元。逢年过节各单位、各部门发扬敬老风尚,赠送现金、物品。是年,全镇21个单位向敬老院赠送物品,送现金1万元。苏州九龙电缆有限公司总经理孙福林赠送现金2万元,羊毛衫27件。敬老院配工作人员4人。

2003年,庙港敬老院占地面积3000平方米,建筑面积1640平方米。床位38张,工作人员4人。2004年,原庙港敬老院为五保老人供养区。

二、五保户供养

1957年,高级农业合作社成立后,农村中缺乏劳动力或完全丧失劳动力,生活上无依无靠的老、弱、孤、寡、残疾人员,由集体给予照顾,在生产和生活上给予适当的安排和照顾,保证他们的吃穿和柴米供应,保证少年儿童受到教育和老年人死后安葬有着落,以后发展为"五保"(保吃、保穿、保住、保医、保葬),孤儿保教。使他们的生活水平不低于一般群众。1958年,七都公社有五保户31户,每年用于五保户的社会救济费人均约200元。

中共十一届三中全会后,五保户的供养标准为基本口粮每年300千克、菜油3千克、柴草500千克、菜金每月4元、零用钱每月8元,医疗费全额报销。五保供养水平不低于当地一般农民的平均水平。1979年,庙港公社有五保户63户,全年集体供给9271元。1980年,庙港公社有五保户59户,全年集体供给7015元。1985年,七都乡五保户34户,集体供养每年人均400元左右。

1995年,庙港镇农村散居五保户7户,全年集体供给1.5万元,其中政府临时救济5000元。七都镇共有五保户29户,年人均1500元。1999年,七都镇五保户供养为28户,年人均3200元;庙港镇五保户供养8户,年人均3200元。

2002年,七都镇五保户15户,集体供养年人均4000元;庙港镇五保户为11户,集体供养年人均4000元。

2004年,七都镇五保户31户,集体供养年人均4500元。

2008年,七都镇五保户27户,集体供养年人均5184元。

2015年,七都镇五保户24户,集体供养年人均12180元。

三、福利企业和残疾人就业

1985年,吴江县人民政府〔1985〕191号文件规定:社会福利厂免税部分的三分之二用于该企业的发展,三分之一上缴乡政府重点用于扶贫、办好敬老院和其他民政福利事业。

1986年,七都乡创办社会福利厂,解决残疾人和部分困难户就业。是年,办起第一家福利企业——有机化工厂。80年代后期,乡村企业发展,七都乡创办家用电机厂、通信电缆厂、电解铜厂,使大部分残疾人安排进厂,生活有保障。

1992年,庙港镇福利丝织厂为解决盲、聋、哑及其他残疾人员的生活问题,安置残疾人员103人,其中:双目失明2人、下肢残50人、五官损伤7人、哑巴3人、上肢残30人、精神病8人、耳聋3人。1995年,庙港镇安置残疾人员217人,其中:丝绸厂170人、民字浜铜材厂35人、化工厂12人。七都镇残疾人462人,安置316人。对丧失工作能力的,年终由民政办按实际情况给一定的生活费或补助金。1999年,七都镇残疾人612人,安置448人。

2002年,庙港镇有福利企业4家,安置残疾职工193人。

2005年,七都镇的福利企业健康发展,15家企业年销售收入20亿元,共安置残疾人员882人。

2006年,七都镇组织有关企业赴西安等地学习考察福利企业新政策的试点情况。是年,帮助企业到苏北泗阳招收残疾职工85人。

2008年,全镇共有福利企业16家,在职残疾职工1187人,是吴江市福利企业最多,安置残疾人就业最多的一个镇。

2015年,七都镇有福利企业3家,安置残疾职工366人,其中江苏亨通线缆科技有限公司安置残疾职工328人、吴江懿晨复合材料有限公司安置残疾职工22人、吴江新力制冷配件有限公司安置残疾职工16人。

四、最低生活保障

1998年3月,吴江市实施《城乡最低生活保障暂行办法》。城镇居民最低生活保障(简称低保)标准为人均月收入180元,农村居民低标准为人均月收入100元。

2000年,七都镇低保对象共51户,其中农村50户,城镇1户。低保家庭年补差经费5.53万元。低保人员补助标准为农村每人每月100元,城镇每人每月200元。

2002年,吴江市低保线的标准农村每人每月125元,城镇每人每月220元,孤老每人每月264元。是年,七都镇低保对象126户,其中农村123户、城镇1户、孤老2户,发放保险金13.2万元。2000~2002年,庙港镇落实低保对象共169户,497人,发放保险金19万元。

2004年1月1日起,七都镇城乡居民低保分别由月人均220元、125元调整为260元、150元。"三无"人员、70周岁以上老人、市级以上劳动模范、残疾人员、华侨等对象提高20%。是年,全镇低保对象364户,其中城镇11户、农村353户,共发放低保补差经费55.41万元。

2005年,各村、社区认真按照低保标准(城镇居民月人均收入低于300元,农村居民人均月收入低于180元)及收入测算办法,核实低保对象,按照"本人申请,村委会、社区居委会初审,村务公开栏公示,镇民政办公室审核,镇政府审批后报民政局备案"的申报程序,低保对象有所增加。是年,全镇共有低保对象504户,981人,补差经费75.8万元(含独生子女补差)。其中城镇10户,10人,补差经费3.72万元;农村494户,971人,补差经费72.08万元。2006年,全镇共有537户,1106人纳入低保,其中:城镇居民9户,9人;农村居民528户,1097人。16人落实低保边缘政策。上述两项低保款共89.47万元。2008年,全镇有620户,1299人纳入低保和低保边缘,补差经费185.74万元,其中低保户580户,1259人,补差经费176.21万元;低保边缘40户,40人,补差经费9.53万元。2010年,修订《吴江市城乡最低生活保障制度实施办法》，城乡低保标准统一提高到每人每月420元。

2015年，全镇共有304户，518人纳入最低生活保障，其中城镇居民9户，11人；农村居民295户，507人。城乡共有103人落实低保边缘政策，两项累计发放低保资金378.82万元。

第五节 优抚安置

一、优抚

优抚是优待和抚恤的简称。1984年，庙港乡农村优待对象136人，优待户数109户，其中烈士遗属1户、义务兵83户、退伍军人25户，优待金额4.53万元。

1985年，七都乡对现役军人发放优待金，给予烈属定期定量补助和优待，优待标准为城镇义务兵由原工作单位参照同等职工工资加奖金的70%兑现，农村青年入伍根据本镇劳动力人均收入的60%~70%给予优待。

1991年，七都乡复员退伍军人48人，实发优待金1.54万元，烈士和牺牲病故军人家属定期抚恤1440元，残废抚恤2100元；庙港乡复员退伍军人80人，实发优待金2.03万元，烈士和牺牲病故军人家属定期抚恤2624元。

1995年，七都镇农村青年应征入伍根据镇劳动力人均收入的90%给予优待。社会待业人员应征入伍的，每月除市民政局下拨外，由镇参照农村义务兵待遇，补齐其不足部分。七都镇优抚对象47人，优抚金额36.66万元；庙港镇优抚对象81人，优抚金额42.3万元。

2000年，七都镇做好优抚对象的调查摸底工作。全镇共有优抚对象1051人，其中落实市定补对象的有41人（烈属3人、伤残5人、病故2人、带病退伍3人、复员28人）。据逐户调查测算，高于当地人均生活水平的有27户，相当于当地人均生活水平的有24户。帮助解决2户重点优抚对象建房，吴溇村2组陈某某户补助3000元，长渠港村4组孙某某户补助5000元。发放老复员军人荣誉金2760元。在"八一"建军节、春节期间，由人武部、民政办、妇联一起走访慰问41户重点优抚对象，并送上慰问品。

2002年，庙港镇每月定期足额发放优抚对象抚恤补助，并按规定发放老复员军人荣誉金和义务兵立功受奖荣誉金。全镇贫困对象4户，镇政府指导和帮助他们提高生产、经营技能，开拓致富门路，并在技术、信息等方面提供服务。是年，七都镇每月定期足额发放优抚对象抚恤补助，并按规定发放老复员军人荣誉金和义务兵立功受奖荣誉金。对优抚对象的住房翻建进行走访了解，帮助2户落实翻建计划和补助金额。

2004年，镇政府对2003年退役士兵在服役期间获优秀士兵的18名获奖者，发放奖金5200元，对在部队获三等功的8名现役军人送去奖状和奖金。政府对优抚对象全年共发放优抚补助款39.4万元；落实优抚对象建房4户，完成建房2户。

2005年上半年，镇政府对2005年退役士兵在服役期间荣获优秀士兵的18名获奖者，发放奖金5400元，对在部队荣获三等功的2名现役军人，送上奖状和奖金。部分优抚对象由于缺劳力、患大病等原因，尚居住在低矮的旧房内，为改善他们的居住条件，通过多方筹集资金，为6户优抚对象解决建房困难，共补助资金11万元。全年两次走访慰问优抚对象，共发放定期补助53万元。

2006年，镇政府落实重点优抚对象政策，提高伤残军人、复员军人、病退军人的补助标准，按时把补助款发放到他们手中。春节期间，镇村两级共走访军烈属和复员军人家庭近400户，发放慰问金12万元。

2007年7月1日起，在"八一"建军节和春节期间，开展两次拥军优属活动，走访全镇军烈属和伤残军人,对困难的优抚对象,年终发放困难补助5.2万元。建军节前夕,镇民政办协同镇领导走访吴江市人民武装部和驻吴江部队,并赠送了慰问品和慰问金。落实抚恤标准自然增长机制,提高"三属"、复员军人、伤残军人的抚恤补助标准,同时,为重点优抚对象办理了医疗保险。调整在校大学生的义务兵家属优待金增发比例:大专生义务兵家属增发40%,本科生义务兵家属增发60%。是年,全镇共发放优抚金81.32万元。

2008年初,实施新的《军人抚恤条例》,根据新条例的规定,对优抚对象的优抚金、抚恤金作相应调整。落实病故复员军人、伤残军人配偶享受补助的政策,根据上级的部署,6月开始,开展对全镇病故复员军人、伤残军人配偶的调查摸底和补助费申报初审工作。经过近一个月的调查,全镇共核实申报40名病故复员军人、伤残军人配偶的补助费初审申报工作。10月份,申报4名病故复员军人配偶补助金。按规定发放补助金。

2015年,搞好重度残疾人员生活补助工作,落实299名重度残疾人的生活补助,补助资金195.57万元。

二、安置

1985年起,七都乡实行征兵、优待、安置"三位一体"的做法,即征兵、优待与安置同时进行。复员退伍军人安置工作,由乡政府民政部门按照"原籍安置,行业归口"的原则安排。城镇复员军人由市民政局安置,原在农村的则回乡从事农业生产,个别特殊困难的另行安排。应征人员入伍之日起,农村应征青年由本乡安排在乡办工厂当工人,退伍后回原厂或另行安排工作。城镇应征青年由县民政局安排,军龄与工龄合并计算,以评定工资级别。

1987年,庙港乡退伍军人15人,安置乡办企业12人、农业公司1人、村留用1人、工业公司1人。

1991年,庙港乡退伍军人13人,安置乡办企业6人、乡联防队3人、村卫生室1人、吴江石油公司1人、粮管所1人、派出所1人。

1995年,七都镇退伍军人11人、安置在镇办企业10人、安置在供销社工作1人;庙港镇退伍军人18人,安置镇办企业11人、外镇企业1人、联防队5人、镇交管所1人。

1997年;七都镇退伍军人5人,安置在镇办企业3人、安置在事业单位2人。1999年,七都镇退伍军人20人,安置在镇办企业14人、双向选择4人、其他单位2人。

2002年,庙港镇农村退伍义务兵自谋职业一次性给予经济补助金,全镇共接收16人。

2004年,根据《苏州市退役士兵接收办法》,农村退伍兵与城镇退伍兵安置采取"以货币安置为主,就业为辅,强化配套服务,取消城乡差别,实现一体化安置。"货币安置金标准统一,农村、城镇均为3.55万元,10年以上志愿兵为5.85万元。

2005~2008年,七都镇向退役士兵宣传上级有关鼓励退役士兵自谋职业、自主择业的优惠政策。退役士兵都自愿签订自谋职业协议书,实行货币安置,共有退伍兵125人,累计发放安置费452.7万元。

2015年,七都镇做好退役士兵接收安置工作,组织退役士兵开展职业技能培训。全镇退伍兵23人,发放一次性经济补助金156.74万元。

第六节 婚姻登记

1950年5月1日,《中华人民共和国婚姻法》颁布后,废除旧社会遗留下来的包办婚姻,实行婚姻自由、一夫一妻和婚姻登记制度。结婚年龄规定为男20周岁,女18周岁。

1951年12月,大庙区政府设婚姻登记机关。1953年4月,七都、庙港乡宣传贯彻《中华人民共和国婚姻法》,同时开始管理婚姻登记。是年起,乡人民政府设婚姻登记机关,开始办理结婚、离婚、复婚登记,并建立婚姻档案。

1981年1月1日,重新修改的《婚姻法》公布实施,结婚年龄改为男22周岁、女20周岁。1984年起,涉外婚姻(包括中国港、澳、台同胞)由苏州市办理。

1996年,七都镇办理结婚登记257对,离婚登记18对;庙港镇办理结婚登记238对,无离婚登记。

2001年4月,全国人大常委会第二十一次会议对《婚姻法》作补充和修改。七都、庙港镇民政办及时组织各村村主任和妇女主任学习新《婚姻法》是年,七都镇办理结婚登记115对,离婚登记12对;庙港镇办理结婚登记188对,离婚登记7对。在办理结婚登记的同时,为新婚夫妇办理养老保险。

2004年初,实施新《婚姻登记条例》。5月12日,镇婚姻登记员参加苏州市举办的业务培训班。接受培训后,在实际操作过程中规范婚姻登记手续。镇民政办以会议和书面形式向各村、各企事业单位及有关部门进行宣传,并利用镇有线电视台向全镇公告办理婚姻登记的规定和要求。2008年1月,吴江市民政局婚姻登记处作为全市婚姻集中登记机关正式实行全市统一集中登记。

表11-2　　　　　　　　　　1996～2007年七都镇婚姻登记情况表

单位:对

年份	结婚	离婚	年份	结婚	离婚
1996	257	18	2002	285	21
1997	279	18	2003	327	33
1998	277	25	2004	503	43
1999	361	20	2005	240	59
2000	225	20	2006	450	65
2001	115	12	2007	476	48

注:2003～2007年的数据为两镇合并后数据,2008年起婚姻登记由市民政局办理。

表11-3　　　　　　　　　　1996～2002年庙港镇婚姻登记情况表

单位:对

年份	结婚	离婚	年份	结婚	离婚
1996	238	—	2000	151	7
1997	226	—	2001	188	12
1998	198	—	2002	160	5
1999	339	—			

第七节　殡葬改革

民国时期,民间有"入土为安"的观念,重殓厚葬,丧礼繁琐,有看风水、定墓地等习俗。实行棺葬,将棺材停放在地面,棺材四周用砖瓦砌成小房(也有用稻草覆盖),将棺材盖满。土葬,地下挖穴,下棺堆土为坟。亦有用砖头、石灰做坑。

中华人民共和国成立初,沿旧习,七都、庙港盛棺葬、土葬。

1966年9月,吴江县政府在平望镇郊建造火化场。1968年6月29日,开炉化尸,火化逐步被群众接受。下半年起,普遍实行火化,出殡时亲友套黑纱致哀,护送至火化场,火化后将骨灰择地埋葬。取代棺葬、土葬。

1991年起,七都、庙港乡的骨灰盒坟墓越来越多,越建越大,坟头越筑越高,在自留地及公路旁筑坟,甚至出现在责任田中建坟等现象,吴江县人民政府办公室转发吴江县民政局《关于我县殡葬改革情况报告》。1996年下半年至1997年6月,七都、庙港镇开展清理墓葬用地、平坟还田工作,要求公路两侧300米内和各村住宅区内的坟头全部搬迁或平掉。实现在可耕地、风景区、经济开发区无坟头。

1998年,七都镇为适应殡葬改革,节约土地,在菱田村第16组地域内建造劳动人民纪念堂,占地面积1.07万平方米,建筑面积540平方米,设有3000个龛位,供安放先人骨灰。

劳动人民纪念堂(摄于2015年)

2000年3月,吴江市对深化殡葬改革、清理墓葬用地工作进行检查评比,七都镇获三等奖,庙港镇获鼓励奖。

2004年,七都镇政府投资5.8万元,对劳动人民纪念堂进行翻修。同时,组织庙港社区及行政村村民小组长以上的干部到劳动人民纪念堂参观,希望他们到群众中去宣传,不要把骨灰埋在地里,占用土地而浪费耕地,要求群众将先人的骨灰盒存放在劳动人民纪念堂。

2006年3月,殡葬改革分管领导召开相关村支部书记、村主任参加的平坟还田工作会议,开展墓葬用地的清理工作。是年,清理碑坟360个,大多数实行深埋。

2008年,七都镇在联强村第二组地域内建造庙港社区劳动人民纪念堂,2010年3月20日完工,设计存放骨灰盒5418个,骨灰盒全部实行负责寄存。

2013年,深化殡葬改革,根据吴政办〔2010〕120号《关于进一步加强殡葬服务设施建设的意见》精神,菱田村区域的原七都劳动人民纪念堂的3000个龛位将在2年左右放满,计划扩建七都安息堂。

2015年,安息堂扩建工程动工,11月份房屋建设完工,建造五底三层楼房,总建筑面积960平方米,有效存放龛位6700个,年底投入使用。

第二章 劳 动

1984年8月,七都、庙港乡劳动服务公司成立。2001年10月,七都、庙港镇的镇劳动管理服务所更名为镇劳动和社会保障所。2003年12月,七都、庙港镇劳动和社会保障所合并为七都镇劳动和社会保障所。至2015年,七都镇实行职工劳动保障、城乡养老保险、土地换保障、医疗保险、生育保险和工伤保险等社会保障制度。

第一节 管理机构

一、七都镇劳动和社会保障所

1984年8月,七都乡劳动服务公司成立。1992年9月,七都撤乡建镇,乡劳动服务公司更名为镇劳动服务公司。1996年4月,七都镇劳动服务公司更名为镇劳动就业管理所。1997年8月,镇劳动就业管理所更名为镇劳动管理服务所。2001年10月,镇劳动管理服务所更名为镇劳动和社会保障所。

2003年12月,七都、庙港镇劳动和社会保障所合并为新的七都镇劳动和社会保障所。2004年9月,七都镇农村卫生管理所撤销,农村合作医疗保险纳入镇劳动和社会保障所管理。2014年7月,劳动保障队伍建设得到加强,村、社区劳动保障专职协理员全面配备到位。

2015年,七都镇劳动和社会保障所有工作人员13人。实行村(社区)专职协理员例会制度。26个村、社区有18人通过协理员三级考试,占比69%。

1984~1996年,七都镇劳动服务公司历任经理:周北京、邱阿毛、孙榄。1996~1997年,七都镇劳动就业管理所所长:孙榄。1997~2001年,七都镇劳动管理服务所历任所长:孙榄、钱永江。

2001~2015年,七都镇劳动和社会保障所历任所长:钱永江、沈引法。

二、庙港镇劳动和社会保障所

1984年8月,庙港乡劳动服务公司成立。1992年9月,庙港撤乡建镇,乡劳动服务公司更名为镇劳动服务公司。1996年4月,庙港镇劳动服务公司更名为镇劳动就业管理所。1997年8月,镇劳动就业管理所更名为镇劳动管理服务所。2001年10月,镇劳动管理服务所更名为镇劳动和社会保障所。

2003年12月,庙港镇与七都镇合并,庙港镇劳动和社会保障所撤销。

1984~1996年,庙港镇(乡)劳动服务公司经理陈金泉。1996~2003年,庙港镇劳动就业管理所和镇劳动和社会保障所所长陈金泉。

第二节 就业安置

80年代,七都乡先后创办缫丝厂、丝织厂、化工厂、建筑公司、电缆厂等10多家乡办企业。庙港乡先后创办缫丝厂、砖瓦厂、丝织厂、铸件厂等10多家乡办企业。1997年起,乡镇企业进行产权制度改革,企业转制后,加快民营企业发展步伐,为劳动力转移和充分受业增添岗位。2000年起,七都、庙港供销合作社、粮食管理所、集体商业公司、水产公司、农具厂等单位相继转制,部分城镇人员下岗失业,七都、庙港镇政府和劳动保障所在上级政府的正确引导下,落实和完善就业政策,实施以市场为导向的就业与再就业工程,对下岗失业人员进行再就业培训,鼓励城镇失业人员自主创业或到私营企业就业。

2000年,七都、庙港镇职业介绍所成立,电缆、纺织、五金、羊毛衫加工、建筑材料等行业的民营企业100多家,农村劳动力向第二产业转移,七都镇有企业职工4600多人;在盛泽、松陵、震泽等国有大集体单位就业的劳动合同制工人有730多人。从事第三产业就业的有2400多人。至2002年,庙港镇劳动力市场签订劳动合同1000多份。2003年,七都镇人力资源市场成立,为企业和求职者搭建服务平台。随着改革开放的不断深化,民营经济快速发展。为给企业输送劳动力资源和合格人才,方便更多的城镇失业人员和农村劳动力就业,劳动和社会保障所对有就业愿望的求职人员加大培训力度。是年,七都镇民营企业438家,就业职工17560人。2003~2006年,有5000多名求职人员参加各类职业培训;利用人力资源市场平台,采集用工岗位,利用各种渠道收集各种用工信息。每年开设"春风行动""三八招聘专场",定期或不定期开设招聘会,累计录用就业人数7361人次,其中城镇失业人员再就业269人次,缓解城镇失业人员的就业压力;录用本地农村劳动力4824人次、外来劳动力2268人次,平均每年从农业生产向非农业产业转移的本地农村就业人员689人次。全镇农村劳动力在第二、第三产业就业人员2.21万人,占劳动力总数70%以上。

2007年,根据省、市关于《创建劳动力充分转移乡镇》《创建充分就业社区、充分就业(转移)行政村》的通知精神,镇劳动和社会保障所开展创建工作。完成充分就业(转移)1657人,其中正规就业人员1026人、灵活就业人员631人,全镇第二、第三产业就业(转移)率81.3%。2008年,完成充分就业(转移)1264人,其中,正规就业839人,灵活就业425人,全镇实现无零就业转移家庭。在庙港社区开设创业培训班,33人参加免费培训。在全镇2.78万名农村劳动力总数中,第二、第三产业就业(转移)率89.1%,其中从事第二产业15798人,占56.9%,从事第三产业896人,占32.2%。是年,全镇城镇失业人员登记总数169人,有168人实现再就业,失业率降至1%以下。全镇22个行政村和4个社区全部通过苏州市的创建认定,创建成功率100%,完成三项创建任务。

2012~2014年,镇劳动和社会保障所充分发挥就业平台作用,启动电子信息招聘系统,室外电子屏每天连续滚动播放招聘信息,平均每年发布招聘信息120多条,提供940多个工作岗位。同时,创建苏州市充分就业乡镇,以村、社区为服务平台,开展就业再就业服务,实现城镇劳动力就业率98.5%,农村劳动力转移率92%,继续保持达标。组织缺工企业万宝铜业、卓宝科技等赴湖南进行招工,多次在七都镇协助企业设摊就地招工,先后开展就业援助"春风行动""失业人员再就业""庆三八"等专场招聘活动,为需求双方提供双向交流就业服务平台。全镇农村劳动力23294人,转移农村劳动力20985人,就业率90.1%;城镇劳动力3459人,就业3390人,就业率98%;全镇高校应届毕业生453人,实现就业453人,就业率100%,实现充分就业乡镇目标。开发公益性岗位52个,从事服务业人员623人,新增农村就业人数1095人,完成失业人员再就业251人,苏北对口地区劳动力输入412人,宿迁对口地区劳动力输入80人。

2015年,镇人力资源市场共举办劳动力市场44期,发布招工信息173条,提供用工岗位4167个,有两千多名劳动力实现成功就业。实施基层公共就业服务标准化建设。以村、社区为服务平台,开展就业再就业服务,实现城镇劳动力就业率98.5%,城镇登记失业率控制在2%以内,农村劳动力转移率91.8%。开展高校毕业生就业服务。共提供适合大学生就业的岗位312个,实现应届高校毕业生就业率99%。新增就业岗位3538个,实现失业人员再就业240人,城乡困难人员就业533人,进入公益性岗位113人,优先提供给低收入家庭31人。同时为全镇各类企业用工备案424家,备案人数为16690人。发放4048(女性40周岁、男性48周岁以上)就业困难人员社保补贴562人。为459名失业人员申请失业补助金。组织人员参加上级部门开办的各类就业、创业培训班10期,共有170人参加培训。

第三章　社会保障

第一节　养老保险

一、职工养老保险

80年代初,机关、事业单位的正式员工,全民、大集体的职工,有社会保障,由县对口部、委、办、局统筹发给养老金。1985年6月起,七都、庙港乡国家机关、事业单位和全民企业招用的合同制工人开始参加养老保险。

1995年,《劳动法》颁布,劳动保险改称为职工社会保险。是年,企业职工养老保险制度实行

"四个统一"(统一计提基数、统一计提比例、统一计发办法、统一调度使用基金)一体化管理办法,缴费比例统一为职工社会工资的23%,其中企业缴纳20%,职工个人缴纳3%。

2000年,根据吴政发〔2000〕85号《关于社会保障费改由地方税务部门征收的实施意见》,开展社会保险扩面工作,在乡镇企业中试点,农民工也纳入社会保障对象。七都镇首批参加城镇企业职工养老保险(简称"城保")的有亨通集团、恒通集团、巨通集团、家用电机厂、宝元线业、华中电缆、邮电电缆等8家企业。

2002年12月,根据吴政发〔2002〕41号《关于全市农村定工(额)干部纳入城镇企业职工养老保险的意见》,七都、庙港镇政府结合本镇实际情况,制订实施意见和操作办法,涉及对象是对参加农村定工干部养老保险的所有定工干部(已办理退休手续的原定工干部除外)。7月1日始,在征缴基本养老保险费的同时,必须征缴失业保险金,用人单位按工资总额的2%征缴,个人按1%征缴。至2007年底,参加城镇职工养老保险12009人。

2008年,全镇社保登记开户、正常缴费的单位432家,参保12504人。2012年,七都镇成立以镇长为组长的并轨工作领导小组,层层动员全面发动,使并轨政策做到家喻户晓。超龄人员补缴社会保险679人,上缴资金4977万元;完成并轨5902人。社保参保企业共796家,参保15452人;新增灵活就业参保人员1898人,办理享受社保失业金待遇人员117人;申请社保补贴近2500人。2013年,居保、土保并轨542人,新婚、独子两项保险并轨451人,失水渔民换保障42人。是年,登记在册的社保参保企业共有635家,参保总人数15726人。居民养老保险人员14189人,发放居保养老金3235万元,2014年,登记在册的社保参保企业共有674家,参保总人数17015人。办理失水渔民并轨社保97人,办理土保转城保78人,办理农村基本养老保险转城保207人。

2015年,全镇登记在册的社保参保企业共有772家,参保总人数18086人。办理农土保并轨人员退休手续787人,农保转城保307人,土保转城保52人,两项保险并轨城保156人。

二、农村养老保险

2004年,根据吴江市人代会1号提案《关于开展城乡统筹就业工作,并开展农村基本养老保险(简称"农保")和失地农民以土地换保障(简称"土保")的工作》精神,七都镇逐步开展对农保和农村失地人员以土地换保障的工作,农保参保14263人。2005年7月7日,吴江市农办、劳保局等部门联合下发《关于进一步落实农村基本养老保险及土地换保障政策》的补充意见。对具有本市农村户籍且无任何保障的,年龄达80周岁以上的老年农民,可申请直接享受每人每月80元的农保基础性养老金。2005年9月,吴江市人民政府(吴政发〔2005〕129号)下发了《关于印发吴江市无养老、医疗保险城镇老年居民社会保障试行办法的通知》,从10月1日起,无基本养老保险的城镇老年居民参照享受农保的基础性养老金标准执行;到龄渔民也可直接享受农保待遇。是年,农保参保13763人。2007年5月17日,吴江市人民政府下发《关于进一步完善农村基本养老保险办法,提高城乡有关老年居民养老待遇的意见》从2007年7月1日起,每月养老金由80元提高到100元,同时规定将直接享受基础性养老金人员的年龄由80周岁调整为70周岁。是年,农保参保11850人。至2007年底,已参加农保人数23465人,其中已享受农保13283人。

2008年10月31日,吴江市人民政府下发《关于提高城乡老年居民养老补给标准,完善农村基本养老保险办法意见》规定,2009年1月1日起,农保养老金每人每月由100元提高到120元。是年,农村基本养老保险参保10093人。

2015年,全镇2866人参加农村基本养老保险。失地农民都按规定享受土保待遇,通过持续并轨,在册土保参保人员降至2612人,正常按月发放土保养老金6268人,发放土保养老金3422万元。

第二节 土地换保障

2004年1月起,土地被征用的失地农民由镇政府提供参保名单,到社保中心办理手续,由市国土资源局协助镇政府向市社保中心解缴保险费。土保人员基本生活保障分3种情况:第一种对象是1992年以来已参加征土工养老保险的被征地人员,未参加城镇职工养老保险或未在机关事业单位有正式工作的,男满60岁,女满55岁后,按月享受基础性养老金80元,月领养老金不足220元的,政府给予失地养老补贴补足差额部分;第二种对象是1994~2003年,按照《征用土地撤队人员实行统筹保养办法》缴费参加保养的撤队人员,原规定的保险待遇不变;第三种对象是实行货币安置的被征地人员,个人一次性缴纳保障费3390元,全部记入其个人账户,到龄后按月领取的基础性养老金和个人账户养老金总额不足220元的,政府给予失地养老补贴补足差额部分。是年,市政府出台《关于吴江市已被征地人员基本生活保障的意见(试行)》,七都镇对2003年前因征地而导致失地的农民,到养老年龄时每人每月发放220元养老金;对16周岁以上的新失地人员,按每人2万元的标准缴纳其"土保"投保基金,到龄时至少可领取每月220元的养老金,并继承2万元的投保基金。

2005年,全镇有8056人被纳入土地换保障范围,享受土地换保障的有3224人。至2007年底,全镇参加土保人数11343人,其中已享受土保4314人。2008年,全镇有7041人被纳入土地换保障范围,享受土地换保障的有4579人。

2015年,全镇办理农保、土保并轨人员退休手续787人,农保转城保307人,土保转城保52人。

表11-4 2004~2015年七都镇农保、土保基本情况表

年份	农村基本养老保险 参保人数(人)	缴费标准(元)	征缴总额(万元)	发放总额(万元)	土地换保障 参保人数(人)	养老人数(人)	发放总额(万元)
2004	14263	480	660	790	8377	2912	611
2005	13763	480	705	955	8056	3224	630
2006	13381	480	688	1050	7606	3760	650
2007	11850	564	706	1322	7336	4223	704
2008	10182	648	752	1650	7041	4579	703
2009	10093	780	787	1923	4893	6221	1940
2010	7087	720	510	1611	4372	6320	2048
2011	5850	720	421	2222	4016	6393	2186
2012	3482	720	251	2725	3500	6388	2376
2013	2766	780	216	3117	3010	6293	2681
2014	3021	870	263	3436	2980	6199	3050
2015	2866	1000	287	3743	2612	6268	3422

第三节 生育保险

1995年4月,市政府批转《吴江市企业职工生育保险暂行办法》,规定从1995年7月起,参加

城镇企业职工基本养老保险的企业中实施女职工生育社会保险。生育保险费由按企业全部职工工资总额的1%比例，按季与养老保险费一起缴纳，列入职工管理费用支出，职工个人不缴纳生育保险费。1998年1月，七都、庙港镇机关事业单位人员参加生育保险，生育保险费由按机关事业单位全部职工工资总额的1%比例缴纳。参加生育保险的单位中符合计划生育规定的女职工生育后，由所在单位按照国家和省、苏州市规定，支付相关待遇和生育费用。

2000年9月起，参加城镇职工基本养老保险的企业同时参加生育保险，七都镇有3300人参加生育保险。2002年度（2002年7月至2003年6月），执行补偿基数按2001年吴江市社会年平均工资10730元计算，月平均工资894元。女职工生育保险待遇的补偿标准：顺产的每人补偿5个月社会平均工资，难产和多胞胎生育的每人补偿6个月社会平均工资，领取生育证的女职工因病理原因流产的，每人补偿1个月社会平均工资。2004年，全镇有6230人参加生育保险。至2007年底，参加生育保险9063人。

2008年，社会月平均工资1329元。全镇有12504人参加生育保险。

至2015年，全镇有14238人参加生育保险（包括养老、医疗、生育、失业、工伤5个险种一起参保）。

第四节　工伤保险

80年代至90年代初，国有企业职工发生工伤后，待遇按照《劳动保险条例》执行。1995年1月1日起，吴江市执行省劳动局、财政厅、总工会《关于调整国有企业伤亡职工有关待遇的通知》：职工因工死亡后，原按月发给其供养直系亲属抚恤费、生活困难补助和补贴，统一标准为供养城镇户口直系亲属1人的，按职工死亡时上年当地职工月平均工资30%发给，低于90元的按90元发给；供养2人的按50%发给，低于160元的按160元发给；供养3人或3人以上的按60%发给，低于225元的按225元发给。供养直系亲属是农村户口的，在上述标准基础上分别降低2个百分点，供养1人不足70元的按70元发给；供养2人不足120元的按120元发给；供养3人不足165元的按165元发给。职工因工死亡后，丧葬费和一次性抚恤费分别按职工死亡时上年当地职工月平均工资5个月和25个月标准发给。

1997年5月，苏州市政府印发《苏州市职工工伤保险暂行办法》。7月起，苏州市建立工伤保险基金。2001年10月，吴江市政府印发《吴江市城镇企业职工工伤保险暂行办法》，七都、庙港镇参照此办法，对所有参加养老保险的职工实施工伤保险制度。

2004年7月起，七都镇按吴江市职工月平均工资1329元，作为根据《工伤保险条例》规定，按此标准调整工伤职工待遇。2006年，全镇参保企业365家，参保人数7800人，按苏州市职工月平均工资2041元为计发基数。2007年7月，按苏州市职工月平均工资2300元为计发基数。是年底，参加工伤保险9063人。2009年7月，执行苏州市《关于调整2009年度苏州市职工工伤保险定期待遇的通知》，对工伤保险待遇调整办法为一级至四级工伤职工在原伤残津贴的基础上，每人每月增加额分别为：一级伤残增加250元，二级伤残增加240元，三级伤残增加230元，四级伤残增加220元，也按此标准调整后，增加金额不足原待遇的12%的，予以补足。

至2015年底，全镇参保企业629家，参保人数14238人（包括养老、医疗、生育、失业、工伤5个险种一起参保）。

第十二卷

七都与社会学和国学

社会学家孙本文是七都人,他先后在复旦大学、中央大学任社会学教授,对学院系统的社会学成长发展做出贡献,为中国社会学的学科理论奠定基础,是中国社会学奠基人之一。社会学家费孝通从江村社会调查起步,在学术研究和社会发展之间找到结合点,促进社会学与人类学在中国的融合。他是中国社会科学院社会学研究所和中国社会学会的创始人之一。国学大师南怀瑾在七都创办太湖大学堂,致力于中国传统文化的研究、传承和发扬光大,并常年定居七都。至2015年,七都镇有太湖大学堂、江村文化园、群学书院、太湖大讲堂、江村士隐、怀轩、时习堂等社会学、国学文化场所。

第一章 孙本文与中国社会学

第一节 孙本文生平

清光绪十八年(1892)1月23日,孙本文出生于吴溇乡张港自然村(今属望湖村),后随父迁至邻近的薛埠自然村(今属吴溇村),在父亲孙禄开设的私塾中苦读10年。清光绪三十二年,入震泽镇明体学堂读书,两年后转学到吴江县立江震小学继续读书。

清宣统元年(1909)小学毕业后,考入江苏省立第一师范学校公费就读。毕业后到吴江县立小学任教。民国2年(1913),考入北京大学文科哲学门(文学院哲学系)。民国7年7月,从北京大学毕业。9月,被南京高等师范附中聘为国文及哲学教员。民国9年,考取江苏省公费留美生。民国10年,孙本文入美国伊利诺伊大学研究院,专攻社会学,获伊利诺伊大学硕士学位。民国11年,入哥伦比亚大学继续攻读社会学。民国13年7月,孙本文从哥伦比亚大学转至纽约大学,获纽约大学哲学博士学位。民国14年,从纽约大学转至芝加哥大学社会学系,进行博士后研究。民国15年,回到上海,在大夏大学教授一学期课程。9月,应聘担任复旦大学社会系教授。孙本文发起组织东南社会学会,他当选为常务委员兼编辑主任。民国18年2月,他被中央大学(今南京大学)聘为社会学系教授兼主任。是年,东南社会学会扩大改组为中国社会学社,孙本文当选为正理事兼编辑主任。主编《社会学丛书》15种,陆续出版。民国19年5月,孙本文任国民政府教育部高等教育司司长,兼任中央大学社会学系主任兼教授。民国20年6月,加入中国国民党。民国21年,辞去高等教育司司长,专任中央大学社会系主任。民国26年7月,国民党中央文化运动委员会成立"文化戡乱委员会",被列为委员。民国27年,任庚子赔款董事会协助科学工作人员委员会委员。民国28年,任国立编译馆社会学名词审查委员会主任委员。民国29年,被聘为国民政府社会部社会行政计划委员。民国30年,任中央大学师范学院院长,复任社会学系主任。是年,中国社会学社与社会部合作,创办《社会建设》月刊,他任总编辑。

民国38年春,中央大学教授会组织校务维持委员会,孙本文被推为常务委员。8月,中央大学更名为南京大学,社会学系被取消,被聘为政治系教授。1952年,调地理系任统计学教授,兼任江苏省哲学社会科学联合会理事,南京市经济学会副会长,《江海学刊》编委。1953年,孙本文调任地理系教授。1955年起,任江苏省政协委员(第一、二、三、四届,至1979年辞世)。1963年,调任南京大学政治系教授。1966年下半年至1967年被定为"资产阶级学术权威",多次被抄家,所有著作、研究资料、藏书、衣物等被洗劫一空,多次受到批判。1969年底,下放到南京附近溧阳南大农场分校劳动。因年老体弱,不久,调回南京大学本部。中共十一届三中全会后,得以平反。年末,他皮肤和眼白突然发黄,住院诊治,确诊为胰腺癌,1979年2月21日在南京病逝。南京大学为他举行隆重的追悼会。

第二节 孙本文在中国社会学史上的地位

一、传播社会学的带头人

孙本文一向博览群书,著作丰盛。他的译著,数量较多,涉猎的面很广。他所发表、出版的社会学文章和书籍,资料丰富翔实、朴实无华。民国15年(1926),从美国回国后的五六年时间,接连出版《社会学上之文化论》《社会学ABC》《人口论ABC》《社会学的领域》《社会的文化基础》《社会变迁》6本书。《社会学上之文化论》首次介绍美国文化社会学派的学说到中国,也是他在美国受教于文化学派开创者乌克朋的心得。该书内容主要依据乌克朋的《社会变迁》一书,并介绍恺史、卫莱、海史各费等社会学者的学说。《社会学ABC》是他自著的一部书,书中对文化与态度的分析,对于社会行为的意义,对于社会要素的分析、文化失调与社会问题关系的论述,奠定孙本文社会学思想与理论的基础,也奠定了他在中国社会学界的重要位置。这6本书的书目中的"ABC""领域""基础"等,把西方社会学的入门知识初步介绍给中国读者。

民国28年后的十多年间,孙本文陆续出版十多部著作,结合中国的历史,把西方的社会学系统地介绍到中国。他的《社会学原理》是一部传播西方社会学的代表作。该书的中文参考书(包括中文译本,如严复译《群学肄言》等)外,其余皆是英文译著,包括《普通社会学》即社会学概论74部,社会学史11部,社会调查30部,社会问题52部,还有美国社会科学研究提出的社会学重要著作22部。这189部著作,每部内容、作者、版本、特点、贡献、简略评语,在附录中都作了简要陈述,对学习西方社会学的中国学生,起到了引导开蒙的作用。

二、社会学教学的主力园丁

民国15年(1926),孙本文从美国返回中国,先后在上海大夏大学、复旦大学任社会学教授。民国18年起,任中央大学社会学系教授兼主任,在该校(民国38年后改名南京大学)任教整50年,直至去世。他教学认真,从不缺课。民国31~36年,孙本文被聘为全国30名"部聘教授"之一。民国36~37年,兼任中央大学社会学研究所主任。他在教学中前后开设社会学原理、社会心理学、社会研究方法、社会调查、社会问题、统计学等课程,几乎包揽社会学系应开的所有主要课程。

他积极、坚定地创办、维护中央大学社会学系,延揽留美、英、法、德的知名社会学学者如黄文山、言心哲、游嘉德、卫惠林等,广开课程,培养了如刘蕖、吴文晖、钟兆麟、陈定闳等一批社会学领域的中坚力量。

在派系互相倾轧、官场斗争激烈的国民党政府眼皮底下的中央大学,要做好学术和行政领导工作颇不容易。孙本文不趋炎附势,为社会学的发展尽可能地做了不少工作。民国21年上半年,中央大学因拒绝段锡朋到校而发生学潮,遭到国民党当局强行解散,社会学系也被取消。后进行所谓整顿,由罗家伦任校长。罗家伦到任后,聘孙本文为教务长,孙本文以恢复社会学系为任职条件,结果社会学系保留为社会学组,隶属哲学系,实际与哲学系并无隶属关系,社会学仍得到独立发展。国民党统治时期的中央大学社会学系,在孙本文的坚持努力下,能够在艰难中存在和发展,对中国社会学的发展具有一定的作用。

三、社会学学术的组织者与主持人

孙本文认识到,要想使一门新兴的学科在一个生疏的国土上发芽生长,极需要有一批执着于此道的学者形成一个有作为的学术集体,开展有力的学术活动,而他的行动说明这一点。他在上海大夏大学、复旦大学任教期间,发表出版了大量的文章和书籍。民国17年(1928),趁留美时结识的博士吴景超返国,孙本文作为东道主为其洗尘,邀请上海和南京各大学社会学教授游嘉德、余天休、吴泽霖、潘光旦、应成一等十多人作为陪客。孙本文提出倡议,组织一个"东南社会学会",得到全体一致赞同,后投票选举孙本文为学会唯一的常务委员兼编辑主任。至此,东南社会学会正式成立,并迅速开展学术活动,出版学会的机关刊物《社会学刊》。民国18年冬,孙本文与北平各大学社会学教授陶孟和、许仕廉、陈达以及东北的刘强等共同商定,扩大成为全国性的"中国社会学社"。民国19年,中国社会学社在上海正式成立,选举孙本文为第一届正理事兼社长,同时举行第一届年会。至民国26年,分别在上海、北平、南京等地召开过6次年会,抗日战争及胜利后召开过3次年会。

除了年会外,并出版《社会学刊》,前后出版6卷共20期。其间,因抗日战争出版、发行困难,《社会学刊》一度停刊,学社又与社会部合办《社会建设》月刊,于民国33~34年及民国37~38年前后出过十多期。

孙本文前后担任学社数届理事长,9次年会他参加过7次并长期担任学刊主编。所有这些事实说明,中国社会学的发展,与学会集体的活动和学刊的出版是分不开的,而孙本文是中国社会学学术集体的主要组织者和活动的主持人。

第三节　孙本文的著作选介

一、《社会学原理》

民国24年(1935),《社会学原理》由商务印书馆初版。民国29年,国民政府教育部将该书定为大学用书后,作者加以修订、增删。民国33年,增订本上、下册出版,全书为5编26章,约34万字。

该书论述了社会学的基本概念、性质、范围及其与社会科学的关系,社会学研究的单位及材料、方法、目标、分布及内容;社会因素的分析、社会过程、社会组织与社会控制、社会变迁与社会进步;综述各学派的论点和学说,诸如态度论、人性论、人格论、文化累积论、文化选择论,以及地理因素论、生物因素论、心理因素论、文化因素论等。

该书资料翔实,注释详尽。文后附有社会学专名、国外社会学人名与著作等参考资料。是孙本文的代表作,也是20世纪30~40年代中国社会学在理论研究方面的代表作。在当时的学术界和教育界产生广泛的影响。《社会学原理》完整系统地勾勒出了中国社会学研究的基本观念和内容体系,对中国社会学的发展产生重要的影响。在学科发展上,《社会学原理》在当时作为社会学讲授的基本教科书,使用比较广泛,塑造了当时一代社会学学子。全书注重文化与态度的探讨,其理论基础建立在文化社会学的观点之上。认为社会学研究的中心是人类的文化,而文化具体体现为人类的社会行为。据此把社会学界定为研究社会行为的科学,并探讨了有关社会行为的五类问题,如社会行为的过程问题、社会组织问题等。

二、《社会心理学》

民国35年(1946),《社会心理学》列为大学丛书由商务印书馆出版,全书分上、下册,6编30

章,约 60 多万字。

该书论述了社会心理学的目的、对象、范围、问题及源流和派别。阐明社会心理学是以社会学和心理学为基础的科学。现代社会心理学可分为两大派,即系统社会心理学与实验社会心理学。研究社会心理学,在理论上要了解社会心理的真相,在实用方面则要了解如何指导和控制社会心理的途径。从社会的立场概述行为主义关于个人行为的观点。心理的社会环境包括人们一切临时表现的主观的流动的行为,无论是个人的或集体的,内在的或外表的。这种由人所表现的行为或行为的趋向,都有影响于在这环境中生活的人的可能。包括个人方面的,如态度、意见、成见等。集体行为方面的,如舆论、谣言、群众行为等。其他方面的社会刺激,如团体活动及竞争等。这三方面都对个人行为产生影响。

《社会心理学》对于阐明历史唯物主义的基本原理提供丰富的科学理论与实际资料,使它更加充实,更加具体化,因而使人们能更好地理解它,掌握它,有助于提高人们的理论认识和哲学水平。孙本文的社会心理学自成体系,也是他的社会学理论体系的组成部分,代表了三四十年代社会心理学的新趋势。他认为社会心理学是研究社会行为的一种,即个人与社会相互影响的个人在社会中的个人行为。从社会学和社会心理学视角对舆论问题进行综合性和持续性的研究,阐发一系列重要的学术观点,达到社会心理学中国化的地步,堪称中国现代舆论研究的先驱。孙本文著作中的舆论学术思想,对认识中国早期舆论学以及传播学研究的历史具有重要意义。

三、《当代中国社会学》

民国 37 年(1948),《当代中国社会学》由胜利社出版,全书分上、下编 22 章,约 20 多万字。

该书分系统论述了中国社会学的起源与发展,包括普通社会学、社会进化与社会变迁、社会问题、社会思想与社会学史、农村与都市社会学、社会学方法、社会事业与社会行政以及其他社会学等 8 个部门的发展进程。介绍实地调查、社会学课程、社会学团体和刊物的具体情况。讨论分析 20 世纪上半叶中国社会学的主要派别和基本观点,其中包括注重心理、文化、生物、经济、整体(综合)、社会问题和社会实地调查等 7 个社会学派。是对中国社会学自蓬勃发展以来学术研究成果与学科发展的一次系统总结。书后附有"中国社会学重要文献分类简表""中国各大学社会学教授姓氏录",以助读者一览当时中国社会学发展的概貌。

该书从多方面对现实社会做详尽精密的调查与研究,以彻底了解中国社会的性质。建立中国应用社会学,详细研究中国社会问题。探讨中国社会事业与社会行政,研究中国社会建设方案。培养和训练中国的社会学人才。具体阐明社会学中国化应从事的工作是建立中国理论社会学,包括社会学说、社会理想、社会制度、社会运动、社会行为等问题的资料;系统编辑社会学基本用书;实地研究中国社会的特性,从多方面对现实社会做详尽精密的调查与研究。作者将社会问题作为社会学研究的一个部分,在社会学中提出一个重要论点。《当代中国社会学》是中国社会学发展状况的一份诊断书。

第二章 费孝通的社会学田野调查

第一节 费孝通生平

清宣统二年(1910)11 月 2 日,费孝通出生于吴江县松陵镇。民国 5 年(1916),入吴江县城的第一小学就读。民国9年,随家迁居苏州,转入振华女校学习。民国18年,入东吴大学医学预科。民国19年,转入燕京大学社会学系攻读社会学。民国22年,燕京大学毕业,获社会学学士学位;是年秋,考入清华大学社会学及人类学系研究生,师从俄籍人类学家史禄国。民国24年,清华大学研究院毕业,获硕士学位,与燕京同学王同惠结婚,并同去广西大瑶山调查,调查途中误踏虎阱,腰腿受重伤,其妻在寻人援救途中滑下悬崖,溺水身亡。

民国25年7月,费孝通在姐姐费达生的建议下,到吴江县庙港乡开弦弓村养伤,并进行实地调查。是年秋,赴英国伦敦政治经济学院留学,师从人类学家布·马林诺斯基。民国27年7月,依据开弦弓村调查资料完成《江村经济》博士论文,获哲学博士学位。是年秋,回国,辗转到抗日战争的后方——云南昆明,先后任云南大学社会学教授、西南联大教授,主持云南大学社会学系研究室工作,进行内地农村、工厂、边区等社会调查。民国28年,费孝通与孟吟结婚。民国32年,赴美国学习访问。民国33年,加入中国民主同盟,兼任清华大学教授。民国35年11月,访问英国。民国36年,到清华大学任教。

民国38年1月,赴西柏坡参加中共中央与各民主人士共商筹备全国政协、成立联合政府、制定共同纲领的会议。9月,参加第一届中国人民政治协商会议。历任中央人民政府民族事务委员、中央民族学院副院长、国务院专家局副局长、国家民族事务委员会副主任、中国科学院哲学社会科学学部委员。

中华人民共和国成立初,参加国内的民族工作。1957年,回到开弦弓村再调查,发表《重访江村》研究报告,被错划成"右派",仅保留中央民族学院教授一职。"文化大革命"中受到冲击,下放到湖北沙洋"五七"干校。1972年,回到中央民族学院,从事译书等工作。和吴文藻、谢冰心等一起翻译海斯和穆恩的《世界史》、韦尔斯的《世界史纲》两部世界史。1978年后,历任中国社会科学院民族研究所副所长,中国社会学学会会长、荣誉会长,中国社会科学院社会学研究所所长,北京大学教授、北京大学社会学研究所所长,国家民族事务委员会顾问,国务院学位委员会委员,中华人民共和国香港特别行政区基本法起草委员会副主任委员等职务。

1980年,在美国丹佛获国际应用人类学会马林诺夫斯基名誉奖,并被列为该会会员。1981年,在英国伦敦接受英国皇家人类学颁发的赫胥黎奖章。1982年,被英国伦敦大学经济政治学院授予"荣誉院士"称号。是年起,任北京大学社会学系教授。1985年,任北京大学社会学研究所所长。1988年,获联合国大英百科全书奖。1989年,被香港大学授予文学博士学位。1993年,被授予日本福冈亚洲文化大奖。1994年,费孝通被授予麦格赛赛奖,以表彰他在中国成功地将社会科学理论应用于农村经济与社会发展所做的卓越贡献。1998年11月28日,获霍英东奖金最高奖项"霍英东杰出奖"。1999年9月24日,获国家社会科学基金项目特别荣誉奖。

2000年,出席"国际人类学与民族学联合会",作了题为《创造一个和而不同的全球社会》主旨讲演。2001年,出版《费孝通文集》第十五卷。2002年,践行越穷的地方越要去诺言,七访定西。

2002年9月,费孝通第二十六次访问江村,忠实地记录农民生活,发现农民创造,寻找农民出路,走出一条实事求是、学以致用的学术研究之路。2003~2004年,住院治疗,上海人民出版社出版《志在富民》一书。

费孝通为第一届全国人大代表,第七届、第八届全国人大常务委员会委员、副委员长,全国政协第一届全体会议代表,政协第三届、第四届全国委员会委员,政协第五届全国委员会常务委员,政协第六届全国委员会副主席,中国民主同盟中央委员会第五届、第六届、第七届主席和名誉主席。

2005年4月24日22时38分,在北京逝世,享年94岁。

第二节 江村田野调查

一、首访江村

民国24年(1935)秋天,费孝通偕新婚妻子王同惠到广西大瑶山做社会调查。12月16日,夫妻俩在茂林山间迷路,费孝通在找路过程中,不慎掉入当地人为捕虎设下的虎阱,腰部、左脚骨受伤,腰腿被石头砸中受伤,动弹不得。王同惠下山找人帮忙,结果坠崖,溺水身亡。

民国25年7月,费孝通伤势好转后,接受姐姐费达生的建议,回家乡吴江养伤散心,并利用出国前的余暇,对开弦弓村作农村田野调查。从此,他与开弦弓村结下不解之缘。在姐姐费达生的关心和村长、村民们的热情支持下,他在开弦弓村串门走户,走田头,去工厂,坐航船,观商埠。与村民聊家常、交朋友,多次为村民的虾笼等竹编器具题写堂名(宗属名),与村民相处亲密无间。对村民的生产劳动、生活、家庭、亲属关系、土地占有、生老病死、风俗习惯等情况作详细了解,特别是系统地收集蚕丝业等资料。费孝通把调查中的所见所闻写成《江村通讯》,在天津《益世报·社会研究》上连载。首篇《这次研究工作的动机和希望》一文,给开弦弓村冠以"江村"学名,并说明这次调研的动机是为了亡妻研究中国社会组织的未竟事业,以证明人类学民族志的方法也可以用于中国自己本地的"文明"社区的研究,即要打破"文野之别"的目标。他在《离乡》一文的最后写道:"我离开了我已发生了亲密感情的一村人民,将远远地离开了,我只觉得我失去了一个宝贵的'知识的源泉'一片亟待开垦的原野。"

民国27年,费孝通在伦敦大学政治经济学院留学期间,以在开弦弓村的调查资料写成《中国农民的生活》(中文名为《为《江村经济》)博士学位论文。获博士学位。

二、重访江村

1955年,美国人菲特弗基尔写文章,称共产党不让费孝通继续进行农村调查,费孝通想用重访江村的事实答复他。

1956年5月,新西兰文化代表团成员威廉·葛迪斯到中国访问,经国务院总理周恩来同意,访问开弦弓村,更激起费孝通回访江村的愿望。10月16日,费孝通接到英国劳特利奇(G. Rourledgc)出版社弗兰克林(Norman Franklin)的来信,说《江村经济》一书出版已近20年,应该有新的版本来代替。鉴于这两方面考虑,费孝通计划去调查,写一本《新中国农民生活》。

1957年4月,经组织同意,费孝通带领由中国社科院经济研究所成员组成的重访江村调查组,对开弦弓村(联合三社)的变化作实地调查和研究。《新观察》杂志社先后派2名记者随访,吴江县派员协助调查。4月24日至5月15日,费孝通和调查组人员自上而下层层听取县、区、社干部情况汇报,随后采用召开小型座谈会、个别访问、实地考察、向有关部门索取材料等形式,夜以继日,向村民了解初访江村后的20年间江村经济、社会和家庭的变化。调查工作得到村民的配合。摄影记者张祖道拍摄的114张照片,记录下村民生产、生活和调查组活动的情况。通过调查,费孝通实事求是地分析当前农村生产和农民生活中存在的问题,并提出切中时弊的多项建议。

1957年5月21日,吴江县人民委员会在给省人民委员会和苏州专员公署的报告中写道,全国人民代表大会代表费孝通及其带领的调查组的农村调查工作,反映的情况基本符合实际,提出的问题也确实存在,关于发展农业生产、家庭副业、水产以及学校教育和提高干部文化素质等许多建议都很好。是年6月,费孝通在《新观察》先行发表《重访江村》的前两部分,客观反映合作化后,片面强调发展农业,忽视副业和工业,粮食虽然增产,但村民实际收入降低的事实,提出发展乡村工业和副业,增加农民收入的建议。然而,在当时形势下,这些不合时宜的富民思想遭到不公正的批判。

费孝通被错划为"右派",仅保留中央民族学院教授一职,江村调查研究被迫中断。

三、三访江村

1981年10月1~4日,费孝通为去英国接受皇家人类学会颁发的人类学最高奖——赫胥黎纪念奖章作准备,第三次访问江村。

中国社会科学院经济研究所派员陪同费孝通调查,其姐费达生偕同调查。费孝通向立新大队(开弦弓村)和红卫大队(荷花湾村)的干部群众详细了解农业、副业、工业、土地、人口、文化教育、农民收入、家庭生活等情况,并参观庙港缫丝厂,了解生产发展情况和问题,还看望多名1962年下放回乡的老缫丝职工。费孝通了解到,改革开放以后,农村经济体制开始调整,加快副业和工业的发展。1980年,红卫和立新两个大队人均年收入从1978年的114元增至300元。他惊喜地看到苏南农村社队工业的勃勃生机,短短几年,农民收入倍增。中华人民共和国成立后二三十年内农民徘徊于低收入的贫困历史结束了。他在三四十年代提出的发展乡土工业的主张,正在经受实践的检验。

四、续访江村

1982~2002年,费孝通对江村进行多达23次考察访问。1982年10月,他与中国社会科学院社会学研究所人员一起到开弦弓村,带着"社会调查更上一层楼"的想法,深入了解产业结构、劳动力配置、文化教育、农民生活等情况。1983年5月,费孝通与中国社会科学院社会学研究所、中共江苏省委政研室和江苏社会科学院社会学研究所组成联合调查组,探讨村(队)办工业的发展。此后,用半个多月时间,费孝通带领联合调查组在吴江县七大镇就乡(镇)村办工业等开展全面调查。1996年4月,费孝通在吴江宾馆接见"江村—江镇"课题组成员,为家乡涌现出一批关心和研究农村经济社会发展的年轻人感到欣慰,高兴地为即将出版的《江村—江镇》一书题写书名。2002年9月30日,费孝通最后一次访问开弦弓村。

续访江村期间,费孝通对乡村交通,乡村工业、副业的发展,小城镇建设,水资源保护等情况作详细了解并给予指导。同时,他还关注家乡面貌的发展变革,关心村民生产、生活状况的改善变化。

2003年4月6日,费孝通拟再次访问江村。因庙震公路正在拓宽改造中,考察访问安排在庙港堤闸管理所北侧的太湖大堤上,费孝通目送家人登上汽艇进入太湖祭奠亡妻孟吟后,凝望着万顷太湖,并在大堤上听取开弦弓村党总支书记周永林和庙港镇党委书记孙悦良的情况汇报。在谈到下一步如何发展的话题时,费老脱口而出:"靠山吃山,靠水吃水,庙港靠太湖,就吃太湖,你什么时候把太湖吃好了,你庙港就无忧了!"。

表12-1　　　　　　　　　　　　　费孝通江村调查研究年表

访问次序	访问时间	调查研究后形成的学术成果
首访	1935年7月3日至8月25日	《江村通讯》《江村经济》《伦市寄言》《理论与实地社会研究》
重访	1957年4月24日至5月15日	《重访江村》
三访	1981年10月1~4日	《建立面向中国实际的人民社会学——从三访"江村"说起》《三访江村》《农村调查的体会》
四访	1982年1月6~14日	《从鱼米、丝绸之乡到兔毛纺织之乡》《苏南农村社队工业问题》《故乡养兔》《迎春话农村新面貌》《怎样去了解中国社会》《论中国家庭结构的变动》《谈谈我怎样搞调查的》《从实际出发规划社会学学科建设》《怎样进行社会调查》
五访	1982年10月24日	《小城镇在四化建设中的地位和作用》《谈小城镇研究》《家庭结构变动中的老年赡养问题》《再谈怎样进行社会调查》《谈小城镇研究》《做活人口这块棋》

(续表)

访问次序	访问时间	调查研究后形成的学术成果
六访	1983年5月2~3日	《农村工业化的道路》《小城镇 大问题》《继续开展江苏小城镇研究》《家乡的凤尾菇》《及早重视小城镇的环境问题》
七访	1983年10月3~8日	《小城镇 再探索》《农民要买汽车——给〈小城镇建设探讨〉的编辑同志的一封信》《小城镇的发展在中国的社会意义》《中国人口的合理安排问题》
八访	1984年10月21~23日	《小城镇 再开拓》《两篇文章》《朱著〈乡村工业与小城镇〉序言》《社会调查自白》
九访	1985年7月9~22日	《九访江村》《三论中国家庭结构的变动》
十访	1985年10月12~18日	为写作《江村五十年》考察
十一访	1986年5月16日	《江村五十年》《因地制宜 多种模式》《我国农村经济发展战略》,同年《江村经济》中译本出版
十二访	1987年5月31日	
十三访	1987年9月4日	《镇长们的苦恼》《四年思路回顾》《农业现代化与深化改革》
十四访	1990年4月14~15日	《长江三角洲之行》《江苏乡镇企业的下一步》
十五访	1991年4月14~21日	《吴江行》《志在富民》《〈城乡协调发展研究〉后记》《中国城乡发展的道路》《乡镇企业的新台阶》《从农村发展到区域发展》
十六访	1993年10月14日	《乡镇企业的发展与企业家面临的任务》
十七访	1994年10月13~15日	《农村·小城镇·区域发展》《小城镇研究十年反思》
十八访	1995年5月15~19日	《区域发展浅谈》《论中国小城镇的发展》《重读〈江村经济〉序言》
十九访	1996年4月4~8日	《吴江的昨天、今天、明天》
二十访	1996年9月19~21日	《社会发展与社会学》《〈走出江村〉序》
二十一访	1997年4月8日	
二十二访	1998年4月2日	《中国农村工业化和城市化问题》《我从家庭入手认识社会》《乡镇企业也要抓大放小》《草房·瓦房·楼房》《农民入镇》
二十三访	1999年4月13日	《苏南乡村发展的新趋势》《我对中国农民生活的认识过程》《回家乡谈发展》《家庭工业和私营企业》
二十四访	2000年4月1日	
二十五访	2000年9月2~5日	《新世纪 新问题 新挑战》《经济全球化和中国"三级两跳"中对文化的思考》《新形势 新探索》
二十六访	2002年9月30日	《家乡小城镇发展的二十年》《在"纪念费孝通教授〈小城镇 大问题〉发表二十周年座谈会"上的讲话》《我的思路框架》

第三节 江村调研成果选介

一、《江村经济》简介

民国28年(1939),费孝通的《江村经济》同时在英国伦敦和美国纽约出版,全书计16章,15多万字。《江村经济》最初以英文发表,题为《开弦弓,一个中国农村的经济生活》。在英国伦敦和美国纽约出版时,书名为《中国农民的生活》。作者将开弦弓取名为江村。在半个多世纪里,在国外被翻译成11国文字,多次再版;中译本面世30年来,近10家出版社出版发行,为国外人类学、社会学等学科的重要参考书。1986年,江苏人民出版社出版中文本时沿用原书扉页上的《江村经济》一名。

《江村经济》是费孝通在英国伦敦大学学习时撰写的博士论文,论文的依据是作者在江苏省吴江县开弦弓村(今属苏州市吴江区七都镇)的调查资料,全书分为前言、调查区域、家庭、财产与继承、亲属关系、户与村、生活、职业分化、劳作日程、农业、土地的占有、蚕丝业、养羊与贩卖、贸易、资金、中国的土地问题。另有人类学家布·马林诺斯基作的序及附录"关于中国亲属称谓的一点说明"。作者详尽地描述了江村这一经济体系与特定地理环境,以及与所在社区的社会结构的关系。以开弦弓村为调查对象,内容涉及土地所有制、农村生产、发展乡村工业和副业、普及文化教育、推广科学技术、医疗卫生、环境住宅、人口生育、家庭婚姻,直至维系家属、家庭成员的精神支柱——伦理道德观念。记录了中国最早的乡村工业企业——开弦弓村生丝精制运销生丝合作社的创建和运作情况。

《江村经济》
(江苏人民出版社1986年版)

《江村经济》跨越"文野之别",打破当时人类学只研究野蛮民族的局限性,被导师布·马林诺斯基赞誉为"人类学实地调查和理论工作发展中的一个里程碑"。

二、《三访江村》

《三访江村》共6500字,是1981年11月18日费孝通在接受英国皇家人类学会颁发"赫胥黎纪念章"仪式上的讲演稿。演讲当天,上海《文汇报》以整版的篇幅发表。

费孝通演讲时说:"从青年时代踏进这门学科,我就已经向往的荣誉,经过了半个世纪坎坷的道路,到了垂暮之年,突然落到自己身上的时候,欣慰愧赧可能是形容此时内心感受最适当的语词。""我觉得特别兴奋的是在这里看到了我几十年前所想象的目标已在现实中出现,而且为今后中国经济的特点显露了苗头。"文中概要介绍开弦弓村近50年来的社会变迁,涉及的内容有农业、副业、工业、村民生活、人口、土地、婚俗等多个方面。同时,他认为"用开弦弓村作为一个观察中国农村变化的小窗口有一个好处,就是我们有近50年的比较资料"。

在文中表明自己三访江村时的高兴心情和复杂的感受,文章最后他说:"人民自己的政府才能根据人民的需要来发动集体的智慧和力量来为人民群众办事。在这件事上,大家要我们人类学者帮助他们进行系统的社会学调查。我本人心甘情愿做这种能直接满足人民需要的人类学工作的。"

三、《九访江村》

1985年8月29日,《九访江村》在《新华日报》发表。

文中对当时社会上贬褒不一的乡镇工业的性质、特点、动力和前途,作深入的分析。费孝通提出"草根工业"理论和乡镇工业是"中国农民一个了不起的创举"的重要论点。"在初期短短几年里,苏南的社队工业到处蔓延,落地生根,历经艰险而不衰。社队工业的这种强盛的生命力和普遍的适应性,不能不使人联想到那野火烧不尽,春风吹又生的小草,草根深深地扎在泥土之中,一有条件它就发芽,就蓬蓬勃勃地生长。这种社队工业,可以称作草根工业(Grassroots Industry)。与西方工业革命的历史相对照,草根工业无疑是中国农民的一个了不起的创举。""在农民的眼光里,社队工业是开辟增加收入,满足生活需要的一个新的副业。它的作用与过去在家里饲养几头羊并无差别。工厂并不是别的东西,只不过是他们自己的又一副业园地而已。"

文章指出,草根工业中,农民表现了充分主动性,这是当今中国社会的一大特点,但草根工业不能长久停留在现有的水平,要不断上升和扩展,形成更大规模的乡镇企业才能生存下去。

五、《江村五十年》

《江村五十年》共 1.08 万字,写于 1986 年 6 月 13 日,该文删节版刊于上海《社会》杂志第 6 期。1988 年,全文辑入天津人民出版社出版的《费孝通选集》。

文章讲述 1949 年 5 月 3 日,江村解放。江村农民和全国农民一样,经济上的翻身是从解放后的土地改革开始的。但是另一方面,由于在农村合作化时期,农村副业和家庭手工业受到歧视、限制和打击,农村经济收入几乎完全靠粮食生产,因而社员抢得的工分越来越贬值。至 80 年代初期,乡镇工业兴起,利用最基层的集体经济力量和丰富的劳力资源,使农村经济结构发生前所未有的变化,繁荣农村经济,成为农村经济的这第二次飞跃。费孝通追踪观察这一极其生动的过程,并力求如实地记录。

《江村五十年》讲述自"初访江村"后,费孝通目睹开弦弓村长达半个世纪的巨大变迁,中国农村近百年的历史是一部自然经济衰败的历史。经济衰败的起点就在于家庭手工业的没落。

第四节　费孝通在中国社会学史上的地位

一、中国社会学重建的组织者和学术带头人

1979 年 3 月 19 日,费孝通参加中央召开社会学座谈会后,回到中国社会科学院,马上成立中国社会学研究会,并以研究会的名义邀请美国和中国港台社会学家以及老一辈社会学家为师资。1980 年 5～8 月,举办中国社会学第一期讲习班。1981 年 5～8 月,举办中国社会学第二期讲习班。这两期讲习班培养的学员,在中国大地上播下社会学的种子。他还做大量的工作是:参与制订并协调全国"六五""七五"社会学科研规划;发展地方社会学和社会学科研机构;培训社会学师资和专业人才;协助高等院校建立社会学系;参与举办全国性的社会学学术研讨会;开展国际学术交流;在北京大学成立人类学社会研究所,在他直接领导下开展研究工作。

1982 年,在《建立我国社会学的一些意见》中,费孝通十分明确地指出:"恢复社会学这门学科在中国社会学科学里的地位和重新在大学里设立社会学课程和社会学系,并不等于恢复这门学科旧有的内容。就这门学科内容来说,还有待于努力、创建,使之成为一门马列主义、毛泽东思想为指导,密切结合中国实际,为社会主义建设服务的社会学。这是从本质上有别于中国旧时代的社会学和西方社会学的。"

1983 年,在《从事社会学五十年》一文中,他提出,重建中国的社会学必须有明确的指导思想,这就是马克思主义。要建立的是以马克思主义为指导的新中国的社会学。这是一个艰巨的历程,必须知难而进,共同努力奋斗。

他多次明确指出,在新形势和新问题面前社会学不是个恢复问题,而是个重新建立的问题,这个认识十分重要。社会学恢复重建之初面对诸多关于学科性质的争论,费孝通坚持要少争论,多调查,要把中国情况搞清楚。这既使社会学避免在复办伊始因陷入意识形态争论而难获宽松的发展空间,又培养了社会学关注现实、注重田野的品格。在经济落后、城乡二元体制尚未打破的 20 世纪 80 年代,费孝通的"离土不离乡""小城镇发展道路"的理论为改革开发之初的中国现代化发展道路指出了方向。

80 年代初到 21 世纪初,从古稀到耄耋之年,他自慰地说是他意外得到的"第二次学术生命"。他每年用约三分之一的时间在各地奔波,越是穷地方,越是要去。除了台湾省和西藏自治区,几乎跑遍全国。在这期间,从他的研究成果说,是中国社会学学科发展上当之无愧的学术带头人。

二、中国社会学思想发展的领路人

费孝通说:"一是'天下兴亡,匹夫有责',二是'学以致用'。这两条很可以总结我自己为学的根本态度。"他自己承认这两条是"不可能不存在中国知识分子的传统烙印",并颇为幽默地说:"想不到二千多年前的孔子对我这一代人还有这样深的影响。孔老夫子还不是主张少在看不到摸不着的玄理上去费脑筋,他周游列国还不是为了寻觅有用于社会的机会?务实的精神潜移默化渗入学术领域结果使像我这样的人,毫不自觉这是古老的传统,而带着投身入现代的学术里,形成了以了解中国和推动中国进步为目的的中国式应用人类学。在一定意义上说,这种学派的形成并不是出于任何个人的创见,很可以说是历史传统和当代形势结合的产物。"

费孝通的学以致用的思想观点在他的许多文章与行为中,都体现出来。他与一位美国学者巴博德的谈话中说:"知识是有价值的,但是它的价值必须通过实践实现。检验我们的理论是否正确,最终取决于我们是否真心能改善人民生活,在我看,社会学和人类学的最终目的正是改善人民的生活。"

1985年,参观中国香港举行的《中国书展》时,该展筹备委员会的薛通采访他关于美国学者阿古什会所写《费孝通传》的看法,他说:"别人怎么看我,那是别人的事,我不愿意发表太多的意见。为这本书他花了很大的力量,很不容易。不过我觉得最大的缺点,是他把我的思想作为一种受了西方影响的思想来分析,从西方的学术发展来评价我。他不了解我东方的底子,没有把我当成一个中国学者。我是中国人,我的基本看法,也是中国人的看法。"爱国主义的思想和情感,深深浸透在费孝通的脑海里。他甚至很骄傲地说:"我总是有一种感觉,从区位优势来看地利,研究人类这门科学很可能要到东亚来找它的新兴宝地了。"

1997年,费孝通在《反思对话、文化自觉》一文中正式提出"文化自觉"。此后他多次论述"文化自觉",不断强调"文化自觉"。可以说,"文化自觉"是他在最后差不多十年时间中所念念不忘的论题。在费孝通的多篇文章中指出:"文化自觉"指生活在一定文化中的人对其文化有"自知之明",明白它的来历、形成过程、所具有的特色和它的发展趋向,不带任何"文化回归"的意思,不是要"复旧",同时也不主张"全盘西化"或"全盘他化"。自知之明是为了加强对文化转型的自主能力,取得决定适应新环境、新时代对文化选择的自主地位。文化自觉是一个艰巨的过程。

费孝通认为如果现代化是在当代世界中人际关系的新发展,那么也可以认为现代化应当是一个"文化自觉"的过程,即人类(包括学术人)从相互交往中获得对自己和"异己"的认识,创造文化上的兼容并蓄、和平共处局面的过程。那么怎么样才能在文化上和平共处呢?费孝通从中国文化的遗产中提出"和而不同"的相处原则。当然,要真正实现这一认识、理解和相处的目标,并不容易。

三、学术上的野马精神

1990年,在费孝通80岁时,学术界为他开一个祝寿会,参加者主要是人类学家,许多是他的外国同行。在会上费孝通说他是一匹人类学当中的野马,不想受到任何拘束,他的思想也不受任何人为他局限的束缚。他是一匹野马到处去撞。那就是做学问要能够跨学科去思考,不能仅仅限制在老师所讲的内容上,思想不能有任何的疆界。这就是他的主要观点。

费孝通所说,他在学术上的野马精神,看起来好像是不守学术"本分",不按照学科研究的常规循规蹈矩地做学问。其实,他的这种野马精神,正是当代科学研究精神的具体表现,又是在中国社会学、人类学、民族学等研究中非常需要提倡的创新精神。

当代科学发展一般认为具有两大特征:一是各门学科互相渗透性的增长;二是综合性研究不断扩大。第二次世界大战后,人类社会生活中许多重大问题,都不是一两门学科可以单独解决的。原子能的利用、航天事业的发展、城市化建设的兴起,都向各门学科研究过去单打一地封闭性发展提出挑战。社会学、人类学可以在发展边缘学科和综合性研究中起到一定作用。它们的分支学科的不断增多也充分说明这一点。野马精神,就是在学术上不断探索、不断创新、不断前进,即遵循学术发展的规律、方向,但又不拘泥于老的学术框框的约束。时代在前进,学术研究的眼界、方法都要革新,面对着中国、世界未来发展的诸多难题,社会学、人类学、民族学研究工作非常需要野马精神。

费孝通正是凭着这种野马精神在自己几十年来的研究过程中,不断提出新的理解、新的理论。其中有小城镇、乡镇企业发展模式论,还有自然生态论、人文生态论、心态平衡论、民族地区发展必须是民族发展论和中华民族多元一体格局论等,这些理论都是冲破一道道难关大胆提出来的,给中国社会学发展提供新的方向。

第五节 纪念费孝通江村调查学术活动

一、60 周年纪念活动

1996 年 9 月 18~21 日,民盟中央、北京大学和江苏省吴江市在费孝通的家乡吴江市举行纪念活动。活动分两个阶段。第一阶段为 18~19 日,举行"费孝通学术活动 60 周年欢聚会",与会的海内外学者和友人两百多人,中共中央统战部副部长刘延东代表中共中央统战部讲话,国家教委社科司司长奚广信宣读国家教委的贺信并代表社科司讲话,高度评价费孝通的学术成就以及这些成就对中国社会进步与现代化及对中国人文、社会科学发展的推进作用。刘延东在讲话中指出,费孝通以国家昌盛为己任,为社会进步、经济建设做出了杰出的贡献;他对坚持和完善中国共产党领导下的多党合作制也做了大量卓有成效的工作。

费孝通特意为这次活动赠送刚出版的《爱我家乡》一书,撰写题为《重读〈江村经济·序言〉》论文。第二阶段为 20~21 日,举办"'中国文化对世界未来发展的贡献'学术研讨会暨贺费孝通学术活动 60 周年"。中(含港台)、日、韩、美、英及印度等国家和地区的社会学家和人类学家 32 人,就学科建设、费孝通学术思想、方法论、婚姻家庭、乡镇企业和小城镇、社会文化变迁以及中国文化对未来世界可能的贡献等专题发言。与会的专家学者指出,费孝通江村 60 年的实践,不仅在学术研究与社会发展之间找到结合点,还促进社会学与人类学在中国的融合。他有关农村工业化、乡镇企业、小城镇建设、城乡协调发展的理论研究,是在农村和小城镇发展的实践中得以提升和验证的。费孝通在政府和人民之间架起一座沟通之桥。

会议期间,专家学者们参观了开弦弓村,考察吴江市盛泽镇、同里镇,访问一些乡镇企业和农户家庭。

二、70 周年纪念活动

2006 年 11 月 4~5 日,民盟中央、上海大学和中共吴江市委、吴江市政府联合举办的"纪念费孝通先生'江村调查'70 周年暨社会主义新农村建设研讨会"在吴江宾馆举行。民盟中央副主席李重庵主持研讨会开幕式,中共吴江市委书记朱民向大会致欢迎辞。全国政协副主席、民盟中央常务副主席张梅颖和中共上海大学党委副书记、副校长李友梅作大会发言。中共中央统战部、民盟中央、江苏省政府、苏州市、吴江市及北京大学、上海大学、复旦大学,以及韩国、日本的两百多位海内外客人出席会议。张梅颖在致辞中指出,刚刚闭幕的中共十六届六中全会通过《中共中央关于构建社会主义和谐社会若干重大问题的决定》,在这个时候举行纪念费孝通"江村调查"70 周年活动,并就如何建设社会主义新农村进行学术研讨,有着特殊的意义。费孝通从"江村调查"开始,半个多世纪以来,孜孜以求、无怨无悔,抱定用自己所学贡献社会,用自己的知识服务于人民,体现一代知识分子以国家社稷为己任的优良传统,尤其是他的躬行实践,生动地回答个人命运如何与祖国命运紧密相连的问题,不仅留下宝贵的精神财富,而且用行动做出榜样,是从实求知的典范。

参加会议的专家学者60多人。与会学者围绕费孝通的江村调查,从乡村发展与变迁等角度进行探讨。既有以江村为主题的专题调查和实地研究,也有对费孝通社会学、人类学理论和思想的诠释和探讨;既有对国内其他地区社会主义新农村的实地考察和研究,也有社会学、人类学相关理论与方法论的探讨。学者们指出,江村是费孝通有意识地观察中国农村社会和文化的起点,它孕育费孝通一生的学术思想和认识中国社会的志向。

会议期间,与会者前往开弦弓村参观访问。2007年,该次学术研讨会论文集《江村调查与新农村建设研究》由上海大学出版社出版。

第三章　社会学者访问江村

第一节　国外和中国港澳台地区学者访问江村

开弦弓村与世界紧密相连,始于生丝合作社示范的乡村工业,在它刚刚起步时,就引起国际友人的关注和来访。开弦弓村被国际学术界作为了解中国农村的窗口,源自费孝通的《江村经济》,特别是费孝通"三访江村"前后,造访的国外和中国港澳台地区学者,更是络绎不绝。

据不完全统计,1981~2015年(其中1997~1998年、2000~2003年缺少记录),有97批。访问者涉及的国家和地区有日本43批,美国21批,英国11批,中国香港地区5批,澳大利亚3批,德国、意大利和津巴布韦各2批。法国、朝鲜、西班牙、韩国、印度、菲律宾、冰岛等国和中国台湾地区各1批(多国或地区合作考察分别计算)。

一、威廉·葛迪斯访问江村

澳大利亚悉尼大学人类学教授威廉·葛迪斯(以下简称葛迪斯)一直采用费孝通的《江村经济》作为教学参考书。他期望对江村进行访问,了解那里的人民后来的情况。1956年4月28日,他应中国人民对外文化协会的邀请,随新西兰文化代表团访问中国。到北京后,葛迪斯提出访问江村的要求,国务院总理周恩来当即表示同意。5月12~16日,葛迪斯和中国陪同人员一行4人访问开弦弓村。他是第一位访问开弦弓村的外国人类学家。12日下午5时20分,乘小汽艇到达时,村民闻讯自发地涌向河道两岸和桥上欢迎。葛迪斯在船上向群众招手示意,并摄影。

葛迪斯访问期间,听取开弦乡乡长王大宝介绍全村情况,重点询问民主选举情况;参观养蚕共育室,访问沈子兴家,了解家庭人口、家庭成员、称谓、经济状况和风俗习惯;和村干部访谈,了解全村土地改革前后的生产关系和合作化过程、历年粮食和蚕丝产量、农业社经营管理的方法等;访问村民姚阿福,了解村民信教的情况;走访南村中心小学,询问学校的教师人数、教员的籍贯与待遇、教育规划等情况;由乡干部陪同参观北庙;参观南村中心小学少年先锋队的活动;访问新婚农民周伯顺的家,重点了解婚姻问题,即婚姻是否自由、结婚仪式、吃喜酒的亲戚关系等;询问村民平时的生活、劳动和经济收入情况;重点调查开弦弓村的蚕桑业和丝织业,了解养蚕的全过程、蚕丝生产成本、蚕农与国家的关系等。

葛迪斯在访问开弦弓村的4天里,成为村民关注的中心。村民第一次看到外国人,好奇地观察这位外国教授的一举一动。傍晚,村乐队开始奏乐,青年男女不论是未婚还是已婚的,都系着鲜红色的腰带,兴致勃勃、熟练地打起腰鼓。年轻的母亲们抱着婴儿,站在门廊下,交头接耳,孩子们一个个都穿着新织的毛线衣。一排排房屋的灰砖墙上,用石灰水刷写着"努力学习,尽快扫除文盲""努力学习,为了建设社会主义""努力学习,搞好农业生产合作社"等标语。

葛迪斯访问期间,看到开弦弓村没有遭到战争的破坏。中华人民共和国成立后,生丝合作社经过重新修建已用作烘茧站,学校也办得很兴旺,还有一个小型图书馆。他用中午和傍晚休息时间,单独绕村步行,并走进村子周围的田野。那时正值春天,地里种着麦子、蚕豆,还有桑树。他拍摄了很多照片:有在地里采蚕豆的老大娘,在麦田里割草的姑娘,摇船回家的妇女,踩水车的农民,歇工回家的男子,架在小清河上的木桥,供销合作社全景,沿河的民居等。

葛迪斯对村干部说:"我这次来开弦弓村访问,得到的帮助很大,充实我们的教育内容。回去后一定以我个人的职位、身份,大力向新西兰人民宣传。宣传的形式,一是写文章,二是广播。"并说:"我在此地拍的全部照片,保证回去后在一个月内,将整套寄给你们。"

16日早晨7时30分,葛迪斯乘船离开开弦弓村,村干部和群众簇拥在小清河南北两岸,鼓掌欢送。

二、南希·冈萨勒斯访问江村

1981年9月20~24日,美国科学促进协会常务董事、美国农业发展委员会亚洲组主席、马里兰大学副校长、人类学教授南希·冈萨勒斯(简称冈萨勒斯),应中国科协邀请,访问开弦弓村。20日上午,冈萨勒斯坐船到达红卫大队,河岸上站满热情欢迎她的社员。

冈萨勒斯在访问开弦弓村的4天中,共进行34次调查活动,其中包括8个社员家庭,共接触社员300多人。她观看大队办公室墙上贴的各种图表,阅读大队里的有关资料,熟悉大队的概况;到工厂企业或生产现场参观制糖、缫丝、织绸、加工粮食、养蚕、养猪、种植蘑菇、捕虾、电力排灌以及商店等10个项目,并拍摄照片。在社员家访问时,了解家庭经济收入和生活情况,并多次与社员一起用餐。她召开干部座谈会、计划生育座谈会和社员座谈会,参加红卫大队第四生产队社员大会。还调查访问学校、合作医疗站等。听取校长、教师介绍大队的教育和办学情况,观看学生课前眼保健操和课间广播体操。

冈萨勒斯她听取立新大队第八生产队介绍"三业分开,分组承包,联产计酬"生产责任制的情况后说:"这个办法很好,不知是谁想出来的?"当红卫大队干部回答是贯彻中共十一届三中全会精神的结果时,她表示不完全同意。但当立新大队干部周全福答道:"一是由三中全会放宽了政策,二是外地先进经验对我们的影响,三是本地群众聪明才智的创造。"冈萨勒斯十分赞同,认为讲得好,立即记在笔记本上。

冈萨勒斯十分关心费孝通及其姐姐费达生。在访问费孝通《江村经济》插图中出现的社员姚玉山等家庭时,特别问起费孝通及其姐姐费达生在开弦弓村的工作和生活情况。在社员座谈会上,应她的要求,请到在《江村经济》和《重访江村》照片中出现的社员一起进行访谈。

冈萨勒斯发现,开弦弓村的农民生活得很好,没有营养不良。中华人民共和国成立后,婴儿没有因饥饿死亡的,她对此感到十分惊讶。她说:"我到过中东、拉美、埃及,很多地方的人缺乏营养,饥饿,婴儿死亡率很高。在拉美不到四岁的儿童,有一半要死掉,你们同他们相比,很富裕,不能算不发达国家。"她在无意间参加一个生产队社员大会后,深有感触地说:"在西方到处高喊自由,说共产主义没有自由,我来中国之前,对此也有怀疑。如果连人民的基本生活都保证不了,讲自由还有什么意义呢?但到了中国,看到人民是开朗的、乐观的,并不象西方说的没有自由。"

冈萨勒斯说:"你们的村子不算偏僻,全世界都知道开弦弓村。这里的干部年轻、能干、有知识、有献身精神,有这样的干部队伍,你们的事业就一定能兴旺。你们对我很客气,谢谢你们。

物质条件的好坏是次要的,关键在于人民之间的感情。我回去后,要把在开弦弓看到的情况写出来,宣传出去,让国外了解开弦弓,这样才对得起你们。如果有幸再来中国,我还要到开弦弓来。"

24日上午8时,冈萨勒斯在社员的欢送下,坐船离开开弦弓村。大队送给她4件礼物:蚕茧、熏青豆、新旧村貌图和女村民手工缝制的大襟上衣。她十分高兴地表示,要把蚕茧带给她的学生们看,把熏青豆名为"开弦弓豆"。并表示要把两幅图带回去裱起来,永远保存。她对大襟上衣十分感兴趣,立即穿上照了相,并一直穿到苏州。她还自称是开弦弓村的"自家人",并认社员周志浩的母亲为"干娘"。

三、中国港澳台学者访问江村

据不完全统计,1983～2015年,中国港澳台地区学者到江村访问考察的有9批。访问的学者先后有:香港中文大学社会学系高级讲师吴白燚、刘创楚(两次到访)一行10人,香港浸会学院社会系主任、高级讲师黄枝连等,"第四届现代化与中国文化国际研讨会"中国台湾、香港代表,香港中文大学社会学系博士研究生,中国社会史学会组织、苏州大学主办的"家庭、社区、大众心态变迁"国际学术研讨会中国港澳地区代表,全国人大代表、中国香港立法议员朱幼麟,中国台湾"国立大学"博士黄骐弘,中国香港中文大学助理教授王利平。

第二节　内地学者访问江村

开弦弓村成为社会调查基地后,内地许多学校和学者慕名前往开展学习、考察调研活动。

1982～2015年,全国大中小学师生、社会科学院研究人员、各级领导和群众团体成员到"江村"参观、考察访问,络绎不绝。到过11次及以上的高校有复旦大学、南京师范大学、上海大学、苏州大学、中国青年干部管理学院等,到过6～10次的高校有北京大学、上海法政学院等,到过1～5次高校的有南京铁道医学院、南开大学、华中师范大学、南京大学、中山大学、浙江林学院、华东理工大学、中国人民大学、南京林业大学、河海大学、中央财经大学、上海财经大学、华东师范大学、武汉大学、南京工业大学、中央民族大学、上海交通大学、南京农业大学、北京外国语大学、上海理工大学、南京理工大学、上海国际贸易学院、中央党校、中国社会科学院、苏州农业职业技术学院、南京人口管理干部学院、江南大学、华南理工大学、西安交通大学、南京信息工程大学、江苏广播电视大学、海南大学三亚学院等。

1982年初夏,江村社会调查基地首批成员、南京大学社会学系宋林飞重回江村进行再调查。1983年1月20日至2月10日,江苏省社会学会医学社会学研究组组织铁道医学院等12个单位21人,就医学社会学问题对江村进行专题调研。1984年夏天,江村社会调查基地首批成员、复旦大学哲学系刘豪兴带领本科生4人,对江村村民生活方式和小学教育两个专题进行调查,历时半个月。此后,刘豪兴持续对江村进行追踪考察,并不时组织本科生和硕士研究生进行社会调查。1988年,就读中国社会科学院研究生院的沈关宝,以江村调查资料完成博士论文《一场静悄悄的革命——苏南乡村的工业与社会》,获博士学位。2003年,南京大学社会学系在职博士研究生薛和以《江村自治——社会变迁中的农村基层民主》论文,获博士学位。2005年2月,中国青年政治学院副教授周拥平访问江村的40多家农户,历时一年,出版《江村经济七十年》。是年暑期开始,上海大学、苏州大学、南京师范大学、上海财经大学、南京农业大学和华中师范大学硕士研究生对江村进行专题调查,由此获得硕士学位的有174人。2007年8月,南京师范大学谢舜方带调查组,进行"江村七十年"调查,历时3年,谢舜方和曹雪娟主编的《江村七十年——中国农民的小康之路》出版。同时,南京师范大学社会学硕士研究生有 5 人以江村调查报告撰写学位论文,取得硕士学位。2013 年 5 月 11 日,复旦大学社会发展与公共政策学院副院长徐珂、外事助理张梅胤,研究生王佳运、周文佳和 90 名大学生到江村调查访问,其中有来自美国、德国、法国、比利时的留学生 26 人。2014 年 1 月 20 日至 4 月 11 日,中国人民大学博士研究生王莎莎到江村调查研究。是年 4 月 18～22 日,南京农业大学农村发展学院副院长、教授姚兆余以及社会学系主任张春兰、博士杨灿君带领 26 名学生到江村调查。8 月 3 日,华东师范大学党委书记、博士生导师文军一行 8 人到江村参观访问。12 月 2 日,上海科技出版社办公室主任王刚等 3 人到江村参观访问。

第四章　南怀瑾在七都

第一节　南怀瑾生平

民国 7 年(1918),南怀瑾出生于浙江省温州市翁垟镇地团村(今属柳市镇长岐社区殿后村)。

民国 20 年,南怀瑾小学肄业。在家自修三年,父亲给他请老师叶公恕。民国 24 年,南怀瑾和王翠凤结婚。是年,离开温州,前往浙江国术馆习武,并于浙江国术馆国术训练员专修班第二期毕业、金陵大学研究院社会福利系肄业,并获得武术教官的资格。民国 26 年,南怀瑾只身入川,考入中央军校政治研究班第十期,毕业后返蜀执教进入中央军校军官教育队。民国 28 年,南怀瑾自任大小凉山垦殖公司总经理兼地方自卫团总指挥,屯垦戍边。后又被调回任军校政治教官。民国 31 年,南怀瑾辞去中央军校教官之职,为求深研佛法,便悄然离开成都。民国 32 年,南怀瑾赴渝礼请虚云老和尚回到成都灵岩寺成立维摩精舍弘法,南怀瑾追随左右,成为维摩精舍开山首座弟子。民国 34 年秋,南怀瑾奔赴峨眉山大坪寺闭关修持。是年,南怀瑾前往四川、西康、西藏参访各派宗教,逐渐形成对儒、释、道的见解。离藏后赴昆明,讲学于云南大学、四川大学。民国 36 年,返回故乡柳市,归隐于杭州三天竺(上天竺法喜寺、中天竺法净寺、下天竺法镜寺)之间。民国 37 年,在江西庐山天池寺附近清修。民国 38 年 2 月,南怀瑾初到台湾,同温州老乡一起做船运生意,三条船凑成"义礼行"公司。国民党从舟山撤退时,占用义礼行公司的船,他一夜之间负债累累。随后相继受聘于中国文化大学、辅仁大学和国立政治大学讲学。

1955 年,出版《禅海蠡测》一书,不久,完成《楞严大义今释》《楞伽大义今释》两本著作,购买的人很少。1963 年,台北中国文化大学创办人张其昀聘请南怀瑾担任教授并兼礼学院院长,南怀瑾接受教授聘书,附加条件是不到学校上课,由研究生到其家受教。随后,他在台北辅仁大学开设《易经》课程,结果学生增加不少,多名是台湾政坛要人和文化、财经界人士。1969 年,南怀瑾创立"东西精华协会",后创立"老古文化事业公司"和"十方丛林书院"。1971 年,创办《人文世界》杂志。1976 年,南怀瑾出版的演讲辑录《论语别裁》多次重版,流行于华人文化圈。1985 年,移居美国,并在弗吉尼亚成立"东西学院"。1988 年,南怀瑾返抵香港定居,开始筹资兴建中国第一条合资的铁路——金(华)温(州)铁路。1990 年,泰顺、文成水灾,南怀瑾捐资救患,并在温州成立"南氏医药科技基金会""农业科技基金会",且为厦门南普陀寺修建禅堂。1992 年 11 月 18 日,浙江金温铁道开发有限公司正式挂牌成立,南怀瑾担任公司董事长兼总经理。12 月 18 日,金温铁路正式开工。1993 年,应妙湛长老之邀到厦门南普陀寺主持"南禅七日——生命科学与禅修实践研究"。1994 年 2 月 11 日,南普陀寺禅堂落成之时,南怀瑾应邀主持禅学讲座。1998 年 6 月 11 日,金温铁路开始通车。在通车前夕,南怀瑾将股权转让给浙江省和铁道部。是年,南怀瑾寓居上海期间,亲临庙港镇,现场踏勘,确定在此落脚。1999 年,南怀瑾再次到庙港考察,决定在庙港创办太湖大学堂。2000 年,太湖大学堂动工建设。由南怀瑾任理事长的中国香港国际文教基金会,将"儿童中华文化导读"活动向祖国大陆及华人世界全面推广。

2006 年,"太湖大学堂"建成,旨在传播中国传统文化,同时与现代自然科学、人文科学相结合,发展认知科学与生命科学研究。2011 年,南怀瑾将属于太湖大学堂使用的 18 亩用地指标捐献给老太庙。2012 年 9 月 29 日下午 4 时,南怀瑾在七都镇太湖大学堂去世,享年 95 岁。

第二节 太湖大学堂

一、创办初衷

2000 年,南怀瑾亲自出马到太湖之滨,划地定址开始筹建"大学堂"。整体设计、室内摆布,一砖一瓦,一草一木,都凝聚着南怀瑾的心血和汗水。大学堂濒临太湖,占地 280 余亩,水陆两便。2006 年初夏,建筑落成。楼宇布局疏密有致,白墙黛瓦,林木葱绿。有禅堂、膳堂、客堂、行政楼、图书馆、教学楼等建筑。每幢建筑长廊相连,曲径通幽,建筑呈古色古香格调。屋内装饰古典清雅,明亮宽敞,摆放精致,干净整洁。整个大学堂静穆、神圣、大气、简约,透露出古典书院与现代教育相互依存,自然环境与人文氛围相得益彰。

太湖大学堂,秉承宋明书院教育宗旨,致力于优秀传统文化传道授业解惑,以"为往圣继绝学"。大学堂的合作机构有中国人民大学、法国国立东方语言与文化学院、复旦大学(儒学文化研究中心)、中国科技大学、美国管理协会(中国)等海内外著名高校。在大学堂内还建立吴江太湖国际实验学校,传书院余韵,开教育新风。开展传统文化经典导读与文化补偏救弊,格物致知,自觉地承担起文化责任,让中华文化光复之、弘扬之、普世之。

他认为现在办教育是因为我们老祖宗几千年的中国文化快要断根了,命若悬丝,国家民族文化的生命像一根丝一样吊住,很脆弱很危险了。要怎么培养它,把它重新接起来？这就需要"承先启后,继往开来",因为我们老了,寄望在青年身上。

既然传承文化是教育的重要使命,就应该清晰地意识到这个使命,把它作为国家的教育目标之一。他非常焦虑地说：近一百年来,推翻帝制以后,西洋文化进来了,中国文化逃遁了,中国人没有中国文化了。就拿意识形态来说,也全部是西洋来的。更加严峻的现实是,我们对此还没有危机感和紧迫感。基于这样的思考,南怀瑾决意创办太湖大学堂,创办太湖国际实验学校,为传承中国文化尽一己之力。在这里,无论是中华经典的学习,还是中国武术的演习,抑或是中草药与中医的学习,都有浓郁的中国味道。

在这里开展的经典诵读,也是从文化传承的角度开展的。他认为,"因为中国文化的根断了,想把它接上去。"他批评说："现在到处提倡读经、办私塾,这是错误的,读了经什么学校也不进,科学也不知道,孩子只要会背大学、中庸、千字文、三字经、弟子规啊,就觉得了不起了。这不得了啊！我们没有提倡这个,这叫读死书,死读书,读书死,一定糟糕。"

二、大学堂概况

2006 年,太湖大学堂建成,位于七都镇(庙港)沿湖路太浦闸喇叭口的南侧,占地面积 282 亩(18.8 万平方米),总建筑面积约 2 万平方米。主体建筑有：一号楼为国学大师南怀瑾起居、办公、藏书之地(藏书室内藏书 30 多万册)；二号楼为南怀瑾与学生共修之禅堂；六号楼为南怀瑾小范围讲课及用餐场所；七号楼为南怀瑾接待来宾、来访及公开讲课的场所；八号楼为"吴江太湖国际实验学校"。

太湖大学堂,是国学大师南怀瑾多年的理想与筹划,大学堂第一期完工使用的有行政楼、客房楼及讲堂楼3幢。行政楼有办公室、图书库、客厅等,供学习的地方,两边都是壁橱,是放个人用具的地方;客房楼一层为餐厅,可容纳100多人。二、三层为五星级客房,每层楼面有10个房间,每间可以住2人。讲堂楼,一层为讲堂,二层为可容纳200多人的禅堂。这个禅堂,在空气、光线、音声、温度等各方面的精心设计,可称独步世间,有识者评为前无古人之创举,应属中国禅文化一大进步。

大学堂运作方式为非一般学校性质,采取与中外大学或文化团体签约,对特定主题进行合作;致力于新时代中华传统文化的研讨与发扬,倡导深化基础教育及社会教育的重要性;放眼世界,推展中西人文科技文化实质的融会贯通;对于宗教文化,重点在学术及实证,故不举办宗教性活动。

2006年7月1~7日,89岁的南怀瑾在大学堂首次开讲,内容是禅修与生命科学,他纵古论今的学术视野和拉家常式的平易风格,吸引了各方人士。此后,南怀瑾一直定居于此,以九旬高龄,6年中50次公开授课,受教者无数,且每天晚上,他都会抽出一个多小时为身边的弟子授课;一年365天,读书修行育人,从无怠懈。"因为南怀瑾和他的太湖大学堂,七都庙港成为中国传统文化薪火相传之地。"太湖大学堂采取私塾方式讲学,以儒、释、道贯通古今的讲学内容。是年,在太湖大学堂的规定中,明确不接受私人报名听课的请求,只接受学术机构的团体预订。

至2006年底,太湖大学堂已举办多次活动,并与中、美、法各国6所学院签订合作计划。合作机构有中国人民大学、法国国立东方语言与文化学院、中国科技大学、复旦大学(儒学文化研究中心)、ELIAS(跨国部门创新成长中的领导者)国际创新领导人进修、美国管理协会。同时,南怀瑾也不断借助自己的阅历,把诸子百家的学说通俗化,并浓缩成人们能够传承和借鉴的东西。无论是看他的书、听他的课,都能在愉悦轻松的环境中受到教育。

2012年"三八"妇女节,95岁高龄的南怀瑾为来自长三角地区的妇女同胞上了"女性修养"一课,这也是他在大学堂上的最后一堂公开课。2012年9月29日,南怀瑾在太湖大学堂去世。

2013年9月18日,新建象法堂完工并启用。太湖大学堂是当代国学大师南怀瑾主持创办的教育基地,具有东、西方文化特色,呈现中华人文底蕴,天人合一,古今贯通。

2014年4月18日,由海峡两岸关系协会书画分会主办,中国美术家协会、江苏省台办、江苏省美术家协会和书法家协会协办的"海峡两岸知名书画家作品展"在太湖大学堂举办。

2015年9月29日,南怀瑾逝世3周年纪念活动暨"诚信七都"表彰仪式在太湖大学堂举行。

第三节　吴江太湖国际实验学校

吴江太湖国际实验学校位于七都镇庙港沿湖东路8号,太湖大学堂内的八号楼,有小学1~6年级的学生约300人,教职员工200多人。

2008年5月18日,南怀瑾创办的吴江太湖国际实验学校启动招生,吴江太湖国际实验学校是一所幼儿园到中学(初中)的寄宿学校,校区绿草如茵、环境幽雅,所有的校舍都采用环保建材,自然通风的设计,让学生在天然、舒适的环境中成长与学习。

一、教育理念

教育理念融合中华传统教育和西方体验式教育;以生命科学为基础,实践人文教育的精神。结合南怀瑾的人文融汇的教育理念和方法,这套教育方案特别是对现代城市中独生子女的成长有极

二、课程设置

语文、数学、英语。其中语文、数学采用江苏版教材,进度跟体制学校一样,不进行考试,但会做测试题,测验学生的知识掌握情况,不能达到合格的,会进行补测;英语使用中国台湾薇阁小学自己研发出版的教材,教法跟体制学校的英语教学类似。与美国哥伦比亚大学教育学院合作,编写出一套结合个人修养与宇宙观,人文英语教育特色的教案。经典课程按年级次第施教,一二年级学习《千字文》,三四年级学习《幼学琼林》,五六年级学习《古文观止》。珠算课程每周每班有两节,教学生如何用算盘进行加减乘除的计算。科学课程注重孩子的动手实践能力和分析问题、解决问题以及互相合作的能力。没有固定的科学教材,聘请台湾或者国外的教师任课。美术课程作为艺术的一种,大学堂为孩子们营造美术课程较好的自由创作空间。另外每两周有一次陶艺课,孩子可以创作自己想要的作品。武艺课程每天早餐前和下午最后一节课均安排1小时武术时间。武术教练来自武当山道教功夫学院,教授孩子练习各种套路。

吴江太湖国际实验学校(摄于2008年年)

三、教育教研活动

每个学期3天的外出露营时间,到大自然当中去感受、学习、生活,并学习如何搭帐篷、野外准备食物、团队合作。这是孩子们非常乐于参与和享受的活动;学校固定每周五全天的户外课程,内容包括:团队训练、野炊、自然生态或综合体验活动;以中国医药理论为基础,编制适合儿童之教材,让孩子从小懂得如何养身与保健。住宿学校的孩子健康管理不仅是老师的责任而已,南怀瑾一再强调保健要从自已做起。孩子从幼小的时候开始学习日常如何自已调理身体,懂得保养概念。心灵教育:静定、书法、礼仪、瑜伽、武艺。南怀瑾时而亲临课堂,还亲自给小学生们开出书单。

以"团队互助"的课程规划概念,让参与者由活动经验中完成团队目标与个人成长;注重生活礼仪教育、人文关怀课程、传统文化学习以及户外教育训练;强调"从体验中学习",提供孩子们一个快乐的研习环境,吸收新知识,发展个人人格特质;重视培养外语能力及了解国际事务的基础能力。增进孩子的国际观,培养孩子具备面向未来21世纪多元化社会的适应能力。希望孩子借助外语的能力更进一步地去关怀与帮助落后国家。学校采用语言是中、英文,但是整个校区是一个多语言的学习地方,孩子可以依兴趣来学习其他的语言。

第四节 南怀瑾与老太庙文化广场

2011年,七都镇计划恢复重建老太庙和老太庙文化广场,地址选在太湖大学堂的南面的原老太庙旧址边上。南怀瑾将原属于太湖大学堂使用的18亩用地指标捐献出来,用于老太庙和老太庙文化广场的建设用地指标。

2012年3月9日,七都镇第十六届人民代表大会第一次会议,将"老太庙文化广场"建设列入年内民生实事工程。4月,经吴江市发展和改革委员会审核同意,项目确定为"七都镇老太庙文化广场",项目总投资4000万元,资金来源为社会捐助。国学大师南怀瑾捐出自己的稿费100万元,并动员大学堂学长带头捐款,共捐款350多万元。南怀瑾还请中国台湾著名建筑设计师登琨艳帮助做好老太庙的义务设计工作,建筑设计模型完成后,南怀瑾仔细询问内部功能布设,提出了修改意见,还强调要体现儒释道三家合一的精髓,不仅满足民众的信仰需求,更要使之成为教化民众、寓教于乐的文化场所,与弘扬本地的吴越文化、太湖文化相结合。南怀瑾为老太庙题字"老太廟""吴泰伯"。

2012年9月,老太庙举行奠基开工仪式暨"七都孝贤"表彰活动,南怀瑾派出自己的学生马宏达代表他亲至现场为老太庙开工培土。由马宏达在首届"七都孝贤"表彰仪式上致辞。是年,老太庙文化广场一期工程开工建设,建筑面积3265平方米,投资2200万元。

2015年9月29日,老太庙文化广场正式落成。同年9月,获评江苏省对台交流基地。

第五节　国学场所和国学论坛活动

一、国学场所

（一）群学书院

七都镇是中国社会学奠基人之一、中国社会学社创始人之一,原中央大学社会学系主任孙本文(1892—1979年)的故乡,同时,七都镇开弦弓村又是中国社会学泰斗、知名社会活动家费孝通(1910—2005年)进行学术研究的起点。这种得天独厚的历史资源,是南京大学社会学院设想在七都建立"群学书院"("群学"是"社会学"进入中国后第一个中文译名,由思想家严复翻译)的首要契机。七都镇依托南京大学等高等院校强大的智力资源与文化资源,力争在3~5年内,将群学书院打造为吴江区乃至苏州市一张优质、高雅的"文化名片"。

2014年9月,南京大学社会学院与七都镇筹建的群学书院启动建设。2015年9月28日,正式落成,地址位于老太庙文化广场。书院总建筑面积600平方米。辟有讲演厅一间(可容纳80人),研修室(含茶室,可容纳40人),办公室两间,客房两间(均为标准间)。建成后将作为南京大学乃至全国社会学界实地研讨、调查与开展各类学术活动的基地。在未来,南京大学社会学院还将与七都镇通力合作,最终实现"南京大学群学书院"和"费孝通江村纪念馆"综合应用,丰富与提升中国社会学圣地的内涵,推动社会学田野实践基地建设及当地文化产业标杆的可持续发展。

2015年,七都镇与南京大学社会学院共建的群学书院的成立,致力在七都实现中国社会学百年历史的接续,依托南京大学等国际国内一流智力资源,不定期举报办各类型的讲演、论坛、培训和展览等活动,提供公共性与公益性文化服务。并将以"旅行、悦读、文化、创意"为主题,举办线下深度文化旅行(创新游学)、文创衍生产品开发、专业课程研修、悦读计划推广与线上社群活动,旨在成就新时代的江村调查,实现中国社会学百年历史在七都的接续。

书院设立以来,邀请国内外知名社会学家不定期开展学术交流、公益讲座等各类活动,举办了"江村调查"80周年学术纪念活动、成立了由南京大学、复旦大学、浙江大学等8所长三角知名高等院校发起的长三角社会学论坛。

（二）太湖大讲堂

太湖大讲堂是老太庙文化广场三期工程,位于老太庙文化广场西北侧,项目占地面积4500平方米,建筑面积2300平方米,总投资1900万元。太湖大讲堂是为传播国学文化传承与弘扬中华传统文化搭建的一个专业平台,是"太湖国学讲坛"持续开展的固定场所,更是七都镇加大挖掘并弘扬文化资源,提升"太湖七都"文化品牌的重要载体。2015年9月,太湖大讲堂全面落成启用,"第三届太湖国学讲坛"在太湖大讲堂顺利举办。

2015年,七都镇政府为太湖大讲堂举行太湖国学讲坛合作协议签约仪式,将太湖大讲堂作为今后永久的太湖国学讲坛,并委托武当道生重要实修基地——"江村士隐"长期开展国学讲座活动。

(三) 江村士隐

江村士隐位于南太湖大道庙港社区段东侧的太湖之滨,占地面积1万平方米,建筑面积1.2万平方米。集食堂、宿舍楼、禅堂、图书馆、药房、办公楼等建筑于一体。

2011年8月28日,建成后投入使用。江村士隐以探寻现代社会人"迷茫"和"烦恼"的精神本质为出发点,努力寻求身心愉悦,健康向上的生命理念的实现方式为目的,融合生命科学和认知科学,是体验、体悟身心健康的实修道场。

"江村士隐"由国学大师南怀瑾命名并亲笔题词。"江村"因地处太湖七都的"江村"古里;"士隐"二字,隐喻中国传统文化之动静和谐,以"隐"的精神担当"士"的磨砺。在开建时,南怀瑾为江村士隐奠上第一铲土,如今,在江村士隐还原貌陈列着南怀瑾生前多次讲学的小禅堂。

(四) 怀轩

2015年9月29日,怀轩工作室正式揭牌。怀轩位于老太庙文化广场的东侧,一座仿古建筑风格的四合院,坐北朝南,正房6间3层,两边厢房、西房一层3间,东房一层3间,建筑面积1018平方米,入住国学大师南怀瑾弟子,是开展南怀瑾生平教化有关资料(包括书籍、影音等)的编辑、整理工作,及其文化传承、推广等工作,以及推广少儿读经,推动传统文化的传承与弘扬的场所。匾额"怀轩"由中国佛教协会副会长、中国佛学院副院长兼教务长法师宗性题写。

怀轩(摄于2016年)

(五) 时习堂

2010年7月,时习堂农工技术实践学院成立,位于南太湖大道庙港社区段西侧,与盛庄村相邻。占地面积3420平方米,建筑面积4100平方米,主体建筑由原庙港茧站(始建于1995年5月)经设计、改造修建而成。时习堂由国学大师南怀瑾赐名,取《论语》开篇学而时习之,意指生命智慧文化的道理。

时习堂以建筑大师登琨艳的持地班建筑与室内设计和传统文化的认知与修持为基业而组成,弘扬教人修学之传统文化,为地方社会建设培育可用之才。2011年,登琨艳义务为老太庙文化广场、老太庙、群学书院做规划设计和建筑风格设计。时习堂以诸子百家的出世法和入世法为办学宗旨,学员不分男女、老少、高低、贵贱;根据社会需求开设和举办传统文化认知与修持的课程和专修班。

登琨艳在太湖大学堂修学期间,遵循大师南怀瑾"不要离开庙港太远"的嘱咐,从工作18年的上海迁居到庙港,最初成立持地班建筑设计工作室,进行文化创意产业试点,后相继完成"时习堂""巧工堂"的文化创意产业,以及正在建设中的"轻旅驿"旅店,在做好水乡古村落的保护和利用的同时,助推美丽乡村建设。

二、国学论坛活动

太湖国学论坛为传播国学文化、传承中华传统文化搭建的一个"专业平台"。

2013年9月,首届太湖国学论坛开讲,以"大度看世界,从容过生活"为主题,邀请海内外知名文化学者,以知识讲座的形式,对中华传统文化与社会发展、现代文明的关系内涵进行解读。中国台湾著名文化学者古国治作题为《如何爱我们的孩子》的讲座;北京大学教授吴飞、南京师范大学教授郦波、中国台湾《海峡评论》杂志社社长吴琼恩分别作《江南仕林与国学的现代传承》《孔子的眼泪与知识分子精神》《从中国传统文化看现代文明建设》讲座。首届太湖国学讲坛的成功举办,使"太湖国学"作为一个文化品牌引起广泛关注。

2014年,第二届太湖国学论坛举办,进一步拓展"太湖国学"的文化内涵,以"百善孝为先"为主题,传承弘扬中华民族优良传统文化。本届国学论坛邀请到南京大学社会学院院长周晓虹、主任翟学伟,北京故宫博物院图书馆馆长向斯,北京大学中国传统文化研究所国学研究室主任刘伟见以及中国台湾知名学者杜忠诰,分别作《网络时代的代际关系与孝道》《在现代生活中如何学习与体认孝》《清帝如何行孝》《儒家孝道与现代文明》《亲情、人情与面子:中国人的孝道观》等讲座,共同解读弘扬孝亲文化。

2015年9月28~29日,第三届太湖国学论坛在新建的老太庙文化广场的太湖大讲堂内举办。论坛以"信为本——中华传统文化的普世价值"为主题,邀请著名学者对中华传统文化进行深入解读。中国发展基金管理公司(香港)董事总经理广树诚讲课题目为《"一带一路"的成功关键——树立诚信以得天下人》;人力资源专家、上海交大教授李澄尘讲课题目为《诚信是人类社会最宝贵的礼品》;中国科学院院士、南方科技大学创校校长朱清时讲课的题目为《做人为何要诚信的真相》;南京大学教授翟学伟讲课题目为《中国人的社会信任模式》;复旦大学教授周怡讲课题目为《信任与公平:发展语境下的两个中国现实》。大师、学者在讲坛上纵古论今,对当今社会普遍存在的诚信问题进行剖析解读。

第十三卷

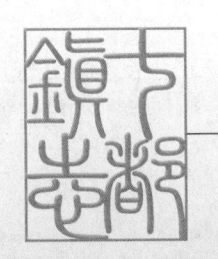

太湖溇港与特产美食

第一章　太湖溇港

七都地处吴头越尾,太湖湖面清澈如镜,亲水岸线绵延伸展23千米。湖滩经历淤积和围垦,东太湖沿岸,一条条水道自太湖向内陆延伸,呈现纵横交织的水网,沿太湖圩田、村落之间辟有36溇72港,作为太湖泄洪、农田灌溉的河道。

第一节　溇港形成

太湖的出水口主要分布在东太湖东岸,一部分在西太湖南岸。春秋时期,南太湖沿岸是一片沼泽和滩涂,湖多地少,太湖滩涂是软流质淤泥地,水和土各占50%。人们用竹子和木头做成两道透水的围篱"挡墙",把中间的软流质淤泥土挖到两边的"挡墙",便成河堤,中间形成河流。这项春秋时期的重大技术发明被称为"竹木透水围篱",太湖滩涂上农民从中得到开挖溇港的启示。他们利用"竹木透水围篱"技术开始在太湖的滩涂上开挖溇港,称为"扒沟为溇,渗水为港",即在太湖滩涂上,人工开挖与太湖岸线垂直的河道直通太湖,太湖的南岸出现新的陆地。为保证河道间的沟通,陆续开挖连接溇港的横塘(是与太湖岸线平行的河道),新出现的陆地又被分割成了犹如棋盘一样的形状,挖起的泥土在四周堆积,筑成堤坝,水被挡在堤坝的外面,堤坝内的高、中、低处分别为旱地、水田、鱼塘,形成"圩田"。战国时期,溇港横塘陆续形成,被称为"春秋筑圩,战国立塘"。

秦汉时期,开挖苏嘉运河。唐宋年代,修建吴江塘路,形成一条明显的湖界。塘路东、西两侧逐步被开发成为低洼圩区。湖塘路是沿太湖水岸线横贯东西的陆路大塘,是塘浦圩田的产物。"塘",相当于水网中"纬";"浦",相当于水网中"经";"圩",是指防水护田的土堤;"田",是指有圩围住的地区。形成沿太湖地区特有的"塘浦圩田"。

溇港,指36溇72港,太湖南岸西起浙江吴兴的大钱溇,东至江苏吴江的饿港。这些河道直接通太湖,随着太湖泥沙的淤涨,一些溇港被淤塞,不再直接通太湖。溇与港的形成是水利建设的成就。

溇港是古代太湖流域劳动人民在与洪涝、干旱的较量中,开渠排水,培土造田,变滨湖湿地滩涂为膏腴沃壤的一项独特创造,是太湖流域特有的古代水利工程类型。溇港的兴建,构成节制太湖蓄泄的水利体系。溇港是两千年来太湖流域治水史的见证。

第二节　溇港概况

36溇72港是不可分割的整体,它们共同拥有4条大横塘,即頔塘(湖州锁莕桥至平望安德桥)、横草路(又名横路港,湖州龙溪中段至京杭大运河吴江八坼中段练聚桥)、运粮河(湖州直北大钱溇至吴江八坼练聚港)、湖塘门前港(湖州大钱溇至吴江圩缺口)。大横塘是塘浦圩田中的大动脉,沟通 108 条"血管",36 溇在上游,72 港在下游,上下游兼顾,规划有序,"如梳齿般繁密"的河道,排列科学。因上承洪水过境,故越到下游河道越稠密,河道间隔距离越短。这些溇港为太湖出水口,流向一般为由北向南,但当山水盛且南风大则诸溇港之水流入太湖,流向为由南向北。36 溇 72 港的"溇头港尾"是七都吴溇,从吴溇到大钱溇有 36 溇,吴溇到㘰港有 72 港,36 溇的大部分属高塘浦圩田水利系统,所以河道相对稀疏;72 港的大部分属低塘浦圩田水利系统,所以河道相对稠密。

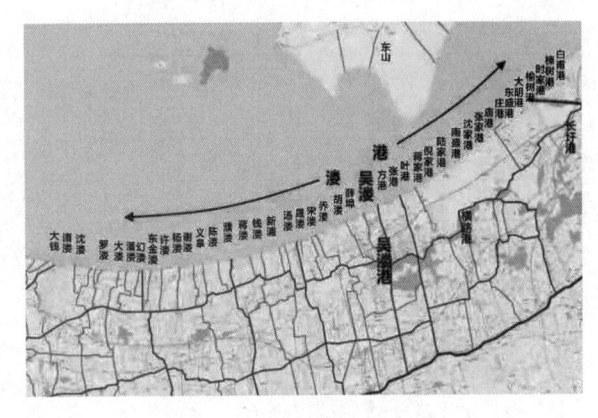

太湖溇港示意图(摄于2015年)

历史上从㘰港到吴溇,人们将 72 条港用每条港名称中的一个字代表一条港,编成脍炙人口的歌谣(顺口溜),古时沿太湖一带,人们可据此寻访村落(一般村名与港名相同)的口诀,一直流传至今。

七都地区流传至今的顺口溜是㘰金宋宋张(㘰港、金家港、东宋港、西宋港、张骑庙港);跳过三只浜(毁字浜、凤字浜、唐里浜);姚朱扶尹长(姚家港、朱家港、扶持港、尹家港、长家扇港);照盛马大小(照家港、盛家港、马咸港、大咸港、小咸港);叶娘破亭赵(叶家港、娘娘庙港、破车港、东亭子港、赵家港);白陌楝罗时(白浦港、陌家港、楝树港、罗家港、时家港);草榆环乌俞(草庵港、榆树港、环良港、乌梅港、俞家港);大鹊东庙扇(大明港、鸦鹊港、东盛港、老太庙港、汤家扇港);新汪庄寺土(新开港、汪牙港、庄港、寺港、土地庙港);观庙里张崔(观音庙港、庙港、里贤港、张家港、崔家港);濮沈骆南五(濮家港、沈家港、骆驼港、南盛港、五徐港);廖徐姚小更(廖扶港、徐杨港、姚家港、小阳港、更楼港);火溪半养陆(火羊浜、西溪庙港、半夜浜、养鹅浜、陆家港);双马倪五丁(双板港、马家港、倪家港、五界亭港、东丁家港);肃蒋王亭叶(肃桥浜、蒋家港、王家浜、亭子港、叶港);张港方港到吴溇。其中(从东亭子港往西至方港)54 条港在七都境内,(从破车港往东至㘰港)18 条港在横扇街道境内。

36 溇中只有吴溇、丁家港、薛埠港、胡溇 4 条溇在七都境内。其余在浙江境内。

表 13-1　　　　　　　2015 年湖塘路七都段(部分)溇港庙桥庵亭牌坊情况表

溇港名	庙桥庵亭牌坊名	溇港名	庙桥庵亭牌坊名
胡溇	述中桥、日晖桥、双林教寺、皮场庙、胡溇庙、总管庙、祠山庙、鸿清寺、崩檀庵、竹隐庵、祖师庙、广福亭	沈家港	万善桥、亭子庙、西方庵
薛埠港	太平桥、古杏笼庵、息凉亭、贞节坊	濮家港	濮家港塘桥、濮家庙
西丁家港	丁家港塘桥、诸葛武侯庙	崔家港	登峰桥
吴溇	庆元桥、东丘庙(吴王庙)、吉祥庵、济政坊、宁人坊粧桥、吴溇庙、贞节坊、节孝坊、节烈坊	张家港	张公桥、张公庙
方港	众安桥、蚕王庙、大禹庙、申明亭	里贤港	里贤港塘桥
张港	普济桥、普济庵、贞节坊、世美坊	庙港	狮子桥、东岳庙
叶港	西庵桥、东庵桥、天将庙、城皇庙、妙华庵、孝子坊、贞节坊	观音庙港	儒林钟秀桥、观音庙、跨街亭、贞节坊
亭子港	丰乐桥、八角亭庙、八角亭、进士坊、华表、双烈坊	土地庙港	土地庙港塘桥、土地庙(东社忠武王庙)

(续表)

溇港名	庙桥庵亭牌坊名	溇港名	庙桥庵亭牌坊名
王家浜	丰年桥、贞节坊	寺港	寺港塘桥、永定教寺
蒋家港	利济桥、回澜桥、崇福庵	庄港	儒林庄福桥、贞节坊
肃桥浜	肃塘桥、老太庙、正信庵	汪牙港	鸿雁桥
东丁家港	聚福塘桥、大仙庙	新开港	必怜桥、万年庵
五界亭港	儒林塘桥、土地庙、吉祥庵、五界亭、贞节坊	汤家扇港	大有桥
倪家港	利济桥、浮溇庙	老太庙港	胜利桥、邱老太庙
马家港	马家港塘桥、老太方庙	东盛港	东盛港塘桥、庙桥亭（庙）
双板石桥港	太平桥、罗太方庙	鸦鹊港	永隆桥、财神庙、莲花庵
陆家港	甫里桥、三大庙、南庙、息凉亭、贞节坊	大明港	万盛桥、大明亭（庙）
养鹅浜	养鹅浜塘桥、（施）牌坊	俞家港	永安桥
半夜浜	亭子桥、上善庵、歇凉亭	乌梅港	永宁桥、刘皇庙
西溪庙港	西溪庙港塘桥、西社忠武王庙	环良港	聚粮桥
火羊浜	东贞节坊、火羊浜塘桥、西贞节坊	榆树港	永昌桥
更楼港	更溪桥、法海庵	草庵港	草庵港塘桥、草庵庙
小阳港	螺丝文庙、三秀桥	时家港	永富桥
姚家港	兴隆桥	罗家港	罗家港塘桥、罗家亭（庙）
徐杨港	广陵桥、中社忠武王庙、招财庙	栋树港	永福桥、三官堂
廖扶港	永安桥	陌家港	陌家港塘桥、朝阳庵
五徐港	永福桥	白浦港	利济桥
南盛港	北盛桥、育婴庵、北盛亭（庙）、牌坊2座	赵家港	积善桥、（赵家）牌坊
骆驼港	乐图桥	东亭子港	亭子庙、富通桥

第三节　湖塘路七都段（部分）溇港分布和简介

一、隐读村段

隐读村段湖塘路（里塘）沿途经胡溇。

胡溇南段位于隐读村中部，北起江浙交界处，南至南月港。胡溇（七都段）长1.2千米，宽5米。胡溇南有日晖桥，北有述中桥，中间还有广福桥。述中桥上有桥联"南漾北湖，中流砥柱；桥以中名，界分江浙"。说明那时以述中桥为界，桥东属江苏，桥西属浙江。胡溇南段的日晖桥上有桥联"南北近巨流，重向中流排雁齿；东西有古寺，闲来游寺过虹腰。"告诉人们隐读村不仅风景宜人，而且书香味甚浓。隐读村东有晏兜，西有文头兜；东有缸甏汇，西有谭家汇；东有东砖桥，西有西砖桥；南

隐读村段溇港（摄于2015年）

有道士湾，北有仁堂湾。水巷小桥多，环圩河上相继出现了好多桥梁。村内店埭港上有7座小桥，大小河道有桥梁10座，与外村交界3座。明代古桥广福桥，被列为江苏省文物保护单位。广福桥把胡溇分为南北两段，原南段走势蜿蜒至谷池漾（横路港），北段三曲三弯至太湖。

二、吴溇村段

吴溇村段沿途经过薛埠港、西丁家港、吴溇。

(一) 薛埠港

薛埠港位于吴溇村西部,北起太湖,南至横港,长1.04千米,宽5米。这条溇港上有薛氏望族大姓。水路和陆路交通都便捷,明代,南浔、震泽、盛泽、湖州、苏州、杭州等地的茧商、丝商纷至沓来,逐渐形成蚕丝交易市场和集散地。为满足蚕丝商贸的发展需求,里人在此建蚕丝商贸的埠头,经历代先民的约定俗成,群众惯用,称该村为"薛埠"。薛埠港的水系、圩田、桥梁形成"乌龟形",颇具特色。纵向的薛埠港与王家港作为"乌龟"躯体的长,横向的南横港与北横港作为"乌龟"躯体的宽,跨南横港的阳涧桥(明清时称王家桥)作为"乌龟"的头,跨北横港的薛埠塘桥(太平桥)作为"乌龟"的尾,跨薛埠溇的西木桥和殷店桥分别作为"乌龟"的两只右脚,跨王家港的太师桥和坝桥分别作为"乌龟"的两只左脚,整个薛埠港水系像只乌龟。太湖出口处曾有古杏笼庵景点。

吴溇村段溇港(摄于2015年)

(二) 西丁家港

西丁家港位于吴溇村中西部,北起太湖,南至横港,长0.94千米,宽5米。村上丁姓人家较多,故名"丁家港"。港东、港西两岸的村也称丁家港村,西岸自然村坐落在丁家港南段叫南段里,东岸自然村坐落在丁家港北段叫北段里。北段里南端几家农宅星星点点构成一个小村落,叫南丁村。至今直通太湖口,在太湖口有座拱形单孔古石桥,是丁家港塘桥。桥东边有棵古银杏树。西侧有诸葛武侯庙,形成"一溇一桥一庙"的特色。该桥初建年代无考。当地人凭拜诸葛武侯为六都土地之神,立庙祭祀。90年代,镇政府在丁家港太湖口东侧建游乐场,2009年,改建为湿地公园,新建两座景观塔,与古桥形成塔桥相映。

(三) 吴溇

吴溇位于吴溇村中东部,北起太湖,南至稽五漾(金鱼漾),长2.7千米,宽5米。因该溇太湖出口处西侧原有吴王庙(东岳大庙),故名吴溇。地处36溇与72港的交界,为溇与港的分界地。吴溇水系其形状像只"蝴蝶"。主河道吴溇港为"蝴蝶"的头胸腹,左右各3条支流为"蝴蝶"的3对足,6条支流蜿蜒回合而成的圩为"蝴蝶的翅膀","翅膀"内的15个自然村与其间的鱼池、小池潭、西湖、南湖、长湖等12个大小水潭为"蝴蝶"翅膀上的"色块"和"斑点"。西北角的赵家浜,东北角的大安浜,成为"蝴蝶"翅尖上的"环"。蝴蝶形水系建有养余桥(阿姨桥)、兴福桥(观音桥)、青石桥(永昌桥)、双登桥(盛家桥)、马家桥、粧桥、南粧桥、兴润桥(南仙桥)、兴隆桥(北仙桥)、吉祥桥(衙桥)、太平桥、庆元桥(吴溇塘桥)、黄杨桥、大安桥、建南桥、庙桥、济美桥、石界桥、王家桥等古桥,构成蝴蝶形的"古桥博物馆",其中庆元桥,拱形单孔,初建无考,清咸丰六年(1856)重建。有桥联:"北拱洞庭岚光韫石,南通苕雪帆影回波""四百载重新雁齿,千万人共步龙门"。吴溇集镇是七都人民政府所在地,是全镇的政治、经济、文化中心。

三、望湖村段

望湖村段沿途经过方港、张港、叶港、亭子港、王家浜、蒋家港、肃桥浜。

(一) 方港

方港位于望湖村西部,北起太湖,南至金鱼漾,长3.08千米,宽4米。为72港最西端一港,与吴溇交界。方港的中段有一中塘穿过,南段称禹庙港(野猫港),北段称方港。方港塘桥(众安桥)北侧紧密依偎着一座塘板闸,早年间,太湖水患常把塘桥冲毁,本地人多次修缮,并重新取名"众安桥",寓意万众平安。与众安桥相对的是方港南桥,与众安桥成姐妹桥。方港两岸人居聚落对称,且都呈长条形。禹庙港可三面出水,中段禹庙桥与洪恩桥有相连的陆路(堤埂)。里塘西端有"跨塘桥"(国泰桥)联结方港和禹庙港。

望湖村段溇港(摄于2015年)

(二) 张港

张港位于望湖村西部,古北通太湖与太湖岸线垂直,现由北横港连通叶港太湖口,南至葫芦泾港,长3.015千米,宽5米。湖塘路北段的张港走势笔直,过普济桥后突然折西近100米成横塘,俗称张港横塘。再折南后水系别致,一港数浜,有染店浜、石柱浜、六宅浜、北门浜、吴家浜等,其中最大的染店浜。染店浜从南向北望成"上"字形(上字浜),从东向西望成"下"字形(下字浜),有"上下通融"之说。张港水系内东西走向有4座古桥,分别跨湖塘路北塘、中塘和南塘。北(外)塘有普济桥,中塘有染店浜桥和御史桥,南(里)塘有洪恩桥。其中洪恩桥是单孔拱形的明代古桥,现为江苏省文物保护单位。

(三) 叶港

叶港,又叫"妙花港"(嘉靖《吴江县志》载,叶港,即妙花港),位于望湖村中部,北起太湖,南至金鱼漾,长4.76千米,宽7米。叶港地域的湖塘路外塘边上有宋淳熙中(1174~1189)僧紫颖所建的古妙华庵,此处方言"华"通"花",庵旁的港称妙花港。叶港是洞庭东山船只去南浔常经过的河道,河面宽阔,河水深,是一条内河主航道,与湖州的汤溇港不相上下。叶港主脉有3座古桥沟通3条塘路。西庵桥坐落在北(外)塘,白浦桥坐落在中塘路,将军庙桥坐落在南(里)塘路。三桥间等距列构成"丰"字造型,寓意"五谷丰登"。西庵桥北侧沿东岸几十米有1个河埠,俗称大轿口,直对妙华庵西大门,旧时,方便太湖北面及沿太湖远来的香客进香。

(四) 亭子港

亭子港位于望湖村中东部,北起太湖,南至横港,长1.73千米,宽5米。因明代前,太湖口岸上有座八角亭子,此港名为八角亭子港(嘉靖《吴江县志》称曹家港),人们简称亭子港。亭子港从太湖口笔直向南,至中段折西约50米再折南笔挺至横港。过东入埭上河,过西折北拐入乌潭浜,成"丁"字形水系的特征。亭子港东联结"牌楼浜"(原名曹家浜),西连系五潭浜,其"牌楼浜"形状极像是天空中的一片祥云被阳光投射地面的影子,也像一只蝙蝠在贴地飞行时的瞬间定格。"祥云"和"蝙蝠"翅膀鼓饱的地方,是5个大小不同的"荡",构成浜中荡的水域形状,"五潭浜"(毛家浜、酪酥浜、南浜、西浜和乌潭浜)5条水浜有5个圩(中腾圩、东腾圩、岗界圩、果字圩、中腾下圩)衍生的河流自然串成的链环。河流是"线",水浜是"环"。加上五潭浜的两侧有"藕形埂"和"荷叶墩"的点缀,与亭子港的南段河相得益彰,形成了左右2个"几"字形,成凤凰字形的构架。整个亭子港的水利,东有"蝙蝠",西有"凤凰",让太湖溇港在这里"出神入化"。

(五) 王家浜

王家浜位于望湖村东部,北起王家浜底,南至横港,长1.5千米,宽5米。浜底古时有王姓名门望族,故俗称王家浜。王家浜东侧有汪家浜,汪家浜不列入太湖72港。王家浜在湖塘路上的塘桥名"丰年桥",梁式单孔,经历代整修,成为湖塘路上最宽敞、最气派的平石桥,东、西桥堍南侧各有一座单落水淌水河埠紧贴桥墩。王家浜和汪家浜的水流朝南经埭上河流入双石港。并由双石港向南,与横路港合流,汇入倪家漾。人们把双石港水流看成龙,不去太湖而回归倪家漾,在双石港上建桥时定名为回龙桥。

(六) 蒋家港

蒋家港位于望湖村东部,古北起太湖,现北连东丁家港,南至横路港,长3.04千米,宽5米。形状像个"Z"字形。蒋家港、亭子港、叶港又都是洞庭东、西山去南浔之要道,水脉通畅,溪流灵动。蒋家港在明清时期一港三桥。回澜桥,在太湖口;利济桥在湖塘路上;宜善桥,在蒋家港南首。利济桥西塊笔直连接王家浜塘桥,东塊下坡折北,塘路沿港有七八十米后折东,路段中间设2个河埠头,可供行人歇息、嬉水,是72港中纵向(南北向)最长的一段湖塘路。港中来往船只在河埠上系缆泊船,行灶(放置在船上可移动的小型灶具)搬上驳岸烧饭,甚至饮酒用餐。不是街肆廊棚,是些竹园、树荫、河滩,颇有湖塘简村的水乡韵味。

(七) 肃桥浜

肃桥浜,又名索桥浜,位于望湖村东部,北起肃桥浜底,南至南横港,长1.5千米,宽5米。湖塘路经过肃桥浜,沿途有东染店浜、肃桥浜、小丁村等自然村落。湖塘路上的塘桥有肃塘桥,港上有老太庙和正信庵。肃桥浜和东染店浜被称为湖塘路上的"长浜"和"短浜"。肃桥浜浜底在湖塘路北近百米,浜口与南横港构成"丁"字形水域,称"长浜"。东染店浜与湖塘路失之交臂,浜底在湖塘路南侧,与湖塘路擦肩而过,因而没有塘桥,也不列入太湖72港,称"短浜"。其浜口也和南横港构成"丁"字形水域。肃桥浜和东染店浜浜口与南横港构成的两个"丁"字形水域旁的村庄,俗称"小丁村",又名"小墩村"。

四、陆港村段

陆港村段沿途经过东丁家港、五界亭港、倪家港、马家港、双板港、陆家港、养鹅浜。

(一) 东丁家港

东丁家港位于陆港村西部,北起太湖,南至高桥头。长2.58千米,宽5米。据清乾隆年间《儒林六都志》记载:"东丁家港,受南来高桥头之水(此水从刘家漾流出)。折而北,经安桥,穿横港稍折而东,转北过塘桥以出于湖,今则淤塞矣。""过塘桥"指水流过东丁家港湖塘桥"聚福塘桥"。东丁家港古时北通太湖,到乾隆年间已经淤塞,直至

陆港村段娄港(摄于2015年)

70年代。1975年,庙港公社根据水利建设的需要,筹建东丁家港(太湖口)水闸,从此,东丁家港又重新直通太湖至今,成为顺堤河和南公堤西端起点。太湖口有东丁家港水闸、顺堤河水闸、南公堤石碑和鸟类监测点等文化实体。

(二) 五界亭港

五界亭港位于陆港村西部,古北起太湖,现北起顺堤河,南至洪臼河,长2.3千米,宽4米。如今,五界亭港太湖口已堵塞,有条横港,东接塘桥浜、倪家港,向南与洪臼河合流,另一条横港把倪家港、洪臼河和西边的丁家港贯通。三纵两横,五条湖交织成四通八达的水系。儒林塘桥又名五界亭塘桥,梁式单孔平石桥,桥上有楹联"儒林东西分限界,笠泽南北砥中流"。"限界"指的是五都、六都在此分界,东为五都,西为六都。旧时,桥西塊有一亭子,亭内竖一石碑,碑上书:文官下轿,武官下马,以示尊崇。亭子内的碑既是警示通告,又是五界的界碑,由此得名五界亭。亭子所在的村庄也名五界亭村。五界亭港水系除儒林塘桥外还有东睦桥、西睦桥,寓意东西和睦;还有万载桥、兴隆桥,寓意万载兴隆。

(三) 倪家港

倪家港位于陆港村中西部，古北起太湖，现北起顺堤河，南至横路港，长3.05千米，宽4米。一港三名，北段称倪家港，中间一段叫郎家港，南段名大家港。沿河有倪家港、郎家港和大家港3个村庄名与港名相同。倪家港在明清时期曾是太湖南岸的水上主要通道。因东边马家港不通太湖，西边五界亭港淤塞，东丁家港也不通太湖，倪家港成为4条河道的泄水和船只往来的通道，故而倪家港是条大港、长港、急水港，从太湖口向南一直通到横路港(百亩漾、倪家漾)，北段的港、南端的漾都姓"倪"。倪家港沿港居民住户多。倪家港太湖口有一座古桥名利济桥，拱型单孔，北侧有古塘板闸紧贴，成桥闸相拥，集水利与交通于一体，是苏州市文物控制单位。

(四) 马家港

马家港位于陆港村中部，北起马家港水潭，南至龙字湾，长1.02千米，宽4米，在太湖溇港中属小港，明代淤塞，不通太湖，泄湖之水则通过倪家港和双板港入太湖。村落少、人家少、人口少。但少而精，马家港北有"悍马"，南有"盘龙"。马家港北端有2个水塘，一个朝东南，一个朝西南，村上老人说那是古运粮河留下的痕迹。2个水塘都很深，形状和坐落均对称性，活像一匹烈马腾空时前脚悬空后脚着力踩踏时留下的2个脚印，外凸内凹，展现出"悍马"腾跃之力量和气势。这2个水塘都在湖塘路(外塘)的南侧，相互靠得较近。马家港的南段，出现一段水湾，像水龙盘卧，"龙头""龙尾""龙爪""龙身"都有模有样。两岸的村庄聚落形态像"龙"样，故名"龙字湾"村。

(五) 双板港

双板港(双板石桥港)位于陆港村中东部，北起顺堤河，南至西联圩河，长1.97千米，宽5米。自古通太湖。该港兼负马家港泄湖之水及交通，是大港，聚居村民多。河道较长，从太湖口向南直到横路港。清乾隆《震泽县志》记载此港名为双板石桥港。双板石桥指塘桥太平桥，原为梁式单孔石桥，东西走向，且桥面为两块平石板，桥名为太平桥，当地人俗称双板石桥。百姓惯用俗称的桥名来命名港名，称双板石桥港或双板港。此桥历史上几经修建，民国年间重建成单孔石拱桥，桥名沿用太平桥。

(六) 陆家港

陆家港位于陆港村东部，北起太湖，南至横路港高义桥，长2.45千米，宽5米。陆家港太湖口是古时的著名港口，是太湖东西洞庭出南浔震泽水陆冲要的地方。太湖口有渔船停泊，也有商船靠岸，是太湖水产和海货交易的集散地，有淡水鱼类和海鲜的批发市场。陆家港自古河面较宽，河水较深，口子向南的河埠较多，有露天的，有棚桩的，也有瓦屋顶的。河埠(俗称河桥)式样有淌水式的，也有单落水和双落水的，便于水产商贸交易。陆家港分南北两段。南段为庵前，北段为陆家港。相传晚唐诗人陆龟蒙在这里隐居而得名。陆家港塘桥(名为甫里桥)，梁式单孔平石桥，有桥联："万顷具区留禹迹，陆家甫里忆唐贤"(陆龟蒙号甫里，唐贤指陆龟蒙)。陆家港在唐代时形成村落，明代时形成街肆，至清代商业逐渐兴起，成湖塘路上有名小集镇。1957年，村上老街有50多家商店。

(七) 养鹅浜

养鹅浜位于陆港村东部，北起养鹅浜底，南至西联圩河，长1.1千米，宽4米。河道走向与陆家港平行，与陆家港相距50多米，自古不通太湖。养鹅浜与陆家港是太湖溇港中相距最短的两条河道。初看像是一条附于陆家港的傍河，事实上成为陆家港东侧的一个隐蔽的港湾，幽静祥和。养鹅浜有塘桥。浜底距太湖口数百米，能得到太湖水，见到洞庭山，被晚唐诗人陆龟蒙看好。相传陆龟蒙隐居陆家港时在此养鹅而得名。现养鹅浜一部分属于陆港村，另一部分属于燥烂村。

五、燥烂村段

燥烂村段经过养鹅浜、半夜浜、西溪庙港、火羊浜、更楼港、小阳港、姚家港、徐杨港、廖扶港、五徐港。其中养鹅浜和五徐港只占一部分。

(一) 半夜浜

半夜浜位于燦烂村西部,现北起顺堤河,南至西联圩河,长1.1千米,宽4米。

半夜浜,又名亭子港(清乾隆《震泽县志》记载为亭子港),古北起太湖,自太湖口向南,穿过半夜浜村庄,至俞家湾圩折东入西溪庙港,流汪鸭潭。当年湖塘路上建有梁式单孔平石桥,原桥堍有座歇凉亭,桥亭相顾,成"一港一桥一亭"组合,并以港名命名为亭子桥,半夜浜也称半月浜,清乾隆年间太湖口被淤塞,成了浜底,形似"月"字的外围,浜底的塘板闸和湖塘路上的亭子桥构成"月"字中间的两横,故称半月浜。从浜口到浜底摇船要"小半夜",人们习惯称半夜浜。

燦烂村段娄港(摄于2015年)

(二) 西溪庙港

西溪庙港位于燦烂村西部,古北起太湖,现北起顺堤河,南至汪鸭潭,长2.25千米,宽4米。(清乾隆《震泽县志》记载此港名为西邱庙港),西溪庙港塘桥东堍有一座西社忠武王庙,桥下的溪水潺潺,有庙有港,得名西溪庙港。西溪庙港与小横塘垂直交会,西南角邱宅的驳岸呈直角形,流水湍急,行船宽转弯。小转弯变大转弯,流水缓转弯变急转弯,船只避让要留心安全。驳岸上面是墙壁,与驳岸连成一体,有突兀感,很气派。主人家贴水而居,枕水而眠。接水的河埠,近水的系船石,临水的窗台,喜水的藤蔓,点缀驳岸墙壁,古朴幽雅,与南岸的古杏、古桥一起进入小桥流水人家的意境。

(三) 火羊浜

火羊浜位于燦烂村中西部,北起火羊浜底,南至小帝圩小横塘,长0.5千米,宽4米。湖塘路北侧有一条小横塘,西起西溪庙港,东至火羊浜,形成河路相傍,水陆平行。湖塘路成为小横塘河岸,距离较长,在湖塘路行人中记忆深刻。旧时,火羊浜有东西2座贞节坊。火羊浜水路由浜底折向南,通过小帝圩横塘与更楼港相接,更楼港的支流进入油车浜,防洪、安全系数高。这样的水系也令盗贼恼火,盗贼船进得来出不去。古时,强盗只能西抢西溪庙港,东抢更楼港,不抢火羊浜。历代火羊浜人,依水就势,安居乐业,世代平静,安逸祥和。

(四) 更楼港

更楼港位于燦烂村中部,古北起太湖,现北起顺堤河,南至横路港,长3.04千米,宽4米。一港牵多圩,一港携多村,港两头南顺北畅。火羊浜、油车浜、安头浜、小帝圩、西火字圩等村、圩都通过更楼港出水。更楼港塘桥名更溪桥,梁式单孔平石桥。明代,太湖口岸上有座更楼,按线香焚烧计时辰,有专人敲更。更楼上还悬挂"天灯",作更楼港太湖口的航标灯。太湖里行船在夜间要进太湖南岸各口岸,望见更楼港天灯灯光,就能摸得进自己要进的港口。"天灯"由敲更者在夜间定时添油调光,确保万无一失。有天灯示航,敲更计时(夜间敲六更),吸引许多的商船、渔船、农船、戏船进更楼港,繁荣更楼港小集市,印证"更上一层楼"的寓意。人们约定俗成,故称更楼港。

(五) 小阳港

小阳港位于燦烂村中部,古北起太湖,现北起顺堤河,南至东火字自然村,长1.3千米,宽4米。北侧有小池潭,形状像鲤鱼,故名鲤鱼潭。鲤鱼潭的"头"朝西,"尾"朝东,"尾鳍"逐渐缩小成一条小河向东南延伸,一直穿过湖塘路,至小阳港止。小阳港在湖塘路上有座古石桥,名三秀桥,俗名环桥,单孔拱形,小巧玲珑,凝重坚固,石拱桥与"鲤鱼潭"伸出来的小横塘平行并相靠。在桥的西堍,坐落着一座梁式单孔桥,南北走向,跨门前港(横塘),此桥的北桥堍与小阳港塘桥的西堍在同一平面,两桥交成一直角,构成了"一步两座桥"的座落形态。在"一步两座桥"的西北角,有一座古庙,名关帝庙,又名螺丝文庙。庙宇有相当的规模。每年农历五月十三举行关帝会,佛事隆重热闹,历代传承,形成习惯,远近闻名。

(六) 姚家港

姚家港(明嘉靖《吴江县志》记载为王家溪港,清乾隆《震泽县志》记载为王家港,何时更名无考),位于㷫烂村中部,古北起太湖,现北起顺堤河,南至迮家漾西口的急水港,长3.25千米,宽6米。自太湖口(现从顺堤河)向南,穿过姚家港村庄,流经东火字自然村,分支从横港沟通小阳港,再穿过小角圩和获珍圩两自然村进入迮家漾,姚家港走势笔挺,河面宽阔,河床深畅,是一条自然水渠和泄洪水道。姚家港上有座古石桥——兴隆桥,梁式单孔,桥墩槽盘石对称竖立两排桥柱,上有盖梁紧紧扣压桥柱。桥面四块条石紧压在盖梁上。北侧有紧贴桥身的塘板闸,闸门槽宽深笔直。桥闸互依,形致美观。

(七) 徐杨港

徐杨港位于㷫烂村东中部,北起太湖,南至西草田港,长3.8千米,宽4米。徐杨港从太湖口向南穿过湖塘路桥100米后折东通过横港一路折北为浜,主流河道折南,形成一个"丩"字型,沿途岸线长且地域宽阔,两岸农户住宅宽敞、不拥挤、村落有序。徐杨港东侧建有中社忠武王庙和观音庙,庙前有一棵古银杏树。相传港上有徐姓、杨姓、江姓,故得名徐杨港。港里停泊着许多农船。有"统贯膛"(太湖船),载重量100~120担(合5~6吨),"航浪式"船,载重60~80担,"三塔子"船,载重40来担。统贯膛船木桅杆,硬篷(帆),有一道篷的,也有两道篷的。"一船踏三浪",统平骑(横盖在船上的木板),浪冲打到船上,水从统平骑往两侧回出去。

(八) 廖扶港

廖扶港位于㷫烂村东部,古北起太湖,现北起顺堤河,河道经村庄后折西,通过横港进入徐杨港,长0.75千米,宽5米。一座永安桥,坐落在廖扶港的北端,是廖扶港上的塘桥,为东西走向,梁式单孔。清同治十年(1871),永安桥重建,两桥墩南北侧均用块石堆砌,整齐规范。河面中心的两侧面相向对称,槽盘石上面左右竖两块硕大的条石作桥柱,两条石中间用块石堆砌填满。顶部横条石压盖,桥面用三条长条石密铺压盖桥墩上。桥北侧建有塘板闸,闸门与桥孔平齐。但两闸墩不对称,东面的闸墩平面呈直角三角形,斜边紧贴东桥墩北侧。西面的闸墩平面是个长方形,一条长边紧贴西桥墩。成桥闸合一,闸墩的体积较大,为太湖溇港塘板闸中少见。是太湖72港中典型的"墩墙式叠梁门水闸",闸槽从上到下有3米长,如一刀切成,遇涝闸板关闭。

(九) 五徐港

五徐港位于㷫烂村东部,古北起太湖,现北起顺堤河,南至230省道北侧横港,长1.8千米,宽4米。"一港三扇",南扇、中扇和北扇。北扇在㷫烂村地域,南扇、中扇属盛庄村地域,为一港流两村。"一扇一桥",旧时,中扇和南扇的中和桥、南和桥两座桥用毛石堆砌成桥墩,上面横3块木板当桥面。北扇的永福桥是湖塘路塘桥,东西走向,梁式单孔,也是用不规则的毛石堆砌成桥墩,没有塘板闸,上面铺上3块条石作桥面,是太湖72港简易桥梁之一。旧时五徐港人指望五路财神都到齐,村民个个希望自己"五行"(金、木、水、火、土)齐备,又希望自己"五齐"(福、禄、寿、喜、财)至永远,故曾用五齐港命名。

六、盛庄村段

盛庄村段经过五徐港、南盛港、骆驼港、沈家港、濮家港、崔家港、张家港,其中五徐港一半在㷫烂村,张家港一半在庙港村。

(一) 南盛港

南盛港位于盛庄村西部,北端西侧部分属㷫烂村1组,自古北通太湖,现北通顺堤河,南连横路港。长 3.87 千米,宽 5 米。是一条长港、大港,是盛庄村段的主要河道。南盛港水系独特,有一兜二荡七浜八桥之说。一兜:老湾兜。二荡:东漾荡、黄池荡。七浜:祥浜、推舞浜、六轶浜、笪船浜、庚家浜、南庵浜、和尚浜。八桥:南和桥、中和桥、牛桥(中盛桥)、北盛桥、庵桥、黄池桥、仁里桥、小桥。兜、荡、浜、桥的组合像一串碧绿的玛瑙,桥成玛瑙连线上的结。北盛桥是湖塘路塘桥,拱形单孔,有桥联:"丙祚万年迎渡友,午潮千顷挹湖光"(上下联首字嵌此桥建造年份,即光绪丙午年)。

盛庄村段溇港(摄于 2015 年)

(二) 骆驼港

骆驼港位于盛庄村中部,古北起太湖,清乾隆年间,太湖口淤塞。现北起湖塘路,南至沈家港横港,长 0.67 千米,宽 4 米。河道走势连折两折,成驼峰形,故名骆驼港,是太湖 72 港中 4 条以动物命名的河道之一。骆驼港上原有"乐图桥",是骆驼港上的湖塘桥,梁式单孔石桥,桥墩用块石堆砌,顶上铺三块长条石作桥面。其中外侧两块(朝南朝北)均刻上"乐图桥"。清末重建。60 年代末,拆除。原乐图桥以北的叶百万庄园,有叶宅、叶厅、叶墓,骆驼港东岸近百米驳岸上有双落水式河埠,较为气派。

(三) 沈家港

沈家港位于盛庄村中部,古北起太湖,现北起顺堤河,南至横路港,长 3.45 千米,宽 5 米。沈家港南段折西有一条横港,连通原五都唯一的水兜——老湾兜。在交通、灌排上有一定作用。沈家港上的塘桥名万善桥,条石单孔,典型的束水攻沙(在宽浅河道上修堤或其他河工建筑物,束窄过水断面,增大流速,借以冲刷泥沙的河工措施。)水利设施。因沈姓人家聚居于此,村民俗称沈家港,并沿用至今。庙港基督教堂坐落在沈家港南段。中段有亭子庙、西方庵和一棵古银杏树。

(四) 濮家港

濮家港位于盛庄村东中部,古北通太湖,南通横路港。明代起,太湖口被淤塞。濮家港上的"碗响田"名北麻圩,在濮家庙前,村民称庙前圩。地势与左右两条港落差较大,低的叫"没田墩",即黄梅水发时连田里的土墩都淹没的。70 年代,濮家港人不愿在庙前圩建房,纷纷往两边移,结果都挤到沈家港和崔家港去了。整个濮家港剩下一家老宅(濮姓旧宅),以后,濮家港一度变成湖塘路上少有的无人居住港。2005 年,庙港实验小学坐落在濮家港与沈家港之间,从此,濮家港北端便人气旺盛。

(五) 崔家港

崔家港位于盛庄村东部,古北起太湖,清乾隆《震泽县志》记载当时太湖口淤塞。现北起湖塘路,南至西联圩河,长 1.92 千米,宽 4 米。出水向北通过张家港,向南穿过西联圩河后进入沈家港南端横路港。崔姓人家聚居于此,故名崔家港。富户较多,民间流传"崔百生的银子,濮云芳的房子",是说崔家港和濮家港的名门望族。崔家港有塘桥,名登峰桥,梁式单孔古石桥。始建无考。1969 年修建,两桥墩保持古桥原状,桥面改成钢筋混凝土结构。与登峰桥相对应的有崔家港桥,坐落在崔家港的中段。港上人家沿河聚落呈长条形,有纵深感。

(六) 张家港

张家港位于盛庄村东部,古北起太湖,现北起顺堤河,南至横路港,长 3.2 千米,宽 4 米。清乾隆《震泽县志》上有张家港记载,张家港自古通太湖,张姓人家聚居于此,故名张家港。相传明末清初时期的赤脚张三就出生并居住此港的东村。赤脚张三在明末配合李自成、张献忠的农民起义,组织领导太湖渔民、农民武装斗争,活跃在长江以南广阔的水网地区,反剥削,反压迫,求生存,杀官吏,打土豪,救济贫民,被朝廷视为湖盗。清康熙元年(1662),张三被江宁(南京)巡抚朱国治用酷刑处死。村民为纪念张三,修建湖塘路塘桥时该桥命名为张公桥。拱形单孔有桥联"一溪烟水环虹影;两岸人家尽钓徒"。张公桥东堍南侧建有张公庙。

七、庙港村段

庙港村段经过里贤港、庙港、观音庙港、土地庙港、寺港、庄港、汪牙港、新开港、汤家扇港、老太庙港、东盛港。

(一) 里贤港

里贤港(清乾隆《震泽县志》记载的港名永安港)。位于庙港村西部,古北起太湖,现北起湖塘路,南至西联圩河,长1.4千米,宽3米。

里贤港上有一座石桥,梁式单孔,东西走向,名里贤港塘桥。西堍村庄名"尹家门",东堍村落叫"金家里",金家里在湖塘路两侧,旧时,有12幢古民宅(清代建筑),路南4幢,路北8幢。现存的路南4幢,五开间两层四合院式砖木结构楼房,古色古香,青砖黛瓦。前置石库门,后砌砖雕门楼,后门中间有简易石库门框子,边间后门也有石库门样式。

(二) 庙港

庙港位于庙港村中部,北起太湖,南与横路港垂直交会,向南延伸至頔塘,长8.96千米,宽8米。庙港与大钱溇、义皋溇、吴溇、横扇是太湖岸线上有名的集镇。庙港也是108条溇港中7条以庙命名的港之一。历史上,沿太湖溇港都建有庙宇,以庙港集镇所在地的庙宇"东岳庙"规模最大,故庙港又称"大庙港",庙港之名由此而来。湖塘路进入庙港地域,经过一座塘桥,原名钟秀桥,桥上有石狮,人们改称狮子桥,拱形单孔古石桥,为庙港集镇中心。狮子桥初建无考。民国11年(1922),

庙港村段溇港(摄于2015年)

修建。1973年,改建。1991年,拓宽重建成水泥平桥,并恢复桥两端各置一对石狮子。狮子桥南面有秦家桥,北面有团结桥,称为庙港三桥。庙港集镇先后是吴江县大庙区区政府、庙港人民公社、庙港乡政府、庙港镇政府、庙港社区所在地。

(三) 观音庙港

观音庙港(清乾隆《震泽县志》记载为跨街亭港,又名西浦港),位于庙港村中部,古北起太湖,南至横路港,长3.2千米,宽4米。现河道填平筑街道(繁荣路)。观音庙港有一个停船的河浜,河浜向北有一座小型拱桥连接观音庙港东西两岸。桥西是一座雄伟的跨街亭,因此,当时称此港为跨街亭港。后来,跨街亭港旁造座观音庙,香火很旺,久而久之,人们习惯称观音庙港。观音庙港上有一条停船的河浜,既通观音庙港又通庙港,岸边有家当铺,故称"当浜"。旧时,太湖水流湍急,太湖口的泊船港口没形成,停船比较困难,来往的船只都停靠在这个当浜里。

(四) 土地庙港

土地庙港(清乾隆《震泽县志》记载为东浦港)位于庙港村中部,古北起太湖,后渐淤塞,南至横路港,长3.18千米,宽4米。港上有一座土地庙,东社忠武王庙,村里人信奉土地庙神佛,香火越来越旺,人们惯称土地庙港,不称东浦港。土地庙港北端太湖口淤塞后,渐成一条水浜。湖塘路上建有土地庙港塘桥,始建无考,属于旧时典型的"一港一桥一庙"的组合。土地庙港中段的横港(钟秀溪)上有一座古桥,名儒林桥,始建无考,现尚存遗迹。今土地庙港北段已填平筑公路(财富路),路旁建起财富广场;南段也渐填平,成为郑家巷、刘家巷新农村的主干道。

(五) 寺港

寺港,又名寺港浜,位于庙港村中部,古北起太湖,南至横路港,长3.21千米,宽5米。因庙港镇区建设扩展,寺港从原来的淤塞而被逐步填平成建设用地,现仅存中段(庙港中学东侧)还留有港的痕迹,南段建有锦港花园,北段建有教工新村及商贸设施。原港旁有永定教寺,建于宋淳熙五年(1178),当时为吴江沿太湖大寺庙。以寺名作港名,清乾隆《震泽县志》记载此港名为永定寺港,永定寺庙坐落在寺港河西岸,有地下层活动室和隐蔽室。元末毁于战乱。明代重修。抗日战争时期,遭遇战事和日军掳掠。1958年起,寺庙旧址为庙港中学所在地,至今未变。

(六) 庄港

庄港位于庙港村中东部,北起太湖,南至东联圩河,长1.4千米,宽5米,庄港走势较直,受"小尖亩"和"大尖亩"影响,港脉较短。清乾隆《震泽县志》《太湖备考》都记载北通太湖,南通横路港,是一条急水港。湖塘路进入庄港地域,经过一座古桥名儒林庄福桥,寓意儒林庄港幸福。古桥为梁式单孔平石桥,跨庄港,东西走向。始建无考,现桥为民国年间重修。近年,庄港河道得到综合整治,疏浚、驳岸、修桥、筑路,河道面目一新。

(七) 汪牙港

汪牙港位于庙港村东中部,北起北东联圩河,南至南东联圩河,长1千米,宽3米。汪牙港村历代屡遭强盗抢劫,湖匪进村盘剥较频繁,村民怨声载道。清乾隆《震泽县志》记载为鸿雁港,江鸿易捕,雁过拔毛。汪牙港地形头大尾巴小,北宽南窄,北端两港距离有一百多米,越向南越窄,近南联圩河处汪牙港与新开港合并成一个"小尖亩",再有新开港小尖亩与汤家扇港合并,并出一个"大尖亩"。最后四港并一港,并入老太庙港。故人们把鸿雁港更名为汪牙港,塘桥仍叫大雁桥。

(八) 新开港

新开港位于庙港村东中部,北起北东联圩河,南至南东联圩河,长1千米,宽5米。明嘉靖《吴江县志》、清乾隆《震泽县志》、清乾隆《太湖备考》中均有新开港的记载,清末,新开港太湖口淤塞,成为一个尖刀潭,水潭中间大,朝南朝北像两把尖刀,向南有横潭,供船只调头之用,直到小尖亩。新开港塘桥名必怜桥,梁式单孔石桥,东西走向,初建无考,民国年间重建。90年代,为通行汽车,在必怜桥基础上加宽铺设的水泥桥面。原桥墩由块石堆砌,堆砌时有平放、侧躺、钉脚,像砌墙似的,内膛由毛石填充很坚固。湖塘路北侧原有座古庵,名万年庵,庵里供奉着大小菩萨几十尊,已毁。

(九) 汤家扇港

汤家扇港位于庙港村东部,古北起太湖,南至横路港,现北起北东联圩河,南至南东联圩河,长1千米,宽4米。旧时,汤姓人家聚居港两岸,沿港的村落称汤家扇。汤家扇港的地形地貌非常特殊,经历两次并港,一并港是由新开港、汪牙港并成港("小尖亩"),二并港汤家扇港与"一并港"并成的港("大尖亩"),流到老太庙港。旧时,汤家扇港与新开港、汪牙港一样,都是"头大尾巴小","头大"部分是地,"尾巴"部分是田。汤家扇自然村地多田少,桑树地多,亩产茧、张产茧均高于其他自然村,是汤家扇人的骄傲。

(十) 老太庙港

老太庙港,位于庙港村东部,北起北东联圩河,南至南东联圩河,长2.4千米,宽5米。港的旁边有一座老太庙,由此得港名。南端的老太庙港将汪牙港、新开港、汤家扇港、东盛港4条港并成的"大尖亩",即"四港并一港,就是老太庙港"。有"老太庙港出震泽——直拔直"的歇后语。现老太庙港有重建的老太庙与老太庙文化广场,广场内有群学书院和太湖大讲堂等文化活动场所。

（十一）东盛港

东盛港（庙桥亭港）位于庙港村东部，北起北东联圩河，南至南东联圩河，长1.56千米，宽4米。清乾隆以后东盛港没有专门的太湖口，而是借助鸦鹊港太湖口出太湖。从鸦鹊港太湖口向南不到百米，向西有条横塘，这就是东盛港最外端的河。北横塘由鸦鹊港折西近200米处折南约200米处分两路，一路偏西20米左右继续向南，为现今的老太庙港北端，一路折东百米进入东盛港。南行，直到横路港。"折东再折南"处有东盛塘桥，梁式单孔，东西走向，横跨东盛港。

八、联强村段

联强村段经过鸦鹊港、大明港、俞家港、乌梅港、环良港。

（一）鸦鹊港

鸦鹊港，又名鸦雀港，位于联强村西部，古北起太湖，南至横路港。现北起北东联圩河，南至南西漾，长1.2千米，宽4米。鸦鹊港中段向东伸出一条小横港近百米折南至南西漾，形成一条小鸦鹊港，又名通海港。湖塘路进入鸦鹊港地域，分里、中、外3条陆路横塘。外塘是主湖塘，有鸦鹊港塘桥名永隆桥，东西走向，单孔平石桥。古运粮河穿过鸦鹊港，运粮河在鸦鹊港出口处有一座桥，南北走向，俗称木桥。此木桥的南塊与永隆桥的西塊在同一平面，形成"一步两座桥"的景观。

联强村段溇港（摄于2015年）

（二）大明港

大明港位于联强村中西部，北起太湖，南至横路港，长1.9千米，宽4米。"大明"，一说：正大光明；另一说：港上有朱姓，明朝时认为是国姓，故称大明，并用大明作港名。大明港湖塘桥叫万盛桥，桥西塊有座古庙叫大明亭，明代相当有规模，香火甚旺，是该段湖塘路上"三庵一亭"中的一亭。大明亭前有朱姓大户的古宅，50年代末，被用作公社粮库。大明港河道笔直，河面宽阔，河水清澈，肩负着鸦鹊港、乌梅港、俞家港的泄水和水路交通任务。可供轮拖驳船运粮和停泊栖息。圩田方正，村庄坐落有序，人家沿港而居，聚落形态呈长条形，水利系统利用率高，至今仍留有"一港五桥"的状态。

（三）俞家港

俞家港位于联强村中部，古北起太湖，清乾隆《震泽县志》和《太湖备考》都记载河口淤塞，现北起北东联圩河，南至南东联圩河，长0.9千米，宽4米。俞家港无俞姓人家，港名的来历暂无法考证。湖塘路进入俞家港分里塘与外塘，外塘是主湖塘，有塘桥名永安桥，明清时期是单孔拱桥，民国时期改建成平石桥。古运粮河（现北联圩河）从永安桥北侧穿过俞家港，在俞家港西岸，古运粮河口有一座拱桥与永安桥西塊垂直，在同一平面内，构成"一步两座桥"，一座拱桥一座平石桥的组合，在太湖七十二港中并不多见，成为俞家港一景。民间有"房子好到俞家港"一说，现俞家港港东"花墙圈"里有清代古宅保存。

（四）乌梅港

乌梅港位于联强村东中部，古北起太湖，自明代以来，太湖口淤塞，南端联通横路港。现北起北东联圩河，南至横路港，长1.8千米，宽3米。乌梅港港名由来民间有"喜上眉梢""好一港乌梅"等说法，在民间流传甚广，历代官志和史书未见港名的由来记载，无法考证。北端过永宁桥经北联圩河折西到大明港出太湖。乌梅港人多田少，农田地势低洼，旧时，太湖溇港泄水设备靠人力车水，虽经全力抢救还是沉田没野。乌梅港人去外地外圩"讨租田"种的比较多。90年代起，乌梅港小企业、小作坊甚多,村里工商业繁荣,农村经济收入逐年增加,村民生活不断改善。

(五) 环良港

环良港又名环粮港,清乾隆《震泽县志》记载此港名为盘粮港,位于联强村东部,古北起太湖但淤塞,现北起北东联圩河,南至南东联圩河,长1.1千米,宽4米。环良港人家贴水而居,是湖塘路上溇港中较重要的航道。明初,吴王张士诚开凿运粮河,把湖州的大米通过运粮河运到苏州,从湖州摇船到苏州经过环良港时正是傍晚时分,有些运粮船只和船队从湖州出发走中塘横路港去苏州,到达环良港南口时也差不多是傍晚时分,于是大家都在环良港停船过夜。这条河道既深又宽,是粮队船只停泊的好去处。运粮河、横路港里的运粮船队在这条河道停靠,运粮负责人盘点运粮船只,生怕有船只掉队。故这条港的港名就被叫作盘粮港,运粮船队环港而泊,也叫环粮港。

九、太浦闸村段

太浦闸村段经过榆树港、草庵港、时家港、罗家港、楝树港、陌家港、白浦港、赵家港、东亭子港。

(一) 榆树港

榆树港位于太浦闸村西部,古北起太湖,后渐淤塞,现北起北东联圩河,南至横路港。长1.9千米,宽4米。1958年,开凿太浦河后,榆树港属太浦河口南岸,榆树港东北端成浦江源之岸。榆树港人家原来都聚集在榆树港西岸,东岸数百年无人烟,一直到太浦河开凿后,榆树港东岸渐渐有人家居住,至今两岸平衡。现中段村落架新桥,沟通两岸。古湖塘路上榆树港塘桥名永昌桥,梁式单孔古石桥,现桥是1969年改建的,是苏州市文物控制单位,颇具观赏价值。榆树港交通今非昔比,东临浦江源大道,南依230省道,北靠南太湖大道,3条大道让榆树港的交通十分便捷。

太浦闸村段溇港(摄于2015年)

(二) 草庵港

草庵港位于太浦闸村西部,原北起太湖,自明末清初起不通太湖,南至横路港,长2.1千米,宽4米。元末明初,古运粮河从草庵港北端穿过,形成十字港。晚清时期,湖塘路上的草庵港塘桥为平石桥,梁式单孔,东西走向。在桥的西堍北侧,有座草庵,得港名草庵港,庵前有大河埠。形成一港一桥一庙一埠的景色。民国年间,草庵港村落萧条,住户逐渐向时家港搬迁,草庵港成无人居住的港。1959年,开凿太浦河后,草庵港被当地民兵和青年突击队填平,剩下一条沟渠。自从浦江源大道(在草庵港地域)筑成后,草庵港又有人家居住。湖塘路、中塘路都从草庵港通过。

(三) 时家港

时家港位于太浦闸村中西部,北起太湖,南至横路港,长2.1千米,宽4米。自古北端不直通太湖,而是直通北横港后与罗家港合并,再通太湖,整个北端与北横港、罗家港构成一个"大"字形态。太浦河开凿后,时家港北端口子直通太浦河,南端通横路港。水流穿过陶家荡,进入横路港。时家港南北距离较长,港面较宽,河深水急,港西地势较高,港东地势低洼。按地势高低划分为圩中圩,便于排涝抗旱。1958年,开挖太浦河后,时家港3次修建改建北口的水闸和全部圩围,确保旱涝丰收。时家港塘桥,名永富桥,为梁式单孔石桥。开凿太浦河时,永富桥桥址正值太浦河河床,故被拆除,整段湖塘路也同时被挖掘,现湖塘路南移至太浦河南岸,成为沿河公路。

(四) 罗家港

罗家港位于太浦闸村中西部,古北起太湖,后渐淤塞,现北连时家港,南至南东联圩河,长0.75千米,宽4米。罗家港中间穿过凤凰池,折东后又折南,在徐家湾东的荷花池南面向东数十米再向南,直至横路港。1958年,国家规划太浦河工程要横穿罗家港,罗家港古桥闸组合正好是太浦河河床中心而开挖掉,但旧时罗家港集市仍留在人们的记忆中。罗家港的圩田南端像"盖帽",东西向特别长,为此在连接时家港和罗家港之间的东西向的小横港上建起"罗家港泵站"。罗家港被太浦河截为两段。原塘桥北端(现太浦河北岸)的罗家港继续向西北而行,以前是接纳时家港并河后直通太湖。这一段港面开阔,两岸沼泽湿地部分已被开发利用,成为格林乡村公园的一角,另一部分成为浦江源风景区景点。而今罗家港中路桥已形成一个新的罗家港集市。

(五) 楝树港

楝树港位于太浦闸村中部,古北起太湖,自明代起渐淤塞,现北起北东联圩河,南至兜底,长590米,宽4米。北端通过北横港与罗家港沟通,东与陌家港相连,汛流主要通过罗家港进出。楝树港自古较宽,河水清澈见底。永福桥向南的港脉笔挺,一直到横路港。旧时,港上人大多种植楝树,故把此港命名为楝树港。楝树木质细腻,光洁度高,有韧性,易切割,加工方便,是制造家具的上好材料,它的生长周期短,特别适合种在房前屋后、河岸池边。1958年,开挖太浦河后,楝树港村庄分别向南面和北面迁移,成为一港两村落。

(六) 陌家港

陌家港,又名麦家港,位于太浦闸村中东部,自古北通太湖,南通横路港。现北起白浦港,南至兜底,长590米,宽4米。清乾隆《震泽县志》记载此港名为陌界港。陌家港河道不宽,河床较深,水流湍急,河水清澈见底。陌家港塘桥很有名,单孔条石桥,北侧塘板闸紧贴桥身。1958年,太浦河开凿,穿过陌家港,陌家港自然村落北移,小部分人家移居太浦河南岸的汤家浜、罗家浜、赵家浜等村。太浦河开通后,陌家港一段成了太浦河土方堆积最高的地方,原陌家港塘桥被埋在土方下面,村民给这里起了个"高山上"的新地名。

(七) 白浦港

白浦港(清乾隆《震泽县志》记载此港名为白浦),自古北通太湖,南通横路港。位于太浦闸村东部,现北起太湖,南至兜底,长590米,宽4米。自古北通太湖,南通横路港。白浦港塘桥利济桥,梁式单孔古石桥,南向桥联:"白蘋浦畔沿村路,绿树阴中卧石梁";北向桥联:"湖山灵秀钟千古,道路迂回架两堤"。明清时期,古运粮河在利济桥的北端横穿白浦港,成为白浦港的北横塘。1958年,开挖太浦河,白浦港大半个自然村处于太浦河中,一部分村民北迁,住宅房搬迁至太浦河北岸。一部分村民南迁,住宅房搬迁至太浦河南岸。白浦港被分为两截,南段拓宽成汤家浜,南连横路港北通太浦河,汤家浜靠太浦河处建起汤家浜闸。2000年后,以汤家浜河中心为对称轴,东西两岸统一规划、统一设计,建造太浦闸村新农村。

(八) 赵家港

赵家港位于太浦闸村东部,自古北通太湖,南接横路港。长910米,宽4米。自古赵家港河道不宽,河床较深,流水较急。明代,赵家港举人赵鸣阳曾为老太庙题词:"做出,真如是假如是世事从来如是;看到,这期间那期间人情亦在其间"。1958年,太浦河开挖后,赵家港被分成两段,南段演变为相连的赵家浜与罗家浜。北端以赵家港为中心,沿河两岸居民的聚落形态很丰满。现今赵家港河道填平筑村道,湖塘桥积善桥被拆除,桥址成赵家港村道的开阔处。村落附近有太浦河节制闸和上海翻水站(太浦河泵站)。

(九) 东亭子港

东亭子港位于太浦闸村东部,与横扇街道交界,一港两名,北段称东亭子港,因港东岸有座亭子庙而得名;南段称长圩港,因港道穿过两只大圩而得名。北起太湖,南至横路港,长1.73千米,宽5米。东亭子港九曲三弯,蜿蜒成"游蛇"状。两岸人家都非常自豪,认为"港弯河深村庄发"。东亭子港河面较宽,河道较深,流水畅快,过往船只多。湖塘路穿过东亭子港的塘桥名叫富通桥,寄意:

富裕富足,宏通神通,梁式单孔古石桥,两桥墩用块石堆砌,桥柱石紧贴桥墩竖立在桥盘石上,桥柱石上端横放着压盖石,两端露出桥耳朵。3块横条石放置压盖石上,中间一块稍宽大,边上两块稍狭小些,朝南朝北都刻上"富通桥"。富通桥的(东)桥堍南侧有座亭子庙,庙里供奉观世音菩萨、关云长老爷、马灵皇菩萨等,香火甚旺。

第二章　太湖特产美食

七都的土特产丰阜,其中水产品繁多,有白鱼、白虾、银鱼、太湖蟹、鳗鲡、鲃鱼、梅鲚鱼等。其他物产也颇多,有雪里蕻、丁香萝卜、香青菜、熏青豆等。

七都的美食食材地道,取材于太湖水产与太湖沿岸种植的蔬菜和养殖的禽畜。菜肴中让人尝鲜到应时、应季食材;烹饪讲究不同的菜品会采用不同的烹饪手艺,有的菜肴要分秒必争,有的菜肴则要熬上大半天时间;口味纯正,无论是"大菜"、糕点还是家常小炒,道道菜品洋溢着天然质朴的原味,让每一道美食都诠释"丰衣足食"和一方水土养一方人的深刻内涵。

第一节　土　特　产

一、白鱼

太湖白鱼也称鲦鱼,以头尾俱向上,体白而得名,体狭长侧扁,纤骨细鳞,银光闪烁,肉质莹白细嫩,鳞下脂肪丰富,酷似鲥鱼,味鲜美,是太湖名贵鱼类。《吴郡志》载:"白鱼出太湖者胜,民得采之,隋时入贡洛阳",当时白鱼已作为贡品上贡朝廷。白鱼大多在太湖敞水域中生长,以小鱼虾为食,是太湖自繁殖鱼类,一年四季均可捕获,在六七月生殖产卵期捕捞产量最高。《吴郡志》有"吴人以芒种日谓之入梅,梅后十五日谓之入时。白鱼至是盛出。谓之时里白"。中华人民共和国成立后,对白鱼资源进行保护,繁殖期禁止捕捞,使之常盛不衰。90年代后期起,白鱼成为可养殖的特种水产之一。

二、白壳虾

太湖名产之一,产于湖州小溪口以东至七都之间30千米太湖水域,此虾色白似玉,形似银钩,壳薄肉糯,无腥味,离水30分钟即死。6月上市的抱籽虾,营养最为丰富,生精补阴,含有多种氨基酸。生渍白虾是七都特有的名菜。太湖中捕捞以杨梅虾为旺季,夏虾次之。

三、银鱼

银鱼产于太湖,长2寸(合6.6厘米)余,体长略圆,形似玉簪,无骨无肠,细嫩透明,色泽如银,故称银鱼。清康熙年间,银鱼被列为"贡品"。银鱼肉质细嫩,营养丰富,将银鱼晒成干,其色、香、味、形经久不变,以此为土特产赠送给外地亲友。每年6月鱼汛期,能捕获银鱼20吨左右。鲜银鱼装入冰箱运往上海虹桥机场,空运销往日本、美国等地。

四、太湖蟹

《太湖备考》载,出太湖者,大而色黄,胜于他产,冬日益肥美,谓之"十月雄",以太湖簖捕者为上品,素有太湖清水大闸蟹之称。蟹肉滋味鲜美,富有营养,古人便有"蟹肉上宴百味淡"之说。20世纪80年代后,渔民在太湖围网养殖,产量大增,2008年,太湖蟹围养面积1.2万亩,产品远销中国香港、澳门、台湾等地。庙港社区建成华东地区最大的太湖蟹交易市场。

五、鳗鲡

鳗鲡是一种降河性洄游鱼类,原产于海中,溯河到淡水里长大,后回到海中产卵。每年春季,大批幼鳗成群结队自大海进入江河口。雄鳗通常就在江河口成长,而雌鳗则逆水上溯进入江河的干、支流和与江河相通的湖泊。

鳗鲡,身体细长如蛇,最长者可达1米有余,前端圆柱形,自肛门后渐侧扁,尾部细小,背部呈灰黑色,腹部为灰白色或浅黄色。鳗鲡常在夜间捕食,所食有小鱼、蟹、虾、甲壳动物和水生昆虫,也食动物腐败尸体,还能食高等植物的碎屑。它的摄食强度及生长速度随水温升高而增强,一般以春、夏两季为最强。

90年代起,由于建设水利工程,幼鳗逆水上溯的通道受阻,太湖野生鳗鲡的捕获量逐年减少。

六、鲃鱼

鲃鱼类似河豚,无毒,身有黑斑,白肚带刺状皮,盛产于太湖。鲃鱼肉质鲜美,体略呈圆筒形,体长10厘米左右,小口大腹、花背、白肚,肚皮上有小刺,有时身体胀大如球。鲃鱼是靠鳃呼吸的,并没有肺,其肝脏特大,用肝烧成的"鲃肺汤"是太湖名菜。90年代后,太湖中捕获量稀少,取而代之的是人工饲养的鲃鱼。

七、香青菜

七都沿太湖小粉土,加上湿润的环境具有调节小气候功能,俗称"夜潮泥",是种植香青菜得天独厚的条件,因而盛产香青菜。叶片椭圆形,全缘,叶面起皱扭曲、波状不平,叶脉明显,叶柄绿白色,扁平。一般秋后种植,冬后收获,初春即可大量收获。因煮熟后香气四溢,故名"香青菜"。因其独特的香味,深受人们喜爱,或单独炒煮,或辅以其他食材炒煮,皆可口鲜美。90年代后期,开发种植基地,培育无公害香青菜,并以此组建太湖农业发展有限公司,香青菜成为江苏省一个品牌,受到周边城市的欢迎。

八、熏青豆

熏青豆是七都人馈赠亲友的上等土特产,有悠久的历史。采用新鲜偏嫩毛豆作原料,选取鲜嫩饱满、碧绿返青、不能太老的毛豆,剥荚取肉。剥好的豆肉要用清水冲洗,捞去浮在水面的豆衣,沥干。然后准备煮豆的柴火,最好用早春桑树上剪下的"桑钉"枝条。水煮青豆时,要掌握好时间,一般在青豆半熟之时放进适量的盐和味精,然后沥干水份,倒进铁丝网筛里,用桑钉木柴烧成的炭火,慢慢熏,熏的过程中会有一阵阵清香飘出来,这时手中要反复翻动,一直到青豆水分烘干发出"索索"声,这时熏青豆已成型,颜色碧如翡翠。烘干冷却后,装入布袋,储于石灰坛内,保持干燥,以求色香味不变。熏青豆色翠绿,香清醇,味鲜美。

九、太湖萝卜

沿太湖一带的小粉土,俗称"夜潮泥",白天太阳一晒,小粉土泥成白色干土,晚上有雨露滋润,泥土变潮湿黑色,很适宜种太湖大白萝卜,一年四季都可种植,尤以冬天的萝卜最佳,皮薄、柔嫩、汁盈、味甘,生吃胜似雅梨,可生拌成凉菜。萝卜加其他佐料,可止咳、化痰、润肺、通便。

十、雪里蕻菜

雪里蕻菜又名雪菜,以腌食为主,每年春、冬两季农户选用新鲜的雪菜用缸、窖腌制,以备食用或运销。腌制后的雪菜风味独特,鲜美可口,深受上海、苏州及周边城镇居民的欢迎。咸雪菜如晒成干,即为霉菜干,用以烧肉,香气四溢,且有盛夏不馊、不变味的特点。90年代后,庙港富强、五联、罗港的经营户在周边城镇蔬菜市场营销雪菜。当地农民用经营"雪里蕻菜"所得利润建造的楼房俗称"咸菜楼房"。

十一、香大头菜

香大头菜又名佛手菜,用嘉兴种子种的大头菜为原料加工而成。其制作过程分晾干、切片、腌制、上甏等工序。每年立冬前后,将鲜大头菜从地里拔回,逐道加工制作封甏,至第二年4～5月间,可供出售食用。大头菜是夏季佐餐的佳品,香气四溢,味咸里带甜,色黄中带褐,脆嫩爽口,回味无穷,被誉为"五香大头菜"。

第二节 茶道 糕团 点心

一、风枵茶

风枵茶又名待帝茶、蛋底茶,在七都有着悠久的历史,是逢年过节家家户户用来招待客人的一道甜茶。风枵是用糯米制作而成的饭糍干,也有一些家庭将水浦鸡蛋与风枵一起泡成甜茶,作为年初一早晨的第一道甜点,象征着团团圆圆、甜甜蜜蜜生活的开始。

平时,风枵茶一般用于招待贵客或多年未见亲朋好友及第一次上门的新客人;家有喜事,如:上梁、进屋、婚嫁、周岁和年满16周岁等,均要用风枵茶来待客,并在端上风枵茶的那一刻,还要送上一句"甜一甜"的祝福语,图个好口彩。

二、熏青豆茶

七都制作熏青豆茶有着悠久的历史,是一种传统制作技艺。喝熏青豆茶更是一种民间习俗,泡熏青豆茶一般用白壳花边的小瓷碗,熏青豆为主料,同时配有芝麻、橙皮、笋干、胡萝卜干和少量茶叶,花花绿绿的一杯茶,茶色却是清透,一点不浑浊。熏青豆茶清香、可口,有提神、养心、益寿之功能,用此品茗,其乐无穷。且熏青豆茶已成为一项淳朴的民间交往礼仪,在望蚕讯、望月子、探亲访友、做媒相亲、婚庆寿诞等活动中均不可或缺。熏青豆茶深受当地和毗邻地区民众的喜爱,是地地道道的吴地茶文化。

三、煎饺 煎馄饨

煎饺、煎馄饨是七都农家的特色小吃。在粮食紧缺的年代,有的农户将请客吃剩下来的汤饺子(或馄饨)晾干后,起油锅煎制一下,便成煎饺。煎饺子和馄饨,因油与火的作用,让饺子和馄饨的底部变得松脆香酥,充满韧性和嚼劲。随着人民生活水平不断提高,煎饺、煎馄饨便成为家常小吃。烹制方法:将油锅烧热,铺上饺子或馄饨,中小火煨上3分钟,为底部松脆打好基础;然后放入适量开水,大火烧煮4分钟左右,待水烧干后,改用中小火继续煨2～3分钟,加入葱粒提香,再用大火烤1分钟左右,使底部酥脆。品尝时蘸上一点香醋或泡上一碗开洋蛋皮汤,除风味独特,更让人心情舒畅。

四、野韭菜摊面麸

野韭菜是七都地区的一种野菜,叶似韭菜、根似荞头,惊蛰(3月5日左右)过后,野韭菜伴随着气温上升破土而出,食用具五脏平和之功效,野韭菜摊面麸色香味俱全,诱人食欲。

烹制方法:野韭菜洗净、切碎、拌入面粉、盐、味精、水、调制成糊状;油锅烧热,倒入野韭菜粉糊,摊成饼状,中小火煨煎,煎至两面金黄即可出锅食用。

五、团子

团子是清明时节祭祀的节令、时令美食。加工、制作时格外认真、讲究。煮熟后先留"原生"团子祭祖及过节用,所以,人们对节食祭品都认真有加。

团子,分白、青两种,白团子为米粉本色;青团子是制作时在米粉中加入"苎叶"(用南瓜、丝瓜的嫩叶为原料,经清水洗,沸水漂,生石灰粉腌制。又称"储叶")。

蒸熟后的团子,糯香扑鼻,白团子洁白如玉,青团子碧绿油亮,豇豆沙馅香糯细腻,黄豆沙馅酥香爽口,黑芝麻馅满口爆香。

六、粽子

粽子是清明、端午时节美食。以前,七都农民生活并不富裕,流传着"吃食靠田里,穿着靠匾里(养蚕)"的谚语,到清明、端午这些传统节日,一般家庭都以裹白水粽、豇豆粽、赤豆粽为主,食材是田里种的,用粽箬和芦苇的叶子(俗称芦箬)裹粽子。随着人民生活水平的逐年提升,粽子从过去的节令、时令食品发展成家常美食,品种除白水、豇豆、赤豆、红枣、蜜枣、咸肉、酱肉等传统粽子,还有大肉粽、蛋黄肉粽、排骨肉粽、猪油豆沙粽、八宝粽等一批花样翻新、口味独特的粽子。

七、麦芽塌饼

麦芽塌饼通常又称立夏塌饼。是立夏前的时令食品,美味又充饥,喜食者甚多,立夏时节,家家户户都做麦芽塌饼。小麦通过催芽,让麦芽的胚胎转化为麦芽糖,淀粉转化为糖份,制作糕点时参入适量的麦芽粉,能使糕点塌而不陷,柔糯适中,甜润可口。麦芽塌饼制作时用麦芽粉、米粉、煮熟捣碎的紫念头草为原料,揉成柔中带刚、软硬适中的粉团,然后捏成大小均匀的小粉团。包入馅料,再加入糖腌猪油和胡桃肉,封口后撳成塌饼状。蒸熟,待饼冷却后,在塌饼表皮撒上白芝麻,放入油锅(平底锅更佳)熯到塌饼表皮呈金黄色时,翻一次身,熯至两面都呈金黄时出锅。趁热食用,外脆里糯,香气逼人。

八、糖烧芋艿

糖烧芋艿是中秋节一道时鲜美食,七都地区流传着"八月半,芋艿吃一半"的说法。中秋时节,地里种的芋艿还没有完全成熟,人们中秋节下午,扛着铁耙,提着篮子,把一个个还没有完全成熟的芋艿从地里挖出来,算是种地的农民的奢侈选择。

糖烧芋艿的制作过程:将芋艿的表皮刮去,洗净后浸在清水里(避免与空气接触),否则影响口感和美观,食用时将芋艿放入锅中,烧煮15分钟左右,再放入适量的糖,用小火焖煮1~2分钟即可出锅,可品尝到香、稠、糯、滑、甜的糖烧芋艿。

九、重阳糕

农历九月初九为重阳节,民间流行吃重阳糕和豇豆饭与登高望远的习俗。湖塘路一带与洞庭山隔湖相望,当地流传着"登高不用山,借得洞庭景"的谚语。民间以做重阳糕,吃重阳糕的习俗替代登高,"糕"与"高"谐音,则取其寓意。以前,重阳糕是用五色米粉做的,与古代的阴阳五行有关,后来人们慢慢改为米粉加赤糖(红糖)和米粉加豇豆制作,食材简单,不复杂,却依然香糯。

十、黄南瓜圆子

腊月廿三,为送灶日,家家都会做黄南瓜圆子送灶君菩萨,故人们把黄南瓜圆子也称为"送灶圆子"。

黄南瓜圆子的制作方法:糯米粉和粳米粉以5∶5或6∶4的比例搭配,用烧烂的南瓜点浆,并加入适量的糖,用力揉搓,反复挤捏成粉团,然后分成大小均匀的小粉团,再搓成圆球型,放入蒸笼,大火蒸20分钟即可出笼。

以南瓜和米粉制件的糕点还有:黄南瓜米糕、黄南瓜方糕、黄南瓜年糕、黄南瓜元宝、黄南瓜饼等。

十一、锭圣糕(定榫糕)

锭圣糕,又名定榫糕,形似一锭银子,颜色呈胭脂红,是以糯米粉为主要食材制作而成的糕点。因社会需求量少,家庭自制的不多,需要时一般都到附近的私人糕点作坊定制。

制作方法:将糯米粉、粳米粉、红曲粉按比例搭配,加糖、水,也可加入胡桃肉一起收粉,用手搓匀,米粉的颗粒要比制作一般大糕的颗粒粗一些,然后装入锭圣糕模具,中间层放入猪油豆沙馅料,上层再铺上一层米粉,轻轻压实、压平,将压制成型的锭圣糕倒出模具,放入蒸锅大火蒸15分钟即可。刚出锅的锭圣糕糯中带韧,稍待冷却,颗粒状结构的粉粒,充满嚼劲。

十二、酒酿

酒酿,七都人最难忘的美味之一。制作方法:糯米淘净后浸2小时,沥干后放入蒸锅,用大火蒸煮20分钟左右,出锅后用冷开水冲凉至35度左右,然后倒入容器,放入酒药(甜酒曲)搅拌均匀,并要保持一定的湿度和不低于30度的温度,将拌匀的酒酿坯在容器内铺平压实,中间留出小酒潭,然后保温储藏,让酒酿坯在30度温度的环境内分解、发酵,经过24~34小时(夏季24小时,冬季34小时)的自然发酵,当小酒潭出现酒酿原液时,即可取出冷却。若小酒潭的酒酿液不足,有可能是湿度不够或发酵不彻底,可制作35度左右温度的白糖水采取补救措施;将糖水用调匙浇在酒酿上面,然后重新进行保温3~5小时即可。制作好的酒酿若放入冰箱冷藏一段时间,上口的味道会更胜一筹。

十三、馒头

俗语有"甜馒头,苦粽子""馒头吃刹(坏)人,麦上起条根",馒头是农闲时各家各户精心打造的一份珍馐美味,除了用鲜肉作馅,还有各种应时蔬菜和荤素搭配的馅料,让人们在品尝各种口味的馒头中品味人生。

制作方法:将酵母按比例与面粉拌匀。用35℃左右的温开水和面(或将酵母用35℃左右的温开水溶化后和面),和成面团后,表面用保鲜膜覆盖,防止表皮风干,放置30℃~35℃的环境中醒发30~50分钟,让面团体积膨胀,当面团内部出现蜂窝状时就可以开始制作馒头。将发酵后的面团分成大小均匀的小粉团,包入事前准备好的馅料,将制作好的馒头放置35℃左右的容器内静置一段时间,让馒头坯再次醒发,然后用大火蒸煮20分钟后即可出锅食用。

十四、三鲜面疙瘩

陪伴着几代人成长的三鲜面疙瘩,谁也说不清究竟哪三种是真正意义上的三鲜,三鲜只是个约数。家里宴请客人后的剩菜,作为底料或汤料,烹煮一份面疙瘩汤,既可以充饥,也可以用来解馋,一直流传至今。

制作方法:将肉片、河虾、蘑菇等食材爆炒后制作成汤料;面粉加水和少许盐在碗中搅拌成半糊状,用调匙沿着碗壁刮出浆糊条,放入煮开的汤料中,待面疙瘩全部下锅后,放入一把青菜,大火烧煮3分钟左右即可出锅食用。

十五、饭团

饭团,又称饭米团、糙饭团,是一种最原始、最便捷的方便食品,从饭锅中抓一把米饭,中间裹上冷菜,边走边吃。后来,饭团中裹豆沙、油条、肉条、肉松、香肠、鸡柳、烤串、荷包蛋等等,喜欢吃饭团的人越来越多。

制作方法:糯米或搭配部分粳米淘净后浸2小时,沥干后放入蒸锅,用大火蒸煮25分钟左右,冷却片刻便成糙饭。将鸡蛋煎成荷包蛋,放入糙饭团中,用纱布一裹捏成饭团,糙饭团裹老油条,香脆、爽口。

十六、小馄饨

在七都地区人们孝敬长辈除了长辈送茶叶、月饼外,平时往往把小馄饨作为送给长辈的礼物。小馄饨的特点是皮薄肉少,市场上出售的小馄饨皮还不够标准,购买后可以自己重新进行加工,将市场上购买的一张小馄饨皮加工成两张;小馄饨的馅料放得很少,有句谚语叫作:"刮得牢刮根葱,刮不牢包个空",包小馄饨时,人们将面皮放在手指与手心中间,另一只手用竹签往肉糜中一刮,在馄饨皮中一避,然后用竹签将馄饨两边一挑,手指一捏,小馄饨的制作大功告成。稍等片刻,薄薄的馄饨皮中透露出肉馅的脂红;烹煮时,热水下锅,一分钟左右,小馄饨便会似云朵般漂浮在水面上,出锅后,盛入放有荤油、香葱和鲜酱油的调味汤碗中。

第三节 菜 肴

一、水煮大闸蟹

水煮太湖大闸蟹时将蟹清洗后放入冷水锅中,水的容量要淹没或持平大闸蟹,放入老姜和盐,这样煮出的大闸蟹既鲜又有甘甜味。大火将蟹锅烧沸、然后改用中火烧煮即可。火候的时间和盐分把控,是决定大闸蟹品质的关键举措。煮熟的大闸蟹不用蘸调味料,可原汁原味地享受太湖大闸蟹的独特美味。若体寒性质的人,在食用前或食用后,可喝上一口姜醋调味料,既能驱寒,又不影响大闸蟹的口感。其次品尝太湖大闸蟹时,要把控温度,热蟹能释放浓浓的蟹香,一旦冷却后,闻到的则是一股蟹腥味。通常大闸蟹出锅后要及时食用,趁烫食用时,蟹肉中还依附着一定的温度和水分,既有利于蟹肉的析出,又使口感鲜甜、滋润。

传统大闸蟹的烹饪方法有:水煮、清蒸、面拖、香辣蟹等,还可与其他食材搭配制作酱蒸六月黄、蟹粉炒年糕、油酱蟹、炒蟹粉、蟹粉豆腐等菜肴。

二、醉蟹

醉蟹,又称酒醉蟹,是蟹的风味小吃之一。

制作方法:将太湖大闸蟹洗净、沥干,用高度白酒将蟹醉倒,并让蟹在白酒中浸泡半小时以上;然后重新将蟹沥干,并用干毛巾将蟹螯毛上的余酒吸干;将蟹装入容器,放入姜片、花椒、冰糖(少许)等调味料,用糟卤将蟹浸没,将容器密闭后存放5~7天即可食用。置入冰箱保鲜层存放更适宜。食用期一般在两个星期内,采用密封式真空包装的,食用时间可适当延长。

三、银鱼炖蛋

太湖银鱼肉嫩无刺,味道鲜美。

烹饪方法:将银鱼洗净沥干,加料酒、盐调味去腥,然后和鸡蛋一起打成蛋浆,加温盐开水稀释打匀,装入深盆,上锅用文火蒸12分钟左右,出锅前洒上葱粒即可。

银鱼的烹饪方法还有银鱼摊蛋、银鱼炒蛋、银鱼干炒肉丝等。

四、毛豆籽烧白鱼

白鱼,肉质莹白细嫩,酷似鲥鱼,毛豆籽烧白鱼已成江南鱼米之乡的一道经典菜肴。

烹饪方法:将白鱼洗净、沥干,全身擦上少量细盐(防粘锅),按5:1的比例配备好毛豆籽;油锅烧烫,将白鱼煎至两面金黄,放入姜片和毛豆籽,加黄酒、酱油(生抽加少量老抽)、盐等调味料,加温开水,先用大火烧煮,再换文火焖煮加糖提鲜,然后大火收汁,出锅时洒上葱粒即可。

五、菜花甲鱼

在菜花盛开时,是甲鱼一年中最肥美的时节,故以菜花甲鱼得名。

烹饪方法:甲鱼斩杀后,用开水冲泡(浸泡),剥去衣皮,洗净后沿甲鱼背壳内侧边缘剪开,保留甲鱼盖背的完整原状,将甲鱼肉剁成块状,排列摆放在盆中,放入姜片、料酒和盐等调味料,然后盖上甲鱼盖背,在盖背上面淋上调味料,放入蒸锅,大火蒸煮30分钟左右(以750克为标准),出锅前洒上葱段提香增色。烹饪方法简单,更能彰显出菜花甲鱼的原味。

甲鱼的烹饪除清蒸外,还可红烧和白灼(煲汤)。

六、菜花鳗鲡

菜花盛开的季节,是一年中品尝鳗鲡最佳的时节。

红烧鳗鲡的烹饪方法:将洗净的鳗鲡切成段,锅子预热、用油爆锅、关火,鳗鱼垂直放置于锅底。将猪的板油切成大颗粒,放置鳗鲡段之间的空隙,然后开大火烹制、待锅子发出"滋滋"声响时,放入姜段、黄酒、盐等调味料,加温水后先用大火烧煮,再换中火焖煮,再放入冰糖焖上一会儿,换大火收汁,出锅后在鳗鲡上面洒上姜末、蒜泥、葱段,再添上一勺热猪油提香增色。

清蒸鳗鲡烹饪方法:将鳗鲡颈部切割一刀,再往肛门中间处切割一刀,用2~3根筷子从颈部开口处往鱼肚深处插入,用力将筷子旋转,使筷子与内脏绞和在一起,然后用力将筷子和内脏一起拔出;用塑料网裹上盐,从鳗鲡的头部擦往尾部,反复揉擦几次,使鳗鲡身上的白色粘胶清除完毕,用清水洗净待用。将洗净的鳗鲡从腹部下刀,切成连刀块,背部连接保持鳗鲡原状,使蒸出来的鳗鲡造型美观。将切割好的鳗鲡盘放在蒸盆中,放入姜丝、黄酒、盐等调味料,在蒸锅中(沸水)大火蒸15分钟左右,起锅前洒上葱段即可。

七、鲈鳢鱼炖蛋

鲈鳢鱼,又称塘鳢鱼。自古有"三月三,鲈鳢鱼上(撞)岸滩"之说。80年代前,农历三月初三前后,人们用瓦片制作渔具,放在河桥口、驳岸旁诱捕鲈鳢鱼,成为青少年的一种童趣。把捕获到的鲈鳢鱼往饭镬上一炖,泊上几个鸡蛋或调碎蛋浆,开饭时,一碗鲈鳢鱼炖蛋或鲈鳢鱼调碎蛋鲜香扑鼻,让人食欲大增。

烹饪方法:将洗净的鲈鳢鱼放入瓷盆,加上姜丝、料酒、盐等调味料,蒸上4~5分钟,再泊入鸡蛋,若同时泊入几个咸鸭蛋,口味更胜一筹;在锅中继续蒸上12分钟左右,出锅前洒上葱粒、淋上几滴生抽即可。鲈鳢鱼的鲜嫩、咸鸭蛋的咸香和鲜鸡蛋的嫩滑,让口味既丰富又充满层次感。

鲈鳢鱼的烹饪还可清蒸、雪菜炒鲈鳢鱼等。

八、毛豆籽烧鲃鱼

毛豆籽与鲃鱼,两种入时的食材,搭配在一起形成的一道美食,毛豆籽烧鲃鱼是家家户户的传世之作。毛豆籽的清香,恰到好处镇住鲃鱼的腥味,形成一股独有的鱼香味。如今,鲃鱼是人工养殖,鲃鱼肉质有所下降。

烹饪方法:将鲃鱼从背部开膛,挖出肠、胆,保留肝脏,洗净待用。新鲜的毛豆籽数量掌握在鲃鱼的三分之一左右。油锅烧热,先放入葱姜爆香,再倒入鲃鱼,爆炒至肉色变白并呈浅黄,再放入毛豆籽翻炒几下,放入料酒、生抽、老抽等调味料,加水至鲃鱼露出三分之一,大火烧煮,换中小火焖煮,放入糖提鲜收汁,出锅前洒上葱粒即可。

九、响油鳝丝(响油鳝糊)

自古有"小暑黄鳝赛人参"的说法,民间常常将黄鳝作为馈赠孕妇、产妇和身体虚弱的人滋补佳品;黄鳝肉质鲜,只有龙骨,没有鱼刺,也是儿童成长过程中的营养膳食。

响油鳝丝,又称响油鳝糊,鲜美爽口,为男女老幼所钟爱。烹饪方法:将鳝丝洗净、沥干、切成段状;将青椒或洋葱或冬笋(选择其中的一种)切成丝;油锅烧烫后,将青椒爆香后盛起待用;重起油锅,将鳝丝爆香爆透,加调味料和少许温开水,大火烧煮4分钟左右,倒入青椒丝一起炒匀,用水淀粉分几次勾芡后出锅,在盛放鳝丝的盆中间留出一个小开口,放入姜末、蒜泥和葱粒,浇上热油,使之鳝丝"嗞嗞"作响,香气扑鼻,响油鳝丝即可上桌。

十、酱蒸黄鳝

酱蒸黄鳝由农民劳作时的"简菜"演变而来的,过去农民在从事农活时,常常会意外捕获到黄鳝,因忙于农事,缺少时间精心烹饪,便将黄鳝斩杀后,盘绕在碗里,放进饭锅上一蒸,开饭时,将蒸熟的黄鳝去掉腥水,浇上姜丝油酱一拌,凭着食材的新鲜和原味,这就是简单又直接的酱蒸黄鳝蒸制方法。黄鳝的食用除响油鳝丝、酱蒸黄鳝外,还可根据各人口味烹饪红烧鳝筒、清炒鳝片,还可与草鸡块、猪排骨等食材一起煮汤等多种烹饪方法。

十一、白灼蛇汤(蛇羹)

白灼蛇汤是夏季的一道美味佳肴,蛇汤是小孩防痱驱毒的避暑良方,村坊上一旦有人家煮蛇汤,有小孩的人家都会前往讨要,主人也会多多少少满足大家的心愿。

烹饪方法:将青梢蛇去皮去内脏,洗净后切成段,放入沙锅,冷水煮开,撇去浮沫,加料酒、姜、盐等调味料,文火焖煮即可。蛇肉白嫩、蛇汤清澈见底。若将蛇肉去骨,将肉撕成丝状,加上香菇丝等配料,用水淀粉勾芡,洒上香菜末,蛇汤就演变成美味蛇羹。

十二、清蒸鳜鱼

鳜鱼,也称桂鱼,从古至今是人们宴请贵宾的首选,各种宴筵都把它作为全鱼。清蒸鳜鱼的烹饪方法:鳜鱼斩杀后,将鱼的两面用刀切割成4~5片60°角度的鱼片状,有利于蒸煮时调味料和蒸汽的介入;将鳜鱼放入鱼盆,放入姜片、盐、黄酒、食油等调味料,放入蒸锅,水开后大火蒸煮12~15分钟,出锅前放入葱段、淋上生抽或蒸鱼酱油即可。另一种烹饪方法是蒸煮12~15分钟出锅,拣出姜片,倒去鱼盆中的汤汁,浇上蒸鱼酱油,放上葱段,再用烫油浇在葱段上面即可。两种烹饪方法味道不相上下,但从色、香的角度,后者更优。

鳜鱼可清蒸、红烧、糖醋、白灼、汤烧,款款都是美味佳肴。清蒸鳜鱼以烹饪简单、原汁原味而深受大家的喜爱。

十三、庙港臭鳜鱼

庙港臭鳜鱼依托地道的食材,配上几十小时的酿制,具有特色口味。

烹饪方法:先是酿制,将鳜鱼斩杀后,抹去血水,两面外表给刀,将臭豆腐干捏碎,加入臭豆腐卤汁和盐,把它拌匀后涂抹在鳜鱼的里里外外,用保鲜膜或保鲜袋包裹,充分地吸收和分解食材,经过24~36小时,臭鳜鱼的酿制基本结束。再是烹饪:鳜鱼洗净、沥干;五花肉、香菇、蒜苔、笋尖、彩椒切成丁块;油锅烧热,将鳜鱼煎至两面金黄,放入五花肉丁块爆香,放入香菇丁,加黄酒、盐、酱油(生抽加少量老抽)等调味料,加温开水;大火烧开,换中小火烧煮,再放入笋尖、蒜苔、彩椒丁和白乳腐卤,继续中小火烧煮片刻,加糖、蚝油、味精提鲜,大火收汁,出锅前放入葱段即可。

十四、红烧羊肉

羊肉是七都的传统美味佳肴,尤其在庙港地区,深秋之后羊肉开始上市,庙港农贸市场和部分村湖羊屠宰点都有羊肉零售。

太湖地区气候温和,雨量充沛,百草茂盛,为湖羊提供优越的生长条件。所产的湖羊肉比其他地区更为鲜嫩。红烧羊肉可分即烧即食和大块焖煮两种方法烹饪。

即烧即食红烧羊肉:将羊肉洗净、沥干、切成块;油锅烧热后,放入姜片爆香,然后放入羊肉爆炒,让羊肉受热后紧缩、变色、溢出香味,加料酒、酱油(生抽加少量老抽)盐和红枣等调味料,放入温开水,使面层的羊肉块三分之一露出水面,开大火烧煮,撇去浮沫,大火烧煮后再换中小火焖煮,加少量糖提鲜,再大火收汁,出锅后在羊肉上面洒上大蒜叶粒即成。

大块焖煮的红烧羊肉:将羊肉洗净、沥干、切成半斤左右的大块羊肉;油锅烧热后,放入姜片爆香,然后放入羊肉爆炒,随后加黄酒、酱油、盐和红枣等调料,放入温开水,烧开后撇去浮沫,大火烧煮开,换中火焖煮,一般需一小时以上。加糖提鲜润色;大火收汁,让汤汁变得浓稠,出锅时将准备食用的羊肉捞起,用剪刀剔除羊骨、并将羊肉剪碎,洒上大蒜叶粒、再将汤汁浇在羊肉上。这种大块焖煮的羊肉比即烧即食的羊肉更入味,而且这种烧法的羊肉浸渍在焖锅里,食用时将锅一热,捞出一块,洒上大蒜叶,浇上羊肉汤汁,不会变老变柴(干瘦),也不会影响口感。

羊肉烹饪方法还可白灼羊肉、烧羊膏、生炒羊肉、白切羊肉等。

十五、生炒羔羊肉

将羔羊肉洗净、切成块,焯水,除去血沫、杂质、沥干。油锅烧热后,放入姜片爆香,然后放入羔羊肉爆炒,使羊肉受热后,炒至部分出现焦黄时,加黄酒、酱油(生抽加适量老抽)、盐等调味料,放入温开水,使面层的羊肉块三分之二露出水面,先用大火烧煮开,换中火烧煮,一般需30分钟左右。

放入糖提鲜润色,开大火收汁,至汤汁浓稠时关火出锅,出锅后在羊肉上层洒上大蒜叶提香。

十六、菜花头干烧肉

菜花头干是青菜花蕾含苞待放时采集的菜心,经水煮晒干后形成的菜干。可以用来烹制菜花头干烧肉、酱蒸菜花头干和制作菜花头团子等。

烹饪方法:将五花肉或猪前夹肉洗净切块。菜花头干用温开水浸泡,然后洗净、拧干、切碎;油锅烧热后,将姜片和鲜肉一起下锅爆炒,炒香后加入黄酒、盐等调味料,加温开水,先用大火烧煮开,换文火焖煮,放入菜花头干继续烧煮10分钟左右即可。

十七、红烧蹄子

红烧蹄子是年夜饭餐桌上的重头菜。是家家户户过年和团聚的标志,红烧蹄子(提子)不但隐喻着提携子孙的寓意,更是象征生活的红红火火。

红烧蹄子还是各种家宴的主菜,如出嫁,亲戚要请吃送嫁蹄子;新亲、新客第一次登门,要请吃上门蹄子;定亲、担盘、结婚要请吃蹄子;拜周岁阿太、拜十六岁阿太要请吃蹄子;做寿要请吃蹄子等。

烹饪方法:将蹄子洗净,再焯水,捞起后用开水冲洗干净,重新放入锅中,加入开水、姜片、黄酒、酱油等调味料,大火烧煮40分钟,换中火焖煮60分钟,再改用小火焖40分钟,加糖或冰糖提鲜、增色、收汁,大火烧至汤汁浓稠时出锅。亦可将红烧蹄子从锅子中盛到砂锅里,继续用小火焖上一段时间,使蹄子的色、香、味更佳。

蹄子要烧得酥而不烂,肥而不腻,烹饪时关键在于一个"焖"字。

红烧蹄子的另一种烹饪是走油蹄子:将蹄子洗净,放入沸水中"揽一揽",捞起后用开水冲洗并擦干水渍,放入油锅中炸至金黄(油炸时小心烫油飞溅伤人)或焦黄,再从油锅中捞出,放入锅子,加温水、姜片、黄酒、酱油等调味料,烧煮的时间和步骤与红烧蹄子相同。红烧走油蹄子与一般的红烧蹄子的区别在于:表皮酥糯,咬上一口,有爆汁的感受,而且表皮不易风干。

十八、肉圆

肉圆,年菜之一,其寓意团团圆圆。肉圆以鲜猪肉为主要食材,有大、中、小之分,大的称球(狮子球),中的称圆(肉圆),小的称丸(肉丸子)。走入七都家庭餐桌的肉圆有:红烧狮子球、白灼狮子球、红烧肉圆、清蒸肉圆、白灼肉圆、糯米刺毛肉圆、香菇肉圆、毛豆籽肉圆、野菜肉圆、荸荠肉圆、豆腐肉圆、鱼鲜肉圆(鱼肉与猪肉搭配)、腌鲜肉圆(肉馅中加入少量咸肉或火腿肉粒)、小丸子肉圆、肉圆炖咸鸭蛋等等。

制作方法:一般选用猪的前夹精肉,再搭配部分五花肉;太精瘦的肉会"柴"(干瘦,不易嚼烂),太肥的肉又会油腻。肥瘦配比:以80%的瘦肉配20%肥膘。制作狮子球,肥膘要配30%。将肉切成丁,根据自己要制作的肉圆掌握肉丁的大小,若制作狮子球,肉丁的颗粒要相对大一点。将瘦肉丁与肥肉混合后摊在菜板上,用刀剁成网格型(也称葵花状),让肉丁大小均匀,既有利于肉圆粘连成型,又令口感充满层次感。若加入其他辅助食材,采取同样方法手剁。肉馅剁好后,加辅材、蛋清、调味料搅拌均匀,再用手顺着一个方向使劲将肉馅搅拌至出现韧劲。不要有太多辅材的添加,否则会影响肉圆的本味。将搅拌好的肉馅反复使劲摔打,让它充满弹性。将加工完毕的肉馅放入冰箱中静养一段时间,让它充分吸收水份和味道,使肉质充盈、变嫩。根据自己需要的大小规格,用手拍打成型,小肉丸采用挤捏成型。若清蒸的肉圆,可直接装盆,放入蒸笼,大火蒸制12分钟。

烹制:可油炸和水煮,根据各人爱好确定,油温和水温都不能过高,温度过高会分离肉圆内的油脂和蛋白质,影响口感。无论油炸或水煮,待肉圆完全浮起后,小火煮3~4分钟即可出锅。出锅后的肉圆还是半成品。

烹饪:一般有红烧、白灼、滑炒、炒制、煮汤、放入暖锅等多种烹饪方法,根据用途、个人喜欢确定。

十九、白灼狮子球

狮子球属于"慢工出细活"的功夫菜,各家各户的私房菜。除象征团团圆圆,还能赢得全家男女老少的偏爱。人们喜爱狮子球,是因为狮子球里有四季变化的食材,每一次都能尝到不同的滋味,依据不同的时节,选择不同的配料。

制作和烹饪方法:一般选用猪的前夹精肉,再搭配部分五花肉;肥瘦比例采用70%的瘦肉配30%肥膘;先切成大小均匀的丁块,再用手工剁成馅,使肉馅既有颗粒,又有粘连;将荸荠、香菇切成丁粒;放入黄酒、盐等调味料,将肉馅和荸荠、香菇丁一起搅拌均匀,并用手顺着一个方向搅拌,直至肉馅出现韧劲,然后将肉馅反复摔打,让它充满弹性;将加工完毕的肉馅翻入冰箱静养一段时间,使肉质充盈、变嫩。根据自己需要的大小,用手拍打成型。用猪大骨或草鸡作为狮子球的烹制高汤,先用大火烧煮20分钟,然后放入制作好的狮子球。加入调味料,文火焖煮90分钟,出锅前放入三四棵小青菜配色,煮上2分钟同狮子球一起出锅。雪白粉嫩的狮子球,配上奶白色的汤汁和绿油油的青菜,显得格外诱人。

二十、鱼圆

鱼圆,也称鱼丸,是一道时令菜。鱼圆制作起来费时费料,又要有一定的技术含量。制作方法:将草鱼背部肉取下,用刀在上面刮出鱼肉,并将暴露出来的鱼刺逐一拔去,把鱼肉放在菜板上剁成鱼蓉,再放到容器中顺着一个方向搅拌,搅拌过程中加入调味料、水和蛋清,待鱼蓉出现胶质状时,用手挤捏出鱼蓉丸子,用调匙将刮起的丸子放入90度左右的开水中,让鱼蓉慢慢定型成熟,待浮出水面后出锅,出锅后放入清水中冷却。制作好的鱼圆可以清炒、入汤和炒三鲜等多种烹饪方法,其中清炒鱼圆不失为一道经典之作:将姜片、青椒、木耳爆香,放入鱼圆、鸡汤、调味料一起滑炒,用淀粉勾芡装盆,出锅时洒上葱段,再泼上一勺香油。木耳的黑、青椒的绿、鱼圆的雪白粉嫩和汤芡的晶莹剔透,一道非常出彩、非常诱人的清炒鱼圆,成为人们最难忘的美食之一。

二十一、蛋圆

蛋圆,年菜之一,寓意团团圆圆。是用鲜肉末和蛋浆搭配而成的一种美食,上口滑嫩鲜美、清淡而有营养,让人放松和悠然。将蒸煮出来的蛋圆配上菠菜,用旺火一炒,简单的洒一些盐花,既保留食材原有的质朴和天然,又俱美食的色、香、味,是过年时家家户户都会烹制的一道家常小菜,同时又是一道地道的经典菜肴。蛋圆还是春节暖锅的主要配料,是家常的菠菜粉丝汤和鸡鸭血汤的忠实搭档。

制作方法:将鲜肉剁成肉末,加调味料制成肉馅;鸡蛋加调味料,用筷子打成蛋浆;将盅子内壁抹上荤油(有利于成型后析出),倒入三分之二蛋液,然后放入三分之一的肉馅。制作结束后,将盅子蛋圆放入煮沸的锅内文火蒸10分钟左右。出锅后将盅子放入冷水盆中,通过冷缩使蛋圆容易与盅子分离,再用竹签沿盅子内壁轻轻一转,帮助蛋圆析出。蛋圆的鲜嫩程度,关键在于火候的把控。

二十二、腌笃鲜

腌笃鲜是春季里的一道时菜。主要食材有咸肉、草鸡肉、鲜竹笋等,配料有香菇、木耳等。也有将黄鳝、鹌鹑蛋列入其中。其实腌笃鲜并没有确定的标准,都是根据食材自由组合起来的。

烹饪方法:将鸡洗净后切成块,一起放入锅中加冷水烧煮,临时沸点时辟去浮沫,加入黄酒、姜片等调味料,烧煮30分钟,加咸肉、竹笋、木耳后继续大火烧煮15分钟,出锅前放入葱段即可。

二十三、端午黄鱼

端午日的餐桌上黄鱼是必不可少的一道菜肴,"买条黄鱼过端午"的习俗成为端午节的重要标志。

烹饪方法:大蒜头去皮,黄鱼洗净、沥干,在鱼身上撒上少许盐并抹匀。将锅子烧烫,放入食用油,待锅子壁微微冒烟时放入黄鱼,并将锅子轻轻摇晃几下,让鱼在锅子里滑动,防止粘锅,待黄鱼表皮出现金黄时将鱼翻身,油煎成两面金黄时,加入大蒜头、姜片爆香,再放入黄酒、酱油等调味料,加入适量开水,大火烧开,换中火焖煮,起锅前加入少量糖提鲜,再开大火收汁,起锅时洒上葱段即可。

二十四、雪菜烧黄鱼

雪菜本身是七都的传统农产品,何时种植、收割,怎样腌制,腌多长才会香、嫩、脆、鲜,只有熟悉它,懂它的人,才能腌制出好滋味。

烹饪方法:雪菜洗净、拧干,将中间的菜梗切成小段;黄鱼洗净、沥干、表皮抹上少许盐。将油锅烧烫,放入黄鱼,将锅子轻轻晃动,让黄鱼在锅内滑动,防止粘锅,将鱼煎至两面金黄时先盛出,再将姜片、雪菜梗倒入热锅炒爆,爆香后再放入煎好的黄鱼,放入料酒、加入适量开水,大火烧开,换中火焖煮,起锅前加少许糖增鲜,再洒上葱段出锅。

二十五、白斩鸡

白斩鸡一般采用三黄鸡,生长期短、肉质细腻,是做白斩鸡的首先食材,以烹饪简单、直接,肉质鲜嫩著称,蘸料可直接采用生抽和辣酱油,食客也可以根据自己的喜好调制适合自己口味的蘸料。

烹制方法:先把三黄鸡洗净后,放入100℃的沸水中,大火烧煮15~20分钟,捞起后,放入凉开水中自然冷却,通过热胀冷缩,鸡形饱满,呈嫩黄色,若抹上草鸡油,既耐看,又不易风干。再配制蘸料,将生抽、老抽、盐、糖、味精、姜丝等调味料煮熟后一起放入蘸料碗,再淋上芝麻香油。最后切块装盆,将白斩鸡切成大小适中的条形鸡块,并依次放入菜盆,放上香菜末或花生碎,白斩鸡的鸡皮爽脆,鸡皮与肉之间的夹层胶汁滋润,肉质粉嫩,蘸上酱汁,香、脆、润、鲜,风味十足。

二十六、糟鸡脚

鸡脚,又称凤爪,庙港地区下午茶中随处可见的美食。

烹制方法:将鸡脚洗净,放入100℃的沸水中烧煮15~20分钟,捞起后放入熟冷水中冷却,捞起后沥干,放入姜片、花椒、小米椒、糟卤、少许糖一起浸泡2小时以上即可。也可以将煮熟冷却后的鸡脚,用蒜蓉辣酱,加白糖、白醋调制,稍等片刻,又演绎出一道酸甜型的微辣风味。

二十七、黄豆灼猪脚

猪脚,又称猪手或脚爪。黄豆灼猪脚是一道传统的风味膳食。

烹饪方法:黄豆提前一天或10小时,用温开水浸泡;猪脚洗净、切段、焯水;油锅烧热后,将猪脚、姜片一起爆香,加入黄酒、酱油(生抽加少量老抽)、盐等调味料,放入黄豆,换中火焖煮60分钟,加味精和少许糖提鲜,大火收汁,浓汤出锅。亦可将猪脚冷水下锅,烧沸后辟去浮沫,加调味料、加黄豆烧煮。烹饪时间、火候相同,这种烧煮,当地人称为"铺油烧"。

二十八、八宝肚子

八宝肚子,又称肉嵌肚子。其辅料主要以鲜猪肉和糯米为主。八宝是个约数,也是吉祥的数字。肚子、鲜肉、糯米这3种主要食材,奠定了这道菜的乾坤,其他辅料按照各取所需的宗旨,从咸肉、火腿、松子、香菇、蛋黄等食材任选一、两种,让鲜肉作为八宝肚的主材,使煮出来的味道较为直接又不乏风味,太复杂的食材,反而会让美食走味或变味。

烹饪方法:糯米提前2小时用温水浸泡、洗净沥干;用80%的瘦肉配20%肥膘肉切成肉丁;咸肉、香菇切成丁;将糯米、鲜肉丁、咸肉丁、香菇丁,加葱、盐、酱油、味精、食用油一起搅拌均匀待用。肚子内壁用食盐、少量醋和少量面粉一起揉搓,清除肚子内的污物和异味;洗净、焯水后迅速捞起,剥去肠胃结合部的白色肠衣;再用温开水洗净,嵌入事先准备好的馅料,用针线缝合好入口;将肚子放入温水锅子,加姜片、黄酒、盐等调味料。大火烧煮开,换中小火焖煮1小时以上,即可出锅。出锅后自然冷却20分钟后,切片(块)装盆。

肚子烹饪还可白切肚子,或将肚子切成丝,配上笋丝或茭白丝烹制成清炒肚丝。肚子还可以作为三鲜、暖锅等菜肴的配菜。

二十九、白灼大肠

白灼大肠的原汁香味特别让人偏爱。

烹制方法:大肠内壁用食盐、白醋、面粉一起揉搓,清除污物和异味,洗净、焯水后,捞起用温水洗净,放入锅中,加温水、黄酒、盐和姜片等调味料,大火烧煮开,换中火焖煮,捞起再将大肠切成段,放入葱段提香。

白灼大肠捞起后,切成段,配上蘸汁,是一道原味白切肠冷盆。还可将肠切成段与洋葱搭配,爆炒后加酱油调味,经烹制让大肠多一份红润和暖意。

三十、糯米嵌大肠

将糯米嵌入大肠中,煮熟后的糯米大肠形似红肠。

烹制方法:大肠前期处理后,嵌入糯米馅料,放入锅中,加调味料采用大火烧,中火煮小火焖的烹饪方法,熄火焖15分钟,再开中小火焖煮,15分钟即可。冷却后切小段装盆,伴有米脂的浓香和寿司的口感。

三十一、油氽爆鱼

油氽爆鱼,一般选用3.5千克左右的草鱼,这种规格的草鱼,生长趋于成熟,出料(切块)大小适中。油氽爆鱼既可在一定时间内保持新鲜、不变味,也能使烹饪的菜品求新求变。刚出锅的油氽爆鱼,放入秘制的卤汁中一浸,香酥鲜美、耐吃耐嚼、充满回味,是品酒、浇面的佳品;油氽爆鱼也是三鲜沙锅(又称什锦沙锅)、三鲜汤的主要食材,人们常常将油氽后的鱼头、鱼尾和鱼块一起搭配鸡块、排骨、面筋、肉丸、肉皮、黑木耳、白菜等食材一起烹饪、味道丰厚。除煲汤,还可以用作炒三鲜,也是一道不错的美味佳肴。

烹制方法:草鱼斩杀后洗净、沥干,将草鱼一剖为二,出料时刀法要带有一定的角度,顺着鱼刺的方向和斜度,一拇指宽的厚片,加盐、糖、湿淀粉上浆。油锅烧热后,将鱼片放入油锅,待鱼片呈淡黄色时起锅;起锅后将油锅继续烧烫,让鱼片重新下油锅再炸一下,鱼片呈金黄色起锅,使炸出来的爆鱼片外脆里嫩。

三十二、油氽鳑鲏鱼、餐条鱼、梅鲚鱼

鳑鲏鱼、餐条鱼、梅鲚鱼是七都地区的小水产,梅鲚鱼主要生长太湖深水区;鳑鲏鱼、餐条鱼主要生长太湖浅滩和内河水系。它们都是纯野生的鱼类。七都民间流传着"正月鳑,二月皮(鲏),三月鳑鲏烂肚皮"一说,意思是吃鳑鲏鱼讲究时间。所以,当地的农家、渔家则将大规格的鳑鲏鱼即刻用于清炖,余下的鳑鲏鱼就用油氽的办法处理。鳑鲏鱼、餐条鱼、梅鲚鱼三种油氽爆鱼,以其独特的野生、细嫩、营养、松脆、美味,在七都的餐桌上,一年四季都有它的一席之地。烹制方法同油氽爆鱼相同,经调味后放入油锅氽炸,呈淡黄色时起锅,稍待片刻再复炸一次即可。

三十三、田螺塞肉

"清明螺、赛肥鹅",田螺塞肉,价廉物美,营养丰富。

烹饪方法:将田螺外壳洗净,放入清水中滴上几滴菜油,静养半天,让田螺中的排泄物充分吐净;然后剪取尾部,沸水中"焯水",捞起后将田螺肉剔出,与鲜猪肉、笋尖(或菌菇类)剁成肉末,加油、盐、黄酒、葱粒等调味料搅拌均匀,将调制好的肉馅塞入田螺壳内。油锅烧热后,放入姜片爆香,再放入田螺爆炒,加入酱水等调味料,大火烧煮15分钟左右,出锅时洒上葱段即可。食用时,一口吮吸下来,肉质口味独特,自然清香。

三十四、酱爆螺蛳

清明和稻熟季节的螺蛳最为肥美,酱爆螺蛳是一道风味美食,是一道上好的下酒菜。

烹饪方法：将螺蛳洗净，养净后剪去尾部，油锅烧热后，放入姜片爆香，加黄酒、黄豆酱、盐等调味料翻炒，加适量温水，大火烧煮12分钟左右，出锅时洒上葱粒即可。若喜爱辣味的，烧煮时适量添加野山椒或辣酱，就更具香辣风味。

三十五、韭菜炒蚬肉

"稻熟螺蛳，麦熟蚬"，麦熟阶段也是"头朝韭菜"上市之时，韭菜炒蚬肉是小麦成熟期间的一道时菜。

烹饪方法：将蚬肉洗净、沥干；韭菜洗净、沥干后切成段。油锅烧热后，将蚬肉炒香，放入黄酒、盐等调味料，煮熟后盛起待用；将锅子洗净，重起油锅，烧烫后放入韭菜翻炒，当韭菜出现70%受热变色时，倒入煮热的蚬肉一起翻炒，一分钟左右即可出锅。

三十六、酱爆小龙虾

将小龙虾洗净，去脚，去龙虾头下部，挑除食袋，从尾部摘除泥肠；油锅烧热，先放姜片、大葱爆香，再放小龙虾一起翻炒，加黄酒、盐、生抽（或酱水）等调味料，喜爱辣味的再适当添加辣酱或小山椒，加温开水，大火烧煮6分钟，换小火焖煮3分钟，加糖提鲜，最后用大火收汁，出锅时洒上葱段即可。

三十七、凉拌枸杞头

枸杞头，是枸杞树上的嫩芽。凉拌枸杞头是一道木本植物烹饪出来的时菜。枸杞头具有增强视力、消除眼睛疲劳的功效。

烹饪方法：将采集来的枸杞头在沸水中"焯水"，七分熟时捞起，拧干、切碎后，放入盐、味精、芝麻油拌匀，做成凉菜后伴有一股淡淡的清香。

三十八、葱爆蛋

春天，葱爆蛋里嫩外脆，琥珀色的表皮裹上绿油油的葱粒，有"咬春"的寓意。

烹饪方法：将蛋煮熟后剥去外壳；香葱切成颗粒；油锅烧烫后，放入鸡蛋油爆，爆炒至鸡蛋满身金黄时，放入葱粒，盐和味精一起翻炒，待葱粒爆透得油光泽亮、香气扑鼻时出锅装盆。

三十九、香椿炒蛋

立春后，香椿树长满红色嫩芽，采一把嫩芽与鸡蛋同炒，是历史悠久的民间习俗。香椿油爆后散发出阵阵独特清香。

烹饪方法：将鸡蛋放入调味料后打成蛋浆，香椿芽切成碎段粒。第一种烹饪方式是蛋浆与香椿碎粒混合后一起搅拌匀，下油锅翻炒至蛋浆凝结，椿芽呈绿色状，香椿的青香味和蛋香味袅袅而升时即可出锅（约一分钟左右）。第二种烹饪方式是将油锅烧烫，先将蛋浆下锅翻炒一两下、马上倒入香椿碎粒一起翻炒，一分钟左右即可出锅。

四十、红烧兔子肉

80年代，七都、庙港是长毛兔养殖基地，兔毛是出口创汇的重要商品，农村家庭户户饲养。80年代后期、兔毛的黄金期过后，价格大幅度滑坡，几块钱就能买到一只兔子。每到节、假日，兔子肉成餐桌上的美味佳肴。

烹饪方法：兔子斩杀后用90℃左右的开水去毛、剔除内脏，将兔子洗净后切块，焯水；油锅烧热后，放入姜片爆香，放入兔肉一起爆香，待兔肉油爆至呈白色或焦黄色时，加入黄酒、盐、酱油（生抽加少量老抽）加入温开水，大火烧煮开，换中小火焖煮，加糖提鲜收汁，出锅前加入葱段即可。兔子肉红润发亮，带皮的兔子肉有弹性又有嚼劲。若收汁前加入九制陈皮或盐津陈皮，既能去除兔子的骚味，又能增香、提鲜、生津，则别有风味。

四十一、白灼鲢鱼头

鲢鱼（花鲢），又称鳙鱼，是太湖地区的大宗鱼类之一。鲢鱼头所烹饪的菜品，虽称不上经典菜肴,但越来越多的人们偏爱上那乳白色的浓汤。

烹饪方法:鲢鱼头洗净、沥干,大的鱼头可以一剖为二,也可保持原状。油锅烧热,将鱼头两面油煎一下,放入姜片、黄酒等调味料,加温水煮开,去浮沫,大火烧煮10分钟,再放入食盐和酸菜(泡菜),换中小火烧煮10分钟左右。出锅前放入葱段、胡椒粉提味增香。一般白灼鲢鱼头的配料有酸菜、嫩豆腐、粉皮、番茄等,酸菜的酸鲜,豆腐的粉嫩,粉皮的爽滑,每一种不同的食材,都会给白灼鲢鱼头(汤)带来神奇的变化。

四十二、咸肉菜饭

咸肉菜饭一般以咸肉、大米和青菜为主要食材。

咸肉可以用传统的腊肉;也可以用鲜猪肉腌制2~3天,即腌即用;还可添上香肠、腊鸡腿等,把握咸、鲜两大主要元素,大米要粳、糯搭配,可丰富口感,起到事半功倍的效果,一般粳米、糯米各50%搭配,也可根据各人喜好调整搭配比例。任何一种青菜都可以作为咸肉菜饭的配料。七都产的香青菜更佳,独特的色香味让人无可挑剔。

烹制方法:淘米下锅,下好汤水(汤水比正常煮饭紧一点),让米醒60分钟;将咸肉放入炒锅中炒香后放入电饭煲中,同饭一起煮,当电饭煲内出现冒泡声响时,将香青菜下油锅爆炒,炒至菜叶变绿、变软时加调味料炒匀,放入电饭锅上层;待电饭锅自动停止工作后,将饭锅放在燃气灶上,用小火烘烤,边烤边转,使饭锅受热均匀,听到饭锅内有爆米声响时熄火。

传统的咸肉菜饭是采用农家土灶和铁镬子烹制的,其烹饪方法和过程同电饭煲差不多,最大的优点是饭煮好后,可以让灶堂中柴火的余热将咸肉菜饭焐熟、焐透、焐香。

当下最流行的一种咸肉菜饭,做法是先煮后炒,前段的制作方法与传统的相同,将咸肉爆香后,和大米一起下锅,并将肉块置放在大米上层。将香青菜洗净切好,待饭煮熟,焐透后,起油锅将香青菜碎末爆炒至断生,放入煮好的咸肉饭翻炒均匀。这样烹制出来的咸肉菜饭,口味比传统菜饭更胜一筹。

第十四卷

教 育

七都历来读书风气甚浓。清宣统元年(1909),吴溇始有私塾学校。民国初,开始注重国民教育。至民国38年(1949)初,七都地区有国民小学16所,庙港地区有国民小学9所。中华人民共和国成立后,农村教育事业迅速发展,多数村开办小学。50年代,七都、庙港乡创办农业中学。1958年,庙港公社创办庙港中学。60年代,兴办耕读小学、初级中学。1968年,七都公社创办"五七学校"(小学、初中),七都、庙港公社在部分小学附设初中班(俗称"戴帽子"初中)。1985年,吴江实行县、乡、村三级办学,县、乡两级管理的改革。是年,七都、庙港乡教育管理委员会成立,随后启动中小学民办教师报酬实施办法。1992年起,中、小学布局作适当调整。是年,联办中学分别并入七都、庙港中学,七都、庙港镇的村级小学共撤并22所,教育走向规模集中。成人教育由扫盲、脱盲达标转入各类成人专业培训,七都、庙港镇九年义务教育验收达标。2015年秋,全镇成人教育中心校1所,初中2所,小学3所,幼儿园8所,初中生1785人,小学生3417人,幼儿园幼儿1822人,在职教职工554人。

第一章　幼儿教育

第一节　概　况

民国12年(1923),吴江县五都乡第二小学(庙港小学前身)附设幼稚班。民国35年,庙港小学幼稚班有班级1个,幼儿约30人。

1958年,庙港、七都公社幼儿教育由公社妇联分管,大队开办幼儿班、托儿所。至1960年秋,绝大多数大队幼儿班停办。

1975年,七都公社开办幼儿园,教养员4人。1976年,庙港公社在繁荣大队开办庙港幼儿园,入园幼儿35人。1978年,庙港、七都公社先后办起民办幼儿班,大部分附设在小学内。1979年,庙港幼儿园易址庙东街老银行后,庙港公社中心幼儿园成立,入园幼儿56人。

1981年,幼儿教育纳入县妇联分管。是年,七都公社吴溇、薛埠、勤丰、李家港4个大队各办1所幼儿园,入园幼儿百余人。1982年,庙港公社19个大队各办1所幼儿园。1986年,七都乡幼儿园17个班,入园幼儿375人;庙港乡幼儿园25个班,入园幼儿676人。乡幼儿园设幼教辅导员1人,负责全乡村幼儿教育业务辅导。每个幼儿班基本达到"三有"(有教室、有课桌、有玩具)。

1990年9月,幼儿教育由县教育局接管,开始办理注册登记。1995年,庙港中心幼儿园迁至庙港渔村,全镇幼儿班28个,入园幼儿653人,教师34人。1999年,庙港中心幼儿园迁至繁荣路新校舍,占地面积3533平方米,办班级21个,入园幼儿580人,教师38人;七都幼儿29个班,入园幼儿686人,教师49人。农村幼儿园各设大班、小班,镇中心幼儿园增设预备班,分为大、中、小3种班。教学设施有录音机、录像机、钢琴、磁性黑板等。

2002年,村幼儿班开始撤并,9月,七都撤并长桥村和吴越村幼儿园,建心连心幼儿园。2003年,庙港东片的村幼儿园撤并至联强村,建东联幼儿园。2004年,庙港西片4所村幼儿班撤并至燥烂村,建煤烂幼儿园。3所幼儿园均通过吴江市合格幼儿园验收。2004年,镇政府投资350万元新建的心连心幼儿园校舍落成启用,撤并3个村幼儿班。通过吴江市一类幼儿园验收。2006年2月,心连心幼儿园被评为苏州市基本现代化幼儿园。七都有幼儿园8所,入园幼儿996人。12月,七都中心幼儿园食堂被评为吴江市幼儿园A级食堂。庙港幼儿园成功创建江苏省示范幼儿园。是年,全镇农村幼儿教学点由16个撤并为7个。2007年,庙港中心幼儿园被评为江苏省优质幼儿园。是年,南片撤并2个村幼儿班,幼儿就近入学。保留6个村幼儿班。

2008年,七都镇新建农村成型园"丰田幼儿园",被评为吴江市农村合格幼儿园。七都中心幼儿园建立幼儿园信息化管理系统。2009年,庙港南片村幼儿园撤并至开弦弓幼儿园。创建为吴江市农村合格幼儿园,班级从2班增至3班。

2010年,七都有幼儿园8所,入园幼儿899人,其中心连心幼儿园班级6个,入园幼儿217人;丰田幼儿园班级3个,入园幼儿70人;农村有教学点5个。庙港幼儿园片区有幼儿园4所,班级20个,入园幼儿658人,教职工64人。是年,七都中心幼儿园创建为吴江市优秀家长学校,心连心幼儿园和隐读幼儿园被评为苏州市农村合格幼儿园。2011年,撤并东风幼儿班,农村还有教学点4个,班级5个。

2012年,七都镇政府投资3000万元易地新建七都中心幼儿园。新园建筑外形呈S形,外立面色彩构思巧妙,教育教学设施设备齐全。庙港幼儿园食堂被评为吴江区幼儿园A级食堂;2013年12月,庙港中心幼儿园创建萌芽保健屋B级。是年,庙港片区有幼儿园4所,班级22个,入园幼儿688人。2014年6月,七都幼儿园新园正式投入使用,全园班级17个,入园幼儿710人。七都幼儿园及下属幼儿园共有31个班级,入园幼儿1093人,教职工100人。是年,隐读幼儿园和丰田幼儿园被评为吴江区新定级合格幼儿园。

2015年,七都幼儿园4所,其中分园3所,班级31个,幼儿1115人,教职工99人。庙港幼儿园4所,其中分园3所,班级22个,幼儿711人,教职工63人。

表14-1 1996~2015年七都幼儿园片区教育规模情况表

年份	园数(所)	班数(个)	幼儿数(人)	教职工数(人)	年份	园数(所)	班数(个)	幼儿数(人)	教职工数(人)
1996	22	25	547	35	2006	8	26	996	58
1997	22	25	658	37	2007	8	26	953	65
1998	22	25	671	39	2008	8	28	960	62
1999	22	29	686	49	2009	8	27	908	60
2000	22	29	692	50	2010	8	28	899	66
2001	22	29	786	50	2011	7	27	901	71
2002	21	27	855	51	2012	7	27	909	68
2003	21	27	862	52	2013	5	26	958	64
2004	18	25	935	58	2014	4	31	1093	100
2005	9	27	967	59	2015	4	31	1115	99

表14-2 1996~2015年庙港幼儿园片区教育事业规模情况表

年份	园数(所)	班数(个)	幼儿数(人)	教职工数(人)	年份	园数(所)	班数(个)	幼儿数(人)	教职工数(人)
1996	16	21	560	27	1999	15	21	580	38
1997	16	21	570	27	2000	15	21	582	38
1998	16	21	560	27	2001	15	21	578	38

(续表)

年份	园数（所）	班数（个）	幼儿数（人）	教职工数（人）	年份	园数（所）	班数（个）	幼儿数（人）	教职工数（人）
2002	15	21	586	38	2009	4	19	650	64
2003	12	21	620	45	2010	4	20	658	64
2004	9	21	618	48	2011	4	20	638	64
2005	9	21	630	48	2012	4	22	665	63
2006	9	21	630	48	2013	4	22	688	63
2007	7	21	638	52	2014	4	22	683	64
2008	7	21	640	52	2015	4	22	711	63

第二节　课程与教学科研

一、课程设置

1958年，七都、庙港幼儿园初办时，没有统一的教材。幼儿园的教学以识字、识数为主。六七十年代，幼儿班教学以识字、识数、游戏、手工劳动为主。

1986年起，幼儿园按年龄分班：3~4岁进小班，4~5岁进中班，5~6岁进大班。开设语言、常识、计算、美工、音乐、体育6门课程。

1996年，国家教委颁发《幼儿园教学纲要》，幼儿园开设语言、计算、美术、常识、音乐、体育6门课程。并要求开展各类游戏，活跃幼儿在园学习生活。

2005年起，幼儿园采用南京师范大学编写的教材，实施综合课程，开设语言、数学（科学、计算）、社会、艺术（美术、音乐）及健康7门课程。

2008年，幼儿园课程校本化建设有序推进，以"幼儿园综合活动丛书"为蓝本，农村自然资源为园本课程，建立"游戏—自主—合作—游戏"的多元课程，开展"早期分享阅读""感觉统合训练"教学活动，形成幼儿自主游戏活动办园特色。

2015年，幼儿园合理安排各班级的幼儿课程活动。

表14-3　　　　　　　　2015年七都、庙港幼儿园一周课程活动安排表

年级	周一	周二	周三	周四	周五
小班	语言	健康	社会	科学（数学）	音乐（美术）
	小组活动	户外活动	户外活动	户外活动	户外活动
中班	语言	健康	科学	数学	音乐
	社会	美术	小组活动	小组活动	小组活动
大班	语言	健康	语言	数学	科学
	社会	美术	音乐	小组活动	音乐

二、教学与科研

1981年10月，教育部颁发《幼儿园教育纲要试行（草案）》，提出幼儿园教学应以"教养并重、教养结合"的原则，把体智德美全面发展作为幼儿教育的目标。

2000年，幼儿教学活动以培养幼儿独立思考和解决问题的能力为主。七都、庙港镇中心幼儿园以"一切为了孩子健康活泼地成长，全心全意为幼儿、家长服务，面向全体，使每个幼儿在原有水平上全面发展"为办园宗旨，根据幼儿的实际情况采取多种形式设计教育方案，对幼儿实施素质教

育。2001年,幼儿园分年级开展幼儿穿衣、叠被、系鞋带等竞赛活动。2002年,以认识节日为目标开展各类主题活动。2003年,幼儿园按年级分别进行文明教育,情感教育,爱家乡、爱祖国教育和劳动教育。

2005年起,幼儿园与镇中心小学接轨,将心理健康教育融入教学活动、游戏活动及日常生活中。2006年,吴江市13所省示范幼儿园园长在庙港中心幼儿园举办沙龙活动,就"幼儿园学习型组织的有效构建"进行探讨,加快幼儿园园本研究和发展。

2012年,七都幼儿园以加德纳的多元智能为理论支撑,结合幼儿园实际,以典型的游戏教学案例为素材,根据幼儿的年龄特点,综合家长的建议,形成各具优势的班级特色,如英语口语、围棋、美术、唐诗、三字经等,促进幼儿多元智能的发展。庙港幼儿园通过苏州市级课题《基于江村民俗文化资源的主题性活动的开发与实施的研究》的论证,开展以"江村民俗文化特色"为抓手的园本教科研工作,开展"二月二吃撑腰糕""三月份春游""蚕宝宝饲养""立夏烧野火饭""江村民俗谚语歌谣的传唱"等活动,使江村民俗的优秀文化得到传承和发扬。

2015年,七都幼儿园坚持以幼儿发展为本,进一步深化园本课程的建设,深入实施素质教育,发挥课题研究优势,助力园本课程的建构、实施与发展。深入开展江苏省教育科学"十二五"规划立项课题《融合性表演游戏促进幼儿多元智能的实证研究》课题研究工作,把成功的经验运用到教育实践中,充分挖掘幼儿的潜能,为每一位孩子的健康成长奠定早期素质教育。庙港幼儿园围绕学校主课题《基于江村民俗文化资源的主题性活动的开发与实施的研究》开展《二月二》《三月三》《立夏》《过端午》4个主题活动,在这4个主题活动中各年级组教师都进行课题前审议活动,针对各自年龄班的特点,精心设计各个教学活动。

第三节 学校选介

一、苏州市吴江区七都幼儿园

1986年9月,七都中心幼儿园成立,园址在七都影剧院西侧,幼儿来自吴溇集镇及附近村,有班级2个,入园幼儿74人,教师3人。

1990年9月,幼儿教育由县教育局接管,对幼儿园(班)进行验收,注册登记。1992年9月,中心幼儿园迁至原七都中心小学内(小学易地新建),有班级3个,入园幼儿120多人,教职工6人。1993年秋,镇政府投资150万元易地新建中心幼儿园,园址在粧桥路七都中心小学东侧。1994年9月,中心幼儿园新园舍建成启用。占地面积4995平方米,建筑面积750平方米,班级4个,幼儿150多人,教职工9人。园内铺设草坪,种上花卉、树木,建有秋千、滑梯、木马等大型玩具。1995年,中心幼儿园被评为吴江市一类幼儿园。是年,镇政府为幼儿园建造90平方米的多功能活动室,增添电视机、幻灯机、钢琴、摄像机、VCD、音响等设施,建造食堂,幼儿全部在园午餐。1997年,镇政府又投资105万元建造1幢建筑面积1680平方米的爱心楼。爱心楼内设有教室、午睡室、盥洗室、办公室等教学活动室,建成图书室、科学发现室、结构游戏室等专用教室。1999年,中心幼儿园被评为苏州市基本现代化幼儿园和苏州市常规管理先进幼儿园。是年,班级增至8个,入园幼儿230多人,教职工28人。

2002年8月,中心幼儿园西侧新建400平方米的综合楼,一楼为感统室和科学发现室,二楼为多功能活动室并建有食堂。2003年,七都中心幼儿园通过江苏省示范性实验幼儿园验收。2005年,中心幼儿园新建1幢建筑面积为328平方米的教学楼。

2006年5月,中心幼儿园被评为苏州市绿色幼儿园。2008年,中心幼儿园(含心连心分园)占地面积1.01万平方米,建筑面积6043平方米,户外活动场地面积7800平方米;有教学、活动、午睡、卫生一体化的教学活动室20只,每只教学活动室配有空调、钢琴、电脑、电视机、视频转换仪、录音机、DVD播放机等电教设备,有多功能活动室、科学发现室、图书室、感统室等专用教室4只,有幼儿食堂、保健室;户外活动场地有30米直道的塑胶跑道1条、玩水池2个、玩沙池1个、种植区、饲养区、大型游戏玩具等。

2009年,中心幼儿园被评为苏州市"平安校园",同时创建江苏省优质幼儿园卫生保健合格单位,在吴江市学校食堂食品卫生监督量化分级管理评审活动中被评为AA级单位。2010年,中心幼儿园创建为吴江市优秀家长学校。

2011年,中心幼儿园被评为苏州市教育科研先进单位、苏州市托幼机构萌芽保健室A级单位。2012年,中心幼儿园申报的课题《旨在发展幼儿多元智能的幼儿园特色游戏活动设计与实践研究》被列为苏州市"十二五"立项规划课题。申报的课题《多元智能理念下幼儿园游戏的案例研究》被列为江苏省陈鹤琴教育思想研究会十二五课题。

2013年,中心幼儿园不断完善教育教学设施设备,各班配有电脑、电视、DVD、投影仪、数码相机、录音机等现代化教学设施设备,提高幼儿园教育现代化水平。中心幼儿园获得"苏州市0~3岁科学育儿示范基地"称号。吴江市七都中心幼儿园更名为苏州市吴江区七都幼儿园。2014年6月,镇政府投资3000万元易地新建中心幼儿园正式投入使用,新园建筑外形呈S形,外立面色彩巧妙,教育教学设施设备齐全。内设科学发现室、创意室、建构室、图书室、感统室、多功能活动室等专用室。不断完善信息化管理系统,园内有多媒体、广播扩音设备、电子屏幕,班班有电脑,网络覆盖全园。健全消防安全设施设备,被列为吴江区消防安全重点单位。

2015年,苏州市吴江区七都幼儿园位于七都镇粧桥路188号。片区幼儿园总占地面积19980平方米,建筑面积12158平方米,绿化面积5357平方米。普通教室31个,专用教室8个。幼儿园有班级31个,入园幼儿1115人,教职工99人。有苏州市学科带头人1人,吴江区学科带头人1人,吴江区教学(教科)能手4人,教坛新秀3人,苏州市评优课二等奖获得者1人,吴江区百节好课教师4人,吴江区A级优质课获得者4人,吴江区AA级优质课获得者4人,吴江区青年教师教学基本功比赛优胜者4人,吴江区教研(教科)先进个人2人。中心幼儿园苏州市"十二五"立项规划课题《旨在发展幼儿多元智能的幼儿园特色游戏活动设计与实践研究》于2015年12月结题。江苏省陈鹤琴教育思想研究会十二五滚动课题《多元智能理念下幼儿园游戏的案例研究》于2015年12月结题,并被评为江苏省陈鹤琴教育思想研究会研究成果三等奖。

至2015年,幼儿园获得国家级荣誉1次,省级荣誉5次,苏州市级荣誉11次,吴江区级荣誉76次;教师获得苏州市级荣誉3人次,吴江区级荣誉96人次;教师在各级各类竞赛中获得国家级奖7人次,省级奖16人次,苏州市级奖8人次,吴江区级奖49人次;幼儿在各级各类竞赛中获国家级奖38人次,省级奖97人次,苏州市级奖3人次,吴江区级奖28人次。

幼儿园历任负责人、园长:韦政瑾(1986.9~1995.10,负责人;1995.11~2004.7,园长),朱江琴(2004.8~2015.12,园长)。

二、苏州市吴江区庙港幼儿园

1979年9月,庙港中心幼儿园成立。园址在庙东街老银行。是年,中心幼儿园有班级2个,幼儿50人。

1982年9月,中心幼儿园迁入原中心小学旧址。1985年秋,幼儿园更名为庙港乡中心幼儿园。中心幼儿园始设小班,全园有大班、中班、小班各1个,幼儿70人。1988年,在镇区原农业银行后征地335平方米新建幼儿园,平房6间,建筑面积200平方米,绿化面积50平方米。1995年,施教区扩大,幼儿园迁至庙港渔业村,建10楼10底,班级增至5个(小班1个、中班2个、大班2个),入园幼儿150人,教职工11人。1998年初,庙港镇政府在庙港村征地3533平方米,易地新建幼儿园。1999年8月,幼儿园迁入新址。新园建有教学楼、食堂、门卫及各类专用教室,建有校园网(幼儿园主页),每班配备电脑、钢琴、闭路电视。合群村幼儿园撤销并入中心幼儿园。是年,中心幼儿园通过吴江市一类幼儿园验收,并创建成苏州市现代化示范幼儿园。

庙港中心幼儿园(摄于2005年)

2005年,中心幼儿园新建综合楼一幢,开辟科学发现室、图书室等,并在园内铺设草坪、塑胶跑道。是年,幼儿园大(一)班拾稻穗的照片、绘画作品在中央电视台少儿频道中播出。2007年1月,庙港中心幼儿园被命名为江苏省优质幼儿园。

2008年,中心幼儿园有教学、活动、午睡、卫生一体化的教学活动室8个,每个教学活动室配有空调、钢琴、电脑、电视机、视频转换仪、录音机、DVD播放机等电教设备,有多功能活动室、科学发现室、图书阅览室、美术劳技室等专用教室4个,有幼儿食堂、保健室;户外活动场地有50米直道的塑胶跑道和玩水池、玩沙池、种植区、饲养区、大型游戏玩具等。

2012年,中心幼儿园按照教育现代化学校设施要求,有笔记本电脑5台,台式电脑10台,高清投影仪1台,视频转换仪9台,立式空调14台,挂壁式空调9台。每个教学活动室配有空调、钢琴、电脑、电视机、视频转换仪、录音机等电教设备。创建吴江区A级食堂。

2013年,幼儿园围绕以"童趣、童心、童真"为核心,以"庙港闲话""时令节气""太湖蚕文化""太湖豆文化""太湖蟹文化"等一系列江村民间风俗为特色,注重培养幼儿各种能力,促进幼儿认识大自然、爱护大自然,热爱自己家乡的乡土风情。以幼儿发展为本,通过开发、利用"江村民俗文化"教育资源的研究,引导幼儿广泛接触自然、接触社会,让幼儿在直接探究、感知自然和环境的实践中学会学习、学会做人,促进幼儿素质的全面发展。推进农村幼儿教育课程改革,开发和利用农村幼儿教育资源,形成具有江村民俗文化特色的园本课程。创建萌芽保健屋B级。是年,吴江市庙港中心幼儿园更名为苏州市吴江区庙港幼儿园,幼儿园以课程游戏化精神为指导,积极推进农村幼儿教育课程改革,开发和利用农村幼儿教育资源,开展主题活动,从而形成具有江村民俗文化特色的园本课程。创建萌芽保健屋B级。

2015年,苏州市吴江区庙港幼儿园位于繁荣路155号。片区幼儿园总占地面积10407平方米,建筑面积4305平方米,班级22个,入园幼儿711人,教职工63人。

至2015年,曾在学校任职的具有小学中高资格的教师有庄国红。

幼儿园获全国级优秀校园电视片铜奖2次,江苏省示范性实验幼儿园、江苏省优质园、江苏省三八红旗集体等省级荣誉3次,获苏州市基本现代化示范幼儿园、苏州市绿色幼儿园等苏州市级荣誉4次,获苏州市优秀校园电视片银奖3次,铜奖1次;教师获江苏省先进教育工作者一人次,现有吴江区教坛新秀1人,吴江区教科新秀2人,A级课2人,AA级课2人;教师在苏州市级以上教育报刊发表文章(论文)24篇,其中省级15篇,苏州市级9篇;教师在苏州市级教玩具比赛中获奖1次,幼儿在各级各类竞赛中获苏州市级奖2人次。

幼儿园历任负责人、园长:潘学芳(1979.9~1981.7,负责人),周杏娟(1981.9~1983.7,负责人),郎文莹(1983.8~1987.7,负责人、园长),张明珠(1987.8~1991.1,园长),庄国红(1991.2~2011.12),葛红梅(2012.1~2015.12)。

第二章 小学教育

第一节 概　况

清宣统元年（1909），吴溇集镇的董增生、马仁大开办私塾，设于吴溇积谷仓，学生约 10 多人，经费自筹。

民国元年（1912），七都地区有乡立儒林、薛埠 2 所初等小学，学生 49 人。庙港地区有五都乡立第一小学 1 所小学。民国 2 年，七都地区有国民乡立初等小学 7 所，学生 230 人，教员 9 人；庙港地区国民乡立初等小学 5 所，学生 118 人。民国 9 年，七都地区有国民小学 14 所；庙港地区有国民小学 6 所。民国 20 年，七都地区有县立小学 10 所。

民国 26 年，七都、庙港沦陷后，学校一度停办。民国 34 年，抗日战争胜利后，推行国民教育，小学复称国民学校，冠以镇、保名称。民国 38 年，七都地区有中心国民学校 1 所，有薛埠、旱巨圩、沈家湾、隐读村、丁家湾、方家桥、双荡兜、妙智寺、晟村、晏庄兜、陆家港、迓君里、蒋家港、李家港、张港等 15 所保国民学校；庙港地区有中心国民学校 1 所，有陌家港、鸦鹊港、南盛港、大家港、双石港、西溪庙港、南庄、倪家墩、开弦弓、欢喜桥、燕浜、大圩田等 12 所保国民学校。

中华人民共和国成立后，人民政府接管小学后，把原中心国民学校和保国民学校分别改名为中心小学和初级小学，名称前面并冠以地名。对私立小学采取维持改造办法，办理申报手续，向公办过渡，并将办得好的私塾有计划地转为民办小学。1958 年，多数大队开办小学，七都公社有中心小学 1 所，大队小学 29 所；庙港公社有中心小学 1 所，大队小学 18 所。

60 年代初，国民经济调整时期，中心小学及各大队小学流生较多，班级学生不足。1962 年起，创办耕读小学，耕读小学半耕半读，师资缺乏。1964 年秋，学生重新转入全日制小学。

1966 年 5 月，"文化大革命"开始，小学教学秩序混乱，部分教师被冲击，受"审查"，一度"停课闹革命"。1967 年，开始复课。1968 年，七都、庙港公社管理的小学下放到大队办学，学校教育日常工作，由各大队的贫下中农管理。提倡"学校办到家门口"。除渔业大队为初小班外，初级小学几乎都发展为完全小学。

1978 年，恢复中心校，重建辅导区，恢复"文化大革命"前小学辅导区的组织。

1986 年，《中华人民共和国义务教育法》颁布实施。1989 年，政府制订《吴江县实施九年制义务教育规划》。1991 年，七都、庙港乡全面实施九年制义务教育。1992 年，七都、庙港乡完成第一阶段村小撤并。七都、庙港九年制义务教育通过达标验收。

1996 年，七都镇有 14 所小学，教师 111 人；庙港镇有 14 所小学，教师 119 人。1998 年，七都镇实施第二阶段村小撤并，薛埠、沈家湾、行军、蒋家港、叶港 5 所村小撤并；庙港镇第二阶段村小撤并，金明、富强、罗港、行义港、西草田 5 所村小撤并。

2000 年，七都镇在原七都中学旧址创办七都中心小学分校，把隐读、丁家湾、李家港、永联 4 所村小撤并到中心小学。2002 年，七都中心小学将分校改办成公办民助学校，命名为亨通小学，班级 13 个，学生 505 人，教师 28 人。2002 年，庙港镇学校布局调整，全镇只保留开弦弓小学一所村小。开弦弓小学是全国人大副委员长费孝通生前"江村行"的考察点，被上海复旦大学定为社会实践基地。2004 年，七都施教区有 3 所小学，班级 50 个，学生 2066 人，教职工 139 人；庙港施教区有 2 所小学,班级37个,学生1674人,教职工115人。

2005年6月,吴江市庙港中心小学更名为吴江市庙港实验小学。2007年9月,庙港实验小学施教区撤并最后一所村小,成功地创建苏州市教育现代化学校。2008年9月,七都镇撤并最后一所村小,七都中心小学也成功地创建苏州市教育现代化学校。2010年,七都施教区有七都小学与七都第二小学2所学校;庙港施教区有庙港实验小学1所。

2015年,七都施教区有2所小学,班级44个,学生1935人,教职工137人;庙港施教区1所小学,班级34个,学生1482人,教职工106人。

表14-4　　　　　　　1996~2015年七都小学教育事业规模情况表

年份	校数（所）	班级（个）	一年级（人）	二年级（人）	三年级（人）	四年级（人）	五年级（人）	六年级（人）	教职工（人）
1996	14	73	494	384	437	399	329	236	111
1997	14	74	434	443	389	432	398	328	110
1998	9	64	355	414	425	379	427	396	109
1999	9	65	379	359	410	439	386	432	107
2000	6	57	398	380	374	422	444	394	105
2001	4	55	326	401	382	370	423	446	113
2002	3	52	313	329	398	379	365	425	127
2003	3	51	323	314	331	394	380	367	132
2004	3	50	303	326	327	337	390	383	139
2005	3	53	354	309	346	323	338	389	142
2006	3	47	315	353	316	347	321	334	140
2007	3	47	352	319	340	307	342	315	140
2008	3	47	353	348	323	334	302	336	139
2009	3	46	354	351	353	317	329	296	140
2010	2	45	301	360	349	357	310	330	143
2011	2	46	342	300	360	348	355	309	140
2012	2	46	304	343	309	367	348	354	138
2013	2	45	313	314	348	314	367	348	139
2014	2	44	319	324	315	353	314	365	133
2015	2	44	322	319	323	310	350	311	137

表14-5　　　　　　　1996~2015年庙港小学教育事业规模情况表

年份	校数（所）	班级（个）	一年级（人）	二年级（人）	三年级（人）	四年级（人）	五年级（人）	六年级（人）	教职工（人）
1996	14	55	269	258	282	285	288	261	119
1997	14	54	258	282	285	288	261	250	119
1998	14	53	282	285	288	261	250	265	120
1999	14	53	285	288	261	230	245	281	124
2000	14	52	288	267	230	240	281	277	123
2001	14	50	261	225	232	281	278	268	117
2002	2	38	281	210	220	270	267	288	114
2003	2	38	252	254	270	267	288	275	117
2004	2	37	220	270	267	288	339	290	115

(续表)

年份	校数（所）	班级（个）	一年级（人）	二年级（人）	三年级（人）	四年级（人）	五年级（人）	六年级（人）	教职工（人）
2005	2	36	236	218	270	273	289	339	115
2006	2	38	251	244	221	278	278	292	119
2007	2	37	281	249	247	223	274	276	118
2008	1	36	256	281	263	241	221	277	125
2009	1	35	254	252	275	261	240	221	112
2010	1	36	262	240	249	263	262	240	116
2011	1	35	268	267	235	249	261	260	112
2012	1	35	237	277	285	239	258	266	111
2013	1	34	218	242	287	286	237	255	110
2014	1	34	253	221	244	287	285	236	109
2015	1	34	217	249	218	236	282	280	106

第二节 学制 课程

一、学制

民国元年（1912），国民学校推行壬子学制：初等小学4年，高等小学3年；民国11年，实行壬戌学制：初级4年，高级2年。中华人民共和国成立初，小学试行五年制。1953年，小学实行六年制。

1968年1月，贫下中农管理学校。根据"学制要缩短，教育要革命"的指示，小学改为五年制。

1982年，江苏省教育厅发出关于城市小学恢复六年制的意见。是年起，各校开始招收六年制的一年级新生。小学生入学年龄从6周岁半放宽到6周岁。1987年，完成小学五年制过渡到六年制的工作。1988~2015年，小学学制一直为六年制。

二、课程

民国时期（1912年至1949年9月），国民学校开设的主要课程有国文、算术、历史、地理、自然、手工、美术、体育、唱歌等。

50年代初，小学的主要课程设语文、算术、写字，中、高年级开设作文、自然、地理、历史等课程。

1958年，小学一、二、三、四年级开设语文、算术、体育、唱歌、图画、周会。五、六年级开设语文、算术、自然、历史、地理、体育、唱歌、图画，周会改为"社会主义教育"课，学习一些基本的政治常识。从三年级起开始教学珠算，每周一节。各年级均开设"生产劳动"课，在教材内容上增加一些农业知识。

1966年，"文化大革命"开始，小学停开文化课。

1967年后，各校陆续复课，主要学习语文和算术，无固定教材。突出政治课，改体育课为军体课。70年代初，课程有政治、语文、数学、常识、体育（军体）、音乐（革命文艺）、图画、学农课及学《毛主席语录》等。

1981年秋开始，小学各年级开设思想品德课。当时小学的主要课程有思想品德、语文（分讲读、作文、写字）、数学、自然、地理、历史、劳动、音乐、体育和美术等。每天增加课间操、眼保健操和活动课。

1986年，小学各年级开设思想品德、语文、数学、体育、音乐、美术等课程，三、四、五、六年级起分别增设劳动、自然、地理和历史等课程。

1993年秋季,小学设思想品德、语文、数学、社会、自然、体育、美术、劳动、音乐等课程。1994年起,各年级增设健康教育课。1995年秋季起,小学高年级开设英语课。2001年秋季开始,小学三年级起开设英语课。

2002年,小学三年级起开设信息技术课。是年,小学起始年级实行新课程改革,一年级开设品德与生活、语文、数学、体育与健康、艺术等课程,三年级起,增设品德与社会、科学、英语、综合实践活动等课程,原有的思想品德、音乐、美术、自然等课程不再开设。

2008年秋季起,一年级全部开设英语课,每周3课时。科技、环境、健康、国防、安全、民族教育、人口等专题教育渗透在相应课程中。从小学一年级起进行环境教育,按平均每学年4课时安排教学内容;在小学五、六年级进行毒品预防教育,平均每学年2课时安排教学内容。

2015年秋季起,小学一二年级每周课时26节,设品德与生活2节、语文8节、数学5节、外语3节、体育4节、音乐2节、美术2节;小学三四年级每周课时30节,设品德与社会2节、科学2节、语文7节、数学4节、外语3节、体育3节、音乐2节、美术2节、综合实践活动3节、地方和学校安排的课程2节;小学五六年级每周课时30节,设思想品德2节、科学2节、语文6节、数学5节、外语3节、体育3节、音乐2节、美术2节、综合实践活动3节、地方和学校安排的课程2节。

第三节　教学与科研

1958年,七都、庙港的小学贯彻"教育为无产阶级政治服务、教育与生产劳动相结合"的方针,开设劳动课。"文化大革命"期间,以学习毛泽东思想为主要内容,兼学一些文化知识,废除以课堂教学为中心和以教师为主导的教学原则,取消考试和升留级制度。学校由贫下中农管理,各校实行"开门办学",请"工农兵讲师"进校上课。

1979年9月,教育部重新颁布《中、小学生守则(试行草案)》。各小学学习执行守则,加强学生管理。

1990年,小学执行县教育局提出的三个"五认真":教师"五认真"(认真备课、认真上课、认真批改作业、认真辅导和认真检查考试);学生"五认真"(认真预习、认真听课、认真复习、认真作业和认真考试);督促家庭做好"五认真"(认真安排好学习计划、认真创造良好的学习环境、认真安排好作息时间、认真与学校联系和认真检查督促)。

1994年,小学启动教育现代化工程,优化办学条件,改变传统的教学手段,学校推广"五机"(电视机、录音机、投影机、放像机、照相机)进课堂。提出小学生"四个一"(写一手好字、讲一口普通话、写一篇好短文、会一项劳动技能)基本素质目标。

1995年,小学执行省、市教育部门意见,开齐、上足、教好各类规定课程。1996年起,小学全面贯彻执行省市教育部门提出的实施素质教育的各项规定,在"优化教学管理,提高课堂教学效率"的同时,认真落实活动类课程,开辟第二课堂,成立各类兴趣活动小组,组织放心班,使学生兴趣爱好得到不同程度的发展。学校鼓励学生参加各级各类竞赛。七都中心小学在中国教学学会组织的"小数报"第一届数学竞赛中,学校选拔的6名参赛选手分别获一、二、三等奖;在省教委组织的"金钥匙"科技竞赛中,有4人分别获一、二、三等奖,并同时获竞赛"先进学校"称号。庙港中心小学选送的科技创新作品获得国家级一等奖的有1人次,三等奖3人次,优秀奖2人次;获得江苏省级一等奖的有10人次,二等奖28人次,三等奖28人次。

1997年起,学校根据吴江市教育局意见,对村小实行音乐、体育、美术、自然学科的"走教"制度。"走教"即音乐、体育、美术、自然学科的专职教师按时到指定村小上课。七都、庙港学区共抽出42名音乐、体育、美术、自然学科教师,从事"走教"工作。

2002年,七都、庙港中心小学组织学习《吴江市中小学生公民道德行为准则》。在加强德育常规的基础上,学习教育部修订的《中小学生守则》《小学生日常行为规范》,并对学生进行心理健康教育。七都中心小学以溇港文化为背景,开展"家乡好孩子活动""综合实践活动""小公民道德建设实践活动"的整合,编写校本教材《溇港韵》。学生"行万里路,读万卷书,学万般艺,领万种情"领略溇港桥文化、船文化、房文化、蚕丝文化、茶文化、蟹文化、电缆文化、服饰文化、饮食文化等文化资源,汲取溇港文化之精华。学生通过文化寻根活动,自主探究作文在全国级报刊上发表4篇、省级报刊上发表27篇。学生征文奖获苏州市级11人次、吴江区级45人次。教师的专题论文获国家级奖3人、省级奖6人、苏州市级奖8人。

2003年,庙港小学开展"国防行,伙伴心"活动,聘请镇人武部领导向全体师生作国防知识报告,举办以国防教育为主题的图片展、书法展。学校编印校本教材《太湖承孝贤》《语海撷明珠》《湖塘藏烽火》。《走进太湖文化》形成系列,继编印《太湖风韵》专辑和《足迹点点》成果集后,进一步挖掘太湖文化资源。去江村文化园了解费孝通事迹,"寻访江村名人",建立太湖蔬菜学生实践基地,聘请"农民教授"收集"太湖渔歌",开发太湖糕点和儿童游戏等活动。在省级校本教材评比中,学校《走进太湖文化》系列教材被评为二等奖,《太湖蚕桑文化综合实践活动方案》获省科技实践活动评比一等奖,学生研究性学习成果集《体验·快乐》获市级评比一等奖。

2004年起,七都中心小学各类兴趣小组活动制度化、常态化。科技特色项目有序有效推进,选送的科技作品获国家级奖2次,省级奖2次,苏州市级奖5次,学校被评为苏州市科技特色学校。七都中心小学坚持以学生为本,立德树人,全面提高学生的综合素养,深入开展"三有三讲"(有感恩心、有责任心、有进取心;讲文明、讲礼貌、讲道德)和"八礼四仪"〔仪表之礼、仪式之礼、言谈之礼、待人之礼、行走之礼、观赏之礼、游览之礼、餐饮之礼,入学仪式(7岁)、成长仪式(10岁)、青春仪式(14岁)、成人仪式(18岁)〕主题教育实践活动。七都中心小学的校本课程发掘地域资源,组织系列活动,认同"教育不是生活的准备,而是生活的本身"的理念,引导学生从生活实践中发现问题。学生们走进"江村",踏上电缆"航母",登上"太湖船舫",远足"童装集团",迈步"太湖蟹基地",面访"蚕娘",开展研究性学习。《溇港熏豆茶》《走进溇港桑蚕文化》研究性学习课题现场比赛分别获市级一、二等奖。研究性学习成果集《体验中生存》获市级评比一等奖。

2005年6月,吴江市庙港中心小学通过江苏省实验小学验收,更名为吴江市庙港实验小学。2007年,实验小学在特色项目上精耕细作、大胆探索、深入研究、不断实践、及时总结,努力打造"一体三翼"(一体:自主教育;三翼:悦纳经典、创生课程、科技启蒙)的办学臻品。为改善小学生读书生活,学校编印《小儿语》《三字经》《丝韵》《茶道》《蟹趣》《湖风》《三牲农家宝》《菜根滋味长》《行行出状元》《五都留遗韵》等诵读教材。经典诵读向"师生共读"拓展,为全市"改善小学生读书生活"提供示范引领作用。

2008年,七都中心小学注重内涵发展,使素质教育走向高层次,在全国青少年科技创新大赛中获得一等奖,小学生整班钢笔字比赛获苏州市一等奖,征文比赛获吴江市一等奖。是年,庙港实验小学继续推进特色建设,科技启蒙教育进一步强化,在吴江市航空模型比赛及科技创新比赛中有2人获得一等奖,学校被评为吴江市青少年科技教育先进集体和科技竞赛成绩显著学校,被命名为新一轮吴江市科普教育基地。

2012年,七都中心小学把"家乡好孩子"作为提升学校教育特色的着力点,使"家乡好孩子"教育特色弥散到学校教学的各个方面,进一步加强以地方物质文化为内涵的校本课程开发与建设,开展木偶、昆曲文化的学习实践活动,通过举办校园艺术节、体育节、体育运动会,营造健康向上的校园文化环境,让每位学生至少掌握两项体育技能和自主发展的一项艺术特长。是年,庙港实验小学打造"自主管理"特色,在如何提高实施校本课程的水平上下功夫,开展丰富多彩的活动,要求教师引导学生自主参与活动的全过程。

至2015年,庙港实验小学完成"省陶研会课题"和"苏州市规划课题"两个课题的结题。《基于"自主教育理念的课堂"诊断与改进的行动研究》的课题有序进行。七都小学完成国家级课题的子课题《综合实践与劳技教育的关系研究》和《小学特色学校建设中加强校本课程资源开发的实践研究》的结题,完成江苏省级立项课题《以溇港文化为内涵,实施综合实践活动课程实践研究》的结题。

第四节　学校选介

一、苏州市吴江区七都小学

苏州市吴江区七都小学的前身为清宣统元年(1909)董增生、马仁大所办的私塾,位于吴溇积谷仓,学生10多人,经费自筹。民国2年(1913),私塾改为吴溇乡立第二初等小学,有班级1个,学生26人,全年经费200元。民国10年,开设高小班,吴溇乡立第二初等小学改称吴江县公立第九小学。民国16年,新建校舍,包括礼堂、教室、办公室、图书阅览室、儿童活动室、会客室、师生宿舍等,还有操场、园圃、农场等。是年,学校更名为吴江县吴溇乡中心国民学校,有班级3个,学生100多人,招收吴溇和南浔的部分寄宿生。民国20年,学校更名为吴溇小学。民国25年,学校更名为吴江县七都乡中心国民学校。民国26年,日军占领吴溇,学校停办。抗战胜利后,学校恢复,由县政府接收。民国35年,校名为溇浲乡第四保国民学校,成立辅导区,辅导乡内各保国民学校。民国37年,溇浲乡第四保国民学校更名为吴江县震泽区七都乡中心国民学校,有班级3个,其中单式班1个、复式班2个,学生132人,教员5人,职工1人。

民国38年5月,七都解放,人民政府接管学校,七都乡中心国民学校有班级3个,学生132人,教职工6人。1950年秋,学校更名为吴江县震泽区七都乡中心小学。1956年,班级6个,成为1所完全小学,其中有民办班1个。1957年,学校更名为吴江县七都乡中心小学。1958年,学校更名为七都公社中心小学。1969年1月,七都公社教革组成立,由贫下中农管理委员会管理,学校更名为吴溇小学。1978年12月,恢复七都公社中心小学校名,重建学校辅导区。1983年,校名改为七都乡中心小学。

1987年,乡政府投资11万元,易地新建中心小学,校址迁至粧桥东街原农机厂所在地,建造教学楼和综合楼844平方米。1988年,新校舍启用,有班级8个,学生332人,教师23人。1992年,乡政府完成第一阶段村小撤并,投资21.2万元,建造教学楼740平方米,学校占地面积扩展6670平方米,班级增至9个,学生444人,教职工38人。是年,学校更名为七都镇中心小学。1997年,七都镇实施教育现代化工程,学校再次拓展,新建1幢科艺楼,建筑面积2000平方米,新建足球场、篮球场及各种专用教室。1998年,学校向东扩建综合楼,校门东移。1999年,学校建起微机室,购置电脑50台,接通宽带网。

2001年,学校向北征地8004平方米,建成250米标准环形跑道。在原七都中学旧址创办七都中心小学分校。2002年,分校办成公办民助的亨通小学。七都中心小学下辖第二小学、亨通小学。2004年,学校建成双向闭路电视系统、红领巾广播电视台和宽带校园网。2005年,学校建成能同时容纳800人就餐的食堂。2007年暑假,建成5560平方米的塑胶田径场。校园形成教学区、运动区、生活区的布局。

2008年,七都中心小学教学楼5幢,综合(行政)楼2幢,标准教室44个,有自然实验室、阶梯教室、微机室、音乐室、美术室、舞蹈房、图书阅览室等专用教室18个。建有可容纳1600人和600人就餐的食堂各1个,432平方米的体育馆1个,有250米环形塑胶跑道和250米环形煤渣跑道各一条,篮球场3片,足球(排球)场1片。学校有班级35个,学生1465人,教职工139人。苏州市优质课教师5人;吴江市学科(学术)带头人4人,教学(教科)能手6人,教坛(教科)新秀9人,A级和AA级优质课教师7人,百节好课教师1人。是年,学校开展溇港文化教育,开发溇港优秀文化资源,构建课程整合的德育教学模式,通过溇港文化为内涵的校本课程建设,促进学科教学方式创新,发展"家乡好孩子"的教育特色。

2009年初,镇政府投资630万元,建成的亨通楼启用,建筑面积4516平方米。投资55.36万元,添置多媒体40套。每个教室、专用教室、办公室都有网络连接。学校被评为吴江市教育信息化示范学校。学校教育特色是以溇港文化为内涵的系列教育实践活动。8月,学校获评AA级吴江市特色学校。2010年,《溇港韵》校本课程评比获省级二等奖。2011年12月,获评AAA级吴江市特色学校。

2013年9月,吴江区七都中心小学更名为苏州市吴江区七都小学。2014年9月,七都中心幼儿园旧校舍出让给七都小学。扩建500平方米的餐厅,同时增设乒乓室、舞蹈房、书法绘画室、科技展览室、智障儿童辅导室、教师活动室、储藏室等专用教室。

2015年,苏州市吴江区七都小学位于七都镇桩桥路4号,学校校训"能行",校风"严谨、求实、勤学、进取",教风"敬业、授业、精业、创业",学风"勤学、乐学、善学、博学",校歌《我们都是家乡好孩子》。学校教育特色是溇港文化背景下的综合实践活动课程。学校占地面积4.69万平方米,绿化面积占50.2%,建筑面积1.98万平方米。班级44个,学生1936人,教职工137人,其中专任教师135人,学历本科99人,大专26人,中师10人;高级职称2人,中级职称76人,初级职称40人,未评职称17人。

至2015年,学校获全国青少年科技创新一等奖、全国青少年科技创新十佳奖等国家级荣誉5次,获江苏省科技教育先进集体、省公民道德实践项目学校等省级荣誉9次,获苏州市教育现代化学校、苏州市教育信息化实验学校等苏州市级荣誉17次;教师获全国优秀教师荣誉1人次,省优秀教育工作者荣誉1人次,获苏州市优秀教育工作者、苏州市优秀班主任等荣誉16人次;教师参加各级各类竞赛,获省级奖9人次,苏州市级奖13人次;教师在苏州市级以上教育报刊发表文章(论文)102篇,其中国家级2篇,省级30篇,苏州市级70篇;学生在各级各类竞赛中获国家级奖5人次,省级奖10人次,苏州市级奖21人次;学校写字教育连续八年获苏州市一等奖,以溇港为内容的科技创新活动连续九年获江苏省青少年科技创新大赛一等奖,以溇港文化为背景的综合实践活动课程学生研究性学习成果集《体验中生成》在吴江区评比中,6次获一等奖,2次获二等奖。

曾在学校任职的具有小学中高资格的教师:顾建荣、陆才根、徐侃、张征红、周金林、薄方林。

学校历任负责人、校长、党支部书记:董增生[宣统元年至民国2年(1913),负责人],盛世彦(民国2~9年,校长),张锡瑜(民国9~15年,校长),邱树诚(民国15~25年,校长),张掌珠(民国25~26年,校长),民国26~34年,学校停办。董其明(民国34~35年,校长),张锡瑜(民国35~38年,校长)。孙锦贤(1949年秋至1951年,校长),俞骏(1952.1~1952.7,校长),王玉明(1952.8~1953,校长),赵学莲(1954~1959,校长),俞芝明(1959.6~1959.8,校长),倪正言(1959.10~1963.12,校长),谢林福(1964.1~1967,校长),1967~1978年,公社教革组管理。俞振达(1978.9~1982.10,校长),姚海兴(1982.10~1983.3,校长兼书记),丁学明(1983.3~1986.8,校长兼书记,1986.8~1994.8,书记),周金林(1986.8~1994.8,校长;1994.8~2002.1,校长兼书记,2002.2~2008.12,书记),薄方林(2002.1~2008.12,校长,2008年12月~2013年8月,校长兼书记),顾建荣(2013年8月~2015年12月,校长兼书记)

二、苏州市吴江区庙港实验小学

苏州市吴江区庙港实验小学前身是民国2年（1913）2月，由清代秀才沈珩伯发起开办的国立五都乡第二初级小学，校址在永定寺内，有教师5人，班级2个，经费280元。沈珩伯谱写校歌。民国9年，学校初具规模，有班级4个，课程开设齐全，并设小足球活动课。民国27年8月，日军占领庙港，焚毁永定寺，学校被迫停办。民国28年7月，王永慧发动失业教师借东岳庙办学，有班级2个，学生20多人。由于庙港处于游击区，学校时办时停。民国34年，抗战胜利，热心教育人士发起复校活动，庙港国民小学成立，借民房4间，开设班级3个，招收学生近90人。民国37年初，把永定寺和土地庙毗邻的残房改建成校舍，下半年迁入，有班级4个，学生约100人，校名为庙港小学。

庙港实验小学（摄于2015年）

1950年8月，学校更名为庙东村小学，学生200多人。1950~1957年，学校保持班级5个，学生200人左右。学校辖区划为东西两片，东片设辅导校，庙东村小学位于西片，行使中心校职能。1958年，学校更名为庙港公社中心小学，下辖3所辅导校，23所村小，中心校班级7个，学生250人。1962年，试办半耕半读班，大批流生复学。1964年起，半耕半读班转入全日制。1969年1月，学校更名为庙港小学。公社成立教革组，由贫下中农管理学校。1973年，庙东街改建，学校被截成南北两部。1978年，学校恢复为庙港公社中心小学，重建学校辅导区。1979年起，学校先后创办校办皮鞋厂、服装厂等企业。

1982年，中心校迁至镇北新址，占地面积3000平方米，新建10楼10底教学楼，有班级8个，学生300多人。1983年，更名为庙港乡中心小学。1985年8月，学校成立党支部。是年，撤并部分村小教学点，高年级学生集中到中心校和3所辅导校上学。中心校施教区扩大，新建第二幢教学楼，班级增至12个，学生500多人。

1990年起，学校建立各类科技兴趣小组，为科技特色教育奠定基础。1992年，学校更名为庙港镇中心小学。1993年，学校被命名为苏州市劳技实践教育示范单位。1994年，学校成立教科室。1998年初，庙港镇政府在镇西合群村征地3.3万平方米，易地新建中心小学。是年，学校设立德育处。1999年8月，新校第一期工程竣工，建有教学楼、综合楼、食堂等，9月启用。中心校有班级23个，学生近1000人。

2002年8月，新校第二期工程竣工，建有办公楼、图书馆、智慧馆、思源厅及各类专用教室，建成校园网与学校主页，实现班班通。9月开学，班级增至38个，学生1500人。2003年，中心校新建活动室、文化廊、资源中心，铺设人造草坪，形成教学区、运动区、生活区、文化中心等区域。2005年6月，学校通过江苏省实验小学验收，更名为吴江市庙港实验小学。2007年，学校被评为吴江市科技教育特色学校。

2008年，学校标准教室36只，有自然实验室、阶梯教室、微机室、音乐室、美术室、舞蹈房、图书阅览室等专用教室11只，建有可容纳1500人就餐的食堂，900平方米的体育馆，200米环形塑胶跑道，篮球场1片，足球（排球）场1片。学校有班级36个，学生1539人，教职工125人。

2012年，庙港实验小学打造"自主管理"特色，涌现出感动江城"十佳"园丁、苏州市优秀班主任、苏州教坛新秀等优秀教师。

2015年，庙港实验小学位于南太湖大道285号。学校校训"明德笃学"，校风"重参与、做主人、促发展",教风"实实在在敬业、实实在在精业、实实在在创业",学风"你行、他行、我也行",校歌《我们心中的歌》。学校办学特色是科技教育。学校占地面积3.3万平方米,绿化面积占36%,建筑面积1.16万平方米。学校有班级34个,学生1482人,教职工106人,其中专任教师106人,学历本科67人,大专28人,中师11人;高级职称1人,中级职称74人,初级职称31人。学校的教育技术装备达省Ⅱ类以上标准。推进电子政务综合服务平台、视频云平台、网络考古和资源平台的建设,实现苏州教育E卡通全覆盖,促进信息技术与课堂教学的深度融合。

至2015年,学校获21世纪中国学校体育发展研究实验学校、全国文明礼仪示范基地等国家荣誉,获江苏省"十一五""十二五"教育科研重点规划课题实验学校等省级荣誉9次,苏州市德育示范学校等市级荣誉33次;教师获全国优秀教师、辅导学生园丁奖等国家级奖4人次,获江苏省优秀班主任陶研先进个人等省级荣誉7人次,获苏州市优秀教育工作者、优秀班主任等市级荣誉35人次;教师在国家级教育报刊上发表文章(论文)34篇,省级141篇,苏州市级97篇;教师在参加各级各类竞赛中,获国家级奖48人次,省级奖106人次,苏州市级奖133人次;在各级各类论文评比中,获国家级奖1人次,省级奖32人次,苏州市级奖17人次;学生在各级各类竞赛中获国家级奖59人次,省级奖69人次,苏州市级奖82人次。

曾在学校任职的具有小学中高资格的教师:施小红、金培雄。

学校历任校长(或负责人或党支部书记):沈珩伯[民国2年(1913)2月至民国9年7月,校长],袁友慈(女)(民国9年8月至民国27年7月,校长),王永慧(民国28年8月至民国34年7月,负责人),金绳武(民国34年8月至1950年7月,校长),董宗麟(1950.8~1952.7,校长),孙景贤(1952.8~1954.7,校长),郭梦海(1954.8~1957.7,校长),凌浩(1957.8~1959.7,校长),赵文熙(1959.8~1963.7,校长),陈复三(1963.8~1964.7,校长),朱兴华(1964.8~1971.7,校长),徐文忠(1971.8~1974.7,负责人),谢洪观(1974.8~1975.7,负责人),徐文忠(1975.8~1978.7,负责人),梁大星(1978.8~1979.7,校长),王梦龙(1979.8~1985.7,校长;1985.8~1992.7,书记),张克裘(1985.8~1992.7,校长),王梦龙(1992.8~1997.7,校长兼书记;1997.8~1999.7书记),姚虎雄(1997.8~1999.7,校长;1999.8~2004.7,校长兼书记),张学青(女)(2004.8~2005.1校长兼书记),金培雄(2005.2~2011.7,校长兼书记),吴国良(2011.8~2015.12,校长兼书记)。

第三章 中学教育

第一节 概 况

1958年9月,庙港公社创办中学,校址在庙港公社繁荣大队第四生产队(镇东永定寺废墟)。是年,七都公社先后在勇联、光明、勤丰、胜旗、立新等大队开办农业中学。学校因陋就简,农业中学实行全日制,学生食宿一律在校,半天上课,半天参加农业实践。

1959年,七都公社将勇联、光明、勤丰、胜旗4所农业中学合并为七都农业中学。是年,七都农业中学招收班级2个,学生152人,教师4人。庙港农业中学迁至合群大队果园场东,校舍租用民房5间,班级3个,学生约100人。1962年,七都、庙港公社农中停办。1966年"文化大革命"开始后,庙港中学学生停课"闹革命"。1967年,七都公社光明农中创办。1968年初,学校复课,贫下中农管理学校,庙港中学革命委员会成立,实行开门办学,取消升学考试制度,实行推荐招生办法。8

月,七都公社创办"五·七"学校(小学、初中),开办初中班级1个(附设在吴溇小学内),招生49人。1970年,"五·七"学校更名为七都中学,有初中班级2个,高中班级1个,学生156人,教职工9人。庙港中学增设高中班,1970年,庙港公社有9所小学附设初中班(称戴帽子中学)。1977年,七都公社有11所小学附设初中班;庙港公社有9所小学附设初中班。1978年,初中实行三年学制。

中共十一届三中全会后,七都、庙港公社贯彻中央"调整、改革、整顿、提高"方针,调整中学教育。1979年,庙港中学将原9所小学附设初中班撤并为4所联办初中。1981年,庙港中学高中班停招新生,转办职业高中班。1982年,七都中学停办普通高中,开设职业高中班。是年,将原11所小学附设初中班撤并为5所联办初中。1985年,庙港中学重新恢复高中班。

1990年,在完成九年义务教育达标任务中,庙港乡学校布局调整,撤并4所联办初中,并入庙港中学。1992年,七都镇撤并3所联办初中,并入七都中学,2所联办初中并入胜旗联中。至1995年,七都、胜旗两所初级中学有班级22个,学生1114人,教职工98人;庙港中学有高中班级6个,学生212人;初中班级18个,908人,教职工97人。1997年,胜旗联中并入七都中学。

2001年,庙港中学高中部撤销。2002年起,七都施教区有七都中学1所初中;庙港施教区有庙港中学1所初中。

2008年,七都中学初中班级26个,学生1168人,教职工91人;庙港中学初中班级18个,学生817人,教职工78人。

2015年,七都中学初中班级24个,学生1112人,教职工82人;庙港中学初中班级16个,学生673人,教职工64人。

表14-6　　　　　　　　1996~2015年七都中学教育事业规模情况表

年份	班级(个)	初一(人)	初二(人)	初三(人)	教职工(人)
1996	19	337	358	339	64
1997	18	227	337	360	62
1998	16	206	214	332	65
1999	15	288	210	234	65
2000	18	398	296	207	74
2001	25	459	416	295	84
2002	26	407	448	395	87
2003	27	441	387	410	88
2004	26	380	438	383	87
2005	25	429	374	424	89
2006	26	454	397	379	88
2007	26	394	458	385	90
2008	26	331	399	438	91
2009	25	412	332	384	96
2010	23	302	403	333	93
2011	21	351	301	398	90
2012	21	335	351	302	87
2013	24	387	335	350	84
2014	24	374	385	335	81
2015	24	360	369	383	82

表14-7　　　　　　　　　　1996~2015年庙港中学教育事业规模情况表

单位：人

年份	初一年级	初二年级	初三年级	教职工数
1996	181	264	321	87
1997	170	182	262	87
1998	174	169	182	83
1999	230	176	169	83
2000	308	228	176	79
2001	310	305	227	83
2002	312	313	306	82
2003	289	313	313	80
2004	265	300	313	78
2005	260	269	301	83
2006	312	264	269	82
2007	259	309	253	81
2008	255	257	305	78
2009	261	258	256	81
2010	221	258	250	78
2011	240	225	253	74
2012	236	245	215	74
2013	263	235	238	67
2014	224	258	230	67
2015	198	224	251	64

第二节　学制　课程

1958年，初级中学的学制为三年，按照《中学暂行规程（草案）》开设课程。"文化大革命"期间，学制变动频繁。1968年，实行初中二年、高中二年的"二二分段"制，课程简单化。初中动植物改为农业基础知识，高中物理、化学改为工业基础知识，工农业基础知识以"三机一泵"（拖拉机、柴油机、电动机、水泵）和三麦、水稻、油菜等为教学内容。语文增加马列著作、毛主席著作等内容。数学突出农业会计、珠算、土地测量等内容。初中音乐、美术改为革命文艺，体育改为军体。

1971年春始，实行初中二年、高中二年的"二二"分段学制。

1978年秋，初中开始实行三年学制。1982年秋，招收高一新生时，学制改为三年。

1983年，初高中学制完成"二二"制向"三三"制过渡。

1986年，各校执行《江苏省全日制六年制重点中学教学计划（试行草案）》，初中各年级均开设政治、语文、数学、英语、体育、音乐、美术、劳动技术等课程。初一、初二开设历史、地理、生物，初二、初三开设物理，初三开设化学、生理卫生。每周总课时初一32节，初二、初三33节，每节课一般为45分钟。高中开设政治、语文、数学、英语、物理、化学、历史、地理、生物、体育、时政、劳技12门必修课，高二、高三增设选修课（社会实践活动）。每周按6天安排教学，高一每周总课时32节，高二、高三每周总课时为29节。

1991年秋，高一年级执行调整后的普通高中教学计划。教学计划由学科课程和活动两部分组成。学科课程采取必修课和选修课2种形式，活动包括课外活动和社会实践活动。必修课开设政治、语文、数学、英语、物理、化学、生物、历史、地理、体育、劳动技术共11门。选修课分两类：高一、高二开设单科性选修；高三开设分科性选修，分文科、理科、英语、艺术、体育、职业技术6类课程。

1993年起，初中执行国家教委的课程计划，开设思想政治、语文、数学、英语、历史、地理、物理、化学、生物、体育、音乐、美术、劳动技术13门课程。1994年起，开设健康教育课。

2000年秋，高一新生实施教育部全日制普通高中新课程计划，并在"综合实践活动"课中开设新课程——研究性学习。

2001年，初中开设信息技术课。2002年，历史、地理合并为历史与社会，音乐、美术合并为艺术，体育改为体育与健康。初一开设思想品德、语文、数学、英语、历史与社会、生物、体育与健康、艺术、综合实践等课程，初二起增设物理，初三增设化学。原来的思想政治、历史、地理、音乐、美术等课程不再开设。

2008年秋，根据省教育厅意见，初中一年级每周课时34节，设思想品德2节、历史2节、地理2节、生物3节、语文5节、数学5节、外语5节、体育与健康3节、音乐1节、美术1节、综合实践活动3节、地方和学校安排的课程2节。初中二年级每周课时34节，设思想品德2节、历史2节、地理2节、生物2节、物理3节、语文5节、数学5节、外语5节、体育与健康3节、音乐1节、美术1节、综合实践活动2节、地方和学校安排的课程1节。初中三年级每周课时36节，设思想品德4节、历史2节、物理4节、化学4节、语文5节、数学5节、外语5节、体育与健康3节、音乐1节、美术1节、综合实践活动1节、地方和学校安排的课程1节。

2015年秋，初中学制沿用三年制。学校执行苏州市义务教育课程设置实验方案，初中一年级每周课时34节，设思想品德2节、历史2节、地理2节、生物3节、语文5节、数学5节、外语5节、体育与健康3节、音乐1节、美术1节、综合实践活动3节、地方和学校安排的课程2节。初中二年级每周课时34节，设思想品德2节、历史2节、地理2节、生物2节、物理3节、语文5节、数学5节、外语5节、体育与健康3节、音乐1节、美术1节、综合实践活动2节、地方和学校安排的课程1节。初中三年级每周课时34节，设思想品德2节、历史2节、物理4节、化学4节、语文5节、数学5节、外语5节、体育与健康3节、音乐1节、美术1节、综合实践活动1节、地方和学校安排的课程1节。

第三节　教学与科研

1958年起，学校强调"教育为无产阶级政治服务，教育与生产劳动相结合"，在各科教学中要求"政治思想挂帅""联系工农业生产实际"，学校以相当多的时间组织学生校内劳动或去农村参加劳动。"文化大革命"期间，用毛泽东思想统帅文化课。1970年后，推行开门办学，积极开展学工、学农，走出去拜工人、农民为师，或请工农兵进校，开展各种形式的教学活动。1978年，中学以教学为中心，整顿学校各项工作，加强教学研究，提高课堂教学水平。

1986年，学校不断开展教材、教学方法、考试方法和教学手段等方面改革。

1988年，国家教委颁发《中学德育大纲（试行）》。是年起，各校按照德育大纲对学生进行初步的马克思主义常识教育、爱国主义和国际主义教育、理想教育、道德教育、劳动教育、社会主义民主、法制与纪律教育、心理卫生与个性发展教育。

1990年，七都、庙港中学设立政教处，成为主管学生德育工作的机构。逐步改变传统教学手段，课堂教学中使用录音机、投影仪、电视机、电子计算机、投影机等电化教学设备。

1991年，七都、庙港中学贯彻执行教育局制定的三个"五认真"（内容与小学相同）。2000年9月，七都、庙港中学制订《实施〈中学生德育大纲〉的若干意见》和《全面实施素质教育的若干意见》。2001年3月12日,七都中学与七都公安分局共同召开"警校共建校园文明"法制教育大会。4月,针对社会不良青年对学校学生安全的侵扰,学校与派出所商定成立"警校共建治安岗",由派出所选派一名专职联防队员长驻学校,担任综合治理工作,此举开创吴江市教育系统治安工作的先河。2002年6月28日,学校与七都公安分局合作开展为期2天的"手拉手"夏令营共建安全文明活动,此项活动持续3年之久。

2005年,七都、庙港中学把实施有效教学、减轻学生过重的课业负担,作为提高教育质量的重中之重。把"学校有特色、教师有专长、学生有特长"作为办学所追求的一种境界。是年,七都中学学生在第六届中国青少年读写大赛中,获江苏省二等奖1人。

2007年9月,市教育局下发《关于实施精致化管理,全面提高教学质量的意见》。10月,组织部分中青年校长在七都中学举办"精致化管理与校本发展"主题论坛。

2008年,七都中学中考成绩再次以较大的优势名列全市第三名,以"海模训练"为内容的科技特色教育形成规模,10名学生在江苏省第十五届青少年科技模型竞赛中获奖。是年,庙港中学强化内部管理,充分挖掘学生的潜能,在化学竞赛和"中学生与社会"作文大赛中分别获江苏省三等奖各1人,在"金钥匙"科技竞赛中,获江苏省二等奖1人,学校被评为"金钥匙科技竞赛江苏省先进学校"。

2012年,七都中学以课堂改革为抓手,加强教育和教学的管理,在各种论文评比、征文活动中均取得优良成绩,在教学"六认真"的基础上,进一步构建学校"练—研—练"的课堂模式。庙港中学通过征文、演讲、小报、墙报制作等活动,弘扬江村文化,培育江村少年;定期组织文学社、摄影社、书画社等社团去江村观察,用文字和照片记录下家乡的发展和变化;组织"唐仲英爱心小分队"、学生会成员及共青团员去敬老院、江村、太湖边等进行公益活动,培养具有"江村少年"品质的新一代。

2015年,七都中学对主课题的研究,做到重视研究内容(子课题)的进展、重视研究方法的运用、重视研究资料的积累、重视阶段性研究成果的表达与发布,有效地提升学校课题的研究品质。庙港中学推行教研与教科的融合,提高科研意识,教务处会同教科室进行语文、数学、英语等学科的"课堂观察"活动,在活动中教务处提出对有关公开课进行"有效性观察"。注重对每堂课中有效提问、有效训练、有效活动等进行深入挖掘,形成文字资料在学科组内进行探讨,由此,拉开其他各学科对于"有效课堂""有效作业"及"有效教学"的课题实质性研究。

至2015年12月,新加坡崇文中学有282名学生到七都中学交流。学校也派遣本校师生到国外进修,开展交流活动,共组织学生329人到新加坡崇文中学考察、学习、交流。

第四节　学校选介

一、苏州市吴江区七都中学

1968年,吴江县七都公社"五·七"学校创办,校址在七都公社吴溇集镇,第一批学生来源于吴溇小学及附近几个大队小学的毕业生。开设初中有班级1个,学生49人,教师3人,无独立校舍,教室附设在吴溇小学内。1970年,学校更名为吴江县七都中学,在桩桥路建平房4间。学校有初中班级2个,学生104人,增设普通高中班级1个,学生52人,教职工9人,初中招生范围为附近几个大队,高中招生范围为全公社,学校隶属于公社教革组领导。1972年,学校升格为农村完全中学。全校共有初中班级5个,高中班级3个,学生400多人,教职工23人。是年,学校建立党支部,设教务处、总务处。1977年,学校共有初、高中班级8个,学生386人,教师23人。1978年,恢复初中三年制。1979年学校有初中班级6个,学生264人,高中班级3个,学生150人,教职工56人。

1982年,普通高中班停办,开设职业高中蚕桑专业班级1个,学生48人,初中班级9个,学生498人,教职工42人。1986年,学校耗资6万元,建物理、化学、生物实验楼1幢,建筑面积466平方米。

1992年,吴江撤县建市,学校更名为吴江市七都中学。镇政府投资100万元,新建教学楼1幢,综合楼1幢,建筑面积2909平方米,建运动场1片,辟200米环形跑道,1片足球场及2片篮球场,建语音室和微机室各1个。七都中学有班级17个,学生935人,教职工63人。1997年,胜旗联中撤销并入七都中学。是年,七都中学有班级18个,学生924人,教职工62人。1998年,镇政府投资1400万元,七都人民捐资助学600万元。在人民路南易地新建七都中学,学校占地面积6.14万平方米,建筑面积1.72万平方米。是年,学校共有班级16个,学生752人,教职工65人。是年,有7名外籍教师、外国专家到学校考察、访问;新加坡崇文中学60名学生到校交流。2000年,学校共有班级18个,学生901人,教职工74人。学校确立科技教育为学校的办学特色。2001年,七都中学被评为江苏省实施现代化教育示范初中,学校设德育处、教科室。2002年,学校被评为苏州市教育信息化实验学校。2003年,学校承办江苏省航模海模比赛。2004年,学校被评为江苏省青少年科技活动先进集体,被评为苏州市特色体育项目学校。2005年,学校成为江苏省航模海模训练基地,为发展学校科技特色奠定基础。是年,学校被评为吴江市青少年科技教育特色学校。2006年,学校被评为江苏省绿色学校。

2008年,学校有教学楼3幢,综合(行政)楼1幢,教室30个;食堂1664平方米,可容纳学生1200人;学生宿舍126间,可住宿学生756人。有环形塑胶跑道400米,足球场1片,篮球场3片,排球场1片。学校建有物理、化学、生物实验室共6个,仪器室3个,音乐、美术、劳技专用教室3个,实训室1个,图书藏书室(馆)1个,可流通图书4.24万册,师生阅览室2个,期刊报刊87种;微机室2个(共有微机110台),多媒体教室5只(设备5套),投影仪10台,教学用录音机15台。学校装备闭路电视系统(电视机30台),建成校园网和学校主页(www.rcpv.qdzx.com)。是年,学校以追求"质量+特色",长期坚持"以人为本,爱心育人"为原则,逐渐形成以精细化教学来支撑教学高质量的教学办学特色。学校全面实施素质教育,推进新课程改革。重视学生个性特长的发展,夯实学生的基础,培养学生创新能力。

2015年,七都中学位于七都大道(原人民路)49号。校风为"诚实做人,勤奋读书",教风为"团结协作,敬业奉献,爱校爱生,校荣我荣",学风为"严谨求实,勤学进取",校歌为《驾风扬帆歌七中》,办学特色为科技教育。学校占地面积6.14万平方米,绿化面积占49.51%,建筑面积1.72万平方米。体育场馆用地1.99万平方米。普通教室30个,专用教室16个,围墙812米。班级24个,学生1112人,教职工82人,其中专任教师79人,学历本科76人,大专3人;高级职称22人,中级职称39人,初级职称18人。

至2015年,学校获江苏省教育现代化示范初中、江苏省绿色学校等省级荣誉12次。获苏州市德育先进学校、苏州市教育信息化先进学校等苏州市级荣誉10次,获吴江市级荣誉49次;教师获苏州市学科带头人、苏州市优秀教育工作者等苏州市级荣誉11人次,获吴江市级荣誉89人次;教师参加各级各类竞赛,获国家级奖8人次,省级奖51人次,苏州市级奖57人次,吴江市级奖109人次;教师在吴江市级以上教育报刊上发表文章(论文)83篇,其中国家级12篇,省级20篇,苏州市级29篇,吴江市级22篇;学生在各级各类竞赛中获国家级奖25人次,获省级奖149人次,获苏州市级奖119人次,吴江市级奖230人次。

曾在学校任职的中学高级教师:詹德声、钱自力、张洪宾、孙林法、沈志芳、徐林祥、盛永林、周建华、邱俊华、孙勤康、叶明林、方志红、汪明、汤月华、向康、沈建芬、孙金娥、邱桂珠、张群芳、钱正荣、石培荣、王文春、沈志强、朱海根、丁红国、高永根、钱正华、陈晓华、钱美琴、穆波、吴光俊、吴会强、沈志斌、李军、孙伟忠、张芳群。

学校历任校长或负责人或党支部书记：钱世泽（1968~1972，负责人），濮亚飞（1972~1981，校长兼书记），姚海兴（1981~1984，书记），倪富华（1981~1992，校长；1984~1992，兼书记），沈志方（1992~1993，校长；1992~2015，书记），屠新祥（1993~1997，校长），詹德声（1997~2001，校长），叶明林（2001~2008，校长），周为良（2008~2009.12，校长）。石培荣（2010~2015.12，校长）。

二、苏州市吴江区庙港中学

1958年，吴江县文教局委任原吴江师范副教导主任杨定淦和其学生王廷贤到庙港创办中学，校址在庙港公社繁荣大队四队（镇东永定寺废墟），占地面积6300平方米，建筑面积580平方米。面向庙港、七都、八都、震泽、梅堰、横扇等地招生，第一届学生约90人，教师8人，学生半天学习，半天参加劳动，建造校舍。1959~1966年，学校逐步建成双轨制初级中学。1969年，学校办高中班，学生73人。1977年，筹建校办厂，生产玻璃瓶和橡胶制品。1978年，学校占地面积7400平方米，建筑面积880平方米。

吴江市庙港中学（摄于2011年）

1981年秋，学校改为初中学制，原来的普通高中改办职业高中，招收两年制电工职高班1个。1985年秋，庙港中学恢复高中部。建造第一幢3层教学楼，学校建筑面积1812平方米。1986年，建造第二幢3层教学楼。1988年，庙港中学恢复高中部后的第一届高中生毕业，有12人考取高校，高考成绩位列吴江县第四，历史、地理等单科成绩位列全县第一。1989年，青年楼（学生宿舍楼）竣工，征地3800平方米作操场。学校建造187米围墙。1991年，先后建造南大楼、综合楼，建成250米跑道、足球场。1999年9月，学校招收综合高中班级1个，学生24人。2001年，庙港中学高中部撤销。

2005年9月，学校与南京邮电大学吴江职业技术学院、吴江职业高级中学联合办学，招收中专及五年制高职学生。2007年2月，建造新教学楼。2008年，学校以师德建设、传统美德和中学生日常行为规范教育为重点，创建学校特色，通过运动会、艺术节、科技节等活动，为学生展示特长和创造力构建平台。学校有教学楼3幢，综合楼1幢，教室28个；食堂996平方米，可容纳学生750人；学生宿舍103间，可住宿学生816人。足球场1片，篮球场3片。学校建有物理、化学、生物实验室共3个，仪器室3个，音乐、美术、劳技专用教室3个，图书藏书室（馆）1个，可流通图书3.51万册，师生阅览室2个，期刊报刊109种；微机室3个（共有微机200台），多媒体教室2个（设备4套），投影仪25台，教学用录音机15台。学校装备闭路电视系统（电视机25台），建成校园网和学校主页（www.wjmgzx.com）。全校有班级18个，学生816人，教职员工78人。2015年，学校硬软件建设得到发展，教育技术装备达II类标准，理化实验室4个，多媒体教室2个（设备4套）、电子白板教室1个、微机室2个、音乐室、美术室、劳技室、体育器材室、卫生室、图书室（藏书3.97万册）、阅览室等专用教室，各种普通教室配有多媒体教学设备，开通校园广播系统、闭路电视系统。

2015年，庙港中学位于镇南大道。校风为"文明、团结、勤学、奋进"，教风为"严谨、务实、敬业、爱生"，学风为"勤奋、守纪、立志、求真"，校歌为《求知莫负美好青春》，办学特色为江村文化。学校占地面积2.17万平方米，建筑面积1.13万平方米。学校有班级16个，学生673人，教职工64人，其中专任教师63人，学历本科57人，大专6人；高级职称21人，中级职称28人，初级职称14人。

至2015年，学校获金钥匙科技比赛先进集体等省级荣誉8次。获苏州市教育现代化学校、苏州市红十字示范学校等苏州市级荣誉7次,获吴江市级荣誉42次;教师获全国优秀教师等国家级荣誉1人次,获江苏省优秀青年教师等省级荣誉9人次,获苏州市优秀班主任、苏州市先进教师等苏州市级荣誉12人次,获吴江市级荣誉88人次;教师参加各级各类竞赛,获国家级奖8人次,省级奖43人次,苏州市级奖30人次,吴江市级奖91人次;教师在吴江市级以上教育报刊上发表文章(或论文)10篇,其中省级2篇,苏州市级3篇,吴江市级5篇;学生在各级各类竞赛中获国家级奖16人次,获省级奖68人次,获苏州市级奖21人次,吴江市级奖136人次。

曾在学校任职的中学高级教师:王士铮、吴振华、沈建法、庾荣江、顾志明、施根法、徐书红、俞林江、姚志英、沈建德、刘胜祥、姚红林、沈鹤鸣、周云林、陶正明、周培芳、张德育、计荣明、张泉明、张凤章、张学英、盛春风、吴卫东、周春华、陈荣高。

学校历任校长或党支部书记:杨定淦(1958~1968,校长),崔明芳(1968~1972,校革会主任),蔡汉文(1973~1977,校长),张庆荣(1973~1977,书记),朱玉清(1977~1982,校长、书记),梁大星(1982~1985,校长、书记),王廷贤(1985~1986,校长、书记),俞天勇(1986~1987,校长、书记),曹海观(1987~1989,校长、书记),陈校平(1989~1991,校长、书记),孙夏林(1991~1996,校长),王士铮(1991~1999,书记),庾荣江(1996~1999,校长),庾荣江(1999~2002,校长、书记),沈剑华(2002~2005,校长,2002~2004,书记),潘林锋(2005~2011,校长),庾荣江(2004~2014,书记),沈建法(2011~2014,校长),计荣明(2014~2015,校长),沈建法(2014~2015,书记)。

第四章 成人教育

第一节 概 况

民国11年(1922),开弦弓村由费达生创办的蚕丝改进合作社夜校。在改良土丝工作中选择成绩优秀的农民为学员,传授制丝常识,辅以语文等课程,提高员工素质;传授养蚕知识,如养蚕大要、栽桑大要、合作大要,设珠算、识字等课程,提高合作社社员文化水平。

1950年,庙港、七都地区各村办冬学,村农会大组长、村长配合冬学,宣传人民政府各项政策。对青壮年扫盲及业余教育,各乡村都选送有文化的青少年去县培训班学习,回来担任冬学教师。庙西、庙东、张庙等6个村冬学夜校学员有200多人。1952年,区政府专职社教干部领导各乡村以共青团支部书记和妇女主任为骨干组织扫盲工作,在北明村和陆港村设文化俱乐部,推动各乡村扫盲工作。

1958年,七都、庙港公社动员小学教师和一切社会知识力量投入突击扫盲。1962年,公社配备业余教育专职干部,各大队恢复民校。"文化大革命"期间,农民业余教育停顿多年,出现复盲和新文盲。

1972年,七都公社重新配备业余教育专职干部和扫盲临时辅导员,开展扫盲工作。全社建立70多个扫盲班,群旗大队为全社第一个青壮年脱盲大队。1975年10月,经县、市两级扫盲验收,全社2017人青少年和基层干部脱盲,获得吴江县基本扫除文盲合格证书。

1984年,庙港乡多种经营服务公司在茧站举办蚕丝培训班,18名初高中毕业生经过半年培训后分配到蚕丝一条龙岗位工作。

1990年,全国第四次人口普查时,七都乡青壮年文盲721人,经多种形式扫盲,考试合格结业的有669人。庙港乡青壮年文盲609人,经多种形式扫盲,考试合格结业的有554人。至1992年,庙港乡乡办缫丝厂和丝织厂举办48期职工岗位技术培训,每期培训1~6个月,共培训1.05万人次。1992~1995年,七都镇从事工业劳动8300多人,开办各种培训班370期,参加培训15087人次,并创造条件开展学历教学班,如电视中专班、业余高中班、职业高中班等,共招收学员224人。培训内容有农副业技术培训、农村政策教育、学历教育、计算机初级及岗位技能培训等。行政村、工厂设成人教育分校38所,进行文化基础、专业技术、社会生活、政治理想等全方位培训教育,成为全镇智力开发、培养人才、社会主义精神文明建设的重要阵地,逐步形成多层次、多渠道、多形式的教育体系。

1994年,庙港工业公司职教科,培养职工教育专职干部,健全职教网络,各个企业职工学校均有一名副厂长分管,达到培训经常化、制度化,开展多层次、多形式培训,当年完成职工技术培训2932人,占年度计划120%。其中岗位技能培训1432人,特种工人培训140人,等级工培训80人,新工人岗前培训280人。共计完成职工文化补习教育850人,占计划的95%,其中初中文化教育400人,高中文化教育420人,中专以上30人;选送大专英语和财会大专班培训12人,完成市教育局下达的任务。是年,庙港镇首次举办全日制三年制对外贸易电视中专学历班1个,学生27人,招收对象是应届初中毕业生。教师从人才市场招聘英语教师1人,借用庙港中学教师1人,专职教师增至4人。1997年,庙港镇对外贸易电视中专学历班全日制三年制学生23人毕业后,停止全日制招生。

1999年1月13日,市教育局按照省市主管部门意见,决定启动社区教育实验工作。10月,七都、庙港镇成立以镇长为组长,宣传、文教、科技、计生、司法、妇联、团委、劳动就业管理所、工业公司、农业公司、多种经营服务公司、街道、党校、成人教育中心校、老年学校、人口学校、中小学校等部门和单位组成的社区教育领导小组,下设办公室。是年,七都镇各级各类成人培训约7000人次,占全员培训率22%。企业职工培训3500人次,占企业职工60%。随着社会的需求,教学层次不断提高,共培养大专结业证书学员223人、财会中专学员86人。同时开办办公自动化和财会电算化培训,共培训学员近350人。2000年,庙港成人教育中心校招收大专专业证书班1个42人,成人财会中专班1个35人。

2000年初,七都镇社区教育工作全面启动。镇党校确定"理想、信念"这一主题组织全体党员分批进党校轮训,有1000多人参加学习;七都、庙港镇成人教育中心校面向务农群体进行农副业实用技术培训,对下岗职工进行再就业培训,对基层干部进行计算机应用能力等中长班和大中专学历层次的教育,有1000多人次参加各种教育活动;七都、庙港镇老年学校开设"理想、信念""揭批法轮功"等必修课和"书画""花卉""老年人健康知识"等选修课,成立歌舞队、门球队等组织,开展集娱乐、健身于一体的活动,老年学员积极投入"老有所学、老有所乐"的各种教育活动之中;七都、庙港镇人口学校全年组织12次新婚教育,4次孕产期培训,1次更年期培训,有1000多人次的新婚夫妇、适龄妇女接受婚育知识和健康教育;各中小学家长学校开展"家教经验交流""家庭教育失当与青少年犯罪""家庭教育中如何加强少年儿童的道德教育"等讲座,有2000多人次的家长参加由中小学组织的家长学校。

2001年5月,七都镇被批准为乡镇社区教育实验区,成立社区教育实验工作领导小组,开展岗位培训、人口教育、老年教育、社会生活教育、外来务工人员子女教育,形成社会支持教育、教育回报社会的局面。是年起,七都、庙港成人教育各类培训整体纳入社区教育范畴。

2002年3月13日,市政府召开的社区教育工作会议上亨通集团作交流发言,介绍集团在社区教育中的经验和做法。

2004年,社区教育向农村延伸,有效地开展各种形式的教育活动。七都镇成人教育中心校建成首批吴江市级农科教示范基地。

2005年,七都镇建成以镇成人教育中心校为基地的吴江市级社区教育中心,成为乡镇教育培训、科技示范、为农民致富服务和农村劳动力转移培训的中心。

2008年,七都社区教育中心通过苏州市评估验收。

2011年,七都镇成功创建苏州市社区教育示范乡镇。2012年,七都社区教育中心成功创建江苏省标准化社区教育中心。

2012年,七都社区教育中心的志愿者论坛按计划正常开班,申报的省级社区教育中心已通过验收,老年大学被评为吴江区示范老年大学。

2015年,七都社区教育中心本着建设"处处可学,时时能学,人人皆学"的学习型社会和推动终身教育体系建设的深入开展,倡导"全民终身学习·创造出彩人生",针对各类不同的人群对象,举办各种不同类型的教育培训,使教育的受众面更广泛,更加附合社区居民的需求和本镇产业发展要求。

第二节　成人教育中心校

中华人民共和国成立后,七都、庙港乡政府重视发展成人教育,乡、村普遍举办工农业余学校,开展扫除文盲运动持续40多年。

80年代初,七都、庙港乡设立业余教育办公室,承担起成人教育的职责。1986年,七都乡成人教育中心校(简称成校)成立,校址七都乡政府院内,设办公室1间,利用政府食堂做校部教室,下设农村农业技术学校20多所,乡镇企业职工技术学校3所,负责人王小华,无专职教师。办学形式主要是短训班,开展农村扫盲、岗位技术培训等工

七都镇成人教育中心校(摄于2015年)

作。1989年,庙港乡成人教育中心校成立,利用庙港乡农业公司一层楼面办学,负责人孙觉良。编制专职人员2人。

1992年,七都成校利用镇政府1间会议室作教室,首次举办成人学历班,招收苏州市电视中专班1个18人;成人中专班1个60人,负责人孙林法。1993年始,举办全日制三年制电视中专班。是年,在粧桥西路租用民房数间用于教学,教师增至4人,校部仍设在镇政府内。招收以初中毕业生为对象的电视中专班1个,学生24人;招收成人中专班1个,学生62人。1994年,庙港成校迁入庙港中心幼儿园旧址,单门独园,占地面积2000平方米,建筑面积300平方米。1995年,七都成校迁至粧桥西路原七都中学南侧实验楼内,建筑面积约600平方米。学校从人才市场招聘教师3人,教师增至7人,添置386电脑20台,开始举办电脑培训班。是年,招收全日制两年制电视中专班1个,23人;举办干部成人业余高中班1个,25人;成人中专班1个,49人。全校有7个学历班,学员262人。

1996年,七都成校迁至粧桥东路一家停办的工厂内,建筑面积约1000平方米。是年,举办成人大专班1个,52人。1998年,七都中学易地新建,成校搬入望湖北路12号七都中学旧址。学校占地面积7300平方米,建筑面积2820平方米。是年,举办大专专业证书班1个;函授大专班1个,49人,学校教师6人。1999年,七都成校被苏州市教育委员会命名为合格乡镇成人教育中心校。是年,七都镇完成扫盲工作,非文盲率99.8%。2000年,七都成校被评为江苏省重点乡镇成人教育中心校。全日制学历班停办,教师减至4人。是年,庙港成校迁入位于沿湖路240号的庙港中心小学旧址综合楼,占地面积1300平方米,建筑面积近1000平方米。庙港成校被评为苏州市合格乡镇成人教育中心校。2002年,七都中学旧址改建七都亨通小学,七都成校迁入人民路工商所旧址,占

地面积约 2700 平方米,建筑面积 750 平方米。2003 年起,七都成校开设高等教育网络远程教育。是年,举办网络财会大专班学生 36 人;大中专学历班学生 265 人。2003 年庙港成校合并至七都成校,2004 年独立建制,校名改为"吴江市七都镇成人教育中心校"。

2005 年 5 月,七都成校迁至沿湖路 240 号原庙港成校内,同时租用七都镇望湖北路吴溇村办公楼底楼为七都镇区教学点。2008 年,学校有教室 5 个,多媒体教室、微机教室各 1 个,图书 15000 册,电脑 36 台,办有各类大中专学历班 8 个,在册学员 296 人,组织实用技术培训 19000 多人次。有公办教师 5 人,其中学历本科 1 人,大专 4 人;中学高级职称 1 人,中学中级职称 2 人。学校网页与吴江教育信息网链接,建成农科教结合示范基地和农科教网站,网址为 www.qdcj.com。是年 11 月,学校通过苏州市级社区教育中心考核验收。2009 年,学校主校区迁至七都社区粧桥西路原亨通小学实验楼,庙港沿湖路 240 号的主校区改为七都成校庙港教学点。学校基础设施有新变化,主校区和教学点有 2 幢教学楼,占地面积 2000 平方米,建筑面积 1600 多平方米。电脑教室 2 个,电脑 45 台,多媒体教室 2 个,其他普通教室 5 个,成人学历教育学员 290 多人,年少儿艺术教学 300 多人,各类培训,如电脑培训、会计培训、电工培训、商务英语培训等实用技术培训 3000 人次,全镇各部门、条线,包括市民学校、企业培训等全年培训近 2 万人次。公办教师 5 人。

至 2014 年,学校主校区投入 80 多万元改建装修,学校面貌焕然一新,学校占地面积 1 万平方米,建筑面积 2800 平方米。拥有多媒体教室 3 个,电脑房 2 个,电子阅览室 1 个,图书室 1 个,大型活动房 1 个,各类专用教室 9 个。举办老年大学,到年底共建成 11 门专业课程,5 个老年活动团队。校园内入驻少儿艺术培训中心、党校、昆曲木偶、镇图书馆、工会职校等,成为名副其实的社区教育中心。年均成人学历在册学员 280 人;年均举办健康类、科普类等专题系列讲座 24 期;校内年均各类实用技术培训 3500 人次,全镇各类教育培训近 2 万人次。3 年中在职公办教师从 5 人减为 3 人。

2015 年,七都成人教育中心校占地面积 7200 平方米,建筑面积 2800 平方米,拥有多媒体教室 3 个,电脑房 2 个,大型报告厅 1 个,舞蹈练功房 2 个,体育室 1 个。成人学历班 7 个,在册学员 258 人,年均各类实用技术培训 50 期,5800 人次。少儿艺术教育年均 300 人次,老年大学在册学员 180 人,12 门专业课程,7 个老年教育活动团队。年末,在职教师 2 人,留用退休教师 1 人。成人教育原庙港教学点、教学楼发展为"国学讲习基地"。学校建有网站(WWW.QDCJ.COM)。

至 2015 年,曾在学校任职的中学高级教师有孙觉良。

学校获江苏省级荣誉 2 次,苏州市级荣誉 2 次,吴江市级荣誉 10 次。教师获江苏省级荣誉 1 人次,苏州市级荣誉 1 人次,吴江市级荣誉 5 人次。

1986~2015 年,七都成人教育中心校历任校长或负责人:王小华(1986~1992 年,负责人),孙林法(1992~2004 年,校长),孙觉良(2004~2015 年,校长)。

1989~2004 年,庙港成人教育中心校历任校长负责人:孙觉良(1989~2004 年,校长)。

第五章　教师和经费

第一节　教师资质

一、学历提升

中华人民共和国成立后,党和人民政府重视教师的思想建设、业务学习和文化进修,以提高教师素质。50年代，震泽区举办星期学校，组织学历较低的教师学习。小学教师分期分批进吴江师范学校和吴江教师进修学校学习。

1978~1998年，七都、庙港的中小学教师参加吴江市（县）教师进修学校举办的中师函授、幼师函授、高师函授学习，以及高等教育自学考试，并取得相应的毕业证书，提高到中师或大专以上水平。

至1999年，庙港中学专任教师83人，其中学历本科及以上14人，大专62人，学历达标教师76人，达标率91.6%；七都中学专任教师65人，其中学历本科及以上4人，大专53人，学历达标教师57人，达标率87.3%；庙港小学专任教师109人，其中大专及以上学历34人，中师71人，高中1人，学历达标教师105人，达标率96.3%；七都小学专任教师107人，其中大专以上学历30人，中师73人，高中4人，学历达标教师103人，达标率96%。

2008年，庙港中学专任教师78人，其中学历本科及以上58人，大专15人；七都中学专任教师89人，其中学历本科及以上74人，大专15人；庙港小学专任教师116人，其中学历本科及以上35人，大专55人，中师26人；七都小学专任教师118人，其中学历本科及以上51人，大专51人，中师16人。

2015年，庙港中学专任教师63人，其中本科及以上学历57人，大专学历5人；七都中学专任教师79人，其中本科及以上学历76人，大专学历3人；庙港实验小学专任教师106人，其中本科及以上学历67人，大专学历28人，中师11人；七都小学专任教师135人，其中本科及以上学历99人，大专学历26人，中师10人。

二、职务评审

1986年，国家教委颁发《中学教师职务试行条例》《小学教师职务试行条例》，规定普通中小学及幼儿园教师职务设三级、二级、一级、高级教师，其中中学三级教师、二级教师、小学一级教师为初级职务，中学一级教师和小学高级教师为中级职务，中学高级教师为高级职务。教师职称是教师教学水平和学术水平的一个重要标志，对教师职称评定是教师专业化建设中的一项重要工作。

1996年，庙港中学专任教师74人，中级职称教师35人，初级职称教师39人；七都中学专任教师62人，中级职称教师20人，初级职称教师42人；庙港中心小学专任教师106人，高级职称教师1人，中级职称教师32人，初级职称教师73人；七都小学专任教师93人，中级职称教师17人，初级职称教师76人。

2008年，庙港中学专任教师78人，高级职称教师17人，中级职称教师26人，初级职称教师35人；七都中学专任教师89人，高级职称教师15人，中级职称教师46人，初级职称教师28人；庙港实验小学专任教师116人，高级职称教师1人，中级职称教师58人，初级职称教师57人；七都小学专任教师118人，高级职称教师2人，中级职称教师76人，初级职称教师40人。

2015年，庙港中学专任教师63人，高级职称教师21人，中级职称教师28人，初级职称教师14人；七都中学专任教师79人，高级职称教师22人，中级职称教师39人，初级职称教师18人；庙港实验小学专任教师106人，高级职称教师1人，中级职称教师74人，初级职称教师31人；七都小学专任教师135人，高级职称教师4人，中级职称教师93人，初级职称级教师38人。

第二节　教师待遇

一、政治待遇

中华人民共和国成立后，党和政府重视教育工作，团结、教育和改造原有教师，并不断采取措施提高教师的政治地位。教师由政府管理和统一安排工作,工作有保障。教师被称为"人民教师",被誉为"人类灵魂工程师"。

中共十一届三中全会后,教师的政治待遇也有很大提高,教师享受国家机关干部同等待遇,工作成绩突出的教师被授予优秀教师、先进工作者、劳动模范,有的还当选县、乡中共党代表和人民代表。

1985年,确定每年9月10日为教师节。1993年,制定《中华人民共和国教师法》。1996年,确立"科教兴国"为基本国策,把教育摆在优先发展的战略地位,教师职业地位相应得到提升。

至2015年,七都镇教育界人士参加吴江各届中国共产党代表大会代表(简称党代会代表)6人次,当选吴江人民代表大会代表(简称人大代表)10人次,当选吴江区(县、市)中国人民政治协商会议委员会委员(简称政协委员)4人次。

表14-8　　1984~2015年七都镇教育界人士当选吴江区(县、市)党代会代表一览表

届　别	时　间	名　单
第六届	1984.9~1988.3	王梦龙
第十届	2001.5~2006.2	姚虎荣、曹海观
第十一届	2006.2~2011.3	金培荣
第十二届	2011.5~2015.12	庾荣江、朱江琴

表14-9　　1981~2015年七都镇教育界人士当选吴江区(县、市)人大代表一览表

届　别	时　间	名　单
第七届	1981.3~1984.5	张克裘、濮亚飞
第八届	1984.5~1987.4	张克裘
第九届	1987.4~1990.3	张克裘
第十届	1990.3~1993.2	张克裘
第十一届	1993.2~1998.1	方志红
第十二届	1998.1~2003.1	张克裘
第十三届	2003.1~2007.12	叶明林、孙夏林
第十四届	2007.12~2012.12	施小红

表14-10　　1981~2015年七都镇教育界人士当选吴江区(县、市)政协委员一览表

届　别	时　间	名　单
第七届	1984.5~1987.4	倪富华
第十一届	1998.1~2003.1	沈建法
第十二届	2003.1~2008.1	沈建法
第十三届	2008.1~2013.1	叶明林

二、经济待遇

中华人民共和国成立初期,教师工资以大米折实单位计算(每单位大米3.5千克)。1952年,公办教师开始享受公费医疗。1955年,实行货币工资制。1956年,工资改革,有大幅度提高,小学教师人均月工资从1955年的30.21元增至40.50元。1963年、1979年,工资有两次调整。1981年,采取先补后靠再升级的办法,凡1978年底前参加工作的晋升1级,少数工龄长、工资低的优秀骨干教师升2级。1982年,对大学、中师毕业生普加1级。1985年起,享受乡煤气补贴。是年,实行以职务工资为主的结构工资制,并增加教龄、工龄津贴和班主任津贴,1966年前参加工作的小学教师人均月工资76元,中学教师人均月工资82元。

1993年,职务等级工资改革,有一次大幅度调整。1994年6月,人均增资114.3元每月。1995年,按两年一次正常晋级工资。1997~1999年,工资正常晋升2次,职务工资、津贴、补贴调整各2次。1999年,教职工正常升级,人均增资46.9元每月。2006年,实施岗位绩效工资制,事业单位工作人员的工资由岗位工资、薪级工资、绩效工资和津补贴四部分。"一岗一薪"组成,正常增资"一年一级"。是年,教职工参加基本工资套改,基本工资人均增资304.80元每月。2007年,正常升级人均增资24.5元每月。2008年,正常升级人均增资49.9元每月。人均年收入5.27万元。至2015年,人均年收入8.44万元。

第三节 教育经费

中华人民共和国成立后,以政府财政拨款为主,每年文教局向学校下拨办公费、基建修缮费、图书、体育费和民办教师补贴等。各校勤工俭学收益和学校办厂利润,作为经费的补充。

1985年,教育体制改革后,七都、庙港乡中小学经费,由县(市)教育局以1984年实际下拨的正常经费数额为基数,拨给乡财政使用。此后事业发展、改善办学条件和民办教师待遇所需增加的经费,由乡征集的农村教育事业费附加及乡财政中解决,学杂费留校作为经费的补充,校办厂的利润主要用于扩大再生产、改善办学条件和师生福利及补充公用事业的不足。

1989~1993年,七都镇(乡)对教育投入655.57万元(财政及教育附加),庙港镇(乡)对教育投入689.5万元。教学设施不断完善充实,教育结构从过去的单一模式转为基础教育、职业技术等多种层次,幼儿教育、小学教育、中学教育、成人教育全面发展。

1998年,七都镇对教育投入631.7万元,各单位和个人捐资助学260.69万元,其中企业捐款141.83万元、行政事业单位捐款29.08万元、其他捐款46.56万元。庙港镇对教育投入380.11万元。1999年,七都镇财政拨给教育经费1201万元,教育附加拨给348.74万元,两项经费共1549.75万元。庙港镇对教育投入689.5万元。2000年,七都镇财政拨给教育经费574.09万元,庙港镇财政拨给教育经费511.6万元。

2005年,七都镇财政拨给教育经费1677.93万元。2008年,七都镇财政拨给教育经费3620.81万元,投入600多万元的庙港中学的教学大楼竣工,配套设施完工,面貌焕然一新;学生宿舍楼改建并使用;操场煤渣跑道改建成塑胶跑道。庙港实验小学的图书馆年初因雪灾而塌顶,易地新建的图书馆和投入90万元新建的塑胶跑道和塑胶运动场完工并使用。另外,隐读小学新的教学大楼建造完毕并使用。

2011年,七都镇财政拨给教育经费7066.83万元。镇政府投入80万元对庙港中学教学大楼和庙港实验小学餐厅进行大规模整修;完成篮球场改造,投入27万元添置19套多媒体设施;七都中学400米标准塑胶跑道与操场完工使用,添置21套多媒体设施,投入16万元改造理化实验室。七都中心小学教学设施得到有效整合,新教学大楼使用后,亨通小学整合至中心小学,新建七都小学停车场,很好地解决七都中心小学和七都中心幼儿园门前上下学高峰时段车辆拥堵的问题,投入55万元添置42套多媒体设施。是年,投入安保和教育基建经费到位,全镇中小学生人均公用经费、教师误餐补贴和养老保险均按标准纳入财政预算,按月按人拨付到校。校舍维修经费按20元每平方米标准放到各校专项账户,做到专款专用。教师待遇按市局标准执行。

2012年,七都镇财政拨给教育经费7500.88万元。镇政府投入80多万元,翻建庙港实验小学健身体育馆。2014年,七都镇财政拨给教育经费8044.32万元。镇政府拨款30万元,改造学校的领操台、所有校舍的内墙粉刷一新;将36块老化的黑板全部换成弧形的新黑板。

2015年,七都镇财政拨给教育经费8505.29万元。镇政府投入约50万元对七都幼儿园教学设施设备进行优化和完善。投入10多万元对七都中学所有老化的电线进行彻底更换。外来民工子弟学校隐读小学投入220万元用于学校建设。

第十五卷

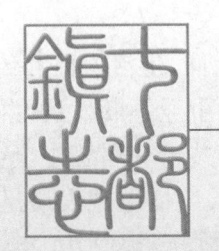

文化科技

第一章 文化机构和设施

七都沿太湖一带古称"儒林里"。文化娱乐活动寓于民间信仰、生活习惯和传统习俗之中。民国时期,有识之士向往现代文明。中华人民共和国成立后,文化事业不断发展,群众性文化活动蓬勃兴起,文化站、广播站、书场、影剧院等文化机构逐步建立。中共十一届三中全会后,文化事业得到恢复和发展。80年代中期起,报纸、杂志、图书的发售量渐增,广播电视发展迅速,社区文化、企业文化、校园文化、家庭文化方兴未艾,独具魅力的民间文艺重放光彩。2015年,南太湖文化产业集聚区、国家音乐产业示范园区获评苏州市文化产业重点项目。

第一节 文化体育站

1951年4月,大庙区文化站成立,设在庙港乡庙东村,工作人员2人。1957年,大庙区文化站撤销。

1958年12月,七都公社文化站成立,设在钢铁大队双荡兜自然村,文化站工作人员1人。1966年,庙港公社文化站成立,设在公社文化宣传办公室内,管理全社的文化工作。七都、庙港公社文化站配备文化站站长。

1981年7月,七都、庙港公社文化中心成立,由影剧院、广播站、文化站3个单位组成,党委宣传委员、科协、共青团、工会、文化站等相关单位人员组成文化中心管理委员会,党委宣传委员任主任,文化站站长任副主任,文化活动由文化中心统一管理,文化站站长负责日常工作。1983年,七都、庙港公社文化站改称七都、庙港乡文化站。1985年,转为事业编制。1992年,七都、庙港撤乡设镇,七都、庙港乡文化站改称七都、庙港镇文化站。1994年,七都镇被评为江苏省群众文化先进乡镇。1996年,七都镇文化站被评为江苏省二级文化站。1998年,庙港镇被评为江苏省群众文化先进乡镇。

七都镇文体活动中心(摄于2015年)

2000年11月,七都镇文化站与广播电视站撤并成立七都镇文化广播电视服务中心;庙港镇文化站与广播电视站撤并成立庙港镇文化广播电视服务中心。

2003年12月,七都镇与庙港镇合并,七都文化广播电视服务中心和庙港文化广播电视服务中心合并为新的七都镇文化广播电视服务中心。

2004年7月起,七都镇文化广播电视服务中心分设为七都镇文化服务中心和七都广电网络分公司。

2011年5月9日,吴江市七都镇文化服务中心更名为吴江市七都镇文化体育站。

2012年10月29日,吴江撤市设区。2013年2月,吴江市七都镇文化体育站更名为苏州市吴江区七都镇文化体育站。2015年,七都镇文化体育站站址七都镇七都大道1688号。

1958~2015年,七都镇文化站、文化广播电视服务中心、文化体育站历任站长(主任):傅小娥(女)、徐本初、周学林、吴海燕、吴学明、沈华、朱龙财、沈金虎、谷端凤(女)、尤建华。

1966~2003年,庙港镇文化站、文化广播电视服务中心历任站长(主任):张菊英(女)、姜人杰、孙觉良、沈金虎。

第二节　广播电视网络分公司

一、江苏有线网络公司吴江分公司七都广电站

1967年4月,七都公社广播放大站成立。设在公社机关大院内,3间平房,建筑面积70平方米。包括机房播音室、仓库、办公室、职工宿舍。配备线务员兼负责人1人。借用电话线传输广播信号,在集镇区各单位安装广播喇叭,广播时间不能打电话。1968年,在沿太湖的群丰、勇联、幸勤等6个大队利用毛竹竿、杂木杆架设广播主馈线,连通生产大队,各安装1只广播高音喇叭。1969年,采用水泥杆架设主馈线。是年,全公社28个大队通广播,各生产队装1只广播高音喇叭。

1983年,七都公社广播放大站更名为七都乡广播放大站。添置300瓦扩音机1台、550瓦扩音机1台和601磁带式录音机1台,1000瓦扩音机1台。配备通讯报道员1人,工作人员5人。广播站投入9.5万元对广播主馈线全面改造,全部采用6米以上水泥杆,架设2线旦、4线旦及3.0毫米铁丝,质量符合国家广电部部颁乙级标准。

1990年,七都乡广播放大站更名为七都乡广播电视站。1992年,七都乡广播电视站更名为七都镇广播电视站。

1997年,七都镇广播电视站迁至镇政府大楼第七层,有办公室、机房等6间,大楼底层(地下室)2间作仓库。机房设备更新,配备3000瓦扩音机立柜1台和电源、输出立柜各1台,播音室内有播音、值机控制桌。先后添置接收机、发射机及光设备等有线电视系统的机器设备。七都镇广播电视站实施有线电视"村村通"工程,边施工边开通,并与吴江市有线电视网络传播中心光缆联网,直接转播25个频道节目。1999年3月,七都镇广播电视站组建监控平台,配备监控电视机26台,每台电视机监控一个电视频道。同时,建立七都电视频道,播放录像、游动字幕和镇政府相关部门宣传节目、通知等。全镇28个行政村全部开通有线电视,共安装用户5000多户,成为苏州市"有线电视镇"。

2000年11月,七都镇广播电视站与文化站合并,建立七都镇文化广播电视服务中心(简称文广中心)。文广中心工作人员10人。配备监控电视机26台,每台电视机监控一个电视频道。增添工程汽车1辆。文广中心在镇区开通有线宽带用户30多个。2004年7月,七都文广中心更名为吴江广电网络公司七都广电网络分公司。工作人员12人。2006年,七都广电网络分公司实施有线电视"村村通"工程。2007年3月,吴江广电网络公司投资,镇政府划拨土地,在人民西路新建的七都广电网络分公司大楼建成投入使用,占地面积5000平方米,建筑面积3900平方米,工作人员14人。是年,七都镇获"苏州市特色广播镇"称号。

2008年4月,七都广电网络分公司新添光接收机、光发射机、光放大器、光分路器、机架光分路、交换机等有线电视系统的机器设备。全镇广播音响8200多只。

2015年，吴江广电网络公司七都广电网络分公司更名为江苏有线网络公司吴江分公司七都广电站，设服务营业大厅。庙港社区另设广电服务营业厅。七都广电站工作人员14人，共有缴费客户13305户，其中个人客户数13114户，单位用户191户；高清互动用户数5033端；广电宽带用户2341户。机房和设施不变，机器设备不变。开弦弓村建成可寻址广播系统，新建可寻址调频广播音柱50只，村部安装草坪音箱2只，高音喇叭2只，村部设立新型广播前端及播控设备。

1967~2015年，历任七都广电、文广、网络负责人：俞寿云、朱龙财、沈正锋。

至2015年，七都镇广电站获"苏州市户户通有线电视镇"（2007年）"苏州有线电视网络服务示范窗口"（2010年）。

二、庙港社区广电服务营业厅

1955年，庙港乡开办广播收音站，由江苏人民广播电台配发收音机，乡党委安排专人负责收听、记录重要新闻。

1967年3月，庙港公社广播放大站成立。设在公社大会堂前的2间辅助房内，建筑面积20平方米，用于安放机器设备和仓库。配备组长兼值机员和线务员各1人。7月，增加播音值机员1人。利用电话线在庙港集镇狮子桥等中心地段安装高音喇叭，集镇上几家大商店安装舌簧喇叭，由公社邮电所兼管。添置300瓦扩音机1台、550瓦扩音机1台、1000瓦自装扩音机1台，交替使用，添置磁带式录音机2台、电唱机1台和话筒等设备。

江苏有线庙港营业厅（摄于2015年）

1983年，庙港公社广播放大站更名为庙港乡广播放大站。1984年12月，更名为庙港乡广播站。是年，庙港乡广播站自筹1.6万元资金，在原址翻建三楼三底的两层楼房，建筑面积170平方米。新建28平方米的标准机房1间，设扩音、输出、电源立柜等设备，改造播音控制桌、形成初级广播播控系统。庙港乡广播站的广播主馈线杆改为水泥杆，主馈线改用3.0毫米镀锌铁丝线。

1990年10月，庙港乡广播站改为庙港乡广播电视站。1992年12月，庙港乡广播电视站更名为庙港镇广播电视站。1995年初，庙港镇广播电视站在镇机关内设1间有线电视前端机房，添置14吋（35.56厘米）彩电1台、放像机1台等。1995年10月，庙港镇区发展共用天线，分别在镇机关、农行系统安装共用天线51户。1996年3月，镇水利站在职工住宅区安装共用天线20户。4月，庙港镇广播电视站在庙港镇区和镇郊渔业村发展有线电视，安装用户300户，并与吴江有线电视台联网，接收吴江有线电视台节目共25套。1998年，庙港镇广播电视站的有线电视开始向农村延伸。轮穗村出资16万元，架设3千米光缆。是年，建成庙港镇第一个有线电视村，用户80户。

2000年11月，庙港镇广播电视站与文化站合并，成立庙港镇文化广播电视服务中心（简称文广中心）。是年起，庙港镇实施有线电视"村村通"工程。2002年4月，庙港镇文广中心迁至镇政府大楼内，三楼层面为广播电视机房、播控室、办公室、维修间等。广播机器设备有播控操作台1套、300瓦输出设备2套、广播前端设备1套等。有线电视设备有光接收设备1套、光发射设备3套，其中12毫瓦2套、6毫瓦1套、18台电视机组成的电视屏幕墙1套等。

2003年12月，庙港镇文广中心和七都镇文广中心合并，庙港镇文广中心变更为庙港社区广电服务营业厅。是年底，机房设施和机器设备无变化。有线电视用户4169户，终端4222个，有线电视"村村通"工程基本完成。

1967~2003年，庙港广电、文广负责人：范亚玲（女）、张启荣、张明远、周玉其。

第三节　影剧院

一、七都影剧院

1975年,七都大会堂建成,位于粧桥路,开会、演戏、放电影均在大会堂。1982年,公社投资20万元将大会堂改建成影剧院,占地面积2000平方米,建筑面积980平方米,舞台面积70平方米,座位1047席,35毫米放映机2台,幻灯机1台,剧场与放映队合并,工作人员7人。影剧院以放映电影为主,还有吴江锡剧团、吴江越剧团、浙江越剧团及外地歌舞团、评弹团到七都影剧院演出。1990年,乡政府投资22万元,翻建影剧院。是年,电影票房年收入10万元以上,戏剧票房年收入3.5万元。1992年,撤乡建镇,邀请上海轻音乐团及艺术明星孙启新、孙青等到七都影剧院作专场演出。1995年,电影、戏剧售票总收入约16万元。20世纪末,影剧院观众锐减,有时一场电影的观众不足百人。2000年,七都影剧院由个人承包,工作人员6人,年上缴承包费2.5万元。2001年,上缴租金2万多元。2004年起,七都影剧院业务以演出歌舞为主,电影大多为单位包场。

2015年,七都影剧院列为危房被拆除。

二、庙港影剧院

1958年,庙港公社将东岳庙改建成大会堂,开会、演戏、放电影均在大会堂。1980年,大会堂翻建为影剧院,影剧院有门楼、观众厅、后台化妆室等,总建筑面积978平方米,座位1068席,采用35毫米放映座机1台。1981年,影剧院竣工开业,工作人员5人。开业后除放映电影,还经常有戏曲、歌舞等剧团到影剧院演出。1990年,新联丝织厂庙港分厂在影剧院举办厂庆活动,邀请上海著名越剧演员戚雅仙、毕春芳登台演出。1992年12月8日,庙港撤乡建镇,在影剧院举办文艺庆祝大会,上海滑稽名演员姚慕双、周柏春到场献艺。20世纪末,影剧院观众锐减。2000年起,影剧院实行自负盈亏。

2005年,庙港影剧院列为危房被拆除。

第四节　电影放映队

1953年,吴江县电影放映队成立后,七都、庙港乡由县放映队轮流到农村放映电影。1958年,人民公社成立后,县放映队每年到每大队放映电影1~3场。

1971年,七都公社流动电影队创办,配有8.75毫米放映机2台,机动船2艘,工作人员6人。电影放映队每月轮流到大队放映故事片及数量不等的新闻记录片。平均每月每个大队放映电影1~3场,露天电影不售门票,由大队支付放映费。

1972年,庙港公社流动电影队创办,配有8.75毫米放映机1台,工作人员4人。每月下大队放映23场次,露天电影不售门票,由大队支付放映费。每次下大队放映,由轮到放映影片的大队派船接送放映组。1975年,庙港公社流动电影队配置16毫米放映机1台。

1976年,七都公社流动电影队配置16毫米放映机2台,放映效果较前期大有改善。

1982年,七都影剧院与电影放映队合并。配有35毫米放映机2台,幻灯机1台,工作人员7人。遇到放映新片、大片时,每天要放映3场次。流动电影队装备16毫米放映机,到离集镇较远的大队巡回放映露天电影。

1985年,庙港乡开弦弓村办室内电影放映点。

90年代初,彩色电视机逐渐进入百姓人家,露天电影受到冷落。

2006年,国家启动"2131"工程(即21世纪初,在广大农村1村1月放映1场电影),支持电影下乡放映,为广大村民"充电"。2007年,七都镇"2131"工程达标,流动数码电影队配有数字电影放映设备,全年放映不少于150场(双片)。2008年,七都镇露天电影覆盖率80%。

2015年,完成隐读村和丰民村两个农村电影固定放映点建设。七都镇超额完成区下达的全年放映任务,观众人数为9000多人次。

第五节 书 场

民国32年(1943),孙如云在庙港集镇开设书场,地点在盐店弄西首王姓民居,苏州青年评弹演员郑上之首档演出评弹《啼笑因缘》。民国35年,张富生在庙港集镇狮子桥西晒白场开设茶馆兼营书场,书场经营时间较长。

1958年,庙港集镇庙东街茶馆兼营书场,青年评弹演员演出《红管家》,吸引不少财会人员听书,反映极为强烈。1964年,庙东街茶馆书场由供销社主管,更名为合作书场,属集体所有,设座位300席。"文化大革命"后期吴江评弹团李天峰下乡循环演出,其时浙江德清县曲艺团的王少武(阿昆)也到农村演出,书目为《打票车》等。

1983年,庙港集体商业部门,在乡文化站的支持下,在晨光茶馆开办"群乐书场",地方宽敞,加座时可容250人听书,开业第一档节目是《狄青与包公》,苏、锡、沪著名评弹演员先后到过庙港演出,其间有刘宗英、蔡惠华双档评弹《拜月记》。书场年演出170场次,听众5100多人次。90年代初,听众逐渐减少,经营持续两年。至1993年,书场停止营业。

第六节 图书馆(室)

一、镇(乡)图书馆

1981年,七都、庙港公社文化中心成立,文化中心设有图书室。

1991年,七都乡建图书馆,建筑面积100平方米,工作人员2人,藏书1.09万册,订阅报刊96份,办理借书证622张,被命名为市(县)级万册图书馆。

1992年,庙港镇建图书馆,建筑面积100平方米,工作人员2人,藏书1.02万册,订阅报刊34份,办理借书证105张,被命名为市级万册图书馆,并连续两年被评为苏州市文明图书馆。1999

吴江区图书馆七都分馆(摄于2015年)

年,七都镇图书馆迁至粧桥路,建筑面积100平方米,工作人员3人,图书1.69万册。

2007年9月,七都镇在庙港社区建成"吴江市图书馆七都分馆",位于七都镇庙港社区成教中心三楼,建筑面积350平方米。10月初,开始运行。分馆拥有书架24个,100个阅览座位;13台电脑的电子阅览室1个,可同时接待读者120人;藏书1万多册、期刊46种。图书收藏以小说、散文类书籍为主,兼收藏一定数量的科普及其他方面的书籍。有专职图书管理员2人。每周一至周六开放,平均每周开放时间48小时以上。图书馆建成后,实现全市图书借阅联网,可以异地借还,资源共享。馆内不断完善各项管理制度,优化规范服务,尤其是信息咨询服务、科普知识宣传以及组织开展读书活动等方面已形成一定的服务特色。2008年底,吴江市图书馆七都分馆藏书新增1.6万多册,增添电脑2台,实现图书三级联网。

至2015年,吴江区图书馆七都分馆藏书4.75万册,全年借阅人数2562人,共1.01万册次,电子阅览人数2416人次,全年办理借书证116张。组织开展"书香七都·全民悦读"市民读书活动。组织开展"伴子成长"讲故事七都赛区海选,协助做好区组织的复赛和决赛。

二、农家书屋

2007年,按照吴江市"农家书屋"设置硬件标准的要求,七都镇10个行政村首先建起10个"农家书屋",每个"农家书屋"有图书1000多册,书架5个,阅览面积均超20平方米。

2008年10月,全镇22个行政村都办起"农家书屋",其中第一批为:群幸村、丰田村、隐读村、双塔桥村、望湖村、陆港村、燎烂村、庙港村、太浦闸村、开弦弓村等10个村;第二批为:东庙桥村、吴越村、菱田村、东风村、长桥村、吴溇村、沈家湾村、盛庄村、联强村、开明村、丰民村、光荣村等12个村。

2014年,开展送书下乡活动,分别向丰民村、隐读村、西漾渔业、开明村等村和部分事业单位送书5000多册。2015年,全镇26家农家书屋,共藏书3.06万册,安装电脑154台,有专职管理人员26人,农家书屋每天上午8时至下午5时为村民免费开放。

表15-1　　　　　　　　　　　　　　2015年七都镇农家书屋基本情况表

书屋所在村	管理员	图书总量(册)	电脑数量(台)	书屋所在村	管理员	图书总量(册)	电脑数量(台)
庙港村	张俊	1200	8	西漾渔业社区	顾琴莉	1100	5
东庙桥村	张晶	2000	3	陆港村	朱建华	1050	5
东风村	盛勤林	1300	5	燎烂村	盛一帆	1000	5
望湖村	邱晨涛	1150	5	盛庄村	沈晓俊	1120	7
双塔桥村	赵田	1400	7	联强村	朱威	1200	7
吴溇村	周志方	1150	6	太浦闸村	赵虹	1025	6
沈家湾村	徐寅	1120	5	开明村	黄爱香	1230	6
隐读村	谭亚妹	1080	6	开弦弓村	陈秦裔	1005	5
丰田村	沈艳	1052	6	丰民村	徐耀	1500	5
长桥村	钱丽敏	1100	5	光荣村	潘虹	1200	5
吴越村	施梦	1210	7	渔村社区	蒋敏蕾	1000	6
群幸村	张倩	1300	5	七都社区	宋林根	1100	5
菱田村	孙宾	1000	6	庙港社区	奚旭东	1000	7

三、学校图书馆(室)

(一) 七都中心小学图书馆

70年代,七都中心小学图书室藏书约500册,兼职管理人员1人。1996年起,图书室藏书逐年增多。2000年,藏书1.2万册。2008年,学校图书室、阅览室建筑面积275平方米,藏书2.8万册,专职管理人员1人。2015年,学校图书馆建筑面积275平方米,藏书室建筑面积98平方米,藏书5.9万册。学生阅览室建筑面积88.2平方米,座位48个;教师阅览室建筑面积65平方米,座位20个;电子阅览室建筑面积24平方米,座位28个。专职管理人员2人。

(二) 庙港实验小学图书馆

70年代,庙港中心小学图书室藏书约600册,兼职管理人员1人。1996年起,藏书量逐年增加。2002年8月,新校第二期工程竣工,建有图书馆,建筑面积422平方米,专职管理人员1人。2015年,学校图书馆建筑面积422平方米,藏书室建筑面积170平方米,藏书5.3万册。学生阅览室建筑面积130平方米,座位72个;教师阅览室建筑面积72平方米,座位130个;电子阅览室建筑面积50平方米,座位120个。专职管理人员2人。

(三)七都中学图书馆

70年代,七都中学图书室藏书约1000册,兼职管理人员1人。1998年,学校易地新建,建有标准化的图书馆。2008年,图书馆有藏书室1个,师生阅览室2个,可流通图书4.24万册,期刊报刊87种。专职管理人员1人。2015年,学校图书馆建筑面积507.9平方米,藏书室建筑面积240平方米,藏书4.1万册。学生阅览室建筑面积96平方米,座位96个;教师阅览室建筑面积96平方米,座位20个;电子阅览室建筑面积75.92平方米,座位100个。专职管理人员2人。

(四)庙港中学图书馆

70年代,庙港中学图书室藏书约1500册,兼职管理人员1人。1996年后,政府对学校的投入加大,逐年添置图书。2008年,学校建有综合楼1幢,建标准化图书馆,师生阅览室2个,可流通图书3.51万册,期刊报刊109种。专职管理人员1人。2015年,学校图书馆建筑面积420平方米,藏书室建筑面积240平方米,藏书3.7万册。学生阅览室建筑面积60平方米,座位40个;教师阅览室建筑面积40平方米,座位20个;电子阅览室建筑面积80平方米,座位48个。管理人员2人。

第七节 公 园

一、苏州格林乡村公园

2009年1月,格林乡村公园始建,2011年竣工,位于太浦闸村庙港大桥北堍,占地面积53.34万平方米,总投资额1.5亿元,建筑面积1.5万平方米。2011年4月28日,格林乡村公园正式开园。

公园内分为迎宾广场、格林小镇、亲子乐园、湖区、三叶草露营地、紫花牧场、有机农场、大坊村8个主题区,有项目近百项。公园是一个以自然、乡村、手工劳作、田园生活为主题的观光体验和文化创意公园。在格林乡村公园可以观赏乡村生态、体验手工劳作、享受健康美食等。景区内有格林小镇、手工村、农场、牧场、儿童花园、篝火帐篷营地及文化表演广场等景区。

苏州格林乡村公园(摄于2015年)

公园内有体验、美食、欣赏、休闲等诸多项目。还原古老乡村文化的晒谷场、汇集各地名优小吃的美食城、集结天下传统工匠的百艺街、体验手工劳作的农夫试验田、亲密接触马牛羊的牧场等体验区,提供卡丁车、跑马、射击等活动项目。手工体验的方式有现场吹制玻璃球,或烧制陶瓷碗,或绘制T恤衫等多种体验活动供挑选。

园内主体建筑位于格林小镇,以欧洲中古小镇为原型设计建造,酒屋、格林大厨房、西餐厅、乡村音乐馆、自然教室等环绕组合,形成圆形广场,汇聚公园的休憩、餐饮、聚会和表演中心等场所。格林乡村公园将文化、艺术、乡村生活和农村劳作融合为一种新的创意旅游生活方式。手工体验的方式有现场吹制一个晶莹剔透的玻璃球,或烧制一个生动的陶瓷碗儿,或绘制一件独特风格的T恤衫等多种体验活动供挑选。

二、亨通太湖湿地公园

2008年3月,亨通太湖湿地公园始建,位于七都集镇北侧太湖沿岸,第一期工程由七都湿地公园、湖光塔影和亨通公园3个项目组成,于2009年9月,第一期工程竣工。2013年,第二期工程启动,进行沿太湖岸线建设,亨通公园和湖光塔影两个湿地改造。

湿地公园是一个对外开放的公园。建成可以完全浏览示范区太湖水岸线的木栈道800米,生态园路1000米,使游人在休闲的同时还能了解有关湿地的知识,从而展示湿地生态景观。

亨通太湖湿地公园(摄于2015年)

湖光塔影由原望山湖餐舫废弃码头改造而成,在沿湖岸线新建双塔景观,双塔占地面积80平方米,两座宝塔均为七层八角宝塔,为景观塔,只能观赏不能攀登,高35.4米,每座塔底面积为21.8平方米,塔身采用苏式建筑风格,以黑白两色为主,每座塔的塔身上还有48座释迦牟尼像。双塔是根据在文化大革命时被毁的双塔桥块左右侧双塔原型按一定比例建造的。像双胞胎一样的两塔建在太湖沿岸,被人们称为"湖光塔影"。工程外围设置护栏,防止水生植物、垃圾等漂浮物入内,内部进行湿地化景观修复,丰富植被内容;古桥水道,进行闸道改造,改善水道的环境。

亨通公园区域通过对废弃的太湖游乐场地面改造,并进行景观步道改造,铺设木质步道;沿太湖堤岸,进行景观化修复,设置一些文化景观等,成为周末结伴野炊、嬉戏玩耍的好去处。将沿湖5345平方米的硬质高滩和卡丁车赛道、947平方米的混凝土建筑改建为湖滨绿地、亲水步道、望湖亭、景区入口广场等。为满足游客亲水、近水的需求,景区布置两处滨水木平台和两条简易木质亲水廊道,营造人们休闲、游憩的场所。

2015年,亨通太湖湿地公园第二期工程建设项目完成。在保护太湖湿地的生态系统基础上,有效的提升太湖岸线保护、休闲和旅游功能。其中,绿地面积近1.3万平方米。

第八节 展 馆

一、太湖蟹文化馆

七都的太湖蟹,久负盛名,在经济社会中占重要的一席之地。至2005年初,七都镇以太湖蟹为代表的水产养殖户1480户,6000多人。镇政府在推进太湖蟹生态养殖、拓宽销售渠道等方面,不断为老百姓想实招,办实事。七都镇不断完善、健全太湖蟹交易市场,举办太湖螃蟹节,在中国香港、上海等地举办太湖蟹及名特优水产品推介会,为进一步延伸产业链,提升太湖蟹知名度。七都镇政府出资30万元,将原庙港镇政府大院内的一幢三层办公楼改建成太湖蟹文化馆。为产业、市场、消费者、游客提供一个了解、熟悉太湖蟹文化的窗口。是年9月26日,太湖蟹文化馆建成开馆。

太湖蟹文化馆通过"说蟹""育蟹""捕蟹""品蟹""颂蟹"等5个篇章,共100多幅(件)图文资料、书画作品和实物,全方位展示太湖蟹这一闻名遐迩的名贵湖珍。

说蟹篇,记载太湖蟹的悠久历史,摘录古近代众多名人所写的优美诗句、楹联等,以及七都民间关于螃蟹的传奇故事。

育蟹篇,详细介绍蟹农利用太湖资源做大蟹文章的历史变迁和蟹苗经长江爬进太湖自然繁育到围网放养的育蟹过程。同时介绍太湖蟹获得的农业部无公害产地证书、全国专业部门颁发的绿色食品证书、"有机蟹"证书和打造"万顷"牌、"庙港"牌、"七都"牌、"渔港"牌、"阿四"牌等品牌的情况。

捕蟹篇,通过实物展示,对捕蟹的工具、时间、方法等进行详尽的介绍,使观众深入体会到"西风响,蟹脚痒"的真实含意。

品蟹篇,运用大量资料,系统地介绍品蟹的悠久历史。从古人的食蟹传说到今人的选蟹秘诀、食蟹工具、方法、绝招、禁忌、存蟹方法及名人食蟹趣闻等,淋漓尽致地展示出一幅幅品蟹、赏菊、饮酒的图景。

颂蟹篇,展出60多幅古今名人颂蟹书画佳作。

二、中国江村文化园

2010年4月,中国江村文化园在开弦弓村破土动工,9月竣工。占地面积1.1万平方米,建筑面积2200平方米,总投资近2000万元。10月22日,为纪念著名社会学家、人类学家费孝通100周年诞辰,举行开馆仪式。

中国江村文化园位于开弦弓村村部西侧,坐北朝南,房屋建筑以地面一层为主,局部两层,整个文化园由六个部分组成,分设主馆"费孝通江村纪念馆",两主题副馆"江村历史文化陈列馆""费达生江村陈列馆",以及费孝通广场、景观池、费孝通诗抄碑廊。文化园外有文化广场、灯光球场和停车场。费孝通江村纪念馆建筑面积800平方米,江村历史文化陈列馆建筑面积600平方米,费达生江村陈列馆建筑面积300平方米。建筑风格既有粉墙黛瓦、亭台楼阁的水乡特色,又具气派、流畅的现代气息。设计上彰显人文理念,俯视是一个"人"字形,象征费孝通是研究人类学、社会学的;又似"Z"字形,象征费字上半部分和开弦弓的"弓"。临水而建,有亲水平台走廊,充分体现费孝通脚踏实地、志在富民、躬身实践的学风以及他与江村那种难以割舍的情怀,生命与乡土结合在一起的永存。围墙采取镂空花墙,墙外种植竹子,体现费孝通的高风亮节。

中国江村文化园(摄于2015年)

文化园纪念馆在建筑类型构成上,纪念馆以堂、廊、亭、弄、院、桥等元素呈现江南建筑特点,在整体上形成一座江南水乡的庭院式建筑。

其中费孝通江村纪念馆是中国江村文化园的主馆,在文化园的孝通广场有一尊费孝通塑像。纪念馆展厅前厅中央坐落着费孝通的雕像,基座上有费孝通的生平简介,左侧的墙上投射费孝通的巨幅头像,这是由费孝通生前数千张照片合成的。馆内有费孝通各个时期活动图片148张,8个玻璃橱分别陈列四部分内容:1981~1994年,获得的英国伦敦皇家人类学会"赫胥黎奖章"奖牌、"亚洲文化大奖"奖牌、菲律宾拉蒙·麦格赛赛"社会领袖奖"奖牌;费孝通的有关"委员证书""任命书"证书;费孝通的著作《江村经济》(1943年英文版)、《云南三村》(1943年英文版)、《乡土中国》(1948年版)、《花篮瑶社会组织》(1986年版);费孝通的《政治上的启蒙》《统一繁荣求同存异》《小城镇研究十年》《脚踏实地胸怀全局》《内蒙古赤峰市初步考察汇报提纲》手稿等。置景有:纪录片,电视机滚动播放《行行重行行》;费孝通26次访问江村照片阅览电子屏;费孝通与开弦弓村村民访谈的硅胶像、三访江村时与乡村企业家的硅胶像、费孝通在人民代表大会上投票硅胶像和书房硅胶像4尊。

费孝通著作年表和费孝通书籍陈列:《费孝通文集》16卷;《费孝通全集》20卷;各种单行本30册。费孝通遗物有书橱和写字台各1个。费孝通一生坎坷,著作丰硕,在70多年学术生涯中,留下700多万文字的文化遗产,给后人留下了宝贵的社会财富。

江村历史文化纪念馆是中国江村文化园的副馆,以丰富的历史资料、实物和图片,采用光、电、声等现代科技手段和模型,由行政区划变迁、江村风俗、人间天堂、探访江村、江村风貌5个部分,展示开弦弓村的历史和社会变迁。馆内展示图片134幅,生活用具24件,农具17件,蚕丝用具3件,水乡渔具8件。1936年,开弦弓村全景模型(置景)、航船模型(置景)、开弦弓村规划模型;庙港、松陵、黎里、桃源方言录音比较;电视室滚动播放七都木偶昆曲;还有学者描写开弦弓村的图书和论文;清代同治、光绪年间(1862—1908)的清田方单;民国时期执业田单,中华人民共和国成立后土地房产证以及民国时期的开弦乡地图。

江村历史文化陈列馆还以开弦弓村出土的文物考古为依据,展示距今5000多年前先民就在这块沃土上,渔猎农耕,种桑养蚕,繁衍生息,发展生产;进入犁耕稻作时代,手工业趋于专业化,创造"男耕女织,农副相辅"的农耕文化;江村风俗淳厚,丰富多彩的民间习俗,显示江南水乡的传统风貌,反映当地乡土生活艺术和深厚的文化底蕴,表达人们的良好愿望和衷心祈求。

费达生江村陈列馆是中国江村文化园的副馆,介绍江村的蚕桑文化和中国著名蚕桑教育家、改革家费达生献身蚕丝事业的事迹。由"源远流长蚕桑史""年少志高许'桑蚕'""科技下乡办丝厂""建立蚕丝实验区""返回故里兴丝业""暮年犹怀'春蚕心'""结同心茧""手足情深"8个部分组成。陈列馆展示图片97幅,置景费达生(硅胶像)在合作丝厂车间。馆内展示的费达生生前用过的物品,有床、橱柜、沙发、椅子、拐杖、工作证、笔记本和20年代初去日本时购买的皮箱。还有费达生100岁时,费孝通为姐姐的题词:"忠诚待人,勤俭自持,无私忘我,乐在其中。"

第九节 老太庙文化广场

一、概况

邱老太庙坐落在汤家扇港与老太庙港之间,建于元至正四年(1344),该庙颇具规模,当年为前后三进式建筑,第一进,东首马坊,养有白马1匹,西侧船舫,有木船1艘,中间甬道。第二进,大殿,正堂供邱老太神像,旁边供各路神像。大殿东南有一很大的天井,长有一雌一雄2棵高大的古银杏树,枝繁叶茂,遮天盖地,不同凡响,至今还存有其中1棵。第三进,夫人殿,供邱老太夫人和少夫人等。天井东南侧建有戏台,飞檐翘角,古朴典雅。在戏台正面东、西两柱上有明代举人赵鸣阳的一副对联,上联是:做出,真如是假如是世事从来如是;下联是:看到,这期间那期间人情亦在其间。

至民国年间,邱老太庙保持着原有的规模和风貌。当年前后三进式建筑,天井、戏台、神像等保存完好。

1958年,邱老太庙和戏台被拆除,仅剩1棵古银杏树。80年代初期,民间自发在古银杏旁集资重建三间"人字梁"简陋的小庙堂,一直以来,烧香许愿的信众络绎不绝。

2011年8月22日,七都镇政府接到庙港地区部分群众要求恢复老太庙,为信众提供合法场所诉求的人民来信,及时收集社情民意并会同有关部门提出初步意见。8月31日,镇统战部门将恢复重建老太庙的意见向吴江市民族宗教事务局作汇报。9月20日,吴江市民族宗教事务局到现场实地调研,依据相关法律法规,明确法规导向,重建老太庙只能在原庙址处恢复重建。事后,国学大师、太湖大学堂校长南怀瑾亲笔题写"老太庙"的名字,并委派国际知名建筑大师登琨艳为老太庙文化广场做义务建筑规划设计。

2012年3月9日,七都镇第十六届人民代表大会第一次会议,将"老太庙文化广场"建设列入年内民生实事工程。4月,经吴江市发展和改革委员会审核同意,项目确定为"七都镇老太庙文化广场",项目总投资4000万元,资金来源为社会捐助。9月4日,在原老太庙遗址开工建设。工程分三期进行,将成为儒、释、道文化的综合展示平台。占地面积1.2万平方米。老太庙文化广场由老太庙、怀轩、南京大学群学书院、太湖大讲堂和古戏台等主要建筑组成。其中,太湖大讲堂位于老太庙文化广场西北侧,为"太湖国学"讲坛的固定会场;群学书院承办相应的公益讲座、论坛、培训、展览及小型演出活动,面向企事业单位组织举办各种形式的专业课程、会议、研讨、文化沙龙等活动;怀轩主要开展南师生平教化有关资料的编辑、整理及其文化传承、推广等工作。

老太庙(摄于2015年)

2015年9月29日,老太庙文化广场正式落成。恢复重建后的老太庙东临老太庙河,西毗汤家扇港,南界东联圩河(南),在庙港村2组地界。巧妙的是,庙院主建筑正好夹在两港之间,港中有庙,庙中有港,正呼应"庙港"地名。建筑结构仍为三进式,另有偏房数间。

第一进为德泽殿,殿内供奉邱老太爷、公子、少公子三尊菩萨。殿门上方"德泽殿"三字由中国佛教协会副会长、江苏省佛教协会会长、焦山定慧寺方丈、金山江天禅寺方丈心澄法师所题。

殿内有邱老太作法施恩的两件宝物:小木船和白马(仿制品)。

德泽殿前外抱柱楹联:"德施万顷,扬帆划橹救渔子;泽润八方,祛病除瘟济众生"。由陈志强撰联,中国书法家协会会员孙悦良书写。德泽殿门柱楹联:"望太湖长空,橐龠名利过天地;识庙港微色,同丘吴越住乾坤"。由唐继华撰联。

第二进为大雄宝殿,是一座佛教殿堂。大殿中间是释迦牟尼佛,释迦牟尼的左边是阿难尊者,右边是迦叶尊者。

在大殿的后面,供着一座观音佛像。在观世音菩萨的两边供有普贤菩萨佛像和文殊菩萨佛像。

大雄宝殿中还有十八罗汉佛像,分列东、西两排,东排自右到左分别是宾头卢尊者、注荼半托迦尊者、伐那婆斯尊者、那迦犀那尊者、半托迦尊者、伐奢罗佛多尊者、跋陀罗尊者、苏频陀尊者、迦诺伐蹉尊者;西排自左到右分别是庆友尊者、阿氏多尊者、因揭陀尊者、罗怙罗尊者、戍博迦尊者、迦理迦尊者、诺矩罗尊者、迦诺迦跋厘惰奢尊者、宾罗跋罗多尊者。

第三进为善贤殿,供有吴文化鼻祖吴泰伯、仲雍和季札为代表的重要圣贤人物神像。

二、七都孝贤评选

"七都孝贤"评选活动旨在挖掘生活、家庭、情感中和和美美的行为,体现七都传统美德、家庭美德和良好社会风尚的典型。评选标准是尊老爱幼、贤慧善良、家庭温馨和美;行为举止崇孝贤,重和谐;情感表现感动人,富有感召力、影响力大。

2012年4~5月,在全镇开展"七都孝贤"、孝媳妇、好婆婆评选标准的宣传活动。各村(社区)根据实际情况,在辖区范围内进行宣传发动,采取多种形式进行宣传各类评选标准,形成"相互夸、相互比、相互评"的争创氛围。6月,各村(社区)推荐"七都孝贤"1人,填写好候选人推荐表,加盖单位公章,提供500字左右事迹材料,于6月30日前报送至评选活动组委会办公室。镇评审委员会根据被推荐的具体情况,确定"七都孝贤"名单,并进行公示。

2012年9月4日,老太庙文化广场奠基开工仪式上,经过层层推选、考察、评比产生首届8名"七都孝贤"进行表彰,对"七都孝贤"事迹进行巡回宣传,扩大孝贤人物的影响。

2013~2014年,结合老太庙文化广场二期、三期开工建设,评选第二届、第三届"七都孝贤"各8人。这是现代七都特有的"新二十四孝"。这些孝贤人物事迹除媒体宣传,还编入"太湖国学讲坛"书系的《明月依旧》《孝行天下》之中。

七都镇评选出24名"七都孝贤",他们孝亲敬老,从孝顺父母的"小孝",进而到团结同事的"中孝",最后达到在全社会孝行天下的"大孝",是优秀传统文化的瑰宝,体现社会主义核心价值观体系的要求。

表15-2　　　　　　　　2012~2014年七都镇评选的七都孝贤情况表

姓名	性别	出生年	所在地	主要事迹
张云泉	男	1965	联强村	10年如一日细心照顾脑溢血瘫痪在床的父亲。
吴金英	女	1968	盛庄村	作为长媳,以身作则,以孝、贤维护一家8口大家庭和睦关系。
赵娟勤	女	1973	太浦闸村	既处理好工厂事务,又照顾生病婆婆,料理所有家务。
李彩娥	女	1961	七都社区	无微不至地侍奉70多岁公婆和患老年痴呆的母亲。
李长敏	女	1979	望湖村	任劳任怨,照顾股骨头坏死的公公和患尿毒症的丈夫。
孙永妹	女	1971	群幸村	陪丈夫去北京治病,尽心地服侍病倒的父亲、公公和丈夫。
朱阿林	男	1955	东庙桥村	和妻子12年如一日服侍突患脑梗塞导致半身瘫痪的母亲。
沈金根	男	1969	盛庄村	服侍、照顾患鼻癌的孤老叔叔和年迈的母亲。
许金妹	女	1959	东庙桥村	精心服侍胃癌晚期的公公和患多种疾病婆婆。
刘春云	男	1956	庙港社区	悉心照顾肺癌的妻子、中风瘫痪的父亲和双目失明的母亲。
潘泉林	男	1958	庙港村	请假在家亲自照顾生病的养父母,端茶喂饭、洗脸洗脚。
张海龙	男	1954	丰田村	坚持每天为年老体弱的母亲清洗、按摩,保持血脉通畅。
钱娜宝	女	1946	光荣村	照顾患精神病的丈夫、婆婆,抚养儿子成人。
贡长生	男	1944	陆港村	全家四代同堂,他持家有道、孝敬老人、家庭和睦、团结邻里。
张兴龙	男	1949	丰田村	照顾中风瘫痪的老母和瘫痪30多年弟弟,事无巨细,亲力亲为。
邱才英	女	1953	长桥村	悉心照料卧床不起的公公和全身瘫痪的婆婆,孝敬始终如一。
田付根	男	1957	沈家湾村	无怨无悔服侍中风瘫痪的父亲和心脏不好、血压高的母亲。
沈娥英	女	1951	吴溇村	把中风卧床20多年的养母带在身边,不分昼夜地照顾。
宋群美	女	1975	西漾社区	照顾年迈公婆和上学的儿子,任劳任怨,不离不弃。
吴延令	男	1977	开明村	女友患慢性肾炎离世后,将准岳父母当作亲爹娘对待。
李惠珍	女	1960	隐读村	精心照料患抑郁性精神病的丈夫32年和中风的公公。
黄卫萍	女	1966	七都社区	筹钱为患颈内交通动脉瘤、脑梗的婆婆治病,精心照料。
顾惠芳	女	1969	吴越村	23年如一日孝顺婆婆、尊重丈夫、团结帮助妯娌、尊老爱幼。
沈明玉	男	1965	望湖村	陪伴生活不能自理的母亲,并照顾村上一孤老。

第十节　书　店

一、庙港新华书店

1959年,庙港供销部开办新华书店代销柜,附设在棉百部柜台,营业员1人。新华书店代销柜配合公社中心工作,做好图书发行。为群众购书提供方便,营业员经常送书下乡,把图书送到离镇较远的大队。1961 年,成为县新华书店代销点之一,营业员 2~3 人。中共十一届三中全会后,广大群众对精神食粮的需求增大,书刊的发售量逐年增加。1995 年,庙港新华书店迁至庙东街营业。1996 年,新华书店迁至庙港中心商场内,设一个柜台,出售《农村实用手册》《家蚕饲养》等科技书籍,发行学校的教科书。1998 年,新华书店营业额不断下降而停业。

二、七都新华书店

1978 年,七都新华书店在吴溇西街的百货商店内附设一个柜台,为县新华书店代销学生课本、簿本、科技书籍和纸张笔墨等,重点工作是配合政府发行政治学习资料和学校的课本、簿本。1996 年后,个人书店、书屋陆续开办,业务量锐减,增设餐具销售业务。1998 年,售书业务不断下降而停业。

三、个体书店

(一)庙港建芳书店

1997 年,沈建芳在庙港镇庙东街开设吴江市庙港建芳日用百货店,经营图书、文具、百货等。2000 年,庙港建芳日用百货店更名为庙港建芳书店,书店 3 开间门面,营业厅面积 84 平方米,经销书籍的种类较广泛,有文化艺术、思想学术、工具书籍及中小学生复习资料等,并兼营文具用品。2015 年起,增设吴江作家作品专柜,在 4 月 23 日读书节和六一儿童节等节日,参与送书、义卖、捐助贫困学生活动。年营业额 50 万元左右。

(二)七都聚鑫教育书店

2012 年 8 月,张剑在七都镇吴溇路 1742 号开办七都聚鑫教育书店,两开间门面两层楼,营业厅面积 248 平方米。书店主要经销高中、初中、小学生辅导教材。另销售中外小说、名著、少年儿童读物等书籍。

至 2015 年,七都镇个体书店主要经销中小学生辅导用书。

第二章 文物古迹

至 2015 年,七都镇有全国重点文物保护单位 1 处,江苏省文物保护单位 2 处,苏州市文物保护单位 3 处,苏州市文物控制单位 22 处,全国第三次文物普查点 19 个。

第一节 古村落

一、陆家港

陆家港古村位于陆港村东部,东起养鹅浜,南至横港,西起双板港,北濒太湖。老街东起养鹅浜,西经甫里桥至铁家浜南"麻皮行",街长近 100 米,其中甫里桥以东段为 50 多米,甫里桥以西段为 40 多米;东段宽 3 米,西段宽不足 2 米,路面为弹石。1984 年,改为水泥路面。

陆家港在唐代时已成村落。老街东首的养鹅浜,相传晚唐诗人陆龟蒙曾在此隐居养鹅而得名。自明代起,陆家港形成街肆,鱼摊、肉铺、茶馆数家。至清代,商业逐渐兴起。民国时期,商业进一步发展,形成肉铺、鱼摊、茶馆、糖果茶食、酒酱、豆制品、小百货、烟杂、理发等行业,其中,施家、庄家、曹家、吴家等大户开的商铺近 20 家。中华人民共和国成立前夕,有米行、药店、布店、饭馆、百货店、缝纫店、铁匠铺各 1 家,鱼行、肉店各 2 家,茶馆 3 家,杂货店 6 家。1957 年,大儒乡成立,乡政府设在陆家港,老街商业进入鼎盛时期,共有50多家商店。1958年9月,庙港人民公社成立,大儒乡被撤并,老街逐渐萎缩。

陆家港老街商铺民居面街枕河,留有河埠、廊棚、水阁等具有古朴气息的建筑物。所存的甫里桥,系吴江市文物控制单位,为当地人纪念陆龟蒙而建(陆龟蒙别号"甫里先生")。初建年代,无考。现存之桥为清宣统三年(1911),重建,梁式单孔。桥身上镌有一副对联:"万顷具区留禹迹,陆家甫里忆唐贤"。

陆家港(摄于2015年)

老街南侧存有庄宅及施家门楼等古建筑。庄宅,建于清末,坐北面南,有两路,各存一进。东路面阔三间13米,进深9米,两边为厢楼;西路面阔三间9.3米,进深6.8米。施宅门楼,建于清乾隆年间,坐北朝南。门楼所在的施宅原有三进,现剩中间一进,为二间楼房,硬山顶,面阔7.4米,进深7.8米。门楼处在东间北墙,面北而立,高4.4米,宽2.73米,遍布精美的雕刻,上层中间为牡丹、菊花及鹊、鹿,两边为"寿"字花纹;中层中间为门额"积厚流光",两边为"和合童子"和"将军坐帐";下层刻有如意花纹及福、寿、禄,两角为喜鹊,两边下垂莲花桩。

至2015年,陆家港老街、石驳岸、养鹅浜周边环境得到修建和整治,河道得到疏浚。

二、隐读村

隐读村位于在七都太湖边的最西端,东与沈家湾村接壤,南为丰田村,西北与浙江省湖州织里的乔溇村交界,北为吴溇村。原名因渎村。

清乾隆《震泽县志》载:"因渎巡检司,旧在本村。宋时建,元因之(沿袭)。明洪武四年,巡检谢敬移置吴溇村,后革。"

《儒林六都志》载:"吴驸马第,在因渎东村往字圩。驸马名莫考,号瑞宇,至今村人祀之,称因渎神主。宋高宗时尚公主,高宗幸上林观梅,因幸其第。至今有天到桥,乡人犹艳称之。"证实因渎村在北宋时存在。

隐读村(摄于2015年)

隐读村人崇尚文化,读书之人颇多。《儒林六都志》载:"因渎耍帆"被定为"新定六都八景"之一,古人金莱有诗:"疏落不多屋,沼溪长苇萧。碧云千树暮,野水一帆遥。村古人看竹,风清犊过桥。两峰时出没,望里翠迢迢。"清末,村上有一条约500米长街,贯穿村东、西。商摊、店铺、酒坊、染坊、茶馆、酒肆一应俱全,村东、西两端各有典当铺1家。隐读村货物萃聚、商贾云集,航道四通八达,隐读村有往返于南浔、震泽、湖州、苏州、上海等地的航船。

民国初年,日晖桥西开设茧行,烧酒行,店号"泰和利",业主是叶港的皇甫少卿。集镇上有鱼行、肉铺、茶馆和杂货店等。中华人民共和国成立初,店垛上(自然村)尚有合兴店、王再希洋货店、邱隆昌烟杂粮油店、恒心昌商店、沈元昌烟杂店、陈天仁国药店、吴金荣寿器店、金和尚银匠店、永泰鱼行、洽泰肉店、俞四洪鱼行、吴云福茶馆、吴文化竹器店、汪云才大饼油条店、韦同顺烟杂店、六一染店、曹阿火豆腐店、宋阿连豆腐店、于阿三理发店、邵龙根理发店、邵阿根理发店。民国6年(1917),因渎村重建日晖桥,桥联有"风景咸宜村里历来多隐读"的记载。因"隐读"与"因渎"谐音,村民渐将"因渎村"易名为"隐读村"。

1950年2月,七都小乡驻地隐读村。至1956年2月,隐读村是七都乡(小乡)政府所在地,并乡后市面渐趋冷落。1958年,七都人民公社成立后,为群丰大队驻地。1983年,恢复乡村建制后,为勤丰村村民委员会驻地。随着乡村工业的发展,隐读村的市面又渐趋繁荣,早市有茶馆、小吃店、小菜场,有1家供销社双代店,内有百货烟酒糖果柜台,也有个体摊贩。1984年,修建乡道可达吴溇。2001年,建勤村与勤丰村合并成隐读村。

2015年底,隐读村1.5千米的店埭港(门前港)上有朝阳桥、向阳桥、宏木桥等7座小桥,河水清澈,两岸屋舍鳞次栉比,小桥流水人家,风貌依然独好。

三、双荡兜

双荡兜,因有东西两浜兜而得名,在吴越村西部,东与群幸村毗邻,南隔横古塘与浙江省相望,西与东庙桥村接壤,北与长桥村相连。

民国初,因双荡兜村地处江、浙两省交界偏僻之地,江、浙富民多有避战乱择居此小村,渐成富绅聚居之地。主要交通为水路,由虹呈港通横古塘到浙江南浔。双荡兜村旁有一个面积约8000平方米的荡面漾,延伸到两浜兜的入口处上架有一座石桥,名永昌桥,为吴江市文物控制单位,初建无考,现存之桥于民国7年(1918)重建。村上原有一座岳庙,供奉的是岳王大帝,前有拜佛大厅,后有憩息小楼。庙里和尚大都来自七都农村,最多时有20多人,其收入主要靠香客供奉,有时也会帮有钱人家做点法事赚点钱。

双荡兜(摄于2015年)

中华人民共和国成立后,七都供销社利用没收地主的房产在双荡兜开设供销分社和下伸店,村上有老中医施家昌开的中药铺。1956年3月,双荡兜为七都乡(中乡)政府驻地。50年代,东岳庙作粮库,小楼被拆除,平房改为学校。

1968年后,相继办起缫丝厂、丝织厂、玻璃钢厂等企业,商业也逐步发展,有五金店、布店、豆腐坊、肉店、小吃店、铁匠店、理发店等,还有农贸市场、蔬菜公司和食品站的收购点等。1985年,双荡兜成为七都南片的经济中心。1995年后,市场迁至大其仁,成为南片综合市场,陆路交通也得到发展,有吴越大道贯穿其中,直通318国道。

四、五界亭

五界亭村是陆港村西边的一个自然村,古时是五六两都、东西儒林、南北太湖、东西太湖的分界地。现北濒太湖,西起丁家港与大家港为邻,东与倪家港毗邻。

五界亭港入太湖口如今已淤塞,有条横港,东接塘桥浜、倪家港,向南与洪臼河水合流,村南另一条横港把倪家港、洪臼河和西边的丁家港贯通。三纵两横,五条河交织成四通八达的水系。

旧时,五界亭村湖塘路旁有一凉亭,供乡民、客商歇脚休息。人们给这个亭子取名五界亭。亭

五界亭(摄于2015年)

内矗一石碑,碑上书:文官下轿,武官下马,以示尊崇。亭子既是警示通告,为警示牌,又是五界的界碑,故名五界亭。亭旁的港叫五界亭港,港旁的村庄叫五界亭村。

《儒林六都志》记载:"东北以五界亭为界,与本县五都为邻,五界亭港河西属六都,河东属五

都。"吴江南太湖一带称为"儒林里"。以五界亭村塘桥为界,桥东为东儒林,桥西为西儒林,塘桥南侧有一桥联,是为:"儒林东西分限界;笠泽南北砥中流。"上联证明该桥是东西儒林的界桥,下联指出儒林塘桥是南北太湖的分水岭。

村上存古桥兴隆桥,建于清道光十六年(1836),跨五界亭港。

在抗日战争时期,太湖游击队一支小部队完成掩护任务后,被困东交嘴芦苇荡中,他们利用夜色从五界亭太湖口涉水突围,登上南岸,与溇港地区的太湖抗日义勇军胜利会合。

据笠泽施氏家谱不完全记载,五界亭东自宋代起,官位为一品的有5人。近现代,五界亭也出了不少人才。像著名甘薯(俗称山芋)科学家盛家廉,生于该村,他是最早在中国采用短日结合嫁接诱导甘薯开花,开创有性杂交育种工作,为中国甘薯生产发展和科技事业做出了重要贡献。

第二节 古宅 古桥

一、古宅

(一) 吴溇孙宅

吴溇孙宅,亦名畲新堂,位于吴溇港港东。建于清代。宅主孙氏为吴溇望族。清嘉庆十九年(1814),《吴溇孙氏家谱》载,宋末元初孙氏第十二代的孙元绶由浙江长兴泗安迁至吴溇,"因向有庄于此,而寓居焉,名庄桥孙,是为吴溇孙氏始祖。"据孙氏后辈称,孙宅建于清嘉庆年间,距今约有200多年。

孙宅坐北朝南,现存三进。第一进面阔三间9.5米,进深5米。第二进大厅面阔三间12.3米,进深10.8米,纵头脊,九路,前架有飞椽及海棠轩,落地长窗,梁上刻有人物、花卉图案。第一进与第二进之间有一砖雕门楼,门额南向为"遹求厥宁",北向为"燕翼贻谋",门楼上面刻有各种寿字和如意花枝。第三进为两层楼房,面阔12.3米,进深8.3米,天井两边为厢楼。第二进和第三进的西边有下房10间。2008年12月,吴溇孙宅列为吴江市文物保护单位。

(二) 陆家港施宅

陆家港施宅,位于七都镇陆港村陆家港东南首,建于清乾隆年间,民国时修建墙体。该宅坐北朝南,原有三进,现剩中间一进,为二开间楼房,硬山顶,面阔7.4米,进深7.8米。该宅在东间北墙砌一砖雕门楼,高4.4米,宽2.73米。门楼雕刻分为三层,上层花板中间为牡丹、菊花及鹊、鹿,两边为寿字花纹图;中层中间门额为"积厚流光",两边是"和合童子"和"将军坐帐";下层为如意花纹及福、寿、禄,下两角为喜鹊,两边下垂莲花桩。该门楼雕刻工艺颇为精细。陆家港施宅尚未核定为文物保护单位。被列为全国第三次文物普查点。

(三) 陆家港庄宅

庄宅位于陆港村陆家港港东,坐北朝南。共两路,现各存一进楼房。东路面阔三间13米,进深9米,天井两边为厢楼(现西厢楼已改建为平房);西路原第一进已翻建成平房,第二进楼房,面阔三间9.3米,进深6.8米。天井两侧为厢楼,西路东北墙与东路西北小天井北有一平房为两路的通道。庄宅建于清末。尚未核定为文物保护单位。被列为全国第三次文物普查点。

(四) 西溪庙港邱宅

西溪庙港邱宅位于燎烂村西溪庙港东岸,坐北朝南,三进,均硬山顶。第一进门房,面阔五间17.2米,进深6.3米。第二进大厅,面阔五间17.2米,进深7.3米。中间屏封门尚在,原落地长窗已毁。第三进为楼房,天井两边为厢楼。第二进与第三进之间有一门楼,上有砖雕,门额为"竹苞松茂"四字。第三进天井西边有两间下房。邱宅建于清康熙年间,尚未核定为文物保护单位。被列为全国第三次文物普查点。

二、古桥

(一) 东庙桥

东庙桥位于东庙桥村,跨东庙桥港,东西走向。建于南宋绍定年间(1228~1233),梁式三孔,桥长21.5米,宽2.75米,高4.3米,中孔跨度4.6米,东西次孔跨度各4.4米。全桥除民国年间增置花岗石石栏、望柱外,其余均由初建时的武康石构筑,完好无损。该桥底盘石和排柱浑厚稳重,排柱与横系石平接严密,受力匀称。三孔桥面架设6根石梁,石梁间铺置石板。每根石梁两端均为31厘米,中间增厚至51厘米,外侧均凿成弧形,可承受更大压力,减少受拉力,而且使整个桥面略成拱形,造型美观。石梁之下的长系石上尚有4个直径18厘米的半月形孔,此为建桥时安置托木所用。桥中孔石梁中间刻有"绍定"两字,系南宋宋理宗年号。次孔石梁边端分别镌刻四朵形状各异的如意云,为"八宝纹"之一,寓意吉祥。桥两端石级右侧各浇筑一条水泥自行车道。1986年,东庙桥被列为吴江县文物保护单位;1995年4月,列为江苏省文物保护单位;2013年3月5日,列为全国文物保护单位。

(二) 洪恩桥

洪恩桥俗名环桥,位于望湖村,跨张港。据桥拱券题刻载,明成化六年(1470),由当地皇甫等姓25户人家捐银72两建造。单孔石拱桥,东西走向。全长13.3米,顶宽2.24米,堍宽2.5米,矢高3.05米,跨径5.6米。金刚墙、拱券为青石(明代,江南一带常用青石造桥,石材为青石系明代桥梁的一大特征),石级大多为花岗石。拱券采用分节并列法砌置,每道券石之间用榫卯相接,上下错缝,券石横向则用"铁扁担"或腰铁连接,以增强券石之间的整体性。券面共有两处募缘建桥名单题刻。桥南北两侧各有两只"桥耳朵"(系石),在其端面均雕"吸水兽"图案,为宽鼻、突眼、阔嘴,额旁生角,腮边有爪,上部阴刻眼圈,两侧刻双耳,阔嘴以弧线勾划,弧线下以小三角表示牙齿,额上刻曲线须毛,腮边则有两爪,为传说中的龙子之一,让其俯首向下,正视河心,寓意欲使流水恬静安宁,不让妖孽兴风作浪,表达人们辟邪禳灾、安居乐业的愿望,对桥梁也起到艺术装饰作用。洪恩桥的桥基没有采用常见的木桩基和多层水盘石,而是将底盘石和桥墩脚直接筑在地基上,地基上纵横相向铺设一层长条青石,桥台砌筑在这青石之上,这与当地特有的土质有关。七都沿太湖一带的土壤为小粉土,土壤呈颗粒状,细腻板结。洪恩桥正是利用这种土壤作为天然桥基,省工省料,保证质量。1986年7月1日,洪恩桥列为吴江县文物保护单位。1990年11月至1991年1月,由江苏省出资修缮,故保存完好。2011年,洪恩桥列为江苏省文物保护单位。

(三) 广福桥

广福桥位于隐读村,其西堍为浙江湖州地带,跨胡溇港,东西走向,单孔石拱桥。元至正十四年(1354)始建。明正统十四年(1449)重修。明嘉靖十六年(1537)重建。明天启元年(1621),由江苏吴江县和浙江乌程县合建,从桥面上题刻中可知,当时有95人捐银99两4钱。清代,广福桥重修。桥面及石级、拱券锁石、桥北侧明柱、西桥台下天盘石为武康石,金刚墙、拱券为青石,桥南侧明柱、东桥台下天盘石为花岗石。桥长17.4米,堍宽2.64米,顶宽2.34米,跨度6.92米,矢高3.17米。拱券采用分节并列和纵联分节并列两种方法砌置,具有由明代向清代过渡的时代特征。这是吴江全区所有古桥中绝无仅有。全桥共有8处题刻,除捐银题记,还有刻在拱券石上莲花图案,尖角嫩叶、含苞待放的莲花图案,除佛教含义外,还表达古人祈求生殖繁盛的愿望。现桥已无人行走,保存完好,桥堍绿树成荫,青草遍地,成为自然风光。1986年7月,广福桥被列为吴江县文物保护单位;2011年,列为江苏省文物保护单位。

（四）双塔桥

双塔桥位于双塔桥村与震泽镇贯桥村交界处,跨横路港,桥南侧是稽五漾,桥北侧是倪家漾。明洪武年间(1368～1398)始建,在水中小洲东西各建一拱形三孔桥,名双石桥,后在两桥堍镇以石塔,故名双塔桥。明万历七年(1579),董份重修。清康熙年间(1662～1722),两桥俱圮。清雍正七年(1729),里人盛宣令、邱美中募捐重建。东侧的一座为拱形三孔,西侧的一座改为梁式。清光绪二十七年(1901)重修,保持雍正时的形制。桥堍两塔毁于"文化大革命"时期。

该桥拱形三孔,东西走向,全长34.3米,中宽3.4米,堍宽3.7米,中孔矢高5米,跨径9.1米,两边跨径均4米。桥面两侧筑有护栏,高0.5米,宽0.2米,东西踏步均28级,级宽0.46米,级高0.12米。桥主要构件为花岗石。桥面及两桥台杂有武康石和青石。拱券采用纵联分节并列砌置。桥顶立有4根望柱,雕有2对石狮子,每对居左为雄狮,右前足踏一个鞠,俗称"狮子滚绣球",象征权力;居右的是雌狮,左前足踏着一只小狮子,俗称"太师少帅",象征子嗣昌盛。

桥身两侧各镌有两副对联。南向主拱联为"是吴中第一津梁,揽太湖三万六千顷;问劫后重修岁月,维光绪二十有七年"。北向主拱联为"水从天目来源,导江入湖皆夏禹王力;塔跨桥头分峙,齐云曜日昉明洪武时"。南向副联为"唯上上田,农桑兴大利;活泼泼地,兰若宛中央"。北向副联为"遥对莫厘峰,别饶胜境;滨临稽五漾,时听渔歌"。

80年代,电影《杜十娘》摄制组将这里作为外景拍摄地之一。2014年7月,双塔桥列为苏州市文物保护单位。

（五）博士桥

博士桥位于吴越村,东西走向,跨双荡港。始建无考,清光绪二十九年(1903)重建。梁式单孔桥,全长17.95米,宽1.74米,孔高3.5米,跨度5.5米。桥面由两块巨大浑厚的花岗石铺就,金刚墙为青石,余为花岗石构筑。两端金刚墙下方各有一方形泄水孔,洪涝时可加大泄水流量,并减轻流水对桥的冲击力度。西桥台及桥面保存完好,现东桥台南侧生出一树,上部石级拱起,下部石级无,用水泥板代替。因年久失修,东桥台南侧已严重坍损。桥身两侧各有一副楹联。南向为"叠石为梁,咸占利涉,回波作镜,共庆清流"。北向为"源溯五湖穷北达,水经双荡绕南行"。1994年7月,博士桥列为吴江市文物控制单位。

（六）甪里桥

甪里桥亦称陆港桥,位于陆港村。东西走向,跨陆家港,始建无考。清宣统三年(1911)重建。梁式单孔石桥,东西走向。全长9米,宽1.8米,孔高2.9米,跨度3.4米。金刚墙基本为青石,余为花岗石。桥身南向桥联为"万顷具区留禹迹,陆家甪里忆唐贤"。晚唐诗人陆龟蒙,号甪里,一度隐居陆家港。对当地的蚕桑生产和渔业生产的繁荣景象很欣赏,曾留有"处处倚蚕箔,家家下渔筌"的诗句。人们为怀念诗人,故将陆港桥命名为"甪里桥"。80年代,此桥是村民往来之交通要道,为便于车辆行驶,桥面与石级已铺浇水泥而改为平桥,桥上增设水泥栏杆。1994年7月,甪里桥列为吴江市文物控制单位。

（七）大善塘桥

大善塘桥位于吴越村前浜兜,东西走向,跨大善港,初建无考。民国15年(1926)重建。三孔石梁桥,西桥台金刚墙一半为青石,一半为花岗石,余为花岗石。桥长27米,中宽1.6米,中孔跨度6.6米,高3.7米。中孔南向桥联为"全仗大慈悲,快观临河利涉;一般善男女,争看题柱往来"。1994年7月,大善塘桥列为吴江市文物控制单位。

（八）倪家港利济桥

利济桥位于陆港村,东西走向,跨倪家港。始建无考。清光绪二十七年(1901)重建。单孔石拱桥,全长13.5米,中宽2米,堍宽2.4米,矢高2.7米,跨径3.8米。拱券、石级、桥面为花岗石,余为青石。拱券以纵联分节并列法砌置。利济桥因年久失修,桥上杂树丛生,桥面略有残损,现已不通行。1994年7月,倪家港利济桥列为吴江市文物控制单位。

(九) 张公桥

张公桥位于庙港村与盛庄村交界处,东西走向,跨张家港,初建不详,民国23年(1934),重建,单孔石拱桥,花岗石砌筑,拱券以纵联并列法砌置,桥长13.4米,中宽2.33米,跨度4.15米,高2.3米。在桥北侧两桥台面外各有一个用花岗石、青石累砌的平台,两个平台相距同跨度,高约1.97米,沿河面宽约2.34米,中偏北有一块花岗石竖条石,中开一条竖槽,是闸门轨道,平台上插压闸门横木的小竖石已不存。桥联为"一溪烟水环虹影,两岸人家尽钓徒""赤脚张三,威名震湖上;劫富济贫,恩泽布四方""南来北往,舟楫通三州;安居乐业,百姓颂千秋"。1994年7月29日,张公桥列为吴江市文物控制单位。

(十) 永昌桥

永昌桥位于吴越村,东西走向,跨双荡港,始建不详,民国7年(1918)重建。三孔石梁桥,花岗石建筑,桥长21米,中宽2米,中跨5.2米,高3.3米。桥南北向桥柱上各有楹联1副,南向为"行便七都,咸歌永乐;流通九曲,共庆昌平"。北向为"浪静无声,虹腰入画;河清可俟,雁齿重新"。1994年7月,永昌桥列为吴江市文物控制单位。

(十一) 北盛桥

北盛桥位于盛庄村,东西走向,跨南盛港,始建不详。清光绪三十二年(1906)重建。单孔石拱桥。金刚墙为青石,拱券杂有青石,余为花岗石,拱券采用纵联分节并列法砌置,桥长8米,中宽1.9米,跨度3.5米,高2.5米。在桥北侧西桥台外各有一个用青石累砌的平台,两个平台相距同跨度,高2.23米,临河面宽约2.45米,中有一块竖立的花岗石,开一条竖槽,为闸门轨道;平台上原有插压闸门横木的小竖石已不存。桥南侧桥联为:"丙祚万年迎渡友,午潮千顷挹湖光"。1994年7月,北盛桥列为吴江市文物控制单位。

(十二) 白浦港利济桥

白浦港利济桥位于太浦闸村,单孔石梁桥,东西走向,跨白浦港,初建无考。民国29年(1940)重建。单孔石梁桥,金刚墙多为青石,余为花岗石,桥长9.4米,中宽2米,跨度2.8米,高3.2米。南向东桥台花岗石上刻有"里人公议在桥上禁止敲麻版",桥南北各有桥联一副,南向为"白蘋浦畔沿村路,绿树阴中卧石梁",北向为"湖山灵秀钟千古,道路迂回架两堤"。1994年7月,白浦港利济桥列为吴江市文物控制单位。

(十三) 儒林塘桥

儒林塘桥位于陆港村,东西走向,跨五界亭港,宋嘉泰二年(1202),始建。明宣德十年(1435),重建。嘉靖三十年(1551)再建。民国35年(1946),孟冬重建,水闸清末(1911)所建。单孔石梁桥,基本上为花岗石构筑,杂有少量青石构筑。桥长12.5米,中宽2.05米,跨度2.9米,高2.6米。在桥北侧两桥台外各有一个用青石、花岗石累砌的平台,两个平台相距约宽余跨度,高1.91米,临河面宽91厘米,在紧靠排柱边有一块竖立的花岗石,中开一条竖槽,为闸门轨道。平台上插压闸门横木的小竖石已失存。南向桥联为"儒林东西分限界,笠泽南北砥中流"。1994年7月,儒林塘桥列为吴江市文物控制单位。

(十四) 聚粮桥

聚粮桥位于联强村,东西走向,跨环良港,民国32年(1943)建造,单孔石拱桥,花岗石建筑,拱券采用纵联分节并联法砌置,桥长11米,中宽1.75米,跨度3.2米,高3米。桥中间刻有桥额"聚粮桥"和"民国癸未年"字样。1994年7月,聚粮桥列为吴江市文物控制单位。

（十五）北回桥

北回桥位于群幸村，东西走向，跨古溇港，初建不详。清光绪十八年（1892）重建。2008年12月，进行维修。三孔石拱桥，花岗石构筑，拱券采用纵联分节并列法砌置，桥长35.8米，中宽2.85米，中孔跨度9.42米，高5.07米。桥面有石栏，六对望柱，中间两对望柱雕有石狮，千斤石上刻有轮回图案，南向主拱桥联为"遥峰对岸，古寺临流，此地别饶风景；浔水南来，太湖北去，当年几费疏排"。南向次拱桥联为"地近湖滨，南北于今成孔道；源从苕水，潆洄自昔庆安澜"。北向主拱桥联为"叠石障奔流，浔水南来资锁钥；曳笻寻胜境，洞庭北望似屏栏"。北向次孔桥联为"壤接拜三庄，桑麻蔽野；水经稽五漾，江浙分疆"。真切地描述此桥地理位置及农桑繁景。1994年7月，北回桥列为吴江市文物控制单位。

（十六）祠山庙桥

祠山庙桥位于吴越村，南北走向，跨祠山庙港，始建不详。清嘉庆十九年（1814）重建。三孔梁式桥。金刚墙为青石，中孔东排柱南侧一根为花岗石，其他排柱为武康石，桥面条石中间一组为武康石，余为花岗石，桥台累砌。桥长19.13米，中宽1.6米，中孔跨度4米，高4米。1994年7月，祠山庙桥列为吴江市文物控制单位。

（十七）更铺桥

更铺桥位于吴越村，东西走向，跨面长港，始建无考。民国年间（1912年至1949年9月），重建。单孔石拱桥。金刚墙和眉石为青石，拱券大部分为花岗石，少量青石，余为花岗石。拱卷采用纵联分节并列法砌置。桥长19.5米，中宽1.9米，跨度7.2米，高3.5米。桥两侧各有一副桥联，被水泥涂平模糊不清。1994年7月，更铺桥列为吴江市文物控制单位。

（十八）交界桥

交界桥位于江苏、浙江交界处东庙桥村，东西走向，跨新开港，始建无考，民国37年（1948）重建，三孔石梁桥，金刚墙由花岗石、青石混砌，余为花岗石。桥长26.9米，中宽2.2米，跨度17.5米，高3.7米。中孔石梁上刻有"交界新桥"桥额和"民国37年"字样。1994年7月，交界桥列为吴江市文物控制单位。

（十九）喜雨桥

喜雨桥位于东庙桥村，东西走向，跨许家港，初建无考，民国17年（1928）重建。三孔石梁桥，花岗石砌筑，栏石齐全。桥长21.1米，中宽1.7米，跨度11.6米，高4米。中孔两边桥梁上刻有桥额"喜雨桥"，两侧桥柱上刻有桥联，南向为"水接半路塘，虹腰彩焕；地连中得圩，鹊噪喜来"。北向为"南漾北湖，通行舟楫；东吴西越，利涉往来"。1994年7月，喜雨桥列为吴江市文物控制单位。

（二十）北张桥

北张桥位丰田村，东西走向，跨南浒港，初建年代不详，清光绪二年（1876）重建。该桥为单孔石拱桥，金刚墙为青石、花岗石构筑，眉石为花岗石、青石相间，余为花岗石，拱券以花岗石纵联分节并列法砌置。桥长25米，中宽2.4米，跨度5.69米，高4米。南北向有桥联，南向为"万里山河分月影，七都风土带花香"。北向为"山光遥接涛归北，虹势凌虚路大张"。1994年7月，北张桥列为吴江市文物控制单位。

（二十一）广济桥

广济桥位于长桥村，东西走向，跨长渠港，初建无考，清同治九年（1870）重建，单孔石拱桥，基本上为花岗石构筑，系石为青石，拱券采用纵联分节并列法砌置，桥长17.08米，中宽2米，跨度4.75米，矢高3.4米。南北向有桥联，南向为："广矣急思排雁齿，济之端赖有虹腰"。北向为"水归南北径湖海，涂出东西界亩阡"。1994年7月，广济桥列为吴江市文物控制单位。

(二十二) 有成桥

有成桥位于群幸村,东西走向,跨大善港,初建不详,民国6年(1917)重建。单孔石拱桥,花岗石构筑,拱券采用纵联分节并列法砌置,望柱、栏杆石齐全。桥长16.2米,中宽2.3米,跨度5.3米,高3.7米。南北向有桥联,南向为"雁齿排连,湖山并寿;虹腰横亘,江浙分支"。北向为"远映洞庭春色,亘为震泽云屏"。桥额石上刻有"古有存桥","民国6年 里人重建"字样,千斤石上雕刻花案。1994年7月,有成桥列为吴江市文物控制单位。

(二十三) 望湖村利济桥

利济桥位于望湖村,东西走向,跨蒋家港,始建无考。清康熙七年(1668)重建,单孔石拱桥,金刚墙、拱券为青石与花岗石混砌,余为花岗石,拱券采用纵联分节并列法砌置。桥长16.5米,中宽2.55米,跨度4.38米,高2.89米。西块南向金刚墙上以及拱券顶端均嵌有建桥捐银者姓名碑。1994年7月,望湖村利济桥列为吴江市文物控制单位。

(二十四) 地理桥

地理桥位于丰田村,东西走向,始建无考。清代重建。跨南浒港,为梁式单孔。桥长8.8米,中宽1.4米,跨度2.4米,高2.3米,桥面由两条武康石铺面,东桥台两侧排柱为武康石,西桥台两侧排柱为花岗石,金刚墙为青石,余为花岗石。地理桥尚未核定为保护单位。被列为全国第三次文物普查点。

(二十五) 虹呈桥

虹呈桥位于长桥村,东西走向,始建无考。清同治六年(1867)重建。跨虹呈港。单孔石梁桥,花岗石砌筑,桥长15.2米,中宽1.7米,跨度5.1米,高3.1米,桥面由3条石梁铺盖,两侧各一条石梁作栏。桥面两侧石梁中间刻有桥额"虹呈桥",北侧刻"丁卯霞月",南侧刻"里人重建"等字样。虹呈桥尚未核定为保护单位。被列为全国第三次文物普查点。

(二十六) 大有桥

大有桥位于庙港村,东西走向,跨汤家扇港,始建无考。民国初期重建。为梁式单孔。金刚墙由青石、花岗石砌筑,余为花岗石,桥台垒砌。桥长9.4米,中宽2.1米,跨度2.6米,高2.3米。大有桥尚未核定为保护单位。被列为全国第三次文物普查点。

大有桥(摄2008年)

(二十七) 连腾桥

连腾桥位于望湖村,东西走向,跨连腾小港,清光绪二十八年(1902)始建,单孔石梁桥,金刚墙基本为青石,余为花岗石构筑,桥长11.5米,中宽1.7米,跨度3.25米,高2.9米。桥侧石梁刻有"连腾桥"和"光绪壬寅年"字样。连腾桥尚未核定为保护单位。被列为全国第三次文物普查点。

(二十八) 龙虎桥

龙虎桥位于东庙桥村,东西走向,跨陆家港,始建无考。清代重建。为梁式单孔。金刚墙多半为青石,余为花岗石。桥台垒砌,桥长12.4米,中宽2.05米,跨度2.8米,高2.6米。桥面两侧石梁中间刻有"太平龙虎桥"字样。龙虎桥尚未核定为保护单位。

(二十九) 七都高桥

七都高桥位于东风村,南北走向,跨高桥港,始建无考,清光绪三十年(1904),重建。单孔石梁桥,金刚墙主要为青石,杂有武康石,余为花岗石,桥长13.8米,宽1.65米,跨度5.6米,高3.2米。始建无考。桥面东向石梁刻有"光绪甲辰",西向石梁刻"重建高桥"等字样。七都高桥尚未核定为保护单位。被列为全国第三次文物普查点。

（三十）青龙桥

青龙桥位于吴越村，南北走向，跨青龙桥港，始建无考，清光清绪二十六年（1900）重建。单孔石梁桥，金刚墙为青石构筑，其余为花岗石构筑，桥长16.05米，中宽1.8米，跨度4.3米，高3米。青龙桥尚未核定为保护单位。1994年7月，被列为吴江市文物控制单位。

（三十一）太平桥

太平桥位于陆港村，东西走向，跨双板港，始建无考。清末重建。单孔石拱桥，金刚墙为青石，其余为花岗石，拱券以纵联分节并列法砌置。桥长13.1米，中宽2.3米，跨度3.7米，矢高2.15米，在桥北侧两桥台外各有一个用青石累砌的闸门平台，两个平台相距略宽于跨度，高约1.82米，临河宽约1.55米，在中间有一条开槽的花岗石竖石，是闸门轨道。平台上插压闸门横木的小竖石已失存。太平桥尚未核定为保护单位。被列为全国第三次文物普查点。

（三十二）胜利桥

胜利桥位于庙港村，东西走向，跨老太庙港，始建无考，民国38年（1949）重建为梁式单孔，金刚墙主要为青石，余为花岗石。桥面由5块条石铺成。桥长11.9米，中宽2.31米，跨度3.65米，高3.20米。胜利桥尚未核定为保护单位。被列为全国第三次文物普查点。

（三十三）西庵桥

西庵桥位于望湖村，东西走向，跨叶港，初建年代不详，清同治十一年（1872）重建。单孔石拱桥，金刚墙为青石，大部分眉石、系石、桥面两侧面石、拱券多为青石，其余为花岗石。拱券采用纵联分节并列法砌置，桥长13.9米，中宽1.8米，跨度4.75米，高2.91米。在桥北侧两桥台外各有一个用青石累砌的闸门平台，2个平台相距同跨度，高2.28米，临河面宽约2.11米，面石为3块排柱式的花岗石竖石，中间一块开有竖槽，为闸门轨道。平台上各一块开孔的花岗岩小竖石，用作插压闸门横木的。在桥闸中唯此闸设施完整。西庵桥尚未核定为保护单位。1994年7月，被列为吴江市文物控制单位。

（三十四）兴隆桥

兴隆桥位于陆港村，南北走向，跨五界亭港，清道光十六年（1836）建造。单孔石拱桥，金刚墙、拱券为青石，其余为花岗石构筑，拱券采用纵联并列法砌置。桥长9.10米，中宽1.7米，跨度3米，高3.10米。兴隆桥尚未核定为保护单位。被列为全国第三次文物普查点。

（三十五）永隆桥

永隆桥位于联强村，东西走向，跨鸦雀港，始建无考。民国初年重建。为梁式单孔，主要为花岗石，金刚墙杂有青石。桥长9米，中宽2米，跨度3.2米，高2.2米。永隆桥尚未核定为保护单位。被列为全国第三次文物普查点。

表15-3　　　　　　　　　　2015年七都镇各级文物保护、控制单位表

保护单位	所在区域	保护级别
东庙桥	东庙桥村东庙桥港	吴江县文物保护单位（1986年） 江苏省文物保护单位（1995年） 全国重点文物保护单位（2013年3月5日）
洪恩桥	望湖村张港	江苏省文物保护单位（2011年）
广福桥	隐读村胡溇港	江苏省文物保护单位（2011年）
双塔桥	双塔桥村横路港	吴江市文物保护单位（1997年9月） 苏州市文物保护单位（2014年7月）
吴溇孙宅	吴溇牂桥	吴江市文物保护单位（2008年12月）

(续表)

保护单位	所在区域	保护级别
太湖大学堂	南太湖大道	苏州市文物保护单位(2012年10月)
博士桥	吴越村双荡兜	吴江市文物控制单位(1994年7月)
甫里桥	陆港村陆家港	吴江市文物控制单位(1994年7月)
大善塘桥	吴越村与群幸村交界大善港	吴江市文物控制单位(1994年7月)
倪家港利济桥	陆港村倪家港	吴江市文物控制单位(1994年7月)
张公桥	庙港村与盛庄村交界张家港	吴江市文物控制单位(1994年7月)
祠山庙桥	吴越村前浜兜	吴江市文物控制单位(1994年7月)
永昌桥	吴越村双荡兜	吴江市文物控制单位(1994年7月)
北盛桥	盛庄村南盛港	吴江市文物控制单位(1994年7月)
白浦港利济桥	太浦闸村白浦港	吴江市文物控制单位(1994年7月)
儒林塘桥	陆港村五界亭港	吴江市文物控制单位(1994年7月)
更铺桥	吴越村面长港	吴江市文物控制单位(1994年7月)
聚粮桥	联强村环良港	吴江市文物控制单位(1994年7月)
交界桥	东庙桥村新桥港	吴江市文物控制单位(1994年7月)
喜雨桥	东庙桥村许家港	吴江市文物控制单位(1994年7月)
北张桥	丰田村南泲港	吴江市文物控制单位(1994年7月)
北回桥	群幸村古溇港	吴江市文物控制单位(1994年7月)
广济桥	长桥村长渠港	吴江市文物控制单位(1994年7月)
有成桥	吴越村与群幸村交界大善港	吴江市文物控制单位(1994年7月)
接关桥(已毁)	长桥村长渠港	吴江市文物控制单位(1994年7月)
望湖村利济桥	望湖村蒋家港	吴江市文物控制单位(1994年7月)
万寿桥(已毁)	盛庄村沈家港	吴江市文物控制单位(1994年7月)
日晖桥(已毁)	隐读村胡溇港	吴江市文物控制单位(1994年7月)

第三节　庵院寺庙

历史上,七都地区有史载的寺庙有数十座,沿太湖溇港都建有庙宇,大部分寺庙已毁。经政府批准,恢复重建的双塔寺、老太庙,成为七都信众宗教活动场所。

一、吴王庙

吴王庙位于吴溇村北,北临太湖,规模颇大。《儒林六都志》记载:"吴王庙,在吉祥庵左,即古泰伯祠,晋明帝时敕封为三让王,宋武帝御制《三让王赞》有云:'维王三让,遂成文武。古公乃亲,后稷其祖。立国东吴,载论中鲁。日月光华,乾坤心腑。胤嗣弥昌,庆流宏溥。我敬赞词,用昭千古。'明万历(1573~1619)中,僧应仁重建,归安吏部郎沈桐有记。清顺治年间(1644~1661),里人误认衮冕为东岳,而让王古庙竟改为东岳行宫。吴元方《烟畔竹枝词》中有'让王采药过东湖,湖上立祠溇号吴。堪笑溇甿呼岳庙,鸡豚日日满前铺。'之句。"吴王庙又名吴溇大庙、东岳庙,沿太湖岸线上规模较大、香火较旺的庙宇之一,设有大殿、二殿、厢殿及僧房。至1950年,庙宇正门上端有"东岳庙"3个字。香火甚旺,且有盛大庙会。50年代初,寺庙被毁,改为供销社采购站。60年代中,太湖水渐南进,庙基被太湖浪涛淹没。80年代后,民间信仰得到恢复,每逢农历初一、十五日到原庙址进香者络绎不绝,除夕至春节香烛昼夜不息。

二、祠山庙

《儒林六都志》记载:"祠山庙,在因渎东村(今隐读村仁堂湾自然村南端)。祠山神姓张,名渤,后汉时人。初建,无考。清康熙年间(1662~1722),为乞丐所居,群聚偷窃。有少年恶丐者举火焚之。火方发,屋忽圮。举火者不能出,压死于神座前。"

民国时期,香火不绝,且年年有庙会。1952年1月27日,该庙登记于七都乡政府。此时庙宇为两进三间,第二进中间东西两龙梢(横屋)各一间,庙宇东墙南有两间平房作总管堂。庙宇共有平房10间。庙前有场地(俗称庙白场),场地西侧有一棵古银杏树。10月,庙宇改为俱乐部、冬校。1958年,庙内神像被毁,庙宇改建成小学校舍。60年代,作为中学校舍、幼儿园校舍。1992年,幼儿园搬迁,庙宇遗址上香火不绝。庙内尚存一棵古银杏树,21世纪初,古银杏树枯死。

三、东岳庙

东岳庙在庙港集镇狮子桥西街北,东邻街道上店铺,西接民宅。始建无考,相传庙宇建筑宏伟,头山门通达街南塘坊弄,今尚存石桥口痕迹,史志记"大庙港"之来历即因东岳庙大而称。庙内祀东岳帝神,正殿两侧塑有十殿阎王,昔日为祭奠亡灵"烧七香"之地。民国20年(1931),第十区农民协会设在殿外两厢,抗日战争期间曾驻部队。民国37年,经修葺。1958年,庙港人民公社成立拆建为大会堂。1980年,改建为影剧院。2005年,拆除影剧院,改建为市民广场。

四、岳庙

岳庙在吴越村双荡兜自然村,初建无考。庙宇原有两进,第一进为东岳行宫,第二进为新云禅寺,岳庙由新云寺僧侣管理。中华人民共和国成立后,岳庙改为粮库,寺房改为校舍。1969年,寺房被拆除,砖瓦木料用以建造七都缫丝厂。进入21世纪后,学校搬迁,岳庙旧址又恢复民间信仰活动,每逢农历初一、十五日进香拜佛者络绎不绝。

五、老太庙(见第一章第九节)

六、双塔寺

双塔寺在双塔桥村李家港自然村,原名浮碧庵,因庵建在水中小洲上,如浮卧于碧波之上,故名。据《儒林六都志》记载:"浮碧庵,在双石桥水中一洲。前则稽五漾,后则倪家漾,烟波浩荡。左右两桥辅以双塔,上有高阁。登临眺望,清风帆席,夜月钟鱼,获渚鸣榔,苔矶垂钓,为六都第一胜景。洪武中建,明万历(1573~1619)时,南浔董宗伯份重修。清乾隆九年(1744),寺僧以阁将圮,拆下改建平屋,而古制废矣。"后又在寺内建楼3间。再后来,庵的形制为三进,第一进供王灵官菩萨;

双塔寺(摄于2015年)

第二进供圣帝菩萨;第三进供观世音菩萨。1959年左右,将前栋房屋移作他用。1980年,拍摄电影《杜十娘》时,借用庵内楼房、双塔拱桥及其河面作为拍摄基地。21世纪初,改名为双塔寺。

2004年,双塔寺领导小组和管理小组成立,对寺内道路进行整修,增添佛像11尊。

2005年初,镇政府引导禅寺自主自办,对正在装塑的7尊佛像的资金采取自筹解决。2月,双塔寺被批准为佛教活动场所,由七都居士负责寺庙日常事务。12月,7尊佛像装塑完工。2006年1月,双塔寺由小九华寺派僧侣管理,对寺庙进行全面整修,11月6日竣工,竣工后举行佛像开光法会。2008年5月,双塔寺举行大雄宝殿上梁法会,8月,双塔寺大雄宝殿举行迎请满堂佛像吉祥法会。

2010年11月,双塔寺举行大雄宝殿佛像开光法会,全国各大名刹的高僧,其中有河南嵩山少林寺方丈释永信、河南开封大相国寺方丈释心广、镇江金山寺方丈释心澄、苏州西园寺方丈释普仁、苏州灵岩寺方丈释明学大和尚、普陀山净生长老等。整个"大雄宝殿"金碧辉煌、气派豪华。

2011年,双塔寺初具规模,共有四进。第一进:天王殿(与山门融合一体),供奉弥勒菩萨、韦陀菩萨和四大天王。第二进：观音殿，供奉着观世音菩萨佛像。第三进：大雄宝殿，大殿正中供奉着释迦摩尼佛祖神像，释迦摩尼的左边是阿难尊者，右边是迦叶尊者，两侧是十八尊罗汉神像。释迦摩尼佛祖神像后面两旁供着普贤菩萨佛像和文殊菩萨佛像，释迦摩尼佛祖神像背面供奉着海岛观音菩萨佛像。释迦摩尼佛祖神像前面两旁挂着"释迦摩尼佛祖、普贤菩萨、文殊菩萨、观音菩萨、地藏菩萨的条幅。在大雄宝殿正门左右门柱上写着一副对联："晨钟暮鼓惊醒世间名利客；经声佛号唤回苦海迷路人"。第四进：藏经楼，放置经书和佛界宝物。四大殿的两侧建东西偏房和长廊，东偏房设财神殿，供奉着东西南北中五路财神像。西偏房供奉着东岳大帝、猛将菩萨、刘王菩萨、总管老爷等神佛像。

2014年起，每逢正月十五，寺院开展"书法义卖"活动。特邀吴江区书法协会书法家及佛教界人士参加。形成惯例后，十方信众、各地企业家和当地群众都慕名而来。得到的善款用于慈善事业和寺院的发展。至2015年，信徒与广大佛教信众共同举行大型的观音菩萨纪念活动，通过隆重的佛门仪式，传教佛界的劝人为善观念。

七、妙智教寺

妙智教寺遗址在长桥村。唐开成五年（840）始建。宋僧智雅重建。元至正十七年（1357），遭遇兵火，僧德俺加以修理。明洪武（1368～1398）中重建。明景泰五年（1454），僧文庆修，中有北山堂、野望轩。明隆庆五年（1571），僧智洪增建佛阁。清顺治十一年（1654），僧超家重建，清雍正四年（1726），僧鼎文重修。"文化大革命"前，寺内尚存有明代弘治年间（1488～1505），长洲文徵明书写的匾额"景山堂"一块和清代乾隆皇帝御笔"智通无碍"匾额一块，均在"文化大革命"时被毁掉。

八、双林教寺

双林教寺遗址在六都儒林里，江苏、浙江交界的隐读村胡溇港畔。唐大中三年（849），始建。《吴郡志》云，昔倪林里有寺，因湖涨圮坏。儒林里始建招提，倪林之人讼于有司。时郡将曹琼上其事于朝，遂赐额"双林"，双林寺由此而名。宋建炎（1127～1130）中，僧景宗重建，咸淳（1265～1274）中，僧了宗修。明宣德（1426～1435）中，僧德祯修，崇祯七年（1634），僧大纯、大纲重修，增建大士阁。清康熙二十一年（1682），僧祖述加修。寺中有浮江佛、古杏寺、窈窕湾、交光殿、关房琴、拈花堂、不枯木、楝花桥等8景。中华人民共和国成立后尚有僧侣居住，今废。寺基上尚存古银杏树2株。

九、孝思庵

孝思庵遗址在长桥村孝思兜自然村，占地面积8667平方米。元泰定（1324～1328）中，僧思贤始建。明洪武十三年（1380），重建。清康熙二十二年（1683），僧致斋、探遐重修。今废。

十、妙华庵

妙华庵遗址在望湖村叶港自然村。《儒林六都志》记载，妙华庵在叶港，宋淳熙（1174～1189）中，僧紫颖建。咸淳（1265～1274）中，僧易觉重建。明正统十二年（1447），僧普宏重修，明万历（1573～1619）中，州牧皇甫荆山捐资重建。清康熙（1662～1722）中，僧圣先重修。中华人民共和国成立后，拆除。内有铜佛像1尊（地藏王神像）约1吨重，由政府收缴。

十一、诸葛土地庙

诸葛土地庙遗址在吴溇村西丁家港。《儒林六都志》记载，诸葛土地庙，在西丁家港。祝献者以诸葛武侯为六都土地之神，故立庙祀之。初建，无考。明正统（1463～1449）中，县丞柳臻复之，并吊以诗曰："丞相祠堂在蜀中，何年创建太湖东。曾烦先主垂三顾，遂使孤臣守一忠。此日留心匡社稷，至今洒泪泣英雄。黎民兴感重修饰，共祝威灵保岁丰。"

庙后原有的2棵古银杏树，其1棵在人民公社化时砍伐，以作七都人民公社管理委员会制作办公用具之材,另1棵遭雷击而焚毁。庙宇因太湖水冲击,浪打倾圮。庙四周作为七都太湖俱乐部(即太湖浴场)。原址在现太湖亨通湿地公园内。

十二、永定教寺

永定教寺(俗称永定寺),遗址在庙港集镇区。宋淳熙五年(1178)始建。该寺坐落在太湖七十二港中的寺港和土地庙港之间。北接湖塘路,南到儒林桥。初建时,规模很大,占地百亩,僧侣上百人。元末,被战火重创。明初,重建时规模稍小些,前门至庙港刘家巷。

永定寺初建时有金刚殿、天王殿、大雄宝殿、罗汉殿、观音殿等五大殿,还有藏经阁、钟楼、九龙壁等,永定寺旁的溇港得名"寺港"。

永定寺内有一条如意形小河,专供施主的女眷乘小舟进寺烧香,故名如意佛香河,该河的西头较大,形像如意头,与土地庙港相连,东头与寺港的和尚潭贯通,河两头都有石板桥供人行走。佛香河将寺院分成南北两房,由两位师太分管,北房为大,南房次之。佛香河北岸有几口荷花缸,这是寺内高僧坐化之物;南岸有一个地穴,由暗道相通。

永定寺从宋代初建至元末被兵灾重创,从明初重建至抗日战争时期被日本军队全部焚毁,历经七百多年的沧桑。

第四节 古 遗 址

一、吴越战

丰民村有一个自然村名吴越战,地处荡白漾之东北,其北为传说中吴王藏水兵船只的东藏荡和西藏荡。村名代代相传虽无文字资料可查,但一看名字就知是吴越两国打仗之地。古代此处曾是吴越两国边界地区,吴强时属吴,越胜时属越,周边地区有众多关于吴越争战的民间传说和相关地名故事,以"吴越战"三字作为村的名字是绝无仅有但也是合情合理的。

吴越战自然村南边有一处叫"北凉"的小岛,面积约100亩,小岛四周环水,芦苇丛生。春秋战国时期,这里是吴越双方隐藏战船和囤兵的场所,曾出土"战国青铜剑"等文物。

二、亳里

开明村有一个自然村名亳里,1976年,当地居民在挖鱼塘时挖掘出马家浜时期的陶釜;1977年,挖鱼塘时挖掘出良渚时期三足陶鬲、黑皮陶罐耳壶和新石器时代晚期的骨质鱼标;1978年,挖掘出春秋战国时期的铜戈。亳里遗址堆积较丰富,是一处新石器时代文化遗址。

第三章 非物质文化遗产

第一节 七都木偶昆曲

一、剧团沿革

清道光年间(1821~1850),吴越村祠山庙桥建"姚姓公保和堂"班子,是姚氏嫡传的班底。据《南林丛刊正集》记载:"清道光年间,手技杂戏(即木偶戏)演剧无虚日",即指此剧团的演出盛况。民国时期,"姚姓公保和堂"戏班主要活动在吴江及浙江省南浔、湖州、嘉兴一带的城镇和乡村,也到过无锡、江阴、松江、太仓、常熟、菱湖、塘栖、梅李、浒浦等周边地区以及南京夫子庙,杭州凤凰山、行宫、后桥山,上海五角场、周家桥、杨树浦、老闸桥、浦东等处演出。

中华人民共和国成立初期,"姚姓公保和堂"戏班有演出人员8人:姚荣财、姚荣诊、姚荣山、姚荣培、姚荣高、姚廉荣、姚季生、姚五宝。1955年,"姚姓公保和堂"戏班接受吴江县民间职业剧团登记,更名为"吴江县洪福木偶昆剧团"。演职员11人,其中姚姓9人,团长姚荣财。

1959年1月15日,江苏省戏曲学校将该戏班调至南京,聘请老艺人为省木偶训练班教师。1960年,省文化厅奖励1000元,用于添置服装和道具。1962年10月,剧团解散,艺人回七都公社务农。剧团10多箱演出服装、道具、木偶头面,1箱昆剧抄本,几经转手不知去向。据老艺人姚五宝回忆,当时均放在苏州,剩有百余年历史的1个木偶头,被他收藏在家中。

70年代中期到80年代初,原剧团人员多次上访吴江县文教局,要求落实政策,安排工作,终未成。

1986年初,在吴江三套集成(民间文学、民间戏曲、民间歌谣谚语)普查中,发掘出吴江县洪福木偶昆剧团有关资料。7月1日,姚季生、姚五宝兄弟俩参加"吴江县1986年垂虹之夏家庭演唱大奖赛"演出昆剧《遇才》一折,获演出奖。

2003年秋,苏州恢复虎丘曲会,老艺人姚五宝演出木偶昆剧。2004年2月,七都镇人民代表大会把保护传承木偶昆曲列入政府10件实事工程之一,重建七都木偶昆剧团,让"公记保和堂"木偶昆曲班子唯一传承人姚五宝收徒。4月16日,镇政府通过文化、专业考试,招收施晓明、施锦芳、孙青、孙菁4名七都籍应届初中毕业生为学员,出资全权委托苏州昆曲学校为4名学员实施为期5年的专业培训。6月22日,在苏州举行第二十八届世界遗产大会期间,七都镇政府同苏州昆曲学校签订委培协议。7月1日,在苏州昆曲博物馆举行收徒、拜师仪式。

2005年6月13日,昆曲木偶作为全国唯一剧种,被列入第一批苏州市非物质文化遗产名录。

二、演出及剧目

木偶昆曲表演用的木偶高约60厘米,重约4千克,按生、旦、净、丑等角色,用木头雕刻制作,配以服饰而成,以提线牵动。木偶提线有多有少,最多16根。一般的木偶嘴巴会动,小丑、花旦木偶眼、舌、颈都会动。木偶昆曲舞台表演对演员操作和表演技能要求很高,"双手提活生、旦、净、丑千般态,一口唱妙喜、怒、哀、乐百样声",体现木偶与昆曲结合的艺术特色。木偶表演还有特技和绝技,如《洛阳桥》"五色灯彩",《水漫金山》"水漫""斗法",还有"腾云驾雾""一捧烟""射箭""中箭""蜡钎点火""鸟飞""点烟吸烟""电闪雷鸣""水底景致"等。演出的剧目主要是昆剧传统戏,如《长生殿》《蝴蝶梦》《邯郸梦》《游龙船》《白兔记》《白蛇传》等,还改编移植现代昆剧《白毛女》《除四害》等剧目。50年代,原有演出剧目500多出,均是传抄的唱本,传到姚季生、姚五宝手里存约200出。1962年5月,中华人民共和国主席刘少奇到南京视察工作,江苏省戏曲学校安排专场文艺演出,其中有公记保和堂班演出《水漫金山》。

传统的木偶昆曲表演技能被新一代学员继承下来,施晓明、施锦芳、孙青、孙菁这4位作为木偶昆剧团新的传人,经过5年培养,完成在苏州昆曲学校木偶、昆曲专业的学习。期间回家乡作过多次汇报演出,并参加国内外各种演出活动。2006年1月20日,在七都镇新春团拜会上作汇报演出。7月10日,参加《沈璟与昆曲吴江派》首发式,并作汇报演出。2007年9月25日,参加吴江市第三届戏曲票友、折子戏比赛,获第二名。参加国内外各种演出,得到蔡正仁等一批昆曲领导、专家肯定。演出的代表性曲目有《舞狮》《吹唢呐》,昆曲《西厢记·佳期》《西游记·猪八戒背媳妇》《白蛇传·盗仙草》《牡丹亭·游园·惊梦》等折子戏。2008年1月25日,向七都镇党政领导、苏州昆曲学校领导及教师作四年专业学习的汇报演出。5月10日,在七都广场参加"十镇联动"文艺演出。是年9月15日,参加吴江市第四届戏曲艺术节票友折子戏大赛,获二等奖。11月12日,代表江苏省、苏州市赴京作汇报演出,受到国务委员刘延东等中央首长的表彰和鼓励。12月18日,昆曲木偶《西厢记·佳期》参加苏州市"新人新作"比赛演出,获二等奖。12月24日,《游园》随吴江艺术团赴韩国友好城市作文化交流演出。是月,参加首届全国农民文艺会演(在苏州举行),获"银穗奖"。

至2008年,七都洪福木偶昆剧团演出剧目主要有:《长生殿》(10出)《蝴蝶梦》(10出)《邯郸梦》(4出)《游龙船》(10出)《白兔记》(8出)《火焰山》《猪八戒招亲》《大补缸》《水漫金山》《王道士斩妖》《孙悟空三打白骨精》《乌盆记》《劈山救母》等传统剧目。改编移植现代昆剧《白毛女》《除四害》等。

三、木偶昆曲传承人

姚五宝(1920.9—2010.12),吴越村七宝自然村人,姚家后裔,不是"姚家戏班"嫡传。13岁起,随木偶昆曲戏班演出。戏班有"传丁不传外"规矩,姚五宝只能在剧团做勤杂,偷着学戏,跟着跑龙套,人手不够时凑着演。姚五宝刻苦学习,逐渐能唱能演生、丑等各种角色,且提(木偶)、唱(昆曲)、吹(笛子)全能,担当起木偶剧团主角。1959年,姚五宝被请至省戏曲学校任教,为12名学员传授提线木偶技术。1962年10月,剧团解散,回乡务农。

2003年,七都镇人民政府为抢救保护传承木偶昆曲这一濒危的民间文化遗产,实施抢救方案。2004年6月,在苏州举办第28届世界遗产大会期间姚五宝参加演出。7月,姚五宝收徒4人。2008年,姚五宝表演昆剧木偶《长生殿》片断,提、拔、勾、挑、扭、抡、摇等各种技法,包括打扇、喝茶,抽烟等高难度动作都得心应手。是年,姚五宝被列入首批吴江市非物质文化遗产工程项目代表性传承人。

2010年,七都昆曲木偶传承人姚五宝被列入第二批苏州市非物质文化遗产工程项目代表性传承人。

木偶昆曲传承人姚五宝
(摄于2008年摄)

第二节　七都船橹制作技艺

新江橹行位于庙港社区狮子桥西南角,西万顷路27号。建筑面积100平方米。

1966年,施新江进庙港农具厂木工车间当学徒。1969年,施新江开始学制橹。1976年,施新江成为农具厂有名的橹师傅,直至退休,专门制作船上用的橹,他做的橹摇起船来速度快,又省力,七都人叫"发船"。做橹主要掌握橹的弯曲程度,橹是一段一段接起来的,每一段都有不同的弯曲程度,连接后恰到好处,接头需做得紧密,牢固、耐用。施新江能制作各种大橹小橹,大橹长6米,小橹长0.8米。做橹是技艺和流体力学结合的一门艺术。2015年6月,吴江造船技艺(七都船橹制作技艺)被列入吴江区非物质文化遗产名录、施新江被列入吴江造船技艺(七都船橹制作技艺)传

施新江橹行(摄于2015年)

承人。

第三节　七都苏作硬木家具制作技艺

邱伟荣（曾用名邱惠荣）技能名师工作室位于陆港村陆家港甫里桥西侧，建筑面积20平方米。

精雕细刻的技能名师邱伟荣，从小在苏州学习硬木家具制作手艺，懂得各类硬木的特性，七都人叫"认树"，熟练掌握各种雕刻的刀法。研究古代家具的流派、风格，特别是明清时期硬木家具的图案。2000年，七都苏作硬木家具制作工作室成立，邱惠荣亲自设计、雕刻、制作古典硬木家具。2015年7月，七都苏作硬木家具制作技艺列入吴江区非物质文化遗产名录，邱伟荣被列入七都苏作硬木家具制作技艺代表性传承人。

第四节　香大头菜腌制

大头菜是七都的传统种植品种，又名疙瘩菜。腌制香大头菜有两百多年历史。大头菜一般在二三月份加工，一般要经过整理、晒干、切片、盐腌、装甏等环节。香大头菜有一种特殊的鲜香气味，能增进食欲，还可促进结肠蠕动，防止便秘。夏天吃大头菜，可以达到利尿除湿，促进机体水、电解质平衡的功效。

大头菜的吃法很多，可加毛豆一起炒，鲜嫩而有韧性，口味极佳；加适量食盐、味精和油，成凉拌大头菜，配粥很入味；大头菜还可以和肉丝、河虾一起炒；放入鱼、排骨等一起煲汤食用。

2012年，七都香大头菜腌制技艺列入吴江市非物质文化遗产名录。

第五节　熏青豆茶制作技艺

七都制作熏青豆茶有着悠久的历史，是一种传统制作技艺，喝熏青豆茶更是一种民间习俗，其制作技艺源远流长。熏青豆茶清香、可口，有提神、养心、益寿之功能，用此品茗，其乐无穷，交流情感，增进友谊。且熏青豆茶成为一项淳朴的民间交往礼仪，在望蚕讯，望月子，探亲访友，做媒相亲，婚庆寿诞等活动中均不可或缺，有助于构筑和谐社会。熏青豆茶深受当地和毗邻地区民众的喜爱，是七都醇正风土人情的生动体现，是地地道道的吴地茶文化。

熏青豆制作（摄于2015年）

七都一带，农家婆姨小姑大多会制作熏青豆。在毛豆将成熟时，选取鲜嫩饱满、碧色返青的毛豆荚，剥荚取肉。剥好的豆粒要用清水冲洗，捞去浮在水面的豆衣薄膜，沥干。然后准备熏豆的桑梗、桑钉等木柴和木炭，水煮青豆时，要掌握好时间，一般在青豆半熟之时放进适量盐，然后滤干水分，倒进铁丝网筛里，用桑钉木柴烧成的炭火，慢慢熏，熏的过程中会有一阵阵的清香飘出来，这时手中不能闲着,要反复翻动,并适当添加木炭,保持炉温。一直到青豆水分烘干发出"索索"声,这时的熏青豆成型,颜色碧如翡翠。

2008年,熏青豆茶制作技艺列入吴江市非物质文化遗产名录。

第六节　风枵茶制作技艺

风枵茶是甜茶的一种,七都人历来喜欢吃甜茶,吃甜茶一方面体现当地人重人情,逢年过节或重大庆典,家里招待贵客喜欢先叫人甜一甜,图个吉利,讨个好口彩,另一方面这也是数百年流传下来的一种民间风俗习惯。

做风枵很有讲究,要做好很不容易。风枵的制作技艺七都人称为摊风枵。摊风枵先要用农村厨房内的大柴灶上的铁锅烧好一大锅糯米饭。糯米要浸透,铁锅要洗净,不能有油腻,饭要烧得烂些,锅铲的柄稍长且铲背大而光滑。制作风枵的人(俗称"摊手"),除有一定的制作经验以外,右手的臂力和腕力要用力适中。制作时,"摊手"和在灶口烧火的人(也称"烧火工")配合要十分密切,一般控制在四分火候,火力要得当。糯米饭富有粘性,火大了易粘底焦黑,火小了会潮腻起丁。上好的风枵要干爽透白,薄而均匀。

2008年,风枵茶制作技艺列入吴江市非物质文化遗产名录。

第七节　丁香萝卜腌制技艺

七都一带,家家户户有自制茶果点心的习俗。丁香萝卜(胡萝卜)干是最为主要的茶果一种,与熏青豆平分秋色,一碗清淡的茶水里有了红色的丁香萝卜和绿色的熏青豆点缀,立时变得生动起来。作为茶果的丁香萝卜干是由丁香萝卜腌制后晒干而成,其制作始于明清时期,是延续已久的一种民间制作技艺,制作讲究,有技巧。

丁香萝卜头大尾尖,呈姜红色。腌制晒干后呈紫红色。丁香萝卜的腌制过程不太复杂,先是准备好丁香萝卜、食盐、罐头、滤网,把洗净的丁香萝卜切成片、细条、或粒状(约1厘米见方),再用水冲洗去碎末,滤去水分,然后放在容器内用食盐腌制15小时左右(丁香萝卜与食盐比例为20:1),再用器具晒干(防止雨淋雾露)即成,可放进石灰甏,也可放进密封罐贮存。

2011年,丁香萝卜腌制技艺列入吴江市非物质文化遗产名录。

第八节　七都桂花腌制技艺

沈家湾村人有腌制桂花的传统,沈家湾的婆姨小姑们对桂花情有独钟,她们胸前挂上一个藏桂袋,用指尖轻掐桂花的花托,恁的指尖一松,成朵的桂花便落入藏桂袋中。据说,这样的摘法才能使桂花不散,香气凝聚。摘完桂花,便要将它们放置在扬尘滤沙用的匾中,双手执匾,轻轻地有节奏地扬起,将灰尘杂质去除。待桂花清理干净,便找来个洗净的大盆,将成朵的桂花薄薄地铺上一层,再细细地撒上一层盐,一层桂花一层盐,就这样循环往复,如果是腌制糖桂花,需要将盐换成糖就行。腌制后,还要用上沈家湾人腌桂花的秘密武器——"长枳"。"长枳"是沈家湾人对状如青橘的一种果子的称呼,"长枳"汁酸如柠檬,当地人认为入桂的长枳汁越酸,腌的桂花才越好。将这些腌制好的桂花小心翼翼地放入容器中,封好盖子,放置在阴凉处,一段时间后便可食用。此法腌制的桂花能保存一年以上。

2014年,七都桂花腌制技艺列入吴江区非物质文化遗产名录。

第九节 七都"拜阿太"

七都一带,孩童满十五、十六虚岁,其生日前或生日当天要举行"拜阿太"仪式,俗称"成人礼",这一习俗在南太湖地区沿袭已久。

"阿太"即"南堂太君",当地民间供奉的一位女神。"拜阿太"是七都老百姓世代传承的重要礼仪之一。一生中要举办几次"拜阿太"的仪式,"拜三朝阿太""拜满月阿太""拜百日阿太""拜周岁阿太""拜十六岁阿太"等。

"拜十六岁阿太"意味着小孩开始学会独立生活,因而这个仪式也相当隆重,父母要提前一个月选好良辰吉日,准备一定的实物,配有一些专用器具,现在民间也有专门帮筹划办理整个"拜阿太"仪式的礼仪师。一般在大厅中央放一张八仙桌,

"拜阿太"(摄于2015年)

摆满各式菜肴,有煮熟的带几根尾毛的公鸡、蹄髈、整鱼、粽子、糕点和各种蜜饯等。桌前端摆放一张纸制的"阿太膜"(地方女神的画像),十二只酒盅分放两边。两端要摆上一对大红蜡烛。挑选时辰中的吉时正式开始"拜阿太"。

仪式开始,父亲或其他亲人郑重地点上蜡烛后,孩子要站在桌前双手合一,朝"阿太"连拜三拜,把自己心中的美好愿望和祝福向"阿太"默默吐露并祈祷。然后,放上"新官膜"放爆竹、百响。家人还在旧铁锅里烧一些锡箔纸折的元宝,孩子要拿起挂在八仙桌角上的系着红绳的鲤鱼去河里放生。一切顺序完成,就算仪式结束。

2014年12月,七都"拜阿太"(十六岁成人礼)列入吴江区非物质文化遗产名录。

第十节 七都太湖渔歌

一、太湖渔歌内容和形式

太湖渔歌主要分布在七都、庙港地区的东太湖流域一带。内容有渔歌、神歌、田歌等种类。

明末清初,太湖渔歌始传,流传至今。它是近四百年来太湖渔民世世代代在长期的生产生活中创作积累而成的文化结晶,是渔民在劳动中创造出来的自编自唱的口头文艺作品,并经过渔民长期的流传发展,内容朴实丰富,曲调优美流畅,具有较强的娱乐性。太湖渔歌形式活泼,内容积极向上,为太湖渔民所喜爱,同时也为广大人民群众所喜欢。

太湖渔歌是渔民们在生产生活中的有感而发,为枯燥的水上生活增添许多情趣。旧时,渔民在太湖里捕鱼捉蟹,一天到晚都在船上,生活十分单调。渔民的船就是家,船行至哪里,他们的家就在那里,一年四季都是在东太湖一带四处飘荡。渔民的衣是"日当衣衫夜当被,洗脸毛巾也是伊。"还有一句谚语叫"橹板划划水,勉强度度嘴",反映渔民当时的艰苦生活,演唱太湖渔歌在很大程度上

成了渔民的业余主要的精神生活。以前渔民生活苦,逢年过节好多渔民要到农家去讨一些年糕过年,此时,渔民就用唱渔歌的形式来表达感谢。

渔歌形式多样,内容丰富。有太湖渔歌、男女对唱山歌、问答渔歌、情歌等形式。"啥个鱼白来啥个鱼黑,啥个鱼嘴上带苏苏,啥个鱼背上掮枪过,啥个鱼脚阔走江湖。我晓得白鱼白来黑鱼黑,桂鱼背上掮枪过,鲶鱼嘴上带苏苏,甲鱼脚阔走江湖……"这首旋律优美悦耳动听的名为《啥个鱼白来啥个鱼黑》的问答渔歌就是渔民在长期的生产生活中积累所得。除了描述太湖渔民日常生产生活外,太湖渔歌还有很多种形式,如《顺风顺水到苏州》就具有另外一种风格:"上苏州哎,下苏州,一朵鲜花落在河桥口……""老老头唱山歌乱说多,蚌壳里摇船到西太湖……"这种渔歌充满浪漫主义的色彩。在漫长的依水而生、伴水而长的岁月里,渔民们逐渐形成自己独特的生产方式和生活习俗。渔民们几条船在一起,边摇边唱,几十里水路一晃而过,为四处漂泊的渔民水上生活增添无穷情趣。

二、太湖渔歌传承

太湖渔歌从明末流传至今,是渔民世代传唱的带有民俗信仰活动的口头演唱艺术,通过家族传承形式口授心传,代代相传。

庙港演唱太湖渔歌的有五六个班子,大致有三个艺术流派,一是以徐贵祥为代表的"扬歌派";二是以奚金官为代表的"山歌派";三是以王根林为代表的"杂曲派"。

明末清初,太湖流域兵患、匪患猖獗,为抵御这外来威胁,有许多渔船户抱团结社,在太湖水域捕鱼、航行运输,船舶都较大,捕捞时多用大型网具,单凭一家势单力薄,因而多则有十几家抱团的,在生产、生活上互帮互助,在这种背景下,徐正龙创始结成以徐氏家族为主,团结吸收旁姓渔户参加,结成"徐家公门",公门规模初始几户,逐渐发展为几十户、上百户,在东太湖一带具有较为广泛的号召力和影响力。徐正龙凭正直、善良、乐于助人的品德,成为"徐家公门"的当家人,演唱太湖渔歌的好歌手,在太湖流域具有较高的知名度。从此,"徐家公门"的渔歌经过代代相传,传至徐贵祥这一代,徐贵祥传授给儿子徐建奎,徐建奎再传授给女儿徐雪、女婿庄阿二。据奚金官的了解和记忆,他们家的渔歌已经传承四代了,奚金官的祖父(奚大春)、父亲(奚祥高)都是老歌手,奚金官的儿子奚长林目前也会唱几首。

90年代起,"徐家公门"弟子徐贵祥、徐奎祥父子每年约演唱30多场,已演唱600多场。传唱的渔歌有《断头计》《刘官宝》《徐家公门扬歌》等长篇歌,《祭神仪式歌》《英台劝酒》等中篇歌,还有不少短歌。小孩岁庆、上大学、开店、办厂、办喜宴,请渔歌手演唱祝贺渔歌。

每年农历正月初二,庙港地区有聚集在庙会上对唱山歌的传统,已成为群众自发开展的传统民间文化活动。太湖渔歌正在融入其中,参与到这一活动之中,使太湖渔歌拥有更广泛的民众性基础。吴江市文化馆、七都文化中心举办的群众文化活动,如"吴江十镇联动大型文艺巡回演出""江浙沪毗邻地区田(山)歌大会串"等群众文化活动,使太湖渔歌传承拥有更大的展示平台和传承空间。

2012年2月,徐建奎被批准加入吴江市民间文艺家协会。2013年,徐建奎被批准加入苏州市民间文艺家协会。2015年7月,徐建奎被列为吴江区非物质文化遗产项目"七都太湖渔歌"代表性传承人。

三、太湖渔歌选介

(一) 要唱山歌就开场

王根林演唱,张舫澜、金云凌记录

青竹梢豁水白洋洋啊,要唱山歌就开场,

四句头山歌搭[①]八句头山歌连牢仔[②]轮流转,勿好去牵动格伐[③]爷[④]娘去骂祖宗。

注释:①搭:和,与,同。②仔:了。③格伐:这样,这些,这种。④爷:父亲。"爷"读音"牙"。

（二）山歌好听口难开

奚金官演唱，张舫澜、金云凌记录

山歌好听口难开哎，樱桃好吃树难栽哎，

白米饭好吃田难种，鲜鱼汤好吃网难织。

（三）啥格①鱼白来啥格鱼黑

奚金官演唱，张舫澜、金云凌记录

啥格鱼白来啥格鱼黑哎，啥格鱼背浪②掮枪过，

啥格鱼嘴上带苏苏哎，啥个鱼脚阔走江湖。

倷③晓得白鱼白来黑鱼黑哎，鳜④鱼嘛背上掮枪过，

鲇鱼嘴上带苏苏哎，甲鱼嘛脚阔走江湖。

注释：①格：的。②浪：上，上面。③倷：我。④鳜鱼：读音"嚓"，鳜鱼即桂鱼。

（四）吃蟹要吃太湖蟹

奚金官演唱，张舫澜、金云凌记录

吃蟹要吃太湖蟹哎，太湖蟹鲜美实在好，

买蟹要看青背白肚皮哎，还看嘛黄毛金脚爪。

烧蟹勿用热水烧哎，先放嘛冷水哦后放蟹，

调料只要老姜勿摆酒哎，辰光嘛只要烧小时辰。

表15-4　　2015年七都镇非物质文化遗产名录项目情况表

项目名称	非遗批次	级别	公布时间
昆曲	首批苏州市非物质文化遗产名录项目	苏州	2005年6月
七都昆曲木偶	首批吴江市非物质文化遗产名录项目	吴江	2007年6月
七都昆曲木偶	首批吴江市非物质文化遗产项目代表性传承人姚五宝	吴江	2008年
昆曲	第二批苏州市非物质文化遗产项目代表性传承人姚五宝	苏州	2010年
风枵茶制作技艺	第二批吴江市非物质文化遗产名录项目	吴江	2008年
	第二批吴江市非物质文化遗产名录代表性传承人沈子林	吴江	2011年3月17日
熏青豆茶制作技艺	第二批吴江市非物质文化遗产名录项目	吴江	2008年
	第二批吴江市非物质文化遗产名录代表性传承人金三毛	吴江	2011年3月17日
七都太湖渔歌	第三批吴江市非物质文化遗产名录项目	吴江	2010年
	第六批吴江市非物质文化遗产名录代表性传承人徐建奎	吴江	2015年6月
丁香萝卜腌制技艺	第四批吴江市非物质文化遗产名录项目	吴江	2011年
	第四批吴江市非物质文化遗产项目代表性传承人宋勤丽	吴江	2012年3月20日
香大头菜腌制技艺	第五批吴江市非物质文化遗产项目	吴江	2012年12月31日
	第五批吴江市非物质文化遗产项目代表性传承人王阿四	吴江	2013年12月16日
太湖渔歌传习基地	首批吴江区非遗示范基地（位于太湖蟹文化馆）	吴江	2013年1月23日
七都木偶昆曲传习所	首批吴江区非遗示范基地（位于费孝通纪念馆内）	吴江	2013年1月23日
七都"拜阿太"（十六岁成人礼）	第六批吴江区非物质文化遗产名录项目	吴江	2014年12月3日
七都桂花腌制技艺	第六批吴江区非物质文化遗产名录项目	吴江	2014年12月3日
	第六批吴江市非物质文化遗产名录代表性传承人钱凤宝	吴江	2015年6月
七都苏作硬木家具制作技艺	第六批吴江区非物质文化遗产名录项目	吴江	2014年12月3日
	第六批吴江市非物质文化遗产名录代表性传承人邱伟荣	吴江	2015年6月
七都船橹制作技艺	第六批吴江区非物质文化遗产名录项目	吴江	2014年12月3日
	第六批吴江市非物质文化遗产名录代表性传承人施新江	吴江	2015年6月

第四章　文学艺术

第一节　民间文艺

一、庙会

庙会是七都、庙港地区传统的群众文化活动,人们供敬神佛寻求娱乐,其形成与发展和民间信仰、宗教活动有关,在寺庙的节日或规定日期举行。

七都的庙会主要有"关帝会""三官会""祠山会""青苗会""东岳会""网船会"等;庙港的庙会主要有"土地会""观音会""老太会",也有和农时相关的"猛将青苗会"等。其中七都的"祠山会"规模较大,每年农历二月初八为祠山大帝诞辰,凡有祠山庙的大村落(所谓大村落即有多个自然村组成)都举行祠山会。会首(四户合一会首)每年轮值,需出资办素斋一天。是日,会首早上恭立庙门前,抱拳打拱,迎候会员进庙敬香,以示村民和睦团结,并互祝农户田蚕茂盛;庙港的"老太会"最负盛名,颇具规模,与震泽的"双杨会"齐名,每隔20年举办一次。老太会会费由老太庙主持和当地绅士组织筹募,因得到震泽、南浔富户的资助,准备工作需时两个月之久。会前演戏半个月,会后还有一天谢会戏,沿湖塘西起吴溇,东至张骑庙,正会东、西各一天。汤家扇作为起点,出会所经道路要求通畅,稍有障碍,有"逢山开路,遇水搭桥"之说。老太会配有16台阁二番台、地戏、高跷、臂香、钢叉等名目,历次老太会苏州府均供12匹白马点缀其中,旗幡蔽日,锣鼓喧天,队伍长达1千多米,观会者来自四面八方,人山人海,热闹非凡。民国8年(1919),为最后一次庙会,此后因抗日战争而终止。

二、堂名鼓手

民国时期,逢庙会节日和民间婚嫁喜庆,邀聘堂名吹打、演唱戏曲,俗称"乐人打唱","堂名"是艺人组织的团体名称,搭台演唱的俗称"阳台打唱",燦烂村的茶家浜、庙港村的金家扇、汤家扇,昔日均有以此为业的艺人,世代承传,其中金家扇昆曲堂名"金玉堂",享有盛名。

"金玉堂"是金姓家族的堂名班子,从道教音乐演化而来,主要吹唱昆曲,开创约有200多年历史,是金氏家族世传6代以上的堂名班子。经长年累月演唱,积累的演唱剧目有160多种,器乐曲有130多首。常演唱的有《文探》《十面埋伏》《梦灵》《借扇》《芦花荡》等;常吹奏的有《将军令》《花三大》《三洋浦》《普天乐》《金鞭》《埋玉》《定私》《乱啼风》《画眉》《端正好》等。

这些演唱演奏的脚本原装在两只箱笼里,每年黄梅季一过,便到老郎堂祭祀祷告戏剧祖师爷,开箱通气,代代相传,奉为传家宝。"文化大革命"中,两箱脚本未逃过劫难,全部被付之一炬,如今整理记录下来的手抄本剩下5本。

早期金玉堂以婚嫁、寿庆、小孩满月等喜事演唱为主。班子由6~8人组成,表演形式为座唱昆曲、奏器乐曲两种。表演时各人分别拿一件乐器,有人唱,有人演奏,也有人边唱边奏。乐器有唢呐、笛、笙、二胡、三弦及锣鼓等近10种。演出时,开场先齐奏一段《将军令》作闹场,气氛热烈;结束时演奏一段《普天乐》,以示喜庆祥和。庙港的昆曲堂名演唱技巧精湛,演唱影响广泛,范围东至黎里,南抵盛泽、嘉兴,西达浙江南浔,北至吴县杨湾,遍及方圆百里,在江浙沪一带红极一时。

金玉堂末代传人金茂根是堂名班中的主要乐手,他前后累计唱过100多个折子,其中《长生殿》《琵琶记》《白蛇传》《金钗记》《三国》等传统折子,更是他的拿手好戏,方圆百里享有盛誉。他熟练使用的民族乐器有唢呐、笛、笙、二胡、三弦及锣鼓等10多种,九应锣也得心应手。他尤其擅长唢呐,一口气可吹72拍音符,被苏州唢呐专家顾再欣称为一绝。金茂根凭他超人的记忆力,积累了一批堂名曲目和剧目,多年来反复演奏的《水龙吟》《普天乐》《一枝花》《迎新客》《朝天子》《将军令》等10多首乐曲,技艺娴熟,形成他独有的气度与韵味。金茂根唱、奏的部分录音带和曲谱选入省、市民族乐曲集成卷。

至今,堂名还在七都流行。

三、舞龙灯

舞龙灯俗称出龙灯。清乾隆《儒林六都志》记载,龙灯之舞在稻谷丰登之岁的元宵灯火中,其龙灯之夭娇,如舒卷于云霄。民国时期,庙港地区的徐杨港和小阳港自然村有舞龙灯的传统,龙身长三五丈(约10~15米),竹篾为骨架,外用红黄绸布作龙衣,彩绘鳞片,龙头至龙尾10多节。舞龙头者需力气大,舞龙尾者则要敏捷灵活,善行矮步,一人持长柄彩球作龙珠,在龙前逗引,龙随龙珠翻腾飞舞。出龙灯经过庙港必到永定寺内表演,盘绕4根栋柱,龙灯随彩球飞舞,回环屈曲,表演逼真。也有大、小龙同时对舞,伴以锣鼓,节奏明快,蔚为壮观。1999年,第二届"七都之夏"太湖文化旅游节,在民间文艺表演中恢复舞龙项目。此后,舞龙这项传统文艺表演在民间重放光彩。

第二节 文艺团体

一、湖风文学社

2005年10月,湖风文学社成立。社长沈金虎,副社长张建良、沈利萍,社员21人,社刊《湖风》,季刊,主编张建良,刊物顾问为镇分管领导。《湖风》社刊主要发表社员及本地文学爱好者作品,力求乡土气息以形成特色。刊物提供给社员阅读,还赠予企业、学校、镇图书馆、七都籍家乡人以及周边文学社团。文学社组织开展各类活动,每季度举办一次文学爱好者座谈会;每年组织一次为期两天外出采风活动,赴浙江奉化、安吉、临安等地;不定期学习和培训写作知识与技巧,开展会员创作一帮一辅导;每年组织一次社员征文比赛,进行评比奖励,组织湖风读书会,读书会会员30人。以发现年轻文学爱好者,充实文学社力量。湖风文学社鼓励个人出创作专集,如沈金虎、沈利萍(尼楠)、沈敏燕、施娟等将创作的作品由文学社编成《湖风》专集出刊。鼓励社员参加各类评奖活动和向各种刊物投稿,沈利萍散文《小镇生活》获苏州艾雯青年散文奖二等奖,散文《一尾充满幻觉的鱼》入选全国年度最佳散文选,小说《遗言》被选入中华小说选刊,沈利萍加入江苏省作家协会。2008年,文学社社员35人。

2009年,文学社《湖风》刊物出版4期,共选登86篇文学作品。同时配合做好吴江日报《七都专版》"湖风拾翠"栏目的组稿。

2010年,吴江市举办"清风雅韵漫鲈乡"廉政诗词创作活动和书法作品比赛,湖风文学社积极参与,取得较好成绩。《湖风》文学社刊全年出版4期,完成《吴江日报》七都专版"湖风拾翠"栏目6期的组稿。

2011~2014年,文学社《湖风》刊物每年出版4期,每期选登22~24篇文学作品。2015年,湖风文学社社长尤建华,名誉社长谷端凤,社员16人,文学社《湖风》刊物出版4期,共选登72篇文学作品。

二、书画和摄影团体

2004年1月,七都书法美术摄影协会成立,协会成员19人,负责人黄志程。是年起,协会成员多次参加市、镇举办的群众书画比赛。有关摄影作品还收入《七都》大型画册。

2005年,七都书画社成立,多次在镇文化广场展出书画作品。并参加吴江市离退休职工书画作品展活动。

2009年,七都书画社为庆祝中华人民共和国成立60周年,举办"国庆征文""书法美术摄影"比赛,共收到文学作品 20 篇,书法美术摄影作品 18 件。

2010 年,七都书画社完成《七都》一书和《浦江源头·七彩之都》画册的出版。

2011 年,七都书画社举办庆祝中国共产党建党 90 周年书法、美术、摄影、征文比赛。

2012~2015 年,七都书画社、书法美术摄影协会为迎接十八大的胜利召开,举办书法、美术、摄影、征文比赛。每年在中秋节、国庆节,举办"书画七都"、书法、美术作品比赛。

三、音乐、舞蹈及文化团体

1990 年,七都缫丝厂女子轻音乐乐队成立,辅导老师陈剑荣,演员主要由丝织厂职工兼任。建立乐队,活跃职工业余文化生活,提高文体活动品位,是缫丝厂创建文明单位的一个重要项目。女子轻音乐乐队得到中共吴江县委宣传部赞赏,苏州、湖州、浙江电视台分别作过报道。1992 年下半年,女子轻音乐乐队停办。

2004 年 1 月,七都声乐舞蹈队成立,队员 22 人,负责人金燕。声乐舞蹈队除参加每年一届吴江市十镇联动大型文艺巡回演出外,还参加吴江市各种文艺汇演、文艺比赛及七都镇新春团拜会。2005 年 12 月,少儿舞蹈《英雄》在吴江市群众文化创作作品展示活动中获三等奖。

2006 年 6 月,小品《假戏真做》获吴江市计生文艺汇演二等奖。

2007 年 7 月,小品《必须选择》获吴江市计生文艺汇演二等奖;8 月,小品《欠债》在第四届十镇联动演出中获吴江市优秀节目奖;七都镇文化中心在第四届"十镇联动"大型文艺巡回演出中,获吴江市优秀组织奖;9 月,昆剧《牡丹亭·游园惊梦》在吴江市戏曲票友、折子戏大赛中获二等奖。2008 年 11 月,七都木偶昆曲《牡丹亭·游园》代表吴江市文化馆参加"纪念改革开放 30 周年——首届中国农民文艺汇演",获全国银穗奖。

2011 年,《戏偶》参加吴江市元旦文艺汇演获创作二等奖、节目二等奖、表演二等奖。

2012 年,《乐居太湖》参加吴江市元旦文艺汇演获创作二等奖、节目二等奖、表演二等奖;群舞《渔家姑娘》参加吴江市总工会演出获二等奖。

2013 年,《渔歌飘香鱼满舱》参加吴江区元旦文艺汇演获创作二等奖、节目三等奖;《家乡春满园》参加吴江区机关歌唱大赛获一等奖。

2014 年,《美丽七都》参加吴江区元旦文艺汇演获创作二等奖、节目二等奖、表演一等奖。

2015 年,七都文体站组织举办广场群众舞蹈展演暨吴江区首届太湖文化节启动仪式;协助工会组织"职工文艺汇演七都片区"的节目演出;组织、举办第十一届吴江区域文化联动七都联动场、自演专场、太湖"民星闪耀"首届吴江歌手大赛。共有 8 人入选歌手大赛复赛,学生张楚菲入选决赛;组织完成太湖·七都文化旅游节暨棒棒糖艺术中心汇报演出;协助七都小学每周开展一节昆曲课;"太湖迷笛音乐节"期间,协助安排 4 号戏曲舞台的节目和人员等事宜;协助社区各文艺团队组织"迎国庆""庆重阳"等文艺演出;组织节目参加同里"百姓舞台天天乐戏曲专场"演出。

第五章 报刊和著作

第一节 报 刊

一、《七都镇报》

1998 年 1 月 6 日,《七都镇报》创刊,由中共七都镇委员会主办,党委书记周学林为创刊献词。

报社设在镇政府大院内,主编由镇党委宣传委员沈宏彪兼任,副主编由镇党委办公室副主任冯月根兼任,并由2名编委主持日常工作,党委宣传办公室发行,为不定期内部刊物,该报每期8开4版1张,吴江日报社电脑制作中心电脑排版,吴江市文教印刷厂承印。该报内容以七都的人文、景观、风土乡情、改革成就为主,旨在让在镇的七都人和在七都的外地人了解七都,也让在外地工作的七都人更全面地了解家乡的巨变,以激发七都人为家乡的两个文明建设奉献智慧和力量。至2003年底共出版61期。

二、《湖风》

2005年11月,《湖风》创刊,为文学社季刊,16开本,每年分春、夏、秋、冬4期出版,以作品特色分类,有诗歌、散文、回忆录、小说连载等。每季度一期,延续至今。

至2015年,共出版41期。

历任主编有:沈金虎、张建良、沈利萍。

三、《求是苑》

2006年9月,《庙中教育》创刊,为庙港中学校刊,16开本,一年出2刊,设"管理平台""德育园地""课题研究"等栏目。2010年,更名为《求是苑》。至2015年12月,共编辑刊出18期,多次获吴江区校级刊物评比一等奖。

四、《湖光》

2001年1月,《七都教研》创刊,16开本,为七都中学校刊,半年刊,设"卷首语""教育管理""德育纵横""教学研究""创意课堂""读书心得""习作园地"等栏目。2011年,更名为《湖光》。至2015年12月,共编辑刊出30期。刊录内容广泛而有深度,有前沿教育理论、学校教育实践成果和一线教师的实践经验以及学生的心声等;排版精美,语言文字精雕细琢。连续多年获得吴江区校级刊物评比一等奖。

《湖风》季刊(摄于2015年)

五、《教海争流》

1994年8月,《教海争流》创刊,16开本,一年出两刊,期间还出增刊。为七都中心小学校刊,设"学校管理""课题研究""学陶师陶""教有所思"等栏目,至2015年12月,共编辑刊出66期。刊物聚焦学校特色、构筑交流平台、引领教师成长。获得吴江区教科室校级刊物评比一等奖5次。

六、《江村教苑》

2011年,《江村教苑》创刊,16开本,每学年出4期,为庙港实验小学校刊,设"办学指南""校本研究""课题在线""科研先锋""学陶师陶""青青子衿""师生共读""阅读视野""小小作家"等栏目。至2015年12月,共编辑刊出20期。

表15-5　　　　　　　　　　　1993~2015年七都镇编印报纸、刊物情况表

出版时间	书、报、刊物名称	备注
1993.3	《光通信》杂志	亨通月刊,每月5日发行期刊
1994.8	《教海争流》	一年出两刊
1997.1	《亨通人》报纸	亨通月报,每月5日出版报纸
1998.1~2003.12	《七都镇报》	每月1期
2000.10	《亨通世界》杂志	亨通双月刊,逢双月的10日期刊
2001~2015.12	《湖光》	每年出刊2期
2002.10	《中国乡村考察报告:乡镇社区的当代变迁—苏南七都》	第1版:刘豪兴、冯月根等著。

(续表)

出版时间	书、报、刊物名称	备 注
2003.2	《走进七都》	七都中学校本教材
不定期	《优秀综合实践活动案例汇编》	七都中学校刊(增刊)
2004.1~2005.12	《吴江日报·新七都专刊》	每月1期
2005.1~2015.12	《湖风》杂志	每季1刊
2006.9~2015.12	《求是苑》	一年出两刊
2007.9	《中国光纤光缆30年》大型丛书	亨通集团吴重阳主持编辑
2011~2015	《江村教苑》	每学年4期

第二节 著 作

一、著作选目

著作选目主要依据编写《七都镇志·人物卷》或搜集档案文献而辑录。

(一) 历代著作

1. 宋代

谢炎:《谢化南文集》

谢绛:《谢希深文集》《注韩非子》《注公孙龙子》

谢景初:《宛陵集》

谢景平:《诗书传说》

谢景温:《游云门》

2. 明代

曹应仙:《湖上稿》《归吴编》

毛衢:《六泉诗文集》

皇甫涍:《莲塘漫笔》

孙从龙:《易经参疑内外编》《经武商鹭》《周易参疑》

吴默:《庄子解》《周说》《吴因子易说》《旁注左国芳润》

庄元臣:《四书觉参符》《叔苴子》《三才考略》《金石撰》《凤阁草》《时务策》《曼衍斋文集》《古诗猎隽》《庄氏族谱》《涉古记事》《南华雅言》

赵君邻:《礼记正业》

张隽:《与斯集》《三蔀纪略》《易序测象》《西庐文集》《卖菜言》《九宫编》《东池诗集》《古今经传序略》《象历》《象纬》

孙履恒:《哀谷子商鹭武经七书》《廿一史选驳》

孙阳顾:《儒林六都志》《枕流轩诗集》《问心集》《四书管窥》《易经广注》《尚书礼记周礼三经纂要》《杜诗五律约解》《唐诗七律约解》《姓氏考略》

孙云蔚:《果树园艺通论》《果树栽培学》《西北果树》《现代果树科学论集》《中国果树史与果树资源》《果树种类论》《最新西瓜百合栽培法》《甘蓝栽培法》

孙伯和:《近百年来中国的蚕丝事业概况》《民国经济史》《中国缫丝工业史(古代)》

3. 近现代

孙云球:《镜史》

孙本文：《社会学上之文化论》《社会问题》《社会学原理》《当代中国社会学》《现代社会科学趋势》《社会学》《文化与社会》《社会变迁》《社会心理学》《人口论 ABC》

孙本忠：《家蚕中肠细胞的生理研究》《中国养蚕学》《蚕种学》

孙陶亨：《光学物理学》(翻译)、《激光物理学》(合著)

孙棉龄：《卫生学总论》《环境卫生学》《地方性氟中毒》《中国医学百科全书·环境卫生系分卷》

盛家廉：《中国甘薯栽培学》《全国甘薯品种目录》《中国甘薯品种志》《甘薯栽培技术》(合编)

项志生：《柞蚕生产与收购》

吴汝煜：《刘禹锡》《简明中国古典文学词典》《〈史记〉论稿》《刘禹锡传论》《刘禹锡诗文选》《全唐诗人名考》《史记选》《唐五代人交往诗索引》

项怀诚：《中国财政体制改革》《财政补贴研究》《预算外资金研究》《90 年代财政发展战略》《中国市场经济与宏观调控》

庾菊荣：《长毛兔的饲养管理》《黑麦草在江南地区的种植与管理》《畜产品必须实行市场准入制》《幼兔的痢疾病防治》《湖羊的肝片型吸血虫病防治》

杨培英：《核生化大辞典》《被装装备学》

徐海松：《计算机测色与配色新技术》《颜色信息工程》

孙世光：《人类遗传和遗传疾病》《幼儿保健知识》

皇甫垠：《正确组织广告，促进商品生产》《效果调查是提高广告服务质量的良好途径》《两岸情怀兴中华——皇甫垠半世纪海内外亲友通讯文史集》

邱文郁：《吉林化肥厂分析规程》《吉林化肥厂色谱法分析教材》《国家化工部化工企业管理干部岗位规范》

邱秉权：《工程力学》《理论力学新型习题》《理论力学约束与约束反力》《分析力学》《工程力学教程》

王长根：《内蒙古农业气候资源分析与区划》《内蒙古气候漫谈》《内蒙古主要气象灾害分析》《内蒙古气候热点问题对策研究》《玉米农业气象学》《山地天气与气候》

吴伟斌：《文学人物鉴赏辞典》《毛泽东诗词鉴赏》

朱炳南：《群众测天气经验》

叶澄宇：《中华科学技术文库》《中国新时期社会科学成果荟萃》《中国科研创新理论研究》《华夏英才文集》

邱秉钧：《非洲黑白画艺术》《魂牵梦绕新西兰》《非洲艺术》(合著)《扫描电子显微镜》(合译)《女人体素描》《毕加索，成功与失败》《校园秘史》(合译)

沈金法：《稻作诊断》

沈海林：《医学影像解剖学》《医学影像诊断学》《多层螺旋 CT 后处理技术临床应用》《磁共振成像原理与临床应用》《急诊 CT 诊断学》《MRI 诊断》《CT 诊断学》

冯根松：《财坛金秋》《财坛新论》《新编预算会计》《军队绩效审计研究》

周荣根：《城市住房与可持续消费》《村庄宅基地登记工作中若干问题的分析和对策》

吴格非：《萨特与中国——新时期文学中人的存在探询》

孙悦良：《墨缘杂忆》

二、团体著作

七都镇地方志编委会：《七都镇志》(丁学明主编)

庙港镇地方志编委会：《庙港镇志》(朱瑞章主编)

开弦弓村志编纂小组：《开弦弓村志》（刘豪兴主编）

七都镇编委会：《以工兴镇》（刘豪兴、冯月根等著）

七都镇编委会：《七都》（王益冰、俞前主编）

七都镇编委会：《太湖渔歌》（金健康、孙俊良、查旭东主编）

二、著作选介

（一）儒林六都志

清乾隆二十八年（1763），《儒林六都志》上下卷，孙阳顾纂，曹翠亭增纂。民国32年（1943），孙心梅抄本，藏南京博物院。

2010年，吴江市档案局、市地方志办公室、七都镇人民政府将《儒林六都志》整理校注后出版。

六都位于吴江区七都镇五界亭以西、金鱼漾以北、滨临太湖，西接浙江胡溇。志称"自宋元（以）来，人文独盛，衣冠甲第冠于一邑，故以儒林名六都"。全志分上下卷，设二十六目，目有题解或小序。上卷目依次为疆域、乡村、图圩、赋役、土田、水利、形胜、古迹、风俗、官署、寺庙、桥梁、进士、举人、贡生、监生，下卷目依次为庠生、武途、吏仕、齿德、笃行、节烈、仙释、艺术、著述、摭馀"。"土田"不记田地面积，记地势和收成，记作物和出产，"进士""举人""贡生""监生"中，人名下直接录生平。

（二）《七都镇志》

1995年，七都镇党委成立《七都镇志》编纂领导小组和镇志办公室，《七都镇志》办公室人员：丁学明、邱秉衡、邱三民。历时6年，2001年5月出版。

《七都镇志》系统记述七都镇自然与社会的历史和现状，分地理、农业、工业、商业、交通邮电、财税金融、村镇建设、党群社团、政务治安司法民政、军事、文教体育卫生、社会、人物、丛录14卷，叙事未定上限，入志资料尽可上溯，记述重点是辛亥革命以来各个历史时期的状况，下限断至1999年，大事记延伸至2001年初。志书由七都镇地方志编纂委员会编纂。

（三）《庙港镇志》

1995年4月，庙港镇党委成立《庙港镇志》编纂领导小组和镇志办公室，《庙港镇志》办公室人员：朱瑞章、尹文伯、沈金康、盛声初、盛泉福。历时6年，2001年7月出版。

《庙港镇志》系统记述庙港镇自然与社会的历史和现状，分地理、镇村建设、农业、蚕桑、工业、交通邮电、商业、财税金融、党政社团、治安司法民政、军事、江村调查、文化教育体育、卫生、社会、人物16卷，客观、系统、翔实地记述当地的自然、政治、经济、文化、社会等诸方面的历史和现状，该志记述的地域范围，以1958年9月划定的行政区域为基础。为保持记述事物的历史完整性，少数记述亦涉及区域以外的村落，记述时间上限因事而异，下限断至1995年，大事记延伸至2000年。志书由庙港镇地方志编纂委员会编纂。

《儒林六都志》
（广陵书社2010年版）

《七都镇志》
（江苏古籍出版社2001年版）

《庙港镇志》
（浙江大学出版社2001年版）

（四）《以工兴镇》

2008年11月，《以工兴镇》由上海人民出版社出版，刘豪兴、冯月根等著。

全书正文分七都社区概述、制度变革与农业发展、农村工业化、乡镇企业的产权制度改革、乡镇企业发展下的乡村政治权力运作、城镇化进程中的小城镇建设、职业视野的社会分层、婚姻与家庭、现代化进程中的农民生活、农村社会保障等十章。附录有电缆之乡的创业者——沈银归访谈录、高瞻远瞩创新发展——记亨通集团的发展、七都历史上有记载的灾害情况一览、苏南模式等四部分。《以工兴镇》既有科学的理论作指导，又有丰富真实的第一手材料作基础，为人们认识苏南农村的发展过程，探索解决农村、农民、农业问题提供详实资料。

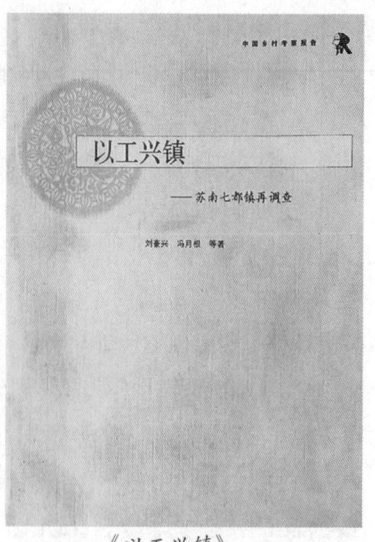

《以工兴镇》
（上海人民出版社2008年版）

（五）《七都》

2010年9月，《七都》由吉林出版集团有限责任公司出版。主编王益冰、俞前，编著沈金虎、陈志强。全书25万字，分设七都纵览、彩虹卧波、胜迹展痕、古村映辉、古韵飘馨、人才代出、江村春秋、民间传说、珍馐美味、特产名品、对联集萃、诗吟七都12个部分，综述七都千年，收集颇丰。

书中收录《木偶昆剧》《金玉堂堂名》《太湖渔歌》《网船会》等民间文化遗产；从唐代文学家陆龟蒙至现今的"中国优秀企业家""全国劳动模范"崔根良等与七都相关的名人14人；辑录费孝通从1936年至2002年26次访问开弦弓村的活动概况；记录太湖蟹、太湖"三白"、风枵茶、熏青豆茶等9种七都名优特产；摘录赞美七都、赞美太湖的古诗18首，现代诗18首。此书是一本全面描述七都历史文化、人文荟萃、风土人情、物产丰盈的书籍，可称为七都首本导游指南。

《七都》（吉林出版集团有限责任公司2010年版）

（六）《太湖渔歌》

2014年6月，《太湖渔歌》由上海文艺出版社出版，全书68.5万字。主编金健康、孙俊良、查旭东，主笔张舫澜。该书所收作品，内容和形式都较为丰富，既有短山歌，也有中长篇叙事歌；既有情歌，也有仪式歌；既有清口演唱，也有简单乐器伴奏或"和口"（伴唱）。内容涉及社会、道德、伦理、审美、风俗、经济等诸多方面，倡导劝人为善、扬善惩恶、见义勇为的价值观。该书抢救部分散落在民间的珍贵遗产，也为吴语山歌资料库增添鲜活的资料，是吴语地区山歌搜集整理史上的又一盛事。

（七）《开弦弓村志》

2010年3月，中共开弦弓村总支部成立《开弦弓村志》修编领导小组，聘请刘豪兴任主编，朱云云和姚富坤任副主编，周新根、沈春荣、谈雪荣、徐桂生任编辑，倪进兴和谈杏林任编务，后增补编务沈珍娜。历时5年，2015年4月出版。

《开弦弓村志》客观、系统地记述开弦弓村的自然与社会的历

《太湖渔歌》
（上海文艺出版社2014年版）

史和现状,分费达生费孝通与开弦弓村、地理、人口、农业、工业、运输商业服务业、政党社团、政务军事、民政社会保障、教育文化卫生、村庄建设、社会生活、江村考察访问、人物14卷,客观、系统、翔实地记述了当地的自然、政治、经济、文化、社会等诸方面的历史和现状,该志记述的地域范围,以2010年开弦弓村的行政区域。上不设限,下限断至2010年,大事记延伸至2015年。

第六章 科 技

1958年,七都、庙港人民公社科学技术工作委员会成立。"文化大革命"时期,科技工作基本处于停滞状态。1978年,七都、庙港公社加强对科技工作领导,成立科学技术领导小组,建立科普协会,配备科技助理(兼职)。1992年,七都、庙港镇设科技办公室和专职助理。1996年,七都镇被评为江苏省科技工作先进镇。1997年,庙港镇被评为江苏省科技工作先进镇。2009年11月,国家人事部批准江苏亨通光电股份有限公司设立院士工作站。

第一节 科技机构

一、镇科学技术领导机构

1958年,七都、庙港公社和下辖大队设立科学技术领导小组。1962年7月,公社、大队科学技术领导小组撤销。

1978年9月,七都、庙港公社建立科学技术领导小组,有1名领导干部和1名兼职人员抓科技工作。1987年,七都、庙港乡各配备兼职科技助理1人。

1990年,七都、庙港乡科技领导小组成立,设科技办公室,配备专(兼)职的科技助理。

1992年,七都、庙港镇设科技办公室和专职助理。2003年,七都、庙港镇合并,新的七都镇科技领导小组成立。2011年,七都镇科学技术协会成立,镇党委分管副书记任主席,镇政府分管副镇长任副主席,科技助理任秘书长。至2015年,七都镇科技机构不变。

二、企业科研机构

1993年,江苏亨通光电股份有限公司光电传输检测实验中心成立。2002年,江苏亨通建立国家级博士后科研工作站。2009年11月,国家人事部批准江苏亨通光电股份有限公司设立院士工作站。

2015年,亨通线缆建立江苏省博士后创新实践基地。集团公司共建立28个科研机构(详见工业卷企业选介)

第二节 科技推广

一、农业科技

民国13年(1924),江苏省立女子蚕业学校在庙港创办蚕业改进灶,推广改良蚕种及指导新法养蚕。

1981年,庙港公社开展提高蚕茧出丝率的研究。公社蚕桑技术辅导站与县蚕桑研究所合作的

"提高蚕茧出丝"科研项目。是年,县农业局与庙港农科站等单位开展早稻地膜育秧试验。

1991年,庙港渔业村开展东太湖网围养蟹试验。

1999年,七都农技站开展粮经两熟高产高技配套技术研究开发。

2005年,七都农技站开展大头菜深加工技术开发及研究。2008年,七都农技站开展太湖"三白"(白鱼、白虾、银鱼)深加工技术的研究。

2008年,七都镇畜牧兽医站开展太湖肉用兔高产、高效、无公害饲养新技术研究。

2015年,在230省道以北,陆港村、煤烂村等地,建设浦江源太湖蟹养殖示范园。园区规划面积一万亩,分为核心生态渔业示范区、规模化产业区、太湖蟹交易展示区以及东太湖蟹文化休闲体验区等四个功能区。园区立足"现代、科技、生态、品牌",以太湖蟹为主体,从"蟹文化"入手,开发太湖蟹的营养价值、经济药用价值以及科研价值,构建生态养殖、高科技加工、物流交易、休闲旅游等为一体的产业链。

二、工业科技

1986年,吴江县庙港制冷设备厂研制双温冷藏柜。1989年,吴江特种电缆厂研制KYYTP高耐压导引电缆。

1990年,吴江特种电缆厂研发高耐压水平导引电缆。1994年,吴江开弦弓村开展银杏叶制取黄酮甙研究。1995年,吴江市庙港化工厂研制泛酸钙。1997年,亨通集团妙都光缆有限公司研制CYTA03-48DC通信电缆。1998年,亨通妙都光缆有限公司研制FRP非金属光缆。2005年,苏州恒升新材料有限公司研制HS-I高效丙烯聚合催化剂。2006年,江苏亨通光纤科技有限公司研制轨道交通用直流牵引电缆。是年,江苏亨通光纤科技有限公司研制室内分支光缆。2007年,江苏亨通光纤科技有限公司开展FTT用G.657A光纤产业化研究。2008年,江苏亨通线缆科技有限公司研制阻燃环保型VTSL2电缆SBYV-30。是年,富威科技(吴江)有限公司研制上引法生产宽幅(360毫米)以上、大卷重、高密度紫铜带坯。2010年,江苏亨通电力电缆有限公司研制风力发电专用电缆。

2011年,吴江神州双金属电缆有限公司研制电磁感应器用高性能低成本漆包线。江苏亨通电力电缆有限公司研制额定电压0.6每千伏及以下硅橡胶绝缘硅橡胶护套变频器电力电缆。

2015年,苏州菲特威尔木结构房屋有限公司研制木屋别墅,商用木屋结构房及户外景观凉亭、木栈道。

第三节 科技成果

七都镇在科技兴镇活动中,开展科研活动,主动争取和承担省、市(县)的科研项目,组织科技人员进行研究和实践,共取得48项科技成果。

表15-6　　　　　　　　至2015年七都(庙港)获科技进步奖部分项目情况表

获奖时间	项目名称	完成单位	获奖等级
1981	纸包法收蚁的推广	庙港公社副业办公室	苏州市四等
1981	铬酸废气回收器	庙港公社合群化工厂	吴江县三等
1983	提高蚕茧出丝率的研究	吴江县蚕桑研究所、庙港乡	省级三等
1988	聚氯乙烯绝缘聚氯乙烯护套电力电缆	吴江电缆厂	吴江县三等
1989	太湖茭草制作青贮饲料及饲喂奶牛研究	县多管局、庙港乡奶牛场	苏州市四等

(续表)

获奖时间	项目名称	完成单位	获奖等级
1989	利用太湖水面茭草资源围栏养鱼研究	县水产局、庙港渔业村	苏州市四等
1992	东太湖网围养蟹试验	吴江市水产局、庙港渔业村	苏州市四等
1992	缎丽绡	吴江新联丝织厂庙港分厂	苏州市四等
1992	104/D 多功能不锈钢煮茧机	庙港缫丝厂	苏州市四等
1992	生命信息仪处理稻麦种子试验	七都农技站	苏州市四等
1992	生命信息仪处理稻麦种子试验	庙港农技站	苏州市四等
1992	太湖白土和低产黄泥土综合配套技术研究	七都农业公司	吴江市三等
1999	粮经两熟高产高技配套技术研究开发	七都农技站	苏州市四等
2001	综合引入光缆	江苏亨通光电股份有限公司	吴江市一等
2001	层绞式小缆芯 ADSS 光缆	江苏亨通光电股份有限公司	吴江市二等
2001	层绞式半干式缆芯光缆	江苏亨通光电股份有限公司	吴江市三等
2005	防啄木鸟光电缆护套料	双塔集团吴江特种光电线缆厂	苏州市三等
2005	中心管式接入馈线综合光缆	江苏亨通光电股份有限公司	吴江市二等
2005	湖羊资源保护	七都农技推广服务中心	吴江市二等
2005	911 聚氨酯地下建筑防水涂料	吴江市月星建筑防水材料有限公司	吴江市三等
2005	XYW-2 高聚物自粘性沥青防水卷材及刮涂工艺	吴江市月星建筑防水材料有限公司	吴江市三等
2005	大头菜深加工技术开发及研究	吴江七都土特产绿色食品有限公司	吴江市三等
2006	变频器用电力电缆	江苏亨通电力电缆有限公司	吴江市一等
2006	太湖野菱的保护对净化水质的研究	七都农技推广服务中心	吴江市三等
2006	吴江沿太湖地区桑螟的综合防治技术	七都农技推广服务中心	吴江市三等
2007	无卤低烟阻燃防鼠防白蚁电力电缆	江苏亨通电力电缆有限公司	苏州市三等
2007	高阻燃宽带用数字程控电缆	江苏亨通线缆科技有限公司	吴江市一等
2007	交联聚乙烯绝缘直流牵引电缆	江苏亨通电力电缆有限公司	吴江市二等
2007	额定电压 10KV 铝合金芯铝导体架空绝缘阻水电缆	江苏亨通电力电缆有限公司	吴江市三等
2007	优质多胎肉用湖羊的选育	吴江七都土特产绿色食品有限公司	吴江市三等
2008	废杂铜制高纯铜及低氧光亮铜杆的生产技术	江苏万宝铜业集团有限公司	吴江市一等
2008	额定电压 1KV 及以下耐低温扭转风力发电机专用电缆	江苏亨通电力电缆有限公司	吴江市一等
2008	铁路信号软电缆	江苏亨通线缆科技有限公司	吴江市一等
2008	太湖"三白"深加工技术的研究	吴江七都土特产绿色食品有限公司	吴江市三等
2008	太湖肉用兔高产、高效、无公害饲养新技术研究	七都镇畜牧兽医站	吴江市三等
2009	额定电压 35KV 及以下交联聚乙烯绝缘风力发电场传输用电缆	江苏亨通电力电缆有限公司	苏州市三等
2009	轨道交通数字信号电缆	江苏亨通线缆科技有限公司	苏州市三等
2009	铜包铝导体的点式应答器数据传输电缆	江苏亨通线缆科技有限公司	吴江市二等
2009	耐寒型交联聚乙烯绝缘电力电缆	江苏亨通电力电缆有限公司	吴江市三等
2010	新型抗弯曲高强度单膜光纤产业化	亨通集团有限公司	省级三等
2010	氟塑料绝缘氟塑料护套计算机仪表电缆	江苏亨通线缆科技有限公司	苏州市三等

(续表)

获奖时间	项目名称	完成单位	获奖等级
2011	地铁轻轨安防镍铜贯通复合缆	江苏亨通线缆科技有限公司	苏州市三等
2011	额定电压0.6/1kv及以下硅橡胶绝缘硅橡胶护套变频器电力电缆	江苏亨通电力电缆有限公司	吴江市一等
2011	陶瓷化硅橡胶绝缘耐火控制电缆	江苏亨通电力电缆有限公司	吴江市三等
2011	高性能光伏电缆	江苏亨通电力电缆有限公司	吴江市三等
2012	竹浆纤维及其制品加工关键技术和产业化应用	吴江市恒生纱业有限公司	国家科学技术进步奖"二等奖证书
2013	轨道交通综合接地线电缆	亨通线缆科技面限公司	全国工商联合会科技进步优秀奖
2015	木屋别墅,商用木屋结构房及户外景观凉亭木栈道	苏州菲特威尔木结构房屋有限公司	苏州市科技先进奖

第四节 创建科技工作先进镇和科普文明镇

1992年5月20日,吴江市人民政府办公室发出《吴江市乡镇科技工作达标试行办法》(吴政办〔1992〕9号),开展乡镇科技工作达标活动。

1995年,七都镇被评为吴江市科技工作先进镇。

1996年,中共吴江市委宣传部、吴江市科技协会联合发出《关于在全市农村开展"讲精神文明、比科技致富、创建科普文明镇(村)活动"的通知》,制订《吴江市科普文明镇考核标准》《吴江市科普文明村考核标准》等文件。七都、庙港镇成立创建活动领导小组,制定创建规划,把创建活动纳入全镇精神文明建设总体目标。

是年,七都镇被评为江苏省科技工作先进镇。庙港镇被评为吴江市科技工作先进镇。

1997年,庙港镇被评为江苏省科技工作先进镇。

1998年3月31日,苏州市科协命名七都镇为"苏州市科普文明镇"。1999年8月,苏州市科协命名庙港镇为"苏州市科普文明镇"。

2011年,七都镇被评为吴江市科普示范镇。

第五节 青少年科技创新

2002年,七都中学孙恺源作品《新颖管道疏通器》获全国青少年科技创新大赛二等奖;在全国青少年航海模型比赛中"海鹰号"张铃权获第二名,孙恺源获第三名;江苏省青少年航海模型比赛"海鹰号"孙恺源获第一名。

2003年10月,在中国科协、教育部、共青团中央、全国妇联等8家单位主办的第十八届全国青少年科技大赛上,七都中心小学船模、桥模、建模兴趣小组的"开发溇港文化、实践'三模'创意"获第十八届全国青少年科技创新大赛一等奖,第十四届江苏省青少年科技创新大赛一等奖。全国青少年航海模型锦标赛,七都中学韦易获第二名,张宇获第三名。江苏省青少年航海模型比赛七都中学孙恺源获第一名,韦易获第二名。

2004年,七都中心小学的《放飞希望的风帆——走进溇港船文化》获第十九届全国青少年科技创新大赛一等奖、十佳奖;第十五届江苏省青少年科技创新大赛一等奖。

2005年,七都中心小学被评为苏州市青少年科技教育特色学校。《解读广厦千万间——走进溇港住宅文化》获第二十届全国青少年科技创新大赛三等奖;第十六届江苏省青少年科技创新大赛一等奖。

2006年,七都中心小学的《架设我心中的桥——走进溇港文化》获第二十一届全国青少年科技创新大赛三等奖;十七届江苏省青少年科技创新大赛一等奖。

2007年,七都中心小学水环境研究小组的《太湖支流吴溇水污染问题研究》获第二十二届全国青少年科技创新大赛一等奖、十佳奖;第十八届江苏省青少年科技创新大赛一等奖。七都中心小学严嘉成的"自动减压式水管防裂痕装置"获江苏省青少年科技创新大赛个人一等奖。是年,庙港实验小学被评为吴江市青少年科技教育特色学校。

2008年,七都中心小学徐皎皎科技创新项目(环境科学)《让吴溇河重淌生态基流》获第二十三届全国青少年科技创新大赛三等奖;第十九届江苏省青少年科技创新大赛一等奖,七都中心小学作品《让稻作的智慧闪光——走进溇港稻作文化》,获第十九届省青少年科技创新大赛一等奖。

2009年,七都中心小学溇港蚕丝文化研究小组的《探究桑蚕之韵,延伸丝绸之路——走进溇港丝绸文化科技实践活动》获第二十四届全国青少年科技创新大赛二等奖,第二十届江苏省青少年科技创新大赛一等奖。七都中心小学钱琪的《防双宫茧和蛆孔茧的蚕蔟具》获第二十四届全国青少年科技大赛三等奖,第二十届江苏省科技创新大赛一等奖。

2010年,七都中心小学《桥'变'桥——可乐瓶'循环'创意'秀'科模》获第二十五届全国青少年科技创新大赛一等奖,第二十一届江苏省青少年科技创新大赛一等奖。庙港实验小学的《走进太湖蟹文化》获第二十一届江苏省青少年科技创新大赛一等奖。

2011年,七都中心小学的《追寻熏豆茶里的科学——走进溇港茶文化》获第二十六届全国青少年科技创新大赛一等奖,第二十二届江苏省青少年科技创新大赛一等奖。庙港实验小学的《走进太湖蔬菜文化》获第二十二届江苏省青少年科技创新大赛三等奖。七都中学沈宇蓉作品《可以左开右开的门》获吴江市一等奖。七都中学向思齐作品《空调利用冷凝水的节能装置》获吴江市一等奖。

2012年,七都中心小学作品《自来水断水自动关闭装置》《液化气钢瓶阀门未关闭提醒装置》均获第二十三届省青少年科技创新大赛二等奖。七都中学张郁文作品《实用的安全插座》获第二十三届省青少年科技创新大赛一等奖、首届苏州市市长奖。

2013年,七都小学获吴江区青少年科技创新"优秀组织单位"。七都中学钱依洋作品《不会掉落的衣架》获吴江区一等奖。七都中学董宸璋作品《实用的特殊功能扳手》获江苏省第二十四届青少年科技创新大赛三等奖、吴江创新市长奖入围奖;《太湖陨石撞击成因探究科技方案》获苏州市科技论文评比一等奖。

2014年,七都小学作品《对太湖东南岸线珠颈斑鸠的生存研究》《对校园乌鸫鸟的监测与研究》均获第二十五届省青少年科技创新大赛一等奖。庙港中学在江苏省金钥匙竞赛,获苏州市一等奖2人,苏州市三等奖3人;吴江区电子百拼比赛,获吴江区一等奖1人,二等奖1人。七都中学沈宇蓉作品《肥皂利废器》获吴江区一等奖、吴江区创新市长奖入围奖。七都中学董宸璋作品《太阳能叉道预警装置》获江苏省三等奖。七都中学沈宇蓉

七都小学科技实验(摄于2015年)

作品《涡轮散热轮毂》获江苏省三等奖、吴江区创新政府奖入围奖。七都中学毛浩东作品《自控防臭、自吸粉碎型及水道防堵装置》获江苏省一等奖、吴江区创新政府奖。

2015年,七都小学作品《卧床老人喂药(片剂)器》《对珠颈斑鸠繁育小鸟的监测与研究》均获第二十六届省青少年科技创新大赛二等奖。庙港中学在江苏省金钥匙竞赛,获江苏省二等奖1人;吴江区电子百拼比赛,获吴江区一等奖1人、二等奖1人,第二十二届青少年科技模型比赛,获区二等奖1人、三等奖2人;苏州市中小学电脑制作比赛,获苏州市一等奖3人、二等奖2人。七都中学科普剧《太湖千古情》获苏州市金奖;七都中学毛浩东作品《阻止闯红灯的机构》获苏州市二等奖。

第十六卷

卫生体育

民国时期,七都、庙港地区有私人诊所。中华人民共和国成立后,党和政府组织个体医生走集体化道路,成立联合诊所。开展爱国卫生运动,除害灭病,预防接种和防治血吸虫病,有效控制传染病和寄生虫病的发生和流行。1958年,七都、庙港公社医院成立。1969年,生产大队普遍成立合作医疗站,形成公社、大队两级医疗预防保健网络。1997年,七都镇被评为江苏省卫生镇。1999年,庙港镇被评为江苏省卫生镇,七都镇被评为国家卫生镇。2015年,七都镇通过全国爱国卫生运动委员会综合评审,重新确认为国家卫生镇。

中华人民共和国成立后,体育事业受到党和政府的重视,群众体育活动有很大发展。农村结合民兵军事训练,开展军体活动。1983年,七都、庙港乡体育运动委员会成立,领导开展全乡体育活动。1995年,七都、庙港镇被评为江苏省体育先进镇。2015年,七都镇成立10个体育协会、俱乐部;22个行政村都建立篮球场、乒乓球室、棋牌室等活动场所,实现"万村体育健身工程"。

第一章 医疗机构和药店

第一节 私人诊所

民国时期,七都、庙港地区先后有24人开设私人诊所(见附表),另有走访郎中、民间土医等。隐读村陈子敏妇科和亭子港自然村(今属望湖村)曹青儒喉科,五界亭自然村(今属陆港村)盛仙族内科等较有名,双板港自然村(今属陆港村)徐乐平、徐景南、徐佰儒三代从医,以专治伤寒而得名。中华人民共和国成立前夕,妇科医生李积琴设诊所于陌家港自然村(今属太浦闸村);儿科医生江碧华在庙港集镇庙西街王宅挂牌开设诊所。1950年,震泽中医内科周亚涛在庙港集镇狮子桥东南王姓民房内开设诊所。

表16-1　　民国29年(1940)七都、庙港地区私人诊所情况表

姓名	科别	所址(自然村)	姓名	科别	所址(自然村)
邱特三	中医内科	陆家港	张步云	中医外科	桥下村
张梅生	中医内科	菱荡湾	汤若其	中医外科	吴溇集镇
张明权	中医内科	菱荡湾	施明生	中医外科	陆家港
张人杰	中医内科	寺兜	王振民	中医外科	吴溇集镇
胡家钧	中医内科	吴溇集镇	张清泉	中医外科	方家桥
陈子敏	中医妇科	隐读村	曹青儒	中医喉科	亭子港
陆占梅	中医儿科	陆家港	李其光	西医外科	陆家港
施家昌	中医外科	双荡兜	张诚	西医外科	亭子港
盛仙族	中医内科	五界亭	赵梦花	中医内科	赵家港
徐乐平	中医内科	双板港	沈傲千	中西医	大圩田
徐景南	中医内科	双板港	沈炼石	中西医	庙港集镇
徐伯儒	中医内科	庙港集镇	邱伯铭	中医内科	西溪庙港

第二节 卫生院

一、七都镇卫生院

1953年2月,吴溇联合诊所成立,位于吴溇集镇西,诊所建筑面积110平方米,医务人员8人,门诊开设中医内、外科,西医内、外、儿科。在陆家港、隐读、寺兜设立3个分诊所。

1958年9月,七都人民公社成立,吴溇联合诊所在原地改建为七都公社医院,门诊开设中医内、外科、妇科、针灸科,西医内、外科、儿科等。1963年4月,七都公社医院更名为七都联合诊所。

1975年1月,七都联合诊所更名为七都公社卫生院。是年,新建门诊部和住院部,建筑面积

七都镇卫生院(摄于2015年)

500平方米。设放射科和检验科。始设病房,有床位20张,固定资产3.16万元,医务人员19人。

1978年3月,设防保组。1983年9月,七都公社卫生院更名为七都乡卫生院。

1985年下半年,卫生院迁至望湖路新址。新建门诊楼和综合楼,始设手术室。年底,全院职工26人,其中卫生技术人员19人,床位30张,房屋建筑面积2170平方米,固定资产21.11万元。

1991年,卫生院建行政楼,建筑面积150平方米。设B超室、心电图室。

1992年9月,七都乡卫生院更名为七都镇卫生院。1995年7月28日,七都镇卫生院被苏州市卫生局评为国家一级乙等卫生院。9月,设胃镜室。1997年,设心田湾分诊所。1999年3月,设前浜兜分院。2000年,前浜兜分院改建为前浜兜社区卫生服务站。七都镇卫生院另挂"七都社区卫生服务中心"的牌子。

2007年底,七都镇卫生院设内科、外科、妇科等临床科室,设检验科、放射科、药剂科、心电图室、B超室、胃镜室等医技科室,设办公室、护理部、预防保健科、财务科等职能科室;门诊部设全科诊室,住院部设床位24张;职工35人,其中卫生技术人员29人;占地面积1680平方米,房屋建筑面积2838平方米,万元以上医疗设备23台,固定资产526.62万元。

2010年,七都镇卫生院易地新建。迁至七都镇望湖南路998号(镇南西漾渔业社区小暑桥堍),占地面积1.67万平方米,建筑面积7000平方米。

2015年,卫生院设内科、外科、妇科、儿科、中医科、针灸推拿科等临床科室,设检验科、放射科、药剂科、心电图室、彩超室等医技科室,设办公室、护理部、预防保健科、财务科、信息科等职能科室;门诊部设全科诊室,住院部设床位30张。职工87人,其中卫生技术人员77人;万元以上医疗设备22台,固定资产757.07万元。

1974~2015年,卫生院历任院长:张民权、盛谓泉、沈从德、孙阿炳、韦建明、皇甫国强、周林荫;至2015年,在医院任职的副主任医师:宋斌、周林荫、葛文凤、姚红芳、黄娟华。

表16-2 　　　　　　　　1996~2015年七都镇卫生院业务情况统计表

年份	门急诊数(人)	业务收入(万元)	年份	门急诊数(人)	业务收入(万元)
1996	45454	247.77	1998	32770	253.75
1997	42913	267.57	1999	35605	255.20

（续表）

年份	门急诊数(人)	业务收入(万元)	年份	门急诊数(人)	业务收入(万元)
2000	69342	404.33	2008	77719	810
2001	66470	434.79	2009	89432	952.25
2002	60670	392.64	2010	120243	1026.64
2003	66037	436.69	2011	152927	1326.87
2004	59129	472.98	2012	166151	1422.99
2005	64155	545.94	2013	205122	1711.74
2006	61679	563.99	2014	214786	1865.24
2007	63678	703.99	2015	230365	2079.15

二、庙港卫生院

1952年10月，大庙区卫生所成立，位于庙港西街，医务人员6人，租用沈宅民房2间，初期资产几百元，门诊开设内、外、儿、妇科。1957年，大庙区卫生所撤销，成立庙港联合诊所。1958年9月，庙港联合诊所改建为庙港公社医院，医务人员10多人，设观察床，资产上千元。在陆家港设医药门诊部。

1963年4月，庙港公社医院更名为庙港联合诊所。1965年，设化验室。1967年，吴江县人民医院下乡医疗队到联合诊所帮助工作。是年设手术

庙港卫生院（摄于2015年）

室。70年代初，卫生院自筹资金8000元买下房管组建的庙东街7间医疗用房，结束了卫生院医疗用房出租金的历史。陆家港医药门市部并入庙港联合诊所，始设中药房。1970~1971年，南京铁道医学院医疗小分队到联合诊所指导血防工作，开展切脾手术。1975年，庙港联合诊所更名为庙港公社卫生院。1978年3月，设防保组。

1981年设X光室、观察病床10多张，有工作人员20多人。1982年原址翻建1幢三层住院部（楼）。

1983年9月，庙港公社卫生院更名为庙港乡卫生院。1985年，全院有职工27人，其中医务人员23人，床位20张，房屋建筑面积1485平方米，固定资产14.5万元。1986年，设B超室。1989年，建1幢职工宿舍。1990年，翻建1幢三层门诊综合大楼。

1992年9月，庙港乡卫生院更名为庙港镇卫生院。1993年3月，设儿科。1994年，设口腔科。是年，庙港镇卫生院被苏州市卫生局评为国家一级甲等卫生院。2000年，卫生院另挂"庙港社区卫生服务中心"的牌子。

2002年12月，配备救护车。2003年，实行院、科两级管理。2004年2月4日，撤销产科。4月28日，庙港镇卫生院更名为七都镇庙港卫生院。2006年底，设小儿输液室。

2007年底，卫生院设内科（儿科）、外科、妇科、口腔科等临床科室，设放射科、检验科、药剂科、B超室等医技科室，设财务后勤科、预防保健科等职能科室；门诊部设全科诊室，住院部设内、外、妇3个病区，床位24张；职工37人，其中卫生技术人员33人；卫生院占地面积2578平方米，房屋建筑面积2815平方米，万元以上医疗设备23台，固定资产356.91万元。

2013年，庙港卫生院易地新建。2015年，位于庙港社区庙震路521号的新建卫生院落成启用，占地面积6667平方米，建筑面积6921平方米。卫生院设内科、儿科、外科、中医科、妇科、口腔科等

临床科室,设放射科、检验科、药剂科、B超(心电)室等医技科室,设办公室、后勤部、财务科、预防保健科等职能科室;门诊部设12个诊室,住院部设床位38张;职工75人,其中卫生技术人员61人;万元以上医疗设备27台,固定资产563.15万元。

1974~2015年,卫生院历任院长:王才根、沈勇明、沈宇、周林荫、韦建民;至2015年,在医院任职的副主任医师:沈勇明、周林荫、韦建民。

表16-3　　　　　　　　　　　　　1996~2015年庙港卫生院业务情况表

年份	门急诊数(人)	业务收入(万元)	年份	门急诊数(人)	业务收入(万元)
1996	26293	69.50	2006	93821	629.04
1997	29231	97.86	2007	87556	698.40
1998	32992	146.17	2008	88256	874.78
1999	35735	197.03	2009	140743	1287
2000	38754	250.69	2010	153390	1499.52
2001	41445	313.29	2011	161305	1710.80
2002	45644	355.71	2012	164987	1764.71
2003	48188	451.18	2013	183084	2120.52
2004	47292	571.74	2014	203523	2731.67
2005	73940	604.27	2015	213054	2395.41

第三节　卫生服务站

1958年,七都、庙港公社各大队始设保健员。1968年下半年,七都公社光明大队率先建立合作医疗站。1969年9月,七都公社的25个大队、庙港公社的21个大队相继建立合作医疗站。各大队配备"赤脚医生"(乡村中没有纳入国家编制的非正式医生)2~3人,两个公社的"赤脚医生"共49人,其中男29人、女20人。上岗前,由七都、庙港公社医院培训3个月,选送部分"赤脚医生"去吴江、苏州等医院进修。形成公社、大队两级预防保健网络。初建合作医疗站,设备简陋,1间房屋、1只保健箱、1张桌子、1张观察床、1顶药品橱。1983年,"赤脚医生"改称乡村医生,经过考核合格者发给乡村医生证书。1985年,合作医疗站更名为村卫生室。是年,七都乡有26个村卫生室,庙港乡有21个村卫生室。1986年,各村开始创建合格卫生室,房屋、设备、人员需三配套,房屋要求面积40平方米以上,诊疗、治疗、药房(库)三室分开,设备要有听诊器、血压计、体温表等,人员要求有男有女。1994年,村卫生室创建吴江市甲级村卫生室,房屋要求40平方米以上,诊疗、治疗、药房(库)、观察四室分开。叶港村卫生室为七都镇第一个吴江市甲级村卫生室。是年,叶港村卫生室被评为苏州市示范村卫生室。1995年,七都镇长渠港村、双石港村、文义兜村、蒋家港村、桥下村、勇联村、勤丰村、沈家湾村、双荡兜村、丁家湾村、长村村、薛埠村、李家港村等13个卫生室被评为吴江市甲级村卫生室。庙港镇开弦弓村、富强村、渔业村卫生室被评为吴江市甲级村卫生室。至1999年,七都镇甲级村卫生室22个、示范村卫生室3个。乡村保健医生和保健员共50人,其中取得乡村医生合格证20人、取得乡村保健员合格证2人;庙港镇甲级村卫生室21个、示范村卫生室5个。乡村医生和乡村保健员46人,其中取得乡村医生合格证19人,取得乡村保健员合格证2人。

2000年,启动农村社区卫生服务体系建设和社区卫生服务试点工作,七都镇卫生院前浜兜分院更名为前浜兜社区卫生服务站,服务周围3个村,成为吴江市第一个农村社区卫生服务站。是年,七都镇卫生院另挂"七都镇社区卫生服务中心"的牌子,这是全市第一个社区卫生服务中心,庙港镇卫生院增挂"庙港镇社区卫生服务中心"牌子。与卫生院实行两块牌子,一套班子。

2002年,七都、庙港镇政府组织卫生、医院等部门,深入各行政村进行调研,为全面建设社区卫生服务站制订可行性方案。是年,七都镇在东风村、东庙桥村建成社区卫生服务站。

2003年,七都、庙港并镇后,社区卫生服务中心深入各村,摸清各村卫生服务站的现状,确定相关村建设社区卫生示范服务站,落实建设方案及补助资金。

2006年,丰民村、太浦闸村、盛庄村、东庙桥村4个村,建成社区卫生示范服务站,使村民"小病进社区、大病进医院"。是年,社区卫生服务中心深入各村和社区卫生服务站的医务人员,为全镇11835名老年人进行健康体检,并建立相应的健康档案。帮助在岗的乡村医生37人办理养老保险,对到龄退休的19名乡村医生办理一次性养老补偿。

2007年,继续加强社区卫生示范服务站的建设,群幸村、东风村、开明村、菱田村、隐读村、光荣村6个村建成社区卫生示范服务站,改善村民的就医环境,真正为群众办实事。是年,七都卫生院前浜兜分诊所和心田湾分诊所更名为前浜兜社区卫生服务站和心田湾社区卫生服务站。

至2015年底,全镇共有社区卫生服务站22家,乡村医生44人。乡村医生都持证上岗,除医疗业务外,配合卫生院开展查病防病工作,并参与爱国卫生活动。

表16-4　　　　　　　　　　2015年七都镇社区卫生服务站情况表

服务站名称	乡村医生姓名	性别	卫生服务站面积（平方米）	辖区	备注
东风社区卫生服务站	黄春林	男	120	东风村	示范服务站
望湖社区卫生服务站	俞小娥	女	70	望湖村	
	沈维君	男			
双塔桥社区卫生服务站	钱新妹	女	70	双塔桥村	
	施雪林	男			
吴溇社区卫生服务吴站	邱建芳	女	80	吴溇村	
心田湾社区卫生服务站	张群英	女	80	沈家湾村	
隐读社区卫生服务站	沈鹤红	女	120	隐读村	示范服务站
丰田社区卫生服务站	张为芳	女	70	丰田村	
东庙桥社区卫生服务站	张春华	男	120	东庙桥村	示范服务站
	王建花	女			
	倪春林	男			
前浜兜社区卫生服务站	吴忠良	男	250	吴越村 长桥村	
	沈晓晴	女			
	倪海琴	女			
群幸社区卫生服务站	孙月娥	女	120	群幸村	示范服务站
菱田社区卫生服务站	王娟	女	120	菱田村	示范服务站
	宋连珠	女			
陆港社区卫生服务站	管志龙	男	60	陆港村	
	倪学林	男			
燦烂村社区卫生服务站	龚桂珠	女	50	燦烂村	
	孙子良	男			
盛庄社区卫生服务站	盛春娟	女	120	盛庄村	示范服务站
	盛泉荣	男			
	吴志福	男			

(续表)

服务站名称	乡村医生姓名	性别	卫生服务站面积（平方米）	辖区	备注
庙港村社区卫生服务站	李全英	女	160	庙港村	
联强社区卫生服务站	沈兴荣	男	80	联强村	
	陈永坤	男			
	庾月林	男			
太浦闸社区卫生服务站	盛根山	男	120	太浦闸村	示范服务站
	朱阿四	男			
	赵子林	男			
	赵增华	男			
开明社区卫生服务站	庄兴桂	男	120	开明村	示范服务站
	沈勃明	男			
开弦弓社区卫生服务站	金勤官	男	200	开弦弓村	
	倪仁奎	男			
	徐文奎	男			
丰民社区卫生服务站	陈卫荣	男	120	丰民村	示范服务站
	谈乖娜	女			
光荣社区卫生服务站	庾连江	男	120	光荣村	示范服务站
	邱金泉	男			
	徐连法	男			
渔村社区卫生服务站	金根法	男	60	渔村社区	

第四节 中西药店

清光绪（1875～1908）年间,吴溇集镇永生堂业主叶寿荣开设中药店,为境内最早药店。民国时期,吴溇集镇有立城堂药店、隐读村天仁堂药店、叶港同德堂药店、南浒港大同堂药店。庙港集镇有沈五丰、马纯誉2家药店,陆家港仁寿堂药店、双板港长春堂药店、五界亭恒春药店及更楼港、罗港、开弦弓各有药店1家。

中华人民共和国成立后,叶港、双板港、五界亭、更楼港、罗港、开弦弓药店的资本极微,备货亦少,营业不旺,相继关闭。1956年,药业人员响应党和政府号召走合作化道路,吴溇2家私营药店组成吴溇医药商店,南浒港和隐读村2家药店组成隐读村医药商店。庙港2家药店合并成庙港医药合作商店,陆家港、双板港2家药店合并成陆港医药合作商店。1958年,人民公社成立,陆港医药合作商店并入庙港医药合作商店。在陆家港设医药门市部。1965年起,医药合作商店经营西药零售,西药有200多品种,并开展代客煎中药,送药上门服务活动。1970年,陆港医药门市部并入庙港卫生院,卫生院设中药药房。1971年,隐读村医药商店并入吴溇医药商店,吴溇医药商店更名七都医药商店。店址设在吴溇桩桥东路,营业面积100平方米,有仓库50平方米,经营中药材、中成药和西药,固定资产10万元,职工6人。

1982年,庙港卫生院中药药房并入庙港医药合作商店。1995年,庙港医药合作商店经营西药600多个品种。1997年,七都医药商店迁至望湖中路。

2015年,七都镇中西药店共有22家。

表16-5　　　　　　　　　2015年七都镇中西药店情况表

店 名	法人代表	店 址
苏州市民新药房有限公司七都分公司	沈 淙	望湖中路
保来康药房有限公司	孙 琦	吴溇路1758号
七都民生药房有限公司	蓝美珠	吴越路西侧1-108号
苏州大巨仁药店有限公司	李群艺	大巨仁农贸市场对面
七都中心药店有限公司	徐爱忠	望湖路1982号
七都丽泰药店有限公司	朱天华	丽都花园商住楼6幢113号
庙港万顷堂药店	蒋建海	庙港庙东街202号
七都天仁医药商店有限公司	陈其斌	望湖路1941号
吴江国医药业零售连锁有限公司七都望湖药店	徐顾芳	望湖中路72号
苏州健生源医药连锁有限公司吴江七都药店	邹永星	望湖中路83号
苏州心田湾药店有限公司	顾小明	心田湾农贸市场对面
七都民泰药房有限公式	陈宏波	望湖北路
苏州健生源医药连锁有限公司吴江庙港药店	邹永星	庙港财富贸易广场11幢301、303号
庙港东方药店有限公司	徐利平	庙港庙新街71号
苏州康勤药房有限公司	俞政康	心田湾吴越路1幢1-3号
苏州德广堂医药有限公司	黄其元	人民路10253号101-102号
苏胜堂药房有限公司	程登伟	元春路与人民路交界处
七都聚康药房有限公司	张岩平	心田湾大桥西侧
庙港华泰药店有限公司	王建勤	庙港社区庙东街
庙港医药商店有限公司	庄耀平	庙港社区庙东街20号
吴江好仁缘药房	吴春妹	吴越路西侧1-101号
庙港社区联强药店	陈金侃	联强村

第二章　医疗保健制度

第一节　公费医疗

1952年11月,吴江县公费医疗预防实施委员会成立,制订《吴江县公费医疗预防暂行实施办法》,七都、庙港乡镇机关和事业单位正式编制人员开始享受公费医疗。享受公费医疗者,就诊必须到指定的医疗单位,向外转诊需逐级转院,治病所需医疗费用全部由国家承担。1965年6月起,对享受公费医疗的国家工作人员子女实行儿童统筹医疗,每人每月交费先后有0.7元及1元等标准,就诊医药费全部报销。

1980年,因公费医疗费用逐年超支,每人每月的公费医疗经费调整为30元。1986年起,由于药品价格增长,干部年龄老化,公费医疗经费超支更多。

1989年10月27日,吴江县政府发出《关于进一步加强对公费医疗管理意见》的通知。根据通知精神,1990年12月,七都、庙港乡发出《关于乡直机关加强公费医疗管理的若干规定(试行)》的通知。通知明确规定:镇机关公费医疗管理机构由镇长、镇财政分管副镇长和镇财政所所长3人组成镇机关公费医疗管理领导小组,规定公费医疗实行"集中管理、分类定额、节余奖励、超支分担"的管理制度。在人年定额指标内的公费医疗经费节余按40%奖励个人;门诊医药费超过人年定额指标中用于门诊医药费部分,个人负担上限额,原则上不超过本人当年12月份工资总额;符合公费医疗医药费开支范围的住院费用,原则上按实报销。为提高经费使用效益,门诊医药费和住院医药费一律实行现金结算,由享受(参加)公费医疗者先垫付后报销。

1995年1月,七都、庙港镇医管办发出《重申市公费医疗委员会关于加强公费医疗管理中的有关规定》的通知,规定实行审批制度;严格门诊住院报销范围;医院应搞好服务,方便群众就医。

1995年底,七都镇事业单位享受公费医疗201人,实际支出医药费18.25万元。庙港镇享受公费医疗247人,实际支出医药费28.87万元。

1997年4月1日起,全市试行《吴江市职工医疗保险制度》。七都、庙港镇享受公费医疗人员参加吴江市职工医疗保险。

第二节　劳动保险医疗

1956年10月,大庙区粮管所实行《劳动保险条例》,规定职工享受免费劳保医疗待遇,其家属的医药费也可报销一半。1959年,七都、庙港粮管所职工享受劳保医疗待遇。1978年,百人以上县属集体参照全民企业劳保待遇。1983年起,实行集体劳保合同的单位均改为劳保医疗待遇。80年代末,随着医疗制度改革,工商企业依照《劳动保险条例》规定,制定职工医疗保障制度。

1985年起,镇办企业职工劳保医疗每人每年24元,超支部分根据企业及家庭经济情况给予补助。村办企业参照执行。

1990年起,职工医疗费用实行包干,各单位自行制订医疗费报销制度。七都、庙港粮管所维持原来职工医药费报销制度。七都、庙港乡的供销社和集体商业职工医药费实行包管制,供销社职工全年医疗费人均为144元,集体商业职工全年医疗费人均为78元,连工资一起发放,节约归己超支自负,对危、急、重病人凭医院处方、病历、医药费收据,先经工会审查讨论,后经领导批准,给予80%~90%报销,特殊病人亦有全额报销。

1995年,庙港镇享受劳保医疗人数为381人。全年报销医药费(包括包管医疗费)12.3万元,人均323元,年超支4.36万元。是年,七都镇享受劳保医疗321人,职工医疗费用实行包干,各单位自行制订医疗费报销制度。

1997年4月1日起,全市试行《吴江市职工医疗保险制度》。七都、庙港镇企业享受劳保医疗待遇的人员参加城镇职工基本医疗保险制度。

第三节　城镇职工基本医疗保险

1997年4月1日起,七都、庙港镇的机关、事业单位进行职工基本医疗保险试点。试点期间,采用的是"三段(个人医疗账户资金、自负资金、社会统筹医疗基金)直通式"医保模式。医疗保险设立个人账户,用于记载个人医疗账户资金收支情况。职工(包括离、退休职工)本人持职工医疗保险病历和职工医疗保险专用卡在指定医院就诊。医疗保险基金缴纳基数统一按上年在职职工的工资总额,缴纳比例分别为:单位12%,个人1%,由单位按月从职工工资中代扣代缴,缴至吴江市职工医疗保险基金管理中心。每年个人医疗账户中的资金为个人缴纳部分及单位缴纳的医疗保费中按一定比例记入的部分。职工患病就医先从个人医疗账户中支付,结余留用。不足支付的先由职工自负,自负金额以本人上年缴费工资总额的5%为限,超出上述两项经费后发生的医疗费用由社会统筹医疗基金支付,但个人也要负担一部分,个人负担的比例采取分段计算累加的方法。特殊检查治疗如CT、ECT等项目,其费用个人自负20%,且不能使用个人账户。部分医疗费用不属于医疗保险基金支付范围,如挂号费、门诊病历工本费、出诊费以及整容等其他费用。至2000年12月,七都镇参加城镇职工基本医疗保险3300人;庙港镇参加城镇职工基本医疗保险1412人。

2002年10月,吴江市实行企业职工基本医疗保险制度。参加对象为行政区划内已参加劳动和社会保障部门法定养老保险的城镇所有用人单位及其职工,包括国有企业、城镇集体企业、外商投资企业、城镇私营企业和其他企业及其职工(企业中的离休人员、老红军及二等乙级以上革命伤残军人按上述有关规定办理)。同时,吴江市劳动和社会保障局制定《吴江市提前退休人员和改制、破产企业退休人员基本医疗保险的意见》,明确凡退还原发放的剩余年份的124元每年一次性医疗费补贴后,一次性缴纳医疗保险费(4000元每人)的次月起即可享受《吴江市企业职工基本医疗保险实施办法》规定的退休人员基本医疗待遇。

2003年5月,吴江市人民政府办公室印发《吴江市企业职工大病补充医疗保险暂行办法》,规定每年个人缴费60元,以解决超过4万元住院封顶线以上至15万元以内符合医保报销范围的医疗费用,在此范围内个人负担10%。11月18日,中共吴江市委办公室、吴江市人民政府办公室转发《吴江市农村定工(额)干部纳入企业职工基本医疗保险意见》,明确已参加企业职工养老保险的农村定工(额)干部可以参加企业职工医疗保险。至2004年,全镇参加职工医疗保险单位76家,参保人数6230人。

2005年11月,吴江市劳动和社会保障局规定具有吴江市户口的灵活就业人员凡参加市内基本养老保险的均可参加市内基本医疗保险。至2007年底,参加城镇职工医疗保险11368人。

至2014年,累计办理城镇职工医疗费用结报468人次,报销金额127万元。办理个人医保账户申领2012人。

2015年底,全镇共有15596人参加城镇职工基本医疗保险。办理城镇职工医疗费用结报606人次,报销金额128万元。开具缴费证明404人次。

第四节 农村(城镇)合作医疗保险

1969年起,七都公社24个大队、庙港公社21个大队均建立大队卫生室,配备"赤脚医生",逐步推行合作医疗保健制度。合作医疗初期医疗基金每人每年3元,由社员个人和集体(生产队、生产大队)各分担一半,采取队办队管形式,医药费用根据就医渠道给予报销。1975年,合作医疗基金提高到每人每年4元,仍由个人和集体分担,管理形式为社队联办。1978年,公社建立合作医疗管理委员会,由卫生院防保机构兼管。1984年,合作医疗进行整顿实行村办乡管。1990年,乡成立合作医疗基金会。1991年起,实行以镇(乡)为单位统筹的大额合作医疗现金收费制度,由个人和集体共同出资,初期每人每年交3元。报销标准,医疗费超过部分分档次报销医疗费,超过500~1000元报销30%,1000~2000元报销40%,2000~3000元报销50%,3000~4000元报销60%,4000~5000元报销70%,5000~10000元报销50%。输血费一律报销40%,外县市医疗发票报销各档次降低10%。

1991~1992年,七都乡共收医疗基金18.80万元,共报销医药费18.14万元,受益388人,得到补偿24.81万元。庙港乡共收医疗基金17.01万元,补偿支出12.09万元,结余4.91万元。1993~1995年,庙港镇共收医疗基金33.83万元,补偿支出53.37万元,结余-19.54万元。1996年,合作医疗管理委员会上升为吴江市农村卫生管理所,七都镇筹集医疗基金35.88万元,报销医药费33.47万元,结余2.71万元;庙港镇共收医疗基金32.29万元,报销医药费30.12万元,结余2.17万元。

2005年,农村合作医疗保险基金标准为每人每年110元,其中家庭医疗账户每人每年30元、镇级大病统筹基金每人每年45元、市级大病统筹基金每人每年30元、特困人群医疗救助基金每人每年5元。全镇50692人参加合作医疗,收到医疗基金202.77万元。

2006年,农村合作医疗保险改称新型合作医疗保险,参保对象扩大为除参加城镇职工医疗保险外的本市城镇、农村居民。是年,合作医疗保险基金标准每人每年130元,其中居民个人出资40元,市财政、镇财政各补助45元(低保户、五保户免费参保,其个人出资由市特困人群医疗救助基金支出)。

开弦弓村民健康体检(摄于2015年)

2007年,合作医疗保险参保对象扩大为除参加城镇职工医疗保险外的本市城镇、农村居民(含在校学生)及在吴江市居住满2年的外来人口。基金标准每人每年180元(不包括500万元救助资金),其中吴江市居民个人出资50元,市财政补助每人70元,镇财政补助每人60元;在吴江市居住满2年的外来人口按每人180元标准缴纳。合作医疗保险基金分特困人群医疗救助基金(每人每年5元)、门诊统筹基金(每人每年40元)、大病统筹基金(每人每年135元)3块进行运作。全镇参加新型合作医疗保险39841人,收到医疗基金196.40万元。2014年,居民医疗保险参保人数为33983人,参保率达到98%,窗口报销金额311万元。

2015年,七都镇新型合作(居民)医疗保险,参保人数34013人,参保率99.1%,收到医疗基金728.01万元。为1016人住院和门诊类者办理结报手续,窗口报销金额368.7万元。在区级救助外,进一步加大镇级救助力度。截至第三季度末区救助大病户6户,共发放资金11.13万元;镇救助大病户5户,发放资金1.89万元。镇居民养老保险和居民医疗保险基本实现全覆盖,居民保险当年征缴参保3007人,除参加社保外基本都有保障,现有居保享受人员14199人,发放居保养老金4900万元。

第三章　防疫保健

第一节　血吸虫病防治

一、疫区疫情

七都、庙港地处太湖沿岸,湖滩面积较大,境内溇、港、浜、兜交叉,长漾北滩的水网地区,是血吸虫病严重流行地区之一。中华人民共和国成立前,村村有钉螺,有病人,有的户患血吸虫病而绝后代,有的家庭主要劳力患血吸虫病而缺乏生产能力,造成生活困难。七都吴溇村大安浜和叶港村土地庙浜较为严重,病者骨瘦如柴,腆着"大肚皮",全身乏力,不能劳动,俗称为"臌胀病"。如得不到有效治疗,丧命者甚多。庙港的骆驼港自然村,最多时有40户人家,因患血吸虫病死绝的有24户。1949年,剩16户,2个全劳动力。1958年,七都公社有钉螺面积14.45万平方米,分布于13个大队。患血吸虫病者全社各大队均有。庙港公社有钉螺面积11.88万平方米,分布于16个大队。

二、查螺灭螺

1956年2月,七都、庙港乡血防领导小组成立,组织群众开展查螺灭螺工作。1958年10月,七都、庙港公社建立血防领导小组,各大队陆续配备血防专职人员,并培训保健人员,全面开展灭螺查病工作。1964年,七都、庙港公社医院成立血吸虫防治组。1970年,七都、庙港公社成立血防办公室,各大队建立血防小组,充分发挥赤脚医生和生产队卫生员的作用,广泛开展查螺查病工作。

1990年,3月20日,庙港乡动员有关村进行巩固性灭螺工作,勇星村由村主任带领灭螺人员进行清理太湖芦滩环境,把芦柴焚烧掉,以免螺情扩散,到12月底全乡共用工2724.5工,查螺面积11.33万平方米,均未发现钉螺。同时还配合县防疫站对太湖滩重点地段进行复查。

2002年,七都镇在血防工作中做到"四个落实",即落实专人负责,落实专业查螺员192人,落实查螺经费6500元,落实查螺面积6.87万平方米。投入查螺用工763.5工,对123条块开展查螺工作。

2004年,全面开展以村为单位的螺情调查工作。同时,继续做好太湖沿岸螺情监测,组织专业队对沿太湖芦苇滩进行查螺。

2010年,七都镇制订《血吸虫防治工作意见》,继续开展春季查螺及夏季诱螺(用引诱物诱捕钉螺)工作。4月,对中、小学生及渔民进行血吸虫防治知识宣传。重点对湿地公园环境的螺情进行监测,特别对外来生物物种监测。庙港社区开展中小学生查螺活动。

2015年3月底,开展对各村查螺专业队的查螺培训工作,4月初,辖区内水道查螺,共查25.73万平方米。并对有螺面积进行核实,对部分环境改变的区域进行清理。把所有查螺环境录入江苏省血防平台,有序开展查螺工作。

三、查病治病

1952年下半年,大庙区在庙港乡开展血防工作试点,进行粪便管理,查治病人。年底,首次用酒石酸锑钾(下称锑钾)20天疗法,治疗病人250多人。

1972年起,由县统一组织查病专业队派驻七都、庙港公社,分37个小组,每组有6~8人,经过专业培训的赤脚化验员(乡村中没有纳入国家编制的非正式化验员)深入到37个大队开展工作,每个受检群众从三送三检(每人送三次粪便检查三次)到七送七检,约10~15天,完成一个大队的粪检查病工作。连续5年的全民查病,两个公社查出病人843人,采取分期、分批治疗,治疗方法由原来单一的锑剂注射改为口服锑剂。1973年,改用吡喹酮,治疗药物改换,缩短疗程,安全有效,治愈大部分病人。至1976年,两个公社基本消灭血吸虫病。

1980年,进行皮试和血清环卵试验相结合的综合查病。1981年,吡喹酮全面取代以前药物。至1985年,七都乡累计有病人798人,治疗病人790人,剔除病人6人,剩余病人2人;庙港乡累计有病人3021人,治疗病人2877人,剔除病人42人,剩余病人2人。

1990年9月,庙港乡在查螺基础上,进行查病工作,应检1399人,实检1391人,占应检人数99.5%,并对19个村198人进行清理补检,对7个村进行流动人员查病,均未发现新感染的血吸虫病患者。1995年底,庙港镇16个村连续11年未查到钉螺,21个村基本消灭血吸虫病,占行政村总数100%。

2004年,全镇对1000人进行粪检查病,一旦发现阳性病人,就进行免费服药治疗。是年,全镇完成血防查病2400人,未发现阳性病人。2006~2007年,在光荣村开展查病工作,未发现新感染的血吸虫病患者。

2010年2月,制订血吸虫防治工作意见,对中、小学生及渔民进行血吸虫防治知识宣传。2所学校的4个班级共170个学生参加听课,使下一代了解血吸虫病的危害性和消灭血吸虫的重要性。

2015年,全镇对本地和外来人口血防查病1100人。庙港社区坚持"预防为主,标本兼治,综合治理,群防群治"的工作方法,落实经费15000元,落实查螺面积180890平方米,投入查螺用工538工,对336条块开展查螺工作,均未查到钉螺。

表16-6　　　　　　　　　1996~2015年七都镇查灭钉螺及血吸虫病查治情况表

年份	查螺 面积(平方米)	条块	人数(人)	工数(工)	血防开支(元)	血检数(人次)
1996	138650	200	288	1635.5	7205	1501
1997	122130	196	293	1591	7900	1220
1998	91530	150	273	1188.5	7905	1814
1999	74500	130	241	964	8001	1518
2000	78720	78	248	1004.5	4100	180
2001	80420	93	245	1005	5300	100
2002	68650	123	192	763.5	4400	100
2003	257710	614	414	1353	8673	130
2004	228650	328	392	1485	8328	163
2005	253320	605	379	1475	14850	162
2006	255925	610	406	1247	27150	185
2007	346265	525	898	1523	93687	151
2008	335850	613	375	1681	52300	150
2009	544330	1189	630	2389	29292	1714
2010	643670	1141	656	2391	32484	2004
2011	493879	1043	633	1966	30367	2100
2012	530200	1144	610	1880	47562	2100
2013	563260	843	617	1843	42684	2020
2014	422040	771	442	1102.5	40961	2280
2015	438190	773	570	1596	43674	1550

表16-7　　　　　　　　　1996~2002年庙港镇查灭钉螺及血吸虫病查治情况表

年份	查螺 面积(平方米)	条块	人数(人)	工数(工)	血防开支(元)	血检数(人次)
1996	159362	221	202	747	7695	210
1997	198108	368	187	617	8400	204
1998	261090	234	206	736	9263	179
1999	187195	418	193	669	10181	45
2000	185085	469	210	689	2896	40
2001	257395	364	205	724	2620	50
2002	178705	409	191	686	2790	108

第二节　疾病预防控制

一、预防接种

1952年，吴江县卫生部门组织医务人员至七都地区，为群众免费接种牛痘、鼠疫、霍乱等疫苗，有效控制麻疹大面积流行和霍乱、鼠疫等烈性传染病。相继接种乙型脑炎疫苗、流脑疫苗、卡介苗、灰质炎疫苗、"百日咳、白喉、破伤风"三联制剂等。

60年代，七都、庙港公社对钩虫、丝虫、蛔虫等寄生虫病进行防治工作，对麻风病进行过滤性普查给药治疗，对严重病人送麻风病医院进行集中治疗。

中共十一届三中全会后，七都、庙港公社卫生院确保儿童卡介苗、乙肝苗、糖丸、百（百日咳）白（白喉）破（破伤风）疫苗"五苗"覆盖率在95%以上，还对在校学生开展甲肝苗、伤寒菌苗等疫苗的接种。

1982年，庙港卫生院预防接种乙型脑炎疫苗2576人次、麻疹疫苗1137人次、百日咳疫苗1805人次、精百517人次、流脑多糖体菌苗361人次、激素试验1315人次、卡介苗接种1154人次、小儿麻痹糖丸2219人次，都能做到按时接种，有效控制相应传染病的发生。是年，庙港公社仍有痢疾发病1232人次、伤寒9人次、百日咳230人次、出血热1人次、传染性肝炎2人次、流感1188人次。

1986年，七都卫生院实施7周岁以下儿童预防接种登记建卡制度。结合儿童保健门诊体检，每月8~10日有计划地通知儿童来院作健康检查，进行预防接种。是年，七都卫生院接种乙型脑炎疫苗1894人次、麻疹疫苗2264人次、百日咳疫苗406人次、精百1126人次、流脑多糖体菌苗1894人次、激素试验1315人次、卡介苗接种1324人次、小儿麻痹糖丸684人次。

1995年底，七都卫生院接种乙型脑炎疫苗1778人次、麻疹疫苗662人次、百日咳疫苗312人次、精百416人次、流脑多糖体菌苗1372人次、激素试验1315人次、卡介苗接种886人次、小儿麻痹糖丸1689人次。计划免疫门诊，"四苗"覆盖率99.7%，儿童保健门诊日到院率90%。庙港卫生院预防接种乙型脑炎疫苗1147人次、麻疹疫苗242人次、百日咳疫苗405人次、精百407人次、流脑多糖体菌苗1233人次、激素试验1125人次、卡介苗接种324人次、小儿麻痹糖丸584人次。

2002年，七都卫生院规范接种305人，接种合格305人，"四苗"覆盖率100%；庙港卫生院规范接种226人，接种合格226人，四苗覆盖率100%。

2010年，庙港卫生院规范接种218人，接种合格217人，"四苗"覆盖率99.54%。七都卫生院、庙港卫生院根据市疾病控制中心的要求在区域内开展成人乙肝接种的工作，共接种800人。

2011年起，国家免费为成人接种乙肝疫苗。2012~2015年，七都、庙港卫生院连续四年免费为老百姓接种乙肝疫苗。

2015年，七都卫生院规范接种277人，接种合格277人，"四苗"覆盖率100%；庙港卫生院规范接种267人，接种合格267人，"四苗"覆盖率100%。

表16-8　　　　　　　1996~2015年七都镇12月龄儿童计划免疫实施情况表

年份	卡介苗（人次）	脊髓灰质炎毒活疫苗（人次）	百日破混合制剂（人次）	麻疹（人次）	"四苗"覆盖率（%）
1996	275	275	275	275	99.4
1997	268	268	268	268	100
1998	258	258	258	258	99.8
1999	254	254	254	254	100

（续表）

年份	卡介苗（人次）	脊髓灰质炎毒活疫苗（人次）	百日破混合制剂（人次）	麻疹（人次）	"四苗"覆盖率（%）
2000	292	292	292	292	100
2001	274	274	274	274	100
2002	305	305	305	305	100
2003	393	393	393	393	100
2004	497	497	497	497	100
2005	451	451	451	451	100
2006	354	354	354	354	100
2007	355	355	354	355	99.93
2008	376	376	375	375	99.86
2009	562	562	562	562	100
2010	530	530	530	529	99.98
2011	587	587	587	587	100
2012	670	670	670	670	100
2013	579	579	579	579	100
2014	737	737	737	736	99.98
2015	544	544	544	544	100

表16-9   1996~2002年庙港镇12月龄儿童计划免疫实施情况表

年份	卡介苗（人次）	脊髓灰质炎毒活疫苗（人次）	百日破混合制剂（人次）	麻疹（人次）	"四苗"覆盖率（%）
1996	242	242	242	242	100
1997	230	230	230	230	100
1998	206	206	206	206	100
1999	205	204	204	205	100
2000	213	220	220	220	99.36
2001	226	226	226	226	100
2002	237	237	237	237	100

表16-10   1996~2015年七都镇儿童预防接种情况表

年份	流脑 实种(人)	流脑 覆盖率(%)	乙脑 实种(人)	乙脑 覆盖率(%)	乙肝 实种(人)	乙肝 覆盖率(%)
1996	275	100	275	100	275	100
1997	268	100	268	100	268	100
1998	258	100	258	100	258	100
1999	254	100	254	100	254	100
2000	292	100	292	100	292	100
2001	274	100	274	100	274	100
2002	305	100	305	100	305	100
2003	854	99.65	1187	98.67	393	100
2004	896	99.01	1175	98.82	497	100
2005	917	97.97	761	99.35	451	100
2006	1010	98.25	1240	98.49	354	100

(续表)

年份	流脑 实种(人)	流脑 覆盖率(%)	乙脑 实种(人)	乙脑 覆盖率(%)	乙肝 实种(人)	乙肝 覆盖率(%)
2007	1117	97.30	1073	97.54	355	100
2008	1357	98.98	837	98.35	376	100
2009	2018	98.82	1848	98.93	1679	100
2010	2086	98.91	1601	99.01	1652	100
2011	2171	98.82	1678	98.67	1655	100
2012	2390	98.11	1931	98.67	2011	100
2013	2428	97.51	2074	98.11	1859	100
2014	2207	98.75	1937	98.43	1793	100
2015	2498	99.17	1949	98.68	1998	100

表16-11　　　　　　　　　　1996～2002年庙港镇儿童预防接种情况表

年份	流脑 实种(人)	流脑 覆盖率(%)	乙脑 实种(人)	乙脑 覆盖率(%)	乙肝 实种(人)	乙肝 覆盖率(%)
1996	1141	99.05	1373	97.30	242	99.58
1997	625	99.36	1419	98.54	230	99.56
1998	495	99.20	861	98.74	206	98.56
1999	494	99.80	703	98.87	205	98.55
2000	730	99.32	1058	98.60	512	99.42
2001	1027	99.04	904	98.89	226	100
2002	742	98.97	942	99.37	237	100

二、传染病防治

中华人民共和国成立后,通过爱国卫生运动,对各种传染病采取预防接种、预防服药、处理疫点、隔离治疗以及法定传染病报告制度等一系列防治措施,有效控制传染病的发生和流行。1954年起,霍乱、天花在七都、庙港境内绝迹。

1979～1985年,脊髓灰质炎在七都、庙港公社(乡)无病例发生。至1998年,白喉、脊髓灰质炎、流脑、乙脑、疟疾、百日咳等在七都、庙港无病例发生。

1999年,七都、庙港遭受百年不遇的特大洪涝灾害,卫生院制订《急性肠道传染病防治方案》,组织抢救组和疫情处理组,实行24小时值班制,深入受淹的村和居民区,开展医疗防疫服务,对受淹村和居民区发放漂精片、漂精粉、强效消毒剂等进行缸水消毒;为村民发放强力霉素、复方新诺明、抗感冒药、止痒水、消炎软膏等药物。实现大灾无大疫的目标。

2003年4～6月,为抗击传染性非典型肺炎(下简称"非典"),七都、庙港卫生院开设发热门诊、发热病区、体温测量站,实行24小时应急值班制,设外出返回人员隔离观察区,经过几个月的努力,境内未发现"非典"患者。

2004年1月起,七都、庙港卫生院实行传染病疫情网络向市卫生防疫部门直报。是年,对义务献血员、孕产妇、手术前检查者、受血者、娱乐餐饮业从业人员等人群进行HIV监测。2006年3月下旬,贯彻江苏省和苏州市霍乱防治工作会议精神,卫生院均成立霍乱防治领导小组、抢救组和疫点处理组。4月1日起,七都、庙港卫生院开设肠道门诊,境内未发现霍乱病例。2007年,未发生甲类传染病及"非典"疫情。

2008年,七都、庙港卫生院注重传染病的防治,每月及时上报传染病月报表、肠道传染病旬报表。加强与学校联系,及时宣传预防手足口病的知识,做好手足口病的日报工作。加强从业人员的传染病防治知识培训,使其掌握常见流行传染病的防治和处理方法,对辖区内发现的麻疹病例,能严格按照上级疾控部门要求,进行监测和接种,做到第一时间防治。

2010年,七都、庙港卫生院加强对医务工作者突发公共卫生事件应急能力及霍乱、肠道传染病防治知识的培训。2012~2015年,七都、庙港卫生院定期到学校、各社区卫生服务站及企业中开展常见传染病防治知识宣传。对辖区内发现的麻疹病例按照上级要求对疫点及时处理,调查传染病的流行情况,做好应急接种工作。

三、地方病与寄生虫病防治

(一)疟疾病防治

民国时期,七都、庙港地区是恶性疟疾和间日疟疾流行区。每年秋季为发病时期,危害严重。

中华人民共和国成立后,开展疟疾防治。50年代,进行全民性预防,七都地区服药1万多人次。1960年秋,七都、庙港公社由于自然灾害,人群免疫率下降,间日疟疾流行。经采取现症病人治疗,抗复发和灭蚊防治措施后,病情得到控制。1962年,七都、庙港公社疟疾再度流行,为及时控制疫情,经组织抢救和综合防治措施,使疟疾发病率逐年下降。1975年,间日疟疾发病率为5例每万。1978年起,七都、庙港公社防治措施重点放在传染病源的检索和管理,对现症病人发现1个治好1个,对发热病人进行血检原虫。同时加强流动人口管理,有疟史者服药,发现者血检。

1982~1999年,七都乡(镇)预防服药1128人次。至2015年,全镇疟疾发病率一直控制在万分之一以下。

(二)丝虫病防治

民国时期,七都、庙港地区流行丝虫病,民间俗称"红丝筋""大脚风"。

1952年起,县卫生部门进行丝虫病防治试点,在群众中广泛宣传丝虫病的危害性,培训防治人员,调查掌握病情。1958年,对吴溇集镇及附近大队血检4000多人,阳性20多人。1959年,七都、庙港公社全面复查复治,以后每年进行查治。1984~1998年,七都乡(镇)血检5249人,阳性为0.02‰。经采用中西药结合、内外结合和对症与病原诊治相结合进行治疗。2006~2007年,在长桥村进行丝虫病病原学检测,共检测698人,未发现慢性丝虫病人。至2015年,全镇未发现新的丝虫病病人。

(三)钩虫病防治

1958年起,七都、庙港公社钩虫病防治与血吸虫病防治结合开展,在血吸虫粪检普查时,同时检查钩虫卵。对感染者在门诊驱虫治疗,或以生产队为单位,采用中药、西药进行全民驱虫。查出的病人在当地医院或大队卫生室治疗。70年代,七都公社在血防粪检普查时结合盐浮漂法检索钩虫卵162人,查出钩虫感染者41人,服用噻嘧啶进行治疗。1988年,七都、庙港乡在寄生虫普查中,钩虫感染率24%。1990~1991年,在七都乡中心小学、幼儿园开展钩蚴性皮炎调查,584人中有症状者12人,占2.05%。1995年,七都镇预防服药2110人次。至2005年,吴江市卫生局对七都镇控制肠道线虫病工作进行考评,确认七都镇达到江苏省肠道线虫病有效控制标准。

第三节 妇幼保健

一、新法接生

民国时期,七都、庙港地区妇女分娩都由民间产婆(俗称老娘婆)接生,缺乏卫生常识和消毒设备,产妇与婴儿死亡常有发生。

1952年,大庙区妇幼保健站建立,推广新法接生。60年代,七都、庙港公社每个大队设一名接生员通过培训不断提高接产水平,杜绝新生儿破伤风和产褥热,保证产妇、婴儿安全。1970年,新法接生率100%。1983年起,产妇大多住院分娩。1989年,住院分娩率90%以上。七都卫生院全面推行孕妇系统管理,建立产前检查、产程观察、产后访视、孕妇建卡的围产保健制度。1994年,庙港卫生院妇产科做到三室分开,科学接生,产妇住院接生率85%(其余到县市医院接产),无产妇死亡及大出血情况。是年,七都卫生院孕妇建卡率99.7%,产前7次以上检查率84.3%,住院分娩率100%。1995年,七都卫生院消灭新生婴儿破伤风。是年,庙港卫生院产妇建卡239人,去县市以上医院分娩42人,镇卫生院分娩197人。

1999年,七都卫生院产妇建卡2492张,五次产检率80.71%,产后感染率和婴儿破伤风发生率为零,产后3次以上房视率87.55%。

2004年起,七都、庙港卫生院撤销产科,不再接生新生儿。产妇分娩都到吴江市级以上医院。

二、妇女病防治

1964年,七都、庙港公社开展妇女病普查工作,1965年,复查治疗1次,每3年普查1次。1975年,公社企事业单位妇女职工和农村女社员实行四期(经期、怀孕期、产期、哺乳期)保护,推行三调三不调,即(经期调干不调湿、怀孕期调轻不调重、哺乳期调近不调远)的劳动保护制度,一般怀孕在7个月以上的妇女调轻工作,哺乳期规定每天上、下午各半小时喂奶时间,围产期一般产后休息1个月。多年来坚持对妇女病普查普治,妇女病的发生逐年下降,全社妇女子宫下垂全部根治痊愈,有效提高妇女的健康水平。

1992~1994年,庙港卫生院进行妇女病普查4次。1995年,庙港卫生院对21个村及市镇居民、缫丝厂、丝织厂进行普查,检查妇女5988人,查出患有滴虫性阴道炎395人、霉菌性阴道炎336人、宫颈炎3058人、宫颈息肉6人、子宫肌瘤71人,共3866人,占受检查人数的64.56%,共治疗病人2750人。1997~1999年,七都卫生院妇女病普查15742人次,查出子宫下垂、滴虫、子宫肌瘤、盆腔炎、阴道炎、卵巢囊肿、宫颈癌等疾病患者940人,占检查总数6%。对查出的妇女病,分别提供健康咨询,一般妇女病当地医院治疗,重症者建议去省、市级医院治疗。

2004~2005年,七都卫生院开展孕产妇微量元素状况调查及其并发症的防治研究,共测定389人。2008年,镇卫生管理部门贯彻实施《吴江市预防艾滋病母婴传播实施方案》,落实预防艾滋病母婴传播干预措施,完成全镇孕产妇艾滋病病毒检测。

2010年,庙港卫生院对社区内的妇女开展妇女病筛查工作,筛查1652人,查出患妇科病847人。开展对孕产妇全程系统管理。抓好孕产妇和儿童保健管理,重视孕产妇和儿童的全程保健管理,产后访视174人,系统管理89人。规范保健技术服务,提高保健服务质量。

2012~2015年,七都卫生院对社区内的20~64周岁的妇女开展宫颈癌及乳腺癌的筛查工作,共筛查6598人。筛查出62人异常,其中乳腺癌2例,宫颈癌5例,癌前病变57例。并对这些患者进行跟踪及随访管理。达到早发现、早诊断、早治疗的目的。庙港社区重大妇幼卫生服务项目服务流程公示上墙,对孕妇免费检测人体免疫系统的病毒(HIV)、梅毒和乙肝表抗,加强妇幼保健组织网络建设。社区内"两癌"普查进行4次,共普查48例,其中查出宫颈癌31例,乳腺癌17例,均及时送上级医院得到诊治。

表16-12　　　　　　　　　　2000~2015年七都卫生院妇女病检查情况表

单位:人

年份	应查人数	实查人数	查出妇科病数	年份	应查人数	实查人数	查出妇科病数
2000	1388	528	79	2002	1589	1498	640
2001	1589	985	295	2003	1442	1261	643

(续表)

年份	应查人数	实查人数	查出妇科病数	年份	应查人数	实查人数	查出妇科病数
2004	6225	3650	1500	2010	8324	2750	110
2005	2000	1912	1605	2011	7982	3180	423
2006	6890	2925	817	2012	7950	7320	350
2007	8858	2716	453	2013	7982	7935	729
2008	8912	3250	943	2014	5485	3064	345
2009	8640	3007	155	2015	5500	2198	264

表16-13　　1996～2015年庙港卫生院妇女病查治情况表

单位:人

年份	应查人数	实查人数	查出妇科病数	年份	应查人数	实查人数	查出妇科病数
1996	2347	1693	883	2006	3000	1523	517
1997	2420	1750	857	2007	2600	1518	412
1998	2467	1726	749	2008	2500	1514	926
1999	2460	1743	732	2009	2450	1878	958
2000	1290	511	71	2010	2460	1652	847
2001	1460	877	163	2011	2480	1546	792
2002	1552	902	196	2012	2630	1587	745
2003	1470	823	181	2013	2490	1724	846
2004	6000	2411	925	2014	2340	1609	792
2005	1700	946	273	2015	2570	1758	843

表16-14　　2000～2015年七都卫生院孕产妇保健情况表

单位:人

年份	产妇总数	活产数	孕产妇管理 建卡数	早孕数	产后访视	系统管理
2000	278	276	278	237	263	235
2001	268	271	268	236	258	235
2002	296	296	296	262	295	262
2003	226	226	225	197	225	194
2004	251	253	251	214	248	213
2005	200	201	200	163	200	161
2006	175	178	175	154	171	154
2007	169	170	169	165	169	165
2008	199	199	199	199	199	199
2009	198	199	198	197	198	198
2010	217	219	217	216	217	216
2011	268	270	268	259	268	258
2012	271	274	271	271	271	271
2013	240	241	240	240	240	240
2014	271	273	271	263	271	263
2015	300	304	300	293	300	290

表16-15　　　　　　　　　　1996~2015年庙港卫生院孕产妇保健情况表

单位：人

年份	产妇总数	活产数	孕产妇管理			
			建卡数	早孕数	产后访视	系统管理
1996	189	189	75	72	189	72
1997	205	205	96	87	205	87
1998	178	179	81	65	178	65
1999	201	201	97	79	201	79
2000	168	172	82	73	168	73
2001	197	201	76	55	197	55
2002	205	205	75	63	205	63
2003	210	212	83	56	210	56
2004	198	198	68	62	198	62
2005	135	135	53	31	135	31
2006	153	152	89	87	152	87
2007	160	162	129	125	160	125
2008	154	155	97	97	154	97
2009	170	170	95	84	170	84
2010	174	177	89	84	174	89
2011	188	189	103	102	188	102
2012	295	299	125	123	295	123
2013	248	251	99	93	248	93
2014	269	268	132	95	269	95
2015	195	199	118	90	195	90

三、儿童保健

1979年初，七都、庙港卫生院设儿童保健门诊，普及儿童系统保健。婴儿42天至1周岁，每3个月检查1次，1~3周岁每半年检查1次，3~7周岁每一年检查1次。

1982年起，每年"六一"儿童节，七都、庙港卫生院抽调保健医生对儿童进行全面健康检查，重点放在幼儿班，小学做到有病早治、无病早防，医院加强对儿童监护指导，结合计划免疫门诊，开展儿童保健门诊工作。1988年，儿童保健门诊增加血色素检查。

2000~2001年，七都、庙港幼儿园办理注册登记，卫生保健合格率83%。2002年，七都、庙港镇开展儿童先天性心脏病监测。

2004年，市卫生局、市教育局联合下发《吴江市关于依法加强托儿所、幼儿园卫生保健工作的意见》，加强托幼机构的管理。七都、庙港幼儿园配合七都、庙港卫生院开展0~6周岁儿童微量元素状况调查。

2010年，七都卫生院计划免疫门诊开展规范有序，常住儿童新生儿建卡312张，建卡率100%，五苗覆盖率100%，接种8925针次，服糖丸2084人次；庙港卫生院计划免疫门诊开展规范有序，常住儿童新生儿建卡260张，建卡率100%，五苗覆盖率100%，接种5653针次，服糖丸857人次。

2015年，七都卫生院计划免疫门诊开展规范有序，常住儿童新生儿建卡277张，建卡率100%，五苗覆盖率100%，接种10210针次，服糖丸2337人次；庙港卫生院计划免疫门诊常住儿童新生儿建卡319张，建卡率100%，五苗覆盖率100%，接种5859针次，服糖丸877人次。

表 16-16　　　　　　　　　　2000~2015 年七都卫生院儿童健康检查情况表

年份	七岁以下儿童总数（人）	受检数（人）	受检率（%）	体弱儿总数（人）	其中			
					贫血（人）	营养不良数（人）	先天性心脏病数（人）	其他体弱儿（人）
2000	216	197	91.20	4	2	1	0	1
2001	208	191	91.81	4	2	0	0	2
2002	218	197	90.23	4	2	0	0	2
2003	229	212	92.5	5	1	2	0	2
2004	533	496	93.1	10	5	1	0	4
2005	922	865	93.8	15	10	2	1	2
2006	1305	1227	94	18	9	5	0	4
2007	1717	1623	94.5	25	15	5	0	5
2008	2154	2053	95.3	28	10	8	0	10
2009	2623	2539	96.8	10	0	3	0	7
2010	3094	2992	96.7	29	18	0	0	11
2011	3343	3226	96.5	76	50	8	2	16
2012	3574	3474	97.2	118	48	15	4	51
2013	3644	3557	97.6	123	31	0	4	88
2014	3719	3652	98.2	864	150	27	4	673
2015	3575	3539	99.0	929	112	41	3	773

表 16-17　　　　　　　　　　1996~2015 年庙港卫生院儿童健康检查情况表

年份	十岁以下儿童总数（人）	受检数（人）	受检率（%）	其中					
				总病数（人）	患病率（%）	患缺陷病（人）	患缺陷率（%）	矫治数（人）	矫治率（%）
1996	2144	1917	89.4	267	13.9	0	0	0	0
1997	945	846	89.5	104	12.3	0	0	0	0
1998	1857	1637	88.1	314	19.2	0	0	0	0
1999	1586	1385	87.3	176	12.7	0	0	0	0
2000	1538	1443	93.8	17	1.18	2	0.13	2	100
2001	1468	1339	91.2	117	8.7	2	0.14	2	100
2002	1429	1350	94.5	5	0.37	0	0	0	0
2003	1377	1311	95.2	7	0.38	3	0.22	3	100
2004	1381	1352	98	10	0.74	1	0.07	1	100
2005	1396	1370	98.1	12	0.88	3	0.21	3	100
2006	1397	1333	95.4	80	6	0	0	0	0
2007	1441	1384	96	15	1.08	1	0.17	1	100
2008	1425	1401	98.3	33	2.34	1	0.07	1	100
2009	1875	1764	94.08	10	0.57	1	0.01	1	100
2010	2164	2029	93.76	16	0.78	0	0	0	0
2011	2459	2300	93.53	23	1.0	2	0.01	2	100
2012	2846	2678	94.1	50	1.86	4	0.15	4	100
2013	2976	2851	95.8	16	0.56	3	0.01	3	100
2014	3116	2980	95.64	119	4.0	6	0.2	6	100
2015	3158	2966	93.92	95	3.2	7	0.24	7	100

第四章　公共卫生

第一节　环境卫生

中华人民共和国成立后,在县爱国卫生运动管理委员会领导下,七都、庙港地区开展爱国卫生运动。50年代,开展以"除四害(苍蝇、蚊子、老鼠和麻雀,后麻雀改为蟑螂),讲卫生"为中心爱国卫生运动。60年代,在公社卫生组织统一管理下,开展保护水源,减少污染工作。农村推行以生产队为单位,确定专人倒马桶,禁止河内洗马桶。1969年,庙港环卫组成立。1971年,七都环卫组成立。环卫组负责打扫集镇区街道、清除垃圾等。

1983年,七都、庙港乡开展以治理脏、乱、差为重点的爱国卫生运动与环境卫生相结合,垃圾有专人清扫,粪便有专人管理。1984年起,爱国卫生运动与创建文明单位活动相结合,在集镇区开展"门前三包,门内达标"(包卫生、包绿化、包秩序、卫生达标)活动。

1989年,庙港乡增添水泥预制板装配垃圾箱25只。1994年,在庙港村建造一个面积5000平方米的垃圾填埋场。1995年底,庙港镇区面积扩大,环卫清洁工有10人,负责镇区环境卫生,冲洗无害化厕所9处,倒涮马桶30只。

1995~1997年,七都镇整治露天粪缸150多只,建公厕3只,改建无害化户厕3181户。购吸粪车1辆。整治臭水沟2条,清除垃圾1890吨,清理卫生死角55处,参加者6500人次,青年志愿者活动参加者659人次,组织单位卫生检查8次、行业大检查10次、街道保洁大检查9次。置垃圾(箱)92只、果壳箱89只,购垃圾清运车1辆、吸粪车1辆、洒水车1辆、灭鼠药315公斤,实行社会消杀1.68万平方米、硬化道路3.13万平方米,绿化覆盖率28.46%。配备环卫人员23人、保洁专业人员18人、卫生消杀人员5人。1996年,七都镇在吴溇村与沈家湾村交界处的马家荡建造垃圾填埋场,面积4600平方米。

1997年,庙港镇清除垃圾1950吨、清理卫生死角25处,参加者4300人次,青年志愿者活动参加者518人次,组织单位卫生检查10次、行业大检查8次、街道保洁大检查13次,置垃圾箱100只、果壳箱30只,购垃圾清运车1辆、洒水车1辆、硬化道路28787平方米,绿化覆盖率21.15%。配备环卫人员13人、保洁专业人员11人、卫生消杀人员2人。

2002年,七都镇在东风村漾南建造一个垃圾填埋场,使用两年后,停用。2000~2002年,七都镇改厕工作中确保粪便无害化处理,新增卫生户厕1426户,完成下水道水冲式189户,全镇无害化处理率99%。

2004年,在庙港村建造一个6万平方米的垃圾填埋场。2006年,在燦烂村建造一个12万平方米的垃圾填埋场。每天产生的垃圾按日及时清运至填埋场,进行无公害处理。污水及时抽干,粪便按标准处理,合理使用好PH值碱式氯化铝。填埋场四周做到无暴露垃圾。镇环卫所以人为本,抓好职工的思想工作,层层落实责任制,实行百分考核制,加强管理,做好日常管理工作。2007年,镇爱卫会根据上级要求,把改厕任务落实到各村,并进行改厕技术培训。全镇完成新建大型达标公厕23座,小型达标公厕4座,新建、改建户厕906户,超额完成上级下达的改厕任务。

2008年,镇政府出台政策,对新建公厕、新、改建户厕实行补助奖励。规定新建1座4蹲位大型达标公厕以奖代补1万元,新建1座2蹲位达标公厕以奖代补2500元,新建1座1蹲位小型达标公厕以奖代补1000~1500元,新、改建1座达标户厕以奖代补100元。是年,全镇共完成新建4蹲位大型达标公厕30座,2蹲位大型公厕63座,1蹲位小型达标公厕53座,新、改建户厕292座,共发放以奖代补款50.82万元。

镇环卫所连续8年被评为吴江市爱国卫生先进集体。

2015年,全镇所有垃圾运送与省级、镇级公路和开发区路面保洁及镇区卫生作业均采用服务外包。村级卫生工作,村道、河道保洁由村管理,清扫保洁人员有455人。垃圾收集运输有专门队伍,统一投放垃圾桶2700多只,垃圾容器化覆盖率大于80%,垃圾采用村收集,镇清运方法,日产日清,有压缩式垃圾清运车6辆,每日密闭储存清运垃圾85吨左右,进入庙港垃圾中转站后统一运往吴江垃圾焚烧发电厂,密闭清运率100%。根据区改厕方案,七都镇设计标准型、普及型公厕图纸,统一标准,按图施工。新建标准型公厕补助4万元、新建普及型公厕补助1.8万元、改建普及型公厕补助1万元、无害化卫生户厕改造补助300元。是年新、改建公厕9座,共发放补助款18.2万元。无害化卫生户厕改造240座,共发放补助款7.2万元。粪便无害化处理率大于80%。

表16-18　　　　　　　　2015年七都镇部分村改厕经费补助明细表

村名	新建标准型公厕 数量(座)	新建标准型公厕 金额(万元)	新建普及型公厕 数量(座)	新建普及型公厕 金额(万元)	改建公厕 数量(座)	改建公厕 金额(万元)	改建户厕 数量(座)	改建户厕 金额(万元)
隐读村	—	—	1	1.8	—	—	61	1.83
吴越村	1	4	—	—	—	—	36	1.08
东庙桥村	—	—	—	—	2	2	36	1.08
双塔桥村	—	—	1	1.8	—	—	—	—
吴溇村	—	—	1	1.8	—	—	28	0.84
陆港村	—	—	1	1.8	—	—	—	—
太浦闸村	1	4	—	—	1	1	22	0.66
长桥村	—	—	—	—	—	—	93	2.79

第二节　食品卫生

1983年8月27日,庙港乡贯彻实施食品卫生法(试行),加强食品卫生单位发证管理。乡政府、爱卫会组织卫生执法人员11人组成卫生检查组。对集镇28家食品加工场、饭店、食堂的卫生管理条例的实施和镇容卫生进行一次全面仔细的大检查。1995年,庙港镇对食品行业从业人员51人全部按时进行体检,并发放卫生许可证,对镇村二级水厂工作人员38人也按上级规定进行体检,对镇区26家食品行业除按季评分外,平时经常抽检。1999年,七都镇共有食品生产经营单位22家,发证率100%,从业人员367人,培训率100%,食堂6家,个体户188家,无食物中毒病例发生。

2003年上半年,七都镇进行食品卫生监督执法检查4次,对金海马超市、家乐福超市查出的过期食品全部进行销毁。督促办理卫生许可证130张,办理从业人员健康证230张,督促从业人员自觉做好行业卫生工作。

2005年,"食品安全协调小组"成立,制订工作制度,明确工作职责。为消除隐患,防止食物中毒突发事件的发生,强化卫生知识的培训工作,加大监督检查力度。全年对食品行业的业主进行两期专门培训,371名业主参加培训,参训率95%。在市卫生监督所和镇防保组及全体乡村医生的配合下,对村级行业卫生进行整顿。全年共换发卫生许可证1185张,对2684名从业人员进行健康检查,发放健康证2641张,对查出的43名病患者,调离行业岗位。

2006年,《食品安全举报投诉处理办法》和《食品安全责任追究制》出台,印发《七都镇食品安全信息管理暂行办法》,对行业食品安全管理进行规范,强化食品卫生管理,全年举办食品卫生知识培训班3期,1258人次参加培训。对餐饮行业进行餐具消毒监测,对全镇6家豆制品作坊进行专项检查,查处违法添加药物的圣威赞消美减肥胶囊等32种食品。根据吴食安委办〔2006〕8号文件精神,在全镇核查标识为"内蒙古伊穆河乳品有限公司、广东东方乳业有限公司联合出品"的东方牌奶粉,堵塞伪劣产品在七都市场流通。抓住学校易发生集体性食物中毒这个重点,不定期、高频率地对各校食堂及学校周边食品店的检查。指导学校把好进货关,做好保存食品的留样工作。是年,镇食品安全办公室人员上门指导检查民间婚宴94户,计1891桌,核发厨师证43张。

2007年3月,开展"3·15"食品安全宣传周和产品质量月活动,发放食品安全知识宣传资料1.5万份,宣传橱窗出版4期,针对不同季节易发生的食品安全事件和食源性疾患及时向社会预警公告。是年,加强生猪屠宰监管,提高生猪定点屠宰率,让群众吃上"放心肉"。农业服务中心每天派专人去生猪定点屠宰场监管屠宰全过程,并进行检疫;工商分局每天派人去农贸市场检查猪肉的检疫情况,严厉打击私屠滥宰等违法行为。对食品批零店经常进行督促检查,引导他们按照《国务院关于加强食品等产品安全监督管理的特别规定》进行进货索证,登记记录。开展农村食品安全标准化农家店的创建和认定工作,营造良好的农村食品消费环境。对各学校食堂卫生专项督查4次,食品行业卫生管理检查8次,食品生产单位卫生督查2次。由于食品安全卫生工作监管到位,全镇无食物中毒事故发生。

2008年,全镇举办食品行业专业培训班6期,415人次参加食品安全知识培训。加强民间办宴管理,培训民间厨师41人,发放民间厨师证41张,督查123户农户办宴计1627桌。完成9家农村放心示范店的创建任务,标准化农家店做到村村全覆盖,营造良好的农村食品消费环境。

2015年,七都镇市场监管分局成立,具体履行食品、药品安全监管职能。镇政府成立食品安全办公室,具体统筹协调全镇食品安全的各项工作,强化食品安全信息队伍建设,各行政村和社区建立协管员、信息员队伍,形成监管体系。全年开展餐饮环节食品安全各类日常检查和专项整治共20多项,出动执法人员1100多人次,检查单位602家,责令改正50多家,发放监督意见书200多份。学校食堂、企事业单位食堂及大中型餐饮单位作为监管重点。完成餐饮服务单位采样120批次,合格率为100%,流通环节采样180多批次。餐饮服务环节完成各类检测113批次,合格率为95.5%。流动环节完成检测130批次。

第三节 饮水卫生

七都、庙港村民历来以饮用河水为主,1954年,大庙区政府打第一口深水井。1974年,部分大队、生产队推行灶边井一户一井,由公社解决打井材料。1984年起,在镇区和农村推广小型自来水厂。1985年5月,七都乡政府开始筹建自来水厂,日产水量960立方米。1986年开始供水,供吴溇集镇上280户居民用水。随后,七都乡横塘、长村、永民、建民、双荡兜、前浜兜、钮家兜、长渠港、桥下、文义兜、邱田、菱荡湾、焦田、丁家湾、勇联、双石港、蒋家港、叶港、李家港等村相继自办村自来水厂,日供水量7400吨。

1988年8月,庙港乡自来水厂开始筹建,10月,庙港乡民字浜村投资15万元,建造第一家村办自来水厂,受益305户,1260人。年底,自来水厂供水庙港集镇和渔业村,后再延伸到庙港村及七一村。

1992年,七都镇在太湖畔建造地面水厂,首期工程日供水5000吨。1993~1994年,庙港镇开弦弓等13个村相继建造小型水厂。1994年底,庙港镇农户饮用自来水户数4816户,19420人。1995年5月,庙港镇投资178.6万元建成日供水1500吨新水厂,受益七一、庙港、合群、曙光、更楼港、渔业6个村,企事业单位45个及市镇居民。是年底,庙港镇饮用自来水共7210户。

2005年10月,七都、庙港自来水厂并入吴江市净水厂,业务划归华衍水务公司管理。全年水质检测平均合格率为98%,符合国家规定的饮用水标准。

2015年,七都镇自来水由华衍水务公司供水(吴江第一水厂),以太湖为取水水源,并设有水源地保护区,占地面积2.25平方千米,在保护区内有打捞船7条,人员有6人,为水源地保护区打捞水草等漂浮物。设有备用水源地,面积4平方千米,储水量600万立方米左右。水厂内设有沉淀池、砂滤池、和液氯、高锰酸钾、活性炭投加装置等设施,对水进行过滤和消毒。自来水由吴江区公共卫生中心检测,水质达到《生活饮用水卫生标准》GB5749-2006,合格率100%。符合国家规定的饮用水标准。(详见第七卷)

第五章　卫生镇和卫生村创建

第一节　江苏省卫生镇创建

一、七都镇创建省级卫生镇工作

1995年1月10日,七都镇制订《七都镇创建江苏省卫生镇规划》,提出创建江苏省卫生镇的目标。9月,七都镇创建卫生镇领导小组成立,共19人,由镇长任组长,专门设立创建办公室,及时沟通上下信息,掌握创建工作的进展情况。创建工作的经费由政府专项拨款,涉及单位的由其自行解决。创建工作开展后,政府与各单位签订创建责任书,创建领导小组要求镇卫生主管部门和重点单位对辖区内环境卫生的整洁工作逐日汇报,政府制订相应的制度,有每日监察、督促管理、奖惩考核和定期整改等制度。同时,三套班子成员分8条线指导工作,展开条线活动,组织工商、城管、环保、爱卫办等部门开展全镇卫生检查,发现问题,责令整改。11月30日,镇政府召开由企业书记(厂长)、村书记、单位负责人、镇三套班子及创建办公室人员参加的创建江苏省卫生镇工作会议,务求脚踏实地做好工作。

在整个创建过程中,始终注重健康知识教育,镇创建领导小组创办《七都创建简讯》,各单位成立健康教育领导小组,配备兼职健康教员,负责健康知识宣传、教育和自检自测工作。镇区公共场所固定宣传阵地2处,根据季节和当时卫生任务,刊登一些除害防病有关知识,自编翻印、购买印发各种健教知识资料3.73万份,工、青、妇还积极开展健康知识竞赛,全镇卫生知识知晓率98%。书写创建卫生镇标语150多条,挂横幅36条,利用宣传车流动宣传普及到全镇每个角落,创建办还印发创建公开信和镇区实施"十个不准"(不准随地吐痰;不准乱丢果皮、纸屑、烟头;不准乱堆乱放、乱倒废水、污物垃圾;不准乱贴乱画;不准沿街乱晒衣物、乱停放车辆;不准随地大小便;不准占道经营、乱搭乱建;不准踩踏到公共绿地;不准沿街叫卖、散发小广告、传单;不准在公共场所吸烟。)的规定各9000份,做到家喻户晓,人人皆知。镇中小学均开设健康教育课,做到课时、教材、教师、教案、考评五落实。各单位每年至少进行一次健康教育知识测试。强化吸烟危害性的教育,在公共场所和机关、企事业单位的会议室张贴禁烟标志,中小学、卫生院、通达商场和文化中心等单位开创无烟单位活动。在镇容环境卫生和卫生基础设施建设方面,1995~1997年,整治臭水沟2条、露天粪坑150多只、消除垃圾1890吨、清理卫生死角55处,参加者6500人次,青年志愿者活动659人次,组织单位卫生检查8次、行业大检查10次、街道保洁大检查9次。建公厕3只,改建无害化户厕3181户。置垃圾箱92只、果壳箱89只,购垃圾清运车1辆、吸粪车1辆、洒水车1辆、灭鼠药315千克,实行社会消杀1.68万平方米、硬化道路3.13万平方米,绿化覆盖率28.46%。配备环卫人员23人、保洁专业人员18人、卫生消杀人员5人。在饮食卫生、环境保护及传染病防治等方面,镇创建领导小组按照法规,分门别类地制订"考核评分标准",爱卫会、环保办、医院、防保组等单位积极配合,连续4年未发生食物中毒事故,行业卫生管理达标,全镇食品卫生整体管理水平不断提高。1997年1月,七都镇被评为"苏州市爱国卫生先进镇"。

1997年9月27~28日,江苏省爱卫会聘请省环保、卫生等部门有关专家,组成以李延平为组长的江苏省卫生镇考核鉴定组,按照《江苏省卫生镇检查考核标准实施细则》的要求,对七都镇创建江苏省卫生镇工作进考核检查,通过对爱国卫生组织管理和单位居民区卫生、爱国卫生月活动和健康教育、卫生基础设施建设和镇容镇貌、公共场所和饮用水卫生、食品卫生、除害防病、环境保护等方面的考核,检查团认为,七都镇达到《江苏省卫生镇标准》的基本要求。检查小组现场所查单位、居民区,有卫生管理制度,开展健康教育,组织卫生检查评比,内外环境整洁,注重绿化,垃圾箱和厕所符合卫生管理要求;农村爱国卫生工作稳步发展,改水全面普及,卫生无害化户厕普及率达标准要求,提供的数据准确、详实。经民意测验,居民群众和过往旅客对环境卫生状况的十项内容满意率91.1%。10月,江苏省爱国卫生运动委员会下发文件,命名七都镇为"江苏省卫生镇",并授予奖牌和荣誉证书。

二、庙港镇创建省级卫生镇工作

1997年7月15日,庙港镇创建省卫生镇领导小组成立,下设创建办公室,主持日常工作。

1998年初,庙港镇将创建江苏省卫生镇工作摆上镇党委、政府议事日程。3月8日,镇政府召开创建省卫生镇动员大会,要求各村、厂、企事业单位和机关各部门的领导齐抓共管,扎实做好创建工作。接着,《庙港镇创建江苏省卫生镇总体规划》《庙港镇城镇管理实施细则》《关于在庙港镇区实施"十个不准"暂行规定》《关于创建工作的奖惩办法》等文件相继出台;人员、经费、办公地点等得以落实;路面保洁队伍16人,除四害消杀队4人;政府与各企事业单位、镇郊村,签订《创建江苏省卫生镇保证书》;镇三套班子成员和机关工作人员共16人,实行责任区划片包管、指导工作,做到定人、定位、定目标、定责任、定奖惩。4月25~26日,镇创建办公室组成检查组,对15个镇区单位、沿街商店及街巷、7家个体户,进行卫生普查;对餐饮、食品、宾馆服务、美容美发行业进行执法检查。8月30日,庙港镇人民政府向吴江市爱国卫生运动委员会提交《创建江苏省卫生镇的申请报告》。10月30日,以苏州市爱国卫生运动委员会主任盛家锷为团长的检查团共7人到庙港。31日,检查团分4个专业组和3个机动组,进行明查、暗访。现场检查10多个单位、部门,并对当地居民、过往旅客共86人进行民意测验。镇机关全体工作人员、各企事业单位主要领导,集中听取检查团综合评估意见。检查团认为庙港镇基本达到江苏省卫生镇要求,通过苏州市级考核验收。创建过程中,庙港镇印发《创建省级卫生镇情况简报》,各单位成立健康教育小组,安排健教联系员,负责健康知识教育、宣传和考评工作,印发防病保健宣教材料4500多份,将庙东街、庙新街、西万顷路分别设置为"健康教育一条街"。镇有线广播站举办创建专题节目,社区、街道利用黑板报宣传卫生科普知识,在餐饮服务业中进行行业卫生培训,在中、小学开设健康教育课,做到课时、教师、教材、教案、考评五落实。公共场所设置宣传橱窗,制作宣传广告画18幅,悬挂标语横幅24条。机关、企事业单位会议室张贴禁烟标志,学校、医院开展无烟活动。庙港镇还投入1035万元用于镇容镇貌的基础建设。12月,把创建目标写进庙港镇第十二届人民代表大会第五次会议的政府工作报告。

1999年1月,庙港镇出台《创建省卫生镇工作实施方案》。4月8日,镇创建领导小组组织4个检查组,对15家单位、5条街道进行卫生大检查。4月18日,庙港镇人民政府向江苏省爱国卫生运动委员会提交《创建江苏省卫生镇申请报告》。4月22日,镇政府在庙港影剧院召开迎检动员大会,党委书记作迎检动员。5月4日,以李延平为组长的江苏省卫生镇考核鉴定组到庙港镇,在爱国卫生组织管理、单位与居民住宅区的卫生状况、爱国卫生月活动与健康教育、卫生基础设施建设与镇容镇貌、公共场所与饮用水、食品卫生、除害防病、环境保护等8个方面进行全面检查。5日下午,庙港镇召开创建江苏省卫生镇考核情况通报会。考核组宣布对庙港镇创建江苏省卫生镇工作的考核鉴定意见:庙港镇达到《江苏省卫生镇考核标准实施细则》的基本要求。并将鉴定意见书递交给镇长邱龙根。5月12日,江苏省爱国卫生运动委员会下发文件,命名庙港镇为"江苏省卫生镇",并授予奖牌和荣誉证书。

第二节　国家级卫生镇创建

1997月10日,七都镇党委发出《关于成立七都镇创建国家卫生镇暨省卫生村创建工作领导班子的通知》,并成立七都镇创建工作指挥部,创建工作领导小组及创建办公室,由镇长任指挥部总指挥,由常务副镇长任创建工作领导小组组长,由镇卫生助理任创建办公室主任。同时,成立4个创建国家卫生镇工作小组,分别负责健康教育、卫生设施建设、镇容环境、公共卫生、饮水卫生、食品卫生、除害防病、环境保护、居民区及单位卫生、民意测验等创建工作。为搞好社区、镇辖行政村卫生和创建江苏省卫生村,全镇28个村、3个社区设立11个分片小组,负责环境卫生及卫生台账资料的建立。这些组织建立以后,根据《国家卫生镇考核标准》调查、摸底全镇创建工作的有利条件和不利因素,排出需要建设和改造的硬件设施,做到心中有数,作好计划,全面开始创建国家卫生镇工作。

1998年1月,七都镇全面开展环境卫生整治和行业卫生检查,对镇郊结合部和公路、街道两侧进行大规模的整治活动,清除卫生死角及违章搭建、乱贴乱画现象。4月,结合"爱国卫生月"活动,开展除害灭鼠工作,对中小学、企事业单位食堂以及餐饮单位的厨房进行执法检查,对食品行业和公共场所的卫生状况进行检查,对办理卫生许可证和从业人员健康证的进行确认,未办理的及时补办。同时,对基础设施建设进行大规模修补,整修街道路面、绿化带、改造厕所、增加环卫设施、建设和更新健康教育阵地、建立和完善创建工作台账。9月,七都镇召开创建国家卫生镇动员大会,镇党委、镇政府、镇人大三套班子领导,机关各部门、各企事业单位负责人,机关下乡干部和各村领导干部参加,对创建工作统一发动、统一步调,进行工作部署,明确任务,按照"立足镇区、镇村联动、整体发展"的要求,全面投入创建国家卫生镇的突击工作之中。

1999年1月26日,吴江市爱卫会牵头组成的国家卫生镇自查考核组对七都镇的创建工作进行自查考核。5月3日,以自查考核的情况为依据,七都镇召开镇、村、社区、各单位、各部门负责人会议,通报自查情况,提出需要补课的问题,要求进行一次"冲刺式"突击,有始有终把创建工作做好。9月28日,通过苏州市国家卫生镇复核检查组的检查考核。12月5日,省爱卫会对七都镇的创建工作进行考查调研,指出一些需要改进的地方。12月20日,省爱卫会组织省卫生厅、建设厅、环保厅和爱卫办的有关专家,对七都镇创建国家卫生镇工作进行考核鉴定。12月29日,全国爱国卫生运动委员会正式授予七都镇"国家卫生镇"称号。

2000年起,七都镇开展国家卫生镇的巩固和提高活动。爱国卫生作为镇政府的重要议事内容,爱国卫生组织网络和组织体系不断健全,工作经费逐年增加,年投入从2010年的935万元增加到2014年的1.16亿元,年投入增长率为28%。同时把爱国卫生工作成绩纳入各村(社区)、各单位年终考核内容;考核结果直接与村干部和单位领导的年终报酬相挂钩。

2015年3月,根据上级有关要求,七都镇召开党政联席会议,专题研讨七都镇国家卫生镇复查迎检工作,制订《七都镇国家卫生镇复审迎检工作方案》,同时成立"迎检工作领导小组",4月9日、5月4日,分别组织16个相关部门召开工作推进会,对国家卫生镇复审工作各项任务进行再动员、再分解。镇长在会议上专门进行工作部署,明确要求各爱卫会成员单位必须高度重视,统一思想,各司其职,责任落实;健全机制,长效管理;把握时间节点,督查考核。下半年,全国爱国卫生运动委员会对已获得国家卫生城镇荣誉称号的城市(区)、县城(乡镇)进行暗访和综合评审。根据《全爱卫发〔2016〕2号》文件,七都镇重新确认为"国家卫生镇"。

第三节　江苏省卫生村创建

1998年初,七都镇在创建省卫生镇同时,将卫生创建工作向农村延伸,吴溇、桥下、邱田、勤丰等村成立由村党支部书记挂帅的创建领导小组,村委会主任为组长。制订《××村创建省卫生村实施计划》,村领导分片包管,定人、定责任、定奖惩,确保人员、资金、工作三到位。利用村有线广播、黑板报等宣传工具,对村民进行健康知识宣传教育。实施改水工程。在改水基础上,启动改厕工程。农户改建、新建三格式化粪池无害化卫生户厕。修缮村小学,改善学校环境,修桥、筑路。村内主干道全部硬化,水泥道路到宅到户。清理疏浚村内主要河道,并使排水系统畅顺,做到"三无":路旁无垃圾堆放、无露天粪坑、无污水横流。完善村卫生室硬件设施,村医务人员做好"四苗"接种,覆盖率为100%,有效控制流行病发生。发动村民制订村规民约,组建"三清"(清洁村庄、清洁家园、清洁河道)长效检查组,每月检查一次河道、家园、环境责任区,及时公布检查结果。11月25日,苏州市爱国卫生运动委员会组成创建省级卫生村考核验收组,根据江苏省卫生村标准,对吴溇、桥下、邱田、勤丰村进行考核验收,经检查、评估,确认该4个村已达江苏省卫生村标准。

1999年初,庙港镇在创建省卫生镇同时,将卫生创建工作向农村延伸。10月12日,庙港镇的渔业村通过省级卫生村考核,被评为"江苏省卫生村"。10月15日,七都镇的李家港、沈家湾、勇联、前浜兜、长渠港、渔业村6个村通过省级卫生村考核,被评为"江苏省卫生村"。

2004年9月22日,群幸村、隐读村2个村被评为江苏省卫生村。11月30日,吴溇村、东风村、双塔桥村、吴越村、菱田村、长桥村、沈家湾村7个村被评为江苏省卫生村。12月17日,望湖村、丰田村、东庙桥村、陆港村、燦烂村、盛庄村、庙港村、联强村、太浦闸村、开明村、开弦弓村、丰民村、光荣村13个村被评为江苏省卫生村。

2010年起,七都镇以巩固国家卫生镇为抓手,不断健全村庄的环境卫生的长效管理机制。结合"美丽村庄"建设,美化镇村环境:2014年,在"美丽七都"建设总蓝图下,坚持以镇带村,将开弦弓、隐读村、陆港村作为示范点,大力实施"美丽村庄"建设。对全镇22个村和4个社区入口进行统一标志性美化。

2015年,江苏省爱国卫生运动委员会对命名的所有江苏省卫生村进行抽查复核。根据《苏爱卫发〔2015〕11号》文件,吴溇村、菱田村、群幸村、隐读村、长桥村、东风村、沈家湾村、双塔桥村、吴越村、东庙桥村、望湖村、丰田村、西漾渔业社区、太浦闸村、开明村、开弦弓村、联强村、陆港村、庙港村、燦烂村、盛庄村、丰民村、光荣村、渔村社区重新确认为江苏省卫生村。

第六章 体　　育

第一节　体育机构与设施

一、镇体育运动委员会

1972年,七都、庙港公社体育领导小组成立。1983年,七都、庙港乡体育运动委员会成立,协调管理行政区域内的体育工作。1992年2月,庙港乡田径队参加苏州市农民运动会,获2金1银和多枚铜牌,并获"苏州市体育先进乡"称号。

1992年9月,七都、庙港乡体育运动委员会更名为七都、庙港镇体育运动委员会。1995年,七都镇、庙港镇被评为江苏省体育先进镇。

2003年12月,七都、庙港镇合并,新的七都镇体育运动委员会成立。

2004年度,七都镇体育工作考核获吴江市三等奖。2005年12月28日,七都镇被苏州市体育局表彰为苏州市全民健身体系"八个一工程"先进单位。2007年度,七都镇体育工作考核获吴江市二等奖。

2015年,七都镇体育运动委员会主任为张志明,副主任为王志萍。

二、体育协会

（一）七都镇老年体育协会

1989年4月,七都乡老年体育协会成立,位于七都乡政府内,常驻会长1人,主持日常工作,会员12人。

1989~2003年,七都镇老年体协历任会长:凌浩(1989~1998年),崔阿林(1998~2000年),孙海生(2000~2003年);

2003~2015年,七都镇老年体协历任会长:孙海生(2003~2007年),尹根生(2007-2013年),王泉林(2014~2015年)。

（二）吴江区太极拳协会七都分会

2007年6月,吴江市太极拳协会七都分会成立,位于七都镇望湖路1602号,面积200平方米。会长潘玉英,潘桂明主持日常工作,会员50人。

2015年,吴江区太极拳协会七都分会,潘玉英任会长,太极拳协会向庙港地区发展太极拳队会员,由施美华负责庙港太极拳队的组建,会员70人。

（三）吴江市农民体育协会七都分会

2007年10月,吴江市农民体育协会七都分会成立,位于七都镇庙港沿湖路240号(社区教育中心),面积3000平方米,会长韩春娥。

2015年,会长王志萍,主持日常工作,会员52人。

（四）七都镇篮球协会

2015年4月,七都镇篮球协会成立,位于七都镇成人教育中心校内,会长戴云生,主持日常工作,会员362人。

（五）七都镇门球协会

2007年12月,七都镇门球协会成立,位于七都镇庙港西万顷路60号,面积200平方米。2007

~2015年,会长金培芳,主持日常工作,会员9人。

三、俱乐部和团队

(一) 七都镇乒乓俱乐部

2004年5月,七都镇乒乓俱乐部成立,负责人朱国良,会员12人。

2015年,七都镇乒乓俱乐部重新组建,七都镇乒乓俱乐部位于七都镇庙港沿湖路240号(社区教育中心),面积2000平方米,负责人朱国良,会员30人。

(二) 七都篮球队

2011年4月,七都篮球队成立。负责人徐侃,负责培训成人篮球队队员。

2015年,七都篮球队进一步完善。七都篮球队队部位于七都镇望湖路1602号,面积200平方米,负责人徐侃,队员14人。

(三) 庙港象棋队

2009年5月,庙港象棋队成立。位于七都镇庙港西万顷路60号,面积200平方米。至2015年,负责人李昌明,队员8人。

(四) 七都镇体育健身俱乐部

2013年4月,七都镇体育健身俱乐部成立。至2015年,体育健身俱乐部位于七都镇庙港沿湖路240号(社区教育中心内),面积3000平方米,负责人谷端凤,会员32人。

四、体育设施

(一) 社区体育设施

1996年,七都镇村、企事业单位有乒乓球室;庙港镇有篮球场1片(在农业公司内)。镇、村、企事业单位、缫丝厂、新联分厂、供销社等设有乒乓球、棋类等体育活动场所。1999~2002年,七都、庙港镇共建成全民健身点8处,其中镇区7处、农村1处。

2006年,全镇有经营性健身房2间,台球房4间,溜冰场1片。棋牌室18间,乒乓球室2间,游泳场1处。

2007年,东庙桥村、丰民村建成多功能运动场各1片。

社区体育设施(摄于2015年)

2008年,全镇公有专用体育场地有足球场2片,田径运动场4片,篮球场24片,门球场1片,乒乓球馆1个。

2009年,七都人民广场篮球场建成。

至2010年,七都镇建成全民健身点17处。其中镇区6处,农村11处。

2012年,七都社区教育中心、基督教堂内多功能运动场篮球场建成。

2014年,东风村、开弦弓村、庙港村、渔村社区多功能运动场建成。

至2015年,镇区主要健身器材有:英派斯20套、奇胜13套、奥康达1套、蓝博2套、澳瑞特5套、凯奇3套;晨(晚)练健身站:健身舞站点37个、木兰拳站点2个、太极拳站点2个、太极剑站点1个、腰鼓站点1个、笼式篮球场2片。全镇功能运动场9片,每片面积800平方米,篮球架3副。

国民体质监测室有2处,分别在望湖北路和亨通集团内,测试内容:身高、体重、握力、肺活量、单脚站立、坐位体前屈、俯卧撑、仰卧起坐、纵跳,面积各有500平方米。

企事业单位体育设施:太湖工商分局、国税分局有乒乓室;亨通人才公寓、乔联电子厂、德尔地板厂、明大科技、前进电子、富威科技、国通线缆、神力科技、富圣化纤、双塔集团、洲海喷织厂、国税分局、环球集团公司、金丰木门厂均有篮球场和乒乓室。新恒通集团、卓宝科技有篮球场、羽毛球场、乒乓球室、健身房、台球室等设施。

街道(乡镇)文体活动中心有七都镇街道体育活动中心、七都镇庙港街道活动中心、亨通人才公寓活动中心等4处。活动内容有：篮球、乒乓球、羽毛球、木兰拳、太极拳、腰鼓、健身舞、门球、太极剑等。

社区(村)活动室有乒乓室22间，棋牌室26间，健身房5间，笼式篮球场2片，门球场1片，木兰拳、太极剑、健身舞活动室各一间。

经营性场馆设施有静禅瑜伽会所，位于七都镇七都大道太湖国际西门，面积有200平方米，开展项目有瑜伽、爵士舞等。

(二) 学校体育设施

1. 七都中学体育设施

1996年，学校有运动场1片，环形跑道200米，足球场1片，篮球场2片。

2008年，学校有环形跑道400米，足球场1片，篮球场3片，排球场1片，比赛使用的山地车、标准赛车12辆，自行车平衡训练台4套，自行车比赛用头盔、比赛服30套，基本能满足学校自行车队日常训练的需要。

2015年，学校有环形塑胶跑道400米，篮球场3片，排球场1片，足球场1片，羽毛球场4片，乒乓球室1个，体操室1个，航模室1个，健身房1个，训练房1个。

2. 七都小学体育设施

1996年，学校有足球场1片，篮球场1片。

2008年，学校有环形塑胶跑道250米，体育馆1座，篮球场2片，羽毛球场2片，乒乓球室2个，体操室1个，健身房1个。

2015年，学校有田径场1片，环形塑胶跑道250米，体育馆1座，篮球场2片，羽毛球场2片，乒乓球室2个，体操室1个，健身房1个。

3. 庙港中学体育设施

1996年，学校有250米跑道的运动场，内有小足球场，水泥篮球场4片，有单杠6付，双杠8付，乒乓球台8张。

2008年，学校有环形塑胶跑道250米，篮球场3片，足球场1片，乒乓球室1个，室外乒乓球台4副。

2015年，学校环形塑胶跑道250米，篮球场3片，排球场1片，羽毛球场2片，足球场1片，乒乓球室1个，室外乒乓球台4副。

4. 庙港实验小学体育设施

1996年，学校有环形人造草坪跑道200米，篮球场2片，小足球场1片，学生健身园1个。

2008年，学校有环形塑胶跑道200米，体育馆1座，篮球场1片，足球场1片，乒乓球室1个。

2015年，学校有环形塑胶跑道200米，体育馆1座，篮球场2片，足球场1片，羽毛球场2片，乒乓球室1个，健身房1个，训练房1个，舞蹈房1个。

第二节　群众体育

一、职工与农民体育

80年代初，七都、庙港乡的企事业单位相继开展篮球比赛。1988年，迎"三八"妇女节，庙港乡举行妇女拔河比赛,行政村、乡村企业、缫丝厂、新联分厂4个小组共有40人参加。1992年,庙港镇参加苏州市农民运动会,获2金1银、多枚铜牌。1994年,庙港镇妇联举办迎"三八"乒乓球比赛,各单位女职工自动报名,共40多人,比赛结果商业公司代表得第一名,中学代表得第二名,信用社代表得第三名。同年,妇联、计生办组织举行迎"六一"独生子女家庭运动会,有30多户家庭参加,这是一次骑自行车、踏三轮车趣味性运动会,获第一名的是供销社沈世荣家庭。1995年5月,庙港镇代表队参加吴江市"保险杯"妇女健身运动会,获接力赛第一名。是年,七都镇、庙港镇创建为苏州市体育先进乡镇和江苏省体育先进乡镇。

职工篮球赛(摄于2015年)

1999年,七都镇代表队参加吴江市第八届体育运动会篮球比赛,七都镇获体育道德风尚奖。

2001年、2002年,七都镇举办"七都杯"太湖游泳接力赛。

2003年起,七都镇体委为贯彻江苏省体育强镇的精神,深入开展全民健身运动。各企业重视体育设施的建设,特别是亨通集团、乔联电子等骨干企业都开辟职工健身场地,添置体育器材,开展企业职工健身活动。人们把体育锻炼化成自觉行动,每天早晨或傍晚,在环湖路上进行体育锻炼,长跑、竞走、散步的人络绎不绝;社区广场上打太极拳、舞太极剑、跳健身舞的人群随处可见。

2006年起,七都镇的企事业单位举办3届"亨通杯"乒乓球赛,通过比赛丰富职工业余生活,提供全民健身的机会。多次举办职工象棋比赛及羽毛球比赛,每次比赛都取得良好效果。

2008年6月中旬,七都镇举办一次"迎奥运、促和谐"机关事业单位职工运动会。运动会设立拔河、羽毛球两项团体赛和托球跑、小保龄球、倒跑、赶"猪"、踢毽子、夹乒乓球等6个单项赛,共有115名职工参赛。11月,七都镇组团参加吴江市"工商杯"篮球赛。是年,七都镇被江苏省体育局命名为江苏省体育强镇。

2015年,七都镇体育运动委员会组织参加吴江区第十二届运动会游泳、羽毛球、田径比赛,组队参加职工组篮球比赛;组队参加残疾人飞镖比赛和象棋比赛;组队参加职工组足球比赛;跳绳和乒乓球比赛;完成520人的国民体质测试任务;组织3次健身讲座;组织健美操队参加吴江区全民健身节开幕式;组织一次健身路径、健身器材志愿者培训。

二、老年人体育

1989年4月,经吴江市老年人体育协会批准,七都乡成立老年人体育协会。1992年9月,庙港乡成立老年人体育协会。老年人体育协会指导老年人开展有益于身心健康的体育活动。参加老年人体育活动的对象多数是退休职工、干部和教师,先后成立木兰拳协会、太极剑协会、太极拳协会、腰鼓协会、门球协会、组建腰鼓队、门球队等文体活动队,带领老年人开展喜闻乐见的文体活动。老年人文体队平时定期集中训练,多次参加社区比赛活动。

老年人象棋赛(摄于2015年)

2008年5月10日,七都社区的老年人文体队参加吴江市万名老年人"迎奥运、庆奥运"文体展示活动。2010年,吴江市老年人体育节暨文体精品展示活动启动仪式在七都镇人民政府会堂举行。

2015年,镇老年腰鼓队参加在庙港实验小学体育馆举行的吴江区第十二届体育运动会老年组腰鼓比赛暨吴江区老年人体育节启动仪式;七都太极拳队参加在松陵高级中学举行的吴江区第十二届运动会老年组比赛;吴江区第十二届吴江区中国象棋选拔赛在庙港社区二楼老年活动中心举行;七都镇广场舞队参加在横扇影剧院举办的吴江区第十二届中老年健身广场舞交流展示活动;七都镇老年大学常年举办太极拳等体育类教练班,重阳节在七都广场组织一场太极拳教学成果展示。

第三节 学校体育

一、七都中学体育

七都中学在加强体育业余训练的同时,积极向苏州市自行车训练基地及上级体校输送优秀的体育苗子。2002年,学校输送田径、拳击等运动员3人。2003年,输送田径运动员1人。学校成功举办江苏省第十届青少年海模运动会。

2004年,七都中学特色体育项目(海模)在参加各级比赛中有1人获得全国第六名,在江苏省青少年海模比赛和江苏省青少年科技模型比赛中,有8人次获第一名,有7人次获第二名,有10人次获第三名。2004~2006年,在参加江苏省海模比赛中获得团体总分第二名、第四名和第六名。七都中学被江苏省海模协会吸纳为正式会员。学校海模队不仅为学校带来荣誉,更得到社会和领导的肯定和赞扬。七都中学在体育特色项目起步后,同时加强体育传统项目(自行车)的建设。为上级学校输送自行车运动员。学校组建自行车队,并与苏州市体育局、苏州市自行车训练基地、吴江市体育局达成协议,把七都办成吴江市自行车训练基地。9名同学参加苏州市第二届中小学生自行车比赛,有4人获得第一名,3人获得第二名,1人获得第三名。在苏州市"十运"会上,自行车队团体总分列苏州市县(市)区第一名。获得苏州市体育局"业余训练先进集体"的荣誉称号。

2007~2008年,学校不断加大项目训练设备的添置,通过企业赞助、企业冠名的方法,进一步提升器材建设。学校拥有比赛用的山地车、标准赛车12辆,自行车平衡训练台4套,自行车比赛用头盔、比赛服30套,能满足学校自行车队日常训练的需要。苏州市第三届中小学自行车比赛和苏州市第十二届运动会上,七都中学自行车队代表吴江市参加比赛,两年共获得9金、10银、8铜的成绩。孙志豪入选"八一"队,施华清入选江苏省省队。特色项目和传统项目的训练,带动七都中学各项体育运动。

2015年,徐佳浩参加吴江区中学生田径运动会,获铁饼项目第三名。

二、七都小学体育

1999年起,七都中心小学将航海模型运动项目作为学校体育传统项目,航海模型体育运动指导小组成立,姚阿江为组长。利用科学劳技相关课程和综合实践活动的相关主题,开展普及层面的"溇港船模型,太湖船(轮、艇)模型,海洋轮、艇、舰模型"等的仿真和创意及专业层面的"EQ、F4、F1、帆船"等遥控极速训练和锻炼活动。多年来,在培养学生的体力、意志力、思维力、耐挫力等方面发挥作用。

2000年起,学校重视篮球训练项目。2006年,在吴江市小学生运动会上,七都中心小学获男子组篮球第四名。

2007年,学校被评为吴江市体育工作先进学校。2009年,吴江市小学生篮球比赛中,七都中心小学获男子组篮球第一名。2010年,在吴江市小学生运动会上,七都中心小学获男子组篮球第一名。

至2015年,七都小学在苏州市、江苏省体育(海模)项目历次比赛中获奖137人次,其中一等奖

（或金牌）获得 42 人次。在江苏省第三届海模运动大赛中团体总分第三名。由此，七都小学被苏州市体育局命名为苏州市体育项目特色学校。

七都小学被命名为"吴江区体育学科基地"，多次承办吴江区小学体育教育教研活动。

三、庙港中学体育

庙港中学体育以田径、篮球为主要训练项目。学校派出选手参加市（县）历届体育运动会和各项比赛，取得良好成绩。1977 年，学生沈雪金在苏州地区中学生田径运动会上 600 克标枪成绩为 30.08 米；1978 年，学生沈雪金在苏州地区中学生田径运动会上 6 千克铅球成绩 12.46 米。1979 年，学生沈雪金在吴江县中学生田径选拔赛上 1.5 千克铁饼成绩 36.68 米。田径与篮球是庙港中学较有训练基础的项目，1981 年 11 月 9～13 日。县体委、文教局对全县 17 所中学的体育传统项目的业余训练进行检查评比，庙港中学获"田径"三等奖。1985 年，庙港中学被命名为全县省市（县）级体育传统项目学校。学校体育的传统项目成绩一直名列前茅。1992～1995 年，吴江市中学生女篮比赛中，庙港中学连续 4 年夺得吴江市冠军。

庙港中学田径运动场（摄于 2015 年）

1998 年起，庙港中学培育具有学校特色的体育项目，提出"男篮、女绳"的技能学习目标，从初一年级开始，每个年级均设置这两项教学内容。学校的跳绳队在吴江市比赛中屡次进入前三名；学校篮球队在吴江市中学生篮球比赛中，获得初中组第三名；学校田径队更是学校体育的亮点，在各类比赛中位列吴江市前十名。

2015 年，学校操场每周一至周五 16:00～17:20 向学生开放，开展课外活动，体育组教师分工轮流负责学生的体育活动，并经常组织学生开展各类体育竞赛活动。寒暑假由体育组负责，定期开展各项业余训练活动。学校通过"百步穿杨"（射击）、"旋转银球"（乒乓球）、"灌篮高手"（篮球）、"律动地带"（歌舞）等多项丰富多彩的文体活动，丰富学生的文体生活。

四、庙港实验小学体育

1996～2006 年，庙港实验小学经过十年精心打磨，体育特色日渐彰显。学校先后被吴江市评为"体育特色学校""田径学校"。2005 年，在苏州市首届中小学生健美操比赛中，庙港实验小学获小学组二等奖。2006 年，被命名为"吴江市体育学科基地"，承办过吴江市小学体育教育教改大型教研活动。

2007 年起，学校每年举办一次田径运动会，每天抓好早操、眼保健操、课外活动。在业余训练体育工作中，体育组下苦功培养好尖子，学校的田径队、男子篮球队、乒乓球队、跳绳队、踢毽队、健美操队、围棋队等做到五定（定对象、定计划、定任务、定组织、定训练）。由此，学生在各级各类比赛中都获得较好的成绩。2008 年，吴江市阳光体育联赛中，庙港实验小学获男子篮球第一名。

2009～2012 年，庙港实验小学被评为吴江市篮球体育传统项目学校。

表 16-19　　1996～2015 年七都、庙港中学和小学体育竞赛前三名获奖情况表

年份	学校	姓名（单位）	项目	名次	运动会或比赛名称
1996	庙港实验小学	篮球队	团体总分	第一名	吴江市小学生男子篮球比赛
1997	庙港实验小学	田径队	团体总分	第三名	吴江市小学生田径比赛
1997	七都中学	徐敏（女）	跳高	第三名	吴江市中学生田径运动会

(续表)

年份	学校	姓名(单位)	项目	名次	运动会或比赛名称
1998	庙港实验小学	篮球队	团体总分	第二名	吴江市小学生男子篮球比赛
1998	七都中学	杨丽丽(女)	跨栏	第三名	吴江市中学生田径运动会
1998	七都中学	施丹凤(女)	1500米	第三名	吴江市中学生田径运动会
1998	七都中学	谭英英(女)	铅球	第二名	吴江市中学生田径运动会
1998	七都中学	张跃忠	100米	第三名	吴江市中学生田径运动会
1998	七都中学	张跃忠	200米	第二名	吴江市中学生田径运动会
1998	七都中学	张超	1500米	第一名	吴江市中学生田径运动会
2000	七都中学	缪华雄	标枪	第一名	吴江市中学生田径运动会
2000	七都中学	缪华雄	铅球	第二名	吴江市中学生田径运动会
2001	庙港实验小学	篮球队	团体总分	第二名	吴江市小学生男子篮球比赛
2002	七都小学	体操队	团体总分	第一名	吴江市小学生踢毽比赛
2002	七都小学	张丹丹	女乙垒球	第一名	吴江市小学生田径运动会
2002	七都小学	周剑	男乙垒球	第三名	吴江市小学生田径运动会
2003	七都中学	何勇	800米	第三名	吴江市中学生田径运动会
2003	七都小学	体操队	团体总分	第一名	吴江市小学生踢毽比赛
2003	七都小学	体操队	广播操比赛	第一名	吴江市小学生广播操
2003	七都小学	施嵩	踢毽比赛	第一名	吴江市小学生男子踢毽比赛
2003	七都小学	陆飞	男乙200米	第一名	吴江市小学生田径运动会
2003	七都小学	陆飞	男乙400米	第二名	吴江市小学生田径运动会
2003	庙港中学	体操队	团体总分	初中第二名、高中第一名	冬季跳绳、踢毽比赛
2003	庙港中学	朱慧	冬季踢毽比赛	初中第二名	冬季踢毽比赛
2003	庙港实验小学	田径队	团体总分	第三名	吴江市小学生田径比赛
2004	庙港中学	体操队	团体总分	高中第三名	新华杯跳绳、踢毽比赛
2005	庙港中学	伊佑雯	女子铅球	第三名	吴江市田径运动会
2005	七都小学	体操队	团体	第二名	吴江市小学生踢毽比赛
2005	七都小学	孙琦琦	女丙跳远	第一名	吴江市小学生田径运动会
2005	七都小学	沈小红	女丙垒球	第一名	吴江市小学生田径运动会
2005	七都小学	周智斌	男丙跳远	第二名	吴江市小学生田径运动会
2006	庙港中学	篮球队	团体总分	第三名	吴江市初中男子篮球比赛
2007	七都中学	周智斌	跳远	第三名	吴江市中学生田径运动会
2007	七都中学	沈洁(女)	踢毽子	第二名	吴江冬季跳绳踢毽比赛
2007	七都小学	体操队	团体总分	第一名	吴江市小学生踢毽比赛
2007	庙港中学	篮球队	团体总分	第三名	吴江市初中男子篮球比赛
2008	七都中学	孙卿	跳高	第一名	吴江市中学生田径运动会
2008	七都中学	宋少东	跳绳	第二名	吴江市冬季跳绳踢毽比赛
2008	七都小学	体操队	团体总分	第二名	吴江市小学生踢毽比赛
2008	七都小学	体操队	团体总分	第三名	吴江市小学生跳绳比赛
2008	七都小学	篮球队	团体总分	第二名	吴江市小学生篮球比赛
2008	庙港实验小学	篮球队	团体总分	第一名	吴江市小学生男子篮球比赛
2009	七都中学	陈思远	踢毽子	第三名	吴江市冬季跳绳踢毽比赛
2009	七都中学	潘虹(女)	踢毽子	第一名	吴江市冬季跳绳踢毽比赛

(续表)

年份	学校	姓名(单位)	项目	名次	运动会或比赛名称
2009	七都小学	篮球队	篮球比赛	第一名	吴江市小学生篮球比赛
2009	庙港中学	潘明亮	男子400米、200米	第二名	吴江市田径运动会
2009	庙港中学	盛婷婷	女子铅球	第一名	吴江市田径运动会
2009	庙港中学	体操队	广播操比赛	一等奖	吴江市广播操比赛
2009	庙港中学	体操队	跳长绳比赛	二等奖	吴江市跳长绳比赛
2009	庙港中学	篮球队	男子篮球比赛	第二名	吴江市初中男子篮球比赛
2010	七都小学	篮球队	团体	第一名	吴江市小学生篮球比赛
2010	庙港中学	潘明亮	男子400米、200米	第三名	吴江市田径运动会
2010	庙港中学	周振康	男子三级跳远	第二名	吴江市田径运动会
2011	七都小学	运动队	团体总分	第二名	吴江市中小学大课间活动
2011	七都小学	宋宇涵	乒乓比赛	第一名	吴江市小学生乒乓球赛
2011	七都小学	邱孜尧	男甲100米	第一名	吴江市小学生田径运会
2011	七都小学	于婉婷	女丙跳远	第一名	吴江市小学生田径运动会
2011	庙港中学	张梦瑜	女子100米	第三名	吴江市田径运动会
2011	庙港中学	武术操队	武术操比赛	一等奖	吴江市武术操比赛
2011	庙港中学	篮球队	男子篮球比赛	第三名	吴江市初中男子篮球比赛
2011	庙港实验小学	篮球队	团体总分	第四名	苏州市小学生男子篮球比赛
2012	七都中学	孙怡萍(女)	标枪	第二名	吴江区中学生田径运动会
2012	七都中学	钱志涛	1500米	第一名	吴江区中学生田径运动会
2012	七都小学	乒乓队	团体总分	第二名	吴江区小学生乒乓球比赛
2012	庙港实验小学	篮球队	团体总分	第二名	吴江区小学生男子篮球比赛
2013	七都小学	吴倪萍	女丙铅球	第一名	吴江区小学生田径运动会
2013	庙港中学	篮球队	团体总分	第三名	吴江区初中男子篮球比赛
2013	庙港中学	王壹	女子三级跳远	第一名	吴江区田径运动会
2013	庙港实验小学	田径队	团体总分	第三名	吴江区小学生田径比赛
2014	七都小学	徐佳浩	男丙铅球	第一名	吴江区小学生田径运动会
2014	七都小学	徐佳浩	男乙铅球	第一名	苏州市小学生田径运动会
2014	七都小学	朱越	男丁铅球	第一名	苏州市小学生田径运动会
2014	庙港实验小学	篮球队	团体总分	第二名	吴江区小学生男子篮球比赛
2015	七都中学	徐佳浩	铁饼	第三名	吴江区中学生田径运动会
2015	七都小学	武术操队	团体总分	第一名	吴江区"中华传统文化进校园"活动武术操比赛
2015	七都小学	徐佳浩	男乙铅球	第一名	吴江区小学生田径运动会
2015	七都小学	朱越	男丙铅球	第二名	吴江区小学生田径运动会
2015	庙港中学	武术操队	团体总分	一等奖	吴江区武术操比赛
2015	庙港实验小学	篮球队	团体总分	第三名	吴江区小学生男子篮球比赛

第十七卷

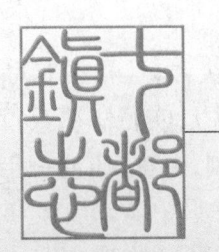

军事 治安 司法

第一章 军　　事

南宋绍兴初,因渎(隐读)始设巡检司,明代巡检司署移至吴溇,巡检司有弓兵驻守。民国时期,七都、庙港地区有一些驻军。中华人民共和国成立后,地方先后实行志愿兵役制、义务兵役制、义务兵和志愿兵相结合的兵役制、民兵与预备役相结合的兵役制,七都、庙港每年都为国家输送合格兵源。1955年5月,大庙区开始组建民兵区中队,各小乡设民兵中队。1958年起,七都、庙港公社相继建立民兵团、民兵营、民兵连。民兵组织在地方"三个文明"(物质文明、政治文明、精神文明)建设中发挥重要作用。

第一节　驻　　军

一、巡检司　总防司

南宋绍兴初,因渎(隐读)始设巡检司,驻巡检1员,弓兵16人,皂隶2人。明洪武四年(1371),移署于吴溇吉祥庵之南中巨圩吉祥桥堍。嘉靖年间(1522~1566)巡检司被裁。

元末,吴王张士诚在庙港安营扎寨,修筑太湖沿岸至湖州的湖城,开挖运粮河,今仍可辨湖城、运粮河遗迹。

清顺治十八年(1661)设太湖营吴溇汛总防司,驻把总1员,战兵8人,守兵42人。把总署设在吴溇,有房屋数间,由吉祥庵改建。巡船1只,战舰1只。各汛口兵力配备如下:吴溇汛在总署旁,汛房数间,巡兵5人。因渎汛汛房6间,巡兵5人,无巡船。蒋家港汛汛房6间、巡兵5人,无巡船。据清乾隆《震泽县志》载:太湖左营在庙港设永定寺汛,有汛房6间,巡兵5人,巡船一只。

二、太平军

清咸丰十年(1860),太平军忠王杨秀清所属地官丞相王文金部,驻庙港盐店弄南糖坊里,并搭有瞭望台。清同治二年(1863),因清军进攻湖滨太平军营垒,驻庙港的太平军退出震泽县。

三、国民党军队

民国2年(1913)8月,江苏军阀齐燮元部苏州二师陆军步兵第一团分驻吴溇等乡。

民国19年2月,国民党中央军陆军浙东总司令部独立旅第一团特务行动队,亦活动于吴江、太湖一带。民国36年,国民党新六军驻在庙港镇狮子桥北沈家民屋。

三、中国人民解放军

民国38年(1949)5月3日上午8时,中国人民解放军三野十兵团二十八军自湖州方向抵庙港、震泽等地。是日,中国人民解放军第三野战军九兵团二十七军七十九师二三七前卫团解放七都,二三七团一个排驻守七都。

1967年6月,解放军支左小分队进驻庙港、七都公社。1969年秋,离开庙港、七都公社。

第二节　地方武装

一、保安自卫队

民国20年（1931）7月，吴江县水上警察队第三分队驻庙港集镇，巡防沿太湖一带。吴溇集镇筹款成立自卫团。是年10月，庙港集镇成立特务队。

民国22年，由县保卫团改编的县保安大队二中队驻吴溇、横扇、庙港等沿太湖一带。民国24年，大善乡民众自卫队成立，队员20人，有小口径步枪13支、掷弹筒4个、子弹74发。

民国26年3月，溇渎乡民众自卫队成立，下设2个中队、6个分队，队员300人。是年6月，七都乡民众自卫总队成立，下设10个中队、队员601人，有枪支46支、弹筒4个，其中手枪5支、轻机枪1支、子弹340发。

民国32年，日军进驻庙港集镇，并建立本地自卫队和清乡队，控制庙港地区。

民国34年，七都乡民众自卫大队成立，下设2个中队，队员74人。是年，吴溇集镇民众自卫队成立，队员9人，有小口径步枪2支、中正式步枪2支、子弹80发。

民国35年，庙港集镇组建商团，有40多人，购枪支40余支，人手一支。

民国37年，吴江县保安团一个分队驻庙港集镇金家住宅。

民国38年1月，吴江县民众自卫总队一个常办班驻庙港集镇。

二、日伪绥靖队

民国26年（1937）十一月，国民党部分散兵从淞沪战场撤至太湖沿岸，由连长程万军收编，成立游击司令部，程万军自任司令，田文龙、徐冲为副司令，下辖3个大队和1个特务大队，司令部驻地一度设在吴溇集镇。民国28年，程万军部投敌，易帜为绥靖军第五师，其师部移驻他处。

第三节　兵　役

一、招募制

唐代起，兵员的扩充实行募兵制。清末，基本沿袭"三丁抽一"募兵制。当兵者以爱武者为多，另有部分破产者参加。募兵困难，遂演变为抽丁。

二、征兵制

民国10年（1921），军阀连年混战，人民深受战乱之苦，都不愿当兵，七都、庙港群众有"好铁不打钉，好男不当兵"之说，募兵困难。兵员征集方式改为派兵和抽丁。民国22年6月，国民政府颁布《兵役法》，实行壮丁制，规定18～40岁男子为壮丁，按照乡的壮丁数摊派抽壮丁人数，按保抽签。各保中签者为应征的壮丁，如中签壮丁家境富裕不愿当兵，可以出钱买，由保长找贫苦子弟代替当兵。民国35年11月，吴江县成立兵役协会，各乡镇亦相应成立兵役协会，负责征兵的各项具体业务，有"三丁抽一""五丁抽二"的规定，且有安家费给抽中者，买壮丁、抓壮丁代征现象比较普遍。开弦弓乡北村的沈和尚因家庭经济困难，3次受雇充壮丁。

三、志愿兵役制

中华人民共和国成立初，实行志愿兵役制。志愿兵役制为志愿服兵役的制度，自愿参军者入伍后称志愿兵。1949年，七都乡有9人参加志愿兵南下。1950年，抗美援朝，七都地区各小乡青年自愿报名赴朝对美作战，28人参加中国人民志愿军。1951～1954年，庙港地区响应抗美援朝号召，在青壮年中报名参军的有800多人,经体检政审合格,开弦弓乡有17人应征入伍,为震泽区参军数最多的乡。

四、义务兵役制

1955年7月,国家颁布《中华人民共和国兵役法(修正案)》(简称《兵役法》),由原来的志愿兵役制改为义务兵役制,规定年满18～22周岁的男女公民均有服兵役的义务。历年按县兵役局下达的征兵任务,逐级动员,自愿报名,经目测评议、体格检查、政治审查,对合格者发入伍通知书。1959年,七都公社征兵28人,庙港公社征兵22人;1969年,七都公社征兵46人,庙港公社征兵63人;1984年,七都乡征兵23人,庙港乡征兵22人。是年起,国家实行义务兵役制与志愿兵役制相结合的制度。对部分超期服役的,根据部队需要和本人自愿可改为志愿兵,留部队继续服役。

1996～2002年,七都镇先后有118人参军,庙港镇先后有126人参军。

2003～2005年,七都镇先后有93人参军,2006年起,每年有1～2名女兵参军。2015年,七都镇现役军人中排以上干部16人、志愿兵4人。

表17-1　　　　　　　　　1996～2015年七都镇征集兵员情况表

单位:人

年份	征兵数	年份	征兵数	年份	征兵数
1996	16	2003	32	2010	28
1997	18	2004	31	2011	31
1998	14	2005	30	2012	25
1999	21	2006	31	2013	28
2000	16	2007	32	2014	25
2001	16	2008	31	2015	24
2002	17	2009	28		

表17-2　　　　　　　　　1996～2002年庙港镇征集兵员情况表

单位:人

年份	征兵数	年份	征兵数
1996	21	2000	16
1997	20	2001	16
1998	19	2002	16
1999	18		

第四节　民　兵

一、领导机构

1958年9月,七都、庙港人民公社成立,公社设保卫科。1960年,七都、庙港公社保卫科改称人民武装部(简称人武部)。"文化大革命"期间,七都、庙港公社管理机构瘫痪,建立以人武部为核心的领导班子,主持全社"抓革命,促生产"工作。1983年12月,七都、庙港公社人武部更名为七都、庙港乡人武部,1992年9月,七都、庙港乡人武部更名为七都、庙港镇人武部。2003年,庙港镇、七都镇合并,新的七都镇人武部成立。

1958～2015年,七都镇人武部历任部长:谢茂生、孙毛大、钱文龙、金根法、张明海、李永华、汤锦明、张惠忠、孙坚真。

1958~2003年,庙港镇人武部历任部长:孙毛大、孙阿珍、孙兴官(副部长,主持全面工作)、王土泉、徐水英。

二、民兵组织

1955年5月,大庙区设民兵区中队,各小乡设民兵中队,各村设民兵排,下设民兵班。1957年,民兵组织进行调整合编,基干民兵和普通民兵分别编队。1958年9月,七都、庙港公社建立民兵团,大队建立民兵营,生产队建立民兵排,排以下设班,庙港公社建立1个团、13个营、220个连。七都公社建立1个团、12个营、236个连。1966年"文化大革命"期间,民兵组织停止活动。1976年,吴江县人武部在太湖沿岸地区菀坪、横扇、庙港、七都公社建4个武装民兵连,武装民兵611人。

1982年,庙港乡建武装基干民兵4个连,下编17个排、34个班,武装民兵435人。1995年,庙港镇有民兵3099人,其中基干民兵406人,建1个营、4个连、26个排。1999年,七都镇有民兵3108人,其中基干民兵280人,下辖一个步兵营,人员157人;水上应急小分队30人,装备冲锋舟2艘;镇应急小分队1个,30人;民兵专业技术分队1个,38人;基干民兵干部38人。2003年,庙港镇有民兵2127人,其中基干民兵230人、普通民兵1897人。

2008年,七都镇建制民兵营22个,其中基干民兵营1个、普通民兵营21个,共有民兵8236人,其中基干民兵460人、普通民兵7776人。

2015年,七都镇建制民兵营25个,其中基干民兵营1个、普通民兵营24个,共有民兵8108人,其中基干民兵332人、普通民兵7776人。

三、民兵训练

1958年,民兵组织规模扩大,七都、庙港公社参加民兵训练的有数百人,并在太湖边打靶演习。80年代,训练方法以片为单位,轮流集中乡镇集训,每年12月集中3~4周。

1982年,庙港公社人武部组织22个大队、2个厂(缫丝厂、丝织厂)的237名基干民兵参加为期12天的军事训练,参加实弹射击、理论知识考试、战术考试的民兵成绩大部分获优秀、良好。1986年12月,县人武部在南麻集训,七都乡的武装民兵有30人参训,历时20天。90年代起,民兵军训集中吴江民兵训练基地,每年3月或4月,七都、庙港乡(镇)约有30名基干民兵参加训练,参训基干民兵年龄一般为18~19周岁、初中以上文化程度。

1992年,庙港镇根据市民兵训练队要求,选派28名基干民兵参加县民兵训练基地为期25天的训练,训练科目有:队列、半自动步枪实弹射击、"八二"无后座炮基本操作(包括构选、用途、故障排除及射击理论)、战炮班的基本操作(班的基本队形、各炮手分工、架炮、拆炮、用炮、放炮)及基本战术。考核成绩,庙港镇参加队列14人,优秀8人,良好6人;参加轻武器实弹射击28人,优秀8人,良好16人,及格4人;参加理论培训28人,全部获优秀;基本操作及基础战术项目,参赛3个班,获优秀2个班、良好1个班。

1996年,按照规范化要求,七都、庙港镇基干民兵训练内容为政治教育、消防训练、擒拿格斗、执勤勤务、通信、防化和"八二"无座力炮等训练。

1998年,七都镇参训民兵23人,干部2人,复员军人1人。干部和复员军人成为参训人员的小教官。近半月的训练,完成队列、军事理论常识、"八二"无座力炮操作和轻武器第一练习实弹射击等科目,总评成绩良好。

1999年10月,七都镇第一支光电缆民兵抢修分队正式成立。是年,在亨通集团厂区举行的光电缆民兵应急抢修演练中,以优异成绩获这个项目南京军区第一名。

2004年,在民兵双三七高炮打靶比武中,七都镇民兵高炮分队以击落两架靶机的优异成绩获江苏省军区第一名。

2008年3月,吴江市举行8000名基干民兵应急分队大点验,江苏省军区副司令亲自点验,七都镇参加点验的基干民兵共460人,到点率为100%。是年,七都镇又组织了民兵数字化光缆抢修分队的训练和演练,参加吴江市民兵抗洪抢险分队的演练,地点在太浦河节制闸一带,时间为一个星期,七都镇共有120名基干民兵组成的抢修应急分队参加演练。

2015年4月29日,七都镇召开民兵点验大会,全镇332名基干民兵以饱满的热情、昂扬的斗志、实战的姿态接受点验。区人武部政委卞如景及七都镇党委书记查旭东等出席点验大会,党委副书记黄荣奎主持大会。

表17-3　　　　　　　　　　2004~2015年七都镇民兵情况表

单位:人

年份	全镇民兵	基干民兵	参训民兵
2004	8055	308	14
2005	8088	312	5
2006	8236	460	11
2007	8236	460	16
2008	8236	460	10
2009	8236	460	8
2010	8236	460	10
2011	8236	460	18
2012	8236	460	10
2013	8156	380	16
2014	8124	348	15
2015	8108	332	14

第五节　兵　　事

一、太平军与清军之战

清同治元年(1862)正月初三,湖州失守。吴溇先后为太平军庆王秦日庆、慕王谭绍光部下分守。

清同治二年二月,清官府派提督程学启等攻克太仓、昆山,前锋逼近苏州城。四月二十五日,程学启率水陆十三个营,借助戈登洋枪队,进取花泾港。太平军见清军逼近,吴溇驻守的太平军聂某率部队撤退。黎明,炮声震天,炮弹如雨点从头上飞过,落入水田中为溅起数尺。清同治三年二月十八日,总兵程学启率湘军攻克嘉兴,太平军全部退至湖州。当时左宗棠攻杭州城,即将攻破,未能兼顾,于是请李鸿章乘势围剿湖州。李鸿章派郭松林三十营由宜兴窥视湖州的长兴,太平军倾巢出动,连战五日。左宗棠返回杭州,由德清、菱湖逼近湖州。李鸿章令刘铭传攻泗安,潘鼎新由胡溇力争晟舍、大钱,令张树声由南浔进攻织里,与浙军合围湖州。

二、抗日战争

民国26年(1937),"八一三"事变以后,家住七都吴溇村的董康祥,当时为上海抗战后援委员会成员,受中共的指示回乡组织抗日武装。他曾在程万军部队担任类似政委的职务。后程万军投敌,董康祥登报申明,脱离程万军部队,并与之断绝一切关系,程万军恼羞成怒,带兵数次抓他,未抓到,就将董康祥家洗劫一空。后来董康祥执意离家,对家人说:"先有国,才能有家,现在已到国家存亡的关头,我怎能守在家里,眼看日本人灭亡我们中国呢?"就去上海,继续从事抗日救亡工作。

是年，中共中央特科党员丁秉成通过同里人王绍鏊的关系与战斗在吴江沿太湖一带的抗日义勇军程万军部副司令曹绍文建立联系，在庙港发展武装抗日救国会（简称武抗）成员，开展抗日活动，使国民党内坚持反共的顽固派深感不安。

民国27年1月，苏浙行动委员会在浙江长兴成立太湖别动队三支队，赵安民任司令，钱康民任副司令兼政治部主任。7月，队伍发展到8000多人。日军"扫荡"杭嘉湖地区，部队与日军激战三昼夜，最终被打散。是年，忠义救国军吴嘉湖行动总队长金家骧在吴溇统率自卫队，集结地方武装，部队发展至1000多人，改编为"忠义救国军"第七支队，在湖滨一带奋勇抗日，使吴嘉湖一带敌人一时难以进犯。

4月，中共中央特科在上海的情报负责人徐强、高原指派中共党员丁秉成到江浙太湖地区争取武装，开展游击战争。丁秉成带章燕、周奋等4人到驻江浙边境的赵安民部队，由时任国民党军事委员会苏浙行动委员会太湖别动队副司令兼政治部主任的中共党员钱康民陪同，与司令赵安民协商安插太湖别动队人员的问题。经钱康民努力得以解决，赵安民同意将下属龚圣祥大队带到太湖边拉队伍。

民国28年，日伪军对沿太湖进行"扫荡"，来势汹汹，主要矛头针对金家骧部队，金家骧得知敌情后，带领部队迅速撤到頔塘以南，避开日军锋芒。日军到胡溇时不见金家骧部队一兵一卒，便放火把金家骧在胡溇的房子全烧了。金家骧带着部队杀回胡溇时，日军已撤离。钱康民所在部队改编为第三战区江南挺进纵队步兵第三团。钱康民坚决抗日的言论遭到顽固派怀疑。此时，中共党员丁秉成与钱康民取得联系，钱康民从第三团拉出40多人和枪支，成立江浙太湖抗日义勇军，钱康民任司令，丁秉成任副司令兼政委。两个月后，发展到二三百人，并与东进到无锡梅村的新四军"江抗"总指挥部取得联系。钱康民、丁秉成率领苏浙抗日义勇军部队在浙江双林、南浔和七都南太湖一带开展武装斗争。8月23日，部队从浙江向七都吴溇转移，沿湖塘路行军。那天，天色阴暗，正下着瓢泼大雨。这时，驻吴江七都的国民党二十八军六十二师在吴溇不远的湖塘路两旁的桑地内埋伏下重兵，突然袭击了正在行进中的江浙太湖抗日义勇军。丁秉成走在队伍的前面，他临危不惧，沉着指挥部队向桥南突围。他和钱康民等高声向道路两边的桑地喊话："中国人不打中国人！枪口一起对付日军！"但是，顽固的国民党军队仍然不断开枪。罪恶的子弹接连击中钱康民左肋及前胸与丁秉成的腹部，丁秉成顽强地用手捂着外流的肠子，忍着剧痛高呼："中国人不打中国人！打倒日本帝国主义！"双方激战约2小时，钱康民、丁秉成等人壮烈牺牲。

民国30年1月15日上午，村民沈宝法看到停泊在前浜兜村口的一条航船上有3个日军，赶紧到附近抗日游击队驻地报信。在沈宝法的配合下，游击队员袭击这一小股日军，其中1人被击毙，另两人潜水逃走。傍晚时分，大队日军前来报复。沈宝法又镇静地疏散村民。是年，金家骧部队被改编为"忠义救国军第四支队"，继续打击日军。民国32年冬，金家骧率250多人，携机枪5挺，在江浙边境吴江、吴兴、嘉兴一带进行抗日活动。民国34年1月15日，金家骧派出6人化装侦察从平望到吴江城内日伪军的防务和动态，得到可靠情报，日军计划到横扇一带"扫荡"。金家骧将部队移驻横扇、吴溇和汤溇一线，准备利用熟悉水上和陆上地形的优势与日军决一死战。金家骧将大批炸药分拨到各爆破组，准备随时炸毁日伪军的各种设施。就这样，金家骧部与日军相持到日军投降。

附：日军罪行

日军侵占七都之初，就大肆烧杀，据不完全统计，残杀村民十多人，烧毁房屋90余间。

民国26年9月20日，国民党部队与日军遭遇，发生激战。国民党部队败退向东撤去，日军便在更楼港北、湖塘路口螺蛳坟及南面各投炸弹1枚。

民国28年5月16日，沈家湾村民们正在北湾车水排涝。上午，从薛埠方向有20多名日军和翻译赶到,扬言要抓"支那兵",找枪支。当场将车水的村民沈寿福、吴根生打得头破血流。后来日军找到年逾花甲的老保长吴仁庆,逼问其"支那兵"和枪支的去向,老保长矢口否认有"支那兵"和枪支,即被打得鲜血淋漓。日军逼问毫无结果,掳掠禽蛋而去。下午,从北面赶到的100多名日军包围村庄,抓住吴坤柏、吴阿炳等十多人,威逼他们下河去摸枪。村民们从沈家湾北桥至强家桥的河里打捞两个多小时,一无所获。其中沈方荣趁日军不备,潜水逃脱。日军恼羞成怒,在沈家湾港西挖一个大坑,将11人捆绑后,正要刀劈活埋,幸老保长及时挺身而出,再次声辩并无"支那兵"和枪支,日军恼羞成怒,用指挥刀向老保长劈去,并将他推倒在坑中。在场百姓愤怒异常,暗暗握紧拳头,强忍着把仇恨埋在心底。

民国29年3月,国民党汤一中部队,从前线撤防到庙港,部队驻扎在永定寺内,被日军包围,双方展开激烈战斗,汤一中部队败退往东而去。此次战斗中日军烧毁永定寺庙房屋及寺港浜底民房30多间,烧死1人,伤1人。

民国30年5月,日军进隐读村扫荡,炸伤2名妇女和1名卖蛋人。同年腊月,日军进村扫荡,逐户驱赶,将村民关进南圣堂庙内,用皮鞭抽、火签烫,并将村民汤叙才、吴诵棠、朱昌林等人推入冰冷刺骨的河中。在谭家湾桥南杀害药店青年,在震泽将陈天仁药店小名叫春明的店员杀害,抓走崔荣生关押在震泽。

民国31年11月,日军进村"清乡",驻纯嘏堂,将驻地四周50米范围的桑树全部砍光。

民国32年春,日军警备队4~5人由队长古川带队入驻载德堂,另有"清乡"队(绰号臭老鸦)10多人。警备队周围筑篱笆,并拆毁民房筑炮台设于街口及要道。外围篱笆北自胡溇西侧(筑有炮台)沿江浙交界向南延伸经焦田、北庄、长村至新桥港,全长9.5千米。篱笆以东为清乡区,篱笆以西为"扫荡"区。日军、清乡队、密侦组一伙,常去附近浙江地界扰乱,抓来妇女奸污,将男人关押石灰间(牢房撒石灰),并纵狼狗咬人。

民国34年5月,日军队长龙原从牢中押出3名村民,用铁丝将3人手心穿在一起,后杀害于九曲港坛基头,并逼迫当地村民观看刀劈枪捅,百姓亲眼目睹,牢牢记下日军的暴行。

三、解放军太湖剿匪

七都、庙港滨临太湖,地处江浙交界,地理环境复杂,为盗匪出没之处。社会上残留着国民党散兵游勇和土匪危害社会治安,吴江县大队配合解放军剿匪部队,开展剿匪肃特。民国38年(1949)4月24日,在七都吴溇与浙江胡溇交界处,击毙曾数次拦击汽车的惯匪张和清,活捉匪徒2人,缴获短枪1支。剿匪部队还歼灭南太湖独立支队副司令王端林、支队突击大队长陶国华等匪徒。5月初,解放军二十八军之一部,支持组建县、区、乡三级武装工作队进驻庙港,发动群众开展剿匪。5月23日晚,中国人民解放军侦察排排长沈刚带领战斗小分队和当地民兵伏击太湖土匪,在大庙港捕获土匪4人,缴获手枪、步枪各4支,驳壳枪2支。1950年5月17日下午,匪首张本在开弦弓乡北渔池村枪杀乡长吴毓驿。5月29日,在上海市公安局协助下追捕逃往上海的匪首张本和12名匪徒。张本被押回出生地东天乡港口里就地镇压。由于进剿部队的连续追剿和政治攻势,迫使残余匪徒纷纷向人民政府缴械投降。至年底,七都、庙港境内的土匪基本肃清。

第二章 治 安

南宋时期,因浕(隐读)始设巡检司,负责境内治安,明洪武四年(1371),移署于吴溇,明嘉靖十七年(1558),裁归简村司管辖。清雍正四年(1726),归平望司管辖。民国时期,庙港设有从事地方治安的警察署。中华人民共和国成立后,七都、庙港设置派出所、警务站。负责辖区内治安工作,稳定社会秩序。

第一节 治安机构

一、巡检司

南宋绍兴初,因渎(隐读)始设巡检司,辖五、六、七、八等都,七都、庙港地区廖扶港、陆家港、大庙港、丁家港、西溪庙港、吴溇港、双板石桥港、白浦港、蒋家港、叶港、张港、倪家港等12条溇港置水栅。有巡检1员,弓兵16人,皂隶2人。明制历任巡检27人,职从九品。明洪武四年(1371)以吴溇为要地,移署于吴溇吉祥庵之南中巨圩吉祥桥,至今其地名为衙桥头。明嘉靖三十七年(1558),裁归简村司管辖。清雍正四年(1726),裁归平望司管辖。

表17-4　　　　　　　　　明代因渎、吴溇巡检司巡检名录表

姓名	始年	姓名	始任年月	姓名	始任年月
谢敬	洪武□年	张清	正德六年	于和	嘉靖十三年
王森	成化□年	景宗	正德九年	杨文吉	嘉靖十八年
席纲	弘治五年	刘实	正德十二年	程隆	嘉靖十九年
郭岩	弘治八年	韩礼	正德十五年	许铺	嘉靖二十一年
郑宗禄	弘治十年	刘勤	嘉靖二年	吴大经	嘉靖二十五年
李庆	弘治十三年	张安	嘉靖四年	温平	嘉靖二十八年
王通	弘治十八年	郑现	嘉靖七年	温重	嘉靖三十一年
滑润	正德元年	梅春	嘉靖九年	樊恩	嘉靖三十三年
杜昺	正德三年	解永	嘉靖十一年	王卫	嘉靖三十七年

注:明洪武四年(1371),巡检司移署于吴溇。嘉靖三十七年(1558),吴溇巡检司裁归简村巡检司。

二、公安派出所

民国18年(1929)5月,七都、庙港属第十区,在庙港永定寺内设吴江县公安局五都分局,有官员4人,警长21人,无枪支。吴溇设三等警察分局,辖吴溇乡、五都乡(庙港乡),设所长和警士若干人。

民国28年7月,吴江县警察局吴溇派出所成立。12月,吴江县警察局庙港派出所成立。

民国30年,吴溇、庙港派出所改称吴溇、庙港分驻所。民国38年5月,吴溇、庙港分驻所撤销。1950年,大庙区人民政府成立,设公安助理员。1952年,改称公安特派员,负责社会治安。1958年9月,七都、庙港人民公社成立,公社设保卫科。1962年2月至1983年12月,设公安特派员。

(一)七都派出所

1984年11月,吴江县公安局七都派出所成立。1995年,派出所设所长1人,警员7人。

2003年底,七都镇与原庙港镇合并,成立新的七都镇。2004年1月,七都派出所保持不变,庙港派出所改称庙港警务站。

2008年6月,庙港警务站撤销,全部警力、设施合并到七都派出所,七都派出所升格为副科级建制,增设教导员,管辖全镇。

2015年,吴江区公安局七都派出所有民警25人,设所长1人、教导员1人、副所长1人、执法办案队队长1人、勤务指挥室主任1人;分刑侦队、户籍管理、执法办案队、勤务指挥室、内勤、消防、卡

口等部门。

1996~2015年,七都派出所历任所长:汪学斌、刘凤亭、王泽民、凌瑞根、徐永泉、朱学军、范建春、沈春荣、孙坚真。历任指导员(教导员):缪阿兴、陆培荣、许泉兴(以副代正)、沈远林、黄国波。

(二)庙港警务站

1985年2月12日,吴江县公安局庙港派出所成立,副所长1人,警员5人。1995年,派出所设所长1人,警员7人。2003年底,七都镇与原庙港镇合并,成立新的七都镇。2004年1月起,吴江市公安局庙港派出所改称吴江市公安局七都派出所庙港警务站,隶属七都派出所管理。2008年6月,庙港警务站撤销。

1996~2003年,庙港派出所历任所长:缪阿兴(以副代正)、丛建秋、沈远林。2004~2008年,庙港警务站历任站长:沈远林、宋坤法;指导员:钱龙生。

四、治安联防队

1988年,七都、庙港乡组建治安联防队,庙港联防队队员25人;七都联防队队员45人。七都联防队下设镇区分队、心田湾分队、车驾桥分队、方家桥分队、双塔桥分队和巡逻队;庙港联防队下设镇区分队、沿湖分队和巡逻队。联防队队长由派出所所长兼任。1996年,庙港联防队队员16人;七都联防队队员26人。1999年,七都联防队员35人。分布全镇5个点,靠近浙江10个村设村级联防队。庙港联防队队员26人。

2003年,庙港联防队队员28人;七都联防队队员52人。

2006年,全镇联防队员122人。

2009年,按实有人口的15‰的比例配备,专职联防队员92人,对路面、街面实行24小时昼夜巡逻值勤,增强有警时间和密度,加强社会面控制力度。配备外来人员专职协管员37人。

2015年,七都镇联防队队员93人,以巡防为主,在吴越村、庙港社区、七都社区设卡口。交通工具以警用摩托车为主。

五、综合治理领导小组

1990年10月,七都乡综合治理领导小组成立;1991年3月20日,庙港乡综合治理领导小组成立。以协调职能机关(公安、司法、城镇建设等)的专项治理和群众性的防治,确保社会稳定。同时下设综合治理办公室,作为政府内的职能部门具体执行综合治理任务。工作范围主要包括"打击、防范、教育、管理、建设、改造"6个方面,采取以"一管四防"(外来人员管理、镇防、村防、厂防、户防)为重点的群防群治措施。

七都镇社会管理综合治理工作中心(摄于2015年)

1996年,七都、庙港镇各行政村、社区均成立综合治理领导小组,集治安、民事调解、联防、民兵及环境治理于一体。村、社区设有值班房,布设护村哨和卡口,派联防队员巡逻,协助公安部门追查犯罪分子,对外来人员和私房出租进行管理,做好民事纠纷的调解工作,查禁赌博和迷信活动,以确保农村社会秩序的稳定。

2003年,七都、庙港镇合并成新的七都镇,原两镇的综合治理领导小组也相应合并成立新的七都镇综合治理领导小组。

2005年,根据七都镇外来人口流动量大、变动频繁、成份复杂等特点,七都镇社会管理综合治理工作中心和七都派出所联合开展整治工作,组织警力加大对外来人员进行摸排、走访、登记、办证,以办证促管理,全年外来人口登记办证12580张。加强出租户清理整顿,推行旅馆式管理,对使用外来职工 20 名以上的企业,实行公寓式集宿管理,全年私房出租户 1211 户。

2009 年,镇社会治安综合治理工作中心集综治、司法、信访等部门合署办公,统一管理。村级"五位一体"(统一办公设施、统一标牌名称、统一上墙板块、统一台账格式、统一台账内容)进行升级达标建设,全镇各村(社区)的"综治办、调解室(治保委)、警务室(流动人员服务站)"做到三室分开,专室专用。

2014 年,七都镇在吴越片区(3 个村)开展试点,采用 5.8G 无线自建网络,建成视频监控、公共广播、网络信息一体的信息化工程。

2015 年,完成老小区技防改造,7 月,完成庙港锦港花园老小区技防改造项目。完成 21 个村社区 321 个点的技防监控,镇综合治理组织的管理模式更规范。是年,七都镇综合治理工作中心被苏州市评为一级综治工作中心。

第二节 治安管理

一、查禁工作

民国时期,吴溇集镇上吸毒贩毒者较多,有 36 只鸦片烟灯之说,严重危害民众健康。中华人民共和国成立后,政府发动群众禁毒、禁赌。通过思想教育、收缴烟具、赌具,禁毒、禁赌取得成效。70 年代末,赌风又有所抬头。1982 年冬,七都、庙港公社开展禁赌行动,逮捕和行政拘留了一批赌头赌棍。1988 年,七都、庙港公安派出所开展查禁淫秽物品和查禁赌博的专项斗争,乡公安派出所采取措施,进行打击,先后将情节严重的赌徒处以行政拘留并进行罚款,基本上刹住赌博风。

1993 年 8~10 月,七都派出所铲除心田湾家春饭店雇佣卖淫女服务员、容留介绍卖淫黑窝。

1997 年,七都镇查禁赌博 20 多场次,缴获赌资 2 万多元。

1997~1998 年,七都镇查获卖淫嫖娼案件 3 起。心田湾新潮美容厅店主介绍、容留她人卖淫;前浜兜农贸市场边的录像厅内抓获播放黄色 VCD 的业主和查获黄色 VCD 碟片。派出所进行严肃处理,对涉案人员给予刑事、治安处罚。1999 年,七都镇严格治安管理,坚决打击公共场所、特种行业中有"黄、赌、娼"的为首分子,对存在问题的予以处理,共查处场所 6 家,整改 23 家。

2004 年 9 月起,市公安局开展"赌娼毒"百日专项整治行动,加大地下赌场、站街招嫖、娱乐服务场所吸毒案件的查处打击力度,七都镇全年共查处治安案件 61 起,237 人。其中查处涉娼案 5 起,涉赌案件 22 起,涉毒案件 3 起,其他案件 31 起。

2007 年 3 月 23 日,吴江市公安局会同文化、工商、城管等部门,对吴江经济开发区、平望、七都等地的文化出版物及音像书刊市场进行联合执法检查,查处摊点、收缴非法书刊、非法音像制品。

2010 年,七都派出所查处吸食冰毒案 1 件,毒贩被行政拘留。查处赌博 10 起。查获吸毒人员 5 人,行政拘留 5 人。查处卖淫嫖娼案件 18 起。

2015 年,七都派出所查处赌博案 33 起、吸毒 46 起、卖淫嫖娼案 8 起。抓获贩毒违法犯罪嫌疑人 1 人,容留吸毒违法犯罪嫌疑人 20 人,吸毒人员 43 人,强制戒毒 4 人,社区戒毒 13 人。

二、治安防范

1988 年,七都、庙港乡治安联防队成立后,协助公安派出所维护公共场所治安、值班巡逻、防盗、防火、防灾害性事故等。1989 年,七都乡在企事业单位建立治安小组,形成由专业公安队伍和群众性的治安组织相结合的治安保卫。

1994 年,庙港镇设节制闸、民字浜、勇星、镇区 4 个治安岗亭。1999 年,七都镇共有治保组织 38 个,其中村级 28 个、企业 10 个,有 8 家企业配有门卫 30 人。是年,七都镇共查处治安案件 962 起,其中治安拘留44人,警告27人,其他处理938人。庙港镇共查处治安案件324起,治安处罚352人。

2005年1月,七都镇各村(社区)开展群防群治工作,成立警用摩托巡逻队,村村建立联防队,庙港社区成立由老年人组成的治安志愿巡逻队,完善治安卡口、镇区、村、阵地(行业、公共复杂场所)、单位内部五大防控体系建设。在"家庭小技防"工程上,镇政府专门下发《关于在全镇开展家庭小技防工程的意见》,明确工作职责和总体要求。6月3日,召开全镇村主任会议进行工作布置,形成一级抓一级,层层抓落实,做好"家庭小技防"落户工作。下发《致居民的技防公开信》,在学校、街道、社区进行技防设备展示、宣传。各中、小学和幼儿园安装电子监控系统,办公室安装红外线智能报警器。

2009年,七都镇构建技术防范体系,全面扩容路面监控系统,对学校、医院等重点场所进行增设监控点;26个村(社区)安装视频监控系统,投入100万元完成8个村安装64个视频监控系统;继续抓好家庭小技防的推广和安装,全年新购宜兴中讯电子有限公司生产的家庭电话报警终端100台;抓好老小区的改造,对老小区采取安装单元防盗门。对路面、街面实行24小时昼夜巡逻值勤,加强控制力度。

2010年,七都派出所对辖区二级、三级重点单位、重点目标和治安重点单位开展全面、细致、反复的安全大检查,指导、督促其加强安全防范,强化技防设施和保卫制度建设,确保单位内部安全。重视校园安保工作,指导学校制定突发事件快速反应预案;发放《致全镇学生家长的一封信》8000多份;设"护校岗",落实责任民警定人定校;加大对学校周边不明身份人员的排查;加大校园周边地区及上学、放学时段巡逻密度;中小学、幼儿园组织校园防暴事件应急处理预案演练,提高校园突发事件的应急处置及协调配合能力。

2015年,七都派出所做好治安防范工作。巡逻与卡口整合,互为补充、相互支持,强化对辖区内外的管控力度。构建治安巡逻防控网络,进一步打击过境流窜违法犯罪活动。是年,七都派出所共查处治安案件91件,治安处罚人数169人。打击处理95人(其中逮捕40人,直诉55人),公诉94人。

三、"110"接处警

1994年,七都、庙港派出所开通"110"报警电话,初步形成点(报警亭)、线(110报警电话)、面(巡逻队、联防队)相互呼应、相互联系的立体式防控体系。能及时有效地打击犯罪,服务于人民,做到"有警必接、有难必帮、有险必救、有求必应"的承诺。民警本着"群众利益无小事"的要求,对受理的每件报警做到事事有结果,件件有回复,对群众的求助,认真、细致做好工作,对职责范围内不能解决的,及时移交有关部门解决,同时经常组织民警讨论在现有的法律、法规、政策中寻求适合处,规范操作,尽力满足群众需求。

1999年2月3日,庙港派出所为浙江湖州一名精神失常的青年高某某找到家。8月10日为上海市民星二村的葛某某寻找到失去联系30余年的亲人。事后葛某某在赠庙港派出所的锦旗上写道"警民情深,为民解忧"。是年,庙港派出所受理"110"报警470起(其中:为民排忧解难7人次,通过"110"报警抓获违法人员46人)。

2000年5月4日,庙港镇五联村4组陆某某报"110"求助,其不满一个月的婴儿因吃奶呛入气管,脸色发紫,有生命危险。庙港派出所接警后立即出警,及时将婴儿送入医院抢救。婴儿得救后,医生告知,幸亏送来及时,否则婴儿难以抢救。事后,陆某某在医院握住民警的手感激不尽。是年,庙港派出所受理"110"报警252起(其中:为民解忧解难24人次,通过"110"报警抓获违法人员78名)。

2004年,4月28日夜11时许。接报陆港村村南有一老太太倒在路上,七都派出所接报后,立即赶往现场,经询问为盛庄村人,当即与其家人联系,得到确认后,将其送回家中。是年,七都派出所受理"110"报警2442起(其中:接报128起火灾,成功扑灭128起,挽回损失600余万元,为群众排忧解难970人次。)庙港警务站受理"110"报警1444起(其中:调处纠纷520起,为民排忧解难50人次)。

2006年,庙港警务站受理"110"报警1733起(其中:调解纠纷364起,为民排忧解难70人次。)

2007年,5月23日,八都社区姚某、庄某、丁某、吴某4人为索要债务,对高邮人王某拳打脚踢,然后用面包车把王某强行从庙港挟持到七都一河荡边上,用狼狗威吓,并将王某赶入一蟹笼中放在河中到天亮,次日王某择机报警,庙港警务站接报后随即赶赴现场将其解救出来,事后对此事依法进行相应处理。是年,七都派出所受理"110"报警1521起(其中:接报158起火灾,成功扑灭158起,挽回损失300余万元)。庙港警务站受理"110"报警1687起。

2008年,七都派出所受理"110"报警3488起。

2015年,3月16日,犯罪嫌疑人薛某在庙港社区庙东街财富广场南面十字路口庙港百货店门口因琐事与郑某等人发生纠纷,后互相扭打,后犯罪嫌疑人薛某持刀对郑某头部砍了一刀,致郑某头部受伤。"110"接处警民警赶到后,及时控制了事态,经法医鉴定,郑某的伤势已构成人体轻伤二级。对薛某依法进行了相应处理。是年,七都派出所受理"110"报警2703起(其中:违法犯罪案件623起、救助319起、纠纷1761起,出动警力9643人次)。

第三节 刑事侦查

一、严厉打击刑事犯罪

1983年9月,全国人大常委会作出《全国人民代表大会常务委员会关于严惩严重危害社会治安的犯罪分子的决定》,在全国开展严厉打击刑事犯罪活动(简称"严打"活动)。

1984年,庙港乡开展严打活动,破获流氓团伙3起,逮捕法办11人。发生刑事案件22起,逮捕9人,拘留9人,罚款67人。1988年,庙港乡发生治安案件8起,刑事案件11起,逮捕5人,拘留5人,罚款35人。1990年,庙港乡发生治安案件12起,刑事案件11起,逮捕5人,拘留4人,罚款42人。至1990年,七都乡共发生刑事案件95起,破获69起,逮捕33人。

1991~1995年,七都镇(乡)发生刑事案件148起,其中侦破处理108起,大案有吴溇村2组农民曹某因酒后杀妻案;吴溇建房工地发生贵州籍民工与安徽籍民工流氓斗殴,造成一死三伤行凶案。1995年,庙港镇发生刑事案件17起,逮捕22人,拘留35人,罚款102人。

1997年,七都派出所开展反盗窃斗争,破获辖区内发生盗窃案件41起。1999年,七都派出所结合"追逃"工作,抓获网上逃犯6人。全年共发生刑事案件66起,侦破40起,刑事拘留23人,劳动教养3人,有效震慑罪犯。至1999年,庙港镇发生刑事案件53起,其中盗窃杀人案1起,强奸案3起。

2000年,七都派出所动员发动群众,广泛深入开展调查摸底,成功解救被拐卖妇女3人,并送其踏上归程。

2004年,3月21日23时,节制闸村第十一组赵某在其经营的烟杂店内失踪,并发现丢失现金2000多元。七都派出所接警后,展开现场搜索,很快在小店南侧一柴房内发现赵某手脚被捆绑不省人事,后经医院抢救无效死亡。此案经细致走访排摸,于3月22日下午在横扇镇将2名犯罪嫌疑人抓获归案。5月30日上午8时许,庙港联强日用百货超市业主余某及女友程某在店内被杀。七都派出所通过排摸及指纹认定,认定作案嫌疑人赵某。经审赵某交代同案犯杨某、陈某,三犯皆为徐州睢宁籍人。两起杀人案件的侦破有力打击犯罪分子的嚣张气焰,稳定全镇民心,使群众有安全感。

2005年2月12日20时30分许,七都中心小学教师孙某从吴溇走亲戚回家,途经望湖村第二十组村道时,被一男子趁其不备抢走包1只(内有现金300多元及手机一部等物),孙某与犯罪分子争夺过程中被犯罪分子用刀刺伤颈部,后送医院抢救无效死亡。案发后七都派出所民警火速奔赴现场,组织开展侦破工作。3月9日晚,在云南省砚山县江那镇子马办事处狮子山村将抢劫杀人犯嫌疑人王某抓获。经审讯,王某交代2月12日在七都抢劫杀人一案的犯罪事实。是年,七都派出所共立刑事案件209起,破获65起,刑事处罚57人,治安拘留106人。

2006年3月16日,庙港警务站抓获一帮以刘某为首的山东籍嫌疑人,他们长期在镇区强行向到庙港贩鱼的外地车辆收取保护费,收不到钱就殴打他人。5月23日下午3时许,沈某报警称其前夫持刀殴打并抢走其现金200元,同时又对其进行强奸。经对犯罪嫌疑人审讯,嫌疑人陈某对事实供认不讳。11月2日,破获犯罪嫌疑人联强村第十五组朱某手持砍刀窜至庙港村第二十组王某家实施抢劫案。

2007年,3月28日凌晨3时许,七都派出所民警在巡逻执勤至双塔桥防水材料厂东侧路边时,抓获犯罪嫌疑人王某。经审讯,王某交待,与同伙"马某""刘某",采用翻围墙、撬车间门、钻窗入室等手段,共盗窃作案10多起,窃得有色金属价值20多万元。通过此案,结合公安部治理自行车被盗问题专项行动,同时充分发挥专业优势,梳理排摸确定一批自行车交易"黑市"、废旧收购站点及建筑场所并进行清查。5月23日,庙港警务站侦破庙港村第五组王某被杀一案与解救高邮人王某被挟持严重侵犯他人人身权利一案。

2008年,七都派出所从重打击各类违法犯罪活动,有效维护社会稳定。全年辖区共接处警3488起,立刑事案件476起,破150起,逮捕50人,抓获网上逃犯41人,治安拘留205人,治安处罚300人。

2009年,全镇共发生刑事案件446起,破获224起,查处违法犯罪嫌疑人226人。

2010年10月27日,七都派出所接到一起凶杀案报警后,迅速到达现场,集结警力进行拉网式追踪搜索,搜索过程中在远离现场的村庄发现犯罪嫌疑人马某,将其擒获。经审查,犯罪嫌疑人马某交代:10月27日下午,酒后骑摩托车到七都菱田村的田间,意欲强奸村妇丁某未果,后对受害人周某实施强奸杀人未遂的犯罪事实。

2015年,立刑事案件344起(入室盗窃130起、扒窃7起、其他盗窃68起、故意伤害10起、拒不支付劳动报酬4起、盗窃非机动车及电动车等35起、强制猥亵侮辱妇女2起、拦路抢劫3起、寻衅滋事1起、污染环境1起、破坏生产环境2起、其他81起),破获105起,查处违法犯罪嫌疑人204人。

二、专项斗争

1989年,根据上级统一布置,同步进行扫除"六害"(卖淫嫖娼,拐卖妇女儿童,利用封建迷信骗钱害命,聚众赌博,制作、贩卖、传播淫秽物品,吸食、制作、贩卖毒品等)专项斗争,查处一批"六害"违法犯罪嫌疑人。

1990年,七都镇(乡)蒋家港村第十组谷某犯流氓盗窃、敲诈勒索等罪行,派出所民警调查取证,及时破案,将犯罪嫌疑人抓捕归案。

1997年初,在全国"追逃"工作中,庙港派出所克服警力不足的困难,先后4次奔赴安徽黄山市、潜山县等地进行布控,抓获网上对象方某、聂某,破获发生在庙港镇新联分厂宿舍强奸案。

1999年,庙港派出所破获1998年1月10日发生在行义港村二组的抢劫案。

2008年,七都派出所根据上级统一部署,结合本地实际,全力投入"飓风行动""响雷行动""打击两抢一盗"专项行动和其他专项整治等一系列行动,并带动侦破工作的全面展开。

2015年,七都派出所立刑事案件中有诈骗50起,容留他人吸毒21起,容留卖淫1起,贩卖毒品案 2 起,拐卖妇女儿童 1 起。侦破 34 起,查处违法犯罪人员 58 人。

表 17-5　　　　　　　　　1996~2015 年七都派出所查处案件情况表

年份	刑事案件发案数（件）	派出所侦破数（件）	查处违法犯罪人员（人）	查处治安案件（件）	治安处罚人数（人）
1996	27	23	—	242	23
1997	67	35	—	160	40
1998	69	35	—	391	120
1999	66	40	26	962	1009
2000	78	57	53	526	685
2001	90	60	47	120	342
2002	70	55	35	42	162
2003	91	61	30	34	138
2004	275	82	152	84	152
2005	209	65	163	53	95
2006	255	93	264	75	135
2007	260	125	344	102	184
2008	476	150	505	167	300
2009	446	224	226	105	151
2010	449	115	244	79	148
2011	471	112	278	86	162
2012	396	100	218	68	125
2013	448	130	194	55	104
2014	371	144	283	82	164
2015	344	105	264	91	169

表 17-6　　　　　　　　1997~2007 年部分年庙港派出所(警务站)查处案件情况表

年份	刑事案件发案数（件）	派出所侦破数（件）	查处违法犯罪人员（人）	查处治安案件（件）	治安处罚人数（人）
1997	19	9	—	179	234
1998	19	4	5	164	180
1999	38	22	17	324	352
2000	27	12	9	47	111
2004	162	35	17	21	85
2006	214	48	29	187	144
2007	243	44	18	152	197

第四节　户　　政

一、户口管理

1964 年 7 月 1 日,第二次全国人口普查后,进一步健全农村户口管理制度,由人民公社管理户口。1984 年,七都、庙港派出所成立,户口移交派出所管理。有效控制农村人口的流动,为社会管理提供准确的人口资料。

随着经济建设的不断发展,七都、庙港陆续出现外来打工人员。进入90年代后,外来人员来自苏北、安徽、浙江、四川、云南、贵州、湖南等地。派出所加强对外来人口的管理,制订管理制度。1992年,市政府制订《关于外来人口管理的暂行规定》,庙港镇有外来务工人员86人。1993年,庙港镇有外来务工人员128人。此后每年增加。1994年,七都镇有外来务工人员1513人。1995年,市公安局制订《关于派出所人口信息微机管理系统维护若干规定》,七都、庙港派出所建微机室,完成数据转换工作,实现全镇人口基本信息共享。是年,庙港镇有外来务工人员274人。2007年,市委、市政府印发《关于加强和改进流动人员管理服务工作的意见》,七都镇成立领导小组和新市民服务中心。2008年,七都镇有新市民21350人。

2015年,七都镇有新市民25831人,各村(社区)选配定工干部协助派出所外管办工作,在规模型企业建立外来人员管理小组10个,七都派出所办理暂住人口登记证31520张。

二、居民身份证管理

1987年12月31日,七都派出所、庙港派出所开始颁发居民身份证。凡年满16周岁以上的男女公民均发放居民身份证。七都派出所颁发居民身份证1.41万张;庙港派出所颁发居民身份证1.32万张。至1999年底,七都派出所颁发居民身份证22106张,办理暂住人口登记证9017张。庙港派出所颁发居民身份证19158张,办理暂住人口登记证8032张。

2005年10月起,市政府制订《吴江市换发第二代居民身份证的工作方案》,七都派出所根据工作方案,做好宣传、组织准备工作,按照"依法、有序、便民、高效"的工作原则,全面培训换证业务及操作人员。按计划、分阶段对全镇人口进行规范化按程序操作,做到常住人口登记表、户口本、居民身份证、计算机信息与实际情况"五个一致"。

至2015年,全镇共换发第二代身份证49108张。

第五节 消 防

一、消防机构和设施

中华人民共和国成立初,吴溇在粧桥东堍始设消防队,有队员10人左右,配备木制手揿泵1台、帆布出水皮带数盘,属公安系统管辖。1952年,庙港供销社、粮管所成立灭火队,设置灭火器、灭火机等化学灭火药械。1958年,庙港公社保卫科向县公安局申请购置手揿泵1台,由供销社和集体商业单位成立庙港集镇义务消防队,队员16人。1995年,七都镇有机动消防泵7台(派出所、粮管所、心田湾油库、缫丝厂、特种电缆厂、通信电缆厂、吴溇集镇各1台),企事业单位配有各类灭火器。1997年,庙港派出所置消防车1辆。此外对消防重点单位进行监护和检查,加强消防人员的培训。

2005年6月24日,七都镇消防中队成立,添置5吨东风消防车和1.5吨铃木消防车各一辆,手抬消防泵2台及防毒面具等设施。2008年,七都镇建有由辅警与治安巡逻、流动人口管理联勤的义务消防队,配有10名专职消防队员和多名派出所兼职消防队员。

2015年,七都镇专职消防中队成立,拥有5吨消防车2辆,1.5吨消防车2辆,手抬消防泵3台及防毒面具等设施。并配有16名专职消防队员和多名派出所兼职消防队员。

二、火灾及救助

1958年5月,庙港东街原"牌楼里"供销社仓库起火,火焰穿透房顶,集镇消防队出动的水龙发挥作用,及时扑灭火灾。1985年2月21日(农历正月初二),庙港渔业村王某、朱某等户因点烛不慎引发火灾,经集镇消防队等奋力扑救,仍势不可遏,以致延烧10户之多,在平望消防队员和消防车的协助下,遂控制火势,但已被烧成一片废墟,直接经济损失8万多元。

1983~1995年,七都地区共发生大小火灾52起,其中1983年8月25日,吴溇村1组仓库因电器起火,烧毁仓库7间,造成直接经济损失4000多元;1990年1月25日,捕捞村渔民居住草棚发生火灾,屋内的一名老妇未救出身亡;1992年1月11日下午,1艘停泊在心田湾油库前65吨油船在用电动泵抽油时发生起火爆炸,造成一死两伤,直接经济损失26282万元。9月27日傍晚,庙港镇庙东街南侧租住户周某烟杂店发生火灾,庙港派出所民警、联防队员和集镇义务消防队员20多人动用消防泵和镇区所有消防设备,经2个多小时的扑救,把火势扑灭,烧毁房屋2间,损失价值4万多元的商品、货物。

1996~1999年,七都镇发生重大火灾6起,其中经济损失5万元以上2起。

2005年,共接报火警113起,成功扑灭113起,挽回经济损失600多万元。2007年,接报火警158起,成功扑灭158起,挽回经济损失300多万元。2008年,通过日常检查与专项治理相结合,严格管理易燃易爆物品,严防特大火灾发生,对重点防火场所和单位,如:公共聚集场所等以防火、灭火为主要内容认真检查,全面落实消防责任制。对辖区内的100多家企事业单位每季度进行一次检查,发现问题及时整治。对重点单位:加油站、木门厂、地板厂、公共娱乐场所等实行每月一次安全检查,并定期给员工进行消防安全课程的培训,减少和避免火灾事故的发生。

2015年9月21日,七都镇橘园路38号苏州固卡利威木业有限公司车间发生火灾,七都专业消防队立即赶赴现场进行扑救,经过2个多小时奋战,成功扑灭大火。使该厂木制品仓库幸免于难,挽回经济损失200多万元。是年,接报火警76起,成功扑灭76起,挽回经济损失1000多万元。

第三章 司 法

中华人民共和国成立后至60年代中期,乡(公社)司法工作由民政助理兼管。"文化大革命"中司法工作中断,80年代起,恢复司法建制。

1982~1983年,七都、庙港公社司法办公室成立,1986~1987年,七都、庙港乡法律服务所成立。加强法制宣传,认真调解和处理经济纠纷,依法处理各类经济案件,为群众和企业挽回经济损失。镇法制宣传领导小组办公室开展普法教育。镇司法所做好社区矫正对象安置帮教工作。

第一节 司法机构

一、七都镇司法所

1983年4月,七都公社司法办公室(简称"司法办")成立。1986年,七都乡法律服务所成立。司法办与法律服务所实行"两块牌子、一套班子"。法律服务所的主要职能是参与司法行政、担任企事业单位常年法律顾问、协办公证与见证、解答法律咨询、代写法律文书、开展法律援助、协助辖区内应收款追讨、审查经济合同事务和代理诉讼事务等。1992年,七都乡司法办公室更名为七都镇司法办公室。司法办设有:人民调解、刑释解教人员安置帮教工作站、社区矫正工作领导小组办公室、法律援助工作站、普法依法治理办公室。2001年,七都镇司法所成立。2002年,法律服务所与司法所脱钩,设立七都镇合伙制法律服务所。2003年12月,七都镇司法所与庙港镇司法所合并为新的七都镇司法所。

2006年,七都镇司法所被评为江苏省规范化司法所。是年,七都镇司法所设立法制宣传领导小组办公室,负责对全镇进行法制宣传,开展"五五""六五"普法教育。镇人民调解委员会、社会矛盾纠纷调处服务中心也附设在司法所。至2015年,七都镇司法所设所长1人,工作人员4人。办公地点在新村二路52号。

1983~2015年,七都镇(公社、乡)司法所(办)历任所长:李永才、陈文华、曹育才、袁春中、周明法、贝良华。

二、庙港镇司法所

1982年3月,庙港公社司法办公室成立。1987年6月,庙港乡法律服务所成立。司法办与法律服务所实行"两块牌子、一套班子"。2001年,司法办公室更名为司法所。镇法制宣传领导小组办公室设在司法所,负责对全镇进行法制宣传,开展"二五""三五""四五"普法教育。镇人民调解委员会、社会矛盾纠纷调处服务中心也附设在司法所。2002年,法律服务所与司法所脱钩,设立庙港镇合伙制法律服务所。2003年12月,七都镇司法所与庙港镇司法所合并为新的七都镇司法所。

1982~2003年,庙港镇(公社、乡)司法所(办)历任所长:宋月林(兼)、徐水英、沈荣奎、王建荣。

第二节 民事调解

1991~1995年,庙港镇(乡)司法办调解民事纠纷218起,其中,打架斗殴纠纷12起、婚姻纠纷21起、经济纠纷51起、民间纠纷31起、损害赔偿纠纷37起、宅基地纠纷47起、赡养纠纷15起、其他纠纷4起,结案218起,结案率为100%。

1995年,七都镇基层调解委员会(简称"调委会")33个,调解小组288个,共有调解人员588人。

1998年,七都镇基层调委会调处民事纠纷250起,把大量民间矛盾解决在萌芽状态。司法办受理各类民事纠纷26起,调结26起,其中婚姻纠纷19起,人身伤害赔偿6起,其他纠纷1起。没有发生一起民事转刑事案件,没有发生一起因调解不及时或调解不力而造成非正常死亡。

1999年,七都镇基层调委会40个,调解小组290个,调解人员2902人。

2003年,庙港镇设立村、社区、企业调委会18个,调解小组63个,调解人员219人。司法所共受理民间纠纷46件,其中基层受理39件,调解成功45件,防止纠纷激化3起,其中防止民事转刑事3起,防止非正常死亡2起共3人。

2005年,七都镇村两级调委会成功调解民事纠纷267起,民间纠纷调解率98%,调解成功率96%。是年,未发生有严重后果的群体性事件,其中成功调处恒通厂因残疾人员死亡群闹事件及东风村13组七都大道取土矛盾纠纷等,赢得社会的好评。

2006年2月22日,七都镇、震泽镇和浙江南浔开发区成立周边区域联合人民调解委员会,从而有效处理周边区域矛盾纠纷,维护周边区域的社会稳定,保证周边区域联合人民调解工作的顺利进行。是年,七都镇共有基层调委会53个(其中村级22个、社区4个、企业27个),调解工作人员245个;共调解民事纠纷191起(其中司法所68起、村级调解123起),接受法律咨询人次100余人次。

2007年,七都镇22个行政村和4个社区建立不安定因素排查预测制度,把社会矛盾解决在萌芽状态,大力加强调解机制建设,建立完善长效管理机制,充分发挥镇社会矛盾纠纷调处服务中心的作用,实现"小纠纷不出村,大纠纷不出镇,矛盾纠纷不上交"。是年,共调处矛盾纠纷258起,矛盾调处率100%。

2008年,七都镇进一步加强调解机制建设,完善长效管理机制,发挥镇调处服务中心的作用,实行"五理"机制,即统一受理、集中梳理、归口管理、依法处理、限期办理。期间,充分发挥与震泽镇和南浔开发区周边区域联合人民调解委员会的作用,有效调处几起周边区域矛盾纠纷,维护周边区域社会的稳定。是年底,七都镇共有人民调解委员会71个(其中村22个、社区4个、企业35个、厂10个),矛盾纠纷调处服务中心一个,人民调解员315个。基层调委会成功调处民事纠纷155件。是年,全镇共调处矛盾纠纷239起,矛盾调处率100%,成功率97%以上。

2009年,镇综治工作中心通过有效整合管理资源,凝聚社会各方力量,扩大综治组织影响力和工作效能。不断健全和完善平安创建工作运行机制,各方配合齐抓共管,严格执行综治"一票否决"和"警示制"。不断加强督查督办,对各村(社区)、学校等相关单位开展不少于4次的专项检查或督查,对各单位进行年终的平安建设考核,在检查中做到有问题就通报,并做到明确整改措施。全镇共调处矛盾纠纷151起,调解成功150起,调处成功率99.3%,其中90%的矛盾纠纷在村一级得到化解。

2015年,镇综治工作中心建筑面积400平方米,全部规范化建设运行。做好不安定因素和突出信访问题排查化解工作。群众来信来访处理上级转办23件;区长信箱33件。七都镇来访76件,其中个访39件57人,集访37件1227人。"两代表一委员"接待群众58批次1398人。处理化解重点群访集访案件40批1600人次。社会矛盾纠纷排查54次,排查出重点社会矛盾2件。公安、交通、司法等共受理纠纷211件。其中公调对接、交调对接(地方政府牵头,部门参与,公安机关行政调解、人民调解和司法调解相互衔接的大调解模式)156起、调处中心本部55起。处理工伤死亡、交通死亡等10件,共12人。

第三节　社区矫正与安置帮教

1998~2003年,庙港镇接收刑释解教人员35人,由帮教小组进行安置帮教,有21人在企业做工,有11人从事个体经营,有3人从事农业生产。

2005年7月5日,七都镇召开第一次社区矫正领导小组和办公室人员会议。8月25日,七都镇召开社区矫正对象移交工作现场会,市司法局、公安局、检察院、法院等应邀出席。是日,从七都镇派出所现场移交给司法所社区矫正对象13人,其中缓刑7人、假释4人、剥夺政治权利1人、保外就医1人。至2007年底,七都镇共有22名矫正对象。镇司法所在接到释放通知后,认真做好各项准备工作,与"回归"人员所在村、单位共同做好安置帮教工作,落实帮教人员和帮教措施,实施帮教负责制。

2008年,全镇刑释解教人员均全部就业,使回归人员在社会上有着稳定的工作和生活。对刑满释放人员、解除劳教人员建立登记表、了解劳教人员的思想、家庭和工作情况、掌握思想动态;成立帮教小组,制订"回归"衔接制度,刑释人员"回归"时及时通知其家庭或单位,使他们掌握其情况,"回归"后有单位、家庭逐级承包建立帮教与安置,做到不脱管不失控,把安置工作的重点放在转变刑释、解教"回归"人员的就业观念上,增强他们的就业能力,动员全社会各界广开就业渠道,多形式拓宽安置工作的办法;共接受安置帮教对象166人,安置帮教率99%以上。全镇共接收社区矫正对象65人(含移交),其中:缓刑50人、假释9人、监外执行2人、剥夺政治权利4人。解除矫正累计43人,其中:缓刑34人、假释5人、监外执行1人、剥夺政治权利3人。

2009年,安置帮教工作可分层次多形式帮教安置。主要抓好端正服刑劳教人员的择业观,提高他们的文化水平和就业技能;抓好大墙内外的衔接;提高帮教工作的针对性。是年,全镇共有安置帮教人员122人,社区矫正对象23人,刑释解教帮教率100%,安置率98%,重新犯罪率在5%以下。

2015年,全镇没有发生社区服刑人员重新犯罪现象。对社区服刑人员严格按照《条例》抓好各项管教制度的落实。每月组织一次矫正对象集中学习和劳动,走访重点矫正对象和刑释人员。是年,共有安置帮教人员登记在册79人,社区服刑人员22人。

第四节　法制宣传

1986~1990年,七都、庙港乡开展"一五"普法宣传教育,普法教育内容为"十法一条例",即《宪法》《刑法》《刑事诉讼法》《民法通则》《民事诉讼法》《婚姻法》《继承法》《经济合同法》《兵役法》《土地法》和《治安管理处罚条例》。七都乡参加普法教育3.27万多人次;庙港乡举办各类法律培训班和讲座35次,受教育人数3.45万多人次。

1991~1995年,七都、庙港镇(乡)开展"二五"普法宣传教育,普法教育内容为《土地法》《计划生育法》《行政诉讼法》《环境保护法》《残疾人

七都镇法制宣传活动(摄于2015年)

保障法》《义务教育法》等,七都镇(乡)举办培训班13期,培训人员942人。参加"二五"普法考试合格人数为1.8万多人,占接受普法教育人数的80%。庙港镇(乡)下发各种普法书刊1.46万册,举办2次法律知识竞赛,出普法宣传橱窗32期,制作横幅和永久性标语200多条,发放试卷2.2万份。

1996~2000年,七都、庙港镇开展"三五"普法宣传教育,普法教育内容为《刑法》《刑事诉讼法》和全国人大《关于严惩严重危害社会治安的犯罪分子的决定》等法规。经常性悬挂宣传横幅,两个镇每年不少于18幅。每个季度进行一次法律知识讲座,每次印发宣传资料近百份。对重点人群进行重点教育,行政执法人员、青少年和外来人口是普法教育的重点对象,镇组织办公室负责对镇机关工作人员进行普法教育。学校负责对青少年的普法教育。镇外管办公室重视对外来人口的普法教育。1998年,庙港、七都镇共发放普法宣传资料4250份。

2001~2005年,七都、庙港镇开展"四五"普法宣传教育,普法教育内容为《刑法》《劳动法》和新《婚姻法》等法规。庙港、七都镇普法活动多种多样,教育形式丰富多采,将宣传橱窗刊出任务分解到有关职能部门,做到每两月出一期。2003年,七都、庙港镇宣传橱窗全年各刊出6期。创办《法制宣传》内刊,每月一期,全年出版12期。举办环境保护法、宗教法、安全生产等各类培训班9期,参加培训600多人次。共印发宣传资料3.5万份。2005年初,七都镇政法委编印了图文并茂的《安全防范知识读本》送入千家万户;10月在"平安吴江"宣传日活动中,组织10多个部门上街进行法制宣传,充分利用广播、电视、下发宣传资料、防范公开信、标语、报纸、宣传橱窗等工具,广泛进行法制宣传教育和社会治安综合治理、平安创建工作的宣传。

2006~2010年,七都镇开展"五五"普法宣传教育,普法教育内容为《行政处罚法》《价格法》《立法法》《环境影响评价法》和《治安管理处罚法》等法规。对群众开展法制宣传教育,印发普法资料,解答法律咨询。组织上街咨询18次,接待群众咨询3200人次,发放法制宣传资料5016份。组织法律培训班52次,参加培训人员6326人次,开设法制讲座24次,其中6次为学校青少年讲法

制宣传课。每年5月18日和12月4日,为外来人员(农民工)宣讲法制知识。

2011年起,七都镇开展"六五"普法宣传教育,普法教育内容为《民法》《行政法》《经济法》《社会法》《刑法》《诉讼与非诉讼程序法》等法规。开展送法下乡,送文化产品下乡;创建江苏省"民主法治示范村(社区)";《信访条例》十周年宣传活动,挂宣传横幅8条,在电子屏上滚动宣传。组织"春风行动"上街为外来务工人员普法,发放宣传品。开展"学雷锋"活动,上街义务为群众解答法律问题。2015年,挂宣传横幅8条,进行太湖南泊湾商业广场法治文化建设,完成200平方米电子屏建设,完成沿湖路20块宣传石栏和广场中心灯柱等周边宣传配套工程。建成开弦弓美丽乡村法治宣传园、望湖路宣传墙等新一轮法治宣传基地。

第五节 法律服务

一、机构

(一) 七都镇(乡)法律服务所

1986年10月,七都乡法律服务所成立,工作人员3人,服务范围为民事调解、法律顾问、代理诉讼、协办公证、法律事务等。1987~1995年,七都乡(镇)法律服务所先后为23家企业单位承担法律顾问,参与完善合同432件,代理各类民事诉讼335件,调解经济纠纷200多件,为企业、个人追回应收款1000多万元,协助公证处为企业、个人办理各类公证3000多份,接待群众法律咨询900多人次。

七都法律服务所(摄于2015年)

1997年,七都镇法律服务所与24个单位签订常年法律顾问合同,协助办理公证5件,办理见证10件,代书法律文书8件,审查合同3份,避免经济损失5万元。民事代理22件,其中诉讼代理21件,非诉讼代理1件,追回欠款522万元,挽回经济损失4.8万元。

1998~1999年,七都镇法律服务所与单位签订常年法律顾问合同45家,参与完善合同128件,调解经济纠纷70多件,追回应收款300多万元,协助办理各类公证150份,接待法律咨询600多人次。

2001年12月,七都镇法律服务所与司法所脱钩。2002年1月,七都法律服务所(合伙制形式)成立,法律工作者2人,孙惠林任主任,由吴江市司法局法律工作者协会主管,自负盈亏。

2005年,庙港法律服务所并入七都法律服务所,法律工作者4人,孙惠林任主任,设庙港站点。

2013年,八都法律服务所并入七都法律服务所,法律工作者7人,孙惠林任主任,设八都站点。

2015年,七都法律服务所主任孙惠林,法律工作者有6人。是年与9个单位签订常年法律顾问合同,参与完善合同17件,代理民事纠纷43件,接待法律咨询438人次。

(二) 庙港镇(乡)法律服务所

1987年,庙港乡法律服务所成立,工作人员2人。法律服务主要内容是:民事调解、法律顾问、诉讼代理、协办公证、法律服务等。

1987年起,根据上级统一布置,开展普法宣传教育。

2001年12月,庙港镇法律服务所与司法所脱钩。2002年1月,庙港法律服务所(合伙制形式)

成立,奚勇任主任,法律工作者有3人。是年与5个单位签订常年法律顾问合同,参与完善合同408件,代理民事纠纷18多件,追回应收款100多万元,协助办理各类公证78份,接待法律咨询208人次。

2005年,庙港法律服务所与七都法律服务所合并成立新的七都法律服务所,设庙港站点。

(三) 法律援助工作站

2005年,七都镇法律援助工作站成立,工作站的主要职责是:代为受理困难群众的法律援助申请、接待群众来访、解答法律咨询、代写法律文书;按照《法律援助条例》规定,受理并初审法律援助申请;收集和总结典型案件,开展法律援助工作的宣传和调研;负责法律援助工作相关事宜的统计、信息、法律援助对象的摸底工作;尽职尽力地做好法律援助中心指派的其他事宜。法律援助工作站办理法律援助案件,不得接受受援人的邀请,不得私自接受代理,不得泄露当事人的隐私和商业秘密。2012年,七都镇法律援助工作站被苏州市司法局评为苏州市基层法律援助示范工作站。

二、援助工作

2005~2008年,七都镇法律援助工作站充分利用广播、电视、报纸、宣传橱窗、黑板报、横幅、防范公开信、专题培训等不同形式进行法制宣传,利用中、小学阵地开展法律知识进学校活动、开展法律知识进社区、进厂区,定期组织机关10多个部门上街进行法制宣传教育、开展咨询活动。

2009年初,认真做好法制副校长的聘任工作,组织上好在校学生的专项法制教育课。加强对学生的法律法规教育、心理健康教育,切实增强学生学法、守法意识,维护好自己的合法权益,减少和预防未成年人违法犯罪行为。9月,由综治委牵头,教育、文化、工商、派出所、城管等部门联合开展集中整治校园及周边环境治安秩序专项行动,保护未成年人人身财物安全。

2012年,七都法律援助工作站共完成323件法律援助案件,协助完成1件刑事法律援助案件。严格按照规范填写法律援助卷宗及时送市法律援助中心复检归档。协助国土、房管、银行等机构为七都镇群众办理各类服务53件。22个村、4个社区都设立法律援助工作联系点,并配备一名信息员。发放《法律援助联系卡》《法律援助知识手册》、法律援助办事流程图宣传小册子各500多份。

2014年,七都镇人民政府与吴江天辩律师事务所签约,率先启动"法律服务进村社区"公共法律服务项目,把法律送到村、社区。这一经验得到中共吴江区委、区政府的肯定和推广。

2015年,七都法律援助工作站解答咨询电话50多人次,受理民事案件3起,办结3起。其中:涉及农民工1起、残疾人1起、老年人1起。法律援助卷宗及时送区法律援助中心复检归档。

表17-7　　　　　　　　1996~2015年七都镇司法所人民调解工作情况表

年份	受理纠纷情况							
	受理(起)	调处(起)	调处成功率(%)	纠纷类型				
				赔偿(起)	婚姻(起)	邻里(起)	经济(起)	涉及外来务工(起)	其他(起)
1996	38	38	100	7	11	8	9		3
1997	38	38	100	3	13	10	7		5
1998	42	42	100	6	15	7	13		1
1999	38	38	100	9	4	15	10		
2000	53	53	100	24	17	-	4		8
2001	19	18	94.7	1	7	6	1	1	3
2002	25	25	100	2	7	8	1	2	5
2003	32	31	96.9	1	12	9	1	1	8
2004	64	64	100	3	20	25	2	2	12

(续表)

年份	受理纠纷情况							
	受理(起)	调处(起)	调处成功率(%)	纠纷类型				
				赔偿(起)	婚姻(起)	邻里(起)	经济(起)	涉及外来务工(起)	其他(起)
2005	62	62	100	3	23	22	1	3	10
2006	69	68	98.5	4	26	25	1	3	10
2007	89	87	97.8	2	28	30	3	5	21
2008	84	82	97.6	3	31	30	4	8	8
2009	92	90	97.8	5	33	35	6	6	7
2010	286	280	97.9	58	22	34	152	2	18
2011	524	508	96.9	82	13	21	352	5	51
2012	328	323	98.5	78	0	0	148	0	102
2013	285	281	98.6	75	0	8	112	0	90
2014	219	219	100	87	12	26	81	0	13
2015	172	170	98.8	57	11	20	52	0	32

表17-8　　1996~2003年庙港镇司法所人民调解工作情况表

年份	受理纠纷情况							
	受理(起)	调处(起)	调处成功率(%)	纠纷类型				
				赔偿(起)	婚姻(起)	邻里(起)	经济(起)	涉及外来务工(起)	其他(起)
1996	17	17	100	1	5	4	1	1	5
1997	30	29	96.7	1	12	6	0	2	9
1998	40	40	100	2	9	14	2	1	12
1999	35	33	94.6	3	15	8	1	0	8
2000	53	53	100	2	20	19	1	1	10
2001	25	24	96	1	9	9	1	1	4
2002	24	24	100	1	8	7	1	2	5
2003	36	35	97.2	1	10	12	2	2	9

第十八卷

人　　物

七都镇人文荟萃,人才辈出,自宋至清,七都、庙港地区先后有进士34人,文、武科举人68人。近现代七都镇又涌现出一大批广有影响的人士,在政治、外交、军事、国防、教育、医学、实业界享有声誉,那些为国捐躯的先烈,为人表率的劳动模范、先进人士及学有所长的知识分子,为七都人民所尊敬及忆念。本次编修时对人物卷进行挖掘增补,对已故的七都人或曾迁居七都的突出人物立传,立传人物以卒年为序;通过查阅资料或直接联系等方式收集到的2015年以前任职的七都籍知名人士列入人物简介;在人物表中列表记载的有自宋至清代进士、举人,革命烈士,在七都工作的先进模范人物及部分知名人士。

第一章 人物传略

第一节 里人名贤

谢 炎（生卒年不详） 字化南,北宋端拱元年(988)中进士,谢涛之弟。祖籍阳夏(今湖南太康),祖先谢懿文当盐官(今属浙江海宁)知县,葬富阳,遂为富阳人。父崇礼担任中吴军(今苏州)节度推官而迁徙吴江,居七都东泽(今属长桥村),后居同里。他敬慕韩愈、柳宗元的文章道德,与杭州卢积齐名,时称卢谢。中进士后,调补昭应县(今陕西临潼)主簿,迁伊阙县(今属河南洛阳、伊川),升湖南华容县、湖北公安县知县。卒年34岁,有文集。

谢 涛（959—1034） 字济之,宋淳化三年(992)中进士。祖籍阳夏(今湖南太康),随父迁徙吴江,居长渠港村(今属长桥村),后居同里,谢炎之兄。他14岁能讲解《左氏春秋》,20岁时文章受到吴县知县罗处约、长洲县王禹偁推崇,名冠吴中,讲学阳山白莲院。中进士后,先后任益州四川华阳县知县、太常寺博士、两浙转运使、礼部和吏部郎中,拜秘书监,又迁太子宾客,逝后追封礼部尚书。谢涛做事光明磊落,办事兢兢业业,处理事情先从国家利益、百姓利益出发。宋咸平元年(998),宋真宗即位,谢涛受召见后被外派安抚益州、利州等地,在安抚过程中,他重视贤才,勤于考核官员业绩,回到京城后向朝廷推荐30多人。宋乾兴元年(1022),宋真宗去世,为护送真宗灵柩,有人提出要拆掉城墙房屋,让灵柩通过,谢涛得知此事后,提出不同意见,他说,先帝在世时,出城外主持封祀大事,带了仪仗,物品也多,但没有拆掉过一间房屋,一垛围墙。现在,有了如此奢侈的陪葬器物,还要劳累州县百姓,这已经违背先帝从俭薄殓的遗诏,如再要拆除城墙毁坏民宅,这更不符合先帝遗旨了,请朝廷慎重考虑。朝廷终于赞同了他的说法,保全了城墙房屋。

谢 绛（994—1039） 字希深,谢涛之子。祖籍阳夏(今湖南太康),祖父辈迁徙东泽村(今属长桥村)。15岁,即任秘书省校书郎。北宋大中祥符八年(1015)中进士,授太常寺奉礼郎知颖州汝阴县(今安徽阜阳)。历任光禄寺丞、秘阁校理同判太常礼仪院判登闻鼓院、太常寺博士。因议论皇族血统,调常州通判。旱灾蝗起,滑州黄河决堤,他请下诏引洪赈灾,取消不紧急的劳役、无名目的征收,调真宗(赵恒)朝国史纂修官。天圣九年(1031)秋,迁祠部员外郎直集贤院、通判河南府。

明道二年(1033)春,任开封府推官。历任兵部员外郎、三司度支判官、礼部判官。景祐元年(1034)八月,出使契丹。宝元二年(1039)二月,授河南邓州知州,计划修六门堰,工程未就而卒。赠礼部尚书。以文学知名,每到一地都注重修建学舍。

谢景平(1032—1064) 字师同,一作师宰,谢绛三子。先以祖父谢涛的关系,秘书省见习校书郎,又代理将作监主簿。北宋皇祐五年(1053)中进士,授(甘肃)崇信军签书判官厅公事监楚州(今淮安)西河转般仓,仕终于秘书丞。撰诗书传说数十篇。

谢景初(1020—1084) 字师厚,号今是翁,谢绛长子。北宋庆历六年(1046)中进士,授大理寺评事知越州余姚县(今属浙江),筑海塘,禁止豪强侵湖为田,治理上林湖成风景区。通判海州,毁淫祠300多所。历任湖北转运判官、益州路(今四川成都)提点刑狱。熙宁(1068～1077)初,反对青苗法、免役法,以屯田郎致仕。设计出十种色彩艳丽的书信专用纸,被称为"谢公笺"。博学能文,尤长于诗。

谢景温(生卒年不详) 字师直,谢绛次子。北宋皇祐元年(1049)中进士。历任汝州、莫州(今河北任丘)通判、江东转运判官。筑宣城百丈圩获罪,降知涟水军。神宗(1068～1085)初,迁真州(今仪征)提点江西刑狱,历任京西、淮南转运使,陕西都转运使,知邓州、襄州(今襄阳)、澶州(今濮阳),加直龙图判将作监,右谏议大夫知谭州(今长沙),升礼部侍郎。元丰(1078～1085)中,历任洪州(今南昌)、应天(今商丘)、瀛州(今河北河间)知府。元祐(1086～1094)初,升宝文阁直学士知开封府、刑部尚书等。在瀛州时推崇巫婆李氏事,降知蔡州(今河南汝南),旧事重提,又降知郓州(今山东东平),兴国军(今湖北阳新),河阳军(今河南沁阳)。长于诗,有《游云门》长诗传世。77岁卒于河阳。

盛　章(1162—?) 字如晦,一字俊卿,吴溇村人。南宋淳熙十四年(1187)中进士。官至吏部尚书,敷文馆学士。封吴江县开国伯,食邑800户,赠银青光禄寺大夫。吴溇集镇原有尚书桥,俗名盛家桥(今桥因建马路而拆除填河),因尚书盛章居第在此,故名。后盛章迁居二十都(即盛泽),子孙繁衍,散居吴江城乡者甚多。《盛湖志》谓盛泽之地名因盛章而得,但无可考证,暂留疑问,不下判断。

曹　镤(生卒年不详) 字良金,号桐丘,亭子港(今属望湖村)人,明弘治六年(1493)中进士。本姓吴,过继曹氏,后遂从其姓。选翰林院庶吉士,才学高深。弘治十四年,改任刑部主事,抚恤四川,平反不少冤案,升员外郎。平生耿直,一有机会就讥讽掌权太监,因此左迁东昌府通判。当时临清的镇守太监十分暴戾,他上奏章历数其罪,并陈述临清一地守军众多,赋役繁重,地方不堪负担,再如此冗员,上无补于朝,下有损于民,请求裁撤。武宗准奏,却得罪了掌权太监刘瑾。刘瑾派人刺探他的隐私,谋求报复,所幸无所得而作罢。不久迁兴化府(今福建莆田)同知、都司。刘瑾在那里的党羽不法行为甚多,他按律治罪,将之降为千户。等他升为湖广佥事,刚离开兴化,刘瑾的党羽又复旧职。看到世事不可为,乃乞归故里,与顾应祥、文徵明等交游,在居屋后堆土为丘,上栽桐树,自号桐邱。嘉靖(1522～1566)中卒,年93岁。

曹应仙(?—1616) 字默庵,号后邱,曹镤次子,亭子港(今属望湖村)人。由邑廪例入太学,大司成甘泉湛深器重之。明嘉靖(1522～1566),初授山东临清州别驾,治河有功,升云南盐井提举,擒治土司猖獗者。后调四川合州,署铜梁、綦江两邑事,勤政廉明,案无留牍。时白莲教蔡伯贯聚众将作乱,应仙为防御计,昼夜勒习乡兵。未几,府通判郭某来署州事,尽散其所勒之兵。及乱起,通判已归府。乱兵攻诸州县,州县皆不备,乱兵遂同日攻陷八城。守城者或被虏,或遁去。而应仙纠集已散乡兵,提戈率兵,大呼突阵,大战3日,夺还被虏两知县。乱兵气沮,应仙乘胜逐北,歼其巨首田纳等20余人,合州平,不久,八城尽复。后为当事者所忌,功不上,群起构陷夺功,应仙遂弃官归,明万历四十四年(1616),返里时,合州百姓扶老携幼相送,并立碑表之。

毛 衢（生卒年不详） 字大亨,号鹿泉,亭子港(今属望湖村)人。明嘉靖二年(1523)中进士。少好学,求师不远千里。授浙江太平(今温岭)知县,拆庙破烧香求神陋习。调金华府永康县,惩治刁痞整顿民风。升刑部主事,迁员外郎。升四川按察司佥事,转云南布政司参议。升四川提学副使,慎重选拔寒门学子,杜绝一切请托,深得人心。任满以年老致仕归,卒。

皇甫涣（生卒年不详） 字时亨,号莲塘,明嘉靖二十六年(1547)中进士,填泥扇(今属望湖村)人。性倜傥,有干才。授江西南昌知县,奔丧后补固安知县。三年后,升刑部主事,又升刑部员外郎,出任广东佥事,屯兵岭西。镇压苗民张琏后,升布政司参议。驻惠(来)、潮(阳)。平定林朝曦,又官加一级,被劾归里。生毒疮卒,著有《莲塘漫笔》。

孙从龙（生卒年不详） 字汝化,号质庵,染店浜(今属望湖村)人。明隆庆二年(1568)中进士,授行人,考选刑部郎中,为广西平反许多冤案,尤其留意充军到边境的囚犯后代的出路。任广信府(今江西上饶)知府,减少大半经常费用,革除贡纸的提成,给学宫置田产。广丰县有矿藏,明嘉靖(1522~1566)年间,设巡检司守矿山防盗。他把驻铅山县的把总署移到柘阳,节省兵力军饷,又增加守坑兵士的军饷,取缔虚报。从此矿山太平。不久,升江西副使,兼管九江道,审查邮政费用,节约开支二千多金。不久,以病告归。他居官不带家眷,行装简单,卒年63岁。著有《易经参疑内外编》。

毛寿南（生卒年不详） 字宇征,号仁山,蒋家港(今属望湖村)人,寓居黎里。明万历十四年(1586)中进士,毛衢次子。授山阴(今浙江绍兴)知县。县内连年水旱交加,请求免除租税又不允,他就捐俸施粥给药。有趁灾聚众盗窃的,他擒其首犯,余党遂散。因公事外出,主簿摄狱政,有囚犯逃脱,他就自责请求处分。当地经常出现诬告某某杀人的事,他总是先验尸再论长短,将诬告的反坐,正了民风。他在猫山、郑家山间筑堤,防止海潮对天井乡3.7万亩农田的浸袭。升陕西道监察御史后,以病告归卒。

吴 默（1551—1637） 字因之,虹呈港(今属长桥村)人。寓居同里。明万历二十年(1592)中进士,会试第一,即会元。授兵部主事。万历二十七年,补礼部,进郎中。无锡某行贿千金,请他帮忙其父的官爵,遭到拒绝。万历三十一年,迁尚宝司丞。吴江知县刘时俊在吴地县令中很有声望,但漕运的役卒却对他很不满,总督漕运兼提督军务李三才将他弹劾。吴默素知时俊为人,通过吏部尚书孙玮只夺了他两个月俸禄。三十六年,进少卿,他建议恢复玺卿班(专事司印)在翰林院里的作用,弹劾李三才的横行不法。后来李三才终于贪污事发受到惩处。休病假后,改任通政司参议,历左通政,四十二年,升太仆寺卿。天启(1621~1627)初,以病去职,回家后,刘时俊乘小舟去拜访他,仅以蒸瓜米饭招待,相互间十分敬重,晚年徙苏州,巡抚、知府经常上门求教。他坦然地谈了民间疾苦,赋役失当、豪绅暴吏种种恶行。崇祯十年(1637)卒。

孙履恒（生卒年不详） 字仲立,号衷谷,染店浜(今属望湖村)人,孙从龙次子。履恒天姿颖异,学有原本。明万历二十二年(1594),中举,万历四十四年,任浙江义乌教谕,于诸生间识拔张国维(后张国维仕至兵部尚书),时张国维贫,履恒多方设法资助。后履恒升广东三水县令,又调新宁知县。时有大寇祝可敬勾结红夷海盗劫掠惠、潮。履恒有武略,谙熟兵法有名,两广总督特疏其才,调履恒练乡勇500余人。亲冒矢石,且抚且剿,终于擒获贼首祝可敬,将其正法,余众骇散,红夷也循。擢升肇庆府同知,因故挂冠归里。天启三年(1623)张国维官至南都巡抚,时张献忠起事庐庆间,张国维奉有江皖两抚犄角控贼之命,遂延请履恒至幕府,请教攻守之策。由于履恒谋划得当,献军西走,南都遂安。履恒生平秉正,不挠于当事,办事认真踏实,著有《武经七书》行世。

庄元臣（1560—1609） 字忠甫,号方壶,原籍震泽,中举后迁戴家浜(今属吴溇村)。明万历三十二年(1604)中进士,授中书舍人,奉命出使,先后册封平原王、安丘王后,归奔母丧。万历三十六年,太湖发大水,他上章议渡荒方略,不久北上,卒于山东济宁船中。生平喜欢涉猎各个学科,千言文章一挥而就。著有《叔苴子》《四书觉参符》《三才考略》《金石撰》《凤草阁》《时务策》等。

孙养正（1585—1616） 字圣蒙，号青城，吴溇村人，明万历三十二年（1604）中进士。授福建兴化府（今莆田）司理，设善恶循环簿，让百姓记录各自实绩。每有诉讼即以簿为参考，明察秋毫。任莆田知县时，已奉旨蠲一成赋税，但吏胥仍要征十成，他就出安民告示严厉制止。捐俸修筑海塘，遍拆郡中多余祠庙，将建材用于海塘。塘成被称为"孙公塘"。在任十个月，积劳成疾，死时无以为殓，士民争相捐助，才得以归葬。

毛以焞（生卒年不详） 字允享，号瑷山，八角亭（今属望湖村）人，明万历三十二年（1604）中进士，进士毛寿南次子，后迁居黎里。授河南陈留（今属开封）知县，有政绩，升南京兵部武选司主事，升员外郎，又授职方司郎中，改北京武库司郎中。在南在北任职都掌握军机大事，整饬军政，巡查边防，很受兵部尚书器重，晋阶奉政大夫。以痰疾卒于家。

孙枝芳（生卒年不详） 字同玄，号姚山，染店浜（今属望湖村）人，明万历三十八年（1610），进士，授浙江金华府司理。不久，升金华知府，又总董全省邮传，再晋升管泉（通钱）御史，升两浙布政使，升福建巡抚。因在浙江任上事被劾，遂拂袖而归。

赵君邻（生卒年不详） 字禹钦，五都（今庙港社区）人，明天启二年（1622）中进士，授行人，粗茶淡饭，不乘轿不用仆人，痛恨宦党魏忠贤加害忠良。天启四年，奉命到庆成王府主持丧礼。天启五年，到四川册封，冒酷暑过滹沱河，驻（河北）井陉，突闻同乡周宗建、周顺昌为魏忠贤所杀，痛哭流涕，呕血数日卒。著有《礼记正业》。

施世杰（生卒年不详） 字汉三，一字宾王，五都（今庙港社区）人。明天启七年（1627），诸生博学，工文章，所著有丹桂楼杂制26种，今所存惟孙烈士传，能深识事势，明于兵机，议论卓然，余25种，览其目多有关于世道人心者，惜后裔衰薄，稿皆散失。

孙兆奎（1607—1645） 字君昌，号犹文，染店浜（今属望湖村）人，履恒孙。明崇祯九年（1636）中举，习兵法，性恬淡，不图名利钱财，关心国事，论及古今是非成败、人品邪正，均能侃侃而谈，与同邑吴日生挚友。其时，大明国事日衰，战事四起，于是仗剑谈兵，结识天下英俊，谋划勤王。时崇祯帝罹难，金陵又失守，兆奎痛不欲生。适值兵部主事吴易奉史可法之命归里办事，两人政见相同，遂与吴易教习水师，起兵于长白荡，以家财给饷，号孙吴军，尊奉明宗室乐安王为主，意图兴复明室。清顺治二年（1645）八月，清总兵吴胜兆南下，孙吴军战败，其父与妻女俱赴水殁，兆奎自溺未死，被清军押送至江宁。当时督师洪承畴（明降将）驻节金陵，劝降兆奎，兆奎守义不屈，厉声对抗曰："汝犹在乎，先帝误闻汝死，涕泣赐祭，汝不闻乎？吾今陷汝手，唯求一死，无他议也。"接着朗吟曰："'疾风知劲草，板荡识忠臣'，汝曾读此句乎？"洪怒，驱出斩之。临刑时，兆奎作绝命诗曰："书生自分无攸济，只为纲常看得真。今日从容趋死地，欣然谈笑拜君亲。"

赵玉成（1619—？） 字彦琢，赵家港（今属太浦闸村）人。赵鸣阳之子。明崇祯十年（1637）中进士，授湖南长沙知县，半年后奔母丧。服满调福建惠安。在审查监狱时，发现已关押8年的数十名强盗中有一名17岁，于是重新审理，弄清原委，将他释放，并释放其他几名无辜者。后来调京升吏部文选司主事，晋升郎中。明朝灭亡后隐居家乡，作和陶（渊明）诗自娱，卒。

孙志儒（生卒年不详） 字茂叔，号大若，李家港（今属双塔桥村）人。原籍浙江乌程（今属湖州），明崇祯十六年（1643）中进士，知福建莆田知县。志儒与同榜乌程温宝忠交谊最深，两人常谈论国是，为明朝的前途担忧。温宝忠准备以身殉节，他意向将削发为僧。授福建莆田知县，明亡后，志儒遂弃官入山，婉言谢绝许多人推荐，以布衣素食终生。

孙云球（1630—1662） 字文玉、泗浜。李家港（今属双塔桥村）人，孙志儒第四子。自小随母亲居苏州虎丘山麓，13岁中秀才，他对科举仕途不感兴趣，热衷于光学仪器的研制。经过不断探索，他能磨制散光镜片，还把磨制成的凸透镜和凹透镜组织在一起，制成望远镜。他是中国最早制造望远镜的人。后来,他又磨制出察微镜、放光镜、夜明镜等70多种光学仪器。用他制的察微镜观看虎丘影戏洋画,一眼望去能化小为大,由浅变深。他还自制"自然晷"(一种古老的时钟),判定时刻十分准确。他将制镜的经验写成《镜史》,刊行时由他母亲作序。该书系统阐述制镜的历史、原理和方法,各地制镜者均据此制造光学镜片。在他影响下,苏州逐渐成为全国有名的眼镜制造基地。

张　隽(？—1663)　一名僧愿,字非仲,又字文通,吴溇村人。为博士弟子员,复社名彦。于经史百家无不得其旨趣,所与游皆名彦。为庄廷鑨所聘,预修《明史辑略》,其稿《明理学诸人传》另录出,名《与斯集》著述数百卷,自帝尧以来至明代,按年月排列记事迹,列理学诸儒为八门一一加以考据,对卦爻有研究。生年不详。清康熙二年(1663),庄氏《明史》刻本列张隽名于前,遂罹难,年六十有余。著作有《与斯集》《三蔀略》《易序测象》。

张鸣钧(1678—？)　字双南,号笠滨,桥下(今属群幸村)人。清康熙五十四年(1715)中进士。由庶吉士授翰林院编修。外派为山东巡按,历任江南泰东道、江宁驿盐道、河南按察使、直隶(今河北)布政使,还朝任通政使,又任顺天府(今北京)府尹,都有政绩。在河南时,教老百姓植桑养蚕。告老还乡后,修稽五漾(即金鱼漾)南滩石塘。

吴　岩(生卒年不详)　字怀峰,号桐村,蒋家港(今属望湖村)人,清乾隆二十二年(1757)中进士,本姓曹,明弘治进士曹镤九世孙。中进士后,授刑部主事,升山东司郎中。乾隆三十年,迁贵州乡试副主考官,兼翰林院编修,又任提督山西学政。

孙世实(1918—1938)　又名孙方,孙本文次子,张港(今属望湖村)人。民国24年(1935)考入清华大学,参加"一二·九"运动。民国25年,与黄华、蒋南翔参加中华民族解放先锋队,被捕关押三月余。出狱后,他作为清华大学代表,出席北平学联大会,被选为北平学联常委,下半年加入中国共产党,担任北平学联党组织的领导成员。抗日战争爆发后,由上海至南京,再到武汉,参加抗日救亡运动。在宜昌,与张清华等组织中共宜昌特别支部,后又建立宜昌区委,世实担任区委书记,领导宜昌、枝江、宜都、公安、石首等县中共党组织的开辟工作。民国27年夏,调入中共湖北省委任青年工作委员会委员、民族解放先锋队湖北省队部训练部长,不久又任省队代理队长,并兼任全国学联干事。是年10月,日军包围武汉,随同《新华日报》和八路军办事处人员乘坐新升隆轮,于22日撤离武汉。23日,船行至湖北嘉鱼县燕子窝江面,遭日机轰炸起火,为抢救落水同志而牺牲。12月5日,中共中央在重庆为孙世实等25位罹难者举行追悼大会。毛泽东、朱德、周恩来等中央领导人送了花圈,吴玉章、秦邦宪和董必武分别代表中国共产党和八路军致悼词,邓颖超专门写哀悼诗,高度评价死难烈士的革命精神,重庆《新华日报》为悼念死难烈士出版特刊。

徐人骥(1857—1946)　字梅峰,徐家湾(今属太浦闸村)人,早年入武乡学,跟随杭州张勤果入新疆,参加镇压回族造反,以功保举副将。清光绪六年(1880)中武进士,回乡完婚,娶武庠生周安庆长女为妻,假满入京供职。光绪七年九月,左宗棠出任两江(辖今江苏、安徽、江西)总督,他随调以科班出身原职任用。光绪十三年,署金山卫游击。光绪二十七年,因浙江巡抚、御史中丞任道镕(字筱沅、筱园)的要求,带领儿子徐朴诚等进剿太湖土匪,以功保举总兵,任嘉(兴)湖(州)水陆统领。朴诚在进剿中屡有成绩,为了避嫌,他没有为儿子请功,是巡抚冯汝骙(字星岩、星帅)出面,委朴诚嘉(兴)防先锋游击左营管带。光绪三十四年,冯汝骙移任江西。宣统二年(1910年),他出任江西水师巡察右军统领,将家眷迁回震泽。辛亥革命兴起,南昌都督吴介璋(字复初)任职仅几个月即下野,政局不稳。徐氏父子相继归里。以后任松江、上海缉私分统。在震泽成立太湖蔬菜运销公司,每日用轮队装运上海售卖。民国22年(1933)周夫人去世时,林森、蒋介石、汪精卫、宋子文、陈果夫等国民党政要都为之题照,盛及一时。民国35年(1946),逝世于杭州。

徐朴诚(1884—1953) 字普春,徐家湾(今属太浦闸村)人。武科进士,徐人骥子。少年习武入山东随营武备学堂。随父参加剿灭太湖土匪,由浙江巡抚冯汝骙委任嘉(兴)防先锋游击左营管带。宣统三年(1911),辛亥革命,到林述庆的新军三十四旅任营长,参加会攻江宁,进军南京。民国元年(1912)2月,三十四旅遣散。调任江苏省警察厅骑巡队队长,不久去职。民国2年7月,"二次革命"爆发,参加陈其美在上海的独立讨袁。民国5年4月19日,率部在严墓起事,在平望宣布独立讨袁,后遭到军阀冯国璋部队围攻而失败,与何嘉禄等人避居上海租界。民国10年,赴广州,在非常大总统府任参军处参军。奉派返沪,策反浙江都督卢永祥响应护法北伐。民国13年9月,江浙齐(燮元)卢(永祥)战争爆发,率旧部协助卢永祥部在青浦作战,任游击司令。战后,任江苏省水上警察厅游击总队长,调任第一区第五队队长。北伐开始,受国民党中央驻沪特派员钮永建之命,为江苏先遣司令。民国16年2月底,北伐军到达江浙交界地,率部与何嘉禄部组成新编十六师,任团长。何嘉禄在金山负伤阵亡后,他回任水警队长,后任江苏省水上公安队第一区区长。民国23年,任嘉兴盐务巡缉所所长。"八一三"淞沪抗战后,受命于第八集团军司令张发奎,担任路东游击指挥,转战青浦、吴江、嘉善。民国28年,春率部投靠日本侵略军,先后任伪第一方面军陆军第一师师长、伪第二方面军军长。民国29年春,经战地党政委员会副主席李济琛策动反正,先后任第三战区先遣军第一纵队司令,苏浙先遣军第一路总指挥。抗日战争胜利后,调防徐州。民国36年,离职,在上海开设万利源商行。民国37年1月,与四子锡驹一起加入民革。解放后,参加中国人民解放军的清剿太湖残匪斗争。1950年去香港。

陈杏荪(1880—1954) 开弦弓村人,开明绅士。民国2年(1913),创办震泽县立第八初级小学,后改名为吴江县开弦乡中心国民学校。民国12年,省立女子蚕校校长选定开弦弓村为蚕丝改革基地。民国14年,陈杏荪以开弦乡农业生丝合作社董事长的身份,建造"催青室",供生丝合作社蚕农"共同催青、稚蚕共育"。民国18年,陈杏荪协助费达生发起和筹建开弦弓村有限责任生丝精制运销合作社。民国19年,在《合作月刊》发表《开弦弓生丝精制运销合作社经过概况》一文。民国22年1月,出版《开弦弓生丝精制运销合作社三年经过情况》一书。抗日战争期间,全家迁居松陵镇。民国47年,把房屋无偿借给开弦弓乡中心国民学校。

孙本忠(1897—1968) 字飚绳,孙本文弟,张港(今属望湖村)人。民国7年(1918),考入国立南京高等师范学校农业专修科,民国10年毕业。民国13年赴法留学,先后入蒙贝利亚农业专科学校、里昂大学动物系研究蚕体生理。民国17年,发表《家蚕中肠细胞的生理研究》论文,获博士学位。是年回国,任江苏省农矿厅荐任技正兼无锡蚕丝试验场场长,后任中央大学、浙江大学蚕桑系主任。民国22年,任中央农业实验所荐任技正蚕桑系主任。抗日战争时期,孙本忠随中央农业所内迁。民国35年,又迁回南京孝陵卫。民国38年5月,在南京郊外孝陵卫开辟桑园,建造蚕室,进行正规化的家蚕育种研究。1951年12月,中国农业科学院蚕业研究所成立,孙本忠任研究员兼养蚕系主任、蚕种研究室主任。还先后任中国农业科学院生物学部委员、中国蚕学会理事长、第三届全国人大代表、江苏省第二届人大代表、民盟镇江市委副主任委员。一生致力于家蚕育种,解放前选育出具有二化性黄皮蚕品种"中农29号",提出双交杂种等良种繁育方法。中华人民共和国成立后,整理出华八、华九、华十、瀛翰、瀛文等5个品种、11个品系的杂交方法,培育出春用品种"镇江1号""镇江2号",选育出"镇江3号""镇江4号"双限性品种。他还主持制订《家蚕选种工作试行方案》在全国推广。1968年8月,病逝南京。

孙伯和(1898—1972) 字守廉,更楼港(今属煤烂村)人。民国9年(1920),毕业于东南大学农学院,任安徽当涂县静仁职业学校校长。民国11年,任吴江县建设局局长。民国14年,兼任江苏省农民银行吴江县分行经理。民国17年,兼任吴江县蚕种场场长。民国22年,任上海商业银行襄理。民国23年,调南京农垦局农贷处处长。民国28年,任重庆贸易委员会生丝研究所所长,兼四川省农业改良场场长。抗日战争胜利后回上海,任中国蚕丝公司业务处处长,兼蚕丝协导会主任。中华人民共和国成立后,在中国纺织公司上海分公司工作。1953 年,调北京中国丝绸公司丝绸处。著有《近百年来中国的蚕丝事业概况》《民国经济史》《中国缫丝工业史(古代)》。

孙本文(1892—1979) （见第十二卷）

吴汝煜(1940—1990) 沈家湾村人。1963 年 7 月,毕业于徐州师范学院中文系,留院从事中国古代文学教学工作。为中国作家协会会员,徐州师范学院中文系古代文学教研室主任、教授,兼任中国唐代文学学会理事、《唐代文学研究年鉴》编委等职。主要讲授中国文学史、中国历代文学作品选、史记研究、中国古代文学文献学、中唐诗歌研究等课程,培养唐宋文学方向的硕士研究生。主要致力于汉、唐文学和古代文论的研究。出版著作有《刘禹锡》《简明中国古典文学词典》《〈史记〉论稿》《刘禹锡传论》《刘禹锡诗文选》《刘禹锡诗选集》《全唐诗人名考》《史记选》《唐五代人交往诗索引》等书,为《唐才子传笺证》撰稿人之一。参与主编《中国古代通俗小说阅读提示》。论文主要有《论北宋诗人王令及其诗歌》《谈刘禹锡的诗歌美》《论北宋诗人陈师道》《关于王夫之对唐诗的评价》《谈我国古代诗论中的自然说》《诗与嵩高》《中唐诗人琐考》等 50 余篇。另撰有收入各种文学鉴赏词典、丛书的鉴赏文章 70 多篇,参与《中国大百科全书·中国文学卷》的编写工作。1987 年被国务院授予"国家级有突出贡献的中青年专家"称号,1988 年,被评为徐州市劳动模范,被江苏省总工会授予"省优秀教育工作者"称号和江苏省立功奖章。

王孙乐(1906—1995) 名堪,字孙乐,又字晚芗,号苦田、三痴,七旬后更号弩叟。吴溇村人,后宅第毁于侵华日军,寓居浙江南浔。童年即喜书法,及长,遍涉唐宋诸体,问及艺于上海俞剑华、李肖白等,26 岁正式投帖从师金石书画家朱其石,醉心于笔墨刀刻。其书法遒劲凝炼,豪纵洒脱。山水自然出俗,简炼富生趣,尤善写梅。治印得乃师之髓,别具一格,为印林所珍。80 年代起,其书画刻印作品多次参加全国、省、市展出,又应日本书界所邀,其书法送展扶桑,屡获好评,在"炎黄子孙与各国友好书画展"上获国际书法二等奖。生前为中国书法家协会会员、浙江省书法家协会会员、浙江省文史研究馆特约馆员、湖州市书法家协会名誉副主席。有《王孙乐治印·集外》拓钤订本。

孙云蔚(1908—1997) 又名孙华,吴溇村人。民国 17 年(1928),毕业于苏州农校本科,任南京中山陵园技术员。民国 21～25 年,在日本国立园艺试验场和九州大学农学部攻读研究生。学成归国后,历任前西北农学院教授、中正大学农学院教授等职。中华人民共和国成立后,历任南昌大学农学院教授、广西大学农学院教授、山东农业大学名誉教授,此后一直在西北农业大学任教授兼系主任。1960 年,加入中国共产党,获"陕西省劳动模范""全国文教先进工作者"称号。曾任中国园艺学会常务理事、陕西省园艺学会第一、二届理事长,《中国园艺学报》《中国果树》等编委。著有《果树园艺通论》《果树栽培学》等,主编《现代果树科学集论》等。论文有《我国果树种质资源》《西北地区果树生产和研究的方向问题》《西北地区果树种质资源》等。所有稿费部分上交国家,其余都用于接济贫困人群。是陕西省第一届、三届人民代表、第四届政协委员。1990 年,获国务院颁发的"从事高等教育突出贡献"的荣誉证书。陕西省授予他"陕西科技精英"荣誉证书。

盛家廉(1917—1998) 陆港村人。民国 29 年(1940),毕业于内迁至贵州湄潭的浙江大学农艺系,获硕士学位。历任中央研究院动植物研究所实习研究员,甘肃省农业改进所技士、甘肃张家寺农业实验总场主任,中央农业实验所北平农事实验场技士、园艺研究室代主任。1953 年,加入中国民主同盟,历任华北农业科学研究所、中国农业科学院作物育种栽培所杂粮研究室主任、薯类研究所育种室主任、副研究员,徐州农业科学研究所副所长、研究员,是中国农学会第三届理事,中国作物学会甘薯专业委员会第一届主任委员。选育出"华北 117""华北 166"等甘薯新品种。1978 年,育成"徐薯 18",又选育成"徐薯 77—66"。1980 年,评为江苏省劳动模范。1995 年 9 月,加入中国共产党。主编《中国甘薯栽培学》《全国甘薯品种资源目录》《中国甘薯品种志》,合编《甘薯栽培技术》等。是第六、第七届全国人大代表,民盟第六、第七届中央委员、第八届中央参议员,徐州市政协第七、第八届副主席。

沈　康（1916—2000）　桥下（今群幸村）人,出身于农民家庭。民国22年（1933）,到上海商务印书馆平版厂当工人。"八一三"事变后,他报名参加上海红十字会第一伤兵医院的救护工作。民国28年（1939）春,加入中国共产党。民国29年,被推选为同仁代表团执委会成员,多次同与国民党反动派勾结的资方进行有组织的斗争。民国30年12月,地下党组织遭到破坏,沈康辗转到达丹阳地区,分配到新四军六师十六旅军实科任材料保管员、保管组长、总务股长。民国35年1月,任中共华中军工部二总厂一分厂总支部书记。民国26年3月,任中共鲁南军工部第五炮弹厂总支部书记。6月,任渤海军工局三总厂教导员兼副厂长。在抗日战争和解放战争期间,主要从事弹药制造和管理工作。为中国人民的解放事业做出过重要贡献。1949年11月,任上海电线厂副厂长、厂长。1953年5月,任上海电缆厂党委书记、厂长。1958年1月,沈康率团赴前苏联、前民主德国、匈牙利等国电缆公司考察访问。6月,在北京机械学院参加干部培训班。1959年7月,在上海交通大学进行为期三年的电线电缆专业学习。1962年6月起,先后任上海电缆研究所所长、党委书记兼所长。

1981年,沈康任中国电线电缆进出口公司董事长。1984年底,扶持七都乡创办第一家电缆行业——苏州吴江特种电缆厂。他经常往返七都、上海之间,为企业出谋划策,深入车间科室,了解生产工序,把握产品质量,帮助解决技术难关。使双塔集团从小到大,乃至成为国家级企业集团,为七都成为全国"电缆重镇"奠定坚实的基础。

项志生（1909—2000）　七一（今属庙港村）人。早年在上海民立中学就读,17岁时进杭州纬成丝厂新市分厂（公利丝厂）,师从旦丝界前辈嵇慕淘。民国21年（1932）,追随苏州蚕校校长郑辟疆在江南倡导土丝改良运动。民国26年,筹建并出任平望制丝所所长。民国27年下半年,他受费达生（时在重庆任丝业公司总技师）之托在上海为四川丝业公司采办立缫机及煮茧机等制丝设备。装船转运香港及越南海防,在云南入境押运四川。在四川时参加了川南蚕茧新区开发工作。在重庆进入东吴—沪江联合大学经济管理系深造。抗日战争胜利后,民国35年,随从费达生接收苏州日商瑞丰丝厂（即今苏州第一丝厂）,后受陆荣光之邀参与筹建中央合作金库上海信托部,任该部总务组长。1950年,进中国蚕丝公司华东区公司工作,曾协助筹建山东周村、广东顺德、新疆和田3个丝厂。1953年,调往北京中国丝绸公司,负责蚕茧收烘业务,1956年,评为高级工程师。他精于蚕桑制丝,1977年,退休后仍不远千里应邀至赣、川、滇等省市考察指导蚕桑生产。还不时在《丝绸》（原中国纺织学会、中国蚕学会合编的论文集）上发表有关蚕桑生产开发和提高丝质的学术论文,著有《柞茧生产与收购》。

沈荣泉（1955—2011）　前浜兜（今属吴越村）人,1978年9月,参加工作。1981年7月,加入中国共产党。曾任七都公社益旗大队团支部书记、生产队会计、前浜兜村会计、党支部书记,七都缫丝厂厂长、党支部书记、七都乡外贸公司副经理、七都乡副乡长、七都乡（镇）党委副书记、农工商总公司副董事长、总经理,七都镇党委书记、农工商总公司董事长、七都镇人大主席,吴江市人民政府副市长、中共吴江市委常委、政法委书记、市人大常委会副主任、党组副书记。

孙福林（1949—2013）　陆港村人,1978年赴香港定居。1994年初,孙福林回家乡投资,先后创办吴江港明毛绒针织有限公司、苏州九龙电缆有限公司、苏州港龙光缆有限公司、苏州海龙数据电缆有限公司等5家企业。固定资产4亿元。是年,任吴江市政协委员、常委。1998年,三江发大水,向灾区捐款50万元。2002年,向吴江红十字会捐款10万元。2003年,投资6.5亿元,在苏州工业园区建立现代化综合性医院——苏州九龙医院。孙福林先后捐款380万元为家乡建学校、老年活动室、帮助困难学生、修桥铺路及建养老院。2002~2006年,向吴江市救助基金会、第六届残运会、江苏省残联、吴江市光彩事业基金、吴江扶贫基金等捐款93万元。2002年8月,参加国务院侨办举办的"侨资企业西部行"活动,在甘肃积石山县捐款30万元,为该县建立一座医院。同时还不定期向吴江市聋哑学校捐款。是年,任苏州市政协委员,2003年,任江苏省政协委员。十多年间,孙福林为慈善公益事业累计捐款560万元。历任香港九龙集团董事长,九龙科技集团董事长,苏州九龙医院董事长,江苏省海外联谊会副会长,中国和平统一促进会理事,中国侨商投资企业协会副监事长。

第二节 流寓名贤

陆龟蒙(?—约881) 字鲁望,自称江湖散人、天随子、甫里先生、江上文人,苏州人。陆龟蒙年轻时即精通六经,考进士不中,遂跟从湖州刺史张搏游历苏、湖两州后,隐居甫里(今吴县角直),有田数百亩,屋三十楹,常亲自下田劳动。著《耒耜经》,详记铲、耙、犁等农具的制作和使用。龟蒙嗜好饮茶,在吴兴顾渚山辟有茶园。每逢收新茶,亲口品尝优劣。他爱好载着书、茶灶、笔床、钓具,往来吴淞江上,在震泽等地生活较长时间。皇帝召见他,不至,又拜左拾遗,诏下已卒,葬在角直。陆龟蒙与皮日休合著有《松陵唱和诗集》,还著有《甫里集》。相传陆龟蒙曾从庙港的陆家港出太湖,后人为纪念他,便将该港取名为陆家港。陆家港还有养鹅浜,据传也因他当年曾在这里养鹅而名。陆家港上有桥名甫里,桥两侧石柱上刻有"万顷具区留禹迹,陆家甫里忆唐贤"的对联,相传原来并无陆姓的溇港和村落,陆家港村名、港名的由来,是对诗人的怀念。

钱康民(1907—1939) 钱涤根之子,松陵镇人。北伐战争前夕,钱康民在上海模范中学读高中,一面学习,一面帮助父亲放哨联络,传递密信。父亲牺牲后,入上海大学政法系,与中共党员廖承志、王绍鏊来往,加入中国共产党。毕业后,通过组织关系进入国民党江浙联防处任参谋长。抗日战争爆发,钱康民和同乡同学赵安民在浙江安吉、长兴一带建立抗日武装。民国27年(1938)1月,国民党军委会苏浙行动委员会在浙江省长兴县成立太湖别动队,赵安民任司令,钱康民任副司令兼政治部主任。至7月,部队发展到8000多人。8月,该部被改编。10月,日军扫荡杭嘉湖地区,钱康民等人在吴兴县双林镇与日军激战3昼夜,终因弹尽粮绝而失败。28年3月,钱康民所在部队改编为第三战区江南挺进纵队步兵第三团。他的坚决抗日言行受到国民党顽固派的怀疑。此时,中共党员丁秉成正在吴江谋划建立抗日武装。同年5月,钱康民从第三团里拉出40多人枪,与丁秉成一起建立中共领导下的江浙太湖抗日义勇军。康民任司令,在江浙接壤的吴溇、乔溇、大钱一带发动民众抗日,袭击日伪军,并做金阿三的策反工作。仅两个多月,部队发展到两三百人,并与当时已东进到无锡的新四军"江抗"总部取得联系。8月23日,钱康民、丁秉成率部队行进到吴溇附近时,遭到国民党顽固派袭击,走在队伍前面的钱康民急忙指挥突围,双方展开激烈战斗,钱康民左肋及前胸中弹牺牲。死后由金阿三收尸,柩厝乔溇张家坟地。中华人民共和国成立后,由浙江省长兴县追认钱康民为革命烈士。

丁秉成(1908—1939) 原名陈显堂,曾用名李愈秋、丁月槎,山东省峄县(今枣庄市)人。民国27年(1938)夏,受中共中央特科派遣到吴江地区开展抗日斗争,争取和改造杂牌游击部队,建立中共领导的抗日队伍。丁秉成到吴江时的公开身份是吴江县政府政工队指导员。以政工队为基地,办识字班、出墙报、教唱抗日歌曲,演短剧等活动,宣传鼓动青年参加抗日斗争。民国28年春夏间,中共吴江支部在严墓(今属桃源镇)成立,丁秉成任书记,他通过中共党员王绍鏊,向活动在七都、横扇的国民党游击队开展抗日宣传工作。还对活动在北库、黎里的郝道生部开展工作。同年5月,丁秉成和钱康民一起组建江浙太湖抗日义勇军,丁任副司令。8月23日,部队开往吴江县吴溇途中,遭到国民党顽固派的袭击。子弹击中丁秉成腹部,他顽强地用手捂着外流的肠子高呼:打倒日本帝国主义!壮烈牺牲。第二天,中共中央特科的战友和当地群众含泪在宋溇胡家兜掩埋了烈士的遗体。中华人民共和国成立后,由浙江省湖州市追认丁秉成为革命烈士,并移柩至南浔烈士陵园。

吴毓骅(1925—1950) 浙江瑞安县人,毕业于温州师范学校。民国35年(1946年)秋,到严墓区合作社任指导员,聘请江苏省立女子蚕业学校师生指导当地农民科学养蚕,使农民获益匪浅。还与张光启等人办夜校,教农民识字唱歌。民国37年春,随着中国人民解放军节节胜利,光明前景愈加明朗,吴毓骅思想日益走向进步成熟。是年冬天,加入中国共产党,积极投身迎接解放的斗争中。解放后,任严墓区收茧委员会主任,负责收购鲜茧兼管合作社工作。发动群众帮助剿匪部队在农村剿匪肃特,借粮支前。1950年,吴毓骅被分配至震泽区开弦弓乡任乡长。是年春荒严重,组织群众生产自救以工代赈,并将大批救灾粮分发到群众手中。5月初,县政府又发下一批救灾粮,规定要分发给贫雇农,但一些坏分子企图平分救灾粮,土匪还向贫农勒索大米。面对严峻形势,鼓励群众坚持斗争。5月17日下午2时许,身佩短枪只身在北鱼池村召集贫雇农开会,布置分发救灾粮。国民党匪特张本部、贺国荣等4人突然包围会场,向吴开枪。吴毓骅身中7弹牺牲。吴毓骅烈士的遗体安葬在震泽公园内。枪杀吴的匪特先后被人民政府处决。

郑辟疆(1880-1969) 字紫卿,盛泽镇人。18岁考入杭州西湖蚕学馆,4年后,毕业留校任教,再留学日本,培育出个体大、成熟快的新蚕种和生命力强、极易成活的山地桑。回国后,先后受聘于山东青州蚕桑学堂、山东省立农业专科学校,编纂养蚕学、栽桑学8种教课书。这是中国近代第一批蚕桑学教材。民国7年(1918),受聘担任江苏省立女子蚕业学校校长,在校内设原种部、养蚕部和蚕种推广部。带领师生赴吴江县震泽区开弦弓等乡村实地考察,指导农民科学养蚕,用洋种代替土种,改良土丝缫制方法。抗日战争时期,率领蚕校先迁到上海租界,继又撤到四川。在四川积极宣传和推广良种,创立蚕业指导所桑苗圃、蚕种场、冷藏场等,促进川南蚕业发展。解放后,留任苏州蚕桑专科学校校长。1956年,兼任苏州丝绸工学院院长。1960年,在他主持下研制成D101型定纤自动缫丝机,并在全国推广,一直使用至今。郑辟疆还校释《蚕桑辑要》《广蚕桑说辑要》《豳风广义》《野蚕录》等蚕桑学著作。他是第一届全国人大代表,第一届全国政协特邀代表,第三、第四届全国政协委员,中国蚕学会第一届名誉理事长等。去世时兼任苏州丝绸工学院院长。

金家骧(1918—1972) 字兴邦,小名阿三,原籍浙江吴兴(今属湖州),迁居吴溇村。"骧"误读为攘(让),故一般人称之为金家让,从湖州"壮丁师资训练班"结业后,在陆家港任训练员。民国27年(1938)初,组织自卫队。先后有原国民革命军程万军、汪斌加入,改编为忠义救国军第七支队、第四支队。程、汪相继投敌,他在吴溇、洞庭东山重组武装。民国28年,中共地下党员钱康民在吴兴县乔溇牺牲,他置备红木棺材安葬。民国31年2月,随忠救军入孝丰山整编,任新兵团三营营长。民国32年冬,任吴(兴)嘉(兴)吴(江)行动总队上校总队长。克复双林、保卫菱湖,在汤溇到横扇一带,与日伪相持。民国33年冬,接纳中共党员薛天然,任政治部副主任。民国34年初夏,与新四军太湖独立救国军(俗称太湖游击队)司令薛永辉建立联系。抗战胜利后,任新一团三营营长。在吴江县政府的邀请下,只身深入湖区,招抚太湖土匪,平息匪患。民国35年,将枪支弹药卖往苏北解放区。1950年1月13日,他回到上海,在市公安局担任特别组组长。太湖小股土匪活动猖獗,他捎信让这些人到上海结集,将其一一交给当地政府处置。1955年6月31日,因潘汉年、杨帆案遭逮捕,1972年,在监狱中去世。1980年10月17日,上海市公安局作出《关于金家骧问题的复查决定》,认为他"归来以后,为祖国做了有益的工作,成绩显著"。

费孝通(1910—2005) （见第十三卷）

费达生(1903—2005)(女) 同里镇人,费孝通胞姐。民国9年(1920),毕业于江苏省立女子蚕业学校,民国10年,考入东京高等蚕丝学校。民国12年,回到女子蚕业学校。民国13年4月,到开弦弓村,试养改良蚕。民国14年春天,任蚕校推广部主任。民国17年8月5日,创建吴江县开弦弓生丝精制运销合作社,是国内最早由农民经营的制丝企业,招收70多名女工。民国24年,费达生偕无锡永泰缫丝厂刘景衡到开弦弓村招收138名女工,提高开弦弓村女性地位。民国27年,在四川乐山建立蚕丝实验区,培养川南蚕种,设计"七七式"木制立缫车,创办《蚕丝月报》,任四川丝绸公司总技师。中华人民共和国成立后,任中国蚕丝公司技术室副主任,推广制丝新技术。1956年,任江苏省丝绸工业局副局长,主持制定《立缫工作法》,加入九三学社。苏州丝绸工业专科学校发展成为苏州丝绸工学院,一直担任副校长、副院长。论著有《复兴蚕丝业的先声》《浅谈桑蚕丝绸系统工程》等。1967年,在庙港乡红卫等8个大队集资重办缫丝厂——联合缫丝厂过程中,费达生帮助解决很多设备和技术上的问题。1978年,立新大队(开弦弓北村)提出要办丝织厂,费达生帮助向苏州大厂买到12台铁木丝织机,并帮助安排职工的技术培训和购买原料。1981年,江苏省科委在吴江庙港乡进行提高蚕茧出丝率的课题研究,聘请费达生为顾问。频繁往返于庙港乡和丝绸工学院,组织科研教学人员,从养蚕、烘茧、缫丝等环节做一系列工作。1985年3月,费达生在《经济日报》发表长篇文章《建立桑蚕丝绸的系统观点》。1989年3月,加入中国共产党。2002年,费孝通到吴江视察时,把99岁的姐姐接过去见面,"姐弟俩简直亲得不得了"。她是江苏省第一至第五届人大代表,先后当选苏州市妇联副主任,苏州市第六、第七届政协副主席。

南怀瑾(1918—2012) （见第十三卷）

第二章 部分知名人士简介

孙麦龄 民国9年(1920)生,燥烂村人,研究员。民国36年,上海同德医学院(今上海第二医科大学)毕业。毕业后在上海市肿瘤研究所等单位历任副研究员、研究员等职,并担任上海市肿瘤研究所所长。长期从事肿瘤医学和医学麻醉科研工作。1957年致力于医疗目标管理和应用开发,并领导该院医疗人员进行针刺麻醉研究,在国内首次发表针刺麻醉应用于扁桃体手术的临床报告,开辟麻醉新途径,后又深入进行针刺麻醉的临床研究,在1960年全国针刺麻醉会议上发表有关针刺麻醉下肺切除手术论文。获得好评。

孙棉龄 民国13年(1924)生,燥烂村人,教授,博士生导师。1951年,上海第一医学院毕业。在上海第一医学院学习期间参加沪郊血吸虫病防治工作和医院临床实习,目睹了传染疾病对人类的危害,立志选择公共卫生学为终身研究和奋斗目标。1953年,在南京第三军医大学全国第一届高师班公共卫生专业进修结业,分配至浙江医学院卫生系任教。1955年,调往四川医学院(现为华西医科大学)任教。历任教研室副主任、主任。从事环境卫生教学、科研及实际工作40余年。1986年,被国家教委批准为博士生导师,兼任全国卫生标准技术委员会环境卫生标准分委会委员、国家发明奖特邀审查员等职。1992年获国务院特殊津贴,1997年,离休。

孙世光 民国16年(1927)1月生,望湖村人。1949年7月,清华大学毕业。10月,参加中国人民解放军,在新华社第四野战军十五兵团分社任内勤和记者、四野十五兵团《连队生活报》记者。在解放海南岛渡海作战中,随第一梯队渡海,写出《渡海先锋营的故事》等长篇通讯。1950年10月,参加中国人民志愿军,赴朝鲜参加抗美援朝,任中国人民志愿军总部《志愿军报》记者、编辑,在

《志愿军报》和其他军队报纸上发表大量新闻报道、通讯。在朝鲜前线还参与对英军俘虏和美军谍报人员的审讯工作,并编写过汉英对照的《对敌工作简明手册》。朝鲜回国后,到北京大学深造,学成后,在中央音乐学院任政教工作,后调国家卫生部机关报《健康报》任记者、编辑。后调南京工作,先后在江苏人民出版社、江苏科技出版社任编辑,《祝您健康》杂志社任主编。1987年,离休。

皇甫垠 民国17年(1928)2月生,望湖村人,民革成员,副研究员。1950年5月,苏南新闻专科学校结业。随即被派往《苏南日报》任编辑、记者,江苏省新华日报社工作,写下大量的新闻、通讯报道、述评及社论。1959年,首次下放到淮阴县渔沟镇落户。下放期间,边劳动,边办农业中学,边写新闻通讯。不久,被调往淮阴市委巡视组,担任党外巡视员。其间,还出席全国农业中学工作座谈会,受到当时中宣部部长陆定一的接见和表扬。1968年,皇甫垠第二次下放到宿迁。先后在县委报道组、宿迁中学工作。1980年,调回南京,在江苏省农业科技报报社工作,任编辑、记者。1987年,任江苏省农科院副研究员。1988年6月,离休。著有《正确组织广告,促进商品生产》《效果调查是提高广告服务质量的良好途径》《两岸情怀兴中华——皇甫垠半世纪海内外亲友通讯文史集》《笔耕一生,爱的奉献——皇甫垠新闻、科普与公益事业文集》,被国内不少高校图书馆收藏。1995年11月,皇甫垠发出《关于捐献遗体,促进医学发展与殡葬改革》与《组织"遗体捐献志愿者之友"》的倡议,成为中国"捐献遗体器官志愿者"的发起人之一。

邱文郁 民国21年(1932)3月出生,东风村人,高级工程师。1952年7月,苏州东吴大学化学工程系毕业,分配至沈阳市东北工业部东北化工局工作。1954年2月,调吉林省吉林市化工区建厂筹备处工作,后在吉林化学工业公司化肥厂工作,历任技术员、工程师、技术处主任、厂总工程师等职。1985年,任高级工程师。1992年3月,退休。邱文郁任职期间,曾获东北化工局先进工作者(1953年),吉林化肥厂青年社会主义建设积极分子(1956年)等荣誉。著有《吉林化肥厂分析规程》《吉林化肥厂色谱法分析教材》《国家化工部化工企业管理干部岗位规范》等。

项小英 民国24年(1935)生,项志生之女,庙港村人,主任医师。1956年,上海第二军医大学医疗系毕业。毕业后在沈阳军区部队医院、北京妇女保健所等单位历任医师、副主任医师、主任医师等职,并担任北京妇女保健所所长、中国儿童发展中心专家委员会委员。一生从事医学事业,特别是在妇女儿童保健方面有独到的研究。从事研究的"农村国产保健高危管理法"和"农村降低孕产妇死亡干预"两项国际合作项目均获科技成果奖,在国内及国际推广。还有"城市国产保健管理办法研究"及"女性青春期生理心理研究"也获得北京市科研成果奖。参加编写《妇女健康与教育》《妇女健康手册》和《妇女健康与发展》等书。发表学术性论文20多篇。

孙陶亨 民国25年(1936)生,煤烂村人,教授。1962年,北京大学物理系毕业。毕业后在北京大学等单位历任讲师、副教授、教授等职,长期致力于激光物理、相干光学及非线性光学等领域的研究,并取得一些重大成果。曾多次参加各种国际会议和学术交流。学术论文40多篇,主要发表在《物理评论》《美国光学学会学报》《中国科学》和《物理学报》上,部分论文还收入国际重要学术会议论文集。其译著多篇曾先后获美国加利福尼亚大学奖金、北京大学自然科学奖2次和国家教委科技进步二等奖。著作《激光物理学》。

于鹏程 民国27年(1938)7月生,七都望湖村人。1956年,因品学兼优,由学校保送到北京外交学院。1961年,加入中国共产党。大学毕业后留校进修英语。1962~1999年,先后在驻尼泊尔、马尔他、新西兰、埃及等大使馆工作。历任大使翻译、三等秘书、二等秘书、一等秘书、外交部国际司副处长、参赞、埃及亚历山大市总领事等职。1999年底,退休。2001年5月始,在中国国际跨国公司研究会工作,任该会副秘书长,2006年,改任秘书长顾问。

孙耀雄 曾用名孙根定,民国27年(1938)年11月生,望湖村人,高级工程师。1964年,哈尔滨工业大学航空工程系飞机设计专业毕业,被分配到国防科工委总字922部队(现航空工业总公司沈阳飞机研究所),是年8月,参加中国人民解放军。1965年6月,转业。1969年,支援三线建设被调入空字245部队(现航空工业总公司中国特种飞行器研究所)工作。1981年,被国务院科学技术干部局评为工程师。1987年,被第六〇五研究所评为高级工程师。孙耀雄主要从事飞机型号的设计、试验及专业课题的研究工作。获航空工业部第六、五研究所型号设计三等功(1986年),获国防科学技术课题研究三等奖(2000年)。

邱秉权 民国28年(1939)2月生,隐读村人,教授。1964年7月,唐山铁道学院数理力学系应用力学专业毕业后,留校任教。1971年,学校内迁四川峨嵋,学校更名为西南交通大学。1989年,学校总部迁到成都,在峨嵋成立分校。四十多年来,一直在该校从事大学本科生和研究生的教学和研究工作。先后在该校担任见习助教、助教、讲师、副教授和教授,所担任的课程主要是理论力学、工程力学、分析力学、机械振动等。主编《工程力学》《理论力学新型习题》《理论力学约束与约束反力》《分析力学》《工程力学教程》。

邱肇荣 民国29年(1940)11月生,东风村人,教授。1964年,在南京林业大学林产化工系毕业。1970年起,先后在吉林林学院、北华大学林学院任教。长期从事木材利用方面的教学和研究工作。教学中不断探索教学改革,注重能力的培养,通过教学实践总结完成的"按层次教学培养学生思维能力和自学能力"的教学研究课题。1993年,获省级优秀教学成果二等奖。著有《家具质量检测技术》《次生林经营》《落叶松资源及其利用》;译著《木材加工专业英语文选》。公开发表《长白落叶松木材管胞微纤丝角的变异研究》《速生树种材性改良》等学术论文20多篇。他承担完成的科研课题"利用硫酸盐木浆黑液制取木材胶粘剂的研究""吉林省次生林小径材的利用""牛皮箱板纸干强剂的研制"3项,为有效利用木材资源做出贡献。

项怀诚 民国28年(1939)生,庙港村人。1960年,山东大学中文系毕业。毕业后,在中国科学院、财政部、国家税务总局等单位工作。1983年加入中国共产党。曾任中科院计算技术研究所实习研究员、财政部预算司副司长、综合计划司副处长、副司长,财政部副部长,国家税务总局副局长(主持工作)、党组书记等职。1998年3月,任财政部部长。长期从事金融财税工作,在各种杂志上发表论文100多篇,著有《中国财政体制改革》《财政补贴研究》《预算外资金研究》《90年代财政发展战略》《中国市场经济与宏观调控》等。是中共第十五、十六届中央委员。

尹玉春 民国30年(1941)1月生,庙港村人。1964年7月,江苏师范学院物理系毕业,同年7月加入中国共产党。1964年8月,参加农村社教工作队,任指导员。1967年后,先后在江浦县人武部生产办公室政治组、武进县魏村中学、武进县体委、江苏省体委政治处工作。1979年2月起,先后在中央纪律检查委员会机关、全国人大常委会机关工作,历任纪律检查二室文卫组副组长,彭冲副委员长秘书,全国人大常委会机关临时党委委员、纪委书记,全国人大常委会机关党委副书记,全国人大常委会机关党组成员、机关党委书记。2003年12月退休。是北京市第十届、第十一届人民代表大会代表。

王培坤 民国30年(1941)5月生,庙港社区人,高级工程师。1966年,清华大学精密仪器及机械制造系六年制本科毕业。1967年,参加中国人民解放军,在国防科委第五研究院第501所从事低温研究、"817工程"的研制工作,与中国科学院大连化学研究所合作研制成功用于载人宇宙飞船的燃料电池,这项科技成果填补国内空白。1977年,调至中国第二汽车制造厂工作,从事液压和气动技术研究、设计和服务工作,非标设备设计,设备故障排除等工作,担任机械员兼厂攻关队队长。期间,成功研制柴油机的转子机油泵和用于轻型车系统的叶片真空泵。液氮工作介质的治疗中晚期肝癌设备,填补国内空白。2001年,退休。返乡后被聘为吴江标准缝纫机菀坪机械有限公司技术指导,还担任吴江市求实职业学校的特聘教师。

蒋保纬 民国30年(1941)11月生,陆港村人,教授、硕士研究生导师。1964年7月杭州大学物理系毕业,1984年8月留校任职,先后担任杭州大学党委办公室秘书、杭州大学外事领导小组成员、杭州大学学报(自然科学版)副主编、杭州大学出版社常务副社长兼总编辑。新的浙江大学组建后,任浙江大学出版社副社长、浙江大学学报(理学版)副主编,并受聘为浙江大学硕士研究生导师、浙江大学传播研究所编辑与出版中心主任。1990年起,参与杭州大学出版社的筹建和初创阶段的工作。任社长、总编后,主持出版社理工农医类和社科类书稿的终审工作,他担任责任编辑的获奖图书有十多种,如《张量光学》获浙版1995年优秀图书编辑一等奖;《矩阵光学原理》获1995年国家教委第三届全国高校优秀教材一等奖;《转型时期价值观的变革与构建》获1998年浙江省优秀图书奖;《历算求索》获2001年浙江省优秀图书编辑一等奖。发表学术论文20多篇,其他科学文章60多篇。先后主持国家社会科学基金课题1项、省级课题2项,国家自然科学基金课题1项。2000年,被评为浙江省十佳出版工作者。

王长根 民国30年(1941)生,七都社区人,教授级高级工程师。1968年,南京大学毕业。毕业后在内蒙古气象局历任助理工程师、工程师、高级工程师等职。享受国务院政府特殊津贴。长期从事农牧业气象研究。著有《遥感技术在内蒙古草场资源调查中应用研究》《内蒙古气候》《内蒙古自治区主要气象灾害分析》《内蒙古主要农作物立地气候环境分析研究》《内蒙古自治区农牧业气候资源与区划》等。论文《干旱对内蒙古农牧业生产的影响》《试论治理内蒙古草原沙化、退化的根本途径》等获自治区自然科学优秀论文奖。

朱天麟 民国31年(1942)10月生,七都社区人,教授。1965年7月,北京工业大学化工系无机化工专业毕业。1965年8月起,留校任教,历任系中共党总支副书记、书记,学校党委副书记兼副校长、副教授、教授。1994年12月,任北京青年政治学院党委书记、教授,主持学院全面工作。2001年3月至2003年1月,兼中加(加拿大)合办泰尔弗商务分院院长。2004年1月,退休。先后讲授《普通化学》《无机化学》《传热学》《化学工程》《流体力学》《思想道德修养与法律基础》《中国近现代史纲要》《邓小平理论》《毛泽东思想、邓小平理论和"三个代表"重要思想概论》等课程。主持研究北京市、团中央和教育部"八五""九五"和"十五"科研计划。研究课题有《北京市高等职业教育发展战略研究》《社会主义荣辱观与大学生思想政治教育研究》《思想道德课程的体制、师资结构和培训途经研究》等七项,撰写《新时期加强高校领导班子建设的思考》《加强和改进高校德育工作的探讨》《深化高校毕业生就业制度改革的思考》等论文50篇。主编北京市高校《大学生思想道德修养》《邓小平理论与共青团工作》等教材。

吴伟斌 民国32年(1943)2月生,吴溇村人,编审。1966年,南京师范学院中文系毕业,毕业后到黑龙江省林口林业局子弟学校工作,先后担任林业局子弟学校教导主任、校长、中学党支部书记等职。1973年12月,加入中国共产党。1981年,南京师范大学研究生毕业,授文学硕士学位。1984年,进江苏古籍出版社工作,历任编辑室副主任、编审等职务。参与《中华大典》的编辑工作。著有《唐代文选》《中国话本大系》《港台〈金瓶梅〉论文集》《中古文学文献学》《中国古典诗歌系列丛书》《毛泽东诗词鉴赏》《〈人间词话〉〈人间词〉注评》《谢榛全集笺校》《中华大典·明清分典》等书籍。先后编著出版《元稹全传》《白居易全传》《一直被人冤屈、误解的"元才子"》《元稹诗歌选注二百首》《元稹考论》《元稹评传》等著作。先后主编《文学人物鉴赏辞典》《毛泽东诗词鉴赏》等。发表有关元稹、白居易的专题论文50篇,在《人民日报》《光明日报》《大公报》等报刊上发表各类文章300万字。关于元稹研究的文章,在《中国古代近代文学研究》上刊载,曾被评为特等奖、一等奖。是全国唐代文学研究会会员,江苏省作家协会会员。

朱炳南 民国32年(1943)7月生,吴溇村人,高级工程师。1967年7月,南京大学气象学系毕业。1967年8月至1979年5月,先后在建湖县政府、吴江市桃源镇政府、吴江市科技局等单位工作,1979 年 6 月,调到吴江市气象局工作。1989 年,任吴江市气象局副局长。1990 年,被江苏省气象局评为"省先进工作者"。1991 年,评为高级工程师。在国家级和省办专业杂志上发表过《春季连阴雨的中短期相结合的预报方法》《天气雷达回波区分型作短期晴雨和暴雨的预报》《用数据群方法处理订正数值预报产品误差》《用渐进方法求解天气动力学方程组》等论文 20 篇。能较熟练掌握俄语,翻译 10 篇有关水文与气象方面的国外专著。主编《群众测天气经验》。是政协吴江市第十一、十二届委员,十一届政协常委。

叶澄宇 曾用名叶仁寿,民国 33 年(1944)5 月生,吴溇村人,高级农艺师,研究员。1966 年,苏州大学生命工程学院蚕桑系毕业。1968 年起,历任广西壮族自治区桂林地区蚕种场技术员、技术主任、副场长,吴江县多种经营管理局农艺师、吴江县蚕桑综合服务站负责人、吴江茧质检定所筹建办公室主任、业务科长、高级农艺师等职。1982 年,主持和完成《提高春制越年春用种蚕种质量》项目;1998~2000 年,与江苏省纤维检验所、江苏省茧丝绸行业有关成员共同编制江苏省《茧站质量技术保证能力通用要求》;研制成功《J83-1 型远红外自控多用烘蛾箱》,获广西壮族自治区农业系统先进工作者。发表的《缫丝计价,势在必行》《树立质量监督意识,逐步推广桑蚕茧缫丝计价改革》《中国茧检定事业的回顾和展望》等论文 60 多篇,获国家、省、市有关学会、协会颁发的优秀论文奖。兼任江苏省纤维检验所驻江苏太湖茧丝市场办事处常务副主任;被中国管理科学研究院学术委员会聘为研究员,被国家茧丝质量监督检验中心聘为技术顾问;是中国蚕桑学会、中国丝绸协会、中国标准化协会纤维分会会员,《中国纤维》杂志特邀通讯员。

邱秉钧 民国 33 年(1944)7 月生,隐读村人,副译审。1968 年北京外国语学院英语系毕业。1970 起,在中国科学院科学仪器厂、中国科学院外事局(美大处)、文化部中国展览公司工作。历任驻尼日利亚大使馆文化处一等秘书、新西兰大使馆文化处任文化专员、文化部中国展览公司任总监、处长、中国驻坦桑尼亚大使馆文化参赞。著有《非洲黑白画艺术》《魂牵梦绕新西兰》《非洲艺术》(合著)。译著有《扫描电子显微镜》(合译)《女人体素描》《毕加索,成功与失败》《校园秘史》(合译)。在《人民日报》《光明日报》《美术》《文化报》《世界博览》《世界知识》报刊杂志上发表过文章 50 多篇。

吴伟炎 民国 34 年(1945)9 月生,七都社区人,高级工程师。1968 年 7 月,南京工学院无线电系毕业。12 月,到南京无线电厂(714 厂)工作。后支援三线建设,调入国营 717 厂,担历任车间计划员、调度员、6483 部队文化补课教员。1979 年 2 月,加入中国共产党。是年,717 厂改为 36 研究所后,从事部队有关装备的研究。1989 年,任 36 所人事处处长。1992 年,被评为高级工程师。1998 年,任 36 所质量处党支部书记。

施行觉 民国 34 年(1945)11 月生,陆港村人,教授、博士生导师。1969 年,北京大学地球物理系毕业。1978 年起,从事地球内部物理和岩石物理学的教学和科研工作。在美国加州大学访问两年。主持完成课题有《内时理论在岩石粘弹性数值模拟研究中的应用》《温压条件下双相介质中超声波衰减实验研究》《地震波衰减补偿应用研究》《岩石超声波测试采集系统》《触发地震机理和预兆的实验研究》《腾冲火山研究》等。参与"八五"国家重点科技攻关"塔里木盆地油气资源"和国家自然科学基金"八五"重大项目《大庆陆相薄互层油储地球物理理论和方法研究》等课题的研究工作。发表论文近 100 篇,培养博士和硕士数十人。获赵九章优秀中青年科学工作奖,中科院自然科学三等奖,王宽诚育才奖,安徽省优秀提案一等奖等。任安徽省第八、第九届政协委员,中国科技大学地球和空间科学学院教授、中国地震学会理事。享受国务院特殊津贴。

顾荣华 民国 34 年(1945)12 月生,七都社区人,高级工程师。1969 年 7 月,东南大学(原南京工程学院)自动控制系毕业。1970 年 8 月,到原电子工业部贵州凯里四三二五厂工作,先后任技术员、工程师、车间主任、技术科长、副厂长等职。1984 年 3 月,为支持特区建设,被四三二五厂委派到厦门达真磁记录有限公司工作,任公司副总经理。1990年起,任公司总经理。1993年,评为高级工程师。2005年,任公司董事长。

邱顶荣 民国38年(1949)5月生,燦烂村人,大专学历。1968年4月,参加中国人民解放军,历任战士、排长、团作战参谋、作训股长、营长、团参谋长、团长。1992年转业,先后任吴江市经委副主任、市乡镇企业管理局局长、市级机关工委书记、市人大常委会秘书、办公室主任、市人大常委会教科文卫工作委员会主任等职。

邱九林 1950年1月生,双塔桥村人,主任医师。1968年,参加中国人民解放军,任炮兵583团二营五连卫生员,后在团卫生队任医生。1989年,转业山东泰安市中心医院外科工作,主任医师。

陈锦坤 1950年11月生,七都社区人,主任医师,副师职。1968年,参加中国人民解放军,任卫生员。1970年,调至山东临沂26野战医院。1971年,调至山东德州医院(该院1984年更名为139医院)麻醉科任主治医生。1997年,评为业务7级,主任医师,享受副师职待遇。

方佩英(女) 1952年2月生,盛庄村人,研究生学历。1977~1989年,江苏省无锡市卫生学校毕业后留校任教,历任校共青团团委副书记、书记、办公室副主任、主任等职。1989~1994年,任无锡市卫生局党(干)训班主任。1994年起,历任无锡市妇幼保健院院长(兼中共党委副书记)、无锡市卫生局副局长(兼无锡市第一人民医院院长、党委书记)、无锡市卫生局副局长(兼党委副书记)。

崔凤山 1953年4月生,盛庄村人。无锡市环境保护局副局长,正处职。1974年12月,参加中国人民解放军,历任坦克第十二师师直工化连,战士、班长、排长。十二师司令部工兵科副连职参谋。1982~1984年,在工程兵学院参谋系学习。毕业后,任坦克十二师司令部工兵科正连职参谋、坦克十二师师职工兵营副营长、兰州军医司令部工程兵部作训处副营职参谋。1988年1月起,历任无锡市兆塘区人武部政工科副科级干事、政工科副科长、中共机关党支部书记、政工科科长、部党委委员、机关党支部书记。1995年1月,任无锡市兆塘区人武部部长、中共部党委副书记,后任北塘区委常委、区人武部部长、中共部党委书记。2000年8月,任无锡市环境保护局副局长(正处职)、局党组成员。

王永根 1954年9月生,七都社区人,中央党校大学学历。1983年5月起,历任吴江县七都公社供销社理事会副主任、吴江县供销社集体商业管理股副股长、吴江县供销社联社理事会副主任。1989年3月至1990年12月,在商业部举办的企业管理专业证书班学习。1991年2月起,历任中共吴江县铜罗镇党委书记、市供销合作总社主任、党组书记、苏州市供销合作总社,市供销社集团公司董事长、党委书记,江苏省供销合作社副主任、省供销社(集团)总公司副总经理、党委委员。1998年8月至2000年12月,在中央党校函授学院本科班经济管理专业学习。2002年5月,任江苏省供销合作社总社副主任、党组成员。

陈依工 1955年生,七都社区人,教授、博士生导师。1976年参加中国人民解放军。1980年起,在中国人民解放军后勤部工作。为中国人民解放军少将、国防大学教授、博士生导师、全军高层次科技创新人才工程培养对象带教导师,享受国家政府特殊津贴。执行边境防御作战、抢险救灾等重大任务,先后赴美国、意大利等国考察。撰写学术著作十余部,承担国家社科基金重大课题、国家863项目等科研任务十余项,获学术成果奖和军队科技进步奖二十余项、立三等功三次、二等功一次。著有《80年人民军队后勤建设的基本经验》《走向世界 中国军队的和平担当》。

邱惠林 1957年6月生,庙港社区人,大专学历。1972年,参加工作。1981年,进入工商部门。2007年,任吴江市私营个体协会秘书长。担任秘书长以来,凭借丰富的工作经验和较强的组织能力,经常深入企业调查研究,注意倾听会员的需要,为会员排忧解难。利用协会、非公企业关工会工作平台,以联办方式牵手会员企业举办各类招聘会。组织会员开展"爱心送温暖""双百牵手帮困"

等活动,致富思源,回报社会。近年来,经协会牵头结对捐助贫困学子100多人,扶助困难职工500多人,仅四川汶川地震期间募集捐款49.45万元。此外,还带领协会联合其他部门,以《劳动合同法》为主题,多次举办法律法规培训,调解劳资纠纷20多起,为务工人员讨还欠薪30多万元。2006年,被苏州市工商局授予三等功;2008年,被苏州市工商局评为先进(科长)个私协会秘书长,并被省工商行政管理局、省私营个体经济协会评为非公党建暨"登记申报、年检年报"先进个人。2009年,中国个体劳动者协会授予"全国个私协会先进工作者"称号。

谈建中 1957年8月生,沈家湾村人,教授,博士生导师。历任苏州大学农业科学与技术学院副院长、苏州大学园艺系教授、蚕桑研究所桑树资源与新技术研究室负责人,兼任江苏省蚕桑学会和江苏省丝绸协会理事。先后主持和参加各类科研项目16项,其中包括科技部"973项目"和"863计划"、科技部星火计划、国家自然科学基金项目等国家级研究课题7项,在国内外学术刊物上发表研究论文62篇,获国家技术发明专利2项、省厅级以上科技进步奖和优秀教学成果奖共7项。

沈海林 1957年9月生,丰田村人,主任医师、硕士生导师。曾任苏州大学附属第一医院影像中心主任医师。主编或参编的著作有:《医学影像解剖学》《医学影像诊断学》《多层螺旋CT后处理技术临床应用》《磁共振成像原理与临床应用》《急诊CT诊断学》《MRI诊断》《CT诊断学》等。

崔根良 1958年5月生,群幸村人。亨通集团董事局主席、十二届、十三届全国人大代表、江苏省工商联合会副主席。1981年,部队退伍后开始经商。1991年2月,创建吴江七都通信电缆厂担任厂长。1994年,被民政部评为"全国民政系统先进工作者"。1998年,被农业部评为"全国优秀乡镇企业厂长"。2001年起,任亨通集团董事局主席、中共亨通集团党委书记。2005年,被国务院评为"全国劳动模范"。亨通集团进入中国企业500强、中国通信企业50强、全球光纤通信前3强世界500强。2011年,捐资成立亨通慈善基金会,累计捐赠超过4.8亿元,先后被民政部评为中华慈善基金奖"最具爱心慈善捐赠个人",被中华慈善基金会授予"中华慈善突出贡献(个人)奖",被中国社会工作协会、公益时报社评为"中国十大慈善家"等。2012年,被中国企业家联合会授予"全国优秀企业家"称号。2014年,被中共中央统战部、工信部授予"全国非公经济人士优秀中国特色社会主义事业建设者"称号。先后被江苏省委宣传部授予江苏"时代楷模"称号,被中共中央宣传部授予全国"时代楷模"称号。

冯根松 1958年11月生,沈家湾村人,研究生学历,高级会计师,空军大校军衔,南京军区空军审计处处长(副师职)。1978年2月参加中国人民解放军。1983年9月,江西财经学院会计班学习。1995年,获高级会计师职称。1996年7月,空军政治学院经济管理函授本科毕业。2006年3月,徐州空军学院军队财务研究生毕业,取得军事经济学硕士学位。历任南京军区空军后勤部财务处副营职助理员、南京军区空军后勤部财务处会计科长(副团)、南京军区空军后勤部财务处副处长(正团)、南京军区空军审计处处长(副师)等职。任职期间,立三等功1次,多次被评为优秀党员,10次受到嘉奖。撰写论文在不同的刊物上发表20篇。合作主编《财坛金秋》《财坛新论》《新编预算会计》《军队绩效审计研究》等专著,"军队绩效审计研究课题"被全军评为理论研究三等奖。

徐海炎 1960年2月生,陆港村人。正团职,上海市卫生局卫生监督处副处长。1978年3月,应征入伍在空军晋江场站卫生队任卫生员。1980年9月,加入中国共产党。空军军医学校军医班学习。1983年7月起,历任福州军区空军后勤部卫生处医政科助理员、南京军区空军后勤部卫生处医政科助理、南京军区空军后勤部卫生防疫队队长、空军上海基地后勤部卫生处助理员(副团职)、空军上海基地后勤部卫生处处长(正团职、空军上校)。2005年7月,转业,任上海市卫生局卫生监督处副处长。

王海荣 1960年11月生,盛庄村人。1978年3月参加中国人民解放军,历任福州军区空军晋江场站通信队战士、台长、政治处干事、空军漳州指挥所政治部组织处干事。1985年9月,解放军空军政治学院学习。1987年9月起,历任南京军区空军第26师秘书、南京军区空军广福场站政治处主任、南京军区空军26师政治部副主任、南京军区空军26师26团政委。2002年转业,任上海市卢湾区市容管理局副局长。

曹　江　1961年7月生,吴越村人,高级工程师,全国农机推广研究员。1983年,江苏工学院内燃机专业毕业,分配到山东济南汽车制造总厂发动机厂任设计科员和开发设计组组长,参与6130Q系列柴油机的研发,该产品通过国家级鉴定,并组织大批量生产。1989年1月,调入苏州市水利农机科学研究所,任科研室技术员,一直从事农机科研设计、新产品开发、农机推广、农机服务等技术工作。先后参加和主持的科技攻关、新产品开发和技术推广等20多项,获得国家实用专利4项,国家发明专利1项。他参与主持的省、市科研项目中,撰写学术论文多篇,其中《间歇传动水平圆盘式水稻穴播机成穴性研究》论文获得苏州市自然科学优秀学术论文二等奖。2003年,获苏州市"双杯奖"。2003年、2004年连续两次被苏州市人民政府记三等功。2004年,被评为苏州市科技先进工作者。2005年,获苏州市科技进步三等奖。

尹海卿　1962年8月生,庙港村人,高级工程师。1986年,大连工学院毕业,在中国交通建设第三航务工程局宁波公司工作,历任施工技术副总队长、项目总工程师、公司副总工程师、公司总工程师。2005~2008年,在中交第三航务工程局任副总工程师,先后参加宁波北仑港、舢连岛工程、宝钢马鞍山港区、上海洋山深水港建设。2002年,获上海市科技进步奖二等奖。2005~2008年,多次获得上海市建设"功臣"称号。2007年获上海市重点工程杰出个人奖。2008年获上海市"五一劳动奖章"。

尹连荣　1963年4月生,庙港村人,高级工程师。1984年7月,南京气象学院毕业。8月,分配到镇江市农业气象研究所工作。工作期间先后主持和参加20个科研项目。1989年3月,被评聘为农业气象工程师。1994年起,先后担任镇江市农业气象研究所副所长（主持工作）、丹徒县气象局局长。1997年,加入中国共产党。1999年12月起,担任镇江市气象局副局长、中共党组成员、镇江市气象局局长、党组副书记。先后在国家核心期刊上发表文章10篇,译文数篇,获得科技奖励10次,科技进步三等奖1次;江苏省气象局科技进步二等奖1次。

朱月林　1963年4月出生,望湖村人。教授,博士生导师,享受国务院特殊津贴。南京农业大学园艺学院教授、博士生导师,培养博士和硕士研究生26名,发表学术论文52篇。获国家科技进步二等奖1项,江苏省科技进步二等奖2项,江苏省首届中青年科技奖,中国农学会第八届青年科技奖,被教育部选拔为农业与生命科学领域优秀学者。

钱松荣　1963年8月生,七都社区人,复旦大学教授。作为主要负责人参与项目获得上海市科学技术进步奖一等奖、上海市科学技术进步奖三等奖、中华人民共和国教育部科学技术进步奖三等奖。

杨培英（女）　1963年9月生,丰民村人,高级工程师,副师职。1985年7月,中国人民解放军防化学院工程系毕业。历任中国人民解放军防化学院任助教、讲师,中国人民解放军第二炮兵第一研究所任工程师、高级工程师。立三等功一次,多次被评为优秀教员,先进科技工作者,受到多次嘉奖。她负责和参与研制的科研项目曾获国家人防科技进步一等奖、军队科技进步二等奖、三等奖十多项,参与《核生化大辞典》《被装装备学》等书籍的编写工作。

周荣根　1963年10月生,东庙桥村人,高级工程师。任南京市国土资源局地籍管理处副处长。著有《加强土地权属管理,完善土地登记,服务企业改制》《城市住房与可持续消费》《应用信息技术,更新数字地籍》《农村集体土地宅基地的登记管理》《地籍管理中滞留案的成因分析与处理》《村庄宅基地登记工作中若干问题的分析和对策》《南京市2006年度土地抵押融资调研报告》《利用1/5000土地利用现状图开展村庄地籍调查、土地登记的调研报告》。

孙年法 1964年1月生,菱田村人,国家一级美术师。中央党校函授学院海军分院和黑龙江三江美院毕业。1983年参加中国人民解放军,在部队立三等功3次。2000年9月,转业到吴江市税务系统工作,先后被评为"纳税人满意税官",并立三等功1次。师从中国美院国画家刘苇、夏子颐等诸位教授。其用笔大刀阔斧,豪气磅礴,颇有军人气概;设色浓重,对比鲜明,具有时代气息。现为国家一级美术师,擅长中国画花卉,亦精虫鸟。作品入编《中国青年国画家》《中国近现代书画作品集》《20世纪中国书画名匠集》。是中国文联书画艺术交流中心会员、中国国画家协会理事、中国国画院花鸟画创作专业委员会副主席、中国金陵印社常务理事、牡丹画院名誉院长。

张国华 1964年11月生,群幸村人。1987年8年,南京师范大学生物系生物专业毕业。1987年8月起,历任苏州师范专科学校生化系见习教员、助教,共青团苏州市委青工部干部,苏州市青年联合会副秘书长,苏州市委机关事业管理部副部长,青工部副部长,苏州市委青工部部长,苏州市物资局体改办负责人,苏州物资控股(集团)有限公司董事、副总经理、党委委员,苏州市政府副秘书长,昆山市委副书记、代市长、市长,昆山经济技术开发区管委会主任,南通市委副书记、市长。是中共十九大代表,第十二届全国人大代表。

盛建明 1965年2月生,盛庄村人,法学博士、教授。1988年7月,南京大学法律系毕业,获法学硕士学位,后在中国对外经济贸易大学攻读国际经济法专业研究生,获法学博士学位。历任中国对外经济贸易大学助教、讲师、副教授、教授,法学院院长助理,兼任北京环中律师事务所反倾销业务部副部长。曾任对外经济贸易大学WTO法律研究中心主任、中国国际经济法学研究会常务理事、北京市人民政府法律专家顾问。1996年,获北京市优秀青年骨干教师称号。2005年,获对外经济贸易大学首届青年教师基本功大奖赛一等奖和最佳教案奖。在《国际贸易问题》《国际贸易》等核心期刊发表多篇国际贸易法领域的学术论文。先后在三元乙丙橡胶和邻苯二酚两起反倾销初始调查以及不锈钢冷轧薄板反倾销落实复审调查案件中受聘请担任商务部调查小组的经贸法律专家顾问,为中国政府积极参与多哈回合WTO规则制订良策。在商务部产业损害调查局委托的"反补贴法律制度与操作规则""国际补贴、反补贴政策与法律制度研究""产业损害确定指标"三项重要课题中担任重要执笔人或负责人。

姚林荣 1965年1月生,盛庄村人。1982年7月,参加工作,1989年5月,加入中国共产党。1995年,江苏省高等教育自学考试经济管理专业大专毕业。历任中共吴江县(市)委组织部干部科科员、副科长、科长,中共吴江市委常委,盛泽镇党委书记、人大主席,吴江市副市长,金阊区委副书记、代区长、区长,苏州市经信委主任、党组书记,张家港市委副书记、市政府副市长、代理市长、市长、中共党组书记,中共张家港保税区党工委副书记、管委会主任(副厅)兼市政府口岸办公室主任、市机构编制委员会主任,中共张家港市委书记、张家港保税区党工委书记。

徐自建 1965年6月生,陆港村五界亭人。1985年,苏州蚕桑专科学校蚕桑专业毕业。1987年,南京师范大学思想政治教育管理专业毕业。研究生学历,法学学士学位。1987年8月起,历任苏州蚕桑专科学校任教师、兼政治辅导员、学校团委副书记,苏州市监察局科员、中共苏州市纪委科员、监察员,苏州市政府办公室副主任科员、副处长、督查室主任等职。

徐跃根 1966年2月生,望湖村人,主任医师。1983年10月至1984年8月,武警浙江总队三支队服役。1989年7月,贵阳医学院毕业。1989年8月至1998年8月,武警浙江总队医院;历任医生、主治医生、副主任医师、主任医师。1998年8月,浙江省嘉兴市第一医院骨科工作,任骨科主任。是浙江省显微外科学会委员、浙江省嘉兴市骨科学组副组长。

丁明德 1966年9月生,双塔桥村人,教授,博士生导师。任中国天文学会太阳和日球专业委员会主任、南京大学天文系副系主任、太阳塔实验室主任、中国天文学会理事、国际天文联合会会员。参加的科研项目"太阳活动22周观测和研究"获教育部科技进步一等奖、国家自然科学三等奖、教育部首届"青年教师奖"。

徐海松 1966年12月生,联强村人,教授、博士生导师。1988年7月,浙江大学毕业,先后取得光仪系学士学位、计量测试技术及仪器硕士学位、光学工程博士学位。从事工业自动控制博士后研究工作。1996年起,历任浙江大学光学仪器工程学系副研究员、硕士生导师,光辐射测量技术研究所副所长,信息科学与工程学院光电信息工程学习教授、博士生导师,光学工程研究所副所长。是中国颜色学会常务副主任,中国光学学会理事,中国照明学会理事、高级会员、颜色与视觉专业委员会(D1)委员、图像技术专业委员会(D8)委员,全国颜色与视觉专业委员会委员,浙江省光学学会视光学专业委员会副主任,浙江省计量测试学会会员。主持完成国家自然科学基金、国家科技攻关、中国博士后科学研究基金、教育部博士点基金、军工科技、教育部和浙江省回国人员科技基金、国际合作、浙江省和杭州市科技计划以及地方企业合作项目等在内的大量研究课题,取得鉴定和验收科研成果6项、授权发明和实用新型国家专利3项、国际专利1项。在国内外公开发表学术论文100篇。著有《计算机测色与配色新技术》《颜色信息工程》。曾获教育部自然科学二等奖、浙江省自然科学优秀论文二等奖。是浙江省"新世纪151人才工程"培养人员。

吕少华 1967年11月生,开弦弓村人,博士学位,正团级。1985年,入南京军校通讯工程学院,在该校毕业后在中国人民解放军8998部队服役。1991年和1992年,分别获三等功。2003年,获二等功。

吴格非 1967年11月生,沈家湾村人,博士,硕士生导师。任中国矿业大学外国语言文化学院教授、副院长、英美文学和比较文学方向硕士生导师,江苏省外国文学学会理事,江苏省比较文学学会理事,已发表外国文学、比较文学和教学研究方面的学术论文及其他文章60余篇,出版学术专著《萨特与中国——新时期文学中人的存在探询》。

周培英(女) 1967年生,光荣村人。1984年,进入吴江新联丝织厂工作,进厂2个月便能独立操作丝织机。1990年起,多次参加省、市的操作比赛,并多次获得第一名,创造多项记录。1995年,获得"江苏省丝织操作能手""全国操作能手""江苏省青年岗位能手"称号;1996年,被省劳动厅授予"江苏省技术能手"称号;1997年,被苏州市人民政府评为"劳动模范";1998年,被江苏省总工会授予"五一劳动奖章"。2003年起,任工艺操作员,学习、掌握生产流程及各个工序的工艺参数,以创新、先进的工艺流程及工艺参数,制织出具有高科技含量及高附加值的各类新颖纺织面料。2012年,被江苏省人民政府评为"劳动模范"。2014年4月,获"全国五一劳动奖章"。

吴耀明 1968年2月生,沈家湾村人,法学硕士,高级法官。任大连经济技术开发区人民法院民事审判庭庭长、审判委员会委员、副院长,中共院党总支书记。撰写论文主要有《房地产抵押登记的法律效力》《民事审判方式改革应加强调解工作》《美国联邦法院及其工作》等。

张建华 1968年3月生,燦烂村人,中学高级教师。1990年,南京师范大学毕业。历任吴江师范教师、吴江市教育局教科室副主任、震泽中学副校长、盛泽中学校长。获"江苏省优秀教育工作者""苏州市教育科研学术带头人""苏州市名教师"等称号。

沈文忠 1968年5月生,盛庄村人。教授、博士生导师。1995年6月,在中国科学院上海技术物理研究所获博士学位。在美国从事博士后研究工作3年。1999年9月,加入上海交通大学。在半导体量子结构阵列体系的控制合成与性能、有序硅量子点结构中的光电特性及量子调控、新型半导体氮化物和氧化物的光电特性及半导体远红外/太赫兹探测及成像等方面取得一系列创新成果。2000年,被聘为教育部物理学科特聘教授。2005年,作为学术带头人的"半导体量子结构和量子过程调控"群体被教育部纳入"长江学者和创新团队发展计划"的创新团队;完成投资1200万元的"凝聚态光谱与光电子物理"实验室建设,在全校一百多个985工程重点建设项目评估中位列前三名,实现超快(飞秒)、深低温(1.6K)、超宽波段(远红外真空紫外)和超强磁场(15特斯拉)的凝聚态光谱与光电子器件物理研究。曾获教育部首届"高等学校优秀青年教师奖"(1999年)、国家杰出青年科学基金(2001年)、教育部首届高等院校优秀骨干教师称号(2002年)、上海市新长征突击手(2003年)、第二届上海青年科技英才(提名奖,2004年)、上海市科技进步奖(自然科学类)二等奖(2005年)、第三届上海十大青年科技英才称号(2006年)、上海交通大学校长奖(2007年)。

孙悦良 1969年7月生。隐读村人,法学博士。江苏省新苏师范学校毕业后保送入苏州大学中文系学习,毕业后在中共吴江市委组织部工作。2000年,调任中共庙港镇党委任副书记、书记。2003年,调任吴江市文广局局长。2004年6月,任中共吴江市市委副书记,赴西藏林周县担任县委书记。3年后返回吴江任中共吴江市委副书记。是中国书法协会会员,苏州市书协理事,吴江市美协名誉会长。书法作品入展"全国第八届书法篆刻展""全国第五届楹联展""纪念邓小平诞辰100周年书法作品展""江苏省书法作品晋京展"。2014年,著书《墨缘杂忆》。

周卫芳(女) 1969年12月生,开弦弓村人,主任医师、硕士生导师。1992年,南京医科大学临床医学系毕业。2003年,苏州大学硕士毕业。2011年苏州大学博士毕业。2010年起,苏州大学附属儿童医院感染性疾病科副主任兼二十病区主任,主任医师。

丁明泉 1969年生,双塔桥村人,高级工程师。1990年,南京工程学院机械工程系机制工艺专业毕业。是年,进入中电集团第十四研究所工作,任十四所一分厂副厂长。从事大型电子系统的科研生产管理工作。

徐 明 1970年生,开弦弓村人,博士,教授,博士生导师。任杭州电子科技大学计算机学院计算机应用技术、计算机软件与理论和信息安全的博士生导师,计算机应用技术研究所副所长,兼任浙江省计算机信息系统安全协会安全技术专委员会常务副主任,浙江省人民检察院侦查工作专家咨询委员会委员。

盛会勤(女) 1970年2月生,东风村人,高级工程师。任无锡济民可信山禾药业股份有限公司丸片车间主任。2001年3月,被无锡市总工会授予"无锡市岗位女明星"称号。发表论文有《不可轻视毒品危害人体》《鱼腥草治病探索》《薄层扫描法测定黄芪响声含片中贝母素乙的含量》《十全大补膏中絮状沉淀的初步鉴定》。

姚建林 1970年7月生,吴溇村人。教授,博士生导师。任苏州大学教授,博士生导师。在国内外刊物发表论文80篇,《过渡金属电极体系的表面增强拉曼光谱研究与应用》获中国高校科技进步一等奖;《铁等金属的表面拉曼光谱电化学研究及其在缓蚀中的应用》获江苏省科技进步二等奖;《新型纳米级粗糙基底的表面增强拉曼光谱研究》,获福建省优秀博士学位论文。

郎建华 1971年8月生,盛庄村人,副主任医师,输血科副主任。1995年8月,扬州大学医学院临床医学系毕业。工作后一直从事临床外科工作,积累较丰富的临床经验。2005~2006年,在上海复旦大学附属肿瘤医院进修学习,2011年10月起,在上海第十人民医院进修学习腔镜胃肠手术。发表专业论文5篇,并获苏州市自然科学优秀学术论文三等奖。

孙俊良 1971年生,隐读村人,函授本科学历。1989年,江苏省吴江师范学校毕业,因书法特长留校任教书法,曾师从吴民先、华人德,喜篆隶及行草。为吴江区文联副主席,江苏省书法家协会会员,苏州市书法家协会理事。其作品刊登于《新华日报》《书法报》《书法》等报刊杂志,曾入苏州书法名城晋京展。2000年,篆书作品获苏州市中青年书法展金奖;2006年,行书作品获"国防杯"全国书法大赛一等奖;2013年,行书作品获"第二届平复帖杯全国书法篆刻大展"优秀作品奖;2013年,行草作品入展首届《"孙过庭奖"全国行草书大展》。

葛雄浩 1972年2月生,庙港村人。1995年7月,西安电子科技大学毕业,分配在中国电子科技集团第二十三研究所第八研究室工作,获助理工程师职称。1999年3月起,历任第二十三研究所佳吉通信公司总工程师助理、副总工程师职务(处级)、研发部主任、总经理。2005年11月,获高级工程师职称。在工作期间,创造第一个CAD制图用于连接器图纸设计;第一个运用ERP技术于连接器的生产管理。在承担《8芯气密封连接器》项目中,达到国际先进水平,列为标准件配套的天宫一号、神八、神九,并将继续配套以后神舟系列飞船。在《野战2对水平对绞电缆及连接器》项目研制时,获国防科学技术二等奖,集团公司科技技术奖。在《弹架连接器》项目中获得了4项相关专利,获得国防科技技术三等奖。在《导弹电缆专用电连接器》等6个科研项目,先后申请10项专利。参与编写国内外射频连接器的标准规范,被光电电缆协会特聘专家,多次参加学术论坛和讲座,如受上海慕尼黑电子展论坛所作的《直插式连接器的应用》的报告;受行业协会委托所作的《高性能电缆组件技术》等。葛雄浩被上海市科委评为科技特派员,承担《智能接触器》项目,同时作为上海市高新企业评定专家库成员多次参加评审。

沈中华(女) 1973年生,开弦弓村人,教授,博士生导师。任南京理工大学理学院信息物理与工程系主任,南京市光子学与激光工程学会秘书长,江苏省十届青联常委。2003年起,获江苏省普通高等学校"青蓝工程"优秀青年骨干教师,德国"克房伯"青年学者奖学金,南京理工大学优秀科技工作者、董事会优秀后备学科带头人奖,入选教育部新世纪优秀人才支持计划等。

朱成斌 1974年12月生。庙港村人,博士。1997年,中国协和医科大学(北京协和医学院)护理系毕业。毕业后分配到南京中医学科学皮肤病研究所(全国性病、麻风病控制中心)工作。2005年,考入北京大学(医学部)公共卫生学院攻读流行病与卫生统计学博士。2008年,取得博士学位后到中国医学科学院科技管理处工作。

胡卫江 1975年3月生,太浦闸村人,党校研究生学历。1995年8月至2004年4月,解放军63680部队远望2号船政治部组织处干事。2004年5月起,历任中共苏州市委组织部组织处副主任科员、副处长,苏州市委组织部研究室主任、办公室副主任、办公室主任。

朱立帆 1978年生,庙港村人,主任医师。2000年,苏州大学毕业,进入苏州市吴江市第一人民医院工作,先后师从国内著名脊柱外科专家杨惠林教授及国际著名脊柱外科大师Anthony Yeung教授。是苏州市吴江区第一人民医院骨科副主任,苏州市医学会骨质疏松与骨矿盐疾病专业委员会外科学组委员,苏州市医学会运动医疗学第一届专业委员会上肢创伤学组组员,苏州市医学会骨科专业委员会创伤学组组员。南通大学硕士研究生导师。能熟练完成各类创伤手术,开展腰椎间盘突出症的阶梯治疗,脊神经背内侧支阻滞术治疗慢性关节突源性腰痛、椎间孔注射治疗腰椎间盘突出症及经椎间孔内镜下突出髓核摘除术等新技术、新项目。主持完成苏州市科技局指令性课题及指导性课题各1项,吴江区"科教兴卫"项目1项。在中文核心期刊发表论文5篇,其中SCI收录1篇,2次获吴江区自然科学优秀学术论文三等奖。申报院内新技术4项,2项已结题,获院新技术评审一、二等奖各一次,获苏州市医学新技术二等奖1次,吴江区科学进步二等奖1次。

第三章 人 物 表

第一节 进士 举人

七都为人文荟萃之地,人才辈出。据清乾隆《震泽县志》记载,自宋至清,产生过文科进士34人,文科举人61人,武科举人7人。

表 18-1　　　　　　　　　　　　　　　七都镇历代文科进士人物表

姓名	科分	备注
谢 炎	宋端拱元年(988)戊子科程宿榜	长桥村人,公安县知县
谢 涛	宋淳化三年(992)壬辰科孙何榜	长桥村人,太子宾客
谢 绛	宋大中祥符八年(1015)乙卯科蔡齐榜	长桥村人,三司度支判官
谢景初	宋庆历六年(1046)丙戌科贾黯榜	长桥村人,谢绛长子,邓州知州
谢景温	宋皇祐元年(1049)己丑科冯京榜	长桥村人,谢绛次子,刑部尚书
谢景平	科分不详	长桥村人,谢绛三子,秘书丞
盛 章	宋淳熙十四年(1187)丁未科王容榜	吴溇村,吏部尚书
曹德彰	科分不详	望湖村,焕章阁学士
盛文昭	宋宝庆二年(1226)丙戌科王会龙榜	吴溇村,镇江府通判
盛文韶	宋绍定二年(1229)己丑年黄朴榜	吴溇村,上饶知县
曹梦龙	宋绍定五年(1232)壬辰科徐元杰榜	望湖村,枢密院直学士
丁大全	宋嘉熙二年(1238)戊戌科	吴溇村,右丞相兼枢密使
曹泰康	科分不详	望湖村人,河南廉访副使
沈 序	明成化十七年(1481)辛丑科王华榜	七都社区人,贵州副使
曹 镤	明弘治六年(1493)癸丑科毛澄榜	望湖村人,湖广佥事
王 问	明正德九年(1514)甲戌科唐皋榜	庙港村人,大理寺评事
毛 衢	明嘉靖二年(1523)癸未科姚涞榜	望湖村人,云南参议
皇甫涣	明嘉靖二十六年(1547)丁未科李春芳榜	望湖村人,广东布政使参议
孙从龙	明隆庆二年(1568)戊辰科罗万化榜	望湖村人,江西副使
毛图南	明隆庆二年(1568)戊辰科罗万化榜	望湖蒋家港,发榜后卒于京
毛寿南	明万历十四年(1586)丙戌科唐文献榜	望湖蒋家港,陕西道御史
吴 默	明万历二十年(1592)壬辰科翁正春榜	长桥村人,太仆寺卿
庄元臣	明万历三十二年(1604)甲辰科杨守勤榜	吴溇村人,中书舍人
毛以燇	明万历三十二年(1604)甲辰科杨守勤榜	望湖村人,武库司郎中
孙养正	明万历三十二年(1604)甲辰科杨守勤榜	吴溇村人,福建兴化府司理
孙枝芳	明万历三十八年(1610)庚戌科韩敬榜	望湖村人,福建巡抚
沈元龙	明崇祯七年(1634)甲戌科刘理顺榜	庙港村人人,行人
赵玉成	明崇祯十年(1637)丁丑科刘同升榜	太浦闸村人,吏部文选司郎中
孙志儒	明崇祯十六年(1643)癸未科杨廷鉴榜	双塔桥村人,莆田知县
沈 攀	清康熙十二年(1673)癸丑科韩菼榜	庙港村人,灵台知县
张鸣钧	清康熙五十四年(1715)乙未科徐陶璋榜	桥下村人群幸村,顺天府尹
李沛然	清乾隆元年(1736)丙辰科金德瑛榜	吴溇村人,高安知县
沈裕云	清乾隆二年(1737)丁巳恩科于敏中榜	七都社区人,崇宁知县
吴 岩	清乾隆二十二年(1757)丁丑科蔡以台榜	望湖村人,山西学政

表 18-2　　　　　　　　　　　　　　　七都镇历代文科举人人物表

姓名	科分	姓名	科分
谢 炎	宋雍熙年间(984~987)	陈 悦	明正德十一年(1516)丙子科
谢 涛	宋端拱年间(988~989)	毛 衢	明嘉靖元年(1522)壬午科
谢 绛	宋大中祥符年间(1008~1016)	皇甫涣	明嘉靖十九年(1540)庚子科
谢景初	宋庆历年间(1041~1048)	皇甫泮	明嘉靖二十二年(1543)癸卯科

(续表)

姓名	科分	姓名	科分
谢景温	宋庆历年间(1041~1048)	崔南阳	明嘉靖三十一年(1552)壬子科
谢景平	宋庆历年间(1041~1048)	孙从龙	明嘉靖三十年(1555)乙卯科
盛公衡	科分不详	皇甫汾	明嘉靖三十七年(1558)戊午科
盛 彬	宋乾道元年(1165)乙酉科	沈鸣岐	明嘉靖三十七年(1558)戊午科
盛 章	宋淳熙十三年(1183)癸卯科	皇甫模	明嘉靖四十年(1561)辛酉科
盛 约	宋淳熙十三年(1186)丙午科	毛图南	明嘉靖四十三年(1564)甲子科
盛 来	宋淳熙十三年(1186)丙午科	吴 默	明万历十年(1582)壬午科
盛 致	宋绍熙三年(1192)壬子科	毛寿南	明万历十三年(1585)乙酉科
盛 阜	宋庆元四年(1198)戊午科	毛以鳌	明万历十六年(1588)戊子科
盛 卓	宋嘉泰元年(1201)辛酉科	孙履恒	明万历二十二年(1594)甲午科
盛文炳	宋开禧三年(1207)丁卯科	毛以奎	明万历二十八年(1600)庚子科
盛文昭	宋嘉定三年(1210)庚午科	孙养正	明万历三十一年(1603)癸卯科
盛文蔚	宋嘉定六年(1213)癸丑科	毛以淳	明万历三十一年(1603)癸卯科
盛文烨	宋绍定元年(1228)戊子科	孙枝芳	明万历三十四年(1606)丙午科
盛文韶	宋绍定元年(1228)戊子科	崔爵畴	明万历四十二年(1614)乙卯科
盛天泽	宋淳祐年间(1241~1252)	曹振鲲	明崇祯三年(1630)庚午年
盛天一	宋淳祐六年(1246)丙午科	孙志儒	明崇祯六年(1633)癸酉科
盛明远	宋咸淳六年(1270)庚午科	孙兆奎	明崇祯九年(1636)丙子科
曹德彰	宋理宗年间(1225~1264)	张鸣钧	清康熙五十年(1711)辛卯科
曹梦龙	宋理宗年间(1225~1264)	李沛然	清雍正七年(1729)己酉科
曹泰康	科分不详	沈裕云	清雍正十年(1732)壬子科
陆居仁	元至顺二年(1334)辛未科	孙毓华	清雍正十三年(1735)乙卯科
曹 谦	明洪武年间(1368~1398)	孙金芒	清乾隆三年(1738)戊午科
崔 与	明正统六年(1441)辛酉科	方用楫	清乾隆六年(1741)辛酉科
陆 琦	明正统九年(1444)甲子科	孙莘薗	清乾隆六年(1741)辛酉科
沈 庠	明成化十年(1474)甲午科	吴 岩	清乾隆六年(1741)辛酉科
曹 镤	明弘治二年(1489)己酉科		

表18-3　　　　　　　　　　　七都镇历代武科举人人物表

姓名	科分	姓名	科分
施善言	明万历二十三年(1595)乙未科	吴振纶	明崇祯年间(1628~1644)
施嘉言	明万历二十三年(1595)乙未科	沈文炜	清康熙四十四年(1705)乙酉科
孙懋润	明万历年间(1573~1620)	徐人骥	清光绪六年(1880)庚辰科
孙 汾	明崇祯年间(1628~1644)		

第二节　革命烈士

　　七都籍军人在部队大熔炉中不断成长,具有大无畏的牺牲精神。本节收集整理的13名革命烈士,他们有的在民族解放和保家卫国战争中英勇作战,壮烈牺牲;有的在为保卫国家和人民生命财产安全、为国防现代化建设贡献自己的青春。

表 18-4　2015 年七都镇革命烈士表

姓名	性别	籍贯	生卒年月	牺牲地点	牺牲时单位职务
孙世实	男	七都公社叶港大队张港御史桥（今七都镇望湖村）	1918.3—1938.10	湖北武汉	中共湖北省青委领导成员 全国学联领导成员
黄　俊	男	七都公社双石港大队漾南（今七都镇东风村）	1932.8—1951.8	朝鲜	志愿军 14 团 1 营 3 连战士
薄泉生	男	七都公社李家港大队李家港（今七都镇双塔桥村）	1927.8—1951.9	朝鲜	志愿军 26 军 233 团 3 营 9 连战士
邱有洪	男	庙港公社	？—1952.4	朝鲜	志愿军炮兵 11 团后勤处监护连战士
施连宝	男	七都公社吴溇大队施家浜（今七都镇吴溇村）	1932.3—1953.7	朝鲜	志愿军 179 师 537 团 8 连战士
顾兴法	男	庙港公社太平桥大队毫里（今七都镇开明村）	1933.9—1953.7	朝鲜	志愿军 61 军 542 团战士
孙根林	男	七都公社长村大队陆家港（今七都镇东庙桥村）	1934.5—1956.3	福建莆田	解放军 9127 部队战士
姚大毛	男	七都公社行军大队（今七都镇双塔桥村）	1936.7—1958.8	福建厦门	解放军 5430 部队野炮营副班长
张阿毛	男	庙港公社更楼港大队更楼港（今七都镇煤烂村）	1925.12—1958.12	福建莆田	解放军 28 军 249 团班长
沈明宝	男	七都公社双荡兜大队（今七都镇吴越村）	1944.2—1966.4	山东	解放军 4559 部队班长
沈莘田	男	七都公社吴溇大队北港滩（今七都镇吴溇村）	1941.6—1969.7	广东牛田洋	七机部某工厂技术员
倪水龙	男	庙港公社民字浜大队匠人港（今七都镇丰民村）	1937.1—1971.8	宁夏银川	宁夏军区司令部参谋
盛阿德	男	七都公社李家港大队南小圩（今七都镇双塔桥村）	1948.6—1976.3	山东烟台	解放军 26 军 76 师 228 团班长

第三节　劳动模范和先进人物

中华人民共和国成立后，在中共和人民政府领导下，七都人民为家乡社会主义建设事业做贡献，涌现出许多先进模范人物。至 2015 年，全镇被评为苏州市以上劳动模范 26 人（次），其中部级劳动模范 2 人、省级劳动模范 7 人（次），苏州市劳动模范 18 人（次）；获省级以上条线表彰的先进人物 40 人（次），其中获国家级条线表彰的先进人物 12 人（次），省级条线表彰的先进人物 28 人（次）。

表 18-5　至 2015 年七都镇苏州市级以上劳动模范情况表

姓名	性别	工作单位	获奖年份	奖励级别
沈惠芬	女	七都邮电支局	1996	全国部级劳动模范
崔根良	男	亨通集团	2005	全国劳动模范

(续表)

姓名	性别	工作单位	获奖年份	奖励级别
谈龙泉	男	庙港公社红卫大队4队养蚕组长	1980	江苏省劳动模范
张克裘	男	庙港乡欢喜桥村小学	1985	江苏省劳动模范
周雪妹	女	金蜂集团公司庙港缫丝厂	1994	江苏省劳动模范
崔根良	男	亨通集团	1994	江苏省劳动模范
崔金根	男	七都镇群幸村	2006	江苏省劳动模范
周春东	男	江苏亨通光电股份有限公司	2006	江苏省劳动模范
周培英	女	吴江赴东纺织有限公司新联丝织分厂	2012	江苏省劳动模范
张佰林	男	七都乡文义兜村	1991	苏州市劳动模范
钱昌雄	男	七都国税分局	1993	苏州市劳动模范
崔根良	男	亨通集团	1994	苏州市劳动模范
陈圣江	男	金蜂集团公司庙港缫丝厂	1994	苏州市劳动模范
张阿巧	女	庙港镇勇星村	1994	苏州市劳动模范
董耀蔚	男	七都镇邱田村	1994	苏州市劳动模范
朱金妹	女	金蜂集团公司庙港缫丝厂	1997	苏州市劳动模范
张明荣	男	巨通集团公司	1997	苏州市劳动模范
沈惠芬	女	七都镇邮电局	2000	苏州市劳动模范
崔金根	男	七都镇群幸村	2003	苏州市劳动模范
周春东	男	江苏亨通光电股份有限公司	2006	苏州市劳动模范
徐志才	男	江苏新恒通投资集团有限公司	2006	苏州市劳动模范
孙伟勇	男	江苏亨通电力电缆有限公司	2008	苏州市劳动模范
倪如宝	男	江苏万宝铜业集团有限公司	2008	苏州市劳动模范
邹根龙	男	七都镇群幸村	2011	苏州市劳动模范
钱子明	男	江苏亨通光电股份有限公司	2011	苏州市劳动模范
谈法江	男	七都镇隐读村	2014	苏州市劳动模范
孙勤良	男	通鼎互联信息股份有限公司	2014	苏州市劳动模范

表18-6　　　　　　　　　至2015年七都镇省级以上条线先进个人情况表

姓名	性别	工作单位	获奖年份	荣誉称号
张泉明	男	庙港中学	1989	全国优秀教师
孙阿炳	男	七都卫生院	1991	全国救灾防病先进个人
汤庆文	男	庙港开弦弓村小学	1992	全国先进教师
张克裘	男	庙港中心小学	1992	全国先进教师
沈惠芬	女	七都镇邮电局	1996	全国邮电先进工作者
徐志才	男	新恒通集团	2001	全国优秀乡镇企业家
崔根良	男	亨通集团	2002	中国优秀企业家
姚阿江	男	七都中心小学	2006	全国优秀科技教师
姚阿江	男	七都中心小学	2009	全国优秀教师
沈根泉	男	双塔集团	2006	全国民营科技优秀企业家
朱林才	男	七都统计站	2006	全国人口抽样调查先进个人
周培英	女	吴江赴东纺织有限公司新联丝织分厂	2014	全国五一劳动奖章
陆伟元	男	七都中心小学	1989	江苏省优秀教育工作者
朱志成	男	七都乡土管所	1990	江苏省先进工作者

(续表)

姓名	性别	工作单位	获奖年份	荣誉称号
朱虎金	男	庙港派出所	1990	江苏省先进工作者
庄福坤	男	庙港乡月字圩村	1991	江苏省抗洪救灾先进个人
董月惠	男	养猪专业户	1991	江苏省新长征突击手
吴佩英	女	七都乡工会	1991	江苏省抗洪救灾先进个人
钱昌雄	男	七都国税所	1992	江苏省税务先进工作者
陈圣江	男	江苏金峰集团	1993	江苏省优秀乡镇企业家
倪如宝	男	万宝集团	1995	江苏省优秀乡镇企业家
庄国红	女	庙港中心幼儿园	1995	江苏省先进教师
邱惠英	女	庙港中心小学	1997	江苏省中小学优秀班主任
钱雪林	男	七都镇经管办	1997	江苏省农村财会先进工作者
邱金法	男	七都镇财政所	1997	江苏省农村教育费附加征收先进个人
庾菊荣	男	庙港多服中心	1998	江苏省防治牲畜5号病先进个人
孙荣明	男	庙港镇政府	1998	江苏省改造义务教育薄弱学校先进个人
陆俊明	男	江苏省恒通投资集团	2002	江苏省优秀工会积极分子
计阿兴	男	庙港镇统计站	2003	江苏省第二次基本单位普查先进个人
盛菊明	男	七都太湖工商分局	2005	江苏省市场管理先进个人
钱松盛	男	七都农服中心	2005	江苏省农业科普宣传工作先进个人
钱建林	男	亨通集团	2005	江苏省技术创新能手
孙永康	男	吴江市鑫光花园家具厂	2005	江苏省优秀劳动保护检查员
叶明林	男	七都中学	2006	江苏省青少年科技活动优秀组织工作者
沈金法	男	七都农服中心	2006	江苏省水稻条纹叶枯病防治先进个人
张宝坤	男	七都镇丰田村	1998	江苏省优秀村民委员会主任
吴月新	男	七都镇民政办	1995	全国1%人口抽样调查中被评为江苏省先进个人
吴月新	男	七都镇民政办	2000	第五次全国人口普查中被评为江苏省先进个人
沈 煜	男	庙港中学	2008	江苏省优秀青年教师
周 欢	男	江苏亨通光电	2011	江苏省五一劳动奖章

第四节　部分知名人士

科学改变世界，知识创造财富。七都镇部分知名人士，他们在各自的岗位上脚踏实地、埋头苦干、兢兢业业、奋力拼搏，不忘初心，牢记使命。本节收录至2015年七都镇部分知名人士47人。

表18-7　　　　　　　　　　2015年七都镇部分知名人士情况表

姓名	出生地	工作单位职称
邱雪根	东风村	南京空军司令部通信部通信训练大队军事教研室主任（正团级）
董健康	东风村	援建南非电站高级工程师
孙世朴（女）	望湖村	上海市财经大学教授
孙世谟	望湖村	山东省武警总医院外科主任医师
孙世笃	望湖村	香港中文大学经济管理学院院长
孙世耀	望湖村	宁夏基建设计院高级工程师
孙世辉	望湖村	电子工业部第七设计院总工程师
沈明才	望湖村	河南省郑州市电信总局网络公司董事长（副厅级）

(续表)

姓名	出生地	工作单位职称
皇甫在	望湖村	上海市生化制品所高级兽医师
皇甫奎	望湖村	南京师范大学中文系教授
周学林	双塔桥村	吴江市人大常委会副主任
吴学明	双塔桥村	淮安市淮阴区委副书记
陆雪林	双塔桥村	苏州市第四人民医院主任医师
韦建章	吴溇村	张家港市人大副主任
沈炳坤	吴溇村	江西省工业厅轻工业行业管理局人事处处长
钱连江	吴溇村	上海外语学院编审
孙连才	吴溇村	江苏省工商局副局长（党组人员）
于祖承	隐读村	上海市虹口区财贸局党组书记
韦敏翔	隐读村	苏州市虎丘区,主任医师
陈马林	隐读村	苏州市第四人民医院主任医师
沈明坤	长桥村	无锡市中心妇保医院麻醉科主任医师
宋学卫	东庙桥村	深圳市交通大学电子工程研究所高级工程师
孙根荣	菱田村	南京客车制造厂高级工程师
吴炎鄈	菱田村	贵州省清镇市有机化工厂总工程师
徐守根	菱田村	安徽省芜湖市工商局调研员,副处级
张荣兴	群幸村	高速公路管理处高级工程师
陈建华	群幸村	援建阿联酋桥梁专家
庄国荣	陆港村	中共无锡市委宣传部原副部长、无锡日报社总编
施建荣	燦烂村	浙江省环保厅教授级工程师
沈春华	庙港村	中国光大银行新疆分行行长（副厅级）
张三明	联强村	浙江大学建筑技术研究所所长副教授
宋木金	太浦闸村	大校军衔
周勤荣	太浦闸村	南京陆军指挥学院主任（师级）
周正华	开弦弓村	吴江市劳动和社会保障局局长
倪跃良	开弦弓村	吴江市民政局副局长
饶春虎	开弦弓村	苏州市委办公室秘书（正处级）
谈永泉	开弦弓村	国家建材局,高级工程师
倪卫中	开弦弓村	中国人民解放军91765部队上校（正团级）
汤卫明	丰民村	苏州市吴江区副区长
陈依军	七都社区	中国医药生物学专业博士后
钱晓华(女)	七都社区	上海市防疫站疾控中心主任医师
孙贞庆	七都社区	西安西北工业大学教授
孙慧芝(女)	七都社区	湖北中医院口腔科主任医师
孙亨利	七都社区	北京大学激光专业教授
朱新初	七都社区	常州市经济委员会主任
沈德智	七都社区	浙江省湖州市财政局局长
姚德才	七都社区	驻意大利大使馆办公室主任

第十九卷

社 会

第一章 居民生活

民国时期,七都、庙港地区由于生产方式落后,抵御自然灾害能力低下,人民生活贫困。中华人民共和国成立后,特别是中共十一届三中全会以后,这里农、副、工三业生产协调发展,人民生活水平普遍提高。1996年,七都镇农民人均年收入4980元;庙港镇农民人均年收入4744元。2015年,七都镇农民人均年收入25413元;镇区居民人均年收入从1996年的8034元,提高到35106元。

第一节 农村居民生活

一、农民收入

民国时期,七都、庙港地区的农民以种植水稻、小麦、油菜和种桑养蚕为主业,养羊、养猪、养兔和种植蔬菜等作为家庭副业。据土地改革时期的资料记载:土地改革工作组对庙港地区开弦弓村50户农户的调查,土改前,全村土地地主占63%,农民自有土地占37%,多数农户靠租田耕作,每年秋后须缴纳租米和田赋,歉收年份,则口粮不足,少田或无田农民要靠做长工和帮短工生计,有的农民还要借债、合会、走典当,农民生活非常艰苦。中华人民共和国成立后,农村实行土地改革,促进生产力的发展,经过互助组、初级社、高级社、人民公社,农民走上集体化生产的道路。社员收入主要是通过参加生产队集体劳动,以工分取得报酬;农户向生产队投家肥(猪、羊、兔灰等)和饲养家禽、家畜,自留地种蔬菜等收入,作为农民家庭收入的补充。温饱问题是困扰农民生活的主要问题。1959~1961年,国民经济调整时期,社员收入骤降,粮食紧缺,食品匮乏,荤食品和油脂食物极少,普遍出现营养不良现象,不少人患上浮肿病。60年代后期至70年代,农业总产量增长幅度较大,农民收入逐年提高,人均年收入稳定在100元以上。

1983年,七都、庙港乡全面实行家庭联产责任制后,从土地上解放出来的农村劳动力,打破所有制界限、地域界限、行业界限,涌向四面八方,踏上各行各业。1984年,七都、庙港乡农村全面取消转队工资,外出务工、经商和自主创业,多种经营的人越来越多,积极性越来越高,农村纯农户日益减少。

随着国家对粮食征购任务的取消、农业结构的调整、乡村工业、第三产业的发展和社会主义市场经济的开放,为农民家庭多门类就业,多渠道创收创造条件,农民收入由过去的分红户、透支户两个阵营,向温饱户、小康户和富裕户三个阶层发展。1985年,七都乡农民人均年收入747元,庙港乡农民人均年收入736元;1995年,七都镇农民人均年收入4250元,庙港镇农民人均年收入3998元。2005年,七都镇农民人均年收入8821元。2015年,全镇农民人均年收入25413元。少数农民的收入较低,纳入最低生活保障或保障边缘。2015年,全镇城乡共有304户518人纳入最低生活保障,发放低保资金378.82万元。

表 19-1　　　　　　　　　1996～2015 年七都镇农民人均分配收入情况表

单位:元

年份	人均年收入(元)	年份	人均年收入(元)	年份	人均年收入(元)
1996	4980	2003	6828	2010	16500
1997	5598	2004	7710	2011	19007
1998	5528	2005	8821	2012	21765
1999	5906	2006	10230	2013	21302
2000	5950	2007	11647	2014	23411
2001	6301	2008	13143	2015	25413
2002	6750	2009	14700		

表 19-2　　　　　　　　　1996～2002 年庙港镇农民人均分配收入情况表

单位:元

年份	人均年收入(元)	年份	人均年收入(元)	年份	人均年收入(元)
1996	4657	1999	5114	2002	5722
1997	5013	2000	5247		
1998	5111	2001	5346		

二、农民支出

民国时期,贫苦农民每年秋收后,除缴田赋,还要缴租米。如遇歉收年,全年口粮不足,常以瓜菜代粮。缴不出租米,有的还要坐班房,直到第二年清明回家。农民种田、养蚕,生活却难以温饱,日子艰难,穿的是土布,吃的家常菜以腌菜、萝卜干、大头菜、炖蛋为主,偶有荤腥,食品占每年货币支出总额 40%。

中华人民共和国成立后,农村土地改革后,农民分得土地,实行合作化,走上集体化生产道路,生活得到改善。农民吃穿一般尚简单,以自种蔬菜、自养家禽、自腌咸菜、自制晒酱等食品为主,逢年过节或家中请客备点荤菜,一日三餐保持一干两稀。下地干活或赤脚或穿草鞋,住房大部分是砖瓦平房,生活用品简陋。

1965 年,农民基本解决温饱问题,开始旧房翻新房。样式有"硬三间""三间一龙梢""四间二龙梢",也有"五间二龙梢",有条件的人家还打"墙圈"(围墙),装墙门。随着农民收入不断增加,其消费水平亦逐步提高。中共十一届三中全会以后,农村全面实行家庭联产承包责任制,各村发展乡村企业,农民收入来源不断增加,消费水平逐年提高。

1981 年起,经济实力较好的农户率先将平房翻建为楼房,此后,农村楼房逐渐普及。90 年代起,农村家庭开始增设卫生间、客厅、门厅。墙砖、地砖、地板等新型建材进入寻常百姓家装。农村建房开始向别墅型发展。90 年代后期,部分农民开始在城镇购买商品房。

1992 年,据 60 户农村住户家庭调查统计:全年人均总支出 1875 元,其中经营性费用 358 元,购置生产性固定资产 87 元,生活消费 1356 元,其他支出 54 元。每 60 户家庭耐用消费品年末拥有量:自行车 71 辆,缝纫机 42 架,收音机 41 台,钟表 234 只,电风扇 139 台,电冰箱 6 台,洗衣机 18 台,电视机 62 台,收录机 19 台,照相机 5 架。

2005 年,据 100 户农村住户家庭调查统计:全年人均总支出 6964 元,其中经营费用 1444 元,购置生产性固定资产 16 元,生活消费 5072 元,其他支出 432 元。生活消费中:食品 1997 元,衣着 278 元,居住(装修、燃料、水电等)677 元,家庭设备用品 244 元,交通通信 638 元,文化教育娱乐 926 元,医疗保健 238 元,其他 74 元。每百户家庭耐用消费品年末拥有量:自行车 159 辆,摩托车 126 辆,家用汽车 7 辆,洗衣机 90 台,电风扇 326 台,电冰箱 97 台,空调机 121 台,抽油烟机 48 台,吸尘器17台,微波炉39台,热水器68台,电话机98部,移动电话180部,彩色电视机173台,录放像机16台,摄像机4台,影碟机45台,组合音响28台,照相机22架,家用计算机32台。

2015年,据100户农村住户家庭调查统计,全年人均总支出15738元,其中食品支出4752元,衣着1206元,居住2329元,生活用品778元,交通通信3303元,教育文化2298元,医疗保健735元,其他支出337元。每百户家庭耐用消费品年末拥有量:摩托车74辆,家用汽车47辆,洗衣机107台,电冰箱108台,空调机207台,抽油烟机89台,微波炉78台,热水器98台,电话机104部,移动电话261部,彩色电视机222台,录放像机12台,摄像机8台,照相机32架,家用计算机105台。

第二节 镇区居民生活

一、居民收入

民国时期,吴溇、庙港、陆家港、更楼港、罗家港等小集镇均设有几家手工作坊和商业店铺,多数作坊、商店,亦农亦工,亦农亦商,前店后家,很少雇工。民国25年(1936),店铺打工(伙计)月工资4元。

中华人民共和国成立后,集镇私营商店、手工作坊,进行私营工商业的社会主义改造,组建集体商业、供销社,就业人数增多,经营范围扩大,职工享受的工资待遇和劳保福利有所改善,生活水平不断提高。

1949～1979年,职工年人均工资从435.55元增至536.95元。1982年,人均年工资685.66元。1985年,国家机关和企事业单位的工作人员实行以职务工资为主的结构工资制,即由基础工资、职务工资、工龄津贴、奖励工资4个部分组成,使工资同本人的职务、责任和业绩密切联系起来。职工的人均年收入(包括工资、奖金及各种补贴)为987元。1993年根据上级规定普遍进行调资增资,其后每隔两年又增资一次,使职工收入大幅度增长。1995年,商业职工平均年工资5324元。

2003年3～5月,供销合作社及集体商业、粮管所、水产站、农具厂、缝纫社等先后转制。在职职工买断工龄,脱离原单位劳动关系,自谋出路。转制后,由个人缴纳养老保险金和医疗保险金。供销社和商业退休职工共170人,全部纳入社会化管理,享受社保养老的待遇。2008年,企业单位退休职工月养老金平均为1200元。2015年,城镇职工人均年总收入50499元,其中工资性收入35106元。

二、居民支出

民国时期,一般工人的收入比较低,民国25年(1936),在店铺打工(伙计)月工资4元,当时可购买白米5斗6升(合8.25千克),难以养家糊口。尤其物价飞涨,无论小商还是小贩,都受其影响,今天卖出商品,明天因涨价而补不回来,早晨7元购1石(合75千克)米,到傍晚只能购到5斗(合7.5千克)米,生活极度困难。

中华人民共和国成立后,城镇居民由人民政府安排就业,职工收入不断增加,生活消费以食品支出为主。

1985年,生活消费品价格略有上升,职工工资收入增长的幅度较大,生活消费水平相应提高。据对城镇住户的典型调查:人均生活消费支出为351.38元,其中食品支出199.19元,衣着28.14元,日常用品39.37元,其他商品支出18.66元,非商品性支出66.02元。1985年,人均生活消费支出751.44元,其中食品支出362.04元,衣着117元,日常用品172.92元,其他商品支出53.4元,非商品性开支46.08元。职工家庭人均住房面积6.88平方米。

1992年,据对100户城镇住户的典型调查:全年家庭人均支出893.84元,其中生活消费758.24元,其他支出135.6元。生活消费支出中:食品473.28元,衣着129.24元,住房16.2元,燃料18元,日用品122.52元,文化娱乐(含学杂费)69.96元,医疗保健6.96元,其他(水电、交通、通信等)58.68元。每百户家庭耐用消费品年末拥有量:裘皮大衣18件,呢大衣94件,毛毯162条,自行车204辆,缝纫机98架,电风扇372台,洗衣机94台,电冰箱82台,电视机142台,收录机90台,照相机46架,中高档乐器10件,电炊具108个,录像机22架,大型家具(大衣柜、写字台、沙发、组合家具等)446件。

2005年,据每百户城镇职工家庭调查统计:全年家庭人均支出14903.89元,其中年人均生活消费11574.4元,其他支出3329.49元。生活消费支出中:食品3954.9元,衣着1361.45元,住房349.5元,水电燃料572.94元,设备用品及服务620.05元,教育文化娱乐2093.22元,医疗保健556.9元,其他(交通、通信等)2065.44元。每百户家庭耐用消费品年末拥有量:成套家具124套,摩托车20辆,自行车175辆,助动车42辆,家用汽车5辆,洗衣机103台,电风扇257台,电冰箱101台,彩色电视机205台,影碟机57台,录放像机47台,家用电脑60台,组合音响48套,摄像机2台,照相机59架,中高档乐器13件,微波炉86台,空调器168台,取暖器83台,电炊具147件,淋浴热水器101台,脱排油烟机92台,吸尘器37台,消毒碗柜8台,饮水机58台,移动电话116部。

2015年,据每百户城镇家庭抽样调查:全年家庭人均年生活消费总支出33369元,其中食品9299元,衣着3406元,居住5571元,生活用品1582元,交通通信6775元,教育文化4673元,医疗保健1280元,其他支出788元。家庭耐用消费品拥有量:摩托车22辆、家用汽车79辆、洗衣机114台、电冰箱113台、彩色电视机263台、家用电脑144台、组合音响32套、摄像机17台、照相机91架、其他中高档乐器17件、微波炉103台、空调器303台、淋浴热水器111台、消毒碗柜7台、健身器材18套、固定电话111部、移动电话266部。

表19-3　　　　　　　　　1996~2015年七都镇职工家庭人均收支情况表

单位:元

年份	总收入	其中工资收入	总支出	年份	总收入	其中工资收入	总支出
1996	8034	5847	7969	2006	21760	17292	19289
1997	8698	7687	8619	2007	24112	17632	20339
1998	9095	7998	9085	2008	27164	19713	21695
1999	9468	8566	9395	2009	30274	22450	23570
2000	10245	9420	10142	2010	33637	24873	24408
2001	11478	10730	11409	2011	37456	27401	27220
2002	13605	10880	12033	2012	42744	30194	33168
2003	13794	11570	9090	2013	46519	32721	35801
2004	16137	11920	9300	2014	46741	32748	31226
2005	18712	13031	14904	2015	50499	35106	33369

注:1996~2002年,包括庙港镇的职工统计在内。

第三节　渔村居民生活

民国时期,渔民以船为家,以捕捞为生。部分水域或为私人产业,或受渔霸控制,渔民捕捞受到种种限制。加之捕捞工具简陋,收入微薄,渔民子女较多,家庭负担重,冬天,一家人挤在船舱里,生活较农民更困苦。庙港渔民在太湖捕捞船102艘,内河捕捞船30艘,历来以船为家,上无片瓦,下无寸土,有31户较富裕的"张箼"渔民在陆家港、沈家港、张家港、庄港等沿太湖港口,租地搭建凉棚,其余均风餐露宿在渔船,到处飘泊,由于捕捞工具落后,忙碌一夜,捕不到多少鱼虾,一年到头船破无钱修,勉强养家糊口。遇到家人生病、妇女生育求神拜佛,无济于事。

中华人民共和国成立后,党和政府关心渔民生产生活,落实渔民生产、生活基地,实行陆上定居,亦渔亦农,亦渔亦工,使渔村多种经营,全面发展。1959年,七都公社渔业大队成立,渔民定居六亩荡亦耕亦渔,并在金鱼漾筑箼搞养殖。1968年,庙港公社团结大队在太湖滩建设渔民新村。实行渔业改造,渔民捕捞不得私自买卖,水产品全部上缴水产收购部门,由生产队统一结算。

1984年,七都渔业村有113户510人,水产品总产量322.25吨,总收入69.41万元,人均年收入705.29元;庙港渔业村有317户1320人,水产品总产量497.5吨,总收入179万元,人均年收入703.03元。

90年代起,渔民绝大部分盖起楼房,七都太湖边的捕捞村和六亩荡渔业村都成为新渔村。1994年,庙港渔业村工业有铸件厂,服务业有五金服务部、渔村饭店、水产经理部等实体企业。1995年,庙港渔民人均收入4293元,有渔船420艘,楼房360间,平房320间。1999年,七都渔业村人均年收入6191元,捕捞村人均年收入5980元。富裕程度领先于七都各农业村。

至2010年,西漾渔业社区有260户1076人,水面总面积5100亩,养殖总产量1977吨,捕捞产量89吨,年收入在5万~10万元的有113户,年收入超10万元的有146户,人均年收入25700元,普通住房193套,别墅住房111套,人均住房面积38平方米,有机动船230艘,摩托艇37艘,家用汽车78辆,彩电586台;庙港渔村社区有392户1634人,水面总面积1000亩,东太湖围养面积7593亩,养殖总产量405吨,捕捞产量71吨,年收入在5~10万元的有300户,年收入超10万元的有40户,人均年收入2万元,普通住房107套,别墅住房48套,人均住房面积30平方米,有机动船564艘,摩托艇236艘,家用汽车150辆,彩电500台。2015年,七都镇渔民人均年收入31350元。

表19-4　　　　　　　　　　1996~2015年七都镇渔民人均分配收入情况表

单位:元

年份	人均年收入(元)	年份	人均年收入(元)	年份	人均年收入(元)
1996	5492	2003	8819	2010	26200
1997	6733	2004	13800	2011	27050
1998	7191	2005	14050	2012	29400
1999	6191	2006	14650	2013	29600
2000	5731	2007	17900	2014	30900
2001	6206	2008	23800	2015	31350
2002	6559	2009	24100		

注:2003~2015年,含原庙港镇渔民收入。

表19-5　　　　　　　　　　1996~2002年庙港镇渔民人均分配收入情况表

单位:元

年份	人均年收入(元)	年份	人均年收入(元)	年份	人均年收入(元)
1996	4744	1999	7277	2002	8277
1997	5170	2000	6908		
1998	5539	2001	7226		

第二章 习 俗

七都的风俗淳厚,民情纯朴。丰富多彩的民间风俗,表达人们的美好愿望和祈求,反映当地人精彩的生活艺术和深厚的文化底蕴。随着社会的发展变化,风俗也在不断发生变化。一些旧俗逐渐被淘汰,新的习俗随着社会发展推陈出新,不断成为时尚和习惯。

第一节 岁时习俗

一、传统节日

(一) 春节

农历正月初一为春节,又叫"新年"。春节为农历一岁之首,年初一凌晨,家家户户抢先开门,争相燃放爆竹,祈求人财兴旺、田蚕丰收。早餐前先喝碗风栲茶(蛋底茶),碗底有蜜枣、糖桔饼之类,意为甜甜蜜蜜。早餐多为汤团、白糖小圆子、糖年糕之类;中餐为面条、饺子之类,取团圆、甜蜜、长寿之意。这天还有不动刀、不扫地、不汲水、不作客、不讨债、不借钱等习俗。男女老少穿着一新,邻里乡亲见面,互道"恭喜发财"。是日,晚辈即使犯错,长辈也不能去责罚,可谓家庭和谐。

年初二起,亲戚朋友相互拜年,亲友间互访时,馈赠糕点、糖果,以加深情感。90年代开始,给长辈的礼物多为滋补品、保健品和水果,也有服装或日用品之类。春节期间有泡甜茶待客的习俗,甜茶后再上熏豆茶。至亲好友来访则设家宴款待,俗称"新年饭"。新年作客活动一般延至正月十五结束。进入21世纪,开始简化吃"新年饭"的程序,有安排在宾馆、酒店及大小饭店,或请亲戚朋友到家中设宴摆"一餐头"酒席。至2015年,七都人春节期间相互问好致意频率最高的话语是"客人有没有作好,客人有没有请好",有的兄弟姐妹家庭轮流吃"轮均饭"(几家亲戚集在一起,今年你请,明年我请,后年他请)。有的人家干脆把请吃新年饭安排在春节前,也有的人家隔几年请一次新年饭。既联络亲朋好友的感情,又节省时间。"春节"为法定假日,全国放假3天(一般加调休2天、双休日2天,共7天)。

(二) 接路头

农历正月初五是"五路财神"(五路神为东、西、南、北、中)诞辰,称"路头生日"。这天凌晨,人们用猪头、鸡肉、活鲤鱼等荤腥、茶食、水果祭品斋"财神",燃放爆竹,焚香点烛,迎接五路财神,祈求五路财神保佑财运亨通。中华人民共和国成立后,此俗一度淡化。80年代起,接财神习俗复苏。至2015年,接财神习俗被普遍认同,各家各户接财神的时间、方式不尽相同。许多人家喜欢在年初四的晚上12点过后就开始放爆竹接五路财神。

(三) 元宵节

农历正月十五为元宵节,俗称"上元节""正月半"。是日,民间有吃元宵(汤圆)的习惯,意为全家人平安团圆。据《儒林六都志》记载:"元宵灯火,各溇港装扮杂剧,助以金鼓,星球万点,遍走村落。其龙灯之夭矫,如舒卷于云霄;马灯之驰骤,如战攻于原野。"各村"年锣鼓"到此日夜里收尾,以示新年结束。80年代开始,当地文化站主办元宵猜灯谜活动,优胜者获得一定的奖品。这一活动深受群众欢迎。

(四) 二月二

农历二月初二,俗称"二月二"。此日吃撑腰糕,是农村广为流传的习俗。有民谣"二月二撑腰糕,夹糖糯米加胡桃,小囡吃之增智慧,大人吃之铁腰板"。人们认为吃了撑腰糕,能腰板硬朗,健身强骨,干活不腰酸。流传至今。

(五) 三月三

农历三月初三为儿童野餐日,俗称"烧野火饭"。民国时期,儿童会在这一天三五人搭伴,挨户派米筹菜,拾野柴,挖野菜,捉小鱼,烧野火饭。中华人民共和国成立后,此俗继续盛行。三月三,野菜煮蛋逐渐成了一种新的时俗而盛行。至2015年,农历三月初三儿童野餐,融入儿童综合实践活动,成为小孩自主意识培养的载体。

(六) 清明节

公历4月5日左右为清明节,也称寒食节。在清明前一天,有断火冷食的习俗,故清明节前一天称寒食节。清明时节,家家户户都要祭扫先人坟墓,先人骨灰安放在公墓或安息堂的,亲人们都会在清明节前或当天去公墓或安息堂扫墓凭吊,烧纸钱。上新坟则以青团子、菜肴、果品、酒水、香烛祭奠。一般先在家里举行祭奠,然后上坟。七都境内有焐熟藕、花糕、青团、粽子等作为祭祀先人供品之习俗。过节时,有家人团聚吃过节饭的习俗。也有女儿到娘家或娘家人到女儿家作客的习俗,称之"踏青"。

70年代起,火化逐渐代替土葬,先人的骨灰盒一般存放在公墓或乡镇安息堂内,清明时节,这些地方扫墓凭吊的人很多。是日,学校和社会团体都会组织师生、员工到烈士陵园扫墓,敬献花圈,凭吊革命英烈。2008年起,国务院决定将"清明节"列为法定假日,全国放假1天。

(七) 立夏日

公历5月6日左右为立夏日,旧时,流行孩子到娘舅家吃立夏饭,相传可防止小孩疰夏。目前,时兴用蚕豆、豌豆、咸肉烧立夏饭,姐妹们三五成群一起品尝,且饭后每人还会将剩余的饭打包给孩子尝夏。时兴吃麦芽塌饼(又称立夏塌饼)、青蚕豆、苋菜、蒜苗等菜以示"尝新",也有吃咸鸭蛋、臭豆腐干等食俗,称之"赏立夏"。至2015年,民间"赏立夏"习俗恢复并成时尚。

(八) 端午节

农历五月初五称端午节,又名"端阳节"。是日,家家户户有饮雄黄酒,吃黄鱼、大蒜头、咸鸭蛋,小孩吃蜘蛛炖蛋,吃雄黄蚕豆等习俗。在孩童额上用雄黄汁写"王"字,谓能避灾免疾。将菖蒲、艾叶、大蒜挂于门楣、床旁以驱邪气;烧苍术、白芷、芸香等药草以除秽气;口含雄黄酒喷于墙壁及碗柜处以驱蛇虫。幼儿则穿老虎衣、虎头鞋,戴虎头帽,以驱邪气。一些人家用芦叶裹芦箬小粽,也有人家烧赤豆糯米饭以代粽子。2008年起,国务院决定将"端午节"列为法定假日,全国放假1天。

(九) 夏至

溇港一带习俗,女儿新出嫁到下一年的夏至,娘家要为女儿送凉席、凉枕、蒲扇各一对及夏衣若干件,女儿再到娘家住上一个月,称之为"歇夏"。女儿出嫁后,如果遇到娘家丧亲,要置备"凉床"等祭品去娘家烧"凉床"。中华人民共和国成立后,"歇夏"之习俗仍沿袭。

(十) 天贶节

农历六月初六为天贶节,俗称"六月六""猫狗生日"。时值盛夏,光照强烈。此日要晒衣物、作物种子、洗头发、吃馄饨,俗话说"六月六,包点馄饨落一落"。"猫狗畜牲汏个浴",在六月六为猫狗洗浴,以驱虱虫的习俗。

(十一) 立秋日

公历8月7日左右为立秋日,农家黑豇豆已登场,家家户户都用新产黑豇豆与糯米煮成豇豆糯米饭,吃后应对十八只"秋老虎"。但愿皮肤精光(豇)滴糯,不生痱子;黑(黑豇豆)白(糯米)分明,肚里清爽,不拉肚子,身体健康。至今旧俗沿袭。

(十二) 乞巧节

农历七月初七为乞巧节,传说是牛郎织女鹊桥相会之日。民国时期,姑娘们在晚上置清水一盆,轻轻将绣花针投入盆中,向织女星乞求智巧。时至七月,西瓜即将落市,应赶紧尝尝西瓜的滋味,故民间有"七月七,买只西瓜切一切"的俗语。进入21世纪后,此习俗淡化,受西方"情人节"影响,七月七成了中国"情人节"。玫瑰、巧克力、礼物、红包、节日派对,给节日添上浓重的色彩。

(十三) 中元节

农历七月十五日为中元节,俗称"亡人节"。旧为三大鬼节(清明节、中元节、冬至节)之一,家家户户在节前要以酒水、菜肴、方糕和馒头祭祀祖先,并烧化纸钱、锡箔,谓"过节"。60~70年代,此俗淡化。80年代起,七都、庙港恢复祭祀祖宗的习俗,称过"七月半"。进入21世纪后,过节和吃"过节饭"越来越被人们所重视。

(十四) 七月三十

农历七月三十日为地藏王菩萨的生日。晚上,人们把"地藏香"(棒香)插在房前屋后、桥头、路口、路边等处。小孩把地藏香插在老茄子上,用线吊在棒上,来回甩动,火光闪闪,情趣盎然。"文化大革命"时期,此俗一度废弃。80年代起,此俗恢复沿袭至今。

(十五) 中秋节

农历八月十五日为中秋节,俗称"八月半"。中秋节吃月饼,寓意合家团圆。一家老小团聚用餐。晚餐后,一边赏月,一边品尝月饼、菱角、嫩藕、芋艿、柿子等食品。节前,小辈们要给长辈送月饼、瓶酒之类。2008年起,国务院决定将"中秋节"列为法定假日,全国放假一天。

(十六) 重阳节

农历九月初九为重阳节,此日有登高、赏菊、吃重阳糕的习俗。自1988年起,国家规定此日为"老年节"。提倡尊敬老人,关心老人,给重阳节赋以新意。

(十七) 冬至节

公历12月22日左右为冬至节,谓三大鬼节之一。节前,各家各户都要磨粉做团子,并备菜肴、酒水、香烛、纸箔等祭祀祖先,仪式较为隆重,故有"冬至大如年"之说。冬至前一夜谓之"冬至夜",人们晚饭吃得早,睡得早,并祈求做个好梦。民间有"长到冬至夜"和"冬至日后十日长一刻"的说法。冬至日已婚女子不可在娘家过夜,有"娘家过个冬,十个淘箩九个空"的说法。

(十八) 谢利市

农历十二月,择日举行"谢利市"之俗。意思是请"利市神"以讨吉利。是日,用猪头、水果、年糕祭之,并焚烧"元宝"。工商界十分讲究之俗,祭后燃放鞭炮爆竹,喝"利市酒"。中华人民共和国成立初期,一度淡化。90年代起,此俗又盛行起来。至2015年,民间"谢利市"习俗更浓。

(十九) 送灶日

农历十二月廿三日为送灶日,民间此日,家家户户做黄南瓜圆子于晚上祭灶神,名曰"送灶"。除夕或年初三接灶神。现今土灶消失,民间有人家在液化气灶上"送灶"。

(二十) 廿四夜

农历十二月廿四日俗称"廿四夜"亦叫"小年夜",是日,家家打扫卫生,俗称掸檐尘,有除晦气、干干净净过新年之意。是日,晚餐比平时要丰盛,称之"吃小年夜饭"。

(二十一) 除夕

农历十二月三十日(小年为二十九日)是农历岁末的最后一天,为"除夕",俗称"大年夜"。家家户户聚宴,称之"吃年夜饭",年夜饭菜肴为一年中最丰盛,吃年夜饭还讲究讨口彩,用其谐音及吉兆特征菜肴,如蹄子谐音"提子"(提携子孙之意)、肉圆、鱼圆引伸为"团团圆圆",豆芽菜形如"如意",意称心如意,青菜是"有彩头",笋干含"节节高"之意,春卷意一切包好等。年夜饭必须有剩饭、剩鱼,取年年有余之意。是日,家家祭祀祖先,拜年夜利市,祭器和供品都十分讲究。90年代起,人民生活水平大有提高,不少人家的年夜饭都订在宾馆、酒店。至2015年,七都镇所有大小饭店(含宾馆、小吃点)年夜饭全被订满。年夜饭后燃放各种烟花者居多,夜空五光流彩,甚为壮观。当晚,长辈给晚辈发"压岁钱"。举家收看中央电视台"春节联欢晚会"节目,烧香拜佛的善男信女奔走于各寺庙,除夕香火通宵达旦,称之"守岁"。零时起,爆竹齐鸣,辞旧迎新。

二、法定节日

(一)元旦

公历1月1日为元旦,国定放假1天。50年代初,乡里张灯结彩,打腰鼓、扭秧歌,庆祝元旦。60年代,很少举行庆祝活动。70年代起,在公历新年伊始,亲友聚会,观看文艺演出,节日气氛十分浓厚。

(二)三八妇女节

公历3月8日为国际妇女节,各单位组织女职工举行庆祝活动,表彰先进。2008年起,国务院规定妇女职工在3月8日放假半天。

(三)五一劳动节

公历5月1日为国际劳动节,国定放假1天。中华人民共和国成立初期,于此日举行集会游行,庆祝劳动人民翻身得解放。60年代起,都在此日召开表彰大会,表扬劳动模范及先进工作者。从2001年起,国务院规定放假3天,加上节日前后"双休日",一般连放7天长假,称为"黄金周"。"黄金周"里,百姓人家有的合家欢聚,有的走亲访友,有的观看民间文艺节目,有的外出旅游,尽情享受节日快乐。2008年起,国务院规定放假1天,加上前后"双休日",一般连放3天长假。

(四)五四青年节

公历5月4日为"五四"青年节,共青团组织广大青年举行座谈会、演讲会,纪念"五四"运动,表彰先进青年。2008年起,国务院规定14~28周岁的青年于5月4日放假半天。

(五)六一儿童节

公历6月1日为国际儿童节。各小学及幼儿园组织文娱汇演,少年儿童欢度自己的节日。

(六)教师节

1985年起,公历9月10日定为教师节。镇政府召开庆祝会,表彰先进教师,各单位慰问教师。

(七)国庆节

公历10月1日为国庆节。中华人民共和国成立初期,国务院规定放假2天。各地举行集会游行,庆祝国庆。50年代中期起,不再举行游行活动,多以张灯结彩、张贴标语、文艺表演等形式庆祝。从2000年起,国务院规定放假3天,加上前后"双休日",形成"黄金周"(7天长假)。通常国庆节与中秋节靠近,所以节日气氛特别浓厚。

第二节 礼仪习俗

一、婚姻习俗

(一)嫁娶

1. 提亲

民国时期,男婚女嫁都遵父母之命,听媒妁之言。讲究门当户对、身价财礼和年庚八字。男方请媒人到女方提亲,女方若应允,就将"庚帖"(女子某年某月某时出生,故亦称"生辰八字")送达男方。经测字、算命推算,男女双方八字合起来"无冲""无克"者方可结合,称"排八字""合帖子"。经媒人撮合,双方家长同意,定下婚姻。中华人民共和国成立后,用年庚八字算命定婚的现象逐渐消失。80年代后,始有相亲又名看亲。女方母亲由介绍人带领到男方家串门,与未来亲家母见面,当面看看男方的长相、谈吐,考察家境、家风,所谓"嫁囡囡看门枋"。客人到来,男方母亲奉上一杯甜茶,女方母亲接到手不能马上喝,喝了就表示应允。对男家有所了解后,认为比较合适才慢慢喝甜茶。准亲家设便饭招待。如果女方母亲感到不满意,不喝甜茶,简单打个招呼就可以走。90年代起,男女双方在工作学习的接触中,产生好感确定关系,就没有相亲过程。但交往一段时间后,借口父母要见对方,要请吃饭,带去拜见自己父母,所谓"毛脚女婿上门""丑媳妇见公婆"。原先互不相识者,则由介绍人择定日子,约双方见面,通过交流,建立初步印象。其后,男女自主会面,增进互识,最后确定男女朋友关系。

2. 通讯

民国时期,提亲后双方家长同意,可定亲,俗称担小盘。男方父母准备小件金银首饰、布料和茶果,请媒人送到女方家中。女方认为价有所值就收下,认为不尽人意,媒人回男方家让再添置,直到女方家满意为止。女方收下聘礼,亲事就算定下。一旦确认,双方父母就经常见面,定个日子邀上至亲一起吃顿饭,就算定亲。宴席上,男方母亲给未来媳妇送只戒指或一副耳环。定亲后一般由男方选定结婚日期,通知女方,称为"通讯",男方再次备足彩礼,将金银首饰、衣服、绸缎等堆于盘中送至女方家中,称"行聘",俗称"担大盘"。女方应允婚期则回赠礼物称"回盘",这样"行盘与回盘",算是正式缔结婚姻。中华人民共和国成立后,旧俗废除,80年代后期,男方父母由介绍人陪同到女方家,送上厚礼和重金,作为女方家置备嫁妆、办出嫁酒席的开销。农村一般将结婚日期定在农历年初二、三、四,这是亲戚们都有空的日子。城镇选择国定假日,最好能选上农历、公历都是成双的日子。进入90年代后,只要是星期六、星期天能在宾馆饭店预订到酒席,都可以定为婚期。

3. 结婚

请酒。婚期确定后,双方家长携带简单礼品各自走访亲戚、自族、邻里和朋友请吃喜酒,一般先请舅舅家。被请人家都要上门送上结婚贺礼以示祝贺。女方至亲还要请准新娘吃送嫁蹄子;男方家长要提前请长辈掌好银盘帖子(报门、大门、仪门、堂上等帖子)和礼金(正礼、月老、舅礼、厨师、成衣、漆司、磨司、茶司等红包);男方还要请小弟兄或朋友送七字衣到女方家;并选择良辰吉日邀请亲戚或自族中三代同堂且善良贤妻的中年妇女帮助铺婚床,铺好后新房须待隔夜落桌后请人暖床时才能打开。80年代末开始,亲友间请酒发请帖,由父母或男女双方自己送达,至亲间仍要带上简单礼品上门去请酒。

结婚俗称"好日",在婚事活动中最为隆重。分三日进行:隔夜落桌、正日、回门。

隔夜落桌是结婚的前奏,男方约请厨师、邻居筹备菜肴、用具,协办喜事。派族中长辈请媒人。旧时媒人有两个:一个称"行媒",是介绍人;另一个称"坐媒",一般是新娘的舅舅。晚饭前,须将媒人请到男家,设宴款待。落桌之日,男方要把正日的办酒、娶亲工作准备就绪,女方亦要把出嫁准备工作做好。

正日早上,首先要祭拜祖宗,也有的地方在结婚前数日举行,希望祖先保佑子女婚后生活平安,事事顺利;再由父母为子女冠礼,新郎的舅舅要送帽子,俗称"上头",舅舅、姑父要蒸"上头糕"或赠"龙头"。由喜娘为新娘梳妆,替她戴凤冠,行"加笄"礼,妆头时嘴里要含着簪子,咬着手帕,脚踏"笼头"上。"妆头"极其庄重。早餐称"上头饭"有的地方则吃汤圆。此俗仍沿袭,2000年起,流行伴郎伴娘、化妆师、录像婚庆司仪等。

中午酒席上,新娘的舅舅和"媒人"都是贵宾。主宾、贵宾都坐"上规"首席。

男女方多请喜娘、茶担(茶司)、铳手、堂名或宣卷助兴,请吹打手(乐司)、"瓦人"(乐部人)吹吹打打,场面热闹。

午饭过后,开始娶亲,俗称"下迎"。男方由媒人、自族、亲戚和朋友组成娶亲队伍,用迎船和彩轿"迎亲",其场合很隆重。

娶亲时,男方一般需带上竹子(带根,谓节节高)、脚炉(炉内生火,象征生活红火)、鞭炮、爆竹、土铳等娶亲仪队到女方时要先放爆竹(铳)。女家知悉就接铳,男方长辈与行媒就去女方家中,带乐司,由长辈捧着礼(长盘中有六礼(红包)、糖、烟等)进入女家,女方长辈接后,将糖、烟分发旁观者。80年代起,被机帆船、轮船、轿车替代了花轿和迎船。

女方便开始搬"行嫁"。行嫁有状元糕(也叫笼头糕)上面放着蚊帐,意祝婿中状元(蚊帐谐音文章);子孙桶(即马桶),里面放有红蛋、甘蔗。被头,被中放有枣子、桂圆(意早生贵子)。其余每件嫁妆都放有花生果(长生果)、发芽豆、枣子、桂圆等。

新娘化妆好后,由父亲(如父亲已过世就由哥哥或弟弟代替)抱着或背着新娘出房门,到大堂内,坐在已放好的妆嫁凳上。"抱嫁"说明从此女儿离开这个家,"自家"变成"人家",就要大声地哭,以示离别之情,此俗称"哭发"。

娶亲队伍就开始返还,返还时,双方都放爆竹,以示谢意与欢送。娶亲途中,一些地方主家刻意让人设几道"喜字关",意为喜字多多,喜事连连,但有的村坊则视"喜字关"为恶人恶作,不同地区风俗截然不同,另外,娶亲队伍回到村庄时不能从原路返回,意为不走回头路。当娶亲队伍到男家,新娘下轿或下船后,伴娘领着,先绕夫家门前设的"三墩火旺"三圈后,就进入男家,在进入男家的道上,放有红袋,或梯子,意为:步步高。经过踏红袋而进入堂屋,有的在旁边还要放上橹等,意为:橹橹上前。"踏袋"意为到夫家传宗接代。

新娘进门后即进入新房内,洗过脸(意"干干净净、面目一新"成为该家庭的新成员),要请新娘吃糖烧蛋,再出来"坐茶"。这时新郎父母方可在新娘面前露脸。

"坐茶"也同"妆嫁"时那样热闹,男方村庄上男女老少,大家围着,争看新娘,"坐茶"安排也很讲究,一对龙凤花烛,新郎新娘朝南坐,陪新娘的小姐妹坐两边,中间放着各式糕点与小吃。坐好茶后,点上花烛,举行婚礼,拜天地后,用红绸带让男女双方各执一端由新郎领头,进入洞房。

"坐茶"(摄于2015年)

进洞房后,双方要面对面,由喜娘在床顶上撒果子,即谓"坐床撒帐",一般撒发芽豆、长生果(花生)、枣子等,意早得贵子,然后,新郎、新娘双双坐在床上,称"坐床"。婚礼基本仪程完毕后,进入婚宴"正酒"阶段,席间新郎父母陪新娘向长辈、亲戚及自族敬酒,依次介绍给新娘认识,长辈亲戚和自族要给新娘见面礼。80年代起,"坐床"风俗已淡出旧俗。

婚礼结束,合家聚在一起,新娘端茶、点烟敬老人,老人送红包给新娘(见面礼),同时介绍家中情况(成员、经济、邻居等),以示今后新的一家生活开始,敬老爱小,和睦、快乐相处。

结婚的当天夜里,这里有闹新房的习惯,新房内可嬉闹。

祭祖、回门、办补斋酒。婚礼第二天早上,男方要准备一桌酒菜,新郎在弟兄或朋友陪同下去舅舅家"祭祖",若外祖父、外祖母都健在则称"望静",祭祖或望静是对长辈的一种孝道。是日上午,新婚夫妻还要到女方家拜望长辈,俗称"回门"。女方家中设宴款待,同时邀请自族陪同新女婿"坐茶""吃蹄子"。回门回来后,要筹备晚上的"补斋酒",慰劳和答谢小兄弟、小朋友在结婚时的帮衬和付出。现祭祖、回门风俗仍沿袭,但"两头婚姻"不用回门。90年代起,"补斋酒"淡出旧俗。

中华人民共和国成立后,国家颁布《婚姻法》,废除一切封建包办婚姻。青年男女自由恋爱,自主结婚。有的经人介绍,当事人合意结婚。双方需亲自至当地政府办理结婚登记手续,领取结婚登记证书。婚礼简化,婚事简办。抬花轿、请喜娘、穿礼服等,大多沿旧俗,也有旅行结婚者。举行婚礼时必须向毛主席像三鞠躬。三年经济调整时期(1959~1961年),物资匮乏,婚宴上没有酒,很少见到鱼肉,亲朋好友吃喜酒要自带口粮。"文化大革命"中,一切传统结婚礼节都被禁止,人称这种结婚叫"拆铺并床"。80年代起,农村娶亲新郎是否亲自去接,各地风俗有所不同,但如果女家提出要求,则新郎一定要前往。车队代替船后,开道的是开后盖的小面包车,摄像师将所有过程全部录下,制成录像带保存。新娘子坐缀鲜花彩带的小轿车,嫁妆用货车装载。也有女家提前将嫁妆送到男家的。90年代起,"补斋酒"淡出祭祖,回门风俗仍沿袭。21世纪后,独生子女家庭的"两头婚姻"兴起,使七都、庙港的婚姻习俗有所变化,男女双方都享有"娶"和"被娶"的权利,但不"回门"。至2015年,七都镇大多数家庭的结婚典礼和婚宴都安排在酒店或宴福厅,请婚庆公司协助操办结婚仪式。

21世纪后,独生子女家庭的"两头婚姻"兴起,七都、庙港的婚姻习俗有重大变化。男女双方中一方是独生子女的,有两种情况:一种是女方出嫁至男家或男方被招女婿至女家;另一种是两头挂幡。至2015年,大多数人家结婚进宴福厅或饭店,请婚庆公司协助操办结婚仪式。婚礼较隆重,有隔夜落桌、上头、拜利市、双方互相娶亲、结亲(部分地区)、婚庆、共同设宴(新郎、新娘及双方父母敬酒)、拍全家福照、认新房、看婚姻录像。

(二)招女婿

入赘即做女婿(女家称讨女婿)。有些人家只有女儿,女儿成年后就要招婿上门,少数人家连续两代都是独养女儿招女婿。赘婿大多为家庭弟兄多且经济稍差,婚嫁形式与女子出嫁大致相同,喜事由女方主办。男方入赘后须随女姓,重新取名,作为女方的一个家庭成员,生儿育女均随母姓。旧社会,赘婿被人歧视。中华人民共和国成立后,逐渐出现男方可以不改姓,也可保留原名,但子女跟母姓的还是多数。

(三)两头挂幡

定亲时说定:住在男家(或女家),结婚时到两家"拜堂",称"两头挂幡",意思是"兼祧两家"的后嗣。在结婚程序中多一次"娶亲",男女双方都经历"娶"和"被娶"的过程。2000年以后,独生子女两头挂幡的情况占多数,新婚夫妇两头均设新房,婚后生活一段时间住男方,一段时间住女方,两头兼顾。婚后子女姓氏若生两胎的,一个跟男方姓氏,另一个跟女方姓氏;只生一胎的,也有双方相互礼让的;有纷争的,有生男的姓男方,生女的姓女方;也有双方姓氏都取在小孩的姓名中,夫妻肩负着培养下一代和赡养双方父母的责任和义务。

(四)渔民婚俗

民国时期,太湖渔民办婚事也有其特色。"发迎"(娶亲)都在半夜里举行,早晨举行婚礼。婚宴也设在后半夜。载着新娘子的"迎船"在离开娘家时要转几个圈(俗称"旋花米囤")旨在求福,船到夫家前也要转几个圈。婚礼前要举行"待神"(招待神灵)仪式,3天的排场都很讲究。"待神"结束后,才可举行婚礼。21世纪后,渔民生活条件大为改善,婚礼都改在白天举行,不少主家都在宾馆、饭店设婚宴招待亲朋好友。

(五)其他类型婚姻

1. 换亲

换亲即将一方的姐弟或兄妹分别与另一方的兄妹或姐弟交换成亲,谓之"换亲",也叫"调亲"。有两种情况:一是男女双方家庭均困难,但兄弟姐妹齐全,经协商同意委托媒人说合;或是一方的男子或女子的身体有点缺陷,为了成全一方,由父母商定。

2. 并亲

并亲由于家庭困难,无力抚养,便将未成年的女儿或儿子送给某一家庭抚养,并事先双方订下婚约,此类女孩或男孩称为"小媳妇(童养媳)"或"小女婿"。待到成婚年龄时,略备酒席,结为夫妻,叫并亲。

3. 抢亲

抢亲男女双方已订婚约,且已到婚嫁年龄,男家无法满足女方提出的彩礼要求,或者没有经济实力操办婚事,便与媒人商量,由其出面将新娘约至商定的地点,男方随即派人(一般由亲属出面)前往,将新娘抢入家中,拜堂成亲,"生米煮成熟饭",女方也只得顺其自然(也有婚后新娘出逃的称"逃婚")。也有双方青年自由恋爱,女方长辈反对,恋人双方相约以"抢"代抗,免遭"私奔"之谴。

二、生育习俗

(一) 担汤

妇女怀孕后,在临产期前月余,孕妇娘家携猪蹄、鸡蛋、赤糖、枣子、桂圆、风栲和婴儿衣裤、尿布等馈赠给怀孕女儿,称"担汤(端汤)"。临产前担汤为"生汤",产后担汤为"熟汤"。夫家亲戚也须担汤,担汤的礼物,时兴单数,一般有7样、9样、11样。进入21世纪,部分亲戚为图方便,"担汤"礼物转为"红包"(现金),上书"早生贵子"等祝福语。夫家必操办酒席,宴请亲友。婴儿出生后,娘家和夫家至亲再去担汤,称之"担熟汤"。至2015年,"担汤"旧俗仍沿袭,但大部分家庭将"生汤"与"熟汤"合二为一,一般家庭都在生育后择日举办"担汤酒",由主家事先通知或发请束。两头挂幡婚姻流行女家亲戚担女家汤,男家亲戚担男家汤,"担汤酒"各自设宴。

(二) 三朝面

婴儿出生后第三天,主家备筵席宴请亲友,一般以婴儿外婆家为主,并煮面条加盖鸡、肉、蛋等熟菜分赠邻居,称"三朝面"邻居以蛋回赠"百岁钱"为贺。

(三) 满月

婴儿满月,家长设满月酒宴请亲友,另以寿桃、红蛋、糕团拜祭神佛,俗称"拜满月阿太",另以糕点等分赠亲友邻居。是日,舅父抱着外甥剃"满月头"。剃下来的头发用红纸裹着系于床头。外甥满月时,外婆家须赠衣裤、帽子等物,姑母家则送鞋袜等物。

(四) 周岁

婴儿一周岁时,家长设酒席宴请亲友,俗称"拜周岁阿太",另以糕点分赠亲友邻居,亲友以"百岁钱"为贺。进入21世纪,时兴为婴儿拍摄周岁照留念。2015年,家长为婴儿拍视频保存。

三、寿庆习俗

寿庆俗称"做寿",旧时,人到50岁为天命之年,民间流传50岁生日操办寿庆活动,设寿堂、挂字画;点寿烛、寿香;供寿面、寿桃、寿糕等象征延年益寿之物。还备有蹄髈、鲤鱼等三荤三素供王母娘娘、寿星神玛,俗称做寿。以后逢十寿庆。60岁做寿也较为普遍,但又有"做九(谐音久)不做十"的说法,即59岁时办酒席,举行隆重祝寿仪式。是日,插香点烛,燃放爆竹,合家食用长寿面。以后逢十庆寿,但不普遍。

66岁时的寿庆比较隆重。长者年满65虚岁,小辈献赠寿桃、寿面、寿烛、寿香等,向"寿星"拜寿。出嫁的女儿更需备条箱和肉食替父或母"斋星官"。肉食是分赠娘家邻居。是日,主家必备酒席招待亲友,"寿星"要赐小辈拜寿钱。寿面、寿桃均分赠邻居。中华人民共和国成立后,此习俗一度淡化。90年代起,随着农村经济的富裕,此俗又时兴。进入21世纪,随着人民生活水平不断提高,寿庆活动也越来越为人们所重视,小辈常以蹄髈(火腿)、瓶酒、衣料、寿面、大蛋糕或鲜花等作为贺寿礼。至2015年,七都镇许多家庭做寿时,举家设宴庆贺,或上饭店庆贺,"寿星"向小辈发放红包(百岁钱)。

四、丧葬习俗

民国时期,丧礼繁琐,分"初丧""神回"。

"初丧"指人死后,由小辈或雇用"土作"为其擦身,换寿衣后安放在门板上,停放中堂,上老长者横摆尸体(头东脚西),一般情况竖摆尸体(头南脚北),用白布覆盖全身,脚边置油灯一盏,昼夜不熄,称"长明灯"。死者儿子穿重孝,头戴麻布做的小风凉帽,腰系草绳,身穿白衣,称"孝子"。死者亲属也"戴孝",戴黑纱臂章,系白衣带,穿白衣。家属亲友分批轮流日夜守灵。停尸日子一般3天,请僧道或尼姑做道场。大殓时,由长子捧头,次子(或女)捧足,入棺务求平稳。是时,重孝服者跪地,合家举丧,出殡时子女披麻戴孝,送葬队伍一路吹吹打打,亲属哭哭啼啼,将死者送到坟地。那时,七都、庙港盛行土葬,土葬有地上葬、地下葬之分,地上葬停棺地面,用砖瓦砌成小房,将棺围盖住,贫困家则用稻草将棺蒙盖住。地下葬挖穴下棺,堆土成坟。

"神回",从死者死日起,由和尚决定"神还"之日,设"座台"(安放牌位),是日与初丧一样,亲友凭吊在场,七七四十九天,七天为一忌日,忌日设祭,俗名"做七"。终"七"时止吊,称"闭灵"。其中"五七"多由死者女儿主祭,最为隆重,要请和尚诵经,做道场,"化红船"超度亡灵。

中华人民共和国成立后,政府号召丧礼简化,逐步取消和尚念经及摆"座台"等习俗,只有初丧祭奠,无"神回"之举。1968年起,普遍实行火化取代土葬,丧期以三日居多,除重孝者穿白孝衣外,亲友臂套黑纱致哀,出殡时亲友护送至火化场,火化后直接将骨灰盒送至由家属早准备好的坟地进行安葬。

80年代起,由于人民生活水平逐步提高,丧葬仪式新老结合,请和尚念经、烧冥币,亲属重孝者身穿白衣头戴白布,臂套黑纱。交通设施改善后用殡仪车送葬颇为普遍。死者如上老四代同堂子孙,曾孙、玄孙都要臂戴红布表示"顺事",并雇吹鼓手随行送火化场火化及送葬。送葬结束,吃回丧饭,然后七天为一忌日,忌日设祭,"头七""五七"由亲戚、自族参与。1998年,七都镇政府在菱荡湾村落成"劳动人民纪念堂",给全镇人民提供为死者存放骨灰的场所。2010年,镇政府又在联强村落成"劳动人民纪念堂",给庙港(区域)人民提供为死者存放骨灰的场所。至2015年,大部分地区送葬结束,吃罢回丧饭后,当天做"五七"道场,这是对丧葬习俗的重大改革。七都区域约65%的死者骨灰盒、庙港区域约20%的死者骨灰盒放在纪念堂。

五、建房习俗

(一)奠基

民国时期,村民建房的地基须先由"风水先生"相过,再拣"吉日良辰"破土。破土前先要"祭土",主家用米粉专门做些小糕、小饼来"祭祀"土地神,然后在地基四角竖立木桩(木桩上方系红布或红纸)。

(二)上梁

上梁也要拣"吉日良辰"举行。日子一旦确定,便通知亲朋好友。上梁前夕,亲朋好友都来送礼庆贺。上梁之日,主人家举行上梁仪式,燃放爆竹,拜"上梁利市",抛上梁糖果、馒头,同时设宴招待亲友和工匠,称之为"上梁酒"。一般都是一餐晚餐,规格与结婚正酒相当,流传至今。

(三)乔迁

新宅建成(或购买商品房)后,经过装修,要进屋,同样需要择日举行乔迁仪式。进屋(或称"乔迁")的日期一旦确定,便通知亲友,到时,亲友前来送礼庆贺,主人家设宴招待,称之"进屋酒"。同时,燃放鞭炮、焰火,以示庆祝。进入21世纪后,不少人家将"上梁酒"与"进屋酒"合并举行,节省不少人力与物力。

六、其他习俗

(一)上学

孩童上学念书,舅舅家须购书包、笔墨等文具用品和糕点、糖果等物馈赠外甥上学。糕点分送给亲族,糖果则拿到学校分送同班学生,以示结缘。90年代起,一旦有孩子考上大学,亲朋好友都会备礼(或钱币)前往庆贺,主家则设宴招待亲友。至2015年,有孩子考上大学、大专,主家也一定会"摆酒"庆贺,统称"大学酒"。

(二) 学徒拜师

民国时期,学生意或学手艺者均须拜师。学生意者一般往南浔、震泽、湖州、上海等地为多。学徒由荐人(介绍人)带领,家长陪同,携蹄子一对、红烛一对及糕点、拜师礼金赠与师父。拜师时,点燃红烛,学徒向师父行跪礼。学徒进店后,担负着看管物品、扫地、泡水、开门打烊、喂猫等杂活。第一年,老板按月付给学徒理发、洗澡费等"规钱",年终时,又给学徒鞋帽费等,其数目约为职工月工资的十分之一。第二年加倍给费,第三年再倍之。三年满师,由师父向店主推荐谋职。学手艺及学医者,拜师时设酒筵一席,宴请师辈及师兄等。满师后,学徒再设"谢师宴"。中华人民共和国成立后,进工厂的学徒工,新分配的教师、医生等均由领导指定师徒关系,无拜师礼仪,逢喜庆时,师徒间也互有馈赠,以联络感情。

(三) 望病

亲朋好友家有人生病卧床,须上门探视、慰问,俗称"望讯"。村上的亲族及左邻右舍也上门探视。探视者一般都携食品、滋补品、水果等物。90年代起,逐渐流行送红包、鲜花等。望病时间一般要在上午,否则被认为对病人不利。有些水果也不能送与病人,如苹果、梨等,因为它们的谐音被认为不吉利。也有不少地方的病人家属要设家宴招待探视客人。

(四) 买车

进入21世纪,买汽车的人增多,主人家买来新轿车或新卡车后,亲友送礼恭贺。车主便选定吉日"拜利市",并设宴招待送礼的亲友,名曰"买车酒"。至2015年,此俗更浓。

(五) 拜利市

"利市",在俗语中是走运、吉利之意,又指买卖所得利润。拜利市的愿望是祈求迎祥纳福、仙人指路、办事成功。无论何时、何地、何事,认为有必要都可以拜利市。结婚、丧葬、建房、购车、分家、做寿、办厂、开店、拜师、学艺、做生意等都可拜利市。拜利市仪式中一般都要请出利市菩萨或利市膜张(利市神像),并备酒席,流传至今。

(六) 认过房亲

认过房亲俗称"认过房爷和过房娘"、"认过房儿子和过房女儿"。过房儿子或过房女儿叫过房爷(寄父)为"亲伯"(七都语)或"干爷"(庙港语),叫过房娘(寄母)为"千姆"(七都语)或"干娘"(庙港语)。把别人家的孩子认作过房孩子,正式确立认亲关系,双方密切往来。还有小姐妹比较相投,认过房姐妹,像亲戚一样走动,对方的父母就成当然的过房爷和过房娘。

第三节　养蚕习俗

一、祭蚕神

养蚕是七都、庙港地区农村的主要副业生产,蚕农对蚕神的膜拜祈求是蚕农的普遍心理。一般乡村的庙宇大多塑有蚕神像,甚至在村头屋尾的小土地堂也有神像。有些富裕蚕农在自家屋内的墙壁上砌出神龛,自供神像。此外,各烟杂店、香烛店备有"神膜"(俗称"膜张"),是一张印在大红纸上的蚕神像,让蚕农"请"(买)回去贴在蚕室里供奉。祭拜蚕神贯穿饲蚕全过程。蚕事前,蚕农备香烛到蚕神祠庙,顶礼默祷,通神保佑,祈求丰收;养蚕大户还有在家做一至数天的"蚕花忏",以祈蚕事顺利。以后在孵蚁、蚕眠、出火、上蔟每一个阶段都要在家祭祀一番。费孝通在其《江村经济》中有这种祭祀仪式记述。有些养蚕大户还备神龛,供奉木雕或泥塑神像。如家蚕罹病,亦要祭神。蚕事结束,为庆丰收,还作"还愿祭"。

中华人民共和国成立后,祭祀渐趋简化,一般在蚁蚕孵出之日,在家布置供桌,供桌中央放蚕神膜张(印有蚕神像的红纸),将蚁蚕上桌供奉,供品一般为干果、糕点、茧圆等。

二、戴蚕花

蚕乡妇女,无论长幼,在养蚕季节里用红纸做成花朵,插在发髻上,称为"戴蚕花",表示她们对蚕神的虔敬。那时,杂货摊及庙会上的小摊贩还有用绒及绢做成的精致蚕花出售。在蚕事准备阶段,妇女们用红纸剪成猫形贴在蚕匾中央,意可防止老鼠吃蚕宝宝,俗称"蚕猫"。

三、忌口与口彩

养蚕过程中有诸多忌讳。忌说"死"字,见到死蚕只能悄悄拣掉,不能言传。忌说生姜,避免"僵蚕"之讳。忌直呼酱油,改说"赤油",以免遭"酱油病"(蚕病的一种,蚕体呈赤褐色,俗称"烂死蚕")的危害。忌直呼豆腐,改称"白玉"。忌生人闯入蚕室,以防野鬼带入。忌在蚕室四周锄草,以防惊动土地神仙。

蚕农用吉利的语言来表达自己的愿望,称讨口彩。如在堂屋、蚕室悬挂书有"蚕花念四分"(有的地方为"蚕花念八分")的长条红纸。"念"与"廿"谐音,寓意多收茧,多得利。送糖包子,意为"甜在心里""包好"。吉祥用语无所不在,如睡觉要叫"眠一眠",寓意"蚕眠一眠,大一大"等等。

四、望山头

蚕宝宝上蔟一两天,邻里亲戚间恢复串门走访,评看结茧情况。特别是新结的亲家,必备礼物去"望山头"。所备的礼品中,咸鲞及水糕(方形米粉软糕,中间放糖馅或肉馅)为必备礼物,另加猪蹄、枇杷等。从"鲞"的谐音引伸出来的,意为"有想头",期望蚕茧丰收。水糕谐音"丝高",意为蚕丝高产。

五、谢蚕神与祛蚕祟

采茧以后,养蚕全过程结束,蚕家门户洞开,称之"蚕开门"。此时新丝即将缫制上门,"活来钿"进账指日可待,蚕农们喜悦心情溢于言表,村庄喧闹如常。蚕户在采茧或做丝完毕后将供品与茧子(或生丝)列于神像前,称之"谢蚕神"。多数蚕户置办酒宴以示庆贺,名曰"蚕花酒"。

与谢蚕神并存的是"祛蚕祟"。蚕农认为蚕事失利是鬼怪作祟所致,故想方设法驱赶危害蚕宝宝的凶神恶煞,使之逢凶化吉、遇难呈祥。如在家门口的地面上用石灰画弓和箭,驱鬼,或在门框上方悬"照妖镜",或张贴门神像守护蚕室,以求平安。

清明夜有吃螺蛳的习俗。相传蚕病称为"青娘",常藏匿在螺蛳壳内,只要吃掉螺蛳肉,把空壳抛上屋面,使之无处藏身,也就无法作祟了,有些地方,吃螺蛳时尾部不剪去,螺蛳肉不用嘴吸出,而用针挑出,故称"挑青"。

不少蚕农在大蚕食叶盛期,本地桑叶不敷时,常从桑叶行里购买来自洞庭东山或桐乡乌镇运来的桑叶。蚕农在外地桑叶进屋前先用桃枝拍打几下,赶掉"鬼邪",这是寓于桃木可以驱邪的传说。有些蚕农则把嫩桃枝放在蚕匾内避邪,以求蚕宝宝平安成长。

第四节　生活习俗

一、衣着

民国时期,冬季及初春时男子外装是斜襟棉袄及折腰棉裤,女子亦然。生意人有穿棉长袍者,面料颜色多蓝色、黑色、灰色。春末夏初,皆穿夹衣,服式大致与冬季一样。夏天农民穿对胸马夹

(俗称领褂)、短裤,女的穿圆领形、半长短裤。男子大都腰系蓝布展裙,沿太湖一带的男子也有穿蓝布包裤。农村女性青年穿大红大绿、花色单调的外衣,一般都穿斜襟短衫,长裤。已婚女子外出均系黑色布裙或绸裙,吃喜酒改系红绸裙。劳动人民以自己织的土布、绵绸、生丝绸为主,富者有用质地较好的丝织品、夏布、仿绸、香云纱等。晴天男女均穿布鞋,雨天多数人赤脚,或穿钉靴、木屐、蒲鞋(草鞋),后逐渐改穿套鞋(雨胶鞋)。

50~60年代,七都、庙港农民衣着朴素,服装面料土布、棉布、粗纱布、东方尼(化纤)等,款式不讲究,下地干活或赤脚或穿草鞋。"文化大革命"前期,男女青少年时兴穿全套草绿色军装,戴军帽,穿黄布军用鞋。"文化大革命"后期,的确凉、涤卡等新型面料进入市场,流行青年装、中山装、风衣、喇叭裤、滑雪衫等服装。

斜襟棉袄及展裙(摄于民国时期)

进入80年代后,男女服装趋向多花样、多品种。衣服款式新颖,衣料颜色多样,西装、茄克风靡城乡,各式羊毛衫、腈纶衫作为外衣穿着,男女服装均十分美观洒脱。冬季及初春,多数人爱穿棉毛衫棉袄,各种驼毛衫、羽绒衫等。各式皮鞋、休闲鞋、胶鞋为人们的主要生活用鞋。

90年代起,穿衣讲时尚,特别是许多青年人不再乐意穿着自家缝做的衣服,大多数购买成衣,挑选"金利来""梦得娇""杉杉""培罗蒙"等名牌服装。

进入21世纪,人们喜欢穿真丝、全棉、毛料、真皮等材料的服装,服装向时尚化、品牌化、个性化趋势发展。社会成功人士、私营业主、白领精英阶层的衣着都有自己喜欢的品牌,经济条件较宽余的家庭购置衣物有差不多固定的专卖店和消费场所。条件稍差的家庭就让本地裁缝定做,但也讲究式样和质量。高档的皮鞋、凉鞋,世界品牌的运动鞋如耐克、阿迪达斯在七都也有不少人穿。农民下田干活除了脚上穿农田袜、农田靴,身上衣服分不清是赶集还是下田。至2015年,出外经商和参加重要场合活动,人们衣着以休闲、舒适为主基调,老年人也习惯穿羊绒衫、T恤衫。

二、饮食

民国时期,七都、庙港农家一日三餐,两粥一饭。青黄不接时常以瓜菜充饥。50~60年代,七都、庙港农民用餐以食大米为主,佐以面粉,一般在夏麦登场时多吃面制品。吃菜简单,常年以自种蔬菜、自养家禽、自腌咸菜、自制酱等食为主,逢年过节或请客人,备点鱼肉等荤菜,一日三餐大部分家庭是两干一稀,夏天两稀一干。

1978年后,日常生活大有改善,平时伙食小荤经常有,大荤周周有。进入21世纪,菜市场和各大超市各种食品丰富。海鲜、冰冻食品及进口食品进入寻常家庭。平时饮食可谓"小荤顿顿有,大荤三六九"。一个三口之家的饮食消费平均每月在1500元左右。遇到逢年过节或宴请宾客,去酒家饭店消费,不再是稀罕事。农贸市场及超市除源源不断供应本地出产的蔬菜、瓜果、水产、家禽家畜等还有全国各地的农副产品和反季节蔬果,乃至进口水果,满足七都地区百姓家庭的物质需求。随着人民生活水平的提高,寻常人家饮用的酒类档次随之升高,从原来的散装酒逐步提升为瓶装酒和品牌酒。牛奶、冰淇淋等各种饮料、饮品进入寻常百姓人家,不少家庭还备有榨汁机,现在不少人喜欢喝现榨果汁。

七都农村家庭的腌制品很有特色,有黄豆酱、腌肉、腌鱼、咸蛋、咸菜等。

(一) 黄豆酱

农历六七月间,将黄豆或蚕豆(去皮)浸泡,然后煮烂,趁热与面粉拌和制成条糕状,置于铺有麦(稻)草的竹匾内,上盖竹匾,再用布严加遮盖,任其发霉(俗称"黄子")。半个月后,将发霉的条糕晒干后,掰碎,再浸泡在冷却的盐开水里,置于室外让烈日曝晒,晚上夜露(要防雨水),一般经半个月的日晒夜露后,酱色渐赤,即可食用。50~70年代,农家差不多家家户户制酱,今大为减少。

(二) 腌肉

腊月里,将猪肉或蹄髈用重盐腌渍,讲究一点的则用花椒和盐一起焙炒腌渍,须经常翻身压实,待半月后取出晒干,然后放在阴凉通风处,一般可以放到次年立夏时分。还有酱肉,腊月里,先将猪肉用盐腌渍3~4天,晾干,然后放在缸内,倒入赤酱油浸没,经常翻身,待一周后取出晒干,挂在阴凉通风处,一般可以放到次年清明时节。

(三) 腌鱼

腊月里,将青鱼、草鱼、鲤鱼等除鳞片去内脏、鳃等,内外擦上食盐后放在缸内,压实数天,取出晒干,挂在阴凉通风处保存,也可食用较长时间。

(四) 咸蛋

早春时节将鲜蛋(鸭蛋为佳)洗净晾干,用盐水饱和液拌草木灰,辅以陈酒(或烧酒)、辣酱等,涂于蛋壳上,逐个置于甏中,密封一个月后,即可煮熟食用。

(五) 咸菜

七都、庙港的各种蔬菜腌制品颇有特色,可供腌制的蔬菜有青菜、瘤子芥、雪里蕻、大头菜、萝卜等,除农家自己食用外,还远销江、浙、沪,甚至港澳市场,成为农民致富的一条门路。

选用冬季或春季新鲜雪里蕻菜,从田里割下后晾2~4小时,散开放平,至外叶稍黄,削去老根,找到一个缸、坛,放入坛内腌制。腌制时一层菜撒一层盐,层层踏实,隔天再踏压一次,上铺竹片,用洁净的大石块压住,一般腌制一个月后即可食用。到了开坛的那一刻,厨房里充满了雪菜的香味。

雪里蕻咸菜色泽黄亮,具有香、嫩、脆、鲜、微酸特点,鲜美可口,食之生津开胃,可以生吃、熟吃,也可作为佐料。

三、住房

民国时期,七都、庙港农村住房大多是砖木结构的平房,平房式样一般是三间加龙梢(横屋),中间正屋为"客堂",两边正屋为房间,龙梢作厨房。比较富裕的人家住房建有围墙、天井、墙门樘、厅屋、厢房、卧室。庙港、陆家港、亭子港、吴溇、隐读等小集市的房屋,一般是沿街开门面,前店后宅,用"排门板"(长木板)启闭。也有少数财主乡绅,建起砖木结构的楼房,但楼房不高,一般为两层。

50~60年代,七都、庙港住房无多大变化。70年代,农村普遍翻建房屋,是砖木结构平房,比老房子高爽宽敞。80年代起,农村住房条件大有改善,农民开始建造楼房,钢筋水泥逐渐成为主要建筑材料,大多是三间两层楼、土瓦屋面、木门窗、水泥地面,结构简单。民间流传"60年代住旧房,70年代翻新房,80年代造楼房"的顺口溜。

21世纪后,多数村庄建成"楼房村""别墅村"。新建的楼房建有阳台、围墙,楼上作卧室,配有卫生间,底层有宽敞的客厅、厨房、餐室、卫生间

农村新建别墅(摄于2015年)

及车库。镇区新建的居民住宅小区,房型结构日趋合理,水、电、闭路电视、卫生设施配套齐全,新居内部装修讲究,富丽堂皇。住宅小区内公共设施日趋完善,运动、休憩都有相应场地,绿化与景观配置相得益彰。

至2015年,少数经济比较富裕的农户开始建造样式新颖的别墅楼。造价一般在50万~70万元,讲究一点的每幢造价200多万元。别墅的设计聘请同济大学、浙江大学或苏州大学等高校的设计师设计图纸。这些别墅样式以欧式为主,一般是三楼三底,钢筋混凝土现浇,柱子横梁和楼板整体现浇的框架结构。建有阳台、阳光房,底楼有宽敞的客厅,设施齐全的厨房、卫生间,还有储藏室。绝大多数别墅都建有汽车库。少数别墅装有中央空调。

四、家具

民国时期,七都、庙港一般人家是杉木、松木家具。品种有中式雕花床、梳妆台、八仙桌、长凳、碗橱、木箱、垫箱橱等。少数富裕人家也有雕花红木及黄桦家具。竹制、藤制的家具较少,一般为靠背凳和躺椅。

50~60年代,家具品种、式样没多大变化。70年代起,新婚置备成套家具,主要有西式伽门大床,三联大衣橱、五斗橱、被柜、写字台、百灵台、食品橱等。款式先后流行苏式、沪式、捷克式等。80年代末,开始流行组合式家具,增加床头柜、电视柜、椭圆形餐桌等品种,大多数人家还配置沙发、沙发柜、席梦思床垫等。90年代后期起,开始流行红木家具或仿红木家具。进入21世纪,新建住宅装修时开始流行板式、实木、韩式、地中海、欧式、美式等多种风格,室内家具的摆设与装修风格相匹配。至2015年,家具流行整体设计或私人定制,厨房、餐厅、客厅、衣帽间、书房、卧室,每一处都彰显家的功能性、个性化,更适应和符合现代化的生活起居需求。

第三章 方　言

七都的方言词汇、民间谚语、常用的歇后语丰富多采,生动形象,颇有地方特色。随着社会的发展,当地人与外界的接触和交流日益频繁,越来越多的人使用普通话,有些方言逐渐被淘汰。

第一节 词　汇

一、称谓

太公——曾祖父

太太——曾祖母

爹爹、阿爹——祖父

娘娘——祖母

外公——外祖父

外婆——外祖母

爷爷、阿爸(伯)——父亲、爸爸

姆妈——母亲

老伯伯、老伯——伯父

阿姆、嫚嫚——伯母

阿叔、巴巴——叔父

婶婶、婶娘——叔母

娘舅——舅父

祺姆——舅母

姑夫、亲伯——姑父

阿姑——姑母

大姨——大的姨母

阿姨——小的姨母

亲伯——岳父、寄父

亲姆——岳母、寄母

舅佬——妻兄弟

男人、老倌——丈夫

家子婆、屋里人——妻子

大佬——哥哥

阿弟——弟弟

弟娘子——弟媳妇

新娘子——儿媳妇
姑娘——夫之姐妹
伲子——儿子
囡囝——女儿
丫婷家——女孩子

小百戏——小孩
侄伲子——侄子
侄囡囝——侄女
末拖——最小的子女

二、天文时令

阴头里——背阴
吃日头——日食
吃月亮——月食
进门风——穿堂风
鬼头风——吹到角落而旋起的风
阵头风——阵雨前的风
起风——风较小
发风——风较大
雷公——雷
落点头雨——掉点儿
连牢几日落雨——连阴雨
冰擦子——冰锥
起雾露——下雾
伏里——伏天
春常里、春天公——春天
六月里、夏天公——夏天
冬常里、秋天公——秋天
寒天公——冬天
老底仔——从前
骿年仔——前年
着骿年仔——大前年
旧年——去年
开年——明年

隔寒——去年冬天
初头牢——上旬
月半边——中旬
月末——下旬
骿日子——前天
着骿日子——大前天
隔热——隔几天
属日——昨天
今朝——今天
早晨头——早上
上昼——上午
点心模样、热中心——中午
下昼——下午
夜快边——黄昏
夜钩——晚上
家钩——今晚
斜钩——昨晚
后三来——后来
嘎显——现在
毫稍——快点
就阿——马上
后岁来——后来

三、人体部位（特征）

颗郎头——脑袋
额骨头——额
后枕骨——后脑
四门——脑门
面额骨——颧骨
面孔——脸
革腮——腮帮子
妮朵——耳朵
鼻头眼——鼻孔
头颈——脖子
肩架——肩膀

臂膊——胳膊
胳落作——腋下
手茄子——手腕
挤手——左手
顺手——右手
节头官——手指
节头茄——指关节
大拇节头——大拇指
指抓——指甲
脚节头——脚趾
大腿茄——大腿根儿

大髈——大腿
小髈——小腿
髈肚子——腿肚子
髈桑骨——胫骨
节馒头——膝盖
脚婆头——脚踝
尾巴桩——尾骨

脚指抓——脚趾甲
胸脯头——胸脯
肚皮眼——肚脐眼
小肚皮——下腹
腰子——肾
胡咙——喉咙
寒毛眼——汗毛孔

四、食品

点心——午饭
小点心——下午两三点吃的点心
小末事——零食
蛋底——锅巴
粥汤——煮饭滗出来的米汤
粉——大米粉
呆馄饨——面疙瘩
呆馒头——白馒头
嫁拉菜——雪里蕻菜

婆萝粟、观音粟——玉米
翻烧——月饼
斩墩肉——肉末
精肉——瘦肉
鸡硬肝——鸡肫
煎滚蛋——荷包蛋
水炖蛋——蛋羹
山芋丝粉——白薯做的粉丝
粒子糖——糖块，一块块用纸包装好的

五、日常用品

小矮凳——小板凳
圆台面——圆桌，旧时圆桌只有一个桌面，放在方桌上就是圆桌
蒲凳——蒲团
被面子——被面
头绳——绒线
床毯子——床单
垫絮——褥子
铺——单人床
衣裳架子——衣架（立在地上的）
春鞋——单鞋
行头——服饰品或工具

晒衣架子——晾衣架
钢宗镬子——铝锅
镬盖——锅盖
镬枪刀——锅铲
饭枪刀——饭勺
筷子桶——放筷子的
墩头板——砧板
浴盆——澡盆
潮面盆——脸盆
港勺——水勺
净衣棒——棒槌

六、其他

跑起来——起床
潮面——洗脸
擦牙子——刷牙
孛相低——休息一会儿
荡孛相——逛街
望信——看望病人
弗搭巧——（他们二人）不和
走近来——拉近乎
嫌倒——嫌弃
胡调——开玩笑、胡闹

淘讪——开玩笑
打顺板——随声附和
嚼死话——讲嚎头话、多余的话
挦坏板——挑拨离间
讲白相——聊天
孟门——不讲道理
嘎门——没兴趣，提不起精神
眼热——眼红
咬煞得——羡慕
值钿——大人喜欢孩子

门槛精——精明
寻吼思——找茬,找麻烦
搭三头——搭茬儿
马马虎虎、绷绷——凑合
架形、卖相好——漂亮(男)
有样子——漂亮(女)
板扎、牢扎——结实、坚固
老策——成熟
劈脱——动作麻利
邋遢——肮脏
七打——做事利索
嘎得——不要紧
促二勿三——名不符实,不靠谱
不是生意经——不该、不能
来煞——行,有能耐
憨货——无能的人
坍台、坍招势——丢脸、出丑
鸭屎臭——不光彩的事
促头两僵——脱空、不靠谱
洋伴——不内行
弄松——作弄
出花头——出尔反尔
饨头——讥讽
吃排头——受批评
勿局——不行
嘎得——不要紧
架型、有样子——标致、漂亮
洋眼豆——扁豆
夜开花——地蒲
盐祭菜——刚腌制的咸菜
千头芥菜——一种芥菜
卷心菜——小的,扁的或尖的洋白菜
包菜——洋白菜
老蒲——萝卜
斫树——砍树
竹箫——活的竹子
竹头——砍下的竹子
观音粟、婆罗粟——玉米
箅条——竹箅
长生果——花生
花米头——花蕾,没有开放的花儿

好日——结婚
出门——出嫁
养儿子——生孩子
大肚皮娘娘——孕妇
落脱得——小产
做舍姆——做月子
射尿出——尿床
昏事——丧事
入土——入殓
出葬——出殡
摆夜串——做道场
馆子店——饭店
跑堂——堂倌
起底、包底——包圆儿,剩下的全部买了
盘缠钿——路费
利钿——利息
推板——差:~五角十元(九元五角)
樯子——桅杆
连牢千跟多——打车轮子
拉绳——拔河
炮赚——炮竹
淌水面——仰泳
潮浴——游泳
打盘洞——扎猛子
放百响——放鞭炮
盘猛猛——捉迷藏
捉七——抓子儿
出没子——出迷语
猜没子——猜迷语
厚脂纳得——言行夸张,令人难耐
板板六十四——认真、较真
只勿得——难道,出乎意料的
嗲——形容撒娇的声音或姿态
哑瘵疠癞——闹纠纷,棘手,恶作剧
着地坍——横下一条心,听凭处置
掼脱货——没出息
像刹有架事——装正经
莫欣欣——数量多不可胜计
交交贵贵——数量很多
野脱——范围大

七、代词

拗——你
嗯娜——你们
嗯——我
五阿——我们
一家子——独自一人
伊——他、她
伊拉——他们
吾葛——我的
裁加——大家
辫个——这个
个头个——那个
华搭滴——哪些
活蛋个——哪个
辫搭、辫佬——这里
辫头——那里
茄么高——这么高
哪瞎做——怎么做
为底啥——为什么
啥个——什么
几化——多少
实嘎、嘎加——这样
哪瞎——怎么样

八、副词

好得——幸亏
顺带便——顺便
成心——故意
证讲——实在
近四十——接近四十
就是——偏：吾～弗去
再外——另外
就夹——马上

九、方位词

屋领向、老屋领——家里
华堆——什么地方
东横头——东面
眼睛门底、身跟头——跟前儿
喊边——旁边
床底牢——床底下
南横头——南面
田爿横头——野外
西横头——西面
啥场化——哪里
上头——上面
前头——前面

十、量词

垛——一～墙，一堵墙
爿——一～店
一只（船）——一艘（船）、一条（船）
一只（床）——一张（床）
一只（牛）——一头（牛）
一只（学堂）——一所（学校）
一转——一次

第二节　俗语　谚语

百年难遇岁交春。
雨打正月半,一年勿好看。
春霜不露白,露白要赤脚。
春雾雨,夏雾热,秋雾凉,冬雾雪。
清明断雪,谷雨断霜。
三月三,鲈鲤上岸滩。
四月四,黄颡鱼上钓子。
小暑一声雷,倒转做黄梅。
黄梅天十八变。
白露身勿露,赤膊当猪猡。
热在三伏,冷在三九。
晴过冬至阴过年,阴过冬至晴过年。
春打六九头,豆麦十成收。
清明一粒谷（桑叶）,看蚕娘娘哭。
清明雀口,看蚕娘娘拍手。
做天难做四月天,秧要日头,麻要雨,蚕要温和,麦要寒,采桑娘子要晴干。
夏至前头蝉啼叫,冬桑白米无人要。
夏至端午前,无车好种田。
六月勿热,米谷勿结。
六月初三打个阵,上午耘苗下午睏。
夏雨隔条堘。
西南阵,带过落三寸。
夏雨北风生,勿落雨倒风凉。
白露白迷迷,秋分稻秀齐。
秋前施肥长苗,秋后施肥长稻。
九月南风皎皎晴,十月南风要收稻。
寒露含浆稻,霜降割早稻,立冬一齐倒。
六月六,买碗馄饨落一落。
七月七,买个西瓜切一切。
甜馒头,苦粽子。
冬节团子年节糕,清明粽子稳牢牢。
满饭好吃,满话难讲。
棒头上出孝子,筷头上出逆子。
好记性,不及烂笔头。
有借有还,再借勿难。
钻进赌场,地白田荒。
在家靠父母,出外靠朋友。
千错万错,来人不错。

砻糠搓绳起头难。
人无千日好,花无百日红。
金窠银窠,不及自家草窠。
狗不嫌家贫,子不嫌母丑。
公说公有理,婆说婆有理。
黄牛角,水牛角,角(各)归角(各)。
蛮理十八条,真理只有一条。
冷粥冷饭好吃,冷言冷语难受。
教出来臭气,生出来志气。
只有软柴捆硬柴,哪不硬柴捆软柴。
听官法要打煞,听佛法要饿煞。
吃食看来行,着衣看门坊
行得正,坐得正,哪怕和尚师太(尼姑)一板凳。
牛吃稻草,鸭吃谷,各人自有各人福。
人争一口气,佛争一股香。
精则精,布衫裤子剩条筋。
说话听音,锣鼓听声。
烧香望和尚,一举两个当。
少吃多滋味,多吃坏肚皮。
六月债,还得快。
一村讨个好嫂嫂,全村姑娘都学好。
一家之计在于和,一生之计在于勤。

第三节 歇 后 语

弄堂里拔木头——直来直去
城头上出棺材——远兜远转。
老鼠钻勒风箱里——两头受气。
木匠弹线——睁一只眼,闭一只眼。
火烧马张店——迟早要归天。
严嵩做寿——照单全收。
韭菜面孔——一焙(焙)就熟。
叫花子唱山歌——穷开心。
脚炉盖当镜子——看穿。
八仙桌上第九个——轮出。
丈母娘看女婿——越看越有趣。
打破砂锅纹(问)到底——问个究竟。
六月里穿棉鞋——热脚(日子)难过。
棺材里伸出手来——死要铜钿。

猢狲戴帽子——活像个人。
黄连树底下弹琴——苦中作乐。
造房子请箍桶匠——找错人。
搬起石头压自家脚——自讨苦吃。
六十岁学吹打——晚了。
顶只石臼做戏——吃力不讨好。
热锅台上的蚂蚁——走投无路。
凉帽剩一个顶——豁边。
象牙筷上扳雀丝——硬找错头。
泥菩萨过太湖——自身难保。
关云长卖豆腐——人硬货勿硬。
关公面前耍大刀——勿识高低。
石灰叉袋——放一塔白一塔。
萤火虫触屁眼——亮碰亮。

大伏天结婚——勿要棉被(面皮)。

爆仗放勒屋面浪(上)——响勿落(指不能讲,难开口)。

空栲栳开米行——无本钱生意。

黄鼠狼躺在鸡棚上——不怀好心(不吃当吃)。

石板浪(上)掼乌龟——硬碰硬。

鸡唠百脚(蜈蚣)——死对头。

蜻蜓咬尾巴——自吃自。

肉骨头敲鼓——荤(昏)咚咚。

师娘上身——瞎讲。

上吊喊救命——要死要活。

第四章 宗教信仰

七都的宗教主要有佛教、道教、基督教和天主教。自唐宋以来,佛教、道教并存,佛教尤盛。清光绪年间,基督教、天主教先后传入。庙港自古多庙,沿太湖有"一港有亭,一港有庙"之说。七都差不多每个自然村上有庙宇。中华人民共和国成立后,宗教活动渐衰,寺观庵庙多数毁废,有的改成学校或集体仓库。"文化大革命"中,宗教活动被禁止。80年代后,落实党的宗教政策,宗教活动及信仰得以恢复。

第一节 佛教和道教

一、佛教

七都的宗教源远流长。唐、宋年间佛、道两教并存,佛教尤甚。清乾隆《儒林六都志》记载,境内寺庙众多,建于唐代的有双林教寺;宋代的有吴王庙、妙华庵、八角亭庙、崇福庵、太平庵;建于元代的有吉祥庵、岩峰庵、普铭子庵;建于明代的有浮碧庵、观音堂、天将庙、诸葛土地庙;建于清代的有灵观音堂、祠山庙(因渎)、祖师庙。此外初建无考的有皮场庙、徐将军庙、真武庵、竹隐庵、古杏庵、萝月庵、夜字圣庵、十方庵、法音庵、正信庵、三官堂、双曹港庙、金家浜庙、沈家湾庵、谈家湾庵、晏兜口庵、旃檀庵等36座。庙港集镇0.76平方千米范围内就有东岳庙、邱老太庙、永定教寺、土地庙、观音庙、圣堂庙6座。庙港地区沿太湖47条港畔建有"寺、庙、庵、亭"31座。寺庙内供奉的佛像,除释迦牟尼、如来、观音,还有诸葛土地、邱老太、张公、刘皇猛将等民间所崇拜的偶像。庙宇内主持以和尚居多。民国年间,七都、庙港地区除举行规模颇大的庙会外,每逢民间丧事、追祭等都请和尚上门诵经。中元节(农历七月十五日)及冬至节,由僧人向乡民分送"节关"。七都、庙港自西向东有:吴王庙、妙华庵、法海庵、上善庵、南庵、永定寺南房、北房等寺庙的和尚掌管阴册,俗称"房头和尚",所管农户俗称"门徒施主"。历史上,七都、庙港佛教盛行,见庙烧香,见佛就拜。

抗日战争期间,佛事活动陷于停顿。民国34年(1945)后,有所恢复。中华人民共和国成立后,政府宣传移风易俗,佛教活动规模渐小。至1958年,寺、庙、庵、亭被拆毁殆尽,和尚还俗从业。"文化大革命"期间,佛教活动一度停止。

80年代后,随着宗教政策逐步落实,社会上宗教活动得以恢复,人们每逢农历初一、十五日在一些老庙遗址烧香拜佛,祈求平安。

2005年2月,双塔寺被批准为佛教活动场所,由七都居士负责寺庙日常事务。12月,七尊菩萨装塑完工。2006年4月8日,双塔寺由小九华寺派僧侣管理,对寺庙进行全面整修,并重新规划扩大,11月6日,竣工后举行佛像开光法会。

2012年,恢复重建老太庙开工。2015年9月,老太庙完工。

至2015年,双塔寺、老太庙等佛教场所初具规模,成为七都信教群众合法的活动场所。

二、道教

历史上七都、庙港的佛教与道教并存,道教从明代起盛行,七都、庙港地区,民间丧事历来既请和尚又请道士。据说,明初,一名外来道士(姓名无考)移入庙港金家扇进行传教,从此金家扇有世传专业道士。中华人民共和国成立前,汤家扇、五徐港等地均有兼业道士,庙港境内有道士12人。道士到民家做丧事,做道场时,身穿黑色道袍,头戴道帽,挂道教祖师太上老君像,诵念道教经文。

主要的道观有:

(一)洞真观

洞真观在七都丰泽村(今属长桥村),宋代德祐元年(1275)里人谢长卿舍地建观,后几经修建,中华人民共和国成立后,洞真观改建为街头小学。

(二)祖师庙

祖师庙(又名南圣堂)在隐读东村道士湾(今隐读村)。初建无考,清康熙二十年(1681)重修。庙内挂有"洞真福地"的匾额。中华人民共和国成立后曾改设学校,人民公社时改建为畜牧场。

中华人民共和国成立后,庙港金家扇道士演化成吹唱昆剧"金玉堂"班子。七都尚有俗家道士多人,如双石港村的道士浜、道士湾、长渠港村的街头上及长村等地均有道士。90年代起,兼职道士为丧事之家祭念,吹打送丧者时有所见。

第二节 基督教和天主教

一、基督教

民国4年(1915),震泽设基督教教堂后,庙港地区有传教士在大明港桥边悬挂耶稣字样,其他村亦出现传教活动,其时,乡间流传"耶稣自有道理"之说法。

民国31年,传教士杨克亨夫妇从浙江湖州到吴溇镇创办吴溇耶稣堂,属"中华基督教卫理公会华中年谊会"湖州教区南浔牧境管辖。堂址在北港滩一户农家。翌年,迁入集镇上一王姓地主家的大厅里。杨克亨购置长靠椅、讲台,订阅多种教会杂志,因房东也信基督教,故从不收取房租。

1950年,杨克亨回湖州老家,吴溇耶稣堂关闭,信教群众改在家中祈祷。"文化大革命"时,宗教活动停止。

1981年,吴溇和许家港两地始有家庭聚会(基督教徒在自己家里聚会过宗教生活,人员主要是家人或亲友,人数不多,没有教职人员主持,不搞讲道、受洗、领圣餐等宗教仪式),后逐渐兴盛,形成许家港、吴溇集镇两个聚会点。庙港地区农村中的乡民为驱病免灾,在信徒的影响下,信奉基督教的人逐渐增多。五联、庙港、合群、七一、开弦弓等村的信徒约有120人聚在乡民家中做礼拜。另外,勇星、金明、更楼港、民字浜等村信教群众都直接去震泽做礼拜。

1983年,由许家港教友向吴江县宗教科进行登记备案,由吴江县基督教三自爱国会委员、震泽教会负责人相继介绍2人去苏州参加教会短期培训。1991年,推荐1人去南京神学院进修,以充实

七都基督教堂(摄于2015年)

教会的神职人员。

1993年6月,吴溇集镇聚会点信教群众增至300多人,原活动场所(民宅)无法容纳。因此,由该点负责人提出书面申请,请求市宗教局设法解决。1994年,七都镇领导同意将原敬老院的房屋借给七都基督教会(简称教会)作为宗教活动的场所,接着,教会购置风琴,成立乐队。

1995年1月,由心田湾信教群众提议,经教会同意,买下原七都商业公司心田湾经营部的6间房子,在心田湾建造七都教堂。2月20日,心田湾教堂开工,教会发动信教群众奉献捐助,筹资13.5万多元。4月20日,新教堂落成。1998年,在北侧增建一所新教堂,筹资20多万元,教堂内设施齐全。建堂经费全由教会自筹,信教群众捐助。1999年,七都教徒约有2000多人。

2004年,盛庄村新增基督教堂1座,整个教堂主建筑工程年内竣工。

2008年,七都镇共有基督教聚会点7处,分布在7个村,属吴江市基督教"三自"爱国会领导。

2009年10月,七都许家港教堂全面竣工。总造价800多万人民币,全部资金由信徒捐助。教堂设施较先进,有投影仪、音响、电脑、复印机等先进办公设备。是年12月9日,举行新堂落成典礼,2800多名信徒参加典礼。

庙港基督教堂(摄于2015年)

2010年,七都镇基督教会以长老张灵美为管理小组组长,组员6人,全面管理教会日常工作事务。全镇聚会点17处。

2011年,教会至敬老院看望孤寡老人并送上礼物。特邀南京牧师到场讲道,传福音。

2012年,七都教会青年团契教堂开展大学生夏令营活动。

2013年,邀请南京市江苏神学院牧师到场讲道。

2014年,青少年冬令营开展"破茧"活动。七都教会,有400对夫妻参加活动。

2015年,教会走访全镇贫困、孤寡老人以及失业、病患的信教群众,并看望敬老院的老人们,送上一份爱心。

二、天主教

民国时期,庙港地区信奉天主教的主要是渔业村中从黎里迁来的80多名渔民。天主教徒隶属苏州、黎里。60年代中期起,"天主教"在太湖渔民中基本停止活动,80年代始,天主教活动在太湖渔民中有所恢复,庙港天主教徒平时到黎里参加活动,也有信教群众代表去苏州参加活动。

丛　录

一、文件选录

（一）《关于镇行政区划调整有关问题的决定》

吴江市人大常委会文件

吴人〔2003〕16号

关于镇行政区划调整有关问题的决定

（2003年12月8日吴江市第十三届人大常委会第六次会议通过）

市人民政府、市人民法院、市人民检察院、各镇人大主席团、人民政府、吴江经济开发区、汾湖旅游度假区、市各部、委、办、局、人民团体、直属单位、市属大厂、场圃、学校、医院、本机关各工委：

吴江市第十三届人大常委会第六次会议听取了王永健副市长代表市人民政府所作的关于我市镇行政区划调整情况的汇报。经江苏省人民政府批准，决定撤销盛泽镇、南麻镇建制，以原两镇行政区域合并设立新的盛泽镇；撤销横扇镇、菀坪镇建制，以原两镇行政区域合并设立新的横扇镇；撤销七都镇、庙港镇建制，以原两镇行政区域合并设立新的七都镇；撤销震泽镇、八都镇建制，以原两镇行政区域合并设立新的震泽镇；撤销桃源镇、铜罗镇建制，以原两镇行政区域合并设立新的桃源镇；撤销芦墟镇、金家坝镇建制，以原两镇行政区域合并设立新的芦墟镇；撤销黎里镇、北厍镇建制，以原两镇行政区域合并设立新的黎里镇；撤销平望镇、梅堰镇建制，以原两镇行政区域合并设立新的平望镇。根据《中华人民共和国地方各级人民代表大会和地方各级人民政府组织法》的有关规定，结合我市实际情况，现对有关问题决定如下：

一、行政区划调整后新设立的盛泽镇、横扇镇、七都镇、震泽镇、桃源镇、芦墟镇、黎里镇、平望镇人民代表大会的届次沿用原同名镇的人代会届次。

二、行政区划调整涉及的16个镇的第十四届人民代表大会代表资格继续有效。

行政区划调整后，盛泽镇第十四届人民代表大会由原盛泽镇、南麻镇的第十四届人民代表大会代表组成；横扇镇第十四届人民代表大会由原横扇镇、菀坪镇的第十四届人民代表大会代表组成；七都镇第十四届人民代表大会由原七都镇、庙港镇的第十四届人民代表大会代表组成；震泽镇第十四届人民代表大会由原震泽镇、八都镇的第十四届人民代表大会代表组成；桃源镇第十四届人民代表大会由原桃源镇、铜罗镇的第十四届人民代表大会代表组成；芦墟镇第十四届人民代表大会由原芦墟镇、金家坝镇的第十四届人民代表大会代表组成；黎里镇第十四届人民代表大会由原黎里镇、北厍镇的第十四届人民代表大会代表组成；平望镇第十四届人民代表大会由原平望镇、梅堰镇的第十四届人民代表大会代表组成。

三、新设立的盛泽镇、横扇镇、七都镇、震泽镇、桃源镇、芦墟镇、黎里镇、平望镇第十四届人民代表大会下一次会议分别由原盛泽镇、南麻镇,原横扇镇、菀坪镇,原七都镇、庙港镇,原震泽镇、八都镇,原桃源镇、铜罗镇,原芦墟镇、金家坝镇,原黎里镇、北厍镇,原平望镇、梅堰镇人大主席团联合召集并主持预备会议。

四、行政区划调整后新设立的盛泽镇、横扇镇、七都镇、震泽镇、桃源镇、芦墟镇、黎里镇、平望镇应及时召开人民代表大会,依法选举产生人民代表大会主席、副主席,人民政府镇长、副镇长。

吴江市人民代表大会常务委员会
2003 年 12 月 8 日

(二)《关于同意七都镇行政村区域调整的批复》

吴江市人民政府文件

吴政发〔2001〕86 号

关于同意七都镇行政村区域调整的批复

七都镇人民政府:

你镇《关于部分行政村区域调整的请示》(七政发〔2001〕21 号)收悉。为适应农村经济改革和发展的需要,加强基层组织建设,加快推进农村现代化的进程,促进农村两个文明建设,根据《村民委员会组织法》第八条规定,经研究,同意你镇勇联等 22 个行政村的区域调整。

撤销勇联村、双石港村建制,将两个村的原辖区合并更名为东风村,办公地点设在原勇联小学,勇联村、双石港村的村名终止使用;撤销叶港村、染店浜村建制,将两个村的原辖区合并更名为光明村,办公地点设在原叶港村村部,原叶港村、染店浜村的村名终止使用;撤销吴溇村、薛埠村建制,将两个村的原辖区合并更名为环湖村,办公地点设在原吴溇村村部,原吴溇村、薛埠村的村名终止使用;撤销勤丰村、建勤村建制,将两个村的原辖区合并更名为隐读村,办公地点设在原勤丰村村部,原勤丰村、建勤村的村名终止使用;撤销焦田村、丁家湾村建制,将两个村的原辖区合并更名为丰田村,办公地点设在原丁家湾小学,原焦田村、丁家湾村的村名终止使用;撤销永民村、长村村、横塘村建制,将三个村的原辖区合并更名为东庙桥村,办公地点设在原永联小学,原永民村、长村村、横塘村的村名终止使用;撤销方家桥村、长渠港村建制,将两个村的原辖区合并更名为长桥村,办公地点暂定原长渠港村村部,原方家桥村、长渠港村的村名终止使用;撤销双荡兜村、钮家兜村、前浜兜建制,将三个村的原辖区合并更名为吴越村,办公地点设在原前浜兜村部,原双荡兜村、钮家兜村、前浜兜的村名终止使用;撤销文义兜村、桥下村建制,将两个村的原辖区合并更名为群幸村,办公地点设在原桥下村村部,原文义兜村、桥下村的村名终止使用;撤销菱荡湾村、邱田村建制,将两个村的原辖区合并更名为菱田村,办公地点设在原菱荡小学,原菱荡湾村、邱田村的村名终止使用。调整更名后的行政村仍为村级建制。

调整后的行政村要按《村民委员会组织法》的有关规定选举产生新的一届村委会成员,并进一步落实各项措施,加强对本村政务、财务的管理。镇政府要妥善处理好调整中的具体问题,搞好村委会的民主政治建设和村民自治工作。

吴江市人民政府
二〇〇一年八月六日

吴江市人民政府文件

吴政发〔2003〕142号

关于同意七都镇行政村区域调整的批复

七都镇人民政府：

你镇《关于部分行政村区域调整的请示》(七政发〔2003〕34号)收悉。为适应农村经济改革和发展的需要,加强基层组织建设,加快推进农村现代化的进程,促进农村两个文明建设,根据《村民委员会组织法》第八条规定,经研究,同意你镇对蒋家港等8个行政村的区域进行调整：

一、撤销蒋家港村、光明村建制,将两个村的原辖区合并,合并后新设立行政村,村名为望湖村,办公地点设在原光明村村部,原蒋家港村、光明村的村名终止使用；

二、撤销行军村建制,将行军村的原辖区并入双塔桥村,办公地点设在原双塔桥村村部,原行军村的村名终止使用；

三、撤销捕捞村建制,将捕捞村的原辖区并入环湖村,办公地点设在原环湖村村部,原捕捞村的村名终止使用；

四、撤销渔业村建制,将渔业村的原辖区并入沈家湾村,办公地点设在原沈家湾村村部,原渔业村的村名终止使用。调整更名后的行政村仍为村级建制。

调整后的行政村要按《中华人民共和国村民委员会组织法》的有关规定选举产生新的一届村委会成员,并进一步落实各项措施,加强对本行政村政务、财务的管理。镇政府要妥善处理好调整中的具体问题,搞好村委会的民主政治建设和村民自治工作。

特此批复。

吴江市人民政府
二〇〇三年七月三日

吴江市人民政府文件

吴政发〔2004〕71号

关于同意七都镇沈家湾村行政区域调整的批复

七都镇人民政府：

你镇七发〔2004〕47号请示收悉。由于原沈家湾村和渔业村在2003年行政区域调整合并为一个村后,广大村民在生活习俗和生产方式等方面存在较大差异,不利于村民自治,根据村民要求及《村委会组织法》有关规定,经研究,同意撤销沈家湾村建制,分别设立"沈家湾村"和"西漾渔业社区居委会",调整后,请按《村委会组织法》和《居委会组织法》的规定,选举产生新一届村委会和居委会成员,制定完善各项民主自治制度,镇政府要妥善处理好调整中的具体问题,指导督促村委会和社区居委会做好相关工作。

吴江市人民政府
二〇〇四年五月二十八日

（三）《关于同意庙港镇行政村区域调整的批复》

吴江市人民政府文件

吴政发〔2001〕98 号

关于同意庙港镇行政村区域调整的批复

庙港镇人民政府：

你镇《关于庙港镇部分行政村区域调整的请示》（庙政发〔2001〕27 号）收悉。为适应农村经济改革和发展的需要，加强基层组织建设，加快推进农村现代化的进程，促进农村两个文明建设，根据《村民委员会组织法》第八条规定，经研究，同意你镇勇星等 16 个行政村的区域调整。

撤销勇星村、金明村建制，将两个村的原辖区合并更名为陆港村，办公地点设在原金明村村部，原勇星村、金明村的村名终止使用；撤销更楼港村、曙光村建制，将两个村的原辖区合并更名为煤烂村，办公地点易地新建，原更楼港村、曙光村的村名终止使用；撤销月字圩村、太平桥村建制，将两个村的原辖区合并更名为开明村，办公地点易地新建，原月字圩村、太平桥村的村名终止使用；撤销五联村、富强村建制，将两个村的原辖区合并更名为联强村，办公地点设在原五联村村部，原五联村、富强村的村名终止使用；撤销富联村、罗港村建制，将两个村的原辖区合并更名为节制闸村，办公地点设在原富联村村部，原富联村、罗港村的村名终止使用；撤销西草田村建制，将西草田村原辖区并入开弦弓村，办公地点设在原开弦弓村村部，原西草田村的村名终止使用；撤销民字浜村、欢喜桥村建制，将两个村的原辖区合并更名为丰民村，办公地点设在原欢喜桥村村部，原民字浜村、欢喜桥村的村名终止使用；撤销张家浜村、行义村建制，将两个村的原辖区合并更名为光荣村，办公地点设在原张家浜村村部，原张家浜村、行义村的村名终止使用。调整更名后的行政村仍为村级建制。

调整后的行政村要按《村民委员会组织法》的有关规定选举产生新的一届村委会成员，并进一步落实各项措施，加强对本村政务、财务的管理。镇政府要妥善处理好调整中的具体问题，搞好村委会的民主政治建设和村民自治工作。

吴江市人民政府
二〇〇一年八月八日

吴江市人民政府文件

吴政发〔2003〕154 号

关于同意庙港镇行政村区域调整的批复

庙港镇人民政府：

你镇《关于庙港镇行政村区域调整的请示》（庙政发〔2003〕26 号）收悉。为适应农村经济改革和发展的需要，加强基层组织建设，加快推进农村现代化的进程，促进农村三个文明建设，根据《中华人民共和国村民委员会组织法》第八条规定，经研究，同意你镇对轮穗村等 5 个行政村的区域进行调整：

一、撤销轮穗村、合群村建制，将两个村的原辖区进行合并，合并后新设立行政村，村名为盛庄村，办公地点设在原合群村村部，原轮穗村、合群村的村名同时终止使用；

二、撤销七一村建制，将七一村的原辖区并入庙港村，办公地点设在原七一村村部，原七一村的村名同时终止使用；

三、撤销渔业村建制，改设渔村社区居委会，办公地点设在原渔业村村部，原渔业村的村名同时终止使用。

调整后的行政村和新设立的社区居委会要按《中华人民共和国村民委员会组织法》和《中华人民共和国城市居民委员会组织法》的有关规定，及时选举产生新的一届村委会和社区居委会成员，并进一步落实各项措施，加强对本村政务、财务的管理。镇政府要妥善处理好调整中的具体问题，搞好村委会的民主政治建设和村民自治工作。

特此批复。

吴江市人民政府
二〇〇三年七月十五日

二、新闻报道

（一）太湖小镇的"精气神"

常言说，有水的地方就有灵气。江苏省苏州市吴江区七都镇就是这样的地方，滨湖而生，紧贴太湖东南岸，坐拥23千米湖岸线。

七都的工业在上世纪八九十年代飞速发展，光电缆产业占全国1/5强。作为国家小城镇发展试点镇的七都，正在积极探索新型城镇化的道路。

政府做好"围墙外的事"

镇党委书记查旭东说：政府要做好"围墙外的事"，企业做好"围墙内的事"。所谓"围墙外的事"，就是抓好城镇环境打造，包括有形的环境和无形的环境，为"墙内"的企业营造更加优质的发展氛围。

南太湖23千米湖岸线，是七都最具特色的生态资源。2011年，七都镇与水利部太湖流域管理局联手创建了太湖浦江源国家水利风景区。围绕风景区总体规划，七都镇推进太湖水环境治理、沿太湖风光带打造、沿湖三产服务业发展，把保护太湖与人居环境改善有机地结合起来。

为使沿湖300米范围内的工业企业撤离湖岸线，七都投资1.37亿元，完成了沿湖20家企业的回购，搞了个浦江源万亩太湖蟹生态养殖示范园，将太湖蟹养殖搬上岸，建设集养殖、物流、观光、科研于一体的现代化农业产业示范园，既解决了蟹农养蟹需求，又改善了太湖水环境。还投入1亿多元，对主要河道水系进行生态整治，河道疏浚、区域调水、畅流工程"三管齐下"，水生态环境明显改善。

"小城镇建设要从形、神两方面入手，就像一户人家，不仅日子要过得殷实，家里也要打扫得清清爽爽。这样，人活着才有精神。"查旭东说。

"美丽乡村"建设如火如荼

2013年，七都镇列入苏州市首批美丽城镇建设示范点。七都抓住机遇，乘势推进"美丽乡村"建设，以总投入30亿元的十项重点工程为主线，一手抓环境综合整治，一手抓基础设施建设。

现在的七都，是由原七都和庙港两个镇合并的。新七都秉承了"苏式"建筑风格，整个小镇散发着浓浓的江南水乡味道。三年来,10条老街实施沿街苏式立面改造。放眼望去,街道、农房、厂房,皆是苏式古朴的"白墙黛瓦",有的企业还因其苏式建筑风格给合作商留下美好的第一印象,赢得了不少订单呢。

农村的面貌也在悄然改变。2012年起,七都大力实施农村环境整治,创建多个星级康居村和168个环境整洁村,首批建成开弦弓村、隐读村、陆港村3个示范点村庄,其中隐读村还被评为省级"美丽村庄"示范点。

"美丽乡村"建设,让小镇居民实实在在地享受到"获得感",太湖水更清了,湖岸更美了,居住环境更加舒适。而且随着沿太湖三产服务业的兴起,农民也有了更多的就业机会。

打造有文化品位的小镇

"五一"三天小长假,七都热闹非凡。2015太湖迷笛音乐节在七都太湖迷笛营举行,来自海内外的百余组顶尖乐队在这里争奇斗艳,与热爱音乐的年轻人共度狂欢节式的"摇滚假期"。

迷笛为什么从遥远的北京落户七都?七都先向迷笛伸出橄榄枝。经多次热情邀请,迷笛音乐学校校长张帆来到了七都,一下子就被这个风景秀美的太湖小镇所吸引。迷笛营前身是一座童话主题公园,占地800多亩,这片开阔地非常适合户外音乐的现场演绎。追求文化的共同梦想让双方一拍即合。查旭东心里倒有自己的小九九:引进迷笛,打造音乐产业园,可以把七都生态资源与音乐产业有效地整合起来。

七都是有文化底蕴的,迷笛的入驻并非偶然。

著名社会学家费孝通先生的《江村经济》,就是在七都一带写下的。提线木偶昆曲是苏州市级非物质文化遗产;为恢复"太湖禅林"盛景,七都正着手重建老太庙文化广场……

在文化资源的保护、传承与发展上,七都志在打造"人无我有"的文化名片。七都太湖国学讲坛已成功举办了两届,邀请海峡两岸的著名学者莅临讲学。七都还在村民中开展"七都孝贤"评选,三年评出24位孝道贤人,用身边最真实的人和事儿,引领文明乡风。

随着这些文化项目的入驻,七都的文化产业化进程也在提速。该镇文化产业营业收入连续多年大幅度增长,2014年达到6.75亿元,同比增长63%。

"精致小镇、从容七都"。七都正在用全新的实践注解着"小城镇大战略"的构想,一个有文化品位、有"精气神"的小镇,正在烟波浩渺的太湖畔长大。

(记者夏珺,摘于2015年6月14日《人民日报》)

(二) 苏州七都:"精致从容"小镇如何演绎精彩

"国学圣地、音乐胜地、养生福地",这是苏州吴江区七都镇对其"精致小镇,从容七都"定位的新诠释。国家水利风景区、国家音乐产业基地和海峡两岸交流基地建设齐头并进,太湖国学讲坛、太湖迷笛音乐节等品牌活动影响力日盛,文旅产业融合发展,七都镇实现了打造环境与经济转型的双赢,该镇的特色化发展之路经过这几年的积累打磨,越走越清晰。9月14日,"2016太湖·七都文化旅游节"新闻发布会暨《诚信心自安》首发式在该镇举行。七都镇党委书记查旭东介绍了"2016太湖·七都文化旅游节"系列活动。

"2016太湖·七都文化旅游节"既有迷笛音乐节、美食自驾游、文化惠民等活力动感的活动,也有国学讲坛、社会学系列讲座等蕴含文化内涵的静修,更有太湖驿站建设、国学研习与出版研究所等实体项目,"形、神、态"全方位丰富"南太湖"文旅品牌。文化旅游节贯穿全年,9月至10月将迎来全年文化旅游节的高潮,太湖国学讲坛、迷笛营灯光嘉年华、江村调查八十周年纪念等活动即将上线。

悦动迷笛，绽放魅力

太湖迷笛作为七都的文化名片之一，社会效益与经济效益正在日益显现。七都镇正在与迷笛公司深入合作，依托太湖迷笛营现有资源，打造集音乐教育、培训、创作、制作、表演、体验和后产品开发为一体的文化旅游产业聚集园区，同时正在积极创建国家级音乐产业基地。

今年在经过了2014太湖迷笛民谣与世界音乐节，以及2015太湖迷笛音乐节的积淀之后，太湖迷笛知名度与影响力不断提升，2016太湖迷笛音乐节收获了超高人气，未演先热，在4月30日开幕当天创造了入园人次的新高，三天计五万余人次观众入园。音乐节期间，七都及周边酒店入住率创新高。

在端午小长假举行了迷笛电子音乐节，100多名中外电子艺人带来一场集电子音乐、极限运动、水上运动、露天泳池、游乐场、露天影院、创意集市、中外美食等多元素融合的夏季狂欢派对。

9月10日至10月14日，"梦游仙境—太湖迷笛营灯光嘉年华"开启。3000万盏LED灯装点园区，让游客感受光的神奇。还精心打造了仙境奇缘、花千谷、奇幻城堡、星际穿越、彩虹天堂等九大主题景点。中间还穿插有马车巡游以及激光秀表演，在满足游客视觉享受的同时带来奇幻的互动体验，感受一场"梦游仙境般的光影盛宴"。

"社会学圣地"倍受关注

位于老太庙文化广场的太湖群学书院，集聚国际国内一流智力资源，不定期举报办各类型的讲演、论坛、培训和展览等活动，提供公共性与公益性文化服务。群学书院将以"旅行、悦读、文化、创意"为主题，举办线下深度文化旅行（创新游学）、文创衍生产品开发、专业课程研修、悦读计划推广与线上社群活动，把七都打造成永久的社会学圣地。

4月2日至3日，由南京大学社会学院主办，南京大学社会学院院长、长江学者周晓虹及美国明尼苏达大学社会学博士、费孝通江村访问学人陈心想在书院开展主题为"从孙本文到费孝通：中国社会学百年心路"的精彩讲演。南京大学商学院院长沈坤荣、镇党委书记查旭东、镇长肖军等领导以及数百名社会学学者及爱好者聆听讲座。

7月9日至11日，由复旦大学社会发展与公共政策学院和南京大学社会学院联合主办社会生活研究工作坊，受到媒体关注，被誉为是社会学界的"达沃斯"论坛。中国人民大学、北京大学、复旦大学、南京大学、哈佛大学等国内外知名学府的社会学专家齐聚太湖群学书院，围绕"文化、道德与社会秩序"的主题，展开热烈探讨。

10月22日至23日，还将举行纪念费孝通先生江村调查八十周年学术研讨会。费孝通先生以江村调查开启了学术生涯，今年适逢江村调查八十周年，本次会议以"江村调查与社会科学的中国化"为主题，将邀请中外社会学家人类学家200人参会。

小镇扛举国学大旗

七都因南怀瑾先生的人生最后定居地而闻名，也成为知名的国学传承地。今年在前三届国学讲坛的基础上，兼承南怀瑾先生"东西精华文化融合"精神，以"法治参方——东西方法治文化大家谈"为主题，邀请中外资深专家学者介绍古今中外法治文化思想与经验，持续深化与扩大太湖国学讲坛的影响，丰富与巩固"太湖国学"品牌系列，进而反哺产业发展。据介绍，国学讲坛首次转入市场主体运作，讲坛由江苏省对台交流基地、七都镇政府主办，太湖大讲堂承办。

由南太湖投资有限公司发起成立"南怀瑾学术研究会"将举行揭牌仪式，办公地点设在老太庙文化广场怀轩内，以南怀瑾学术文化为研究对象，发掘、搜集、整理、保护南怀瑾学术文化遗产，日常开展南怀瑾先生学术思想研究、著作整理编撰和两岸文化交流工作，为争创海峡两岸交流基地、推动吴江文化事业产业繁荣发展奠定坚实基础。

9月28日将举行中国国学研习与出版研究院落成典礼。伟见国学基地由著名国学学者刘伟见教授主持,刘教授身兼学者、评论家、资深出版人多职,是北京社科院专家、北京大学中国传统艺术文化研究所国学研究室主任、现任中央级出版社中国致公出版社社长兼总编辑。中国国学研习与出版研究院将主要从事国学文化的研究、国学相关产品的发行出版,举办相关国学培训活动,进一步丰富"太湖国学"品牌。落成典礼上,除研究院揭牌外,伟见国学出版基金会将成立,同时《了凡法:伟见先生讲〈了凡四训〉》新书发布。

美食慢游新体验

"太湖美,美就美在太湖水"。太湖水养育了七都儿女,也给七都人带来舌尖上的享受。今年文化旅游节期间开展"食游七都——太湖美食自驾系列活动",让来七都的游客品尝到七都特色美食的同时,了解七都独特的饮食文化及民俗民风。太湖大闸蟹、湖羊、香青菜、桂花茶、熏豆茶等特色美食,是七都得天独厚的美食资源,令人回味无穷。

为让游客们体验"太湖式"慢生活,感受太湖七都独特的文化魅力,七都正在启动"太湖慢游目的地——太湖驿站"建设。主要是根据沿湖相关节点特色规划建设音乐、禅修、美食、溇港文化等主题的太湖驿站,有太湖迷笛主题酒店,联强禅修主题酒店。还规划了吴溇村溇港经济酒店、陆港村传统手工艺展示馆等主题驿站,以太湖美食为主题的爒烂阁已运营,入驻的"老镇源"在吴江区域内迅速打开知名度。

此外,还将举办"名家会七都"采风行、邀请范小青等著名作家行走七都,领略七都文化、生态与美食,感受七都的变化与发展,用作品描绘七都的自然和精致。老太庙文化广场将举行"繁星惠民"文艺汇演,与文化广场古朴优雅的环境交相呼应,实现群众文化活动的提档升级。

(记者吴采莲、沈利萍,摘录于2016年9月15日《人民日报·美洲刊网》)

(三) 心无旁骛创新创造,踏踏实实办好企业

支持民营企业发展,是党中央的一贯方针,这一点丝毫不会动摇。希望广大民营企业家把握时代大势,坚定发展信心,心无旁骛创新创造,踏踏实实办好企业,合力开创民营经济更加美好的明天,为实现中华民族伟大复兴的中国梦作出新的更大贡献。

——习近平

2018年10月20日,习近平总书记给"万企帮万村"行动中受表彰的民营企业家回信,鼓励他们"心无旁骛创新创造,踏踏实实办好企业,合力开创民营经济更加美好的明天"。习近平总书记回信后,广大民营企业家心气更高、干劲更足。

"按总书记的要求把企业办好。"

"总书记在回信中特别强调了办好民营企业的重要性。我们将按总书记的要求把企业办好,聚焦主业,做精做专。"在江苏省苏州市吴江区,亨通集团董事局主席崔根良告诉记者,现在,集团每天生产的光纤长度可绕地球4圈多。记者探访生产车间,被要求只能在走廊远处看。崔根良说:"这是我们目前最核心的地方,代表着全球光棒制造的顶级水平。"

历经8年多研发、先后投入6亿元的新一代"无氯"绿色光棒,去年10月在亨通集团大规模生产,破解了国际上通用的有氯工艺生产线污染环境的隐患问题,掌握该项技术的企业,放眼全球也不多。

"企业要健康发展,必须有所为、有所不为。我们也有过赚快钱的投资经历,但最后还是抵挡了走捷径的诱惑。如果没有了主导产业和主打产品,企业的根在哪儿?"崔根良说,亨通集团从创

业之初的电缆制造到光通信制造,从光纤拉丝技术到核心原料光棒的制造,充分印证了习近平总书记要求的"心无旁骛创新创造",是一条自强之路、光明之路。去年,新一代光棒的国内市场占有率超25%,企业总营业收入达1019亿元。

政策环境好,企业信心足。从中央到地方,支持民营经济的政策利好密集释放。民营企业家们既感振奋,又不失清醒:总书记在回信中希望我们"把握时代大势,坚定发展信心",这是每个企业都不容忽视、不能回避的问题。

崔根良老早就将目光盯住了全球化。亨通集团走出去,已有18年历史,海外研发产业基地就建了10个,眼下步子还在加大。去年11月26日,随着智利项目的完工,亨通交付的海底光缆总长度已超过1万千米。"随着云计算、物联网、大数据的快速发展,全球海底光缆建设将迎来新的高峰。"崔根良判断。

(记者颜珂、王伟健、侯琳良、方圆,摘于2019年8月18日《人民日报》)

(四)吴江七都镇羊毛衫产业配上了"安全阀"

本报讯 吴江区七都镇针对羊毛衫产业发展带来的消防安全隐患,制定详细方案,全力以赴推进。目前,"三合一"作坊合规改造全部完成,拆除各类违建点位315个,面积达30332.5平方米。

据悉,该镇羊毛衫产业集中在联强村和太浦闸村,两个村原有1154户农户从事羊毛衫生产经营,以家庭式作坊为主,吸引了大量外来人员,从业人员整体素质不高,安全意识参差不齐,"三合一"、出租房等问题伴随着行业的发展逐步显现,存在一定程度的消防安全隐患。

七都镇按照"减存量、控增量、防变量"的要求,持续深入查隐患、抓整改、强监管。在全市通用标准基础上制定更严格的标准,新增灭火器2850具、安装喷淋4500个、烟感3700个、防烟面罩1700具、消防软管900多套,确保消防器材配备到位、逃生通道保持通畅、作坊场所干净有序、生产住宿保持分开,目前区域内"三合一"场所规范化改造已全部完成。与此同时,实施"红黄蓝"牌分级认定长效管理办法,对分级场所做到一户一档,确保红牌逐步消减、黄牌转换提升、蓝牌持续巩固,强化动态监管和常态巡查。

(记者张靖阳,摘于2019年11月8日《新华日报》)

(五)抢抓风口,开弦弓村"开弓满弦"

本报前些时刊登了"新华调查"《从费孝通笔下的"第一村"到尴尬的经济薄弱村——开弦弓村错失了什么?》,对苏州吴江区七都镇开弦弓村在乡村振兴过程中碰到的一些问题作了深度解剖,引起有关各方的高度关注。省委省政府主要领导在相关材料上作了重要批示。

开弦弓村今后将如何加快振兴步伐?记者近日前往开弦弓村回访发现,该村正抢抓长三角生态绿色一体化示范区的"风口",积极培育风景中的农耕文化,加快融入示范区。

由"青浦-吴江-嘉善"组成的长三角生态绿色一体化示范区揭牌后,七都镇镇长王炜最近信心更足了。他告诉记者,沪苏浙三省市共同规划的示范区将建成"外依湖荡圩田,内沿河道生长,枕河而居,沿河而市"的城镇聚落,抢抓这一机遇,开弦弓村的水文章也已经开始打造,以开弦弓村为核心范围,以长漾河绿道为轴线,包括丰民村吴越战、开弦弓村荷花湾及东、西藏荡水域,总规划面积约9平方千米。围绕"中国江村"品牌及费老26访江村故事,聚焦亲子研学、乡村旅游,对庙港缫丝厂、田园纺织厂进行规划改造，推进"低散弱"企业整治和腾退工作，为生态友好型的"新经济"腾出发展空间。

记者了解到，开弦弓村营造的乡村工业风貌留存的步行街区，将保留部分特色工业建筑，打造"江南开弦、香青工坊、渔火夜钓、吴越向晚"等"江村生活体验点"，重点营造"一核二带三美"，即："中国江村"文化核，江村文旅体验带、长漾农旅风光带，村之美·研学板块、田之美·农创板块、渔之美·休闲板块。

从看得见水的西藏荡水岸观景路，到小清河景观步道，记者看到，开弦弓村"美丽庭院"正在验收，近百亩的香青菜育种种植基地已开工。派驻开弦弓村的省委选调生张力超向记者介绍"吴江香青菜"名声在外，为吴江农业局注册打造的3个区域品牌之一，仅在太湖边1千米范围的小粉土地域适合种植；江村水上文章通过水岸游玩、划船、表演互动，展示江南水文化博物馆古老的婚俗文化，通过"生态农业+手工艺+研学+购物"的发展模式，实现"文商农旅"融合发展。

开弦弓村副书记陈秦裔还带记者参观了修旧如旧的江村礼堂，曾经是生产队集体老仓库，保留了1959年的五角星。而1929年费达生创办的中国最早的缫丝厂，在村东小清河边，缫丝厂原址保留部分建筑，作为研学基地。

"吴江区、七都镇真的把费老纪念馆重视起来了，觉醒了。江村文化积淀非常丰富，不仅是学术界的'网红打卡地'，也是民俗文化、大众文化的打卡地"，开弦弓村村民姚富坤对江村民俗博物馆二期打造溇港文化、渔耕文化充满期待。

省委农村工作领导小组负责人接受记者采访时说，乡村振兴的核心在于发挥乡村的多重功能，如粮食和重要农产品的生产功能，提供生态环境和生态产品的功能，传承优秀传统文化的功能，等等。开弦弓村在这方面具有特殊优势，发展的功能定位十分重要，应深入挖掘乡土社会精髓、农耕文化，从传承弘扬优秀传统文化、农耕文明的角，打造"农"字头文旅产业。

开弦弓村湖荡水网密布，擦亮开弦弓村"金字招牌"，营造"河湖田镇村"共生的江南水乡好风景，培育风景中的农耕文化产业社区，开弦弓村大有可为！

（记者丁蔚文，摘于2019年12月24日《新华日报》）

三、太浦河

国内外人士到上海，一般都去看看黄浦江。黄浦江是上海的母亲河，在岁月的长河里，哺育了上海国际大都市的成长和发展。可是很少人知道黄浦江的源头在吴江七都镇太浦河口。地处浦江源头的人民，自发地竖立了一块"浦江源头"的石碑，以作纪念。

太浦河是一条排泄太湖洪水、承泄杭嘉湖地区涝水、兼顾为黄浦江引水的流域性骨干河道。以其起迄点命名，太浦河跨江苏、浙江、上海两省一市，全长57.62千米，其中，流经江苏段40.75千米（南岸两段约850米属于浙江省）均在吴江境内。西起吴江太湖边的时家港（今属七都镇节制闸村），基本循旧有水路，向东连通蚂蚁漾、雪落漾、桃花漾、北草荡、北琶荡、杨家荡、后长荡、太平荡、将军荡、木瓜漾、分湖、东姑荡、韩浪荡、白洋湾、马斜湖、何家漾、长白荡、白渔荡、钱盛荡、叶厍白荡等湖荡，至西泖河注入黄浦江。

明代前，太湖以吴淞江为主要泄洪通道，主要出水口在吴江县城东门外垂虹桥，历史上这里是吴淞江的正源，也是历代诗客骚人登临吟咏的佳处。由于泥沙淤积，地理变迁，太湖的主要泄洪通道已由太浦河替代吴淞江，主要泄洪口也由今天的太浦河口替代垂虹桥口。

历史上,由于太湖下游地势低洼,河道容易淤塞,造成水灾频发。在新中国成立之初的1949年和1954年,连续发生两次太湖大洪水,《吴江县水利志》记载:1949年夏,大雨连绵,7月初部分滨太湖地区受灾,不少圩岸被毁。7月24日夜至25日遭台风袭击,湖水涌涨,全县淹没农田62.5万亩,占全县农田总数的48.80%。毁圩1838个,颗粒无收的16.8万亩。太湖沿岸塌毁房屋3100多间,半毁或大部毁2950间,淹死群众371人,无家可归的灾民5100余人。

太浦河节制闸工地(摄于1958年)

1954年5月至8月,每月降雨量都超过200毫米,四个月共降雨974.6毫米,接近于历年平均年降雨量。再加上长江洪峰下泄,江水上涨,以致下泄不畅。瓜泾口(太湖下游出口)最高水位4.62米,全县受灾农田67.73万亩。虽经全县军民奋力抗洪排涝,仍有11万亩颗粒无收,15万亩严重减产。

面对洪水肆虐,人民政府一方面全力投入救灾工作,向受灾群众发放救济粮。另一方面,组织广大农民,在江南大地上掀起了前所未有的水利建设高潮,根治太湖水患,改善灌溉条件。其中最重要的工程就是开挖太浦河。

1958年11月27日,太浦河工程破土动工。吴江、震泽(现划归吴中区)、江阴、吴县、青浦、松江、金山(青、松、金三县曾于1958年2月并入苏州专区,同年11月又划属上海市)7县动员民工12.1万人(其中吴江县民工56013人)开挖河道。吴江、震泽、吴县、江阴负责修筑东太湖蓄洪区大堤和吴江县境内工段,青浦、松江、金山负责青浦县境内工段,嘉善县境内工段未开工。浙江省境内放样清基,但未动工。1959年5月5日,由于物资供应不足和春耕夏种民力限制,太浦河工程停工。1960年春,江苏省段复工,4月10日竣工。上海市段复工后又停工,未按计划完成任务,只留下青浦县钱盛村附近约3千米河段雏形,后被分隔数段养鱼。浙江段河道工程仍未动工。

当时,吴江人民在十分困难的条件下,靠人力挖泥挑土开挖太浦河,以解决太湖下游泄水不畅的历史难题。当年七都、庙港公社农村全部男劳动力,都轮流参加过开挖太浦河的工程。第一次开工,正值"放开肚皮吃饱饭"的1958年,路远的村民在工地附近的村子里借几间民房,几名妇女专管洗菜烧饭、做后勤。男劳动力上工地挖泥挑土,每天每人要完成挖掘5至6个立方米土的任务,劳动强度非常大,但肚皮能吃饱。到1960年2月,太浦河第二期工程开工,已进入三年困难时期,劳动强度再大,也只能喝薄粥、吃胡萝卜了。在深受饥饿威胁的艰难条件下,村民们坚持完成开挖太浦河的任务。他们为根治太湖洪水,为造福子孙后代,付出后人难以想象的艰辛劳动。各地民工都是"一根扁担,两只土垯",手挖肩挑,白天干了一天,夜里还要挑灯夜战。少数工地上,还铺上木轨道,用小木车运土,小木车经常坏,效率也没有提高多少,但已算当时最高水平的机械化了。挖到港底时,一担土要从港底挑到港滩顶上,所走的坡度要高达20余米,远达200余米。有的民工挑得当场吐血,晕倒在工地上,也有被塌下的土方压死在太浦河的港底下……

七都镇开弦弓村老书记沈春荣是当年开挖太浦河的见证人。他回忆说:"生活在21世纪高科技年代的年轻人,不知道我们的先辈,为开通太浦河,付出了多少艰辛。当年,我只有13岁。我的舅舅潘金奎是一名共产党员,担任丰民大队大队长,被派往太浦河水利工程处。在我的恳请下,舅舅带我去工地参观,看到了当年人山人海、热火朝天的劳动场面,使我终生难忘。"

民工们怀着建设社会主义新农村的崇高理想,向往着不久的将来能实现"楼上楼下,电灯电话"的幸福生活。他们毫无怨言地担负起如此繁重的体力劳动,生活条件又是十分的艰苦。吃的是稀饭加萝卜干,住的是风吹日晒雨天漏的草棚,睡的是潮湿的地铺,一个星期难得吃上几次鱼肉荤腥白米饭。可知当年参加开挖太浦河水利工程的民工是多么的艰辛啊!

太浦河一期工程完成土方1984万立方米(其中江苏段1824万立方米,上海段160万立方米)。吴江县境内挖毁耕地7042亩,压废土地13954亩,拆迁民房8700间。当时未付挖压土地和拆迁房屋赔偿费,后于1962年按政策退赔,国家共投资2284万元(包括上海段)。除开挖河道外,还建造了太浦河节制闸1座,平望汽-13、拖-80钢筋混凝土公路大桥1座和芦墟与黎里木便桥2座,横扇东套闸1座。

由于1959年行政区划发生变化,原属江苏省管辖的青浦、松江、金山3县被划入上海市,使青浦县钱盛荡附近3千米长的太浦河河段的挡水工作坝未能拆除,后被当作池塘养鱼池,使太浦河工程搁置。

1978年8月,全国农田基本建设现场会在苏州召开,后集中北京讨论。会上,中央领导和水利电力部及江苏、浙江、上海两省一市领导商定续办太浦河工程。而后,水利电力部召集江苏、浙江、上海两省一市水利厅(局)负责人赴京具体磋商续办太浦河工程施工事宜,形成《水电部关于开通太浦河问题的意见》。同年11月,江苏省全面开工实施太浦河平望大桥以西14千米河段,至12月下旬竣工。1979年春,吴江实施太浦河蚂蚁漾穿湖大堤工程,完成土方38万立方米。至此,太浦河

苏州专区太浦河指挥部人员合影(摄于1978年)

二期工程运西段全部完工。国家投资1094.7万元,挖毁耕地677亩,压废耕地2452亩,拆迁民房2490间。运东上海段和浙江段未动工,全线仍不通。

1991年夏,太湖地区发生特大洪水,苏、锡、常大片城乡被淹没,形势十分危急,损失上百亿元。时任中共中央总书记江泽民和全国防总总指挥、国务院副总理田纪云,亲临视察太浦河和太浦河节制闸,并在吴江平望召开江、浙、沪抗御太湖洪水现场办公会。会上田纪云指出:"洪水总要找出路,洪水自找出路比人为打开出路的损失要大得多。与其让洪水自找出路,还不如人为地给它一条出路。"随后,下令炸开钱盛荡坝,太湖洪水第一次通过太浦河直接流入黄浦江,汇入东海,使太湖洪水位迅速下降。同年10月,国务院决定兴建治太"十大工程",其中排在首位的第一项工程就是疏浚太浦河。11月19日,国务院颁发《关于进一步治理淮河和太湖的决定》,提出"'八五'期间着重解决太湖洪水出路问题""今冬明春重点打通太浦河和望虞河,保证在明年汛前两河总泄洪能力达到450立方米每秒"。同年11月,太浦河工程上海段、浙江段动工。1992年11月,江苏段动工,标志着太浦河第三期工程全面开工建设。

太浦河第三期工程按照项目类别分别由太湖流域管理局和上海水务局、江苏省水利厅、苏州市和吴江组织实施。整个建设过程大体分为两个阶段:第一阶段为1992年11月至1998年底,主要完成干河疏浚、太浦闸加固、大部分配套建筑物和浦南防洪补偿工程。其中:1994年3月至1996年6月,疏浚国际标段河道;1997年3月至1998年11月,疏浚运河以西段及太湖喇叭口;1995年7月,太浦闸加固完工;1995至1996年,建设3座跨河桥梁。第二阶段为1999年初至2000年9月,完成剩余配套建筑物、河道护坡(不包括2.3千米裁弯取直段)、绿化、南岸堤防等扫尾工作。太浦河第三期工程累计疏浚河道42.4千米(含喇叭口1.65千米),修建护坡73.52千米,完成水系调整项目,加固太浦闸1座,新建太浦河泵站,建成配套建筑物36座、芦墟镇区防洪工程和跨河桥梁3座;实施浦南防洪补偿,新建水文设施和工程管理设施等。永久征地2156.25亩,临时占地3769.1

亩，拆迁房屋 1477.5 间，拆迁工厂 3 家及其他地面附着物，共完成挖压土方 2018 万立方米，石方 9.9 万立方米，混凝土和钢筋混凝土 9.02 万立方米。工程概算总投资 40151 万元（不包括太浦河泵站），其中中央投资 28992 万元，江苏省投资 11159 万元。

经过两年机械化操作，全线疏通太浦河，从根本上提高了太湖地区的抗洪能力。2000 年 12 月，国务院批准上海市提出的在太浦河节制闸南侧，投资 2 亿元，建设设计流量为 300 立方米每秒的太浦河泵站工程，确保枯水期太湖有足够的水量流入黄浦江，保证上海市用水和改善黄浦江水质。修成后的太浦河节制闸全长 45.6 米，29 孔，设计泄洪量 580 立方米每秒。

（原载《吴江方志》 作者：俞前、沈春荣、朱云云）

四、民间传说

（一）东藏荡（西藏荡）

东藏荡，别名东庄荡、东长荡（北部称李公漾，南部称长漾），位于七都镇开弦弓村的东侧，丰明村的北侧，光荣村的西侧，北靠横路河道。湖泊面积 0.75 平方千米，湖泊周长 6116 米，常水位 2.96 米，湖泊容积 218 万立方米，湖底平均高程 0.05 米。历史最高水位 4.53 米，相应容积 336 万立方米。其水来 4 太湖和浙江上游来水，向东南流入长漾。入湖河道 4 条，为城家田河、欢喜桥港、西清河和四方圩港；出湖河道 2 条，为西草田港和张家浜港。

西藏荡，别名西庄荡、西长荡，位于七都镇庙港南联圩，南靠丰明村，东、西北侧靠开弦弓村，西侧靠开明村。面积 0.37 平方千米，水来源于浙江上游和本地太湖，向东向南流出入长漾。

东藏荡与西藏荡和长漾之间，有一个小村庄，其村名很特别，叫吴越战。其名字与它的地理位置和特定的历史时期有着密切的关系。"吴越战"的故事就发生在 2500 多年前的春秋时期，"东藏荡""西藏荡"因越国藏兵而得名。

东藏荡、西藏荡（摄于 2015 年）

经过十年的养精蓄锐后，越王勾践转弱为强。公元前 482 年，越王勾践终于派大夫范蠡征讨吴国。越军攻占湖州以后停了下来，被太湖挡住了去路。

太湖的南岸有重兵把守，湖北湖面宽阔无遮无蔽，易守难攻。湖南的吴军驻地，河荡密布，尽是草泽，遍布芦苇、蒿草，虽然适宜偷袭，却因水道复杂，容易迷失方向。

范蠡先派小股越兵侦察敌情，摸清湖南吴国驻军情况，寻找进攻水道，确定进攻方向和策略。当完全了解敌情和湖南的地理形势后，便利用迷雾的掩护，将一部分水兵藏匿在吴军驻地——小清河（开弦弓村所在地）左右两个荡的芦苇丛里。当吴军发现越军主力接近时，准备应战。埋伏在芦苇丛里的越兵潜水接近敌船，将多艘敌船凿沉，吴军大乱，越军乘胜夺取了小清河和吴军造箭的地方——箭浜（丰民村的燕浜里），缴获大批弓箭、战船。残余的吴军仓皇退回吴国边界东太湖（吴江城西郊）御守。这一战范蠡为越国收复了南太湖沿岸全部失地，并为灭吴扫清了道路。为了鼓舞士气,庆祝胜利,范蠡将帅帐中仅有的几瓮酒悉数取来,兑了水,让大家喝。可是还不够,范蠡命手下将空瓮用荡里的水搪一搪,将搪瓮水分给没喝到的将士。那搪瓮的漾荡因此得名"搪瓮漾"。漾边有个小村,故得了个"吴越战"的村名。

清河东西两头两个藏兵的漾荡也就称为"东藏荡""西藏荡"。

范蠡察看地形,小清河南村被清河和东西两荡所围,地形如弓,清河北村那笔直的小河像一支将要离弦的箭一样,直指苏州。就以"开弦弓"为这里命名,暗示着越国已经像开弦的弓一样蓄势待发了。吴越之战中,在这块土地上留下了许多与战争有关联的地名,让后人缅怀。

东藏荡和西藏荡两荡湖水终年清澈透明,一米水深处,水草、螺蛳、小鱼、小虾,清晰可见,可直接饮用。东藏荡与西藏荡不但是周围百姓饮用水之源,也是淡水养殖的极佳基地。荡中所产的鱼、虾又肥又鲜,倍受人们青睐。因为水质好,东、西两荡周围酒厂林立,像东藏荡东侧光荣村的行义港酒厂、张家浜酒厂,西藏荡东侧的开弦弓酒厂,还有大大小小的个体户,时隐时现也办起了酒厂,这里生产的酒为什么受青睐,主要水质好,酿出的酒也好。水质好,也促进了当地的缫丝业的发展,费孝通的姐姐费达生在两荡之间的开弦弓村推广蚕桑改良和缫丝新技术,1929年初她帮助开弦弓村农民创办机械缫丝厂,创下了中国农村史上农民办厂的先例,正因水质好,所产的白厂丝当时就在国际市场上颇有盛名。

(原载《水韵吴江》 作者:张明远、沈荣奎、沈金虎)

(二) 他筑塘造纸 还是黄庭坚的老丈人

在吴江人文历史记载中,勤政惠民的七都人谢景初,一直以来为百姓所称赞。他制造发明的"谢公笺"至今被世人推崇,他从政期间禁豪强,筑海塘,办学堂,一心为民,恩泽百姓,政绩显赫。

谢景初(1020—1084),字师厚,号今是翁,祖籍湖南太康,七都长渠港村人,后居同里。宋代名臣谢涛之孙,谢绛长子。

谢景初博学经文,尤长于诗,为欧阳修、王安石、梅圣俞所推重。他曾为姨夫梅圣俞编辑诗文。他读了黄庭坚的诗后十分喜欢,后来把女儿给了黄庭坚,黄庭坚自云得句法于他的丈人谢景初。

宋庆历六年(1046),谢景初中进士,任职浙江余姚县。谢景初上任余姚县知县时,范仲淹写了一首《送谢景初廷评宰余姚》诗送给他,诗中有句云:"余姚二山下,东南最名邑。烟水万人家,熙熙自翔集。又得贤大夫,坐堂恩信敷。春风为君来,绿波满平湖……未能同仙舟,离樽少留驻。行行道不孤,明月相随去。"勉励他勤政惠民,这成了他一生的座右铭。

在当时,上林、云柯及余姚等地方濒临东海,经常闹水灾,遭到海潮冲决,田庐淹没。谢景初就积极筹划,筑海堤捍潮患。宋庆历七年,谢景初率领百姓初筑。塘系土堤,西起云柯,东达上林,东西绵长9千米多。在修筑堤岸时谢景初用身体挡住风霜雨雾中的毒气,为百姓们鼓气。谢景初修筑的大古塘,原名莲花塘,俗称后海塘,余姚人民直至今天,对谢景初筑建大古塘倾注着深沉的亲情。当地百姓称大古塘为"英雄塘""祖先塘";称因筑塘而掘的大塘河为"育恩河""母亲河"。近千米长的堤岸筑成后,宋名相王安石,欣然写下了《余姚县海塘记》,颂扬曰:"自云柯而西,至于某,有堤若干尺,截然令海水潮汐不得冒其旁田者,知县事谢君为之也……"。

而此期间,上林湖一带又发生了地方豪强侵湖为田的事件,为解决乡民争夺山湖之事,谢景初亲自度量湖的高下、广狭、灌溉亩数以及堰闸的大小、高低,制订了《湖经》,由后任知县发给农家,公布于众。在他领导下,上林湖经过治理,风光旖旎景色如画,人气极旺。诗人高鹏飞作有"风静湖光一鉴浮,青山四顾淡舒眸"的佳句,传承咏诵。谢景初也曾写《寻余姚上林湖山》《观上林埠器》

诗句赞美。

谢景初在余姚任职期间，统一管理农田水利，抑制豪强侵湖为田及抢夺灌溉用水，以保障农业生产正常；管理海盐生产，严禁偷煮海盐，规定盐民必须依法纳税，增加财政收入；兴办学校，培养人才。与当时王安石、韩玉如、谢景平齐名于吴越，被誉为"四贤令"。

谢景初最突出的贡献不仅仅在于他的政绩，更在于他制造了"谢公笺"，使他名声远扬。元费著《蜀笺谱》称："纸以人得名者，有谢公，有薛涛，所谓谢公者，谢司封景初（名）、师厚（字）创笺样以便书尺，俗因以为名。……谢公有，即十色也。杨文公亿《淡苑》载韩浦寄弟诗云：十样蛮笺出益州，寄来新自浣花头。"

唐末五代时，隐居在四川成都西郊外浣花溪的薛涛，感到当时的纸不适合自己写小诗，就命工匠做成狭小的纸，因为她喜欢红色，就做成了深红小笺。谢景初在薛涛的基础上制造了一种纸，这种纸以优质厚料精制而成，光滑坚韧，莹润如玉，细密耐用。这纸是一种经过加工的染色纸，有深红、粉红、杏红、明黄、深青、浅青、深绿、浅绿、铜绿、浅云等十种色彩，艳丽新颖，雅致有趣。后来，谢景初向浙江富阳的纸农商传授了先进的腌、漂及制作技术，使这纸投向了市场，并且后来一直为宫廷采用，人们有这么一种说法："京都状元富阳纸，十件元书考进士。"

由于这种十色纸是谢景初发明的，后来就被称为"谢公笺"，与汉末晋初的"左伯纸"、唐末五代的"薛涛笺"同为我国三大名纸。

（原载《吴江记忆》 作者：谈燕）

（三）金鱼漾

金鱼漾，又名鲭五漾、稽五漾、鲸鱼漾，分属吴江与浙江省，湖泊总面积为4.35平方公里。吴江境内面积约3.84平方公里，周长20808米，常水位2.97米，湖泊容积837万立方米，湖底平均高程0.79米。漾面宽处约300米，狭处约150米。

金鱼漾自西向东，东连桥下水，南接古楼塘河，由5个小漾连成，其状若平卧的鲫鱼，因此得名。金鱼漾承浙江湖州苕溪之洪，蓄太湖之水，流水昼夜不息，漾水清澈见底，是天然水产养殖水域。金鱼漾东侧为震泽八都地域，漾西、北为七都镇邱田、行军、李家港、菱荡湾、沈家湾、桥下、文义兜等村。历来是七都地区通往南浔、湖州的主航道，南端经八弯桥进入南浔镇，北经吴溇港入太湖。

位于金鱼漾东北隅的双桥峙塔，是七都独具特色的一处风情物景。

据史料记载，七都之名源于宋代的都图设置。后梁开平三年吴江置县后，共设二十九都，横扇为四都，庙港为五都，继而有六都、七都、八都等，其中六都、七都现应属七都镇区域。七都早有"太湖十景"之说，均是文人雅士吟咏之景。明末清初时新定"六都八景"，即"春塘叠翠""秋野游灯""刘漾菱歌""吴村烟市""朱圩渔舍""因溇娶帆""双桥峙塔""古杏笼庵"，其中"双桥峙塔"为六都第一胜景。在数百年的悠久岁月中，由于世异风殊，大多的景已名存实亡，唯独"双桥峙塔"经过几百年的风吹浪打雨蚀，至今风采依然不减当年，在"合理保护利用"下，雄姿焕发而益然生辉。

双桥峙塔即为双桥、双塔、一寺。双桥为双塔桥，双塔桥原来有一对"孪生姐妹"三孔拱桥，呈一字长蛇形，镶嵌在稽五漾与倪家漾中间，后来重建后西侧那座改为现在的小平桥，成为现在模样的一拱一平双桥。双塔，原来两桥的东西桥塊都各镇一石塔，"文化大革命"期间被双双毁掉。一寺，即为现在的双塔寺，亦称浮碧庵。双桥双塔对峙，非常气派壮观，水乡味道十足。

双塔桥初建于明代洪武年间（1368—1398），万历七年（1579）由浙江南浔籍高官董宗伯重修。

董宗伯,即董份,号浔阳山人,曾任礼部尚书兼翰林学士。后两桥俱圮,清雍正七年(1729),里人盛宣令、邱美中募捐重建,东侧的那一座仍为三孔,西侧的那一座则改作了梁式。现存之桥为光绪二十七年(1901)重修,保持了雍正时的形制。

踩着石级,跨上拱桥,可见桥顶立有四柱,每只柱子上都雕着一头惟妙惟肖的狮子。狮子十分凶猛,被世人誉为"百兽之王",成了人们崇拜的对象,同时也当作威镇八方、唯我独尊的王权化身。在桥顶上,举目而望,只见远处太湖洞庭东山、西山远山近水,秀色可餐,金鱼漾波光粼粼,渔舟点点,这正是桥上那副对联所描绘的:"遥对莫厘峰,别饶胜境;滨临稽五漾,时听渔歌。"桥上还镌刻着三副对联,其中一副为"唯上上田,农桑兴大利;活泼泼地,兰若宛中央",上联真切地描绘了当地蚕桑业的繁盛景象,下联中的"兰若"(佛寺的代称)指的是浮碧庵,即双塔寺。双塔桥重修一百多年来,历经沧桑,由于长期处在水路交通要道的风口浪尖上,况且这里水流湍急,加上近二三十年来,各地道路和城乡建设飞速发展,过往船驳运输频繁,无数次的撞击,使桥体几次面临倒塌成为濒危文物。七都镇和震泽镇于2007年联合向吴江市人民政府提交申请并联手出资对双塔桥进行了全面修缮,古桥维修大师陆永熙师傅按照"保持原貌、加固维修"的文物修缮原则,花了半年多时间进行修复,使双塔桥再次焕然一新恢复如初。无数的时光流转,毁、修、再重建,时代的变迁留下了历史的印痕,但无论怎样也始终改变不了双塔桥那风姿绰约的倩影。

太湖民间故事里,流传着稽五漾的传说:院大禹治水,消除水患,使百姓安居乐业。但东海龙王的十五子敖烈,是条性子暴躁的龙,常常随意到太湖,把太湖当作他的安乐窝。一年春天,敖烈又到湖上肆虐,四处折腾,累了倦了,就在浅滩上歇息。这时,走来兄妹两人,男孩叫稽五,女孩叫稽兰。稽五发现湖边浅滩处多了一座长满青草的"小岛",兄妹俩看着稀奇,就爬上去玩耍。"岛上"长有青草,揪不断,拔不起。两株光溜溜的红色大树叉,很是奇怪。兄妹俩并不知情,在"小岛"上又摇又跳,这下把敖烈惹恼了。敖烈发起洪水,淹死了稽兰。稽五重伤之下发誓要向恶龙讨回血债,为妹妹报仇。激愤之下,稽五魂魄脱离了身体,飘出茅屋,飞上了天空,找高人,学本领,灭恶龙。稽五飞向了月亮,嫦娥收下稽五的魂魄,找哪吒,教他学本领,又把太乙剑借给他,让他去报仇。稽五在哪吒的帮助下,用"太乙"剑斩断了恶龙,龙身化为一潭黑水,龙尾腾空旋起,把稽五打入潭中。突然,那黑水团随着稽五的落下而变成清水。龙尾成了一座小岛,一会儿长满了茂盛的若兰香草。龙头在金蟾宝塔的镇压下渐渐地死去,龙眼也被流水冲走,剩下两个空洞。日久,龙头石化成了一座三洞石桥,故名双塔桥。稽五与恶龙同归于尽。五月十六日是稽五的忌日。每年这一天,人们自动地聚集在这里,登双塔桥祭拜稽五的英灵。从此这清澈见底的碧潭就用"稽五"命名。后来,一位云游到此的惠心师太,在这芳草碧碧的小岛上结庐为庵,化缘造了这风景如画的"浮碧庵"。这传说故事给稽五漾、双塔桥、浮碧庵带来了神奇的色彩。

电影《杜十娘》里杜十娘怒沉百宝箱"天昏地暗、狂风巨浪"一片肃杀与凌厉的一段场景,就在双塔桥、浮碧庵旁。庵与桥同龄,基本上是同建同毁同修。至清乾隆九年(1744),"寺僧以阁将圮,拆下改建平屋,而古制废矣",后来才建为楼房。庵很小,院里有三间旧楼,楼就是大殿,关上院门那就是佛门。再后来,庵的形制为三进,第一进供王灵官菩萨;第二进供圣帝菩萨;第三进供观世音菩萨。浮碧庵是建在水中的一个沙洲上,洲在漾中,即为"浮碧"两个字的来由。以前这个庵里住的是个老和尚,六岁出家,在庵里终老。晚年他收了个女徒弟,给女弟子取了个"妙由"的法号,妙由不落发,吃素诵经,与世无争。现在虽然香火不是很旺,但也时有善男信女前来进香。上完香,人们喜欢与妙由尼姑叨叨家常。妙由很温和,澹然地过着小日子而安知天命。

庵有三进,庵的后面是一块狭长的荒地,野草埋荒径。前年,双塔寺经市宗教部门批准,被列为佛教活动场所。2006年11月6日,双塔寺隆重举行开光法会,参加法会的各地高僧、信众和当地群众达上千人,场景热闹非凡。此后,在"诸恶莫作、众善奉行"的佛门境界感召下,各路信众纷纷慷慨解囊,对浮碧庵重新粉刷装修一番,里里外外金碧辉煌。同时又在后面的草地上新增了一进,建起了豪华气派的"大雄宝殿",宝殿东墙外的水面上又"浮"起了一尊观世音的大佛像,使整个浮碧庵连同双塔桥更加显得气势恢弘而充满精气神。

双塔桥登临眺望,清风帆影,夜月钟鱼,荻渚鸣榔,苔矶垂钓,一番浓浓的农家风味。古人孙展儒曾作过院"地偏分漾五,水急锁桥双。碧玉浮萧寺,清风冷佛幢。彩虹联巨塔,文笔卓长杠。艇系河洲夕,钟声带月撞"一诗,对双桥峙塔的美丽景致进行了生动的描绘。《儒林六都志》上也记载了一首署名为金莱的吟诵该景的诗院"双虹横跨处,塔影吊晴澜。佛屋春风古,蟹篱秋月寒。僧归荷月渡,鸥梦蓼花滩。犹喜添幽致,土人尽布冠。"时至今日,此景虽然没有了塔,但依然十分诱人,也不失为七都太湖文化旅游资源的又一大亮点。

(原载《百湖之城看吴江》 作者:张明远、沈荣奎、沈金虎、谈燕)

五、人物轶事

(一)谁发明了架在鼻梁上的双镜片眼镜?吴江人孙云球

孙云球(1630—1662)字文玉、泗滨,吴江七都人,明末清初光学仪器制造家和奠基人。他是中国民间最早制造望远镜的人,还研制出察微镜、放光镜、夜明镜等七十余种光学仪器,并总结制镜经验,写成《镜史》一书,在中国乃至世界光学仪器发展史上具有重要地位,被誉为"明末清初科学巨人"。

明崇祯三年(1630),孙云球出生于一个已衰落的官宦之家。父亲孙志儒,吴江七都双塔桥村人,崇祯十六年(1643)癸未科进士,授福建莆田知县,清军入关后,孙志儒弃官归故里,谢绝众多朋友推荐,以塾师谋生。此后,应清大臣明珠之邀赴京教授王子妃三年。母亲董如兰,字逸隽,号慕园,吴县人,懂诗书。孙云球自幼聪颖异常,得母亲亲授经史,十三岁中秀才,后两次乡试未果,遂淡于功名。父亲去世后,家境中落,孙云球偕母寓居苏州虎丘,生计艰难。十五六岁的孙云球挑起了家庭的重担,依靠卖药草的一点微薄收入来维持母亲和自己的生活。尽管如此,孙云球并未丧志,他勤奋好学,钻研刚从西方传入的数学知识,探讨测量、算指、几何之法。他对制造发明颇有天赋,"尝准自鸣钟,造自然晷,应时定刻,昼夜自旋,风雨晦明,不违分秒"。

他为中国眼镜业的发展做出了重要的贡献。据文献记载,宋朝就有人尝试制造眼镜,用天然水晶的折射来纠正视力;元朝,从西域传入眼镜,名叫"叆叇",但是价格昂贵,非一般人所能享用;明代,眼镜仍是珍贵的稀罕之物,出现了拿在手中的"一片镜",俗称"单照镜",其原理类似于现在的放大镜,可以随身携带,但不能架在鼻梁上。明末姑苏四大才子之一的祝允明(亦称"祝枝山")就因高度近视,常用单照镜"借光"。孙云球看到许多人由于视力不佳,做事不便,便暗下决心,要研制一种不用手持可以架在鼻梁上的眼镜。他赴杭州向陈天衢学习光学,还把一批杭州学者请到苏州一起讨论、研究。孙云球把从他们那里学来的简略且原始的光学知识具体化,掌握了"磨片对光"技术。当时,从国外传入的眼镜镜片都是用玻璃磨制的。他从宋朝人研究眼镜的例子中得到启发,采用水晶作为镜片的原料。经过多次试验,孙云球终于磨制成各种水晶的凹凸镜片。他配制眼镜的一个显著特点是能根据眼疾患者年龄大小、疾症不同而"随目配镜",可以"以年别者老少花,以地分者远近光",让患者配到适合自己眼睛的镜片。他分别磨制好24种度数的老花镜、近视镜和童光镜,让顾客自试,看哪一种最合适便为之配制该种眼镜。这其实就是现在所谓的"主觉验光"。若他能提供0—600度眼镜的话,与现在25度一档的"主觉验光"已无显著差别。当然,他的"随目配镜"应不含"他觉验光",但能给患者提供24种选择,在当时也是非常难得了。据《〈镜史〉牟言》记载,孙云球的舅舅董德其近视甚为严重,"阅文缮写,在见寸以内",康熙十七年(1678)参加乡试,借助孙云球所制眼镜,"顿使目光远一尺有余"。董氏中举,眼镜功不可没。孙云球不但依据不同视力缺陷磨制出各种度数的镜片,让需要者能根据视力的不同而佩戴眼镜,达到清楚视物的效果,而且对眼镜的结构形状也进行较大的改进,使原来只能手拿的单镜片眼镜发展到可以架在鼻梁上的双镜片眼镜。由于孙云球制镜技艺高超,轰动了全国,每天前往他家购买、定做镜片的人络绎不绝。

在孙云球短暂的一生中,他制造的各类光学仪器达七十余种,把中国的光学制造业推向了一个新的起点。

在孙云球研制的光学仪器中望远镜常被人们提及。他把磨制的凸透镜和凹透镜组合在一起制造出望远镜(当时称千里镜)。虽然比欧洲正式发明望远镜晚了50年左右,但比日本自制望远镜早130年。这在中国光学史上占有重要的地位。孙云球所研制的望远镜性能良好。据《吴门补乘》记载,浙江天台有一个名叫文康裔的人,患有严重近视,他曾和孙云球一道登上虎丘山,用孙云球制的望远镜远眺,看到苏州城内的楼台塔院近在眼前,清晰可辨,天平、灵岩、穹窿诸峰苍翠挺拔,历历在目,不禁赞叹不已,视为神技。

孙云球还磨制过存目镜、万花镜、半镜和放光镜等光学仪器。这些仪器性能和用途各异,但均"巧妙不可思议"。孙云球总结多年制镜经验,写成《镜史》一卷,他的母亲亲自为该书写序。该书系统阐述制镜的历史、原理和方法,各地制镜者均据此制造光学镜片。在孙云球的影响下苏州逐渐成为全国有名的眼镜制造基地。眼镜的价格也一路走低,最终使一般老百姓都能购买使用。据明末清初的书画收藏大家孙承泽称"眼镜初入中国,名曰叆叇,惟一镜之贵,价准匹马。今则三五分可得,然不过山东米汁烧料。玻璃者贵矣,水晶尤贵。水晶之墨色者,贵至七八金,余值以渐而减。真读书之一助也"。清叶梦珠《阅世编》中也有记载"顺治(1644~1661)以后价渐贱,每副值银不过五六钱。近来苏杭人多制造之,遍地贩卖,人人可得,每副值银最贵者不过七八分,甚而四五分,直有二三分一副者,皆堪明目,一般用也"。

到了乾隆嘉庆年间,苏州又出了一个擅长制造眼镜的储三山,进一步发展了孙云球的制镜等技术。后来苏州虎丘一带制镜人,利用孙云球的创造,自制"影戏"(或称影灯戏,就是利用幻灯放画片)和"西湖景"(或称"西洋景",或称"洋片",用放大镜来放大画片),后逐渐传遍各地。

清朝康熙元年(1662),孙云球去世,年仅33岁。但是,他的发明创造及他写的《镜史》一书,成了中国科技历史上难以磨灭的记忆,世代传诵。孙云球在光学仪器方面的创造也引起了国外学者的注意,研究中国科学技术史的英国剑桥大学教授、著名科学家李约瑟在苏州博物馆参观时,对孙云球的创造发明很感兴趣,并将他的成就记入自己的专著中。

(原载《吴江记忆》 作者:顾晓红)

(二) 费孝通舌战吴秀才

1936年,费孝通在吴江庙港开弦弓村姐姐费达生工作的地方养伤,为不识字的虾农沈云泉写虾笼交了个"船朋友",也带来了一些社会学本科之外的世事进入了他的生活圈。其中有件事情,使费孝通在开弦弓村获得了小小的名气。俗话说,秀才碰着兵,有理讲不清。这天孝通碰着的却不是兵,是秀才,是个清朝的末代秀才——庙港乡的"吴圣人"。

开弦弓村的西南角,有座吴家祠堂,水磨砖刻的石库门前,有对已经发黄的花岗石狮子镇守这风水宝地。邻近吴家祠堂边有个荷花湾的三家小村。村上一家做运输生意;一家有点"三脚猫",生个儿子力大无穷;一家是当铁匠的。那个打铁的和那个大力士,都是二十多岁的小伙子。三天前,他俩喝了三两苦酒,喝得脸红脖子粗,一个说:"你本事大,能不能拔掉河边的倒挂杨柳?"一个说:"你气力大,能不能把吴家祠堂前的那对石狮子搬动一只角?"

"有什么大不了?——我来!"大力士真的卷卷袖子管,肩扛加手挪,哼哼几声,竟把石狮移了点位,正南变偏西十五度。

拔杨柳的认输,事情算是过去了。

看管祠堂的皇命在身,这还了得!动石狮就等于坏了风水啊!一咋唬,无需查问,大力士就被看管祠堂的老头告了状,引来末代秀才做文章:请和尚道士摆忏做道场,十五天诸事了结。不做也可以——人去坐班房。第二天做运输生意的通过沈云泉搭桥,上门请读洋学堂的"洋秀才"费孝通出场。

"这……"费孝通稍稍犹豫了一下,问,"我能为你们做什么呢?"

"什么也不要做,帮我们说说话。你知道,我们一个字不识,嘴唇是守牙齿的,不会讲话。"

真是的,社会包罗万象,包不包括石狮子这段公案呢?……后来,沈云泉在他面前把个吴圣人说了一遍:此人是个欺压乡民的家伙,一肚子歪才。费孝通心想:故乡仍处在活鬼死鬼统治下,没有个人帮忙说句话,那石狮子不仅压在土地上,还压在人身上啊!

"陪你走一趟看看吧。"

被告、原告、律师、法官、旁听都聚拢在露天衙门,太阳好似"明镜高悬",照一照为石狮子打起的这场口头官司谁输谁赢。

瘦精精的黄脸秀才有把年纪了。他不认识费孝通,只顾鼻子喷气,问:

"尊兄,你在哪个衙门当差?"

"清华。"费孝通鄙夷地望了对手一眼。

"代表县长抑是省长?"

"代表中华。"

秀才被"清华"和"中华"搞蒙了。没听说有此衙门、有此大官嘛。又问:"尊兄姓华?来此有何贵干?"

"来说话。"

"来说话?……"秀才提提神,狠狠看了费孝通一眼。没见过他,吃不透。不妨先诈一诈:"你难道想闹事不成?!"

费孝通反剪双手,踱了几步,转身对秀才道:"我料想你吴秀才不出门,也能知道一点天下事,我问你:清王朝覆灭的原因是什么?辛亥革命时你在干什么?孙中山先生的遗嘱主要精神是什么?清朝遗老如今做了民国的人,不懂孙总理的遗嘱,就是对民国有二心。"

吴秀才除了当年进县城应个试之外,还未遇到过什么伤脑筋的问题。真的,孙中山当临时大总统那会儿,他还破口大骂过呢。——明末遗民被清军杀戮的历史,难道不会重演成清朝遗老的命运?……

"你究竟当不当公事?我们到县府去谈吧,光天化日之下,信口雌黄,成何体统!"秀才小心翼翼地将县衙门改口成县府,以示与清政府脱离了关系。

费孝通寸步不让:"告诉你——我姓费,清华大学研究院毕业,代表中华民国劳苦的国民说话。我先问你一点常识,你连孙总理倡导的三民主义都不懂,难怪在乡里还用封建王朝的那套东西来反对实施民主、民权、民生,请问,该当何罪?你有什么证据定人罪名?你能让石狮子说话吗?民众有改革政治的责任,民众有生存的权利,民众有生活的自由。你没有理由欺压老百姓!石狮子挪动了一下,坏了风水可以找我算账。这是我干的!"

费孝通说罢,把手一挥,撩起长衫走了。

吴秀才估摸此人来头不小,无可奈何,自己找个落场势,圆睁着眼,朝他的背影干喊:"你……你给我搬回原位——搬回原位……"

可悲的吴秀才,他不知道他的对手从小就仗义执言,就对秀才先生有过研究,今天的败北,势在必然。

讲述者:沈云泉
搜集整理者:张舫澜、赵形
地点:吴江庙港开弦弓村
时间:1982 年 7 月 10 日

(三)孙兆奎智袭贝勒王

孙兆奎(1607—1645),字君昌,号犹文,七都染店浜(今望湖村)人,明崇祯九年(1636)中举,习兵法,与同邑吴日生为挚友。此后不久,崇祯罹难,金陵又失守,孙兆奎痛不欲生,遂与吴日生教习水师,起兵于长白荡,号孙吴军。在吴江一带流传着许多他抗清的故事和传说,其智袭贝勒王便是其中之一。

明末清初,吴江地区有支农民、渔民组成的起义部队,名叫"白头军",驻扎在平望澜溪塘。一天,起义军在首领沈自炳率领下,正热火朝天地操练水师,突然塘北有一只小快船,如飞一般急驶而来。当小快船接近主舰时,沈自炳发现小船上坐的不是别人,正是老营副首领孙兆奎。他赶紧率两名"白头军"士兵,登上小船,上前迎接。

两人寒暄一番,孙兆奎立即传达老营作战计划。沈自炳听到要袭击贝勒王,浑身是劲,立即化了战前动员,进行周密部署,撒下金钩,等候鱼到。

第二天,贝勒王的主舰,在前队清道、后队护卫下,横冲直撞地向前行驶,穿过莺脰湖,绕过嘉兴塘,进入九里湾,来到黄家溪。这时,黄家溪小镇上早已挂满五光十色的彩旗,劈劈啪啪爆竹声此起彼伏,还有很多百姓站在岸边,举着白色和黄色的小尖刀旗,拎着茶壶,捧着糕点,大声呼喊着:"欢迎大军光临!"

贝勒坐在太师椅上,手里捧着水烟筒,听见一片呼喊声,觉得奇怪,忙叫唤:"来人哪!"伺候在外舱的中军,一听叫唤,立即进舱,两手抖落马足袖,单腿跪在平基上:"王爷千岁,有何钧旨?"

"孤家问你,此处刁民,为何这等模样?"

"回王爷千岁的话,这个小镇名叫黄家溪,百姓们知道王爷驾到,都在迎接王爷千岁!"

"喔,竟有这等事。"

"是的!"

"哈哈哈!如啊,这个小镇上的百姓,皆是我大清皇朝的顺民,难得难得。孤要安抚顺民,你传令舰队,停驶靠岸!"

"遵王爷千岁钧旨!"中军答应一声,站起身来,倒退步,出舱门,就在舰首高声传达命令:"全军听着,王爷千岁有旨,在黄家溪停驶靠岸!"

军令一下,舰队立即停驶,靠岸带缆。

这时,主舰上的清兵搬起一条又阔又长的跳板搁上岸头,贝勒在四名护将簇拥下,离舰登岸,眯起三角眼,皮笑肉不笑地准备接受"顺民"的馈礼。

贝勒上岸后,百姓们一拥而上,送茶水,送糕点,围了起来。有一个看起来非常精灵的小伙子,踏上一步,手捧一只精致的小茶壶,嘴里打一个滚说:"小民们勿晓'王野猪'光临小镇,有失远迎,多多恕罪!"众人趁小伙子同贝勒讲话之机,将四个红顶子将官围了一个外三层里三层。

贝勒看到这些"顺民"真心诚意欢迎他,高兴地接过小伙子送上的茶壶,捧在手里,就叽哩呱啦地开始训话。可他讲的全是满洲土话,大家一句也听不懂。贝勒兴致勃勃地讲了一通话后,忙叫一名将官回到舰上,拿来一张全是满文的布告,在镇上张贴起来。

正当贝勒洋洋得意时,突然,在嘉兴塘出现一只快船,像一匹脱缰的野马奔窜过来。船头上站着一个人,头上缠白布头巾,身材魁梧,他就是白头军副首领孙兆奎。只见他把手中黄色小旗左右挥动,顷刻间,嘉兴塘两岸树起一排排白色旌旗,随风飘舞,岸边一下子站满了人群,一片喊杀之声震得山摇地动。

白头军将士们在沈自炳首领指挥下,摆开"二龙抢珠"阵,集中铁铳火力,猛轰清军战舰,并有裹着棉花球的利箭,点着火,射向清军。

清军在猛烈的铳、箭袭击下,顿时被吓酥了,许多战舰被击中起火,风助火威浓烟滚滚。清兵乱作一团,兵员遭到严重伤亡。有的清兵为了保住自己的性命,撬起平基板,争先恐后地跳下嘉兴塘逃命。

"咚!"一声号炮响起,早就埋伏在嘉兴塘两边芦苇里的白头军们,驾起一只小巧玲珑的枪船(又名箭船),窜出芦苇丛,飞快地杀将过来。义士们举起手中的丈八点钢枪,虎头大砍刀,三刺长渔叉,朝准水里正在逃命的清兵一顿好杀。

黄家溪的百姓们听到铳声,知道战斗打响了,大家按照白头军事先的安排,装出害怕的样子,乱哄哄地大喊:"不好了,白头军杀来了!"四散逃跑。霎时间,黄家溪只剩下孤零零的贝勒及其随从将官,等贝勒醒悟过来,已经处在孤掌难鸣之中了。

白头军智袭贝勒王,打了一个大胜仗。消息传开,吓得清朝官员瑟瑟发抖,乐得老百姓拍手叫好。白头军的威名,从此传得更响了。

口述者:沈阿财
搜集整理者:程 明

(四) 一本介绍开弦弓缫丝厂的古籍被发现

民国18年(1929),著名蚕桑教育家、改革家费达生与开弦弓村村民一起,创办了全国最早的乡村股份制工业企业——吴江县震泽区开弦弓村有限责任生丝精制运销合作社(缫丝厂),使开弦弓村受到全国各界人士的注目,被誉为中国乡村工业的发源地。但是,由于年代久远,当年的创办人和厂里的老工人都已先后去世,使后人在关注和研究开弦弓股份制缫丝厂时,仅有一些粗略的记述资料可供参考。

最近,一位正在复旦大学历史系读博士生的年轻人,在杭州古籍图书馆发现民国22年1月由震泽颐塘印书局出版的《开弦弓生丝精制运销合作社三年经过概况》一书。全书分筹备经过、组织概况、经营概况、历年大事记、附录等部分,共78页,约2.4万字。书中还载入企业经营中使用的各种表式和制度80余款,缫丝厂图片15幅(多幅是第一次与世人见面)。由于其作者本人自始至终参与工厂的筹建策划和经营管理,因此该书对了解和认识开弦弓股份制缫丝厂,提供了情况系统、数字详实的第一手资料,在史料的应用上具有很高的权威性和史学价值。

那么这本书的作者是谁呢？发现这本书的年轻人又是谁呢？

1. 一躬到地敬人才

该书作者是开弦弓村人，名字叫陈杏荪（1884—1958）。他原是开弦弓南村的开明地主，人称大先生。据传，陈杏荪在清末参加乡试落榜后，立志在家乡普及乡村文化教育。民国2年春，陈杏荪创办"震泽县立第八初级小学校"（开弦弓小学），开本村现代教育之先河。他又是开弦弓村有限责任蚕丝精制运销合作社主要创办人之一。

陈杏荪的儿子陈汝棠曾任吴江县国民政府农业银行行长，费孝通的父亲费璞安时任吴江县国民政府参议院议长，两人私交很深。有一天，费璞安利用休闲时间约陈汝棠到三角井一家茶坊相聚，边品茶边交谈。费璞安讲起女儿费达生留学日本后回校工作，追随郑辟疆先生，立志振兴中国蚕丝业的志向。有意委托陈汝棠为自己的女儿费达生选择一个推广科学养蚕和制丝的实践基地。陈汝棠把这一消息告诉父亲陈杏荪，陈杏荪听后非常高兴，答应安排费达生到开弦弓村。吃住在他开办的南村小学。

在封建制度束缚下的中国农村，长期停留在男耕女织、自给自足的农业社会里，自身难以产生现代意义上的科学技术和工业。在30年代的开弦弓村，之所以成为最先接受现代科学的养蚕技术，并创办了中国农村第一家股份制缫丝厂。既是以郑辟疆和费达生为代表的掌握先进科学技术的爱国知识分子，开展了历史性的"技术下乡"行动，为开弦弓村送来了现代科学技术。同时也反映了以陈杏荪为代表的农民对接受科学技术的渴望。在费达生生前的口述材料中有一段生动的记述，她说："开弦弓村有个陈杏荪，很起劲，是村里的小学校长，他要求我们去他们那里演讲，郑先生（郑辟疆）答应了。开完会（演讲）后，看展览，看蚕、丝模型和照片。陈杏荪看到村民们看得很起劲，高兴地对郑先生说，能否请先生明年再来村里，教我们学习养蚕。演讲后，我和郑先生等人回到船里，陈杏荪校长和乡长来了（送行），对郑先生一躬到地，客气得不得了。在河滩边一躬到地，到今天我都记得。"

2. 革故鼎新为桑苎

陈杏荪思想进步，积极支持费达生在开弦弓村成立蚕业指导所和向养蚕户宣传科学养蚕知识。在陈杏荪的主动要求下，郑辟疆选定开弦弓村为蚕丝改革实践基地。民国13年春，女蚕校推广部费达生、胡永絮、张兆珍、许呆4人在开弦弓村建立第一个蚕桑指导所。陈杏荪召集历年养蚕失败的蚕户21家，自己带头参加，共21家，创办蚕业合作社。在费达生等人的指导下，使用科学养蚕的方法，实行蚕室蚕具消毒，共同暖种，稚蚕共育、防止蚕病、控制温度和湿度，引入蚕校培育的改良蚕种。民国14年，陈杏荪以开弦乡农业合作社董事长的身份，租用开弦弓南村中心地段的土地，建造"催青室"，供本村蚕农"共同催青、稚蚕共育"。这年合作社春茧丰收，各户收入成倍增加，费达生的"技术下乡"行动得到农民的信任和欢迎，打开了农村养蚕改革的大门。

民国18年，陈杏荪协助费达生发起和策划筹建"开弦弓村有限责任生丝精制运销合作社（缫丝厂）"，费达生负责技术设备和争取银行贷款，陈杏荪发挥自己在村里的号召力，成为实际组织者，经他宣传动员和带头加入，不数日全村400余户养蚕户入社，计700余股。再由他招收社员中善制改良丝者60余人，参加制丝技术培训。经陈杏荪的不懈努力，确保缫丝厂的各项筹建工作顺利进行。是年3月9日，缫丝厂在村东小清河北破土动工。共建厂房11间，办公和生活用房10间，其中楼房6间，建筑面积665.5平方米。按装日本立缫式铁木结构缫丝机32台，复摇车16台，职工70余人。8月5日，中国农民自主创建的第一个乡镇工业企业——"开弦弓村有限责任蚕丝精制运销合作社"（简称合作丝厂），鸣笛投产。

合作缫丝厂的成功创办，引起各界人士的高度关注，全国合作研究班及各级合作组织相继到开弦弓村参观考察。因为当时像开弦弓村这样像模像样办起工厂的村子，大家都没有见过，来访者见什么问什么,陈杏荪和费达生不得不在繁忙的工厂管理中,抽出时间不厌其烦地向来访者介绍情况,一次次重复回答来访者的提问。民国19年,陈杏荪为满足来访者的要求,写成《开弦弓生丝精制运销合作社经过概况》一文,发表于《合作月刊》卷2,第9、10期合刊上,为最早介绍开弦弓缫丝厂的调查报告。民国22年,1月,陈杏荪用积累的资料写成《开弦弓生丝精制运销合作社三年经过概况》一书,由震泽頔塘印书局印刷出版,今存浙江省古籍图书馆。

3. 少年立志金不换

发现《开弦弓生丝精制运销合作社三年经过情况》一书的青年,名字叫岳钦韬,浙江嘉兴人,现今是复旦大学历史系博士研究生。那么他是怎样发现这本书,又是怎样与开弦弓村建立联系的呢?这里有一段精彩的小故事:

小岳自小聪明好学,念小学时多年被评为三好学生。随着年岁的增长,他的兴趣日益广泛,特别爱听历史故事。当他听到嘉兴原有一条铁路,名字叫苏嘉铁路,可以直通苏州,在抗日战争时期,被日本鬼子破坏掉了。小岳一面感到十分气愤,另一面又感到非常好奇。读初一的时候,他就把自己的课余时间投入到对苏嘉铁路的研究中,主要是收集资料和现场踏勘,成为最年轻的研究员。

父母看到小岳从小就有志气,心里非常高兴。父亲还专门带小岳到嘉兴老火车站遗址寻踪,多次在嘉兴周围寻找苏嘉铁路的路基、桥墩等遗迹,讲述苏嘉铁路的故事给小岳听。但是,父母亲在高兴之余,很快又担心起来了,因为小岳的研究兴趣已到了一发不可收的地步,一有时间就到图书馆查找资料,记录有关传闻,而把功课放在第二位。虽然父母多次劝说,小岳还是无动于衷。

小岳读初二时,有一天他在上海《新民晚报》上,看到吴江周德华发表的介绍苏嘉铁路的文章,如获至宝。他立即写信到新民晚报社,索取作者的地址,然后写信与周德华联系,请教有关苏嘉铁路的问题。周德华在尽力答复和支持的同时,建议他再与吴江人大办公室朱云云联系。几天后(1998年4月),朱云云接到小岳寄自嘉兴的来信,信中提出一连串有关苏嘉铁路的问题请求解答。朱云云看到这封信后,对这位研究苏嘉铁路的初二学生所具备的志气和精神,十分钦佩和吃惊,由衷感到应给予力所能及的支持和帮助。但又想到必须提醒他,先要正确处理学习与课余研究的关系。因为如果盲目鼓励他,那么犯错误的首先是自己。

朱云云认真地给这位陌生的初二学生,写了一封长信。虽然也写了肯定和鼓励的话,并介绍一些苏嘉铁路的情况,但主要篇幅是劝导的内容。他在信中对小岳说:"初中阶段的学习门门功课都重要,都是进一步学习和工作的基础,决不能因课余兴趣和研究而影响学习。只有先学好功课,争取考上重点高中和对口的大学,才能使自己的研究有一个高的起点,才能真正为国家和社会作出大的贡献。同时,你还是未成年的初中生,你的课余研究必须征得父母亲的同意,并在父母的指导下进行。"

想不到的是,由一位素未谋面的陌生人写的这封平实的信,惊醒了小岳,使他认识到父母平时的劝导是正确的,从此他摆正了学习和研究的关系。

4. 著书立说写春秋

2000年,岳钦韬以优秀的成绩考入浙江省重点中学嘉兴一中;2003年,录取浙江师范大学历史系;2007年,进上海社会科学院历史研究所读硕士研究生;2010年,考取复旦大学历史系博士研究生。

读高中时,岳钦韬课余完成50多页的《风雨苏嘉铁路》,全文刊登在嘉兴市地方刊物《嘉禾春秋》上。读大学时,他的论文《苏嘉铁路始末——日军侵华的又一罪证》参加浙江省纪念抗战胜利60周年研讨会,获二等奖,他是与会最年轻的学者。他与浙师大法政学院院长张根福教授合著的

《抗战时期浙江省社会变迁研究》(2009年5月上海人民出版社出版,46万字),获"浙江省高校科研成果奖"一等奖,排名列全省专著类第一名。读硕士研究生时,完成30万字的撰写任务,在《史林》等核心刊物上发表多篇文章,有的被人大复印资料全文转载。2010年硕士毕业前夕,他又获得上海社科院"张仲礼优秀研究生奖"和上海市优秀毕业生等荣誉称号。

小岳不忘旧情,多次在假期里抽空来吴江,拜访周德华和朱云云两位忘年之交。2007年,当他知道朱云云正与姚富坤合作撰写《江村变迁》的专著时,他主动利用自己查找历史资料的优势,查找到1957年反右运动前后20多份有关费孝通先生的专著和文章,弥补了写作中的资料缺口。2011年,小岳得知朱云云参与开弦弓村组织的《开弦弓村志》编纂工作时,又热心地从大学民国时期期刊文库中,查找到6份关于开弦弓村创办股份制缫丝厂的新闻报导和调查报告,并用电子邮件发给朱云云转给村志编纂小组。

他在紧张准备博士论文的过程中,依然牵挂着《开弦弓村志》编写的史料工作。去年初秋,他在杭州古籍图书馆查阅资料时,惊喜地发现了《开弦弓生丝精制运销合作社三年经过概况》的书名条目。回校后,打电话及时把这一信息告诉朱云云。《开弦弓村志》主编刘豪兴教授和编纂小组成员得知这一发现,都非常高兴,委托小岳想办法复制这一资料。经小岳努力,在杭州古籍图书馆的大力持下,制作了本书的照相文本。这本由开弦弓缫丝厂主要创始人之一的陈杏荪撰写,详细记录中国农村创办的第一家乡村企业的,已被历史尘封的权威性著作,相隔80多年后,终于又与世人见面了。本书为村志工业卷提供了更真实、准确的乡村工业起始和股份合作制的史料,弥足珍贵。

(原载《吴江记忆》)
(作者:沈春荣、朱云云、姚富坤)

(五)南怀瑾与太湖大学堂

太湖大学堂的创始人南怀瑾先生已悄悄地走了一年半了,斯人已去,风范长存。

南怀瑾先生(1918—2012),浙江乐清柳市人,毕业于中央军校政治研究班,在峨嵋山中锋大坪闭关3年,讲学于云南大学、四川大学,又受聘于中国文化大学、辅仁大学、国立政治大学讲学,旅居美国、中国香港等地。2000年他在吴江太湖之滨亲手创办了太湖大学堂,秉承宋明书院教育宗旨,致力于优秀传统文化传道授业解惑,以"为往圣继绝学"。大学堂的合作机构有中国人民大学、法国国立东方语言与文化学院、复旦大学(儒学文化研究中心)、中国科技大学、美国管理协会(中国)等海内外著名高校。2008年5月又在大学堂内建立吴江太湖国际实验学校,传书院余韵,开教育新风。开展传统文化经典导读与文化补偏救弊,自觉地承担起传承中国传统文化的责任,让中华文化光复之、弘扬之、普世之。

中国春秋时期曾出现过私学,可自由讲学,孔子周游列国,曾以诗书礼乐教育弟子。唐代出现书院,是我国封建社会特有的一种教育形式。书院始于唐,兴于宋,盛于元,废止于清末。我国第一个书院是公元718年设立的丽正修书院,属于官方机构兼有藏书、刻书、修书等职能。唐代中晚期出现了私立书院,以藏书为主,至五代时,演变为藏书、教学和研究三结合的教育机构。北宋书院蓬勃发展,一直到南宋呈现出创建书院讲学的高潮,程颢、程颐、张载、朱熹、陆九渊等大儒都曾以个人或官方名义建立过书院,授课讲学与学术研究、学术传播相并重。明清时期的书院几度兴衰,至清末书院荒废,经过了千年之久的历史变迁。民国年间章太炎苏州讲学,抗战期间马一浮创办复性书院、梁漱溟勉仁书院,他们杏坛设教,传承中华传统文化。

范仲淹曾言:"善国者,莫先育才。育才之方,莫先劝学。"他在苏州任知府时,首开东南兴学之风,创办了府学、县学和书院、社学、义学。然而,在晚清废除书院100余年之后的今天,在中国大地上又涌现出以新的面貌和方式创办的书院、学堂,学修结合,开展国学研究和推广活动,成为弘扬传统文化的重要载体。

鉴古可知今,南怀瑾先生效法孔子创办太湖大学堂,但他并非恢复旧制教育,而是试图创新一种教育模式,在国运昌盛的今天,传承国学,讲学授徒,将中华优秀传统文化发扬光大,回归教育本色。

南师是中华传统文化的传播者、捍卫者。世纪之交的2000年,已有83岁高龄的南怀瑾先生亲自出马来到太湖之滨,划地定址开始筹建"大学堂"。整体设计、室内摆布,一砖一瓦,一草一木,都凝聚着南师的心血和汗水。大学堂濒临太湖,占地280余亩,水陆两便,2006年初夏建筑落成。楼宇布局疏密有致,白墙黛瓦,林木葱绿。有禅堂、膳堂、客堂、行政楼、图书馆、教学楼等建筑。每幢建筑长廊相连,曲径通幽,建筑呈古色清香格调。屋内装饰古典清雅,明亮宽敞,摆放精致,干净整洁。整个大学堂静穆、神圣、大气、简约,透露出古典书院与现代教育相互依存,自然环境与人文氛围相得益彰。

从晚清、民初到"五四"时期,我国文化传统处在流失与重构的过程中,在西学大潮的冲击下,人们只求西学却抛弃自己固有的文化传统,甚至于反传统与传统彻底决裂。上世纪六七十年代的"文化大革命"对传统文化以"糟粕"视之,就连脍炙人口、传之久远,代表着中国传统文学高峰的唐诗、宋词也被人"弃若敝履",当今社会更是物欲泛滥,中华文化在城市化、现代化过程中受到侵蚀,这实在是中华民族的一大悲哀。

建设社会主义现代化,走改革开放之路,吸收和借鉴各国"精华"很有必要。洋为中用没有错,但古为今用在当今社会尤为重要。以儒家为代表的中华文化积淀着中华民族最深沉的精神追求。正如晚清张之洞在其《劝学篇》中所云:"今欲强中国,存中学,则不得不讲西学。然不先以中学固其根柢,端其识趣,……其祸更烈于不通西学者矣。……今日学者,必先通'经'以明我中国先圣先师立教之旨,考'史'以识我中国历代之治乱、九州之风土,涉猎'子、集'以通我中国之学术文章,然后择西学之可以补吾阙者用之、西政之可以起吾疾者取之,斯有其益而无其害。"

"文化大革命"后的中小学语文教材与教法,弊端甚多。教法上重灌输,轻感悟,重讲解,轻诵读,完全抛弃了古代私塾教育中倡导的"自读自悟"的合理内涵;在内容上,选编的绝大多数是现当代文学,古典的诗、词等文学只是作为现代语文的附属。重理科轻文科,重外文轻国文,倡导学好数理化,走遍天下就不怕。那些过去属于孩童启蒙的"小学"教育,读书必备的"经学"常识,在现代人眼里,却变得比外语还要艰涩,令人生畏。南师曾经说过:一百年中(教育)有5次改革,不过是"扒层皮""洗个澡",基本都是错误的。

人生百年,立于幼学。我国传统教育,特别重视培养孩子们有健康良好的心态、性格、情感和品行。古人说的"蒙以养正"即开蒙时候一定要端正。正如南师所言:"什么是教育的目的? 就是教做人;作为从什么时候开始? 从心性修养开始,做一个堂堂正正的人。"2008年5月18日吴江太湖国际学校开始招生。南师亲自参与课程设置,采取私塾方式讲学,从言谈举止到安身立命,教人以智仁勇兼备,知情意且全。孩子们除学习语文、数学、英语及《弟子规》《幼学琼林》《龙文鞭影》《古文观止》以及中医课程等中国经典以外,还学习耕种、做饭、洗衣、习武、拳击等生活课目,做到文武合一、古今合一、中西合一。他又讲道:"教育的目标,就是古人所谓'顽夫廉,懦夫立'的道理;我们应该反省深思,不能单以一法而埋没后来有聪明才智的人才。"首届学生于2012年夏季毕业,南师赠言临别毕业生:"期许做个有用、有文化的人!"

中华复兴,需要文化来支撑,而文化需要教育来担当。南师不同于其他文化人,他经史子集了然于胸,但他不是书斋里的"学院派",也不是顽固的"保守派"。他"特立独行"有自己的看法和主张,注重将当今具体问题置于历史文化大背景中考察分析。面对中国文化延绵几千年,现在却花果凋零的状况,深感担忧。他希望大家唤起"国学意识",在研究解决社会问题上,从古代、从传统中汲取营养。施于个人为"养性",施于他人为"教化"。他穷尽一生,对博大精深的中国传统文化法古汇今,融会贯通,著述颇丰。又以超越常人的工作热忱致力于中华传统文化的研究和人文精神的弘扬,佛教释经、道教史学,从中医占卜、天文历法、诗词曲赋,到教育文化皆拓展着一个多元的研究领域。太湖大学堂其实就是一座南师的国学讲习所,他一袭长衫,沉思、写作、讲学,播撒古人智慧,弘扬中华文化。6年时间,南师公开授课50余次,听者无数,有的来自国家机关、高校院所,有的是政要商要、名流明星等。在讲台上,他没有教材,没有参考书,就取肚子里之学问,贯穿经史、融和古今、旁征博引、阐明义理、剖析精要、幽默诙谐。在我的记忆中,南师的身影、讲课的情景、亲切的交谈、淳淳的教诲如同一幕幕闪图,清晰地绽放。南师对西方文化也博采众长、体谅包容、尊重差异,他创办"东西精华协会",意在将中国文化与世界各国文化融会一体。

南师在《二十一世纪的前言后语》一书中,讲述了很多关于教育的问题。他说:"教育的目的,当然就是学以致用;但假使把整体文化教育的目标和范围都跟着实用主义的观念走,其流弊和差错就非同小可了。""真正办教育,只有肯牺牲自己,来造就别人。"

文化自信、文化自觉、文化自强都需要我们努力践行。我们在看到传统文化荣耀的同时,更要有担当与传承弘扬的责任。作为受先生恩泽的后学者,当以先生治学之道、育人之德为楷模,百倍努力,让中华传统文化发扬光大,以告慰先生在天之灵!

太湖大学堂文化教育薪火相传!南师和太湖大学堂永远在一起!

(原载《吴江记忆》)
(作者:冯月根)

六、群英谱

(一) 吴溇人民的好儿子——董康祥

董康祥,曾化名董诚、李正、黎鸣、胡朗等,1916年,生于七都镇吴溇村六组(原吴溇王家弄)。在吴溇中心小学毕业后,1931年,经亲戚介绍到上海良才图书馆(又名流通图书馆,馆长李公朴)边学生意边读书,李公朴就是董康祥的先生。在良才图书馆里接触到许多进步报刊、杂志、书籍,同时在杰出民主人士的培养熏陶下思想进步很快,秘密加入中国共产党。1937年,"八一三"日军进攻上海,年底董康祥回乡成亲。1938年初,董康祥返沪投入抗日救亡运动。曾担任上海抗敌后援委员会主席,和当时的七君子一起领导上海的抗日救亡运动。后受党组织安排返乡,组织抗日武装,曾在程万军部队担任类似政委(党代表)的职务,组织在太湖沿岸开展抗日游击活动。1939年上半年,董康祥在太湖边的刑场上救下几个被程万军部队抓捕的无辜农民。1939年下半年,程万军投敌,董康祥登报申明,脱离程万军部队,与之断绝一切关系,二次拒绝程万军的所谓邀请,第三次程万军就派兵到家中搜捕,程万军没有抓到董康祥,恼羞成怒,翻箱倒柜后将董康祥家洗劫一空。董康祥执意离家,对家人说:"日本人已侵占家乡,我们已将成为亡国奴。国之不存,哪里还有家,有国才有家,我必须去上海。"1939年底,离开上海,去内地工作。1940年底,在重庆被军统逮捕,关在重庆,被折磨至精神失常。1941年3月,从重庆押解到息烽集中营,关押在"爱斋"。1946年7月,因息烽集中营撤销,又被转押到重庆中美合作所渣滓洞。1947 年底,被释放,从重庆转到南京伪国防部二处,由家人去陪伴返乡。1956 年 8 月,病逝在家乡吴溇集镇王家村,终年 40 岁。

摘自《名人望族名人简介》
史料提供人:董政鑫

(二)沈宝法配合游击队袭击日军

沈法宝,1907 年生于七都镇前浜兜村贫苦农民家庭,务农,1981 年病故。

1941 年 1 月 15 日上午,沈法宝看到停泊在前浜兜村口的一条航船上有 3 个日军。沈法宝是一位富有爱国之心的热血汉子,对日军的侵略行径恨之人骨。他想起有一支抗日游击队驻扎在附近,便迅速前去报信。在沈法宝的配合下,抗日游击队袭击了这一小股日军,一个日军当场毙命,两个日军潜水逃走。傍晚时分,大队日军寇前来报复,沈法宝又勇敢地指挥村民转移,减少村民的损失。

史料提供人:沈和宝、张安福
核实整理人:孙根法、章政英

(三)三义士献身护村民

沈桂宝,1914 年出生于七都镇北二扇村贫苦农民家庭,务农。曾在上海工作过一段时间,1942 年被日军杀害。

李春生,1915 年出生于七都镇北二扇村贫苦农民家庭,务农。1942 年被日军杀害。

杨阿富,1915 年出生于七都镇北二扇村贫苦农民家庭,务农。1942 年被日军杀害。

1942 年 7 月 3 日(农历五月二十日),日军开着小汽艇在七都的河道里巡逻,途经双塔桥时,遭到抗日游击队的袭击,1 个日军当场毙命。抗日游击队撤往沈庄漾一带。

不多时,日军卷土重来,直扑北二扇村,进行报复。沈桂宝、李春生、杨阿富 3 位年轻力壮的小伙子因掩护村民撤往北新甸,而来不及转移,被日军抓住。日军将沈桂宝等押到吴溇镇学校里严刑拷打,要他们交代"支那兵"和村民的去向,沈桂宝等 3 人横眉冷目,最后被日军杀害。

岁月如水,每年农历五月二十日,北二扇村的村民深深悼念这 3 位为了保护村民而献出自己宝贵生命的义士。

史料提供人:杨阿林、濮连根
核实整理人:盛小华、章政英

(四)张巧生发动群众抗租税

张巧生,1916 年生于七都镇钮家兜村贫苦农民家庭。务农。

1943 年,张巧生轮到做钮家兜村的甲长。当时苛捐杂税压得老百姓喘不过气来,张巧生不愿做伪政府的走狗,欺压百姓,常常把家中的财物垫出来交捐税。为此,他常常受伪乡公所乡长的训斥。这年冬天,张巧生忍无可忍,发动群众起来抗租抗税。

这次抗租抗税行动声势浩大,几百名群众手持火把,喊声震天。张巧生和群众一起烧了和家桥

乡伪乡公所,又烧了伪乡丁施阿金的房子。

和家桥乡伪乡公所,对抗租抗税行动的群众疯狂报复。张巧生为了保护村民站出来说:"这次抗租抗税是我领头的,责任我来负。"张巧生一家受到伪乡公所的迫害,3间房子被拆去建伪乡丁的住房。张巧生的妻子张富娜带着孩子逃往浙江、上海等地,过着流离失所的生活,张巧生也去南浔做苦力。

张巧生一家直到解放后才回到家乡团聚。

史料提供人:张富娜、徐兴宝
核实整理人:孙根发、章政英

（五）陈茂年为民除害

陈茂年,1917年生于七都镇长村贫苦农民家庭。务农。1956年加入中国共产党,曾任七都镇方家桥乡副乡长等职,1978年病故。

1944年秋,人称"老周"的驻七都的国民党顽军兵痞,经常在新桥港一带敲诈勒索,欺压百姓,当地百姓受害极深。双荡兜村的蒋巧英在贺家圩开店,年轻貌美,被"老周"强行霸占后住在张家坝。当地老百姓对此极为愤慨。

年轻力壮的陈茂年为人正直,不畏强暴,且与蒋巧英交往甚密。为了算清"老周"的罪行,9月的一天夜里,陈茂年约了同村的好友许阿巧等3人,由蒋巧英接应,深夜摸到张家坝,从"老周"家的后门进去,把吃得烂醉的"老周"从床上拉了出来,迅速处决。事后走漏了风声,驻七都的国民党顽军来抓陈茂年等3人。在老百姓的帮助下,他们逃到在上海等地谋生。解放后陈茂年才回到家乡。

史料提供人:朱甘清
核实整理人:盛小华、孙林法

（六）宋三宝率领村民抗捐税

宋三宝,1915年生于七都镇横塘长村贫苦农民家庭。务农。1976年去世。

1945年6月初的一天傍晚,日伪方桥乡公所伪乡丁许金宝到横塘村宋三宝家收捐。由于日伪的盘剥,宋三宝已家徒四壁,实在交不出捐钱,汉奸许金宝要把宋三宝家烧饭的铁锅揭走,宋三宝忍无可忍,同许金宝发生了争执并扭打起来。许金宝逃到西庙桥时,被宋三宝追上,推入横塘港中。这时,长村、横塘两村的村民纷纷赶来,看到平时耀武扬威的走狗如此狼狈,纷纷拿起石头痛砸"落水狗"。许金宝在水中向大家求饶。村民把他从水中捞起来,押往方桥乡找伪乡长徐富宝评理。不料走到长村屠家弄附近,许金宝趁天黑溜掉了。村民们拥到伪乡长家,伪乡长也已闻风而逃,群众实在气不过,把伪乡长的房子给烧了。

第二天,方桥乡村民再次赶往伪乡公所去评理。在伪乡公所,村民遇到文书孙彩家,孙彩家是一个阴险毒辣的家伙,群众早已对他恨之入骨。在评理过程中,孙彩家傲慢骄横,结果被愤怒的村民推入喜家港用长竹杆打死。

有压迫就有反抗。村民心中的仇恨汇成汹涌的怒潮,吓得汉奸走狗胆颤心惊。为了扑灭村民的反抗,伪军勾结"忠义救国军"孙文荣抓走了六七个村民。村民们不屈不挠继续斗争。为了救援

被抓村民,方桥乡组成一个营救队,到心田湾救人。营救队伍声势浩大,吓得驻扎在隐读村的伪军不敢阻拦。营救队伍到了心田湾,"忠义救国军"不让进去,并威胁说:谁敢进入心田湾,他们就开枪。营救队伍没有被吓倒,坚持要同孙文荣评理。有几个村民硬从村北的小河涉水冲进了村子。孙文荣感到难以招架,只好让营救队伍进村,释放被抓的村民。方桥乡村民的抗捐斗争取得了胜利,人人扬眉吐气。

史料提供人:朱根生、朱鉴青
核实整理人:沈 华

（七）叶阿咪等严惩恶霸

叶阿咪,1901年生于七都镇叶港村贫苦农民家庭。务农。1948年7月遇难。

盛阿友,1906年生于七都镇叶港村贫苦农民家庭。务农。1948年10月遇难。

吴阿毛,1927年生于七都镇叶港村贫苦农民家庭。1956年10月加入中国共产党,曾任光明大队党支部书记等职。

叶港、染店浜村百姓对恶霸地主于娥生深恶痛绝。

1946年秋季的一天夜里,村民叶阿咪、盛阿友、吴阿毛等组织两村近百人在叶港村聚会,商议惩办恶霸地主。随着铜锣声起,两村老百姓400多人将于娥生家大院团团围住。于娥生见势不妙,越墙逃走,被叶港村盛阿友等人抓住。愤怒的村民把他扔进河浜,一时木棍、石头雨点般朝于娥生砸去,于娥生当场被砸死在水里。

事后,村民的反霸行动遭到了国民党反动派的镇压,叶阿咪、盛阿友遇难。

史料提供人:沈国民、吴阿毛
核实整理人:盛小华

（八）许龙宝发动村民抗捐

许龙宝,1907年生于七都镇菱荡村贫苦农民家庭。务农。1958年病故。

孙才福,1914年生于七都镇菱荡村贫苦农民家庭。务农。1988年病故。

1947年,国民党菱荡乡公所经常到农村中收高捐、高税,要鸡抢鸭,欺压百姓。当地农民忍无可忍,奋起反抗斗争。许龙宝为了反抗国民党反动派的苛捐杂税,联合孙才福等人,组织群众200余人,愤怒地烧毁了反动乡丁宋阿菊、孙生富的房屋。这次斗争为当地农民伸张了正义,迫使国民党菱荡乡公所在1948年冬开始减捐减税。

史料提供人:沈兴法
核实整理人:孙根法

（九）徐均铨掩护林风

徐均铨,1908年生于庙港镇大明港村贫苦农民家庭。乡村师范毕业,曾在当地小学任教。1962年病故。

1938年初,中共地下党员林风曾打入国民党程万军部队任职,宣传抗日。1938年10月,程万军投降日军后,林风即离开程万军部队南下寻找党组织。他途经大明港徐均铨家时,受到同窗好友徐均铨热情相邀,暂住徐家,徐均铨的父亲徐伯荣是本地环溪乡头面人物,掩护林风比较方便。林风住在徐家,生活上由徐均铨亲自安排,关怀备至,并为其身份保密。日伪人员到徐伯荣处,发现林风是个外地人,产生怀疑,一再盘问。徐均铨说:"林风是我的老同学,出来找工作,想做个教书先生。"由于徐均铨的帮助,林风安全地住了3个多月。后来,林风与中共浙江地下组织取得了联系,离开徐家去浙江。

史料提供人:朱良生
核实整理人:尹文柏、盛声初、张明远

(十) 陈阿和救同胞得好评

陈阿和,1894年生于庙港镇崔家港贫苦农民家庭。早年因生活所迫,在上海一煤炭店打工。后回到庙港务农。1952年病故。

陈阿和在上海做工期间,因为经常为日侨送煤饼,日久便学会了一些日语。八一三上海事变后,陈阿和回家乡庙港避难,后来在侵占庙港的日军据点里当伙夫杂差,谋个生计。1943年1月28日夜晚,日军在庙港一带"清乡",将五徐港村农民沈金林抓到庙港,绑在栅门上毒刑拷打。陈阿和得知这一情况后,深为同胞担忧。第二天,他来到日军头目住所,以自己当杂差和能说日语的便利条件作担保,要求释放沈金林,使沈金林免遭杀害,释放回家。在日军侵占庙港期间,陈阿和正直无私,乐于助人,多次在日军屠刀下救出同胞,深得乡亲们的好评。

史料提供人:方阿八
核实整理人:尹文柏

(十一) 谢三大勇敢杀敌

谢三大,1919年生于庙港镇乌雀港贫苦农民家庭。务农,1992年病故。

1947年初,谢三大与本村农民谢海林合伙做生意,贩运农副产品和火油等生活用品,赚取生活费用。一天他们从盛泽摇船回家,半途被国民党反动军队的兵痞拦住。一个敌兵手握手榴弹跳上船,威胁他们把船转向北摇。谢三大不得不依,想除掉他。敌兵站在船头手榴弹不离手。谢三大无法靠近。谢三大变个手法,一边摇船一边向士兵敬烟,拿着火柴假装点火。敌兵不知是计,把手榴弹放在船头踏板上,双手防风接火。正在此时,谢三大眼捷手快,飞起一脚,把手榴弹踢到河里。顿时,敌兵慌了手脚。谢三大伸手抓起舵柄砸向敌兵,直砸得敌兵一命呜呼,然后把尸体推到水里。谢三大智勇杀敌的事迹,一直为人们传颂。

史料提供人:朱良生
核实整理人:尹文柏、张明远

(十二) 朱顺章掩护陈乃元

朱顺章,1920年生于庙港镇老太庙港贫苦农民家庭。1953年加入中国共产党,曾做过农村基

层干部。1982 年去世。

1948 年 10 月,中共地下党员陈乃元受中共吴嘉工委派遣,到庙港一带发展联络点,开展武装斗争。陈乃元曾经被国民党反动政府关押过,一到庙港即引起注意,被人跟踪,处境困难。国民党庙港乡自卫队班长朱顺章性格豪爽,与陈乃元是老相识,陈乃元常去朱家叙谈。一天深夜,陈乃元发现又有人跟踪。朱顺章很担心陈乃元的安全,主动提出连夜护送他去横扇。一路上,朱顺章凭借本地人情况熟悉和"自卫队"班长身份,以送亲眷为掩护,闯过了道道关卡,摸黑走了 20 多里路,把陈乃元安全护送到横扇。陈乃元及时回到溪港,向中共吴嘉工委地下组织汇报了敌情和沿太湖一带后调查情况。

史料提供人:陈乃元
核实整理人:盛声初、张明远

(十三)朱蚕生送军粮

朱蚕生,1933 年生于庙港镇乌梅港贫苦农民家庭。务农。

1949 年 5 月,上海战役期间,庙港人民在中共吴江县委的领导下,积极开展了支前运动。当时,解放军在乌梅港征集到一船军粮约 4000 千克大米。为了及时送到前线部队,解放军在村里物色积极分子护粮送粮。听到这个消息,朱蚕生约了邻居老伯伯朱阿桂,主动承担了送粮任务。在解放军一名班长的护航下,他们连夜摇船送米,先到嘉兴,又几经辗转,历经纪步、新坊、平湖、钱林、赵林等地,直到上海闵行目的地。一路上,溃败的国民党反动派军队不时有冷枪冷炮袭来,运粮船险象环生。船到赵林时,枪炮声震耳欲聋。朱蚕生年轻胆大,在解放军的鼓励下,毫不畏惧,使劲摇船,直到闵行,冒险完成送军粮任务。

史料提供人:朱蚕生、尹文柏
核实整理人:张明远

(十四)开弦弓借粮剿匪纪实

1949 年 5 月 3 日凌晨,中国人民解放军 27 军 79 师 237 团解放了震泽镇。当部队开进震泽东新桥时,受到震泽地方协会组成人员及当地许多居民的夹道欢迎。

5 月 15 日,驻震泽解放军召开支援解放上海借粮、借草会议。会后杨嘉箴接到地方协会的通知,要在 16 日中午到商会去,与区政府鲁希平、地方协会陈汝霖会合,一同到开弦乡去借粮、草。当天,三人乘开弦乡派来的农船到了开弦弓,住在该乡农民家里。

5 月 17 日上午,召开全乡民众大会,鲁希平主持会议,他宣告吴江县及震泽镇区已经解放,宋协秀区长已委任他为开弦弓乡乡长,此次前来,一是接收开弦弓乡公所,二是借粮、借草。鲁乡长指出,解放上海对解放全中国是一件决定性的大事,而借粮、借草是直接支援解放上海,意义重大,并具体说明借粮借草的政策和做法,使大家心中有数。当日下午开展田亩登记工作。

乡公所对河有一个叫独圩墩的地方,其时被土匪所占。天刚断黑,匪徒们用土枪、土炮对开弦弓乡公所发射,进行扰乱。19 日晚,土匪又射来土枪子弹、土炮炮弹,来势凶猛。幸有区政府孙竞山到乡视察,当土匪渡河登岸之际,他与乡长手持武器还击,坚守阵地,杨嘉箴和陈汝霖立即携登记表、册隐避在远处桑园里。当夜,土匪们看到村里农民们有所戒备,担心中计乃悻悻撤退。5 月 20

日,粮草征集齐全,并装船待运。21日上午,突然来了八九条船,土匪约数十人,意欲劫持粮草,情势十分危急。幸而解放军的剿匪部队自震泽出发直开庙港乡,再从庙港兜转包围独圩墩,及时把所谓王星远部队的土匪一网打尽。数十名被俘土匪每人发给食米五斗,勒令他们回家搞生产。土匪被歼,百姓称快,粮草平安运出,支援解放大上海。

摘自《吴江党史 红色故事》
作者:杨嘉箴

编纂始末

镇志是一镇自然、社会诸方面的历史和现状的综合性著作,也属于地方志诸多种类中的一种。七都地区人文荟萃,历史上就有编纂地方志的传统。清代乾隆年间里人孙阳顾、曹吴霞编修的《儒林六都志》是珍贵的"乡土志",记述了七都境内稽鱼漾以北,五界亭以西,胡溇以东的历史、经济、人文。当地历史上属六都,因人文独盛而称"儒林六都"。2001年版《庙港镇志》及2001年版《七都镇志》,系统、客观、翔实地记述当地的自然、政治、经济、文化、社会等诸方面的历史和现状。

2017年9月,七都镇召开《七都镇志》编纂动员暨业务培训会,启动镇志编纂工作,成立镇志编纂委员会,设立镇志编纂办公室,聘请屠振雷担任执行主编,七都镇的吴振华、姚阿江、朱汉良3名编写人员。在七都镇党委政府的正确领导下,在区档案局、地方志办公室的精心指导下,在各村、各企事业单位和机关各部门的积极支持下,通过全体编纂人员的共同努力工作,基本达到预期目标。根据篇目设计19卷及大事记、丛录,由3名编写人员分工负责编写初稿。2018年7月,朱汉良辞去编写工作,分工的部分志稿由吴振华、姚阿江两人承担。《七都镇志》概述、第二卷"市镇农村"、第五卷"工业"、第十二卷"教育"、十三卷"费孝通费达生与江村"、十四卷"太湖文化"、十九卷"社会"、"丛录"由姚阿江、屠振雷收集资料撰稿、修改。第七卷"村镇建设"、第八卷"财税金融"、第十一卷"民政与社会保障"由朱汉良、姚阿江、屠振雷收集资料撰稿、修改。"大事记"、第三卷"人口"、第四卷"农业"、第九卷"交通邮电"、第十卷"党政社团"、第十五卷"文化科技"、第十六卷"卫生体育"、第十八卷"人物"由吴振华、屠振雷收集资料撰稿、修改,第一卷"地理"、第六卷"商业服务业"、第九卷"交通邮电"、第十七卷"军事治安司法"由朱汉良、吴振华、屠振雷收集资料撰稿、修改。执行主编将每月的工作任务下达到责任人,每写好三四卷即发送至区方志办,不定期邀请区地方志办公室编纂科为七都镇志编纂工作把脉,及时发现和纠正修志工作中出现的问题和矛盾,加强双向联系,把握修志的尺度和进度。编志办负责人孙荣明亲自撰写七都镇志工作方案、实施计划和有关篇目内容。每完成一卷均过目,提出宝贵中肯意见,热心帮助协调、沟通有关部门收集资料并参与各卷的商讨,收集、提供材料或线索;党委分管领导刘金平、金伟、张惠忠、吴伟华、邱耀平,亲力亲为,为修志工作护航保驾。在区方志办的指导下,我们学习《吴江二轮修志培训手册》,参加区方志办组织的《平望镇志》《盛泽镇志》评审会。前往档案局、图书馆翻阅档案、查资料、找数据、核史实;走访各单位、老先生、知情人,召开座谈会,采访当事人;查阅古籍,发掘史料,整理,取舍,斟酌成文。

2020年4月15日,完成100万字的初稿,送至七都镇领导和相关部门审阅。七都镇党政办、宣传办组织政府部门、农村、社区领导对有关章节进行核对,提出修改意见,镇志办工作人员进行修改,于2020年7月,完成送审稿。9月23日,中共七都镇党委、政府和吴江区地方志办公室组织全区专家,召开评审会,施国强、许咏、王林弟、顾晓红、赵玲、王秋蕾、沈昌华、陈载、肖耀华、李流芳10位评审专家分别对志稿逐卷进行评审。评审会后镇志编写人员对终审意见逐项疏理,逐条修改、补充、完善、核对。第十三卷"费孝通、费达生与开弦弓村"改为"七都与社会学 国学",第十四卷"太湖文化"改为"太湖溇港和特产美食",这两卷收集补充资料后重写。市镇农村、文化、人物和社会卷等改写部分较多。编纂办公室主任孙荣明通读全志后写出404页、10多万文字的修改意见。2021年2月,吴振华老师因身体原因离开镇志办。由于编写办公室人手少,压力大,只能加班加点赶进度。2021年12月17日,区方志办在七都镇召开验收会,区方志办编纂科的顾晓红、赵玲、王秋蕾、沈昌华、李流芳5位评审专家要求对部分篇目进行调整,部分章节进行修订,对资料不足、记述不清的志稿,厘清全线,查漏补缺。对交叉重复的内容,或集中一处记述,或区别有所侧重记述。编纂人员按照验收意见,进一步优化篇目结构,完善入志资料,统一规范体例,消除前后抵牾,经过精心打磨,2022年8月15日形成出版稿,送出版社。

编纂中,各单位各部门和知情人提供了许多资料;2006年10月至2012年,七都镇成立镇志编纂委员会,聘请张洪宾、邱秉衡、沈荣奎、张明远4人编写,编委会及编写工作人员为我们留下了许多宝贵的参考资料,使我们这次修编工作少走了不少弯路。刘豪兴、惠海鸣等教授和周学林、吴佩英、朱金虎等老干部提出宝贵意见;七都镇档案室、党政办、宣传办、文体站、市场监督管理分局、财政分局、金融机构、学校、医院、派出所等单位提供重要资料;沈荣奎、沈昌华、俞前、沈春荣、朱云云、张明远、沈金虎、顾晓红、沈云泉、张舫澜、杨嘉箴、陈志强、南怀瑾、韩明谟等先生的文章是相关段落的重要参考资料。吴江区档案局、吴江区总工会、党史工作委员会、吴江图书馆等单位为我们采集资料提供方便。市档案局、方志办领导和编纂科工作人员悉心指导七都修志工作。他们对志稿进行了逐卷、逐章、逐节、逐句、逐字的过堂,在初审、复审、终审、验收时均提出了不少修改意见。在此,一并致以衷心的感谢!

我们在修志实践中真正体验到"修志是系统工程"的涵义。因编者才疏学浅,理论知识和业务知识有限,虽全力以赴,仍感难乎众望,疏漏、错误、不当之处在所难免,敬请领导、行家、读者鉴谅、指正,有待后人续修时完善。

《七都镇志》编纂办公室
2022年8月

图书在版编目（CIP）数据

七都镇志/《七都镇志》编纂委员会编.—上海：上海社会科学院出版社,2024
ISBN 978-7-5520-4205-4

Ⅰ.①七… Ⅱ.①七… Ⅲ.①乡镇—地方志—吴江 Ⅳ.① K295.55

中国国家版本馆 CIP 数据核字 (2023) 第 148137 号

七都镇志

编　　者：	《七都镇志》编纂委员会
责任编辑：	蓝　天
扉页篆刻：	许建华
装帧设计：	姚　毅
出版发行：	上海社会科学院出版社
	上海顺昌路 622 号　邮编 200025
	电话总机 021-63315947　销售热线 021-53063735
	http://cbs.sass.org.cn　E-mail :sassp@ sassp. cn
经　　销：	新华书店
印　　刷：	上海展强印刷有限公司
开　　本：	889 毫米 ×1194 毫米　1/16
印　　张：	44
插　　页：	34
字　　数：	1100 千
版　　次：	2024 年 3 月第 1 版　2024 年 3 月第 1 次印刷

ISBN 978-7-5520-4205-4/K · 700　　　　　定价：368.00 元

版权所有　翻印必究